济南市志

1986～2010

JI NAN SHI ZHI

济南市史志编纂委员会 编

方志出版社
Publishing House of Local Records

图书在版编目（CIP）数据

济南市志：1986～2010 / 济南市史志编纂委员会编．--
北京：方志出版社，2014.11
ISBN 978-7-5144-1458-5

Ⅰ.①济…　Ⅱ.①济…　Ⅲ.①济南市－地方志－
1986～2010　Ⅳ.①K295.21

中国版本图书馆 CIP 数据核字（2014）第 274149 号

济南市志（1986～2010）7

编　　者：济南市史志编纂委员会
责任编辑：李志瑜
出 版 人：冀祥德
出 版 者：方志出版社
　　　　　地址　北京市朝阳区潘家园东里 9 号（国家方志馆 4 层）
　　　　　邮编　100021
　　　　　网址　http://www.fzph.org
发　　行：方志出版社发行中心
　　　　　电话（010）67110500
经　　销：各地新华书店
印　　刷：济南黄氏印务有限公司
开　　本：889×1194　1/16
印　　张：39
字　　数：988 千字
版　　次：2014 年 11 月第 1 版　2014 年 11 月第 1 次印刷
印　　数：0001～1600 册

ISBN 978-7-5144-1458-5/K·1194　定价：580.00 元

凡　例

一、本志坚持辩证唯物主义和历史唯物主义，以马克思列宁主义、毛泽东思想、邓小平理论、“三个代表” 重要思想、科学发展观为指导，依据国务院《地方志工作条例》，全面客观记述济南市自然、政治、经济、文化和社会的历史与现状，努力做到思想性、资料性、科学性的统一，力求突出时代特色、地方特点。

二、本志为《济南市志（1840～1985）》的续志，上限为1986年，下限为2010年，部分内容适当上溯或下延。

三、体裁，以志为主，述、记、传、图、表、录辅之；结构为卷、篇、章、节体，部分节下设目和子目。图片使用与文字同步，力求图文并茂，扩大信息量，增强可读性。

四、区域范围，一般为2010年济南市行政区域；部分内容为当时行政区域。

五、纪年，一般采用公元纪年，视情括注历史纪年。部分贯通古今的内容，民国以前采用历史纪年，视情扩注公元纪年；民国以来采用公元纪年。

六、行文采用语体文、记述体。除引用原文外，均以第三人称记述；文风力求严谨朴实，语言力求简洁流畅。涉及组织机构、会议、文件、职务、地名、称谓，采用当时的名称；历史地名视情括注今称。

七、数字、标点符号使用，遵循国家标准《出版物上数字用法》《标点符号用法》的规定；计量单位，遵循《中华人民共和国法定计量单位》的规定，个别地方保留“亩”“公斤”“马力”等计量单位。

八、入志资料以撰稿单位提供为主；同时参考相关图书、报刊资料。统计数据，一般采用统计部门的数据；统计部门未有的，采用事业主管部门的数据。

九、注释。文字简短的注释在文内括注，文字较长的注释采用脚注。记述有争议的事物，一般以一说为主，他说附于脚注。

十、人物。遵循“生不立传”原则，排列以卒年为序。立传人物为在本行政区域有重大影响者，以及本籍人物在外地有重大影响者。部分内容适当设人物表和人物名录。

济南市志

(1986～2010)

第七册

主　　编　翟旭东

副 主 编　綦延辉　杜加臣　朱佩峰　郭建群

总　　纂　丁爱军

副 总 纂　庞新华　高长海　亓远程　于瑞东

编　　辑　（按姓名笔画为序）

丁爱军　刁文菁　王　炜　王　洋　王　群　王海峰

代戈红　孙　广　宋高峰　张　阳　张超强　李国宇

陈　蕾　庞新华　宣　涛　夏　兵　高江娜　景国富

董殿勋　路玉增

编　　校　（按姓名笔画为序）

马晓飞　刘文成　李进凤　安宝坪　张雨桐　侯　蓉

济南市史志办公室组成人员

（以到职先后为序）

党组书记	庄虔贵*	王历历*	李吉祥*	翟旭东		
主　　任	庄虔贵*	袁淑玲*	李吉祥*	翟旭东		
副 主 任	王历历*	李明亮*	朱佩峰*	綦延辉	杜加臣	
巡 视 员	朱佩峰					
副巡视员	杜加臣*	郭建群				
工作人员	王鲁宁*	杨薇薇	郭德芳	于香萍*	夏　兵	高江娜
	高进录*	宣　涛	王　炜	郭建群*	杜加臣*	李国宇
	董殿勋	刘兴亮*	刁文菁	路玉增	宋高峰	陈　蕾
	丁爱军	庞新华	张　阳	景国富	代戈红	孙　广
	王　洋	张超强	王　群	胡健美*	祁忠举*	王海峰

注：名单所列组成人员为2005年9月以来的情况。“*”表示离任。

目　录

第十二卷　教　育

第一篇　综 述

第二篇　基础教育

第三篇　中等职业与成人教育

第四篇　高等教育

第五篇　教育管理与体制改革

第十三卷 科学技术

第一篇 综 述

第二篇 科技发展

第三篇 科技成果

第七篇　气象服务与地震测报

第十四卷　医疗卫生 体育

第一篇　医疗卫生

第二篇　体 育

第十二卷

教　育

JIAO YU

单位审稿、撰稿人员名单

教育局

审稿人　王春光

撰稿人　黄传新　李干三　高洪波

第一篇 综 述

1986年，中共济南市委、济南市人民政府印发《关于搞好教育体制改革，振兴济南教育事业的决定》，制定“科教兴市”战略，确立教育、经济一体化的战略指导思想。全市有幼儿园1819所，在园幼儿10.84万人，教职工8187人。小学2195所，在校生36.5万人，教职工2.03万人。普通中学419所，在校生18.65万人，教职工1.59万人。中等专业学校31所，在校生1.46万人，教职工4281人。高等学校15所，在校生3.61万人，教职工1.65万人。全市平均每万人口中有在校生1640人。

1986～1993年，济南市教育系统先后进行三项改革和三项基础建设。

三项改革的内容是：

*改革中小学管理体制，实行分级办学。*学校内部推行以校长负责制为主体的管理体制改革，在1984年济南三中等4所学校试点的基础上，至1988年市区共有34所学校进行试点。同时，把普及九年制义务教育责任落实到区和乡镇，解决教育分割管理、初中和小学相脱节的问题，促进基础教育的发展。至1992年年底，全市适龄儿童入学率为99.14%，小学和初中在校生巩固率分别为99.98%和98.29%，14岁人口初等教育普及率为99.12%；小学毕业生升学率为87.94%，市区小学毕业生升学率为100%；市区和农村残疾儿童入学率分别为95%和70%。

*改革中等教育结构，发展职业技术教育和成人教育。*济南市于1979年开始改革中等教育结构，发展职业技术教育；1986年，全市有7所中等职业学校，在校生占中等学校在校生总数的7%。此后，济南市采取教育部门自办、行业企事业单位自办、教育部门与企事业联办以及社会力量办学等多渠道、多形式、多规格的办学形式，扩大职业教育的办学规模。至1993年，全市各类中等职业技术学校发展到83所、在校生3.68万人，占整个高中阶段在校生总数的52.9%，初步形成职业教育与普通教育并行、协调发展的中等教育体系。

*改革教育教学，提高教育质量。*1989年始，针对基础教育中存在单纯以升学教育为目的的弊端，在全市中小学普遍推行以培养和造就思想、品德、智力、体质全面发展，适合社会主义现代化建设需要的建设者和接班人为目的的素质教育；基础教育由单纯升学教育向素质教育转变。把德育作为整个素质教育的灵魂，实行学校教育、社会教育、家庭教育相结合，调动校内外各方面积极因素，形成优化的德育教育工作体系。在校内，改革和加强小学思想品德课和中学政治课教学；强化各科教学的德育功能，把德育渗透到各科教学之中；劳动技术教育、艺术教育纳入课堂教学体系，体育卫生工作和心理素质教育得到加强。开展丰富多彩、思想性强的团队活动，寓教育于活动之中。在校外，成立济南市中小学德育工作协调委员会，建立社会实践基地。至1993年，市区有3000多个单位与95%的小学和80%的中学建立共建共管委员会，共建立社会实践基地2000多处，发展家长学校3234处。把建立适应素质教育要求的管理体制纳入日程。制定《济南市中小学素质教育目标体系和基本要求》，改革升学考试制度，市区小学不再组织毕业会考，取消初中升学考试，高中招生实行考试和保送、推荐相结合，把升学竞争初步引向提高素质教育水平的竞争。先后颁布《济南市中小学

工作规范》《创建文明学校条件》《济南市中小学管理水平评估标准》等文件，建立以目标管理为主要形式的教育督导评估制度，促进学校工作向素质教育转轨。以提高学生综合素质为中心，深化教学改革，促进教学方法转变。确立“抓住三个要点，实现三个转化”的教学改革目标，即“废止满堂灌、正确掌握教学起点、重视培养能力”，实现“在教学过程中，由教师为主体向教师为主导、学生为主体转化；在教学方法上，由讲授为主向讲练结合转化；在教学要求上，由单纯掌握知识向强化基础知识、培养能力转化”，并按此要求，制定9个学科的课堂教学改革意见，共安排教改实验课题95项，其中59项获省以上教改实验奖。教育教学的全面改革，保证了教育质量稳步提高。初中毕业生合格率由1987年的59%上升到1992年的77.27%，优秀率由24.5%上升到31.34%。

三项基础建设的内容是：

*加强教育思想建设，端正办学方向。*1989年暑假后，市教委组织教育系统教职工围绕办什么样学校、培养什么样人的问题，开展“如何端正办学方向”大讨论。在肯定自中共十一届三中全会后，济南市教育改革逐步深入、教育事业呈现勃勃生机的同时，正视中小学教育中长期存在的单纯应试教育的倾向。这种倾向明显偏离国家经济建设“必须依靠科学技术和提高劳动者素质”的战略方针，使中小学教育一度出现“智育是实的、德育是虚的、体育是弱的、美育和劳技教育是空的”不正常现象，导致学生素质发展失衡。要改变这种状况，就必须全面贯彻党的教育方针，实施素质教育。市政府转发市教委《关于进一步端正办学方向若干问题的意见》，对实施素质教育的有关问题做出一系列规定，并组织素质教育专题学习，举办不同类型的素质教育研讨会及全市性的辅导报告会。学习与实践相结合，推动教育改革的深化和素质教育的实施。

*加强教师队伍建设。*按照全市“七五”(1986～1990年)师资培养培训规划，坚持重点加强师范教育，优先保证师范教育发展经费。1987～1988学年度，师范院校基建投资占教育系统基建投资总额的36%，办学条件有较大改善。通过脱产进修、短期培训、业大函授、自学考试、电视卫星教育等多渠道、多形式加强在职教师培训。1993年，全市小学专任教师由1986年的1.82万人增至1993年的2.71万人，学历合格率由52%上升到84.15%；初中教师由1万人增至1.39万人，学历合格率由26.6%上升到56.76%；高中教师由1988人增至2606人，学历合格率由44.1%上升到57.12%；均居全省前列。学校普遍重视对青年教师的培养，在政治上、生活上关心教师，调动广大教师教书育人的积极性。

加大教育投入，加强校舍和装备建设。“七五”期间，济南市教育投入逐步形成以财政拨款为主、多渠道筹措教育经费为辅的格局。1990年，全市国拨经费为1.44亿元，比1986年增加7903.12万元，年均增长17.23%；全市征收教育费附加2717.6万元，初步缓解教育经费不足的困难。1988～1992年，全市中小学、职业学校、师范(教师进修)学校和特殊教育学校新建校舍101.03万平方米，改造和排除危房15.5万平方米。1990年市政府作出《关于改善公办中小学办学条件，推进九年制义务教育的决定》，开通八条集资渠道，市区中小学校舍改造和办学条件的改善有了可靠资金来源。至1993年，共完成校舍改造项目70个，校舍竣工面积18.18万平方米，52所学校基本完成校舍改造任务。农村学校基本完成校舍、课桌凳、操场、院墙、大门、厕所“六配套”，城镇学校实现办学规模、校舍、操场、课桌凳、校园环境“五达标”。

1994～2000年，济南市贯彻实施《中国教育改革和发展纲要》，按照实施意见的目标和任务，开展“一个加快、两个推进、一个改善”的工作。

“一个加快”的内容是：加快基本扫除青壮年文盲、基本普及九年义务教育工作实施步伐。1994年，历下区、市中区、槐荫区、天桥区经国家教委“两基”[①]验收率先在全省达到合格标准。1996年、1997年济南市分别比原计划提前四年和三年实现基本扫除青壮年文盲、基本普及九年义务教育的目标。章丘市、历城区、平阴县、长清县和济阳县、商河县分别于1995年和1999年通过山东省政府“两基”验收。济南市全面完成基本扫除青壮年文盲、基本普及九年义务教育任务。

“两个推进”的内容是：

*推进素质教育实施，深化教育改革。*从完善素质教育管理运行机制，构建中小学素质教育目标体系入手，先后颁发小学、初中、高中三个学段的“素质教育基本目标和工作要求”。制订县(市)区教委、各类学校、中小学教职工、教委机关4套10类全方位素质教育目标管理方案，形成比较完善的素质教育评价体系。1997年11月18日，《济南市中小学实施素质教育试行规定》颁布，在全国率先以地方行政法规的形式对中小学实施素质教育的目标任务、实施体系、条件保障以及奖惩办法等作出明确具体的规定。中共中央政治局常委、国务院副总理李岚清两次对此批示：“素质教育在条件成熟时要有一些法制保证”“济南以政府法规的方式来推行素质教育，很好，希望坚持不懈地搞下去，这关系到为下个世纪培养什么样的人的问题。”在实行“分级办学、分级管理”体制的基础上，进一步加强小学、初中一体化管理。市区推行义务教育学区九年一贯制，一所初中和对口入学的几所小学形成一个九年义务教育学区，同时开展小学小班化教育试点。农村开展乡镇或学区一体化管理实验，并着手推行“五四”学制。

*推进教师素质工程，提高教师队伍整体素质。*采取多种形式，做好师资培养培训工作，基本完成中小学教师学历教育任务，各类学校教师学历达标率均高于全省平均水平。2000年，济南市小学教师专科以上学历的为17.91%，其中市区为30.66%；初中教师本科以上学历的为21.6%，其中市区为44.63%。完成中小学校长岗位培训和提高培训，实现中小学校长持证上岗，启动专家型校长培训工程。加强师德教风建设，启动以“铸师魂、倡师德、练内功、树形象”为主题的教师素质工程，开展以“一切为了学生，为了学生的一切”为宗旨，以“七要七不准”[②]为主要内容的师德建设和“放心在教育”活动，教育系统被评为全市“行风万人评”活动十佳行业和执法责任制先进单位。“九五”(1996～2000年)期间共补充新师资1.12万人，各级各类学校专任教师总数为5.47万人，其中35岁以下青年教师的比例为52.9%。高、初中以及小学教师的学历达标率分别由“八五”(1991～1995年)末的66%、65%、89% 提高到82.2% 、85.07%、96.26%。完成“民转公”任务，将合格的6904名民办教师全部转为公办教师。教师工资福利待遇有了新提高，教师年人均工资为8462元，对连续从教25年的女教师和30年的男教师退休后实行100%退休金待遇。

“一个改善”的内容是：增加教育投入，改善办学条件。“九五”期间，城镇学校新建校舍面积90.26万平方米，维修校舍面积123.86

① 基本普及九年义务教育，基本扫除青壮年文盲。

② 要为人师表，严谨治教，不准违反《中小学教师职业道德规范》；要热爱、尊重学生，不准讽刺挖苦学生、歧视差生以及体罚或变相体罚学生；要改进教学方法，提高课堂教学质量，减轻学生过重的课业负担，不准布置机械重复和惩罚性作业；要加强管理，严格收费制度，不准让学生购买教育局审定之外的复习资料、教辅读物及其物品和自立名目乱收费；要自尊自重，规范言行，不准举止粗俗，穿戴与教师身份不相称的服饰；要尊重理解学生家长，坚持家访制度，不准动辄让家长到校或训斥家长；要严格法纪，廉洁自律，不准利用工作之便，收受礼品或让学生和家长为个人提供服务。

万平方米，累计总投资9.26亿元。1997年，实施中小学“温暖工程”，投资5700多万元，市区107所中小学全部实现供暖。1999年，完成农村中小学布局调整，初中调整为248所，小学调整为1453所，初中基本实现2万～3万人设一所学校的要求。

2000～2010年，济南市贯彻国务院《关于深化教育改革，全面推进素质教育的决定》，制定《济南市教育事业“十五”发展规划》(2001～2005年)，有计划、分阶段地把全市教育的目标任务落到实处，全市教育事业得到快速发展。主要体现在“三大改革”“四个体系”和“五项工程”上。

“三大改革”的内容是：

推进基础教育新课程改革。以推进新课程改革为核心，以广泛开展基础教育课程改革师资培训为基础，以改革课程管理制度为目标，实施“学校课程提升工程”，完善国家、地方和学校课程协调发展的三级课程管理体系，健全对课程评价的检查、指导、协调、反馈、改进机制，带动教学领域的整体改革。强化课堂质量监测，提高课堂教学质量。以中考改革为突破口，探索考试评价制度改革，进一步完善素质教育综合评价体系。

完善义务教育投入保障机制。进一步完善“以县为主”的农村义务教育管理体制，建立市与县(市)区分项目、按比例分担的资助保障机制，推进农村义务教育经费保障机制改革，39万名农村义务教育阶段学生享受免费教育；城市义务教育免杂费工作落实到位。全市农村县(市)区教师工资实现统一工资标准，做到按时足额发放。

深化治理教育乱收费机制改革。开展创建规范教育收费示范县(市)区活动，全面推行义务教育阶段“一费制”，实行教育收费公示制度，定期开展收费专项检查和收费巡查，实行“阳光收费”。

“四大体系”的内容是：

城乡互动体系。通过“支教支校”“百校牵手”“义教行动”“教师交流”，形成城乡教育互动体系，促进城乡相互交流、优势互补，教师资源配置均衡。至2010年，先后有1500名优秀教师深入农村学校授课4866课时，受益农村教师9.6万人次、学生19.2万人次。

弱势群体就学资助体系。2004年，济南市在全国率先取消外来务工人员子女借读费，设立1所外来务工人员子女专门学校和23所定点学校，符合就学条件的外来务工人员子女接受义务教育的需求得到满足。公办特教学校对义务教育阶段残疾学生实施免费教育，有特殊教育需求的义务教育阶段视障、听障、智障适龄儿童少年的入学要求得到满足。制定实施一系列扶持发展民族教育的优惠政策，先后扩建和新建21所民族学校的校舍，民族教育蓬勃发展。在救助家庭经济困难学生方面，资助资金5563万元，惠及7.2万名高校学生、8.9万名中职学生和部分家庭经济困难的普通高中学生。

学校安全监控体系。构建以“济南平安校园网站”为工作平台，以“和谐校园论坛”为工作动力，以“两线三级学校安全工作管理体系”为组织网络的“三维互动、层级调控”学校安全工作管理格局。建立教育主管部门、学校和具体责任人“三位一体”的学校安全责任制，重点加强安全防范体系建设，确保学校安全和稳定。

社区教育体系。2010年，建成社区教育中心学校68处，社区教育教学站687处，形成区、街(镇)、居(村)三级社区教育施教体系，社区市民受教育覆盖率80%以上。教育部在全国推广济南市“公益培训进社区”活动的经验做法。

“五大工程”的内容是：

基础教育优质提升工程。从扩大优质教育资源总量入手，合理调整学校布局，提高办学规模和效益。78.75%的高中生、54.34%的初中生、34.16%的小学生在优质学校就读。

职业教育振兴工程。围绕济南市经济和社

会发展需求设计职业教育，加快职业学校优化整合步伐。基本实现每个县(市)区都有一所高标准的职业学校，开展全市职业学校学生专业技能训练、竞赛、展评活动，增强学生职业能力。

农村薄弱学校改造工程。启动农村中小学校舍升级改造和标准化建设，消除基本建设上的薄弱学校。推进教学设备无差别配置，提升农村义务教育阶段学校装备水平。安排专项资金解决农村学校取暖问题，农村学校采暖改造率为100%。

校园文化深化工程。坚持文化引领，以校园文化建设为切入点，优化机制，多种形式，整体推进，发挥先进文化对学生成长的导向、教育、激励功能。

教师素质提升工程。通过“名师建设工程”“优秀教育管理者建设工程”“农村校长、教师跨级别培训”“优质课下乡”“义教行动”“教师学科素质大赛”“支教支校”“教育志愿者”“教师交流”等一系列活动，带动教师队伍整体素质提升。

2010年，全市有幼儿园1480所，在园幼儿15万人，专任教师8317人。小学645所，在校生38.4万人，学龄儿童入学率100%，专任教师2.48万人。初中171所，在校生20.04万人，专任教师1.51万人。高中38所，在校生10.14万人，专任教师6837人。特殊教育学校11所，在校生1324人，专任教师410人。中等职业学校73所，在校生8.1万人，专任教师4511人。市属技工学校20所，在校生3.48万人，专任教师1916人。驻济南普通高校39所(不含民办高校)，在校生47.64万人，专任教师2.69万人。成人高校5所，在校生12.64万人，专任教师980人。民办高等教育机构(非学历高校)26所，在校生1.08万人，专任教师980人。

1985～2010年济南市教育事业基本情况表

表12－1－1

项目 \ 年份	1985	1990	1995	2000	2005	2010
学校数(所)	4511	3924	3360	1725	1251	1024
高等教育	16	16	16	16	59	66
中等教育	593	529	440	423	348	302
中等职业学校	40	39	41	40	91	73
职业中专	44	48	57	55	27	23
普通中学	491	417	312	297	247	209
小学	3899	3368	2890	1273	832	645
特教学校	3	11	14	13	12	11
专任教师(人)	46806	55978	58779	62869	77334	83106
高等教育	4614	7245	7500	8269	24341	29526
中等教育	17530	21618	23946	26817	27435	28370
中等职业学校	2367	2890	2941	2916	4738	4511
职业中专	1032	1747	1845	1948	1818	1801
普通中学	13572	16065	17621	20585	21915	21943
小学	24579	26922	27047	27417	25201	24801
特教学校	83	193	286	366	357	410

续表12－1－1

项目 \ 年份	1985	1990	1995	2000	2005	2010
在校学生(万人)	78.38	79.48	91.69	95.79	129.28	144.6
高等教育	3.02	3.73	5.66	9.30	48.71	64.25
中等教育	25.34	28.08	36.64	44.99	42.50	41.76
中等职业学校	1.92	2.51	4.79	5.75	9.88	8.1
职业中专	1.63	2.32	2.84	3.80	3.17	2.9
普通中学	21.49	22.45	27.15	33.82	30.91	30.18
小学	49.98	47.57	49.23	41.40	37.88	38.4
特教学校	0.04	0.10	0.16	0.10	0.19	0.13
各类学校毕业生数(万人)	17.31	17.12	20.88	23.65	33.58	38.1
高等教育	0.45	1.03	1.68	1.55	13.49	17.57
中等教育	7.36	8.24	10.39	10.80	14.03	13.55
中等职业学校	0.52	0.62	1.16	1.84	3.29	3.13
普通中学	6.39	6.66	7.78	8.16	10.40	9.20
每一教师负责学生数(人)	16.75	14.20	15.60	15.24	16.72	17.4
高等教育	6.55	5.15	7.54	11.25	20.01	21.76
中等教育	14.46	12.99	15.30	16.78	15.49	14.72
中等职业学校	8.12	8.69	16.30	18.84	20.86	17.96
普通中学	15.83	13.98	15.41	16.43	14.1	13.75
小学	20.33	17.67	18.20	15.10	15.03	15.48
平均每万人口在校学生(人)	1605	1518	1691	1702	2177	2395
大学生	62	71	104	165	820	1064
中专生	39	48	88	102	195	192
中学生	473	473	553	601	521	500
小学生	1024	908	908	736	638	636

注：1.表中中等教育总数含技工学校

2.表中2005年、2010年高等教育含成人教育、社会力量办学

1996～2010年济南市教育统计监测指标表

表12－1－2

项目 \ 年份	1996	1997	1998	1999	2000	2001	2002	2003	2004	2005	2006	2007	2008	2009	2010
小学学龄人口入学率(%)	99.42	—	—	99.57	99.93	99.98	100.00	100.00	100.00	100.00	100.00	100.00	100.00	100.00	100.00
小学女学龄人口入学率(%)	99.34	—	—	99.59	99.93	99.98	100.00	100.00	100.00	100.00	100.00	100.00	100.00	100.00	100.00
小学毕业生升学率(%)	96.93	—	—	98.15	99.15	99.38	99.58	102.00	100.00	99.70	99.97	102.06	100.86	100.45	99.79
小学学校平均规模(人)	201.23	—	—	314.35	325.19	280.34	315.15	353.00	422.38	455.29	549.33	569.33	565.26	581.24	595.35
小学专任教师学历达标率(%)	—	—	—	96.26	97.41	97.76	97.57	97.76	98.67	99.00	99.23	99.37	99.67	99.55	99.72
小学专任教师专科学历达标率(%)	—	—	—	17.91	21.92	27.82	34.15	39.63	48.16	55.00	61.76	66.29	70.87	74.72	77.13
小学学生与教职工比(人)	—	—	—	15.17	14.00	12.90	13.44	13.48	13.53	13.75	14.25	14.22	14.50	14.31	14.25
小学生师比(人)	—	18.45	17.76	16.42	15.10	14.04	14.74	14.76	14.89	15.03	15.60	15.83	15.97	15.60	15.48
小学生均校舍建筑面积(平方米)	—	4.06	4.57	5.36	5.42	4.95	4.73	4.86	5.05	5.05	5.10	5.18	5.21	5.43	5.61
小学生均学校占地面积(平方米)	—	22.92	22.55	23.38	29.64	22.58	21.81	22.18	21.63	22.17	20.87	20.81	21.17	21.34	22.73
小学平均班额(个)	—	35.19	35.49	35.05	34.41	34.91	36.36	37.68	39.78	41.19	42.50	42.81	42.52	42.04	41.73
小学平均班数(个)	—	6.67	8.01	8.97	9.45	8.03	8.67	9.38	10.62	11.05	12.93	13.30	13.29	13.83	14.27
初中学校平均规模(人)	930.75	—	—	1014.07	1116.07	1191.30	1108.56	1034.96	1069.54	998.29	970.98	970.67	1013.64	1076.36	1171.82

续表12－1－2

项目＼年份	1996	1997	1998	1999	2000	2001	2002	2003	2004	2005	2006	2007	2008	2009	2010
初中专任教师学历达标率(%)	74.44	—	—	85.07	86.62	88.90	90.86	92.35	93.91	96.00	96.70	97.38	98.07	98.19	98.52
初中专任教师本科学历达标率(%)	—	—	—	21.60	23.00	25.23	33.39	39.66	49.61	58.00	64.11	70.29	75.62	81.00	84.63
初中生师比(人)	—	15.52	14.87	15.78	16.39	17.35	15.49	14.58	13.97	13.08	12.45	12.02	12.36	12.85	13.27
初中平均班额(人)	—	57.24	56.46	57.87	58.83	59.78	57.43	55.99	54.48	51.58	49.95	48.43	48.70	49.32	49.81
初中平均班数(个)	—	16.52	16.45	17.52	18.97	19.93	19.30	18.48	19.63	19.35	19.44	20.04	20.82	21.82	23.53
高中学校平均规模(人)	900.70	—	—	1142.53	1245.98	1364.31	1467.96	1780.63	2101.08	2356.59	2487.86	2406.49	2479.02	2475.17	2669.00
高中专任教师学历达标率(%)	69.30	—	—	82.20	83.46	86.45	89.79	91.41	94.37	96.00	96.13	96.90	97.73	98.11	98.50
高中生师比(人)	—	14.41	15.00	15.82	16.59	17.64	18.66	17.88	17.39	16.48	15.61	15.36	15.23	14.67	14.83
高中平均班额(人)	—	59.85	60.85	60.00	60.21	59.46	60.15	60.21	60.34	58.31	59.37	59.10	57.94	56.25	55.06
高中平均班数(个)	—	16.41	18.20	19.04	20.69	22.94	24.40	29.57	34.82	40.41	41.90	40.72	42.79	44.00	48.47
普通中学学生与教职工比(人)	—	11.85	11.62	12.31	13.06	17.41	12.50	11.92	11.56	11.14	10.67	10.37	10.67	11.03	11.41
普通中学生均校舍建筑面积(平方米)	—	6.46	6.98	6.83	6.58	6.89	7.96	9.21	9.98	10.94	12.70	13.12	13.15	12.78	12.25
普通中学生均学校占地面积(平方米)	—	30.64	31.64	28.50	26.20	24.30	27.83	31.34	33.11	35.93	38.52	39.13	37.61	35.88	34.17

第二篇　基础教育

第一章　学前教育

第一节 概 述

1986年，全市有幼儿园1819所、在园幼儿10.84万人、教职工8187人，其中城区幼儿园464所、在园幼儿4.51万人、教职工4976人。农村3～6周岁幼儿入园率62%，学前一年教育入园率81%。

1986～1992年，全市贯彻“动员和依靠社会各方面力量，通过多种渠道、多种形式发展幼儿教育事业”的方针，采取鼓励企业、事业、机关、团体、部队、学校等单位单独举办或联合举办幼儿园、扶植公民个人办园，提倡有条件的幼儿园向社会开放、吸收附近居民子女入园等措施，促进幼儿教育事业的发展。1992年，全市各类幼儿园2178所，在园幼儿14.41万人。1994年，中铁十四局集团公司和珠海大地教育集团举办的济南大地幼儿园开园，为济南市首个民办幼儿园。至1996年，儿童少年学前教育基本完成“八五”规划，全市基本普及学前一年教育，3岁以上幼儿入园率市区为90%，农村为70%。全市有省级实验幼儿园22处，市级一类幼儿园70处。

1996年5月，针对济南市农村幼儿教育事业发展不平衡问题，市托幼工作领导小组下发《关于进一步加强农村幼儿教育工作的几点意见》，要求各县(市)区政府加强对农村托幼工作的领导，推进农村幼教事业的发展。要求“九五”期间，各乡镇在普及学前一年教育的基础上，使3岁以上幼儿入园率75%；同时，提高3岁以下婴幼儿入托率。1997年始，济南市幼儿教育开始向农村倾斜，要求县(市)区建好实验园、乡镇建成中心园。2001年，济南市基础教育“十五”发展规划对学前教育发展提出新要求：发展农村学前教育，调整幼儿园布局，提高办园水平和保教质量。至2003年，济南市所辖10个县(市)区，除商河县没有县实验幼儿园之外，其余全部建成。2003年，济南市96个乡镇的76处中心幼儿园达到济南市乡镇中心幼儿园办园标准。至2007年，实现所有乡镇建有中心幼儿园的目标。乡镇中心幼儿园的办园方式灵活多样，有乡镇政府举办、村办镇管、村镇共建共管等方式。为加快推进农村幼儿园标准化建设步伐，促进济南市学前教育事业健康协调发展，2009年2月24日，市教育局下发《农村幼儿园标准化建设指导意见》。至2010年，全市幼儿园1480所，在园幼儿15万人、教职工1.35万人。

奔向美好未来　　(2005年摄)

1986～2010年济南市幼儿园基本情况表

表12－2－1

年 份	幼儿园(所)	在园幼儿(人)	教职工(人)	
			合计	专任教师
1986	1819	108418	8187	4754
1987	1765	113692	8285	4729
1988	1851	108425	8453	5317
1989	1858	109096	9478	5773
1990	2251	132030	10067	6770
1991	1883	122809	9108	6396
1992	2178	144140	10436	7189
1993	2159	139247	9885	6926
1994	2346	139685	10214	7287
1995	1882	115813	9000	6321
1996	1656	107033	8522	6139
1997	2070	102217	8842	6336
1998	2177	98148	8440	6405
1999	2086	103709	8427	6161
2000	1740	108908	8317	6308
2001	605	96431	5528	3469
2002	626	111795	5832	3665
2003	1777	133340	8320	5561
2004	1635	130575	8862	5660
2005	1340	125694	9268	5809
2006	1308	121840	9775	6127
2007	1328	124802	10913	6727
2008	1513	133641	11626	7126
2009	1495	137492	12136	7576
2010	1480	150027	13450	8317

第二节　保 育

1986～1992年，幼儿园的保育工作由妇联及卫生部门负责。1991年8月6日，根据市政府《关于加强托幼工作的通知》精神，济南市卫生局、济南市教育委员会联合下发《关于加强托幼机构卫生保健工作的通知》，规定全市托幼机构卫生保健工作在市卫生局统一领导下进行，市儿童保健所是全市托幼机构卫生保健工作业务技术指导中心，负责全市各级各类托幼机构业务指导、培训、检查工作。各区县、各大企业要成立相应的卫生保健领导小组，区县卫生局、妇幼保健机构应设专人负责托幼机构卫生保健工作，定期对辖区内的各类园所进行业务培训、指导和检查，完善全市托幼机构卫生保健管理体制。1992年，市教育局将幼儿园卫生保健工作纳入对幼儿园的评估认定体系。

2001年9月26日，市教育局下发《济南市幼儿园安全工作规定(试行)》，对消防安全、大型社会活动、接送交接和晨检、午睡值班工作，对食品卫生、卫生室和卫生药品、大型玩教具的检修和保养，对用电安全及电气设备管理、户外活动和体育活动安全，对活动室、寝室和卫生间，对幼儿园周边环境的安全等所有涉及幼儿安全的诸多环节加强安全管理提出要求；规定幼儿园必须建立并完善安全工作责任制度、安全工作管理制度、安全工作检查制度、大型活动审批制度、安全工作及突发事件报告制度和安全工作考核制度。

2004年，在全市幼儿园、托儿所实行卫生保健合格证制度，要求卫生保健人员、保育员及炊事人员持任职资格证书上岗。制定《济南市托幼机构卫生保健验收标准》。此项工作被列为对幼儿园、托儿所年终考核和分类定级的一项内容。8月，市教育局下发《济南市幼儿园保育员工作细则》，从保育员工作职责、个人卫生和室内、室外环境卫生以及物品管理与消毒三个方面提出28条严格细致的工作要求。同时，分入园接待、早操体育锻炼、教学活动、入厕盥洗、喝水进餐、午睡、区域游戏活动、离园8项38条，规定幼儿一日生活中保育员的工作规程。8月18日，市教育局下发《济南市幼儿园食堂管理标准》，进一步规范幼儿园食堂内部管理工作。12月8日，市教育局印发《济南市幼儿园安全工作应急预案》，督促各级各类幼儿园结合本单位实际制定诸如防火、防止食物中毒、突发事件应急等相应的工作应急预案，确保幼儿园各项工作的顺利开展和入园幼儿的生命安全。为加强幼儿园校车交通安全管理，保护幼儿人身安全，2007年9月25日，市教育局下发《济南市幼儿园校车管理使用及接送幼儿工作细则(试行)》，对校车管理使用、接送幼儿工作规程、校车管理岗位责任、校车司机、卫生消毒等方面做出严格规定。

第三节　教　育

一、学制

济南市幼儿园学制一般为三年，同时有一年或两年制幼儿园，少数幼儿园为四年制，增加托班。办园(所)形式因地制宜、灵活多样，多数为全日制，少数为半日制、定时制和季节性制，还有学前一年制幼儿班(主要分布在民办幼儿园)，以适应家长的需要。2001年前有少数幼儿园实行寄宿制，2001年取消。

二、课程设置和教材

1999年前，根据教育部《幼儿园教学大纲(试行)》，济南市幼儿园设置体育、语言、计算、音乐、美术、常识6门课程，使用全国幼儿园统编教材。2000～2003年，根据国家教委《幼儿园管理条例》《幼儿园工作规程》编写的《山东省幼儿园课程资源》开始在幼儿园使用，幼儿园使用明天出版社第一版《山东省幼儿园教育活动教材》。课程设置为健康、数学、科学、社会、音乐、美术和语言，除教学活动外，还设有游戏活动、生活活动、环境创设、家长工作。2004年后，使用明天出版社第二版《山东省幼儿园教育活动教材》。课程设置以主题活动的形式整合幼儿发展的五大领域，将教育活动与游戏、生活活动、环境创设、家庭与社会教育、评价指南融为一体。2010年，济南市幼儿园使用明天出版社、山东大学出版社以及南京师范大学出版社出版的教师用书和幼儿活动材料。

三、班级规模

每班幼儿人数一般为：小班(3～4周岁)25人；中班(4～5周岁)30人；大班(5～6周岁)35人；混合班30人。

四、师资配备

教职工与幼儿的比例，全日制幼儿园为1:6～1:7；寄宿制幼儿园为1:4～1:5。其中3个班以下的幼儿园设园长1人；4个班以上的幼儿园一般设正副园长各1人；10个班以上的寄宿制幼儿园设正副园长3人。专职教师：全日制幼儿园和寄宿制幼儿园每班配置2～3人。保育员：全日制幼儿园每班配置1人；寄宿制幼儿园每班配置2～3人。炊事员：每日三餐一点的幼儿园每40～45名幼儿配1人；少于三餐一点的幼儿园酌减。医务人员：全日制幼儿园一般配1人，幼儿超过200人酌情增加；寄宿制幼儿园一般配2人，超过200人的酌情增加。财会人员：3个班以上的幼儿园设专职会计1人；出纳根据幼儿园大小设专职或兼职1人。

第四节　管　理

1992年前，由济南市妇联主管；1992年后，管理体制改革，由济南市教育委员会主管。1991～2010年，济南市逐步改革和完善学前教育管理体制，实行地方负责、分级管理和有关部门分工负责的学前教育管理体制，明确学前教育机构的性质、任务以及全市学前教育改革与发展的目标，对经费筹措、师资建设、深化改革、提高质量、加强领导等提出要求。

一、分类管理

1992年9月30日，市教委制定下发《济南市幼儿园评估验收标准(试行)》，开始对全市幼儿园实行科学的分类管理和指导，督促各类幼儿园努力改善办园条件，提高保教质量。2002年8月15日，市教育局下发修改后的《济南市幼儿园分类评估验收标准》。该标准共有一级指标4项、二级指标24项、三级指标70项，各项指标累计为1000分。另外设增分50分，最高分值为1050分。幼儿园分为三类，标准是：900分以上为一类园；800分以上为二类园；700分以上为三类园。不满700分为不合格幼儿园。由市教育局、市物价局、市财政局联合验收，合格后予以批复公布。对市评估认可的一类、二类幼儿园实行动态管理，每两年复评一次，达不到标准的，降类处理。

二、收费管理

1992年，省教委等部门下发《关于整顿幼儿园、托儿所、学前班收费标准的通知》，明确规定幼儿园实行按照类别收费的办法。1994年6月18日，省物价局、省财政厅、省教委联合下发《关于调整幼儿园、托儿所、学前班收费标准的通知》，对幼儿园、托儿所、学前班收费标准进行调整。调整后的保育费、管理费、杂费收费标准为全省基准收费标准，经济发达的市和地区可根据当地经济状况和群众承受能力适当上浮，上浮幅度不超过10%；经济欠发达的市和地区可适当下浮，下浮幅度不限。文件同时规定，要坚决废止入园费、建园费、押金、维修折旧费、被褥费、毛巾费、取暖费等乱收费项目。2002年11月11日，省物价局、省财政厅、省教育厅印发《关于幼儿园收费管理权限有关问题的通知》，决定将幼儿园(托儿所)的收费标准授权市级人民政府管理。2003年8月，市物价局、市财政局、市教育局联合下发《关于调整市内五区幼儿园、托儿所收费标准的通知》，根据幼儿园办园性质、办园质量等情况，按质按类实行不同的收费管理办法。2003年10月，市物价局、市财政局、市教育局转发省物价局、省财政厅《关于幼儿园收费管理有关问题的通知》精神，对冬季取暖费和夏季空调降温费的收取进行调整。同时要求各幼儿园严格收费项目和收费范围，对于超范围、越标准和擅自设立项目收费的幼儿园，一经举报，严肃处理。

三、规范幼儿园办园标准

1992年9月，市教委制定下发《济南市幼儿园评估验收标准(试行)》(2002年8月，正式修订为《济南市幼儿园分类评估验收标准》)。1997年4月12日，市教委在实施《关于加强学前班管理意见》的基础上，经过一年多的讨论、论证，印发《济南市学前班办班基本标准》，把学前班纳入规范化管理轨道。同时为加强农村乡镇中心幼儿园的建设，推进农村幼教事业的发展，市教委下发《关于印发〈济南市乡镇中心幼儿园办园标准〉(试行)的通知》，开展乡镇中心幼儿园达标评估验收活动。至2004年，济南市76处乡镇中心幼儿园通过达标验收。2004年8月18日市教育局对原有标准进行修改完善，印发《济南市乡镇中心幼儿园办园标准》和《济南市农村村办、个体办幼儿园(班)办园标准》。至2005年，全市共有92所乡镇中心幼儿园通过验收达标。为保证幼儿园完成教育教学任务，提高幼儿园的办园质量，市教育局制定下发《济南市城镇幼儿园教玩具配备目录》《济南市农村村办、个体办园(班)教玩具配备目录》《济南市幼儿园科学发现室配备标准》。乡镇中心幼儿园教学设备配置参照《济南市城镇幼儿园教玩具配备目录》三类幼儿园的标准执行。在对幼儿园进行规范管理的同时，对幼儿园的教材使用进行统一。2006年3月28日，市教育局下发《关于加强幼儿园教师指导用书和幼儿活动材料管理的通知》，成立幼儿园教材审定委员会，定期审定公布幼儿园各领域教材(教科书、教学参考书、教学挂图、图册、音像教材、计算机辅助教学软件、幼儿活动材料等)选用目录，供幼儿园选订。要求各类学前教育机构必须严格按照《图书征订目录》选用经国家或省、市教材审查委员会审查通过的幼儿园教师指导用书、教学辅助资料和幼儿活动材料。严禁幼儿园使用小学教材。2009年3月2日，市教育局下发《关于加强幼儿园特色班管理的通知》，坚决制止违背教育发展规律、儿童身心发展规律的乱办班现象。4月18日，为促进济南市学前教育均衡、健康发展，市教育局成立学前教育指导小组，定期组织指导活动。2010年9月10日，市教育局颁发《济南市幼儿园教职工职业道德规范及实施细则》，对幼儿园教职工职业道德和行为进行规范。

四、审批注册管理

为加强幼儿园、学前班的管理，2004年11月8日，市教育局下发《关于对济南市幼儿园、学前班登记注册的通知》，对济南市辖区内的各级各类幼儿园、学前班登记注册的范围、条件、程序和管理作出详细规定。对具备登记注册条件的幼儿园、学前班，教育行政部门按照规定予以登记注册；对于办园条件与要求相差较大的幼儿园、学前班，限期改进，具备条件后再行注册。新开办的学前教育机构，须经审批合格后方可注册。对准予登记注册的举办单位和个人颁发济南市幼儿园、学前班办园许可证。对未经登记注册擅自开办的，教育行政部门依据有关法规进行查处。已登记注册的，如有更名、停办、搬迁、合并等，须到审批部门办理有关手续。2005年4月22日，市教育局下发《济南市民办幼儿园审批规定》；11月9日，市教育局下发《关于规范跨区办分园的通知》，进一步规范民办幼儿园跨区办理分园的注册和管理要求。随着民办幼儿园数量的增加和管理难度的加大，原有民办幼儿园跨区管理的规定已不适应，2007年4月11日，市教育局下发《关于改进对跨区办分园管理有关办法的通知》，明确规定恢复执行《关于对济南市幼儿园、学前班登记的通知》的要求，凡幼儿园开办分园一律进行登记注册，办理程序和手续按照当地教育行政部门要求进行。在本辖区内开办的分园，不得使用主园办园许可证的复印件，但可使用主园的注册号码，在分园的办园许可证上明确标注“分园”字样，不列为统计独立单位。

五、资格准入和培训

(一)资格准入制度。济南市实行幼儿园园长和教师资格准入制度，持证上岗。1998年7月，市教育委员会下发《关于对全市各级各类幼儿园园长、教师进行资格审定的通知》。审定范围：济南市行政辖区内经登记注册的各级各类幼儿园园长、教师；农村为乡镇统一管理且实行乡镇工资统筹的幼儿园园长、教师；幼儿园园长(副园长)应是主办单位正式任命且符合园长资格审定条件的；幼儿教师指从事教育教学工作的教师(不含退休教师、保育员、临时工等)。“通知”明确规定幼儿园园长和教师的任职条件，资格审定程序和审定要求。“通知”规定：经审核取得幼儿园园长资格证书者，幼儿园主办单位可聘任或任命其担任幼儿园园长；未取得任职资格证书者，应由主办单位安排参加培训，经培训仍不合格者，不得担任幼儿园园长职务。经审核取得幼儿园教师资格证书者，由幼儿园园长定期聘任；未取得任职资格者，不得担任幼儿教师。

(二)园长培训。1999年5月20日，市教育委员会下发《关于开展济南市幼儿园园长岗位培训工作的意见》，在全省率先开展幼儿园园长培训工作。当年，全市48名一类幼儿园园长接受系统、规范的岗位培训。到2000年，全市一、二类幼儿园园长(副园长)全部接受岗位培训，达到国家规定的任职资格要求，做到持证上岗。幼儿园园长岗位培训工作纳入各级教育行政部门干训计划当中，归口管理，由济南市教委组织处与学前教育处负责组织实施。省级实验园和示范幼儿园园长(副园长)由山东师范大学教育系负责培训，其他类幼儿园园长(副园长)由济南幼儿师范学校负责培训。幼儿园园长岗位培训严格执行《全国幼儿园园长岗位培训指导性教学计划(试行草案)》，根据教育部基础教育司组织编写的全国幼儿园园长岗位培训教材进行教学。通过考试、考核，成绩合格者，由市教委统一审核颁发幼儿园园长岗位培训合格证书。2003年3月，市教育局在历下区、市中区、槐荫区、天桥区试点园长跟训，济阳县、商河县的8名园长分别在四区的教育直属幼儿园参加跟训。至2010年，济南市共举办6期新任园长岗位培训班。

六、省级实验、示范幼儿园评选活动

为贯彻《山东省〈幼儿园管理条例〉实施办法》，1992年2月21日，省教委印发《省级实验幼儿园办园标准(试行)》，从园舍与设施、规模与工作人员条件、教育科研工作、卫生保健工作、管理工作、幼儿园与幼儿家庭等6个方面作出明确规定。按照该标准，省教委确定22所幼儿园为全省首批实验幼儿园，济南市槐荫区实验幼儿园位列其中。1993年，省教委组织开展省级示范幼儿园的评选。经过省教委、省物价局、省财政厅评估检查，山东省人民政府机关幼儿园等10所幼儿园被确定为省级示范幼儿园；市中区幼儿园和南郊幼儿园被评选为省级实验幼儿园。

省级实验幼儿园和省级示范幼儿园由省教委、省物价局、省财政厅组成联合验收小组进行验收审批。对验收合格的幼儿园，由省教委、省物价局、省财政厅统一公布命名并颁发“省级实验幼儿园”和“省级示范幼儿园”园牌。省级实验幼儿园和省级示范幼儿园属同一类别，按照省规定的同一标准收费。对省级实验、示范幼儿园实行动态管理，定期组织人员进行复评，对管理不善、质量下降者，取消其“省级实验幼儿园”和“省级示范幼儿园”称号，收回园牌，降低其收费标准，取消其相应待遇。1996年11月，省教委、省物价局、省财政厅对济南市1995年前验收合格的14处省级实验幼儿园和示范幼儿园进行复查验收，全部验收合格。1999年8月24日，省教委、省物价局、省财政厅联合下发《关于公布〈山东省省级实验、示范幼儿园办园标准〉的通知》。新的标准分为三级指标，包括4项A级指标、27项B级指标和84项C级指标。至2005年，济南市共有8所幼儿园被确定为山东省省级实验幼儿园、39所幼儿园被确定为山东省省级示范幼儿园，居全省前列。至2010年，济南市共有103处省级实验、示范幼儿园。

第五节　幼儿园选介

济南幼儿师范附属幼儿园

济南幼儿师范学校附属幼儿园成立于20世纪70年代，初期是以托儿所的形式解决本校教职工子女入托问题。1986年，在济南幼儿师范学校一平房内开始面向社会招生。2000年，正式启用新幼儿园。新园是按照色彩变化装饰的四层教学楼，占地面积4000余平方米，建筑面积4200平方米，教育设施齐全，设有多媒体教室、综合活动室、阅览室、科学发现室、美术及音乐专用教室等；根据开放式教育的要求设计，每班设活动室、睡眠室、更衣室、盥洗室、卫生间，每班总面积近150平方米，室内采光通风良好，自然光照充足，建设标准按照一级一类幼儿园规划建设，园内教学设备高端先进，格局功能科学齐全；室外铺设800平方米绿化草皮，700平方米运动型专业艺术塑胶跑道，安装大型工程塑料及原木游乐设施、蹦床、平衡木、沙池、荡桥、小精灵隧道等，建造山、石、树、藤、桥、水车、瀑布等人文景观，开辟玩沙区、戏水区、养殖区、种植区，让孩子充分接触自然，培养尊重自然、和谐共生的人文理念。同年，办园规模由5个班增加到10个班，增加新园名“济南市实验幼儿园”，并被济南市教育局命名为“巾帼建功文明岗”。2001年通过济南市一类园达标验收，被天桥区政府授予托幼工作先进集体。2002年，办园规模增至12个教学班，在园幼儿400多人，教职工总数55人，教师学历达标率为100%。2003年成为山东省省级师范幼儿园。2004年参加全市幼儿基本体操比赛获得团体第一名。2006年被授予济南市托幼工作先进集体、天桥区托幼工作先进集体，大艺术教研组被评为天桥区教育局优秀教研组，教师的论文、课件、优质课等多人次在省市各级各类评比中获奖。2010年开始，该园与瑞典蒙道尔市科沃科拉幼儿园进行为期三年的合作交流计划，通过跨国访问、课件研讨、网上互动等多种形式展开交流与沟通，加强两园之间在幼儿教育领域的团结合作。幼儿园在教科研方面取得了丰硕的成果，先后参加了省级实验研究课题“实施大艺术教育、促进幼儿素质全面发展”“幼儿心理健康教育”，并结合本园实际发展“珠心算教学”“科学阅读识字”“幼儿计算机辅助教学”专题研究获得初步成果，促进幼儿园在教学质量上迈上一个新台阶。园址：天桥区堤口路87号。

天桥区实验幼儿园

天桥区实验幼儿园始建于1983年，改建于1992年，北邻大明湖公园，南毗五龙潭公园，占地面积1882平方米。2007年，幼儿园有正式教工33人，其中中学高级教师3人、小学高级教师22人、一级教师5人、会计师1人、技工2人。具有大学本科学历18人，本科在读及专科学历13人，学历达标率100%；幼儿园现代化教学设备齐全，房屋设施配套，环境整洁优美，有独立配套的、功能先进的多功能综合活动室和宽敞明亮的科学发现室、美术室、图书室、感统训练室以及设施完善合理的幼儿伙房；教学楼的1楼设植物走廊，2楼设科学走廊，3楼平台全部铺设塑胶地面，配有滑梯、攀岩等多种大型体育活动器械。户外活动场地体现着娱乐、运动、自然的风格。2008年12月，被山东省教育厅评为省级十佳幼儿园；2009年，幼儿园有正式教职工34人，其中中学高级教师3人、小学高级教师23人、一级教师5人、二级教师1人、会计师1人、技工1人。现任教师中具有大学本科学历22人、本科在读及专科学历10人，学历达标率100%；幼儿园投资100万元，更换添置现代化教育教学设施设备和食堂专用设备，设置迎门电子显示屏、改建网站、完善自动化办公系统和多媒体教学辅助系统；做到班班有钢琴、电脑、数码相机、背投电视、实物展台等；独立配套综合活动室、科学发现室、感统训练室、图书室、美术室以及幼儿食堂；户外活动场地体现娱乐、运动、自然的风格，环绕操场的绿色种植、大型滑梯、攀登架。被授予天桥区教育系统第一个省级巾帼文明岗。2010年，幼儿园有正式教职工31人，中学高级教师3人，小学高级教师21人，现任教师中具有大学本科学历23人、本科在读及专科学历7人，学历达标率100%。省(市)区教学能手7人，市学科带头人2人，省市级优秀教师、优秀教育工作者10余名。被评为山东省学前教育先进单位。幼儿园先后培养省市区教学能手、学科带头人40人，向其他幼儿园输送后备管理干部14人。园址：天桥区周公祠街15号。

济南市制锦市中心幼儿园

济南市制锦市中心幼儿园始建于1956年，隶属于制锦市街道办事处，是一所环境整洁优雅、师资力量雄厚、管理科学的现代化幼儿园，1983年在原址改建3层教学楼1幢，全园占地面积600平方米，建筑面积1326平方米。2010年，有教职工40人，学历达标率100%；有大、中、小、托班9个班，收托幼儿450人，园内设有日托、整托、临时托，并设有小饭桌等。园内布局合理，幼儿生活、保健、教学设施配套完善，有阅读室、科学发现室、形体训练室，增添幼儿喜爱的多功能综合性活动玩具、安全耐用的塑胶地面，有装修食堂，更新线路，室外墙围子全部为铝塑板，各班配备钢琴、空调、直饮机，集中供暖，还购买电脑、白板、投影仪等现代化多媒体教学设备。园址：天桥区锦屏街13号。

章丘市实验幼儿园

章丘市实验幼儿园前身是章丘县县直机关幼儿园，创建于1957年8月，地址在章丘古城(绣惠镇)，始收县直机关干部子女12人，实行寄宿制，有副所长1人、保教人员5人。1997～2000年，有12个教学班、在园幼儿600余人、教职工58人。2010年，有教职工88人，为山东省十佳幼儿园。园址：明水桃花山路682号。

槐荫区实验幼儿园

槐荫区实验幼儿园始建于1982年，隶属于槐荫区教育局。1992年被评为“省级实验园”。1995年以自筹资金为主建起一座外形美观、实用性强的教学楼，90多平方米的幼儿活动室宽敞明亮，每个活动室都配备钢琴、有线电视、监控系统、程控电话、冷暖空调、消毒柜、热水器。2001年，幼儿园建筑面积2726平方米，固定资产279万元，班级数量9个，在校幼儿人数315人；提出幼儿教育现代化发展“五年三阶段”的发展目标，建立多媒体教室。当年被评为首届山东省“十佳幼儿园”。 2002年10月开始经多方考察，采用分期付款的形式，投资30多万元在教学楼顶层加盖面积500多平方米轻质房屋。 2003年，投入十万余元，为5个幼儿活动室安装大屏幕和液晶投影仪。4月，发动全体教师动手设计、装饰安全美观的室内环境，投资7万多元添置用于进行儿童感觉统合训练的大型玩具“淘气堡” 等器材。10月，幼儿园网站因创意新、容量大、内容丰富、更新及时获济南市学校网站一等奖。2004年，幼儿园建筑面积3228平方米，固定资产409万元，班级数量19个，在校幼儿人数665人；纬九路分园开园。2004年、2009年再次被评为山东省“十佳幼儿园”。至2010年，100%的教师取得幼儿园教师任职资格证书和计算机高级证书，一线教师40人，平均年龄28岁，大专以上学历93%；槐荫区实验幼儿园发展成为拥有两个园所，占地面积6000平方米，建筑面积5600平方米，有22个班，集教育、教研、培训于一体的现代化幼儿教育中心，并成为山东女子学院、山东师范大学、济南幼师等师范院校的见习、实习基地。园址：槐荫区振兴街17号。

中共山东省委机关幼儿园

中共山东省委机关幼儿园始建于1949年，是省教育厅命名的全省第一所省级示范园。2010年，在园幼儿400余人，共设大、中、小、托13个教学班。全园占地面积6600平方米，建筑面积1.1万平方米，南北两座保教大楼。建立科学发现室、海洋球室、蒙氏活动室等12个幼儿专用活动室。全园绿化面积1010平方米，幼儿户外活动场地4170平方米。院内设有大型玩具区、塑胶操场、草坪区、种植园地等。拥有配套齐全的现代化办公设备和各项先进的教育教学设施，建立网站，实现网络化办公，全园资源共享。在教育教学中不断进行改革创新，先后开展十多项国家、省、市级课题的实验研究。教师撰写的论文、活动设计等先后在相关刊物发表。该园坚持以幼儿发展为本原则，开展“发现与探索”园本课程研究，为每个幼儿提供充分学习、活动的机会，促进幼儿基本素质的提高。连续两次获“山东省十佳幼儿园”称号，先后获省级文明单位、省级青年文明号、山东省巾帼建功先进集体、山东省教书育人先进单位、省直先进基层党组织、山东省食品卫生A级单位、济南市最佳营养卫生食堂等称号。园址：市中区经八路15号。

山东省军区机关幼儿园

山东省军区机关幼儿园隶属省军区政治部，位于省军区机关宿舍院内，始建于1962年，幼儿园为独立建筑群体，占地面积5362平方米，建筑面积4542平方米，户外活动场地3583平方米。幼儿人均占地20平方米。2010年，有11个教学班，幼儿500人，教职工57人。幼儿园配有专用音体室、美术室、图书阅览室、科学探索室、幼儿娱乐室、多媒体教室及幼儿餐厅。幼儿园先后被评为“全军先进幼儿园”“全国爱国启蒙教育先进单位”“济南市素质教育先进单位”，被确立为“济南幼儿师范实习基地”。2007年“六一”儿童节前夕，省军区机关与幼儿园筹措30多万元，建立声、光、电、科技含量较高设备的幼儿科学探索室。园址：历下区青后小区三区30号。

济南大地幼儿园

1994年7月，由珠海大地幼教集团与中铁十四局合作开办的济南大地幼儿园开园。占地面积4100平方米，建筑面积1900平方米，9个班，容纳幼儿300人。2004年9月，济南大地明珠幼儿园开园。幼儿园位于东外环明珠花园小区，建筑面积1200平方米，6个套班，容纳幼儿200人。2009年6月，济南大地名士幼儿园开园。位于名士豪庭小区，占地面积3900平方米，建筑面积1800平方米，12个班，容纳幼儿400人。幼儿园获山东省级示范园、济南市托幼工作先进集体、中国十大儿童教育领先品牌等称号。园址：历下区和平路燕山小区。

山东银座·英才幼儿园(集团)

山东银座·英才幼儿园(集团)是山东省商业集团有限公司直属管理的股份制、现代化幼教集团。济南百花园2001年9月26日开园，标志着该集团的创办。2002年10月，济南阳光园开园；2005年10月，济南黄金园开园。此后，以济南为集团总部，逐步实现由地方品牌向全国品牌发展的战略目标，由一所幼儿园迅速成长为国内知名大型幼教集团。2006年，获“全国校园文化建设金奖单位”“山东省民办教育先进集体”“学前教育最具影响力奖”。2007年，获“全国平安和谐校园单位”。2008年，获“中国改革开放30年十大品牌学前教育机构”“全国先进民办幼儿园”称号。2009年，

“教育改革30年山东教育总评榜最受欢迎学前教育品牌”“中国优秀民办幼儿园”。2010年，获“山东省优秀社会组织”。2010年年底，银座幼教集团拥有15所基地示范园(属于济南的有济南百花园、济南阳光园、济南黄金园3所)，有教职工450人，在园幼儿4550人。在全国21省市拥有150余家联盟园。银座幼教集团以“让爱更多一点”为办园核心价值观构建单位文化。在国内行业中首创的“五个一体化”(理念—模式—流程的一体化管理，教研—保研—家园共育研究的一体化结合，课程—教材—环境的一体化完备，幼儿—教师—家长的一体化发展，理论—实践—反思的一体化培训)管理模式，使幼教集团的发展更具系统性、规范化与标准化；实施素质教育的“五种途径”(养成教育、情境教育、差异教育、互动教育、生活教育)让幼儿素质教育在这里得到真实的转换与诠释。

1992～2010年济南市省级实验、示范幼儿园

表12－2－2

幼儿园	称 号	公布时间
山东省实验幼儿园	首批实验幼儿园	1992-05-04
槐荫区实验幼儿园		
市中区七里山幼儿园	第二批实验幼儿园	1993-07-31
济南铁路南郊幼儿园		
市中区经五路幼儿园	第三批实验幼儿园	1993-10-27
天桥区实验幼儿园	第四批实验幼儿园	1994-07-12
章丘市实验幼儿园		
长清县实验幼儿园	第七批实验幼儿园	1997-10-24
平阴县实验幼儿园	第十批实验幼儿园	2000-08-31
山东省人民政府机关幼儿园	首批示范幼儿园	1994-11-23
山东大学幼儿园(山东大学第一幼儿园)		
济南炼油厂幼儿园		
山东医科大学幼儿园(山东大学第二幼儿园)		
济南市市直机关幼儿园		
槐荫区机关幼儿园		
山东省立医院幼儿园		
济南市制锦市幼儿园		
济南铁路分局生活管理段二七幼儿园		
济南军区空军机关幼儿园		
山东省委机关第二幼儿园	第二批示范幼儿园	1995-11-27
山东师范大学幼儿园		
山东工业大学幼儿园(山东大学第三幼儿园)		
山东省邮电管理局幼儿园(已撤销)		
山东省大众日报社幼儿园		
济南市工商银行幼儿园		

续表12－2－2

幼儿园	称 号	公布时间
济南市第一棉纺厂幼儿园	第二批示范幼儿园	1995-11-27
济南机床二厂幼儿园		
山东省广播电视厅幼儿园(已撤销)	第三批示范幼儿园	1998-01-23
济南市匡山集团总公司幼儿园		
山东黄台火力发电厂幼儿园(已撤销)		
山东省供销合作社联合社幼儿园		
山东省建设委员会幼儿园	第四批示范幼儿园	1999-02-25
山东省旅游局幼儿园		
山东省轻工业学院幼儿园		
历下区东关办事处中心幼儿园		
济南市公安局幼儿园	第五批示范幼儿园	2000-05-22
济南市公房管修处幼儿园		
济南钢铁厂中心幼儿园		
山东省农业科学院幼儿园	第六批示范幼儿园	2002-03-19
济南大学幼儿园		
济南钢铁集团总公司二区幼儿园		
济南甸柳新村街道办事处幼儿园		
济南市育贤幼儿园(济南育贤第一幼儿园)		
济南市育贤幼儿园(济南育贤第二幼儿园)		
山东省交通厅幼儿园	第七批示范幼儿园	2004-02-17
山东省科学院幼儿园		
济南军区总医院幼儿园		
济南幼儿师范学校附属幼儿园		
历下区第一实验幼儿园		
历城区机关幼儿园		
章丘市绣惠镇中心幼儿园		
济南市大明湖路小学附设幼儿园	第八批示范幼儿园	2006-02-28
济南机车车辆厂幼儿园		
山东省煤炭安全监察局幼儿园		
章丘市新龙幼儿园		
章丘市明水中心幼儿园		
山东省军区机关幼儿园	第九批示范幼儿园	2008-05-22
济南生辉幼儿园		
济南生辉幼儿园(分园)		
山东石油化工办公室幼儿园		

续表12－2－2

幼儿园	称 号	公布时间
济南市金太阳幼儿园	第九批示范幼儿园	2008-05-22
历下区姚家中心幼儿园		
济南卓雅大风车幼儿园		
济南军区联勤部幼儿园		
山东财政学院幼儿园		
济南金阁幼儿园		
历城区王舍人镇实验幼儿园		
历城区郭店中心幼儿园		
历城区港沟中心幼儿园		
历城区董家中心幼儿园		
历城区仲宫红山生态幼儿园		
历城区唐王中心幼儿园		
市中区舜玉南区幼儿园		
历下区解放路一小幼儿园		
济南市大地幼儿园	第十批示范幼儿园	2010-03-09
济南市佛山苑幼儿园		
济南市大地明珠幼儿园		
济南市小庄幼儿园		
济南市铁路老屯幼儿园		
济南市阳光幼儿园富翔天地幼儿园		
济南市辛甸花园天天乐幼儿园		
济南军区政治部机关幼儿园		
济南钢铁集团有限公司三区幼儿园		
历下区姚家办事处丁家幼儿园		
市中区尖尖角幼儿园		
市中区三之三幼儿园		
市中区舜玉路街道办事处北区幼儿园		
章丘市刁镇中心幼儿园		

第二章　义务教育

第一节　小　学

1986年，全市有小学3835所，学制为五年，在校生48.77万人，教职工2.67万人，专任教师2.52万人。全市每万人口中有在校小学生898人。

1990年，原属德州市的济阳县、商河县，以及齐河县的靳家乡、大王乡和桑梓店镇划归济南市，全市小学学校数为3368所，在校学生为47.57万人，教职工为2.94万人，专任教师2.69万人。全市适龄儿童入学率为99.03%，小学在校生巩固率98.74%，应届生毕业率99.83%，小学毕业生升学率84.32%。

为优化教育资源配置，1990年始，各县(市)区陆续对学校布局进行合理规划和调整，对小学和教学点在方便适龄儿童、就近入学的前提下适当合班并校。至1995年，全市小学减少到2890所，比“七五”期末减少478所；在校生49.23万人，比“七五”期末增加1.66万人。全市适龄儿童入学率99.86%，小学在校生巩固率99.8%，小学毕业生升学率96%，分别比“七五”期末提高0.83、1.06和11.68个百分点。2000年，小学减少到1273所，教学点保留567个，在校生41.4万人，教职工2.96万人，专任教师2.74万人。全市适龄儿童入学率99.93%，市区100%；全市小学毕业生升学率99.15%，市区100%。随着城乡建设的不断发展，市区和农村人口居住区域发生较大变化，原有中小学结构布局已无法满足社会经济发展的需要。2001年5月始，济南市进一步加大学校布局调整工作力度，在相应扩建学校的前提下，再次适度撤并学校。至2005年，全市基本完成第一轮中小学布局调整任务，小学处数由“九五”期末的1273所调整为832所，在校学生37.88万人，平均每万人口中在校学生数为644.6人。全市小学适龄儿童入学率100%，小学毕业生升学率99.7%。全市小学教职工2.76万人，其中专任教师2.52万人。专任教师中学历达标率99%，专科学历达标率55%，分别比“九五”期末提高2.74、37.09个百分点。2010年，全市小学645所，在校生38.4万人，教职工2.7万人，专任教师2.48万人，学龄儿童入学率100%，小学毕业生升学率100%。

1986～2010年济南市小学教育基本情况表

表12－2－3

年 份	学校(所)	在校学生(人)	教职工(人)	专任教师(人)
1986	3835	487664	26725	25154
1987	3683	475489	27124	24880
1988	3665	477359	27850	25827
1989	3635	479235	28849	216534
1990	3368	475688	29352	26922
1991	3341	468656	29116	26774
1992	3248	459637	29389	27005

续表12－2－3

年 份	学校(所)	在校学生(人)	教职工(人)	专任教师(人)
1993	3202	465958	29467	27147
1994	3071	480286	29281	26994
1995	2890	492264	29337	27047
1996	2495	502058	29834	27314
1997	2170	509157	29764	27600
1998	1739	494551	30073	27849
1999	1453	456756	30102	27810
2000	1273	413971	29577	27417
2001	1353	379305	29409	27021
2002	1228	387011	28794	26264
2003	1074	379690	28172	25718
2004	889	375500	27747	25214
2005	832	378801	27556	25201
2006	705	387280	27185	24823
2007	694	395113	27783	24967
2008	699	395115	27244	24746
2009	672	390590	27290	25036
2010	645	384001	26957	24801

第二节 初 中

1986年起，普通中学逐步实行高、初中分设，职业学校独立设校。初中学校365所，在校生15.64万人，专任教师1万人。1990年，初中学校371所，在校学生19.3万人，专任教师1.36万人。1990年后，随着各区县中小学布局调整，规模较小、学生较少的初中学校撤并，学校总数逐年减少，到1995年年初中学校减少到267所，2000年减少到245所，2001年减少到241所。继小学适龄人数高峰期后，济南市初中学龄人口持续增长，在校生人数明显增大。1995年年初中在校学生23.43万人，2000年27.34万人；2001年达到最高峰28.71万人，约是1990年的1.5倍。初中在校学生规模逐年扩大，学校的平均班数及班额明显增加。2000年，初中学校平均在校生规模达1116人，平均班额59人。2001年，初中学校平均在校生人数1191人，平均班额59.78人；由于在校生人数明显增多，造成初中学校56人以上的超员班级数量增加，初中56人及以上的班有2967个，占初中总班数的61.77%；初中毕业生升入普通高中的升学率为38.45%，比2000年提高0.31个百分点，市区为48.61%，比2000年提高4.73个百分点；专任教师1.66万人，专科学历及以上的1.47万人，学历达标率88.9%，比2000年提高2.28个百分点，其中高级技术职务教师1628人，占专任教师的9.83%，师生比为1:17.35。

2002年起，初中在校学生数呈下降趋势。2005年，全市共有初中学校201所，在校生20.07万人。初中学校平均在校生规模降至998.29人，平均班额51.58人。专任教师学历达标率96%，本科学历达标率58%。至2010年，全市普通初中171所，在校生20.04万人，专任教师1.51万人。

1986～2010年济南市初中教育基本情况表

表12－2－4

年 份	学校处数(所)	在校学生(人)	教职工数(人)	专任教师(人)
1986	365	156405	2966	10026
1987	336	158288	2959	10259
1988	329	155527	2982	10678
1989	310	151707	2948	10774
1990	371	193014	3653	13567
1991	358	197299	3705	13716
1992	341	204574	3754	13859
1993	329	208255	3816	14024
1994	321	220923	4004	14591
1995	267	234255	4149	14855
1996	257	239202	4208	15142
1997	254	240131	4195	15472
1998	253	234977	4162	15801
1999	248	251490	4346	15939
2000	245	273437	4648	16679
2001	241	287103	4803	16551
2002	231	256077	4459	16527
2003	224	231830	4140	15902
2004	203	217116	3985	15539
2005	201	200656	3890	15336
2006	192	186429	3733	14980
2007	182	176662	3648	14693
2008	179	181441	3726	14684
2009	177	190515	3863	14822
2010	171	200381	4023	15106

注：1986～1989年数字不含济阳、商河

第三节　义务教育实施与管理

一、义务教育实施

1986年4月12日《中华人民共和国义务教育法》颁布实施，济南市分别于1986年和1987年6月制定《关于振兴济南教育的决定》和《关于改革市区中学管理体制的决定》，对全市中小学实行分级办学、分级管理的体制。1988年，全市基本完成学校管理体制改革，实现农村高中和初中由县，小学由乡(镇)两级管理；城市原高、初中统一设校，由市统一管理，改为高、初中分别设校，由市、区分级管理，将原市管的40处中学下放到区管理。新体制把普及九年制义务教育的责任落实到区县和乡镇，加快

“普九”进程。

1988年，按照国家教委实施九年制义务教育的标准和条件，本着以条件定发展的原则，济南市组织五区三县及所属乡镇，对1986～2000年1～23周岁的学龄人口、学校布局与规模、师资、校舍、设备及经费的需求，进行摸底与测算。1989年，制定《济南市九年制义务教育规划》，提出实施义务教育分三步走的总体目标。第一步，1989年9月1日起，市区(不含历城区)和57个初等教育复查验收合格的乡镇，依法宣布实施初等义务教育(学制分别为5年、6年)；第二步，1990年起，市区和8个基础条件较好的乡镇开始实施九年义务教育，复查验收不合格的乡镇，经再次复查验收合格后，宣布实施初等义务教育；第三步，1991～1996年，农村57个乡镇分批实施九年义务教育，到1999年全市实现九年制义务教育。各县(市)区政府按照全市的总体目标，分别制定该地区实施义务教育的规划。市区和57个乡镇的义务教育规划及实施方案均提交同级人民代表大会或其常务委员会审议通过，并相应作出辖区从1989年9月1日起依法实施初等义务教育的决定。同时，明确政府、学校、家庭、社会各自应负的法律责任，建立各项规章制度，确保初等义务教育的实施。

济南市义务教育的实施分为以下三个阶段。

普及初等义务教育阶段。1988年1月，济南市教委下发《组织复查验收巩固和发展普及初等教育成果的通知》，提出控制学生流失问题，明确家庭、学校和村委会三方责任，加强学籍管理，并注意做好流失学生的返校工作。由于采取有效措施，全市在校小学生年巩固率稳定在99%。到1988年年底，全市有52个乡镇复查验收合格。

1989年，市区(不含历城区)和52个初等教育复查验收合格的乡镇，从9月1日起，实施五年或六年初等义务教育。1989年7～9月，根据国家教委《关于对中小学教育工作开展五项督导检查的通知》精神，市政府对全市中小学教育工作开展督导检查。主要内容：教育经费增长政策和教师经济待遇的落实情况；校舍中危房的改造情况；制止中小学学生流失情况；乱收费现象的纠正情况；《中共中央关于改革和加强中小学德育工作的通知》初步贯彻情况。检查情况显示，全市教育经费逐年有所增长，教师待遇不断提高，校舍改造成绩显著，中小学学生流失率明显下降，德育工作普遍加强。存在的主要问题：教育经费虽然逐年有所增长，但多用于人员经费开支，公用经费所占比例较小；农村教育费附加征收困难，缺额很大；城镇教师住房仍然紧张。

1990年，市政府下发《关于分批实施义务教育的通知》，对市区和农村义务教育的实施作出全面安排。1990年9月1日起，历下、市中、天桥、槐荫四区(不含区属乡镇)和历城区洪家楼镇、王舍人镇，章丘县明水镇、埠村镇、旭升乡、宁家埠乡，长清县城关镇，平阴县平阴镇实施九年义务教育。商河县、济阳县所属乡镇，历下区姚家镇，市中区七贤镇，槐荫区段店镇、吴家堡镇，历城区西营镇、桑梓店镇、锦绣川乡、靳家乡、大王乡，章丘县垛庄镇、曹范乡，宣布实施初等(小学阶段)义务教育。按照市政府要求，县区和乡镇均对辖区《实施义务教育规划》进行调整，下发宣布实施义务教育的文件或通告。至此，济南市市区和农村111个乡镇全部依法进入实施不同年限的义务教育阶段。1991年，济南市对乡镇义务教育实施整体水平进行检查评估。通过评估确认历城区王舍人镇、洪家楼镇，长清县万德镇、平安店镇，平阴县平阴镇、东阿镇、旧县乡、孝直镇，章丘县埠村镇，天桥区北园镇等10个乡镇，严格按照义务教育法办事，在保障适龄儿童按时入学、接受规定年限的义务教育、增加教育投入、努力改善办学条件、加强义务教育管理、提高办学水平等方面，采取一系列措施，达到良好以上水平，实现初等义务教育，依法进入实施中等义务教育阶段。同年，济南市开展评选义务教育示范乡镇活动。历城区王舍人镇、洪家楼镇，长清县万德镇、平安店镇，平阴县平阴镇，章丘县埠村镇，天桥区北园镇，被评为济南市1989～1991年度义务教育示范乡镇。

1991年10月，全国人大常委会视察组对济南市普及义务教育进展情况进行视察。对济南市贯彻执行《中华人民共和国义务教育法》取得的成绩给予肯定。同时要求各级政府进一步加强领导，深入宣传义务教育法，增强干部群众的法律意识，加强薄弱环节，确保2000年前全市实现九年制义务教育的规划目标。

1992年，经过评估验收，全市新增加16个普及初等义务教育乡镇，分别是：章丘市宁家埠乡、绣惠镇、刁镇，平阴县刁山坡镇、栾湾乡、孔村镇，长清县城关镇、归德镇、孝里镇、双泉乡、马山乡、张夏镇、崮山镇，历城区唐王镇、郭店镇、董家镇。济南市共有26个乡镇实现初等义务教育，进入准备实施中等义务教育阶段。

普及九年义务教育阶段。1992年，济南市及各县(市)区人民政府对辖区的九年制义务教育规划进行调整，比原规划提前三年即1996年完成普及九年制义务教育。确定各县(市)区普及九年制义务教育的时间：历下区、市中区、天桥区、槐荫区为1993年，长清县为1994年，历城区、章丘市、平阴县为1995年，商河县、济阳县为1996年。各县(市)区结合当地实际，建立岗位目标责任制、推行乡镇义务教育实施水平评估制、完善奖惩制度等，推动义务教育的发展。1993年，经省政府评估验收，市区和农村14个乡镇基本普及九年义务教育，长清县和其他县区的29个乡镇普及初等义务教育，历下区、市中区、天桥区、槐荫区“两基”工作通过省评估验收。

1994年年初，章丘市依据义务教育法和国务院《扫除文盲工作条例》，制定《关于坚定不移地加快“两基”工作的实施意见》，将原定1998年实现“两基”目标的规划提前到1995年。至1994年年底，“普九”工作取得突破性进展。经调整，全市中小学基本达到规模合理、布局得当，初中由1993年的78所减为70所，小学由690所减为641所。全市适龄儿童入学率99.98%，巩固率99.8%，初中入学率97%，巩固率99.87%。扫盲工作成效显著，全市5179名青壮年文盲中除434名失去学习能力者外，其余4745名全部脱盲，非文盲率99%。经济南市政府验收，继明水、埠村、宁家埠、旭升4个乡镇(1993年完成)后，有刁镇、绣惠等15个乡镇达标。同年，济南市“两基”工作的教育普及程度、师资水平、办学条件和教育质量等方面的指标达到和基本达到国家和省定标准。市中、历下、槐荫、天桥四区的“普九”“扫盲”工作，获国家教育督导团好评，被列入全国首批普及九年义务教育和扫除青壮年文盲县(市、区)名单。

1995年1月17～19日，市委、市政府召开全市教育工作会议，与10个县(市)区签订实现“两基”目标责任书，下发《关于批转市教委关于基本普及九年义务教育基本扫除青壮年文盲的实施意见》等文件，进一步强调要加大措施，确保1996年全市实现“两基”。年底，历下、市中、槐荫、天桥、历城5个区和章丘、平阴、长清3个县(市)经国家批准为实现“两基”的县

天桥区博文小学学生在图书馆查阅资料　(2009年摄)

(市)区。同时，市政府确认全市78个乡(镇)实现“两基”，人口覆盖率83%。全市适龄儿童入学率99.86%，小学在校生巩固率99.8%，小学毕业生升学率96%，初中在校生巩固率98.5%，分别比“七五”期末提高0.83、1.06、12.13、6.1个百分点。“八五”期间共扫除青壮年文盲6.9万人，青壮年非文盲率由“七五”末的95%提高到98%。

1996年，济南市“九五”教育规划开局良好，市区适龄儿童入学率及小学毕业生升学率均为100%，义务教育阶段择校生数量得到有效控制，比1995年下降20%，市区90%初中毕业生升入高中学习。12月，济阳县通过省“普九”验收。1997年7月21日，商河县“普九”工作通过省评估验收。

至此，全市比原规划提前3年完成普及九年制义务教育。

义务教育巩固提高阶段。基本普及九年制义务教育后，济南市义务教育工作的重点转到巩固与提高阶段。在全市推进高水平、高质量普及九年制义务教育工作，全面实施“两免一补”(对农村义务教育阶段家庭经济困难学生免费提供教科书、免杂费并补助寄宿生生活费)助学措施，加强规范化学校建设，加强素质教育。

1997年11月18日，市政府下发《济南市中小学实施素质教育试行规定》，针对巩固“普九”成果工作，提出“在市区义务教育阶段逐步推行学校或学区九年一贯制”的要求。市教委下发《关于在市区义务教育阶段推行学区九年一贯制的通知》，进一步加强初中和小学的一体化管理。要求各区把初中和对口入学的小学组成若干个学区，每一个学区成立由初中牵头，若干对口小学参加的管理委员会(校务委员会)，领导和管理该学区的全面工作。“学区九年一贯制”的办学模式在市区得到全面落实，先后建成5所九年一贯制学校、50余个九年一贯制管理学区。在农村开展乡镇或学区一体化管理的实验。1998年，在市中区开展小学小班化教育试点。1999年5月，在市中区召开现场会，全面推广市中区经验。下半年，历下、槐荫、天桥3个区相继开展小学小班化教育试点工作。

1998年，济南市进一步强化义务教育的政府行为，制定《关于巩固全市“普九”成果的意见》，完善义务教育工作制度，加大督导力度。对城区40所中小学办学条件的主要指标、农村4县(市)区22个乡镇的教育投入和初中辍学情况进行专项督导检查，对6个薄弱乡镇进行全面复查。开展《儿童少年事业发展“九五”规划》《残疾儿童少年义务教育“九五”规划》的中期监测评估，同时与市有关部门对35所民族中小学进行联合调研，推进学前教育、特殊教育和民族教育的发展。全市适龄儿童入学率100%，小学毕业生升学率基本为100%，小学和初中在校生年巩固率分别为99.9%和98.5%。5月8日，市人民政府召开市区薄弱初中建设工作会议，决定用两年左右时间，通过扩建和改造，使市区现有10所薄弱初中基本达到国家规定的办学标准。历城区加强“两基”工作建设，以年增8%的比例提高“两基”教育投入，自1995年起用于学校建设的专项资金1.3亿元，新建、扩建学校60所，新建教职工住房9.48万平方米。1998年民办教师全部转为公办，中小学教师学历达标率分别为84.96%和97.4%。1999年，历城区被评为山东省“两基”工作先进区。

2000年9月13～16日，省人大常委会对济南市贯彻实施义务教育法情况进行视察。先后视察济南七中、第二职业中专、盲聋学校、育英中学、章丘实验小学、章丘四中、贤文小学等不同类型、不同级别的学校，并核实济南市财政、地税、教委关于教育投入的账表。抽查市中区、章丘市和历下区姚家镇贯彻实施义务教育法的有关情况。2001年，济南市被评为山东省“两基”工作先进单位，市中区被评为山东省教育工作示范区。

2000年年底，济南市制定基础教育“十五”发展规划，确定在经济较发达的县(市)区

“十五”期间要高水平、高质量普及九年义务教育，到2005年初步实现基础教育现代化。其他地区要重点抓好“两基”的巩固提高工作，小学适龄人口入学率保持100%，初中适龄人口入学率保持99%以上，初中在校生年巩固率98%；进一步巩固扫除青壮年文盲成果，青壮年非文盲巩固率保持在95%。

为规范中小学的收费行为，减轻中小学生家长的经济负担，促进义务教育健康发展，1996年3月，市教委下达《关于治理中小学乱收费及中小学收费管理规定》，1997年，制定下发《济南市中小学收费管理暂行规定》。逐级签订中小学收费管理目标责任书。2002年3月，下发《关于加强中小学收费管理的暂行规定》和《中小学收费实行公示制度》等管理制度。2003年，召开济南市教育系统党风廉政建设大会，制定下发《关于加强教育系统行风建设的意见》《关于治理整顿义务教育阶段学校乱办班、乱收费的意见》，建立济南市治理教育乱收费联席会议制度。2004年始，在全市全面推行义务教育阶段 “一费制”和教育收费公示制度，制定落实教育收费管理“五条禁令”，各级教育行政部门和各级各类学校聘请2万多名各界人士作为“教育行风建设监督员”。2005年3月3日，市教育局下发《关于深入开展治理教育乱收费工作的意见》，进一步规范各级各类学校的收费行为。1998年始，济南市定期开展收费专项检查和收费巡查，对查处的乱收费全部进行清退，对乱收费学校进行严肃处理，在全系统开展创建规范教育收费示范县(市)区活动。同年，查处违规收费金额41.9万元，处理违规收费金额38万元。教育部监察局两次到济南市考察中小学收费管理工作，在济南召开全国北方片8省区治理中小学乱收费工作经验交流汇报会。1999年，全市查处15件，处理7名责任人，查处违规金额122.9万元。2003年，查处乱收费325件次，清退全部违规收费金额606.31万元。2004年，通报批评7名乱收费责任人，撤销1名学校领导的职务，将1名机关干部调离工作岗位。2005年，教育系统派出32个专项检查组，对751所学校收费情况进行专项检查，查处乱收费金额22.3万元，全部进行清退，严肃处理2所乱收费学校。

2003年，按照国家整体设置九年义务教育课程要求，济南市比全省提前2年实现原实行“五三”或“五四”学制的地区向“六三”学制的过渡。

2004年5月10日，市政府办公厅转发市教育局等13部门《关于开展经常性助学活动的意见》，设立经常性助学活动资金，支持家庭经济困难学生完成学业，巩固普及九年义务教育工作成果。

2005年2月，市教育局制定5项措施，加强农村义务教育工作，提高全市义务教育实施水平。贯彻落实《2005～2007年农村教育振兴行动计划》，全面实施“百校牵手，城乡对口帮扶”工程，探索扶持发展农村教育的新路子和工作运行机制；推动义务教育阶段“双高(高水平、高质量)普九”。将“双高普九”纳入各县(市)区教育发展总体规划，合理整合辖区内教育资源。实施“中心提升”战略，发挥市区和经济较发达县(市)区的示范带动作用，走内涵发展的路子，重点提升教育理念、管理水平和办学质量；切实落实农村尤其是经济欠发达地区“控辍”措施，加大“控辍”保学工作力度，巩固“普九”成果。建立完善电子学籍档案管理网络和管理办法，电子档案网络终端建到乡镇和学校，实行动态监控，对辍学超标的学校、乡镇和县(市)区实行红牌警告，取消参加各种评优评先活动资格；发展民族教育和特殊教育。制定民族中小学分批、分期建设的规划和市、县两级投资计划。建立和完善残疾儿童少年的检测和鉴定制度，开展多种形式的扶残助学活动，切实落实义务教育阶段残疾贫困学生“两免一补”政策。加强对特殊教育学校及“随班就读”的指导，建立完善随班就读保障体系；继续做好外来务工人员子女接受基础教育的工作。加强对外来务工就业人员子女定点学校的管理和指导，依法保障外来务工就业人员子女接受义务教育的权利。同年，章丘市制定下发《关于免除义务教育阶段在校生学杂费和对义务教育阶段贫困生实施“一免一补”的意见》，决定从2005年秋季开始在全省率先免除义务教育阶段学生的杂费，同时对贫困家庭学生免除课本费、作业本费，发放生活补助。这是该市继2004年2月率先在全省免征农业税后，推出的又一项统筹城乡发展、构建和谐社会的重大举措。该市当年即为259所义务教育阶段学校的10.99万名学生减轻经济负担2700万元。2005年，济南召开农村教育振兴工作专题会议，制定《2005年度济南市农村振兴行动计划实施方案》。启动167个农村教育基建项目，在建面积28.83万平方米，新征土地67公顷，完成投资2.75亿元。先后选派200多名优秀教师周末赴农村义务讲学，110名优秀教师送课下乡1700余节，直接受益教师3.5万人，受益学生8万余人。全市240多所学校、幼儿园结对帮扶，跨级别培训农村教师、农村乡镇中小学校长和乡镇教委主任1600名，50.8%的义务教育阶段新任教师下乡支教，首批29名农村教育志愿者赴农村中小学任教。筹措4000余万元专款，用1年时间(原定3年)解决14万名农村学生上学自购、自带课桌凳问题，消除农村中小学信息技术教育空白点，兑现不让一名学生因家庭经济困难而失学的承诺。全面实施危房改造工程，多渠道筹措危房改造资金1.5亿元，全部完成危房拆除任务，竣工危改项目学校278所，危改竣工面积31.3万平方米，改善农村学生的学习环境。实施农村教育振兴行动计划，推动“以县为主”义务教育管理体制的落实，全市农村县(市)区教师工资全部实现统一发放，章丘市在全省率先实现农村教师工资和生均公用经费“双卡双直发”；商河县农村中小学教师工资实现县域内教师工资统一标准，按时足额发放，教师人均增加工资361.39元，超过国家和省定标准；历下区和市中区再次被评为“山东省教育工作示范区”；长清区、平阴县通过省政府“两基”巩固提高评估；7个乡镇通过市级“教育示范乡镇”评估验收；槐荫区预算内农村生均公用经费小学提高到50元，初中提高到75元，超过市定标准并全部足额拨付；长清区消除农村学校预算内公用经费拨付为零的现象，农村教育整体水平显著提高。

二、义务教育管理

1989年5月，为做好实施小学阶段义务教育的起步工作，市教委针对市区生源多，小学招生压力大的情况，下发《关于做好市区小学招生工作的通知》。规定：为确保适龄儿童按学区就近入学，从1989年始，建立“义务教育入学登记卡”，实行凭卡报名的办法。凡经学校调查摸底，确属本学区有常住户口的适龄儿童均可领到“义务教育卡”。卡片由家长保存，全市统一报名时家长带领儿童凭登记卡和常住户口到所在学区小学办理报名手续。各小学一般不招收外学区的适龄儿童入学。各小学在保证本学区适龄儿童全部入学的前提下，可酌情照顾少数要求在济南市借读的适龄儿童入学，借读手续按《济南市普通小学学籍管理细则》的有关规定办理。9月，市教委在全市初中和市区小学实行学号编制，以加强对中小学生的学籍管理。规定：学号以区(县)为单位进行编制，并在每年招生时，与招生计划同时下达。初中学号为八位数字，第一、二位数是区(县)代号，第三位数同年号(取学生入学年号的最末一位数)，第四至第八位数为学生序号；小学学号为八位数字，第一位是区代号，第二、三位同年号(取学生入学年号的最末两位数)，第四至第八位是学生序号，是否在四至八位数内再设学校代号由各区自行确定。严格控制中小学生非正常流动，促进九年义务教育的实施。12月，市教委在推行《中小学校工作规范》的基础上，分别制定济南市普通中学、普通小学、职业技术学校《管理水平评估标准》。设定评估标准一级指标6项，二级指标小学54项、普通中学60项、职业学校59项，二级指标累计分值1000分。评估结果分优秀、良好、一般、较差四个等级，目的在于促使中小学提高常规管理水平。

1990年3月，省教委印发《关于试行中小学管理水平评估标准的通知》；1991年6月，印发《山东省市地义务教育管理工作考核办法(试行)》，促进义务教育管理规范化、制度化，提高市地义务教育的管理水平和中小学的常规管理水平。1996年4月1日，《小学管理规程》开始施行，济南市召开专题会议进行研究，提出贯彻落实意见。1998年，市政府印发《关于巩固全市“普九”成果的意见》，提出要规范学校办学行为，大力推进义务教育学校向素质教育转轨。同时，将加强薄弱学校建设作为进一步巩固“普九”成果的重要目标。2001年，市教育局制发《关于加强学校管理的暂行规定》，对学校教育教学管理、教职工管理、行政后勤管理等做出详细明确的规定。

2002年，教育厅印发《关于加强义务教育办学管理若干问题的通知》，对促进义务教育均衡发展、学校改制、学籍管理等方面内容提出规范要求，济南市认真贯彻落实。3月25日，济南市教育局下发《关于开展教育管理年的意见》，推动各项工作向管理要质量、要效益。

至2010年，义务教育管理工作步入法制化、正规化、常态化。

附：

辍学控制

控制辍学、保证学生接受规定年限的义务教育是进一步巩固“普九”成果的重要环节。

1988年下半年，济南市教委组织各县(区)教委(教育局)进行中小学学生流失情况的调查。从调查统计看，小学生的巩固率稳定在99%，初中生的巩固率在95%左右。但地区之间存在失衡现象，个别地区学生辍学现象比较严重，如章丘县个别乡镇的初中生流失率为17.5%，历城区个别乡镇小学生流失率为10.7%。济南近郊一个镇的初中生流失率为5.1%。学生辍学问题引起各级政府重视，市教委制定控制辍学的措施，以市政府转发文件形式至各区县，要求各级政府加强对控制学生辍学的领导和工作指导。同时加大宣传和执法力度，建立并实行目标责任制度、辍学首问制度、辍学情况报告制度、贫困学生救助制度、督导制度、家访制度、通报奖惩制度等，构筑控制学生辍学的防护体系，形成控辍保学工作机制。辍学率有所下降，特别是小学在校生辍学率逐年下降，而初中在校生辍学率时有反复。

2000年后，受新“读书无用论”、厌学思想和经济条件的影响，义务教育阶段学生辍学现象不同程度回潮，特别是农村地区初中学生的辍学现象尤为明显，个别地区呈现上升趋势。2003年12月，市政府先后下发《关于加快教育事业发展的意见》《关于加强农村教育改革与发展的意见》《关于控制义务教育阶段中小学生辍学的若干规定》，进一步明确义务教育的执法主体，完善控制学生辍学的监督和监控机制。重新修订《济南市普通中小学学籍管理细则》，在全市范围内建立义务教育电子档案，实行市、县(市)区、乡镇学生档案电子化管理和一体化管理。2005年11月，济南市在长清区召开“2005年义务教育阶段控辍保学工作调度会”，对学生辍学情况进行广泛深入分析，研究制止中小学在校学生辍学的切实措施，保障义务教育健康发展。至2010年，全市中小学生辍学现象得到控制。

外来务工人员子女入学

随着济南市流动人口的增加，流动少年儿童的入学问题日益突出。1998年，国家教委和公安部联合印发《流动儿童少年就学暂行办法》，提出要明确流动儿童少年借读标准，完善借读手续，流入地政府以全日制公办中小学为主接收流动儿童少年借读。济南市认真贯彻国家教委的规定，制定措施，为流动人口子女入学提供服务。2002年4月19日，市教育局制定《济南市流动人口子女就学入托管理办法》。规定：凡随父母在济南市暂时居住半年以上、有学习能力的适龄儿童和青少年将依法接受义务教育。各级教育行政部门、学校和公安派出所应建立流动人口子女登记制度，共同做好流动儿童少年接受义务教育工作。各级各类中小学具体承担流动人口子女接受义务教育的管理职责，不得拒收属于本校学区的流动人口子女入学。流动人口子女在济南市接受完九年义务教育的，由教育行政部门发给相应的义务教育证书或证明。受完九年义务教育的毕业生可以在济南市参加中考，经考试录取后进入高中阶段学习。高中学校应为其就学提供方便，在收费项目和标准上与常住户口学生一样对待。

2003年12月22日，市政府印发《关于做好外来务工就业人员子女接受基础教育工作的意见》，要求义务教育阶段公办学校要按照就近入学的原则，接纳本学区内外来务工就业人员子女接受义务教育，取消外来务工就业人员子女的借读费，不得乱收费、高收费，减轻外来务工就业人员子女教育费用负担。与当地居民子女一样享受济南市教育系统“爱心助学基金”的资助。市教育局按此精神，制发《关于设立济南市外来务工就业人员子女定点学校的决定》，在历下、市中、槐荫、天桥、历城5区外来务工就业人员居住密集的地区设立13所定点学校，接收外来务工就业人员子女就读。13所学校是：济南市玉函小学、济南市普利初级中学、济南菜市庄小学、济南第24中学、济南纬十路小学、济南第37中学、济南市北大槐树第二小学、济南第26中学、济南清河实验小学、济南市明湖中学、济南锦苑学校、济南第46中学、济南历城区西周小学，济南市普利初级中学被确定为济南市首家外来务工就业人员子女专门学校。2005年，定点学校发展到21所。为加强定点学校建设，使外来务工人员子女同样享受优质教育，自2003年起，用于21所定点学校的财政资金累计3133.87万元，其中市财政投入728.82万元，县(市)区财政投入2405.05万元。

2008年12月24日，外来务工人员子女在定点学校——普利中学开展丰富多彩的校园活动

2005年，济南市接收外来务工人员子女：小学1.95万人，初中7610人，共计招生2.71万人。全市外来务工人员子女所占学生人数的总比例：小学5.3%、初中4.1%。在定点学校中，外来务工人员子女所占的比例为34.4%。2007年11月16日，济南市明珠小学成为全市首家外来务工就业人员子女寄宿制定点学校。有在校生696人，其中外来务工就业人员子女占到一半以上。至2010年，全市外来务工人员子女接受义务教育的入学率为100%。

第四节 学校选介

山东省实验小学

山东省实验小学始建于1903年，前身是济南市三和街小学。1980年9月改为现称，是山东省教育厅直属的一所实验性学校。2000年9月，创办全国第一家小班化笔记本电脑实验班。学校班组规模较小，每个班级一般不超过20人，配备一名专职教师。学校课程教学富有弹性，既没有界限明确的学科，也没有固定不变的教学课时，每周一般开设语文、数学、自然科学、社会以及体育、美术、音乐、外语等课程。2010年，有教职工83人，专任教师74人，在校生数1418人，32个教学班。学校有实验室、微机室、语音室、多功能礼堂、电子阅览室和天文天象馆等30多个别具一格的专用教室，为山东省规范化学校。学校占地面积9985平方米，校舍建筑面积1.09万平方米。校训：求实、创新、严谨、活泼。校址：历下区泺文路60号。

济南师范学校附属小学

济南师范学校附属小学始建于1904年，前身是山东师范学堂附属小学堂。1980年，划归济南师范学校，为济南市教育局唯一直属小学。2010年，有教职工129人，专任教师118人，在校生2399人，45个教学班。学校有语音室、微机室、多媒体教学室、自然实验室等专业教室；教学楼命名为“祝晨楼”，综合实践楼命名为“羡林楼”；培养出济南小名士9人。校训：尊重为本，享受教育。学校占地面积1.48万平方米，校舍建筑面积1.19万平方米。校址：天桥区工人新村中街21号。

济南市经五路小学

济南市经五路小学由民营商会集资创办。1960年，被定为山东省唯一涉外小学。2010年，学校占地面积8334平方米，建筑面积1.53万平方米，48个教学班，在校生2540人，教职工164人。30余个多功能教室以及高标准多媒体设备，实现校内外网上交流、办公现代化。学校先后被确定为省重点小学、名士学校、首批省级规范化学校、省教书育人先进单位、省艺术及电化教育示范学校、省教科研重点实验基地等。连续多年获“山东省精神文明单位”“山东省文明学校”等称号。2009年，被山东省委、省人民政府授予“山东省素质教育先进单位”。学校从办学之初的“课内课外三结合”，到20世纪八九十年代课堂教学研究与品牌教育活动的不断提升，多维课程的建构，历经数十年教育教学领域的实践与探索，逐渐摸索出“以课程开发为纽带，全面提升教育教学质量，推进素质教育”的课程改革思路，形成“责任与智慧教育多维课程体系”，其中“以普及为目的，基于问题研究的德育课程；以尊重学生成长为目的打破班级界限的自主选择课程；以推进学生自主发展为最终愿望的学生社团课程”，以及学校在“基于民族传统创建国际化学校”办学定位指引下探索实践的国际课程，彰显学校“课程办学”的特色。校址：市中区纬三路95号。

济南市胜利大街小学

济南市胜利大街小学创建于1948年。2010年，学校占地面积1.06万平方米，校舍建筑面积9190平方米；40个教学班，学生2392人；教职工115人，其中专职教师99人，教师学历达标率100%。学校办学条件优越，有实验室、国家一类标准仪器室、微机室、阅览室、语音室、图书室，还有音乐室、美术室、舞蹈房、德育室、劳技室、书法室、礼堂。学校逐步形成“务实上进”的工作作风和敬业、爱生、博学、创新的优良传统，为山东省规范化学校。校训：自信、常新、全新。校址：市中区胜利大街54号。

济南市解放路第一小学

济南市解放路第一小学建于1962年。学校秉承“教学生一天、想学生一生”的先进办学理念，以“激发潜能、张扬个性、健全人格、追求成功”为育人目标，致力于“营造和谐化校园，成就学研型教师，构建高效能课堂，奉献优质化教育”，形成“学校优质+特色，学生全面+特长”的办学模式。先后获全国少先队基层工作试点单位、山东省规范化学校、山东省首批教学示范学校、山东省校本培训示范学校、山东省电化教育示范学校、山东省艺术教育示范学校及济南市首批新课改先进学校等称号。2010年，教学班31个，教职工118人，在校生1700余人。校址：历下区历山东路82号。

济南市历下实验小学

济南市历下实验小学始建于1965年，前身为济南市解放路第三小学。1998年，历下区教委提出以“开发带校改”建设思路，对济南市解放路第三小学进行改建，学校面貌焕然一新。2000年9月，学校更为现名。学校建有实验室、图书室、阅览室、劳动教室、音乐教室、舞蹈教室、美术教室、书法教室、社会教室、科技活动室、语音室、微机室、多媒体阶梯教室、软件制作室、多功能厅等30个活动室和仪器、器材室，各实验室及各专用教室建设均达到一类标准。学校建起千兆校园网，各办公室均配备计算机，各教室安装电视机、录像机、VCD机、计算机等多媒体教学系统，实现教育教学设施现代化。2010年，学校占地面积1.39万平方米，有40个教学班，学生2320人；教职工119人，教师学历达标率100%(其中硕士学历2人，本科学历78人，大专学历24人)，具有中学高级职称3人，小学高级职称52人；获全国、省、市、区优秀教师和教学能手、学科带头人、百佳教师、教学新秀、优秀班主任称号的32人。学校先后承担全国“十五”规划课题“运用多媒体培养学生的实践能力”，山东省规划课题“小学数学足迹式全程评价”、济南市教育科研课题“利用信息载体，创设语文教学情景，提高学生表达能力”。2002年，承办全国中小学整体改革委员会基地会议并做经验介绍。2003年，被评为山东省规范化学校、济南市五个一优化升级学校。校训：阳光六年、厚德一生。校址：历下区益寿路3号。

山东省济南第五中学

济南市第五中学创建于清光绪十九年(1893年)，其前身为一所美国教会学校——济美学馆。1912年，济美学馆更名为济美中学，1930年与翰美女学合并，更名为齐鲁中学，是中国最早男女同校、华人校长教会学校。1952年11月，学校改为公立，命名为山东省济南第五中学。2010年，学校占地面积3.41万平方米，有教职工226人，60个教学班，在校生3000余人；专职教师168人，其中高级教师50人，中级教师71人。学校建有综合体育馆、理化生实验室、仪器室、语音室、微机室、多媒体教室、图书馆、阅览室、电子备课室、音乐教室、史地教室、舞蹈教室、劳技教室、科技活动室、阶梯教室、德育室等。藏书量5万多册，电子图书2万册，各类报纸杂志160余种，计算机280台。济南五中率先引进ISO 9000国际质量管理认证体系，在学校教育管理思想和管理模式两个方面取得新突破，建立起一套适合学校自身特点的、监控教育管理全过程的、为学生终身学习和发展提供优质服务的学校管理体系。2005年，为教育部重点课题实验学校；2006年，获省级绿色学校称号；2007年，学校成为第一批“省级规范化学校”。校训：勤、朴、诚、毅。校址：历下区青后小区三区32号。

济南育英中学

济南育英中学创建于1913年10月6日，本着“教育救国”宗旨和“坚苦勤劳”精神，愿“得天下英才而教育之”，首任校长系孔子七十五代孙孔祥柯。中共党的一大代表王尽美、邓恩铭曾在育英中学青砖小楼从事社会主义青年团山东省地方团的创建工作。1923年建校10周年之际，著名政治家、教育家黄炎培为学校题写“济南育英中学校”校匾。1956年，育英中学由私立学校改为公立学校。育英中学创建百年来，先后为国家培养7万多名高、初中

2010年11月3日，育英中学邀请优秀毕业生回校传授学习经验

合格毕业生，有中共中央政治局原常委宋平、中共广东省委原第一书记任仲夷，酒泉卫星发射中心专家组组长周家麟，山东省著名电影表演艺术家王玉梅、山东省著名书画艺术家孔维克、张登堂、魏启后、黑伯龙，以及国际象棋大师赵雪、温阳、侯玉函等。2010年，有教学班66个，学生3500余人，教职工257人，其中，国家级骨干教师1人，省特级教师1 人、省级教学能手4人、省级骨干教师6人，市级教学能手、骨干教师56人，市、区中心组成员、学科带头人39人。学校先后获山东省规范化学校、山东省科普示范学校、山东省体育传统项目学校、山东省教育厅重大课题心理教育试验与研究重点研究基地、山东省绿色学校、山东省心理健康教育先进学校、全国教育科学“十五”规划重点课题实验学校、Z+Z新世纪数学课程整合国家实验学校、教育部重大项目“促进教师成长与学生发展研究”课题数学学科实验学校、全国群众体育先进集体、济南市五一劳动奖状先进集体等荣誉。校训：坚苦、勤劳。校址：市中区经七路103号。

济南舜耕中学

济南舜耕中学1990年建校，是济南市教育局直属学校。学校以“以人为本、凝心聚力、成就师生、发展学校”办学宗旨，以“创建规模适当、设施先进、环境优美、师生和谐、高质量、有特色、有品位的学校”为发展目标，坚持“育人为本、德育为先”，强化德育是所有教育者责任的意识，让所有的教师都成为“班主任”。重视学生的知书达理教育、心理健康教育、信心教育和感恩教育，引导学生“学会做人、学会求知、做最好的自己”。突出教学中心，深化课程改革，建立“必修课+选修课+校本课程+活动课+特长课”五位一体的课程体系；面向全体学生，实行分层教学，打造有效课堂，使学生个性得到充分发展，知识水平、学习能力全面提高。2010年，36个初中班，在校学生1500余人；职教工132人，有省级特级教师1人，省级优秀教师1人，省级教学能手2人。学校占地面积为2.8万平方米，建筑面积9300平方米，绿化面积8000多平方米。学校获得国际生态学校，创建国家级绿色学校先进单位，国家级语言文字规范化示范学校，山东省规范化学校、教学示范学校、体育传统项目学校(篮球、足球)，济南市教书育人先进单位、德育规范化学校、义务教育课程改革先进学校等称号。校训：载舜华德、志耕天下。校址：市中区舜耕路34号。

山东省济南实验初级中学

山东省济南实验初级中学1993年建校，由总校与建设路分校两部分组成。2010年，总占地面积1.8万平方米，建筑面积1.18万平方米，有教学班43个，在校生2608人，教职工153名，学历全部达标，本科学历占75.4%。学校拥有现代教学设施，建有地面卫星接收站、网络控制中心和学校网站、信息办公平台。43个教学班和各种功能室均实现多媒体教学，并装有双向闭路电视系统。学生用机人机比为10:1，教师实现人手一机。物理、化学、生物实验室均达国家一类标准。学校先后获山东艺术教育示范学校、山东省电化教学示范学校、山东省科普示范学校等称号。学校发挥艺术教育课堂主渠道作用，开展各项课外活动，加强对学生艺术特长教育，给每一位学生创设适合自身发展的空间，因材施教，发展艺术特长。建校后，先后有210人在全国、省、市各类文体比赛中取得优异成绩，培养出一大批文体、科技、车航模、书法、绘画、艺术人才。校训：崇德尚美、志存高远。校址：市中区经六路220号。

山东省燕山学校

该校于1987年2月经济南市政府批准命名为“山东省济南甸柳第二中学”，由济南市教育委员会主管。1987年7月确定为初级中学，由历下区教育委员会主管。1992年经济南市教育委员会批准，校名由“山东省济南甸柳二中”更名为“山东省济南燕山中学”。2001年学校投资460万元改善办学条件：办公楼加层、装修；办公设备全部更新；操场200米跑道和4个篮球场铺设塑胶，增加排球场、乒乓球台；16个教学班更新单人桌椅；学校开辟了小花园；拆除临街房，改建为150米透视墙；新建微机室两个，设150台微机；实验设备、图书等更新、增加。7月，燕山中学被定为全国中、小学整体改革成员学校。同年被评为山东省创新教育实验与研究先进单位。2002年经济南市教育局批准，山东省济南燕山中学与燕山小学合并为九年一贯制学校，校名为“山东省济南燕山学校”。2005年，燕山学校顺利通过了省级规范化学校检查。2009年，历下区教育局区域性资源优化整合，将济南开元中学合并入校，在文化东路上开辟了新校区，所有初一学生在新校区上课。2010年，学校有教师209人，区级名师3人，市级名师2人，高级教师49人，中级教师57人，复合型教师30余名，国家级、省市级优秀骨干教师20余人，本科以上学历95%以上；在校学生3000多名、60个教学班。教师以教研组为单位积极参加教育科研，承担七项国家及省市课题实验，教育教学质量不断提高。先后荣获山东省科普教育示范学校，山东省交通安全示范学校，山东省卫生达标学校，山东省少年军校示范学校，济南市九年义务教育先进学校、艺术教育示范学校、绿色学校等荣誉称号。校训：厚德博学、燕达天下。校址：历下区燕子山路36号。

第三章　高中教育

第一节 概 述

1986年前，市区初中与高中为一体，统称中学或完全中学，由市统一管理。1986年，济南市开始高、初中分设，初中下放到区管理。1986年秋，山东省实验中学、山东师范大学附属中学、济南一中、济南三中4所省重点中学取消初中招生，为高、初中分别设置迈出第一步。1987年，市教委直属普通高中学校有山东省实验中学、济南一中、二中、三中、七中、九中、十一中、济南回民中学8所；企事业单位办中学有山东师范大学附中、济南铁路一中、济南钢厂3所高级中学；职业高中保留济南第一职业中专(后改为济南艺术中学)、二职专、三职专、四职专(后改为济南外国语学校)、五职专和六职专。其他初级中学(包括作为过渡期保留的以初中为主的少量完中和企事业单位办的初中)和职业高中分别下放到各区管理(十五中、十八中、三十四中、四十三中和四十五中因特殊原因暂未下放)。市教委直属学校由70所减为25所。

1988年，全市有普通高中40所，在校学生2.78万人(市区1.51万人)，占整个高中阶段在校生总数的52.43%(市区44.32%)；有专任教师2092人。1989年，济南第四职业中专改办为济南外国语学校，开设英、日、俄语3个语种，学校从职业教育系列逐步转为普通中学系列。1990年，全市普通高中46所，在校生3.15万人，专任教师2498人。“八五”期间，在校生数从1991年的3.24万人上升到1995年的3.72万人，年均增长速度为3.38%。教育结构更加趋于合理，普通高中在校生占高中阶段全部在校生的比例由“八五”期初的53.9%，下降到“八五”期末的45.7%。

1993年，市教委批准济南七中、济南十一中试办综合高中和特色班。一是从高三开始，一部分学生准备继续升学，一部分接受职业技术教育；二是与高等院校联合，发展高中后高等职业技术教育，采取“3+2”的模式，三年高中教育后，再进行两年高等职业技术教育。当年，济南七中招收体育、艺术生各1个班，学生各24人；济南十一中招收微机、美术生各1个班，学生分别为45人、25人。

1996年9月，济南九中招收的两个寄宿制高中班开学，共有学生112人，是市区公办高中在20世纪90年代住校、通校并存办学形式的开始。1997年，济阳县在济北开发区兴建济北中学，占地面积14万平方米，总建筑面积3.8万平方米；当年8月招收12个教学班、新生612人，其中包括1个体育特长班和1个美术特长班。1998年2月，长清师范学校更名为长清中学，成为一所普通高中学校。2002年更名为济南市长清中学。

1996年，济南外国语学校与国有企业山东三箭集团联合创办济南外国语学校三箭分校。1998年3月，济南第一职业中专增挂济南艺术中学校牌，济南市第一所艺术中学成立。2000年10月8日，山师大附中与山东三联集团联合创办山师大附中泉港新校。2000年，章丘市继续扩大高中办学规模，章丘四中进行优化升级，扩招16个班；章丘七中征地3.3公顷，一期扩建工程竣工。济阳一中和济北中学3年内新建楼房15座，教学班由30个扩大到84个。2000年12月，原历城七中改为济南市市南中学，为市教育局直属高级中学。2001年5月，山东省济南第二师范学校改制建成山东省实验中学东校。9月，山师大附中泉港新校招生，高中规模60个班；同年，由山东省长清第一中学与济南平安建筑集团有限公司、长清县第四建筑工程公司、济南外经建安工程有限责任公司联合创办一所股份制学校——长清县文昌中学；由济南市玫德铸造有限公司投资兴建平阴县玫德高级中学，设计规模42个教学班，年招生能力840人。2002年，历城二中作为全市第一所优化升级学校，投资3295万元，新征土地8.2公顷；历城一中新征土地12.7公顷；历城三中投资350多万元改善内部设施和校园环境；历城四中新征土地3.8公顷，1万平方米的综合楼开工建设；9月10日，济南市平阴玛钢外国语学校建成。2003年4月，按照济南市中小学布局调整方案，济南三中与济南市市南中学合并，组建济南第三中学新校区，占地面积11.73万平方米，规模为100个教学班的全日制寄宿高中；5月，山东省实验中学和山东英才职业技术学院合作成立山东省实验中学济南英才高中，实行个性化分层次教学，强化外语教学，创建“双语型”高中，实行小班化寄宿制教育，当年招生300人；同年，章丘七中、五中、一中完成扩建工程。2004年1月，济南地区10所铁路系统中小学移交地方政府，济南铁路第一中学更名为山东省济南中学；山东省济南第一中学从老城区的运署街43号整体外迁到二环东路999号(原山东轻工业学院)，新校占地面积10.54万平方米，校舍建筑面积9.13万平方米，规模为90个教学班寄宿制普通高中。2007年，市教育局投资300万元改建西藏中学塑胶操场，拨款300万元完成综合楼基建任务和综合楼的配套设施。2009年4月1日，济南钢铁厂高级中学移交济南市教育局管理，更名为山东省济钢高级中学。

“十五”期间，全市普通高中教育快速发展，在校生数量逐年增加。“十五”期初的2001年，普通高中在校学生7.37万人，高中学校平均规模为1364.31人，平均班额59.46人，平均班数22.94个。到“十五”期末的2005年，普通高中在校学生10.84万人，高中学校平均规模达2356.59人，平均班额为58.31人，平均班数40.41个。优质教育资源大幅度增加，全市普通高中有32所成为省级规范化学校，78.75%的高中学生在优质高中就读。

2010年，全市有普通高中38所、在校学生10.14万人，专任教师6837人。30余所学校成为省级规范化学校，84.21%的高中学生在优质高中就读。

1986～2010年济南市普通高中基本情况表

表12－2－5

年 份	学校(所)	班数(个)	在校学生(人)	专任教师(人)
1986	54	526	30106	1988
1987	57	516	29497	2014
1988	40	509	27829	2092
1989	42	516	27139	2126
1990	46	595	31505	2498
1991	47	604	32383	2506
1992	45	613	32846	2606
1993	44	623	33364	2654
1994	44	631	34793	2677
1995	45	660	37197	2766
1996	44	681	39631	2824
1997	44	722	43210	2998
1998	44	801	48743	3249
1999	49	933	55984	3539
2000	52	1076	64791	3906
2001	54	1239	73673	4177
2002	57	1391	83674	4484
2003	54	1597	96154	5377
2004	48	1741	105054	6042
2005	46	1859	108403	6579
2006	42	1760	104490	6693
2007	43	1751	103479	6737
2008	42	1797	104119	6838
2009	41	1804	101482	6916
2010	38	1842	101422	6837

注：1986～1989年数字不含济阳、商河

2010年济南市普通高中一览表

表12－2－6

学校名称	班 数（个）	在校生（人）	教职工（人）	专任教师（人）	学校占地面积（平方米）	校舍建筑面积（平方米）
山东省实验中学(含东校)	108	5790	501	365	150471	99712
山东师范大学附属中学(含幸福柳分校)	90	5744	305	248	49782	37825
山东省济钢高级中学	54	3195	233	192	61789	22592
山东省济南第一中学	60	3466	240	199	99959	91700
山东省济南第二中学	43	3465	199	140	15567	11877
山东省济南第三中学(含南校)	79	2973	363	280	123856	92670
山东省济南第七中学	35	1950	243	165	54102	19795
山东省济南第九中学	44	1870	217	152	35713	26673
山东省济南第十一中学	38	2123	178	115	24000	18763
山东省济南中学	72	2840	274	244	38906	27018
济南外国语学校(含三箭分校)	65	2836	506	319	14273	103636
山东省济南回民中学	13	732	146	79	19942	17000
山东省济南第五十二中学	12	661	137	42	64640	17782
济南市历城第一中学	74	4120	252	208	170320	80800
济南市历城第二中学	77	4314	280	238	184763	60760
济南市历城第四中学	38	2119	143	102	105769	32756
济南市历城第五中学	39	2146	165	77	41277	25948
济南市历城洪楼高级中学	22	1205	99	77	10565	5534
济南市长清第一中学	51	2846	305	138	242424	118070
济南市长清中学	49	2736	236	192	48746	29290
济南市长清第三中学	20	1121	128	65	118342	21033
济南市长清第五中学	14	778	122	43	52633	9800
济南长清区文昌中学	23	1122	117	103	10000	41060
山东省平阴县第一中学	104	5823	409	274	221223	97524
山东省平阴县第二中学	24	1514	123	85	41584	21663
山东省平阴县第三中学	19	949	117	92	47560	22060
山东省济阳县第一中学	70	3887	359	288	117000	68786
山东省济北中学	82	4603	380	300	176090	74360
山东省商河县第一中学	53	2971	260	204	115516	27367
山东省商河县第二中学	52	2875	251	205	50000	12769
山东省章丘市第一中学	44	2475	230	188	44066	27165
山东省章丘市第四中学	70	3929	365	284	151700	52559

续表12－2－6

学校名称	班 数（个）	在校生（人）	教职工（人）	专任教师（人）	学校占地面积（平方米）	校舍建筑面积（平方米）
山东省章丘市第五中学	64	3572	329	270	217399	60357
山东省章丘市第七中学	52	2921	238	178	85577	50407
山东省章丘中学	90	5010	398	357	474192	121300

注：1.表中数据不含民办高中

2.分校未单独列出

第二节　普通高考

1977年，国家恢复高考制度。考试科目：理科为政治，语文，数学，理化；文科为政治，语文，数学，史地。1978年，理化科分为物理，化学；史地科分为历史，地理。

1977～1979年，全国高考录取率分别为4.76%、6.58%和5.87%。济南市的录取率为4%～8%。

1979～1980年，文理科考试科目均增加外语。

1981～1993年，理科加考生物，1981年生物分值记为30分，后逐步记为50分、70分。

1983年，教育部提出在中央部委所属部分高校实行“定向招生，定向分配”的招生办法，保证部分艰苦行业的人才需求。1984年，国家开始试行保送生制度。1985年，教育部规定高校可以从高考生中招收少量国家计划外自费生，形成公费生和自费生两种方式并列的“双轨”制。

1986年，山东省首次实行英语科标准化考试(选择题答案涂答题卡)。1988年，改革试验扩大到语文、数学、英语、物理、化学5个学科。1989年，全国推行标准化考试，使用光电阅读器读卡，计算机阅卷，加强高考命题和阅卷的科学性和可控性，减少考试误差。20世纪90年代后，招生考试各个环节：报名、编场、考试、阅卷、统分、录取以及统计各类数据和信息等项工作，逐步采用计算机处理，提高效率及准确性。

1994年，实行“3+2”方案。将理工类7门、文科类6门的考试科目都减为5门，所有考生必须考语文、数学、英语3学科，理工类加考物理、化学，文史类加考政治、历史，理工类取消政治、生物2学科，文史类取消地理学科，每科满分原始分150分。

1996年，高校试行“并轨”招生，取消招收自费生，高校学费开始增加，大学毕业不再包分配，自主择业的新观念逐渐被普遍认可。济南市和山东大学签署共建合作协议，每年山东大学在普通高校招生计划中拿出一定数量的招生指标(100～200个)，面向济南市招收走读生。后分别与山东建筑学院、济南大学和山东财政学院、山东经济学院(2011年7月合并为山东财经大学)等驻济高校签署走读共建协议，与山东大学的共建协议执行至2008年。

1996～1998年，高考计分实行标准分制度。由于全省考生基数大，每年有数十个900分“满分”的“高考状元”。

1999年，全国普通高校大规模扩招。当年计划扩招50万人，实际扩招51.32万人，全国当年招生159.68万人。之前，全国每年招生增长数量最多不超过10万人。其后几年仍然保持较高增长速度。2000年，高考全部实行电子档案、网上录取。

2001年，外语增加听力考试，分值30分，记入外语总分，外语科总分不变。教育部宣布取消高考考生年龄和婚姻限制。

2002年，全国高校招生320.5万人，高考为“3+X”模式，即语文数学外语+文(理)科综合，文科综合包括政治、历史、地理，理科综合包括物理、化学、生物。

2003年始，普通高考考试时间改为6月7日、8日举行。

2005年，语文科考试实行网上评卷模式。试题、答卷印制、考务管理、扫描、评卷、成绩统计等环节都做出重大改变。

2006年，全国高校招生530万人，高考平均录取率为60.23%。后招生计划涨幅逐渐回落。

2007年是山东省实行新课程改革后的第一年高考，高考科目首次实行“3+X+1”方案。文科为语文、数学(文史)、外语、文科综合(包括政治、历史、地理)、基本能力测试；理科为语文、数学(理工农医)、外语、理科综合(包括物理、化学、生物)、基本能力测试。将高中学业水平考试、综合素质评价作为录取的重要参考引入高考招生，改变“一考定终身”的考试方式，对考生进行多元评价、全面评价，为高校选拔人才提供更多参考信息。

2009年，高考科目全面实行网上评卷。

2010年，高考全部采用网上报名、网上分批次填报志愿。

1986～2010年济南市普通高考情况表

表12－2－7

年份	报名数(人)	录取人数及录取率						总录取率(%)
		本科(人)	录取率(%)	专科(人)	录取率(%)	普通中专(人)	录取率(%)	
1986	9500	3678						38.72
1987	11450	3920						34.24
1988	13491	1511	11.20	2031	15.05	700	5.19	31.44
1989	11154	1238	11.10	1961	17.58	626	5.61	34.29
1990	12497	1506	12.05	1836	14.69	579	4.63	31.38
1991	13746	1530	11.13	1758	12.79	760	5.53	29.45
1992	12977	1508	11.62	1643	12.66	922	7.10	31.39
1993	13457	1933	14.36	4022	29.89	1306	9.70	53.96
1994	12436	2177	17.51	3291	26.46	1160	9.33	53.30
1995	12303	2345	19.06	3603	29.29	928	7.54	55.89
1996	13533	2138	15.80	3048	22.52	999	7.38	45.70
1997	15277	2103	13.77	2933	19.20	1373	8.99	41.95
1998	16277	2500	15.36	3154	19.38	1171	7.19	41.93
1999	16831	4410	26.20	3338	19.83	1308	7.77	53.81
2000	17380	5194	29.88	4367	25.13	1241	7.14	62.15
2001	21000	6864	32.69	8257	39.32	–	–	72.00
2002	24100	7222	29.97	10685	44.34	–	–	74.30
2003	27015	9445	34.96	13112	48.54	–	–	83.50
2004	30818	9062	29.40	16599	53.86	–	–	83.27

续表12－2－7

年份	报名数(人)	录取人数及录取率						总录取率(%)
		本科(人)	录取率(%)	专科(人)	录取率(%)	普通中专(人)	录取率(%)	
2005	35582	10646	29.92	18220	51.21	－	－	81.13
2006	38837	11277	29.04	17779	45.78	－	－	74.82
2007	38426	13044	33.95	16308	42.44	－	－	76.39
2008	38908	13965	35.89	14715	37.82	－	－	73.71
2009	36649	14800	40.38	15948	43.52	－	－	83.90
2010	37043	16680	45.03	15028	40.57	－	－	85.0

注：1986年、1987年数为录取总人数

第三节 学校选介

山东省济南第一中学

山东省济南第一中学创建于1903年，一百多年内，培养许多社会英才。楚图南、胡也频、李广田、卞之琳等近代著名学者、作家曾在这里任教；邓恩铭、季羡林、罗干、臧克家、贺敬之、欧阳中石等曾在这里求学；中科院(工程院)院士陈力为、叶连俊、马祖光、袁业立、崔尔杰、王恩多、彭实戈和美国科学院院士、著名数学家王浩等亦曾是这里的学生。

2004年，济南第一中学迁至原山东省轻工业学院新校区，该校占地面积10万平方米，建筑面积9.2万平方米。2007年3月，有教职工240人、专任教师199人、在校生3466人、教学班60个。2010年，有60个教学班、学生3600人、教职工229人。其中高级教师61人、特级教师1人，38人具有硕士学位。济南一中是山东省首批重点中学、首批省级规范化学校、首批全国现代教育技术实验学校、山东省电化教育示范学校、山东省艺术教育示范学校、山东省教书育人先进单位、山东省精神文明先进单位、全国体育工作先进单位、山东省教育国际交流合作基地、北京理工大学生源基地、中国科协青少年创新人才培养项目优秀项目实验学校。校训：勤学致知、敦品励行。校址：历下区二环东路999号。

2007年3月20日，济南第一中学学生在进行足球比赛

山东省济南中学

山东省济南中学创建于1945年。济南解放后隶属于铁道部济南铁路局管辖，先后更名为华东区济南铁路局扶轮中学、济南铁路职工子弟中学、济南铁路职工子弟第一中学、山东省济南中学。1986年，全校有30个教学班、学生1456人、高中毕业班4个。1989年，学校初次进行校舍改造，拆掉旧平房，建成7000平方米的教学楼，高中学生进入新建教学楼上课。2002年，学校班级总数为64个，在校生总数3795人，其中初中1897人、高中1898人。2004

年5月25日，济南铁路一中更名为“山东省济南中学”。学生总数近4600人，其中初中1900人，高中2700人，创济南中学历史记录。同月，与齐鲁私立学校联合成立济南中学齐鲁高中部(2009年停办)，并开始招生。2007年，获济南市教育局“高中教育质量奖”。2009年，学校确立“全面实施素质教育，以美育为突破口，大力推进特色教育”的工作目标，调整工作机构，先后成立初中工作部、艺体工作部、退离休人员工作办公室，调整成立教育科研与教育质量督导室。学校先后获得“山东省体育项目传统学校”“山东省电化教育示范学校”“山东省中小学德育工作先进单位”“山东省文明单位”“山东省绿色学校”“全国青少年读书育人特色学校”“全国英语教学实验学校”“全国群众体育工作先进单位”“国际生态学校”等称号。2010年，教职工274人，专任教师244人；在校生2840人，72个教学班。学校占地面积3.89万平方米，校舍建筑面积2.7万平方米。校训：为未来奠基。校址：市中区经八路3号。

山东省实验中学

山东省实验中学建校于1948年，是首批省级重点学校、省级规范化学校。学校分本校(走读)和东校(寄宿)两个校区。2000年后，以全面实施高中新课程为契机，素质教育高效推进。学校在全省率先开齐开全国家必修课程，开设国家选修课程和日语、韩语、德语、国学、奥赛、生命教育等60余门校本课程。东校区成立于2001年5月(由原山东省济南第二师范学校改制建立)，实行寄宿制管理，首次面向全省招生，全部安置在东校就读，2009年停止面向全省招生。在山东省“十大教育创新人物”评选中，该校在校长、班主任、教师三个系列中全部获奖，是全省唯一。学生教育特色鲜明，重视对学生进行民族优秀传统文化教育，以弘扬和培育学生的民族精神和民族责任感，加强对学生的爱国主义教育。举办京剧联欢会、相声艺术讲座，开设国学选修课，让学生学习太极拳，从2002年起开展实验学子“修身”行动。重视名人对学生的人格熏陶和学识影响，先后邀请张艺谋、马季、李阳、林清玄、庄则栋、桑兰、诸宸等省内外名家到校演讲、交流、讲学，营造校园浓厚的人文与科学氛围，并因其独特的文化气息，被誉为中学里的“大学园”。党和国家领导人胡锦涛、吴官正、雷洁琼、李铁映、陈至立曾先后视察过学校，对学校的整体办学水平给予较高评价。学校先后被授予全国体育卫生先进单位、国家级绿色学校、省市级教育先进单位、山东省基层先进党组织和省、市级文明单位等称号，受到国务院嘉奖。2010年，有教职工501人，专任教师365人。其中，享受国务院津贴专家2人，山东省有突出贡献的中青年专家2人，特级教师16人，全国优秀教师2人，山东省教育创新人物3人，齐鲁名校长、齐鲁名师5人，省市级教学能手26人、济南专业技术拔尖人才10人，全国、省市级优质课评比获奖者百余人。在校生5790人，108个教学班。学校占地面积1.5万平方米，校舍建筑面积9.97万平方米。校训：博学日新，德行天下。校址：市中区经七路73号(本校区)；历城区郭店镇(东校区)。

山东省实验中学本校区一角　(2010年摄)

山东师范大学附属中学

山东师范大学附属中学创建于1950年，其前身是山东省第一工农速成中学，1981年改名为山东师范大学附属中学。2002年9月，在位于济南市经十路25号的山东省邮电培训中心创办分校，共有一个年级12个教学班，在校学生700余人。2003年，增加到两个年级25个教学班。

2004年9月，在原山东建筑工程学院内开办分校，共计30个教学班，在校学生2000余人。2005年9月，在山东师范大学东校区开办分校，共计10个教学班，在校学生500余人。2007年9月，位于济南市幸福柳的新校区启用，进一步拓展学校的发展空间。幸福柳分校位于历城区王舍人镇大辛庄，占地面积17.07万平方米。在校学生2650 人，45个教学班。2010年，学校拥有两个校区，占地面积5万多平方米，校舍建筑面积3.78万平方米。67个高中教学班，在校学生3719人。教职工302人，专任教师227人。其中，特级教师5人，硕士研究生导师30人，全国优秀教师3人，国家级骨干教师10人，山东省骨干教师18人，山东省教学能手18人，“齐鲁名师”3人(王丽丽、翟厚岚、张伟)，“济南名师”3人，现有正高级教师2人、高级教师 163人、硕士研究生53人、教育硕士30人。山东师大附中是济南市花园式庭院学校、山东省首批规范化重点高中。学校每年学科竞赛报送人数及高考升学率均居济南市和全省前列。学校先后获得山东省首批规范化学校、山东省教学示范学校、山东省教书育人先进单位、山东省青少年工作先进单位、山东省中小学素质教育工作先进单位、山东省艺术教育示范学校、全国百强中学、全国首批现代教育技术实验学校、全国现代教育技术百强示范学校、山东省绿色学校、全国十佳文学校园等荣誉称号。校训：爱校、爱教、爱学。校址：历下区山师北街3号(本校区)；历城区王舍人镇大辛庄(幸福柳校区)。

山东省济钢高级中学

山东省济钢高级中学原隶属于济南钢铁集团总公司，是济钢一中的高中部，是一所职工子弟学校，创办于1966年。20世纪90年代，学校升学率连续几年为“零”，被迫停办。1997年，学校占地面积7.33万平方米，是济南市第一所寄宿制高中。1999年，学校实施“强师工程”，先后引进3位特级教师和省市级教学能手、学科带头人等60余人。2009年4月1日，学校移交济南市教育局管理，实现了由企业到地方的转变。2010年，学校有58个教学班，在校生3228人，教职工240人，专任教师192人。学校坚持“一切为了学生的终身发展”的办学理念，确立“崇尚一流、跨越发展”的办学目标，积极实施素质教育。创新管理方式，用人本精细的管理优化学校；创新教学方式，用精致高效的教学提升学校。学校是山东省规范化学校、山东省教学示范校、省级体育传统项目学校、省级电化教育示范校，济南市推荐生录取试点学校之一。学校占地面积6.18万平方米，校舍建筑面积2.26万平方米。校训：敦品励行、明志笃行。校址：历城区黄台桑园路46号。

济南外国语学校

济南外国语学校创建于1989年，前身是济南第四职业中专。建校初期，学校占地面积6400平方米，校舍陈旧，设施落后，年招收学生92人，在校生总量不足600人，教职工108人。1996年3月，济南外国语学校与山东三箭置业集团总公司实行校企联合办学，由三箭置业集团全额投资2625万元、济南外国语学校负责全方位管理，创立民办完全中学济南外国语学校三箭分校。1997年，与日本京都关系语言学院签订协议，合作举办以赴日留学为毕业走向的日语专业。2001年，学校成为教育部确定的具有向重点高校直接输送保送生资格的全国

17所外国语学校之一，是一所突出外语特色、文理并重、面向世界的完全中学。12月，济南外国语学校与济南环山房地产开发有限公司签署合作办学协议，创办济南外国语学校开元国际分校(小学部)，学校占地4万平方米，有21位专职外籍教师，是一所民办全日制寄宿制小学。2002年，济南职工大学并入学校。2004年11月，济南外国语学校与济南外海房地产开发有限公司签署委托管理协议，负责派出教育管理机构对济南市外海实验学校实行全方面管理。外海实验学校位于槐荫区幸福街19号，占地1.53万平方米，是一所民办全日制寄宿制小学。根据双方合作办学协议，开元国际分校和外海实验学校作为济南外国语学校(三箭分校)的生源基地。2004年，山东三箭集团投资2.14亿元，新建济南外国语学校三箭分校，2009年，学校成为首批山东省教育国际交流与合作基地学校。2010年，济南外国语学校三箭分校，教职工506人，专任教师319人；在校生5008人，119个教学班。学校占地面积12.59万平方米，校舍建筑面积7.61万平方米。济南外国语学校，教职工254人，专任教师202人；在校生1032人，20个教学班。学校占地面积1.68万平方米，校舍建筑面积2.75万平方米。学校积极开展对外交流与合作，与日本静冈产业大学、日本和歌山日本语学校、俄罗斯伏尔加国立工业大学、加拿大里贾纳大学、法国左拉中学签订合作协议；与日本九洲交通旅游局、英国剑桥语言中心、英国Discovery Summer教育集团等合作开展游学项目。作为济南教育对外开放的窗口学校，学校积极推进国际化课程建设，创设通向国外名牌大学的绿色通道。该校每年有超过20%的高三毕业生被保送或通过小语种提前录取进入名牌大学。学校多次被评为济南市教书育人先进单位、全方位目标考核管理先进单位。校训：人文天下、行者无疆。校址：市中区建国小纬三路1号(本校)、市中区玉函路67号(本校)；历城区七里河路36号(三箭分校)、市中区东八里洼南路6号(三箭分校)、历城区遥墙机场路6868号(三箭分校)；历下区环山路139号(开元国际分校)。

济南外国语学校三箭分校　(2010年摄)

第四章　特殊教育

第一节 概 述

1986年，济南市将特殊教育纳入九年制义务教育轨道，作为“普九”验收的重要内容，盲聋教育得到同步发展。1988年，全市有特殊教育学校5所(其中盲哑学校3所、弱智儿童辅读学校2所)、在校生655人、教职工178人(其中专任教师141人)。普通小学附设弱智儿童辅读班(组)119个，农村小学混编辅读组70个，有学生1075人。残疾儿童学前班1个，在校生10人。残疾学生职业高中班1个，学生10人。全市初步形成多类型、多层次的特殊教育办学体系。1988年市教委按照《中国残疾人事业五年工作纲要》精神和全国特教工作会议提出的规划目标，制定济南市“七五”后两年的特殊教育发展规划。

1991年，全市特殊教育学校增至12所，其中盲校1所、聋校7所、弱智儿童辅读学校4所。普通小学附设特教班120余个，大多数弱智儿童在普通学校随班就读。全市在校残疾学生4000余人，各类适龄残疾儿童少年入学率80%，基本保证残疾儿童少年依法接受义务教育，成为全省首批基本普及特殊教育的地市之一。

1995年，特殊儿童入学率升至92%，全市基本形成市有盲校和中心聋校、县有聋校、区有弱智儿童辅读学校、农村乡镇有弱智儿童附设班和随班就读的特教办学体系。到“九五”期末，全市实现各类残疾儿童入学“零拒绝”。1996年始，在全国率先对义务教育阶段的盲生实行免费教育，盲童、聋童、弱智儿童入学率，分别为92%、 95%、95%，居全省领先水平。

2001年，济南盲校和聋校合并，组建济南市特殊教育中心。2005年，全市盲童、聋童、弱智儿童入学率分别为95%、96%、98%，比“九五”末分别提高3、1、3个百分点。

2009年，槐荫区育园学校通过省级规范化学校评估验收；市特教中心等8所原省级规范化学校，有6所通过复评验收。历城、长清、章丘、市中等县(市)区被评为全国特殊教育先进县；历下、槐荫、天桥等区受到教育部通报表彰；市中区被确定为全国随班就读支持保障体系实验区；市特教中心先后获得“全国特殊教育职业教育实验学校”“全国群众体育工作先进单位”“全国特殊艺术人才培养基地”“国家级聋校语文新概念教学法实验学校”等多项荣誉；各特殊教育学校也涌现出一大批国家、省、市级优秀教师、教学能手、优秀班主任等，各类别专业教师多次在省特殊教育优质课评选中获得一等奖。

2010年，全市有：特殊教育学校11所，其中市特教中心1所、县(市)区特殊教育学校10所；在校残疾学生1324人，其中盲生92人、聋生413人、智障生819人；教职工485人，专任教师410人。全市有随班就读学校330余所，在校生1324人。残疾儿童入学率为98%。

1986～2010年济南市特殊教育学校基本情况表

表12－2－8

年 份	学校(所)	班数(个)	在校学生(人)	教职工(人)	
				合 计	其中专任教师
1986	4	38	489	138	100
1987	4	47	592	153	108
1988	5	54	655	178	141
1989	10	86	894	248	183
1990	11	85	949	253	193
1991	12	86	1102	292	211
1992	14	90	1261	340	234
1993	14	95	1301	373	268
1994	12	105	1303	371	278
1995	14	103	1614	386	286
1996	13	119	1347	400	281
1997	13	98	1218	404	282
1998	12	148	1149	431	311
1999	13	135	1342	434	322
2000	13	98	1040	459	368
2001	11	108	1212	451	336
2002	12	124	1685	472	353
2003	12	127	1610	482	353
2004	12	129	1647	485	350
2005	12	128	1872	485	357
2006	11	113	1099	468	385
2007	11	119	1200	461	381
2008	11	121	1223	477	392
2009	11	124	1272	478	405
2010	11	138	1324	485	410

注：表中“在校学生”不含随班就读残疾学生人数

第二节　盲聋(哑)儿童教育

一、市级盲聋(哑)教育

济南特殊教育中心是市教育局直属的唯一特殊教育学校。学校前身为1947年的私立福德聋哑学校，1952年由政府接管，改名为济南市聋哑学校。

1983年7月，学校由区转归市直属领导，改名为山东省济南盲聋学校。1985年，学校有13个教学班，在校生173人，教职工63人，其中专任教师33人。2001年9月，济南市陆续投入资金，学校迁至南部城区新校址，在济南盲校、济南聋哑学校基础上，成立济南特殊教育中心。新校占地面积逾2.67万平方米，建筑面积

1.5万平方米。有教学班27个，在校学生300余人，涵盖盲、聋、弱智三类残疾学生及学前教育、义务教育和职业教育三级教育。有教职工95人，其中中高级教师36人，为全省规模最大的特教中心。同年，该校开设面点专业，为全国智障职业教育首创。2003年，该校设有听障中餐烹饪、服装设计与工艺制作、工艺美术、视障按摩4个专业；2004年增设园林专业，并开办听障职业高中班；2006年增设视障职业高中班(因生源太少，只招收一届)。2010年，全市特殊教育学校实行布局调整，在全市盲生集中就读的基础上，推进实施“聋童集中就读”，学校不再招收智障儿童，智障面点专业和智障园林专业随之撤销。原有4个专业分别更名为中医康复保健专业、工艺美术专业、服装设计与工艺专业、中餐烹饪专业。该校先后被评为全国职业教育示范学校、省级规范化学校、省特殊教育先进学校。

二、县(市)区级盲聋(哑)教育

1985年，长清县恢复“文化大革命”中停办的县聋哑学校，当年招收聋童15人，填补济南市农村特殊教育空白。1988年11月，平阴县租用两间民房，招收首批聋哑学生7人，教师1人，当月开课，特殊教育开始起步；12月，章丘聋哑学校、历城聋童学校相继建立；章丘聋哑学校建校初期校舍占地423平方米，招收聋哑学生12人，有教职工5人。1989年11月，平阴县聋哑学校成立；1990年10月，学校迁至玫瑰镇驻地平阴县第一职业高中。1991年，济阳县创建特殊教育学校，当年招收第一批学生。1993年5月，章丘市政府投入50万元，将原章丘十九中改造成聋哑学校。1996年5月，平阴县聋哑学校由玫瑰镇迁入县城；2000年8月，更名为平阴县特殊教育学校；2010年，平阴县特殊教育学校各类功能教室、各种教育教学设施和器材基本配齐，办学条件得到较大改善，有教职工36人、专任教师30人、在校生78人。

1990年9月，历城聋校招收第一个学前语训班，学生6人。1992年，区教委投资20余万元建设600平方米的2层综合教学办公楼。1995年，建起语训室、缝纫室，开设语训课和职业教育课。1997年7月，13名首届毕业生走上不同的工作岗位，其中郑相君以优异成绩和绘画特长考入山东省特殊教育中等专业学校。

2002年9月，章丘聋哑学校招收第一批弱智学生，成为既有聋哑学生又有弱智学生的综合学校。2004年6月30日，更名为章丘市特殊教育学校，是章丘市唯一九年一贯制特殊教育学校。2010年，发展成为一所拥有15个教学班、在校生160人、教职工68人的省级规范化学校。

2003年3月，济阳县特殊教育学校搬入济阳县城。2010年，该校共有教职工20人、5个教学班、学生66人。

至2010年，全市基本形成农村聋童在当地特殊教育学校就读，盲童集中到济南特殊教育中心就读的盲聋教育新格局。视障与听障教育在教育层次上逐渐形成小学教育、初中教育、初等职业教育一条龙。在教育内容上，采取普通文化教育与职业技能教育并举，在教学方法上实现教学与生产劳动实践相结合，为视障与听障学生的就业自立创造条件。

三、盲聋(哑)教育成果

1987年始，受国家和省教委委托，济南市开展聋童随班就读的“聋健合一”实验。学校利用聋童的残存听力训练发音；通过看口型、学说话，培养交际能力；采用复式与个别教学，让聋童多听、多看、多练。济南市十亩园小学聋童张君在2000年全国残疾人特奥会上夺得两枚金牌，毕业后升入山东师范大学，被评为“全省十佳大学生”，大学毕业后成为北京体育大学硕士研究生。济南市经二路小学聋童兰珍妮成为自立自强的典型，1996年被评为济南市十佳小画家和山东省十佳少先队员，获第三届宋庆龄奖学金；1999年被评为“第六届全国十佳少年”，受到中央政治局常委、国家副主席胡锦涛亲切接见；2002年1月兰珍妮被联合国和中国青少年发展基金会评为“第三届国际少年儿童消除贫困奖”一等奖；2003年7月当选为共青团第十五次全国代表大会的代表。2004年7月后，在北京吴作人美术学校上高中，毕业后考入中央美术学院。章丘特殊教育学校学生袁芳红代表济南市残疾人艺术团赴法国演出获得优秀奖。济南市特教中心学生刘欣在电视剧《夏日阳光》中担任女主角，成为一名盲童小演员。

2006～2010年，市特教中心承担市教育科学“十一五”规划立项课题“视障学生情感教育的专题研究”工作，促进学生的健康发展和教师的专业发展。根据视障学生的特点，开发校本课程，开设心理健康教育、门球、打击乐、古筝、声乐、趣味讲故事等，并将校本课程纳入课程计划，丰富学生第二课堂，培养学生的兴趣爱好和特长，促进盲生身心健康发展。

听障教育以课题引导和组织学校开展校本研究和行动研究，参与教育部2004年哲学社会科学重大课题攻关项目“人工耳蜗术后语言康复教育机理和方法研究”工作；承担市教育科学“十一五”规划立项课题“听障幼儿语言训练校本教材的开发与实践”“提高听障学生语言运用能力的实践研究”“现代信息技术与聋校语文教学课程整合的实践研究”“如何转变职业中专听障学生的就业观念”“聋生特长培养的主要途径和方法”的研究工作，涵盖学前教育、义务教育、职业教育三个学段，涉及教育、教学、学科整合、学生就业等多个层面。根据听障学生的特点，学校开设书法、简笔画、轮滑、十字绣、剪纸、电脑平面设计、舞蹈、阅读等课程，挖掘学生潜能，培养学生的兴趣爱好和特长。在济南的舜和国际大酒店、浙江大酒店、金都大酒店、双安仪器仪表有限公司、乐洋洋食品有限公司、厚德院、璟华标志服厂等企业建立校外实习基地，妥善解决职业教育学生的实习和就业问题，学生就业率100%。建立听觉言语康复室，设听觉康复室、言语康复室、听力检测室等，购置启音博士、启聪博士、可视音乐治疗仪、听觉言语康复计算机导航系统等听觉言语康复设备，实现“聋者能听，哑者能言”。 市特教中心被中国残疾人联合会确定为“全国特殊艺术人才培养基地”，被济南市残联确定为“残疾人体育训练基地”。

市特教中心教师王德萍、郭秀云、高东霞、李明华等分别在山东省特殊教育学校优质课评比中获一等奖，王德萍获得教育部颁发的全国优秀教师证书。郭经媛被评为山东省第五届教学能手。特教中心高中班有5人被各特殊教育院校本科录取，30人被专科录取。在2008年北京残奥会上，盲生崔娜获残奥会盲人女子柔道比赛52公斤级金牌；特教中心老师王婷舒带领特教中心学生张兴燕、张凡、谢青月、王珂心及章丘特校学生苗书俊、刘静6名听障学生参加开闭幕式演出。盲生唐玉、聋生王珂心入选中国残疾人艺术团。2010年6月，在天津举办的全国中等职业学校学生技能作品展中，市特教中心送展的学生作品获三等奖。

第三节 弱智儿童教育

济南市智障儿童教育试点工作始于1982年5月。1983年，槐荫区经七路第一小学和历下区离明街小学、天桥区北坦小学、市中区英雄山小学率先在省内试办6个智障儿童辅读班，共招收学生72人。1984年，槐荫区中大槐树小学、历下区离明街小学改为智障儿童辅读学校。

1986年，长清县办济南市农村第一个智障儿童辅读班；历城区在仲宫镇西郭小学附设一个智障儿童辅读班，招收10名学生。1987年，天桥区在宝华街小学、泺口一小、标山小学成立辅读班。1988年，历城区有5个辅读班、在校生49人。1989年，天桥区北园镇在试点基础上，推行智障儿童随班就读，当年全镇智障儿童入学率100%；9月，市中区西青龙街回民小学开始招收智障辅读班。1990年1月，历城区被国家教委确定为随班就读试点区；9月，天桥区成立区内第一所智障儿童辅读学校——济南市影壁后街学校；1991年，全区12个乡镇建起辅读班和随班就读点，智障儿童入学率98%。1991年3月和1993年3月，西青龙街回民小学先后更名为济南市西青龙小学和济南市泺源学校，成为以招收智障学生为主的辅读学校。1993年，历城区被评为全国特殊教育先进区。

1996年，全市已有智障儿童辅读学校4所，辅读班60余个，智障儿童入学率92%。全市基本达到山东省规定的“区有辅读学校，乡镇在办好辅读班的同时使更多的智障儿童在正常班随班就读”的要求。

1996年后，济南市提出“加强劳动技术教育，多渠道走向社会”的思路，逐步确立以培养和提高就业能力为重点的职业技能培训体系。农村智障儿童小学阶段学习结束后，乡镇集中办附设班，重点进行劳动技术教育和技能训练。市区随班就读的小学残疾儿童，可以在初中随班就读，也可以在区办辅读学校或市盲聋学校入学，重点接受劳动技术教育。章丘市根据学生残疾程度及缺陷补偿需要，开设康复训练、家政服务、合唱、模特、语言训练等特色课程，对学生进行缺陷补偿教育和生活自理能力的培养教育。

2001年，市盲聋学校升格为市特教中心，开设有职业中专和职业高中，招收义务教育阶段结束后随班就读的智障学生到校学习缝纫、园林、花卉、面点等专业课程，设置多类型、多形式的实习基地。多数毕业生既可取得学历毕业证，又可取得专业资格证，成为自食其力、残而有为的劳动者。2003年，济南市影壁后街学校办起高职劳动技能培训班。同年，历城区教育局被评为山东省特殊教育先进单位。

“十五”期间，特殊教育学校有近百人次的残疾学生代表国家、山东省参加国际、全国特殊奥林匹克运动会，获得奖牌102枚，其中金牌38枚、银牌36枚、铜牌28枚；文艺节目、美术、书画和其他技能多次获得国家、省、市多个奖项；在弱智教育研究方面，一批论文在各种报刊、会议上发表、交流。

2006年7月，在黑龙江省哈尔滨市举行的第四届全国特殊奥林匹克运动会上，济南市黎明学校的11名学生获9金4银6铜；济南市泺源学校的8名学生获9金12银7铜；济南市育园学校3名学生获得5金3银4铜的好成绩；济南市影壁后街学校学生殷培振获得3金1铜；济南市育园学校学生张岳、张兰萍被中国残疾人联合会、国家体育总局评为“全国优秀特奥运动员”。9月，济南市黎明学校学生刘齐琦在“2006年全国智障美术书法作品展”上被评为优秀奖，其作品收录在《欢乐的世界》画册中。在甘肃省天水市举行的全国特奥自行车比赛中，济南市影壁后街学校的8名学生取得2金7银5铜，获得全国总分第三名。同年，在全国残疾学生文艺演出中，被称为济南“舟舟” 的济南市影壁后街学校学生曲晓迪表演的独舞《美丽的小孔雀》获一等奖。

2007年，在上海举行的十二届世界夏季特殊奥林匹克运动会上，济南市影壁后街学校学生殷培振获网球比赛男子双打冠军和单打亚军；济南市育园学校学生张兰萍获得网球女子单打铜牌；济南市泺源学校学生李阳和吕一凡取得游泳项目3金1银1铜，实现山东省特奥健儿游泳项目特奥会金牌“零”的突破。李阳被评为山东省十佳少先队员。同年，济南市泺源学校教师蒋楠被评为全国特奥讲师、省优秀教师、省师德标兵。

2008年6月，在全国特殊奥林匹克轮滑比赛上，济南市育园学校7名学生取得6金9银8铜。12月，济南市黎明学校足球队代表山东省参加在海南省海口市举行的2008年全国暨东亚区特奥足球比赛，获得亚军。

2010年9月，在福建福州举行的全国第五届特殊奥林匹克运动会上，济南市泺源学校学生取得16金4银2铜；济南市育园学校学生取得8金18银4铜。

第四节　培养目标与学制

一、培养目标

20世纪80年代末至90年代初，特殊教育对象以轻度智障儿童为主，培养目标是培养有一技之长、自食其力的劳动者。随着招生对象的变化，中重度的智障儿童逐渐增多。1994年，国务院颁布《中重度智力残疾学生教育训练纲要》，提出对中重度智障儿童教育训练的目标：应当通过适合其身心特点的教育与训练，使他们在德、智、体诸方面得到全面发展，最大限度地补偿其缺陷，使其掌握生活中实用的知识，形成基本的实用能力和必要的良好习惯，为他们将来进入社会参与力所能及的劳动，成为社会平等的公民打下基础。济南市特殊教育明确“尊重需要，快乐成长”的办学理念，力争实现“扬长补缺、开发潜能、学会生活、参与社会”的培养目标。

二、学制

盲聋学校学制一般是九年一贯制，小学六年、初中三年。智障儿童辅读学校(班)学制也是九年一贯制，部分学校分低、中、高三个年级段；对随班就读弱智儿童原则上实施九年义务教育，学习年限为9年。职业教育阶段学制为三年。

三、课程设置与教材

1985年始，受省教育厅委托，市教委组织有关人员编写弱智教育教学计划及1～9年级语文、数学教学大纲和教材。1987年前，国家没有统一教学计划，各校(班)根据弱智教育特点和补偿缺陷需要设置课程，主要开设语文、数学、思想品德、体育、音乐、美术、感知肌能和劳动等课程。1987年，省教育厅制定颁发《全日制九年制弱智学校(班)教学计划(试行)》《全日制九年制弱智学校(班)语文教学大纲(试行)》《全日制九年制弱智学校(班)数学教学大纲(试行)》《全日制九年制弱智学校(班)感知肌能训练纲要(试行)》，济南市开始执行省弱智学校教学计划，一般开设语文、数学、音乐、体育、美术、劳动、常识以及思想品德、健康等7～9门课程。每周课时数为：低段27节、中段29节、高段30节。9年时间学完相当于小学四年级的课程内容。1994年，国家颁布《中度智障儿童教育训练纲要》，提出培智学校的课程应关注学生的生活，济南市弱智学校又开设实用语算、生活适应和活动训练三类课程。随班就读弱智学生每班最多不超过3人，使用普通学校教材，但可根据《全日制弱智学校(班)教学大纲》对所用教材进行适当删减，降低教学要求。一般在一、二年级不降低要求，三年级起降低教学要求，四、五年级时根据学生情况对教材进行取舍、整合。1996年起，下午设两节活动课，主要开展体育锻炼、兴趣活动、个别矫正等。弱智教育分两种形式：中重度儿童辅读学校(班)；轻度儿童在普通学校随班就读。2002～2004年，每周课时数改为：低段26节、中段28节、高段30节。2005年始，每周课时数全部改为30节。

智障学校根据2007年教育部颁发的《培智学校义务教育课程设置实验方案》开设课程。课程设置以生活为核心，从生活语文、生活数学、生活适应、劳动技能、唱游与律动、绘画与手工、运动与保健等学科入手，教材以人民教育出版社的培智学校语文、数学、音乐、美工、常识、劳技、体育教材和上海卢湾区辅读学校的生活语文、生活数学、生活适应教材同步使用。学校以丰富多彩的活动课为载体，本着缺陷补偿与特长培养并重的原则开发学校课程和教材。济南市育园学校的《鼓乐》《手工编织》《陶艺》《国画》《卖报》等校本课程均整理成册。其中《鼓乐》通过济南市教育局审批。《鼓乐》《陶艺》《国画》纳入音乐、美工课程，《卖报》《手工》在高年级纳入数学、生活课程。济南市黎明学校校本教材《泉城美》，2005年通过市教育局审批，纳入学校课程计划，并作为校本教材开始正式使用。2010年将地方课程《传统教育》《环境教育》《安全教育》《人生规划》纳入学校课程计划。

20世纪90年代初，盲聋学校按照国家《聋哑学校教学计划》，使用全日制聋哑学校教材，开设课程主要有：语文、数学、常识、体育、美术、劳动、职业技术教育等。1995年后，聋哑学校陆续开设律动课，包括音乐感受、舞蹈、体操、游戏等，使用人民教育出版社全日制聋哑学校九年制义务教育教材。新教材增加劳动课和职业技术课，五年级以上开设微机、缝纫、剪纸、编织等实用技术课。

2007年起，盲校按照教育部2007年颁发的《盲校义务教育课程设置实验方案》进行课程设置。各科主要使用普通学校教材，音乐使用人民音乐出版社教材；科学使用青岛出版社教材；品德与生活、品德与社会、思想品德使用山东人民出版社教材；其他学科均使用人民教育出版社教材。聋校根据教育部2007年颁发的《聋校义务教育课程设置实验方案》进行课程设置。数学使用普通学校人民教育出版社教材；其他学科使用人民教育出版社全日制聋校教材。

盲人职业教育阶段主要设中医康复保健专业，开设课程有：实用正常人体学、中医学基础、按摩学基础、经典医籍、经络腧穴学、伤科按摩学、妇科按摩学、保健按摩学、触诊诊断学、针灸学、内科按摩学、儿科按摩学、按摩师职业修养、心理、英语、语文、体育、微机、音乐欣赏等。教材主要使用普通职业学校教材及学校自主研发的校本教材。聋哑职业教育阶段开设中餐烹饪、服装设计与工艺、工艺美术3个专业，使用普通职业学校教材及学校自主研发的校本教材。

四、教研与改革

1988年始，全市先后成立聋教育的语文、数学，弱智教育的语文、数学、音乐美工、管理、体育8个中心教研组，组成市区带农村、特教学校带随班就读的教学研究格局。在课程设置上，贯彻“适应性教育”，增加特殊课程(如感知肌能课、语音矫正课、家政课等)；调整课程设置(职业劳动课集中上)。在课堂教学的组织形式上，进行弹性教学、分组教学、个别教学等方法的研究。

“八五”时期，特教学校普遍开展分类教学研究，贯彻以集体教学为主、个别辅导为辅、在集体教学中有机穿插个别辅导的原则。有的学校实行“走班制”，基础学科学习以班级授课制为主，对少数学习能力较强或较差的学生，辅以“走班制”。随班就读学校开展“个别化教育”研究，根据弱智儿童的实际，为每个随班就读弱智儿童制订和实施个别化教育计划。有条件的学校设立“资源教室(辅导教室)”，对弱智学生进行一些在课堂上无法进行的训练，如感知—肌能训练、缺陷矫正等。

在课改实验中，各校构建符合学生特点和素质教育要求的课程体系，开发校本课程，挖掘和张扬学生的个性特长，促进教育教学质量的全面提高。市中区泺源学校从2002年7月开始，以生活教育为中心，开发适合中重度智力残疾学生的校本教材，取得明显成效。槐荫区中大槐树辅读学校本着缺陷补偿与特长培养并重的原则开设学校课程，开发《鼓乐》《手工编织》《陶艺》《国画》《卖报》等校本教材。市特教中心调整听障学生的语文教材，开发适合残疾学生特点的信息技术、英语教材，开发按摩、工艺美术、园林花卉等中等职业技术专业校本教材。全市特殊教育学校开展形式多样、主题鲜明的第二课堂活动，建立遍及各类学生、各个年级的兴趣小组，并做到“建立制度、保证时间、积极参与、形成梯队”，促进学生兴趣特长的发挥，先后有上百人次在国家级和省级体育、艺术、技能等比赛中获奖。历下区十亩园小学从1987年开始进行“聋健合一”实验，坚持18年招收聋生随班就读不间断，从入学编班、个别教育、工作研究、家长随堂听课、个人档案、综合评价等方面进行实验探索，建立较为完善的管理制度，使残疾孩子人格与智力得到同步发展。山东省教科所、山东师范大学、历下区离明街辅读学校联合组织“弱智儿童感知肌能训练”实验，经过三年努力，研究成果通过省级专家的鉴定。市中区“关于孤独症患儿的康复教育”、槐荫区对弱智儿童进行的“入托—入学—教育—康复—就业”一条龙实验，使弱智儿童的学前教育、义务教育和就业安置衔接起来；历城区以“生活化教育、个别化辅导、活动中学习、合适化教学”为随班就读工作的研究课题，注重培养学生的自我康复、自我发展能力及参加社会实践能力和生存能力。

2005年，历城区特教学校“中重度弱智儿童生存教育的研究”被列为济南市“十一五”期间重点教育研究课题；历下区、天桥区通过举办心理健康教育干训、师训班，设立心理咨询室、成立家长学校等措施，研究探索创设随班就读良好环境，提高残疾学生素质，实现残疾学生与普通学生同步发展的有效途径；章丘市特教学校进行“愉快教育”“分类教育”“回归教育”实验；市中区作为教育部确定的“全国随班就读支持保障体系实验区”，探索残疾儿童接受普通教育的途径，构建多方位的支持保障系统。至“十五”期末，全市承担国家、省级特殊教育研究课题十余项，数十名教师在省、市优质课评选和教学能手评选中获得好成绩。

“十一五”期间，全市各培智学校贯彻国家新课程标准，进行教学改革，成果显著，共有两项省级、四项市级立项课题顺利结题。济南市黎明学校在课程设计上进行改革和尝试，把全面实施个性化课堂教学，作为打开智障学生心扉的一把“金钥匙”。济南市泺源学校确立“因智施教、因特施教”的教学原则，逐步走出“以教材编写带动课程改革；以课程改革促进学生健康发展”的扬长教育之路。济南市育园学校加大课堂教学形式的改革，加强分类教学的研究，在班级集体授课的前提下，通过同步分组、“走班”教学、“主辅”教学等课堂教学模式，满足不同能力水平学生的学习需要。历城区特殊教育学校的“生存教育”成为学校重要的教育及管理特色。平阴县特殊教育学校从“开放的实践活动、开放的课程、开放的课堂、开放的评价”四个领域，整体构建一个有利于智障学生自主学习和发展的环境。各学校重视学生的体育运动，组建游泳队、田径队、足球队、体操队、乒乓球队、轮滑队等，有100多人次的智障学生代表国家、山东省参加国际和全国特殊奥林匹克运动会、残疾人运动会，获金牌75枚、银牌63枚、铜牌44枚。艺术教育成效显著，智障学生表演的文艺节目多次获得国家、省、市等不同奖项。在中国智力残疾人及亲友协会、山东省残疾人联合会举办的智障者(儿童)美术书法大赛中均取得优异成绩。

五、特殊教育现代化

2001年始，济南市发展信息技术教育，特殊教育现代化列入发展规划。全市11所公办特教学校配备11个计算机教室、16个多媒体教室，配备计算机247台。2006年，济南市实施特殊教育学校教学仪器设备配备工程，按照教育部制定的特殊教育学校教学仪器设备配备标准，为每所特殊教育学校投入100万元，配备教室多媒体、感统训练等设施设备，实现特殊教育现代化。2010年，济南市将特殊教育列入“十大惠民工程”，推进实施聋童集中免费就读。长清、历城、章丘、平阴、济阳、商河6所县(市)

区特殊教育学校的132名聋生相继进入特教中心接受优质教育；6所县(市)区学校同时转型为以招收智障学生为主的特殊教育学校。

第五节　特殊适龄儿童义务教育

1986～1990年，在义务教育学校的设置、各级政府在实施义务教育中的责任、义务教育评估检查标准等方面，均对特殊教育提出明确要求，做到特殊教育合理定点发展。1990年8月，市政府主持召开首次特殊教育工作会议，下发《关于发展特殊教育的意见》和《特殊教育补助使用办法》。“七五”期末，各区县特殊教育学校陆续成立，随班就读工作扎实进行，超额完成“七五”特教规划中规定的“1990年前，盲、聋哑、弱智教育的入学率，分别为20%、70%、80%以上”的目标任务。

1991～1995年为全市特殊适龄儿童义务教育发展阶段。1991年，市教委下发《关于加快发展农村特殊教育的意见》；1992年，制定《济南市残疾儿童少年义务教育“八五”实施方案》。为确保完成任务，全市首先进行对残疾儿童调查摸底，把残疾儿童入学率指标分解到县(市)区并作为评估当地义务教育水平的一项重要指标。市教委每年专门下发特殊教育招生工作意见，对盲、聋、弱智儿童招生工作提出具体要求。

各级政府在财政紧张情况下对特殊教育给予倾斜，落实各项办学经费。公用经费达到每生每年500元；盲生、聋生、弱智学生的助学金分别提高到每生每月15元、8元和5元的标准；济南市和县(市)区分别设立特殊教育专项补助经费，用于发展特殊教育事业；市财政每年划拨50万元，并和县(市)区共同筹集经费约1200万元，对特殊教育学校进行新建、改建和扩建，仅新建市中心聋校一校就投资400多万元，1994年被评为省级规范化学校；县区动员社会力量集资助学，全市非政府投入资金120多万元。对特殊困难的盲童，各县(市)区每生每月补助15元～20元的生活费，帮助盲童解决生活上的困难。

按照“先依法入学后巩固提高”的原则，济南市建立四项制约机制，一是统筹规划。各级教育部门把特殊教育同当地实施义务教育工作统一规划、统一领导、统一部署、统一检查。各县区结合辖区实施义务教育规划都制订相应的特殊教育规划，使之与义务教育的发展相一致。二是严格评估。凡是县(区)乡镇残疾儿童入学率达不到指标要求的，不得认可实现“两基”；凡是县区特教学校办学条件达不到市规定的基本要求的，不得评为义务教育和特殊教育的先进单位。三是依法入学。每年市教委统一下发的特殊教育招生意见，具体规定招生名额和残疾儿童入学指标，并及时通报各县区的招生情况。四是强化管理。市、县(区)、乡镇和学校层层有领导分管，有具体人员负责，并与领导干部的政绩考核挂钩，把当年特殊教育的具体任务写进年度目标责任书。

同时，为提高教师专业知识水平和业务素质，1989年始，市教委每年组织举办1～2期特教专业知识师训班。1994年，邀请挪威及部分国内特教专家到济南市讲学，培训教师骨干。

“八五”期间，济南市还开展各种特教实验活动。历城区自1989年被省和国家教委确定为全国弱智儿童随班就读试点区后，认真组织实验并取得满意成果，1990年、1991年、1994年、1995年，济南市在历城区召开现场会，推广试点经验。同时，历城区于1993年开始进行农村弱智儿童初中阶段随班就读的试点工作。

至1995年年底，全市已有义务教育阶段的特殊教育学校14所，在校生1614人；普通学校附设特教班60多个，在校生498人；在普通班随班就读的残疾学生3042人。盲、聋、弱智儿童入学率分别为81%、92.5%和92%，达到或超过义务教育验收标准，全市基本普及残疾儿童少年的义务教育，成为全省首批基本普及特殊教育的地市之一。

1996～2000年为全市特殊适龄儿童义务教育的巩固提阶段。1996年9月，市政府召开全市残疾人事业工作会议，提出《济南市残疾儿童少年义务教育“九五”实施方案》。除义务教育阶段外，济南市盲校和中心聋校附设高中阶段职业教育，残疾儿童的学前教育开始起步。

为帮助残疾学生克服学习和生活困难，保证残疾儿童完整接受九年义务教育，济南市在坚持给盲、聋、弱智学生发放助学金的同时，自1996年始，市教委每年划拨12万元，在全国率先实行盲生免费教育政策，承担盲生学习、生活、乘车等全部费用。

“九五”期间，特教投入进一步增加，办学条件进一步改善。至2000年，累计拨款570万元，加之各县(市)区的特教补助经费，全市总数为1600余万元。办学条件均达到省级规范化学校的校舍标准。同时，济南市逐步形成并完善特殊教育的学习宣传制度、目标责任制度、评估督导制度、总结通报制度、表彰奖惩制度以及学校内部的管理制度，形成以强化政府行为、落实目标责任、加强评估督导为主要内容的特殊教育管理运行机制，加快特殊学校规范化、科学化管理的进程。在创建省级规范化学校活动中，济南市聋校、长清县聋哑学校、章丘市聋哑学校被省教委命名为省级规范化学校。

至“九五”期末，全市实现各类残疾儿童入学“零拒绝”，盲童、聋童、弱智儿童入学率，分别为92%、95%、95%，比“八五”期末分别提高11、2.5和3个百分点，居全省领先水平。历城区、长清县、章丘市、市中区先后被评为全国特殊教育先进县(市)区；历下区、槐荫区、天桥区受到国家教委通报表彰；1998年济南市教委被评为全国助残先进单位。

2001～2005年为全市特殊适龄儿童义务教育规范管理和改革创新阶段。2001年，在市盲、聋学校的基础上，建立市特殊教育中心，累计投资3000多万元，学校的教学设施、师资队伍、科研水平、学校管理、教学质量全面提升，成为全市聋儿听力检测语言康复中心、残疾学生职业技术教育培训中心、特殊教育教师指导培训中心、特殊教育信息资源中心、残疾学生心理健康咨询中心。该学校被省城镇劳动就业中心确定为“山东省劳动和社会就业训练中心教学点”。历下区投资200余万元改造原山工大附属小学，黎明学校整体迁入，将黎明学校原址无偿提供给济南市唯一民办聋童学校——私立启声学校。平阴、长清、历城、济阳聋校，天桥区影壁后学校，槐荫区中大槐树辅读学校等先后新建高标准教学楼，按照省级规范化学校的标准配齐装备设施。2001年后，济南市特教经费增加到每年60万元，加上各县(市)区专项经费，累计投入1800余万元。市特殊教育中心和部分县(市)区特教学校的年生均公用经费已超过1100元。特教学校教师的特教津贴都能按规定标准及时发放，并落实济南市关于“对从事特殊教育工作满10年的教职人员退休后仍享受特教津贴”的规定。

继盲生实行免费教育后，2004年春季开始，对特殊教育学校(班)所有在校残疾学生(含流动人口子女)实行免费教育(包括杂费、住宿费和课本费)。10月，在南通召开的全国随班就读工作会议上，历城区的试点经验得到教育部认可，并进行推广。2005年11月，在历城区召开全省弱智儿童随班就读工作现场会。

2005年，全市共有特殊教育学校12所，其中，市办特殊教育中心1处，县办聋校6处，区办智障儿童辅读学校4处，民办聋校1处，在校学生1872人。还有分布在679所普通中小学1111个教学班中随班就读的2016人，在校残疾学生总计有3186人。其中，含学前残疾幼儿86人，高中阶段残疾学生171人。全市11所公办特教学校中，8所学校成为省级规范化特殊教育学校，1所特教学校成为省级电化教育示范学校。

2006～2010年，为特殊适龄儿童义务教育的巩固和完善阶段。2006年始，各级财政在保证并逐年增加残疾儿童少年义务教育事业费、基建费的基础上，每年划出一定数量的特殊教育专项补助经费，用于特殊教育学校扩建、改建、康复训练和现代信息技术设备的配备。

2008年，职业教育阶段残疾学生全部享受每年1500元的国家助学金。2009年，对职业教育阶段的残疾学生全部实行免学费政策。2010年，实施聋生集中就读后，为让农村生源的残疾学生留得下，将残疾学生的月生活补助标准提高到420元。同时，济南市倡导扶弱助残风尚，积极争取社会各界支持与援助，通过建立残疾学生基金会，提供生活补助等措施，提高各学段残疾儿童、少年的入学率和巩固率。

第六节　特殊教育管理

一、管理体制

1988年始，特殊教育实行“地方负责、分级办学、分工管理”的领导管理体制，在各级人民政府统一领导下，以教育部门为主，民政、卫生、劳动、计划、财政和残疾人联合会诸单位分工负责。从济南市到县(市)区人民政府有一位分管领导负责特殊教育工作，并成立由其牵头、有关部门参加的特殊教育领导决策系统；各级教育行政部门也有一位领导分管特殊教育，成立由其牵头、基础教育科、督导室参加的特殊教育管理系统。建立由教研室、教科所、市特殊教育中心负责人及有关特教专家组成的特殊教育指导系统。

市和县(市)区建立和完善以政府投入为主、多渠道筹集经费的特殊教育投入保障机制。各级财政在保证并逐年增加残疾儿童少年义务教育事业费、基建费的基础上，从“八五”开始每年划出一定数量的特殊教育专项补助经费，用于特殊教育学校扩建、改建、康复训练和现代信息技术设备的配备。

建立随班就读工作支持保障体系。2003年，教育部《关于开展建立随班就读工作支持保障体系实验县(区)工作的通知》下发后，市中区作为国家级实验县(区)，在全区构建随班就读工作的管理网络和业务指导网络，形成由特教学校带动骨干学校，再由骨干学校辐射周边普通学校的塔式管理模式，从行政政策、经费物质、巡回业务指导和教师培训等方面建成完善的随班就读工作支持保障体系，受到教育部基教司和省教育厅领导的肯定。

二、办学格局

1988年始，济南市实行在国家方针政策指导下，市政府统筹，县(市)区和乡镇组织实施。济南市设盲校和中心聋校，负责全市的盲童教育和城区的聋童教育(2001年组建济南市特殊教育中心后，承担部分中重度智障儿童教育)；县(市)设特殊教育学校，承担当地的聋童教育和部分弱智儿童教育；区设弱智儿童辅读学校，负责本区中重度弱智儿童的教育。县(市)区设置的特教学校起到较重要的骨干示范作用；乡镇中心小学举办弱智儿童附设班。在普通学校吸收轻度弱智儿童和聋童随班就读，这种办学形式不仅投入少、见效快，且能避免隔离式教育，有利于残疾儿童同健全学生的交往，对培养其自信心和提高其社会适应能力十分有利。全市形成以市特殊教育中心和县(市)区特殊教育学校为示范，以乡镇中心小学残疾儿童附设班为骨干，以大多数残疾儿童在普通学校随班就读为主体的特殊教育办学格局。同时，市特教中心先后举办职业高中班和普通高中实验班，率先并指导部分县(市)区特教学校举办残疾儿童学前班，济南市逐步形成从学前教育到中等职业教育、高中教育多个层次，涵盖盲、聋、智障三种残疾类别的特殊教育体系。

济南市省级规范化特殊教育学校名录

表12－2－9

学校名称	批　次	通过时间
济南市聋哑学校	第三批	1995-04-05
章丘市聋哑学校	第五批	1997-12-31
长清县聋哑学校	第五批	1997-12-31
济南市泺源学校	第八批	2001-08-03
历城区聋童学校	第十一批	2004-07-28
济南市影壁后街学校	第十一批	2004-07-28
平阴县聋哑学校	第十二批	2005-06-29
济南市黎明学校	第十二批	2005-06-29

第五章　民族教育

第一节　概　述

1985年，按照国家统一部署，山东省在济南市开办西藏班，由济南第十四中学负责代培西藏藏族学生(四年达到初中毕业)100人，随同藏族带队负责人、教师6人。1986年，全市有回民小学11所，其中市区3所，在校生882人；有回民中学2所(其中1所是完全中学)。市区开办回民幼儿园5所，学前班6个，在回民比较集中的村镇、街道和企业，建立回民或有清真灶的幼儿园。同年，济南回民中学代培藏族学生100名。1988年，市政府拨款5万元，在济南市第一、第三职业中专开办幼师、烹饪、旅游3个少数民族职业中专班。为培养少数民族师资，济南、历城、长清3个师范学校开办民族班，济南师专开办大专民族班。同年，市政府为市中区永长街回民小学新建教学楼和回民幼儿园迁址拨款65万元；山东省教育厅拨款15万元，在济南回民中学新建藏族学生餐厅；市教委投资6万元，为济南回民中学修缮校舍；省民委拨款1万元，为新建党家庄回民中学增添教学设备。各区县和一些街道、村镇企事业单位，以不同形式给予扶持，帮助改善民族学校的办学条件。1991年7月，济南回民中学的西藏学生班和济南第十四中学的西藏班合并，成立山东省唯一专门招收西藏日喀则地区学生的寄宿制学校——山东省济南西藏中学；1994年通过国家教委“两基”验收。1995年，市政府下发《济南市人民政府关于扶持发展少数民族经济若干问题的通知》，明确规定市教委每年至少拿出30万元用于民族学校校舍改造，并要求各级政府进一步提高认识，加大投入，尽快改善民族学校办学条件。市财政于2000年、2001年分两次拨专款100万元，帮助济阳县两个回族乡解决民族学校校舍改造和内部设施配套问题。同时，为调动地方政府加大对民族教育的投入，市教育局采取以奖代补的形式，对全市大多数实施校舍改建、扩建工程的民族学校给予一定的资金支持(如市中区永长街回民小学、槐荫区小金庄回民小学及西张回民小学、天桥区桑梓店回民小学、长清县赵家营回民小学及青北回民小学、商河县白集回民小学等)。济南回民中学是济南市唯一少数民族完全中学，按照省级规范化学校的建设标准，市教育局2002年、2003两年累计拨款700余万元用于该校建设。2004年年底，市教育局和县(市)区教育局除对民族学校安排正常经费外，另安排330万元专项补助经费用于农村民族学校的建设和发展。2004年后，省政府设立民族教育专项扶持资金，每年划拨45万元用于民族学校改善内部设施建设，市教育局每年划拨50万元专项配套扶持资金，各县(市)区也采取相应措施，加大对民族学校资金投入。至2010年，先后有20余所民族学校扩建和新建校舍，其中建成较高标准教学楼、办公楼的农村村办民族小学13所，占村办民族小学总数的50%，多数学校配齐音、体、美、劳技及电教器材，设置实验室、仪器室、图书室、阅览室等，在农村少数民族地区最好的房舍是学校。

2004年教育部将全国唯一边境班安排在该校，面向西藏5个地区招生，是山东省对口援藏项目之一。学校由省、市、区三级管理，占地2.16万平方米，建筑面积1.85万平方米。至2010年，西藏中学：共有3个年级、15个教学班、600名学生。有教职工78人，其中高级教师17人，中级教师29人，教师学历达标率100%。

济南市在民族中小学教育中，既遵循教育的一般规律，又注意突出民族教育的特殊性。2009年起，西藏中学先后与市中区13所普通中小学开展“汉藏一家亲”主题教育系列活动。济南市民族中小学以实施新课程改革为契机，研制开发出一批有浓郁民族特色和时代气息、深受学生喜爱的校本课程，有西藏中学的《汉藏民俗文化》、济南回民中学的《中国少数民族服饰文化读本》、党家回民中学的《走进中华剑术》、永长街回民小学的《回族风情》。济南市的民族学校加强校园文化建设，济南回民中学的“中华美·民族情·中国心”民族文化教育展室、西藏中学的“藏汉风情展室”、党家回民中学的“民族团结如一家”校园文化长廊、永长街回民小学的“民族风情文化室”等，成为展示校园文化和民族文化的窗口。济南回民中学、党家回民中学、杨家巷民族小学开展蹴球、武术、高脚竞速等民族传统体育项目，为山东省民族传统体育培养、输送一批优秀运动员，在全国少数民族传统体育运动会上为山东省赢得荣誉，济南回民中学被省民委、省体育局联合命名为山东省少数民族传统体育训练基地。

至2010年，全市共有回民中学2所，西藏中学1所，回民小学21所，其中济南回民中学和历城区并渡口回民小学，被命名为山东省规范化学校。全市民族学校中少数民族学生7600人，占在校生总数的77.9%。教职员工650余人，其中少数民族教职员工160人，占教职员工总数的25%左右。全市少数民族适龄儿童入学率、小学毕业生升学率、初中在校生巩固率，分别为99%、99%、98%，市区基本普及高中阶段教育。

2010年济南市民族中小学名录

表12－2－10

学校名称	学校地址
山东省济南回民中学	市中区民生大街33号
山东省济南西藏中学	市中区玉函路88号
市中区党家庄镇回民中学	市中区党家庄镇党西村
市中区党家庄镇党东回民小学	市中区党家庄镇党东村

续表12－2－10

学校名称	学校地址
市中区党家庄镇党西回民小学	市中区党家庄镇党西村
济南市永长街回民小学	市中区永长街25号
市中区党家镇刘家林回民小学	市中区党家庄镇刘家林村
槐荫区段店镇小金庄小学	槐荫区段店镇小金庄
槐荫区吴家堡镇西张回民子弟小学	槐荫区吴家堡镇西张村
济南市堤口回民小学	天桥区堤口庄北段78号
天桥区桑梓店镇回民小学	天桥区桑梓店镇
历城区仲宫镇并渡口民族小学	历城区仲宫镇并渡口西村
长清区张夏镇青北回民小学	长清区张夏镇青北村
章丘市杨家巷回民小学	章丘市埠村街道办事处杨家巷村
章丘市大冶回民小学	章丘市埠村街道办事处大冶村
章丘市垛庄镇下琴子回民小学	章丘市垛庄镇下琴子村
章丘市北垛庄回民小学	章丘市垛庄镇北垛庄村
济阳县回河镇申庄民族小学	济阳县回河镇申庄村
济阳县孙耿镇大路民族小学	济阳县孙耿镇大路村
济阳县孙耿镇孙家村民族小学	济阳县孙耿镇孙家村
济阳县垛石镇民族小学	济阳县垛石镇刘营村
商河县张坊乡白集民族小学	商河县张坊乡白集村
商河县韩庙乡站南回民小学	商河县韩庙乡站南村
商河县沙河乡民族希望小学	商河县沙河乡棘城村

第二节　学校选介

山东省济南回民中学

山东省济南回民中学成立于1951年9月，是山东省唯一民族完全省重点中学。1986年9月，济南回民中学开始承办西藏班；11月，学校作为发起单位之一，同北京、上海等15所回民中学联合成立“全国回民中学校际协作体”（后更名为“全国民族中学教育协会”）。

2001年，全校教师有66人次在各类教学比赛或论文评比中获奖。是济南市首批“德育规范化学校”、首批“市级规范化学校”，是“全国民族教育先进集体”、省“师德教风建设先进单位”“市文明单位”。

2002年9月，学校被评为全国民族中学示范校。2003年3月，学校被省教育厅命名为省级规范化学校；4月，参加山东省第六届少数民族传统体育运动会，赢得23枚金牌，5枚银牌；9月，参加全国第七届少数民族传统体育运动会，获女子高脚竞速接力第7名。学校被评为全国民族体育先进集体。2006年11月，学校被命名为山东省少数民族传统体育训练基地。2007年4月，在第七届山东省少数民族传统体育运动会上，获得7金7银2铜，共16枚奖牌。

2005年12月，建成以“中华美·民族情·中国心”为主题的民族文化展室。2007年6月，音乐教师高培芬以诸城派古琴第五代传人身份入选“首批山东省非物质文化遗产代表性传承人”。2008年6月，济南回民中学被评为“山东省非物质文化遗产教育传承基地”；9月，济南回民中学作为济南市唯一中学应邀参加2008山东省文化产业博览会。2009年9月，济南回民中学被济南市政府授予“济南市教书育人先进单位”称号。2010年1月，济南回民中学参加全国民族中学教育协会首届文化艺术节，获优秀表演奖和艺术节组织奖；10月，学校被济南市文化广电新闻出版局、济南市教育局授予“非物质文化遗产进校园活动先进单位”称号。

2010年，学校占地面积2万平方米，校舍建筑面积1.7万平方米，有规范化的教学楼、现代化的实验楼、新建的塑胶体育场，标准的理、化、生实验室，多媒体教室、微机室，还有先进的语音室，宽敞的图书馆、阅览室，各教室配备双向控制闭路电视系统；开通校园网和宽带因特网。教职工146人，专任教师79人；在校生732人，13个教学班。学校被评为山东省电化教育示范学校和山东省实验教学达标学校。校训：勤。校址：市中区民生大街33号。

山东省济南西藏中学

山东省济南西藏中学成立于1991年7月，前身是1986年分设济南回民中学和第十四中学的西藏班，是山东省唯一专门招收西藏自治区藏族学生的寄宿制初级中学。2000年后，中央、省、市、区政府先后投入1000万元以上资金，新建3700平方米的女生公寓楼及餐厅，6200平方米的实验、办公、礼堂综合楼，实现集中供暖。学校拥有电子备课室、语音室、多媒体室，理、化、生实验室，舞蹈室、音乐室、美术室、演播室、广播室、图书馆、阅览室各1个，学生用微机室2个；有男、女生公寓楼各1栋，大小餐厅、换气站机房、学生服务部各1个。2004年，教育部将全国唯一边境班安排在该校，面对西藏5个地区招生，是山东省对口援藏项目之一，是全国唯一由区(县)直接管辖的西藏中学。

2010年，学校占地面积2.16万平方米，校舍建筑面积1.85万平方米。学生生源地为西藏拉萨、日喀则、山南、林芝、那曲、昌都、阿里7个地市。有3个年级、15个教学班、在校学生600人。至年底，先后为西藏地区培养近4000名毕业生。学校先后被评为全国教育援藏先进单位、山东省民族团结民族教育先进集体、山东省职业道德先进集体、山东省心理健康教育示范学校、济南市艺术示范学校、济南市足球学校。校训：志存高远，自强不息。校址：市中区玉函路88号。

2009年，济南西藏中学代表队参加市中区中小学生春季运动会

第三篇　中等职业与成人教育

第一章　中等职业教育

第一节　概　述

济南市中等教育结构改革始于20世纪80年代初，职业技术教育发展较为迅速。1986年，济南市有：中等专业学校37所，当年招生数7418人，毕业生数7349人，在校学生数1.82万人，教职工数1841人，专任教师2693人；技工学校21所，当年招生数2166人，毕业生数874人，在校学生数5409人，教职工数2504人，专任教师828人；职业中学、农业中学44所，当年招生数6524人，毕业生数4778人，在校生数1.69万人，教职工数2445人，专任教师1417人。1987年，推广实行教学、实习、生产、经营、科研一体化“多位一体”的办学体制，在济南第五职业中专率先试行改革。到1988年，全市有40%的职业学校不同程度地试行。同年，全市各类中等职业技术学校105所(市属68所)，在校生4.44万人，教职工1.12万人(专任教师5300人)。1994年，创新办学模式取得新进展。济南信息工程学校探索“产 (生产) 教(教学)结合”的办学路子，使教学、生产、科研和经济效益均取得显著成效。济南第三职业中专多层次跨地区办学，在山东省扩大招生的同时，多层次、多形式跨地区招生。1998年，济南市职业教育探索多层次联合办学模式，采取措施继续鼓励和支持行业、企业自办和联合办学。职业学校联合办学、企业办学、行业办学以及社会力量办学招生人数占职业中专、职业高中招生比例稳定在70%。在此基础上，拓宽办学思路，多形式、多渠道、跨地域办学，形成职教发展新局面。历城区职业中专坚持为振兴当地农村经济建设培养人才，走“科教兴农”之路。该校实施“农科教统筹”改革，作为历城区科教兴农的依托和载体，承接教育、农业、科技等部门育人和科技推广的要求，回应广大农村对人才和技术的渴望，集教育、示范、辐射、推广于一体，运用多种形式服务于农村经济建设。

随着普通初中毕业生逐年增加和普通高等教育扩招，加之职业教育在由计划经济向市场经济转型中遇到的问题，在“丨五”期间前后，中等职业教育特别是职业中专(高中)的招生出现下降局面。普通中专在1997年、2000年出现招生比上一年下降的状况；职业中专(高中)自1998年连续4年招生下降。2000年，济南有中等专业学校40所，毕业生数1.84万人，招生数1.55万人，在校学生数5.75万人，教职工数5657人，专任教师数2916人。市属普通中等专业学校：12所，其中中等技术学校9所、师范学校3所；招生3281人，比1999年减少1002人；在校学生1.21万人，比1999年减少181人；市属普通中等专业学校的平均规模为1008人；市属中等专业学校有教职工1868人，专任教师1078人，师生比为1:11；其中市属普通中等技术学校有教职工1270人、专任教师740人，师生比为1:13；市属中等师范学校教职工598人，专任教师338人，师生比为1:7，成人中等专业学校57

所，部、省属学校9所，市属学校48所；当年毕业生数8613人，招生数6766人，在校生数2.31万人，教职工数2126人，专任教师1172人。职业中学55所，招生1.26万人，比1999年减少621人，在校学生3.8万人，比1999年增加82人；市属33所职业高中，招生8238人，比1999年减少592人，在校学生2.91万人，比1999年增加280人，职业高中的平均规模为689人；职业高中有专任教师1940人，其中文化课教师867人，专业课教师996人；专任教师中本科以上学历1104人，占教师总数56.91%，职业中学师生比为1:19。2002年、2003年中学职业技术学校招生略有上升，2004年又出现下降，2005年有所回升；成人中专在2003年、2005年也出现招生下降的状况；只有技工学校招生呈上升的状况。“十五”期间济南市职业教育发展缓慢，整体呈下降趋势。

2004年9月6日，山东省教育厅颁发《关于深化职业教育教学改革提高教学质量的意见》。济南市制定相应的职业学校学籍管理、教学管理和提高教育教学质量的文件和规定，坚持“两为”(坚持以服务为宗旨、以就业为导向)、“两个面向”(面向社会、面向市场)、“两个结合”(与产业布局相结合、与企业需求相结合)的办学指导思想，以培养市场需求的人才为目的，实行灵活的教学制度，突出职业教育教学特色，改革课程结构和内容、改进教学方法，职业学校发展呈现良好局面。

2005年，中等职业学校：共91所，招生3.36万人，比2004年减少8110人；在校学生9.88万人，比2004年减少9315人；教职工7645人，其中专任教师4738人。普通中等专业学校18所，招生1.36万人，比2004年减少2798人；在校学生4.79万人，比2004年减少156人，平均规模为2663.83人，教职工2763人，专任教师1578人，师生比为1:30.39。专任教师中本科及以上学历的1445人，占教师总数91.57%，高级技术职务教师481人，占专任教师比重的30.48%。成人中专学校46所，招生8345人，比2004年减少6470人；在校学生1.92万人，比2004年减少9087人，平均规模为417.48人，教职工2153人，专任教师1342人，师生比为1:14.37。专任教师中本科及以上学历的1015人，占教师总数75.63%，高级技术职务教师362人，占专任教师比重的26.97%。职业中专学校27所，招生1.16万人，比2004年增加1158人；在校学生3.17万人，比2004年减少72人，平均规模为1173.56人，教职工2729人，专任教师1818人，师生比为1:11.93。专任教师中本科及以上学历的1514人，占教师总数83.28%，高级技术职务教师337人，占专任教师比重的18.54%。技工学校10所，招生6238人，比2004年增加733人，在校学生1.71万人，比2004年增加4541人。技工学校的平均规模为1708.8人，有教职工1117人，其中专任教师782人，师生比为1:21.85。

2006年，济南市制定《济南市职业教育发展“十一五”规划》《中共济南市委、济南市人民政府关于大力发展职业教育的意见》，修订完善《关于加强济南市职业教育实训基地建设的方案》《济南市中等职业学校示范专业评估标准》等一系列加强专项具体工作的方案和规章制度。2007年6月，全市召开职业教育工作会议，明确“政府主导、部门联动、校企合作、城乡互动、长短结合、市场调节、资源共享、共同发展”的职业教育发展思路。推进“职业学校优化提升工程”“名师建设工程”，启动实施“农村职业教育振兴五个一工程”，成立职业教育集团。加强实训基地建设和其他基础能力建设，组织技能大赛和文明风采大赛。“农村职业教育振兴五个一工程”重点提升的济阳职业中专、平阴职业中专、商河职业中专先后被评为国家级重点中等职业学校，长清职业中专被评为省级重点中职学校，济南第三职业中专被评为全国德育工作先进集体，历城职业中专、平阴职业中专成为国家级中等职业教育改革发展示范学校。2008年4月27

日，济南市首家职教集团——济南市现代制造业职教集团在历城中专成立。该集团由历城职业中专、山东商贸学校、济南二职专、章丘一职专、章丘二职专等10家职业学校和济南重工有限公司、山东巨能数控机床公司等69家企业成员单位组成，历城职专为牵头单位，设理事会负责常务工作。现代制造业职教集团为非营利性社会组织，旨在构建现代职业教育体系，促进资源整合、资源优化、资源共享。组建集团后，合作办学的企业将参与成员学校专业设置、课程建设、职业资格证书考核、招生就业等人才培养的过程，实施“订单式”人才培养，全面深化校企合作，给职业教育发展注入活力。

2010年，济南市有中等职业教育机构1144个。其中：中等职业学校73所，毕业生数3.13万人，在校学生数8.1万人；教职工数6774人，其中专任教师4511人；学校产权校舍建筑面积283.08万平方米。14所国家重点中等职业学校；市属技工学校20所，毕业生数1.22万人，全校学生数3.48万人，教职工数2476人，其中专任教师1916人，学校产权校舍建筑面积132.31万平方米；中等职业技术培训机构1051个，毕业生数154.21万人，在校学生数85.63万人，教职工数7225人，学校产权校舍建筑面积41.83万平方米。全市职业学校共开设机械制造、信息技术、商贸财经、旅游服务等11个大类，66个专业。

职业学校开展专业技能大赛　(2009年摄)

2010年市属技工学校基本情况表

表12－3－1

学校	毕业生数(人)	招生数(人)	在校生数(人)	教职工数(人)		学校占地面积(平方米)	校舍建筑面积(平方米)
				合计	其中：专任教师		
总计(20所)	12167	12408	34750	2476	1916	2489874	1323054
济南技术学校	2293	2900	10382	436	270	96416	85858
济南铁路高级技工学校	1037	728	1778	211	93	67400	39929
济南交通高级技工学校	703	748	2089	96	93	311896	19865
济南房地产业技工学校	47	38	73	36	28	6700	7349
济南工业技术学校	137	26	407	76	70	79000	27439
济南一机床集团有限公司技工学校	169	52	242	20	18	4600	4373
济南二机床集团有限公司技工学校	359	349	746	45	41	12000	8754
济南试金集团有限公司技工学校	351	205	841	59	59	80000	3500
济南重工股份有限公司技工学校	315	160	498	43	31	28723	8800
济南锅炉集团有相似技工学校	36	27	79	17	13	3500	1637
济南神州工商技工学校	101	101	353	29	25	10050	10000
济南蓝翔高级技工学校	4364	3057	9818	628	618	330000	400000
山东现代技工学校	109	13	65	13	6	33300	5660
山东现代职业技工学校	489	298	2502	52	48	44000	40000
山东力明技工学校	530	740	740	160	78	40000	10000
山东英才技工学校	—	—	—	198	97	118200	68700
山东广达技工学校	—	—	—	—	—	—	—
山东凯文技工学校	78	369	662	81	91	437400	218000
山东科技技工学校	1049	1585	2463	145	145	260000	140000
山东锦泽技工学校	—	1012	1012	131	92	533333	230510

第二节　中等师范教育

1986年，济南市有中等教育师范学校4所，即济南师范学校、济南市幼儿师范学校、济南历城师范学校、济南长清师范学校。教职工457人，专任教师228人，在校生2754人。1988年10月，济南师范、济南幼儿师范被国家教委表彰命名为全国首批优秀师范专科和中等师范学校；两校均为山东省重点中等师范学校，编写出版部分中师、幼师通用教材和教学参考书，被国家教委确定为中国·联合国儿童基金会合作项目单位。1989年5月，由辽宁、吉林、黑龙江、湖南、安徽、山东6省组成的联合检查组，对济南师范、济南幼儿师范学校实行单独报名、统一考试、单独划线、提前录取、加强面试的招生改革，给予高度评价。同年，在全省中师青年教师教学比赛中，济南师范教师代表队获7科全部一等奖；历史教师王春光、地理教师张静霞获华东11省(市)青年教师教学一等奖。

1992年起，经国家教委批准，济南师范进行大学专科程度小学教师实验工作。试验实行五年一贯制，招收优秀初中应届毕业生，分文、理两科，根据小学教育教学的需要，5年内学完规定的中师和相应专科课程，为小学培养骨干教师，也为全面提高小学教师学历进行有益探索，当年招收首批学员60名。1994年7月，经济南市人民政府批准，历城师范学校整建制划归市管；11月，经山东省人民政府批准，校名改为山东省济南第二师范学校。

1997年，济南幼儿师范被评为全省第一所省级规范化幼儿师范学校。2000年，济南市有中等师范学校3所(1998年2月，长清师范学校改为长清中学)，即济南师范学校、济南幼儿师范学校、济南第二师范学校，在校生2527人，教职工598人，其中专任教师338人。2005年2月，召开师范类毕业生供需洽谈会，省内师范类高校毕业生和济南师范、济南幼师专科层次毕业生6000余人参加，达成就业意向719人，其中专科生90人。2009年，由济南市幼儿师范学校教师高希主编的《音乐赏析》入选普通高等教育“十一五”国家级规划教材。

2010年，济南市有中等师范学校2所(2001年5月，济南第三师范学校改制为省实验中学东校)，即济南师范学校、济南幼儿师范学校，在校生1.14万人，教职工446人，专任教师241人。

第三节　普通中等专业教育

1986年，驻济南普通中等专业学校共25所，其中：隶属国家部委的4所，即济南交通学校、济南铁路机械学校、山东省邮电学校、山东省银行学校；隶属省有关部门的21所，即山东省地质学校、山东省电子工业学校、山东省化工学校、山东省轻工业学校、山东省广播电视学校、山东省济南城市建设学校、山东省建筑工程学校、山东省机械工业学校、山东省商业学校、山东省物资学校、山东省工商行政管理学校、山东省经济计划学校、山东省立医院护士学校、山东医科大学卫生学校、山东省劳改工作学校、山东省司法学校、山东省人民警察学校、山东省戏曲学校、山东省电影学校、山东省体育学校、山东省气象学校。上述学校，属工业类11所，设置汽车配件制造、内燃机车、载波通信、化工、造纸等30个专业；财经类5所，设置金融管理、工商行政管理、计划统计、保险、物价等14个专业；医学类2所，均设护理专业；政法类3所，设置公安、司法等5个专业；艺术类2所，设置京剧表演、舞台美术等5个专业；体育类、气象类各1所，设置运动、气象等3个专业。在校生共计1.29万人，教职工3638人。市属中等专业学校5所，即济南市轻工业学校、济南纺织学校、济南供销学校、济南警察学校、济南体育学校，在校生2120人，教职工642人。

1994年，济南铁路机械学校、山东省机械工业学校、山东省商业学校、山东省电子工业学校、山东省济南邮电学校、山东省银行学校、山东省卫生学校、山东省城市建设学校被国家教委批准为国家级重点中等专业学校。1997年8月15日，经山东省人民政府批准，济南市建筑工程学校成立，是济南市建筑行业第一所全日制普通中等专业学校。

2000年，驻济南普通中等专业学校29所，在校生4.54万人，教职工3789人，专任教师1838人。市属中等专业学校9所，在校生9563人，教职工1270人，专任教师740人。2001年，山东省人民政府下发《关于调整省直部门所属普通中等专业学校管理体制的通知》，山东省戏曲学校并入山东艺术学院。

2002年，市属普通中等专业学校12所，其中中等技术学校9所，师范学校3所。招生4586人，比2001年增加1106人；在校学生1.21万人，比2001年增加684人；市属普通中等专业学校的平均规模为1011.33人，市属中等专业学校有教职工1849人，专任教师1046人，师生比为1:11.60。其中市属普通中等技术学校有教职工1253人，专任教师717人，师生比为1:14.09。市属中等师范学校教职工596人，专任教师329人，师生比为1:6.18。

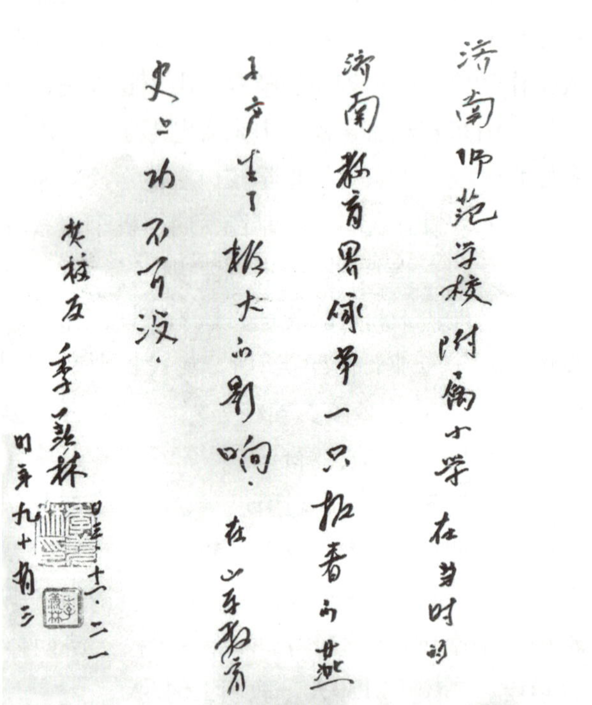

国学大师季季羡林为济南师范附小题词

2004年，普通中等专业学校24所，招生1.64万人，比2003年增加445人；在校学生4.81万人，比2003年增加4128人，平均规模为2004.38人，教职工3200人，专任教师1728人，师生比为1:27.84。专任教师中本科及以上学历的1553人，占教师总数89.87%，高级技术职务教师513人，占专任教师比重的29.69%。

2006年，普通中等专业学校15所，招生1.04万人，比2005年减少3167人；在校学生3.89万人，比2005年减少9005人，平均规模为2596.27人，教职工2299人，专任教师1272人，师生比为1:30.62。专任教师中本科及以上学历的1177人，占教师总数92.53%，高级技术职务教师383人，占专任教师比重的30.11%。

2008年，普通中等专业学校15所，毕业生1.19万人，比2007年减少169人；招生6599人，比2007年减少2520人；在校学生2.57万人，比2007年减少8532人，平均规模为1710.87人；教职工2396人，比2007年减少119人；专任教师1395人，比2007年减少32人，师生比为1:18.40。专任教师中本科及以上学历的1290人，占教师总数92.47%，高级技术职务教师442人，占专任教师比重的31.69%。

至2010年，驻济南普通中等专业学校6所，即山东省邮电学校、山东省质量工程学校、山东省特殊教育专业学校、山东省环境保护学校、山东省电影学校、山东省人口学校，在校生2064人，教职工397人，专任教师231人。市属中等专业学校8所，即济南电子机械工程学校、济南艺术学校、济南卫生学校、济南市人民警察学校、济南市体育运动学校、济南信息工程学校、山东外事翻译职业学院(中专部)、山东省商贸学校，在校生1.31万人，教职工1390人，专任教师862人。

2010年中等职业教育情况表

表12－3－2　　　　　　　　　　　　　　　　　　　　单位：人

	总计			中职全日制学生			中职非全日制学生			教职工数							聘请校外教师
											其中：专任教师						
	毕业生数	招生数	在校学生数	毕业生数	招生数	在校学生数	毕业生数	招生数	在校学生数	总计	总计	正高级	副高级	中级	初级	无职称	
总计	31337	30986	80998	26325	25195	69774	5012	5791	11224	6774	4511	47	994	1544	1560	366	342
其中：女	16345	15367	40358	14376	12176	34485	1966	3191	5873	3254	2405	17	517	793	878	200	141
普通中专学校	5115	6711	16747	5115	5752	15788	–	959	959	2233	1334	1	411	461	436	25	81
成人中专学校	8917	11190	25343	4227	6557	15755	4690	4633	9588	1617	1112	31	248	334	314	185	203
职业高中学校	11665	10532	30664	11665	10532	30664	–	–	–	2465	1801	11	304	646	686	154	52
其他机构	5640	2553	8244	5318	2354	7567	322	199	677	459	264	4	31	103	124	2	6
其中：1.地方部门	25173	22621	60255	22018	19465	54523	3155	3156	5732	5470	3704	16	850	1318	1301	219	204
教育部门	13952	13470	38709	13603	13235	37981	349	235	728	3751	2664	–	579	955	983	147	55
非教育部门	11221	9151	21546	8415	6230	16542	2806	2921	5004	1719	1040	16	271	363	318	72	149
2.民办	6164	8365	20743	4307	5730	15251	1857	2635	5492	1304	807	31	144	226	259	147	138

第四节　学校选介

山东省济南师范学校

山东省济南师范学校创办于1902年10月，是全国最早的师范学府之一、山东师范教育的开端、山东新文化运动的传播地。1903年改为山东师范学堂。1909年12月改为山东优级师范学堂。1912～1934年先后改为国立山东高等师范学校、山东省立第一师范学校、山东省立济南师范学校。1950年8月，与山东省济南市第二师范合并，成立山东省济南师范学校。

该校有光荣的革命传统。1921年1月，学生王尽美代表山东共产主义小组出席在上海召开的中国共产党第一次全国代表大会。1923年，中共省立一师支部成立，在党支部领导下，广大师生积极参加反帝爱国运动，在斗争中不少学生加入中国共产党，走上革命道路，为民族民主革命做出重要贡献。

1990年，该校被确定为联合国儿童基金会受援学校；1992年，经国家教委批准试办小学教育大专班；1999年，经省教育厅批准全部实行五年一贯制大专教育，培养具有专科学历的小学教师。2004年，被确立为全国教育科学“十五”规划重点课题——基础教育阶段双语教育研究基地。学校有“烛光文学社”“小百花剧团”“学生课件工作室”“环保协会”等学生社团及课外兴趣小组20多个。

2010年，学校设有普师、语音教室、电子阅览室；有教职工234人，专任教师122人，有高级专业技术职称55人。原校址位于天桥区师范路23号。2011年5月21日，与济南幼儿师范合并为济南幼儿师范高等专科学校。校址：长清区大学科技园丹桂路2011号。

济南幼儿师范学校

济南幼儿师范学校创建于1952年，是新中国建校最早的5所幼儿师范学校之一，是山东省第一批中国·联合国儿童基金会合作项目学校。建校50多年，为社会培养2万多名优秀毕业生。2010年，学校有教职工212人，专任教师119人，在校生1108人。配备现代化的教学设备，有音像编辑系统、闭路电视系统、互联网系统和功能齐全、设施完备的多媒体教室，有文艺、教学演播厅2个，舞蹈房和体操房4个，声乐和美术等专用教室15个，有钢琴180余架。学校先后获全国体育工作先进单位、山东省语言文字示范学校、山东省艺术教育示范学校、山东省精神文明先进单位等称号。原校址位于天桥区堤口路91号。2011年5月21日，与济南师范学校合并为济南幼儿师范高等专科学校，校址：长清区大学科技园丹桂路2011号。

济南艺术学校

济南艺术学校前身为济南正谊中学，始建于1913年，是济南市现存建校最早的学校之一。为全日制普通中等专业艺术学校，隶属于济南市教育局。

1956年，更名为济南十七中学，改为公立学校。1981年11月，经市教委批准，学校从高中一年级挑选36名女生组建第一届职业幼儿教育师范班。学校转向职业教育后仍有6个高中班、10个初中班，800余名学生。1982年6月，撤销济南六十六中，并入济南十七中学，该校4个班的学生、30余位教职工，于9月纳入济南十七中编制。

1983年1月10日，幼师职业班定名为济南第五职业高中。1984年6月18日，济南第五职业高中改名为济南职业中等专业学校，济南十七中学撤销。1985年4月10日，成立济南书法艺术学校，由济南职业中等专业学校管理。

1992年11月，成立“济南艺术培训中心”，与外单位联合办学，拓宽职业教育发展新领域。经过数年发展，逐渐形成普通高中与职业中专两种体制并存，职教为主，普教、成教、自考多渠道办学的模式，形成艺术特长为主的办学特色。

2005年，与原济南艺术学校合并成立新的济南艺术学校。原济南艺术学校创办于1960年，隶属济南市文化局，由胡枫林任校长，时克远任副校长，专业教师多是戏曲界著名的老艺人，如京剧艺术家张砚卿、韩少山、孟丽萍、马润生、王文娟、董兰萍、陆少楼、陆燕飞、陈凯臣、张佩英、赵淑天、孙宝鑫、孙国良，山东梆子名家赵祥福、杨茂泉，莱芜梆子名家胡庆松等。另聘有几十名著名的艺术家如张春华(武丑、著名京剧表演艺术家)、张逸娟(北京戏曲学校校长)、刘淑云(天津市京剧团、著名花旦)、王小蓉和米福生(中国京剧院著名演员)等为兼职教授。该校经几代人努力，至2005年已开设杂技、京剧、吕剧、曲艺、音乐、美术、影视表演、中国舞表演等9个专业，实施小学、初中到高中的连贯教育，在校生500余人，在编教师70余名。

2009年，学校50多名学生参加全运会闭幕式演出。影视表演专业学生的小品在山东省儿童戏剧小品比赛分获表演和编剧一、二、三等奖；美术专业学生多次在省市比赛中获一、二等奖，学校多次参加全国及省、市组织的大型外事演出活动，并受邀赴美国、韩国、印度尼西亚等国家演出。

2010年，有在校生296人，教职工190人，中高级职称100人。专业教师63人，设杂技、曲艺、音乐、美术、舞蹈、影视表演、体育舞蹈等专业。学校占地面积4723平方米，校址：市中区舜耕路68号。

济南信息工程学校

济南信息工程学校始建于1985年，是经山东省人民政府批准的公办全日制普通中等专业学校，是教育部命名的首批国家级重点中等职业学校，是山东省职业教育百所骨干示范性学校。2010年，学校占地面积7.33万平方米，建筑面积4.88万平方米，有标准塑胶田径场、足球场、篮球场、排球场等文体设施。有教职工237人，专任教师160人，其中高级教师60人。设有三二(三年中专、两年大专)连读大专、普通中专、职业中专3种办学模式，开设计算机应用、计算机网络、电子专业技术、电算会计、电子商务等专业。

2010年12月，学校被工业和信息化部考试认证中心命名为工信部IMLE(全国网管技能水平考试管理)、NCBA(全国网络商务应用能力考试认证)、NTC(全国网络与信息技术培训考试管理)、NCST(教育部全国计算机速录人才认证)等4个项目的人才培训基地。被ATA公司授权为“全国ATA职业技能考试站”，是济南市人力资源和社会保障局批准的“计算机职业技能鉴定基地”，能够进行计算机操作员、多媒体作品制作员、计算机网络管理员、计算机程序设计员等8个项目的技能鉴定。校址：历城区王舍人镇朝山街316号(东校区)；市中区林祥南街166号(西校区)。

济南交通高级技工学校

济南交通高级技工学校前身是济南市交通职业中等专业学校，创建于1975年。2006年，被评为国家级重点学校。2008年，更为现名。2010年，学校占地面积31.2万平方米，校舍建筑面积1.99万平方米。

学校以“立足交通、面向市场、突出特色、德行至上”为办学理念，围绕汽车行业和相关产业办教育，走出一条特色兴校的发展道路。先后投资9000多万元，建成一流的汽车维修和汽车驾驶与维修两大专业实训基地，为学生校内实习培训创造条件。2009年，承办全省汽车运用与维修专业师资培训班。与济南市公交总公司、中国重汽集团等30多家大中型企业合作，通过订单式培养，成立冠名班，互建培训基地。校址：章丘市明水白云路72号。

济南第三职业中等专业学校

济南第三职业中等专业学校成立于1985年，由原济南第三职业中学和第六职业中学合并组成(两校前身分别为原济南第四十八中学和第二十五中学)。2008年6月，原济南职业学院北校区(占地面积9667平方米)划归济南三职专，形成东校区与本校区两个校区。

1988～1994年，学校与山东省银行学校签订联合办学协议书，在济南第三职业中专开办山东省银行学校委培班，先后招收四届共300余名学生。1994年，与山西朔州煤矿职业学校联合办学。1998年春，与海南秀英房地产开发总公司签订联合办学协议书，成立济南第三职业中专海南分校，先后有20余名干部教师到海南分校工作，4个班200余名学生分两批赴海南分校学习半年。2001年7月，协议终止。

2000年6月，首次开设综合高中试验班，当年招收3个班。2004～2010年，年均招生7个班，每年招生均在900人以上。开设普通高中全部必修课程和学生所选专业的主干课程。学生具有山东省普通高中与济南市职业中专“双学籍”；对考试合格的毕业生颁发山东省普通高中毕业证和济南市职业中专毕业证“双文凭”；毕业生可参加全国统一普通高考或参加高职升学考试、成人高考，还可以直接就业。校址：天桥区聚贤街78号。

济南物业管理职业中等专业学校

济南物业管理职业中等专业学校成立于2000年。2010年，学校占地面积3.5万平方米，校舍建筑面积2.5万平方米。开设物业管理、楼宇智能化技术、建筑测量、建筑设备工程技术、电子应用技术等专业。学校注重行业培训，作为山东省住建厅批准的建筑类培训机构二级资质单位、国家注册物业管理师培训单位、物业管理员(师)职业资格鉴定基地、建筑施工特种作业人员考核培训基地，年均培训5000人。物业管理专业为全省骨干示范专业。学校先后被评为中国物业管理协会常务理事单位、山东省重点职业学校、山东省教学示范学校。校址：历下区解放东路68号。

第二章　成人教育

第一节　概　述

中共十一届三中全会后，成人教育逐步恢复，并出现新的发展趋势。各部门和单位对青工进行文化补课和对职工进行初级技术补课，并建立起以岗位技术、业务为主的培训中心。根据形势发展，教育重点逐步向中、高等教育阶段发展。其主要方式有：参加本系统设立的成人中、高等学校学习、培训；参加函大、夜大、业大学习；参加广播电视大学学习，或参加中、高等教育自学考试；选送职工、干部到普通高校设立的专修班学习或委托代培。1978年起，济南市属成人中、高等学校相继恢复和建立。到1988年，济南市属成人中等学校有市教师进修学校、市电大中专班、市卫校职专班等。市属成人高等学校有济南职工业余大学、济南职工业余科技大学、济南机械职工大学、济南教育学院、济南广播电视大学等。广播电视大学和中、高等教育自学考试，为成人教育开辟新的途径。同年，济南市职工参加成人教育学习19.76万人(其中干部4.87万余人，工人

14.89万人)；参加岗位职务培训5.52万余人；参加技术业务培训10.72万余人；参加文化学习3.51万余人。此外，有国家部委、省属驻济成人高校18所(含普通高校设立的函大、夜大等)，市区成人教育形成新的格局。农民教育逐步建成文化、技术教育相结合的新办学体系，乡镇全部建立成人教育中心，普遍开展扫盲工作和以农村技术教育为主的培训。社会力量办学重新恢复和发展，办学形式灵活多样。有各类文化、技术学校160处，满足部分成人的学习要求，为教育事业起到拾遗补缺的作用。2001年，全市成人教育平稳发展，但随着“双基”任务的完成，各类成人中等、初等学校呈减少趋势，各类业余成人技术学校进入壮大、发展时期。有市属成人高校5所，在校生7817人；各类成人中等专业学校47所，在校生1.07万人，教职工2126人；成人技术培训学校4805所，在校生18.8万人，教职工3662人，另有兼任教师1万余人。2005年，全市有成人中等学校46所，在校生1.92万人，教职工2153人；成人高等学校7所，在校生9.24万人，教职工8073人。至2010年，济南市形成以职工教育、农村成人教育、社区教育、成人学历教育、社会力量办学为重点，覆盖城乡的社会化、大众型、开放式成人教育体系。有成人高等学校5所，在校生12.64万人，教职工1817人；成人中等专业学校35所，在校生3.08万人，教职工1617人。

第二节　职工教育

济南市职工教育办公室成立于1982年，管理指导全市职工教育工作，并在全市普遍开展青年职工补文化、补技术的“双补”教育活动，到1985年青年职工“双补”教育基本完成。

1986年始，职工教育工作逐步转向以提高从业人员的岗位工作能力和生产技能为重点，按照“学用结合、按需施教”“干什么、学什么，缺什么、补什么”的原则，开展岗位培训，提高职工和干部队伍素质。职工教育坚持以业余、短期、自学为主，发展广播、电视、函授、刊授教育，实行多种形式的联合办学。

1988年，全市共有职工教育机构228个，配备职工教育专职管理干部1000余人。经批准建立的职工学校、职工中专、职工教育培训中心和职工高等学校177所，配备专职教师1273人，在校生3.5万人。企业生产班组长岗位培训2.36万人，培训率78.8%；各类专业管理人员培训2万人，培训率40%；科技干部培训1000人，培训率41%。参加岗位培训的职工占全员培训人数的27%；有2.7万名工人参加技术等级培训。对济南地区39所职工中专进行教学质量评估，53个专业共招收新生3766人，完成年度招生计划的97%；121所职工学校转向以岗位培训为主的各类培训，组织6500名职工参加高中文化统考；市政府召开全市乡镇企业职工教育工作会议，全年共培训乡镇企业职工3.8万人。

1989年，全年有25.6万名职工参加学习，职工全员培训率40%以上。全市各级职工教育部门与宣传、工会、共青团等部门配合，共举办职工政治理论培训班3000多期，参训职工12万人。有22.4万人按照岗位规范标准参加学习和培训，占全市职工总数的39.4%。有1588名车间主任参加岗位职务培训，有1.4万名各类专业管理干部参加现代化管理的学习，有3.5万名技术干部接受继续工程教育；有1.7万名高级工、7.9万名中级工和7.6万名初级工参加技术等级培训，培训率50%。济南38所职工中等专业学校全年招收新生5122人，毕业2187人，在校生1.9万人。市职工教育办公室制发《关于加强职工教育，提高职工队伍素质促进企业技术进步工作的意见》和《关于把职工培训纳入企业承包经营责任制的通知》，并与市委组织部、市经委等部门共同拟订各类培训目标，促进企业技术进步。槐荫区对15个重点区街企业管理人员进行轮训，天桥区北园镇对136名乡镇企业管理干部进行脱产培训，历城区以商校为依托举办“重点村乡镇企业会计培训班”。全市用于职工教育的总投资1246万元。1990年，贯彻落实“面向企业、面向生产，以提高经济效益为中心，为两个文明建设服务”的指导思想，在职工政治教育、文化教育和技术业务培训等方面取得突破性进展，共培训职工39.7万人，为历年来最多的一年。7月，济南市第十届人民代表大会常务委员会第十七次会议通过《济南市职工教育条例》，把职工教育纳入法制轨道。

1991年，全市在企业青年职工中开展“双基”(基本国情与党的基本路线)教育。全市参加“双基”教育轮训的青工31.5万人，占应训青工总数的90.1%，同时，各单位开辟“第二课堂”，组织“双评”(评选优秀教师、优秀教案)、“双赛”(百题大赛、知识竞赛)和演讲活动。市职工教育办公室和济南电视台联合录制的《济南市青工“双基”知识竞赛》专题电教节目，在全国第二届电教节目评比中获三等奖。在“双基” 教育评比中共评出省级先进集体8个、先进个人11人，市级先进集体56个、先进个人159人。市政府将1991年度职工教育任务指标列入全市经济和社会发展计划，并逐级纳入领导目标责任制和企业第二轮承包合同。有29.9万人参加各类岗位培训和文化教育，占职工总数的45.4%。其中，参加岗位资格性培训、岗位适应性培训和技术等级培训的职工，分别为5.1万人、17.4万人和3.6万人；有1.9万名职工参加高等教育，1.6万名职工参加中专教育，2386名职工参加文化基础教育。全市职工教育经费开支3000多万元。至年底，全市有职工教育管理机构230个，各级各类职工学校195所，专职干部1258人，专职教师1356人，校舍建筑面积21.2万平方米，初步形成与经济建设基本相适应的职工教育及管理体系。济南市制定“八五”期间乡镇、区街企业职工教育的目标、任务和措施。参加各类技术业务培训的乡镇企业职工3.9万人。商河县的21个乡镇中有15个乡镇成立职工教育管理机构， 配备专职管理人员。同年，将济南市职工业余科技大学与济南市职工教育培训中心合并，成立济南职工科技大学，成为全市职工高等教育、经济管理干部培训和开展多层次培训的中心基地。全市各职工中专学校普遍增设思想品德课，开展评估自查工作。年内，济南地区39所职工中专学校共录取新学员8241人，超额完成招生计划。全市共培养中专以上层次的职工3.5万人，毕(结)业1.4万人，职工高中文化统考报考5200多科(次)。根据职工教育发展需要，创办《济南职工教育》报，撰写通讯报道稿件623篇，其中291篇被市级以上报刊采用。

1994年，济南市成人教育局成立，保留济南市职工教育办公室名称。新建济南市槐荫职工中等专业学校、济南市粮食职工中等专业学校、中国轻骑摩托车集团职工中等专业学校。1995年，开展企业职工职业道德教育，参加活动的职工累计30万人，45岁以下职工培训面95%；各行业共制订和修改职业道德规范9400多条，涌现出济南交警支队、市工商银行等一批先进典型。启动企业家培训工程，开展高级工商管理职业资格培训、现代企业经营管理培训和各类岗位培训。全市各级共培训企业和经济部门管理人员3.4万人，其中培训企业领导干部6800人。开展技术和业务培训。累计培训班组长2.6万人、转岗人员1万人，4000多名职工参加创造力开发活动，参加外语学习和微机培训的职工累计分别为3万人和9000人。

1997年，全市开展“职工素质工程”培训工作。全年培训下岗职工1.98万人，约占全市下岗职工总数的27.8%，培训就业率61.2%；组织全市1.14万个班组的50多万名职工参加“全国班组职工职业道德知识竞赛”，获优秀组织奖，职工受教育面83%。1998年，职工教育以工商管理培训和全员岗位培训为重点，全市参加50学时以上各类培训的职工34.3万人，全员培训率完成53%。开展县区属以上企业管理干部的高、中、初级工商管理培训，累计培训

4559人。市成教局被评为“山东省职工社会主义思想道德教育活动先进单位”和“山东省企业培训工作先进单位”，并在全国企业培训工作会议上介绍经验。1999年，总结推广章丘市树立人才观念、大力开展工商管理培训和机床一厂为亏损企业扭亏增盈服务开展全员培训的典型经验，全力推进国有企业的职工培训工作。市成教局制定《关于加强“三资”、民营企业职工教育工作的意见》，落实国家在三资、民营企业职工教育经费提取和师资管理等方面的政策，推出三株药业集团、山东松下影像公司促进企业发展的先进典型，将三资、民营企业职工教育纳入规范管理轨道。

2000年，济南市职工教育改变传统职工教育模式，依托行业协会和重点企事业单位，在机械、外经贸、城建、医药、交通、公用事业、旅游、商业、房地产和石油化工等十大行业，分别建立起面向社会、专业化分工的职工教育培训基地，形成立体化的职工教育运行新机制。各企业重点实施工人跨岗位、跨工种及复合型、多面手培训；ISO 9000质量体系认证培训和下岗职工再就业培训；职工全员培训率为54%。各系统深入开展各级工商管理培训，累计6908人。以总结、推广济南试金集团等企业经验为切入点，规范工商管理培训的内容、教学方式、学员调训和效果反馈办法。以培养经济建设急需的高层次、复合型管理人才为目标，开展百名工商管理硕士(MBA)培训工作。邀请国内知名经济学家到济举办多期讲座，对市直部门和企业集团领导干部进行现代知识教育。举办全市计算机应用能力培训班43个，培训市级党政机关干部和大、中型企业管理人员2529人，组织计算机应用能力考核4172人。

2002年，组织各行业开展“应对入世挑战，创特色、树品牌、增效益”创新职工教育系列活动。在济钢集团总公司召开“全市企业创新职工教育、建设学习型企业现场会”，总结推广济钢、重汽、二机床、齐鲁化纤、三箭置业和力诺等企业集团创新职工教育、建设学习型企业的先进经验。开展以“四高”人才(高级管理人才、高级专业人才、高级营销人才、高级技工)为主要对象，以世贸组织规则、国际经贸知识和新知识、新技术、新工艺为主要内容的职工培训。完成市委组织部委托澳大利亚伊迪斯·科文大学举办的高级经济管理人才培训班教学任务。组织开展“学百句英语，促对外开放”活动。全市各行业和企业共培训各类职工44.85万人，职工全员培训率为56%，位居全省前列。2004年，推进学习型企业创建工作。按照“政府导向，企业自主，科学切入，重点突破”的指导原则，先后深入到市环卫局、市华联等8个行业和企业进行调研，帮助基层解决创建工作中的困难和问题，对部分行业、企业进行重点指导，实现学习型企业创建工作由国有(股份制)企业向民营企业、由大型企业向中小型企业、由企业向事业单位的全面延伸。组织完成教育部职称司和国家教育科研规划办公室的学习型企业建设课题研究任务。组织100多名职教管理人员和教师参加省有关部门举办的创建学习型组织研讨培训班和企业基层管理人员培训师资研修班，协助指导机械电子、交通、环卫、建管等重点行业及所属企业开展理论研讨、专题讲座、观摩交流等形式多样的活动，为学习型企业创建工作提供有效服务。济南市开展的学习型企业创建工作得到教育部等上级部门的肯定，济南力诺集团、济南房地产发展集团、济南二机床集团被教育部确定为全国创建学习型企业成绩突出单位；开展此项工作的经验做法一并编入教育部《2003年创建学习型企业成果突出单位成果汇编》。全市建成14处行业教育中心、30多处大中型企业教育培训基地，形成以“立体化、多元化、全程化、规范化”为主要特征的企业教育体系。

2005年，以市属规模以上企业为重点，推进学习型企业创建工作。会同市总工会组织首批市级“学习型企业”“知识型员工”认证工作，首批认证市级“学习型组织”34个，“知识型员工”35人。以济钢集团、重汽集团、机床一厂、机床二厂等行业企业教育培训中心为依托，通过城乡联姻、校企联合、订单培训等形式，开展进城务工人员技能培训和农村劳动力转移培训工作，全市共有15个行业企业培训机构与城乡成人学校和民办专业学校建立联姻协作关系，联合培训技能型学员1.62万余人。

2006年，职工教育以教育部部署实施全国职工教育统计工作为契机，构建完善以15个行业主管部门为依托、30个重点企业为主体的企业职工教育工作网络，将行业、企业职工教育先进单位和个人表彰首次纳入教育系统表彰范围。

2008～2010年，加大指导服务力度，进一步完善以电力、园林等8个重点行业教育中心为骨干，以济钢集团、重汽集团等30余个重点企业培训中心为基础的企业培训工作网络。并以此为依托推动指导全市行业企业开展职工全员岗位技能培训和转岗、再就业培训，市属规模以上企业职工培训率68%。

第三节　农村成人教育

1986年始，农村成人教育的重点是加强对初、高中毕业的回乡青年、复员退伍军人、“两户一体”(个体户、承包户、经济联合体)及其他能工巧匠等青壮年农民的文化技术培训。

1988年，章丘县、长清县、天桥区试办农村成人中专，全市67个乡镇全部建立起成人教育中心(农民文化技术学校)。开设种植、养殖、财会、幼师、农机、运输等40多个专业，有26万人次参加培训。各乡镇成人教育中心，按照市教委制定的“十有”[①]标准，采取合并、改造、调整、新建的办法，加快校舍建设步伐，年底有42处成人教育中心达到“十有”标准，占乡镇成人教育中心的63%。乡镇企业办学由1987年的364处增加到527处；村级办学2530处，占全市行政村总数的90%。1989年，乡镇成人教育中心发展到107处，村级办学点3200处。各级成人学校开展“短平快”实用技术培训，先后开设66个专业8940个班，培训各类人才68.4万人次。章丘县、长清县及市中区成人中专建成招生。10月，市教委首次召开全市农村成人教育思想政治工作研讨会，成立济南市农村成人教育思想政治工作中心研究组。

1993年，有4处乡镇成教中心达到省级示范学校合格标准，历城区遥墙镇成教中心被评为全国成人教育先进学校。全市建成重点村办业校471处。农村成人中专广辟招生渠道，共录取新生7000多人。1994年，新建县办成人中专学校2所，有9处乡镇成教中心达到省级示范学校标准。章丘市绣惠镇成教中心被评为全国成人教育先进学校。村办业校发展到4029处，年内全市农村三级办学培训人员110.9万人次。

1995年，全市有乡镇成教中心校111所、村办农民业校4279处。组织实施绿色证书培训工程和乡镇企业职工培训工程，培训农民1.06万人，其中5000人获绿色证书；培训乡镇企业职工3.48万人，其中管理人员2700人、班组长和高级工2020人。全年参加各类培训的农村从业人员80万人次。1996年，开展以实用技术培训为重点的农村成人教育，培训规模80万人次。其中，农村实用技术培训和岗位培训60.3万人次，绿色证书培训1.5万人，乡镇企业职工培训6万人，农村后备劳动力培训5500人，培训乡村干部1.6万人。

1997年，全面实施绿色证书工程和“乡镇企业职工培训工程”，组织实施“燎原计划百千万工程”，开展农村实用技术和后备劳动力培训，举办全省首期农村干部高级经济管理培训班。全市农村成人教育培训规模100万人次。其中绿色证书培训1.51万人，乡镇企业职

① 有领导，有规划，有六室，有长短班，有教师，有教材，有经费，有制度，有三场，有效益。

工培训6万人次，实用技术培训3.27万人次，乡村基层干部培训2万人次，其他各类教育培训87.1万人次。1999年，全市有40所乡(镇)成教中心达到省级规范化学校标准，其中历城区董家镇建成全省第一个规范化的百亩农村成教生产、实习、示范基地。同年，启动农村成教"示教网络"建设工程。

2000年，济南市第十二届人大常委会第十五次会议审议通过《济南市农村成人教育若干规定》，就农村成人教育的任务、指导方针、实施范围、政府责任、经费来源等做出明确规定。市成教局会同市委组织部全面启动村级干部专业文化教育，首批1300多名村级干部开始为期两年的成人中专和高中文化学习。市成教局开办农村成教师资培训班，把农村成教师资培训工作纳入制度化、规范化轨道。2001年，全市110余所乡镇成教中心有47所被评为省级规范化学校，全市村级办学面100%。全市建成300多处以区域化布局、专业化分工、社会化服务为主要特点，以做给农民看、带着农民干为基本功能的农村成教实习示范基地，总占地面积760万平方米，推广大棚蔬菜、林果、实用菌等农业实用技术20余项，进一步提升广大农民的科技水平。

2002年，组织农业专家深入农村乡镇举办30多场(次)农业科技知识讲座和现场咨询服务活动。采用电化教学、课堂讲授、田间示范、巡回服务、发放科技明白纸等形式，开展一线农民培训、农村后备劳动力培训和扫盲后的继续教育，年培训总量突破120万人次。有757名村级干部获得中专毕业证书，400余名村级干部参加中专学历教育，52名村级干部经考试录取进入省农干院大专班学习。有5个县(市)区的13个乡镇成教中心经过评估，顺利通过市级验收。10处地域特色鲜明、科技含量高、示范辐射力强的市级成教实习示范基地获得标志牌并配备电教设备。城乡成人教育联姻结对形成联合办学项目61个，培训1.89万人。建立县、乡、村三级农村妇女培训体系，在市和10个县(市)区以及80%的乡镇设立农村妇女培训学校。

2003年，实施"十百千万"科教示范培训计划。组织开展实习示范基地的现场观摩、升级进档、网络衔接等指导服务工作，使全市基本形成以市级基地为龙头、乡镇基地为骨干的多功能、跨区域的农村成教实习示范基地网络。全年共邀请省市农业专家、技术人员156人次进行农业知识讲座咨询和现场指导服务，直接受益农民2.8万余人次。2004年，组织落实"百万农民科教培训计划"。对全市农村富余劳动力总体情况进行调研，根据农村和农民需求，组织动员60多所城市行业、企业培训中心、成人中专和民办学校，及时提供汽车修理、机电维修、电气焊、烹饪缝纫、家政服务等30多个农村急需的教育培训项目，采用"订单式""定向型""输出型"等多种形式，开展农村劳动力转移培训，涌现出历城区遥墙镇成教中心、王舍人镇成教中心等一大批参与农村富余劳动力转移培训的先进典型。加强与省、市农科院、所的协作配合，继续深入开展"成教下乡"活动，成立农业科技专家指导团，建立落实农业专家定期下乡指导制度，开通"为农服务直通车"。全年培训规模120万人次。

2005年，全面落实"济南市农村教育振兴行动计划"，以乡镇成教中心学校建设和劳动力转移培训为重点，推进农村成人教育加快发展。以创建教育示范乡镇和农村中小学布局调整为抓手，进一步改善乡镇成教中心办学条件，优化整合农村成教资源，全市乡镇成教中心校舍建筑面积10万平方米，农村成教实习示范基地1405万平方米，用于乡镇成教中心实习实训设备资金投入446万元。8月，联合国教科文组织项目官员丹汝尼到济南视察济南市农村成教工作，给予高度评价。11月，联合国教科文组织特别邀请市教育局出席在印尼召开的"亚太地区非正规教育工作会议"，并作为中国唯一代表介绍济南市开展农村成教工作的经验。

2006年，农村成人教育以创建教育示范乡镇和农村中小学布局调整为抓手，加强实习示范和实训基地建设，改善办学条件。全市乡镇成教中心学校新增实训仪器设备2210件，新增教学微机97台，用于乡镇成教中心学校建设总投入223万元。全市共有63所乡镇成教中心学校主动协调当地的农业、科技、林业等涉农部门联合开展8.02万人次的农民教育培训；以乡镇成教中心学校为依托的自学考试工作站发展到44处；电大工作站发展到16处。以乡镇成教中心学校为骨干，组织指导各级农村成人学校开展适应农村、农民的各类教育培训。全年共组织实施农村劳动力转移培训3.18万人；组织实施农业实用技术培训15.68万人，完成全年培训计划的104.5%。进行农村基层干部能力提升工程的试点工作。采用“一村一名大学生”培训计划模式和远程教育、自学考试等形式，对全市1550名农村基层干部和后备干部进行大专学历教育。

2007年，农村成人教育适应建设社会主义新农村的形势，按照“协调联动、强化引导、重心下移、农民受益”的思路，扎实开展工作。全市乡镇成教中心学校新增校舍建筑面积8438平方米；新增实训设备价值65万余元，新增实习示范基地10.7公顷。联合市科协在全市启动以乡镇成教中心学校为依托的乡镇科普服务站创建工作，有50处乡镇成教中心学校成立乡镇科普服务站，并与当地科协部门联手开展一系列农民教育培训工作。共开展培训300多场次，培训农民9.3万人次。召开乡镇成教中心学校建设工作现场会，推广历城区加强农村成教基地建设、推进“三教统筹”(普通教育、职业技术教育和成人教育统筹规划、统筹发展)和济阳县以乡镇成教中心学校为依托、建立“新农村大学堂”等典型经验。通过示范带动效应，带动一批乡镇成教中心学校主动与农业、科技、劳动、文化等部门的紧密结合，形成多部门共同推进农村成教的合力，实现农村成教模式新的突破。济阳县建设“新农村大学堂”的经验引起新华社的关注，编发特稿并被《国内动态清样》刊登。发挥省会城市地域优势，推进以“校科联手、校企联姻、校校联合”为主的“三联”活动。有9所农科院所(单位)、119个企业、24个职业院校与乡镇成教中心学校开展联合培训，共培训农民2.57万人次。借助广播电视大学、高教自考和远程教育等资源平台，开展“一村一名大学生”培养计划以及农村各类实用人才的培训。全市农村参加中专学历教育2184人，参加大专学历教育1234人，参加大学教育370人。利用农村成教三级办学网络优势，开展农村劳动力转移培训、农业实用技术培训以及面向农村、农民的各类培训，共组织农村劳动力转移培训3.86万人，培训各类农村从业人员112万人次。教育部、省教育厅对济南市农村成人教育工作给予高度评价，济南市在联合国教科文组织召开的农村社区教育满足社区多元化学习需求上海国际研讨会和全省农村成人教育经验交流会上，作了重点发言。

2008年，推进以乡镇成教中心学校为依托的乡镇科普服务站创建工作，建成乡镇科普服务站56个。召开全市乡镇成教中心学校建设现场会，推广济阳县强化并依托乡镇成教中心学校、建设“新农村大学堂”的创新经验。市教育局会同中国教科文组织全委会、中国成人教育协会召开由联合国高级官员及8个国家教育官员、专家参加的“推进全民教育、促进乡村

商河县以就业为导向，开展职业技能培训（2009年摄）

发展”国际研讨会暨中国联合国教科文组织社区学习中心(CLC)项目协作会。市教育局和历城区、济阳县在大会作了重点经验介绍；历城区、济阳县被联合国教科文组织亚太区地区教育局、中国教科文组织全委会等确定为联合国教科文组织社区学习中心(CLC)项目实验区，该实验项目系在山东省首次确定。全年共完成农村劳动力转移培训3.8万余人，完成农业实用技术培训17.5万人。

2010年，开展以“教育培训、示范推广、实习实训”为主要内容的成人教育创新项目工程，40余处成人学校教学培训条件有较大改善，各县(市)区、乡镇两级政府、教育部门为此投入资金550余万元。利用乡镇科普服务站共举办各类农民教育培训班610余场(次)，培训农民7万余人。推进以“提高职业技能和生活质量”为主要内容的技能性扫盲试点工作；在扩大试点范围、创新施教内容和方式的同时，完成教材编写试用工作。全年共完成农村劳动力转移培训4.2万人；完成农业实用技术培训14.6万人。济阳县被教育部确定为国家县域职业教育培训网络建设联系县。

第四节　扫盲教育

1988年2月，国务院发布《扫除文盲工作条例》，济南市扫盲工作进入法制化轨道。1989年3月，市政府下发《关于进一步开展扫盲工作的意见》，各县(区)乡(镇)政府相继建立扫盲领导班子，把扫盲工作纳入当地经济建设总体规划和文明乡村的建设计划，采取“三定”(定时间、任务、岗位)、“四包”(县包乡镇、乡镇包片、片包村、村包个人)、“五落实”(计划、教师、措施、扫盲经费、教材落实)等措施。共办扫盲班2596个，扫盲组2307个；有扫盲干部和教师8500人，扫盲“小先生”2.6万人；扫除文盲、半文盲3.11万余人，达到《扫除文盲工作条例》规定的非文盲率95%的要求。

1992年，根据国家教委《关于检查扫盲工作的通知》精神，市政府于12月14～17日，组织对历下区、市中区、槐荫区、天桥区、历城区、章丘市、平阴县7县(市)区的扫盲工作进行全面检查验收。采取听、查、评、议相结合的办法，听取被验收县(市)区政府的情况汇报，查验有关档案资料；到乡镇、村召开座谈会，实地核查落实县(市)区所提供的基本材料，对脱盲学员进行认字、读文章、记账、写应用文等4项问卷考试。经过对7个县(市)区、17个乡镇、51个行政村的抽查，全部达到验收合格标准。全市非文盲率97.9%，超过国务院提出的非盲率95%的要求。

1993年，在全市农村开展扫盲工作大调查，建立健全扫盲档案。各县(市)区重新修订扫盲计划，实行双线承包责任制，采用分类指导、分层推进的办法，加快扫盲步伐。全市共举办扫盲班(组)1000个，扫除剩余文盲8000多人，青壮年非文盲率98%，高标准完成扫盲任务。

1994年，进一步提高扫盲标准，延长脱盲年龄，重点抓好45～50周岁年龄段的扫盲工作。年内全市累计扫除文盲、半文盲1.1万余人，青壮年非文盲率98%。历下、市中、槐荫、天桥4区经国家教委“两基”验收达到合格标准。

1995年，进一步巩固和扩大扫盲工作成果，章丘、历城、平阴、长清4县(市)区先后通过省政府“两基”评估验收；济阳、商河两县扫盲单项验收工作加大力度，健全县、乡(镇)、村三级扫盲档案和办学网络，两县青壮年非文盲率分别提高到99.3%和97.6%，基本达到验收标准。青壮年非文盲率由1990年的94.65%提高到99.45%。

1996年4月，济阳、商河两县基本扫除青壮年文盲工作通过省级验收。至此，全市青壮年非文盲率由1990年第四次全国人口普查时的94.6%，提高到99.5%。5年累计脱盲12.45万余人，脱盲人员巩固率99.7%，比原定时间提前1

年、国家规定时间提前4年，全面完成基本扫除青壮年文盲的历史性任务。1999年3月，通过省政府“两基”督导团的复查验收。

第五节 社区教育

2000年4月，教育部确定历下区为全国社区教育实验区，市政府下发《关于贯彻教育部通知开展社区教育实验工作的实施意见》，按照“两级政府、三级管理、四级落实”的工作思路，指导历下区开展社区教育实验工作。天桥、槐荫、市中区的社区教育工作也逐步展开，全市参与社区教育的部门和单位300多家，接受教育人数30余万人次。10月，教育部在济南市召开全国社区教育实验工作研讨会，实地考察历下区的社区教育实验工作。

2001年，在重点指导历下区搞好社区教育实验工作的同时，按照“强化政府行为、搞好宏观指导、注重资源共享”的原则，在全市范围内推行不同内容和形式的社区教育，市内各区83%的办事处(镇)、75%的居(村)委会做到社区教育管理有机构、工作有人员、教学有计划、活动有场所、效果有保障。市区居委会教学点312处，占应建数的52%；城郊村办社区学校145个，占应建数的43%。同时，总结天桥区组织外来经商和务工人员培训、槐荫区针对城乡结合的地域特点开展市民教育的经验，推动济南市社区教育工作的开展。

2002年，市委、市政府下发《关于在全市推进社区教育工作的意见》，召开全市社区教育工作现场会，市内各区制定远、近期社区教育规划。市内5区为所属部门和街道办事处发放和选定培训教材10万余册、联系师资700多人次、协助设立教学场所131处，接受社区教育的居民累计116万人次、企事业职工173万人次、进城务工和经商人员23万人次。以市中区为试点成立济南市社区教育培训中心，开发、利用和整合社区教育资源，推进社区家庭教育社会化。组织进行社区教育理论研究活动，全国教育科研规划办公室将“济南社区教育研究”列入教育部社区教育研究重点课题。市中、天桥、槐荫、历城区被省教育厅确定为全省首批社区教育实验区，形成济南社区教育模式。

2003年，在全市开展以创建社区教育示范街道、社区教育特色学校和创建学习型社区先进居委会、学习型家庭为内容的社区教育“四创”活动。历下区开展争创全国社区教育示范区的系列活动，市中区、槐荫区、天桥区、历城区做好申报全省或全国社区教育试验区的准备工作；承担教育部下达济南市的社区教育课题研究任务，以12个研究专题为重点，建立起有专家作指导的市、区6个课题研究组织，形成“以实践带研究，以研究促实践”的良好局面，涌现出一批“学习超市”“居民学堂”“社区论坛”等品牌项目；探索出“党员学习制度化、居民学习课堂化、常规教育规范化、阵地教育大众化”的学习型社区创建路子。将全市“学百句英语，促对外开放”活动纳入经常化、制度化轨道的同时，在全市启动残疾人计算机技能培训工程，为推进全民学习、终身学习和创建学习型城市工作进行有益的探索。历下、市中区被教育部确定为国家级实验区；市内5区均成为首批省级社区教育实验区，占全省实验区总数的三分之一。

市教育局制定济南市创建学习型城市的基本框架，确立学习型城市创建工作思路、工作重点和阶段性目标。着手实施“社区教育拓展计划”，高新技术开发区、长清、章丘等县(市)区启动社区教育工作。以推进社区教育示范、试验工作为切入点，推动社区教育向各县、机关和企事业单位、流动人口和社会各类群体等4个方面的拓展。市教育局拟订《关于对社区教育“四创”活动进行检查评估的实施意见》；召开济南市社区教育工作交流会，总结推广历下区千佛山街道办事处、市中区舜玉路街道办事处、槐荫区振兴中街街道办事处等6个单位创新发展社区教育的典型经验。完成教育部社区教育研究分课题的研究报告，编辑《济南市社区教育课题研究论文汇编》。2003年4月，省、市委政策研究室对济南市社区教育工作进行专题调研，调研报告先后刊载于省委政研室的《山东通讯》和市委政策研究室的《决策参考》上。6月，省教育厅在济南市召开全省社区教育工作经验交流会，济南市作典型经验介绍，与会代表实地参观考察槐荫区营市街办事处、市中区杆石桥办事处等单位的社区教育工作情况。

2005年，深化社区教育“四创”活动，结合济南实际，制定济南市社区教育“四创”活动评估认证指标体系，开展社区教育“四创”活动评估认定工作，共认定首批社区教育示范街道10个、社区教育特色学校10所、创建学习型社区先进居委会25个、学习型家庭50个。以历下、市中区争创全国社区教育示范区和槐荫、天桥、历城区争创省级社区教育示范区为契机，加强三级社区教育制度规范和档案管理工作。以市中区67所学校“五进社区”活动为主线，探索稳妥有效开发、开放社区教育资源的途径和模式。长清区、章丘市、高新开发区先后推开社区教育试点工作，并完成启动省级社区教育实验区的申报工作。市教育局制定《济南市社区教育暂行办法》，推动社区教育工作走向规范化、制度化。新增街(镇)、居(村)社区教育机构66所；市区90%的街道建立社区教育学校，社区居民受教育覆盖率70%、年均受教育率40%。开展公益英语进社区实验工作，指导北京新东方英语培训集团在济南市历下区部分街道设立市民公益英语教学站；协助指导市有关部门实施“阳光大姐培训”进社区活动。利用社区教育资源，面向社区各类人员，有针对性地开展多形式、多内容教育培训活动，共培训社区各类人员23.54万人，其中，下岗职工3.15万余人，外来务工人员2.13万人。

在济南市振兴街街道纬九路社区青苹果聊吧，孩子们与大学生志愿者一起做游戏　(2009年摄)

2006年，市政府制定《2006年“弘扬济南精神、创建文明城市”主题行动承办实事实施方案》。对承办实事的内容、要求标准和完成时限做了具体安排，并提出8项推进措施。制定济南市社区教育“四创”活动评估认证指标体系，认证表彰16个社区教育示范街道、11所社区教育特色学校、26个创建学习型社区先进居委会和50个学习型家庭，并推广其先进经验。启动“公益培训进社区”活动，第一批共确定117所“公益培训进社区”定点学校，免费提供135个培训项目。全年全市各级用于社区教育学校建设的总投入536.37万元。市中区杆石桥办事处社区教育学校打造“一校、一吧、一报、一联盟”社区教育品牌；槐荫区裕园社区教育学校创造“三报一角”社区教育模式。全年共培训社区各类人员57.25万人，其中下岗职工3.67万人、外来务工人员5.57万人、青少年校外素质教育9.96万人。举办济南市首届“全民终身学习宣传周”活动，济南市被评为全国全民终身学习宣传周活动优秀组织城市。开展公益培训、科普教育、成果展示、演讲比赛、才艺展示、知识竞赛、书法比赛等100多项形式多样、内容丰富的学习教育活动，直接受益市民9万余人。

2007年，以创建文明城市、构建和谐社区为目标，继续开展“公益培训进社区”活动，教育部在2007 年第22期《职教成教情况简报》上推广济南市经验做法。会同市劳动局在全市选定首批15所“外来务工人员培训定点学校”，共开展22个培训项目、培训5.1万人次。市内五区共新增专职社区教育干部319人、培训场地 6500平方米、培训设备价值163.4万元，落实社区教育专项经费235.15万元。历城区以乡镇成教中心学校为依托，采取一校挂两牌的形式，推进社区教育实验工作，在服务功能上实现由单纯农民培训拓展为青少年校外素质教育、老年教育以及各类群体教育的转变。长清区在城区内小学全面推广乐天小学建立市民学校的试点经验，在探索建立学校教育、家庭教育、社区教育三结合上走出了新路。开展“迎和谐全运，建美丽泉城”市民文明主题实践教育活动，组织指导各区充分利用街道社区教育中心学校、社区教育工作站等资源优势，以自建、共建等多种形式，开展市民课堂的建设工作。

2008年，在全市开展以创建“社区教育示范街道、社区教育特色项目”为主要内容的“两创”工作，有3个街道办事处、4个社区教育项目被教育部评定为全国社区教育示范街道和示范项目。开展以“社会公德、文明礼仪、法律常识、科普教育、网络信息”等为主要内容的“五进社区”活动，共开展各类培训544场次，培训9万人次。指导各区和社区教育学校面向中小学生开辟校外素质教育第二课堂，直接受益中小学生11.9万人。

2010年，继历下、市中区之后，天桥区被教育部评定为国家级社区教育示范区；槐荫、历城区被省教育厅评定为省级社区教育示范区。全市共有9个街道、9个项目被省教育厅评定为全省社区教育示范街道和示范项目。制定《济南市社区教育暂行办法》，推进以完善“管理体制、运行机制、基础建设”为主要内容的社区教育规范化建设。全市各民办学校面向社区市民开办免费培训项目91个，培训4.8万人，确认免费或优惠数额758万元。探索建立学校教育、社区教育、家庭教育三位一体的育人机制，推广历下区、市中区及平阴县安城乡成教中心学校等经验，引导培植一批新的社区教育品牌项目。举办2010年海峡两岸社区教育与老龄教育学术研讨会，介绍济南的经验做法。

济南市市中区社区教育学院

第六节 学历教育

1984年，济南市干部教育工作领导小组成立。1988年，济南市属成人中等学校有市教师进修学校、市电视大学中专班、济南卫生学校职业专科等。市属成人高等学校有济南职工业余大学、济南职工业余科技大学、济南机械职工大学、济南教育学院、济南广播电视大学等。市成人高等教育在校生1.36万人，毕业生3894人；成人中等教育在校生2.37万人，毕业生1.03万人。1979～1988年年底，全市经过培训取得大中专毕业证书的干部1.77万人(其中1988年3391人)。干部教育学校(机构)由1979年的1所发展到41所，专兼职教师由89名发展到近500名。全市干部具有中专以上文化程度的76.8%。

1993年，全市参加中专(高中)以上学历教育的职工3.79万余人，毕(结)业1.57万余人。职工中专教育：增加外语、市场经济、计算机、国际贸易、涉外法规、旅游服务等紧缺专业，开设专业有120多个；扩大招生领域，多渠道办学，共录取新生8400余人；增加职工中专学校审批权，扩大学校开设专业的自主权，发展校企合办的校外班，与高等院校联办大专班和专业证书班。农村成人中专广辟招生渠道，共录取新生7000多人。

1994年，职工中专教育招生8800人，在校生1.8万人。各学校深化改革，按经济发展和社会需求调整专业结构，强化能力培养和实践环节。各行业、企业坚持“专业对口、自学为主、鼓励岗位成才”的原则，组织管理各级各类职工学历教育。全市参加中专以上学历教育的职工4.3万人。其中：参加大专以上学习的1.8万人，参加中专学习的2.5万人；毕、结业1.8万人。1995年，对全市成人中等专业学校和职工中等专业学校实行统一管理、统一招生。年内，招生1.3万人。

1996年，成人中专招生1.2万人，超计划2000人。新建济南市农业经济贸易职工中专、济南市科技职工中专和济南第一机床厂职工中专，济南市成人中专学校总数50所。成人高中文化教育报考人数大幅度增加，全年报考1643人次。1997年，成人中专录取新生8400人。新建7个、改建2个成人中专财会模拟实验室，成立财会专业教学研究会，自编20多万字的专业教材，加强实践性教学环节；为保证教学质量，组织7000多人参加基础课统考。建立济南铁路分局职工中专学校。成人高中教育规模扩大，全年统考3000多人次。

1998年，推荐65名成人中专优秀毕业生报考高等职业技术院校。录取成人中专新生9329人，比计划超额16.6%；成人高中统考3000科(次)，超计划50%。1999年，制定《济南市成人中等专业学校学籍管理暂行规定》《济南市成人中等专业学校学员行为规范》《济南市成人中等专业教育校外教学点管理暂行规定》，进行成人中专学校校外班检查评估工作；加强成人中专教育基础建设，经市政府批准新建成人中专学校5所，至年底全市成人中等专业学校54所，全年录取新生7781人，比计划超额11%；招生总量处于全省前列。成人高中文化教育统考3800科(次)，保持良好的发展态势。2000年，引导一批在计划经济体制下建立、面向本系统本单位办学的成人院校和职工学校，面向社会开门办学，根据社会需求调整和设置专业，促进成人教育资源的社会化。统考合格率93%。

2001年，经教育部评审，济南职工科技大学餐旅服务与管理专业被确定为国家级试点专业。全市成人中专开展名牌专业和骨干专业认定活动，扩大社会影响，拓宽办学领域，增强办学活力，取得超额1000人完成招生计划、名列全省首位，11个专业被评为名牌专业、14个专业被评为骨干专业的良好办学效益。成人高中初步形成面向社会的办学网络。2002～2003年，全市成人中专学校以改革为动力，以特色求发展，根据社会需求调整和设置专业。按照《济南市成人中等专业学校检查评估指标体系》，对全市54所成人中专学校进行检查评估，评出1所市级示范性学校、10所市级重点学校和13个市级名牌专业。组织成人中专应、往届毕业生参加对口高职招生考试，初步建立起人才成长的“立交桥”。深化成人中专办学教学体制改革。按照“强化服务、简政放权”的原则，在成人中专联合办学、专业设置、招生计划以及全面推行弹性学制等方面，采取多项改革举措。济南交通职工中专学校被评定为国家级重点中等职业学校。全年招生8800人。2004年，加强成人中等专业教育与高等职业教育相互衔接，并与普通教育、职业教育等相互沟通、协调发展。全市1000多名应届成人中专学生参加全省对口高职考试。召开全市成人中专学校现场会，考察山东英才职业学院、济南交通职工中等专业学校，推广其办学经验。推进成人中等专业教育的改革与发展，召开专题会议部署学分制试点工作，为全面推行学分制奠定基础。各成人中专学校进一步深化以校长负责制、教职工聘任制、岗位目标责任制为主要内容的学校内部管理体制改革，加强常规管理。抓就业促招生，做到招生与就业相结合。全年全市成人中专招生1.26万人，各学校以培养知识面广、技能全面的人才为目标，采取措施，帮助学生择业、就业，毕业生安置就业率90%以上。

2005年，成人中专纳入全市统一招生计

划，与职业中专招生统筹规划、同等对待。全年招生9000多人，创近几年来最高纪录。加强中专教育与高职教育的衔接，有2165名应、往届成人中专毕业生参加全省统一对口高职考试，其中1102人被录取，录取率50.9%，高于全省平均录取率1.9个百分点。

2006～2008年，通过表彰奖励、推介宣传等途径激励和推广办学典型，以典型示范带动成人中专的整体发展。与市劳动和社会保障局合作，在全市成人中专学校和民办院校中部署推行专业学历与职业资格并举的“双证”制度。完成全市成人中专学校在校生的电子学籍注册工作。共招生4.01万人，居全省各市首位。

2009～2010年，组织全市成人中专学籍、资助信息管理系统升级更新业务培训班，完成全市成人中专学籍、资助信息管理系统升级更新工作。组织完成2所现代远程教育学习中心、8所普通高校驻济函授站的考察审核上报工作。完成63处普通高校驻济函授站年度检审工作。全年，共招生1.2 万余人、毕(结)业1万余人。

第七节 社会力量办学

1986年，全市共有社会力量办学31所。

20世纪90年代后，随着全市社会各界对发展社会力量办学的热情渐高，外地到济办学人员逐渐增多。至1994年年底，全市社会力量办学359所，设置专业80多个。但多数学校不稳定、规模小、档次低、办学秩序较混乱。1995年始，济南市进行全面清理整顿工作，依法取缔8所情节严重的违法办学单位和21处无证办学单位；注销156所学校(班)的办学资格；责令34所学校(班)停止招生、限期整改。1997年3月，清理整顿工作结束，同时颁布重新修订的《济南市民办学校管理办法》。当年，全市社会力量办学为161所。

1997～2001年，制定实施与《济南市民办学校管理办法》相配套的办学标准、招生管理、教师管理、学生管理、财务管理、学校安全等20多个规范性文件；逐步理顺省、市、区(县)三级工作关系；建立并完善市、区两级近30人的兼职行政执法队伍体系和执法实施程序；实行社会力量办学固定资产升级达标制度和名牌学校、名牌专业认证制度；坚持学校管理人员、教师培训和资格认证制度；强化学校党团组织建设和思想政治工作；争取落实社会力量办学在职称评审、人才引进、建校用地等方面的部分扶持政策，加大指导学校实施管理创新、提升规模效益工作力度。同时，先后组织社会力量办学院校开展大规模的下岗职工培训“爱心工程”、风貌展示周、庆祝教师节、成教系统运动会、管理创新月等大型活动，向社会展示全市社会力量办学的巨大变化、强大生机和重大作用，引导广大院校提高依法办学的自觉性和约束力，增强求质量、上档次的争优意识和创新精神，加快学校大投入、大发展的步伐。这些做法，得到教育部的高度评价。1998年，济南市首次被省教育厅评为全省社会力量办学管理先进单位，教育部曾先后两次在全国社会力量办学工作会议上介绍济南市的管理经验。

2001年，济南市有各类社会力量办学388所，其中国办分制31所、国有民办57所、民企民办25所、民办公助22所、政校合办12所、校企联办21所、股份合办45所、公民自办159所、中外合办16所。市属115所学校(含高校15所)中，自有(或自建)校舍的38所，租赁校舍的77所，合计占地面积122.4万平方米；具备办学条件、办学设施齐全的学校32所，具备办学条件、办学设施需进一步完善的学校75所，不具备办学条件、拟停办的学校8所；学校投资规模最大的2.3亿元，投资规模最小的10万元；学校发展前景较好的占30%，一般的占60%，较差的占10%。专(兼)职教师计2526人，其中，专职教师1028人，专家学者(含兼职)1763人；管理人员

1163人。

2005年，以民办学校法定检审换证为契机，坚持规范管理与强化服务相统一，进一步促进全市民办教育规范运行、健康发展。结合检审换证，完成对全市各级各类民办学校的清理、规范工作。经全面核查认定，全市原有各级、各类民办学校533所(不含民办中小学、幼儿园)，经年检可换证学校428所，需整改学校89所，拟注销学校16所。将首批85所没有达到原定市属学校办学条件的民办非学历培训学校移交各区管理，实现管理重心下移。适应新管理体制的要求，下发《加强民办学校教学点设置管理工作的通知》，重新规范招生、设点、变更事项等一系列必要程序和表格。根据省政府《关于支持济南市加快发展的若干事项的通知》精神，完成原省属8所民办高职、38所非学历民办高校的交接和后续管理工作。

2006～2007年，先后在市内5区非学历民办学校中进行办学资金监管试点工作，初步建立民办学校风险防范机制。依据有关法律法规，首创性地制定3大类40项民办学校年度检审标准，联合市民政局对全市538所非学历民办学校(市属民办学校78所、非学历民办高校36所、县区属民办学校424所)进行年检工作，通过年检共评定合格学校389所、整改学校78所、暂缓检审学校7所、拟注销学校64所。共查处非法办学行为40余起、非法刊播广告行为87起、受理并及时解决民办学校投诉94件。

2008年，在全国率先探索并形成以部分民办学校办学注册资金承诺监管为重点的风险防范机制，对全市277所租赁校舍办学或校舍产权不属于学校所有的民办学校办学资金予以银行专户监管，经验在全省推广。2009年，下发《关于严格规范文化培训(辅导)类民办学校办学秩序的通知》，在全市开展对非法办学行为的暑期整治行动。集中整治无证办学、违规招生等非法办学行为62件，其中，督促限期补办审批手续26件，责令停止办学、予以取缔36件，查处非法刊登招生广告30件。检审非学历民办院校544所，评定合格学校437所、整改学校40所、拟注销学校16所、注销学校27所。在此基础上依法对全市 437所检审合格的非学历民办院校换发新办学许可证。通过对全市民办学校跨区设点调查摸底，市属民办学校跨区设点共63处，区县属民办学校跨区设点共39处。

2010年，采取以会代训形式对市、区属500余名民办学校校长，进行以“学校安全、校产管理、教学管理”为主要内容的业务培训。下发《关于严格规范民办学校设置教学点问题的通知》《关于进一步加强文化辅导类民办学校和社会培训机构规范管理工作的通知》等规范性文件。完成对全市66处跨区设点的规范清理工作。查处无证办学、违规招生等非法办学行为51起，其中督促限期整改39家、责令停止办学或取缔12家。受理并及时解决民办学校投诉45件。组织30所民办学校参加“济南市首届社会组织活动成果展”，展示济南市民办教育的风采。至年底，全市各级各类民办学校：634所，其中学历教育学校10所、非学历教育学校624所；在校生11万余人次，教职工1.6万余人，全年招生培训44万余人次，学校资产总值3.1亿元；民办高校有教职工4000余人，全年招生2万余人。

第四篇　高等教育

第一章　概　述

1986年，全市有驻济南高校15所(另有其他高校设立的分校3所)，其中综合性大学1所、理工科4所、医科2所、师范2所、财经1所、艺术1所、公安1所、交通1所、体育1所、其他1所。共设置专业141个(文科7个、师范22个、理科68个、医药8个、财经12个、政法4个、体育2个、艺术18个)。在校生2.86万人，专任教师5614人。

1989年，山东财政学院成立。

1990年，驻济南普通高校16所，招收本、专科生1.14万人，在校生3.73万人，教职工1.79余万人，专任教师7245人。1992年，济南首家民办学校——山东杏林科技职业学院成立。1995年，驻济普通高校16所，招收本、专科生1.83万人，在校生5.66万人，教职工1.93万人，专任教师7500人。

1999年，山东商业职业技术学院成立。2000年10月，山东建材工业学院与济南联合大学合并组建成立济南大学，同年济南铁道职业技术学院成立。同年，山东省司法学校升格更名为山东司法警官职业学校。2000年7月，山东大学、山东医科大学、山东工业大学合并组建为新的山东大学。2002年，国家采取有力措施，大力发展普通高等教育，招生数和在校生数逐年增加。同年，驻济南普通高校18所，普通高校招生7.57万人，毕业生3.98万人，在校生20.48万人，教职工2.07万人，专任教师1.12万人。2005年，驻济南普通高校29所，招生12.3万人，毕业生7.42万人，在校生36.2万人，教职工3.05万人，专任教师1.84万人；成人高校招生3.77万人，毕业生4.67万人，在校生9.24万人，教职工2.81万人，专任教师4904人。2004～2005年，济南工程职业技术学院、山东经济学院燕山学院、济南大学泉城学院先后成立。2006年，驻济南普通高校发展到31所，招收研究生(含博士、硕士)7140人；普通本、专科在校生40.61万人，教职工3.42万人，专任教师2.18万人。2007年，驻济南高校增至38所，招收研究生(含博士、硕士)7952人；普通本、专科招生13.92万人，在校生44.02万人，教职工3.85万人，专任教师2.40万人。

2009年，驻济南普通高校36所。11所普通高校和3所科研机构共招收研究生(含博士、硕士)9340人；普通本、专科招生14.41万人(含成人高校举办的高职班)，在校生46.81万人，教职工3.96万人，专任教师2.56万人。

2010年，驻济南普通高校39所；11所普通高校和2所科研机构共招研究生(含博士、硕士)1.02万人，在校研究生2.89万人；普通本、专科招生14.46万人(含成人高校举办的高职班)，在校生47.64万人；教职工4.09万人，专任教师2.69万人。同年，驻济南成人高校5所，招生4.18万人(含普通高校举办的夜大、函大、成人脱产班)，毕业生3.92万人，在校生12.64万人，教职工1817人，专任教师980人。市属民办高校8所，招生2.44万人，毕业生2.22万人，在校生7.51万人，教职工2.64万人，专任教师4217人。

2010年驻济高等院校情况表

表12－4－1

学校名称	招生(人)	毕业生(人)	在校生(人)	教职工(人)	专任教师(人)
一、中央部委属学校(1所) 山东大学	10024	10635	42721	7930	3857
二、省属学校(33所)	103454	89009	338356	25344	17861
山东建筑大学	6206	5052	21529	2051	1295
山东中医药大学	4149	2659	13588	977	723
山东师范大学	7780	7326	27008	2654	1819
济南大学	8916	7628	30971	2590	1891
山东轻工业学院	6636	4767	20682	1455	1139
山东经济学院	5277	4494	19640	1377	1100
山东体育学院	1729	1994	6893	901	618
山东艺术学院	2196	2115	7986	928	741
山东工艺美术学院	1898	1805	7136	685	480
山东警察学院	906	818	3563	520	384
山东交通学院	4663	4063	16563	1282	868
山东财政学院	4236	3237	16178	1260	768
山东政法学院	3191	1480	11331	737	497
山东电力高等专科学校	480	1376	3891	266	181
山东商业职业技术学院	5555	5446	16750	1195	771
济南铁道职业技术学院	5049	3160	14302	796	501
山东劳动职业技术学院	3643	2536	9835	733	432
山东电子职业技术学院	2417	2820	8098	459	380
山东旅游职业学院	1840	2098	6120	476	361
山东城市建设职业学院	2944	2372	8128	525	378
山东司法警官职业学院	909	997	2847	205	134
山东传媒职业学院	859	—	2199	275	231
山东财政职工大学	219	422	553	—	—
山东省经济管理干部学院	2454	2637	6418	—	—
山东省农业管理干部学院	3115	3368	9552	—	—
山东省工会管理干部学院	3286	5001	9954	—	—
山东省青年政治学院	3139	3225	8970	761	520
齐鲁师范学院	3037	2126	6622	596	403
山东省广播电视大学	—	620	464	—	—
山东女子学院	3149	—	7976	701	464
山东师范大学历山学院	773	1191	2792	236	181
山东经济学院燕山分院	1565	1221	5119	329	290
济南大学泉城分院	1238	955	4698	374	311

续表12－4－1

学校名称	招生(人)	毕业生(人)	在校生(人)	教职工(人)	专任教师(人)
三、市属学校(10所)	31102	28705	95339	7602	5152
1.国办高校(2所)	6669	6552	20253	1200	935
济南职业学院	3414	3792	10131	677	534
济南工程职业技术学院	3255	2760	10122	523	401
2.民办高校(8所)	24433	22153	75086	6402	4217
山东英才学院	3565	4225	10603	940	678
山东力明科技职业学院	4533	2946	13079	814	588
山东圣翰财贸职业学院	3404	2589	9594	803	422
山东现代职业学院	3130	2753	9516	945	606
山东杏林科技职业学院	2308	2841	7756	656	439
山东凯文科技职业学院	2319	1588	7049	692	410
山东协和职业技术学院	2668	3396	10284	926	668
山东外事翻译职业学院	2506	1815	7205	626	406

注：省属学校数字含5所成人高校

第二章　驻济南高等院校

2010年，驻济南中央部委属学校有山东大学。省属高校有28所(不包括成人高校)。建校历史长、学科门类较全、社会影响力较大的有山东大学、山东师范大学、山东中医药大学等14所院校。

第一节　山东大学

山东大学是中国近代高等教育的起源性大学。其医学学科起源于1864年，为近代中国高等教育历史之最。其主体是1901年创办的山东大学堂，是继京师大学堂之后中国创办的第二所国立大学，也是中国第一所按章程办学的大学。学校先后历经山东大学堂、国立青岛大学、国立山东大学、山东大学以及由原山东大学、山东医科大学、山东工业大学三校合并组建的新山东大学等几个历史发展时期。百余年间，为国家和社会培养40余万各类人才。

山东大学是一所历史悠久、学科齐全、学术实力雄厚、办学特色鲜明，在国内外具有重要影响的教育部直属重点综合性大学，是国家首批“211工程”和“985工程”重点建设的高水平大学之一。10个学科的学术影响力和贡献能力跨入世界前100名，完成从教学科研型大学向研究型大学的转型。

2010年，山东大学总占地面积533万平方米(含青岛校区200万平方米)，形成一校三地(济南、青岛、威海)8个校园(济南中心校区、洪家楼校区、趵突泉校区、千佛山校区、软件园校区、兴隆山校区及青岛校区、威海校区)的办学格局。有4所附属医院，3所非隶属附属医院，11所教学、实习医院。在职教职工7782人(不含附属医院)。在校生4.27万人，教授1107人，博士生导师907人，其中德国物理学家诺贝尔物理学奖获得者彼得·格林贝格尔(Peter Grünberg)教授加盟山东大学，受聘为特聘教授。有中国科学院和工程院院士9人，双聘院士43人，山东大学终身教授11人，山东大学人文社科一级教授14人；“千人计划”国家特聘教授22人，“青年千人计划”5人；国务院学位委员会学科评议组成员7人；国家“百千万人才工程”入选者26人；教育部“长江学者奖励计划”特聘教授、讲座教授39人，国家杰出青年基金获得者32人，山东省泰山学者特聘专家教授45位、泰山学者海外特聘专家22位、泰山学者攀登计划人选4位，国家级教学名师9人。7个优秀科研创新团队入选教育部“创新团队发展计划”，3个优秀科研创新团队入选“国家自然科学基金创新研究群体”。有一级学科国家重点学科2个(涵盖8个二级学科)、二级学科国家重点学科14个、二级学科国家重点培育学科3个，省级重点学科70个，覆盖文、理、工、医四大学科领域；有国家重点实验室、国家工程技术研究中心、国家工程实验室、国家工程技术推广中心等国家级科研平台8个，国家“111创新引智计划项目”5项，教育部人文社会科学重点研究基地4个，教育部、卫生部重点实验室及工程技术研究中心20个，另有大批省级重点实验室和工程技术研究中心。

山东大学是中国学科门类最齐全的大学之一，在综合性大学中具有代表性。本科生和研究生层次教育涉及哲学、经济学、法学、教育学、文学、历史学、理学、工学、农学、医学、管理学、艺术学等12大学科门类。拥有一级学科博士学位授权点40个，一级学科硕士学位授权点55个，专业学位博士点3个，专业学位硕士点27个，本科专业118个，博士后科研流动站38个。金融数学、晶体材料、凝聚态物理、胶体界面化学、微生物、机械、材料学、心脑血管功能修复、新药制造、中国古典哲学等学科均达到国内一流水平，有些方向和领域处于世界先进水平。校址：历城区山大南路27号(济南中心校区)；历城区洪家楼5号(洪家楼校区)；历下区文化西路44号(趵突泉校区)；历下区经十路73号(千佛山校区)；高新区舜华路中段1500号(软件园校区)；市中区二环东路12550号(兴隆山校区)。

2000年7月22日，原山东大学、山东医科大学、山东工业大学合并成新的山东大学

第二节 山东师范大学

山东师范大学秉承“尊贤尚功、奋发有为”的校园精神和“弘德明志、博学笃行”的校训，自觉传承创新齐鲁文化，彰显教育教学特色，已发展成为一所文理并重、学科齐全、治学严谨、基础扎实的综合性师范大学。

1902年，山东大学堂内设师范馆。1950年10月，在原华东大学教育学院和山东省行政干校的基础上组建山东师范学院，系新中国成立后山东省成立最早的高校。1952年，原齐鲁大学物理、化学、生物3系并入。1970年9月，学校机关及部分系部迁到聊城办学。1974年4月，迁回济南。1981年3月，学校被确定为省属重点高等学校；8月，更名为山东师范大学。

2010年，在校生2.7万人。学校有济南、长清两个校区办学，总占地面积近267万平方米，建筑面积120.66万平方米。有教育部重点实验室1个，中央与地方共建高校基础实验室9个。有山东省重点实验室5个，其中“十二五”期间集中建设重点实验室1个。有山东省“十二五”期间高校重点实验室8个，其中强化建设重点实验室3个。有省高等学校实验教学示范中心6个。设有教育部研究基地(中心)4个，省级研究培训机构39个。图书馆藏书395.18万册，数字资源量57.3TB。学校附属中学、第二附属中学、附属小学是省级规范化学校或示范学校。

该校学科门类齐全。有25个学院，79个本科专业，8个博士后科研流动站，10个博士学位授权一级学科、76个博士学位授权二级学科，29个硕士学位授权一级学科、165个硕士学位授权二级学科，12个专业学位授权点，覆盖十大学科门类，学科、专业学位数量居省属高校前列。有1个国家重点学科、1个国家重点(培育)学科。有22个山东省“十二五”期间重点学科，其中省级特色重点学科11个。

该校师资队伍精良。有教职工2296人，其中专任教师1837人，具有博士学位的594人，正高级职称362人、副高级职称705人，博士生导师134人。5人次入选全国“百千万人才工程”第一、二层次，全国“四个一批”人才，“新世纪百千万人才工程”国家级人选和教育部“长江学者”奖励计划；18人获全国优秀教师等国家级称号，86人次享受国务院政府特殊津贴。有6人6次当选全国党代会代表，5人12次当选全国人大代表，4人9次当选全国政协委员。先后9人入选山东省“泰山学者”特聘教授，1人入选山东省“泰山学者”攀登计划。

2010年11月，山东师范大学庆祝建校60周年大会

该校建立起从学前教育到小学初高中教育、从本科教育到硕士博士教育、直到博士后研究的人才培养体系，形成从本科教育到教育硕士，至教育教学论博士学位的职前职后一体化教育系统，是全省同时拥有2个培养体系的唯一高校，是山东省高等院校教师教育联盟牵头单位。在教育理论研究与应用方面成果显著，获奖总数居省属高校首位。体现教师教育特点和优势的教育学、心理学、课程与教学论、教育技术学等博士、硕士学位授权点，填补山东省空白。是教育部批准的首批外国留学生定点招生单位，与19个国家和地区的86所院校建立校际交流合作关系。有本、专科中外合作办学项目10个。在韩国、肯尼亚、美国合作建设孔子学院3所，是全国省属高校和师范院校合建孔子学院最多的高校之一，是山东省对外开放的窗口学校。校址：历下区文化东路88号(济南校区)；长清区大学路1号(长清校区)。

第三节 山东建筑大学

山东建筑大学始建于1956年，前身是山东建筑工程学院。2009年9月更为现名，已发展成为一所以工科为主，以土木建筑为特色，工学、理学、管理学、文学、法学、农学、艺术学交叉渗透、协调发展的多科性大学，是首批山东省应用型人才培养特色名校、服务国家特殊需求“绿色建筑技术及其理论”博士人才培养高校、山东省高校协同创新中心首批立项建设单位。

2010年，学校占地面积约167万平方米，校舍面积70余万平方米，位于济南市临港开发区。设有17个学院(部)，55个本科专业，1个博士人才培养项目，14个一级学科硕士点，52个二级学科硕士点，6个硕士专业学位授权类别。面向全国30个省(市、自治区)招生，全日制在校生2.5万人。有1个省部共建教育部重点实验室，3个山东省重点实验室，13个省高校重点学科和重点实验室，1个山东省非物质文化遗产研究基地，1个省高校人文社科研究基地，7个山东省工程技术研究中心。图书馆藏书298.5万册，教学科研仪器设备总值2.05亿元。拥有现代化的校园计算机网络和数字化校园环境。有教职工2051人，其中专任教师1295人，具有高级职称的627人，兼职博士生导师26人，硕士生导师314人；有双聘院士2人，国家新世纪人才工程人员5人，享受国务院特殊津贴专家16人，国家级教学名师1人，全国优秀教师13人，全职“泰山学者”特聘教授1人，“泰山学者”特聘教授及海外“泰山学者”特聘专家12人，山东省有突出贡献的中青年专家15人，山东省级教学名师8人，山东省优秀教师13人。

学校拥有国家级特色专业4个、国家级工程实践教育中心2个、国家级实验教学示范中心1个、国家级精品课程3门、国家级双语示范课程1门，获国家级教学成果奖二等奖1项，6个土建类专业全部通过国家专业评估。学校是国家“卓越工程师教育培养计划”和“大学生创新创业训练计划项目”实施高校。2007年，在教育部本科教学工作水平评估中被评为优秀等级。近5年，承担省部级以上科研项目420余项，科研经费总额3亿余元。获省部级以上科技奖励80余项，其中国家科技进步二等奖1项、教育部技术发明一等奖1项、山东省科技进步一等奖3项。发表学术论文7000余篇，被SCI、EI、ISTP检索收录635篇，出版专著教材540部，获得国家专利180项。拥有1个山东省优秀创新团队，2个山东省高校优秀科研创新团队。《山东建筑大学学报》获选中国科技核心期刊。学校被省委省政府评为“山东省人才工作先进单位”。

学校实施《服务山东建设事业行动方案》，与地方政府、大型企业、科研院所签订合作协议40余项，有400余项成果实现技术转化和产业推广，主持或参与制定30余部国家与省相关行业规范标准。承担济南市长清大学科技园、奥体中心、园博园等30余项大型工程的项目管

山东建筑大学一角　(2010年摄)

理，参与完成世博会山东馆、全运会自行车馆、中国足球篮球学院等项目的规划设计。该校被授予“山东省企校合作先进单位”称号。

学校与美国、英国、德国、澳大利亚、新西兰等18个国家和中国台湾、香港地区的40余所高校建立校际合作关系。开办9个中外合作办学项目，10余个学生访学项目。重视引进国外智力工作，聘请高层次国外专家、学者到校任教和讲学，提高人才培养国际化水平。在“挑战杯”、数模、电子设计等竞赛中，获省级以上奖励340余项，专利申报和授权数量在全国高校名列前茅。毕业生就业率保持在90%，连续多年位居山东省高校前列，为社会培养10余万名高素质创新型人才。学校先后被评为“全国建设人才培养工作先进单位”“山东省就业工作先进集体”“山东省就业工作创新教育示范高校”。校址：历城区临港开发区凤鸣路。

第四节　山东中医药大学

山东中医药大学创建于1958年，前身是山东中医学院。1978年，被确定为全国重点建设的中医院校。1981年，成为山东省重点高校，是教育部本科教学工作水平评估优秀学校、山东省首批应用基础型人才培养特色名校。1996年，更名为山东中医药大学，是山东省唯一独立设置的医药科大学。2007年，学校主体由历

下区迁至长清区，总占地面积121.9万平方米，建筑面积54.5万平方米，仪器设备总值1.71亿元，馆藏纸质图书110万册、电子图书47万册，有配置完善的计算机校园网和现代教育技术设施。学校设13个二级学院，有3所直属附属医院和11所非直属附属医院、22所教学医院、50余处临床教学基地。

2010年，该校有21个本科专业，涉及医、理、文、工、管等学科门类；有中医学、中药学、中西医结合3个博士学位授权一级学科、15个博士点；8个硕士学位授权一级学科、44个硕士点，硕士点涵盖中医学、中西医结合、中药学全部二级学科，并向周边学科渗透；拥有临床医学博士专业学位授予权和临床医学、中药学、药学、生物医学工程硕士专业学位授予权。在校生1.36万人，教职工977人，专任教师723人。学校与亚洲、欧洲、南北美洲、非洲、大洋洲的多个国家和地区的近30所大学、医疗机构建立并保持长期友好合作关系，合作办学、合作办医，有外国留学生、港澳台侨学生200余人。有教职医护员工3300余人(含三所直属附属医院)。博士生导师76人，硕士生导师370人。1人先后获国家“国医楷模”“国医大师”称号，有国家“973”项目首席科学家1人、全国杰出专业技术人员1人、全国优秀教师8人、省部级有突出贡献的中青年专家12人、山东省“泰山学者”特聘教授8人、享受国务院特殊津贴43人、山东省有突出贡献的名老中医药专家5人、山东省名中医药专家55人。

该校具有较强的科技创新能力。有中医学、中药学、中西医结合3个博士后科研流动站，设有1个教育部重点实验室、6个国家中医药管理局三级重点实验室，2个国家中医药管理局重点研究室、2个山东省重点实验室、3个山东省工程技术研究中心、1个山东省工程实验室和6个山东省高校重点实验室，立项牵头1个山东省高等学校协同创新中心。“十一五”期间，共承担厅局级以上科研课题1028项，其中国家级项目223项。学校在省属高校中首家主持国家“973”项目，获国家科技进步二等奖2项，是科技部认定的“国家科技成果重点推广项目技术依托单位”“国家中药现代化、产业化规范种植项目承担单位”。

该校注重加强学科建设，形成一批优势和特色学科。有中医基础理论、中医医史文献2个国家重点学科和中医内科学1个国家级重点(培育)学科。有1个卫生部技术准入专科，国家中医药管理局重点学科29个，山东省“泰山学者”岗位学科8个，山东省人文社科研究基地1个，省级重点学科14个、重点专科10个、重点实验室24个。校址：长清区大学路4655号。

第五节 济南大学

济南大学由原山东建材工业学院和济南联合大学合并建立。山东建材工业学院始建于1948年8月，是原建材工业部在全国按地域分布设立的4所部属本科高校之一；1998年7月，学校划归山东省管理。原济南联合大学前身为1978年建校的济南师范专科学校和1983年建校的济南职业大学。2000年10月，经教育部批准，山东建材工业学院和济南联合大学合并组建济南大学。2001年4月，济南民政学校和山东省物资学校并入济南大学。2007年12月，经山东省人民政府决定、国务院学位委员会和教育部批准，山东省医学科学院硕士学位授权学科专业并入济南大学，实行科教一体化。济南大学是山东省重点建设的综合性大学和首批应用型人才培养特色名校，拥有学士、硕士、博士学位授予权和硕士研究生免试推荐权，面向全国招生。

2010年，学校校园占地243万平方米，校舍建筑面积102万余平方米，固定资产总值15.1亿元，教学科研仪器设备总值3.7亿元。图书馆建筑面积6.3万平方米，藏书及电子文献402万册，中、外文现刊4200余种，电子期刊1.56万

济南大学西校区　(2008年摄)

余种。拥有现代化的校园计算机网络和数字化校园环境。学校设25个学院、2个教学中心。拥有3个博士学位授权一级学科、26个博士学位授权学科(专业)，20个硕士学位授权一级学科、144个硕士学位授权学科(专业)，3个硕士专业学位培养类别，86个本科专业。学科专业涵盖经济学、法学、教育学、文学、历史学、理学、工学、医学、管理学和艺术学等10个门类。全日制在校本科生、研究生、留学生3.53万人。有专任教师1891人，其中教授285人、副教授604人，具有博士学位的611人，中国工程院院士2人，国家百千万人才工程1人，教育部教学指导委员会委员7人，教育部新世纪优秀人才支持计划4人，国家教学名师1人，国家级教学团队1个，泰山学者攀登计划人选2人，泰山学者特聘教授、海外特聘专家15人，国家和省部级有突出贡献专家22人，享受国务院政府特殊津贴专家69人，省级教学名师9人，省级优秀教学团队6个。建有省部级以上重点学科及研究平台47个，其中省部共建国家重点实验室培育基地1个、教育部工程研究中心1个、省级重点学科13个、省级重点实验室11个、“十二五”期间省高校重点实验室4个、省级人文社科研究基地7个、省级工程技术研究中心10个。

该校建有国家级特色专业4个，国家级精品课程5门，国家级双语示范课2门，国家级精品视频公开课1门，卓越工程师教育培养专业3个，省级品牌特色专业14个，省级校企共建专业9个，省级精品课程38门，山东省实验教学示范中心5个。主持国家级教研教改课题6项，省部级课题45项，主编“十一五”国家级规划教材3部，获国家教学成果二等奖2项，省部级教学研究成果奖45项。

2008～2013年，共承担国家科技支撑计划、国家“973计划”“863计划”、国家自然科学基金、国家社会科学基金等国家级科研课题233项，省部级项目659项；获省部级以上科研奖励197项，其中获国家技术发明二等奖1项，国家科学技术进步二等奖3项；获国家发明专利211项；学术论文被SCI、EI、ISTP、CSSCI收录3300余篇，出版专著、译著和教材214部；主办《中国粉体技术》《中华肿瘤防治杂志》《济南大学学报》等8种学术期刊。与美国、英国、德国、法国、加拿大、澳大利亚、俄罗斯、日本、韩国、新加坡等国家的50所高校建立校际合作关系，建有孔子学院1所。170余名知名学者受聘担任客座教授。校址：市中区南辛庄西路336号(西校区)；市中区舜耕路13号(东校区)。

第六节　山东经济学院

山东经济学院前身为山东财经学院，创建于1952年，由山东会计专科学校与齐鲁大学经济系合并组建而成，是山东省建校最早的财经类普通高校和全国建校最早的财经类普通高校之一。1953年，山东财经学院并入上海财经学院，部分教育资源留在山东。1958年，在整合原山东财经学院办学资源的基础上，合并山东省供销、商业、粮食、财政、银行等5个专业干部学校，重新组建山东财经学院。“文化大革命”期间，山东财经学院改为山东省财贸干校。1978年，山东财经学院经国务院批准恢复办学，并更名为山东经济学院。1993年，经国务院学位委员会批准，获得硕士学位授予权。2009年被确认为博士学位授权立项建设单位。

2010年，该校占地面积266.8万平方米，有校舍建筑总面积53.07万平方米，教学科研行政用房41.89万平方米；在校生1.96万人；拥有一支以博士、硕士为骨干的教师队伍，其中专任教师1100人，另有兼任教师127人。专任教师中具有高级专业技术职称者467人，其中教授159人，副教授308人；专任教师中具有硕士以上学位者897人，其中具有博士学位者265人。教师队伍中：具有博士、硕士学位教师所占比例为83%；有博士生导师9人，硕士生导师160人；享受国务院政府特殊津贴专家5人，入选教育部新世纪优秀人才支持计划1人，山东省有突出贡献的中青年专家3人，省部级学术骨干学科带头人11人；全国优秀教师8人，省级优秀教师8人，省级教学名师4人；拥有企业管理学科和会计学科2个“泰山学者”特聘教授岗位。

该校拥有完备的教学设施和公共服务体系。有山东省普通高等学校实验教学示范中心“会计综合实验教学中心”“山东省省级重点实验室”“山东省数字媒体技术重点实验室”等基础实验室76个，在校外建立127个实践教学基地；有多媒体教室180个，教学用计算机4648台，教学科研仪器设备总值6294.87万元；拥有覆盖全校的千兆以太计算机网络；图书馆纸质藏书189万册，电子图书80万册，中外文期刊1.42万种(其中电子期刊8230种)，电子文献数据库18个。

山东经济学院 (2010年摄)

该校设有16个学院，48个本科专业，开设9个双学士学位专业；拥有应用经济学、工商管理、管理科学与工程等6个一级学科硕士学位授予权，有47个二级学科硕士学位授权点(10个专业硕士授权点含MBA)，有同等学力申请硕士学位的资格。获得硕士学位授予权最早的学科点有14届硕士毕业生。会计学、管理科学与工程、企业管理、金融学、数量经济学、政治经济学6个学科为省级重点学科；会计学、国际经济与贸易、信息管理与信息系统、工商管理、经济学、金融学6个专业为国家级特色专业；会计学、经济学2个专业为省级品牌专业；国际经济与贸易、信息管理与信息系统、工商管理、金融学、经济学、人力资源、统计学、会计学8个专业为省级特色专业；货币银行学、西方经济学、财务管理等17门课程为省级精品课程。经过50多年的发展，形成以经济与管理学科为主，文、法、理、工、教育协调发展的学科体系。

该校拥有7个省级重点研究基地、1个省级工程技术中心和1个省级重点实验室，成立山东区域经济研究院、山东省人才发展研究中心，开展区域经济研究和服务，为山东人才发展提供决策咨询。有校属科研机构6个，二级院属科研机构25个。学校承担各级地方政府委托课题292项。学校主办的《山东经济》为国内外公开发行的综合性经济理论期刊。

该校先后与美国、德国、澳大利亚、英

国、法国、加拿大、新西兰、瑞典、韩国等国家的大学和教育机构建立稳定的合作关系。1998年，率先在山东省开展中外合作办学的尝试，被山东省教育厅评为“中外合作办学先进单位”。1999年，与澳大利亚拉筹伯大学开展2+2中澳合作办学项目，联合培养本、专科生。2006年，与新西兰UNITEC理工学院、德国帕德博恩应用经济学院合作项目开始招生。2007年，开始选拔优秀本科在校生赴瑞典、美国、澳大利亚、英国、德国等国家知名高校访学。学校从1999年开始接受外国留学生，另接受19批共240名非学历教育外国留学生。同时，与港澳台地区多所学校建立实质性联系，常年进行学术交流、互派学者和留学生等活动。学校聘请外籍专家到校任教，1999年后外籍教师逐年增加，2010年学校有长期外教18人，是山东高校中外教人数较多的院校之一。校址：历下区二环东路7366号(燕山校区)；章丘市经十东路18602号(圣井校区)；章丘市经十东路东首大学路1686号(明水校区)。

第七节　山东财政学院

山东财政学院始建于1986年，为财政部直属高校。1987年，邓小平为学院题写“山东财政学院”校名。2011年，与山东经济学院合并，成立山东财经大学。学校坐落在济南千佛山风景区，占地50余万平方米，建筑面积35余万平方米。学院设有经济学院、财税与公共管理学院、金融学院、国际经贸学院、工商管理学院、会计学院、计算机信息工程学院、外国语学院、政法学院、统计与数理学院、人文艺术学院、体育教育学院、国际交流学院、继续教育学院等14个二级学院。设有经济学、国际经济与贸易、财政学、税务、金融学、金融工程、保险、体育经济、统计学、工商管理、市场营销、会计学、财务管理、人力资源管理、旅游管理、审计学、物流管理、电子商务、国际商务、行政管理、公共事业管理等35个本科专业。其中：财政学、会计学、金融学、国际经济与贸易为国家管理专业。拥有应用经济学、工商管理、管理科学与工程3个一级学科硕士学位授予权，政治经济学、财政学(含税收学)、金融学(含保险学)、国际贸易学、统计学、会计学、企业管理学(含人力资源管理)、技术经济及管理学、外国语言学及应用语言学、计算机应用技术、马克思主义中国化研究和工商管理硕士(MBA)等23个硕士学位授权点。财政学、会计学、金融学、企业管理学为山东省重点建设学科。形成以经济学、管理学为主，文、法、理、工等六大学科门类相结合的学科结构。2010年，毕业生3327人，在校生1.62万人；教职工1260人，其中专任教师768人。校址：市中区舜耕路40号。

山东财政学院　(2010年摄)

第八节　山东艺术学院

山东艺术学院是全国省属6所综合性艺术院校之一，即中国六大艺术学院之一，中国十大艺术名校之一。学校有济南文化东路和长清区两个校区，占地面积87.54万平方米，其中长清校区占地面积80万平方米。学院前身是1958年8月成立的山东艺术专科学校。1978年12月，经国务院批准，学校改建为山东艺术学院，开设本科专业，为全省培养音乐、美术、戏剧等方

山东艺术学院舞蹈学院2006级表演专业学生正在进行毕业汇报演出　(2010年摄)

面高等艺术人才。2001年，经山东省人民政府批准，山东艺术学院与山东省戏曲学校合并，为艺术教育发展拓展新的空间。学校设有音乐学院、美术学院、戏剧影视学院、音乐教育学院、设计学院、艺术管理学院、舞蹈学院、戏曲学院、传媒学院、职业教育学院、成人教育学院、国际艺术交流学院、公共课教学部13个教学单位。2005年，成为“艺术硕士专业学位”(MFA)教育试点单位和同等学历在职人员申请硕士学位授予单位。2010年，学校有教职工928人，专任教师741人，在校生7986人，毕业生2115人。校址：文化东路91号(文东校区)；长清区紫薇路6000号(长清校区)。

第九节　山东工艺美术学院

山东工艺美术学院是全国31所独立建制的高等艺术院校之一。学院占地面积60万平方米，建筑面积6.5万平方米，有千佛山校区与长清校区。学院前身是1973年6月由济南市二轻局成立的济南市工艺美术技工学校。1977年9月，经山东省计委批准，济南市工艺美术技工学校改制为山东省工艺美术学校。1982年9月，经山东省人民政府批准，更名为山东轻工业学院工艺美术分院。1992年4月，经国家教委批准，建立山东工艺美术学院。学院设置视觉传达设计学院、建筑与景观设计学院、工业设计学院、服装学院、造型艺术学院、现代手工艺术学院、数字艺术与传媒学院、人文艺术学院、应用技术学院、继续教育学院和公共课教学部11个教学单位。学院有艺术设计、动画等14个本科专业，51个专业。设计艺术学、艺术学为山东省“十一五”期间重点学科；艺术设计专业为省级特色专业；设计艺术学、艺术学、美术学为硕士学位授予权学科。2010年，学校有教职工685人，专任教师480人，在校生7136人，毕业生1805人。校址：千佛山东路23号(千佛山校区)；长清区大学路1255号(长清校区)。

第十节　山东轻工业学院

山东轻工业学院该校创建于1948年，是山东省建校较早的公办本科院校之一，山东省重点建设高校。学校始于当时由解放军胶东军区军工部建立的胶东工业学校。1978年由山东省轻工业学校更名为山东轻工业学院。1982年成为国家首批学士学位授权单位，1998年国务院学位委员会批准为硕士学位授权单位，2005年获准为工程硕士培养单位，2006年成为同等学历人员在职申请硕士学位授权单位，2007年，在教育部“全国普通高等学校本科教学工作水平评估”中被评为优秀学校，2009年获准为艺术硕士培养单位。2010年，毕业生4767人，在校生2.07万人，教职工1455人，专任教师1139人。

学院是一所以工为主，以轻工为特色，多学科协调发展的山东省重点建设的省属普通本科高校，是国务院学位委员会批准的硕士学位授权单位和全国首批学士学位授权单位，是山东省首批“应用型人才培养特色名校山东省版211工程”立项建设重点单位，拥有教育部重点实验室和多个省科技部重点实验室。经过60多年的建设和发展，已成为山东轻工业人才培养、科学研究和社会服务的重要基地，被誉为“山东轻工业人才的摇篮”。校址：长清区大学路3501号。

第十一节　山东女子学院

山东女子学院是由教育部和山东省人民政府批准、山东省教育厅和山东省妇联共同主管的全日制普通本科院校，是山东省唯一女子院校，全国3所女子普通本科院校之一。学校前身是创建于1952年的山东省妇女干部学校。1987年、1995年，分别更名为中国妇女管理干部学院山东分院、中华女子学院山东分院。2010年，改建为普通本科院校——山东女子学院。以实施普通本科教育为主，同时承担妇女干部培训、职业资格培训、成人学历教育等任务。是山东省教师教育基地、全国妇联妇女研究培训基地、山东省性别平等研究基地，山东省“十二五”期间女性人力资源开发与管理研究基地。

学校老校区位于济南市市中区玉函路；新校区位于长清区大学科技园，总占地面积73.3万平方米，建筑面积25万平方米。设有外国语学院、教育学院、文化传播学院、艺术学院、经济管理学院、会计学院、旅游学院、社会与法学院、信息技术学院、基础部、继续教育学院11个教学院部，开设22个普通本科专业、2个校企合作本科专业、43个普通专科专业，34个成人本专科专业，涵盖教育学、法学、管理学、经济学、工学、艺术学、文学7个学科门类，有全日制在校生近万人。

学校专任教师中具有副教授以上职称的占36%，具有博士、硕士学位的占65%，其中博士38人。学校特聘中国科学院院士宋振骐、台湾学者曾仕强、钢琴家孔祥东等为客座教授。有省级教学名师3人，省级优秀教师6人，首席岗、重点岗特聘教授5人，建有省级教学团队3个。建有国家级精品课程1门，省级精品课程21门，省级品牌、特色专业6个，省级综合实验教学示范中心1个，省级人才培养模式创新实验区2个，承担教育部重点教改项目1项、省级教改项目14项，获省级教学成果奖6项。学校教学仪器设备总值5000余万元。建有校级综合实验教学中心1个，现代教育技术中心、计算机中心、学生体质健康标准测试中心和学前教育、旅游管理、艺术设计等专业实验(训)中心10个，下辖72个实验实训室；建有校外实习、就业“双基地”200余处。学校图书馆建筑面积2.08万平方米，馆藏纸质图书90万册、中外文期刊1200余种。

1994年，在全省率先成立第一家研究妇女理论的专门机构——妇女理论研究所。根据经济社会和妇女发展需要以及学校学科专业建设的特点开展妇女理论研究，形成马克思主义妇女观、性别平等理论研究与实践、女性高等教育、齐鲁文化与山东女性发展、女性人力资源开发与管理等七个研究领域，其中“女性人力资源开发与管理研究基地”被评为山东省高校“十二五”人文社会科学研究基地。学校承担省部级及以上课题97项，其中国家自然科学基金和国家社科基金项目3项；获省部级科研奖46项。

《山东女子学院学报》是全国高校优秀社科期刊、山东省优秀期刊、华东地区优秀期刊，为全国三大妇女理论研究刊物之一，成为宣传马克思主义妇女观、引领性别文化的重要阵地。

学校与美国、澳大利亚、日本、韩国、俄罗斯、爱沙尼亚、芬兰等多个国家和地区的高

2010年7月，山东女子学院健美操代表队参加山东省第二十二届运动会健美操（大学生组）比赛并取得优异成绩

校建立教育交流与合作关系，在教师互派、学生留学、课程教学、学术研究等方面开展长期合作。作为世界女子教育联盟成员单位，加强与国外女子高校的合作，在国际女性高等教育方面具有一定知名度和影响力。校址：市中区玉函路45号(老校区)；长清区大学路2399号(新校区)。

第十二节　山东警察学院

山东警察学院是全省唯一的公安类警察本科院校。前身是创建于1946年的山东省警官学校，是中国共产党历史上创建的第一所警察学校。学校成立后，三迁校址、十易其名，被誉为“齐鲁警官的摇篮”。1983年，经山东省人民政府批准，改建为山东公安专科学校。2004年，经教育部、山东省人民政府批准升格为山东警察学院。学院设有侦查学、治安学、刑事科学技术3个本科专业，具有法学、工学学士学位授予权。根据公安工作的需要，开设侦查、治安管理两个专科专业。至2010年，学院有两个校区，总占地面积116.33万平方米，建筑面积28万平方米。有教职工520人，专任教师384人，在校生3563人，毕业生818人。校址：历下区文化东路54号(本校区)；章丘市章莱路2555号(东校区)。

第十三节　山东交通学院

山东交通学院是中华人民共和国交通运输部共建八校之一，是“山东特色名校工程”重点建设的应用型人才培养特色高校，山东省唯一培养路、海、空、轨交通专业人才为主的普通高等学校。始建于1956年。2000年，由交通部划转山东省，实行中央与地方共建，以地方管理为主的管理体制。2002年，经教育部批准升为普通本科高校。学校设文学、理学、工学、经济学、管理学、法学、艺术学等7大学科，共51个本科专业。2010年，学校有教职工1282人，专任教师868人，在校生1.66万人，毕业生4063人。校址：长清区海棠路5001号(长清校区)；天桥区交校路5号(无影山校区)。

第十四节　山东体育学院

山东体育学院是山东省唯一集体育教学、训练、科研于一体的省属普通高等体育院校，始建于1958年。2000年，与省体育运动技术学院、省体育科研中心合并，组建成新的山东体育学院，成为全省体育教育、运动训练和体育科研的中心。学校总占地面积186.7万平方米，拥有室内体育场馆41个，室外训练场46个。设有武术系、体育艺术系、体育系、运动系、基础理论系、体育社会科学系、政治理论课部、成人教育部、研究生部、体育运动学校，有外国语言文学类、教育学类、体育学类、艺术类、公共管理类、经济管理类、计算机类等专业。2010年，学校有教职工901人，专任教师618人，在校生6893人，毕业生1994人。校址：历下区文化东路65号(东校区)；历下区文化西路2号(西校区)；历城区世纪大道10600号(新校区)。

2010年11月，山东体育学院代表队在全国啦啦操锦标赛华东分区赛中获得第一名，顺利晋级全国总决赛

第三章　市属高等院校

2010年，市属国办高校2所：济南职业学院、济南工程职业技术学院；市属民办高校8所：山东英才学院、山东协和职业学院、山东圣翰财贸职业学院、山东力明科技职业学院、山东杏林科技职业学院、山东现代职业学院、山东凯文科技职业学院、山东外事翻译职业学院。

第一节　济南职业学院

2004年7月，济南职业学院成立。由济南教育学院、济南机械职工大学和济南职工科技大学合并而成。原济南教育学院创建于1952年，是全国成立最早的成人高等师范院校之一，是全国教师教育学会常务理事单位；原济南机械职工大学和原济南职工科技大学分别成立于1979年和1980年，是山东省首批开展高等职业教育的高校。2007年，学院与澳大利亚西海岸职业学院签订专科教育合作办学协议，成为济南第一所开展中外合作办学的市属高校。2010年，济南职业学院被评为省级示范性职业学院。

2010年，该院占地面积90万平方米，建筑总面积21.6万平方米。有4个校区，其中3个校区位于济南市区中心地段；新校区位于历城区蟠龙山国家森林公园北邻。学院设10个系，37个本、专科专业，其中高职专业30个。学科门类涉及工科、文科和艺术。主体专业涵盖机电、电子信息、财经、文化、物流等产业。

学院有专任教师411人，其中，具有副高级以上职称者123人，具有“双师素质”(教师资格加另一种资格)的教师162人，全国优秀教师1人，省级优秀教师4人，市级优秀教师12人，省级职业教育先进个人1人，省级有突出贡献的中青年专家1人，市级专业技术拔尖人才1人，市级学术技术带头人2人，市优秀科技工作者2人。学院在加强自身“双师素质”师资队伍建设的同时，聘请一批既有理论水平又有实践经验的专家学者、企业经理、工程师、技师到校任教。学院教学设施、实训条件完备。图书馆藏书91万册。建有多媒体语音室、数控机床、PLC、单片机、CAD/CAM、电子电工、会计电算化等86个现代化实验室，以及车、铣、刨、磨、钳、金属切割机床等加工设备100余台套。与省市数十家企业合作，建立62个校外实训基地。校址：历下区舜耕路12号(南校区)；工业北路235号(工业北路校区)；历城区旅游路5518号(新校区)。

2004年7月，济南教育学院、济南机械职工大学和济南职工科技大学合并成立济南职业学院

第二节 济南工程职业技术学院

2004年，济南工程职业技术学院成立，是面向全国招生的公办全日制普通高等职业技术学院。2010年，学院占地面积50万平方米，建筑面积20.48万平方米。在校生1.01万人，专任教师401人。学院有图书馆藏纸质图书60余万册，电子图书1024兆，订有国内外报刊700余种。学院设有6系2部2中心(建筑工程系、工业设计与贸易系、机电工程系、管理工程系、经济管理系、艺术设计系，基础教学部、思想政治教学部，实训中心、现代教育技术中心)，共开设32个专业。建有各专业实验实训室74个，包括建筑装饰工程技术实训中心、建筑实训室、服装实训中心及机加工中心和汽车维修中心等。其中建筑装饰工程技术实训中心成为省内具有较高水平的建筑装饰专业实训室。

该院实施“校企一体，学做结合”的人才培养模式。与知名企业合作，建有博远学院、齐森建筑实验室、鲁泰班、鑫山幕墙班、兆龙门窗班、舜泉园林班、德众物业班、纺织职业教育联盟、华纺班、天齐班等校企共建实体学院(班)，建有国家级、省市级建筑岗位培训点。成立“机电工程研究所”和“济南纺织服装工业设计中心工程学院分中心”，面向社会开展技术服务。学院与全省40余所大型企业和研究机构建立产、学、研基地，形成互动型“双赢”合作模式。学院毕业生年就业率保持在98%。校址：天桥区明湖西路817号；历下区和平路6号(和平校区)。

第三节 山东英才学院

山东英才学院坐落在济南高新区大学园区，是经山东省人民政府批准成立，教育部备案的全日制普通民办本科高校。学校创建于1998年，2008年开始招收本科学生。占地面积86.7万平方米，有南、北两个校区，是中国首创每个二级学院设置就业院长的民办高校。学院设有13个二级学院，24个本科专业、50个高职专业，涵盖工学、管理学、教育学、文学、农学、医学、法学、艺术学八大学科门类。2010年，有教职工940人、专任教师678人、在校生1.06万人、毕业生4225人。校址：高新区英才路2号(南校区)；济阳县崔寨镇(北校区)。

2009年9月19日，“中华诵·2009经典诵读大赛”山东济南分赛区选拔赛在山东英才学院举行

第五篇　教育管理与体制改革

第一章　教　师

1986～2010年，济南市各级政府设立专项资金，制定各种激励政策，加强中小学骨干教师队伍建设，对优秀中小学骨干教师给予重点扶持，培养一大批学科教育带头人、骨干教师等高层次人才，带动教师队伍整体素质的提高。至2010年年底，全市拥有享受国务院特殊津贴专家3人、山东省有突出贡献的中青年专家3人、特级教师111(不含调出本市和省级单位的11人)人、全国模范教师12人，全国优秀教师90人、第一期齐鲁名师(2009年)11人、省级教学能手91人、山东省历届(2005～2010)教育创新人物5人。

第一节　教师队伍

一、规模

1986年后，全市教师队伍总量持续增长。1988年，全市各级各类学校(含幼儿园，不含成人高校、成人中专)共有教职工7.45万人，其中专任教师4.96万人。1995年，全市各级各类学校教职工人数为6.76万人，其中专任教师5.46万人。2001年，全市各级各类学校(含驻济南高校)教职工人数10.36万人，其中专任教师5.18万人。2005年年底，全市教职工队伍总量11.38万人，专任教师总量8.31万人(均含驻济南高校)。2010年年底，全市教职工总数12.89万人，专任教师9.51万人，专任教师总量比1988年增长91.6%，其中高中专任教师6837人、初中专任教师1.51万人、小学专任教师2.48万人、中等职业学校专任教师4511人。教师数量占全市总人口的1.6%，占全市从业人员总数的2.5%。

农村教师队伍中，有一支规模较大的民办教师队伍。1986年，全市尚有1.14万名民办教师工作在教学第一线，其中小学8804人、普通中学2486人、农业职业中学108人、特殊教育学校6人。至1998年9月，济南市最后一批6904名民办教师通过审批，全部转为公办教师，提前两年解决民办教师转为公办教师的问题，结束济南市公办教师、民办教师并存的历史。

二、学历层次

1988年，普通高中专任教师中本科毕业及以上学历的占49.95%，初中专任教师中专科毕业及以上的(含本科)占36.44%，小学教师中中师、高中毕业及以上的占74.11%，农职业中学本科毕业及以上的仅有22.56%。1990年后，根据省教委统一部署，按照“分级培训、分步实施”的原则，济南市开展教师继续教育工程，建立以教师进修院校为主体，普通师范院校、卫星电视教育、自学考试等多种培训渠道相结合的中小学教师继续教育培训体系，抓好高中和初中教师的学历达标和小学教师的继续教育，全市教师队伍的学历层次得到普遍提高。1991年，全市普通中学专任教师：专科毕业的占44.82%，本科毕业及以上的占15.74%；职业中学专科毕业的占56.26%，本科毕业及以上的占25.21%。1995年，普通中学专科毕业的占

50.49%，本科及以上的25.21%；职业中学专科毕业的52.41%，本科及以上的34.25%。其中普通高中专任教师学历达标率为67.64%、初中教师学历达标率为68.3%、职业中学学历达标率为34.25%。2000年，全市普通高中专任教师学历达标率为83.46%，比1995年提高15.82个百分点；初中教师学历达标率为86.62%，比1995年提高18.32个百分点；职业高中专任教师中达到本科及以上学历的比重为56.91%，比1995年提高22.66个百分点。2005年，全市普通高中和初中专任教师的学历达标率均为96%，分别比2000年提高12.54和9.38个百分点；职业高中专任教师学历达标率83.28%，分别比2000年和1995年提高26.37和49.03个百分点。至2010年，全市普通高中专任教师学历达标率为98.8%，初中专任教师学历达标率为98.5%，分别比2005年提高2.8和2.5个百分点，职业高中专任教师学历达标率为87.3%，比2005年提高4个百分点。

小学专任教师的学历达标率从1988年的74.11%，逐年上升到1995年的90.29%、2000年的97.41%、2005年的99%、2010年的99.5%。各类学校教师学历达标率均高于全省平均水平，位于全省前列。

高学历教师比例逐年提高。到2005年，专科以上小学教师55.24%，其中13位研究生毕业；本科以上初中教师占58.35%，其中38人研究生毕业；普通高中教师中具有硕士以上学位的64人；在新增教师中，具有大学专科、本科学历的教师成为主体。到2010年，专科以上小学教师77.1%，其中研究生学历66人；本科以上初中教师占84.6%，其中研究生学历226人；普通高中教师中具有硕士及以上学位的有247人；新增教师中，具有大学本科学历的教师成为主体，研究生学历人数逐年增加。

三、年龄结构

1986～1990年，全市教师年龄偏大。1990年后，随着大批大专及以上毕业生充实到教师队伍中，教师队伍年龄偏大问题得到缓解。至2010年，小学教师在各个年龄段上分布比较均匀，45岁以下专任教师占教师总数的55.1%，35岁以下专任教师占教师总数的40.1%；普通高中、初中45岁以下专任教师分别占教师总数的92.7%和85.9%，35岁以下教师分别占教师总数的63%和46.1%；职业高中学校专任教师中，年龄在45岁以下的占86.9%，35岁以下的占20.3%。中、青年教师成为中小学教师队伍的主要力量。

四、职称结构

1986年12月，根据国家教委《中小学教师职务试行条例》，济南市开始实行教师职务评聘制。首批1580人被评为高级专业技术职称，占总人数的4.16%；7360人被评为中级专业技术职称，占总人数的19.4%。

2000年，全市普通高中专任教师中，高级技术职称专任教师比重占14.54%；普通初中专任教师中，高级技术职称教师比重占9.25%；小学超高级教师中占0.93%。2005年，全市普通高中专任教师有6579人，其中：中学高级技术职称教师955人，占高中专任教师比重的14.52%；中级技术职称教师1579人，占专任教师总数的24%。全市普通初中专任教师1.53万人，其中：高级教师2117人，占总数的13.8%，中学一级教师5813人，占总数的37.9%。小学超高级教师占1.21%，小学高级职称的63.6%。职业高中专业教师中，高级技术职称教师占总数的18.54%。

2010年，全市普通高中专任教师有6837人，其中：中学高级技术职称教师1274人，占高中专任教师比重的18.6%，中级技术职称教师2083人，占专任教师总数的30.5%。全市普通初中专任教师1.51万人，其中：高级教师2263人，占总数的15%；中学一级教师5997人，占总数的39.7%。小学超高级教师占1.5%，小学高级职称占56.4%。职业高中专业教师中，高级技术职称教师占总数的17.5%。从职称结构上看，具有中高级职称教师的比例有较大提高。到2010年，小学、初中、高中具有中高级职称的教师，分别为1.5%、15%、18.6%，接近山东省规定的中小学校的职称结构比例指导标准。从年龄结构看，全市普通中学45岁以下专任教师中，获得中高级职称教师的人数，占专任教师总数的0.8%，其中75名35岁以下的青年教师脱颖而出，被评为中学高级教师。

五、队伍类型

（一）幼儿教育教师。1986年，全市幼儿园园长、教师中受过学前教育专业训练的1227人，占总人数的23.5%。幼儿教师队伍的文化业务素质有所提高，在全市4754名幼儿专任教师中：中等师范、高中毕业以上的2240人，占47.1%；初中师范、初中毕业以上的2067人，占43.5%；初中师范、初中肄业以下的447人，占9.4%。

1992年，济南市首次开展幼儿园登记注册。至2005年，全市登记注册的幼儿园、学前班1885处，学前1年入学率99%，学前3年入学率85%，实现普及学前3年教育的目标。幼儿教师队伍发展到5809人。2010年，幼儿教师队伍发展到8317人。

（二）普通小学教师。1986年始，全市小学教职工共计2.03万人(其中专任教师1.82万人)，市区(含郊区)教职工7429人(其中专任教师6127人)，市区(不含郊区)小学教师中具有中师、高中毕业以上学历的有3646人，占81.35%；中师、高中肄业及初中师范、初中毕业的790人，占17.63%；初中师范、初中肄业以下的46人，占1.02%。全市尚有834人学历在初师以下，36.28%的教师达不到中师毕业水平。小学教师存在年龄老化问题，全市小学教师平均年龄在45岁以上。

1998年，中等师范教育毕业生不包分配，其生源质量开始明显下降，逐渐出现招生难的现象，后愈加严重。2002年，绝大部分中等师范学校停止招生，培养小学师资的任务由师范专科学校完成，招收五年制小教大专班，招生对象仍然是初中毕业生。根据国家规定，只有取得师范专科及其以上学历的人才能获得小学教师资格。

2005年，全市共有小学专任教师2.52万人，学生37.88万人，师生比1∶15.03。学历合格率为99%，其中大专学历教师1.03万人，占40.8%，本科学历3614人，占14.3%。35周岁以下的教师有1.01万人，占40.2%；36～50周岁的教师9854人，占39.1%；51周岁以上的教师5214人，占20.7%。语文、数学、英语教师配置基本合理，音乐、美术、体育、科学(自然)、计算机等学科教师配备齐全。具有小学高级教师职称的1.6万人，占63.6%；小学一级教师职称6680人，占26.5%；小学二级教师职称955人，占3.8%。

至2010年，全市共有小学专任教师2.48万人，在校生38.4万人，师生比为1∶15.5；学历合格率为99.5%，其中大专学历教师8359人、本科学历教师1.07万人，分别占33.7%、43.2%。35周岁以下的教师9934人，占40.1%；36～50周岁的教师9764人，占39.4%；51周岁以上的教师5103人，占20.5%。语文、数学、英语教师配置基本合理，音乐、美术、体育、科学(自然)、计算机等学科教师配备齐全。具有小学高级教师职称的1.4万人，占56.4%；小学一级教师职称8517人，占34.3%；小学二级教师职称336人，占1.4%。

（三）普通中学教师。1986年，全市普通中学教职工1.59万人，其中专任教师1.2万人。2005年，全市普通中学教职工2.77万人，比1986年增长74.3%。2010年，全市普通中学教职工2.64万人，其中专任教师2.19万人。

高中教师队伍。“七五”期间，普通高中师资队伍急剧增长。1990年，普通高中专任教师总数为2498人，比1986年增长25.65%；“八五”期间，高中专任教师以年均2.06%的速度增长，从1991年的2506人，增加到1995年的

2766人；“九五”期间，以年均7.15%的速度增长，从1996年的2824人，增加到2000年的3906人；“十五”期间，普通高中教职工总数从2001年的7541人，下降到2005年的7106人；而专任教师数从2001年的4177人，上升到2005年的6579人，增长率57.51%。普通高中的师生比由2000年的1:16.59，下降到2005年的1:16.48。“十一五”期间，普通高中教职工数由2005年的7106人，增加到2010年的8422人，增长率为18.52%；专任教师数由2005年的6579人，增加到2010年的6837人，增长率为3.92%，专任教师增长率远低于教职人员的增长。普通高中的师生比由2005年的1:16.48，下降到2010年的1:14.83。

初中教师队伍。1986年，全市初中专任教师1万人。1990年，全市初中专任教师为1.36万人。“八五”期间，从1991年的1.37万人逐年上升到1995年的1.49万人，以年均1.83%的速度递增。“九五”期间，年均增速2.34%，从1996年的1.51万人，增加到2000年的1.67万人。“十五”期间，普通初中教职工总数从2001年的1.94万人，逐年上升到2005年的2.06万人，年均增长率为1.55%；专任教师总数则随初中生源的减少，从2001年的1.66万人逐年下降到2005年的1.53万人。“十一五”期间，专任教师总数为1.51万人。初中专任教师学历达标率从2000年的86.62%上升到2005年的96%、2010年的98.5%，增长2.5个百分点；本科学历达标率从2000年的23%，上升到2005年的58%、2010年的84.6%，增长26.6个百分点。普通初中的师生比从2000年的1:16.53、2005年的1:13.08，到2010年的1:12.6。

(四)职业教育学校教师。1986年年初，市区职业中专、职业中学(含其他部门办)共有专任教师518人，其中文化课教师356人、专业教师162人(工科85人、林科2人、师范科9人、文秘科34人、修理服务科21人、艺体科11人)。教师学历：大学本科147人(文化课教师111人、专业课教师36人)，大学专科、本科肄业两年以上248人(文化课教师186人、专业课教师62人)，专科肄业未满两年9人(文化课教师6人、专业课教师3人)，中专、高中毕业及以下114人(文化课教师53人、专业课教师61人)。

2005年，中等职业学校教职工7645人，其中专任教师4738人。中等职业学校中普通中等专业学校有教职工2763人，专任教师1578人，师生比为1:30.39。专任教师中本科及以上学历的1445人，占教师总数的91.57%；高级专业技术职称教师481人，占专任教师比重的30.48%。成人中专学校46所，在校生1.92万人，教职工2153人，专任教师1342人，师生比为1:14.31。专任教师中本科及以上学历的1015人，占教师总数的75.63%；高级专业技术职称教师362人，占专任教师比重的26.97%。职业中专学校27所，在校生3.17万人，教职工2729人，专任教师1818人，师生比1:11.93。专任教师中本科及以上学历的1514人，占教师总数83.28%；高级专业技术职称教师337人，占专任教师比重的18.54%。2005年，全市技工学校有教职工1117人，其中专任教师782人，师生比为1:21.85。

2010年，中等职业学校有教职工6774人，其中专任教师4511人。中等职业学校中普通中等专业学校有教职工2233人，专任教师1334人，师生比为1:15.86。专任教师中本科及以上学历的1254人，占教师总数的94%；高级专业技术职称教师412人，占专任教师比重的30.9%。成人中专学校在校生3.08万人，教职工1617人，专任教师1112人，师生比为1:27.7。专任教师中本科及以上学历的1006人，占教师总数的90.5%；高级专业技术职称教师279人，占专任教师比重的25.1%。职业中专学校24所，在校生3.2万人，教职工2463人，专任教师1777人，师生比1:18.02，专任教师中本科及以上学历的1508人，占教师总数84.86%；高级专业技术职称教师327人，占专任教师比重的18.4%。技工学校有教职工2476人，其中专任教师1916

人，师生比为1:18.1。

（五）**特殊教育学校教师**。1986年，全市特殊教育教职工138人，专任教师100人。“八五”期间，特殊教育学校教职工队伍的年平均增长速度8.82%，从1990年的253人，增加到1995年的386人；专任教师从1990年的193人，逐年增加到1995年的286人，年均增长速度为8.18%。“九五”期间，特殊教育学校教职工队伍以年均3.52%的速度增长，2000年增加到459人；专任教师2000年增加到368人。“十五”期间，特殊教育学校教职工数从2001年的462人，增加到2005年的485人；专任教师从2001年的346人，增加到2005年的357人。“十一五”期间，特殊教育学校教职工数从2005年的485人，增加到2010年的507人；专任教师从2005年的357人，增加到2010年的409人。

2005年，特殊教育学校专任教师中，本科毕业的112人，占教师总数的31.37%；专科毕业的165人，占总数的46.22%；高中阶段毕业的80人，占22.4%。按职称分，特殊教育学校专任教师中，中学高级职称的3人，小学高级职称的153人，两者相加共156人，占教师总数的43.7%；小学一级的168人，占总数的47.06%；小学二级及以下的18人，占总数的5.04%。

2010年，特殊教育学校专任教师中，本科毕业的261人，占教师总数的63.8%；专科毕业的123人，占总数的30.1%；高中阶段毕业的14人，占3.4%。中学高级职称的21人，小学高级职称的200人，两者相加共221人，占教师总数的54%；小学一级的150人，占总数的36.7%；小学二级及以下的38人，占总数的9.3%。

第二节　职称评聘

济南市教育系统首批专业技术职务的评聘工作，于1987年4月先行试点；7月起分两批全面展开。为做好首批专业技术职务的评聘工作，济南市教委成立职称改革领导小组，下设职称改革办公室，各区、县及各基层单位建立相应的职称改革机构。经市职称改革领导小组批准，成立济南市高等院校、中等专业学校、中学、小学4个教师职务中级评审委员会，负责济南市属高校、中专、中学、小学教师高级职称的推荐和中级职称的评审工作。同时，建立图书、档案、会计、卫生、工程等5个初级专业技术职称评审委员会，负责系统内5个专业的高、中级专业技术职称的推荐和初级专业技术职称的评审。1988年6月底，经济南市职称改革领导小组检查验收，各项评聘全部合格。为解决由于专业技术职称限额不足而造成的突出矛盾，经市政府批准，进行由地方财政拨款解决专业技术职称工资问题的专业技术职称的评聘。到1989年3月，首批专业技术职称的评聘工作结束，并兑现专业技术职称工资。

1993年，济南市教育系统进行第二批专业技术职称评聘工作，市属各级各类学校有2.05万名教师晋升为高、中级专业技术职称。其中教授5人，副教授69人，高级讲师177人，讲师355人；中学高级教师1716人，中学一级教师5625人；小学高级教师1.24万人。同年起，专业技术职称评聘工作转入经常化，每年评聘一次。

1998年，职称评聘出现第一个高峰年，全市推荐晋升高校、中专、中学、小学教师系列中高级专业技术职称近6000人，相当于济南市教育系统1995～1997年3年评审人数总和。经省市人事部门批准，由各县(市)区及有关单位推荐评委105名，组成5个评委会，市教委主任及各分管主任分别担任评委会主任，经过严格的外语测试、专业测试、推荐材料审查，在参评的5500多人中评审通过4524人，通过率81%。其中：小学高级教师2070人；中学一级教师1186人，中学高级教师1189人；小学超高级教师18人；中专讲师66人，中专高级讲师49人，实验师3人；高校讲师12人，副教授12人，教授1人。为做好职称聘任工作，修改济南市教委《关于委属学校、事业单位专业技术职称暂行办法》，完善聘任操作程序，下达高级限额833个，初级限额1247个，有1602名具有初级职称资格的专业技术人员被聘任，合计聘任专业技术人员3682人。

2005年，全市中小学专任教师中有4.86万人取得专业技术职称，占专任教师总人数的93.35%。小学专任教师中：取得小学中、高级及以上职称的，占总人数的91.32%；普通高、初中专任教师中取得中学中、高级职称的分别占总人数的38.52%、51.71%；职业教育(含中专学校)专任教师中，取得中、高级职称的，占总人数的58.76%。

2010年上半年，组织评审2009年度的教师职称，全市教育系统共有1.23万人具有申报资格，经单位预申报、济南市人力资源和社会保障局下达申报指标、竞争推荐、评审委员会评审，通过中、高级教师职称1295人，其中中学高级教师331人、中学一级教师678人，小学高级教师218人、小学超高教师17人，中专讲师46人，高校讲师18人、实验师4人。下半年，组织评审2010年度的教师职称，全市教育系统共有1.28万人具有申报资格。评审通过中、高级教师职称1119人，其中中学高级教师81人、中学一级教师548人，小学高级教师187人、小学超高教师24人，中专、高校讲师及实验师279人。

1993～2010年济南市教师专业技术职务评审情况统计表

表12－5－1　　　　单位：人

年 份	小学高级教师	中学一级教师	中专、高校讲师、实验师	中学高级教师	合 计
1993	12379	5625	353	1716	20073
1994	1792	963	51	738	3544
1995	739	542	63	491	1835
1996	445	629	59	247	1380
1997	224	862	83	84	1253
1998	2070	1186	85	1189	4530
1999	1819	1281	96	1002	4198
2000	1282	1293	104	747	3426
2001	958	1084	83	631	2756
2002	1474	1240	78	729	3521
2003	1131	1101	66	698	2996
2004	790	1154	49	846	2839
2005	725	1164	61	771	2721
2006	415	599	316	74	1404
2007	278	562	320	99	1259
2008	253	700	331	86	1370
2009	218	678	68	331	1295
2010	187	548	279	81	1095

第三节　教师资格认定

1993年10月，《中华人民共和国教师法》颁布，第一次以国家法律的形式确立中国实行教师资格制度。1995年12月12日，国务院《教师资格条例》颁布，标志着中国教师资格制度进入实施阶段。

1993年10月，国家教委颁布《教师资格认定的过渡办法》，规定对教师法施行前(1994年1月1日前)已在各级各类学校和其他教育机构中从事教育教学工作的教师(统称在职教师)及承担教育教学任务的其他专业技术人员和教育职员(统称其他人员)，开展教师资格过渡工作。1996年，济南市按照规定对在职在岗教师进行教师资格过渡认定。至1997年，完成6类5.26万名在职教师资格过渡认定工作，有1287人通过高、中级教师职务评审。

2000年9月，教育部颁布《〈教师资格条例〉实施办法》，对实施教师资格制度工作做出具体规定，标志着教师资格制度实施进入一个新的阶段。2001年9月，济南市启动首次教师资格认定工作。至2002年7月结束，共有2.06万人取得教师资格，532人因不符合教师资格认定条件未取得教师资格。

2003年8月，济南市首次面向社会开展教师资格认定工作，有7253人申报各类教师资格，其中非师范类人员3376人。认定2004年完成，有4371人通过认定考核。

2004年起，面向社会人员的教师资格认定和考试工作转入正常化。2007年后，教师资格考试采取网上报名、注册，认定结果可在网站上查询且教师资格证书全国通用。其间，山东省制定一系列关于教师资格认定工作的政策、测评标准等，为规范教师资格认定工作提供有力的制度保障。

2009年，严格教师录用程序和标准，稳步推进岗位设置管理改革，在43个直属学校(事业单位)实现教职工编制实名制管理，人事管理更加科学规范，教师资源配置进一步优化。

2010年5～6月，济南市教育局完成面向社会教师资格考试认定工作。共有1.03万名社会人员报名参加教师资格认定，其中申请认定幼儿园教师资格的462人，申请认定小学教师资格的1804人，申请认定初级中学教师资格的2673人，申请认定高级中学教师资格的4470人，申请认定中等职业学校教师资格的869人，申请认定中等职业学校实习指导教师的28人。与2009年相比增加1435人，增幅16.2%，报考人数占全省报考总人数的11.85%。经过教育学、教育心理学考试和教学能力测试，实际认证1628人，占报考总人数的15.8%。同时，认证师范类毕业生5697人(含驻济高校师范类毕业生4608人)。

市教育局召开济南市面向社会教师资格认定专家审查委员会会议　(2003年摄)

2003～2010年济南市面向社会教师资格认定情况表

表12－5－2　　　　　　　　　　　　　　　　　　　　单位：人

年份	幼儿园教师	小学教师	初级中学教师	高级中学教师	中等职业学校教师	中等职业学校实习教师	合计
2003	208	855	1082	1915	295	16	4371
2004	299	623	336	926	134	5	2323
2005	290	574	442	1333	208	3	2850
2006	350	438	861	4848	669	2	7168
2007	455	526	676	5971	602	2	8232
2008	387	467	433	4766	679	8	6740
2009	369	617	637	4915	528	6	7072
2010	424	494	338	5277	373	1	6907

第二章　经费设施

第一节　教育经费

一、经费投入

1986年始，济南市市区进行中小学管理体制改革，部分中学下放到区管。与之相配套，为调动市、区两级增收节支和当家理财的积极性，改教育经费由市统一管理为市、区分级管理，将40所初中和职业高中的教育经费从1989年7月1日起下放到区财政管理。

1986～1990年，随着教育事业的发展，全市教育经费逐年增加。1990年，全市教育经费总支出为2.81亿元，预算内教育经费支出从1985年的6631万元，达到1990年的1.62亿元，增长近2.4倍。人均预算内教育经费支出由1985年的17元，上升到1990年的32元。中学生人均教育事业费由1985年的128元，上升到1990年的258元；中学生人均教育事业公用经费由1985年的39元，上升到1990年的63元。小学生人均教育事业费由1985年的50元，上升到1990年的109元；小学生人均教育事业公用经费由1985年的5元，上升到1990年的12元。均为全省最高水平。

1988年始，济南市为推动农村职业教育发展，探索增加职业教育经费的路子。历城区政府决定将所征教育附加费的20%用于职业技术教育，当年职教投入120万元。长清县实行教育基金制度，教育附加费的80%上缴县财政统一管理使用，其中15%用于职业技术教育，当年职教投资75万元。平阴县自1986年起连续3年按农业人口人均1.5元进行职业技术教育专项集资，每年集资48万元；1988年新增加国家干部、固定职工按人均6元的专项集资，全年增加集资金7.5万元，全部投入两所职业技术学校。1988年，章丘县下达教育附加费的征收文件。

1989年，济南市采取措施，多方筹措农村成人教育经费，主要渠道有：根据国家教委和省教委文件规定，从辖区教育经费实际开支总数中提取2%；按国家教委《关于乡镇农民文化技术学校暂行规定》的要求，从农村乡镇教育经费附加中提取5%；发扬自筹经费、自我发展、自我完善的“三自”精神，自力更生解决办学经费；开展勤工俭学，办好校办工厂、农场；学校与当地或外地实行技术承包，有偿服务；本着“谁办学，谁投资、谁受益”的原则，实行联合办学，由联办单位提供相应经费。至年底，全市共筹措农村成人教育经费811.5万元，其中用于基建投资600万元，办学经费125万元，扫盲经费86.5万元，促进了全市农村成人教育的发展。

1991～1995年，全市教育经费总支出为26.31亿元，以年均22.81%的比率递增。教育部门总支出约22.75亿元，平均年递增率为21.02%，其中财政预算内教育经费支出13.06亿元，占财政总支出的19.25%，年均增长率为22.53%。由于教职工及离退休人员费用逐年增高，公用经费在教育事业费中所占比例从1991年的25.58%，逐年下降到1995年的12.55%。

1996年，全市教育经费总投入8.7亿元，比1995年增加1.5亿元。教育部门总投入7.9亿元，其中预算内教育经费即财政主渠道投入4.68亿元，比1995年增加1.01亿元。1997年，全市总投入9.7亿元；教育部门总投入8.95亿元，其中财政主渠道预算内拨款5.43亿元。1998年，全市教育经费总投入10.62亿元；教育部门投入9.74亿元，其中预算内教育经费投入6.23亿元。1999年，全市教育经费总投入13.08亿元；教育部门总投入12.01亿元，其中预算内教育经费拨款7.53亿元。2000年，全市教育总投入16.47亿元，比1999年增长25.92%；教育部门教育经费总支出为15.18亿元，比1999年增长26.39%，其中预算内教育经费拨款8.9亿元，比1999年增长18.19%，占全市财政总支出的16.26%。

“九五”期间，教育经费质量稳定增长，以政府财政拨款为主、多种渠道筹措教育经费的体制初步形成。1996～2000年，全市教育经费总支出为58.57亿元，教育部门教育经费总支出53.78亿元，其中财政预算内教育经费支出32.77亿元，占财政总支出的比例为14.84%。“九五”期间，财政预算内教育经费投入稳步提高。因教育经费投入总量仍然不足，制约教育自身的发展，存在拖欠教师工资的问题。

2001年，全市教育经费总投入18.58亿元，比2000年增长12.81%；教育部门总投入16.87亿元，其中财政预算内教育经费拨款10.44亿元，比2000年增长17.3%。2002年，全市教育总投入22.05亿元；教育部门投入18.6亿元，其中财政预算内拨款12.15亿元，比2001年增长16.38%。2003年，全市教育总投入25.3亿元；教育部门投入21.02亿元，其中预算内拨入13.37亿元。2004年，总投入28.65亿元，教育部门投入23.4亿元，其中预算内拨款13.69亿元。2005年，全市教育经费总投入31.1亿元，比2004年增长8.6%；教育部门投入24.81亿元，其中财政预算内教育经费拨款14.52亿元，比“十五”期初的2001年增长39.08%。

“十五”期间，全市教育经费总投入为125.68亿元，是“九五”期间总投入的2.15倍，占全市国内生产总值的1.76%；教育部门财政预算内教育拨款64.17亿元，比“九五”期间增长95.82%。预算内教育经费支出占全市教育经费总支出的51.06%。教育部门预算内教育经费逐年增加，年均递增率为8.73%，全市学生人均预算内教育事业费和学生人均预算内公用经费逐年增长，但在全市财政总支出中所占比例有所减少，占12.61%，比“九五”期间降低2.23个百分点。

“十一五”期间，全市教育经费总投入由2006年的35.56亿元逐年提高到2010年的71.66亿元，年均增长19.15%。其中：财政性教育经费由2006年的22.06亿元逐年提高到2010年的53.37亿元，年均增长24.72%；预算内教育经费由2006年的16.04亿元逐年提高到2010年的43.98

亿元，年均增长28.68%。全市教育经费总支出增长幅度较大，由2006年的28.07亿元逐年提高到2010年的73.12亿元，年均增长27.04%。人员支出由2006年的15.48亿元逐年提高到2010年的40.26亿元，年均增长27%。巩固和完善“以县为主”的管理体制，将农村中小学教师工资全额纳入本级财政预算，统一县域内中小学教师工资标准，统一津、补贴和社会保障政策，确保工资足额发放。公用支出由2006年的12.59亿元逐年提高到2010年的24.77亿元，年均增长26.05%，各级政府不断提高公用经费保障水平，保证公用经费逐年增长。

二、经费筹措

1986年，开始征收教育费附加，以各单位和个人实际缴纳的产品税、增值税、营业税的税额为计征依据，教育费附加率为2%，分别与产品税、增值税、营业税同时缴纳。1990年，全市征收教育费附加1156万元，1991～1995年，城区共征收城市教育费附加2.02亿元，拨付教育1.81亿元；其中1995年征收城市教育费附加7838万元，比1994年增加3989万元，增长103.64%。5年共征收农村教育事业费附加拨付教育2.07亿元。

1988年8月11日，市政府发布《关于收取教育设施配套建设费的规定》，在城市总体规划区域内进行新区综合开发和旧区成片改造建设居民住宅，建设单位都必须按规划和国家规定的标准，投资配套建设中小学和幼儿园。如没有按规划配套建设中小学、幼儿园的，以及城市总体区域内零星插建住宅的，建设单位应交纳教育设施配套建设费。教育设施配套建设费，一律按新增建筑面积每平方米10元的标准交纳。收取的教育设施配套建设费，主要用于市区中小学校舍建设、改造和维修。到年底，共收取教育设施配套费27万元，与预计数相差甚远。其原因是下半年国家压缩基建规模；申请减免者多；成片改造区，无中小学配套设施，收取配套费尚无法控制。

开展校办产业、勤工俭学创收活动。1988年，济南市有中小学校办工厂587个、农林场559个、商业服务网点190多个，总收益2292.79万元；其中用于改善办学条件1331.07万元，占总收益的58.05%。1991～1995年，校办产业、勤工俭学、社会服务用于教育的经费收入1.21亿元(不含上年结余转入)，支出1.19亿元。

“九五”期间，教育费附加征收工作加大力度，初步实现与税源同步增长的目标。1996年，城市教育费附加征收1亿元，比1995年增长28.6%，拨付教育9380.8万元；1997年征收1.17亿元，比1996年增长16.41%，拨付教育1.09亿元；1998年征收1.19亿元，1999年征收1.34亿元，2000年征收1.42亿元。5年全市共征收城市教育费附加6.13亿元，比“八五”期间同比增收4.10亿元，增长202.6%，共拨付教育5.76亿元。农村教育事业费附加以年均13.5%的增长率征收，1996～2000年共征收3.17亿元，比“八五”期间增收1.10亿元，增长53.46%。校办产业成为教育经费增长的有效补充，年平均总收益7000万元以上，其中约50%～60%用于补充教育经费。1996～2000年，校办产业用于教育的收入1.18亿元，实际总支出1.24亿元。比“八五”期间增长30.2%，实际总支出3.86亿元。但“九五”期间农村教育费附加的征管体制没有完全理顺，影响了办学条件的改善。

“十五”期间，济南市以农村义务教育经费保障机制改革为重点，进一步完善教育筹资机制，依法增加教育投入。全市加强对教育税费的征管工作。2001年，全市征收城市教育费附加1.36亿元，拨付教育1.38亿元；2002年征收1.41亿元，拨付教育2.03亿元。2001～2002年，共征收农村教育事业费附加7325.8万元，拨付教育9214.6万元。随着农村税费改革，从2003年开始取消农村教育事业费附加的征收，城市教育费附加收入1.88亿元，2004年征收拨付教育2.56亿元，2005年征收拨付教育2.78亿元。5

年共征收城市教育费附加9.99亿元，拨付教育10.63亿元，比“九五”期间拨付教育总额增长84.75%。

济南市从1998年开始征收地方教育附加费，对城镇就业职工按其工资总额的一定比例征收义务教育费，在城镇统一筹集职业教育经费，对宾馆、旅社、招待所、饭店按住宿费标准加收3%的教育费，对水产品在特产税中加收1%的教育费(简称“四项教育费”)。到2005年的8年间，全市共征收地方教育附加费7819万元。

2005年1月1日起，全面征收地方教育附加费。凡缴纳增值税、营业税、消费税(简称“三税”)的单位和个人，按照实际缴纳“三税”税额的1%缴纳地方教育附加费。主要用于中小学改善办学条件、农村义务教育阶段中小学公用经费等基层教育支出。

2001～2005年，校办产业用于教育的经费收入分别是1470.6万元、1657.2万元、1423.7万元、959.4万元、880.6万元，总计6391.5万元，共支出7551.2万元。

“十五”期间，教育经费投入总量仍不能满足教育发展的需求，特别是农村教育的投入明显不足，“以县为主”的农村义务教育管理体制尚未全部落实到位。“十一五”期间，全市各级政府坚持优先发展教育战略，落实国家各项惠民政策，加大对教育的投入，逐步完善以财政投入为主、多渠道筹措教育经费的投入机制。各级政府征收用于教育的税费由2006年的4.48亿元逐年提高到2010年的8.51亿元，年均增长17.39%。

第二节　校舍建设

1980年起，济南市开展农村中小学校舍改造工作，到1987年基本实现“一无两有六配套”①建设。全市用于农村中小学校舍改造资金共计9211.61万元，其中国家投资669.51万元，乡镇群众集资7839.39万元，学校自筹702.70万元。全市农村新建及维修校舍3.88万间，新购置课桌凳36.97万套，新砌院墙33.13万米、大门1863座、厕所1.05万间、操场1463个，经省政府验收合格。

1988年，济南市开展以消灭现有危房、整修刷新校舍为重点的城市公办中小学校舍改造工作。至年底，共修建校舍9.6万平方米，增加土地7.65万平方米，整修刷新校舍28.8万平方米；共投资1889万元，其中城镇企事业单位、个人捐资263万元，占总投资的14%。1989年，开展公办中小学校舍改造“五达标”(规模、校舍、课桌凳、操场、环境达标)工作。1988～1989年，城填中小学校舍改造(含仪器设备)共筹集资金7011.9万元，其中社会集(捐)资552.4万元。新建校舍竣工面积15.9万平方米，维修校舍面积25.5万平方米，累计完成投资(包括新建、维修校舍，征地，购置课桌凳、仪器、图书等)5929.3万元。至1989年年底，市区学校基本完成第一期校舍改造任务，共改造危房2.7万平方米，扩建校舍3.9万平方米，整修刷新校舍28.9万平方米(占校舍总面积的36.8%)，新增学校5所(营市街小学、甸柳新村第二小学、舜玉路小学、育才小学、玉函中学)，完成整体校舍1所(天成路小学)，实现学校面貌“基本改观”，缓解了部分地区入学难问题。

1990年7月，济南市政府制定《关于改善公办中小学办学条件推进九年制义务教育的决定》，确定多方筹集校改资金，加速完成全市公办中小学校舍改造任务。至年底，共筹集校改资金4459.2万元，其中市内5区社会捐资1216万元。1988～1995年，全市共筹集校舍改造资金7.19亿元，其中财政预算内基建投资和专项经费投入7685.8万元，市、县机动财力1546.3万元，教育费附加1.98亿元，社会捐集资3.05

① 无危房，有教室、有课桌凳，校舍、课桌凳、操场、院墙、大门、厕所配套。

亿元，学校自筹4941.6万元。城镇校舍改造筹集资金4.49亿元，农村校舍改造筹集资金2.70亿元。

1991～1995年，中小学校的校舍有了较大改善。5年间，全市学校基本建设总投资为4.57亿元，其中国家财政性教育经费基本建设投入2.02亿元，社会捐集资中用于基建1.96亿元。改造危房面积17.876万平方米。1995年11月30日，市人大常委会通过《济南市城市中小学校校舍场地管理办法》，是全省乃至全国较早制定的管理中小学校校舍场地的地方性法规。该办法于1996年4月1日施行。

1996～2000年，全市校舍面貌发生很大变化，城镇学校新建校舍面积90.26万平方米，维修校舍面积123.86万平方米，累计总投资9.26亿元。小学和普通中学的生均校舍面积分别为5.36平方米和6.83平方米，达到省定标准。1997年实施中小学"温暖工程"，投资5700多万元，市区107所中小学全部实现暖气供暖。全面完成农村中小学布局调整，初中由361所调整为248所，小学由3792所调整为1453所，初中基本实现2万～3万人设1所学校的要求。

2002年，济南市实施"五个一"优化升级工程，就是用3至5年时间，每年提升1所高中名校；指导、帮促各县(市)区每年提升1所初中名校、1所小学名校，扶植1所农村贫困小学；同时，济南市和各县(市)区分别创建1所特色学校或综合教育基地，并实现基地建设的网络化。至2004年，全市完成基本建设项目331个，新建校舍面积204.38万平方米，维修校舍面积138.69万平方米，美化绿化校园面积30多万平方米。至2005年，济南市完成新一轮中小学布局调整，全市初中由2001年的245处调整为203处，小学由1273处调整为889处。校舍改造累计总投资19.3亿元，其中修缮费6.9亿元，基本建设费12.4亿元。城镇学校新征土地262公顷，新建校舍面积286.28万平方米。

校舍安全工程彻底改变农村学校面貌　　(2010年摄)

2006年，在全省率先完成中小学危房改造工程后，启动农村中小学校舍升级改造工程，提升办学条件。全年完成升级改造项目161个，改造校舍面积36万平方米，完成投资2.8亿元。2007年，完成维修改造规划项目160个，改造校舍面积20余万平方米，完成投资2.1亿元。2008年，改造校舍114处、面积17万平方米，完成投资9500万元。2009～2010年，完成校舍改造面积51万平方米。

第三节　教学仪器

一、教学仪器配备

1985年，教育部颁布第二个《中学理科教学仪器配备目录》和《小学数学自然教学仪器配备目录》，仪器品种增多、数量增加。其中中学仪器由1978年的688种增加到942种，小学仪器由92种增加到134种。

1987年12月，全国中小学实验室和仪器配备工作会议召开。济南市加大经费投入，仪器设备不断增加并分送到各中小学校，新建一批农村初中实验中心，建设艺术、体育、图书馆(室)，加快重点中学、中心小学实验室建设达标步伐，培训师资与实验技术队伍。到1989年年底，全市实验室建设已初具规模。教学仪器器材总值4170万元，实验教师1393人。

1989年济南市公办中小学实验室建设基本情况表

表12－5－3

区 县	校舍(含实验室) (平方米)	器材设施 (万元)	实验教师 (人)
章丘县	5997	875.93	369
长清县	10961	428.60	110
平阴县	3143	330.80	173
济阳县	4421	227.44	129
商河县	4587	106.86	40
历城区	10970	487.75	108
历下区	19480	308.84	104
市中区	12488	180.00	85
天桥区	4749	204.66	53
槐荫区	18546	267.72	60
市直学校	19248	752.06	162
合 计	114590	4170.66	1393

这一时期，学校仪器采购计划由调拨方式进行。主要是由县区提供各自所需的仪器设备数量，由市教学仪器站汇总后报省教育厅统一进行调拨。

1990年12月，济南市教育委员会下发《关于加强实验室建设和教育技术装备工作的意见》，提出在1993年年底前完成校舍改造的同时，完成中小学实验室和教育技术装备的标准化建设。省市重点中小学、示范学校和县以上重点小学要达到国家教委规定的Ⅰ类标准，其他中小学和职业技术学校达到Ⅱ类标准。根据各区县实际情况，制定分步实施目标：长清县、章丘县、平阴县、历城区和槐荫区1992年年底完成；其他区、县1991年完成30%，1992年完成40%，1993年完成30%。

1993年，随着实施素质教育的提出，教材内容做了较大调整，为配合教学内容的变化，教学仪器配备目录做了较大改动。调整后，中学仪器品种增加到1080种，小学仪器148种。1994年，济南市把普及实验教学、加快实验室建设、加快仪器配备等工作纳入到基础教育整体发展和改革当中，纳入到“普九”规划中，实验室建设和实验教学工作得到飞速发展。至1995年，全市共投资6268.6万元，购置教学仪器设备、图书资料和学生课桌凳。全市实验室建设教学仪器器材总值8190万元，50%的中小学达到或超过国家Ⅱ类标准。

1997年，市教委制定《“九五”期间济南市中小学实验室工作意见》。“九五”末期，全市乡镇以上中小学实验室及教学仪器、音体美器材和图书资料配备基本达到省定Ⅱ类标准，部分中小学达到省定Ⅰ类标准，有8所学校被评为省级电化教育试点学校。

1999年3月25日，济南市教委召开全市实施中小学实验教学普及县工程动员会，全市“普实”工程正式启动。为高标准完成“普实”任务，各级政府广开融资渠道，采取“借、集、贷、捐、挤”等办法，加大教育投入。市中区通过“奖补”等政策，不到1年时间，即筹集资金550万元用于“普实”工程，1999年6月成为山东省第一个中小学实验教学普及(县)区。历下区在市级“普实”验收以后，以迎接省级“普实”验收为契机，采取多种方式调动学校办学积极性，加大投资力度，用于教育技术装备的投入近1000万元。济阳县经过探索，实施学校后勤社会化改革，办学条件迅速得到改善，走出一条适合农村教育发展的新路子。

2000年，济南市承办第四十届全国教学仪器设备展示会，参观人数5万人次，设展位1140个，成交额3.9亿元，得到全国教学仪器设备行业协会的高度评价。

2005年年底，全市拥有各类实验室、功能教室6689个，教学仪器设备资产总额8.91亿元。共建有图书馆(室)2119个，图书1369.71万册，新增图书450余万册。配备微机6.59万台。7个县(市)区和全部的市直属学校通过省级实验教学普及督导评估验收。

至2010年，全市中小学拥有计算机9.01万台，校园网学校317所；图书1449.75万册，电子图书34835.5千兆，仪器设备资产总额7.28亿元。

二、教学仪器使用

1986年后，小学实验室种类增加，由初期单一的一种自然实验室，发展到有科学实验室、多媒体网络计算机室、机器人实验室、音乐室、舞蹈室、美术室、综合电教室等9种涵盖多学科的实验室。中学实验室种类增加，从以前的物理、化学、生物等常规实验室，新增添多媒体网络计算机室、机器人实验室、语言实验室、音乐室、舞蹈室、美术室、历史室、地理室、综合电教室、综合实践活动室等，共13种涵盖多学科的实验室。实验室的功能，也从单纯的实验室到实验室、仪器室、实验员办公室等分工明确、设施完善的功能教室，实验环境得到极大优化。

1986年，对开设实验课的重要性认识普遍不高，实验室建设和实验教学工作不被重视，实验管理人员偏少且大多数是兼职，实验课开出率不足55%。1990年后，各县(市)区教育局和学校成立实验教学领导小组，实验开出率95%。2005年，全市实验教师数量3680人，实验教师队伍素质明显提升。

2006年，按照《济南市中小学实验教学登记册(试行)》制度的标准要求，健全和完善实验室管理规章制度。全市中小学装备统计数据全部采用电子手段报送，并全部采集，从中可以准确掌握全市938所学校的装备情况，可以随时查阅每个学校理化生、音体美劳卫、图书、计算机、网络等的数量、投资额、缺额等数据，为装备规划的制定提供依据。广泛开展师生自制教具活动。全市共收到初评自制教具369件，10件作品选送参加山东省评选，获3个一等奖、4个二等奖；有2件作品被确定代表全省参加全国教具评选，均获二等奖。推荐参选实验教学论文300篇，其中获省级优秀论文一等奖的作品近70篇、二等奖作品150篇。学具教科研活动走在全省前列，在全国举行的多种教学媒体综合运用优质课评选中，1人获得全国现场课一等奖、1人获二等奖，5人获省学具应用一等奖。

2007年，把“农村中小学教学仪器更新工程”纳入“农村教育振兴行动计划”，并列为新农村建设“十大行动”[①]内容之一，成为继

2010年4月，山师附中教师指导学生做实验

① 农民增收行动、城镇建设行动、道路畅通行动、饮水安全行动、生态富民行动、造林绿化行动、医疗惠民行动、教育振兴行动、弱势保障行动、市场拓展行动。

农村中小学危房改造、课桌凳更新及农村中小学远程教育等工程后，实施的又一项教育惠民和教育惠农工程。省财政补助农村仪器更新工程资金197万元，特教仪器配备资金240万元，市财政拨付1000万元农村仪器更新资金。至年底，省市县全部到位资金1888万元。

2009年，全市实际筹集资金8147.56万元，通过政府招标共采购教学仪器22万余件，基本完成632所农村中小学教学仪器配备任务，即90%的农村中小学理科仪器达到国家基本以上配备标准。有800多个实验室和功能教室安装多媒体设备；65所农村初中安装理化生数字探究实验室；全市所有中小学初步实现装备网络化、规范化管理。

2010年，全市两项工程实际筹集资金1.06亿元，通过政府招标共采购教学仪器300余万件，完成715所农村中小学教学仪器配备任务，全市农村中小学理科仪器全部达到国家基本配备标准。

第三章　教育管理

第一节　管理机构

1986年7月，济南市教育局撤销，建立市教育委员会。市教育委员会列市政府序列，内设办公室、普教处、职教处、成人教育处、计财处、人事处、组织处、宣传处、高教处共9个业务处室。

1988年12月，市教育委员会增设老干部处。1989年5月，市教育委员会增设卫生处；6月，市教育委员会增设监察室。1991年7月，市教育委员会增设教育督导室(处级)；市托幼工作领导小组办公室由妇联移交市教委管理，为市教委下属处级事业单位。1993年7月，设立市语言文字委员会办公室，为处级事业单位，办公地点设在市教委。

20世纪80年代的济南市教育委员会办公楼

1996年11月，全市教育委员会内设办公室、组织处(外事处)、宣传处、离退休干部工作处、普通教育处(高中会考办公室)、学前教育处(托幼工作办公室)、职业教育处、高等教育与师范教育处、人事处(师范类毕业生分配办公室)、体育卫生与艺术教育处、计划财务处(审计处)、信访处、德育工作处、法规处、条件装备处(勤工俭学处)共15个业务处室；市人民政府教育督导室设在市教委；市语言文字工作委员会办公室(处级)挂靠市教委。

2001年9月，济南市教育委员会更名为济南市教育局，内设办公室、组织督察处、人事处、宣传处(政策法规处)、发展规划处、财务处、基础教育处、职业教育处、高等教育与师范教育处、体育卫生与艺术教育处、外事处、技术装备与勤工俭学管理处和离退休干部工作处；市人民政府教育督导室设在市教育局。

2004年9月，市教育局为市政府工作部门，成立中共济南市教育工作委员会，为市委派出机构，与教育局合署办公；市委教育工委、市教育局内设办公室、组织处(市委教育工委组织部)、人事处、宣传法规处(学生思想道德教育工作处)、发展规划处、学前教育处、基础教育处、职业与成人教育处、高等教育与师资培训处、体育卫生与艺术教育处、技术装备与安全教育处、财务审计处、对外交流与合作处、人事处和离退休干部工作处；市人民政府督导室设在市教育局，配备专职督学；按规定配备党的组织、纪检监察、工会、共青团、妇女工作等机构设置及领导人员。

2009年11月27日，市教育纪工委、监察室调整为市纪委市监察局派驻机构。

2010年3月3日，市委教育工委、市教育局内设办公室(市委教育工委办公室)、组织处(市委教育工委组织部)、宣传法规处(学生思想道德教育工作处)、人事处、发展规划处、财务审计处、市政府教育督导室、学前教育处、基础教育处、职业与成人教育处、高等教育与师范教育处、体育卫生与艺术教育处、对外交流与合作处、技术装备与学校安全处、离退休干部处。按规定配备党的组织、纪检监察、工会、共青团、妇女工作等机构设置及人员。

第二节 学校管理

一、校园环境管理

1991年后，按照国家教委《中小学校园环境管理的暂行规定》要求，全市不断加强中小学校的日常管理，创设良好的学校内部育人环境。各学校采取措施合理调整校内区域布局，避免教学区、活动区、生活区相互干扰，并对校舍和各类教育教学设施加强管理和维修。加大投入，对学校校园进行绿化、美化，使校园整洁、有序。严格执行中小学升降国旗制度，规范升降国旗仪式的程序。各学校采取措施净化校园环境，严禁宣传暴力、凶杀、色情、恐怖、迷信的图书报刊、音像制品在学校中传播。坚决抵制赌博、酗酒、不健康的歌曲和封建迷信活动对学生的影响。不允许任何单位或个人在学校中进行宗教活动，不允许在学校向学生宣传宗教，不允许任何单位或个人在校园内从事以师生为消费对象的营利性活动。

1998年，全市集中开展“课时计划执行情况、课业负担减轻情况、小学管理规程落实情况、招生与收费情况”等4项工作专项督导，促进学校内部管理。2001年12月，市教育局制订《关于加强学校管理的暂行规定》。2002年，下发《关于开展教育管理年的意见》《关于加强中小学收费管理的暂行办法》，2003年下发《普通中小学学籍管理细则》《义务教育阶段学科实验班、特长班管理办法》等，进一步强化中小学校园内部管理。2005年，制定《校园文化建设若干规定》，建立并完善校园文化建设机制，进一步推动学校育人环境和教育教学秩序的优化。

2007～2008年，全市以培养学生的环境意识和环保行为习惯为重点，做好环境教育工作。全市共申报省级“绿色学校”25个。

2009～2010年，继续开展“绿色学校”创建工作，对当年申报市级“绿色学校”的单位负责人进行培训。组织中小学生开展“节能减排”金点子比赛。

二、学生日常行为管理

1988年9月，全市中小学德育工作会议召开后，各中小学开始全面试行《中学生日常行为规范(试行)》和《小学生日常行为规范(试行)》。小学重点进行讲文明、讲礼貌、爱劳动、爱集体的教育，培养良好的学习生活习惯；中学重点进行遵守校规校纪、法律法规教育，培养学生自觉遵守法律法规、社会公德和社会秩序的意识和习惯。各学校结合实际，制定符合本校特点的行为规范，进行富有特色的养成教育。如省实验中学开展“实验学子修身行动”，引导学生从6个方面给自己提出更高的要求，追求更高尚的思想境界和生活品位。济南外国语学校在师生共同参与讨论的基础上，制定《济南外国语学校学生行为规范》，用平等、尊重、激励的语言对学生进行正面引导，同时在全校启动“外语学子修身践行”主题教育活动，建立“修身践行记录卡”。

各中小学广泛开展礼仪教育，开展“文明班级”“文明礼仪标兵”评选活动和“创诚信校园”活动，塑造中小学生文明健康的良好形象。加强对问题学生的教育转化工作，进行个别教育训练和行为矫正。

1989年9月开展中小学生品德评定工作，并逐步形成素质教育报告单制度。中小学的养成教育遵循知行统一的原则，学校既对学生提出明确要求，又讲清道理，分清是非，激发学生完善自我、追求高品位生活的内心需求，引导学生自觉遵守规范，养成文明健康的行为习惯，提高中小学生的道德素养；遵循循序渐进、持之以恒的原则，坚持全面要求，分步实施，严格训练，点滴做起。注重取得家长和社会的广泛支持与密切配合，并把教师的师德建设作为根本环节抓实抓好。

2000年，按照省教委要求，济南市加强对中小学生课外活动的安排，第二课堂活动日趋活跃，中小学生课余生活更加丰富多彩。

2007年，济南市开发新的电子学籍档案管理系统，实施义务教育阶段学生学籍档案全方位电子管理；通过规范全市的义务教育电子学籍卡，使《成长记录手册》和电子学籍档案的内容实现对接。制定新“济南市义务教育转学申请表”。坚持以考试评价来规范学校义务教育的办学行为，年终按注册学生数来计算县市区和学校的中考平均分，促使县市区和学校确保适龄儿童少年按时完成九年义务教育。

2008年，全市完成电子学籍档案管理软件由市版向省版的过渡，每个学校均按照统一要求更换全省统一的学校代码和学籍代码。全市完成63万多学生学籍信息采集及补录工作，包括义务教育阶段学生信息、班级信息、学校信息、主管单位信息的更新、上报和管理的工作。

2009年，继续加强校外实践基地建设，争取山东省校外活动场所建设专项资金的支持，启动济阳县、商河县校外实践基地建设。至2010年，全市各县(市)区均拥有1处学生校外实践基地，逐步形成独具特色、功能齐全、互相贯通、资源共享的中小学生校外活动场所体系。

三、安全管理

1991年，省教委转发《国家教委办公厅关于组织学习中小学安全须知的通知》，全市各中小学开始建立健全必要的安全工作制度，防止师生伤亡事故的发生。

1992年始，按照国家教委《关于做好学校治安综合治理工作的几点意见》要求，各级教育行政部门和中小学校明确分管领导，落实相应办事机构，加强校园秩序管理。建立“后进生跟踪教育”制度，防止在校学生违法犯罪。加强学校内部的安全保卫工作和安全防范制度建设，推广以天桥区学校、家庭、社会“三位一体”的依法治校经验。依靠政法部门、公安部门，严厉打击扰乱学校正常教育教学秩序的社会不法分子，共同做好保护青少年学生、防止青少年犯罪的工作。

1996年，建立中小学生安全教育日制度，为每年3月份最后一周的星期一。

2001年，全市中小学执行山东省教育厅下发的《关于禁止中小学生参与宗教活动的通知》精神，重视对师生进行马克思主义民族观、宗教观和科学思想的教育，坚持宗教与教育分离的原则，坚决制止个别组织或个人利用宗教干预学校教育和社会公共教育、妨碍国家教育制度的活动，坚决制止任何宗教组织强迫、诱使学生信仰宗教、在学校内从事发展教徒的活动。并对宗教妨碍教育和中小学生参与宗教活动的情况进行大检查。

2003年，制定《学校安全工作若干规定》，包括6章32条，主要内容是：总则、领导和管理、安全教育、安全工作制度、安全管理和附则。2003年，中小学安全工作重点是防治传染性非典型性肺炎。市教育局先后下达一系列文件，对做好学校防治非典型性肺炎工作进行周密部署。成立防治机构，明确工作责任，制订应急预案，建立防治制度，开展预防教育。同年3月，市教育局制定下发《关于加强学校各类社会活动管理的规定》，建立中小学生参加校外社会活动的报批制度，加强对学校各类社会活动的管理。

2004年2月，市教育局下发《关于印发学校安全三位一体责任制管理办法的通知》，建立由市教育局、学校、具体负责人“三位一体”的学校安全责任制。市教育局和处室实行县(市)区、直属学校、民办学校安全工作包干责任制，按照“谁主管、谁负责，谁带队、谁负责，谁检查、谁负责，谁验收、谁负责”的原则，对口负责，层层把关，加强对学校安全工作督促检查。学校安全实行目标负责制。校长是学校安全工作第一责任人，全面负责学校的安全管理，分管校长负责学校的日常安全教育和管理责任，各部门负责人负责安全措施的落实及日常检查与维护工作，教职员工均有维护学校和保护学生安全的责任和义务。3月，市教育局下发《关于开展创建“平安校园”活动的实施意见》，协同济南市公安局在全市教育系统开展创建“平安校园”活动。12月，市教育局制定《济南市幼儿园安全工作应急预案》，包括：防火预案、防食物中毒预案、突发事件应急预案等。

2005年6月，市政府下发《济南市中小学安全管理规定(试行)》，要求中小学校要本着“教育在先，预防在前”的原则，坚持不懈抓好学校安全教育与宣传工作，提高师生防范事故和在紧急状态下自救、互救的能力。10月，市教育局组织编写《济南市中小学生安全常识》读本，免费发放到全市从小学四年级到高中三年级40多万中小学生中。读本包括交通安全常识、消防安全常识、自然灾害的预防与自救、校园文明与安全、网络安全、校外集体活动安全常识、社会活动安全、防止侵害常识等内容。10月，市教育局制定《济南市学校重大安全事故应急处理预案》。对学校重大安全事故类别、事故报告和现场保护、应急处理原则和措施、学校重大安全事故应急指挥机构和职责以及其他事项，做出详细规定。各幼儿园和中小学均研究制定适合本单位实际的应急预案，并加强对师生的安全教育，组织师生定期开展有针对性的安全应急预案的演习。11月，市教育局下发《关于加强中小学生安全知识教育和避险自救能力培养的通知》，要求各中小学要开展师生安全知识教育，使学生熟识和掌握防火、防交通事故、防拥挤踩踏、防触电、防食物中毒、防病(疫情扩散)、防运动伤害、防地震、防煤气中毒、防溺水等相关知识，以及上述事故发生后的避险自救、互救常识，提高学生在紧急状态下的避险自救互救能力。

在逐步完善安全防范措施的同时，有条件的学校加强物防、技防建设，安装摄像头、报警器等。至2010年，全市中小学都安装110防控报警系统，强化学校安全防范力度。

第三节　规范化建设

1990年，山东省教育委员会下发《关于在普通中小学评选规范化学校的意见》，开始在全省普通中小学评选规范化学校。1994年，省教委下发《关于加强中小学校规范化建设的通知》，决定在全省和各地抓出一批教育思想端正、办学条件标准、学校管理规范的先进学校，成为全省中小学校的学习榜样，以逐步取代不能发挥示范作用的重点学校。1995年和1998年，省教委两次下发文件，对省级规范化学校的评估标准进行适当调整，并对规范化学校的申报验收程序做了进一步的严格规定。

规范化学校建设，有效地促使了中小学更新教育观念、端正办学思想、改善办学条件、提高办学水平。市及县(市)区教育行政部门都把规范化学校创建工作作为提升学校办学水平和管理水平的重要手段，研究和确定规范化学校创建的规划目标和实施方案。参照省订规范化学校建设标准和指标体系，制定市、县(市)区级评估标准，开展省、市、县三级规范化学校的建设与管理工作。市级规范化学校由县(市)区级规范化学校中产生，省级规范化学校由市级规范化学校中推荐。

1991年后，全市各中小学陆续开展争创规范化学校的活动。教育行政部门也采取多种措施，指导和督促学校提高办学水平，采取多种形式增加教育投入，改善办学条件，使学校内部设施进一步完备，教育教学手段现代化程度进一步提高。1993年，山东省实验中学、山东师范大学附中、济南一中、济南市经五路小学、济南市制锦市街小学、济南师范附小等6所中小学成为山东省首批规范化学校。

至2010年，全市已有省级规范化学校150所，其中普通高中32所，义务教育段学校110所，特殊教育学校8所。市级规范化学校 68所。

济南市历届省级规范化学校(小学)一览表

表12－5－4

学校名称	批 次	通过时间
济南市经五路小学	第一批	1993-06-17
济南市制锦市街小学	第一批	1993-06-17
济南师范学校附属小学	第一批	1993-06-17
济南市纬十路小学	第二批	1994-01-31
章丘市实验小学	第二批	1994-01-31
济南钢铁厂第一小学	第二批	1994-01-31
济南市胜利大街小学	第二批	1994-01-31
山东师范大学附属小学	第二批	1994-01-31
长清县东城小学	第二批	1994-01-31
平阴县实验小学	第五批	1997-12-31
济南铁路第四小学	第六批	1999-05-31
济南市历下区青龙街小学	第七批	1999-12-30
济南市工人新村第一小学	第八批	2001-08-03
济南市大纬二路小学	第九批	2002-06-21
济南市舜玉路小学	第九批	2002-06-21
济南市解放路第一小学	第九批	2002-06-21
山东省实验小学	第九批	2002-06-21
济南市历下区实验小学	第十批	2003-06-05
济南市长清石麟小学	第十批	2003-06-05
济南市甸柳新村第一小学	第十批	2003-06-05
济南外国语学校开元国际分校	第十一批	2004-07-28

续表12－5－4－1

学校名称	批　次	通过时间
济阳县实验小学	第十一批	2004-07-28
章丘市刁镇中心小学	第十一批	2004-07-28
济南市育贤小学	第十一批	2004-07-28
济南市经十一路小学	第十一批	2004-07-28
济南市甸柳新村第二小学	第十一批	2004-07-28
济南市历下区姚家镇窑头小学	第十一批	2004-07-28
济南市影壁后小学	第十一批	2004-07-28
济南市新苑小学	第十一批	2004-07-28
济南铁路职工子弟第三小学	第十一批	2004-07-28
济南市舜耕小学	第十一批	2004-07-28
济南市历城区洪楼小学	第十一批	2004-07-28
章丘市第二实验小学	第十一批	2004-07-28
济南铁路职工子弟第二小学	第十一批	2004-07-28
济南市经七路第一小学	第十一批	2004-07-28
济南市长清区万德镇中心小学	第十二批	2005-06-29
济南市长清区五峰山街道中心小学	第十二批	2005-06-29
平阴县龙山小学	第十二批	2005-06-29
济南市历城区洪家楼第三小学	第十二批	2005-06-29
济南市历城区仲宫镇并渡口民族小学	第十二批	2005-06-29
济南市历下区姚家小学	第十二批	2005-06-29
济南市南上山街小学	第十二批	2005-06-29
济南市历城区王舍人镇中心小学	第十二批	2005-06-29
济南市长清区东城实验小学	第十二批	2005-06-29
济南市历城区王舍人镇张马屯小学	第十二批	2005-06-29
济南钢铁厂第二中小学	第十二批	2005-06-29
济南市天桥区北园杨庄小学	第十三批	2006-06-28
济南市天桥区北园黄台小学	第十三批	2006-06-28
济南市锦缠街小学	第十三批	2006-06-28
济南市天桥区实验小学	第十三批	2006-06-28
济南市长清区万德镇界首小学	第十三批	2006-06-28
济南市历城区港沟镇实验小学	第十三批	2006-06-28
济南市六里山小学	第十三批	2006-06-28
章丘市绣惠镇中心小学	第十三批	2006-06-28
济阳县济北小学	第十三批	2006-06-28
济南市历城区孙村镇中心小学	第十三批	2006-06-28
济南市历城区董家镇中心小学	第十三批	2006-06-28
章丘市实验小学	第十三批	2006-06-28

续表12－5－4－2

学校名称	批 次	通过时间
济南市匡山小学	第十三批	2006-06-28
济南市文化东路小学	第十三批	2006-06-28
济南市解放路第二小学	第十三批	2006-06-28
济南市白马山小学	第十三批	2006-06-28
章丘市清照小学	第十三批	2006-06-28
济南市槐荫区段店镇大金小学	第十三批	2006-06-28
济南市槐荫区实验小学	第十三批	2006-06-28
济南市历城区港沟镇中心小学	第十三批	2006-06-28

济南市历届省级规范化学校(初中)一览表

表12－5－5

学校名称	批 次	通过时间
章丘市宁埠镇中学	第八批	2001-08-03
山东省济南第五中学	第九批	2002-06-21
山东大学附属中学	第十批	2003-06-05
济南市甸柳第一中学	第十批	2003-06-05
济南市历城第三中学	第十一批	2004-07-28
山东省济南第十九中学	第十一批	2004-07-28
山东师范大学附属第二中学	第十一批	2004-07-28
山东省济南汇文实验学校	第十一批	2004-07-28
济阳县第十中学	第十一批	2004-07-28
章丘市实验中学	第十一批	2004-07-28
章丘市第二实验中学	第十一批	2004-07-28
平阴县第四中学	第十一批	2004-07-28
济阳县实验中学	第十一批	2004-07-28
山东省济南第三十四中学	第十二批	2005-06-29
济南市长清区孝里中心中学	第十二批	2005-06-29
章丘市绣水中学	第十二批	2005-06-29
山东省济南燕山学校	第十二批	2005-06-29
济南育英中学	第十二批	2005-06-29
山东省济南第十四中学	第十二批	2005-06-29
山东省济南实验初级中学	第十二批	2005-06-29
济南市历城区柳埠镇中心中学	第十二批	2005-06-29
济南市历城区港沟镇港沟中学	第十二批	2005-06-29
济南市历城区董家镇中心中学	第十二批	2005-06-29
济南市历城区华山镇中心中学	第十二批	2005-06-29

续表12－5－5

学校名称	批 次	通过时间
济南市历城区遥墙镇中心中学	第十二批	2005-06-29
平阴县实验中学	第十二批	2005-06-29
山东省济南第十三中学	第十二批	2005-06-29
济南市历城区郭店镇郭店中学	第十三批	2006-06-28
山东省济南第六十八中学	第十三批	2006-06-28
济南市历城区王舍人镇实验中学	第十三批	2006-06-28
济南市长清区实验中学	第十三批	2006-06-28
济南市长清区归德镇月庄中学	第十三批	2006-06-28
济南育贤中学	第十三批	2006-06-28
济南市历城区仲宫镇第二中学	第十三批	2006-06-28
济南市历下区姚家镇第二中学	第十三批	2006-06-28
山东省济南历元中学	第十三批	2006-06-28
山东省济南开元中学	第十三批	2006-06-28
济南市东方双语实验学校	第十三批	2006-06-28
山东省济南第十二中学	第十三批	2006-06-28
章丘市埠村中学	第十三批	2006-06-28
章丘市第六中学	第十三批	2006-06-28
章丘市官庄乡官庄中学	第十三批	2006-06-28
济南市历城区双语实验学校	第十三批	2006-06-28
山东大学第二附属中学	第十三批	2006-06-28

济南市历届省级规范化学校(高中)一览表

表12－5－6

学校名称	批 次	通过时间
山东省济南第一中学	第一批	1993-06-17
山东师范大学附属中学	第一批	1993-06-17
山东省实验中学	第一批	1993-06-17
章丘市第四中学	第二批	1994-01-31
山东省济南第七中学	第二批	1994-01-31
山东省济南第三中学	第五批	1997-12-31
济南市历城区第二中学	第五批	1997-12-31
章丘市第一中学	第五批	1997-12-31
山东省济南第二中学	第六批	1999-05-21
山东省济南第九中学	第六批	1999-05-21
山东省平阴县第一中学	第七批	1999-12-30
章丘市第七中学	第八批	2001-08-03

续表12－5－6

学校名称	批 次	通过时间
济南铁路第一中学(山东省济南中学)	第八批	2001-08-03
济南市历城区第四中学	第九批	2002-06-21
山东省济北中学	第九批	2002-06-21
山东省章丘市第五中学	第九批	2002-06-21
济南历城第一中学	第九批	2002-06-21
山东省济阳县第一中学	第九批	2002-06-21
济南钢铁公司高级中学	第十批	2003-06-05
山东省济南回民中学	第十批	2003-06-05
济南第十一中学	第十一批	2004-07-28
济南市历城第五中学	第十一批	2004-07-28
济南市长清区第一中学	第十一批	2004-07-28
济南钢铁集团公司第一中学	第十一批	2004-07-28
章丘市高级中学	第十二批	2005-06-29
平阴县第三中学	第十二批	2005-06-29
济南市长清区中学	第十二批	2005-06-29
济南市长清区第三中学	第十二批	2005-06-29
山东省平阴县第二中学	第十二批	2005-06-29
济南市历城区洪家楼高级中学	第十三批	2006-06-28
山东省商河县第二中学	第十三批	2006-06-28
山东省商河县第一中学	第十三批	2006-06-28

第四章　教学研究

第一节　教研机构

济南市教学研究室成立于1956年。1986年济南市教学研究室定为县级单位，分别于20世纪80年代、90年代和2000年、2003年在全市选调、招聘5批30余名教研员，基本满足各学科需要。2002年，市教委职业技术教育研究室并入市教学研究室，内设高中教研科、初中教研科、小学教研科、职业教育教研科和办公室。2005年，市教研室设有高中、初中、小学、综合、职教5个教研科和办公室。市教育学会的10余个学科教学研究专业委员会挂靠市教研室，形成覆盖市、县(市)区、校三级教研网络。市教学研究室成为全市教学工作的“研究中心”“业务指导中心”“资源中心”“评估中心”“信息交流中心”和“服务中心”。2007年，济南市推荐的52名教师参加省教学能手评选全部当选，市教研室被评为全国教育科研先进单位。2008年，又被评为山东省素质教育先进单位。至2010年，市教研室先后有特级教师6人、全国优秀教师1人、省优秀教师3人、济南市拔尖人才5人。在山东省教育厅表彰的第一批57名齐鲁名师中济南市有11名。在全省和全国组织的数学、物理、化学、生物、信息技术奥林匹克等学科竞赛中，济南市学生获国际奥林匹克金牌11人，济南市获各种奖次和名次在全省最多。

第二节　教学管理与课程改革

1987年，在全市开展教育理论学习和办学指导思想大讨论，印发现代教学论、教育学、心理学、教学法等方面的学习资料，出版内部学习刊物《教学通讯》。1990年，围绕素质教育的内涵、目标、基本任务等方面的问题，组织干部、教师和教研员进行学习研讨，探索素质教育的新路子；结合教育教学实际，运用《校长论坛》《教师论坛》等，从理论和实践的结合上研讨素质教育的定位和工作措施。为保证义务教育阶段新课程改革实验和普通高中课程改革实验的顺利进行，从1999年开始，先后在义务教育阶段学校、普通高中学校开展全员新课程改革理论与教材学习培训，一批教育行政干部、骨干教师进入国家教育行政学院、省市教育学院进行重点培训。承接2002年进入课改的五个区第二轮课程培训工作和2003年新课改实验区课程培训，从课标解读、教材分析、案例指导等方面举办讲座，对所有进入实验的小学一、二年级教师和初中一、二年级教师进行集中培训。围绕全面实施素质教育，全面提高教育教学质量这一总目标，确立“抓评价，促改革；抓课改，促创新；抓管理，促质量；抓建设，促发展”四条工作主线，建立“看基础，比发展；看投入，比效益”的学校教学质量评价机制，研究制定小学、初中、高中、职教各学段教学质量管理目标及评估细则。2003年10月，公布《济南市中小学教学质量管理目标及评估细则》《济南市中小学课堂

济南市中小学校本行动研究现场会　(2005年摄)

教学规范》《济南市课堂教学评估方案(试行)》等文件，历经3次修改完善，在全市试行，以此加强中小学教学管理，深化全市教育教学改革，推动济南市教育教学的创新，全面实施素质教育；同年，组织全市英语教师素质大赛，全市5110名教师参加，调动教师学习的自觉性，推动教师自身素质的提高。2004年，小学9个学科、初中10个学科、高中一年级11个学科以学习解读课程标准、典型课例引导、专家分析教材教法等不同方式进行教师培训；2004年11月，市教研室发起“全国中心城市高中课程改革协作会议”，到2008年举行6届，发展成由20多个中心城市参加的全国性课程改革盛会。济南市高中课改出台的一系列文件、教学指导意见、选课方案、学分认定手册及课改经验与全国各省市相互交流。各县(市)区学校和高中学校接待大量外地课程改革考察访问团。至2010年，自课程改革后，市教研室举行近千场次的教师培训活动，参加教师8万余人次，全员育人、全过程育人、全方位育人，在各个层面上都得到体现。

第三节　教学指导与评价

自1986年，各学科开展的优质课评选、论文评选等活动提高了教师专业水平。1987年

召开第一届“济南市四区乡镇小学教学研讨会”，此后每年一届，由各乡镇承办，先后召开十五届，主要进行各学科优质课展示、评比和论文交流、评比等。

1988～1989年，全市实验点共确定102个实验项目专题，分布在50所学校、200多个班级，分5种类型：教材教法改革实验、教法改革实验、专题研究、课程改革、学制改革开展实验。

1991年，济南市制锦市小学开始开展“坚持整体改革，实施和谐教育”活动，经过3年多的实践，该校于1994年通过省级鉴定，达到省内小学和谐教育实验研究领先水平。

1992年，全市教育教学视导工作全面进行，组成十个分团，由各县(市)区教委分管主任任团长，全体教研员参加，采取互查方式，寻找教育教学的薄弱环节，提出向45分钟要质量的工作措施。1993年，对59所普通中学、29所职业中学、68所小学、32所幼儿园进行教学视导，采取听、看、谈等方法，对学校的教育思想、教学研究、教学管理、教学改革的情况进行全面检查，总计听课1868节、查看教案3971本、召开教师座谈会93次，对全市教学工作现状有了全面了解。在此基础上，1994年先后召开全市普通高中、初中、市区小学会议，以全面贯彻落实党的教育方针，突出学校教学中心地位为主题，分学段研究教学工作的特点、规律和实施教学改革的新举措。1995年11月，全国小学教育管理研讨会在济南市举行，会议围绕“面向二十一世纪办有特色学校培养跨世纪人才”的主题，采用学习—考察—交流—研讨的方式进行，明确小学教育管理改革的方向；与会代表考察了济南师范附属小学、济南经五路小学、济南制锦市小学和济钢总厂第一小学。1997年9～10月，“济南教育百人视导团”对全市十个县(市)区的部分高中、初中进行大面积的教育教学质量和教学管理等情况的检查和视导工作。

1998年，召开“济南市首届农村乡镇小学教学研讨会”，之后每两年一届，由各县(市)承办；这项教学研究活动，主要进行各学科优质课展示、评比，教研人员现场评课，为广大农村一线乡镇教师搭建了展示提高的平台，培养了一大批农村骨干教师。

2000年，召开全市小学创新性学习教学观摩汇报会，并在全市范围内积极探索小学“小班化”教学模式，并以此为契机，研究小学课堂教学改革的新途径；同年，举办“济南市初中政治创新课研讨会”，通过创新课示范，《加强政治思想品德教育》《创新教育》专题报告等活动，从理论和实践上的结合上研讨以德育为核心的素质教育的开展，为教育教学的全面创新注入活力；4月20日，组织召开济南市农村乡镇中心小学教学管理现场会和首届市四区十乡镇小学教学研讨会，并下发济南市关于进一步加强乡镇中心校教学管理的意见，促进乡镇中心校建设，促进城乡结合部学校教学质量的提高；9月份，组织“听评课调研周”活动，赴10县(市)区60所学校听课评课544课时，在此基础上召开“济南市教学工作会议”，制定并下发《济南市中小学课堂教学规范》《济南市课堂评价暂行标准》等四个指导性文件，以此加强中小学教学管理，深化全市教育教学的改革，推动全市教育教学的创新。

2001年10～11月中旬，由市教研室和各区县教研室抽调人员组成5个团、10个调研组，到六区、四县(市)对义务教育学段的教育教学管理情况进行调研。调研采用随机抽样的方法，每区、县调查3所中学、3所小学(各含一处乡镇中心中学和一处乡镇中心小学)共60所学校。按照听、看、查、测的要求，从教学管理、课堂教学、教育科研和教师素质四个方面，进行了细致深入地调研。调研中，各学科听课700余节，召开汇报分析会70次，对1326名教师的业务素质进行了分学科测试。同时，还对各县(市)区的教研室建设、部分学校的教研组建设进行了考察。自2001年9月份开始，各学段学科教研员评优课的基础上，组织“送教下乡”活动，发挥优质课评比成果的辐射作用。

2002年，是基础教育课程改革的第二年，召开首届“济南市小学课程改革研究成果展示交流研讨会”，之后每两年一届；同年，在历下区召开历史学科教学模式创新现场会，推广历下区“分组学导”教学模式，引起人民教育出版社有关专家的高度重视和支持，先后两次派员现场指导，并聘请孙敏等教师参加课改教材编写组的工作；在平阴召开“研究性学习成果展示和综合实践研究的开题”现场会，展示济南市中小学学生的创新精神和实践能力；在槐荫区吴家堡召开第四届乡镇小学教学工作研讨会，就乡镇小学如何推进课程改革等工作进行研讨。

2003年，初中数学承接国家数学课程改革“Z+Z智能教育平台”课题研究，中科院院士张景中、教育部基础教育课程发展中心主任刘坚进行课题指导并作辅导报告；市教研室组织全市英语教师素质大赛，全市有5110名教师参加；在历下区窑头小学召开第五届乡镇小学教学工作研讨会，安排12节示范课，并就乡镇小学如何推进课程改革等工作进行研讨；同年，公布《济南市中小学教学质量管理目标及评估细则》，在全市试行。

2004年9月开始，对市内四区12所小学和15所初中学校进行第二次教学质量调查监测，以抽样调查的方式，对各学科进行了书面测试和调查问卷；自2004年，根据省市关于评选省级教学示范学校有关文件精神的要求，制定市小学、初中、高中及职业学校教学示范学校的评比细则，成立市级教学示范学校验收小组，对3批申报学校进行评估验收；同年，以课题研究为导向，稳步推进课程改革。小学学段重点抓“小学语文综合性学习”“小学数学足迹式评价”“小学生科学创新精神培养”等课题；初中学段重点抓“课堂教学评价”“中考内容与模式改革”“Z+Z智能教育平台运用于国家数学新课程改革实验研究”等课题，并成功承办“教育部基础教育课程教材发展中心数学课程改革实验研究”的研讨会；高中学段重点抓“高中课改实施与研究”“高考改革趋势与发展”“基于网络下的教学与教研”的课题研究；首届全国高中课改中心城市协作会议在济南市召开，会议针对高中新课程实验实施情况，并对新课改中遇到的一些新问题进行探索和研究，四个省会城市各自介绍高中新课程的实验情况，济南市18位教师为会议提供研讨课，有25位知名学科教师对课程教材研讨课进行评析。

2005年，举办首届“济南市小学省市教学示范学校特色展示交流活动暨校长论坛”，此项活动每两年一届，以承办学校为主，展示该校教学改革、教学研究、教学管理等方面的特色、成果，并通过校长论坛论证、深化其特色、成果，发挥省市教学示范学校的示范、引领和辐射作用，促进全市小学教学改革不断深入；在全市中青年教师中开展新课程教学能力大赛，大赛以“推动教师主动学习，促进专业化成长，提高教学水平和教学质量”为宗旨，分3个阶段，第一阶段预赛，全市4万多中青年教师在各县(市)区和各高中学校组织报名基础上，选拔出32个代表队39个学科2929人参加了第二阶段的复赛，内容包括学科专业知识、新课程理论和教学评价等内容；第三阶段决赛，经淘汰后有1007人进入新课程课堂教学实践比赛。最后有18个代表队获团体一、二、三等奖，513名选手获个人一、二、三等奖。进入新课程改革后，济南市有一大批教科研课题在省市立项。济南市各学段50多个课题实验在省内外产生广泛影响。小学语文进行重点课题“小学阅读教学基本模式和操作方法”“小学想象作文教学研究”；省级十五规划重点课题“小学语文自主、合作、探究学习方式的研究”；教育部基础教育课程教材研究所重点课题“小学语文综合性学习研究”、中国当代语文教学研究专业委员会重点课题“小学语文单元整合、比较阅读、拓展训练的研究”等10多项。2005年为落实《2005年度济南市农村教育振兴行动计划实施方案》，振兴农村教育，教研室教研工作重心下移，通过“名师义教”“支教支校”“农村教育志愿者行动”“优质课下乡”等一系列有针对性地帮扶活动，积极扶持农村教育。全市各级教研室组织优质课下乡1700余节，完成了市教育局提出的1000节的任务，上课教师数1600余人，受益教师数3.5万人次，受益学生数8万余人，其中教研室已组织优质课下乡415节，教师406人次。从2005年起，经过各县(市)区教育局、直属学校的推荐申报，评估小组评估验收，评选出济南市教学示范学校76所，并从中推荐产生36所省级教学示范学校。

自2007年始，济南市全面启动“网上教研教学平台”的建设和应用，扩大教研平台对接的数量和范围，形成济南市网上教学对话系统和网络教研的交流平台、备课平台、培训平台、案例展示平台和教材宣传平台。通过教研部门、学科教学改革定点联系学校和骨干教师团队的共同努力，形成新型的教学研究和不间断的教学过程指导机制，切实促进教研方式、教学方式和学习方式的变革，全面提升中小学各学科教学水平。教研室利用开发的“网上教研教学平台”，开展跟进式教学指导，每个学科建立了由10个教研组和50个学科教研骨干教师组成的学科教研示范引领团队，对校本教研的实施进行跟踪指导，促进课程改革的深化。通过调整全市学科带头人和中心组成员，开展全市中青年教师教学能力大赛、先进教研组评选活动和省教学能手选拔推荐等活动，培养和锻炼全市骨干教师队伍。市教研室对各学科的教材选用上严格把关，精挑细选，确保教材质量。市教研室组织编写了《中华古诗文经典诵读》，对学生进行爱国主义教育，提高学生的人文修养和道德素养。组织优秀教师编写高中《学案导学》，引导教师改变教学思路，带领学生改进学习方法，调动教师的教和学生的学的积极性。编写全国教育科学十五规划重点课题《小学科学》《小学数学》教科书(青岛版)开发与应用，以及全国教育科学“十五”规划教育部重点课题《课题资源开发》小学《环境》教科书开发与应用。济南市初中阶段组织编写《济南历史》《济南地理》《济南生物》乡土教材和山东省地方教材《自然与环境》，其中《济南地理》荣获山东省教育厅颁发的山东省第三届教育科研优秀成果。参与国标教材《思品》教材的编写工作。济南市高中阶段参与国标教材《语文》《物理》《生物》《地理》《校园英语》教材和《节能环保 共建文明》《辉煌山东六十年》知识读本的编写工作等。济南市职业教育参与国标教材《数学》《饭店英语》等教材的编写工作。

经过多年教学研究，济南市课堂教学改革涌现出济南市明湖中学教师王兴武的“一二一”课堂教学模式，长清乐天中学“三导三动”教学模式，平阴中学的“三主导学”模式，党家中学的“五三”教学模式，长清五中“反串互动”教学模式，洪楼高级中学的“131”课堂教学改革，历城二中的“271”法则，历城六中高效课堂教学模式，柳埠一中“4+1”教学模式，济钢高中形成 “四环节”教学模式，济阳一中、济北中学“学案导学”教学模式，济南一中和济南二中借鉴杜朗口模式变“讲堂”为“学堂”，济南中学的“三三制”模式，平阴一中推广了“学案导学 先学后教”“诱思探究”“小组合作教学”，济南九中利用“微格教学法”引导教师进行教学反思，章丘四中大力实施创新教育等。组织自下而上的课堂教学模式提炼、评选活动，经过考察、听课及考察其理论支持和实际效果，最终评出“基于网络下教学模式”“分组学导教学模式”“小学动态目标教学模式”等10个教学模式给予表彰。

第四节 职教教研

市教研室成立职教教研科，围绕中心工作，有计划、有步骤开展工作。各专业职教教研员定期下校，开展专项视导活动，深入职业学校进行调研，履行研究指导服务的职能。从2006年起，职教科每年对市属五所职业学校进行了教学工作专项视导。通过听课、课堂检测、备课、作业及技能教学检查、教师问卷、学生问卷调查、听取学校教学工作汇报和教师座谈交流会等形式了解学校教学状况，把视导情况对学校中层以上干部进行反馈，形成了视导报告。确定了中职语文、数学、英语等8门公共基础课，机械、数控、电工电子、财会、商贸、建筑、烹饪、旅游等16大类专业学科带头人及中心组成员,以学科及专业中心组开展教学研讨、优秀课例展示、技能教学观摩等活动。通过多种活动进一步完善职教师资培养、培训体系，改善教师队伍结构，提高教师队伍综合素质。 机电专业策划组织职业学校计算机专业比赛、机械制图比赛、汽修专业比赛、数控专业技能比赛；财会专业会计电算化、模拟作账、点钞等比赛；旅游、烹饪、商贸、医护、农林牧等专业举行了每年一次的专业学生的技能比赛。从2009年起，由济南市教育局、财政局、劳动和社会保障局、市经委联合主办济南市职业院校技能大赛每年一届。大赛设计算机应用技术、电工电子技术、数控技术、汽车运用与维修、焊接技术、服装设计制作与模特表演、烹饪、财经、美容美发、护理、建筑、农业技术等专业的技能大赛，同时选拔出参加山东省职业院校技能大赛，济南市连续3年在全省职业院校技能大赛中，获奖总数全省第一，比赛总成绩位于全省第三。

开展课题研究。“对职业学校专业技能教学的研究”“对中等职业学校教育教学质量综合性评价的研究”“以就业为导向职业教育课程和教材改革的研究与实践”等课题的研究，使技能教学计划化、计划落实制度化、技能训练标准化、检查落实规范化。如开展的“对职业学校专业技能教学的研究”山东省教育科学“十五”规划2003滚动重点课题。课题重点解决四个问题：学生合格毕业应该掌握多少项技能；每项专业技能训练操作的具体要求；把每项技能训练具体落实到在校期间的每学期、每月、每周；对学生专业技能掌握情况进行考核。从而实现了对专业技能教学的科学管理。使技能教学计划化、计划落实制度化、技能训练标准化、检查落实规范化。2008年11月被教育厅评为山东省教育科研优秀成果三等奖。

加强以敬业和诚信为重点的职业道德教育，培养学生掌握必要的文化知识和熟练的职业技能，使学生成为“基础扎实，一专多能”的专业技术人才。面向社会、面向市场办学，调整专业结构、大力发展面向新兴产业和现代服务业的专业，加强课程与教材建设，改革教学内容，更新教学方法，推进现代职业教育技术在教育教学工作中的应用。推行工学结合、校企合作顶岗实习的人才培养模式。重视职业院校学生实践能力和职业技能的培养，各职业学校积极参加全国职业院校学生技能竞赛，形成“ 普通教育有高考、职业教育有大赛”的局面。2009年和2010年连续两年在全省职业院校技能大赛中，济南市获中职组总分蝉联第一的成绩。

第五章　教育督导

1992年年底，济南市恢复重建教育督导机构。济南教育督导工作坚持督政、督学与督教相结合，围绕实现“两基”，落实“两全”(全面贯彻教育方针、全面实施素质教育)，提高中小学办学水平和教育质量开展教育督导工作，保障各项教育法规、政策和措施落到实处，促进全市教育事业健康协调发展。

第一节　督导制度

一、机构

1992年6月，山东省人民政府印发《山东省实施〈教育督导暂行规定〉办法》；12月，济南市教委重建教育督导制度。

1993年2月3日，市教委教育督导室成立，设正处级督导室主任1人、督导室成员2人。市中、槐荫、天桥、章丘、长清、平阴、历城7个县(市) 区教委也相继建立教育督导室。两级督导室分别对下一级政府的教育工作、教育行政部门的工作、对本级教委所属学校的工作和其他单位的教育工作实施监督、检查、评估和指导；负责组织和协调除高等教育之外的各级各类教育的检查评估和指导。

1996年6月12日，市教委督导室改建为市人民政府教育督导室，明确为市级教育督导机构，设主任督学(副厅级)、副主任督学(副局级)、督导室专职督学等职位。11月，市政府教育督导室在市教委办公地点加挂“济南市人民政府教育督导室”牌子。

1996年后，县(市)区教委所属的教育督导机构也逐步改称为政府教育督导室。2000年4月，济阳县教育委员会教育督导室改为县人民政府教育督导室，至此，全市10个县(市)区全部成立人民政府教育督导室。至2002年年底，全市已有政府任命的专职督学55名、聘任兼职督学66名、特约督学9名，形成一支专兼职相结合的督学队伍。

二、法规制度

1996年1月3日，《济南市教育督导规定》施行，依法开展对教育工作的监督、检查、评估、指导。2月28日，市教委印发《关于开展普通中小学校(园)督导评估工作的实施意见》，从指导思想、组织领导、实施步骤、终结处理等方面提出要求。随文下达的《济南市普通中小学(园)督导评估工作规程》，将学校督导评估分为自我评估和督导评估两个阶段，对工作程序做出明确规定。

1999年3月1日，济南市人民政府下发《关于印发〈济南市乡镇级政府教育工作督导评估标准(试行)〉的通知》，建立对乡镇政府教育工作督导评估制度。

2001年4月6日，济南市人大常委会发布《济南市教育督导条例》，自5月1日起施行。同时废止市政府1996年1月3日发布施行的《济南市教育督导规定》。这是全国省会城市第一部教育督导地方法规。

2003年12月24日，市政府转发市教育局《关于进一步加强教育督导工作的意见》，对完善教育督导制度，创新教育督导体制，进一步加强教育督导机构和队伍建设提出明确要求。

自2003年起，山东省建立省政府对市级政府、市级政府对县级政府教育工作综合督导制度，形成省、市、县三级督政制度。

2008年1月，山东省人民政府办公厅《转发省教育厅等部门关于进一步做好教育工作督导评估推动教育又好又快发展的意见的通知》，从2008年起，将每年1次的综合督导调整为每届政府任期内2次(在每届政府任期内的第二年和第四年各进行1次)，其他年份进行专项督导。

2010年，市政府召开全市教育督导大会暨督学换届大会，全市教育督导工作逐步进入以促进教育质量提升、内涵发展，运行机制民主科学为目标，监督、监测、指导“三位一体”的新阶段。

至2010年，在教育督导制度建设方面，济南市强化督政工作，促进各级政府履行教育职责，完善督学评估机制，建立对学校检查评估的归口管理制度。市政府教育督导室还建立对县(市)区、乡镇政府教育工作督导随查制度、综合督导和专项督导制度、督学责任区制度和督导结果的公示、公报、反馈和整改等项制度。

第二节　依法督导

一、义务教育督导

根据国家教委《关于对中小学教育工作开展五项督导检查的通知》精神，1989年7～9月，济南市政府对全市中小学教育工作进行督导检查。1991年10月，全国人大视察组对济南市贯彻实施义务教育法情况进行督导检查。

1992年，国家教委下发《关于中小学教育工作两项督导检查的通知》。济南市首先按照国家教委的要求进行自查，在自查的基础上，省及国家督学组对济南市落实中小学德育工作有关法规、文件情况和关于减轻小学生课业负担过重问题的若干规定情况进行专项督导检查。

1993年，根据国家教委“验收要从严掌握，数量不宜过多”和“首批验收的应是切实达到验收标准的，能起到榜样和示范作用”的要求，济南市结合实际制定实施“两基”的工作规划，并组织“两基”评估验收工作。历下、市中、槐荫、天桥4区通过省政府的评估验收，实现“两基”达标。

1996年，济南市下发《济南市基础教育“五项内容”督导检查实施意见》，成立济南市基础教育“五项内容”督导检查小组和督导检查团；4月15～25日，检查团对所属10个县(市)区和财政、人事、税务、建委、教委5个职能部门进行全面督导检查。检查的主要内容是：中小学德育工作薄弱局面的改变情况；教育经费增长政策和教师经济待遇改善的落实情况；校舍中危房的改造情况；中小学学生流失的制止情况；乱收费现象的纠正情况。10月，济南市通过国家督学检查组的检查。

1997年，全市10个县(市)区全部实现“两基”达标，完成历史性任务。

1998年始，为巩固成果，济南市建立“两基”巩固提高复查制度。分期分批对已经实现“两基”目标的县(市)区进行复查，复查的重点内容是义务教育普及程度、教育经费投入、中小学校舍建设和布局调整、乡镇中心校建设和扫除青壮年文盲等。

1998年7月，山东省人民政府在全国率先印发《山东省县级政府教育工作督导评估标准(试行)》，1999年1月，省政府教育督导室制定印发《山东省县级政府教育工作督导评估方案(试行)》，由此建立县级政府教育工作督导评估制度，同时开始省级教育工作示范县(市、区)的创建工作；3月济南市印发《关于创建山东省教育工作示范县(市)区和济南市教育工作示范乡镇的实施意见》和《关于印发〈济南市乡镇政府教育工作督导评估标准(试行)〉的通知》，在全市开展对县级政府教育工作的督导评估，并引导各县(市)区开展争创省级教育示范县(市)区活动；同时建立对乡镇政府教育工作督导评估制度，目的在于农村实行“以县为主”的教育管理体制后，督促乡镇政府继续履行有关教育职责，保证义务教育的完成率。2000年，市政府教育督导室下发《关于开展争创“济南市教育工作示范乡镇”活动的通知》，启动创建“济南市教育工作示范乡镇”活动。2001年9月，市中区通过省政府督导评估团验收，成为济南市第一个“山东省教育工作示范区”。2002年，历下、槐荫、天桥、历城、章丘、长清等县(市)区均制定创建规划；12月，历下区通过省政府的督导评估认定。2005年起，获得教育工作示范县(市)区称号的单位由省政府发通报予以表彰，济南市的市中区、历下区受到表彰。

2005年，全市市级教育示范乡镇41处，占全市乡镇总数的37.6%。2009年，在“以县为主”管理体制实施后乡镇政府教育职能逐步弱化的情况下，济南市对19个没有创建的乡镇进行全面摸底调研，采取分类指导的办法，促进乡镇政府继续加强重视，多渠道筹措资金，千方百计改善乡镇学校办学条件。

2010年，在总结济南市对示范乡镇督导评估工作经验的基础上，市政府教育督导室下发《济南市教育工作示范乡镇督导评估方案(试行)》；12月，市教育督导组对长清、平阴、商河3个区县经济基础较差的6个乡镇进行督导验收，促进累计投入资金7000万元，改善办学条件。至2010年年底，全市有71个有教育职能的乡镇(街道办)已争创为示范乡镇，占乡镇(街道办)总数的85.38%。

二、学校督导

1996年2月，济南市教育委员会印发《关于开展普通中小学校(园)督导评估工作的实施意见》，随文下达的《济南市普通中小学(园)督导评估工作规程》，将学校督导评估分为自我评估和督导评估两个阶段，对工作程序做出明确规定。市督导室先后组织高中、初中、小学、幼儿园等各类学校办学水平的督导评估或试点。

2002年，为全面提高普通高中的办学水平和特色，市督导室在修订《济南市普通高中学校办学水平督导评估细则》的基础上，会同市教研室、教科所和农村6个县(市)区督导室，组织150名评估人员，分8个小组，用1个月的时间，对44处国办普通高中学校开展综合督导评估。评估组前后听课1000节，问卷调查教师1000余人次、学生2000余人次、家长1500余人次，召开各类座谈会100多次。此次督导，摸清了高中的家底和现状，梳理了各校的办学经验，明确了办学目标和努力方向，促进了普通高中学校办学水平的提高。

2008年，市政府教育督导室对全市普通高中学校工作进行专项督导检查。在全面检查学校日常工作的基础上，采用听取汇报、查阅资料、座谈访谈、随堂听课等方法，重点检查4方面内容：规范办学行为情况；学校德育工作情况；学校安全工作情况，督查学校对安全工作的领导、规章制度的制定及落实，重点督查食堂、宿舍安全，学校建设工程安全等；教师队伍建设情况。

同时，指导县(市)区开展第二轮学校办学水平综合督导评估。各县(市)区对803处学校的教育管理、办学条件、师资队伍建设、教育教学质量等方面进行全面督导检查，占全市中小学的72.34%。

2008年9月18～27日，对全市10个县(市)区中小学教师队伍建设情况进行专项督导检查。通过访谈、问卷、查看资料、听课等多种途径，查阅档案资料，与学校领导和部分教师进行座谈，发放学生问卷300份，教师队伍调查表7个，并对其中77项内容进行统计分析。全面了解全市中小学教师队伍的总体情况。调查显示，全市中小学教师培训人员占编制教师的96.97%。槐荫区、历下区、长清区、历城区、市中区、天桥区均设有教师培训专项经费，保障教师培训有效进行。

2008年，市政府教育督导室下发《关于完善督学责任区制度的若干意见》，全市设立市、县两级督学责任区，分别由市、县两级政府教育督导机构负责管理，将全市中等及中等以下学校和教育机构全面纳入督学责任区管理。明确责任区督学职责、工作范围、督查程序等，要求在规定的时间内提供督学报告，使督导制度体系不断规范化和法制化。全市10个县(市)区全部建立督学责任区。每个督学责任区配备3～5名督学，及时了解教育改革与发展的动态并提出反馈意见和建议，为各级政府和教育部门当好参谋。

三、专项督导

济南市在探索同级督政的过程中，借鉴外地经验，在全市推行教育执法目标责任制。2000年始，市中区推行教育执法目标责任制，促进全区教育质量和“两基”工作水平的提高。10月，教育部副部长王湛到济南视察，对这项工作给予肯定，《中国教育报》在头版头条刊登《教育执法不仅是教育部门的事》专题报道，介绍市中区的经验。市政府办公厅转发市中区政府《关于在全区推行教育执法责任制的意见》，在全市推广市中区的经验。2001年，市政府教育督导室制定《关于进一步完善教育执法责任制的实施意见》，全市10个县(市)区政府全部与直属部门、街道办事处和乡镇党委政府签订“教育执法目标责任书”，进一步明确政府部门的教育执法责任和乡镇政府在优先发展教育事业、保证教育经费投入、加快中小学结构布局调整、提高“两基”实施水平、维护教师合法权益方面承担的执法责任，为基础教育改革和发展提供有力的法律保障。

2002年5月，对10个县(市)区和市直学校教师继续教育工程的实施情况进行专项督导检查，促进全市教师继续教育工作的开展，受到国家和省教师继续教育工程督导检查组的好评；8月，会同市成教局对农村乡镇成教中心进行专项督导检查，促使各县(市)区和乡镇积极采取措施，加大乡镇成教中心的基本建设，加强长班教学、在职培训和实习实践活动。

2002年，市政府教育督导室对农村义务教育管理体制的落实和教师工资发放情况进行督导检查，把各县(市)区落实“以县为主”的义务教育管理体制和教师工资统发情况作为教育督导的工作重点。全市各县(市)区至2010年中小学教师工资实现人均统一标准、统一津贴补贴，并按时足额发放。全市均按统一标准落实中小学教师社会保障政策。

2009年8月，市政府教育督导室对槐荫区、天桥区、历城区、章丘市、长清区、平阴县、济阳县、商河县8个县(市)区和济南高新区农村成人教育开展情况进行督导检查。督导检查组听取8个县(市)区政府关于农村成人教育开展情况的汇报，实地查看全市16所农村乡镇成教中心学校、20所村办成人文化技术学校和16所成人教育实习示范基地建设情况、19处乡镇成教中心学校及其实习示范基地和部分村办业校，查阅有关文件档案资料、财务账簿等。2008～2010年，开展农村成人教育工作、体育卫生工作、学前教育工作、职业教育工作、“三项工程”(中小学211工程试点、教学仪器更新工程、特教教学仪器工程)、薄弱校改造工程、校舍安全工程等一系列专项督导工作。

第六章 教育交流

1978年，济南市对外教育交流活动逐步恢复。1996年前，教育对外交流工作由市教育委员会组织部门代管。1996年11月，根据市机构编制委员会文件规定，市教委组织处挂外事处牌子，合署办公。2000年后，教育国际合作与交流工作进入新的阶段。2001年9月，市教育局正式设立外事处。2004年9月1日，改为对外交流与合作处。2009年5月，山东省实验中学、济南外国语学校、济南一中、济南东方双语学校被山东省教育厅命名为山东省教育国际交流与合作基地。

第一节 教育外事管理

2001年9月，市教育局印发《关于切实加强中外合作办学管理规范聘用外籍专业人员的通知》。10月，下发《关于印发济南市教育外事工作管理若干规定的通知》，12月，下发《关于市直学校部分教师选聘赴新加坡任教有关待遇的通知》。

2002年11月，市教育局转发省教育厅和公安厅《关于下放中小学生赴境外参加夏(冬)令营活动审批权限的通知》。2003年3月，制定《济南市教育局中小学生境外夏(冬)令营活动管理办法》，规范济南市中小学生境外夏 (冬)令营活动的组织管理工作。

2005年5月，制定《关于规范学校涉外团组接待工作的意见》，对学校接待涉外团组的原则、接待计划的制订和审批、接待情况的反映以及对接待人员的言行举止都提出明确要求。5月31日，制定《关于加强国际教育交流与合作的意见》，要求办学条件优良、管理规范并具备开展国际交流条件的学校，采取多种措施，开展对外交流与合作。同时对严格审批程序，加强外事工作管理，以及加强外事队伍建设，提高教育对外开放水平提出具体意见。11月1日，市政府外事办公室、市教育局、市公安局联合制定并下发《济南市中小学接受外国学生管理办法》。对中小学接受外国学生的资格和条件、审批、管理、职责和义务，做出规范性的规定。规定接受到济就读的港、澳、台学生的管理参照该办法执行。

2006年4月，为进一步规范派遣教师出国任教管理工作，市教育局下发《关于进一步规范外派教师出国任教工作的通知》。同年，结合济南市教育对外交流与合作的实际，制定《关于加强国际教育交流与合作的意见》《关于规范学校涉外团组接待工作的意见》《济南市中小学接受外国学生管理办法》等一系列规章制度，进一步规范教育外事管理工作，对推动济南市教育外事工作的发展起到重要作用。以济南市中小学的教育教学和对外交流活动为实践背景，组织编写16万字《校园实用英语》教材，填补国内空白。

2007年，为进一步加强学校外事工作管理，结合济南市学校对外交流与合作工作实际，制定《关于加强学校外事工作管理 提高教育国际交流与合作水平的意见》。

2008年，下发《关于进一步做好接受外国及港澳台学生工作的通知》，制定《关于加强教育系统因公出国(境)管理工作的若干规定》等多项规章制度。

2010年，为加强党风廉政建设，制定《济南市教育局因公出国(境)管理制度》《济南市教育系统外事专办员管理制度》。

第二节 国际友好学校建立

1983年始，济南市陆续与一些外国城市缔结友好关系，与此同时，济南市的驻济南高校和中小学，与国外院校建立友好校际关系。

1984年，济南轻工业学校(济南第二职业中专)与日本山口县防府商业高等学校结为姊妹友好学校。1991年，山东省实验中学与美国萨克拉门托市米洛·劳玛中学缔结友好校际关系。1994年7月，历城区洪家楼小学与加拿大里贾纳市迪埃普学校结为友好学校，成为全市第一个与国外学校正式缔结友好关系的小学。1995年，济南外国语学校与日本和歌山市日本语学校建立友好校际关系；济南联合大学与英国考文垂大学签署学术交流、教师培训协议书。1997年，济南市胜利大街小学与日本和歌山市下津小学、吹上小学，济南市经五路小学与日本山口县汤田小学，济南外国语学校与日本关西语言学院建立友好校际关系。1998年，山东省实验中学与日本那贺高中建立友好学校关系。1999年10月，济南七中与韩国水原市孝园高等学校建立相互交流合作关系，结为友好学校。2000年，山东省实验中学与英国考文垂市芬汉姆帕克学校(Finham Park School)，山东省济南第一中学、济南农业学校与日本和歌山市南部高中，山东省济南中学与英国唐磊文法女子学校(Townley Grammar School for Girls)，济南第七职业中专与日本山口岩国商业学校建立友好学校关系。2001年5月，济南外国语学校与日本关西语言学院签署协议合作办学；济南市实验初级中学与韩国水原市栗田中学，济南第二十中学与美国彭布罗克郡学院建立友好校际关系。2003年10月，山东省济南第二中学和芬兰万达市Vaskivuori高级中学签订友好学校协议。2004年1月，济南大学与加拿大英桥大学签订友好合作及联合办学协议；4月，山东省实验中学、济南外国语学校、山东省济南历城二中、济南市解放路第一小学分别与美国康涅狄格州Brookfield高中、荷瑞斯W.Porter学校、New Milford高中、Somers小学建立友好校际关系；10月，山东省实验中学与德国奥格斯堡霍尔拜因中学建立友好关系。2005年10月，加拿大里贾纳大学与济南大学签订友好合作备忘录；20日，澳大利亚西海岸塔孚学院与济南职业学院共同签署《济南职业学院与澳大利亚西海岸塔孚学院结成友好学校备忘录》；21日，济南市特殊教育中心与韩国京畿道唱仁障碍人学校建立友好校际关系。

2006年1月，山东省济南第十二中学、第八中学、第十九中学、汇文实验学校、东方双语实验学校、济南师范附属小学分别与新加坡尚育中学、耘青中学、毅道中学、兰景中学、基督堂中学、崇正小学，济南市南上山街小学与美国康涅狄格州奥克迪物小学建立友好学校关系。3月，山东省济南第七中学、第九中学分别与日本和歌山县立桥本高等学校、澳大利亚伍德维尔高级中学建立友好校际关系。10月，济南二十六中、三十中、槐荫实验小学、匡山小学4所学校与韩国学校签订友好学校协议。

2007年，新建友好学校13对，全市已有33所学校与国外57所学校正式建立友好校际关系，其中，市直中小学校已基本与国外学校建立联系或正式缔结友好学校关系。2008年，新建友好学校13所，济南市共有50家学校与国外80所院校建立友好交流关系，其中33所学校与国外56所学校正式签署友好学校协议。仅对美交流，共有26所中小学校与美国康涅狄格州的30所学校开展友好交流活动，12所学校与美国康涅狄格州的学校正式签署友好学校协议。

2009年，新建友好学校8个，共有40所学校与国(境)外70所院校正式建立友好交流关系。2010年，全年参与国际交流学校64所，签订合作协议15个，涵盖文化交流、项目合作、语言教学、教师互派、教师培训、学生互访、职业教育、成人教育、汉语国际推广等，为扩大教育对外开放搭建更多平台，进一步增强了服务教育发展的能力。

至2010年，全市有43所学校与14个国家的85个学校建立稳定的友好学校关系。

第三节 出国培训

2002年，市教育局启动教师培训“双百工程”。每年选派100名英语骨干教师出国培训1个月，选派100名其他学科骨干教师赴国内教育先进地区培训半个月。培训期间，培训教师通过专家讲座、专题研讨、实地考察等多种形式，学习先进的教育教学模式和方法，掌握国际国内最新教育动态。7月8日至8月17日，首批45名来自济南市31所不同高中、初中、师范和职业中专的英语教师，在加拿大里贾纳大学路德学院接受为期42天的英语培训。另有48名教师在澳大利亚米尔威尔英语学院接受培训。

2004年3月，19名英语教师被派往英国杜伦大学进行为期25天的英语培训；7月，27人赴加拿大里贾纳大学路德学院进行为期29天的英语培训。2005年，77名教师分别赴加拿大、澳大利亚接受英语培训。

“双百工程”实施3年，济南市教育局共派出216名骨干英语教师分别赴加拿大、澳大利亚和英国接受培训，派出336名其他学科骨干教师分赴上海、南京等地学习考察。

2009年，济南外国语学校与西班牙驻中国大使馆达成西班牙语教师培训、建立友好学校、互派师生交流等合作意向。派出2名机关干部赴国外培训，4名校长赴国外参加“齐鲁名校长”“齐鲁名师”培训，2名教师分赴香港、韩国参加国际会议。选拔2名农村优秀校长参加中育——正道农村校长培训项目。平阴县派遣教师赴德国参加中德职教师资培训班，学习先进的教育理念和教学方法。

第四节 教师外援

1986～2000年，济南市教师外援工作较少。“十五”期间，全市多次派出对外汉语教师，包括汉语教师志愿者、友好校级交流项目、汉语教学援助项目等。

2001年12月，济南市教师丁梅、孙鲁春、董焕灵、柳焕青、董金梅被派往新加坡任教。2003年4月，教师王文丽被派往印度尼西亚；同年10月，教师刘敏被派往美国任教。2005年9月，教师柳宇被派往美国。2006年5月，教师李凤麟、李萍、赵遐被派往菲律宾；同年6月，亓莹被派往牙买加；同年8月，陈丽萍被派往美国；张欣和李慧彩分别被派到德国和英国交流学校任教。2007年，推荐2名教师参加赴美志愿者遴选，1名教师获选并赴美执行教学任务。选派2名教师赴国外任教和执行教学延聘任务。另外，济南外国语学校也继续向国外学校派遣教授汉语的教师。2008年，山东省实验中学、济南外国语学校、济南东方双语实验学校与加拿大埃德蒙顿孔子学院学区内学校建立合作关系，推动汉语推广教学。济南外国语学校继续派遣教师赴德国友好学校担任汉语教学工作，省实验中学、济南七中派遣的汉语志愿者结束任期返回。

2009年7月，汉语桥——美国高中生夏令营49名师生在省实验中学进行为期12天的汉语学习。济南外国语学校继续派遣教师赴法国、德国友好学校担任汉语教学工作。济南六职专汉语志愿者杨霞结束在印尼吉祥山华校的任期返回。推选14名优秀教师参加汉办对外汉语教师选拔考试，甸柳一中教师于雯获选赴墨西哥齐瓦瓦大学孔子学院任教。省实验中学、济南外国语学校、济南东方双语实验学校加强与加拿大埃德蒙顿市学校的友好交流，计划合作举办孔子课堂。埃德蒙顿孔子学院代表团10月到访，就推动汉语教学合作，加强两市师生交流进行磋商。2009年，新加坡双文化华文优选课程代表团、蒙古国教科文部代表团访问历城区学校，感受中华文化，体验汉语教学。

2010年，市教育局下发《关于加快孔子课堂建设做好汉语国际推广工作的通知》，对加快孔子课堂建设，推动国际交流与合作提出明确要求。芬兰万达市政府拨专款与济南市教育局合作在全市高中学校开设汉语课程，并制定五年汉语推广规划，与济南市友好学校合作申办孔子课堂。省实验中学、济南外国语学校、济南市东方双语实验学校等3所学校，与加拿大埃德蒙顿市孔子学院合作建设孔子课堂获国家汉语办批准。3所学校派员随省教育厅考察团赴加拿大合作学校进行考察，合作开设孔子课堂启动工作计划和启动资金经费预算编制完成。按照省厅要求，推荐济南一中、济南三中与法国学校合作建设孔子课堂。按照国家汉语办要求，派遣历下区教师于雯赴墨西哥齐齐瓦孔子学院任教，2名教师完成在美国任期返回，推荐1名教师参加美国汉语教学关键岗位选拔。根据省市侨办选派优秀教师赴海外任教、开展华文教育的要求，选拔推荐10名中小学教师参加侨办华文教师储备库备选，5名教师入选山东省外派教师储备库。5月，芬兰万达市教育代表团到访，双方就支持万达市学校开设汉语课程、合作开设孔子课堂达成共识。9月，济南市教育友好代表团访问芬兰万达市，出席芬兰万达市中国中秋节庆祝活动，就合作建设孔子课堂的细节进行洽谈。同期出访的3个友好学校代表团与友好学校就合作建设孔子课堂进行协商。10月，济南市教育代表团访问澳大利亚、新西兰，考察友好学校，介绍汉语推广的有关政策。11月，济南市教育代表团访问法国雷恩市，就推动汉语国际推广以及孔子课堂建设与法方进行洽谈。

第五节　交流互访

1991年，山东省实验中学与美国萨克拉门托市米洛·劳玛中学缔结友好校际关系，翌年4月，省实验中学接待该校中学生友好访问团一行7人。同年12月，省实验中学教育考察团对该校进行回访。

1993年7月，以美国耶鲁大学东亚研究所主任卡恩·怀特为团长的美国康州教育代表团一行18人到济南参观访问，同市教委就建立友好学校事宜进行商讨，并参观山东师范大学、山师大附中和千佛山中学。1994年12月，以日本和歌山县日中教育交流恳谈会会长玉井千夫为团长的和歌山县教育考察团一行18人到济南访问考察，同济南市教委、济南外国语学校进行交流。至1996年，济南市的教育国际交流、互访和合作有近30项次。

1997年3月，日本和歌山县少年儿童合唱团一行153人到济南访问，在八一礼堂进行演出，并参观经五路小学。5月，济南市少年友好访问团一行7人到美国萨克拉门托市访问，参加萨市环太平洋亚洲文化艺术节及萨市青年交响乐团成立40周年庆祝活动，为萨市及11所中小学作了20多场表演。拜会萨市议会、萨克拉门托县议会及加州议会参、众两院，并被萨市议会、县议会及加州议会参、众两院分别授予荣誉证书。萨市政府还将5月12～18日定为“济南—萨克拉门托友好城市周”。10月29日至11月3日，日本东亚大学校长、山口市日中友协会长安部一成夫妇到济南访问，与市教委就共同建立高级经营管理学院进行商谈，参加山东大学论文授奖仪式。11月7～11日，以日本和歌山市教育长坂口全彦为团长的和歌山市教育友好访问团一行11人到济南访问，参观济南经五路小学和胜利大街小学，与济南市教育界进行交流。1998～1999年，济南市教育系统接待外国教育代表团组21

个650多人次。组团、参团出访近10个。2003年10月28日，济南市教育局与芬兰万达市教育局正式签署交流与合作协议。2004年，对外教育交流与合作空间不断拓展，年内参加出国访问的师生500多人，接待国外来访师生600多人。

2005年，济南市共派出由学校和教育行政机构各类人员组成的团组16个152人次赴10多个国家和地区考察、访问，接待来自美国、日本、新加坡等国家的团组40批668人，签订友好交流意向书4份。随着山东省与新加坡之间的合作进入一个新的阶段，济南市与新加坡的教育交流成为新的热点。2005年，教育系统共接待新加坡来访团组7批171人，其中包括新加坡教育部代表团、新加坡工艺教育局代表团、新加坡基督堂中学代表团等。有6所学校与新加坡学校建立友好校际关系。

2000～2005年，济南市共接待外国教育代表团组132个2064人。派出团组124个1394人出国考察、参赛、演出、培训和校际交流。

对外交流与合作，促进济南市的教育改革与发展。济南七中成立“国际教育交流中心”，举办“高中国际教育合作学校”，为教育的国际化奠定良好基础。济南外国语学校通过与日本、俄罗斯、法国、德国、英国、加拿大等国教育机构的交往，除英语外，又陆续开设日语、俄语、法语和德语。2001年，该校与法国雷恩市左拉中学建立起密切联系，每年都组织学生互访，到2005年，该校已接待左拉中学近200名师生的到访。2004年始，该校每年选派部分高一年级法语专业学生到雷恩市所属中学留学1年。为开阔学生视野，提高学生的外语水平，济南外国语学校还每年组织学生到英国、加拿大、澳大利亚、日本等国家开展夏令营活动。自1999年，仅赴英国剑桥参加夏令营活动的就有500余人。

2006年3月，德国西北梅科伦市代表团访问期间，促成该市嘉德堡中学与济南市外国语学校合作互派教师，开设德语课程。5月，法国雷恩市多瓦斯小学与济南市东方双语实验学校结为友好学校，圣马丁中学与济南第一中学签署友好学校协议。7月，济南职业学院与澳大利亚西海岸职业学院开展酒店管理专业合作办学，标志着济南市市属高校与国外的合作办学实现零的突破。2006年，济南市出访团组27个，376人出访交流，接待境外访问团组55个，1405人来访交流。

2007年，芬兰万达Vaskivuori高级中学赠送济南二中全套的福乐球设备。学校投资万余元设计并购买福乐球场地挡板、球门，专门组织部分学生进行福乐球训练，让学生在运动中受益。济南二中学生通过电子邮件的形式支持芬兰友好学校的中国学习小组的活动，与芬兰学生就中国文化的发展、中国学生的学习现状等进行网络交流，使“天涯若比邻”成为现实。6月，济南第九中学应澳大利亚郡得勒普市伍德维尔中学的邀请，对友好学校进行首次访问，两校达成包括教师交流等内容的交流备忘录。根据两校交流协议，学校邀请友好学校教师到校教授口语和通用技术课，提高学生的动手能力和语言水平。济南一中、济南电子机械工程学校、济南十九中学、济南市经七路第一小学、济南市南上山街小学也实现对新建友好学校的初次访问。至11月底，友好学校师生代表团到访22批569人，出访18批，占交流团组总数的45%。友好学校作为教育对外交流与合作

济南市中学生“相约台湾”夏令营活动 (2006年摄)

的重要平台，逐步成为济南市教育扩大开放和国际化发展的助推剂。2007年，共报批出访团组40批475人，赴国外及港澳台地区进行教育考察、友好访问、执行教学任务、参加国际会议、参赛和培训等。接待到访的外国及港澳台团组52批1141人，到济南市40多所学校进行访问交流，基本涵盖市区具备对外交流条件的中小学校。

2008年，共接待23个国家和地区的43个代表团793人到济南参观考察、参加国际会议、开展教育交流活动，参与对外交流的中小学校达40多所。12个友好学校交流团出访。依托友好学校交流平台，深入挖掘交流项目，开展国际交流与合作是济南市开展国际交流的特点。4月，市教育局邀请芬兰万达市教育代表团一行15人到济南进行为期3天的教育交流访问。代表团应邀举办教育讲座和学术交流活动10余场，与济南市2所学校签署友好学校协议。济南外国语学校通过友好学校渠道引进师资，推动语言教学已成为友好学校交流成果的典范。2008年硅谷中华文化少儿夏令营、中华传统文化研修会、济南国际儿童节、中国华商大会、中国青少年教育工作者访问团、国际青少年夏令营等多边交流活动也成为济南市学校开展教育交流的重要平台，从更宽的视角、更大的范围和更深的层次，加强教育对外交流与合作。

2009年，全年派出43个团组460名教育行政管理人员、学校领导和师生赴国(境)外出访、培训、参赛、参会等。接待访问团组76个720人，参与对外交流学校60多所。推动与美国、加拿大、法国、德国、英国、白俄罗斯、韩国、日本、新加坡、蒙古等20多个国家的教育交流与合作。市教育局副局长胡晓卉率团对法国雷恩市、德国西北梅科伦市进行友好访问，签署友好学校协议，与法国雷恩市达成3年互派青少年开展艺术、科技、体育交流的意向。省实验中学、济南外国语学校的16名高中学生考取新加坡奖学金留学项目，济南育英中学继续与新加坡德明政府中学合作，选拔4名初中毕业生赴新留学。组织选拔15名优秀才艺青少年参加国侨办海外文化交流。历下区派遣师生参加世界FLL机器人大赛，跻身世界十六强，推动特色课程的开展。市中区组织师生赴香港、西班牙、韩国等地参加童声合唱节、世界国际跳棋公开赛、世界合唱锦标赛等活动，推动素质教育的开展，丰富校园文化。对外交流领域不断扩大，内容更加丰富，对外交流在教育发展中的作用更加凸显。省实验中学邀请新加坡义顺初级学院师生来访参加校科技运动会，推动交流，加深合作。济南二中对芬兰交流成为济南市开展对外交流与合作的典范。济南三中与美国康州新特拉福德高中开展学生网上交流，支持美方成立“中国俱乐部”，培养学生的国际交往能力，激发英语学习热情。济南外国语学校两次接待法国左拉中学到访并对法国师生进行汉语培训。济南中学与新加坡励仁中学联合举办“我爱读书”网上征文比赛，1200名学生参加，济南市学校与新加坡友好学校间的教育交流稳步推进，进入良性发展轨道。历城双语实验学校与美国西费城特许学校进行4次网络授课教学合作，双方学生成立“笔友会”开展交流。11月1日，由山东省教育厅、美国安生文教基金会主办，市教育局承办的“教育领导力及教育公平性国际论坛”在山东大厦举行，来自全省各市的教育局长，中小学校、职业学校、高等院校校(院)长500人参加论坛活动，邀请美国哈佛大学等4位资深教育专家、局长、校长就教育领导力提升、学校管理等作精彩演讲，收到良好效果。

2010年，济南市与俄罗斯、捷克、澳大利亚、加拿大、马来西亚等国家的学校新建友好校际关系13对，与国外友好学校开展互访交流48次，其中，29个学校代表团409名师生访问国外友好学校，占全年出访团组的一半。全市有43所学校与国外14个国家的85个学校建立稳定的友好学校关系。

第六节　外籍教师聘用

1989年，济南市成立外国语学校，开设英语、日语和俄语，聘请英、日、俄外籍教师，是最早在中小学阶段聘请外教的学校。2001年，市教育局做出对聘请外籍教师资格条件、审批程序的规范性规定，加强对聘请外教工作的管理。2003年，随着中国入世和国际交流的增多，济南市具有外国文教专家聘请资格的学校有9所，直属市教育局的普通中小学有2所、外籍教师22人。市教育局下发《关于学校申请聘用外国文教专家资格单位的通知》，鼓励并指导具备条件的学校申请聘用外国文教专家资格。2004年6月，济南二中等7所学校获得聘请外教资格。2005年，全市外籍教师聘请资格学校增至25所，在济工作的外籍教师70多人。

2009年，配合市外国专家局等部门，对济南市具有聘请外国文教专家资格的单位进行年检，建立工作联席会议制度，沟通信息。经市教育局推荐参评，济南二中友好学校芬兰万达瓦斯科瓦瑞高中校长艾拉·卡斯柏、济南外国语学校外教伍德等2人获得首届“泉城友谊奖”。邀请市属学校及山东大学、济南大学留学生、外教代表60人参加济南市庆祝建国60周年国庆招待会，丰富驻济南外教及留学生业余生活，宣传新中国发展成就。至2010年，新增聘请外国文教专家资格学校8所，总数为44所，共有来自美国、英国、加拿大、澳大利亚、法国、西班牙、德国、吉尔吉斯、韩国、日本等20个国家的外籍教师78人在济南市学校从事语言教学工作。

第七节 外国及港澳台学生接收

2004年，市教育局制定《济南市中小学接受外国学生暂行管理办法》，设立接受外国留学生和港澳台学生定点学校。外国到济就读的学生不仅数量逐年增加，而且层次明显提高，不仅学习语言，已经扩展到中医、旅游等应用类学科，就学层次从最初的中小学语言生、短期进修生发展到高职院校进修生。至2010年，具有接受外国学生资格学校53所，在济南市中小学及幼儿园就读的外国及港澳台学生99名。

第八节　与港澳台交流合作

1996年12月，香港政府中学校长协会教育交流团一行9人访问济南外国语学校。香港的中学校长们对济南外国语学校的办学条件、学生的精神风貌和外语水平十分赞赏。

2003年8月，澳门中小学教师访问团到济访问，与济南二中师生进行座谈。2004年7月，山东省实验中学派员赴香港参加中华传统文化研修会活动；8月，台湾“中华中学教育学会”赴山东省教育参访团一行15人访问山东省实验中学；10月，香港真铎校友会访山东交流团一行10人访问济南特殊教育中心；12月26日，“华夏园丁大联欢——2004山东之旅”代表团共350余人在山东省实验中学、济南九中、济南外国语学校开元分校、济南五中、济南幼儿师范学校附属幼儿园、济南师范学校附属小学、济南经五路小学、济南特殊教育中心等8所学校及幼儿园进行考察访问并与济南市教师进行交流。2005年1月，济南市中学生代表团一行22人赴台参加“相约台湾”台湾—济南中学生冬令营活动，这是山东省首个中学生赴台交流团组，属破冰之旅，意义重大；3月，香港“赤子心系中国情——山东之旅”代表团一行10人访问济南外国语学校开元国际分校，澳门体育教师代表团一行14人访问济南九中和甸柳一小；5月，“济南市中学校长交流团”一行9人赴台进行教育参访交流；7月，济南市中学生代表团一行18人赴台湾参加“壮志骄阳——两岸青少年自然保育志工营活动”；7月24日，海峡两岸师生100多人参加的“2005年齐鲁文化国学夏令营”在山东省实验中学隆重开营，此次夏令营是由中国教育学会高中教育专业委员会和台湾素书楼文教基金会联合主办的第七届国学夏令营，是以“弘扬和传播民族文化”为宗旨，面向海峡两岸中学师生的大型文化交流活动，山东省教育厅、中国教育学会高中教育专业委员会领导以及专程从台湾赶到的著名国学大师钱穆的夫人钱胡美琪教授参加开营仪式；8月18～21日，由济南市人民政府台湾事务办公室和济南市教育局联合主办的“亲近中华文化齐鲁行”第二届济南·台湾中学生夏令营活动在济南市举行。2005年，台湾忠信学校与山东省实验中学、济南一中，香港新亚中学与山东省实验中学分别结为友好校际交流关系，开展多种形式的交流活动。

2004～2005年，济南市共派出10个代表团组55人，赴港澳台进行教育交流访问，其中，有7个团组52人赴台访问。同时接待11个港澳台教育代表团组550人的到访，其中，6个团组129人来自台湾。

2006年3月8日，台湾高雄县海峡两岸交流协会访问团一行23人到经五路小学进行参访交流活动。由济南市政府台办、市教育局、市科协联合主办的，以“齐鲁风·两岸情”为主题的“济南—台湾中学生夏令营”7月23日在山东省科技馆开营，台北成功中学、新竹忠信中学等台湾名校的120名师生在济南展开为期8天的夏令营生活。

2007年，应台湾趣味学会的邀请，山东省实验中学师生、济南教育电视台、济南第十一中学等一行25人赴台湾访问。应台湾方面的邀请，济钢高级中学师生一行26人赴台湾访问；7月，台湾南投县私立五育高中山东参访团一行29人访问济钢高中。同月，以“传承中华文化、创新中学教育”为主题的海峡两岸(济南)中学教育校长论坛及台湾—济南夏令营活动在济南举行，台湾中学教育界的100多名专家、学者和师生到济南参加活动。8月，应教育部邀请，澳门中华学生联合会组织的澳门少年警讯资深会员及领袖访问团一行25人访问山东省实验中学。10月，香港圣方基格书院师生代表团65人访问山东省实验中学。11月，台湾尚富开发有限公司董事长黄东荣、台湾光启高级中学顾问崔健奇等一行8人访问山东省实验中学、东方双语实验学校。

2008年，全年派出4批50名教育行政干部及师生赴港澳台地区执行教育交流任务。来自港澳台地区的5个团组340名师生到济南市进行交流。其中，与济南市台办等单位联合举办第五届“齐鲁风·两岸情”济南台湾中学生夏令营活动暨海峡两岸(济南)青少年教育工作研讨会。

2009年，各县(市)区、直属学校干部、师生应邀赴台访问交流5个团160人。7月“2009海峡两岸高中学生辩论赛”在台北市成功中学举行，山东省实验中学、济南中学派出代表队、拉拉队参加，两岸高中生以辩会友，同台竞技，相互了解，相互学习，增进友谊，共同提高。中国大陆青年研究文教基金会、中华华夏文化交流协会、新竹忠信学校等20余所知名中学及教育机构的50名台湾师生，到济参加为期6天的第六届“齐鲁风·两岸情” 夏令营活动。9月27日，“2009年第二届中华文化快车两岸师生联合祭孔大典”在台湾新竹、北京、山东济南同时举行，京鲁台三地实现网络直播，这是60年来两岸联合举办规模最大的一次祭孔盛典。

2010年7月，第七届“齐鲁风·两岸情”中学生夏令营在济举行，台湾教育文化界人士、师生178人参加。“齐鲁风·两岸情”夏令营已举办七届，参与师生近2万余人次，连续6年被国台办、省台办评为“对台青少年交流优秀项目”。

第七章　语言文字工作

第一节　宣传教育

1993年，济南市语言文字工作委员会(济南市社会用字工作领导小组)成立，同年，成立济南市语言文字工作委员会办公室(以下简称“市语委办”)，为市教育局下属正处级事业单位，编制5人。语委办是在济南市语言文字工作委员会领导下的主管全市语言文字工作的办事机构，负责全市语言文字工作的统一规划、管理、指导和监督，并协调和组织全市各有关部门和行业开展普通话水平测试工作。济南市普通话培训测试中心成立于1997年，与市语委办合署办公。济南市语言文字工作建立健全由各行业主管部门共同参与的市、县(市)区、街道办事处三级语言文字工作机构，形成覆盖全市的工作网络。

1998年起，每年9月的第三周为“全国推广普通话宣传周”。至2010年，济南市举办13届“推普周”宣传活动。在2001年9月第四届推广普通话宣传周中，市政府领导带头接受普通话水平等级测试，推动全市语言文字工作的开展。之后，建立并形成集中宣传与经常性宣传相结合的工作机制。连续举办3届“公务员普通话比赛”“语文教师基本功比赛”以及语言文字知识讲座、竞赛等群众性宣传活动，编印下发数以万计的各类宣传、学习、辅导资料，举办“济南时报杯《国家通用语言文字法》及语言文字知识有奖竞答”活动，参加华东6省组织开展的《国家通用语言文字法》网络知识竞赛，提高《通用语言文字法》的社会知晓率。与市文明办联合下发《规范使用语言文字，迎接国家评估检查》倡议书，在全市中小学生中开展《规范语言文字，从我做起》的征文比赛活动。2005年开通“济南语言文字网”。2007年起编发“济南市语言文字工作简报”，构筑起语言文字工作信息交流、宣传咨询的网络平台。同时，发挥媒体的宣传作用，对语言文字规范化进行舆论导向，通过在报纸发表专题文章，在广播、电视中制作播出专题节目，在全市形成浓厚的语言文字规范化宣传舆论氛围。在基层单位设立永久性语言文字宣传牌，在全市主要道路和繁华街道设立5块大型永久性语言文字宣传牌。

在社会用字管理、公共设施用字规范方面，1993年制定《济南市社会用字管理暂行规定》，对社会用字进行治理和整顿。年底，全市有2条繁华街道、4个机关大院、4所中小学、2个公共场所参加国家社会用字管理大检查，市政府动员社会各界齐抓共管，用半年时间进行整改，社会用字状况明显改观，规范用字率98%。自2001年起，市语委办利用暑期组织辖区中小学生对学校周边商店和单位用字情况进行调查。各类学校开展社会用字调查、“推普下乡”“啄木鸟行动”等富有特色的宣传活动。

2004年，市语委对原暂行规定进行修改和完善，印发新《济南市社会用字管理试行规定》。2007年年初，将语言文字工作纳入市文明办组织的“迎接十七大、创建文明城主题行动百件实事”活动之中，经过一年的努力，全面完成向社会所作承诺，受到市文明办表彰。同年，为加大规定的权威性和工作的力度，经市法制办审定，市政府办公厅印发《济南市社会用字管理规定》，使全市社会用字管理工作进入法制化轨道。市语委办协调市文明办将用语用字规范纳入文明单位、文明行业、文明社区等各级各类精神文明先进单位的创建活动之中，有效发挥各精神文明创建先进单位的示范作用，带动整个社会用语用字规范化水平的提高。

2008年5月，市语委办与市建委、城管局、工商局联合下发《关于在全市开展户外广告牌匾用字规范管理专项整治工作的通知》，要求在各区政府的统一领导下，在开展户外广告牌匾专项整治活动中加入规范用字的要求，对户外广告牌匾用字统一要求、统一整改，使户外广告牌匾基本达到社会规范用字要求。通过努力，全市有13条市、区示范路基本完成整治任务。共拆除楼顶机楼体户外广告240处，拆除牌匾4135块。10月，省语委办专门召开全省各市语办主任会议，介绍济南工作经验。

至2010年，在全市开展以“写规范字、讲普通话”为主题的大规模宣传活动，开展“一句话万人笔会”知识问答及咨询服务活动、“规范语言文字，从我做起”征文比赛、“济南时报杯”《国家通用语言文字法》及语言文字知识有奖竞答、语文教师基本功比赛、清明经典诗文诵读比赛等活动，引起较大社会反响。2007年，在全省双语大赛和2008年全省校园“语言—才艺”大赛以及2008年全省“中华经典诵读”决赛中成绩均在全省名列前茅。

2006年9月17日，济南市第九届推广普通话宣传周启动仪式在市中区英雄山下举行

2010年，调整、充实和加强对语委办事机构的规范化建设，10个县(市)区语委办都落实专用办公场所，并普遍建立公文、信息、档案等行政规范化制度。

第二节　文字规范化

一、学校语言文字规范工作

市教委(市教育局)把语言文字工作纳入学校教育督导和管理水平评估的内容。各级各类学校将语言文字规范化要求纳入培养目标、管理常规、教学和教师基本功训练，渗透到德智体美和社会实践等各种教育教学活动中。“普通话、钢笔字、粉笔字、毛笔字”成为师范院校学生与在职教师的基本训练内容。

1991年7月、1993年9月和1994年6月，山东省语言文字工作委员会办公室(下称省语委办)分别召开小学、普通中学和职业学校普及普通话工作会议，布置中小学普及普通话工作任务，开始对中小学教师普通话培训工作。

2001年始，开始实施教师普通话持证上岗制度。从2004年起，教师参加职称评定须持有相应的普通话等级证书，并将普通话达到规定等级标准纳入教师资格要求，强化师生的普通话培训测试。同年，教育部、国家语委发出《关于开展语言文字规范化示范校创建活动的意见》，语言文字规范化示范校的创建活动在全市陆续展开；4月12～19日，济南市语委办按照省语委办制定的《山东省中师、职业学校、中小学、幼儿园普及普通话工作评估指导标准实施细则》，组织评估组对全市

24所学校进行语言文字工作评估检查。抽检合格的授予济南市“普及普通话示范校园”奖牌，择优推荐参加山东省“普及普通话示范校园”的评选。2007年，市教育局制定下发《关于开展语言文字规范化示范校创建活动的意见》，要求各校成立工作机构，制定推进方案，执行评估标准。

至2010年，全市有市级语言文字规范化示范校园161所，省级示范校园51所，国家级示范校园3所。

二、社会语言文字规范工作

根据国家语言文字工作委员会(下称国家语委)和省政府要求，1993年，济南市对城市社会用字工作进行宣传发动、自查自纠和重点整改。2月，在全市开展以“写规范字、讲普通话”为主题的大规模宣传活动；对市区和农村城镇进行面上的自查摸底，2月下旬至3月上旬，对重点单位进行自查；自查中发放“城市社会用字自查统计一览表”5000份，《社会用字法规简编》和《常用规范汉字手册》500册。通过对4个机关大院、6所大中小学、3个公共场所和2条繁华街道等15个单位的调查统计，发现不规范汉字5087个，不规范汉语拼音12条，分别占自查数的0.21%和26.1%。3月中旬开始，按照“条块结合、块块为主”的原则，组织力量检查督促重点单位进行整改。

1993年，制定《济南市社会用字管理暂行规定》，建立机关工作人员、在校师生、广大市民共同查错纠错，各有关部门负责落实不规范社会用字整改的工作机制。2004年，市语委与市建委、市工商、市城管执法、市民政、市政公用等部门联合开展“用字规范一条街”调研活动，根据存在的问题，制定并落实整改措施。

2005年5月20日，省教育厅下发通报，对中国汉字的使用情况开展调查工作。这次调查，是经国务院批准，教育部、国家语委、公安部等10部委联合进行的。2006年年底，开展在全市党政机关、新闻媒体开展语言文字规范化复查工作。

2008年5月16日，全市迎接一类城市语言文字工作评估检查动员大会在市政府电视电话会议室召开。由市政府统一部署全市语言文字档案检查工作，这次检查由市语委办组成检查组，历时10天，共41个部门，媒体、街道办、商场、公园、交通枢纽接受检查。

2010年，完成二类城市(章丘市、历城区、长清区)语言文字评估验收工作。为此，市语委举办为期1周的二类城市语言文字工作干部培训班，并多次召开协调会议，明确时间、分解任务、落实责任，解决迎评工作中的实际困难。10月18～21日，市语委组成二类城市评估团进行检查评估，省语委派出观察团对整个评估过程进行全程督导，共完成27个单位和3条主要街道规定项目和内容的考查，形成历城区、长清区、章丘市语言文字规范化整体情况的评估报告。评估团认为：历城区、长清区、章丘市达到“普通话初步普及，汉字和社会应用基本规范”的城市语言文字工作的目标要求。

至2010年，济南市主要领域的用字规范意识基本树立，与汉字应用关系密切的从业人员的规范能力明显提高，党政机关、新闻出版和教育系统的用字规范化程度较高；公共场所的用字面貌有了较大改善，重点街区的规范率逐年提高，泉城路商业街、市华联商业街、济南火车站、济南国际机场等周边的各项社会用字规范率95%。按照“一个中心、四个重点领域、三项基本措施”的工作思路，全市语言文字工作狠抓机制建设、宣传教育、培训测试、用字管理等主要环节，立足党政机关、教育系统、新闻媒体、公共服务行业等重点领域，形成“全面渗透、打造亮点、以点带面、协调发展”的工作格局，实现“普通话初步普及，汉字社会应用基本规范”的工作目标。

第三节 普通话培训测试

1994年，国家语委、国家教委和广播电影电视部下发《关于开展普通话水平测试工作的决定》。1997年，济南市普通话培训测试中心成立，为市语委办内设工作机构，负责全市各类人员的普通话水平培训、测试、证书发放工作和国家级、省级普通话水平测试员的业务培训与提高。1999年年初，山东省教委下发《关于在普通中小学、职业中学开展普通话水平测试的通知》，要求各市进一步加强教师普通话培训，将中小学、职业中学教师的培训测试工作纳入各测试中心的工作计划中。

2001年，济南市人事局、市教委、市语委联合下发《关于在党政机关、国家公务员中普及普通话、用字规范化工作的实施意见》，规定1954年1月1日以后出生的国家公务员要参加普通话培训和测试。国家公务员的普通话水平应不低于三级甲等，并把普通话列入公务员录用、晋级、考核的条件。同时规定，从2002年10月起，全市党政机关、国家公务员普及普通话，实行持普通话等级证书上岗。对用字规范化，要求党政机关名称牌、公文、印章用字要规范；指示牌、标志牌、电子屏幕、印刷体的标语等用字要规范。自2001年3月开始，利用工作日或双休日时间，市语委办组织测试员对有一定普通话基础的部分国家公务员进行普通话水平等级测试。

济南市普通话测试现场 (2007年摄)

市语委办注重加强普通话测试员队伍建设，全市共有国家级和省级普通话水平测试员250余人，承担着全市各类人员的普通话培训和测试任务。为进一步促进普通话水平测试的科学研究，提高测试水平，自2002年起先后举办五届普通话水平测试员研讨会，组织学习国家语言文字方针政策，更好地把握普通话测试标准。2003年9月，制定《济南市普通话水平测试员管理办法》，对测试员实行考核聘任制，保证普通话水平测试工作规范、科学、有序、健康的发展。

2008年，市语委办先后制定《济南市普通话培训测试机构管理办法》《济南市普通话水平测试规程》等规章制度，按照上级要求开展普通话培训测试工作。

2010年，全市计算机辅助普通话水平测试全面展开，带动社会普通话水平的迅速提高。市语委办先后完成对公务员、教师、学生、社会人员共计8万人次的普通话培训和10万人次的普通话水平等级测试。在接受过普通话水平测试的人员中，达到二级以上水平的占99.97%；达到三级水平的占0.03%。各有关行业人员普通话达标率不断提高，其中公务员的达标率99.8%，教师的达标率99.9%。

第八章　体制改革

第一节　管理体制改革

一、市区中学管理体制改革

(一)调整学校布局。1987年6月，市委、市政府贯彻中央关于教育体制改革的决定，落实基础教育由地方负责、分级管理的要求，下发《关于改革市区中学管理体制的决定》。将初、高中统一设校、由市统一管理的体制，改为初、高中分别设校、由市和区分级管理的新体制。制定初、高中分设方案和市、区分级管理方案。初、高中分设主要在属于教育部门办的60所普通中学和职业中学内进行。设普通高中8所：一中、二中、三中、七中、九中、十一中、实验中学、山师附中。设职业中专6所：原四中、十七中、二十一中、二十三中、二十五中、三十一中。设职业高中8所：原三十三中、三十六中、三十八中、三十九中、四十二中、四十四中、五十七中、六十二中。设以初中为主体的完中9所，其中十二中、十三中、十八中、二十中、六十八中、回民中学为普通完中，十中、四十七中、五十二中为职业完中。设初中29所，包括原已改设的18所：十九中、二十二中、二十四中、二十六中、二十九中、三十中、四十中、四十三中、四十五中、四十六中、五十六中、六十中、六十三中、六十五中、七十一中、甸柳一中、甸柳二中、师专附中；新改设的11所，即五中、八中、十四中、二十七中、二十八中、三十四中、三十五中、三十七中、五十一中、五十八中、育英中学。历城区所属中学和随区划调整给各区的原郊区所属中学、内部高初中暂不分设。

市、区分级管理方案总的原则是市管市属高等学校、普通高中、中等专业学校(含职业中专和特殊教育)；区管初中、以初中为主体的完中、职业中学、小学和幼儿教育。市管学校27所：济南师专、市教育学院、市职业大学、市电大、济南师范、济南幼师、一中、二中、三中、七中、九中、十一中、实验中学、山师附中、回民中学、师专附中、盲哑学校，原四中、十七中、二十一中、二十三中、二十五中、三十一中。由于新的区划关系尚待理顺，十八中、三十四中、四十三中、四十五中暂不下放到区，留市管理。区管学校40所。其中历下区12所：五中、八中、二十二中、二十四中、四十中、五十八中、六十五中、甸柳一中、甸柳二中、三十三中、三十六中、六十二中；市中区10所：十四中、二十七中、六十中、六十八中、七十一中、育英中学、十中、三十八中、三十九中、四十四中；槐荫区10所：十二中、十九中、二十中、二十六中、三十中、三十五中、三十七中、六十三中、四十二中、四十七中；天桥区8所：十三中、二十八中、二十九中、四十六中、五十一中、五十六中、五十二中、五十七中。部门和企业办的初中和以初中为主体的完中、职业中学，均由所属区管理。为保证改革的顺利进行，市教委成立市区中学管理体制改革办公室，集中力量抓好这项工作。各区委、区政府也把这一工作列入议事日程，分工负责，与市里配合，协同工作。学校分设和交区管理工作，于8月20日完成。同年8月底，上述工作全部完成。

(二)学校内部管理体制改革。济南市学校内部管理体制改革起步于1984年，济南三中等4所学校首批启动校长负责制试点，1985年12

月将试点学校扩大到14所。各试点学校针对管理体制上存在的弊端，提出以校长负责制为中心的改革项目：实行校长负责制；中层干部聘任制、任期制；教职工校内选聘制；改革机构设置；改革奖惩制度；实行目标管理；建立学科责任制和年级责任制相结合的组织形式；校办工厂实行承包责任制等。为推动改革深入发展，市教委对干部制度、奖惩制度等有关问题作了具体规定，并于1986年制定《实行校长负责制试点学校干部工作职责》。1988年3月，市教委在市直单位中扩大济南师范等6所学校为第三批实行校长负责制试点单位，先后批复扩大试点学校的改革方案。同时，各区县也从实际出发进行改革试点。至1988年年底，市区试点学校33所。以校长负责制、岗位目标责任制、教职工聘任制和结构工资制为主要内容的中小学内部管理体制改革的试点工作，取得成效。在试点的基础上，改革在全市中小学普遍展开。

1993年后，济南市以《中国教育改革和发展纲要》为指导，加快改革步伐，开始探索建立适应市场经济体制和符合教育规律的学校内部管理新体制。1994年，根据《中华人民共和国教师法》有关规定，在实行教师资格的基础上，实行由校长实施的教师岗位职务聘任制。2000年，市委、市政府转发市教委《关于进一步深化学校人事制度改革的意见》，提出以引入激励、竞争机制，提高教师队伍综合素质和整体水平，促进办学效益和教育教学质量提高为目的，优化教师队伍结构，调动教职工积极性，创建行政首长负责、教职工合同化管理、岗位能上能下、人员能进能出、待遇能高能低、保障机制健全、充满生机和活力的新型学校人事制度。并明确进一步完善校长负责任制、教职工聘任制、校内结构工资制、拓宽安置渠道，做好富余人员的转岗分流工作等5项改革内容。这次改革的范围是教育系统所属的各级各类学校的专业技术人员、行政管理人员和工勤人员。当时计划用2～3年时间全面推开。随后，市教委、市人事局印发《济南市教育系统全员聘用合同制实施意见》，就全员聘任制合同制的实施范围和对象、合同的签订、受聘人的权利和义务、合同的变更、解除和续订做出具体规定，并就未聘、落聘教职工的待遇作出明确规定。全员聘用合同制从2000年12月启动，至2001年8月完成岗位聘用合同签订。2000年，首次在市直学校9个副校长职位进行“一推双考”，在干部队伍建设中引入竞争机制，拓宽教育系统年轻干部选拔使用的新渠道。济南第三职业中专等市直学校，以中层干部的竞聘上岗为改革切入点，中层干部的职位全部经民主化考核，竞争上岗重新聘任。长清县在教育系统推行校长竞争选聘制，促进校长由经验型向科研型、由行政管理型向专家学者型转变。

至2010年，济南市完成新一轮以人事制度改革为主要内容学校内部管理体制改革任务。

二、农村学校管理体制改革

济南市于1986年在农村实行县、乡(镇)、村三级办学、两级管理的体制，即县办县管高中阶段教育，乡(镇)办初中、村办小学及幼儿园，初中及小学由乡(镇)统一管理(村协管小学)，把普及九年义务教育的责任落实到乡镇，调动各级办学的积极性，加强管理，增加投入，义务教育事业有了较快发展。济南市于1997年在全省率先完成“两基”的历史任务，“普九”水平大幅提高。但拖欠教师工资的现象、农村中小学公用经费短缺、农村危房改造经费缺口大、农村初中生辍学等问题仍长期困扰农村义务教育的发展。

2001年和2003年，国务院先后下发《关于基础教育改革与发展的决定》《关于进一步加强农村教育工作的决定》，明确提出“实行在国务院领导下，由地方政府负责、分级管理、以县为主的体制”，强调完善农村义务教育管理体制问题。2003年，济南市人民政府转发市教育局关于加快农村教育改革与发展的意见，就进一步完善农村义务教育“以县为主”的管理体制，加大投入，完善经费保障机制提出明确意见。

明确各级政府保障农村义务教育投入的责任。县级政府要切实担负起对当地教育发展规划、经费安排使用、校长和教师人事等方面进行统筹管理的责任。县级政府要增加对义务教育的投入，将农村义务教育经费全部纳入预算，依法接受人大的监督和检查。

建立和完善农村中小学教职工工资保障机制。县级政府应采取措施，尽快将县、乡财政体制调整到位，并根据农村中小学教职工编制和国家省市有关工资标准的规定，将农村中小学教职工工资全额纳入本级财政预算，不留缺口，确保教师工资按时足额发放。

建立健全农村中小学校舍维护、改造和建设保障机制。县(市)区政府将维护、改造和建设农村中小学校舍纳入社会发展和基础设施建设规划，把所需经费列入政府预算。

确保农村中小学公用经费。县(市)区政府按照济南市制定的预算内公用经费标准拨付公用经费。农村中小学校的财务管理由县级教育行政部门统一负责，并接受财政部门的监督。

2004年，全市10个县(市)区教师工资均已纳入县级财政预算，由财政统一发放。8个县(市)区已达到或超过省工资标准，其中历下、市中、槐荫、天桥、长清区做到县域内按统一标准发放教师工资。2005年各县(市)区不断强化政府行为，采取措施，促进农村教育优质、均衡、协调发展，抓好“以县为主”教育管理体制的落实工作，全市农村县(市)区教师工资全部实现统发。其中，商河县于2005年12月实现县域内教师工资统一标准纳入县级财政预算，按时足额发放，教师人均增加月工资361.39元，超过国家和省定标准。至此，济南市已有历下区、市中区、槐荫区、长清区、商河县5个县区统一城乡教师工资发放标准并全额纳入县区本级财政预算，建立完善的教师工资发放体制的县(市)区5个，比2004年增加1个。章丘市、历城区、济阳县由多个标准调整为城乡两个标准，由县级财政统一发放。槐荫区预算内农村生均公用经费小学提高到50元、初中提高到75元，超过市定标准并全部足额拨付；长清区消除农村学校预算内公用经费拨付为零的现象；普遍足额征收教育费附加，拨付比例不断提高，拨款渠道、使用方向逐步规范。在校长教师管理权方面，天桥区教育局对农村教职工的资格认定、职务评聘和培养培训工作实行统一管理，历城区理顺农村中小学校长任命程序，章丘将中小学教师和校长的管理权归口到章丘市教育行政部门。教师队伍的管理，实行超编教师分流措施。

至2010年，按照国家有关规定，市政府教育督导室结合省政府每年的综合督导，加大对“以县为主”管理体制落实情况的督导检查，建立健全农村教育工作责任制，促进农村义务教育管理体制各项政策措施的落实，义务教育的实施得到保障。

三、国有企业办学改革

1996年，济南第一、第二棉纺织厂子弟小学移交天桥区政府管理，改为公办小学，更名为锦苑小学。济南第一、第二棉纺织厂子弟中学移交天桥区政府管理，转为公办学校，之后并入四十六中学。1998年，济南裕兴化工厂子弟学校移交天桥区政府管理，并入锦苑小学。2000年12月，济南客车厂职工子弟学校整建制移交历城区政府管理。更名为济南市历城第六中学。2002年9月，济南味精厂职工子弟学校整建制移交长清区政府管理，2004年1月，济南铁路第一中学移交给济南市政府管理，更名为山东省济南中学。济南铁路实验学校、第四小学、第六小学移交给市中区政府管理，更名为山东省济南育文中学、济南市民生大街小学、济南市白马山小学；济南铁路第一小学、第七小学、第九小学移交给槐荫区政府管理，更名为济南市昆仑小学、济南市兴济小学、济南市汇英小学；济南铁路第二中学、第二小学、第三小学移交给天桥区政府管理，更名为山东省济南博文中学、济南市明珠小学、济南市博文小学。

2004年1月，中国石油化工集团和中国石油天然气集团所属的济南炼油厂子弟学校和济南柴油机厂子弟学校移交给历下区政府管理。济南炼油厂子弟学校更名为济南市历元学校，济南柴油机厂子弟学校并入棋盘街小学。

2005年1月，济南机车车辆厂子弟学校移交给槐荫区政府管理，更名为济南兴济中学。山东北方现代化学工业公司子弟学校、济南诚通纺织有限责任公司子弟学校移交给天桥区政府管理，并入济南锦苑学校。7月，山东小鸭集团子弟学校、济南四机数控机床有限公司子弟小学移交给历下区政府管理。济南小鸭集团子弟学校、济南四机数控机床有限公司子弟学校并入济南市历元学校。济南一机床集团有限公司子弟小学移交给市中区政府管理，并入济南第十四中学。济南二机床集团有限公司子弟学校移交给槐荫区政府管理，更名为济南济微中学。济南化肥厂有限责任公司职工子弟学校、济南重型机器厂子女学校、济南维尔康食品有限公司小学、济南化纤总公司子弟小学、济南大易造纸有限公司三厂子弟小学移交给历城区政府管理。济南化肥厂有限责任公司职工子弟学校更名为历城区工业北路小学，济南维尔康食品有限公司小学更名为历城区工业北路第二小学，济南化纤总公司子弟小学更名为历城区文苑小学。济南重型机器厂子女学校、济南大易造纸有限公司三厂子弟小学撤销。11月，济南钢铁集团总公司第二中小学移交给历下区政府管理；济南钢铁集团总公司第一中小学、第三小学移交给历城区政府管理；中国重汽集团第一中学和第一小学、黄河运输局职工子弟学校、小清河运输局职工子弟学校移交给天桥区政府管理；淄博矿业集团公司埠村煤矿中学、小学移交给章丘市政府管理。

至2010年，全市国有企业办学均移交给地方政府管理。

第二节　学生评价与招生制度改革

一、小学成绩评定与招生制度改革

1988年，国家教委下发《关于减轻小学生课业负担过重问题的若干规定》。1991年，济南市教委在10所小学进行毕业考试由小学自行命题的试验。1992年，市教委在总结1991年10个试点学校自行命题考试经验的基础上，决定自1992年起，市区小学不再组织统一的毕业会考，把市区小学的毕业考试全部放到学校，由小学独立命题，自己组织考试和阅卷。小学招生工作方面，全市严格执行义务教育法的规定，实行适龄儿童按学区免试就近入学，1998年起，市区小学基本实现6周岁适龄儿童依法入学。

2004年6月22日，市教育局下发《济南市中小学生综合素质评价方案(试行)》，在小学推行学生学业成绩评价实行日常评价与期末考试评价相结合的评价办法，学业成绩评定由百分制改为等级制(分A、B、C、D4个等级)。建立学生素质发展报告单制度，从操行评语、体质体能、学业等级、爱好特长四个方面综合评价学生素质发展情况。综合评价由学生本人、家长、老师和同学共同完成，在评价中特别强调要坚持诚信、公开的原则，以评价促进学生的发展。

2007年，济南市教育局下发《关于进一步减轻中小学生过重课业负担的意见》，强调在中小学全面推行日常考试无分数评价。义务教育阶段学校实行学生学业成绩与成长记录相结合的综合评价方式，其中小学学生学业成绩评价实行日常评价与期末考试评价相结合的评价办法，成绩评定实行等级制。小学除语文、数学、英语每学期期末举行1次考试外，其他课程不得组织考试，学业成绩评定取消百分制，实行等级制。小学一、二年级学生一律不布置书面家庭作业，其他年级除语文、数学外不准留书面家庭作业，语文、数学书面作业不超过1小时。

2010年，市政府办公厅转发市教育局《济南市关于2010年中小学招生工作的意见》要求："各县(市)区政府和教育行政部门要按照'户籍与居住地相结合，就近从优，控制择校，积极稳妥'的要求，做好小学招生工作，根据学校实际容量和教学能力继续对学区进行积极稳妥、科学合理的动态调整，积极拓展优质教育资源，确保学区内适龄儿童少年依法按时入学。"

二、初中考试评价与招生制度改革

（一）初中学生考试评价办法。1997年，济南市区中考招生考试与初中毕业考试合并进行，升学考试所考的语文、数学、英语、物理、政治满分各为100分，体育成绩按满分100分换算，计入学生毕业总成绩。其他历史、地理、生物、化学由学校自行命题组织考试，成绩计入毕业成绩。

1999年始，济南市逐步建立起学生综合素质评价制度，按照素质教育的要求，根据学生平时表现，从德、智、体、美等各方面进行综合评价，评价结果作为升学的参考依据，招生学校在分数相同的情况下优先录取综合素质优良的学生。

2000年，初中毕业考试与升学考试两考分离，毕业考试以初三年级所学科目内容为主，考试科目为语文、数学、英语、物理、化学、政治、历史七科，地理和生物以初二结业成绩作为毕业成绩，体育、音乐、美术等考查考核科目由学校自行组织考试。毕业考试全市统一命题，考试时间全市统一定于5月18、19日两天。学生毕业考试并经考查符合要求者，可免试升入部分职业学校的部分专业。

2002年，毕业考试增加信息技术科目，由学校自行组织考试。为保证和检验义务教育阶段的教学质量，济南市下放初中毕业考试权限，初中毕业考试以县(市)区为单位统一组织命题、考试、阅卷和质量分析。市教育局加强对命题工作的指导和监控，并对各县(市)区试卷进行评估。同年起，初中二年级地理和生物实行毕业会考制度，学生的会考成绩按30%的比例计入升学总成绩。为保证会考的客观、公正和成绩的真实性，由全市统一命题、统一时间、统一阅卷、统一安排监考人员。

2004年3月2日，市教育局下发《关于取消初中阶段生物、地理会考考试的通知》，决定自2004年起，取消初中生物、地理会考，改为结业考试。4月23日，为贯彻《教育部关于积极推进中小学评价与考试制度改革的通知》及《国家基础教育课程改革实验区2004年初中毕业考试与普通高中招生制度改革的指导意见》的精神，市教育局印发《济南市初中毕业考试评价与高中阶段学校招生工作实施细则》。从2004年起，济南市不再进行初中毕业统一考试，而是引入学生成长记录，实行过程评价与终结评价相结合、学业成绩量化赋分与综合素质等级评价相结合的评价办法。用学生成长记录取代毕业考试，强调过程评价和全面发展，不再单纯以分数来评价学生。

学生成长记录分为考试信息和综合素质评价两大模块，考试信息由学生初中三年学科课程成绩和参加高中阶段学校招生考试成绩两部分组成。综合素质评价模块包括学生道德品质与公民素养，心理素质及交流与合作，学习态度、能力与方法，运动与健康，审美与表现，综合实践活动、地方课程与学校课程学习等6个方面。考试信息采用量化赋分形式，共计1000分，其中初中三年学科成绩占60%，高中招生考试成绩占40%。初中学校每学期将学生各学科期末考试成绩和按量化赋分比例折合得出的成绩一并存入学生电子档案和成长记录档案袋。综合素质评价分等级评价和综合性评语两个部分，等级评价以班级为单位，每学期期末在学生自我评价的基础上，采取学生互相评价、任课老师和班主任评价的办法，分优秀、良好、合格、不合格四个等级进行评价。综合性评语要在集体评议的基础上，每学期期末由班主任对学生的综合素质进行客观公正的整体描述，尤其要突出学生的特点、特长和发展潜能。成长记录的最终评价结果将作为衡量学生是否达到毕业标准和高中阶段学校招生的重要依据。成长记录中考试信息达到或超过600分(合格)且综合素质评价的6个方面均达到合格或合格以上等级的学生可以取得义务教育证书。在改革对学生综合素质评价的同时，也逐步改变对义务教育阶段教师、学校和区域教育的评价办法，建立起良好的中小学素质教育评价体系。

2008年，市教育局下发《关于进一步减轻中小学生过重课业负担的意见》要求，初中学生实行以学业考试和基础性发展目标为主要内容的综合素质评价制度。学校建立综合、动态的学生成长档案，全面反映学生成长历程。学业考试成绩和基础发展目标评价等级作为学生毕业和升学的主要依据。初中每学期期末举行1次考试，除市级教育行政部门同意的考试、竞赛以外，不得组织义务教育阶段学校参加任何统一考试、竞赛。

2010年，市教育局下发《济南市初中学生综合素质基础性发展目标评价工作实施方案》，学生的基础性发展目标评价成绩将依据《教育部关于积极推进中小学评价与考试制度改革的通知》中提出的道德品质、公民素养、学习能力、交流与合作、运动与健康、审美与表现等6个发展性目标要求，对照学生3年在校实际表现分学期进行评价，初三下半学期汇总3年表现情况得出总评结果，并将结果填入“济南市初中学生综合素质发展情况报告单”。评价分等级评价和综合性评语两个部分。等级评价分为A、B、C、D4个等级，分别代表优秀、良好、合格与不合格，评价等级为A(优秀)的学生原则上不得超过该校初三年级学生总数的25%。综合性评语主要是对学生的基础素养各个方面予以整体描述，对学生初中阶段的成长过程给予客观的评价，重点突出学生的特点、特长和潜能。综合性评语应在全面评价的基础上根据学生6个评价维度方面的具体表现以定性描述为主。

评价结果作为初中学生毕业及高中阶段学校招生的重要依据。基础性发展目标评价总评等级为D级的学生不得领取义务教育证书；高中阶段学校录取的学生其基础性发展目标评价总评等级必须为C级(含C级)以上等级；高中阶段学校录取的指标生，其基础性发展目标评价总评等级必须为B级(含B级)以上等级；高中阶段学校录取的推荐生，其基础性发展目标评价总评等级必须为A级。

(二)初中招生制度改革。1984年始，济南市对原初中招生实行有计划的逐步改革。1984～1985年，首先取消全市统一招生考试，报考重点初中的，按报考成绩择优录取；其他小学毕业生按照划片就近入学的原则，直接升入挂钩初中。1986年，取消重点初中，山东省实验中学、山师大附中、济南一中、济南三中四所省重点学校不再招收初中。但由于当时的管理体制和社会心理承受能力，仍允许少数办学条件较好的初中、按小学毕业会考成绩、在划定范围内择优录取新生，其他学生一律划片就近入学。1987年，对市区初中招生办法进行彻底改革，全部实行中小学挂钩，以学校为单位整体就近直接升入初中，实现国家教委提出的“取消初中招生考试，凡准予毕业的小学生就近直接升入初中学习”的要求。1988年5月，国家教委向全国各省市自治区转发济南市初中招生改革的经验。

由于义务教育学校办学条件和水平上的差异，造成择校生的出现。为此，政府除加强薄弱学校建设外，同时各级教育行政部门采取一系列措施，不断加强义务教育阶段学校招生管理工作。1997年，制定《市区初中招收外学区学生的暂行管理办法》，规定各级各类学校严禁违规跨区域、跨学区招生，对违反招生规定的学校，取消其本年度评先评优资格，是省市级规范化学校的取消其先进称号，并追究相关责任人责任。而对义务教育各学段的择校生，规定中考时一律不享受指标生和推荐生待遇。同时逐步建立完善义务教育阶段学校招生工作实施方案、招生计划审批制度等。有效地遏制择校现象，择校生的比例逐年下降。

2005年，济南市制定并下发《中小学招生工作意见》，进一步深化义务教育阶段招生制度改革，要求各县(市)区政府和教育行政部门要随着城市发展和生源变化，以“让更多的孩子接受更好的教育”为目标，按照“地方负责，分级管理”的原则，主动适应社会需求，提高服务功能，按照“淡化户籍、强化居住地、就近从优、控制择校、积极稳妥”的要求，合理调整义务教育学区。小学要严格按调整后的学区招收法定适龄儿童入学，初中学校继续实行“相对就近、整体对口入学”的招生办法；企事业单位举办的义务教育阶段学校要按照当地教育行政部门划定的学区落实招生任务，不得以任何理由拒收本学区适龄儿童少年入学。民办学校按有关规定招生；公办义务教育阶段学校要按照市政府办公厅《关于做好外来务工就业人员子女接受基础教育工作的意见》的要求，切实保证外来务工就业人员子女接受义务教育。同时规定，义务教育阶段初中学校招收的新生须按性别采用电脑随机混编的方法进行编班，不得以文化课考试的方式选拔新生或分班。公办学校要严格控制招收择校生。

2010年，济南市初中学校继续实行“整体对口入学”的免试招生办法。义务教育阶段各学校均不得按学生成绩分“快慢班”“重点班”“特色班”“分层次班”等，未经市教育局同意，不得设立“实验班”。初中招生每班不得超过50人。

三、高中学生评价与招生制度改革

(一)高中学生评价办法。1991年，按照山东省教委要求，济南市从秋季入学的高中一年级开始实行高中毕业会考制度，目的是将应试教育转轨到素质教育，改变对高中学生的评价办法，改变高中实际上把高考升学作为唯一目标的状况。首次会考于1992年6月13日进行，考试科目为地理。全市共有1991级高中生1.09万人报名参加，经省会考办审核确认，有1.05万名考生成绩合格，合格率95.8%。其余458名缺考及成绩不合格考生于9月26日进行补考，274人合格，总合格率98.3%。

普通高中毕业会考包括考试科目和考查科目两部分。考试科目为语文、数学、外语、政治、物理、化学、生物、历史、地理9科；考查科目为劳动技术教育、社会实践和物理、化学、生物的实验操作。体育课和选修课的考试，由学校组织实施。会考采取三年分散考试的办法，即按照国家教委印发的《现行普通高中教学计划的调整意见》和山东省贯彻意见中规定的课程、科目安排，结束一门，会考一门。

高中毕业会考工作由省教委组织领导，会考制度逐年完善，对引导普通高中学校从应试教育转到素质教育的轨道上起到推动作用。

2004年，山东省教育厅印发《关于印发〈山东省普通高中学生学分认定管理暂行规定〉等普通高中课程改革配套政策的通知》包括《山东省普通高中学生学分认定管理暂行规定》《山东省教育厅关于实行普通高中学生学业水平考试制度的意见(试行)》等文件，决定从2004级高中生起实行学业水平考试制度。学业水平考试成绩是决定普通高中学生是否具备毕业资格的必要条件，可以作为高等院校招生依据。学业水平考试的范围为语文、外语、数学、思想政治、历史、地理、物理、化学、生物9个学科和信息技术的必修课程。考试难度为课程(模块)标准要求的基础知识和基本技能。

同年，根据《济南市普通高中新课程改革实验工作实施意见》精神，济南市教育局下达《济南市关于普通高中课程改革模块评价实施方案(试行)》。模块评价采取对学生学习量和学习过程表现及结果进行综合评价的办法。每个模块按照100分进行权重分配。其中学生在学习过程中修习课时占10%；学习过程中的情感态度、完成作业的次数和质量、提出问题和解答问题的数量和质量，以及阶段性知识与理解的测试等综合表现占30%；模块修习结束后的考试考核占60%。并配套制定“济南市普通高中模块学习学生学分管理表”“济南市高中学生模块修习过程记录”。学生每一模块修习，最终评价分为四级，总分85分(含)以上的为A级，70～84分为B级，60～69分为C级，60分以下为D级。总评C级以上者为合格，获得该模块的既定学分，总评为D级的，不能获得相应学分。《方案》力求通过对评价办法的改革，改变过去通过单一卷面考试进行评价的形式，探索落实“知识与技能、过程与方法、情感态度与价值观”三维目标的方法和途径，努力促进有利于学生全面发展的良性激励机制的逐步形成，切实提高教育教学质量。

2008年，市教育局在《关于进一步减轻中小学生过重课业负担的意见》中要求，高中学校要按照国家和省有关规定，严密组织学分认定、基础素养评价、综合实践活动评价和体质健康达标测试，客观记录、严格管理、及时上报学生综合素质评价结果。高中阶段鼓励学校自行命题考试，教研机构可提供一套完整的试题供学校选用。高一年级由市教育行政部门组织1次统考，高二年级由全省组织学业水平考试，各校不得再进行考试，高三下学期可由教研部门统一组织1次模拟考试，为毕业生参加高考作适应性训练。

(二)中考招生制度改革。1988年，为进一步调整中等教育结构，发展职业技术教育，控制普通高中发展规模，省教育厅决定：从1988年暑假招生起，对普通高中招生实行指令性计划，将每年普通高中招生人数以学号编制形式下达，不得突破。1988年分配给济南市普通高中人数为9000人，学号分配为01-000001至01-009000。同时，对学号使用作如下规定：分配给各校，校级之间不得流通使用；学生留级仍使用原来的学号；休学学生的学号保留，待复学后继续使用；学生退学、开除、死亡，学号应注销；外地学生转入本市上学，属本省学生，需带学号，属外省学生，学号由教育主管部门拨给；学生在校阶段，学号保持不变。1993年2月，山东省教委出台《关于改革和发展山东省高中教育的意见》，要求统筹规划高中教育阶段的发展，使之规模适度、结构合理、比例协调，而不是单纯发展普通高中、走升学教育道路。从1993年起，普通高中招生不再由省教委下达指令性计划，由各地根据当地经济、教育发展的需要和条件，确定发展规模和速度，掌握各类教育的结构比例。

改革普通高中招生考试文化课目。济南市本着既有利于全面实施素质教育、推动义务教育课程改革顺利进行，又有利于高中阶段学校选拔合格新生的原则，以促进学生生动、活泼、主动学习，促进基础教育均衡发展为目的，不断改革高中招生文化课考试的科目和内容。自1994年起，为了减轻初中毕业生过重的考试负担，但又要有利于保证学校开全课程、促进学校由“应试教育”向素质教育的转变，济南市实行必考学科和抽考学科相结合的办法，把考试科目由9科减少到5科，即“3+2x”。其中的语文、数学、英语(含英语听力测试)为必考科目，另外2科在中考前，从物理、化学、生物、政治、历史、地理6科中抽签确定。体育测试一直保留。2000年，为促进实验课教学，提高学生的实践能力，凡报考省实验中学、山师大附中和济南一中的考生增加了物理实验操作的考核。2001年，招生考试科目调整为语文、数学、英语、物理、化学、政

治、历史和体育8科，物理和化学、政治和历史采取一场考试分卷进行的办法，增加英语口语测试，并扩大理化实验考核学校范围，凡参加升学考试的考生均须参加理化实验操作考核。从这一年开始，还调整了中考时间，由每年的7月初调整为6月中下旬进行，避开了济南市炎热的夏季。2004年起，济南市取消初中毕业考试，而以学生成长记录作为衡量学生是否达到毕业标准和高中阶段学校招生的重要依据；取消了初中生物、地理会考；取消了原中考设置的理化实验操作考核和英语口语测试，将其与初中学生成长记录评价相结合。在考试内容上，强调文化课考试的主要内容必须是课程标准要求的、学生必须掌握的基础知识和基本技能，强调侧重考查学生在高中阶段学习乃至终生学习所必备的基础知识和能力。在命题思路上，突出以能力立意为主，在考查知识和技能的基础上，加强与社会实际和生活的联系，增强试题的基础性、灵活性和开放性，注重考查学生对知识与技能的掌握情况，特别是在具体情境中综合运用知识分析和解决实际问题的能力，使学生解答试题的过程能够反映其知识与技能、思维过程与方法、情感态度与价值观等。在命题难度上，紧密结合课改要求，降低考试难度，突出考查学生对基本知识和基本技能的掌握，强调试题的科学性、导向性，切实减轻学生过重的考试负担。各学科试题难度比例结构为6:3:1，难度系数控制在0.65左右，坚决杜绝设置偏题、怪题，力求比例合理、层次清晰、题量适当、难度适宜，充分发挥其促进教育质量全面提高的正确导向作用，引导学校开全课程，开足课时，深化新课程改革。济南市一直实行一考多取制度，即一次考试，普通中专、普通高中、职业中专、职业高中分别录取。在考试方法上，陆续实行了卷面考试与等级考核相结合、闭卷与开卷相结合等多样化的评价方式。2004年，语文、数学、英语、理综(物理、化学)采用闭卷考试形式，文科综合中的政治科目采用开卷考试形式，历史科目采用闭卷考试形式。信息技术考试改为等级考核，学生可从初三第二学期开始自主选择考核时间参加考核。理科综合中的生物成绩与文科综合中的地理成绩分别按初二会考成绩的30%计入升学考试总成绩。2005年起语文、数学、英语、理科综合采用闭卷考试形式，文科综合采用开卷考试形式(允许带教材、教辅资料及工具书)。至2010年，中考科目未再有大的调整。

*改革普通高中招生录取办法。*济南市在坚持综合评价、公开公正、择优录取原则的前提下，探索优质高中指标生分配、优秀初中毕业生免试推荐等多样化的招生方式，促进教育公平、公正和均衡发展。1997年，济南市开始实施指标生分配政策，即将普通高中招生名额，按招生范围和对初中学校办学水平的评价结果分配到乡镇和县(市)区直属初中；市区普通高中招生名额，则拿出一定比例，分配到市内各区，由各区按在校生数和评价结果分配到初中学校。1997年的省实验中学、山师大附中、济南一中三所省重点高中招生计划的10%的指标分配到市内4区。2002年将第一批次录取学校由原来的3所扩大为4所，2003年扩大为7所。这一制度直接把初中学校之间的升学竞争引向办学条件、水平和效益的竞争，把初中学校的注意力引导到控制辍学和帮助学习困难的学生。2004年始，高中阶段学校招生考试打破市区、城乡界限，实行城乡统筹招生，在全市范围内统一公布招生计划，统一命题考试、阅卷评卷、招生录取，力争实现普及高中阶段教育的目标。同时，为促进教育公平，减少不确信因素的影响，也为与高考政策接轨，济南市取消中考中对体育比赛(含三模一电)获奖、获国家发明专利、第三学年获市级优秀学生干部称号以及获电脑比赛全国一、二等奖和省一等奖等4类考生的加分政策。2005年，济南市的普通高中招生进行自2000年后力度最大的一次改革。济南市中考考生分两部分，市内历下、市中、

槐荫、天桥、历城五区为课改实验区，而长清区、章丘市、平阴县、济阳县、商河县为非课改实验区。与此相对应，当年中考出现两种试卷，课改实验区中考考试实行单独命题，在难度和区分度上与非课改实验区试题尽量保持一致，录取时两类考生统一划线。第一批次招生学校由以前的山东省实验中学、山师大附中、济南一中、历城二中、章丘四中、历城一中、济北中学等7所增至12所，新增的5所学校是济南二中、济南三中、济南中学、济钢高中、济南外国语学校。为了让考生赶考更加从容，每天上午的开考时间由以往的8时30分推迟到9时。文科综合(政治、历史、地理)实行开卷考试，允许考生带教材、教辅资料及工具书，但不得带电子音像资料。信息技术考试实行等级考核，考核分A、B、C、D四个等级，按A级20分、B级16分、C级12分、D级8分计入中考总成绩。增加计划内招生人数，压缩择校生比例，普通高中计划内招生必须达到招生总数的70%以上。普通高中学校招收择校生必须执行“三限”(限人数、限分数、限钱数)政策，将招收人数严格控制在计划招生总人数的30%以内，其中计划招生总人数的25%的择校生从高分到低分择优录取，其余5%的择校生经市教育局批准，允许学校根据考生的成长记录情况和办学特色自主招生。首次设立普通高中批次录取最低提档分数线，考生成绩达不到批次录取最低提档线的不能被该批次招生学校录取。指标生分配录取办法有变。部分学校指标生比例由计划内招生人数的60%增至65%。实行指标生政策的普通高中录取时先录指标生再录计划内统招生。山东省实验中学、山师大附中、济南一中等三所学校试招推荐生。2005年共有16位初中优秀毕业生通过推荐后，被高中学校中考免试录取。各县(市)区所属高中学校除第一批次按市教育局下达的面向市区招生计划招生外，其他招生学校招收本辖区以外的考生不得超过本校招生总人数的5%。

第三节　人事制度改革

一、两次重大人事制度改革

1986～2010年，济南市中小学经历两次重大人事制度改革，一次是20世纪80年代至21世纪初期；一次是始于2006年，至今仍在进行。

(一) 20世纪80年代至21世纪初期的中小学人事制度改革。试点阶段。20世纪80年代中期至90年代，以济南三中、平阴县为代表推行的“四制”改革，即“校长负责制、教职工聘任制、岗位目标责任制、结构工资制”的改革，是中小学人事制度改革的试点阶段。1985年12月将试点学校扩大到14所。尽管改革试点时间很长，但由于国家、省没有出台相关政策，只是局部的尝试，学校用人机制、竞争机制都没有建立，教职工的积极性和创造性没有得到真正发挥，收效甚微。

全面铺开与探索阶段。1999年，济南市教育系统人才交流服务中心批准成立，2000年更名为济南市教育人才交流服务中心，并挂市人才市场教育分市场牌子，其职责是开展教育系统人才交流服务活动，收集、整理、储存和发布教育人才供求信息，促进人才流动，开展政策咨询服务，受市人才服务局委托，开展市属公办学校人事代理等。济南市教育人才交流服务中心的成立，标志着教育系统的人才交流制度初步建立。2000年7月，中组部、人事部联合下发《关于加快推进事业单位人事制度改革的意见》，推行建立以聘用制为基础的用人制度。在考察学习、借鉴外地经验基础上，当年9月，市委、市政府转发市教委《关于进一步深化学校人事制度改革的意见》，同年12月，全市教育系统全员聘用合同制改革工作会议召开，拉开教育系统全员聘用合同制改革的序幕。

规范管理与推进发展阶段。2002年7月，国务院办公厅转发人事部《关于事业单位试行人员聘用制度的意见》，对规范事业单位人员聘用工作作出规定。2004年8月，济南市中小学首次三年聘用合同到期，按照上述文件规定进入新一轮聘用制改革阶段，即规范管理与推进发展阶段。这一阶段在首次聘用制改革的基础上又实现两个突破：首先是合同本身，印制由市人事局鉴证的《聘用合同书》，这一合同文本经市人大常委会、市法制办研究通过，如有纠纷，市人事局仲裁委员会将给予仲裁；合同文本增加新要求，即考入普通高校的人员，要符合省人大常委会关于《教师法》实施办法中第九条服务期的规定，对违约处理做明确规定，合同期限由原来三年改为多种期限。其次从管理上，2004年8月下发的《济南市教育局关于进一步规范教育事业单位聘用制度管理的意见》，对聘用工作的程序，聘用合同签订，编内、编外人员合同管理，以及公开招聘，完善考核制度，解聘、辞聘制度做了相应规定；对专业技术职务聘任工作实行宏观调控。

这一时期济南市中小学人事制度改革的具体做法，可以用16个字概括，即科学设岗、竞争聘任、完善评价、合同管理。科学设岗：依据市人事局下达的编制和岗位限额，“因事设岗，以岗择人”。多数学校设四类岗位：教师岗、管理岗(含职员、工人)、流动岗、临时岗。凡在流动岗和临时岗不能胜任的，将被分流和解聘。对于落聘人员给予3个月的流动期(待岗)，单位通过培训、转岗给其提供上岗机会，待岗期间工资中30%活的部分不享受。竞争聘任：校级干部竞争，2000年市教委拿出9个副校长职位，在全市直属学校范围内进行了竞争上岗；中层干部竞争，28所直属学校中层干部全部实行竞争上岗，一大批有能力、素质高的年轻干部担任学校中层；全体教职工竞争上岗，按照设置的岗位，明确岗位职责、任务，实行全员竞争上岗。完善评价：科学合理的评价是聘任制实施的基础，建立科学合理的考核制度是搞好聘任制改革工作的关键。2001年市教育局在全市直属学校教师中推行“三评一考”的考核评价办法。“三评”即专家评、教师互评、家长和学生评，“一考”即专业考试。各学校也结合学校自身的特点制定了一套科学合理的考核办法。合同管理：2001年8月全市中小学全部签订了聘用、聘任合同。聘用合同(大合同)签订期限为中、长期，聘任合同(小合同)根据岗位一年一竞聘。

至2005年，在教师岗位聘任中，同职同聘1.61万人次，高职低聘229人次(其中降低一级工资的33人)，低职高聘63人次，未聘162人，转岗68人。

(二)2006年后的事业单位人事制度改革。 此次改革是在上一次改革的基础上进行的全面、彻底、科学的人事制度改革，主要包括收入分配制度、事业单位人员管理等方面。

收入分配制度改革。 自2006年，中央、省政府下发事业单位收入分配制度改革的一系列文件，2007年根据《济南市事业单位工作人员收入分配制度改革实施意见》文件精神，全市学校的在职及离退休教职工进行初步的新工资标准套改。此次工资套改，是自中华人民共和国成立后工资分配制度上的第四次重大改革，打破了原有的事业单位工资结构体系，实行岗位绩效工资制度。2009年1月，市政府制定《济南市义务教育学校绩效工资实施办法》，规定义务教育学校工作人员按有关政策规定发放的工资收入中，除国家规定的基本工资(含工资标准提高10% 部分)、特殊岗位津贴(不含班主任津贴)和按规定保留的改革性补贴外，其他津贴补贴清理规范后纳入绩效工资。2010年市教育局还制定配套政策《绩效考评指导意见》，济南市所有义务教育阶段学校均已实施绩效工资制度。

实行机构编制实名制管理。 严格按照核定人员编制数额和人事管理政策规定，配备相应的工作人员，实行定编到人，并将编制数额和配备人员名单向社会公示，接受监督。2008

年、2009年全市中小学教职工均进行机构编制实名制登记，并向社会公示。

实行新进入人员公开招聘。2008年、2009年，根据人事部门下发的《关于市属事业单位聘用高层次紧缺人才有关问题的通知》和《关于进一步做好市属事业单位公开招聘工作的通知》文件要求，全市中小学校新进入人员变自主招聘为公开招聘。根据教师这一职业的专业性要求，公开招聘教师通常包括笔试、面试(教育教学能力测试)、考核体检等环节，每一环节的具体情况均及时向社会公布。截至2010年，市教育局直属学校通过公开招聘方式聘用新教师244名。

人员岗位管理。单位人员根据工作性质的不同，分为专业技术人员、管理人员、工勤技能人员三大类，针对三类人员分别设置专业技术岗位、管理岗位、工勤技能岗位。2007年，山东省人事厅、山东省教育厅下发《关于印发山东省高等学校中小学职业学校岗位设置结构比例指导标准的通知》，对专业技术岗位、管理岗位和工勤岗位所占比例以及主系列教师岗位高级、中级、初级结构比例均有明确规定。2007～2009年，全市学校(事业单位)积极与人事部门合作，根据本单位岗位职责任务、人员结构及专业技术岗位、管理岗位、工勤岗位人员情况及结构比例等情况，完成按照结构比例核定的各岗位数额。

2010年，市教育局直属学校(事业单位)率先开始进行专业技术人员首次分岗位聘任，2月份全部聘任结束。此次聘任，市教育局直属学校(事业单位)共有1114名专业技术人员补聘到相应等级岗位，其中正高级4级岗位9人，副高级5级岗位90人、6级岗位169人、7级岗位143人，中级8级岗位147人、9级岗位122人、10级岗位253人，初级11级岗位167人。继市教育局直属学校(事业单位)之后，各县(市)区所属学校陆续开展分岗位聘任工作。

二、教师资格制度

1993年10月，《中华人民共和国教师法》颁布，第一次以法律的形式确立全国实行教师资格制度。1995年12月，国务院颁布《教师资格条例》，并制定配套的《教师资格认定的过渡办法》，标志教师资格制度进入实施阶段。1996年，山东省全面开展教师资格认定过渡工作，截至1997年，全市共完成6类5.26万名在职教师资格为名教师过渡认定工作。2003年起，济南市首次面向社会开展教师资格认定工作，2004年此项工作进入常态化，截至2010年，共认定各类教师资格4.57万人次。

第十三卷

科学技术

KE XUE JI SHU

单位审稿、撰稿人员名单

科技局

审稿人　陈启璋

撰稿人　陈　锐　刘全祥　刘善同

科　协

审稿人　曹永明

撰稿人　施泉玉　徐　倩

气象局

审稿人　杨志利

撰稿人　毛晓平

地震局

审稿人　郭世金

撰稿人　张晓欣

第一篇 综 述

1986～2010年，济南市科技事业蓬勃发展，取得显著成绩。1986年，济南市认真贯彻执行中共中央作出《关于科技体制改革的决定》，对全市专业科研机构开展整顿改革。在山东省率先实行放活科研机构、放活科技人员改革试点和科技人员职务聘任制改革，对开发型科研机构和公益型科研机构实行分类管理，扩大科研机构的自主权。市属30个全民独立科研院(所)全部实行对外技术合同制、对内课题承包制，80%的科研院(所)实行院(所)长负责制；其中，23家开发型院(所)实行企业化经营。对事业费列支的开发型研究所逐年核减事业费，全部促其自立，建立科技周转金，完善科技贷款管理办法，激发科研机构的活力。1987年，全市有科技人员14.96万人，其中自然科学人员8.82万人；各类独立科研机构29个，科研人员0.67万人；市属科研机构取得科研成果250项，其中：31项居国际先进水平，125项居国内先进水平或填补国内空白，94项居省内先进水平和填补省内空白。1988年全市火炬计划开始起步，确定在电子信息、计算机技术、生物技术、新材料、高效节能和机电一体化六大领域进行重点开发，肖特基二极管等4个项目入选国家火炬计划，计算机专控系统等10个项目入选省、市火炬计划；9月，济南市政府决定创办济南新技术产业试验区，同时建设高新技术企业孵化器。同年，济南市选拔出全省首批专业技术拔尖人才。1989年，济南市科技工作坚持为经济建设服务方向，市属科研机构完成科技成果283项，其中：达到国际水平33项；达到国内先进水平或填补国内空白165项；达到省内先进水平或填补省内空白85项。科技成果推广率80%。实施“星火计划”65项、“火炬计划”17项，促进了全市经济和社会的发展。1990年2月，济南市创立并建设济南高技术产业开发区，至年底，济南高技术产业开发区新认定高新技术企业10家，生产高新技术产品28种，开发项目18个，总收入2.1亿元，创利税1550万元，人均创收14万元。

1986～1990年“第七个五年计划”期间，科技队伍不断壮大，科研体系日益完善，科技事业成果显著。1990年年末，全市共有各类科研机构110个，其中：中央、省属院所82个，市属院所22个，县区院所6个。专业技术人员24.9万人，其中自然科学技术人员11.6万人，比1985年增长39.3%。市属科研机构科技成果1318项，比“六五”期末增长84.9%。其中：居国际、国内先进水平或填补国内空白946项，增长165%，科技成果推广应用率80%。济南市民办科研机构于1984年开始萌发，至1990年年底已发展到120家，其中厂办科研机构增至105家，比“六五”期末增长23.5%。

1991年4月，济南高新区管委会、专家咨询委员会、开发建设总公司成立，11月初新区奠基开工。同年，济南市被国家科学技术委员会确定为全国科技兴市试点城市，济南高新技术产业开发区被国务院批准为国家高新技术产业开发区，济南市“星火计划”密集区被国家科委批准为国家“星火计划”密集区。中共济南市委、市政府成立科技兴市领导小组，制定试点实施方案，细化确定年度试点计划任务和考核指标，配套出台关于实施产学研工程、重奖有突出贡献科技人才办法等22个政策法规，多渠道、多层次、社会化增加科技投入，初步形成科技兴市组织、考核、政策、科技投入四大保障体系。科技兴市推动科技与生产的紧密结合。全市全年共完成科技成果315项，其中：居国际先进水平23项；居国内先进水平或填补省内空白177项：居省内先进水平或填补省内空白115项。实施“火炬计划”和“星火计划”分别为51项和58项。1993年，开始创建济南农业高新技术开发区，组建济南经济技术开发区。支持县(市)区科技创新工作，争创全国科技工作先进县(市)区，1994年章丘市率先入选，取得“零”的突破；1995年共有7个县(市)区“创先”成功。1995年7月，济南民营科技产业园成立，其规模为全省之首，国内第四；11月，被国家科委批准为国家级民营科技产业园。

1991～1995年“第八个五年计划”期间，全市实施科技兴市战略，加快科技体制改革，以发展高新技术产业为龙头、以嫁接改造传统产业为突破口，力促科技成果向生产力转化。市属30个全民独立科研院所全部放活，23家开发型院所实行企业化经营；民办科研机构迅速发展到1100家。至1995年年底，全市高新技术企业197家，高新技术产品352种，实现产值45亿元、利税12亿元；全市技贸机构达1718家，建成科技成果推广中心12家、专利技术发展中心1家，多形式促进国内外科技交流合作。利用高新技术嫁接改造传统产业，促进产业结构调整。75吨/时次高压循环流化床锅炉等一批重大科技项目投产应用，解决工业、农业发展中的关键问题，产生巨大经济效益。依靠科技发展“两高一优”农业，百万亩吨粮田开发获全面丰收。一批星火企业走上集团化、外向型道路，培训出一批专业技术人才。五年共取得科技成果1360项，其中5项获国家发明奖或科技进步奖，99项获省科技进步奖，320项获市科技进步奖。科技进步对全市经济增长的贡献率已由“七五”的35%提高到45%。

1996年，全市有独立自然科研机构120个，科技人员9026人，其中：中央、省属院所85个，6817人；市属院所29个，2172人；县(市)区院所6个，37人。全市科技三项经费(新产品试制费、中间试验费和重大科研项目补助费)为1074万元，比上年增长58.9%；全市获省部级以上重大科技成果67项，获国家科技奖励2项。1997年，济南市颁布并实施《济南市科技进步条例》，同时加强科技执法检查，逐步使科技进步工作走上有法可依、依法保障的轨道。2000年，全市科技三项经费和科学事业费1.3亿元，比上年增长2.4%。全年实施各类科研计划370项，其中攻关计划298项，火炬计划51项，星火计划21项。全市高新技术企业205家，高新技术孵化面积10万平方米。完成重要科技成果169项，其中：居国际水平38项，居国内先进水平或国内领先水平131项。专利申请量1313件，授权专利131件。全市民营科技企业1700家，年技工贸总收入超过120亿元。全市技贸机构1886家，技术合同成交额突破3.5亿元。2000年，济南高新技术开发区新引进项目21项，项目总投资4.8亿元；新开工项目50项，开工建设面积40万平方米，竣工项目49项；驻区企业实现技工贸总收入101亿元，工业增加值20亿元，利税7亿元，出口5200万美元。

1996～2000年“第九个五年计划”期间，济南市认真贯彻落实科技是第一生产力的思想，实施“科教兴市”战略和“八大科技工程”[①]。初步形成以科技园区、科技市场和大学科技园为群体的高新技术产业发展格局，全市高新技术企业达189家，高新技术产值110亿元，占工业增加值的比重达12.9%。初步形成了企业技术创新体系，全市共建立各级企业技术中心37个，建立产学研中试基地10处，高新

① 高新技术产业化工程、工业科技进步工程、农业科技开发工程、实施社会发展科技工程、民营科技产业化工程、科技金桥工程、科技对外开放工程、培养跨世纪人才工程。

技术创业服务中心等各类服务机构20处。以良种产业化工程和发展“两高一优”农业为重点，不断完善农业科技推广服务体系和农业高新技术开发辐射功能，建成科教兴农示范基地7处，各类科技示范园区301个。依靠科技解决社会发展领域热点难点问题，实施全市环境空气污染、垃圾综合治理技术研究与开发、科技康健等示范工程，可持续发展能力显著增强。民营科技型企业不断发展壮大，济南民营科技产业园进园企业达110多家，实现科工贸总收入7.2亿元、利税3200万元。促进科技、经济一体化，全市科技信息服务网络体系形成，信息、咨询、交易、服务和科技中介机构得到发展，济南科技市场技术交易额30余亿元。“九五”期间全市共取得科技成果1060项，获国家和部省级科技奖励149项，市级奖励560项。专利申请总量3679件，居全省首位。实施各类科技计划项目1543项，新增产值292亿元、利税42.1亿元。全市10县(市)区全部成功创建“全国科技工作先进县(市)区”，实现满堂红；济南市获“全国科教兴国先进市”。

2001年起，济南市先后制定《关于完善科技创新体系，加快高新技术产业发展的决定》等一系列鼓励科技创新政策。2003年，设立济南市科学技术最高奖，重奖在自主创新中做出突出贡献的科研人员，进一步激发科技人员创新创业的热情。2004年，济南专业技术人员总量达到247264人(其中市属58810人)，科技活动人员达到48486人，居全省首位。从2004年始，设立科技成果专项资金3000万元，实现600多项科技成果在济南落地转化和产业化。2005年，高新区已有高新技术企业283家，高新技术产业产值162.76亿元，分别占全市的45%和24%；实现技工贸总收入1289.9亿元，利税101.3亿元，出口创汇6.2亿美元，主要经济指标年均增幅在40%以上。齐鲁软件园年销售收入78亿元。民营科技产业园实现技工贸总收入18.7亿元，利税8000万元。

2001～2005年“第十个五年计划”期间，济南市以科学发展观为指导，把推动自主创新作为调整产业结构、转变增长方式的中心环节，全力推动科技创新和高新技术产业发展。科技投入支撑条件持续强化。积极探索以政府为引导、企业投入为主体、风险投资和金融信贷为支撑、其他社会投入为补充的多元化、市场化的投融资机制和体系建设，至2005年年底，研究与试验发展(R&D)经费支出总额达到29.27亿元，研究与试验发展(R&D)经费投入占GDP的比重1.56%。科技创新人才队伍建设加强。设立“千百万”科技人才培养工程和青年科技明星计划、留学人员创业计划，实施项目、基地、人才一体化战略，加快高层次创新人才的培养与引进，拥有中国科学院、中国工程院院士6名，享受国务院特殊津贴专家86名，国家、省突出贡献中青年专家10人。中创软件公司董事长景新海荣获2005年度“中国十大科技英才”称号。科技创新服务支撑体系初步完善。充分发挥济南高新区、大学科技园、留学生创业园、齐鲁软件园、民营科技园等各类园区在创新中的载体、龙头、示范作用，强化对产业的引领支撑和企业的孵化培育。支持鼓励科技园区和县(市)区、大企业集团利用社会资源，发展不同类型专业孵化器和综合性孵化器，全市创业中心、综合孵化器达7家，其中国家级4家，孵化面积69万平方米，在孵企业700家，名列全国副省级城市前茅；建成生产力促进中心7家，其中国家级2家、省级3家；科技评估、技术推广、技术市场等中介服务机构达300余家。集中建设大型科学仪器设备共享、软件开发测试、新药临床前评价(含GLP动物实验室)、科技成果转化、制造业信息化共性技术等多个创新服务平台。产学研合作和科技成果转化加快推进。先后与中国科学院、工程院、清华大学、山东大学等一批著名高校院所建立科技合作关系，选聘100多名院士、知名专家为客座专业技术拔尖人才，引进和合作研发项目200

多项，70%以上实现产业化。近1000家企业与大学院校、科研单位建立合作关系，共建中试基地15处，博士后科研工作站12家。连续举办两届中国(济南)国际信息技术博览会与中国.济南高校、科研院所科技成果和专利技术展示交易会，为院校、科研单位与企业之间架起合作桥梁。企业自主创新能力进一步提升。充分发挥企业在科技创新中投入主体、研发主体和成果应用主体作用，支持企业建立健全技术创新机制和机构，全市共建成企业技术中心96家，其中省级以上37家；工程技术中心21家，其中省级12家。企业研发能力不断提高，高性能服务器、五轴联动龙门铣床、智能机器人、软件中间件等一批具有自主知识产权的核心技术取得重大突破；全市具有自主知识产权的中国名牌产品、驰名商标14个，山东省名牌产品、著名商标146个；全市专利申请总量达28418件，居全国副省级城市第六位，专利申请量、发明专利申请量和发明专利授权量三项指标居全省首位。高新技术产业快速发展。全市高新技术产业产值达676.2亿元，占规模以上工业总产值的比重为30.12%，完成省定每年增长两个百分点的目标；高新技术企业625家，其中，过亿元60余家；高新技术产品702项。大力推进传统产业自主创新和产业提升，集中实施制造业信息化、“310”①科技示范工程等一批重点专项工程和环境污染控制、垃圾综合治理、科技康健等示范工程，建成各类科技示范园区301个。

2006～2010年“第十一个五年计划”期间，济南市加大科技投入，加强科技创新，在连续4届被评为全国科技进步先进城市(期间两次)的基础上，先后被确定为全国首批“国家创新型试点城市”“中国软件名城创建试点城市”“知识产权示范城市”“全国节能与新能源汽车示范推广试点城市”和“国家动漫游戏产业基地”等。

自主创新能力显著增强。科技投入大幅增长，2010年，市级应用技术研究与开发资金比2005增长130%，R&D经费投入比2005年增长3倍，占GDP的比重上升到2个百分点以上。人才战略强力推进，设立每年1亿元的人才引进培养专项资金，重点实施“泉城学者”“青年科技明星计划”“留学人员创业计划”及“5150”②工程等，全市科技人才总量达57万多人，平均每万人中拥有高级专业人员138人，居全省之首。创新活动丰富活跃,坚持企业主体、市场主导、产学研结合，深入组织开展各类、各层级自主创新活动，先后实施市级科技计划1200项，承担国家、省各类科技计划1100项，获得国家、省经费支持超过7.5亿余元；其中实施市级以上重大科技专项50项，引导企业科技投入13.5亿元。重大成果竞相涌现。先后取得重要科技成果1850余项，获得国家、省级奖励1012项，中创等3个项目列入国家核高基等重大专项计划，浪潮万亿次超级计算机、重汽重卡、高效全动能大型机械压力机、三维CAD/CAM软件等一批重大科技成果在发展战略性新兴产业和改造提升传统产业中发挥重要作用。知识产权战略深入实施。2010年，颁布实施《济南市知识产权战略纲要》，全市专利申请量15519件，比2005年增长1.5倍。专利四项指标连续4年保持全省第一，万人专利申请量居全国副省级城市第5位，万人发明专利授权量居第4位。

高新技术产业快速发展。先后制定《自主创新产品认定办法》《企业研发费用税前扣除管理意见》《知识产权质押融资指导意见》《扶持动漫产业发展若干意见》等一系列政策，实施支持高新区跨越发展等一系列措施，大力发展战略性新兴产业和优势特色高新技术产业，初步形成电子信息、生物工程、新材

① 10家高新技术产业化示范企业，10家运用高新技术提升传统产业示范企业，10家科技兴农示范园。

② 通过引才和引智相结合的方式，重点引进和支持150名能够提高城市竞争力、推动高新技术产业发展的高层次创新创业人才。

料、先进制造、交通装备、新能源与节能六大高新技术产业。全市规模以上高新技术产业平均增速保持在30%以上；2010年全市高新技术产业产值达到2063.96亿元，5年间先后跨上1000亿、2000亿两个台阶，较“十五”接近翻两番；占规模以上工业产值比重达到41.54%，较“十五”期末增长11.42个百分点；全市软件服务业、太阳能产业总收入占到全省67%和50%以上。认定国家高新技术企业293家，居全省第一。科技园区建设取得重大成效。共建成国家信息通信国际创新园、动漫产业发展基地、留学人员创业园、大学科技园、民营科技园等6个国家级科技园区，齐鲁软件园、太阳能产业基地等9个国家级火炬计划特色产业基地以及浪潮、中创2个“863”成果转化基地。国家软件产业基地、中国服务外包基地城市、国家集成电路设计产业基地、软件出口创新基地、高效能计算机国际科技合作基地、中日IT桥梁工程师交流示范基地等也先后落户济南。建成国家级创业服务中心5家，各类孵化器达100万平方米，在孵企业1000余家。济南高新区综合经济实力、产业集聚能力、自主创新能力和城市承载功能大幅提升，在56个国家高新区综合评价中，综合排名跃升至第11位。济南市成为全国第8个综合性国家高技术产业基地。运用高新技术嫁接改造传统产业，信息化改造企业的新产品开发周期平均缩短45%，企业平均年销售收入增长37%，中国重汽集团、济南二机床集团、济南锅炉集团等一大批传统优势企业焕发出勃勃生机。

区域创新体系不断强化。全市现有高校39所(加成人高校和社会办学共66所)，拥有市级以上独立科研机构170家、重点实验室58个(其中国家级3个、省级55个)、工程实验室5个(国家级1个、省级4个)。技术创新体系蓬勃发展。全市90%以上的大中型企业建立了技术中心或各类研发机构，建成市级以上企业技术中心204家(其中国家级13家、省级48家)、工程技术研究中心151家(其中国家级2家，省级107家)。国家综合性新药研究开发技术大平台——“山东省重大新药创制中心建设”项目落户济南，总投资6亿元的国家超级计算中心项目通过专家评审，中国重汽集团获科技部正式批准组建“国家重型汽车工程技术研究中心”，浪潮集团“高效能服务器和存储技术实验室”成为首批企业国家重点实验室，力诺集团成立首个国家级“太阳能光热利用企业技术中心”，齐鲁制药获批建设“哺乳动物细胞高效表达国家工程实验室”。科技服务体系快速推进。共建成科技中介机构269家,其中生产力促进机构23家(国家、省级各3家)、高技术创业服务中心4家、科技咨询服务机构16家、技术推广机构7家、技术产权交易机构4家。基础条件平台建设步伐加快。建立起知识产权信息服务、大型仪器共享、科技成果转化等六大公共资源共享平台和1500平方米济南科技服务中心，提高了省会创新资源综合利用效率。产学研合作创新不断深化。济南市与中国科学院、中国工程院、清华大学、山东大学等高校、科研院所建立全面科技合作关系，聘请“两院院士”等指导和参与全市科技战略决策。设立“济南市科技成果转化”专项资金和“高校院所自主创新计划”“高校院所科研人员创业计划”。建立交通软件、电力软件、软件出口外包等8大专业化的产业技术联盟和1个国家级、4个省级技术创新联盟。建立国家级国际科技合作基地1个，省级院士工作站4家和百家实训基地。成功打造了信博会和科交会两大平台，累计签约重要项目或达成合作协议1000余项，形成具有济南特色的产学研合作机制。济南市成功加入世界科技城市联盟。

农业与社会科技支撑进一步完善。实施“十百千”农业科技示范工程，在全市共确定10个科技兴农示范园、130个示范村、1087个示范户，实施科技兴园、兴村、兴户，推动新农村建设。实施星火计划、粮食丰产、良种产业化等重点专项，培育农业新品种43个，先进实用技术到位率达到89%。培育国家、省新农村科技示范单位4个，国家、省科技强县试点9个。实施科技特派员工作，农业科技服务体系初步覆盖到全市各个乡镇。全市规模以上农业龙头企业达350家，各类农民专业合作社达到2536家；全市无公害、绿色、有机、地理标志农产品总数达到535个。加快社会领域科技进步。重点实施国家清洁能源、清洁汽车示范城市等重大专项，开展济南机场烟尘综合治理科技示范工程、济钢生态工业园区循环经济模式构建与示范、中药现代化科技示范工程、节能减排降耗专项工程等。“黄河下游地区饮用水安全保障技术研究与综合示范”获得国家科技重大专项立项支持1.2亿元。济南市被确定为国家科技强警示范城市、“十城千辆”节能与新能源汽车推广应用示范城市。积极开展甲型H1N1流感和高致病性禽流感科研攻关，启动《高致病性禽流感防治》科技专项，实施甲型H1N1流感救治406例，完成接种14万余人。

创新型城市建设取得重要进展。高度重视创新型城市建设工作，开创性地确立建设创新型城市的组织、评价、规划、责任、政策、创新“六大体系”。成立市主要领导为主任的创新型城市建设推进委员会，并将其办公室设为常设机构。先后制定《济南市关于建设创新型城市的决定》《济南市建设创新型城市若干政策》等一系列政策措施，对争创省级以上名牌、商标、标准及园区、基地、技术中心等给予重奖。连续5年召开全市科技进步表彰暨创新型城市建设大会，兑现若干政策奖励资金逾2.7亿元。共减免2008年、2009年度高新技术企业所得税6.7亿元、企业研究开发费加计扣除9.5亿元。自实施创新型城市建设以来，共培育市级以上创新型企业104家，自主创新产品共251项。5年来，新争创中国名牌12个，占总数的71%；山东名牌85个，占总数的57%；中国驰名商标20个，占总数的74%；山东省著名商标193个，占总数的88%；制(修)订国家标准由2006年的“零”项增加到2010年的53项。

科技管理体制改革进一步深化。推进科技计划管理的公正、公开和规范、高效。一是科技计划项目实行网上申报。对所有科技计划项目，不限地域，不分隶属，全部实行网上申报，数字认证。二是科技计划项目实行专家异地评审。为确保科技立项的公开、公正、公平，从2007年开始，在全省率先实行科技计划项目异地评审。三是开展技术难题全国招标。每年面向全国公开招标项目约占自主创新计划的10%～30%。招标项目经费下达全部实行后补助方式进行。四是对项目管理实行“三权分立”。即计划处室负责项目立项，业务处室负责项目实施，条件财务处室负责项目资金的使用监管，形成了各职能处室既相互合作，又互为监督的项目管理机制。五是引入第三方进行项目绩效评估。同时，每年邀请市财政局、市审计局、市纪委等有关部门，对科技发展计划的立项、实施、验收及资金使用等进行全过程的监督管理，收到良好效果。

至2010年年底，济南市有R&D活动单位445个，比2005年增加158个；R&D活动全时人数33389人年。R&D活动经费内部支出814450万元，其中：基础研究42834万元；应用研究92867万元；试验发展678750万元；日常性支出719001万元，其中用于人员劳务费201119万元；资产性支出95450万元，其中用于仪器设备85139万元。R&D活动经费外部支出41114万元。科技成果方面，专利申请数4425件，其中发明专利申请数1770件；拥有发明专利数3717件。科技项目(课题)数13895项，项目参加人员折合全时当年30439人年。

第二篇　科技发展

第一章　重点学科

第一节　运筹学与控制论

一、学科建设概况

山东大学是全国运筹学与控制论学科的发源地之一。20世纪60年代初设立运筹学与控制论学科，张学铭和谢力同为其奠基人。1981年，该学科被批准为国家首批硕士点和博士点，为全国培养一大批人才，多数成为全国运筹学与控制论领域的学术带头人。山东大学成为国际同类学科中有较高知名度的教学、科研基地。

在理论研究方面，该学科始终瞄准国际前沿问题，对经济、金融中的一些重大问题进行研究。中科院院士、山东大学教授彭实戈凭借其在倒向随机微分方程理论和随机控制理论研究方面国际领先水平的优势，作为首席科学家承担国家自然科学基金委员会“九五”期间重大项目“金融数学、金融工程和金融管理”，该项目的研究取得一批重要的理论与应用成果，凝聚和培养一支高水平的学术团队。该学科形成一支以彭实戈为首席科学家，以陈增敬、刘桂真、李国君、吴臻、林路、栾贻会和魏刚等众多教授为主要学术带头人的具有较高国际竞争综合实力的学术团队。该学术团队在理论研究方面具有国际先进水平，在应用领域具有较强技术开发力量。综合实力，包括理论研究和应用实践、人才培养和实验设备条件等，达到国内先进水平。其主要研究方向金融数学、随机控制和非线性数学期望理论居国际领先水平。

二、主要研究方向的进展及突破

（一）金融数学。彭实戈的非线性数学期望理论是本学科在重点学科建设中取得最为重要的标志性成果。彭实戈在倒向随机微分方程的基础上引入g-期望以及条件g-期望的概念，建立动态相容的非线性数学期望理论基础，是第一个动态相容的非线性数学期望。彭实戈引进g-鞅等重要概念并用独创的方法获得g-上鞅分解定理，将作为现代随机分析基石的Doob-Meyer分解定理由线性推广到非线性。2002～2004年，基于Doob-Meyer分解定理，彭实戈与其合作者一起证明了一个非常重要、深刻的基础性结果：一个动态相容的非线性数学期望，只要满足一定的控制条件，就一定是一个g-期望。表明g-期望是一个具有很强刻画能力的基础性概念。2005年，彭实戈通过实证的方法验证一大类实际的金融产品定价系统就是g-期望。彭实戈关于g-期望的相关研究为动态相容的非线性数学期望在金融和随机控制中的应用提供强大的理论基础。2004～2005年，彭实戈在随机最优控制的基础上提出具有刻画不确定性能力的G-期望和G-布朗运动的概念，该理论完全超出柯尔莫哥洛夫现代概率论的框架。在G-期望和G-布朗运动的基础上，建立非线性随机理论基础——随机微积分理论，这一重大的理论进展为金融数学与随机控制理论的研究开创一个崭新的方向，在国际上产生重大的影响。2005年12月，彭实戈当选为中国科学院院士。2007年秋，彭实戈作为项目首席科学家申请的“金融风险控制中的定量分析与计算”项目正式通过科技部组织的“973”计划评审，获得立项资助。该项目是在已完成的国家自然科学基金委员会“九五”重大项目“金融数学、金融工程、金融管理”的基础上，支持充分利用国内数学家在金融数学领域的世界一流研究成果，加强与发达国家已存在的国际金融合作研究，开展适应中国金融市场和极具中国特色的高层次金融创新研究。10月31日，彭实戈获何梁何利基金“科学与技术进步奖”。2008年6月25日，彭实戈获“陈嘉庚数理科学奖”，其获奖项目为“倒向随机微分方程和非线性数学期望”。2009年3月12日，由彭实戈带头，山东大学申报的“金融－数学跨学科交叉应用型人才培养实验区”获准立项，该培养区通过强化学科交叉融合，达到新型应用型金融人才培养的目标；9月，基于山东大学在金融数学人才培养方面的卓越成绩，以彭实戈为第一完成人的成果获得国家教学成果二等奖。

（二）随机控制及应用。以长江学者奖励计划特聘教授陈增敬和获得教育部新世纪优秀人才的吴臻为学术带头人的随机控制及应用方向，在投资组合优化和金融资产定价等方面取得重要成果。陈增敬与著名经济学家Epstein合作将彭实戈的非线性预期理论应用到经济理论中，得到不确定条件下的资本资产定价模型，推广诺贝尔经济学奖获得者Lucas的资产定价模型。应用g-期望成功地解释著名的Ellsberg悖论，并且应用于风险度量和投资决策。《Ambiguity，Risk and Asset Returns in Continuous Time》于2001年获得全国百篇优秀博士论文奖。2002年发表在国际著名期刊《Econometrica》(经济计量学)上，是大陆学者第一篇发表在该杂志的论文。陈增敬于2003年获得国家杰出青年基金资助，2005年被教育部聘为长江学者奖励计划特聘教授。2007年1月至2009年12月，吴臻进行国家自然科学面上基金《部分可观测信息下的随机最优控制理论及应用》(批准号：10671112)和教育部高校博士点基金《部分可观测信息下的正倒向随机系统最优控制问题的研究》(编号：20060422018)研究。2008年12月始，进行山东省自然科学杰出青年基金项目《随机最优控制和正倒向随机微分方程及其在金融中的应用》(编号：JQ200801)研究。

（三）图论与组合优化。在图论与组合最优化领域，李国君与海外许多计算机科学界的科学家密切合作，在图论、组合最优化及理论计算机科学领域进行一系列的研究工作，解决4个图论和组合优化界多年来悬而未决的困难问题，取得重要的研究成果。尤其是解决生物信息学、密码科学、计算机科学等学科领域共同面临的一个具有挑战意义的计算理论问题，结束多年来对该问题可计算性的争论。李国君还证明国际组合数学界最权威的数学家之一Chvatal十年前提出一个猜想，在国际学术界引起很大反响。

（四）控制问题的科学计算及应用。彭实戈院士领导并整合控制科学、计算数学学科的科研力量，开展控制系统应用问题计算方面的研究。在随机系统计算方面，赵卫东在彭实戈提出的倒向随机微分方程理论基础上，提出具有高收敛性的倒向随机系统算法并得到很好的仿真结果，并在国际权威学术刊物《SIAMJonScientific Computing》上发表，引起很大反响。同时，该学科将在计算方面得到的理论成果应用于金融风险计算实践中去，与上海期货交易研究所和中创软件公司进行实质性合作，并以建立中国自主的风险度量、风险控制和风险管理体系为目标，开展相关的理论和应用合作研究，形成教学、科研和社会服务三位一体的科研体系。

第二节 微生物学

一、学科建设概况

山东大学微生物学科历史悠久，基础良好。1984年，在高校中率先成立微生物学系，并经国家教委批准试办微生物工程专业。1987年，被评为国家重点学科；经国家计委和教委批准，利用世界银行重点学科发展项目贷款，开始筹建微生物技术国家重点实验室，并于1995年10月通过国家验收，正式对外开放。

2001年，该学科再次以优异成绩被评为国家重点学科，并在本次评估的建设周期中取得显著成就。2002年，以微生物学科为主，建成国家生命科学与技术人才培养基地。2001年和2006年，生物技术国家重点实验室两次通过科技部委托国家自然科学基金委员会组织的严格评估，均被评为良好。山东大学已成为国内微生物学教学、科研和人才培养的重要基地之一。

山东大学微生物学科研究方向明确，重点突出。在长期坚持纤维素微生物降解和自养微生物研究的基础上，从国家和社会发展的需求出发，以生物资源转化、环境保护等对人类社会可持续发展必需的重要研究内容为主要研究方向，具有明显的特色和优势，总体水平处于国内领先地位，许多研究成果具有原创性。积极开展国际学术交流和对外开放，重视微生物学科学术队伍建设，重视多学科之间的交叉，拓宽科研思路，该学科形成一支以中青年学术带头人为骨干、结构合理、学术思想活跃，有承担国家级重大研究课题能力的学术队伍。

二、主要研究方向的进展及突破

（一）生物质资源微生物学。坚持木质纤维素类可再生性资源微生物降解机理和转化技术的研究，在理论和应用技术研究方面均有重要研究进展。高培基等人深入探讨天然木质纤维材料降解中的科学问题，提出纤维素降解效率低的新观点，完善和发展纤维素降解模型，并在纤维素酶吸附与催化机理研究方面获得进展，解决描述纤维素酶各组分随机与协同反应的定量估计难题；提出以体积生产效率(U/mL.h-1)为标准，正确地表现菌种特别是纤维素酶类菌种的生产效率，为提高菌种生产率提出新方法。同时，开展微生物对木质素的降解研究、新型纤维素酶筛选与新型降解因子的研究，处于国际同类研究的先进水平。2001年，《微生物对纤维素降解的基础研究》获全国优秀百篇博士论文奖。2004年，“微生物对木素降解机制的研究”获得教育部科技进步二等奖。

（二）环境微生物学。利用微生物代谢活动，降解污染物并将其转化为高附加值中间体，是本方向的研究特色。致力于S,N-杂环类环境污染物的微生物降解与资源化的研究工作，多项研究结果连续被国际上重要的环境科学与环境微生物学杂志(Appl.Environ. Microbiol，FEMS-ML，Environ.S&T)接收和发表。选择几种典型的S,N-杂环污染源：石化原料汽油、柴油和原油中所含的有机硫、有机氮和烟草废弃物中的烟碱进行微生物代谢重点研究，揭示S,N-杂环微生物降解的化学生物学和高值中间体变废为宝的生物催化理论和技术，为进一步实际应用打下基础。在清洁生产的微生物技术和利用微生物生产环境友好产品的微生物技术研究取得较好结果。如在微生物三次采油、生物可降解塑料、生物农药等方面也都有成功的研究。

（三）微生物的分子生物学及其基因改造。该研究方向以酵母、丝状真菌和细菌为材料，侧重于研究重要的微生物功能基因、基因表达与调控机制；同时利用现代分子生物学技术与方法进行重要工业用酶的酶分子改造和代谢途径的改造，进行微生物品种、菌株的改良，构建转基因微生物。

丝状真菌的分子遗传学研究。在对瑞氏木

霉的多个纤维素、半纤维素酶基因，瑞氏木霉与木糖代谢有关的基因的表达进行研究的基础上，对纤维素物质降解代谢过程中的重要酶类进行酶分子、酶系组分及代谢途径的改造。例如，通过酶分子定向进化研究，得到在碱性条件下活力较高的纤维素酶；构建瑞氏木霉Pcbh1多拷贝载体，表达能力大幅度提高。

酵母分子遗传学研究。建立酿酒酵母工业菌株转化体系，在酿酒酵母酒精工业生产菌株中成功建立木糖代谢途径，实现木糖、葡萄糖共发酵生产酒精；优化高渗酵母生料发酵生产高浓度酒精工艺，发酵50小时可达到16%的酒精度；构建出能在表面表达蔗糖合成酶的酿酒酵母，该工程菌可以与表达其他寡糖合成中所需酶的酵母共培养，利用其表面表达的酶系来合成所需寡糖。

自养菌遗传与分子生物学研究。在国际上首次在中度嗜热的专性自养极端嗜酸性的浸矿细菌——喜温硫杆菌中建立基因转移系统，将外源抗砷基因从大肠杆菌导入喜温硫杆菌中并获得表达。首次对自养细菌的代谢途径进行分子改造，引入异养细菌代谢有机质的关键酶基因，使自养细菌获得代谢葡萄糖的能力，细胞得率提高20%，并利用NMR技术对其代谢流量进行分析。该成果对于全面系统地研究这类极端环境细菌的基因表达机制，探讨自养生物与异养生物的关系，及构建高效浸矿菌株方面，具有重要的应用价值。

厌氧细菌研究。从国内发酵乳制品中分离到一株溶源性发酵乳杆菌YB5，经诱导处理得到其温和噬菌体ΦYB5。在对噬菌体ΦYB5生物学特性研究的基础上，开展噬菌体ΦYB5基因组全序列测定研究，通过序列比对及同源性分析，获得具有重要应用价值的Holin-Lysin基因盒。分别将这两个基因在E.coli中进行表达和共表达，获得具有抑菌谱广的产物裂解素，并将该基因盒克隆至Lactococcus lactis中，能促使乳酸菌发酵剂裂解，释放出风味物质。将来自于Lysin基因的C-端(细胞壁结构锚定域，CWA)与乳酸菌表达载体的信号肽连接，构建细胞壁靶向表达载体pSEC:CWA。将猪圆环病毒的抗原基因Orf2，与上述载体连接，将抗原蛋白靶向表达在细胞表面，口服该重组乳酸菌的小鼠免疫功能增强。

糖生物学研究。建立以糖基转移酶(glycosyl transferases)和糖苷酶(glycosi-dases)为中心，包括糖脂及与糖科学相关的各种酶、载体、质粒等糖科学物质库，为寡糖的生物技术酶法合成提供基础。在糖科学物质库建立的基础上，利用各种糖基水解酶和糖基转移酶及相应糖核苷酸合成酶，在细胞外或细胞内对来自于不同蛋白质表达系统的人源重组蛋白进行加工和修饰，以获得完全人源化的重组蛋白。同时对糖蛋白代谢的基础理论和机理进行探讨。在以糖为对象的工程技术领域，包括糖资源的寻找与利用、糖的制备、结构分析、理化性质研究、生物学活性研究、糖降解转化、特异糖链合成等技术及糖应用和产业化方面进行尝试。发表多篇论文，申请多项专利，并对其中一些项目进行中试开发。

(四)特殊微生物资源与微生物生态。主要研究内容为以典型微生物、海洋微生物、环保微生物和工业特殊用途微生物为材料的基础及应用研究。包括高等原核生物粘细菌资源调查，及其生物活性次级代谢产物和多细胞行为的研究，海洋和极端环境细菌及其极端酶的研究、微生物对不良环境的耐受机理研究以及生态环境中大量未能培养微生物的前期研究等。

建立起全国最大的、国际规模第二的粘细菌资源菌库，保存2095株粘细菌，大规模测定各类群粘细菌的16SrRNA基因序列，对粘细菌多细胞结构退化菌株的分类问题进行探讨。经研究证实，粘细菌在各类环境中可以广泛存在。在通常认为的很多粘细菌“禁区”也有粘细菌的分布，发现所能分离的粘细菌种类不到自然环境中实际存在的10%，大量未能培养的粘细菌是处于活动状态的；发现海洋生境中的粘细菌两种不同的生活方式和分化发育模式，为揭示粘细菌起源进化和细胞行为多样性提供线索和证据。证明粘细菌社会性行为是粘细菌对环境适应进化的重要内容。对粘细菌资源菌库进行大规模筛选，获得5株埃博霉素产生菌，埃博霉素产量最高为107毫克/升，为国际最高水平。成功进行吨级罐的中试发酵，获4项国家发明专利。

深入研究从海洋微生物中分离得到的低温条件下能高效催化的适冷蛋白酶，对低温细菌产酶特性和低温蛋白酶的酶学性质进行深入分析。建立利用酶解海洋低值蛋白资源制备海鲜味调味品的技术工艺，获得国家发明专利。在烟台啤酒集团建成年产2000吨海鲜味食品添加剂生产线，开发出系列海鲜味食品添加剂，在国内率先实现产业化，被康师傅、旺旺等食品企业应用，取得显著的经济和社会效益；建立海洋蛋白酶解短肽的抗氧化、抗肿瘤和降血压等生物学功能的高通量筛选技术平台，并申报国家发明专利；建立中国毛虾高值生态化酶解利用的技术工艺，实现资源的综合利用，相关技术工艺获得国家发明专利；完成酶解中国毛虾制备降血压肽的100升中试和10000升工业化生产的技术研究，为中国毛虾降血压肽的产业化奠定基础。

从极端嗜热古菌中分离获得耐高温的纤维素内切酶、几丁质降解酶和糖原磷酸化酶等极端嗜热酶，研究其酶学性质，为极端嗜热酶在工业上应用奠定基础。对超嗜热古菌DNA修复和重组进行研究，探讨其在极端嗜热、高辐射生态条件下DNA代谢的机理，为真核生物DNA代谢机制提供重要启示。从国内高温热泉中分离出嗜热微生物数十株，采集热泉环境DNA数十份。对分离出的一株角蛋白降解菌进行深入研究，对云南热泉微生物的多样性进行评估。

（五）微生物应用及发酵技术。利用现代生化工程技术和计算机技术，对发酵过程各因素的交互影响及其动力学过程进行研究，在构建发酵动力学模型、发酵过程计算机在线控制技术、采用补料分批技术、固定化细胞、混合培养技术以及研究新型生物反应器等方面取得进展。

针对微生物的次生代谢产物较少被利用的情况，在饲料、食品、医药产品、化工产品的开发研究中取得一系列重要的实验室研究成果、部分成果投入生产应用。在新型药物和功能食品(谷氨酰胺、低聚半乳糖、虫草素等)、食品或饲料添加剂(乳链菌素、饲用益生素、光合菌剂等)、酶制剂(菊糖酶、异淀粉酶、脂肪酶、溶菌酶等)等有一定市场前景新产品新工艺的应用基础研究方面取得重要进展。

应用代谢流分布和代谢网络刚性理论对氨基酸发酵中谷氨酸、谷氨酰胺、N-乙酰谷氨酰胺、脯氨酸等氨基酸发酵代谢流转向问题进行研究，结合定向选育和发酵控制技术，取得较大进展。L-谷氨酰胺和L-谷氨酰胺胶囊已获国家新药证书，具备工业化生产条件。

第三节　材料学

一、学科建设概况

山东大学材料学科建设和发展历史悠久。20世纪80年代，建设凝聚态物理硕士点、博士点和博士后流动站。随着材料科学与工程的发展，逐步加强材料学科的建设。1992年，获无机非金属材料硕士学位授予权；1994年，获博士学位授予权，同时相应建立博士后流动站。2001年，获材料科学与工程一级学科博士点授予权，材料学被评为国家重点学科。

学校始终重视以功能晶体为龙头的材料学科的建设和发展，促进材料学和材料物理与化学、无机化学、凝聚态物理、军用光学、信息学以及生物学之间的交叉融合，制定学科建设规划。在“211”和“985”工程建设中将材料学科定为学校优先发展的学科方向，作为重中之重加以支持。共投入建设资金1.39亿元，建设面积为1.38万平方米的功能材料大楼，购置总值为6830万元的先进仪器设备，极大地改善教学科研条件。同时，引进和培养一批优秀人才，完成学术队伍的新老交替，建成一支由国际知名专家为学术领导人，以中青年学术骨干为主的、老中青相结合的学术队伍。有专职教学科研人员46人，包括教授26人、副教授14人、讲师6人；其中中科院院士1人，国家自然科学杰出基金获得者(长江学者)2人和教育部新世纪人才2人；33人具有博士学位，占总人数的70%。

材料学科依托于晶体材料国家重点实验室建设。晶体材料国家重点实验室是国内首批建设的十个实验室之一，在国家组织的三次统一评估(1990年、1997年和2003年)中，均获优秀成绩；2003年总成绩名列参评的材料领域23个国家和部门重点实验室首位。该学科以功能晶体及相关材料的制备为主体，以国家经济社会发展和国防建设的重大需求为背景，形成材料设计与新材料探索、人工晶体等五个研究方向，承担多项国家重大科学研究任务。功能晶体制备、表征和应用、低维材料和光电子器件及新材料探索等研究工作处于国际前沿，并为国家和山东省的科技发展和经济建设做出突出贡献，成为全国以功能晶体为特色的一个重要的材料研究和发展基地、人才培养基地和学术交流中心。

二、主要研究方向的进展及突破

(一)材料设计与新材料探索。根据分子工程学与晶体工程学思想，从研究材料微观基元、结构和宏观性能之间的关系入手，进行材料的分子设计和晶体设计，注重微观与宏观结合、有机与无机结合、理论计算与材料制备、性能测试相结合，探索和制备新的功能材料及功能晶体，逐步建立完整的新功能材料探索体系。

以有机－无机结合探索和制备新的非线性光学晶体是蒋民华于20世纪80年代在国际上首先开辟的研究领域，研制的LAP晶体曾于1986年获国家发明一等奖。自90年代后，发展多种材料体系，金属有机络合物是其中重要的一类。许东承担国家自然科学重大基金项目，利用国际首创的新型非线性光学晶体硫氰酸锌镉(ZCTC)，采用半导体激光器(LD)在室温下直接倍频，制作激光器原型器件，获得功率为10毫瓦的高光束质量的稳定的404纳米倍频紫光输出，ZCTC获国家发明专利授权。

利用具有不同结构的双光子吸收材料，采用双光子吸收聚合微加工的方法，制作加工精度达微米量级的光子晶体。2004年，以方奇为主进行的分子工程及晶体工程的研究成果获山东省自然科学一等奖。

(二)人工晶体。在激光晶体、非线性光学晶体和其他功能晶体研究方面获得具有国际领先水平的成果。在该项目上承担多项国家“973”“863”和国家自然科学重大基金项目，在大尺寸磷酸二氢钾(KDP)、氟硼铍酸钾(KBBF)等非线性光学晶体、钒酸盐、钨酸盐激光晶体以及碳化硅(SiC)等第三代宽禁带半导体晶体生长方面取得重要进展。在KBBF和SiC晶体研究中取得重大突破。

KBBF(KBe2BO3F2)晶体是中国发现的另一“中国牌”晶体，是唯一能够实现Nd激光六倍频的非线性光学材料。在“973”项目的支持下，博士生张承乾在王继扬的指导下，对晶体生长方法和熔盐体系等深入研究，并取得重大突破。在所生长的晶体中加工出合乎实际需要大小和质量的晶片。中科院物理所以此制成耦合棱镜，实现197纳米～193纳米的深紫外谐波光的4.5毫瓦有效输出、Nd:YVO4倍频177.3纳米波长3.5毫瓦输出以及Ti:Al2O3可调谐200纳米～170纳米波长可调谐输出。实现深紫外谐波光输出的3个首创，创下2项世界纪录，是全国基础研究的重大突破，更是晶体材料设计、生长和应用研究组之间通力合作的范例。该晶体已在高分辨光电能谱仪等方面获得广泛应用。

SiC以其宽禁带、高热导率等优点，被认为是第三代半导体材料中一种重要晶体。在国防科技急需的大功率器件，蓝光、白光半导体器件的制备方面起关键作用。国内在这种晶体的生长上进展缓慢。在国家“863”等项目支持下，山东大学在SiC晶体生长和后处理技术研究方面采取跨越式的研究发展模式，购置国际上最先进的气相升华法晶体生长炉。在徐现刚领导下，在晶体原料制备、温场模拟及设计、晶体生长过程研究等方面进行大量研究，发展具有自主知识产权的生长技术，在国内首次做到稳定重复生长2英寸高质量SiC单晶。随后在晶体切割抛磨等后加工方面获得重大突破。在国内首次完成“开盒即用”SiC晶片的制备，为国内相关高技术产业和国防需求提供材料保证。

（三）材料的组成、结构与性质。利用晶体基团理论、现代计算技术、现代表征方法对材料的组成、结构与性能之间的关系进行研究和性能设计，是现代材料常用的研究手段。该学科系统发展这一研究手段，实现在理论指导下的晶体材料的生长研究，对材料的物理性能及器件应用取得创新性研究成果。

20世纪80年代末，四硼酸铝钇钕(NYAB)晶体的激光自倍频特性受到很大重视，已到实用化边缘，但受阻于晶体内部的不均匀。胡小波采用X射线和光学方法，对该类晶体的缺陷进行深入研究，发现这种不均匀性是由于组分晶体结构差异形成的。在这一结果基础上，设计不同体系的激光自倍频晶体，从中发现Yb:YAB晶体具有优良的自倍频性质，在该晶体中实现国际上最高输出的自倍频绿光。其间得到国家自然科学重大基金和“863”项目的支持，并和澳大利亚麦考瑞(Maquarie)大学和俄罗斯国立莫斯科大学等开展实质性合作。在国际著名杂志上发表论文50余篇。

国家级重点实验室——山东大学晶体材料实验室
(2010年摄)

在系统研究YVO_4和$Nd:YVO_4$晶体的基础上，拓展钒酸盐晶体的研究体系，对掺钕的$Nd:GdVO_4$，$Nd:LuVO_4$等晶体进行较为全面、系统的研究。并首次开展$Nd:Gd_xY_{1-x}VO_4$混晶被动调Q脉冲激光的研究工作，发现脉冲能量、峰值功率、脉冲宽度等参数随混晶组分变化的现象，形成$Nd:Gd_xY_{1-x}VO_4$混晶被动调Q脉冲能量增强技术；有关的研究结果发表在Appl.Phys.Lett.和Opt Lett.等杂志上，相关的研究成果分别获得山东省科技进步二等奖和山东省自然科学三等奖。

（四）低维材料。发明一种利用熔融的混合碱作为溶剂，进行单晶纳米材料合成的方法。该方法避免通常合成纳米材料用的高温高压环境、复杂的反应设备、昂贵的原料在200度左右的低温下就可以批量合成多种复合氧化物、单一氧化物、合金、金属等单晶纳米材料。相关文章在Nano Letters上发表，被认为具有重大应用前景。

（五）晶体物理和器件。1986年，山东大学在国际上首创采用熔盐法生长大尺寸、高质量晶体。20年来，在全国许多晶体产业实现批量生产。长期坚持KTP晶体的基础研究，在国家“863”计划及自然科学基金资助下，开展各种掺杂KTP及KTP族晶体的生长工作。提出去除有害杂质，生长高抗光损伤KTP晶体的思路，生长大尺寸优质晶体，抗光伤阈值大幅度提高。采用这种KTP晶体，制作倍频器件和LD泵浦绿光激光器，实现5瓦连续输出，在军事等多方面有广阔的应用，拓宽KTP晶体的应用范围，该项目获得2002年山东省技术发明二等奖。

第四节　心血管病学

一、学科建设概况

山东大学心血管内科由全国著名心血管病专家王培仁和高德恩创立于1959年。1993年，获博士学位授予权。1997年，被评为山东省重点学科和山东省医药卫生重点学科。1998年，被评为卫生部临床药理基地和博士后流动站。2002年，建立由理、工、医多学科组成的山东大学心血管病研究中心，被教育部批准为“211”工程重点建设项目。2003年，被批准为教育部心血管重构与功能研究重点实验室建设项目。2004年，作为“985”工程二期重点建设项目，由教育部批准建立心血管基因组医学科技创新平台。2005年，被卫生部批准建立心血管重构与功能研究重点实验室。2006年12月，被评为山东省强化建设的重点学科。山东大学心血管内科发展成为一个具有较大影响和较强实力的重要学科。

该学科的主要研究方向为动脉粥样硬化的基础和临床研究、心力衰竭的基础和临床研究、心律失常的基础和临床研究、冠心病的介入性治疗研究、血栓栓塞性疾病的基础和临床研究。2001年后，共承担国家和省部级科研项目95项，获得科研经费4728万元，学科建设经费9126万元，合计1.39亿元。获得国家科技进步二等奖2项，省部级科技进步一等奖3项、二等奖16项、三等奖20项。在国内外杂志发表论文800余篇，SCI收录84篇，主编和参编专著80部。学科点承担的临床工作，平均年门诊量20.7万人次，平均年住院人数8147人次；获得国家级教学成果奖、精品课程或教材奖励3项，山东省教学成果奖或精品课程2项。有10名专家在国际学术会议上做主席团成员或做特邀报告50余次，举办国际、全国学术会议5届，承担国际合作课题5项。

二、主要研究方向和成就

（一）动脉粥样硬化的基础和临床研究。重点研究动脉粥样硬化易损斑块的发生机制、动物模型、检测方法和干预措施。在国际上首次构建BDNFmet knock-in 转基因小鼠，利用此小鼠研究BDNFVal66Met基因变异在易损斑块发生和破裂中所起的作用；建立多种易损斑块的动物模型，研究斑块易损的炎症、氧化、凋亡和力学机制；应用多种先进的影像学技术，探讨血清炎性因子、冠脉炎性和凝血因子梯度以及斑块影像特征在预测斑块破裂中的价值；研究炎症因子导致斑块易损和干预炎症因子预防斑块易损的信号传导通路；研制计算和描记斑块和管壁弹性的软件系统；探讨MCP-1基因缺失突变体、MCP-1基因干扰、mPPARγ1基因、TLR受体基因干扰以及多种中西药物消退和稳定斑块的作用和机制。

（二）心力衰竭的基础和临床研究。重点研究收缩和舒张性心力衰竭的发生机制、诊断技术和干预方法。建立收缩和舒张性心力衰竭的动物模型，研究两类心衰的纤维化、力学、炎症和代谢机制；建立三维超声成像定量心肌重量、功能和灌注以及多普勒超声测量左室舒张功能和冠脉血流储备的系列方法学；研究骨髓干细胞移植治疗心力衰竭的分子机制；联合应用自制血管再生因子和动脉再生因子对缺血心肌进行缓慢释放治疗，探讨建立有效的功能性血管网络和改善左室收缩功能的新途径；建立检测心肌缺血的早期标记物——血流跨壁梯度的方法学。

（三）心律失常的基础和临床研究。重点研究心房颤动的重构机制和干预方法。建立慢性心房颤动的动物模型，研究心房肌电重构、结构重构和功能重构的分子机制，对比左、右心房重构的异同；探讨多种药物对心房重构的作用机制；研究肺静脉和邻近左心房缝隙连接重构的分子机制。系统评价房颤时左、右心房的解剖构型、功能和血流动力学变化和血栓形成的危险因素；研究心房神经丛在房颤发生与维持中的作用，提出循序消融心房神经丛预防心房颤动的新方法。

（四）冠心病的介入性治疗研究。重点研究冠心病介入性治疗的方法学和标准化。1990年在全国较早开展经皮穿刺冠状动脉腔内球囊成形术(PTCA)，创用持续灌流法经皮冠状动脉球囊成形术(CPPTCA)，为老年冠心病和多支血管病变患者提供安全可靠的新方法。研究D等位基因频率与冠脉病变支数和侧枝循环的关系，发现DD基因型或D等位基因的患者难以建立冠脉侧支循环。进行急性心肌梗死溶栓、直接PCI和易化PCI的多中心对比研究，对比省内现有医疗条件下，三种治疗方法的相对疗效。

（五）血栓栓塞性疾病的基础和临床研究。重点研究血栓栓塞性疾病的发生机制、诊断技术和治疗方法。探讨斑块上游和下游之间炎症和凝血因子浓度梯度对于检出易损斑块的价值以及炎症和凝血因子之间的相互关系。研究血小板GP特异性自身抗体与抗原结合的分子机制，在慢性ITP中通过阻断共刺激信号成功诱导血小板抗原特异性T细胞免疫耐受。改良单抗特异性俘获血小板抗原(MAIPA)技术，提高血小板抗体检测的敏感性和特异性。领导、参与多种溶栓剂和抗血小板制剂治疗急性心肌梗死的临床试验。

第五节　中医基础理论

一、学科建设概况

山东中医药大学中医基础理论重点学科的前身是中医基础理论教研室，1986年获博士学位授予权，为全国较早中医基础理论博士点之一。1991年，中医基础理论教研室被列为山东省“八五”期间省级重点建设学科。1996年，通过山东省教委组织的专家验收，成绩优秀，被确定为“山东省重点学科”。1999年设立博士后流动站。2001年，被列为国家中医药管理局重点学科建设单位；同年入选山东省“十五”期间强化建设A级学科。2002年，评为教育部重点学科。2005年，通过国家中医药管理局重点学科建设中期评估验收，获得全国中医药基础类学科第一名，全国重点建设学科总排名第二；成为山东省人民政府首批设立的“泰山学者”特聘教授岗位。2007年，顺利通过教育部重点学科评估检查，成为全国中医基础理论的带头学科之一。

致力于学术团队建设，加强教学科研能力。该学科有27人，其中教授10人、副教授7人；具有博士学位13人，具有硕士学位9人；博士研究生导师6人(含外聘1人)，硕士研究生导师7人。先后有2人获国务院政府特殊津贴，1人获“泰山学者”岗位特聘教授；1人入选教育部“新世纪优秀人才支持计划”；2人入选“山东省卫生系统杰出学科带头人选聘和中青年重点科技人才培养计划”(山东省卫生高层次人才“1020工程”)；3人成为山东省省级中青年学术骨干；3人获得霍英东青年教师教学奖。2人获“全国优秀教师”称号，1人获山东省“教学名师”称号。学科聚集国内知名中医基础理论专家，学术界有影响中青年学术骨干，形成一支知识、年龄、学缘结构合理，学历水平高，创新能力强的科研、教学学术梯队。

二、主要研究方向和成就

经过多年的重点学科建设，该学科形成三个稳定的研究方向：藏象生理病理与理论建构、病因病机理论与实验研究、《内经》理论与治则治法研究。其中藏象生理病理与理论建构研究方向是本学科的优势特色，肝藏象生理病理与理论创新研究，优势突出、特色明显，取得重要进展。创立肝藏象系列科学假说，建立肝气逆、肝气郁两证概念与诊断标准、大鼠模型；首创经前期综合征肝气逆证猕猴模型；研制国内首类治疗经前期综合征新药；建立国内中医界首家“实验猕猴研究中心”；取得以国家科技进步二等奖为代表的多项研究成果。肝藏象研究带动肺肾藏象研究以及其他学术领域的学术发展，形成创新能力强、研究手段多、方法先进、发展势头强劲的局面，学术地位进一步提高。

编写三大系列教材，承担《中医基础理论》《内经选读》《难经》《中国传统文化与中医学》《时间中医学》《中医文化导论》《数理中医学导论》等课程的教学。学科主干课程《中医基础理论》是国家级及省级精品课程。主持编写国家规划教材《中医学基础》和《中医基础理论》，参编教材6部，自编教材16部。获得省级以上教学成果奖3项。培养博士研究生46人、硕士研究生90人，培养研究生数量及质量居同类学科点前列。形成独具特色的学士、硕士、博士、博士后四个层次的教学与人才培养体系，发表高水平学术论文400余篇，其中3篇被SCI收入，出版学术专著近40部。中国知网检索显示该学科重要论文他引率为全国同行之首，显示较强学术影响力。主持“973”计划重点课题、科技部“十一五”期间支撑计划等重要研究项目，承担国家级项目20余项(主持8项)、部省级项目16项。取得国家科技进步二等奖一项，省部级以上科研成果11项，申请专利8项(授权2项)；新药转让2项。先后主办“全国中医基础理论学科建设重大问题论坛”“中医基础类重点学科建设重大问题高层论坛会”等全国性学术会议5次，与美国明尼苏达大学、澳大利亚维多利亚大学及中国中医研究院、中国军事医学研究院基础研究所、山东大学生命科学学院、数学科学院等建立长期稳定的科研协作和学术交流关系。

该学科拥有“中医基础理论教研室”“中医基础理论研究室”“中医基础理论实验室”三位一体的学科构架和“情志病证临床研究中心”“实验猕猴研究中心”两个基地。2002年，“细胞分子生物学实验室”由国家中医药管理局批准为三级开放实验室。2005年，依托本学科成立山东省“中医经方工程技术研究中心”；在国家中医药管理局重点学科建设中期评估验收中，获得全国中医药基础类学科第一名，总排名第二名优异成绩。2006年5月，中华中医药学会中医基础理论分会正式挂靠该学科，带头人乔明琦任副主任兼秘书长，后备学科带头人张安玲任副秘书长，学术带头人迟华基任顾问；乔明琦“经前期综合征病证结合临床、基础和新药研发与应用”获科技进步奖二等奖，实现学科获国家奖历史性突破；乔明琦主持国家“973”项目“愤怒和郁怒诱发情志病证发病机制及干预”，经费240万元；并获得两项科技部“十一五”期间支撑计划。学科主干课程《中医基础理论》评为教育部精品课程。2007年，顺利通过教育部重点学科评估检查。

第二章　工交科技

第一节　机械科技

济南机械工业历史悠久，是全市工业中的骨干行业之一，在全国机械工业中占有重要地位。1986～1990年，济南机械系统开发新产品217种，其中达到国际水平的30种，达到国内先进水平、填补国内空白的126种，达到省内先进水平、填补省内空白的42种。全国第一台机电仪一体化大型机械压力机由济南第二机床厂试制成功，1990年6月通过部级鉴定，技术性能达到国际先进水平。济南试验机厂引进日本岛津制作所先进技术生产的WAW-Y500型微机控制电液伺服万能试验机，1990年6月经日方专家验收，确认完全符合日方技术要求，首批20台返销日本，标志着国内液压万能试验机达到国际先进水平。济南第二试验机厂研制成功TLS-1000A和TLS-100B两种弹簧拉压试验机，经专家鉴定达到20世纪80年代初国际同类产品的先进水平，填补国内空白。济南自动化仪表厂研制成功SBYB型扩散硅压力变送器，通过省级鉴定，填补省内空白；济南锅炉厂开发的新产品“循环流化床燃烧技术”是国际20世纪80年代发展起来的一种新型燃烧技术，该厂生产的国内最大的35吨/时循环流化床发电锅炉获国家计委、科委和财政部联合颁发的“七五”期间重大科技攻关项目成果奖。

济南二机床集团有限公司研制的J47-1250-2000闭式四点双动拉伸压力机，1992年获山东省科技进步一等奖，1993年获国家科技进步三等奖

1991～1995年，开发新产品153项，其中达到国内先进水平的30项，填补国内空白的47项，填补省内空白的15项；部、省级技术改造项目11项，形成具有鲜明行业优势和地方特色的5个产品基地：全钢机械压力机生产基地(济南机床二厂)，精密数控机床生产基地(济南机床一厂)，气门、挺杆生产基地(济南汽车配件厂)，万能材料试验机生产基地(济南试验机厂)和气动原件生产基地。济南试验机厂引进日本岛津公司先进技术合作生产的WAW-Y500型微机控制电液伺服万能试验机，达到20世纪80年代国际先进水平，被评为国家级新产品。山东电影机械厂开发出第五代DP1030单滚筒自动油印机，产品实现系列化，达到世界先进水平。济南锅炉厂开发的填补国内空白的75吨/时次高压循环流化床锅炉被列入省火炬计划，获山东省科技进步二等奖。济南试验机制造总公司成功研制出全国第一台最大的拉力试验机——500吨锚链拉力试验机。济南第二机床厂向市场推出23种新产品，均达到国际同类产品先进水平。

1996～2000年，列入各级创新计划163项，完成121项；申报各类新产品项目92项，完成85项；申报各类各级科技进步奖18项，其中申报山东省科技进步奖9项，获二等奖2项，三等奖3项；申报济南市科技进步奖18项，获一等奖1项、二等奖5项、三等奖12项。有8个企业争取到国家、省、市各级技术创新项目拨款532万元，14个企业享受到省级以上新产品增值税先征后返还政策，退税458.1万元。济南锅炉集团公司与上海轻工设计院合作开发碱回收锅炉，在环保设备开发上处于国内领先地位。济南一机床集团有限公司、济南二机床集团有限公司建成国家级技术中心，济南锅炉集团有限公司、济南华能气动元器件公司、济南试金集团有限公司、章丘鼓风机厂建成省级技术中心。

2001～2005年，机械电子系统共申报技术创新项目117项，其中列入国家级11项、省级27项、市级78项。争取科技三项费用拨款、科技进步奖和新产品退税共计1536万元。完成项目和新产品155项，获济南市科技进步奖21项。济南志友集团申报省级技术中心，章丘鼓风机厂、济南半导体总厂通过市级技术中心验收。15家企业被省科技厅命名为高新技术企业。装备制造企业与清华大学等50余家国内知名院校、科研院(所)建立10个产学研中试基地，西部“先进装备制造产业园”、东部“齐鲁机电产业园”为科技部认定的国家火炬计划装备制造产业基地。年投入各种科研经费16亿元，先后取得装备制造业产品发明专利、实用新型专利及外观设计专利共1000余项。以济南一、二机床集团等为依托，与国家知识产权局、济南市政府共建“济南·中国数控机床及重型锻压设备知识产权信息数据库”。创建的“国家火炬计划——济南先进机电装备制造产业基地”，一次性通过国家级产业化基地评审；济南机械工业CAD/CAM咨询服务中心，被济南市科技局列入全市首批3家重点扶持的中介服务机构。济南一机床集团、济南二机床集团、济南锅炉集团3家企业，被济南市科技局认定为首批制造业信息化工程示范企业，前两家企业被评为山东省制造业信息化工程示范企业。济南重工股份有限公司引进国外先进技术，研制开发TRM3641型立式辊磨机，填补国内空白。济南二机床集团成功研制5000吨多工位压力机、GIMAX200A五轴联动落地铣镗床、XZK2745×80龙门移动式数控铣钻床等高新技术产品；涉及南水北调、汽车、军工等重点行业、重点用户的3项“863”攻关项目通过国家验收；集团再次被认定为山东省制造业信息化示范企业；“数控机械压力机技术”成为山东省“泰山学者”岗位；技术中心被认定为首批118家“国家级企业研发中心”。大力发展大型数控龙门镗铣床、五面龙门加工中心、数控落地镗铣床、柔性生产线等高技术含量产品，成为中国数控机床的“龙门世家”。数控刻槽加工中心被评为济南十大科技成果。“飞机大梁数控高速复合仿形加工中心”项目研发完成，填补国内空白。承担的3项国家“863”计划项目均属先进制造与自动化技术领域。其中“新型高速五轴联动加工中心”被列入“高精尖”重大数控装备研制专题，是国内第一台自行研制具有自主知识产权的大型五轴联动数控机床，达到国际同类产品先进水平。济南一机床集团承担的国家“863”计划“高效数控车床产业化工程关键支撑技术的研究”项目，以中档数控车床为目标产品。该项目的实施为国家数控机床产业化基地奠定基础。“863”计划课题实施后，累计开发新产品12项，申报实用新型专利10项，获授权6项。济南一机床集团有限公司2001年开发的新产品J1VMC63型数控刻槽加工中心，

济南二机床集团有限公司研制的数控动梁龙门镗铣床2004年获济南市科技进步一等奖

是柱动式、四轴联动、大型弹体铣槽立式加工中心，属国内空白且国外对中国禁售的产品，解决国防工业的急需。济南试金集团有限公司研制的PWS-100A电液伺服动静万能试验机通过鉴定，性能指标达到国际先进水平。研发的MLW-15000型微机控制电液伺服锚拉力试验机顺利安装调试完毕，并交付莱芜钢铁集团淄博锚链有限公司使用，标志着全国试验机的设计制造技术达到一个新水平；技术中心顺利通过国家级技术中心的复审，WAW-300C微机控制电液伺服万能试验机、YAW-2000微机控制电液伺服压力试验机获济南市科技进步二等奖，WDW-200电子万能试验机、PNW-3600扭转疲劳试验机、YE-10000压力试验机获山东省机械科技进步奖；与浙江大学、厦门大学共建力学实验室。济南试金集团“MMS-1G高温高速销盘摩擦磨损试验机”科技攻关项目、火炬计划“WAW系列微机控制电液伺服万能试验机”项目、“基于网络的试验机通用测控系统”科技明星计划项目、济南志友集团省级技术创新重点项目“SFPSZ9-180000/220环保型免维护电力变压器”、市级新产品“智能型SSZ9(10)-20000-50000/110环保免维护变压器”、济南锅炉集团“240T/H循环流化床锅炉研发”等项目，全部完成设计研发任务并通过省、市鉴定。济南华能气动元器件公司研制开发的IDSA200系列电力机车受电弓升降气控系统填补国内产品空白；K22JP-L8系列高频电磁控制阀是济南华能气动元器件公司2002年开发的新产品，主要性能指标达到国际同类产品先进水平。

2006～2010年，机械电子系统营造创新环境，推动创新主体建设，科技成果不断涌现。2006年1月，济南华能气动元器件公司“发展大型数控锻压机床及联线机器人和数控落地镗铣床技术改造项目”通过山东省经贸委组织的竣工验收，项目投资及建设内容均达到设计要求。该项目是国家第四批国债项目，新增设备仪器184台套，计算机及辅助设备11项，完成总投资1.25亿元。企业形成年产机械压力机218台、冲压自动线6条、开卷落料线10条、金切机床55台的生产能力，拥有一流的制造技术和一批具有国际先进水平的工艺装备。济南柴油机股份有限公司向西气东输工程提供近30台天然气发电机组，机组采用国际先进燃气混合控制策略，运用先进闭环电控技术，实现发动机的稀薄燃烧，各项技术指标达到国际先进水平。法因公司自主设计开发的DD40/2型深孔数控钻床研制成功并正式投入生产，填补国内空白，结束完全依赖进口的历史。DD40/2型深孔数控钻床主要用于石化、锅炉、热电等行业热交换管板的深孔钻孔工序，采用硬质合金外排屑枪钻或内排屑BTA钻工艺，加工精度高。天辰立体停车库投入使用，该智能化仓储式立体车库是世界上先进的车库型式，具有自动化程度高、性能优越、省电、噪声小、高速运转、出入车快捷、安全装置齐全可靠、操作简单、维护方便等优点。车库长度60米、宽度8米，分上下4层，共有68个停车位，节约3/4的占地面积；配有2部升降机、4部搬运器，存取车速度为每分钟100米。济南锅炉集团有限公司研制的YG-600/9.8-M型高温高压循环流化床锅炉在山东晨鸣纸业集团有限公司顺利通过168小时试运行，仅采用尾部金属包墙烟道结构一项，就节省资金300万元；研制的6台燃烧秸秆的130吨/时生物质锅炉顺利安装投运；具有完全自主知识产权的掺烧80%稻壳和花生壳的循环流化床生物质锅炉在江苏投运；出口印度尼西亚金光集团的木煤混燃240吨/时高温高压循环流化床生物质锅炉投运，成为中国第一个出口该类型最大锅炉产品的企业；首台国内最大容量的33万千瓦空冷发电机样机在济南发电设备厂试制成功，额定电压提高到2.2万伏，额定输出功率增大到33万千瓦。

2007年9月25日，召开济南德佳机器有限公司新产品鉴定会，对济南德佳机器有限公司承担的山东省重点技术创新项目“SHP4-CNC-

3000H塑料门窗数控多层平行四角焊接机”进行新产品鉴定，“SHP4-CNC-3000H塑料门窗数控多层平行四角焊接机”采用角焊接同步进给装置、先进的上下同步夹持精密定位装置、多层焊接机构、多层工件同时移出机构及与之相关的制造工艺采用国际先进的数控系统、伺服驱动系统及方形直线导轨副等进行传动和自动控制，使整机在工控电脑的操控下能够自动完成多层塑料门窗的四角焊接工作，显著提高塑料门窗的焊角强度，保证门窗焊接精度。在2007年国家科学技术奖励大会上，由济南二机床集团有限公司独立完成的“LS4B-2500型2500美吨闭式四点多连杆压力机”项目获国家科技进步二等奖。由国家质量监督检验检疫总局中国特种设备检测研究院组织的特种设备制造许可鉴定评审组对济南济锅华源锅炉有限公司进行现场评审，一次性通过A级锅炉部件制造许可鉴定评审，获得A级锅炉部件(锅筒除外)制造许可证。二机床集团研制成功国内首台双龙门移动式机械五轴联动数控镗铣床，该机床是国内第一台机械五轴联动数控镗铣床，代表数控机床技术的制高点，满足三峡工程及重大发电、船舶、军工行业的需求，摆脱对国外的依赖，提升二机床在数控机床方面的市场竞争力。济南二机床集团为沈阳华晨金杯汽车有限公司提供的拥有完全自主知识产权的全自动重型高速送料冲压生产线研制完成，打破国外企业在该领域的技术垄断。该冲压线由一台多连杆2400吨压力机、四台销轴式1000吨压力机以及高速送料机构组成， 在5000毫米×2600毫米的大台面上可实现12次/分钟的生产节拍，比普通自动化冲压线提高效率50%；配备世界先进的数控液压拉伸垫，吨位为600吨，进一步提高拉伸件的质量。济南重工，在自主研发、设计、制造棒磨机项目时，结合外商要求，考虑工艺和施工过程中的特点，体现出动力强、运转平稳、性能稳定、使用安全、节能降耗等优点。济南市弹簧测试技术工程技术研究中心依托济南市时代试金仪器有限公司组建， 以产业化、工程化为目标，不断完善相关理论与技术，实现该领域的新突破，被济南市科技局批准认定为2007年第一批市级工程技术研究中心。法因数控公司自主研制新型数控冲割复合机PPC117调试完毕，该设备是一种新型的中厚板材加工设备，特点是多功能的复合化，即在一台主机上面涵盖冲孔、切割和打标三种功能，能够实现一次板材装夹就加工出整个零件，同时通过CAM软件自动实现优化套排料，最大限度提高材料利用率，降低板材零件制造商的生产成本，广泛应用于汽车、矿山机械、农业机械、造船和钢结构等加工制造领域。

2008年，拥有国家级技术中心4家、省级技术中心11家和市级技术中心24家、工程技术中心10家，拥有中国名牌产品5个、山东名牌产品16个和济南名牌产品17个。2009年4月25日，由济南二机床集团负责开发研制的国内首台XKV2745×200双龙门移动式机械五轴联动数控镗铣床通过国家鉴定，达到世界先进水平，打破国外技术垄断，解决国家发电行业急需的大型水轮机叶片加工设备的难题。5月，拥有完全自主知识产权的高速功率最大的济南柴油机厂26/32型发动机一次开机成功，该发动机的动力性、经济性、可靠性、安全性、排放指标均达到世界顶级水平，油耗、噪声、排放等技术指标均达到当时世界先进水平。同年，首批启动的高档数控机床与基础制造装备专项项目中，济南二机床集团承担数控大型多工位压力机、大型快速高效数控全自动冲压生产线、高速龙门五轴加工中心、双摆角数控万能铣头4个课题。其中数控大型多工位压力机、大型快速高效数控全自动冲压生产线2个课题进入最后试验阶段。中国北车集团公司投资30亿元，在济南建设风力发电装备产业基地，用3～5年时间，形成年产500套1.5兆瓦风力发电机组和1000套桨叶、年销售收入100亿元以上的生产能力。济南锅炉集团扎实推进产品创新和产品设计优化，共完成32个新产品设计和3个包装设计创新项目。自主研发的440吨/时(135兆瓦)超高压再热循环流化床锅炉获“国家新产品”称号，返料器布风装置申请国家专利。在创新平台上，济南锅炉集团继续发挥企业省级开发中心的作用，完成济南市第二批“泉城学者”建设工程的济锅75吨循环流化床生物质锅炉的研发项目验收工作。省电力设备厂持续推进“技术领先、产品一流”的发展战略，加快科技创新步伐，加大技术研发投入，通过加强与高校及科研机构的交流合作，不断提升变压器研发能力。省内首台750千伏变压器以良好的技术性能指标研制成功，自主开发的智能变压器位居国内领先水平；自主设计制造的SSZ10-180000/220纯自冷电力变压器、SFP-105000/330TH电力变压器、DF-250000/400TH发电机变压器被济南市科技局认定为首批自主创新产品。

2010年1月，济南二机床集团承担的2009年山东省技术创新计划项目：XHV2525×120桥式五轴联动高速数控龙门镗铣加工中心、LS2-1000数控闭式双点多连杆压力机、XKV2755×120五轴联动龙门移动镗铣床、LS4-2250A数控闭式四点多连杆压力机等28项新产品全部通过山东省科技厅和山东省经信委的鉴定验收。4月2日，济柴动力总厂3台1000千瓦垃圾填埋气体发电机组中标北京市朝阳区高安屯卫生填埋场填埋气体利用工程项目，打破国外大功率机组在垃圾填埋气体发电领域的垄断。

第二节　纺织科技

济南是一个以棉纺织、印染行业为重点，拥有毛纺织、针复织、化纤、纺织机械和纺织器材等行业的纺织工业基地。1986～1990年，全系统研制新产品72项，开发新产品154个，有15项填补国内空白，13个项目达到国内先进水平。其中，济南第五棉纺织厂的大麻纺织产品获国家经委技术进步优秀成果奖；济南毛巾总厂开发的素色螺旋缎档浴巾等4项产品达到国际先进水平；济南第一印染厂工人马骥远研制的旋混式烧毛机火口项目获得国家发明二等奖，全国发明展览银牌奖，在印染、针织等行业应用，并在毛纺、色织行业逐步推行。

1991～1995年，开发新产品154个，有25项达到国内先进水平。济南合成纤维厂、济南第二棉纺织厂、济南第一印染厂、济南针织厂、济南纺织科学研究院联合承担开发的涤棉超细面料属高新技术产品，试生产的5000米面料各项技术指标达到设计要求。济南毛巾厂研制开发的仿喷花系列毛巾通过山东省经委组织的鉴定，产品达到国内先进水平。济南第一印染厂开发的具有国内先进水平的生物酶超柔软整理卡其，全部出口日本。济南针织厂研制的高密仿丝绸服装——纯棉60S丝光高密仿丝绸T恤衫，达到国内先进水平，并填补省内空白。济南纺织器材厂开发的“双层胶辊”，采用新原料、新工艺，产品达到国内先进水平。济南鲁思达纺织机械有限公司在JW780中档挠性剑杆织机上开发出断经电子分段显示装置及不同档次的多臂提花机和灯芯绒装置，达到一机多用，解决人工寻经的难题，填补国内空白。济南化纤总公司对PET设备进行科技攻关，使年产6.6万吨聚酯装置达到8.3万吨，生产能力提高20%。济南毛巾厂与西安交通大学联合研制开发的电子分色制板技术，有效地提高产品的档次和设计效率，填补国内空白。济南天齐特种平带有限公司开发的高速龙带，达到国际同类产品先进水平。济南纺织器材厂开发的新型牵伸胶卷和皮结，达到国内同类产品先进水平。济南市丝绸公司系统开发新品种5个，翻改品种13个，其中济南丝绸厂开发的“云绉”通过山东省丝绸总公司的新产品鉴定，达到国内先进水平，并填补省内空白。鲁丝纺、鲁丝绉产品在国家计委组织的“八五”期间涤纶仿真丝织物研究开发鉴定会上通过整体鉴定，产品达到国外同类产品水平。

1996～2000年，开发新产品114个，其中3项获省、市科技进步奖。济南毛巾厂开发的抗菌系列产品、多用浴巾、经纬缎档毛巾等产品，备受市场青睐。济南元首针织股份有限公司开发的加厚空气层内衣、羊毛内衣、休斯呢运动装、高档花边内衣、混纺T恤衫、高支仿麻T恤衫等产品，提高元首牌针织服装的声誉。济南云霖公司开发的仿羊羔人造毛皮投入市场，企业扭亏为盈。济南天齐平带有限公司开发的不同规格的棉纺、毛纺用锭带，在材料的国产化上攻关，材料替代率80%。济南鲁思达公司的JW780型挠性剑杆织机和济南天齐平带有限公司的高速龙带被国家经贸委、国家科委确定为1996年度国家级新产品。济南丝绸厂开发的“绉丽丝”真丝针织产品，被列为山东省科委科技攻关项目。全系统6个企业与多家大专院校建立长期技术合作关系，在全省产学研洽谈会上签订技术开发意向7项。济南仁丰公司、济南诚通公司探索采用新原料、新工艺，TENCEL纱线试纺成功，氨纶包芯纱工艺成熟，质量稳定，取得较好效益。济南鲁思达LSD400剑杆织机通过国家级鉴定，达到国内领先水平。济南天齐平带有限公司成功开发高定伸尼龙片基产品。

2001～2005年，共开发新产品105项，其中列入省、市计划并通过专家鉴定的10项，山东省经贸委、济南市科技局对多功能聚酯切片、耐高温热塑性食品级输送带等8个产品进行鉴定，达到国际先进水平3个，国内领先水平3个，国内先进水平2个。齐鲁化纤集团公司投资2000多万元，先后组建环保新技术中试基地、纤维新材料联合研究开发基地、齐鲁化纤－山东大学功能高分子联合实验室，完善测试手段，初步形成化纤原料、纺丝织造、面料服饰“一条龙”的科研开发体系。2002年，集团实行的ERP管理，在全市工业企业中居领先水平。济南正昊公司相继开发出复合纺、特种纤维、功能性新材料、改性纤维、阻燃及新型纳米材料等12类系列产品，申报受理发明专利20项，其中7类实现产业化，其研制成果在国内居领先地位，在中国纺织工业产品开发工作会议上获得“化纤新材料应用贡献奖”；公司研究的“阻燃耐熔滴聚酯纳米复合材料”项目获科技部批准列入2003年度国家“863”计划。济南元首公司开发防紫外、抗菌、远红外健康保健针织内衣，大豆纤维针织内衣，竹纤维一次成型内衣，甲壳素纤维针织产品。冠龙公司开发竹纤维、纸纤维、大豆纤维分别与羊毛纤维混纺的精纺面料及服装。济南天齐平带有限公司采用纳米级炭黑等高性能材料及高新技术，开发出生产高强低伸、高耐磨传动带、输送带，达到国际同类产品水平，出口欧美等市场，成为全球四大制造商之一。济南市纺织科学研究院张森的论文《纺织电子式强力仪测力动态特性分析与检定方法研究》，获第八届陈维稷优秀论文二等奖(一等奖空缺)，是设立该奖后山东纺织业获得的最高奖项。济南正昊公司组建博士后科研工作站，加强与科研院校的联系，发挥技术联合优势。2003年，有8项发明专利被授权，其中“用于聚酯改性的硫酸钡溶胶及其制法”专利获得济南市十大专利技术，“挥汗康体聚酯纤维的开发及应用”课题列为济南市2004年科技攻关计划，获三项科技经费拨款25万元。济南元首公司推出的狐狸绒内衣以其全国首创性、保暖性以及选料的稀缺性，填补国内内衣市场空白。

2006～2010年，加大新产品开发力度，提高产品科技含量。2007年，齐鲁宏业纺织集团有限公司实施“低压用电系统节电改造项目”成效明显，年耗电量由改造前的8813万千瓦小时降至改造后的7303万千瓦小时，年总节电量1510万千瓦小时。该项目是对企业总负荷1.2万千伏安(有功功率和无功功率的和)的用电设备进行节能改造，在公司低压用电系统中接入具有世界先进水平的POWERMEX-MRDVC节电系统，改善电力品质；同时对60台国产自动络筒机，在保证工艺、质量等因素不变的情况下，引用变频加传感器新技术，通过传感器变更频率，根据需要的风压和风量而实现动态耗能，形成合理供能的设备运行模式。2008年，济南元首公司进行发热纤维、竹炭纤维等新型面料的开发工作，新产品成为公司新的经济增长点。齐鲁宏业纺织集团有限公司总投资1.87亿元的“改造12万棉纺锭、引进120台喷气织机新型纤维面料技术改造项目”技改规划，被纳入省、市工业结构调整重点项目，2009年年底全部完工达产；自主研发的芳纶耐高温防护服面料和炭纤维增强复合面料被评定为高新技术产品，其中芳纶耐高温防护服面料获得市科技进步三等奖。2009年，济南丽丝特纤维有限公司产品银纤维防辐射梭织布、抗菌织物、防静电导电布等广泛应用于特种部队、航空航天、电子通信、医疗卫生、家庭保健等多个领域，具有防伪、防电磁辐射、屏蔽、防信息泄露、抗菌除臭、导电除湿、抗SARS病毒、抗禽流感病毒等20多种功能，可抗拒650种细菌和微生物。济南元首公司以科技实现低碳经济，与济南大学联合研制出YS-DYB溢流染色机。该设备从整机到核心部件拥有6项自主知识产权，工艺流程为独有创新技术，属原始创新。集机、电、自动控制技术为一体，设备容量从50千克到1000千克，可满足产业化生产的全部需要。有较显著节能减排效果，与进口同类设备比较，综合节能40%，减排50%，减少原料消耗15%。该设备平均价值(含配套辅助)68万元，跟同等效能进口设备价值120万元～200万元相比，具有较大竞争和升级空间，填补针织物专用染色机国内空白，性能国际先进。经测试鉴定，该设备成功实现布液分离、气股大小合理、坯布不扭结、四动程摆布装置有序排列和平稳有序运行、运行周期工艺参数设定、坯布无拉伸和摩擦等技术创新，突破国际最高端染色机无法实现的色花和皱褶技术难题，以及针织物染色缩水率大、起毛、浮色等质量问题。该设备研发使企业掌握印染产业升级和改造的核心技术，打破节能环保染色机的国际技术和贸易壁垒，为纺织服装行业的快速发展、节能降耗、提升产品质量和档次、增加附加值奠定技术基础。该项目的实施，对于提升国产装备水平、拉动产业升级、推动产业发展与进步、降低产品成本、实现节能降耗将产生巨大的社会效益。2010年，规模以上纺织工业有64个，工业总产值(现价)78.91亿元，工业销售产值7.78亿元，工业增加值(现价)22亿元，全部从业人员年平均1.74万人。其中，国有及国有控股企业单位3个，工业总产值(现价)3.86亿元，工业销售产值3.93亿元，工业增加值(现价)6965万元，从业人员年平均3744人。

第三节　化学与制药科技

一、化学科技

石化工业是济南市五大支柱行业之一，生产规模大、门类较齐全、品种多样。1986～1990年，济南石化行业完成15项基建和技术改造项目，开发研制新产品41项、新工艺1项，鉴定16项，其中填补国内空白2项，达到国内先进水平10项，填补省内空白1项，达到省内先进水平3项。济南明水化肥厂4万吨/年尿素工程开工建设，填补济南市化肥工业空白。全国生产规模最大的铬盐工程在济南裕兴化工总厂开工建设。济南化工厂与美国施多福公司正式签订年产万吨无水氟化氢制备技术和关键设备引进合同，并顺利投产。济南化工厂年产4000吨甲醇氯化生产四氯化碳装置建成投产，其产品填补省内空白。硝酸磷肥硝酸生产装置在济南化肥厂点火成功。由北京化工科学研究院开发并在美国获得专利权的催化裂解新工艺，在济南炼油厂经过两个周期的工艺放大试验获得成功，开辟一条利用自己技术发展国内石油化工原料的新途径。

1991～1995年，全系统共完成科技开发项目50项，其中，5项填补国内空白，30项填补省内空白，14项获市以上科技成果进步奖，44种产品通过技术开发和技术改造投入生产。由天津大学化学工程研究所开发研制、并获国家教委科技进步一等奖、具有世界先进水平的碳钢渗铝孔板波纹填料新工艺和组合式液体分布器专利技术，在济南炼油厂润滑油型干式减压蒸馏装置应用获得成功。济南石化(集团)股份有限公司年产2万吨甲酸项目，属20世纪90年代世界先进水平；年产2.4万吨氟制冷剂限上技改项目在济南化工厂开工建设，为国家重点技改项目，总投资9995万元。

1996～2000年，济南石化(集团)股份有限公司建成国内第一套自行研制、自行设计、自行施工、亚洲最大、技术最先进的2万吨/年甲酸甲酯法甲酸生产装置，1998年3月31日建成并一次开车成功，标志着中国在甲酸生产技术上新的突破。济南裕兴化工总厂引进斯洛文尼亚技术建设1.5万吨/年金红石钛白粉项目竣工投产，生产出合格的锐钛型钛白粉。

2001～2005年，共有科技开发项目20项，技改项目21项。济南长城炼油厂的炼油装置改造、济南永宁制药公司的大输液改造、济南裕兴化工总厂的万吨铬盐二期工程和污水处理项目、济南明水化肥厂的造汽炉改造和循环水改造项目、济南东风制药厂的益寿宁车间改造等完成，上述项目年新增销售收入3.68亿元，新增利税7877万元。济南宏业化工公司的水性木器漆和新型氟涂料的研制与开发项目、山东健康药业公司的盐酸氟桂利嗪片和盐酸左氧氟沙星分散片项目、济南裕兴化工总厂的水煤浆在铬盐转窑中应用项目等，分别通过济南市科技局组织的专家鉴定。在申报的省市科技进步奖项目中，山东东方药业集团感冒止咳合剂的研制、山东金泰生物公司注射用基因工程链激酶项目分别获得山东省科技进步三等奖，注射用基因人白细胞介素-2获济南市科技进步三等奖。

2006～2010年，石化系统注重节能减排，加大环保工作力度。2006年，中国石化股份公司济南分公司，投资1300万元的污水双膜处理装置建成投用，工业污水回用率首次达到100%，实现污水“零排放”的目标。济南裕兴化工总厂与济南钢铁集团总公司达成合作协议，铬渣经裕兴加工筛选后由济南钢铁集团用于烧结炼铁，裕兴化工厂从根本上解决铬渣堆放造成的污染问题，济钢采用铬渣代替部分生产原料降低生产成本。2007年7月，山东明水大化集团52万吨尿素改造一期工程顺利竣工投产，生产线采用国内最先进的设备、工艺和技术，达到节能减排、提高效率、保护环境的目的；工程从开工到调试出产品仅用11个月的时间，创下全国同类工程建设工期最短的纪录。济南圣泉集团股份公司先后投资150万元，成功开发出糠醛废水闭路循环工艺技术，国家知识产权局对该技术发明专利发布公告，标志着圣泉集团在国内率先实现糠醛废水循环利用新突破，每年可节约资金180万元，减少COD排放32.4吨，节水27万立方米。2008年9月11日，圣泉集团与中国科学院化学所共建的“糖化学及生物工程技术研发中心”揭牌；10月16日，圣泉集团被农业部认定为生物质燃料加工领域的“国家农产品加工技术研发专业分中心”。同年，圣泉集团技术中心被认定为山东省重点企业技术中心，并获得省政府200万元无偿资金

济南丽丝特纤维有限公司生产的高含量银纤维布料
(2010年摄)

支持。济南圣泉集团股份有限公司的新一代呋喃树脂成为国家重点火炬计划项目暨火炬计划国际化项目，成为国家高新技术产品。圣泉集团的生物能源与生物化工联产项目——糠醛、木糖产品联产乙醇一体化示范装置，以完全拥有自主知识产权的五大国际领先水平的工艺技术，通过财政部组织的专家评审，列入财政部扶持项目计划，获得项目建设第一年贴息资金401万元的资金支持。2010年3月9日，济南市与中石化在北京签署发展战略合作框架，中石化在济南建设重质润滑油——光亮油项目。6月20日，济南裕兴化工有限责任公司10万吨/年金红石型钛白粉项目投产暨济南新材料产业基地揭牌仪式在济南化工产业园举行；裕兴钛白粉项目一期工程总投资约17亿元，同步建设10万吨/年金红石型钛白粉生产装置、专用铁路货运站等26个子项工程。

二、医药科技

1986～1990年，济南医药公司所属工业企业开发新产品47项，其中填补国内空白9项，省内空白30项。先后有白细胞干扰素、硝酸甘油气雾剂、硅橡胶开花导管等投放市场。济南制药厂新产品阿普唑仑，在国内系第一家正式投产。济南东风制药厂研制成功5种新产品，其中三矽酸镁填补省内空白。济南第三制药厂研制成功茶普生片等15种新产品，创产值780万元、利润118万元。济南医用硅橡胶制品厂研制成功斜式连续硫化装置，属国内首创。济南医用光学仪器厂研制的落射荧光显微镜和XSY-LX落射荧光显微镜装置通过省级鉴定，既可用于普通显微术和显微照相，又能用于荧光显微术观察，具有一机多用、体积小、使用方便等特点。新肤螨灵霜、速溶阿胶、六味地黄口服液、金鸣片、载玻片标本定位器5项新产品填补国内空白。

1991～1995年，研制新产品50种，其中填补国内空白4项，填补省内空白23项。全行业投资2.2亿元，确保18项技改项目进行。济南制药厂“抗癌药制剂及原料技改工程”、济南永宁制药股份有限公司“针剂车间GMP改造”、平阴阿胶厂“中药材制胶车间GMP改造”3个技改项目，被国家行业主管部门批准，列入国家专项。获新药证书11个(2类3个、3类1个、4类7个)，取得药品生产文号39个(填补省内空白以上33个)。完成市以上科研计划18项。济南中药厂人工麝香1994年获国家新药证书并投入生产，属国家一类中药新药，国家计委批复同意济南中药厂采用国内科研技术和设备生产人工麝香及制剂。

1996～2000年，注射用重组人白细胞介素-2和注射用重组人红细胞生成素，分别在山东金泰集团股份有限公司和山东赛诺金生物药业有限公司投入生产，填补济南市不能生产基因工程药物的空白，其产品技术水平在山东省处于领先地位。齐鲁制药厂独家研制新一代抗真菌新药——盐酸特比萘芬并于1996年6月投入生产，填补国内空白，各项技术指标达到国际先进水平，1998年7月获山东省科技进步一等奖。济南中药厂人工麝香1998年获国家中医药局科技进步一等奖。济南宏济堂制药有限公司前列欣胶囊、齐鲁制药厂阿奇霉素及制剂获国家新产品证书。山东东方药业集团有限公司白泉牌卫生材料、济南东风制药厂扬帆牌盐酸环丙沙星片、山东金泰集团股份有限公司JT牌非普拉宗及制剂、齐鲁制药厂鼎鼎牌阿米卡星注射液、注射用哌拉西林钠被认定为济南市名牌产品。济南宏济堂制药有限公司麝香酮新工艺研究获济南市科技进步一等奖。山东金泰集团生物工程公司研制的一类新药——链激酶获新药证书，为济南市获得的第一个生物一类新药。

2001～2005年，共有科技开发项目20项，其中新批项目5项，完成科技开发项目6项。山东健康药业公司盐酸氟桂利嗪片和盐酸左氧氟沙星分散片项目分别通过济南市科技局组织的专家鉴定，山东东方药业集团东方活血膏巴布剂的研制和化工研究所乙肝新药阿地福韦双特戊酰氧甲酯科研项目分别通过专家评审，被列为2003年济南市科技明星项目。在申报的省市科技进步奖项目中，山东东方药业集团感冒止咳合剂、山东金泰生物公司注射用基因工程链激酶项目分别获得山东省科技进步三等奖，注射用基因人白细胞介素-2获济南市科技进步三等奖。生物基因类药品重组人粒细胞集落刺激因子(rhG-CSF)的成功研发和国家标准的制定，及被国家创新药物(1035工程)立项的长效型rhG-CSF，使济南市在肿瘤化疗增加白细胞药物方面跻身世界领先技术研发行列。受科技部科技型中小企业技术创新基金管理中心委托，济南高新区管委会组织有关专家对济南力诺科峰制药承担项目“氨来呫诺及糊剂”进行验收，该产品是由济南力诺科峰制药与山东省医药工业研究所共同研制开发的，是美国FDA1996年第一个批准上市用于治疗复发性口腔溃疡的处方药，疗效显著、安全性好，具有较强的产品竞争优势。

2006～2010年，在国家基本药物制度改革的基础上，注重药品科技开发项目。2006年，力诺科峰制药成功地将二甲双胍片换上全水型包衣，连续对三批二甲双胍薄膜包衣片的外观检测及包衣过程进行分析，成功地给盐酸二甲双胍片换上全水型薄膜包衣。山东福胶集团与山东师范大学联手建立的科研基地、实践教学基地正式揭牌，为阿胶产品深度研发、工艺改进、延伸产业链以及技术人员培训提供平台。齐鲁制药有限公司承担的山东省技术创新项目“多西他赛(多帕菲)的产业化研究”顺利通过专家鉴定。2008年，山东福胶集团东阿镇阿胶有限公司申报《东阿镇福牌阿胶制作工艺》被列入文化部公示的“第二批国家级非物质文化遗产名录推荐项目名单”。宏济堂制药公司通过省级技术研发中心认定，不断推出具有自主知识产权的新产品，有国家专利产品10多项，其中申请发明专利7项，在研项目20余项。齐鲁制药有限公司哺乳动物细胞高效表达项目被确定为国家工程实验室。2010年，济南中信银行与北京医药股份有限公司进行股权合作，组建山东北药中信医药有限公司，实现销售收入36.5亿元。在全省率先实现“一类医疗器械”审批业务网上办理，平均办结时限缩短一半。

第四节 轻工业科技

一、一轻工业科技

1981～1987年，共完成技术改造项目237项，投资额3.76亿元，先后有53种产品获省级以上优质产品称号。1991～1995年，全系统共开发新产品156项，41个新产品通过省级鉴定，填补国内空白18项，达到国内先进水平9项，填补省内空白39项，共获市级以上科技成果奖8项。其中填补国内空白的有SB300健身运动自行车、KDZ520多层无碳纸打孔折页机、珍珠牌啤酒、环形荧光灯、玻管玻璃成分及配方等项；达到国内先进水平的有6升电热保温开水容器、异型保温瓶胆、环形荧光灯3项；制药用丙酮丁醇、仿磨砂、彩色内涂灯泡、摩托车塑料护板4项新产品填补省内空白。济南瓷用花纸厂小膜花纸获山东省科技进步三等奖，该厂无苯表状挂网调墨获济南市科技进步二等奖。济南啤酒集团白马山啤酒厂将中国军事医学科学院、山东中创集团丝普润生物工程公司高科技产品引入啤酒生产，推出高附加值、高品位北冰洋“复方SOD”营养保健啤酒，填补国内空白。

1999年12月，召开科技创新、产学研论坛会议，邀请中国人民解放军军事医科院、清华大学、北京大学等大专院校、科研院所的教授、专家及国家轻工局有关司局和行业协会领导，对济南一轻如何通过科技创新加快发展进行探讨。一轻国有资产经营总公司同军事医科院、清华大学分别签署长期产学研联合协议书，13个企业同有关科研院所签订20个项目意向书。山东酒精集团的玉米综合利用技术、新华印刷厂研制开发的无接触卡和数字印刷技术、济南蓄电池厂的免维护蓄电池、济南牙膏厂的铝塑复合管、山东华光集团与台湾合资的免攻丝快速管接头项目、济南油墨厂与清华大学共同研制的水溶性凹印油墨等，都属于高科技产品。2000年，列入国家火炬计划和省、市科技计划的项目有4项，其中无醇、低醇啤酒列入国家火炬计划，耐磨表层纸列入山东省科委计划项目，快速发酵啤酒酵母菌中试列入济南市科委计划项目。耐磨表层纸、无醇、低醇啤酒通过鉴定，并填补国内空白，达到国际先进水平。

2006年12月29日，山东力诺瑞特新能源有限公司承担的山东省技术创新项目“家用分体式太阳能热水中心”“阳光新生代系列太阳能热水器”通过省级新产品鉴定，填补国内空白。同年，百脉泉酒业有限公司承担的山东省技术创新项目“酒糟饲料一次性烘干技术”经省专家鉴定委员会审核、评议，顺利通过省级新产品鉴定，综合技术达到国内领先水平，填补国内空白。佳宝乳业工程研究院承担科技部下达的国家“十五”期间科技奶业重大专项示范类课题——“华北农区(山东)奶业现代化生产技术集成与产业化示范”课题通过专家验收，总评分在全国16个示范类课题中位居第二。8月28日，山东力诺瑞特新能源有限公司年产50万台CPC、U型全玻璃真空管集热器高技术产业化示范工程项目通过国家验收，关键技术拥有自主知识产权，生产工艺先进，所生产的中高温集热器填补国内空白。9月，省内首例太阳能玻璃幕墙发电工程落户济南，安装在力诺集团办公楼玻璃顶棚项目中；该项目采用山东力诺太阳能电力工程有限公司自主研发的30片2米×2米光电幕墙玻璃，可为大楼提供6000瓦电力，年合计发电9000千瓦小时，各项指标均达到技术标准要求，填补省内空白。力诺新材料有限公司新产品“热管太阳能集热器”获科技部、商务部、质监总局、环保总局联合颁发的国家重点新产品证书。2009年，新增省级技术中心1处(山东今日家居发展有限公司)。济南华奥控制系统有限公司与山东大学联合完成食品饮料包装瓶质量安全在线智能监测与控制系统、福瑞达医药公司完成的多糖发酵工程技术创新体系，分获山东省科技进步二等奖；京鲁生物技术研究开发中心与省食品发酵工业研究设计院、省中协食品添加剂研究开发中心联合完成的酶法清洁生产木糖新工艺，获山东省技术发明二等奖；具有自主知识产权、国内唯一的新一代钛金膜全玻璃真空太阳集热管在力诺新材料有限公司研制成功。4月，由济南福胶玫瑰开发有限公司、山东省标准化院共同起草的《玫瑰精油软胶丸通用技术条件》山东省地方标准(DB37/T1134-2008)，经省质量技术监督局批准正式发布实施。11月2日，力诺瑞特新能源有限公司接受南非国家标准局(SABS)对企业进行的工厂审核，南非标准局授予力诺瑞特SABS认证证书。

力诺光热集团中高温集热产品国内领先 (2006年摄)

二、二轻工业科技

1986～1990年，济南二轻系统完成5项重大开发性产品的研制，完成科研新技术推广项目34项，试制新产品190项，完成技术改造项目25项，完成投资3000万元。1991～1995年，研制开发新产品160种，完成科研及新技术推广项目20项，其中达到国际水平5项，国内先进水平9项，填补国内空白3项，填补省内空白31项。济南洗衣机厂研制开发的XQG50-4、XQG50-5、

XQG50-6新型全自动滚筒洗衣机，获国家科技进步成果一等奖；科研机构被命名为国家级企业技术中心，成为省内8家获此称号的企业之一。济南轻工机械厂研制开发S4910B型旋振筛，用于细微物料和废污水筛滤，主要技术指标达到20世纪80年代末国际先进水平，填补国内空白，获国家科技进步成果一等奖。济南裘革制品总厂皮衣电脑绣花编排系统、济南雅仕服装公司服装设计计算机辅助系统、济南灯饰总公司冲压模具CAD系统、KT22煤矿安全监控系统等项目的实施，为企业节约人力、提高效率、提高产品质量等发挥重大作用。济南洗衣机厂XQG50-8型全自动滚筒洗衣机、金钟电子衡器股份有限公司远程称重微机系统传感器、箱包总厂的抽拉杆式多功能旅行箱、灯饰总公司出口系列高档灯具和济南制镜厂斯太尔系列汽车前照灯等达到国际水平，前3项填补国内空白。

1996～2000年，开发新产品341项，投产204项，其中29项达到国际先进水平，22项达到国内先进水平，43项填补省内空白；13家企业的15项科研成果分别获得省、市科技进步奖；全系统共申请专利231项。济南小鸭集团科研机构被批准为国家级科研中心，济南金钟电子衡器股份有限公司科研机构被批准为省级企业技术开发中心；开发成功的新产品中，厂办科研机构开发的占75%。济南小鸭集团的洗涤烘干一体化和喷泉式全自动滚筒洗衣机、济南灯饰总公司柱塞式减震器等13个产品，达到20世纪90年代国际水平；山东三塑集团PVC发泡革、建筑五金厂节能电磁铁、济南鲁得贝车灯公司汽车前照灯等10个产品，填补国内空白。济南小鸭集团、济南金钟电子衡器股份有限公司、济南塑料十厂、济南铝制品厂获中国专利“山东明星企业”称号，济南小鸭集团被列为全国专利试点企业。12家企业与清华大学、复旦大学、山东大学等6所知名院校合作，签订合同6项，协作意向7项；济南海得贝海洋生物工程有限公司与复旦大学签订的壳寡糖中试项目填补国内空白。济南小鸭集团技术中心成立产品规划室，专门负责市场调研和产品规划工作。加大对纳米426、电脑808等环保化、电脑化、差异化、具有高技术含量的领先产品开发，其中纳米426上市后引起国内家电业的巨大轰动。

2001～2005年，开发新产品103项，投产率85%。山东三塑集团、济南鲁得贝车灯公司和山东塑料试验厂分别与省内外科研院校联合开发产品或进行工艺攻关。其中，济南鲁得贝车灯公司与上海理工大学就汽车智能照明系统、多曲面反射车灯项目开发和建立中试基地等签订合作协议。超宽复合土工膜、PVC加筋防水片材、椭球聚焦汽车灯具系列等7项新产品达到国内领先水平；灯箱膜、PVC遮阳布、PVC汽车篷布、高效杀虫剂、高档软硬旅行箱等15项新产品达到国内先进水平。

2006年4月28日，山东小鸭电器有限公司推出“蓝富龙”不脏筒系列滚筒洗衣机，彻底解决洗衣机的二次污染问题，在同行业中属于“独有”技术，并申请国家专利和商标。

2007年3月，山东省知识产权局批准38家企事业单位和大专院校为第一批知识产权试点企事业单位，金钟电子衡器股份有限公司是济南市唯一的试点企业。

2008年3月，济南金钟电子衡器股份有限公司承担的山东省技术创新项目“定量装车控制系统”“FBD型数字防爆电子衡器”通过鉴定验收，新产品技术含量高、附加值高，各项性能指标达到相关标准要求，经测试和查新检索，产品技术水平达到国内先进水平。2009年，济南金钟电子衡器股份有限公司的“定量装车控制系统”获得中国轻工业联合会科技进步二等奖；济南轻骑摩托车公司与山东理工大学联合完成的四冲程摩托车发动机电控关键技术研究及开发应用获山东省科技进步二等奖。

三、造纸工业科技

1986年，济南已发展成为能够生产工业、医药、科研、军事、通信、建材、人民文化生活等多方面需要的多品种纸张的重要基地。产品200多种，其中填补国内空白50余种、创优产品14种、高档次16种、全国独家生产18种。产品广销全国29个省(市、自治区)，并向10多个国家和地区出口。1988～1991年，试制成功新产品21种，其中涂料邮票纸、浮雕壁纸原纸和特种涂膜贴花底纸分别通过山东省及济南市科委鉴定，符合各项质量要求，填补国内空白。涂料邮票纸和光电符号阅读器纸分别被山东省一轻厅评为1988年度优质新产品一等奖和二等奖。投产7个产品：2WQ15-1760双刀切纸机、圣经纸、涂料邮票纸、热敏传真记录原纸、卫生纸压花折叠机、铸涂机、白火柴盒纸。新产品累计产值254.02万元，产值率1.54%。山东造纸东厂引进高级薄页纸生产线、造纸西厂引进不干胶纸生产线、蔡伦纸业公司引进热敏纸生产线相继投产见效。2000年，有企业办科技机构1个，科技人员25人。企业自筹科技活动经费38万元，其中用于新产品开发27万元，开发新产品3项；研究与发展经费支出5万元，研发项目1个。获国家级成果1项，省级成果2项；新产品产值3236万元。2008年，有科技活动单位数1个，企业办科技机构1个，科技人员11人，筹集科技经费75万元，研发项目1个。

2010年，有造纸及纸制品企业29家，有R&D活动的单位1个，R&D活动项目数1个，R&D经费内部支出合计65万元，研究与试验发展活动(R&D)人员10人，R&D人员折合全时当量4(人年)，R&D活动项目1项，新产品开发项目1项，新产品开发经费支出65万元，拥有注册商标9件。

第五节　建材科技

济南市建材工业包括水泥、水泥制品、新型建筑材料、建材设备、花岗石、钢窗等行业。1986～1990年，实施技术改造和技术开发项目58项。其中列入省、市计划19项，完成20项，3项填补国内空白；开发新产品7种，11项通过市级鉴定，达到国际先进水平1项、国内先进水平2项、省内先进水平或填补省内空白3项，获省、市科技进步奖各1项。济南建材科研所研制出防霉涂料，济南建材设备厂研制出生产程控切机，济南建材一厂研制出橡胶防老剂和831-QC电瓶保护剂，济南建材二厂研制出彩印建筑装饰玻璃，济南建材钢窗厂研制出空腹钢门框、多功能安全防护门。其中程控切机达到国际先进水平，防霉涂料、橡胶防老保护剂达到国内先进水平，空腹钢门框填补省内空白。济南建材设备厂设计、生产的QSJ-500桥式程序控制切割机通过市级鉴定，整机技术性能指标达到20世纪80年代国际先进水平，填补国内空白。

1991～1995年，共开发新产品11种，完成各类科技项目259项，其中通过市级以上鉴定28项，属国内首创项目3项，达到国际先进水平8项，达到国内先进水平8项，省内首创(先进)项目2项；获市以上科技项目成果奖32个。主要建材产品由49种增加到60种，产品销往韩国、日本、新加坡、泰国等国家和中国香港、台湾地区。济南市建筑材料设计研究院完成“黄(红黑)土质粉煤灰彩釉砖”课题，填补国内空白并获国家发明专利。

1996～2000年，济南大学开发具有高胶凝性的硫铝酸钡(锶)钙矿物体系，以硫铝酸钡(锶)钙水泥为基体合成性能良好的特种胶凝材料，包括硫铝酸钡(锶)钙水泥基高水材料、高性能快速修补材料和防渗堵漏材料等；建立硫铝酸钡(锶)钙矿物基特种水泥材料制备技术与应用的理论体系，获得发明专利6项，实用新型专利1项，公开发明专利2项。

2001～2005年，山东山水集团有限公司以工业园为载体，实施产业链调整的做法，被誉为园区建设“山水模式”。山东水泥厂被评为AAA级企业，是山东省唯一AAA级企业。以山

位于长清区的山东山水水泥集团有限公司（2009年摄）

东山水集团为首的省内11家企业跨入2003年度中国建材百强企业。2004年，山东山水集团整体改制，成功引进美国摩根史坦利公司、鼎辉(中国)投资公司、世界银行国际金融公司等战略投资伙伴。

2007年9月，山东山水集团有限公司开始对熟料及水泥生产线风机类电机实施高压变频节能改造工程，项目总投资7582万元，完成后节电率25%，年节电9760万千瓦小时，年节约购电费用5075万元，年节约标煤3.57万吨，实现利润4000万元，税金1876万元。2008年6月，山东山水集团中心实验室研发的“山水”牌SZ-03型、SZ-04型两种液体水泥助磨剂可提高磨机产量10%～15%，水泥3天强度提高3兆帕以上，28天抗压强度提高4.0兆帕以上。12月，山水集团“山水东岳”牌水泥中标山东首家核电站工程——海阳核电站。“山水”特种高端水泥已在青岛海湾大桥、海底隧道工程中使用。

2010年，落实国家墙体材料改革新政策，建设工程禁止使用实心黏土砖，新型墙体材料得到普遍应用，全市新型墙材和建筑节能企业154家，品种34个，年生产能力为30亿块标准砖。

第六节　冶金科技

济南冶金工业的建设和发展以济南钢铁集团总公司(以下简称济钢集团)为代表。1986～1990年，以提高经济效益为中心，推进科技进步，开发新产品。国家科委“六五”期间重点攻关项目：6兆乏高阻抗变压器无功补偿获得成功，通过国家鉴定；20锰硅Ⅱ级变形钢筋获国家标准一等品认证。研制、开发出16MnRE汽车大梁钢板、20桥壳钢板、碳结构轮辐钢板等新产品；45层单塔脱苯工艺工业试验获国家发明三等奖。

1992～1995年，济钢集团新开发钢铁产品35项，如扁豆形花纹钢板，厚22毫米碳素结构热轧钢板，Φ50、Φ55圆钢坯，12、14方钢，铁路输送油罐用09Mn2钢板，B级造船用钢板，120吨运锭车，冶金车辆T8018直轴钢、低压蒸汽锅炉、风机叶片用15锰钒钢、12号槽钢、汽车制造用20号桥壳钢板等，1202坯轧制小型材、25吨转炉生产过程微机控制技术的应用研究，高炉喷吹煤粉采用计算机实施过程控制和工业废水处理回用等16项成果通过省级鉴定，填补省内空白。有20项科技项目获奖，其中B级船板等2项获山东省冶金工业总公司科技进步一等奖，09Mn2油罐钢板获二等奖，桥式起重机新型限位开关等9项获三等奖；扁豆形花纹板、集成式收尘器等2项获山东省科委二等奖，4.5毫米～6毫米碳素钢板等2项、7.5号角钢等3项，分别获山东省经委二、三等奖。先后有中间包等离子加热、大型连铸机自控系统的研究开发、高炉喷吹煤粉、高炉强力搅拌、离心球墨铸管机等6个技改攻关项目获得成功。

1996～1997年，济钢集团试制成功16锰系列新钢种、20锰链条用圆钢等新产品，增强济钢在国内外市场上的竞争能力。有6个科技项目通过山东省科委和山东省冶金工业总公司技术鉴定；先后向国家申报7项专利，其中5项发明专利，2项实用新型专利；有12个科技项目分别获得省冶金系统科技进步一、二、三等奖；共完成科技攻关项目30余项，创经济效益5647.65万元。中间包等离子加热项目系国家科委“八五”期间科技攻关项目，于1995年11月在济钢集团第一炼钢厂连铸中间包热负荷首试成功，1996年3月通过国家科委组织的验收，为全国使用国产化设备推广应用等离子加热技术闯出一条新路。大型连铸机自控系统的研究开发，系国家计委“八五”期间科技攻关项目，于1996年12月通过冶金部组织的技术鉴定，达到国家要求。

1998～1999年，济钢集团结合ISO 9002质量体系贯标认证，重新制定和修订《新产品开发管理办法》《按炉(批)送钢管理办法》《产品标准管理办法》《关键过程控制管理办法》《工艺技术操作规程管理办法》《钢坯、材判定管理办法》《钢坯、材包装规定》《不合格铁水、废钢、钢坯、钢材管理办法》等8个管理办法，保证产品QSP01-1《质量管理程序》、QSP08-1《产品标识管理程序》、QSP09-1《过程控制管理程序》三大管理程序顺利实施。制定《济钢技术创新项目管理办法》，实现责、权、利相统一。编制并组织实施1998年科技创新计划，包括科技承包项目26项、科技进步项目16项、新产品开发项目17项，年内项目完成率35%。组织科技进步成果鉴定与申报，16项科技成果通过国家冶金局、山东省科委和山东省冶金总公司的技术鉴定，23项科技成果获得科技进步奖。按照国家级技术中心认定和评价条件，完成认定申报工作。按照国家级技术中心模式，建立起市场、科研、生产一体化的三级技术创新体系。该体系的核心层(一级开发机构)由12个部、1个室和2个中试基地构成，主要承担解决生产中的重大技术难题，开发具有突破性的新工艺、新技术、新装备、新材料和新产品，并实施技术集成，使之走向市场，实现产业化；基础层(二、三级开发机构)由17个研究所和66个研究室构成，主要职责是解决生产现场的技术、质量和消耗(成本)问题，同时承担科技创新成果的转化工作。

2000～2001年，济钢集团实施各类技术措施400多项。开发生产HRB400钢筋、ZYA、ZYB渔船钢板、Q235C结构钢板、Q345C结构钢板等18个牌号的新产品共计9万多吨。获山东省冶金总公司以上科技进步奖61项，其中“干熄焦技术研究与应用”获山东省科技进步一等奖，“炼铁优化专家系统在济钢350立方米高炉上的应用研究”获国家冶金局科技进步二等奖，“球团混合料润磨技术研究与应用”和“全燃高炉煤气蓄热式分室快速加热炉研究应用”获国家冶金局科技进步三等奖。申报科技成果100多项，其中9个项目获得省级以上科技进步奖，62个项目获得山东省冶金公司科技进步奖。“干熄焦技术研究与应用”获国家科技进步奖，“球团混合料润磨技术研究应用”等2个项目获得山东省科技进步二等奖，“高炉煤气净化系统新技术研究与应用”等2个项目获山东省科技进步三等奖，“炼铁专家系统在350立方米高炉上的研究应用”等4个项目分别获得中国冶金科技进步二等奖和三等奖。组织11项具有济钢自主知识产权的新技术、新产品申请国家专利，7项获得授权；“铸钢冷却壁研制与应用”等17个项目通过省级鉴定；“高效钙质复合钢水净化剂”等113个项目进行公司级鉴定和评审。济钢集团自主开发14平方米球团竖炉在国内处于先进水平；在5号焦炉建设中自主开发的新工艺、新技术、新装备有效地提高自动化水平，改善操作环境；热风炉高效燃烧技术、污泥闭路工艺、圆筒造球等技术攻关成功，解决长期未解决的技术难题。

2001～2005年，济钢集团创新发展思路，构建创新体系，推进自主创新，建成国家级技术中心、国家级实验室、博士后科研工作站，技术中心获得国家认定企业技术中心成就奖。5年共实施技术创新项目517个，获得省部级以上科技进步奖63项，形成以贝氏体钢、JG590高强钢、低热值混合煤气发电、生活污水处理、矿渣微粉细磨等为代表的90多项自主知识产权新技术；以信息化加快企业现代化的进程，用办公自动化、ERP、MES优化业务流程，管理水平和管理效率显著提升。

2006年，济钢集团以全国第一批循环经济试点单位和国家“十一五”规划重点建设的循环经济示范单位为新起点，明确“以价值创新为核心、观念创新为先导、技术创新为支撑、管理创新为保证，实施资源化治理、分布式治理、系统化治理，实现资源高效利用、能源高效转化、代谢物高效再生，追求企业效益、环境效益、社会效益和谐统一，建设资源节约型、环境友好型企业”的钢铁企业循环经济模式。在1月9日召开的全国科技大会上，济钢热能资源高效梯级综合利用技术开发项目获2005年度国家科技进步二等奖。该项目以实现燃气－蒸汽联合循环发电为目标，以工艺技术进步和结构优化带动能源结构优化，实现钢铁企业能源的高效转换，建立热能资源高效梯级综合利用的生产模式，大幅度提高热能资源的利用率，经济效益和社会效益显著。该项目集成公司多项自主知识产权技术，获国家专利12项，在能源利用率方面处于冶金企业前列，代表着冶金行业技术进步的先进水平，对冶金行业节能工艺技术进步和发展循环经济具有示范作用和推广应用价值。4月14日，济南市铬渣环保处置启动仪式在济钢第一烧结厂生产现场举行，标志着济钢集团循环经济由“内部循环”向“区域循环、社会循环”的方向发展，铬渣治理这一世界性难题取得突破性进展。济钢集团先后在第一烧结厂120平方米烧结机、铸管公司52平方米烧结机上配加铬渣，启动铬渣无害化环保处置，至年底，累计消纳铬渣2万吨。同年，济钢集团开发信息数据平台系统、物流定位跟踪系统、冷轧生产计划系统(L3)，实施质量管理SPC，完善ERP、MES等信息技术，生产系统、物流运输、质量管理、成本核算与控制等在信息化平台上平稳高效运行，促进生产效率的提高和增长方式的转变。济钢集团被评为中国企业信息化500强，绩效管理信息系统获重大企业信息。

2007年，发展循环经济，提高已投用循环经济项目运行水平，能源资源高效清洁利用，余热余能发电量大幅度增长，全年发电量超过25亿千瓦小时。加大自主创新，320平方米烧结机和炼钢余热发电项目建成使用，炼焦煤气流分级干燥项目研发建设成功，在循环经济技术开发方面达到新高度。加快技术改造，100吨干熄工程建成，实现焦炭全干熄。累计处理铬渣16万余吨。加大节能清洁自主产权技术输出，在柳钢建设的150吨干熄焦工程顺利投产。山东省发展循环经济工作会议在济钢集团召开，济钢集团成为科技部“产业技术创新战略联盟——新一代可循环钢铁流程工艺技术”项目签约者。

2008年，坚持以结构调整为主线，坚持把结构调整作为提升核心竞争力的重要举措，积极优化原料结构、炉料结构、产品结构、组织结构等。确立一炼钢上中板，三炼钢上中厚板、热轧冷轧三条生产线，以及以大、小高炉为核心的两个炼铁单元，条块结合的生产组织模式，带动深层次的结构调整。加强技术创新和新产品开发，100千克级高强钢、高韧性JG785E钢板研发成功，X80管线钢板通过省级鉴定，卷板X65、X70管线钢实现批量生产，60毫米AH32、DH36、FH40高强度船板通过九国船级社工厂认可。中板、中厚板品种比90.5%，高专比75.4%，热轧薄板品种比90.2%，高专比70.3%，一、二类产品比例38.4%。实施节能降耗、资源综合利用项目34个，利用电解铝厂赤泥生产炼钢脱硅剂、赤泥造球，济南市东联供水、液态钢渣热焖、矿渣微粉3号线等重要项目竣工投产。余热余能发电26.5亿千瓦小时，比2007年提高5.6%，上网电量19亿千瓦小时，比2007年提高10%。分布式发电项目获山东省重大节能成果奖。获得“国家环境友好企业”“全国绿化模范单位”“中国钢铁工业清洁生产环境友好企业”等称号。

2009年，根据市场需求和国家产业政策导向，瞄准国家重大战略需求，特别是国家重点支持发展的能源、运输行业，加强产学研、产销研联合，全年开发新产品46.3万吨。成功开发120千克级高强度钢板、F690高强度船板、海工专用钢板，厚规格70千克级调质高强钢板实现接单生产，耐磨钢成功推向市场，X80管线钢板出口韩国，油罐钢板产量1.9万吨，满足青岛、舟山、冀东油田等22台原油储罐建设。机车车辆专用热轧薄板通过铁道部认证，高强度石油套管钢、低碳贝氏体钢、抗氢致裂纹X65管线钢、高强度汽车结构钢等品种的热轧薄板开发成功并陆续批量生产。成功开发汽车用冷轧深冲薄板，DDQ冷轧形成批量生产能力，与时风集团、五菱汽车、日照兴发等建立直供关系。

2010年6月，4300毫米新厚板产线1号加热炉出钢，并一次轧制成功。8月4日，大高炉开炉，济钢集团“十一五”期间重点项目全线贯通，在短时间内实现稳定顺行、快速通过“三体系”扩展认证。10月4日，大转炉实现“一键式”炼钢。自主杆塔的新钢轧产线MES同步投入运行。11月，4300毫米产线认证产品全部完成国家或第三方现场审核，获得特种设备材料制造用锅炉和压力容器用钢板、X80级压力管道制管专用钢板、十国船级社造船用板及海洋平台用钢板等生产许可证书。瞄准产品质量缺陷，全流程导入六西格玛管理，开展质量技术攻关，实现主导产品改判率和质量损失降低30%的目标，质量损失总降低额为3000多万元。

第七节　车辆制造科技

1986年，济南汽车制造总厂(以下简称汽总)下设发动机、驾驶室、变速箱、车桥、橡胶件等17个专业生产厂，投入生产的JNl62型10吨载重汽车是汽总历史发展中的第二代产品。

1988年，汽总建成JNl62型汽车驾驶室和引进机械化焊装技术的斯太尔汽车驾驶室焊装生产线；由有轨操作机和16吨模锻锤2500吨压力机组成的大型锻件生产线；由1台1000吨压床和4台800吨压床组成的大型冲压件生产线；斯太尔项目JXZBl48C半自动气动微振压实造型线成功试车，机械运转率超过原设计要求，投产后每小时可造砂型120箱。从英国海登德莱赛斯公司引进阴极电泳涂装技术，采取联合设计的方式，建成大型驾驶室油漆线，年通过能力达1.8万辆份，该线具有20世纪80年代国际先进水平。引进日本基珀公司汽车橡胶密封件制造技术，产品达到国内先进水平，在满足黄河车、斯太尔车需要的同时，为桑塔纳轿车配套。从联邦德国购进大型软硬泡塑料件成型设备，引进斯太尔驾驶室内饰件制造技术，提高内饰件产品质量水平，加强工艺攻关。在JNl62型汽车半轴套管生产上采用无缝钢管锻制半轴套管的新工艺，废品率由25%下降到2%以下，解决毛坯紧张和离心浇铸的质量问题。利用A3钢代替优质结构钢制造轮辐，使材料费用每吨降低200元，每辆车降低成本50元。采用双金属衬套替代铸造青铜套技术，零件寿命提高1倍，并节约大量青铜，成本下降3%。开展用国产薄板代替进口薄板生产驾驶室工艺攻关活动，有310种件实现替代，占驾驶室所需件的85%。全年共实现技术革新181项，创效益400万元。

1993年，汽总实施技术进步项目45项，开展大规模的保证产品质量的技术基础工作的复查和整顿。开发新车型26个，通过鉴定13个。开发出JN1191系列部分车型、总重30吨的JN130l大吨位载货汽车、JN522l和JN5261液化石油气槽车、JN5261罐式加油车、JN517l油罐车、JN526l散装水泥车、JN9383TJPO83集平两用半挂车、JN9263TZX080半挂自卸车等。与南京金陵汽车双层客车制造厂共同开发JN6121双层客车；与山东省汽车公司共同开发JN6114高速公路用客车。完成新一代黄河车JN1176系列汽车的样车总体设计工作。产品型谱的品种覆盖拓宽到108个，吨位覆盖达到总重16吨～36吨，基本满足国内对重型汽车品种的需求。

1997年，国务院批准中国重型汽车集团公司(以下简称重汽集团)与瑞典沃尔沃卡车公司合资开发生产重型汽车项目建议书，该合资项目是国内重型汽车最大的合资项目。1998年，按照国家确定的“引进国外先进技术，利用和改造原有企业，实现重型汽车生产专业化改组和联合发展”的总体方针，形成年产1万辆斯太尔重型汽车和1.5万台发动机的生产能力。1999年，一批科技含量高的新款车先后投放市场，主要有：为城市公交客车专用的C12、E12客车底盘，为三峡等工地施工特殊需要开发的混凝土侧卸运输车，斯太尔D系列低吨位重型汽车，为适应运输轻型货物而开发的4种总长12米的斯太尔长轴距双后桥载货汽车，为国防现代化开发的10吨级8×8军用越野车等。同年开展“清洁汽车行动”，使WD615系列发动机达到欧I排放标准，在国内处于领先水平。开发WD615压缩天然气(CNG)发动机和双燃料发动机，填补国内空白。

2003年，重汽集团新开发各类车型110多个。利用德国曼公司技术生产的“黄河王子”汽车开始小批量投放市场。斯太尔王、斯太尔、飞龙三大系列车型进行全面提升。系列军车、特种车的开发和生产水平也逐年提高，达到国内同行业领先水平。在“神舟五号”载人飞船的发射和回收中，重汽公司的重型汽车产品承担大部分的运输任务。知识产权和核心技术得到有效保护，完成专利申报190项，实现两天一项专利，其中在国际专利博览会上获得两项专利金奖和一项专利银奖，跻身全国机械工业系统专利申报20强。

2002年8月，中国重汽建成全国最大的重型汽车桥箱生产基地

2005年，重汽集团自主开发，具有完全自主知识产权的HOWO-7系列车型投放市场并获成功。HOWO-8系列产品成为唯一通过北京市环保局认可的国内欧Ⅲ排放标准重卡产品。载入国家汽车目录的产品有760多种1200多个车型，成为国内驱动形式和吨位覆盖最全的汽车生产企业。专利申报保持国内汽车行业专利最多优势，总数630多项，位居全国汽车行业之首。

2006年，相继推出节能Ⅱ号发动机、410马力大功率发动机、高压共轨国Ⅲ发动机，得到市场认可。重汽集团成为“全国自主创新十大杰出企业”之一，中国重汽济南复强动力有限公司被国家发改委等六部委选定为国家循环经济首批试点单位，发动机再制造列入国家重点支持的循环经济示范项目。在国家知识产权局公布的名单中，中国重汽被评为第二批全国企事业专利试点工作先进单位。2004～2006年重汽集团累计完成专利申报近700项。

2007年，重汽集团技术研发部门实施270余项技术开发项目，投入技术研发费用18.6亿元。低排放、节油型发动机研发取得重大成绩，12升大马力发动机、国Ⅲ发动机生产形成规模，达到国际先进水平的新一代重卡N07系列产品有突破性进展。与爱尔兰TIMONEY公司签订合作协议共同开发满足重汽集团需要的独立悬架系统，投资1亿元人民币建立独立悬架系统生产基地。与美国Econtrols公司合作开发的WT615系列国Ⅲ天然气发动机研发成功，并通过严格的发动机可靠性试验和整车道路试验，具备批量生产能力。

2008年12月19日，代表国内重卡最高水平的豪沃A7重卡在济南上市，该车运用130多项最新技术专利，“智能手自一体”16挡电控变速器、盘式制动器、430拉式膜片弹簧离合器均为国内首次采用，将中国重卡技术提升到世界先进重卡的行列。至2008年，重汽集团累计申请专利1099项，专利数量保持全国汽车行业第一的地位；在国内率先开发出达到国Ⅲ排放标准的EGR发动机和代表国内最高端重卡技术平台的豪沃A7牵引车；全面推行PPM质量管理体系，使整车质量明显提高；先后建成接近国际水平的整车和关键总成零部件制造等20多条生产线，具备年产18万辆整车、20万台发动机的生产能力；建立起104家地区分公司、150家4S店、1102家经销改装单位、1045家维修服务站，搭建起覆盖全国的营销网络体系。

2010年2月，重汽集团与德国曼集团签约，合作开发载重汽车整车及车载发动机。年内，对70吨矿山霸王进行技术改进提升；对各平台6×4牵引车的车架及前悬架进行有效提升改进，使牵引车的鞍座高度降至1.3米以内；设计开发金王子牵引车和豪运产品新前脸，对HOWO8×4自卸车进行配置优化，自重降为9.5吨；对主要总成部件进行技术提升，T12系列380马力天然气发动机等产品的研发工作进入最后试验阶段。11月，经中国内燃机工业协会、中国工业报社评定，济南沃德汽车零部件有限公司获中国内燃机零部件行业排头兵企业称号。公司主导产品覆盖重、中、轻、微、轿等全部车型，年开发新产品几十种，公司气门和气门杆的实际年产量始终位居国内同行业第一位。

中国重汽企业工程技术研究中心与企业技术开发中心(2010年摄)

第八节　交通科技

一、公路科技

1986年，济南市运输管理处负责全市运政管理。1988年，全市公路通车里程1639.8公里，路面公路里程1534.5公里，其中高级、次高级路面1155.7公里，占通车里程的70.48%。全市每百平方公里公路密度28.39公里。全市67个乡镇实现通汽车。2803个行政村中有2571个通公路，占91.7%。全市有公路桥梁318座，总长1.13万延长米。新建长清三里庄大桥1座，长110.5米；平阴境内完成路基小桥涵32公里，新铺柏油路面16.1万平方米；济青公路普集公铁立交桥竣工通车。

1993年，山东省第一条高速公路——济青高速公路全线通车，该路全长318公里，西起济南市零点立交桥，东至青岛市北郊西袁庄；济南市境内全长51.2公里，工程质量优良，完全符合技术规范要求，达到国内高速公路建设先进水平。104国道济南境内南北桥至石店桥18.2公里水泥路面工程竣工，工程进度创造济南市公路水泥路面施工新纪录。商河境内济盐路(济阳至盐山)、永莘路(永安至莘县)13座窄桥改建工程竣工，共完成工程量288米/13座，桥面宽由7米增加到13米。

1995年，全市公路通车里程3236.5公里，公路密度达每百平方公里39.3公里。104国道长清境内21.1公里改建工程和220国道长清境内7.7公里改建工程按期竣工通车；105国道平阴境内改建工程完成年度计划；省道002线历城境内改建工程完成部分路基土方工程，两座大中桥开始动工；济南黄河公路大桥换索加固维修工程按期竣工；市重点专项崮五路改建工程竣工；104国道济南市境内86.1公里全部达到文明建设样板路标准并通过交通部验收。

1999年，全市通车里程4301.3公里，公路密度为每百平方公里52.8公里。济南绕城高速公路西、北、东三线，济泰高速公路，济南黄河第二公路大桥等重点工程项目竣工通车。国道309线石河岭至邢村10.7公里、省道242线台莱路明水至刁镇17公里、济南野生动物世界8.9公里专用公路、省道103线仲宫至柳埠16公里改建工程相继竣工。济南公路主枢纽总体布局规划经交通部和省政府正式批准实施，其中开山货运站和段店客运站两个项目的工程可行性报告通过专家审查，被列入交通部项目调整计划。

2005年，市交通局自主研究开发交通行政网上审批系统，主要有两个功能：审批个体和企事业单位零散车辆从事普通货物运输事项。经审查申请人的开业条件，直接在网上做出批准或不予批准的决定，一个申请几分钟内就可以做出结论；受理道路客运、机动车维修、危险品运输等项目的开业申请。在全省率先启用违章车辆自动识别系统，系统通过电子摄像头在稽查站点自动抓拍车辆牌照，然后反馈到交通综合数据库对该车营运信息进行查询，若该车存在违章行为，系统将通知一线稽查员拦检该车，如没有违章行为将自动放行，整个过程在几秒钟内完成。系统的投入使用提高了路检路查的针对性，解决了交通稽查工作中存在的工作效率低、安全隐患突出等问题，在确保依法行政的同时做到少扰民甚至不扰民，对提高交通执法科学化、规范化起到重要作用。

2009年6月21日，经十西路建成通车。线路全长22.14公里，主车道双向八车道，采用一级公路标准，兼顾城市道路功能。路基全宽58.5米，其中快车道为双向八车道(全宽32.5米)，两侧各有3米绿化分隔带、6米慢行道、3米人行道、1米路肩，设计时速为80公里。8月27日，二环东路高架桥建成通车。该高架桥北起济青高速公路零点立交，南至经十东路燕山立交，主线全长8.4公里。全线采用一级公路标准建设，同时满足城市快速路标准，宽25米，双向6车道，设计速度为每小时60公里。

2010年，全市公路通车里程(含村路)1.16万公里，公路密度为每百平方公里145.16公里；高速公路通车里程346.7公里，一级公路通车里程440.7公里，二级公路通车里程1069.1公里；全市国、省道综合好路率92.16%。

二、铁路科技

济南市辖内铁路线路，北起鹊山站，南至界首站，东到普集站，津浦、胶济两主干线纵横贯穿全市，正线延展长度137.6公里，设有29个车站，68条专用线，连接境内各大中型企业。济南铁路处于津浦铁路中段，津浦、胶济两线交会点，在全国路网中占有重要地位，担负着津浦、胶济干线的列车中转和当地客货运输的任务。1986年，铁道部将扩建济南西编组站列入“七五”期间强化改造的重点项目。1987年11月4日，上行系统扩建工程开工，将单向二级四场扩建为二级六场；同年，安装使用减速顶调速系统，调车效率提高7%。1988年，安装机车“三大件”(机车自动信号、自动停车装置和列车无线调度电话)90台，安装防止燃轴的轴温报警装置247辆，建成红外线探测网点9处，安装录音电话20台，改造平交道5处、轨道电路6个站。

1992年4月，济南西编组上行系统建成投产，将原在济南站西场改编的津浦上行货物列车全部纳入济南西站上行系统集中改编，从根本上解决单机对头、折角车流交换的弊端，提高运输效率。12月，济南—青岛间开行“齐鲁号”双层豪华型旅游特快列车，该列车走行部采用新型转向架，空气弹簧，盘形制动；座席采用玻璃钢制成，列车运行中震动小。

1996年，实施科教兴局战略，集中力量开展专题攻关和科学技术推广，京沪、胶济线进行列车提速试验。加强计算机确报联网站建设，开发18点统计自动生成系统、中间站现车微机管理系统和货运站货车管理系统。1997年，建成济南等11个车站的微机售票网络系统，实现异地售票，旅客随到随买；建立分局计算机货票库网络系统，实现异地申报，随到随批，方便货主，提高铁路竞争能力；完成中间站现车管理统计指标评价系统开发；天龙公司研制的程控电话集中机等6项科研成果通过部、局鉴定。1999年，科研立项23项，通过鉴定12项，有8项获铁路局科技进步奖，其中天龙集团公司研制的数字化站场通信系统获国家级新产品证书。2000年，共完成15项科研成果的技术鉴定和审查，有9项获路局科技进步奖，居三个分局之首；信息管理系统建设有新进展，完成济南西站现车管理系统移植、管内12个客运站客票发售系统软件升级等一批项目。新增办公自动化网点20个，实现分局与全部运输单位行政和党群系统的联网。

2001年，全年完成重要科技成果12项，其中10项获济南铁路局科技进步奖，天龙公司研制的动态图像传输系统通过部级鉴定；计算机信息网络建设有新进展，研制开发TMIS信息查询系统，并在部分单位投入使用，济南西站计算机信息技术应用的经验在全国铁路系统介绍。2002年，济泰三线技术改造工程全线开通，济西编组站上行系统自动化改造开工建设，完成通用式机车信号改装136台，部分机车更换新型监控装置，完成红外线轴温局间联网。以TMIS系统为核心的信息技术及计算机网络技术不断发展，完成“十八点统计”、客票预发售和货票软件系统的升级。京九线21个车站调度报点系统投产试运行。组织多种形式的科技攻关，涌现出一大批“小改小革”成果，重点项目研制开发取得新突破，有10项科技成果分别通过部、局技术鉴定或评审，12项成果获得路局科技进步奖。

2003年，修订下发《分局科学技术工作管理办法》和《济南铁路分局科技进步奖励评审办法》，进一步规范科技管理工作制度。加强重点科技项目立项和攻关，22项有独立或部分自主知识产权的项目纳入科技开发及新技术推广计划，完成科技成果鉴定、评审11项，其中10项获得路局科技进步奖；信息化建设取得新成绩，分局到管内运输站段的网络传输实现专线连接，建设完成分局视频电话会议系统，济南站行包管理信息系统投入运行；完成分局确报系统升级工作；新建京九一、二台等六处调度报点系统，实现管内行车指挥计算机管理。

2009年4月1日，济南铁路局实施新列车运行图，对旅客列车开行方案进行优化配置和调整，每天新增客运量19万人。济南铁路经营集团公司顺利通过评审，成为全国第八批AAAAA级物流企业。

2010年，京沪高速铁路济南高速站工程建设指挥部统筹兼顾、全面安排、科学组织、精心施工，济南西客站站场工程、站房工程、联络线工程、济南站改造工程进展顺利；京沪高铁济南黄河特大桥建成，京沪高铁济南段铺轨竣工。

三、航空科技

1986年，民航山东省管理局拥有4架肖特360型和10架运五型飞机组成的混合机群；开辟省际航线，初步形成以济南为中心，连接省内外大中城市的航运网络，开展通用航空业务。1987年，中国联航山东公司成立。1988年，以济南为起点的航线有11条，每周始发和到达50多个航班。

1989～1990年，济南张庄飞机场停航进行技术改造，山东省、济南市有关部门在张庄机场投资235万元，修建联检厅，购买盲降设备，改造供电、通信设施，基本完成济南—香港航线的准备工作。民航投资950万元修建的民航大厦(含宾馆和售票处)投入使用。

1991～1995年，济南民航各飞行保障部门由济南张庄机场迁往新空港济南机场。1992年10月23日，被国务院批准为国际机场，对外籍飞机开放。12月25日，经国家民航总局、民航华东管理局、民航山东省管理局联合检查验收，山东航空公司获得国家民航总局颁发的办理国内各城市航空运输业务的经营许可证。

1996～2000年，济南机场购置的SMEX-80120型货验X光机投入使用，对出港货邮进行安全检查，结束济南机场自1958年通航后没有“货检”的历史。1998年，机场电脑旅游服务自动查询系统投入使用；从澳大利亚引进的VOR/DME设备在机场投入使用，可为飞机提供更加准确可靠的方位、距离信息，保障飞行安全；机场飞行区扩建工程进展顺利，至年底工程已完成过半。1999年7月，济南遥墙机场飞行区二期扩建工程长3600米、宽45米新跑道，通过民航总局校验中心“空中国王”300型3582号校验飞机的飞行校验；8月通过民航华东管理局与山东省计划委员会联合主持的初验，被评为优良工程；9月经东方航空公司山东分公司空中客车320型飞机6次起降后，新建跑道试飞获得圆满成功。济南、青岛、郑州、连云港机场利用从意大利引进的MCT多普勒雷达信息处理系统，完成雷达信息联网，各项技术指标均达到设计要求，4机场实现雷达资源共享。

2001～2005年，民航山东省管理局聘请山东省教育学院专家在济南机场进行为期一年的鸟类调查。查清周边地区鸟的种类、习性和飞行高度等情况，完成《济南遥墙机场鸟击控制和减少的可行性研究》，并通过鉴定。2002年，济南遥墙机场安装由英国雷神公司生产的单脉冲二次雷达天线系统，该系统采用多种先进技术，集成化程度高，目标处理能力强，运行稳定。8月飞行区扩建工程通过验收，机场空中管制区域实现双雷达覆盖，显著提高机场空中管制区域的保障能力。2003年3月28日，南方航空公司济南营业部率先在山东境内的济南机场售票处及销售网点运行电子客票业务。同年，济南国际机场航站区扩建工程正式开工，该扩建工程获山东省计委批准投资规模为16.24亿元，是山东省“十五”期间重点工程项目，主要包括候机楼、塔台、航管楼和站坪及其他附属配套工程等项目。

2006～2010年，济南国际机场累计争取各方资金3.08亿元，自身投入1.3亿元，完成物流中心、医疗急救中心综合楼、食品车间、国际厅、锅炉房、停车场改造，场道、围界、消防、助航灯光、机场净空、控制区道口等机场安全设施改造提升。2009年12月，济南国际机场开通国际国内航线156条；引进邮政航空全货机；与市邮政速递物流公司全方位合作；与市长途客运站及各地市的机场城际客车合作建立发运渠道；与昆明、广州、厦门、武汉、上海、烟台等地货代公司签订转运协议，中转业务量明显增加；完成省邮政局机场分理中心建设的前期准备工作。2010年，在济南运行航空公司12家，平均每周出港航班374班，航线139条，通航城市和地区55个。

第九节 电子工业科技

1984～1987年，济南市电子工业系统先后引进国外先进设备640台(套)，购置国内先进设备1200台(套)，建成具有20世纪80年代初国际先进水平的生产线17条。通过技术改造和技术引进，形成能生产9大类、230多个品种的电子产品，年生产各类通信整机2000部、黑白和彩色电视机30万台、集成电路500万块、半导体分立器件1亿支、电子元件1.4亿支，为国民经济各部门配套服务的电子应用整机1.5万台的生产能力。

1988年，共开发新产品43项。其中达到国际先进水平2项，填补国内空白4项，国内先进水平18项，省内先进水平13项，获省部以上科技成果(进步)奖3项。济南市半导体元件实验所国防战略武器配件研制，获国家科技进步特等奖。浪潮集团公司开发新产品8项，完成开发项目20项，通过部级鉴定1项、省级鉴定3项。

1989年4月，国防科工委、机械电子工业部和中国航空航天部在北京联合召开高可靠“七专”(专人、专批、专线、专机、专料、专筛、专检)元器件十年工作总结大会。济南半导体元件实验所获“七专”元器件十年工作成绩突出一级奖，济南半导体一厂和济南半导体四厂分获二级奖。国防科工委和机械电子工业部在山东省“七专”产品生产定点厂共4个，济南市占3个。其中济南半导体元件实验所是山东省最大的集成电路和半导体器件生产基地，拥有国防科工委投资的军用“七专”半导体器件生产线和引进日本松下公司电视集成电路组装生产线；济南半导体一厂、四厂相继引进具有20世纪80年代初国际先进水平的玻封二极管生产线。1990年7月，中国成功发射大推力捆绑式火箭(长二捆火箭)，济南半导体总厂生产的“七专”半导体器件为该项国防重点工程配套服务。航天部一院赠予该厂“大力协同，发展航天”锦旗一面。机械电子工业部根据中国航天部的提议，授予该厂PNP生产线为部级先进集体，授予崔玉臣、王继春、米志光3人为部级先进工作者称号。

1991年，全年共完成新产品鉴定项目45项，其中具有国际同类产品先进水平2项，填补国内空白3项，居国内先进水平32项，填补省内空白5项。济南半导体总厂为“东方红”3号卫星等国家“八五”期间的重点高科技系统工程配套的半导体器件，经中国航空航天部验收，全部合格。山东省无线电厂、济南无线电一厂与清华大学联合研制开发点对多点无线通信系统通过国家级技术鉴定。济南天龙公司多功能电脑传真机、山东华福公司高分辨率彩色显示器、济南无线电六厂泵效仪及山东三联电子公司心室晚电位3种微机控制电子医疗设备研制成功。浪潮信息产业集团公司(以下简称浪潮集团)全年完成新品开发32项，其中达国际先进水平5项、国内先进水平5项、有12项获省科技成果奖。推出主机新品9种，经机械电子工业部鉴定，486-25C/33C微型计算机和被列入山东省火炬计划的CAG显示卡达到20世纪90年代国际技术水平。

1995年3月，山东泉清通信有限公司成立，是以山东通信电子产业集团公司为开发生产基地，以清华大学为技术依托，以“产学研”联合方式建立的新型股份合作企业。初步形成产品“生产一代、储备一代、开发一代”的良好局面。被省科委确定为高新技术企业，被国家经贸委树立为全国“产学研”联合先进典型。浪潮集团系统公司，承接中国银行山东分行全省小型机综合业务处理系统、齐鲁石化综合信息管理系统、山东省政府信息中心三期日贷招标项目、山东省移动通信漫游计费系统项目等。办公自动化所承接国家经贸委1000家重点联系企业信息系统软件开发工作。商业电脑公司先后完成松江商城、不夜城商厦、北冀商厦等系统。通用软件股份有限公司先后开发出浪潮国强系列财务软件、国强酒店管理系统、浪潮商业管理系统、电脑话务员及语音信箱处理系统、路桥自动监测与收费管理系统等软件。其中支持大型数据库客户机——服务器体系结构(C/S)为国内先进水平。国强财务系列软件用户辐射全国。浪潮ASIC设计中心作为国家“九〇八”工程一部分，成为国家级18个重点ASIC设计中心之一。研究所及各分、子公司推出一批适应市场需求的新产品：SMP2000系列小型机被国家电子部和山东省科委推荐申请国家级科技进步奖；浪潮560-PCI微机获山东省科技进步二等奖；语言合成项目核心部分属国内领先技术水平；浪潮MVC-3000多媒体监控系统通过

山东积成电子有限公司研发的电力调度自动化主站应用环境，2001年获国家科技进步二等奖　　(2007年摄)

省鉴定检测试验。

2000年，开发新品35项，其中鉴定11项。山东泉清公司的突发与连续便捷式一体化收发信机填补国内空白，技术国内领先。12月1日，信息产业部军工局召开济南无线电九厂为国防重点工程配套产品鉴定会，该厂生产的4种连接器全部通过鉴定，济南市生产连接器获得用于未来发射载人飞船"绿卡"。12月22日，济南市政府和山东松下映像产业有限公司举行新闻发布会，宣布山东松下4种型号的数字彩电正式生产，中国彩电生产进入一个新时代。

2005年，电子信息产品涉及投资类、消费类、元器件类三大类别400多个品种。浪潮集团高性能服务器连续10年国内品牌市场占有率第一，并获国家信息产业重大技术发明奖；山东松下大屏幕背投彩电国内市场占有率居前列；九阳豆浆机国内市场占有率80%以上，电磁炉国内市场占有率位居第二位。全市400多家软件企业中：通过国家认定145家，软件产品902个；通过国际CMM认证企业12家，获得国家计算机信息系统集成资质认证企业31家。形成中间件软件、行业应用软件、信息安全软件、嵌入式软件、软件出口外包5大类品牌产品。浪潮ERP管理软件、中创中间件软件、得安信息安全软件、积成电力自动控制系统等软件产品在全国市场占有率位居前列。齐鲁软件园建设规模居全国11个国家级软件产业基地之首。中创、浪潮软件、浪潮通软入选全国30家最大规模独立开发软件企业，微软、松下、三洋、NEC、富士康5家世界500强企业在园内设立分公司和研发基地。全市信息产业行业拥有国家级企业技术中心1个、省级技术中心5个、市级技术中心13个。承担国家"863"攻关项目9项。软件产业自主知识产权拥有率为75%。浪潮高性能服务器体系结构设计和优化技术获得"2005年国家信息产业重大发明奖"。半导体总厂、无线电九厂等电子军工企业产品应用在"神舟五号""神舟六号"的制造、发射和回收等环节。齐鲁软件园公共技术支撑平台达到国内一流技术水平，微软、美国德州仪器、IBM、SUN等6家国际著名公司在园内建立实验室，为软件企业孵化和高端产品研发发挥作用。电力软件联盟、交通运输软件联盟等4个产业联盟为中小企业联合创新、优势互补创造条件。

浪潮64位高性能服务器2004年获国家科技进步二等奖
(2009年摄)

2008年，中创软件商用中间件股份有限公司研发Infor系列中间件产品成为中国中间件著名品牌。产品遵循JEE、CORBA、SOA等国际标准，拥有自主知识产权，达到国际先进水平，广泛应用于政府、金融、交通、新闻出版、能源、科教、电信等行业领域。引入国际领先的开发管理工具，集成领先的中间件、构件技术，及CMMI、ISO 9001、项目管理、RUP 等多方面的优势，建立国内首个基于IBM Rational的跨区域协同开发平台。通过与IBM、Intel、Thales、GRS、Raivent、UEL等国际合作伙伴以及中国华为等著名企业密切合作，在金融、电子商务、智能交通、电信、商业物流等领域承接软件开发服务、软件测试服务和IT运营服务等外包业务。12月，由中创软件承建并运营的中国第一张三卡合一的昆山市民卡工程顺利开通。

2010年，推进中国软件名城、数字泉城建设，东方道迩、大连华信等公司落户齐鲁软件园，全市软件和信息服务业企业超过1000家，

13家企业被认定为国家软件产业基地骨干软件企业，5家企业入围国家规划布局内重点软件企业、5家企业入围全国软件百强企业，浪潮、中创两家企业再次入选“2010年中国自主品牌软件产品十强”，自主品牌软件产品上榜企业数位居全国省会城市之首。中创软件、浪潮软件、浪潮通软3家企业入选全国30家最大规模独立开发软件企业。浪潮信息、浪潮软件、浪潮国际、银泉科技、山大华特、普联软件、法因数控、积成电子和创博亚太9家软件企业上市。全市形成中间件软件、行业应用软件、信息安全软件、嵌入式软件、软件出口外包、动漫游戏6大领域2000多种产品，具有自主知识产权的软件产品占到95%以上。济南市浪潮集团高效能服务器和存储技术实验室被认定为国家企业重点实验室；山东中创软件工程股份有限公司与浪潮信息产业股份有限公司被认定为“863”成果转化基地；中创中间件和浪潮楼上平台等项目先后获得国家产业基金支持，5个项目入选国家“核高基”专项，获得中央、省财政资金约2.65亿元。全市建成各类相关重点实验室54个，各类企业技术中心85家，各类工程技术研究中心75家，省级软件工程技术中心24家。

第十节　电力工业科技

1988年，全年申报科技进步成果51项，其中微机开发和利用取得可喜成果。物资管理自动化软件系统(第三版)基本实现物资管理工作现代化，列为省鉴定的重点项目；供电企业会计核算辅助程序系统代替原有手工会计核算的账务及报表、工资、固定资产等账、卡的计算管理，计量资产实现微机管理；3+网微机联网提高办公自动化水平，实现工作站数据共享；带电作业研试项目在全省推广。玉函变电站引进法国110千伏交联电缆，供电部门完成自行设计、施工，解决高压架空线进入市中心区的难题。研制成功电脑电力负荷记录监控器、备用电源自动投入装置在变电站推广应用、感应耐压试验发生及控制装置等科技成果，对搞好计划用电，提高供电可靠性和检修质量，减轻劳动强度，提高工作效率，确保安全起重要作用。承担国家安排的电力负荷国产化音频控制试点任务顺利完成，电压质量在全国主要城市处于领先地位。

1989年，济南黄台火力发电厂围绕水、煤、新机组三大关键，在保泉节水、稳定锅炉燃烧、完善和稳定新机组运行等方面，推广应用新技术，效益明显。采用节水效果较好的油隔离泵和柱塞泵，减少排灰水；完善磨渣系统，投入正常运行，减少向小清河排灰，年节水200万吨。发电用水单耗年内降到40.93立方米/万千瓦小时，创该厂最低纪录。研制成功锅炉灭火保护装置，通过山东电力工业局鉴定，该装置选用M84PC微机可编程序控制器来实现保护逻辑功能，在主机选型、外围设备配套、人机联系、功能价格比等方面均达到国内同类产品先进水平。为完善和稳定第一台30万千瓦机组运行，运用ASME(美国标准)和TIS(日本标准)对该机组锅炉进行性能考核试验。改进油动机滑阀等结构，解决汽轮机调节系统采用透平油和抗燃油双工质调节、产生油动机低频大幅度摆动、威胁机组运行的问题。节约设备费用100余万元，避免11.8亿千瓦小时电量的损失。

1991年，黄台电厂完成攻关项目92项，重大节能项目20项，总计创效益1844.6万元。

1993年，济南电网建设开工、在建、投运项目较多、规模较大。220千伏章丘变电站、110千伏新河变电站二期扩建和110千伏泉城输变电工程实现当年竣工送电；新建35千伏及以上输电线路8条，10千伏配电线路8条，改造过负荷严重的11条，配电小区49个；完成110千伏英雄山、段店输变电工程的部分电气设备安装和220千伏姚家变电站土建施工。初步形成以500千伏、220千伏和110千伏为骨干的网架，改变电网结构，提高输送电力能力。

1996年，实施科技项目31个，完成计划的93.94%；实施节能项目25个，完成计划的92.59%。1～5月，8号机采用单台循环水泵运行，节电406.3万千瓦小时；改造冷却风机、回收泵冷却水，两项节水127万立方米；实行燃油目标管理，加大考核力度，全年燃油9397吨，比计划减少3603吨，较1995年节油1.68万吨。

1997年，加大科技投入，完成科技项目21个，投入科技资金1424万元，重点科技项目30万千瓦机组热力性能及振动的远程监测和诊断分析系统获电力部一等奖。济南供电局管理信息网络是以调度中心大楼主干网为核心的广域网络系统，包括办公自动化、综合查询、用电、财务、设计、生产、基建、安监等子系统，其中调度自动化、负荷监控两个实时监控子系统，实现对济南电网实时信息查询，各子系统通过计算机网络连成一体；主干网络采用世界上最先进的ATM网络技术，是省内地市电力企业的第一个ATM网络，网络主干带宽155米，实现多媒体等实时信息的传输；主机选用HP9000/800D270小型机作为主服务器，共享磁盘柜，采用双机负载均衡并列运行方式；网络中心交换机选用CISCO公司的ATM交换机1ightstream1010，楼层交换机选用catalyst3000，远程网络采用节点路由器CISC02522、CISC02501连接各远程生产车间，实现信息网络传输和数据共享。

1999年，结合电网建设和改造，推广性能可靠真空开关、SF6开关，运行高压开关无油化率为66.11%。推广应用110千伏变压器在线监测技术和避雷器，PT、CT在线监测技术；研制防爆阻燃型电缆接头保护盒，解决6千伏～35千伏电力电缆故障波及相邻电缆的问题。加强电网调度自动化系统建设，更换110千伏及以上微机保护37套；调度通信网在一点多址、数字载波的基础上，实现光纤数字通信功能，对所有通信方式实时监控；开发应用单路电力载波扩为多路电力载波技术，提高通信传输系统运行的灵活性和经济性。

2000年，湿法脱硫示范工程立项，黄台发电厂烟气脱硫科研报告顺利通过专家组审查。国家电力公司龙源公司、山东电力工程咨询院配合完成脱硫初设的编制工作。6月，国家电力公司向国家经贸委提交申报《黄台发电厂8号机组烟气脱硫国产化示范工程项目建议书》。11月，《黄台电厂脱硫工程可研报告》上报国家经贸委批复。

2003年，黄台发电厂从环保入手，先后投资约6亿元，对除尘设备进行全面改造，引进粉煤灰系列产品生产线，加大废水处理回收力度，实施烟气脱硫工程，解决烟气、粉尘、废水、噪音四大污染。其中7、8号机组脱硫工程是全国300兆瓦等级大型燃煤发电机组烟气脱硫国产化示范项目，总投资3.93亿元；年底，8号机组脱硫工程竣工投产。

2004年，全面完成北部电网改造任务，完成《济南电网“十一五”发展规划》编制工作。

2007年12月18日，黄台电厂“上大压小”(上大发电机组，关停小发电机组)城市供热工程(2300兆瓦)通过国家发改委核准。通过优化上大压小工程总平面布置，减少土地占用和建筑拆迁，节约计划投资5000万元。2010年，上大压小热电联产工程开展“大干100天”等活动，强化“一日一查一通报”制度，狠抓设备可靠性管理，提高机组负荷率。推进1000千伏济南特高压、500千伏彩石、章丘输变电工程前期工作，提升济南电网受电能力。完成新建、改造110千伏及以上输变电工程9项，新增变电容量114.3万千伏安，建成线路159公里。

第十一节 食品工业科技

1986年年初，全市有食品工业企业360个，食品产品花色品种3000个，食品工业技术改造和技术进步步伐加快，1988年，全市食品工业完成基建技术改造项目43个，完成投资额逾

1.29亿元。投产后，新增产值逾2.58亿元，新增利税3253万元。12月，在北京举行的首届中国食品博览会上，全市51家食品企业148种食品参展，有60种食品参评，全部获奖。其中金奖产品12种、银奖产品26种、铜奖产品22种。

1989年，全市食品工业开发新产品60种，其中7种产品填补国内空白，14种产品填补省内空白，3种产品获1989年省优秀产品奖，占全省食品获奖总数的1/4。填补国内空白的产品：济南阁老贡酒厂生产的阿胶蜂蜜酒、济南轻工研究所生产的蔬菜汁系列饮料、济南啤酒厂生产的海乐型趵突泉牌啤酒、济南柳埠食品厂生产的山楂煎饼、济南兴济桥冷藏副食服务公司生产的系列速冻蔬菜、章丘县蜜蜂保健食品厂生产的猴头鸡罐头、平阴阿胶制品厂生产的阿胶红枣汁。同年，济南中心面粉厂引进意大利日处理小麦250吨等级面粉生产线，可加工出面粉纯度、粉色、灰分、细度、蛋白质、面筋质、酶的活性等不同指标的特、一、二、三4个级准基本粉，根据所需面粉不同要求进行配粉加工。济南市健力敏饮料厂引进瑞典利乐公司AB-Q型复合材料盒饮料罐装生产线，全电脑装置，饮料在无菌全封闭中自动制盒罐装粘贴吸管，自动装箱、完成塑料热缩包装，生产能力每小时6000盒；引进联邦德国S.E.E公司的塑瓶(1.25升、0.625升或0.5升)饮料罐装生产线，生产能力为每小时2400瓶，采用国际先进碳酸饮料的浆，碳酸气罐装压盖，自动计数显示，生产的饮料含气量高，口感佳。以上2项填补省内空白，改变全市饮料工业的产品结构。济南乳品加工厂研制推广“VAD强化消毒牛乳”和“草莓酸牛乳”新技术，产品填补省内空白；根据婴幼儿生理特点研制成功的“VAD强化乳粉”和“婴儿乳粉”系国内首创。

1990年，食品工业全行业批准基建和利用外资项目63项：当年投资8219万元，完成9674万元；竣工技改项目35个，总投资4747万元。全市食品工业开发60种新产品，其中填补国内空白的有芦笋啤酒、芦笋糖浆和趵突泉(比尔森)啤酒，填补市内空白的有花粉提取液、核酸食品和等级面粉。1991年，全年完成建设和技术改造项目30项，开发新产品60种，其中填补国内空白5种，填补省内空白13种，芦笋啤酒填补国内空白并获“第十四届国际发明展览会”银质奖。1992年，全年开发新产品40种，填补国内空白12项，填补省内空白5项。牧工商联合公司开发的母乳化营养奶填补国内空白；济南市承担酶制剂和速冻蔬菜2个国家专项技改项目，投产后，新增生产能力2550万吨、产值1570万元、利润602万元，其中耐高温淀粉酶填补省内空白。全系统有24家企业与全国19家科研部门建立科技协作关系。成功推广活性干酵母在酿酒生产中的应用，降低成本，提高出酒率；章丘酒厂仅此项新技术就年创利25万元。

1993～1996年，完成建设和技术改造项目121项，开发新产品245种，其中填补国内空白7种，填补省内空白67种。济南食品实验厂的高科技生物制品泰脉生态营养液进入试产阶段。

2000年，由欧盟援华项目投资4700万元的济南农工商集团佳宝四厂建成投产，新增日处理鲜奶能力100吨，年新增产值2亿元，新增利税3600万元，产品有鲜奶制品和冷食。济南宋元食品有限公司与济阳面粉厂合作，新上两条方便面生产线，新增生产能力30万包，年新增产值7000万元。2001年，拥有市级食品专业科研机构3家，企业技术中心(科研中心)7个；生物工程、气调保鲜、挤压膨化、超高温灭菌、微波干燥和程控等一大批科技成果得到推广应用。2002年3月，台湾旺旺集团投资1950万美元，在济阳建立山东旺旺集团食品有限公司，生产听装牛奶和休闲食品。11月，百事可乐公司进驻济南，投资2亿元在济南高新开发区建立饮料罐装基地，可实现年销售收入1.7亿元。巨能集团投资1300多万元在长清建成两条面条生产线，当年实现销售收入6000万元。河北旭日升集团投资2亿元在长清区建起茶饮料生产基地，第一条罐装线投产。维维集团投资7000万元在历城区遥墙镇建立乳制品生产基地，并试生产。福建达利集团、河北中旺集团等企业在济阳投资建立生产基地，生产糕点、饼干和方便面等。

2003年，经国家计委批准立项的全国农副产品深加工食品工业工程示范项目农工商集团佳宝工业园开工建设，园区位于济南市高新农业开发区，项目总投资5亿元，占地面积66.67万平方米，拥有50条进口牛奶灭菌、灌装生产线，设计日处理鲜奶能力1200吨，年处理40万吨，销售收入20亿元，利税3.8亿元。

2004年12月，济南民天面粉有限公司技术开发中心被山东省经贸委认定为省级企业技术开发中心；该中心有45人，其中2人享受国务院特殊津贴，1人享受市政府津贴；中心设有5个试验室，1个中试车间，研发专用先进设备仪器72台(套)，大部分是进口设备，平均每年开发新产品20项，拥有11项专利成果。

2005年，食品企业普遍加大技术改造力度，完成或开工一批新项目。普利思公司投资3200万元在章丘新建14万吨瓶装饮料厂，自制塑瓶；山东旺旺公司投资4000万元新上利乐包牛奶生产线；达利济南分公司投资5000万元，新上蛋卷生产线；德馨斋公司投资1200万元改造车间，新上高档酱油生产线；益康食品公司、群康食品公司、金桥食品公司先后对生产车间进行技术改造和扩建，生产研发能力和产品质量均有新增长。同年，全市各类规模以上食品工业企业156家，产品形成4大门类、17中类、40小类、6500多个品种的生产体系。佳宝乳业公司生产的佳宝牌牛奶获中国名牌产品称号，填补济南市食品行业无国家级名牌产品的空白；将军烟草、趵突泉白酒获得中国驰名商标称号；佳宝牌牛奶、普利思牌矿泉水、民天牌面粉、德馨斋牌酱油等品牌产品获国家免检产品称号。

2007年，全市食品行业有国家名牌产品3个、国家驰名商标2个、省名牌18个、市名牌38个，名优食品总量占全市食品工业产品的70%以上。青岛啤酒有限公司等一批国内外食品企业到济南建厂。开展一系列食品质量品鉴评鉴、监督活动，9月16～25日，市食协与省食协联合在省体育中心举办为期10天的第二届山东(济南)名优月饼、食品、礼品展销会，30余家当地企业参加。市食协组织企业对各专业技术工人进行技术比武，6人被评为山东省高级技师，2人获济南市突出贡献技师称号并享受特殊津贴。

2008年，全市拥有佳宝牌液态奶、民天牌小麦粉、维尔康牌鲜冻分割猪肉等国家级名牌产品3个，省级名牌产品14个，市级名牌产品24个，百脉泉牌白酒被评为中国驰名商标，济南民天面粉有限责任公司和济南维尔康食品有限公司被认定为“中国农业产业化龙头重点企业”。

2009年4月，市食品工业协会与山东济南生产力促进中心联合组织召开济南市食品行业产学研暨科技成果发布对接洽谈会，济南6家高校院所的20余名专家教授和济南市34家食品企业的负责人参会。市食品工业协会分别与山东省科学院、山东轻工学院、山东食品发酵工业研究设计院、山东商业职业技术学院、全国供销总社济南果品研究院、济南大学6家高校院所签订全面技术合作协议，食品企业与高校院所签订科技成果转化协议14项。高校院所在企业中新建产学研基地7个，有9家食品企业从高校院所聘请9位教授为企业技术顾问。

2010年，全市食品工业形成农副产品加工、食品制造、饮料制造和烟草制造4大门类、19个中类、42个小类、7000余个花色品种的生产体系。产品拥有国家级名牌3个，中国驰名商标3个，山东省著名商标32个，济南市著名商标35个。市食品工业协会被省民政厅评为山东省先进社会组织。成立市食品行业仲裁中心、市食品协会海洋食品专业委员会、乳品专业委员会。组织召开第二届食品行业产学研合作暨科技成果转化对接会，济南市食品工业协会与山东省农科院等大学院校签订全面技术合作协议，5家食品企业分别与高校院所签订建立产学研基地协议，12家食品企业与6家高校院所签订12项科技成果转化协议。

第十二节　煤炭工业科技

1986年年初，济南市煤炭产量176.8万吨，市、县属煤矿除人工装车外，其他工序基本实现机械化，机械化水平在全省地方煤矿占首位。1988年，针对乡镇煤矿技术力量薄弱的实际情况，举办两期乡镇煤矿矿长培训班，71人取得专业结业证书。市煤炭工业公司有6个科技项目在全省地方煤炭系统科技大会上获奖。推广应用中国煤矿大学研制的快速凝固药卷锚杆技术，锚杆产生锚固力时间短、锚固力大，收到显著效益。组织建筑物下、水库下采煤，在科学计算和观测的基础上，解决村庄、水库下，在不破坏房屋和不致将水导入井下的前提下，多回收煤炭资源。采用由地面打钻注浆堵水的方法，解决灰岩出水。平阴县煤矿引进美国玛克-22型采煤机组，采煤2万吨；章丘县东风煤矿使用国产ZB_2-100型薄煤采矿机组和DZ_{10}-25/80单体液压支柱支护高档普采，机采煤量7.2万吨。

1989年，推广微机在煤矿管理中的应用，在煤层稳定、储量丰富、生产正常的平阴县煤矿和章丘县东风煤矿进行试点。平阴煤矿在提升、储装、档案、工资四大系统实现微机管理，建立一系列计量管理制度和11个台账，绘制科学完善的计量网络图，对1736台(件)生产用计量器具全部进行检测，达到国家三级计量标准。在标准化管理中，建立健全技术标准、管理标准和工作标准，建立：技术标准29个、158项，覆盖率100%；管理标准23个、352条，覆盖率98%；通用工作标准5个；部门工作标准34个；岗位工作标准191个，覆盖率100%；经市标准计量局验收，被评为标准化管理优秀单位。章丘县明水镇三号煤矿成为济南市乡镇煤矿省级质量标准化矿井，该矿实现“设计规程、施工措施、指挥调度、安全质量”四统一。

1990年，济南市煤炭工业局加强生产技术基础工作，提高矿井生产管理水平和企业素质。健全和落实“三大规程”(安全规程、作业规程、操作规程)。对采掘作业规程进行评选取样，编写印制各工种的统一操作规程。强化设计管理工作，完善三图(井上下对照图、采掘工程平面图、地形地质图)，对原有33个乡镇煤矿中图纸不健全地进行修改和补充。加强地质测量工作，查明煤炭资源和水文情况。平阴煤矿建立完善以技术标准为基础的管理标准和工作标准化体系，建立技术标准系列8类99项，管理标准35类394项，工作标准297项，标准覆盖率100%，取得国家二级标准化管理合格证书；建立标准计量室，新增电压表系统校验台、电三表计量标准装置、活塞压力计、精密压力表4项标准器械，在全省地方煤矿首家采用HCS-1核子秤，计量器具配置率100%，取得国家二级计量合格证书；经能源部、中国地方煤炭总公司企业升级领导小组考评验收，被评为国家二级企业。

1993年，以煤为主，多种经营，第三产业发展迅速。推进技术进步，全年完成3项重大科研项目。平阴煤矿机采比率76.2%；全市矿井掘进机械化比率69.8%，位居全省地方煤矿前列。平阴煤矿多种经营，该矿30万吨矿井改扩和铁路专用线通过省煤炭局审批立项；平阴煤矿服装大厦与日商合资，改建为华玫有限公司，产品出口日本、秘鲁、新加坡等国家。

1995年，全系统开展“一通三防”(通风，防火、防瓦斯爆炸、防煤尘爆炸)及创建质量标准化矿井等活动，东风、琅沟、平阴煤矿达到国有重点煤矿部级标准，埠村一号煤矿、上皋煤矿达到国有地方煤矿部级标准，圣井一号矿、曹范三号矿达到乡镇煤矿省级标准。平阴煤矿“运用价值理论指导矿井高产高效”“运用系统工程理论指导注浆站设计”课题，分别获省市现代化成果二等奖，李福煤矿50万伏高压线塔下采煤的科研成果属国内首次。

1996年，琅沟煤矿狠抓二水平延伸工程，解放靠近含水层的9层煤；东风煤矿1号井与山东矿院对吕家东断层以西的煤炭资源进行电磁法物探，获得100多万吨储量，延长矿井服务年限。山东省计委立项的李福煤矿50万伏高压线塔下采煤科研课题顺利完成，共计采出煤炭34.8万吨，创造近2000万元效益，获省地方煤矿科技一等奖。上皋煤矿完成乡镇小煤矿探放水钻具和斜井自动防跑车栅栏科研项目，顺利通过省煤炭局组织的科研项目鉴定，获山东省地方煤矿科技三等奖。

1999年，加强基础技术管理，强化监督检查和指导服务，搞好灾害预防与处理计划的编制审查。召开专题会议，组织专业人员，对6万吨以上的矿井逐矿进行检查，提出重点解决事故隐患39条。对各矿井生产系统及防治水、顶板管理等方面存在的隐患进行严格排查，制定出切实可行的防治水措施。

2000年，平阴煤矿预注浆加固底板，防止突水见成效。其他矿井使用配套探放水设备，加大预防措施，70处矿井瓦斯鉴定一次性验收合格。认真开展安全生产专项活动，及时安排部署雨季“三防”(防洪、防排水、防雷电)和冬季“四防”(防寒、防冻、防火、防中毒)。以防治瓦斯、煤尘、水灾等重大事故为重点，实行“一通三防”“防治水”等安全责任制，开展“摆、查、改”活动，加强对矿井水害、煤尘、瓦斯、顶板、提升运输等事故的防治管理。

2002年，推行机械化采煤，巩固标准化成果，要求全市矿井专运规划、工程设计、工程施工以达标要求为准则，形成规范化、系统化、制度化。全市共有部级标准化矿井4处，省级标准化矿井2处，4处矿井实现机械化采煤。

2004年，推进煤矿安全技术改造，提升煤矿安全生产装备水平。督促各煤矿留足、用好安全技术措施专项费用，加强对煤矿安全技术措施工程项目实施情况的监管，定期检查考核，确保专款专用。全市煤矿用于安全项目的资金为6000多万元。同时继续坚持“管理、装备、培训”并重的原则，依靠科技进步，大兴技术创新，积极采用新技术、新装备、新工艺，抓好矿井安全技术改造工程，淘汰危及安全的设备，推进煤矿生产机械化水平，有效提高矿井的技术管理和安全管理水平。

2005年，加强基础技术管理，提高业务保安能力。组织煤矿修编地质报告，为预防地质构造突水事故提供科学依据。科学编制“十一五”规划，坚持全市煤炭资源保护与合理开发相结合，坚持全面、协调、可持续的发展观，注重集约化发展战略，注重跨省资源开发战略，注重结构调整和循环经济，提出济南市煤炭工业今后一个时期的发展思路、战略设想和目标任务。

2006年，推动煤矿安全质量标准化建设工作。对照安全规程查漏补缺，对照安全质量标准化标准逐项整改；加大安全投入，全市煤矿用于质量标准化建设及安全方面投入8000余万元。2008年，开展以煤矿技改工程质量和进度为重点的专项督查，促进济南市煤矿“双基”和质量标准化建设。

2009年，以技改矿井为重点，以安全质量标准化建设为抓手，加大安全投入，提高装备水平。全市煤炭企业装备单体液压支护工作面45个，采用刮板运输机工作面30个，新增扒装机掘进工作面10个，完成锚喷巷道2万余米。

2010年，制定《济南市煤矿“安全生产基础年”工作实施方案》，强化企业安全责任，整体提升煤矿安全基础管理水平，全市16处矿井有7处达到安全质量标准化一级矿井标准，9处达到二级标准。依靠科技进步，加快技术创新，市煤矿公司先后与相关科研院校进行合作，坚持“科技兴煤，科技兴安”战略。加强对各项费用提取使用情况的监督管理，建立相关专项费用提取使用情况审计制度，督促煤矿企业采取多种措施筹集资金，加大投入，确保科技、装备和安全生产需要。

第十三节 邮政通信科技

一、邮政科技

1986年年初，市邮政局拥有邮件传送机和自动传包机各1台、邮件升降机3台、自动出售机12台、信函过戳机2台、包裹收寄机17台、包裹分拣机5台、报刊捆扎机4台、报纸分发流水线1条。1988～1990年，实行邮政编码，邮袋分拣贮存设备，通过邮电部验收，投入生产。成立济南市邮件速递局，专营特快专递业务。营业窗口增置智能类、电子类收寄邮件设备，报刊收订、汇总和邮政储蓄事后监督应用微机处理，函件分拣配备挂号函件自动登单机，邮件总包分拣安装推式悬挂分拣储存设备，生产调度建立无线电指挥系统。

1991～1995年，开设邮政编码电话查询台；改造完成邮电支局(所)31处，总数为96处，总面积5161平方米；章丘和商河开通县内自办邮路3条，章丘局开办特快专递业务。济南开办国际电子信函业务，与泰国、丹麦、塞浦路斯、斐济、喀麦隆、卢森堡、土耳其、巴布亚新几内亚、阿根廷等国通函；引进比利时信函自动分拣机，改变沿用已久的人工分拣方式，信函分拣步入自动化。

1996～2000年，依托全国邮政储蓄计算机网、邮政特快专递跟踪查询网、报刊要数网、全国邮政指挥调度网和信函自动分拣机、包裹及大宗印刷品分拣机，为实现营业窗口微机化的目标，自行研制开发汽车运输邮件制作清单微机系统、投递邮件抄登清单微机系统和报刊抄登清单微机系统软件；邮政日戳管理微机系统和邮政枢纽邮件处理业务局域网络系统投入运行；完善订销报刊微机系统程序，引进电报汇票微机处理系统。更新改造邮件转运邮袋推挂电控系统及邮袋机械设备。1997年，邮政储蓄绿卡工程完成一期工程，全年发放绿卡6.26万张。建成速递业务(EMS)185综合服务系统，邮政生产调度系统实现与全省邮运调度网联网。1998年，全市电脑化支局124处，绿卡储蓄网点92处，完成邮政综合网建设中心机房改造工作，光端机设备通过验收。2000年，根据国家邮政局统一安排，完成济南邮政电视电话会议系统建设、报刊同城收订网和邮政速递查询网软件开发应用。引进具有先进水平的账单打印和封装设备，并投产运行；建设邮政综合计算机网，实现全国全省的联网；完成邮政储蓄绿卡二期工程，邮政储蓄网点与全省、全国实现联网。

2001～2005年，开办代收费服务业务，市区范围内申请使用263电子信箱的用户均可享受由济南邮政投递员免费上门收取电子信箱费用服务。发展邮政物流，通过整合城市营业、投递平台，完善城市功能性、一体化、区域配送物流网络；提升中邮物流品牌，全面启动邮政服务“三农”工程，开办种子、化肥、农药及酒水、日化品配送服务，把农村服务网点建成集农资配送、邮件收寄、收订报刊等多功能、全方位的服务设施。

2006～2010年，围绕邮政“三农”开展服务。挑选精品站点建立“农友之家”，不断加载服务产品，提升代理销售和服务能力，为推动农产品进城和生活用品下乡，实现“双向物流”搭建绿色通道。累计建设邮政“三农服务站”3709个，其中精品“三农站”750个、“农友之家”540个，总体覆盖率100%。深入推进“送科技下乡”活动，开展科普讲座358场，涉及全市90多个乡镇，参加人数4.4万人；举办送电影下乡活动586场。建设邮政农资试验田200多公顷，蔬菜实验基地100多个。配合政府强农惠农工程，发挥邮政直邮产品优势，组织开展“家电下乡”直邮营销服务活动；与县域商贸部门联合下发文件，开发“家电下乡”宣传手册及邮筒。发挥邮政网络和信誉优势，打造地方特产品牌。加强与当地政府部门联系，重点启动章丘大葱邮寄项目，通过邮政网络优势将章丘大葱等知名产品推向全国。配合国家“新农保”惠农政策，借助邮政网点渠道资源，重点在天桥区桑梓邮电支局、历城区大王邮电支局开办代发“新农保”服务，取得较好成效。

二、电信科技

1986年年初，济南有无线电路14条，长途电话人工座席108座席540门。1988～1990年，开办新兴业务有国内长途直拨电话，国内半自动长途电话，国际、港澳直拨电话，“174”长途电话查号台，无线寻呼，程控电话等。开通“114”微机查号台、“118”电报服务台。由邮电部与瑞士哈斯拉公司共同开发研制的世界上第一套“TM203”用户电报与公众电报合网系统进入试运行，由试运行期转为保证期。

1991～1995年，由山东省引进美国摩托罗拉公司的“EMX-250”型蜂窝状移动电话系统，容量7500门，覆盖济南、淄博、潍坊3市市区和部分区县的第一期工程竣工，市区电话全部实现程控数字化。1993年，市区电话号码升至7位，实施“一户一线”工程，正式开通磁卡电话，“168”自动电话信息台正式对外提供信息咨询，填补山东省电信业务及信息服务的一项空白。1994年，开通“200”电话试开办中国电话卡自动密码记账长途直拨电话业务。1995年1月1日，“200”业务在济南正式开办，章丘市相公庄镇牛推官庄一村成为全市第一个电话村。6月25日零时，济南市扩大本地电话网正式开通，电话号码容量能满足到2030年电话网发展的需要。12月，济南市电信局开通数字移动电话(GSM)。年末，该系统已与全国15个省市联网和自动漫游。

1996年5月，济南市电信局正式开办“800”业务，即被叫集中付费(也称对方付费)电话业务。7月，开通中国电信国际计算机互联网济南网，为中国第三个建成并开通节点机的城市。10月，开办帧中继业务和“985”支票电话查询业务。1997年5月，济南信息港正式建成开通；济南市电信局开办300卡记账智能电话业务，简称“300电话卡业务”。6月，开通智能卡公用电话。8月，开通全市第一套市话光纤接入设备。济南数字卫星地球站国内上星入网工程通过入网验证，该系统采用国际先进的数字通信技术及中等速率数字业务(IDR)通信方式，引进日本胜利电器(NEC)公司微波设备配置数字电路倍增终端设备及自适应差分脉码调制设备，进城中继采用12芯管道光缆，地球站具有系统组织灵活、操作维护方便、提供极大卫星容量、能在多址连接中有效地利用卫星功率与频带、对各种新业务适应性强等特点。

1998年3月，全省首家300卡电话校园网建成。5月，开通166多功能语音信箱系统。9月，试开通170电话费查询及自动催缴系统，当月济南市电信局试开通1861移动电话费自动查询系统。1999年，进行全国移动通信智能网及汇接网的工程建设，完成GSM六期工程，组织实施GSM七期工程建设各项前期工作。“全球通”数字手机实现全国大中小城市和地区自动漫游及近50个国家、地区的国际漫游。

2000～2005年，全球通“WAP”在中国移动全网范围内开通，率先开通手机炒股业务。加强宽带接入网、高速互联网、骨干传输网和本地电话网等电信网的建设，与房地产开发公司、物业公司、代理商等社会力量联合建设，建成宽带城域网。推出中国电信宽带网业务，该业务有光纤＋局域网接入(FTTX＋LAN)、超级一线通接入(ADSL)、家庭电话线接入(HomePNA)等多种方式，能为用户提供“千兆到小区、百兆到大楼、十兆到桌面”的宽带接入，上网速率最高可达100M，比普通拨号上网快1800多倍。全国长途网三期工程完成，中国移动用户拨打省际长途电话畅通无阻。济南联通C网三期、G网八期工程胜利完成，GSM网络交换容量新增9.2万门，新增基站35个，实现无缝覆盖。中国网通(集团)有限公司济南市分公司投资6亿元，完成小灵通第七期扩容工程、当地网智能化改造、电话升八位、计费自然月改造和全省小灵通悦铃平台建设等工程。

2006～2010年，中国联通济南市分公司、中国电信股份有限公司济南分公司、中国移动通信集团山东有限公司济南分公司、中国铁通济南分公司均有较大发展。2009年，联通济南市分公司用户数同比增长54%；3G业务市场占有率65%；结合精品宽带建设实施“宽带提速”工程，使市场占有率提高到92%。推广行业信息化应用，视频监控业务在娱乐场所、交警交通管理、数字民安网等“平安城市”建设领域得到广泛应用；呼叫中心业务成功拓展12345市民热线、全运会服务热线等项目；警务通、协同办公、销售管家、定位服务、3G视频监控等移动信息化业务逐步开拓出一片新市场，与山东省委、省政府，济南市委、市政府和市公安局等党政客户和山东商业集团、济南钢铁集团、中烟工业公司等企事业单位进行移动信息化业务合作。全面实施“精品移动网络”建设工程，在全省率先完成GSM十七期和WCDMA一、二期工程建设。

第三章　农业科技

第一节　种植林果科技

一、种植科技

20世纪80年代起，全市在农业布局上逐步做到因地制宜、扬长避短，同时为适应农民科学种田的需要，各地加强农技服务机构和农业技术队伍建设，充实技术人员，添置技术设备，注重优良品种的选育、引进和推广。1988年，在遭受严重自然灾害的情况下，粮食总产114.9万吨，亩(667平方米)产471公斤。科技力量和科技服务体系不断加强，加快立体种植、配方施肥、模式化栽培等一大批农业科技成果的推广和应用，促进科学种田水平的提高。小麦、玉米、甘薯、棉花、花生五大作物基本实现良种化，其中小麦、玉米良种化100%，谷子、大豆、水稻、棉花、花生良种覆盖率分别为94%、92.9%、99.6%、100%和98%。

1989～1992年，由章丘、商河、历城、长清、平阴、济阳六个县(区)承担吨粮田开发项目，3.7万公顷达到吨粮指标，平均亩产975公斤，较开发前3年平均每公顷增产29.3%。历城区植保站“芦笋茎枯病发生规律及防治技术研究”，有效控制病害的发生，保证芦笋基地的大面积丰产，为出口创汇发挥重要作用。济南市土肥站、平阴县农技站“农作物立体种植及对土壤肥力的应用研究”，在单位土地面积上多层次利用空间、时间、光热等资源，获得较高的作物产量和经济效益。济阳县科委完成“两万亩夏稻高产开发试验”创出国内北方稻区夏稻的丰产经验，为沿黄涝洼盐碱地的改良利用走出新路子。济南市植物站“农作物病虫机防体系建立及机动药械应用技术开发研究”达到国内先进水平，两年内机防面积17.71万公顷，挽回粮食5.27万吨、棉花161万千克，收到明显的经济和社会效益。玉米良种杂交繁育开发试验项目，从1988年开始至1991年结束，4年累计开发制种面积4715公顷，配制杂交一代种1.61万吨，平均单产228.17公斤，比开发前3年亩增83.17公斤，增长57.4%。每年经田间、室内检验和有关专家对种子质量测定验收，所产种子均达到国家和省标二级以上，技术水平居国内领先地位，并在国家商标局注册“长青”牌商标，1991年12月通过山东省科委组织的鉴定。4年累计增加经济效益1.14亿元，社会效益9036.3万元。

1994年，吨粮乡镇建设项目完成。章丘市绣惠镇等6个乡镇小麦普遍推行精播、半精播、配方施肥；狠抓玉米杂交种的引进推广。吨粮乡镇建设3年累计增产粮食9.88万吨。1995年，实施“丰收计划”“星火计划”中低产田开发及间作套种等增产增收措施，全市吨粮田(亩产1吨粮)为8万多公顷，“双千田”(每亩产粮1000公斤，产值1000元)逾5.3万公顷，良种普及率95%。全市粮食总产252.5万吨，比1990年增长39.1%，单产、总产均创历史最好水平；棉花生产出现恢复性增长，总产2.91万吨，比1993年增长12.4%；油料总产3.33万吨，比1993年增长8.1%，比1990年增长48.8%。科技成果推广应用率为60%，科技进步在农业增产中的贡献率上升到40%。

1996～2000年，全市农作物良种化率为98%，农业科技成果应用推广率为60%，科技进步在农业增产中的作用为48%；全市良种覆盖率为98%；吨粮田发展到9.3万公顷，双千田6.7万公顷。市农业部门在济阳县、商河县、章丘市实施2万公顷棉田棉铃虫综防统治技术推广项目，2年累积推广面积4.33万公顷。编写完成《棉花高产、高效、低耗栽培管理技术操作规程》。1997年，完成脱毒甘薯高产技术开发项目，全市共推广脱毒地瓜栽培面积1.42万公顷，品种主要为徐薯18号、鲁薯7号、北京553号。济南市棉花办公室实施棉花高产简化栽培技术研究与开发项目，解决植棉工序多、成本高、劳动强度大、效益差的问题，达到国内同类研究的先进水平。抗虫棉品种发展到33B、99B、中杂29、鲁棉研15等常规品种和更新换代后备品种。

2003～2005年，全市引进推广农业科技新成果115项，农业示范园区发展到333处，农业科技成果转化率为60%，全市良种覆盖率为98%，科技在农业增效中的贡献率为50%。实施“双十工程”发展高效特色农业，济南市制定《关于我市农业实施“双十工程”大力发展高效特色农业的意见》。主要内容是今后5年农业重点培植十大高效特色产业，加快建设十大龙头企业群体。建成国内设施一流的济南市农业质量检测中心。

2006年5月，平阴县、章丘市确定为全国测土配方施肥试点县，历城区和济阳县为省级测土配方施肥县。平阴县推广小麦测土配方施肥面积1.11万公顷，玉米9700公顷，增产玉米5600吨，增加产值893.1万元，增加农民收入1660.5万元。章丘市对全市7.6万公顷耕地制定科学合理的施肥方案，节本增效1800万元。历城区实施测土配方施肥1.33万公顷，节本增效1000万元以上。济阳县测土配方施肥面积1.33万公顷，平均每亩节本增效25元以上，为2万户农民提供免费测土配方施肥技术服务。

2007年10月18日，济南市农业质量检测中心晋升为国家认可实验室。济南市在农业检测方面达到全国同行业先进水平，该实验室获得

明水香稻产于章丘市明水街道办事处百脉泉北，有2000多年种植历史，有“世界香米之王”之称

与中国合格评定国家认可委员会签署互认协议的43个国家和地区实验室认可机构的承认。主要农作物良种普及率98%，20万公顷农作物采用测土配方施肥，粮食生产连续5年实现总产和单产双增。全市建成北部13.33万公顷优质专用小麦和粮饲兼用玉米产业带，沿黄1.33万公顷优质水稻和淡水鱼养殖产业带，近郊6700公顷“四鲜”产业带以及南部山区观光旅游农业产业带。形成各类农产品专业生产乡镇28个、专业村2000多个、专业大户5万户。抗虫杂交棉种植面积6000公顷；地膜覆盖棉面积和营养钵育苗移栽面积大，占播种总面积的88%；机械播种面积和所占比例均超过2006年。推广常规抗虫棉简化增效栽培、抗虫杂交棉精播高产栽培和棉花病虫害综合防治等技术。

2008年，选择章丘大葱、历城临港都市农业、济阳番茄、平阴食用菌等15处特色品牌基地作为第一批建设重点，呈现出区域规模化、装备精良化、技术先进化、生产标准化、经营产业化、环境优美化的良好发展格局，涌现出一批亩效益过3万元、5万元的典型样板。新认证无公害农产品、绿色食品、有机食品78个，累计326个，总量居全省前列。新发展规模以上农业龙头企业20家，累计265家。新增农民专业合作社833家，累计1156家。推进农业综合开发，完成中低产田改造7466.7公顷，开发治理土地2800公顷，项目区农业综合生产能力明显增强。推进农业生态富民行动，新建农村户用沼气池4万户，新发展农村太阳能热水器1.2万户，新增农村沼气服务网点100处，200个生态富民重点村的建设任务全面完成。采取“良种+良法+农业科技人员”的“三加”模式，实施推广新品种、新技术的“双推”计划，在全市筛选出24个主导新品种和23项技术作为重点推广项目，成立农业专家顾问团，确定项目首席专家，落实科技人员责任制，推进农业科技成果进村入户。全市初步搭建起农产品生产标准、质量认证、检验检测、投入品管理、新技术推广应用、病虫害预警防控六大体系。市农业质量检测中心通过国家实验室认可，获农业部无公害农产品及产地环境定点检测机构资质投资300多万元为10个县(市)区配备流动检测车及先进实用的车载仪器设备，农业质量检测水平和效率进一步提高。6月20日，济南市12316“三农服务热线”开通，由金农网编辑部工作人员轮流值班，保证12316热线有序运行。咨询内容涉及种植业、养殖业、农机、政策法规、新技术新品种等问题，为农民、企业投诉举报或咨询服务提供方便，提高农业信息服务能力。

2010年，加快发展都市农业，重点建设34个特色品牌基地和43个都市农业园区，推出6大类60个观光休闲农业精品项目，基地建成面积6.67万公顷。农业产业化步伐加快，规模以上农业龙头企业350家，农民专业合作社2658家，建成农产品批发市场187个。市农科院挂牌成立，中草药、马铃薯等农业科技示范培训中心建成运行。重点筛选实施25个双推项目，引进推广新品种136个、新技术78项、新机具18(种类)台套，小麦高产攻关创下亩产681.6公斤的全市新纪录。开通“农事通”短信平台，10万农户免费享受到快捷实用的农业信息服务。

二、蔬菜科技

1986年年初，全市在蔬菜种植区发展科技户500余户，推广塑料大棚40公顷。1988～1990年，完成“蔬菜塑料大棚综合丰产高效益技术成果推广应用”“保护栽培技术开发”“山区渡淡菜综合丰产高效益技术推广应用”“蔬菜无土栽培”等课题。推广“塑料大棚菌菜间作技术”“幼树林间作渡淡蔬菜技术”以及“大桑式”“张马屯式”中棚和大棚栽培经验，进行冬暖式大棚栽培技术试验并取得初步成功，对丰富蔬菜品种，解决蔬菜供应的淡旺季矛盾起到积极作用。至1988年，初步形成四大蔬菜基地，总面积1.05万公顷，年产菜35万吨。有近郊为主的保护栽培基地，以大白菜、大葱为主的秋季大宗菜生产基地，以莲藕为主的沿黄水生菜基地；南部山区越夏渡淡菜基地。沿黄以莲藕为主的1700公顷水生菜基地，重点进行抗旱供水和多种水生菜的开发。章丘大葱基地重点推广优良品种“29系”和“混选大梧桐”两个新品系。组织实施“中低产田生产技术”“露地黄瓜高产栽培技术”“山区渡淡菜栽培技术”等开发项目，效果明显。春季大棚黄瓜、番茄，小拱棚茄子等作物在气候条件极为不利的情况下，上市期、产量、产值都比往年有较大的突破；露地黄瓜通过选用“津杂号”优良品种，在面积相同的情况下，比1987年增产5万公斤，增加产值320万元；2200公顷大白菜全面丰收，总产13万吨；250多个冬暖大棚在深冬种植黄瓜等细菜取得成功，改善深冬和节日市场供应。引种20多种稀特蔬菜品种，其中结球生菜、散叶生菜、菜心、空心菜、黑叶油菜等陆续投放市场。

1991～1995年，组织进行“大白菜优质高产综合防病技术研究”“露地黄瓜高产栽培技术开发”“遮阳网应用技术开发”等课题的研究、开发。全市推广遮阳网10万平方米，在越夏生产中取得明显增产效果。大白菜生产在气候不利的情况下，1500公顷晚熟品种总产9万吨，保证市场供应。“莲藕高产栽培技术推广”“黄瓜冬暖棚技术研究”“遮阳网应用技术开发”等项目按时完成并通过技术鉴定，均达省内先进水平。大葱雄性不育系的选育及杂种优势利用的研究由章丘市农业局历时4年完成，在长期干旱条件下，仍获亩产3516.8公斤～3800公斤的好收成，比(二九系)增产99.5%～115.6%，平均株高122.9厘米～135厘米，葱白长49厘米～61.5厘米，耐紫斑病强，营养成分及风味均与对照相当；经检索分析对比，该项目为国内首创，达到国际先进水平。全市引进推广名优稀特菜40多种，种植面积300多公顷。“大白菜高产优质技术开发”等8项课题获得市级以上优秀科研成果奖。形成以章丘大葱、沿黄莲藕、长清菠菜、济阳商河冬春黄瓜、平阴大姜大蒜、仲宫早春卷心菜、南部山区旱作西红柿、西郊小长茄等一大批内供、外销和出口的名优“拳头”产品。

2001～2005年，济南市蔬菜中心承担市级项目“大白菜新品种选育”“蔬菜工厂化育苗技术研究与示范”通过验收；“三园春皇”“三园夏王”“三园金秋”通过省级鉴定，其中“三园春皇”是全省唯一通过国家级鉴定的品种。全市共引进蔬菜和食用菌新品种100余个。工厂化育苗大面积应用于生产，全年工厂化育苗1000万株，育苗品种由彩椒、西红柿为主，扩展到茄子、西(甜)瓜等10余个品种。平阴刁山坡鱼藕混养技术，章丘市和济阳县富硒大葱和富硒西瓜生产技术及CO_2施肥，防虫网、遮阳网、反光幕、滴灌、大棚自动化控制等得到大面积推广应用。全市规模超过6500公顷的蔬菜基地7个，形成30余个瓜菜专业乡镇和50余个蔬菜品牌。在全市选择曲堤黄瓜、黄河西瓜、展家黄瓜、董家草莓、唐王早春蔬菜5处优势明显的产品基地，引进五彩椒、144西红柿、洋香瓜等国外新品种30余个。在济南市蔬菜技术推广服务中心建成全市首家工厂化育苗车间，一期工程占地5000平方米，可提供优质蔬菜种苗500万株。

2007年，全市品牌基地面积6万公顷，其中蔬菜标准化生产基地4万公顷。被认证为无公害、绿色、有机农产品80余个。推行标准化生产规程和生物防治病虫害技术，累计推广杀虫灯3200只、防虫网大棚230多个、杀虫黄蓝板3000多张，防杀面积1.33多万公顷，减少农药用量和污染，降低农药残留。

2010年，发挥科技示范作用，蔬菜生产克服低温霜冻、大风、暴雨等自然灾害，取得良好效益。全年蔬菜种植面积11.1万公顷，总产量760万吨；全市新增蔬菜栽培面积600余公顷；蔬菜总产值83.4亿元，实现农民人均增收50元。

三、林果科技

1984年冬，中共济南市委、市政府召开山区工作会议，提出“以林为主、从果突破、长短结合、面向市场、综合经营、全面振兴”的林业建设方针和任务。1987年年底，全市3年造林3.8万公顷，平均每年造林1.27万公顷。1988年，全市果树科技推广系统大面积开展“苹果(梨)轮纹病综合防治”和“苹果低产园增产技术开发丰产技术”推广工作，取得显著效果。苹果(梨)轮纹病通过综合防治较前3年降低13.9%，烂果损失率减少16.85%，平均亩增值115.53元，达到省内先进水平。

1995年，从烟台牟平引种3万株“红灯”大樱桃，分别在土壤条件、局部小气候与原产地基本相同的章丘市相公庄镇、历城区柳埠镇和长清县五峰乡、万德镇，建大樱桃生产基地33.3公顷。

2000～2005年，抓好林果“二圃一园”(良种采穗圃、优质种苗繁育圃、科技示范园)，推广应用先进、成熟、实用、配套的科技成果，加快科技成果向现实生产力的转化。在长清区平安店镇潘村和七星台植物园建立林木良种繁育基地，开展林木良种引进、选育、繁殖、示范、推广，2001年年底，两处基地分别完成引种繁育各类植物40科、1046种和54科、223种。取得3项林业科技成果，其中城郊型新稀瓜果菜设施基地栽培技术开发项目获济南市科技进步三等奖，科技成果转化率100%。以“两圃一园”为示范点，发展果树设施栽培，建立高产、优质、高效林果示范园。在全市44家林果示范园的基础上，新建成333.3公顷以上经济林基地10处，建成实行新品种、新技术管理的市级科技示范园15处，示范、辐射带动作用进一步提高。充分发挥林业技术人员的作用，为林农、果农提供产前、产中、产后的系列化优质服务，随时为群众解决在林业生产中遇到的疑虑和难题。选育、引进新品种22个，推广应用生物防治病虫害、容器苗造林、“套袋”、嫁接改良等13项实用技术，取得林业科技成果20项。加强林业科技示范园建设，全市建成经济林标准化生产基地和科技示范园47处。

2006年，选育、引进新品种18个，推广应用高光效苹果整形修剪、生物防治病虫害、嫁接改良等新技术13项。建成标准化生产基地和科技示范园47处，完成核桃园品种改良1300公顷、80万株，更新改造高光效苹果示范园近70公顷。平阴玫瑰干花蕾、历城红荷包杏等6个产品被评为山东省名牌产品。开展“百名专家论坛”和科技下乡活动，举办科技培训班36期，专家讲座6次，发放科技知识明白纸15万张；发挥济南林业网站在林业政策法规、科技咨询、供求信息等方面的便捷服务作用，为林农、果农、花农提供系列化服务。

2007年，科学编制“造林绿化行动”规划方案，对规划区域中24个小流域进行综合治理，完成荒山绿化3267公顷。全市完成荒山绿化5467公顷，成活率90%。引导发展名特优经济林、苗木花卉、速生丰产林、森林旅游四大产业，全市经济林面积5万公顷。做好林业有害生物预测预报、林业植物检疫工作，发布病虫害预报55期，监测准确率96.2%；开展美国白蛾普查和防治工作，遏止大面积成灾势头；开展候鸟疫源疫病监测工作，无候鸟疫源疫病发生。

推广应用高光效苹果整形修剪、生物防治病虫害、容器苗造林、嫁接改良等新技术13项，取得林业科技成果18项。充分利用47处科技示范园、标准化生产基地示范、带动、辐射作用，提高标准和科技含量，全市标准化生产基地1万公顷。承担完成的“良种核桃快繁及标准化生产技术集成与示范”和“酸枣鲜食新品种高维C甜酸枣的选育”成果分别达到国内领先和国际先进水平，“北方龙柏快繁技术研究与开发”科研项目获2007年度市科技进步二等奖。自主选育出的济南“脆酸枣”“红双星葡萄”通过省林木品种审定委员会的审定命名。

加强科技服务和科技下乡活动，利用“林业信息网”“绿色服务快线”，深入村户现场示范、解疑释惑等形式，为林农、果农、花农提供产前、产中、产后系列化服务。全年举办科技下乡17次、技术培训52期，培训林农、果农近万人(次)，发放科技手册、明白纸10万份。

2008年，荒山绿化工程采取市场化运作、合同化管理、专业化施工的方式，实现高起点规划、高标准建设和高效能管理。完成荒山绿化5933公顷，退耕还果2467公顷。构建以农田林网为主体，网、带、片相结合的高标准平原防护林体系，完成平原速生丰产林3667公顷，平原防护林1733公顷，四旁隙地植树900余万株，为市区打造起一道防风固沙的绿色生态屏障。有8个乡镇、138个村达到省级绿化示范村镇标准。一批林产品相继得到认证，其中无公害产品认证20个、绿色产品认证7个、有机产品认证12个，林果总产量增长6%，林业产值增长9.5%。章丘市曹范良种核桃基地被评为“干果试验示范基地”，历城区被国家林业局命名为“中国核桃之乡”。建立苗木花卉标准化生产基地5处，花卉设施栽培基地20万平方米。通过实行“企业+协会+农户” 经营模式，理顺企业与农户的利益关系，形成种植、贮藏、加工、销售一条龙服务，延伸产业链条，增加林产品的附加值和经济效益，各类规模以上林业龙头企业有18家，建立林业行业协会、合作社37个，会员1万余人。组织科技下乡活动20次、技术培训150期，培训林农、果农万人(次)，发放科技手册近10万份。推广应用生物防治有害生物、核桃良种改接、脆酸枣嫁接等新技术13项，选育引进新品种10个，取得林业科技成果8项。引进周氏啮小蜂并繁育成功，用于美国白蛾的防治。

2010年，全市共完成造林面积1.36万公顷；新建完善农田林网1.16万公顷，其中新建约5700公顷；新育苗约1500公顷；果品产量57.9万吨；林地面积19.04万公顷，林木蓄积量966.5万立方米，森林覆盖率30%。济西湿地、平阴玫瑰湖、商河大沙河和济阳澄波湖4处湿地公园通过省林业局专家组评审，正式批准为省级湿地公园。抓住美国白蛾成虫羽化期、卵期、幼虫危害期和老熟幼虫下树化蛹期4个关键环节，动用各类防治器械1.12万台，喷洒生物药剂326吨，药物防治面积14.66万公顷次，释放白蛾周氏啮小蜂60余亿只，生物防治面积3.3万公顷，有虫株率控制在0.1%以下。

第二节　养殖畜牧科技

一、水产养殖科技

1986年，全市渔业生产得到较快的发展，市郊各县建立起一批养鱼基地，长清县孝里洼、章丘县白云湖、平阴县城西洼等商品鱼基地得到进一步开发。1987年养殖面积2400公顷，鱼产量3117吨。1988～1990年，全市水产养殖面积2826.7公顷，水产品产量4181吨。引进名优新品种，德国镜鲤鱼300余尾、荷元鲤鱼1万尾、加州鲈鱼1万尾、罗氏沼虾2万尾、福寿螺300粒均在济南市淡水养殖试验场和北园渔场试养成功。全市围绕“万亩池塘养鱼技术综合开发”共完成5项课题。

1995年，注重发展高产高效渔业，重点抓白云湖、孝里洼、城西洼、旧县洼、唐王等六大湖区开发工程。发展优良品种，先后引进大银鱼、淡水白鲳、胡子鲶鱼、尼罗罗非鱼、红爪虾等10多个品种。池塘单产由每公顷2160公斤提高到4204公斤，增长94.4%。引进甲鱼、河蟹、罗氏沼虾、红螯螯虾、大银鱼、俄罗斯鲟等名特优新品种210万尾。温室养甲鱼发展到2000平方米。历城区黄台渔场成为全省名特优品种养殖示范基地。1997年，水产技术部门完成红螯螯虾引进繁殖及养成技术研究，利用人工控制温度等综合技术使亲虾的繁殖从常温下的6～7月份提前至3月中旬，延长生长期，使当年孵化的幼虾当年养成成虾，每公顷水面产量

1020公斤，每公顷产值20.4万元，经济效益明显。该项目达到国内同类研究的领先水平。

2000年，济南市水产科学研究所承担济南市科委下达的“四大家鱼原种苗种繁育及增产技术研究”项目，成鱼养殖面积333.3万平方米，每万平方米产4275公斤，完成项目计划指标。济南市水产技术推广站承担山东省科委下达的“三〇工程”红螯螯虾研究开发项目，繁苗30万尾。2002年，济南市水产技术推广站承担“红螯螯虾良种繁育及成虾养殖技术”研究项目通过专家鉴定，年繁育虾苗50万尾，成虾养殖亩产最高407.1公斤，达到国内领先水平；“南美白对虾引进养成技术”研究项目取得突破性进展。全市水产名优品种养殖面积1066公顷，新引进大鳄龟、小鳄龟、南美白对虾、丁鱼、鲟鱼、洱海鲤等名优品种，试养均获成功。2003年，施氏鲟全人工繁育技术在济南顺发淡水养殖公司获得成功，获得施氏鲟亲鱼70多组，平均个体20公斤，并在3月首次突破人工繁育大关，共获得鱼卵25万粒，培育鲟鱼苗15万尾，成为全国首家全人工培育及繁殖成功的单位。2004年，济南市水利科研所成为全市首批行业技术研究工程中心，先后引进长鳍鲤、匙吻鲟、淡水白鲨、中华倒刺鲃、滁州鲫以及观赏鱼20多个品种，加强水产新品种储备。发展标准化、无公害生产，章丘白云湖省级渔业标准化生产基地面积244.7公顷，新发展平阴、长清、商河三个市级渔业标准化生产基地观赏鱼产业取得明显发展，观赏鱼养殖面积45.3公顷，比2003年增长33.8%，养殖品种25种。

2005年，全市水产养殖面积7614公顷，比2000年增长5%。水产品总产量3.53万吨，比2000年增长42%。渔业经济总产值4.45亿元，增加值1.9亿元，比“十五”初期分别增长121%、109%。全市观赏鱼养殖面积73.2公顷，逐步形成市水科所、历城淡水养殖场、唐王渔场三个观赏鱼引进、繁育、生产基地。

2007年，济南成为全省首批池塘标准化整理改造试点城市，制定《济南市池塘标准化整理规划》。完成“济南市淡水养殖科学研究所低标准池塘标准化整理”项目，投资151.6万元，整理池塘28.67公顷；完成“商河县标准化生态鱼塘整理工程”项目，投资350万元，整理池塘226.67公顷。投资151.9万元，建设章丘市水生动物疫病防治站。引进开发水产名优新品种8个，章丘市白云湖特种水产养殖有限公司与中国科学院海洋研究所合作完成“保健甲鱼暨甲鱼、草鱼品质改良关键技术开发”项目应用面积29.33公顷，达到国际先进水平，获市科技进步三等奖；济南市水产技术推广站完成“济南市大面积水产名优良种繁育与高效养殖技术推广”项目推广面积327.47公顷，获省农牧渔业丰收三等奖。

2008年，完成历城唐王及章丘白云湖两大片区460余公顷省级标准化鱼塘生态整理项目。制定《济南市鱼塘整理改造规划》《济南市标准化生态鱼塘整理工程项目库实施意见》，确定从2009年开始实施市级标准化鱼塘生态整理工程项目。市淡水所建设完工1300平方米观赏鱼室外工厂化培育池，配备先进的流化床水处理系统。实施历城区省级科技入户工程示范区及章丘市省级科技入户工程试验区。其中历城区省级科技入户工程示范区建设面积146.7公顷，培训渔民800人次。完成“中华鳖仿生态健康养殖技术研究”项目。“滁州鲫人工繁育及养殖技术研究”项目获市科技进步二等奖。

2010年，全市水产养殖面积6782公顷，水产品总产量4.3万吨，渔业经济总产值5.8亿元。渔业产业结构持续优化，名优水产品养殖、生态渔业、休闲观光渔业“三支柱”产业规模分别为3000公顷、4300公顷、2000公顷。市淡水养殖科学研究所新引进娃娃鱼、鮰鱼、斑点鳟鲑等名优品种养殖，试验养殖成功。商河县贾庄利用地热水资源养殖罗非鱼及南美对虾，产量分别为5万尾、3吨。年内新成立渔业专业合作社4家，新认证无公害水产品24个，全市无公害水产品43个。建设槐荫郑家店省级标准化渔业生产示范基地200公顷。市淡水养殖科学研究所新建1600平方米工厂化名优苗种培育温室并投入使用，配套建设的1020米深水井顺利出水，出水温度28℃。历城区唐王渔场繁育龙凤锦鲤苗种30万尾，培育优质高档龙凤锦鲤4822万尾，完成“龙凤锦鲤人工繁育与养殖技术研究”项目。章丘市白云湖特种水产养殖有限公司举办“白云湖”牌生态甲鱼品牌推介会，30多家餐饮、销售企业及20多家媒体参加。

二、畜牧科技

1986～1990年，章丘县被列为全国商品瘦肉型猪基地县，先后引进杜洛克、汉普夏、长白、大约克和里岔黑猪、五莲黑猪、莱芜猪等种猪，形成瘦肉型猪生产繁育体系。1989年全县商品瘦肉猪出栏18.89万头。济南市畜牧兽医站培育的“济南市高产蛋鸡”达到国内先进水平，全市良种蛋鸡普及率80%，高产蛋鸡个体平均产蛋量比开发前增产38.5%，饲料、蛋料比从3.5:1下降到3.1:1，全市鸡蛋增产2500万千克。

1991～1995年，推广畜禽良种繁育、青贮氨化饲料、畜禽程序免疫等10项常规实用技术。由济南浓缩饲料厂研制成功的新型猪用饲料添加剂“华鲁牌”猪生长灵配方科学，使用方便，当年生产销售21吨。商河县列入全国秸秆养牛示范县，引进利木赞良种公牛，建立县肉牛繁育中心，完成青贮氨化饲料15.2万吨，被农业部评为青贮氨化饲料先进县。从加拿大引进30头良种牛，为完善济南市肉牛良种繁育改良体系，加快肉牛良种化，提高品种质量奠定基础。组织实施攻关项目“家畜人工授精与冷配技术”，主推项目“商品瘦肉型猪生产配套技术开发”等5个系列25个项目。加快秸秆养牛发展，全市青贮氨化作物秸秆191万吨。

1996～2000年，在全市20处蛋鸡基地乡镇推广蛋鸡集约化规模饲养配套技术，推广饲养规模1150万羽。注重各项实用技术综合配套，重点推广蛋鸡良种繁育、最佳饲料配方、鸡舍环境控制、三阶段饲养技术规程、程序化免疫和卫生驱虫等技术，探索了一条建立蛋鸡饲养小区的新路子，实现小规模大群体规模经营的新模式，该项目达到国内同类项目先进水平。1997年4月，济南市畜禽良种繁育中心正式建成并投入使用。该中心存养荷斯坦、西门塔尔、海福特、安格斯等良种公牛20头；发挥良种繁育龙头作用，组织统一供精供氮，开展技术培训和综合服务，发展冷配改良站点214处，杂交改良14.5万头，普及率26.1%，促进全市肉牛产业化进程。年内，被济南市政府确定为农业产业化龙头企业。1998年，波尔山羊胚胎移植试验成功。章丘市普集镇普西村与山东省农科院联合从南非引进210枚波尔山羊良种胚胎，以当地奶山羊为受体，进行胚胎移植获得成功；第一批移植出生的15只良种公羊和12只母羊生长发育良好，加快全市肉羊品种改良步伐，促进肉羊产业化。1999年，肉牛改良累计80万头，良种覆盖率50%。肉羊改良坚持高起点，引进纯种波尔山羊、小尾寒羊，良种覆盖率30%。瘦肉型猪良种覆盖率80%。2000年，全年冷配杂交改良肉牛29.9万头，改良覆盖面53.9%。肉羊改良工程全面启动，引进和纯繁波尔山羊100多只，杂交改良肉羊46.5万只，改良覆盖面45.2%。建设优质商品瘦肉型猪生产基地乡镇16处。

2001～2004年，狠抓三大畜禽改良基地建设，完善以济南市畜禽良种繁育中心为龙头，6个县级改良站为骨干，682个乡镇及个体改良站为基础的牛羊良种繁育和杂交改良体系。全年肉牛、肉羊杂交改良分别为28.8万头、42.4万只；瘦肉型猪存栏198万头。牛、羊、猪良种覆盖率，分别为50%、35%和87%。狠抓良种繁育改良体系建设，发挥济南市畜禽良种繁育中心龙头作用和基层兽医站点及示范基地辐射带动作用，加快三大家畜的改良速度。全市肉牛杂交改良35.2万头，改良率63%；瘦肉型猪出栏231.7万头，占出栏率比重90%；肉羊杂交改良

47.5万只，改良覆盖面47%。加大畜禽良种引进、繁育、推广力度，从澳大利亚引进354只纯种无角陶赛特、德克赛尔、波尔山羊，从美国引进24头高产良种奶牛，为良种产业化工程注入新活力。全市肉牛杂交改良26.4万头，杂交改良肉羊48.7万只，出栏三元商品猪192.6万头。畜禽良种化明显提高，牛、羊、猪良种覆盖面，分别为52%、45%和87%，蛋鸡95%，奶牛、肉鸡100%。加快畜牧高新技术应用开发，完成农业部万枚高产奶牛胚胎移植富民工程实施工作，全市共移植优质奶牛胚胎200枚；承担的山东省财政厅波尔山羊繁育项目顺利通过验收，共移植波尔山羊胚胎1000枚。全市杂交改良肉牛18.6万头，杂交改良肉羊52.3万只，出栏三元商品猪192.6万头。

2005年，制定《济南市生态畜牧业建设规划》，确立畜牧业生态环境建设和循环经济建设的重点领域。投资800余万元，建筑面积1800平方米、装备有国内外先进检验监测设备的“济南市畜产品质量安全监测中心”通过质量技术监督部门实验室计量认证投入使用。重大畜禽疫病防治积极应对国家2005年5月实施的动物重大疫病发布制度，按照济南市政府《关于进一步加强动物防疫工作的通知》要求，坚持预防为主的方针，层层落实动物防疫责任制，济南市政府与各县(市)区签订为期5年的《动物防疫责任状》，市县两级全部制定落实《高致病性禽流感、口蹄疫、猪瘟、鸡新城疫等四个重大动物疫病防治应急预案》。加强动物检疫监督管理，全年共审核、办理动物防疫合格证4000个，检疫猪90万头、牛30万头、羊60万只；畜禽及其产品上市检疫率100%。

2006年，济南市畜禽良种繁育中心迁址重建，新址位于市农业高新技术开发区内，项目预计总投资1548万元，规划用地约3.33公顷。该项目建设标准化种牛舍、种羊舍、牛羊产房、冻精生产检测室、胚胎移植实验室等建筑物，总建筑面积4500平方米。

2007年，以伊利、佳宝、维维、旺旺为龙头的乳品加工群体，以维尔康、万润、鑫意、长荣、绿安为龙头的肉制品加工群体和以百乐沃、宇飞、六和双利为龙头的禽类产品加工群体，构成全市三大畜产品加工产业体系，形成100万吨奶类、200万头生猪、180万只肉羊、30万头肉牛、3500吨蛋粉和3000万只肉鸡(鸭)的加工能力，吸纳带动70%的养殖小区和专业户进入畜牧产业化经营范围。继续施行《入济动物产品质量安全责任书》制度和检疫员派驻制度，加强对规模饲养场、屠宰场和市场的监管，屠宰检疫率100%，有效杜绝疫情输入，保障动物源性食品的质量安全。3月，济南市成立动物标识及疫病可追溯体系建设工作机构，明确职责及工作人员，对相关人员进行培训，逐步建立既适合全市市情，又与国际通用做法接轨的动物标识及疫病可追溯体系。8月6～11日，市畜牧办举办高致病性猪蓝耳病防控技术培训班，重点对县(市)区畜牧局兽医技术人员、乡镇兽医站动物防疫人员、规模养猪场技术负责人进行培训，讲授的主要内容有高致病性猪蓝耳病的危害、流行病学特点、临床诊断要点、病理解剖典型症状、高致病性猪蓝耳病灭活疫苗使用的注意事项及综合防治措施。

2008年，12家畜牧生产加工企业进入市级以上农业产业化重点龙头企业行列，总数为52家，占全市农业龙头企业的30%。各类畜牧标准化小区(场、基地)180处，占规模化畜禽小区总数的30%。有49个生猪小区、28个奶牛小区和49个蛋鸡小区实行标准化改造。70%的规模养殖场实施沼气工程，建设沼气池近3万立方米，80多家规模养殖场粪便污染物实现达标排放。建成以自然养猪法为基础的标准化生猪饲养小区(场)36家，发酵床面积2万多平方米，生产青贮玉米秸秆220万吨，全市玉米秸秆青贮利用率65%。对新、老繁育中心基地实施全面改造和提升，取得初步成效。开展动物卫生监督执法年活动，落实派驻监管制度，加快动物标识及疫病可追溯体系建设工作。修订完善《济南市重大动物疫情应急预案》，通过重大动物疫情应急处置演练，明确应急处置程序，检验和锻炼应急处置队伍。完成全市畜牧业污染源普查各项工作。共普查9792个对象，其中养殖场317个、养殖小区541个、养殖专业户8934户，全市指标填报漏填率为零、填报差错率为1.8%、入户率100%，均达到普查方案的技术要求，符合污染源普查质量核查标准。5月29日，市政府组织专家对济南市无规定动物疫病区建设项目实施方案进行论证。济南市无规定动物疫病区项目建设包括全市10个县(市)区、73个街道、61个乡镇。在全市建立起完备的动物疫病诊断测报体系、动物疫病预防体系、重大动物疫病控制体系、动物保护监督体系，形成稳定的动物疫病控制区。无规定疫病区项目建设，每年可直接或间接减少损失10亿多元，增加收益2亿多元。

2010年10月，济南市畜产品质量安全监测中心通过实验室资质认定，申请承检的15类产品和307个参数均具备按相关标准进行检测的能力，是全省首家通过的地市级检测机构。12月，济南市动物疫病预防与控制中心承担的《济南市高致病性禽流感防控关键技术应用研究与推广》项目通过山东省验收鉴定，达到同类研究国内领先水平。同年，全市新认证无公害、绿色畜产品基地3处，全市畜牧业标准化基地发展到50处，其中国家和省级标准化生产基地33处。济南绿安食品有限公司通过山东省无公害畜产品产地委员会检查验收，获得无公害畜产品认证。

第三节　水利科技

1986年年初，全市有各类水库198座，机井2.51万眼，排灌机械3.44万台。

1987年，在全市山丘地区建成大中型水库9座，小型水库189座，塘坝798座，总库容4.2亿立方米；在平原地区建成机电井2.64万眼，配套装机22.21万千瓦，发展引黄灌溉1.96万公顷。治理水土流失面积2101平方公里，占原水土流失面积72%，有效灌溉面积11.98万公顷，建成旱涝保收稳产田9.43万公顷。有585个自然村、42.95万人吃水问题得到解决和改善。1988年，有13项优秀科技成果分别受到省、市奖励。济南市水利局勘测设计室获得省市优秀水利设计成果奖5项。WFP-中国2814工程(白云湖水产开发规划)获全省优秀水利设计银牌奖。对节水灌溉、工程施工、水土保持、雨情遥测、水产养殖等课题进行研究，济南市水土保持办公室与山东师范大学合作的“利用水保措施增加群泉地下水径流”研究成果达到国际先进水平。平阴县汇泉小流域水保治理成果达到国内同类地区、同类项目先进水平。长清县侯庄小流域水保治理成果被济南市科委评为科技进步二等奖。

1991年，“低压管道输水灌溉技术开发研究”项目获国家科技进步二等奖，低压管道输水灌溉与传统地面粗放的灌水相比，节水30%、节地1%～2%、增产10%～20%。建立槐荫区段店、长清县平安店两个万亩灌溉示范片。初步形成南部山区以平阴县、章丘县为主的双壁波纹PVC管灌型式；中部平原以历城区为主的水泥石硝管管灌型式；近郊以槐荫区段店镇为主的薄壁PVC管灌型式；沿黄以平阴县店子乡为主的引黄管灌型式。“田山电灌处一级泵站水泵汽蚀防护与技术改造”项目通过部级鉴定；“白云湖水产开发设计”“鹊山风沙治理”等5项成果通过省、市级鉴定，均处省内或国内先进水平；“空气反循环钻井工艺研究”获山东省科委三等奖、济南市科委一等奖。

1995年，引进和借鉴国内外先进灌溉技术和设施，在济南市农业高新技术开发区内进行微机自控节水灌溉系统试验研究。在完成开发区120公顷高标准低压管道节水工程基础上，对其中8公顷大田进行脉冲式微、滴、喷灌试验与开发，通过时间和水量综合分析进行微自动化控制，达到不同作物和多种节水灌溉形式优化组合。对节水工程主要设备进行监视，确保节水工程准确、合理、安全正常运行；灌溉自动化试验研究为全市发展高技术节水灌溉树立样板；全年共发展喷、滴、微灌面积2.33万公顷。全市围绕“两高一优”农业，按照“沿黄灌区重点建设防渗渠道，中部平原重点发展低压管灌，南部山区重点建设微、滴、喷灌”的发展框架，大力开展农田节水灌溉试验推广工作。平阴县引进具有国内先进水平的滴、渗灌技术，发展山区节水灌溉266.7公顷，使同一水量灌溉面积扩大10倍。

1996年，平阴县“节水灌溉工程”形成不同地形、不同水源地的3种节水灌溉模式，在引黄灌区重点兴建地面防渗渠道，渠系水利用系数比土渠提高20%；在沿黄滩区和平原井灌区重点发展低压管道节水工程，渠系水利用系数比串、漫灌提高50%；在山区重点引进喷滴灌技术，每亩年节水390立方米，节水率为87%。平阴县被国务院批准为全国节水增产重点县。

1997年，从以色列引进被称为“世界滴灌之王”耐特费姆公司成套滴灌设备，同北京林业科学院、澳大利亚农业持续灌溉研究所合作在平阴县进行调亏灌溉试验。年底，全市发展果园大棚蔬菜微、滴、喷灌和大田低压管灌2.53万公顷，全市节水灌溉面积增至7.33万公顷，占有效灌溉面积的33%。

1998年，章丘市垛庄水库灌区工程充分利用灌区地形优势，采用高水位无动力供水新技术，开工兴建山东省内最大的水库节水灌区，实行田间配套高标准低压管灌、果园微灌、坡地喷灌等先进技术，使灌溉水的利用系数由原来的0.2～0.3提高到0.9。至1999年年底，全市节水灌溉总面积15.73万公顷，其中干支渠防渗灌溉节水面积5.33万公顷、低压管道灌溉8.6万公顷、大田喷灌1万公顷、微灌0.8万公顷，年节水1650万立方米，年综合效益4.13亿元。同年，历城区抗旱服务队、平阴县抗旱服务队协作承担济南市科委重点农业科技项目3.34万公顷粮菜果“FA旱地龙”推广项目，该项目作为一种新型多功能抗旱生长营养剂，具有“有旱抗旱保产，无旱节水增产”功效，是国家重点科技推广项目；年底，累计推广施用面积5.2万公顷。2000年，全市发展节水灌溉面积13.3万公顷，其中高标准节水灌溉面积10万公顷，年节水在1亿立方米以上。在技术服务和设备推广上，成立节水技术推广中心，投资200多万元，建起首家农业节水设备专业批发市场，实行节水技术推广、设备经营安装、配件供应等“一条龙”服务。在节水工程的实施上，重点抓平阴县田山、历城区陈孟圈续建配套和节水改造一期工程建设，改变过去引黄灌区“大水漫灌”的传统。引进节水技术和设备20余种，研制开发智能灌溉管理系统、穴式渗灌、高空喷灌等节水技术10余种。2003年，完成田山引黄灌区续建配套与节水改造第三期工程和全市节水“精品园”建设任务等，完成邢家渡引黄灌区续建配套和节水改造项目的申报工作，当年列入水利部投资计划；以变频调压自控、IC卡电脑控制为主要标志，以喷、滴、管灌为主要建设形式的高标准节水工程建设，走在全省前列。

2005年，全市新增灌溉面积1933公顷，改善和恢复灌溉面积5267公顷，发展高效节水灌溉面积6877公顷。及时掌握黄河水情信息，根据季节和农时要求，抓好引蓄利用，全年引蓄黄河水3.7亿立方米，支持引黄灌区农业的灌溉。充分利用现有水利设施和水源条件，通过科学调度及推广农业节水灌溉，缓解旱情。围绕“加强南部山区水源地保护，保护和改善城市生态环境”的任务，加大南部山区的水土流失防治和监督管理工作力度，投资8155万元，治理小流域27条，新增治理面积92.7平方公里，完成年度计划的116%。2006年12月20日，山东黄河第二期标准化堤防建设工程开工仪式在章丘举行。该工程济南章丘段工程长度27公里，上迄高官寨镇胡家岸险工，下止黄河乡金王村。主要工程建设项目有堤防帮宽、放淤固堤和堤顶道路3项4个标段，设计各类工程土方324.23万立方米，总投资1.02亿元。2007年，完成石横电厂四期、济阳新能源、济南化工PTA等项目的水资源论证工作。启动水源地水质监测工作并做好城市原水供应，全年供原水1.9亿立方米，日均供水54.47万立方米；加强水资源监测，完善城市供水水源地和自备井单位供水量自动监测系统，在趵突泉、黑虎泉出流的3个断面安装流量自动监测系统，实现供水量和泉流量的自动实时监测。济南“7·18”特大暴雨后，修订黄河防汛应急预案，完善应对防汛和安全突发事件的快速反应机制。12月19日，山东济南黄河标准化堤防工程获“中国水利工程优质(大禹)奖”，是济南市水利工程首次获得该奖项，为山东黄河历史上水利工程获得的最高奖项。该工程是集“防洪保障线、抢险交通线、生态景观线”于一体的综合性水利工程，包括大堤加高帮宽、堤防道路建设、放淤固堤、险工改建4大类、35个项目，工程总投资4.45亿元，是济南黄河防洪的重要屏障和独具特色的旅游景观带，被水利部命名为“国家水利风景区”。济南黄河千亩银杏园被中国林学会银杏分会命名为“全国银杏标准化示范基地”，种植银杏面积5.47公顷、13万株幼苗，是黄河流域最大的人工银杏林。

2008年，重点实施邢家渡和胡家岸2个引黄灌区续建配套与节水改造工程，全面完成渠道衬砌和建筑物配套建设年度计划。新打机井1140眼，疏浚河道312公里，维修加固堤防30.2公里，新修水毁工程851处，新修蓄水工程476处，增加蓄水能力1200多万立方米。成立济南市武警防汛机动抢险救援大队和章丘市防汛抢险大队2个专业防汛抢险队伍。治理水土流失面积90.76平方公里，实施水保生态修复6.25平方公里，治理小流域18条，建成各类小型蓄水保土工程297处，发展水保林、经济林57平方公里。年内完成卧虎山、垛庄、杏林、钓鱼台4座大中型水库安全鉴定和除险加固初步设计，实施垛庄水库除险加固工程。完成42座小型病险水库年度加固任务，商河县清源湖水库建设基本完成。初步建成水资源管理信息系统，按照国标28个常规检测项目的有关规定，对卧虎山、锦绣川、狼猫山、玉清湖、鹊山5处供水水源地监测水质。全年供应原水2.18亿立方米，日均供水59.8万立方米。章丘黄河二期标准化堤防建设工程完成竣工验收，济南黄河右岸(南岸)标准化堤防建设全面完成。

2010年，实施崮头、杜张、垛庄、卧虎山、杏林、钓鱼台6座大中型和126座小型病险水库加固治理并竣工，部分验收投入使用。加快全市4座大型引黄灌区续建配套与节水改造步伐，田山灌区完成一二级电灌站主体工程更新改造和部分分干、支渠配套工程；陈孟圈灌区节水改造项目通过省级验收；邢家渡灌区完成总干渠衬砌33.6公里。南水北调东线济南段济平干渠通过完工验收，成为国家南水北调工程第一个全线开工、第一个发挥效益、第一个通过验收的单元工程。治理小流域20余条，治理面积86平方公里，南部山区生态状况明显提高；完成各类小农水工程3800余项，完成土石方5200万立方米，新增有效灌溉面积2300公顷，发展节水灌溉8000公顷。编制完成《济南市水资源调查与评价》《济南市节水型建设规划》《济南市保泉行动实施效果后评估》，进一步完善水资源专项规划。

治理绿化后的商河大沙河 (2010年摄)

第四章　医疗科技

1986年，全市卫生医疗设施逐步改善，中医、西医、中西医结合三支力量并存，完整的医疗预防保健体系基本形成。1988年，市卫生系统鉴定35个项目，9项达到国际先进水平。包括市中心医院显微手术治疗老年性未成熟白内障、葡萄胎恶性趋势探讨、营养醒酒饮料研制；市第二医院眼压计测微仪、眼弓形体病研究；市第四医院Y型套管式腹膜透析装置；市卫生防疫站应用乙型肝炎特异性转移因子治疗慢性HBsAg携带者研究；市医科所的新型免疫吸附剂血清蛋白成分凝胶珠研究等。市中心医院脂肪抽吸术、市第一医院小脑移植术、市第三医院断肢再植术取得可喜成果。山东医科大学附属医院气囊导管治疗肺动脉瓣狭窄，缩短疗程，降低费用；千佛山医院高压氧舱启用9个月，收治病人万余人次；济南军区总医院神经科发展为全军神经专科中心，新建省内首家血液净化研究中心；山东省立医院降低围产儿发病及死亡率措施、解放军106中心医院治疗布加氏综合征方法，在济南召开的国际性学术交流会上介绍，受到国内外同行关注。区、县及厂企系统医院能够进行心脏直视、外科整形、人工晶体植入等难度较大手术并获得成功。1989年，医学科研有36个项目通过鉴定，达到国际先进水平11项。成立济南青年医学基金会，对35岁以下、在医学科技方面做出贡献的医务工作者进行奖励，为青年医务工作者开展学术研究提供资金帮助。

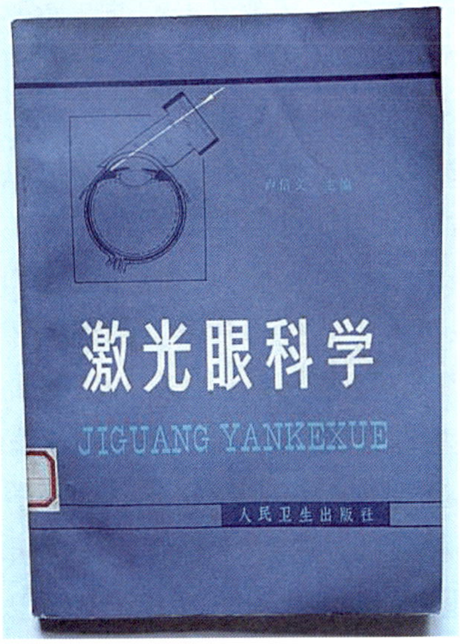

卢信义主编的我国第一部《激光眼科学》，共17章近34万字

1992年，鉴定医学科研课题34项，其中7项达国际先进水平，3项获山东省科技进步奖，6项获山东省卫生厅科技进步奖。市第一医院成立济南市临床免疫中心，拥有一支业务素质高的专业技术队伍和较先进的科研检测仪器，设有免疫门诊、住院病床、变态反应皮试室、肺功能室、体液免疫室、放射免疫室、综合实验室和细胞培养间等，专门治疗变态反应性疾病、自身免疫性疾病、反复感染性疾病、原发性和继发性免疫缺陷病、结缔组织病，并对肿瘤病人进行免疫增强治疗，是全省第一个临床免疫中心。济南眼科医院成立，有较强的眼科专业技术队伍和先进眼疾医疗仪器设备，国内第一部《激光眼科学》由该院主任医师卢信义主编；在青光眼、角膜病、眼底病、斜视、弱视、眼科遗传病研究和诊断方面，有5项居国际水平、4项居国内领先和先进水平。1993年，首批确定的市级重点医学专业项目由8个调整为12个。调整后重点专业为：市中心医院烧伤科、整形外科、眼科，市第一医院免疫专业，市第二医院眼科，市第三医院创伤显微外科，市第四医院心血管专业，市第五医院泌尿外科，市妇幼保健院围产保健专业，市儿童医院小儿外科，市传染病院肝病专业，市口腔医院口矫专业。

1996年，鉴定科研成果32项，获山东省、济南市科技进步奖35项。建立卫生科技发展基金，制订对卫生科技人员激励扶持的措施和重点学科建设、培养学科带头人及跨世纪卫生科技人才规划和管理办法。市卫生局确定11个市级重点专业和6个领先专业。重点专业(专科)：市中心医院神经外科、生物治疗中心，市第一医院神经内科，市第三医院消化内科，市第四医院骨外科，市第五医院泌尿外科，市儿童医院小儿外科，市传染病医院肾病综合症出血热专业，济南医院职业病科，市中医医院周围血管病专业，市口腔医院修复专业。领先专业(专科)：市中心医院烧伤整形专业、市第二医院眼科、市第三医院创伤显微外科、市第四医院心血管专业、市中医医院针灸推拿专业、市妇幼保健院围产保健专业。对于重点专业和领先专业，加大投入，重点扶持，明确目标，强化管理，形成技术实力。

1996～2000年，市卫生局所属市直医疗卫生单位累计承担各级各类科研计划课题232项。完成科研成果263项，其中达到国际先进水平55项，国内领先水平168项，国内先进水平40项。获各级科技进步奖225项，其中山东省科技进步奖26项，山东省卫生厅医药卫生科技进步奖23项，济南市科技进步奖176项，每年获市科技进步奖数量均占全市获奖项目总数的近1/3。获国家专利88项，出版专著71部，在国际杂志和学术会议上发表交流论文62篇，在国内杂志上发表学术论文6000余篇；市儿童医院和市儿童保健所研究“儿童智能发育社区干预”适宜技术被市科委鉴定为国际领先水平。全市卫生系统共获省、市科技进步奖51项，其中山东省科技进步二等奖2项、三等奖2项，济南市科技进步一等奖1项、二等奖17项、三等奖29项，占全市科技进步奖总数的1/3以上。加强国际间学术交流，共选派96人次赴国外进行医学考察、访问、进修培训和出席国际学术会议，接待国外专家20人次到济南开展学术活动。

2003年，国内部分地区发生非典型性肺炎疫情，全市卫生系统按照市委、市政府统一部署，取得“疫情零扩散，医务人员零感染，‘非典病’人零死亡，医疗质量零事故”的阶段性重大胜利。2004年，市卫生局实施“泉城卫生学者”人才培养计划，即“泉城卫生学者565工程”。经单位推荐、资格审查、专家评审，于灵芝、刘子栋、李晓红、李宗宝、张济、宋国栋被评为首批“泉城卫生学者”。2005年，刘振华获国际红十字会授予的护理界最高奖项——南丁格尔奖章，成为济南市卫生史上第一位获此殊荣的医务工作者。2007年，加强重点专业建设和管理，全市拥有省级特色专科13个，市级重点专科25个，重点实验室2个。通过鉴定的科技成果90项(其中省级科技进步奖8项)，占全市科技成果项目1/3。启动全科医学专科医师规范化培训，举办全科医学培训班，培训学员479名。强化全市医疗晋升人员和全体护理专业人员学分管理，申报并立项国家级继续医学教育项目1项，省级项目28项。实施“泉城卫生学者565工程”，评选出第三届泉城卫生学者，并对往届学者进行综合考核，促进学者快速健康成才。2008年，组织参加省、市科技局科技计划项目评奖申报工作，获得省科技进步二等奖1项、三等奖3项，市科技进步奖32项。申报市科技计划项目37项，获立项资助经费350万元。市中心医院1项课题被评为市第二批“泉城学者”建设工程招标课题。实施高层次人才培养工程。成功举办第四届“泉城卫生学者”评审会，李云等6名学科带头人被评为第四届“泉城卫生学者”。举办济南首届卫生科技高峰论坛，为科技工作者搭建探讨卫生科技管理平台。全力推进与美国蒙东那大学合作，第二期医院管理干部EMBA班开班。加强基层培训，乡镇卫生院技术骨干培训有序开展，完成两期“1127工程”培训任务和第三批学员考核工作，培训完成率86.9%。组织申报省社区卫生技术人员骨干培训基地，开展社区医学人才体系建设工程项目，选派7名医生到美国贝勒医学院进行社区医学师资培训。实施“泉城卫生学者”境外培训计划，3名学者学成归国，2名在国外进修。加强学术交流，3名学科带头人参加国际学术会议，2人进行大会交流发言。

2010年，市中心医院完成“CD8+T细胞在Ⅰ型糖尿病发病中的作用”研究项目。该研究以NOD鼠和基因工程构建的NOD背景的转基因鼠为动物模型，利用过继转移的方法评价静止的β细胞特异性CD8+T细胞被激活的位置及其对抗原的识别，探讨CD8+T细胞如何在Ⅰ型糖尿病的疾病过程中发生作用。该研究结果对Ⅰ型糖尿病的发病机制有了新认识，明确CDB+T细胞在Ⅰ型糖尿病中的作用，为从免疫调节的角度治疗Ⅰ型糖尿病提供新思路，从而达到有效的预防和治疗Ⅰ型糖尿病，为攻克自身免疫性糖尿病迈出坚实一步。研究成果经在山东省立医院、山东大学第二医院、山东省千佛山医院、山东中医药大学第二附属医院、济南市中心医院等单位推广应用，获得良好社会效果及经济效益，有3篇论文被SCI收录，2篇论文在国家级杂志上发表。

第五章　城建环保科技

第一节　环保科技

1981～1988年，先后进行“焚烧处理全氟丙烯残液”“济南铁厂高炉干法除尘”“大明湖水体污染评价”“济南地区土壤背景值”“有烟型煤研制及炉型改造”等50多个有关环保课题的研究。工业废水处理率由10%提高到43.98%；工业废水重复利用率由73%提高到82%；工业生产废气净化率由25.2%提高到61.05%；工业粉尘回收率由41.9%提高到70.35%；工业固体废物综合利用率46%；锅炉改造率由74.16%提高到96.24%；工业“三废”(废气、废水、固体废弃物)综合利用产品产值由503.9万元提高到4112.6万元。1988年，全市集中供热面积200万平方米，16个街道办事处基本达到烟尘控制区标准。“济南地区二氧化硫强污染过程及其气象条件的初步研究”获山东省科技成果三等奖和国家环境保护局荣誉奖，“转炉钢渣水淬及利用”获山东省优秀科技成果一等奖。市环保局与市环保科研所分别承担国家环保局、山东省科委、山东省环保局、济南市科委下达的11项环保科研项目的研究，年底完成并通过鉴定的有“济南市国土总体规划环境保护篇”“济南市‘八五’期间环境保护科技发展预测研究”，后者达到省内同类研究先进水平。

1989～1990年，全市共开展环境科研项目41个，其中5项科研成果通过鉴定，“济南市‘八五’环保科技发展预测研究”达到省内先进水平，“集体生活用烟煤型煤的研究”“济南市东郊地下水污染现状及污染途径的研究”“济南市城市区域环境噪声标准适用区域划分研究”“济南市大气监测优化布点的研究”等达到国内先进水平。“济南市城市区域环境噪声标准适用区域划分”研究获山东省科委技术进步三等奖；“济南市东郊地区地下水污染现状及其途径”研究、“济南市‘八五’期间环境保护科技发展预测”研究获山东省环保局科技进步二等奖；“集体生活用烟煤型煤及配套炉具研究”成果获得第二届国际新技术新产品银奖和山东省环保局科技进步三等奖。

1991～1995年，共开展环保科研课题50项，完成课题研究7项，鉴定科研课题13项，其中“小清河济南段污染物总量削减规划分配”“卧虎山水库富营养化”两课题研究达到国际先进水平；13项科研课题56人次获得市级以上科技进步奖和科技情报成果奖。“济南市大气总悬浮颗粒物特征及来源的研究”“济南市地下水补给区污染状况及防治措施的研究”部分达到国际先进水平。科技成果登记申报中，有8项课题分别获山东省环保局、济南市建委奖励。向山东省环保局推荐2项环保实用技术，均被列为全省最佳实用技术A类技术项目。“济南市环境监测数据管理系统软件的研究”“在线树脂富集——流动注射火焰原子吸收测试方法的研究”“单片微机数据器的研究”3个课题达到国内领先水平。“济南市地下水补给区污染状况及保护措施的研究”获山东省科技进步三等奖；完成“便携式烟道气二氧化硫测定仪研制”“济南市大气污染预报方法的研究”“烟气除尘脱硫净化技术——工业型煤锅炉的研制”“HB-1500二氧化氯高效水处理剂发生器”等7项科研课题，均达到国内领先水平。与北京劳动保护研究所联合开发的BYQ-1型烟气自动分析仪，通过中国计量器具质量许可证质量认证，在烟气自动监测和分析方面填补国内空白。

1996～2000年，在研课题76项，其中4项课题达到国内领先水平，2项达到国内先进水平；14项课题分别获得山东省环保局、济南市建委、济南市科委科技进步奖；环境科学学会作用得到充分发挥，为环境管理和污染治理提供有力的决策和技术支持。“济南市环境监理计算机管理系统”课题达到国内先进水平，“小清河流域排污总量收费的研究”属省内首创。完成10吨、20吨、35吨锅炉除尘脱硫净化装置研制，在济南明湖热电厂、济南柴油机厂、济南明水铝土矿推广应用。济南环保科技成果推广中心首项推广项目——济南白马山啤酒厂酵母、酒精、麦芽3个副产品再加工技术，为酿造业废渣处理开辟新路子，被济南市科委、市建委列为重点推广项目。“济南市城市环境规划综合研究”达到国际先进水平，“济南市几种蔬菜硝酸根离子和亚硝酸根离子污染现状及对策”“天然腐殖酸吸附化学改性研究”两项课题，分别达到国内领先和国内先进水平。完成水泥立窑粉尘治理、锅炉烟气脱硫除尘以及废水治理等污染治理工程16项。完成济南市环保产业调查统计工作，为规范、指导环保产业发展掌握第一手资料。“济南市大气污染综合治理技术研究开发与示范”项目列入省政府《山东省可持续发展十大科技示范工程总体实施方案》《山东省可持续发展十大科技示范工程项目计划》。

2001～2004年，共完成25项研究课题的鉴定工作，其中6项成果达到国际先进水平，其余均达到国内先进水平，获各级科技主管部门科技进步奖58项。“济南市空气质量数值预报试验研究”获2001年度济南市十大科技成果。市环境卫生科学研究所对医疗垃圾处理现状和产量进行调查，对处理方式进行研究，撰写《济南市医疗垃圾现状及处理对策研究》，通过专家鉴定，达到国内先进水平，被评为济南市科技进步三等奖。该课题通过对医疗垃圾管理现状调查及垃圾构成理化分析、病原微生物污染监测、焚烧处理效果卫生评价，提出切实可行的医疗垃圾收集、运输及无害化处理方法，并承接科技部、国家环保总局联合下达的“国家清洁能源行动及UNDP资助清洁能源规划项目”。组织制定《济南市清洁能源行动实施纲要（讨论稿）》《清洁能源行动试点示范城市工作纪事》，完成《济南市清洁能源行动规划》编制工作，并通过国家项目办专家评估。《济南市水污染总量现状调查与控制方案研究》等成果通过鉴定，均达到国内先进及以上水平；市环保科研所被国家环保总局确定为全国首批环境标准编制单位，是全省唯一中标单位。由市环保科研所起草的山东省地方环境标准《造纸工业水污染物排放标准》由山东省质监局和环保局联合发布执行。环保产业和国际合作项目——“石灰/石膏抛弃法烟气脱硫技术”被国家环保总局评为2003年污染治理最佳实用技术，4项技术被评为国家重点环境保护实用技术，3家单位获环境污染防治工程专项设计资质；简易湿法脱硫工程被评为山东省污染防治工程优秀设计项目。“济南市环境空气质量与空气污染源监控、预警技术与监控网络的研究开发”被评为山东省环境保护科技优秀成果。“济南市污染源烟气在线监控系统研究开发与示范”等3项成果在某些研究方面达到国际先进水平。完成山东省地方环境标准《医院污染物排放控制标准》《山东省钢铁工业污染物排放标准》编制工作，国家《造纸行业废水污染物排放标准》通过专家评审。

2005年，全市开展蓝天保护、碧水、安静、固废治理、绿化建设和创模细胞六大创建国家环保模范城市工程，创模各项指标有较大幅度提高。空气质量良好以上天数占全年总天数的72%，比2004年增加52天。单位GDP能耗为1.14吨标准煤/万元，低于全国平均水平。城市主要地表水水质有明显改善，大明湖水质有所好转，城区集中式饮用水源地水质达标率98.25%；章丘市、济阳县、平阴县污水处理厂投入运行，全市工业废水排放达标率95%。实现泉水常年喷涌，全市单位GDP用水量降低到76立方米/万元，工业用水重复利用率72%。交通噪声和区域环境噪声全面达标，噪声达标区覆盖率75%。“绿色社区”“绿色学校”创建深入开展，环境优美乡镇建设加快进度。水土流失治理、城市环境绿化与封山育林等取得新进展，全市森林覆盖率24.1%，自然保护区覆盖率4.76%，城市绿化覆盖率、绿地率和人均公共绿地面积，分别为39.6%、33.8%和9平方米，生态环境得到进一步改善。

2007年，济南市城市饮用水安全对策研究、济南市点燃式发动机在用汽车简易瞬态工况法排气污染物排放限值研究通过专家鉴定达到国内领先水平，全市环保系统共获6项市级以上科技进步奖。编制完成的省《火电厂大气污染物排放标准》发布实施。完成7家单位ISO 14001环境管理体系认证行为的环境审核。编制《济南市小流域污染治理实施规划》等4项专项规划；完成《济南市小清河综合治理工程水质保障方案》；完成全市持久性有机污染物调查工作，获国家环保总局好评。钢燃气—蒸汽联合循环发电项目、济南垃圾填埋气发电项目、山东中氟化工HFC-23分解项目3个清洁发展机制项目在联合国成功注册，济钢废热回收自备发电项目获国家发改委批准。12月6日，顺利通过国家环保总局专家组对济南市利用烧结炼铁方式安全处置铬渣进行的技术评估。

2008年，全市申请科研立项8项，4项科研项目达到国内领先水平，获各类科技奖4项。市环保科研所成为山东省城市大气污染监控预警技术泰山学者岗位设岗单位，设立国家博士后科研工作站。市环保规划设计研究院承担的省钢铁工业污染物排放标准正式发布实施，完成国家废矿物油回收利用污染控制技术规范和省冶炼废渣污染控制标准编制任务。完成12家申请开展ISO 14001环境管理体系认证组织的环境行为审核。开展国际履约工作，承担全省淘汰臭氧层物质项目并分解落实到各县(市)区，完成济南市泡沫相关企业筛查和持久性有机污染物调查工作。

2010年，推进环境保护问题前沿研究，组织开展城市大气颗粒物污染防治关键技术及典型工程示范项目等重点科技项目研究工作。“十一五”期间，组织立项各级环保科研课题22个，争取市级以上科技补助资金940余万元，获市级以上科技奖励22项次。加大对外环保合作交流工作力度，启动美国能源基金会环保项目，实现保护臭氧层履约工作阶段性目标，承办中、日、韩三国研讨会。

第二节　城建科技

1986～1990年，推广应用15项科研成果，4项新产品通过技术鉴定。开发新工艺5项。18项科技项目通过鉴定或评审，6项发明获得专利，24项科技成果获山东省、济南市科技进步奖。济南第四建筑工程公司施工的济南民用机场售票厅工程采用预应力迭合板加现浇混凝土楼盖工艺。新结构方面，在燕子山住宅实验小区5.5万平方米工程中推广内浇外砌新结构，收到好的效果。济南市组建山东省城市防洪科技情报网，省内20个城市参加，成为全国第一个省级防洪情报网。通过鉴定的项目：济南市工业设备安装公司研制的DTL-1型单体组合式锅炉管退火炉；山东建筑机械厂研制JDY200和JDY350两种型号混凝土搅拌机；济南第四建筑工程公司研制菱苦土三角磨石；济南第四建筑工程公司在民航售票厅工程中研究成功预应力叠合楼板新工艺；山东机械施工公司研究成功套筒冲击干法成孔灌筑桩工艺；山东建筑工程公司研制“电热远红外线干燥木材工艺”；济南第二建筑工程公司研制利用木材下脚料干燥木材“旋风燃烧法干燥木材工艺”；济南第四建筑工程公司研制“高层建筑施工插挂脚手架施工技术”，节约脚手架、扳工具2/3。

1991～1995年，市属企业确定科技开发项目44项，完成24项；经鉴定达到国内先进水平7项，省内领先8项。获得山东省、济南市建工科技进步奖38项，其中省级20项。获山东省建筑业科技进步奖18项。国务院批准建立“济南市高新技术产业开发区”，市规划设计院编制《济南市高新技术产业开发区总体规划》《济南市高新技术产业开发区科技城详细规划》，市委、市政府批准该规划，并一次通过国家科委审定。全市建筑业贯彻“科教兴鲁”“科教兴市”方针，加快科技进步步伐，确定8项重点推广项目，均取得一定效益。省建筑机械厂和济南第四建筑工程公司被评为济南市科技进步优秀企业，济南市城建档案信息系统通过省级专家鉴定。济南市建筑工程质量监督站完成科技项目“创一流住宅小区建筑工程质量管理研究”获1994年度全省城乡建设系统科技进步一等奖；济南四建集团总公司完成“高强混凝土的研究-C50级混凝土的优化及C80级混凝土的试验研究”，济南建筑设计研究院完成“网架—平板组合结构设计研究”“变层高住宅设计研究”和“三层网架结构设计研究”，济南市建筑管理局完成“新型屋面防水材料应用研究”获二等奖。佛山苑住宅小区在屋面防水和内墙装饰施工等方面，共推广应用27项科技成果，工程质量合格率100%，优良率97.31%，经建设部城市住宅小区建设试点评议委员会验收获综合奖金牌奖，施工质量一等奖，规划设计、科技进步二等奖。济南市机械化施工公司“海上大直径钻孔灌注桩施工技术的研究”“海滨钻孔桩用钢平台建造技术研究”，分获山东省科技进步二等奖和山东省建筑业科技进步一等奖。山东建设机械股份有限公司75立方米混凝土搅拌站通过国家计委、建设部鉴定，填补国内空白，达到国际同类产品先进水平。1995年，由济南建筑设计研究院开发预应力密肋板柱体系科研项目在济南华联商厦二期工程应用成功，经山东省科委鉴定，达到国内先进水平。

1996年，济南四建(集团)总公司“高强度混凝土”，获山东省科学技术进步三等奖；济南市建筑设计研究院“预应力密肋板柱体系在高层建筑中的应用研究”、济南市机械化施工公司“海滨钻孔桩用钢平台建造技术的研究”、山东建设机械股份有限公司“8立方混凝土搅拌输送车”获济南市科学技术进步二等奖，济南市建筑设计研究院“多跨连续冷轧扭钢筋混凝土叠合板在高层建筑中的应用”“冷轧带肋钢筋开发与应用研究”，获济南市科学技术进步三等奖。全年通过鉴定的主要科技成果：山东建设机械股份有限公司开发“6立方混凝土搅拌输送车”、济南市建筑设计研究院开发“相关节点网架设计施工研究”、济南市建筑机械厂开发“QTZ315自升塔式起重机”、济南四建集团总公司开发“深基坑深井降水与桩锚支护施工技术研究”和济南建设设备安装公司开发

“XB系列消防恒压供水设备”。

1997年，市建筑设计研究院设计遥墙机场工程获“全国优秀设计银质奖”。济南市建筑管理局设立“济南市建筑业科技进步奖”，促进科技工作的开展；年内完成科技开发项目12项，3项达到国际先进水平，1项国内领先水平，3项国内先进水平，5项省内先进水平。全市24个工程项目被列为市级科技示范工程，其中济南四建(集团)有限责任公司齐鲁宾馆工程被定为部级科技示范工程，通过部级验收。济南市建筑设计研究院“相关节点平板网架设计与施工研究”获市科技进步二等奖；济南四建(集团)有限责任公司“深基坑深井降水与桩锚支护施工技术应用研究”、山东省建设机械股份有限公司“SDX5363、SDX5364混凝土搅拌输送车”均获市科技进步三等奖；济南市建筑机械厂“QTZ315(3908)自升塔机及起重机”获全省建筑系统科技进步一等奖；济南市建筑设计研究院“多跨连续冷轧扭钢筋混凝土叠合板在高层建筑中应用”获全省建筑系统科技进步二等奖；济南建设设备安装公司“XB系列消防恒压供水设备”获全省建筑系统科技进步三等奖。

1998年，山东三箭置业集团有限公司“海滨钻孔桩用平台建造技术”获建设部科技进步三等奖，获省建筑业科技进步奖10项，获市建设系统科技进步奖11项。济南四建(集团)有限责任公司“齐鲁宾馆二期工程”获全国建筑业新技术示范工程银牌，被评为“全国建筑业新技术应用先进单位”。山东省建设建工(集团)有限责任公司“济南电力调度中心大楼”被评为“全省建筑业新技术应用示范工程”。

1999年9月25日，泉城广场建成开放，成为省城济南形象的重要窗口。11月，济南市顺河高架路工程获“1999年度中国市政工程金杯奖”。年内25项科技项目获山东省、济南市科技进步奖，其中3项达到国内领先水平。山东建设机械股份有限公司：HBC100混凝土输送泵获山东省建委科技进步一等奖；获山东省建筑业科技进步奖3项，11项科技项目获市建设系统科技进步奖，3项获市优秀建筑设计奖；开展科技示范工程活动，9项被列为省级科技示范工程，济南市二建总公司中房大厦被列为建设部科技示范工程。济南四建(集团)有限责任公司中国轻骑集团发动机联合厂房、山东三箭置业集团有限公司西藏日喀则山东大厦、中建八局第一建筑公司山东省工商银行银工大厦3项工程获“鲁班”奖。

2000～2005年，全市有9项科技开发项目获山东省、济南市科技进步奖。研制、开发、鉴定验收项目8项，其中达到国内领先水平6项、国内先进1项、省内先进1项。“非开挖微型管道施工技术及工艺研究”通过济南市科委技术鉴定，填补省内空白，达到国内先进水平。济南市城建材料开发服务中心“黄台电厂干排粉煤灰在泵送商品砼中的应用研究”通过济南市科委技术鉴定，达到省内先进水平。“济南污水处理厂生产调度控制网络改造研究”通过鉴定，获济南市建委科技进步二等奖。济南四建集团承建的中国人民银行济南分行金库营业楼和玉清水厂两项工程被评为“鲁班奖”，济南四建集团成为全省唯一创“鲁班奖”五连冠的企业。经十路道路及环境建设工程获全国建筑业最高奖——“鲁班奖”，是济南市市政工程首次获此殊荣。济南市房管局商品住宅维修基金管理系统通过省级专家鉴定，达到国内先进水平。2003年，在全国建筑工程质量最高奖评选中，济南市获鲁班奖4项、国家优质奖1项。

2007年，开展“济南新农居”优秀农村新型住宅设计方案征集活动，所选方案力求符合新农村特点，同时坚持落实国家节能、节水、节材、节地、抗震、安全、资源综合利用等政策要求，分别进行施工图设计，编印成册，免费发放到全市各县(市)乡镇、农村，对提高农村住宅建设质量，引导农民转变生活方式，改善居住环境，提高生活质量发挥积极作用。同年，全市年度优秀勘察设计评选活动评出一等奖16项、二等奖16项、三等奖22项。组织参加全省“力诺瑞特杯”太阳能建筑一体化住宅建筑设计方案竞赛，获得一等奖1项、二等奖1项、三等奖2项。在全省“十佳”注册师和“百优”注册师评选中，全市有4人获得“十佳”注册建筑师、6人获得“十佳”注册结构工程师称号，有3人获得“百优”注册建筑师、5人获得“百优”注册结构工程师称号。编制济南市《城镇建设行动规划》和《济南市“十一五”期间小城镇建设指导性标准》，制定《济南市“城镇建设行动”工程建设管理办法(试行)》和《济南市“城镇建设行动”第一批试点小城镇申报评选工作意见》；成立市建委牵头，国土、规划、市政、园林、环卫等有关部门参加的“城镇建设行动”工作领导小组；派出东、北、西线3个工作组，构建市、县、镇三级联动的组织保障体系；选择商河县怀仁镇开展先行试点建设，探索城镇发展新思路。年内，全市被列入建设部科技节能示范工程3项；列入国家级可再生能源建筑应用示范项目3项；列入省墙改节能示范工程5项；列入省建筑业新技术应用示范工程12项，其中4项被列入全国建筑业新技术应用示范工程。新型墙体材料普遍得到应用。全市新建建筑全面执行居住建筑节能65%、公共建筑节能50%的建筑节能设计新标准，建成节能建筑538.96万平方米，至年底，全市累计建成节能建筑1700万平方米。组织开展第二批市建筑节能试点示范小区，突出可再生能源在建筑上的应用示范，其中“山东建大教授花园”“济南奥体中心”和“山南水北都”3个项目被列入国家可再生能源建筑应用示范项目。《济南市建筑业中长期发展战略研究(2009～2018年)》顺利通过专家评审鉴定，对全市建筑业的和谐、健康、可持续发展将发挥重要的指导作用。围绕“迎全运提升城市建设管理、建美丽泉城”主题，开展科研开发和新技术、新材料、新产品、新工艺在建设领域推广，取得较好成绩。14项科研课题通过省、市科技成果鉴定，其中3项达到国际先进水平、7项达到国内领先水平、4项处于国内先进水平；获得省、市科技进步奖13项，其中省科技进步二等奖1项、三等奖1项，市科技进步二等奖4项、三等奖7项；获省建筑业技术创新奖8项，获省级工法称号的17项，列入省级建筑业新技术应用示范工程13项。全市新建建筑从设计到施工执行居住建筑节能65%、公共建筑节能50%的建筑节能设计标准，全年共建设完成节能建筑640万平方米，累计建成节能建筑2340万平方米。落实国家墙材革新政策，建设工程禁止使用实心黏土砖。全年全市包括各县(市)区全面完成“禁实”目标，新型墙体材料普遍应用。全市新型墙体材料生产企业129家，品种34个，年生产能力30亿块标砖。推广可再生能源建筑应用进展顺利，制定《济南市关于在民用建筑中加快推广应用太阳能热水系统及成套技术的实施意见》，从8月9日起全市新建居住建筑全面实施太阳能建筑一体化设计，全年共实施太阳能热水系统与建筑一体化建设300万平方米，浅层地源能利用建筑30万平方米。列入国家级可再生能源示范项目1项、省级建筑节能示范工程6项。

2010年，下发《关于加快推进我市建设科技创新工作的意见》，组织申报并列入山东省建筑业新技术应用示范工程37项，省建筑业创新奖36项，推荐获得山东建设技术创新奖16项，获山东省建筑节能优秀示范工程1项、山东省计算机应用优秀成果1项。太阳能、浅表土壤源等可再生能源建筑应用取得新进展，全市全年共实施太阳能热水系统与建筑一体化建设721万平方米，太阳能光电建筑应用34万平方米，浅层地热能应用52万平方米；全市有3个项目列入国家级太阳能光电建筑应用示范，1个项目获得绿色建筑评价标志，1个项目列入全省绿色建筑示范项目。

第三节　公用事业科研

1986年年初，济南市有水厂、水源地、加压站16处，日供水能力48.5万立方米，管网长度883.6公里，市区用水人口116万人，人均日生活用水0.15立方米，用水普及率100%；有液化石油气贮存罐18个，贮存能力1112吨，供气站点11处，供气户数7.88万户，市区用气人口普及率25%。

1987年12月28日，引黄保泉工程建成通水，形成日供水20万立方米的能力，处理后的黄河水完全达到国家饮用水标准。1988年，建立济南市天然气开发利用办公室，拟利用中原油田天然气源。同年，全市正在建设和建成的供热电厂有南郊热电厂、明湖热电厂和北郊热电厂。

1989年7月，济南市公用事业科学研究所成立，开发科研课题16项，完成14项。其中“大城市公交区域调度自动监控系统”(建设部“七五”重点科研课题)；“电车调度工业电视监视系统研制安装”；“密码式出租车用防盗防劫持报警器研制”，并试生产250台；“油罐贮油量数字检测报警器研制安装”；“管道煤气调度中心调度自动监测系统的初步设计方案”等。同年，济南市公用事业科研所在完成科研课题为生产第一线服务的同时，组织横向生产，为社会提供技术服务。完成和开发横向科研成果9个，分别为油田潜油电泵工作状态监控系统；GY-B1型电台故障自动报警器；工程机械工作状态检测器；装载机动态称重智能仪表；部队微机应用系统软件设计；小功率数字传输收发器；粮库微机管理程序；电子延时器；银行工作人员专用吸附式话筒(获得国家专利)。其中通过部级鉴定的城市公交路线调度自动监控系统和通过市级鉴定的公交电子调度台均获得科技成果奖。其中城市公交路线调度自动监控系统获建设部科技进步一等奖，该项目中的公交调度监控装置获得国家专利。

1991年，市公用事业科研所完成科研项目11项，其中国家“七五”科技攻关项目“轻轨交通研究”车辆导向服务系统子课题，建设部“七五”重点建设科研项目“公交区域调度自动监控系统”公交动态数学模型子课题通过鉴定。自行研制“工程机械工作状态监测器”通过解放军总参谋部的鉴定，获军队科技进步三等奖。完成“车用电脑自动报站器”“车用防盗报警器”“出租汽车微机调度网”“节水微机管理系统”等科研课题，部分成果应用于生产第一线。

1993年1月，市公用事业科研所承担的建设部“七五”重点科研项目“大城市公交区域调度自动监控系统”通过部级鉴定，属国内首创，具有国际先进水平。12月15日，南北供热联网工程切换运行成功，实现北郊热电厂与南郊热电厂供热联网，具有新增100万平方米的供暖能力。高新供热公司黄台集中供热工程“蒸汽管道直埋敷设新技术应用”通过市级鉴定，达到国内先进水平，获建设部科技进步三等奖和1993年首届中国科学技术博览会金奖。

1994年，实施各类科技项目12项，重大技改项目54项，总投资300多万元。其中济南市热力工程公司“高温热水直埋管网技术应用”达到国内领先水平，获1994年度省建设系统科技进步三等奖；南郊热电厂“背压式汽轮机叠置运行的研究和应用”，济南明湖热电厂“炉前摆动给煤技术应用”，济南北郊热电厂“贮灰场坝外无砂管降水技术应用”达国内先进水平；区域供热公司“溴化锂集中供冷技术”达省内先进水平。

1995年，济南热力工程公司多级热网分布式微机监控技术研究应用项目通过山东省科委鉴定，达到国内先进水平，获济南市经委企业现代化管理成果利用一等奖；丹凤街中心换热站管网工程获市优秀设计一等奖；2篇论文获中国城镇供热协会优秀学术论文二等奖。济南明湖热电厂研制的烟煤脱硫装置，二氧化硫和烟尘排放浓度均达到排放标准，年可节约费用70万元～80万元。济南南郊热电厂背压式汽轮机叠置运行研究和应用为省内首创，达到国内领先水平。

1997年，完成科技应用和技改项目59项。济南北郊热电厂多渠道筹措资金，对影响安全生产与效益的除灰、除渣系统进行改造，由水力除灰改为干除灰，年节水200万立方米，节支400多万元，同时减少灰渣占地，减少污染。济南南郊热电厂对1、2号除氧器进行改造，年节支15万元；该厂实施1号炉烟气脱硫除尘改造工程，经山东省环保检测中心测定，除尘率97.8%，脱硫率86.8%。济南热力工程公司多级热网分布式微机监控系统达到国内领先水平，获山东省科技进步二等奖，建设部科技进步三等奖。济南北郊热电厂“31-6汽轮机改为N5-1.0/28型超低压汽轮机技术”通过济南市科委鉴定，达到国内领先水平。热电厂烟气流化床脱硫除尘装置在济南南郊热电厂研究应用成功，在35吨/时及以上燃煤锅炉脱硫除尘方面填补国内空白。1997年，液化石油气汽车作为高科技产业列入“九五”国家开发计划。该技术将汽油燃料汽车改装成液化气、汽油双燃料汽车，并可互相转换使用，为环保和调整能源结构开辟一条新路。济南南郊热电厂“35吨/时链条锅炉改造技术研究”项目通过济南市科委鉴定，在正转炉排链条锅炉的综合指标上达到国际先进水平。

1999年8月7日，由市公用事业管理局承担的“液化石油气/汽油两用燃料汽车技术应用研究”项目通过山东省科委组织的技术鉴定，其技术性能、安全、尾气排放及经济效益等达到理想效果，整项技术研究达到国内先进水平。2003年，“清洁汽车关键技术研究开发及示范应用”列入“十五”国家科技攻关计划。

2008年，按照住房和城乡建设部有关要求，申报国家重大科技专项“水体污染控制与治理示范工程及监测平台建设工程”科研课题。该项目预算资金总投入3亿元，分3个年度实施， 其中2008年20%、2009年50%、2010年30%；经费预算由国家拨款和地方配套两部分组成，其中国家下拨经费1.2亿元，地方配套1.8亿元(市财政投入1.5亿元，企业自筹0.3亿元)，主要用于项目的技术研究、试验和玉清、鹊华水厂工艺改造以及城市供水水质预警监控网络平台等示范工程建设。全年申报省市科技计划12项，列入5项，分别是济南市污水处理厂水质再提高(减排)技术集成与工程示范、城市供水预警监控与净化处理集成技术研究与示范工程、济南市防洪预警决策支持系统、城市居民公交出行规律的模型研究、第十一届全运会赛事期间公共交通乘客集散研究项目。“863”节能与新能源项目课题通过验收，国家水体污染控制与治理重大科技专项落地济南，“济南市城市防汛预警决策支持系统”启动。城市道路采用泥水平衡法管道顶进技术，推行逆作法与沉井相结合的沟渠施工工艺，优化实施承台基坑支护方案，取得明显成效。公共交通《在用准低地板城市大客车压缩天然气发动机改装技术研究》成果通过专家组鉴定。城市防汛指挥调度系统视频监测点同交警部门实现联网，无线对讲系统全面启用，防汛指挥应急处置能力得到提升。水业集团研究制定《2008年企业创新工作实施意见》，全年创新项目69项，其中技术和管理类创新项目40项。

2010年，光大水务(济南)有限公司“城市污泥压滤干化、生物脱臭及制备生物菌肥集成技术研究”被列入济南市2010年科学技术发展计划第七批项目(高新技术产业化重大专项)，“济南市城市防汛预警决策支持系统”等9项成果通过市科技主管部门组织的科技成果鉴定。市公用系统有4项成果获2010年度省、市科技进步奖。其中济南市供排水监测中心“臭氧化浮滤池净化工艺研究”获山东省科学技术进步奖二等奖，济南市市政工程设计研究有限责任公司“活性污泥法计算机模拟研究与应用”和济南热电有限公司“循环流化床锅炉炉内脱硫研究及应用”获济南市科技进步三等奖。

第四节　环卫科技

1984年，济南市政府制定《济南市市容环境卫生管理实施细则(试行)》。市环境卫生管理局先后制定道路保洁、垃圾清运、粪便清除、设施管理等方面规章制度和标准，将环境卫生纳入依法管理的轨道。1988年，环境卫生系统初步形成市、区、街、居四级管理网络。

1990年，济南市日产垃圾1775吨。采用两种方式对垃圾进行无害化处理：厌氧发酵、高温堆肥法，日处理垃圾300吨，粪便200吨；简易卫生填埋法，济南市日产粪便680吨，除200吨用于发酵堆肥外，其他粪便全部用三格化粪池进行处理，使污染危害降到最低限度。

1994年，编制完成《济南市一九九五年环境保护计划》《济南市环境保护规划大纲》。开展以“气清”为重点的三大战役，更新改造气水两用低压锅炉近600台，改造锅炉、窑炉41台。完成国家环保局固体废物省报登记试点工作，通过国家环保局验收。审批环境影响报告书8个，环境影响评价实施方案7个，环境影响报告表22个，年内竣工7个项目。全年共取得监测数据18.6万个，进行14项科研课题的研究工作。

1997年11月18日，为适应环卫工作科学管理，提高环卫作业机械化水平和对城市废弃物进行无害化处理的需要，市环境卫生科学研究所成立。其主要职责是按照“科技兴环卫”和“可持续发展战略”指导思想，以城市废弃物处理研究为中心，探求城市垃圾粪便的消纳出路，使之减量化、无害化，逐步实现资源化；开展适合市情的环卫设施及环卫机械设备的研究、设计、制造，不断提高环卫作业机械化水平；为政府管理环境卫生事业提供信息情报和科学依据；推广利用科技成果，推动环卫事业的发展。

2001年，市环境卫生科学研究所对医疗垃圾处理现状和产量进行调查，对处理方式进行研究，完成“济南市医疗垃圾现状及处理对策研究”，通过专家鉴定，达到国内先进水平，获济南市科技进步三等奖。该课题通过对医疗垃圾管理现状调查以及垃圾构成理化分析、病原微生物污染监测、焚烧处理效果卫生评价，提出切实可行的医疗垃圾收集、运输及无害化处理方法。

2005年，加快建设引资2500余万元的垃圾填埋沼气收集焚烧发电工程和投资1700万元的城肥处理中心工程，重点在垃圾处理和环卫设施建设上进行开发探索。利用社会资金建设日处理能力为70吨的餐饮垃圾处理厂，通过餐饮垃圾统一收集、运输和处理的运作尝试，为更好地开展餐饮垃圾综合利用积累经验；兴建引资2500万元的垃圾填埋场沼气发电项目，建成后每天可发电7.2万瓦时。历下区投入1000余万元，购置拉臂式垃圾清运车，取消全区所有非密封式垃圾楼台，安放86个新型压缩式密闭垃圾箱。

2007年，基本完成市级数字化城管系统平台建设，提出城管责、权、利划分的初步实施意见，拟定监督员、督查员和指挥中心工作人员三支队伍的组建方案。2008年，数字化城管系统建设取得阶段性成果，初步建成市及5个区级数字化城管系统，两级平台实现联网互通，同时接入执法、市政、园林、环卫、房管5个专业局平台，横向上做到多个网格区域覆盖，纵向上做到两级平台无缝对接，功能上实现及时监控、上报、派转和反馈。

2010年，研究制定《关于加强环卫设施建设管理意见》《关于加强环卫专用车辆和设备管理的意见》，全年新(改)建垃圾转运站23座，公厕30座，新设置果皮箱2030个，更换357个，维修1100个。建设济南市第二生活垃圾综合处理厂，该厂采用焚烧发电和卫生填埋两种方式对生活垃圾进行无害化处理，设计日处理能力

2500吨。其中焚烧发电项目设计规模为2000吨/日，采用BOT方式投资建设运行；卫生填埋场用于垃圾焚烧后的飞灰和部分炉渣填埋，同时负责新增和焚烧设备维修期间生活垃圾的填埋。

第五节　园林科技

1986年年初，全市初步形成点、线、面结合的绿化体系。市园林科研所坚持科研与生产相结合的原则，负责全市园林绿化课题研究、推广、苗木和花卉出售，对全市园林绿化工作的开展发挥重要作用。

1988～1990年，市园林科研所承担的“东方木蠹蛾生物学特性及防治技术的研究”获林业部科技进步三等奖。该所承担的“济南市园林绿化树种调查”研究水平达到省内先进，获山东省建委科技进步三等奖、山东省科协学术成果三等奖，该课题首次摸清济南市树种资源，整理出“济南市绿化树种调查总报告”“济南市绿化树种规划(建议)”等技术资料，为绿化树种选择开发、利用及育苗规划提供科学依据，填补全市园林绿化工作空白。济南植物园建成，按科研、科普、游览三位一体规划布局，全园分为植物游览区、观赏温室区和引种驯化区。植物游览区建有松柏、牡丹、月季、竹、柳、菊、丁香等园；观赏温室区由热带、亚热带、沙生多浆类植物和盆景园组成大型建筑群，总面积2600平方米，国内最大；引种驯化区担负外地引进植物和拯救培育珍奇濒危植物任务，为绿化科研提供服务。市园林科研所承担的“园林花卉引种驯化的研究”获全国第二届花卉博览会科技进步二等奖、市科技进步二等奖，该课题引进210种花卉，丰富济南花卉种类和淡季花卉，提高花卉的观赏价值和经济效益。

1991～1995年，市园林科研所承担“园林树木蛀干害虫微波防治技术”研究课题通过部级鉴定，该技术属国内外首创，达到国际领先水平。科研所承担的“济南早菊”育种研究、“合欢主要病虫害及防治技术”研究和济南市园林机械厂研制生产的JYJ5130GYP绿化喷洒多用车，获得济南市建委科技项目一等奖。市园林“柳树蛀干害虫综合防治技术研究”获建设部、林业部颁发的科技进步三等奖、山东省城乡建设科技进步二等奖，该课题查明危害柳树的主要虫种，筛选出四种“靶子”害虫进行研究，对部分园林绿地进行综合防治，取得明显的防治效果；“济南市园林植物病虫害、天敌资源普查和检疫对象名录的研究”获山东省城乡建设科技进步二等奖，该课题研究调查园林植物虫害、病害、天敌资源及检疫对象名录。市园林机械厂设计制造“JYJ5041JSJ(JY130SP)升喷多用车”通过鉴定，被国家科委等部门评为国家级新产品，创产值近150万元。《微波防治蛀干害虫的研究》《刺角天牛生物学特性及防治研究》《济南市园林植物害虫分布概述》等一批论文获山东省城乡建设科技论文优秀奖。济南动物园承担的东北虎、孟加拉虎繁殖研究获山东省科技进步三等奖、济南市科技进步三等奖、济南市科技项目一等奖，该课题12年研究繁殖成功8胎，21只仔虎，成活17只，成活率81%，对研究繁殖保护珍贵动物起到重大作用，居国内先进水平。市园林管理局承担“济南市大环境绿化规划方案实施及对策研究”，该课题填补大环境绿化综合性研究的空白，达到国内先进水平。市园林机械厂开发研制绿化喷洒多用车、洒水车、吸粪车、翻斗车4个系列10多种产品，经省、部级鉴定，产品质量处于国内领先水平，先后获国家级新产品和建设部、山东省和济南市建委科技进步奖14个。济南动物园从1992年起开始进行黑鹳人工繁殖、饲养课题研究，该研究成果达到国内领先水平，具有推广价值，1996年获济南市科技进步二等奖。济南动物园致力于金丝猴人工繁殖、饲养技术的研究工作，掌握一套完整的金丝猴受孕、保胎、分娩和幼仔成活的技术，

1994～1996年繁殖、饲养成活金丝猴3只；1996年12月，经济南市科委鉴定，“金丝猴饲养与繁殖研究”项目达到国内先进水平，填补省内空白；1997年，获济南市科技进步二等奖。

1998年，国槐、白蜡良种选育和地被植物引种及栽培、繁殖技术研究两个课题通过专家鉴定，达到国内先进水平。通过国槐苗期试验，选出生长较快的遗传增益超过25%的5个优良无性系和两个绿期长的系号，其中“黄金槐”属国内首次发现。

1999年，基本完成“济南名泉保护规划及保泉战略对策”课题研究；组织对72名泉的重新认定评选；成功地举办名泉保护月宣传活动，发行济南四大名泉纯银珍藏纪念章，加强名泉保护宣传工作。

2001年，市园林管理局承担的“济南城市绿化工程空气环境效益的研究与示范”项目展开，获2003年济南市科技进步三等奖。该课题部分成果达到国际先进水平，为济南市城市总体规划起到补充和完善作用，为济南城市环境空气的改善提供技术支撑。

2004年2月，济南市花木科研中心承担的“花卉苗木科技示范园建设研究”获2003年济南市科技进步二等奖。课题鉴定会邀请中国科学院植物研究所、南京农业大学、山东农业大学等单位专家参加，认为该课题研究内容多、涵盖面广、科技含量高，示范园以现代园艺生产方式，实现花卉苗木工厂化、专业化和规模化生产，对于提高城市绿化总体水平和科技含量具有重要的指导作用。

2005年，济南园林系统承担的“商品规模花卉关键技术研究”“优良色叶植物引种驯化与推广示范研究”“常绿阔叶树种引种驯化及规模化生产”“济南市树种规划”“非洲食草动物半散放混群驯养繁殖技术研究”“珍稀鸟类孵化技术及科普展示”等11个课题通过专家鉴定验收，取得良好的经济、社会、环境效益。

2007年，园林科研开展多项科技研究，其中1项被列为市科技攻关项目，1项被推荐申报省级科技成果重点推广项目，1项获市科学技术进步三等奖。开展名泉保护重大学术课题研究。加强对泉水、泉文化与泉城建设、经济发展和生态环境保护关系研究，开展泉水历史溯源、济南西郊水源地开发利用、保持泉水常年喷涌等学术课题研究。

2008年，加强科技管理、科研立项，共对19项在研课题进行督导检查。其中5个课题通过市级鉴定，3项成果入围省级科技进步奖，5项成果达到国内领先水平。

2010年，市规划局、市园林局邀请北京、上海、杭州、南京及省内专家，对《济南市绿地系统规划(2010～2020)》进行评审。该规划为市规划局、园林局共同组织编制，按照保护济南市独特自然景观、传承悠久历史文化的要求，结合“山、泉、河、湖、城”的山水城市特色，对全市绿地格局进行科学规划、合理调整，对公园绿地、生产绿地、防护绿地、附属绿地及其他绿地分别提出建设发展要求。

科技与园林的融合——济南植物园一角　(2010年摄)

第三篇　科技成果

1961年4月，国务院颁布实施《新产品、新工艺技术鉴定暂行办法》，国家科技成果鉴定制度开始建立。1987年10月，国家科委颁布《中华人民共和国国家科学技术委员会科学技术成果鉴定办法》。1994年10月，国家科委公布第三部《科学技术成果鉴定办法》，1995年1月施行。1995年12月，山东省科委下发关于贯彻国家科委《科学技术成果鉴定办法》的意见，科技成果认可方式逐步与国际接轨，多种形式评价和认可方式逐步发展为现行的科技成果鉴定制度。

1986～2010年，济南地区共获科技成果奖7186项。其中：国家级254项，占3.54%；省级4342项，占60.45%；市级2590项，占36.02%。

第一章　获奖成果

第一节　国家级成果

1986～2010年，济南市共获国家级科技成果奖254项。占获奖总数的3.54%，其中自然科学奖6项、技术发明奖62项、科技进步奖186项。

1986～2010年济南地区获国家级科技成果奖统计表

表13—3—1

年度	自然科学奖			技术发明奖				科技进步奖				合计
	一等奖	二等奖	三等奖	一等奖	二等奖	三等奖	四等奖	特等奖	一等奖	二等奖	三等奖	
1986	—	—	—	—	—	—	—	—	—	—	—	—
1987	—	—	—	—	—	—	—	—	—	4	7	11
1988	—	—	—	—	—	—	—	—	—	—	—	—
1989	—	—	—	—	2	—	2	—	1	1	1	7
1990	—	—	—	—	1	3	1	—	2	—	6	13
1991	—	—	—	—	—	—	5	—	—	3	5	13
1992	—	—	—	—	1	3	3	1	—	2	5	15
1993	—	—	—	—	—	4	4	1	1	4	7	21
1994	—	—	—	—	—	—	—	—	—	—	—	—

续表13-3-1

年度	自然科学奖			技术发明奖				科技进步奖				合计
	一等奖	二等奖	三等奖	一等奖	二等奖	三等奖	四等奖	特等奖	一等奖	二等奖	三等奖	
1995	—	—	—	—	1	1	4	—	—	3	9	18
1996	—	—	—	—	—	4	2	—	—	6	13	25
1997	—	—	—	—	—	3	3	—	—	3	6	15
1998	—	—	—	—	—	—	4	—	—	4	7	15
1999	—	—	—	—	—	2	1	—	1	1	7	12
2000	—	—	—	—	4	—	—	—	—	4	—	8
2001	—	—	—	—	—	—	—	—	—	4	—	4
2002	—	—	—	—	—	—	—	—	—	6	—	6
2003	—	—	—	—	—	—	—	—	1	6	—	7
2004	—	—	—	—	—	—	—	—	—	7	—	7
2005	—	—	—	—	1	—	—	—	—	5	—	6
2006	—	1	—	—	1	—	—	—	—	13	—	15
2007	—	1	—	—	—	—	—	—	—	7	—	8
2008	—	4	—	—	—	—	—	—	—	4	—	8
2009	—	—	—	—	—	—	—	—	—	10	—	10
2010	—	—	—	—	2	—	—	1	—	7	—	10
合计	—	6	—	—	13	20	29	3	6	104	73	254

1986～2010年济南地区获国家科学技术奖励成果一览表

表13-3-2

年度	获奖等级	项目名称	完成单位
科技进步奖			
1992	特等奖	兖州矿区工程建设技术	济南煤矿设计研究院(4)
1993	特等奖	黄淮海平原中低产地区综合治理的研究和开发	山东省农科院(5)
2010	特等奖	大庆油田高含水后期4000万吨以上持续稳产高效勘探开发技术	山东大学(7)
1989	一等奖	DG100/170-1型亚临界压力自然循环燃煤锅炉	东方锅炉厂、山东省电力工业局
1990	一等奖	现代黑陶工艺	济南龙山黑陶艺术研究所
1990	一等奖	海湾扇贝引种、育苗、养殖研究及应用	山东省水产局(2)
1993	一等奖	千吨级四氟乙烯生产技术	山东济南化工厂(3)
1999	一等奖	火箭垂直总装测试厂房综合施工研究	中国建筑第八工程局

续表13-3-2-1

年度	获奖等级	项目名称	完成单位
2003	一等奖	中国农作物种质资源收集保存评价与利用	山东省农业科学院(9)
1987	二等奖	KTP晶体生长的研究与开发	山东大学晶体材料研究所
1987	二等奖	烯丙基氯(氯丙烯)卫生标准及慢性中毒诊断标准的研究	山东省劳动卫生职业病防治研究所(2)
1987	二等奖	组织培养技术在中药材地黄中的应用	山东省药检所(2)
1987	二等奖	高压喷射灌浆防渗技术的研究	山东省水利科学研究所
1989	二等奖	高产稳产小麦品种——济南13号	山东省农业科学院作物育种研究所
1991	二等奖	高速高效R汽蒸箱平幅练漂机的研制机生产试验	山东第一印染厂(2)
1991	二等奖	低压管道输水灌溉技术研究和推广	山东省水利科学研究所(3)、济南市水利局(7)
1991	二等奖	塑料棚蔬菜生产配套技术研究	山东省农业技术推广总站
1992	二等奖	早熟高产优质抗病虫夏大豆品种鲁豆4号	山东省农业科学院作物研究所
1992	二等奖	引黄济青工程输水、沉沙设计研究	山东省水利勘测设计院、山东省水利科学研究所
1993	二等奖	中国活断层图(IGGP第206项——全球主要活断层特性对比)	山东省地震局(3)
1993	二等奖	全国不同生态区优质棉高产技术研究及应用	山东省棉花研究中心
1993	二等奖	棉花轧花新工艺及成套设备	山东棉花机械联营公司
1993	二等奖	蔬菜种质资源的搜集、研究和利用	山东省农业科学院蔬菜研究所(2)
1995	二等奖	高强度铝合金石膏型真空吸铸工艺研究	机械工业部济南铸造锻压机械研究所
1995	二等奖	引进型300MW机组振动特性研究及异常振动消除	山东省电力试验研究所
1995	二等奖	赤眼蜂的应用研究、工厂化生产及大面积防治示范	山东省农业科学院
1996	二等奖	浪潮SMP2000超级小型机	浪潮电子信息产业集团公司
1996	二等奖	60兆瓦空内冷汽轮发电机	山东省济南生建电机厂
1996	二等奖	火电厂灰渣筑坝技术研究	山东电力设计院(3)
1996	二等奖	辛硫磷生产新工艺	山东省农药研究所
1996	二等奖	小麦黄矮病冬春麦区间流行趋势预测研究	山东省农业科学院植保所(4)
1996	二等奖	山东省加速消灭麻风病的综合防治措施和实施研究	山东省皮肤病防治研究所
1997	二等奖	斯太尔转向节锻造自动化生产工艺及装备	中国重型汽车公司济南锻造厂(2)
1997	二等奖	日光温室蔬菜高效节能栽培技术研究	山东省农业技术推广总站(3)
1997	二等奖	《泌尿外科》	山东科学技术出版社

续表13-3-2-2

年度	获奖等级	项目名称	完成单位
1998	二等奖	大型火电机组性能与振动远程在线监测及诊断系统	黄台发电厂(5)
1998	二等奖	黄河下游游荡性河段整治研究	山东黄河河务局(5)
1998	二等奖	黄河口演变规律及整治研究	山东黄河河务局(3)
1998	二等奖	秸秆养畜示范推广(推广类)	山东省畜牧局(7)
1999	二等奖	东亚飞蝗蝗区勘察及可持续控制技术的研究与应用	山东省植物保护总站(2)
2000	二等奖	北方土壤供钾能力及钾肥高效使用技术研究	山东省农业科学院土壤肥料研究所(2)
2000	二等奖	发酵法生产衣康酸技术的研究	山东省食品发酵工业研究设计院
2000	二等奖	iES500电力调度自动化主站应用环境	山东大学
2000	二等奖	卡托普利对急性心肌梗死病死率及并发症影响的多中心随机临床研究	山东省立医院
2001	二等奖	干熄焦技术研究与应用	济南钢铁集团总公司
2001	二等奖	多元金属氢化物超细粉制备及应用研究	山东大学
2001	二等奖	磷矿粉直接法生产硫基或氯基三元复合肥新工艺	山东师范大学
2001	二等奖	电力客户服务中心数字语言信息支持系统	山东电力集团公司
2002	二等奖	山东新型日光温室蔬菜系统技术工程研究与开发	山东农业科学院、山东农业技术推广总站(3)、济南蔬菜技术推广服务中心(5)
2002	二等奖	等壁厚弯管塑性成形理论及工艺工装设备	山东省建筑工程学院
2002	二等奖	流体诱导振动强化传热技术与弹性管束系列换热设备	山东大学
2002	二等奖	集成化计算机辅助图案设计制版系统(ICAPD)	山东大学
2002	二等奖	沥青混凝土路面抗滑磨耗层的研究及应用	山东省公路管理局、山东省交通科学研究所(2)
2002	二等奖	耐磨奥氏体锰钢化学成分和热加工工艺优化	山东大学(2)
2003	二等奖	逆变式焊接电源技术及系列产品的研究与产业化	山东山大华天科技股份有限公司
2003	二等奖	农业节水综合技术研究与示范	济南市农业高新技术开发区管理委员会(7)
2003	二等奖	高产优质面包小麦新品种济南17号的选育推广和产业化开发	山东省农业科学院
2003	二等奖	蚕桑主要传染病发生规律与防治技术研究	山东省丝绸总公司(2)
2003	二等奖	三层核壳结构型水性聚氨酯的合成技术及其环保漆研制	山东大学
2003	二等奖	黄淮海平原持续高效农业综合技术研究与示范	山东省农业科学院(5)

续表13–3–2–3

年度	获奖等级	项目名称	完成单位
2004	二等奖	玻璃酸钠及其药物制剂的研究开发	山东省生物药物研究院、山东正大福瑞达制药有限公司、山东福瑞达生物化工有限公司
2004	二等奖	浪潮64位高性能服务器	浪潮电子信息产业股份有限公司
2004	二等奖	大白菜不同类型亲本系及杂种一代的选育与推广	山东省农业科学院蔬菜研究所(2)
2004	二等奖	沿海防护林体系综合配套技术	山东省农业科学院
2004	二等奖	我国水稻黑条矮缩病和玉米粗缩病病原、发生规律及其持续控制技术	山东省植物保护站(6)
2004	二等奖	基于场协同理论的传热强化技术及其应用	山东大学(2)
2004	二等奖	焊接装备制造技术	山东山大奥太电子有限公司
2005	二等奖	济钢热能资源高效梯级综合利用技术开发	济南钢铁集团总公司
2005	二等奖	高产优质面条小麦新品种济麦19选育和面条品质遗传改良研究	山东省农业科学院作物研究所
2005	二等奖	草浆的生物预漂白和酶法改性技术	山东轻工业学院、山东大学
2005	二等奖	三维超声成像的方法和临床应用研究	山东大学齐鲁医院
2005	二等奖	公路养护关键技术及系列装备的研究	山东省交通厅公路局
2006	二等奖	高产稳产广适高效转基因抗虫杂交棉鲁棉研15号选育与产业化开发	山东棉花研究中心
2006	二等奖	啤酒高效低耗酿造技术的开发与应用	山东轻业工学院(2)
2006	二等奖	低洼盐碱地池塘规模化养殖技术研究与示范	山东省淡水水产研究所
2006	二等奖	废纸生产低定量高级彩印新闻纸	山东轻工业学院(3)
2006	二等奖	重要农药、医药中间体的绿色化工生产技术集成	山东师范大学
2006	二等奖	国道205线滨州黄河公路大桥工程综合技术研究	山东省交通厅公路局、山东省路桥集团有限公司(5)
2006	二等奖	经前综合征病证结合临床、基础和新药研发与应用	山东中医药大学
2006	二等奖	逆向动态适形调强放疗系统的研发与推广应用	山东省肿瘤医院
2006	二等奖	盐酸布替萘芬及其制剂的研究与开发	山东省生物药物研究院、山东博士伦福瑞达制药有限公司、山东福瑞达生物化工有限公司
2006	二等奖	龙固主井(双井筒)近600m钻井法凿井技术研究与应用	煤炭工业部济南设计研究院(4)
2006	二等奖	身边的科学	山东教育电视台

续表13-3-2-4

年度	获奖等级	项目名称	完成单位
2006	二等奖	血管内超声和多普勒技术在冠状动脉疾病诊治中的应用研究	山东大学齐鲁医院(2)
2006	二等奖	微生物农药发酵新技术工艺及重要产品规模应用	山东省农业科学院植物保护研究所(4)
2007	二等奖	转BtCry1A基因系列抗虫棉品种和抗虫棉生产技术体系	山东棉花研究中心
2007	二等奖	LS4B-2500型2500美吨闭式四点多连杆压力机	济南二机床集团有限公司
2007	二等奖	大型渠道混凝土机械化衬砌成型技术与设备	山东省南水北调工程建设指挥部、山东省水利勘测设计院、山东省水调工程技术研究中心
2007	二等奖	(+)-5-单硝酸异山梨酯原料及其制剂的研究开发	山东省医药工业研究所(2)
2007	二等奖	高产稳产广适紧凑型玉米单杂交种郑单958	山东省种子管理总站(7)
2007	二等奖	杨树工业用材林高产新品种定向选育和推广	山东省林木种苗站(3)
2007	二等奖	棉花化学控制栽培技术体系的建立与应用	山东棉花研究中心(4)
2008	二等奖	建筑结构减振防灾关键技术与应用	中铁十四局集团有限公司(4)
2008	二等奖	南水北调东线济平干渠工程关键技术研究与应用	山东省水利勘测设计院、山东省调水工程技术研究中心、山东省水业发展研究院(4)
2008	二等奖	娑罗子、红花等中药药效物质提取纯化关键技术研究及其产业化	山东中医药大学(2)
2008	二等奖	花生高产高效栽培技术体系建立与应用	山东省农业科学院
2009	二等奖	高产、优质、多抗、广适玉米杂交种鲁单981选育	山东省农业科学院玉米研究所
2009	二等奖	面包、面条兼用型强筋小麦新品种济麦20号	山东省农业科学院作物研究所
2009	二等奖	高效能服务器与存储技术创新工程	浪潮集团有限公司
2009	二等奖	功能影像技术引导的肿瘤放射治疗研究	山东省肿瘤防治研究院
2009	二等奖	单唾液酸四已糖神经节苷脂原料及注射剂的研制及产业化	齐鲁制药有限公司
2009	二等奖	太阳能和浅层地热能在建筑中利用的关键技术开发应用	山东建筑大学、山东力诺瑞特新能源有限公司、山东方亚地热泵空调技术有限公司
2009	二等奖	天梭30000高端商用服务器系统	浪潮电子信息产业股份有限公司
2009	二等奖	卵巢功能异常-PCOS和POF分子遗传机理及治疗新技术的建立和应用	山东大学附属省立医院

续表13—3—2—5

年度	获奖等级	项目名称	完成单位
2009	二等奖	混合式脉冲转换涡轮增压系统研发及在四冲程大功率柴油机上的应用	济南柴油机股份有限公司(6)
2009	二等奖	移动通讯用滤波器关键技术及产业化	山东大学(6)
2009	二等奖	黄河水资源统一管理与调度	山东黄河河务局(7)
2010	二等奖	鲁农I号猪配套系、鲁烟白猪新品种培育与应用	山东省农业科学院
2010	二等奖	多层陶瓷电容器用钛酸钡基介电陶瓷材料的产业化关键技术及应用	山东大学
2010	二等奖	快速热循环高光注塑成型技术开发及其产业化	山东大学
2010	二等奖	永久性沥青路面结构设计理论与方法、关键技术及工程应用	山东省交通厅公路局、山东省交通科学研究所、山东省公路建设(集团)有限公司、山东省公路工程技术研究中心有限公司(5)
2010	二等奖	游离脂肪酸、乙醇在2型糖尿病发生机制中的作用及临床干预	山东省立医院
2010	二等奖	提高出生人口质量的生殖技术创建、体系优化与临床推广应用	山东大学(2)
2010	二等奖	稠密多相流动与化学反应耦合体系的节能减排关键技术及应用	国电科技环保集团山东龙源环保有限公司(3)
1987	三等奖	喉次全切除及其扩大颈部皮瓣一期整复术	山东医科大学附属医院耳鼻喉科
1987	三等奖	坊子煤矿煤矽肺20年动态观察研究	山东省劳动卫生职业病防治研究院(2)、山东省花园庄医院(4)
1987	三等奖	马羊脑脊髓丝虫病的研究	济南军区后勤部医学研究所(2)
1987	三等奖	无特定病院(SPF)鸡群建立及维持的研究	山东省农业科学院
1987	三等奖	10万千瓦汽轮机调峰研究	山东省电力试验研究所
1987	三等奖	微山湖、昭阳湖、独山湖、南阳湖自然资源调查及综合开发利用研究	山东淡水水产研究所(2)
1987	三等奖	双体承压舟	济南军区交通战备领导小组办公室、山东省交通厅黄河航运局、山东交通规划设计院(4)
1989	三等奖	四弦高音柳琴	济南军区前卫歌舞团(2)
1990	三等奖	PZNB100/4型喷水式柱塞灰(泥)浆泵	黄台发电厂(3)
1990	三等奖	年产2000(4000)吨液态深层发酵醋工艺研究及设计	济南酿造厂(6)
1990	三等奖	千吨级甘薯干淀粉加工期工艺、成套设备关键技术研究及中间试验	山东省农机所(2)

续表13-3-2-6

年度	获奖等级	项目名称	完成单位
1990	三等奖	小麦精少量播种机械化技术推广	山东省农机技术推广站、山东农机化研究所(4)、山东省农机管理局(5)
1990	三等奖	500吨/年空气吹溴厂尾气封闭循环技术与改进蒸出工艺、设备的研究	山东省盐业公司
1990	三等奖	农业技术经济理论与方法的开发应用研究	山东省农业厅经营管理处
1991	三等奖	全球环境监测系统——长江、黄河、珠江、太湖水质动态研究	山东省环境卫生监测站(3)
1991	三等奖	清开灵注射液治疗中风病痰热证的临床与实验研究	山东中医学院(3)
1991	三等奖	抗癌新药“卡铂”	山东医科大学、齐鲁制药厂
1991	三等奖	山东省瘦肉猪生产配套技术研究	山东省农业厅畜牧局、山东省农科院
1991	三等奖	重新评定鲁南地区地震区划	山东省地震局
1992	三等奖	履带车辆挂胶负重轮铸压新工艺生产线及产品应用	济南橡胶制品厂
1992	三等奖	1800毫米数控碾环机	济南铸造锻压机械研究所
1992	三等奖	SP-502型微机控制多功能气象色谱仪	山东省化学研究所
1992	三等奖	手创伤显微修复系列研究	济南军区总医院
1992	三等奖	山东省淡水养殖罗非鱼、淡水鲳优良品种的引进试验与推广	山东淡水水产研究所
1993	三等奖	J47-1250/2000闭式四点双动拉伸装备研究	济南第二机床厂
1993	三等奖	板材加工FMS	机电部济南铸造锻压机械研究所
1993	三等奖	GJC系列高速精密间歇传动机构	山东工业大学
1993	三等奖	应用多普勒超声心动图对心血管疾病血流动力学的定量研究	山东医科大学附属医院
1993	三等奖	乏晰分析预测农业病虫鼠害发生量和发生期的研究以及推广应用	山东省农作物病虫测报站
1993	三等奖	山东电网调度自动化系统的开发	山东省电力调度通信局(2)
1993	三等奖	大流量油冲洗净化装置(DYJ-Ⅰ型)	山东省电力试验研究所
1995	三等奖	异形榫合板浮雕	山东省建筑工程学校
1995	三等奖	低烟尘高效节能并联循环新结构快装系列热水锅炉	山东工业大学
1995	三等奖	发电机定子绕组环氧粉云母绝缘老化规律研究成果	山东省电力试验研究所(4)
1995	三等奖	黄河下游引黄灌区节水灌溉综合技术研究	山东省水利厅农业水利处(2)
1995	三等奖	非牛顿亲油流体预膜减租的研究与应用	山东省化工研究所

续表13-3-2-7

年度	获奖等级	项目名称	完成单位
1995	三等奖	大白菜系列品种的繁育与推广	山东省农业科学院蔬菜研究所
1995	三等奖	棉花害虫预测报标准、区划和测报的研究	山东省质保总站(5)
1995	三等奖	玻璃酸钠注射液的研制	山东省商业科技研究所
1995	三等奖	渤海西南岸滨海油区环境演变卫星监测及预测研究	山东师范大学(2)
1996	三等奖	3米/分、6米/分、9米/分动力用空气压缩机系列更新改造	济南空压机厂(5)
1996	三等奖	ZR-881抗燃油的研制与工业应用	山东黄台电厂(4)、山东省电力试验研究所(5)
1996	三等奖	SF级汽油机油和CD级柴油机油系列产品	济南炼油厂(5)
1996	三等奖	煤矿井下660伏供电升压改造及推广	山东省煤炭工业管理局(2)
1996	三等奖	分布式微机监控系统的研究与开发	山东工业大学
1996	三等奖	QQS-300型断面道砟清筛机	济南铁路局(3)
1996	三等奖	大跨径钢构——连续组合体系梁桥结构分析试验研究	山东省公路管理局
1996	三等奖	地下水库拦蓄调节地下水防止海水入侵技术研究	山东省水利科学研究院
1996	三等奖	足部缺损的修复重建研究	济南军区总医院
1996	三等奖	安索杀菌剂	山东师范大学
1996	三等奖	轧钢设备用耐磨青铜	山东省冶金科学研究院
1996	三等奖	大型预应力钢筋混凝土蛋形消化池施工技术	中建八局综合管理部、中建八局二公司
1996	三等奖	中药电泳鉴别法及其在植物、动物类中药的应用	山东中医学院、山东省科学院生物研究所
1997	三等奖	多工位冷挤压机	济南第二机床厂
1997	三等奖	金属加工液攻丝扭矩模拟评定试验装置的研究	济南试验机厂
1997	三等奖	中德合作山东粮援项目区水文地质勘察与地表水、地下水平衡研究	山东省水文总站
1997	三等奖	减压—加压铸造新工艺研究	山东省冶金科学研究所
1997	三等奖	多平面经食管超声心动图的临床研究	山东医科大学附属医院
1997	三等奖	废铬鞣液的组分与其循环利用技术的研究及开发	山东轻工业学院
1998	三等奖	浪潮SMP3000系列小型计算机	计算机浪潮电子信息产业集团公司
1998	三等奖	高速龙带(高强度传动平带)	济南天齐特种平带有限公司
1998	三等奖	汽车直齿圆锥齿轮的热锻—冷摆辗复合精密成形技术	山东工业大学

续表13-3-2-8

年度	获奖等级	项目名称	完成单位
1998	三等奖	破血化瘀、泄热醒神、化痰开窍法治疗出血性中风的临床与实验研究	山东中医药大学附属医院(4)
1998	三等奖	无创伤性测定心腔和大血管内压力的方法学研究	山东医科大学附属医院
1998	三等奖	下咽癌的基础和保留喉功能手术临床应用的研究	山东医科大学附属医院
1998	三等奖	细胞生物学	山东大学(5)
1999	三等奖	发电机定子绕组端部振动特性测试系统的研究及应用	山东电力科学研究院
1999	三等奖	甘薯马铃薯脱毒技术及应用研究	山东省农业科学院植物保护研究所、山东省农业科学院蔬菜研究所、山东省农业科学院作物研究所
1999	三等奖	刺槐良种选育研究	山东省林业科学院研究所
1999	三等奖	地震序列类型和震后趋势早期实用判断方法指标的研究	山东省地震局(3)
1999	三等奖	《中医方剂大辞典》	山东中医药大学(2)
1999	三等奖	亚纯函数唯一性理论	山东大学
1999	三等奖	铁电体物理学	山东大学
		技术发明奖	
1989	二等奖	白口铸铁轧辊焊补技术	山东工业大学
1989	二等奖	中国秋冬萝卜核　胞质雄性不育系列的选育及应用	山东省农科院蔬菜研究所
1990	二等奖	旋混喷射式烧毛机火口	济南第一印染厂、济南市协联咨询服务中心烧毛机研制组
1992	二等奖	高矿化地下水型滨海盐渍土“农盐牧结合”综合治理与开发配套技术	山东省农科院土壤肥料研究所
1995	二等奖	随机最优控制的最大值原理与倒向随机微分方程	山东大学
2000	二等奖	陶瓷曲面建筑装饰板	山东省科学院新材料研究所
2000	二等奖	反应生成粒子复合强化耐热钢	山东大学
2000	二等奖	风控浓淡煤粉燃烧技术	山东大学(2)
2000	二等奖	铁铝金属间化合物/陶瓷复合材料研究	尹衍升、张玉军、王昕、孙康宁、张景备、李爱菊
2005	二等奖	粒子与光电材料相互作用的应用基础研究	山东大学
2006	二等奖	双循环硫化床烟气脱硫技术	山东大学

续表13-3-2-9

年度	获奖等级	项目名称	完成单位
2010	二等奖	硫铝酸钡(锶)钙基特种水泥的制备技术及海工工程应用	济南大学
2010	二等奖	新型环保复混肥和有机肥的制备技术与应用	山东省农业科学院土壤肥料研究所
1990	三等奖	单塔脱苯工艺及新型脱苯塔	济南钢铁总厂(2)
1990	三等奖	耐热含铬铸钢	山东工业大学
1990	三等奖	热收缩带胶粘剂	山东新材料研究所
1992	三等奖	含铝耐热蠕墨铸铁	山东省科学院新材料研究所
1992	三等奖	低铜基耐磨合金	山东工业大学
1992	三等奖	新型钨青铜光折变晶体	山东大学晶体材料研究所
1993	三等奖	螺旋金属丝冷拔工艺及陶瓷模具	山东工业大学
1993	三等奖	电解活化助镀剂法热镀铝锌合金及其工艺	山东工业大学
1993	三等奖	人类宫腔配子移植技术	山东省立医院
1993	三等奖	堤坝地基劈裂灌浆防渗技术	山东省水利科学研究所
1995	三等奖	文昌鱼生殖内分泌调控系统的发现	山东大学
1996	三等奖	近终形焊丝线材水平连铸工艺与开发	济南汽车配件厂(4)
1996	三等奖	高浊度水透光脉动单因子絮凝投药自动控制系统生产试验研究	济南自来水公司(2)
1996	三等奖	四方相钽铌酸钾晶体	山东大学晶体材料研究所
1996	三等奖	S14系列转子混砂机	山东工业大学(3)
1997	三等奖	谷氨酸、葡萄糖、乳酸生物传感器	山东省科学院生物研究所
1997	三等奖	高碳合金钢轧辊局部冷焊技术	山东工业大学
1997	三等奖	超球坐标和原子、分子Schrodinger方程式的直接求解	山东大学
1999	三等奖	通用电容补偿模糊控制装置	山东工业大学
1999	三等奖	ZDT-I型便携式堤坝隐患探测仪	黄河水利委员会山东河务局
1989	四等奖	蓄能反吹式高炉煤气布袋除尘器	济南铁厂
1989	四等奖	耐高温聚烯烃热熔胶	山东省新材料研究所
1990	四等奖	新型聚醋酸乙烯乳胶	山东大学
1991	四等奖	铝合金除渣除气剂	山东工业大学
1991	四等奖	抗冲击高耐磨铁—铬—碳系堆焊合金	山东工业大学
1991	四等奖	壳型铸造用耐高温树脂覆膜砂	机电部济南铸锻机械研究所
1991	四等奖	25千焦消振液压模锻锤	机电部济南铸锻机械研究所
1991	四等奖	钽酸锂晶体极化方法和装置	山东大学晶体材料研究所
1992	四等奖	高效防脱碳热处理盐浴添加剂	山东工业大学

续表13-3-2-10

年度	获奖等级	项目名称	完成单位
1992	四等奖	交流工频发电机组动态参数综合检测仪	山东工业大学
1992	四等奖	利用啤酒废渣生产单细胞蛋白	山东省科学院生物研究所
1993	四等奖	处理奥氏体锰钢SR变质剂及其处理工艺	山东工业大学
1993	四等奖	颅内面神经干梳理术治疗面肌痉挛	山东省立医院
1993	四等奖	大葱雄性不育系的选育及杂种优势利用	章丘市农业局、章丘市镇种子站
1993	四等奖	2L-1型带喉装置竹笛	山东师范大学
1995	四等奖	流体诱发振动浮动盘管换热器	山东工业大学
1995	四等奖	TY-01型通用小电流接地系统单相接地选线与定位保护	山东工业大学电力工程系继电保护科
1995	四等奖	MMH正电溶胶	山东大学
1995	四等奖	硼砂石墨型粒壮渗硼剂	山东工业大学
1996	四等奖	用复合液体三氯化铝催化剂(LAL)合成苯乙烯—茚树脂	济南诺威利精细化工有限公司(2)
1996	四等奖	以重整重芳烃制取不饱和聚酯树脂混合液的方法	中国兵器工业第五三研究所
1997	四等奖	XGY系列增强聚丙烯充气隔膜双向压榨压滤机	济南匹克曼环保生物工程技术研究所
1997	四等奖	颗粒和晶须协同增韧陶瓷刀具材料及其工艺	山东工业大学
1997	四等奖	TDL-Ⅱ型推拿手法力学信息检测仪	山东中医药大学
1998	四等奖	新型电子清洗剂与清洗工艺	山东大学
1998	四等奖	青霉抗阻遏突变株纤维废物液体深层发酵生产纤维素酶制剂	山东大学
1998	四等奖	铝合金铁相球化剂	山东工业大学
1998	四等奖	生物质气集中供气技术	山东省科学院能源研究所
1999	四等奖	新型稀土多元微合金化节能空冷贝氏体钢	山东工业大学
		自然科学奖	
2006	二等奖	粒子与光电材料相互作用的应用基础研究	山东大学
2007	二等奖	双循环流化床烟气脱硫技术	马春元、董勇、徐夕仁、赵旭东、高继慧、王文龙
2008	二等奖	介导肝脏损伤与再生的天然免疫识别及其调控机制	山东大学 张 建(4)
2008	二等奖	鲁棒控制系统设计的参数化方法与应用	山东大学 张焕水(4)
2008	二等奖	国际通用Hash函数的破解	山东大学 王小云
2008	二等奖	复杂非线性系统镇定控制的理论与设计	山东大学 程袋展、洪奕光、席在荣、王玉振

注：本表完成单位栏只收录驻济南地区单位，单位后面括号内数值表示位次，未标位次的单个单位为首位，多个单位的按自然循序排列

第二节　省(部)级成果

1986～2010年，济南市共获山东省(部)级科技成果奖4342项，占各类科技成果奖的61.4%；其中自然科学奖101项、技术发明奖39项、科技进步奖4099项、星火成果奖103项。

1986～2010年济南市获省级科技成果奖统计表

表13—3—3

年份	自然科学奖			技术发明奖			科技进步奖				星火成果奖			合计
	一等奖	二等奖	三等奖	一等奖	二等奖	三等奖	最高奖	一等奖	二等奖	三等奖	一等奖	二等奖	三等奖	
1986	—	—	—	—	—	—	—	2	21	73	—	—	—	96
1987	—	—	—	—	—	—	1	7	23	72	—	—	—	103
1988	—	—	—	—	—	—	—	4	21	78	—	—	—	103
1989	—	—	—	—	—	—	—	3	28	85	—	—	—	116
1990	—	—	—	—	—	—	—	6	27	91	—	2	5	131
1991	—	—	—	—	—	—	—	6	42	94	—	1	3	146
1992	—	—	—	—	—	—	—	7	39	94	—	3	6	149
1993	—	—	—	—	—	—	—	5	41	89	1	2	6	144
1994	—	—	—	—	—	—	—	5	46	94	—	3	8	156
1995	—	—	—	—	—	—	—	7	54	92	1	2	4	160
1996	—	—	—	—	—	—	—	7	56	108	2	1	8	182
1997	—	—	—	—	—	—	—	7	59	97	—	7	8	178
1998	—	—	—	—	—	—	—	6	61	118	3	5	6	199
1999	—	—	—	—	—	—	—	8	58	109	—	3	13	191
2000	—	—	—	—	—	—	—	11	59	111	—	—	—	181
2001	—	—	—	—	—	—	—	10	54	114	—	—	—	178
2002	1	4	8	—	4	4	1	12	58	113	—	—	—	205
2003	1	5	9	—	2	1	1	12	61	123	—	—	—	215
2004	1	2	8	—	2	—	—	9	60	116	—	—	—	198
2005	—	3	9	—	—	—	—	8	61	123	—	—	—	204
2006	1	4	7	1	4	2	—	11	71	142	—	—	—	243
2007	1	2	9	1	2	1	1	16	64	146	—	—	—	243
2008	3	4	3	—	2	1	1	12	85	108	—	—	—	219
2009	1	1	8	2	3	1	1	10	66	107	—	—	—	200
2010	1	3	2	2	1	3	1	21	67	101	—	—	—	202
合计	10	28	63	6	20	13	7	212	1282	2598	7	29	67	4342

注：1987年科技进步奖中最高奖是特等奖

1986～2010年济南市获省科学技术奖励成果一览表

表13-3-4

年 份	项 目 名 称(获奖人)	完 成 单 位
	科技进步奖特等奖	
1987	山东省机械基础零部件的研究	山东省机械厅
	科技进步奖最高奖	
2002	蒋民华	山东大学
2003	彭实戈	山东大学
2007	凌沛学	山东省药学科学院
2008	张　运	山东大学
2009	于金明	山东省肿瘤医院
2010	王恩东	浪潮集团
	科技进步奖一等奖	
1986	贲门癌的吞水音图的诊断法及音图描记仪	山东中医学院、山东大学
1986	玻璃钝化技术在高反压管生产中的应用研究	山东师范大学
1987	棉花新品种“鲁棉六号”	山东省农科院
1987	纤维导光胆道镜碎石清洗器的研制及临床应用	山东医科大学附属医院
1987	稀土高铬镍氮1200℃耐热钢喷燃器火嘴	山东工业大学、莘县特种钢铸造厂
1987	SD-3改性氧化镁粉的研究	山东大学
1987	同步通信卫星用5公分微波隧道二极管	山东大学
1987	济钢4＃高炉计算机系统	济南钢铁厂
1987	关于山东省大中小学生体质健康的研究	山东省教育厅、山东省体委、山东省卫生厅、山东省民委
1988	山东省“经济作物两熟制”开发试验	山东省农业厅、“两熟制”课题组
1988	新型热释电晶体——含砷酸和丙氨酸的硫酸三甘氨酸(ATGSAS)晶体	山东大学
1988	精锻齿轮　火两锻新工艺研究	山东工业大学
1988	四十五层单塔脱苯工艺的研究	济南钢铁厂(1)
1989	水库网箱投饵养鱼高产技术研究	山东省淡水水产研究所
1989	白口铸铁轧辊焊补技术	山东工业大学
1989	耐高温聚烯烃热熔胶	山东省新材料研究所(1)
1990	山东瘦肉猪生产配套技术研究	山东省农业厅、山东省农业科学院、山东农业大学
1990	抗癌新药“卡铂”	山东医科大学、山东齐鲁制药厂
1990	合金堆焊焊条的研究	山东工业大学
1990	HM-2速干包装热熔胶	山东省化学研究所
1990	热轧中板新型离线输送装置的研制及在轧制中的应用	济南钢铁总厂
1990	耐热铬钢	山东工业大学(1)

续表13—3—4—1

年份	项目名称	完成单位
1991	颈椎动脉系外膜中的脑淋巴管前淋巴系统	山东医科大学
1991	混砂机基本参数的试验研究及S1122、S1322混砂机新产品开发	山东工业大学(1)
1991	提高高反压功率三极管间歇寿命的研究	山东师范大学
1991	SP-502型微机控制多功能气相色谱仪	山东省化学研究所、鲁南化工仪器厂
1991	载能离子与固体材料相互作用实验与理论研究	山东大学
1991	新型聚硅烷的研究	山东大学
1992	渠道防渗防冻害复合衬砌结构的研究	山东省水利科学研究所(1)
1992	心血管疾病对血流速度、压力价差和心内压力的定量及临床意义	山东医科大学附属医院
1992	SSF淀粉质单细胞蛋白及利用玉米下脚料生产饲料酵母的研究	山东大学、山东省生物研究所
1992	J47-1250/2000型闭式四点双动拉伸压力机	济南第二机床机厂
1992	浪潮486高档微机的研究和开发	浪潮电子信息产业集团公司
1992	混合氯醇环氧化“防垢”及后处理技术	山东省化学研究所(1)
1992	高能正负电子反应中的夸克产生律与夸克组合律	山东大学
1993	利用野生经济植物综合开发滨海荒废地的研究	山东省林业科研所
1993	用迷宫堰改造已建水库溢洪道提高水利库容的研究	山东省水利科研所
1993	内循环流化床技术用于锅炉改造的开发研究	山东工业大学
1993	高强韧性多元微合金耐磨锰钢及其节能热处理	山东工业大学
1993	锐钛型钛白自生晶种常压水解工业化试验	济南裕兴化工总厂
1994	软土地基灌浆防渗加固技术的研究	山东省水利科学研究所
1994	喉部分切除术后喉功能的研究	山东医科大学附属医院
1994	浮动盘管系列换热设备的开发与研究	山东工业大学、淄博三元换热设备厂
1994	BN系列预膜减阻降粘剂	山东省化工研究院
1994	吸附伏安法和吸附电势法	山东大学
1995	八里河地下水库拦蓄调节地下水防止海水入侵技术研究	山东省水利科学研究所、山东省龙口水利局
1995	加速消灭麻风病综合防止措施的实施研究	山东省皮肤病防治研究所
1995	复杂曲面CAD/CAM一体化技术	山东工业大学
1995	辛硫磷工艺改进	山东省农药研究所
1995	大跨度钢构——连续组合体系桥结构分析实验研究	山东省公路管理局(1)
1995	轧钢设备用耐磨铜镜	山东省冶金科学研究院
1995	量子散射、量子群及计算方法研究	山东师范大学
1996	中德合作山东粮援项目区水文地质勘察与地表水、地下水平衡研究	山东省水文总站
1996	多平面经食管超声心动图的临床研究	山东医科大学附属医院

续表13-3-4-2

年份	项目名称	完成单位
1996	单纯疱疹病毒Ⅰ型在角膜内潜伏感染的研究	山东省医学科学院眼科研究所
1996	血管扩张药单硝酸异山梨酯的研究	山东省医药工业研究所
1996	减压—加压铸造新工艺研究	山东省冶金科学研究所、烟台有色金属加工厂
1996	复合硫化床烟气净化技术及双床式脱硫除尘器研究	山东工业大学
1996	微粉和薄膜的铁电相变和介电性质	山东大学
1997	生物质气化集中供气技术	山东省科学院能源研究所
1997	垂直铺塑防渗技术研究	山东省水利科学研究所
1997	海水入侵防治实验研究	山东省农业委员会、山东省水利科学研究所、山东师范大学、山东农业大学
1997	下咽癌DNA含量、核形态定量和保留喉功能下咽癌手术的临床应用研究	山东省医科大学附属医院
1997	伞齿轮的热锻—冷辗压复合精密成型技术	山东工业大学、青岛精锻齿轮厂
1997	新型电子清洗剂与清洗工艺的研究	山东大学
1997	离子束、激光束诱发的原子、分子团簇碰撞反应研究	山东大学、山东师范大学
1998	大粒径地层高压喷洒灌浆构筑防渗墙技术研究	山东省水利科学研究院
1998	ZDT-1型智能堤坝隐患探测仪	黄河水利委员会山东河务局、复旦大学
1998	血小板活化因子拮抗剂AP921的筛选、纯化、作用机理和临床研究	山东医科大学附属医院
1998	盐酸特比萘芬原料及制剂的研制	齐鲁制药厂
1998	非线性分析及应用	山东大学
1998	亚纯函数唯一性理论	山东大学、香港科技大学、科学出版社
1999	商品肉牛综合技术研究与开发	山东省农业科学院畜牧兽医研究学院
1999	黄河、大汶河、东平湖、南四湖水源东调研究	山东省水文资源勘探局
1999	针刺对实验动物软动物脑膜微循环的影响及应用研究	山东中医药大学
1999	发酵法生产衣康酸技术的研究	山东省食品发酵工业研究设计院、山东中舜集团有限公司
1999	Fe-AI金属间化合物及其复合物材料的研究与应用	山东工业大学
1999	MCVQ-1变电站电压无功微机综合控制系统	山东工业大学、济南历城区供电局、山东电力研究院
1999	弧形磨光瓷质建筑装饰板	山东省科学院新材料研究所
1999	有机盐及络合物型非线性光学材料微观结构与宏观性能的研究	山东大学
2000	高产稳产小麦新品种济南16号	山东省农科院作物研究所
2000	山东新型日光温室蔬菜系统技术工程研究与开发	山东省农科院、山东农业大学、山东省农技站、济南市蔬菜技术推广服务中心(5)
2000	水库灌区节水灌溉管理模式研究与应用	山东省水利科学研究院、山东省水利厅农水处

续表13—3—4—3

年份	项目名称	完成单位
2000	人类辅助生育技术系列研究与应用	山东省立医院
2000	动态三维(四维)超声心动图的基础和临床研究	山东大学齐鲁医院
2000	阿奇霉素及胶囊剂的研究	山东省医药工业研究所、齐鲁制药厂
2000	高效遗传性AITiB中间合金的研究	山东大学
2000	山东电力客户服务中心语音信息支持系统	山东电力有限公司、山东鲁能软件有限公司
2000	多元金属氢氧化物超细粉制备及应用研究	山东大学
2000	干熄焦技术研究与应用	济南钢铁集团总公司
2000	原子—分子散射及结构的理论研究	山东师范大学
2001	高产、优质、多抗玉米杂交种鲁单50号	山东省农科院玉米所
2001	中德合作山东粮援项目相关技术研究	山东省水利厅项目办、山东省水科院
2001	中创金融系列软件产品	山东中创软件工程股份有限公司(2)
2001	脑桥静脉对颅内压调节作用的研究	山东大学第二医院
2001	山东省数字化地震前兆台网	山东省地震局
2001	流体诱导振动复合强化传热研究与弹性管束系列换热设备开发	山东大学、山东格致热工股份有限公司
2001	发电厂竞价上网辅助决策系统	山东电力研究院
2001	磷矿粉直接法生产硫基或氯基三元复合肥新工艺	山东师范大学
2001	山东省公安厅指挥中心技术系统	山东省公安厅
2001	骨骼和关节疾病相关基因研究	山东大学
2002	果品贮藏保鲜技术研究及开发	山东省林业科学研究院、山东省林工商总公司、供销总社济南果品研究所、中国林科院林科所
2002	中西医结合治疗Graves病(弥漫性甲状腺肿伴甲状腺功能亢进)基础与临床研究	山东省立医院
2002	脑胶质瘤生物学特性的研究	山东大学第二医院
2002	重组人粒细胞集落刺激因子	齐鲁制药厂
2002	MOS600多功能读卡一体机	山东大学、山大鲁能信息科技有限公司
2002	三层核壳结构型水性聚氨酯树脂的生产技术及其环保漆研制	山东大学
2002	新型除草剂百草枯枝技术开发研究	山东省农药研究所
2002	含钡硫铝酸盐水泥的研制	济南大学
2002	失稳加筋土挡土墙加固综合技术研究	山东省交通厅公路管理局、北京科技大学
2002	山东省地震应急技术系统	山东省地震局
2002	无料钟炉顶溜槽传动装置研制	山东大学、莱芜钢铁集团有限公司
2002	受污染水源杀藻及新型生物活性滤料处理工艺研究	山东大学
2003	高产优质面条小麦新品种济麦19号选育和小麦品种面条品质研究	山东省农业科学院作物研究所

续表13—3—4—4

年 份	项 目 名 称	完 成 单 位
2003	黄河三角洲重盐碱地植被恢复与造林技术研究	山东省林业科学研究院
2003	21世纪初期山东省水资源可持续性利用研究	山东省水利勘探设计院
2003	肿瘤精确放疗临床应用系列研究	山东省肿瘤防治研究院
2003	长效抗高血压新药尼索地平原料及制剂的研究开发	山东省医药工业研究所、山东新华制药股份有限公司
2003	浪潮IA架构4路64位高性能服务器	浪潮电子信息产业股份有限公司
2003	用纳米四氧化三钴制备锂离子电池正极材料钴酸锂	山东大学、山东恒源石油化工集团无机盐厂、山东泰安神舟恒通化工有限公司
2003	管道瞬时液相扩散焊工艺设备开发	山东电力研究院
2003	外墙外保温板的研究与应用	山东省建筑科学研究院、济南大学
2003	Superpave技术的开发与应用	山东省京福高速公路建设管理办公室、山东省交通科学研究所
2003	山东省防震减灾师范研究与应用	山东省地震工程研究院、中国地震工程力学研究所、中国地震局地球物理研究所
2003	LS4-2000A型2000美吨闭式四点多连杆压力机	济南二机床集团有限公司
2004	山东省现代化水网建设与水资源优化配置研究	山东省水利科学研究院
2004	乳腺癌保留乳房治疗系列研究	山东省肿瘤防治研究院
2004	浪潮普通发票综合管理信息系统	山东浪潮商用系统有限公司
2004	山东省公安交通管理信息系统	山东省公安厅交通警察总队、山东国安信息产业有限公司
2004	催化法生产农药、医药中间体绿色化工新工艺	山东师范大学、山东武城康达化工有限公司、山东金沂蒙集团有限公司
2004	LN2000分散控制系统	山东电力研究院、山东鲁能控制工程有限公司、华北电力大学、山东十里泉发电厂
2004	水泥混凝土路面改造技术	山东省交通厅公路管理局、长安大学
2004	焦化厂清洁生产工艺技术的开发与实施	济南钢铁集团总公司
2004	XSV2720×60龙门移动式五轴联动高速铣床	济南二机床集团有限公司
2005	多灌溉水源联网调度类型区农业高效用水模式及产业化示范	山东省水利科学研究院、中国灌溉排水发展中心、威海市环翠区人民政府
2005	低洼盐碱地池塘规模化养殖技术研究与示范	山东省淡水水产研究所(1)
2005	系列新型生物芯片的研制	山东省医药生物技术研究中心
2005	黏附分子在糖尿病慢性病并发症中的改变及药物干预	山东省立医院
2005	盐酸布替萘芬及制剂的研究与开发	山东福瑞达生物化工有限公司(2)、山东正大福瑞达制药有限公司(3)
2005	山东省公安信息网安全监控管理平台	山东省公安厅、中国北京北信源自动化技术有限公司

续表13-3-4-5

年 份	项 目 名 称	完 成 单 位
2005	微机电力故障录波监测装置	山东大学、山东山大电力技术有限公司
2005	国道205线滨州黄河公路大桥工程综合技术研究	山东省交通厅公路局(1)、山东大学(5)、山东省路桥集团有限公司(7)、山东省公路工程总公司(9)
2006	转基因抗虫棉及种子生产的理论和技术体系研究与开发	山东棉花研究中心、山东省棉花栽培生理重点实验室
2006	高产稳产广适高效转基因抗虫杂交鲁棉研15号选育与产业化开发	山东棉花研究中心、中国农业科学院生物技术研究所、山东中棉棉业有限责任公司、山东兴农种业有限责任公司
2006	大型渠道混凝土机械化衬砌成型技术与设备	山东省南水北调工程建设指挥部、山东省水利勘测设计院
2006	单/多基因遗传性皮肤病致病基因相关系列研究	山东省皮肤病性性病防治研究所
2006	山东中药现代化科技产业基地关键技术研究	山东中医药大学、烟台大学
2006	支持组织重构的、基于工作流的集中式ERP软件(浪潮ERP)	浪潮集团山东通用软件有限公司
2006	基于国产数据库的系列软件开发及应用示范	山东鲁源信息科技有限公司
2006	企业应用集成套件InforEAL	山东中创软件工程股份有限公司
2006	电力系统广域智能紧急控制方法研究	山东大学、山东电力调度中心
2006	大粒径沥青混合料柔性基层在老路补强中的应用研究	山东省交通厅公路局、东南大学交通学院、山东省交通科学研究所
2006	LS4B-2500型2500美吨闭式四点多连杆压力机	济南二机床集团有限公司
2007	优质高产广适强筋小麦新品种济麦20号的选育与应用	山东省农业科学院作物研究所、中国农业科学院作物科学研究所
2007	鲁禽1号、3号麻鸡配套系的培育及应用研究	山东省农业科学院家禽研究所
2007	黄河三角洲植被恢复与生态体系构建技术的研究	山东省林业科学研究院
2007	南水北调东线济平干渠工程设计施工技术研究	山东省水利勘测设计院、山东省调水工程技术研究中心
2007	持续性心房颤动心重构机制和栓塞并发症防治的研究	山东大学齐鲁医院
2007	山东省制造业信息化关键技术及应用工程	山东大学、济南大学、山东山大华天软件有限公司、济南二机床集团有限公司
2007	天梭30000高端商用服务器系统	浪潮电子信息产业股份有限公司、西安交通大学
2007	化工行业大型内置换热器流态化干燥装置及系统的研究	山东天力干燥设备有限公司
2007	水热法制备无机超细功能材料新工艺	山东大学、山东兴亚新材料股份有限公司、东营国瓷功能材料有限公司、淄博照新化工有限公司
2007	创一流同业对标二维对标体系研究	山东电力集团公司、潍坊供电公司

续表13-3-4-6

年 份	项 目 名 称	完 成 单 位
2007	省级电力营销服务集约化、实时化管理技术支持系统	山东电力集团公司
2007	寒冷地区太阳能采暖技术应用研究	山东建筑大学、山东华元建设集团
2007	MAC改性沥青技术的开发及应用研究	山东省交通厅公路局、山东华瑞道路材料技术有限公司
2007	PLS4-3200-4500-2500全自动快速柔性冲压生产线的开发研制	济南二机床集团有限公司
2007	山东省地表水环境容量及最大允许排污量研究	山东省环境科学研究设计院、山东省环境保护局、山东省智奥地理信息中心、山东省环境保护学校
2007	矿区岩层与地表移动及控制技术研究	山东科技大学、山东省煤炭工业局、山东省人民政府压煤村庄搬迁办公室
2008	速生杨节能减排关键制浆技术研究	山东轻工业学院、山东晨鸣纸业集团股份有限公司、华泰集团有限公司、山东泰山纸业有限公司
2008	劳动力市场管理系统	山东大学、山东地纬计算机软件有限公司
2008	时序递进式协调优化的电力系统调度决策技术	山东电力调度中心、清华大学、北京清大科越科技有限公司
2008	水泥混凝土路面碎石综合技术研究	山东省交通厅公路局、东南大学、山东省公路建设(集团)有限公司
2008	XKV2735X40数控五轴联动龙门移动式镗铣床	济南二机床集团有限公司
2008	山东矿床成矿规律及找矿远景研究	山东省地质科学实验研究院
2008	高产、优质、多抗、广适玉米杂交种鲁单981	山东省农业科学院玉米研究所
2008	猪蓝耳病病原分子遗传变异与诊断和系统防治技术	山东省农业科学院畜牧兽医研究所、青岛农业大学
2008	耐旱耐瘠薄树种选育与评价利用研究	山东省林业科学研究院、山东农业大学林学院、泰安市泰山林业科学研究院
2008	大型渠道衬砌高性能混凝土研究与应用	山东省水利科学研究院、山东省调水工程技术研究中心、水利部南京水利科学研究院、山东省水利勘测设计院
2008	提高新生儿出生质量综合技术研究	山东省立医院、山东大学
2008	腹腔镜技术基础及临床应用系列研究	山东大学齐鲁医院
2009	南四湖藻类种群构成特征及其水华预防控制技术	山东大学
2009	构建区域循环经济与生态工业园模式的技术方法及示范推广	山东大学
2009	山东省黄河下游流域多目标区域地球化学调查	山东省地质调查院
2009	转基因抗虫棉GK-12优异种质的创造与利用	山东省种子管理总站、梁山县后孙庄良种繁育场等

续表13—3—4—7

年份	项目名称	完成单位
2009	鲁农I号猪配套系、鲁烟白猪新品种培育与应用	山东省农业科学院畜牧兽医研究所、莱芜市畜牧办公室、莱州市畜牧兽医站
2009	华东北部半湿润偏旱井渠结合灌区节水农业综合技术体系集成与示范	中国农科院农田灌溉研究所、青岛农业大学
2009	IBS内脏高敏感发生机制及治疗的研究	山东大学齐鲁医院
2009	游离脂肪酸对胰岛β细胞与胰岛素抵抗的研究	山东省立医院
2009	内皮细胞激活及损伤在胎盘血管病变发病机理中的作用	山东省立医院
2009	国家一类抗乙肝病毒新药阿德福韦酯及其片剂的研制	山东鲁抗辰欣药业有限公司、山东大学药学院
2010	计算机数字证据安全备份与搜索系统	山东省计算中心
2010	第三代头孢活性酯的生产新技术	济南大学、山东金城医药化工股份公司
2010	用于陶瓷制品成型的高分子模具材料的开发	山东轻工业学院
2010	超高压电网恢复策略与方案优选	山东电力调度中心、山东大学
2010	“外电入鲁”及山东特高压电网规划研究与应用	山东电力集团公司、山东电力工程咨询院有限公司
2010	省级电力需求侧管理及地方电厂热电信息实时化在线监控系统	山东电力集团公司
2010	隧道熔岩和断层不良地质超前预报及灾害控制关键技术	山东大学
2010	山东省公路工程沙石集料技术标准研究	山东省交通厅公路局、交通部公路科学研究院、山东省公路建设(集团)有限公司、山东省公路工程技术研究中心、山东公路海瑞石料技术有限公司
2010	山东省备战第十一届全国运动会科技夺金工程及科技服务信息平台建设	山东省体育科学研究中心、山东体育学院、山东省运动员康复中心
2010	出口农产品GAP技术标准体系研究与应用	山东省植物保护总站、农业部食品质量监督检验测试中心(济南)山东省农药检定所、滨州市植物保护站、潍坊市植物保护站
2010	双龙门大扭矩机械主轴联动数控机床关键技术及设备	济南二机床集团有限公司
2010	车架纵梁柔性制造成套生产线的研制	济南铸造锻压机械研究所有限公司
2010	数字近景摄影测量技术监测工程结构震动变形的应用研究	山东省遥感技术应用中心、山东建筑大学
2010	高产稳产多抗棉花新品种鲁棉研28号	山东棉花研究中心、中国农业科学院生物技术研究所
2010	山东耕地质量评价与地力提升技术研究	山东省土壤肥料总站
2010	杨树胶合板材纸浆材新品种鲁林1、2、3号杨的选育与应用	山东省林业科学研究院

续表13—3—4—8

年 份	项 目 名 称	完 成 单 位
2010	黄河下游山东引黄灌区沉沙池覆淤还耕技术研究与示范	山东省水利厅、山东省水利科学研究院、聊城市位山灌区管理处、德州市潘庄灌区管理处、山东农业大学
2010	即食海珍品加工关键技术及产业化	山东科学院生物研究所、好当家集团有限公司
2010	胆汁酸衍生物阻抑肝癌及肝纤维化的实验研究	山东省立医院
2010	基于定量蛋白质组学技术的肿瘤标志筛选	山东省医药生物技术研究中心
2010	腹部无紫瘢外科——经自然腔道内镜手术动物实验研究及临床应用	山东大学齐鲁医院、山东省兖矿业集团总医院
自然科学奖一等奖		
2002	多原子桥联多核配合物的合成及性质研究	山东师范大学
2003	有序分子组合体的性能、应用和理论计算	山东大学
2004	有机非线性光学材料和有机导体的分子工程及晶体工程	山东大学
2006	小麦不对称体细胞杂交机制及杂种遗传和基因组研究	山东大学
2007	光电功能材料的制备、表征及其与之相互作用研究	山东师范大学
2008	磁性金属和磁性半导体薄膜的自旋和运输调控	山东大学
2008	植物耐碱生物学研究	山东师范大学
2008	分子与纳米荧光探针的设计、合成及其分析应用	山东师范大学
2009	乙醇对糖代谢影响的研究	山东省立医院
2010	分子体系光谱理论和激发态研究	山东大学、鲁东大学

1990～1999年济南市获省星火科技成果奖(一等奖)一览表

表13—3—5

年 份	项 目 名 称	完 成 单 位
1993	大白菜系列品种的繁育与推广	山东省农科院蔬菜研究所(1)
1995	单蛇双臂螺旋浮动盘管水－水换热器	济南新力给水设备有限公司
1996	北方肉羊产业技术开发	山东省畜牧局
1996	微机自动计量轻质燃油运输加油车	济南红旗汽车改装厂
1998	植物抗盐剂技术开发	山东省农业技术推广总站
1998	畜牧饲料添加剂及系列化配方应用技术的开发	山东农业大学
1998	氯化胆碱开发	济南黄河兽药厂

注：1999年星火科技成果奖评审停止

第三节 市级成果

1986～2010年，全市共获济南市级科技成果奖2537项，占各类科技成果奖的35%；其中科技进步奖2252项，星火成果奖285项。

1986～2010年济南市科技成果奖统计表

表13－3－6

年份	科技进步奖				星火成果奖			合计
	最高奖	一等奖	二等奖	三等奖	一等奖	二等奖	三等奖	
1986	—	2	21	27	—	—	—	50
1987	—	1	12	24	—	—	—	37
1988	—	1	39	21	1[注]	4	4	70
1989	—	1	25	22	2	4	5	59
1990	—	—	34	41	3	6	8	92
1991	—	—	33	48	—	15	14	110
1992	—	3	46	58	1	15	17	140
1993	—	5	43	74	2	16	14	154
1994	—	4	42	61	1	14	15	137
1995	—	3	36	54	2	17	18	130
1996	—	5	42	51	2	13	15	128
1997	—	7	39	60	2	12	14	134
1998	—	6	40	66	2	10	17	141
1999	—	6	44	85	—	—	—	135
2000	—	4	40	80	—	—	—	124
2001	—	6	41	79	—	—	—	126
2002	—	5	39	83	—	—	—	127
2003	—	4	9	32	—	—	—	45
2004	1	4	10	34	—	—	—	49
2005	1	4	10	34	—	—	—	49
2006	1	4	10	35	—	—	—	50
2007	1	8	30	58	—	—	—	97
2008	1	9	29	77	—	—	—	116
2009	1	8	29	80	—	—	—	118
2010	1	8	33	77	—	—	—	119
合计	7	108	776	1361	18	126	141	2537

注：1988年星火科技成果奖一等奖为特别奖。2008年科技进步一等奖含技术发明一等奖1项，2009年科技进步一等奖含技术发明一等奖1项，2010年科技进步一等奖含技术发明一等奖1项；2008年科技进步二等奖含技术发明二等奖2项，2009年科技进步二等奖含技术发明二等奖3项，2010年科技进步二等奖含技术发明二等奖1项；2009年科技进步三等奖含技术发明三等奖5项，2010年科技进步三等奖含技术发明三等奖2项

1986～2010年济南市科学技术奖励成果一览表（最高奖、一等奖）

表13-3-7

年份	等级	完成单位	完成人
2004	最高奖	济南钢铁集团总公司	温燕明
2005		山东省生物药物研究院	凌沛学
2006		浪潮集团有限公司	王恩东
2007		济南二机床集团有限公司	江秀花
2008		济南市历丰春夏大白菜研究所	赵新坤
2009		中创软件工程股份有限公司	景新海
2010	最高奖	九阳股份有限公司	王旭宁

科技进步奖

年份	等级	项目名称	完成单位
1986	一等奖	J39-630闭式四点压力机	济南第二机床厂
1986		切断法制涤纶毛条	济南合成纤维厂
1987		PBT树脂合成工艺研究	济南合成纤维厂
1988		DSFPS7-120000/220低损耗无励磁调压自耦变压器	济南变压器厂
1989		高速高效练漂工艺及设备	济南第一印染厂
1992		LD48-00-600A型闭式多连杆双动四点压力机	济南第二机床厂
1992		锐钛型钛白自生晶种常压水介工业化试验	济南裕兴化工总厂
1992		优质镁碳砖制造技术	济南市镁碳砖厂
1993		75吨/时次高压循环流化床锅炉	济南锅炉厂
1993		XQG50-4型全自动滚筒洗衣机	中国济南洗衣机厂
1993		金鸣片制剂研究	山东济南中药厂
1993		J36-3000型闭式双点压力机	济南第二机床厂
1993		氨力农及注射用氨力农的研制	齐鲁制药厂
1994		J82-40G型多工位冷挤压机	济南第二机床厂
1994		三株口服液的研制	济南高新开发区三株实业有限公司医药生物研究所
1994		特大型重载轴瓦(套)材料及其应用的研究	山东省华泰特种金属材料科技开发公司
1994		提高牛繁殖母犊率的应用研究	济南牧工商联合总公司
1995		PET装置增容工艺研究	济南化纤总公司
1995		玫瑰红苹果大面积优质高产栽培技术开发	平阴县林业局
1995		金属加工液攻丝扭矩模拟评定试验装置的研究	济南试验机厂
1996		糖尿病性视网膜病变的分期和新技术治疗的临床研究	济南市第二人民医院
1996		盐酸特比萘芬原料及制剂的研制	齐鲁制药厂
1996		ZS-J25-125A薄板冲压自动线	济南二机床集团有限公司

续表13—3—7—1

年份	等级	项目名称	完成单位
1996	一等奖	高速龙带(高强度传动平带)	济南天齐特种平带有限公司
1996		XQG50-801电脑全自动滚筒洗衣机	济南洗衣机厂
1997		中小型加工中心模块化设计	济南一机床集团有限公司
1997		75t/h完善化循环流化床锅炉	济南锅炉厂
1997		DP1030全自动油印机	济南开发区吉美乐办公设备开发公司
1997		济南市高新节水灌溉技术研究与百万亩节水灌溉推广应用	济南市水利局水利建设站
1997		血管去抗原与保存方法及同种异体血管移植临床应用研究	济南市中心医院
1997		近视眼与青光眼相关因素的临床研究	济南市第二人民医院
1997		盐酸恩丹西酮及制剂的研制	齐鲁制药厂
1997		济南市社会经济与环境保护调查分析	济南市环境保护科研所
1998		大白菜周年生产供应技术研究及开发	济南市历城区蔬菜局、济南历下丰春夏大白菜研究所
1998		MJ-460型数控车床	济南一机床集团有限公司
1998		XHJ型旋混热板接触式烧毛装置	济南燎远节能新技术研究所
1998		麝香酮生产新工艺研究	山东济南中药厂
1998		水中多环芳烃(PAHs)检测方法的研究	济南市自来水公司
1998		玻璃体切割术相关因素的研究	济南市第二人民医院、济南市眼科研究所
1999		J39-900型闭式四点压力机	济南二机床集团有限公司
1999		MJ-630型数控车床	济南一机床集团有限公司
1999		XQG50-426全自动滚筒洗衣机	山东小鸭集团有限责任公司
1999		重组人红细胞生成素注射液的研制与开发	山东科兴生物制品有限公司
1999		EHF患者尿液融合细胞的病毒核酸原位杂交和免疫电镜观察	济南市传染病医院
1999		长清县西汉济北王陵出土文物修复技术研究	长清县博物馆
2000		WDW系列微机控制电子式万能试验机	济南试金集团有限公司
2000		XK2420×40数控定梁龙门镗铣床	济南二机床集团有限公司
2000		纳米材料在XQG50-NM426全自动滚筒洗衣机上的应用研究	山东小鸭集团有限责任公司
2000		儿童智能发育社区干预研究	济南市儿童医院
2001		SCS/ZCS静(动)态两用电子汽车衡	济南金钟电子衡器股份有限公司
2001		MKS1620×500型数控高速端面外圆磨床	中国轻骑集团济南精机有限公司

续表13-3-7-2

年份	等级	项目名称	完成单位
2001	一等奖	iES500-EMS系统	山东鲁能积成电子股份有限公司
2001		J1VMC63A型数控刻槽加工中心	济南一机床集团有限公司
2001		高速结栅电力电子功率整流器件芯片SR30100-SR30250	济南晶恒有限责任公司
2001		济南市空气质量数值预报试验研究	济南市环境保护科学研究所、中国科学院大气物理研究所
2002		LS4-2000A型2000美吨闭式四点多连杆压力机	济南二机床集团有限公司
2002		电液伺服动静万能试验机	济南试金集团有限公司
2002		MJ-860DT型双刀架四轴对置式数控车床	济南一机床集团有限公司
2002		流化床锅炉控制及信息管理系统	济南人陆机电有限公司
2002		DP2050制版印刷一体机	济南迅普精工办公设备有限公司
2004		XSV2720×60龙门移动式五轴联动高速铣床	济南二机床集团有限公司
2004		浪潮通软ERP-PS	浪潮集团山东通用软件有限公司
2004		重组人白细胞介素-11	山东元隆生物技术有限公司
2004		羊膜移植术后转归的研究	济南市第二人民医院
2004		XK2145×140数控动梁龙门镗铣床	济南二机床集团有限公司
2004		J1HMC40型高速卧式加工中心	济南一机床集团有限公司
2005		机票纸的研制开发	南银星纸业有限公司
2005		体外诱导大鼠基质干细胞成软骨细胞的基因表达谱研究	济南市中心医院
2006		LS4B-2500型2500美吨闭式四点多连杆压力机	济南二机床集团有限公司
2006		企业应用集成套件inforEAI	山东中创软件工程股份有限公司
2006		豪泺牌系列重型汽车	中国重型汽车集团有限公司
2006		交感神经在颈椎病眩晕发病中的作用及临床意义	济南市第四人民医院
2007		440t/h(135MW)超高压再热循环流化床锅炉	济南锅炉集团有限公司、中国科学院工程热物理研究所
2007		第二代身份证(RFIC)阅读机具	山东神思电子技术有限公司
2007		PLS4-3200-4500-2500全自动快速柔性冲压生产线的开发研制	济南二机床集团有限公司
2007		黄河王子系列中重型汽车	中国重型汽车集团有限公司
2007		新型含氟聚合物、氟涂料及氟化学材料含氟醇的研制与应用开发	济南大学、山东中氟化工科技有限公司、济南瑞氟化工科技有限公司、济南华临化工有限公司
2007		春用大白菜新品种选育及示范	济南市历丰春夏大白菜研究所

续表13-3-7-3

年 份	等 级	项目名称	完成单位
2007	一等奖	鸡传支病毒变异株分子生物学特性与防治研究	山东明发兽药股份有限公司、山东农业大学
2007		急性心肌梗死直接介入手术联合早期β受体阻滞剂治疗效果的研究	济南市中心医院
2008		XKV2735×4O数控五轴联动龙门移动式镗铣床	济南二机床集团有限公司
2008		PLS4-6400-5000-2600型64000千牛重型高速全自动冲压生产线	济南二机床集团有限公司
2008		SHP4-CNC-3000H塑料门窗数控多层平行四角焊接机	济南德佳机器控股有限公司
2008		浪潮手持式计算机	山东超越数控电子有限公司
2008		冶金工艺过程余热余能分布式发电系统开发与应用	济南钢铁集团总公司
2008		脱硫石膏转化为建筑石膏工艺研究及其在墙体材料中的应用	济南大学、平邑开元新型建材有限公司
2008		含有透明质酸钠的人体润滑剂	山东福瑞达生物工程有限公司、山东省生物药物研究院
2008		整合子介导产超广谱β-内酰胺酶志贺菌多重耐药的研究	济南市第四人民医院
2009		HOWO重型汽车制造工艺的开发与应用	中国重型汽车集团有限公司
2009		Zn扩散窗口工艺制备大功率300mW/650nm半导体激光器	山东华光光电子有限公司
2009		LS4-2400E型24000KN数控闭式四点多连杆单动拉伸压力机	济南二机床集团有限公司
2009		工业连续化废轮胎裂解油化与净化工艺技术	济南友邦恒誉科技开发有限公司
2009		高效环保安全型电磁炉的研究和开发	九阳股份有限公司
2009		颈痛片的研究与开发	山东明仁福瑞达制药有限公司、山东省生物药物研究院
2009		肝癌细胞转移机制及基因治疗对策研究	山东大学
2010		车架纵梁柔性制造成套生产线的研制	济南铸造锻压机械研究所有限公司
2010		高性能刀片服务器研发与应用	浪潮集团有限公司
2010		服务器操作系统安全加固系统(SSR)	浪潮集团有限公司
2010		船体结构钢板A-FH级系列产品的开发与认证	济钢集团有限公司
2010		济南奥体中心弦支穹顶结构和复杂相贯节点的实验应用与创新	济南市城市建设投资有限公司、中建国际(深圳)设计顾问有限公司、浙江大学、山东同圆设计集团有限公司
2010		进境危险性杂草发生危害规律及综合控制技术研究应用	中华人民共和国济南出入境检验检疫局、山东省植物保护总站、山东出入境检验检疫局检验检疫技术中心
2010		CD8+T细胞在1型糖尿病发病中的作用	济南市中心医院

续表13—3—7—4

年 份	等 级	项目名称	完成单位
技术发明奖			
2008	一等奖	高炉热风炉蓄热体高辐射覆层技术	山东慧敏科技开发有限公司、北京科技大学、首钢技术研究院
2009		钢管及冷弯型钢用新型轧辊的研制与应用	山东省四方技术开发有限公司
2010		高功率808nm非对称无铝应变量子阱激光器	山东华光光电子有限公司

注：济南市科技进步奖2003年度出现断线

1989～1990年济南市星火科技成果奖（一等奖）

表13—3—8

年 份	项 目 名 称	完 成 单 位
1989	花岗石精加工技术开发	济南青花岗石开发公司
1989	星火示范企业奖	济南市明水机械厂、济南市历城通信电缆厂
1990	优质镁砖技术开发	济南市镁碳砖厂、鞍山热能研究院
1990	仿波斯地毯技术开发	商河县地毯厂
1990	308染色粘合剂系列产品	济南市染料化工厂
1992	电脑控制给水设备系列产品开发	济南张夏水暖器材厂
1993	GD光缆技术开发	济南通信电缆厂
1993	济南市100万亩吨粮田开发及高产优质高效最佳模式的研究	济南市吨粮田开发课题组
1994	塑料门窗加工成套设备技术开发	济南市塑窗设备总厂
1995	微机自动计量轻质燃油运输加油车	济南红旗汽车改装厂
1995	大面积鱼塘精养高产技术开发	济南市水产站
1996	YXG型单相特种多速电动机	山东省章丘市电机厂
1996	历城区三鲜基地规范化栽培技术	济南市历城区农业技术推广站
1997	饲料添加剂开发	济南黄河兽药厂
1997	GS125摩托车汽缸头组合产品开发	济南顺达气缸有限公司
1998	高真空罗茨真空泵	山东省汇丰机械集团总公司
1998	快换车身式多功能系列半挂车	济南红旗－考格尔汽车制造有限公司

第二章　科技成果选介

一、焊接结构用耐候钢12MnCuCr(Nb,V)的研制

完成单位：济南钢铁集团。新钢种充分利用山东省含Cu铁矿资源，生产工艺简单，便于工业性生产，相应成本较低，具有一定的竞争能力。新钢种是典型的高效钢，强度高，有利于结构轻型化。具有良好的焊接性能，耐大气腐蚀寿命比普通钢高2～4倍。经专家鉴定该钢种的研制成功填补了国内空白，达国内领先水平，获1986年山东省科技进步二等奖、冶金部科技进步三等奖。

二、高炉空转螺旋布料器

完成单位：济南钢铁集团。该项目具有构造简单、易于维修、运行可靠、节省电能等优点，在全国得到普遍的推广及应用。这项技术被东北工学院及北京钢铁学院等院校编进了炼铁学教科书，有关设计研究院纳入了100、255、300及620立方米高炉的通用设计。该技术适用于双钟炉顶，由于布料均匀，促进了高炉顺行，利用系数提高、燃料比降低。经专家鉴定该项目达到国内领先水平，获1986年山东省科技进步二等奖，冶金部科技进步三等奖。

三、J1HMC80/FMC型卧式加工中心柔性加工单元

完成单位：济南一机床集团有限公司。该产品采用国际先进的倒T字型结构布局，具有受力状态好、刚性高、精度稳定好、动态特性好、定位精度高等特性；三向导轨采用瑞士高刚性滚柱滚动导轨，携带位置检测磁尺形成全闭环控制，设计的热平衡补偿机构，减少了检测误差；主轴采用浮动、反扣卸刀结构，延长了轴承的精度和寿命，提高了切削质量；主轴箱采用了自动补偿平衡装置，适应高速进给；采用油温控制冷却器对主轴、变速箱进行冷却，有效控制升温，克服主轴热变形；产品配置NC工作台，可实现四轴联动加工；同时配置自动换刀装置和托盘自动交换机构，可组成FMC柔性加工单元，实现无人化连续加工，具有高速、精密、柔性等特点。该项技术达到国际先进水平，完全可替代进口，打破国外对我国高精、高效、柔性化的大型卧式加工中心市场的垄断局面。该产品适合汽车发动机、变速箱体、各类导弹客体等复杂零件的精密加工，解决航天、航空、兵器制造、汽车等行业的许多加工难题。

四、J1HMC40型高速卧式加工中心

完成单位：济南一机床集团有限公司。该产品定位为“中规格、高速、精密”数控卧式加工中心机床。产品主要技术特点：采用柱动式、倒T字布局，刚性好且宜于连线和工件的装卸、维护；三个方向均采用高刚性自润滑滚动直线导轨，避免了废油外泄；主轴全无级调速，采用液压浮动反扣卸刀，有效地提高了主轴轴承的精度及寿命；机床扩展性好，有多种选择配置，如构成FMC柔性加工单元，实现四轴四联动；主轴带有中央高压出水功能，可有效提高深孔加工效率和刀具寿命；主轴箱Y向(垂直)运动采用了无平衡机构设计，提高Y轴上下运动时的伺服跟随精度，也使高速切削时切削的振颤问题得到有效克服；主轴前端采用了独特的空气幕帘结构，有效解决主轴在高压、大流量冷却液环境下易浸入冷却液，造成轴承

生锈损坏的问题；采用高档数控系统及数字驱动，具有高速、高精度三维复杂曲面的加工能力。该机床技术先进、性价比好，产品自2003年投放市场以来深受市场欢迎和用户青睐。已完成销售80台，行业涉及汽车、军工、模具制造等诸多领域，累计实现销售额6000余万元，利税1200万元。为企业产品结构调整做出贡献，并取得良好的经济效益。获2006年济南市科技进步一等奖。

五、LS4B-2500型2500美吨闭式四点多连杆压力机

完成单位：济南二机床集团有限公司。该产品是国内首次独立开发研制、具有自主知识产权、出口美国的重型多连杆多工位压力机。其特点：机身采用全钢焊接结构，刚性好；主传动采用大吨位的六连杆结构，杆系侧向力较小、特性曲线好，对模具和设备的冲击小；主电机采用600HP交流变频，实现8次/分～24次/分的无级调速及自动补偿，同步性好；滑块采用网格化箱型台阶式结构，能承受多工位偏载；先进的大扭矩整体式湿式离合器、制动器，大吨位结构紧凑、抗偏载能力强的齿轮传动结构；在国内首次采用防变形二次焊接结构和ETHERNER INTERNER远程网络诊断监控技术等，整机结构先进，控制功能齐全、可靠、性能良好。该项研究整体达到国际先进水平，可以替代进口。该机主要用于薄板件的拉伸、成型、弯曲、冲裁等各种冷冲压工艺，是汽车、航空、电子等工业领域，特别是高档轿车工业重要的基础装备。该项目的研制成功极大地促进我国民族工业的发展，提升汽车行业的竞争力。

六、“黄河王子”系列中重型汽车

完成单位：中国重型汽车集团有限公司。黄河牌“黄河王子”中重型系列汽车新产品属于全新设计系列车型，是通过引进德国MAN公司汽车技术，结合本公司和国内领先技术总成部件，设计开发的具有中高档技术水平的重型汽车系列新产品。总体设计既考虑基本车型的技术先进性，又兼顾产品系列化、多品种的要求。研制成功总重12吨至31吨系列等中重型汽车新品种，包括载货汽车、自卸汽车、牵引汽车及各类汽车底盘等。该系列车型主要技术经济指标与一汽、二汽同类车型相比形成竞争优势，并为进一步提升产品质量奠定基础。该系列车型已申报重型汽车驾驶室前悬置装置、有防水功能的进气道、汽车制动总阀组合装置等82项国家专利。至2007年11月，累计实现销售产值逾25亿元，经济效益显著。黄河牌黄河王子中重型系列汽车新产品广泛使用情况表明，新产品技术先进、质量可靠、价格合理，能够满足国内中高档中重型汽车的使用要求，具有较高的社会经济效益。同时，该车型出口量逐年增加，对促进中国重汽集团开展国际化战略起到重要作用。

七、国家一类戒毒新药TTX衍生物的临床前研究

完成单位：济南杏林生物技术有限公司。通过确定河豚毒素酒石酸盐衍生物(TTX)合成制备工艺，使我国第一个含确切化学结构的一类海洋戒毒药物的瓶颈问题得到解决；建立TTX质量标准；开展河豚毒素酒石酸盐用于戒毒的剂量、疗程、给药途径的筛选与戒毒药效学评价；建立血中TTX分析方法，比较研究多途径注射给药急性毒性；进行河豚毒素酒石酸盐的三致实验研究。

技术经济指标：完成有效剂量范围、给药方式、疗程及体内检测方法学的研究；完成主要药效学试验；完成三致试验。

专利情况：河豚毒素衍生物的制备和戒毒镇痛用途(ZL200410102449.5)。

创新点：发现海洋药物河豚毒素酒石酸盐具有无依赖戒毒功效；首次进行TTX对吗啡依赖模型有效治疗剂量、ED50剂量、疗程等研

究；首次在吗啡依赖动物模型上进行TTX与阿片受体拮抗剂联合用药研究；首次进行TTX戒毒机理、分子机制和镇痛机理的探讨；首次进行TTX的三致实验研究。

应用推广、效益情况及对行业技术进步的推动作用：本课题提出的“大鼠吗啡戒断症状的积分标准和评价办法”，形成了针对植物神经系统症状的特异性评价体系。课题的现有研究成果符合FDA、NIH等国际通行标准的药理学研究与评价，提升济南市中药现代化研究水平。该课题属于我国第一个具有独立自主知识产权的戒毒海洋药物研究，为将来申报一类戒毒新药奠定了研究基础。

TTX-T源自河豚的肝脏、卵巢等内脏，可带动山东省沿海地区河豚人工养殖业及其副产品开发和利用。

八、黄河流域水资源调度及流域安全监测系统

完成单位：山东正方人合信息技术有限公司、山东省计算中心。该项目主要针对流域特点，利用测控技术、GIS技术、通信与网络技术，实现流域水资源调度及流域安全监测。具有以下特点：流域测控终端采用ARM7处理器，结合嵌入式操作系统技术、信号及电源隔离技术，具备网络通信功能，申请产品专利；系统通过流域涵闸的远程自动控制、视频监视，实现流域水量调度现代化，在流域不断流的条件下，可最大限度地利用流域水资源，为国民经济服务；实现流域堤防安全监测及流域水环境监测，能够及时发现安全隐患，保障堤防安全；通过对水环境指标的自动监测，对水质进行预警；系统采用GIS综合信息平台为流域流量调度、堤防安全、水环境监测提供一体化的流域综合信息管理服务，提高黄河流域水资源管理的现代化水平。该项目已在黄河沿线18个涵闸控制、青岛大沽河流域流量监测及控制、章丘水库等进行应用。通过实施，应用单位在水资源利用、防止水环境污染方面取得显著经济效益和社会效益。根据应用测算，累计创造经济效益1.45亿元。

九、金刚石场效应晶体管

完成单位：山东泉舜科技有限公司。金刚石场效应晶体管项目属于半导体物理学领域。2005年5月被列入山东省科技厅“山东省科技攻关计划”。金刚石场效应晶体管是以我国“863”人造金刚石为材料制作的。金刚石半导体材料不论在禁带宽度、迁移率还是导热方面都表现出优异的性能，是制造半导体器件的首选材料。

关键技术和创新点：通过工艺使绝缘的金刚石具有导电的特性；金刚石晶体管的结构图形设计方案，可达国内先进水平；金刚石晶体管的三个电极，用金和铝做引线，金铝与金刚石的粘合工艺，有重大突破，可达国内领先水平；晶体管的封装材料和封装工艺，耐600℃左右的高温，可达国内先进水平；基于弧光放电等离子体CVD方法制备的金刚石半导体材料制造金属半导体场效应晶体管(MESFET)，在此种结构器件中，跨导为29毫秒/毫米(ms/mm)，属于国际领先水平。

该项目以国家“863”项目人造多晶金刚石为材料制作晶体管，耐高温，成本低，能满足国家重要领域需求，社会效益和经济效益十分显著。2005年12月申请国家发明专利，公司具有自主知识产权，并获得国家专利(专利号：ZL 2005 10131199.2)。

十、进境危险性杂草发生危害规律及综合控制技术研究应用

完成单位：中华人民共和国济南出入境检验检疫局。该项目系统研究检疫性杂草种子口岸截获规律、快速鉴定技术，进口粮运输储存加工的有效监管措施、主要种类发生危害传播规律和控制措施等，并在全省开展进境检疫

性杂草发生分布调查。1.首次制定进口粮中截获杂草和检疫性种类名录，建立截获杂草种子标本库，调查发现外来新记录杂草13种，为检验检疫进口粮杂草鉴定和治理工作提供重要的基础数据和技术资料；2.首次研究燕麦近似种分子生物学快速鉴定技术，填补国内同类研究空白；3.首次研究不同国家不同种类不同年度进口粮携带检疫性杂草的规律，划定可能发生检疫性杂草的区域及杂草种类，对指导口岸检疫、植物检疫田间普查有重要意义；4.首次研究黄顶菊、加拿大一枝黄花、银胶菊3种新发生的检疫危险性杂草的发生规律和控制技术，并制定地方标准；5.对山东口岸已截获并发生的、已截获无发生的和无截获新发生的28种检疫危险性杂草进行风险评估及管理措施的研究与应用，制定山东地方标准《进口粮谷检疫性杂草监督管理规范》。3年来共从进口粮中截获检疫性杂草17种，阻截具节山羊草等14种检疫性杂草传入，批次截获率提高10%～25%，可控制检疫性杂草发生扩散面积180万公顷，挽回经济损失约10亿元。对指导口岸检疫、提高检出率，对进口粮运输、储存和加工等进行有效检疫监管；有效地防止检疫性和危险性杂草种子发生扩散，对保护农林业生产安全和人类健康有重大意义。

十一、XK2145×140数控动梁龙门镗铣床

完成单位：济南二机床集团有限公司。XK2145×140数控动梁龙门镗铣床是根据与陕西压延设备厂签订的技术协议书开发研制的，属超重型数控龙门镗铣床。广泛适用于大型机械制造业、重型电机制造业、能源工业、造船业、模具工业、机床及通用机械等行业的大、中型零件的粗、精加工。该机床使用一系列先进制造技术：恒压式静压导轨技术；双齿轮齿条传动技术；力矩同步和位置同步驱动技术；电液比例/电液伺服平衡和精度补偿技术；ANSIS有限元分析技术；大扭矩、大功率、全自动镗铣头技术；精密、高转速动平衡技术；液控技术；计算机技术；应力控制技术；大型树脂砂铸造技术；大型钢板焊接技术；全自动大型龙门机床加工技术；数控机床CAD外观设计技术等。机床工作台面积4.5米×14米，最大承载200吨，可通过工件高度为4米，可通过宽度为5.8米，可实现零件一次装夹、五面加工，大幅度提高零件加工精度和效率。解决该类重型数控龙门镗铣床依赖进口的局面，进一步提高国产重型数控机床的技术水平，促进我国机床制造业的发展，提高国产数控机床在国际市场的竞争地位。对于提高我国的综合国力，发展高技术附加值产品，创造规模经济效益等都具有积极的现实意义。2004年该机床实现销售收入8000万元、利税2250万元。获2006年济南市科技进步一等奖。

十二、济钢计算机管理信息系统

完成单位：济南钢铁集团。该系统设有36个微机工作站和1个289MB硬盘服务器的PLAN5000网，软件配有17个业务子系统和7个分厂级系统。系统开发中成功使用“原型法”，设计合理正确，功能丰富。在冶金行业首次实现总厂和生产分厂及主要辅助分厂二级管理分布式计算机管理系统。经济承包责任制的数学模型和计算机资源管理系统的建立是一种创新。该系统经济效益明显，改善企业的管理素质，提高企业的管理水平，有力地促进企业管理科学化和现代化的进程。经专家鉴定该项目在国内以微机和局域网为基础的管理信息系统中属于先进水平，在国内冶金行业地方冶金企业中处于领先地位，具有很高的推广价值。获1991年山东省科技进步二等奖。

十三、PKI/PMI高速加密和验证设备

完成单位：济南得安计算机技术有限公司。《PKI/PMI高速加密和验证设备》项目属

于信息安全领域，项目产品包括高速加密卡和高速加密机。项目特点及应用推广：高速加密卡利用现有国密办批准的国产对称密码芯片以及高速模幂乘协处理器，采用FPGA技术，支持RSA及对称分组密码算法。高速加密机是为大型网络系统的主机或前置机提供加密服务的专用设备，具有完备的密钥管理系统，与高速加密卡相结合，可以为银行资金清算、证券资金结算、股票交易、EDI电子贸易、电子商务、政府办公等网络加密需求提供安全、完整、高速的解决方案。

PKI/PMI高速加密和验证设备在国内同类产品中，性价比较高，性能可以满足行业应用的需求；易用性很高，通过对多个常用操作系统的支持，可以很方便地部署于各种应用环境中。中高速加密卡分组算法速度为900Mbps，高速加密机通过TCP/IP协议对外提供密码运算，速度能够达到800Mbps，核心加密模块均采用国内领先水平的密码芯片，对各层接口进行优化，具有高速处理能力，能够满足PKI/PMI系统的核心加密处理能力。

通过对该项目的产业化推广，可以增强对相关行业的辐射，使信息安全技术及产品更加普及和深入到社会经济的各个领域，拉动芯片制造、安全应用等相关产业的跨越式发展，能够带来巨大的经济效益和社会效益。

十四、CD8+T细胞在1型糖尿病发病中的作用

完成单位：济南市中心医院。该研究以NOD鼠和基因工程构建的NOD背景的转基因鼠为动物模型，利用过继转移的方法评价静止的β细胞特异性CD8+T细胞被激活的位置及其对抗原的识别，探讨CD8+T细胞如何在1型糖尿病的疾病过程中发生作用。结果发现：幼年NOD鼠的脾细胞含有β细胞特异性T细胞,数量有限，致糖尿病能力随NOD鼠年龄的增长而增加；β细胞上共刺激分子CD80的表达不影响CD4+T细胞的致糖尿病作用；β细胞上共刺激分子CD80的表达加速了CD8+T细胞介导的胰岛炎的发生，并且在淋巴细胞浸润胰岛过程中对静止的CD8+T细胞发挥了共刺激作用；胰岛炎的启动需要CD8+T细胞与胰岛β细胞的直接作用；β细胞特异性的CD8+T细胞在胰岛内与自身抗原相遇。该研究结果对1型糖尿病的发病机制有了新认识，明确CD8+T细胞在1型糖尿病中的作用，为从免疫调节的角度治疗1型糖尿病提供新思路，从而达到有效预防和治疗1型糖尿病，为攻克自身免疫性糖尿病迈出坚实的一步。研究成果经在山东省立医院、山东大学第二医院、山东省千佛山医院、山东中医药大学第二附属医院、济南市中心医院等单位推广应用，获得很好的社会效益及经济效益，发表的论文有3篇被SCI收录、2篇在国家级杂志上发表。

十五、SHP4—CNC—3000H塑料门窗数控多层平行四角焊接机

完成单位：济南德佳机器控股有限公司。本项目作为推动塑料门窗加快推广的先进技术设备，是与美国卡尔森·威格玛公司合作，自主创新研发成功的。该项目整机采用国际先进的数控与伺服驱动系统进行传动和自动控制，保证整机工作的可靠性和精密性。通过研制角焊接同步进给装置专利技术、先进的上下同步夹持精密定位技术、多层焊接机构与工艺、多层工件同时移出机构以及直线轴承导轨副等技术与结构，使焊机能够在工控电脑的操控下，自动完成多层塑料门窗的四角焊接与自动输出工作，大大提高工作效率、产品制造精度和焊接强度，设备整体技术、产品质量均达到国际先进水平，填补国内市场空白，并通过中国3C、美国的UL、加拿大的CSA等认证标准。该产品已批量生产，并出口美国。实现新增产值7292万元，新增利润674万元，出口创汇604万美元。

十六、轧钢系统工业废水处理

完成单位：济南钢铁集团。该项目采用“三级串联分别沉淀处理和两级初－精除油”的水处理工艺。设计方案合理，处理结果满足轧钢工艺对水的要求，达到国标要求。滤床式PP-2聚丙稀吸油毡除油技术能够保证水质处理效果，技术先进，操作简单，经处理后回用，使水的复用率达到冶金部一档一级标准，达到国内先进水平。该项目实施后每年节约用水近250万立方米，使污水资源化，具有一定的推广应用价值。经专家鉴定该项目达到国内先进水平，获1992年山东省科技进步二等奖。

十七、速溶阿胶冲剂

完成单位：山东福胶集团有限公司。通过胶粉制备、沸腾制粒、烘干包装等工序生产100%的新型纯阿胶制剂，具有补血滋阴、润燥止血、调经安胎、美容养颜等功能。适用于血虚萎黄、眩晕心悸、肌萎无力、心烦不眠、虚风内动、肺燥咳嗽、劳嗽咯血、吐血衄血、便血崩漏、妊娠胎漏等症状。即冲即服，携带方便。1992年获山东省科技进步二等奖，济南市专利二等奖。

十八、锐钛型钛白自生晶种常压水解技术工业化试验

完成单位：济南裕兴化工总厂。该项技术晶种生成的pH值<1，活性高，改善水解条件，一级品率90%以上(按GB1706－93)，产品粒度分布有明显改善，水洗时间明显缩短，水洗带损降低，水洗收率提高3%～5%，矿耗下降0.1吨，酸耗下降0.4吨，水耗下降29吨，节约蒸气1.97吨，水解钛液浓度下调25克/升，年总经济效益450万元左右。经检索查新，专家们一致认为该技术属国内首创，对促进我国钛白生产技术的提高有重要意义。1992年获济南市科技进步一等奖，1993年获山东省科技进步一等奖。

十九、斯太尔系列气制动阀及贮气筒

完成单位：山东明水汽车配件厂。该项目主要用于引进的“斯太尔”91系列汽车，当时主要为济汽、陕汽、川汽等主机厂产品配套；为国内更新换代的中重型汽车、客车、工程机械配套服务；也为各大运输公司供应维修配件。斯太尔气制动阀主要利用力平衡原理设计，通过平衡或回位弹簧力与气压力的平衡来实现阀门的通断，控制整个气路中气压的通放。根据以上原理，采用先进的设计、材料及制造工艺进行制造。在研制及生产过程中，采用了压力铸造、补漏工艺及表面喷砂、氧化处理、静电喷涂等表面处理方法，关键加工工序采用加工中心和精密数控机床以保证产品质量，质量检测采用三坐标、计算机测试系统等一系列先进手段。产品的技术指标如密封性、工作温度、可靠性等均超过国家标准要求，达到国外先进水平，社会、经济效益显著。1993年获山东省科技成果二等奖。

二十、金属加工液攻丝扭矩模拟评定试验装置的研究

完成单位：济南试验机厂。这一国家计委“八五”国家重点科技项目，是一种用攻丝扭矩试验机评定金属加工液切削性能的标准方法，包括模拟评定标准试验方法、攻丝扭矩试验机、专用螺尖切削丝锥试样、专用螺母试样、机准与参比切削油样5项研究内容。它与美国材料试验学会D2委员会同步成套开发并应用。开发金属加工液，以攻丝效率指标评估其切削性能质量水平，世界上仅中、美自1995年年初正式推广，对建立我国切削用量数据库，推广先进的机用螺尖与挤压丝锥，在机床工具厂矿院校的切削试验室有广泛应用前景。该装置采用伺服电机、无级调速系统、光电编码器、扭矩传感器等新技术，经机械工业部组织专家鉴定，填补国内空白，整体上达到当时

国际水平。1995年获济南市科技进步一等奖，1996年获山东省科技进步二等奖，1997年获国家科技进步三等奖。

二十一、利用石化及煤化工副产物生产环保柴油

完成单位：济南开发区星火科学技术研究院。该项目利用自有脱硫技术有效地脱除了石化副产物中所含的硫醇、噻吩等含硫化合物，使硫含量小于200ppm(ppm是百万分之一)，优于国家最新车用柴油标准的要求。自主研发高效柴油复合添加(剂)组分，改善柴油的十六烷值、凝点、浊点、冷滤点等指标，大大提高柴油各项性能指标。利用新型工艺用廉价低质的石化和煤化工副产物成功地生产硫含量低、尾气排放少、各项性能指标符合最新柴油国家标准的环保柴油。该项目技术含量高，创新点突出，性能优良，成本低，性价比优势明显，符合节能、环保要求，综合技术处于国内领先地位，达到国际先进水平。已在济南联星石油化工有限公司实现规模化生产，在江苏、辽宁、河北、烟台、临沂、东营等省内外多家企业推广应用，取得上亿元的经济效益。该项目原料来源丰富，成本低，可在地方炼油厂、煤化工和石化副产物丰富的省市地区大面积推广，大大提高石化及煤化工副产物的使用附加值，有效缓解国家能源紧张的状况，符合国家节能、环保政策与产业政策，具有较强的市场竞争力，发展前景十分广阔。

二十二、城市供水预警监控与净化处理集成技术研究与示范工程

完成单位：济南市供排水监测中心、济南泓泉制水有限公司、济南市卧虎山水库管理处。该项目是2008年济南市科技攻关计划重点项目，为保障第十一届全运会饮用水安全而实施的重大水质改善民生工程。该项目评估基于南部山区水库水质、水量的水源安全性，研究供水全过程氮磷、藻类及其代谢产物、有机污染物迁移转化规律及其毒理学特征；研究构建集常规指标、生物综合毒性和应急监测等多层次网络化水源水质预警监控体系；开发高效去除有机物、藻类及其代谢产物的气浮、活性过滤等工艺，对比筛选强化混凝、活性炭吸附、化学氧化、气浮、强化消毒等应急处理技术；实现多层次水质预警监控对净化处理的即时动态支持，形成基于水源水质预警监控的气浮－活性过滤－应急处理技术体系。研究成果为水源的合理取水和水质预警监控、水厂工艺改造提供了技术依据。项目成果具有如下创新点："从源头到龙头"供水全过程水质问题识别与污染特性剖析；研究构建集成生物、理化、荧光、红外、GPRS等多项监测技术相互配合、相互印证的水源水质预警监控系统；开发基于水源水质特性分析的气浮—活性过滤—应急处理组合工艺。多层次互动式水源水质预警监控系统已在济南市分水岭水厂应用，分层取水技术已在卧虎山水库应用，气浮—活性过滤—应急处理组合工艺已成功应用于南郊水厂工艺升级改造。其中，多层次互动式水源水质预警监控系统在保障第十一届全运会饮用水安全中发挥重要作用。该项目成果的推广应用能够建立水质预警监控体系，实现对水质净化处理的即时动态支持，对保障城市供水安全，提高城镇居民饮水质量意义重大，社会经济效益显著。

二十三、高强度尼龙片基拉伸生产线控制系统研究

完成单位：济南天齐特种平带有限公司。1993年2月，济南天齐特种平带有限公司正处于筹建阶段，外商借即将投料试车的机会，向济南天齐公司提出索要327万德国马克设备涨价款和追加110万德国马克技术服务费的无理要求，被中方据理拒绝后，竟在没有履行性能试验和投料试车任务并遗留大量问题的情况下，将一条价值5000万人民币的核心生产线——高强度

尼龙拉片生产线用多道密码锁上，携带全部技术资料撤离调试现场，企图对中方进行技术封锁。在多次协商未果的情况下，济南天齐公司决定技术攻关，并组成以武尚春为负责人，以出国培训人员和专业技术人员为骨干的技术攻关小组，制定详细的技术攻关方案，同时聘请山东工业大学教授孙同景等专家组成的顾问小组，负责现场咨询和指导。经过近两个月的艰苦努力，终于破解外方设置的重重密码，完成设备调试和投料试车工作，生产出合格的具有国际先进水平的尼龙片基，从而解决公司生产技术的核心难题，节约资金2000多万元。由此与山东工业大学联合进行山东省科技项目“高强度尼龙片基拉伸生产线控制系统研究”，于1995年12月获山东省科技进步二等奖。

二十四、第二代身份证(RFIC)阅读机具

完成单位：山东神思电子技术有限公司。第二代居民身份证(下称“二代证”)嵌有RFIC芯片，具有视读、机读双重功能。二代证阅读机具(下称“二代证机具”)是用于阅读与录入二代证芯片中的照片及档案信息、核验持证人身份的电子设备，属于电子信息计算机应用领域。“第二代身份证(RFIC)阅读机具”产品填补了国内空白。其创新点主要包括：分时共用内核多终端技术；使用自主知识产权的S-6嵌入式操作系统；复合无线数据通信技术。

该项目已申请/授权发明专利1项、实用新型专利2项、外观专利2项。该产品主要应用于国内所有需要出示身份证的场所，市场容量巨大，产值百亿元以上。已用于电信、金融、治安、教育、劳保、铁路、民航等在内的各行业，批量销往国内二十个省市区，经济效益显著，其综合技术性能指标与市场占有率均居全国前二位。

二十五、城市道路路面半刚性基层试验研究

完成单位：济南市市政工程设计研究院有限责任公司。半刚性基层由于强度高、刚度大，使路面承载能力大大提高，而且原材料价格相对比较便宜，是国内公路和城市道路最常见的基层形式。该项目运用层状弹性理论(BISAR程序)，对常用的城市道路半刚性基层结构进行了计算分析，得出路表弯沉和半刚性基层层底最大弯拉应力随半刚性基层模量变化的关系，指出现行半刚性沥青路面结构设计中参数确定存在的问题。通过对水泥稳定集料、二灰(不掺水泥)稳定集料、二灰(掺加水泥)稳定集料、二灰土等半刚性基层材料进行系统的室内试验研究，确定其设计参数，为城市道路路面结构设计计算提供依据。在室外试验中，采用FWD对半刚性基层进行现场测试。首次提出并推导传递矩阵法反算半刚性基层单层抗压回弹模量理论计算公式，编制反算程序，该程序可及时了解每层半刚性材料的施工情况及与设计的符合情况，对半刚性基层施工现场快速检测及质量控制具有重要的实际意义。通过室内试验研究，初步提出二灰稳定碎石和水泥稳定碎石的骨架密实结构设计方法以及最大干密度和最佳含水量的计算法，并与击实法进行对比，结果可靠，可作为设计、施工的参考依据。该项目研究成果已在济南市西区试验路以及北园路(13公里)、历山路(4公里)、清河北路(8公里)、英雄山路(7公里)等城市道路设计中得到应用，取得很好的效果，并降低工程造价500多万元。该项目研究对提高半刚性沥青路面使用性能，合理设计半刚性沥青路面结构，延长道路使用寿命具有重要的经济和社会意义。

二十六、真核细胞表达系统产品

完成单位：山东科兴生物制品有限公司。该系统产品为国家二类新药，其中“依普定”(重组人促红素注射液)、“白特喜”(重组人粒细胞刺激因子注射液)、“常乐康”(酪酸梭菌二联活菌胶囊、散剂)认定为济南市高新技术产品。各产品生产车间均顺利通过国家药品GMP认证。被山东省科学技术厅评为山东省高新技术企业。

真核细胞表达系统产品于2002年8月份通过印度尼西亚国家药品GMP认证检查，2003年11月份通过巴西卫生部GMP认证检查，2006年2月份通过埃及卫生部GMP认证检查，2006年12月份通过巴基斯坦卫生部GMP认证检查。现已在国外15个国家进行注册，已经注册成功并实现销售的有7个国家。

2004年5月“依普定”国内独家获得不含人血白蛋白的生产批件，杜绝人血源性病毒污染的可能，使之在安全性方面较国内同类产品有质的突破，该产品配方已申报国家专利。“常乐康”是1996年列入国家新药基金的重点科技项目，具有自主知识产权，国内独家生产，国家发明专利号：ZL97115093.1，国际专利主分类号：A61K35/74。

二十七、冶金工艺过程余热余能分布式发电系统开发与应用

完成单位：济南钢铁集团总公司。该项目结合济钢实际，以循环经济和清洁生产理论为指导，以追求“钢铁企业用电大部分自给”为目标，实施以“副产煤气资源高效回收发电、余热余能高效回收发电、能源管控中心优化运行与控制”为核心的关键工艺技术开发。该项目属冶金工艺过程余热余能回收利用技术项目，通过自主研发和集成创新，开发应用一系列行业共性关键技术，建成第一套国产化75吨次高压自循环、矮胖型带有移动除尘装置的150吨高温高压自循环干熄焦装置；第一套国产化结构合理高效运行的烧结矿余热回收发电装置；国际上第一套炼钢转炉低压饱和凝汽式低参数高效发电装置；国内第一套以冶金低热值混合煤气为燃料的燃气蒸汽联合循环发电机组，以及余热余能分布式发电及能源管控中心综合技术，建立冶金工艺过程余热余能分布式发电系统。该项目共形成专利26项，其中，申报发明专利2项。项目累计投资35.04亿元人民币，发电总装机容量618.75兆瓦，企业用电自给率6%，每年直接经济效益9.9亿元，折合每年节约煤炭消耗58.7万吨、减排二氧化碳 160万吨、减排二氧化硫1.51万吨，节能减排效益显著，具有经济、社会与生态效益。该项目所具有的减少温室气体排放的作用得到联合国认可，所开发的CDM(清洁发展机制)项目于2007年3月在联合国正式注册成功，成为我国钢铁行业第一个得到联合国批准的CDM项目。该项目对中国同类型钢铁企业发展循环经济、实施节能减排有示范和推动作用，在冶金行业推广应用意义重大。

二十八、服务器操作系统安全加固系统(SSR)

完成单位：浪潮集团有限公司。该项目是基于先进ROST技术理论研发成功的新一代安全产品，其设计和开发参考《信息安全技术操作系统安全技术要求》和《信息安全技术服务器安全技术要求》对操作系统的要求。主要创新表现在：基于ROST技术的操作系统内核加固；基于策略的强制访问控制；权限分立及双因子用户鉴别；同时支持多种主流服务器商用操作系统。兼容同一操作系统的不同版本主要技术指标：内核级文件访问控制；内核注册表访问控制(Windows)；内核级进程保护；内核级缓冲区溢出防御(Unix/Linux)；应用级服务访问控制(Windows)；应用级文件完整性检测。该项目10项发明专利被受理。该项目产品市场需求

度高，具有国内市场竞争优势，广泛应用于政府、军队军工、金融、企业、学校和科研院所等领域，取得较大的经济收益且稳步增长。产品技术和性能指标先进，填补我国在多种主流服务器商用操作系统同时安全加固的空白。

二十九、JIVMC63A型数控刻槽加工中心

完成单位：济南一机床集团有限公司。该项目是根据国内军工、航天技术发展趋势和用户要求研制的一种全柱动式四轴加工中心，主要针对大、中型圆筒类零件内侧面进行高速、高效加工而设计，如果去除主轴箱上附加的专用加工头还可作为通用加工中心进行钻、铣、攻丝等加工。主要技术创新点：工作台固定，全柱动式的布局设计；无液压系统及无换刀机械手的辅助动作控制及刀具交换；作业区内左、右风琴式防护罩的同步联动结构；超长的Z轴行程；四轴联动及采用宏程序对复杂二次曲面的插补加工。该产品的研制成功，加快国内国防工业研发的速度与质量，具有广阔的应用和推广前景。2001年获济南市科技进步一等奖，2002年获山东省科技进步三等奖。

三十、血管去抗原与保存方法及同种异体血管移植临床应用研究

完成单位：济南市中心医院。该课题对不同浓度甲醛处理尸体股动脉的解剖组织学、物理特性、免疫反应及同种异体血管移植临床应用效果进行深入研究，创造性地提出使用高浓度甲醛处理血管去抗原，可保持其良好的支架结构，在血液透析中应用效果满意，从而证实该方法是一种较好的血管处理和保存方法。移植血管不仅可广泛应用于血液透析血管通路，在临床其他领域中也有重要的应用价值。该方法有广泛应用于临床血管移植的可能，可创造巨大的经济效益与社会效益。由国内专家组成的鉴定委员会认为，该成果填补国内空白，达到国际先进水平。1997年获济南市科技进步一等奖。

三十一、浪潮SMP3000系列小型计算机

完成单位：山东浪潮集团。在SMP2000小型机的基础上，浪潮集团于1996年完成山东省“八五”期间重点项目浪潮SMP3000系列小型机和山东省技术创新项目浪潮奔腾系列服务器的开发工作，SMP3000系列采用14个IntelPentium处理器，更高速度的系统总线和双段PCI外部总线，集成的磁盘控制器、高速网络接口、系统监控与管理软件，使小型机服务器在性能和技术上达到更高的水平。1998年获国家科学技术进步三等奖。

三十二、XHJ型旋混热板接触式烧毛装置

完成单位：济南燎远节能新技术研究所。该装置是国内织物染整业急需的深加工、精加工设备，主要用于加工纯棉(尤其是低级棉)、麻类、绒类和提花织物。采用受限、交叉组合射流及多燃烧室布局，完成对该装置上热板载热体的均匀加热。经检测，工作时该热板表面温差仅为日本国际同类先进设备的1.58%，热分布均匀，加工产品质量稳定，燃料燃烧充分，耗油量低，其实际耗油量仅为日本同类设备的14%～37%，社会效益十分显著；生产效率提高40%以上，彻底改变国内外同类设备必须另设一高大烟囱排黑烟的弊端，而且加工产品质量比其他设备平均高两个质量级。经国内专家鉴定，属国内外首创，达到国际领先水平。1998年获济南市科技进步一等奖。

三十三、铬酸酸渣的综合利用研究

完成单位：济南裕兴化工总厂。铬酸生产中每吨产品会产生1.3吨的酸渣，由于其含80%以上的硫酸氢钠和3%的六价铬，对环境危害极

大。通过该研究，成功地解决铬盐生产中的难题，克服“一步并流法”红矾钠杂质含量高、用它生产的铬酸酐一级品率低的缺陷。将酸化工艺改为二步法，解决影响产品质量的关键问题，酸渣完全返回原工艺全部综合利用，实现零排放，铬酸酐符合国家标准(GB1610－89)，优质品率长期稳定在95%以上。该研究达到国内领先水平。1999年获山东省科技进步二等奖。

三十四、基因工程药物工业化生产除热原质研究

完成单位：山东金泰集团股份有限公司。利用基因工程技术进行药物生产，是国际上20世纪90年代以来新兴的药物生产技术，而这类药物制备过程中除热原质问题是生物技术领域中的一大难题。通过开展这一研究，成功地解决国家一类新药注射用重链激酶(rSK)在工业化生产中有效除去热原质这一技术难题，使得终产品在纯度(＞95%)、活性(＞8×10 4IU/mg)、热原等方面均达到卫生部生物制品检定规程要求，该套工艺在其他相关基因工程药物(如Ril-2)的研制中得到验证，对于其他基因工程药物工业化生产中除去热原质具有参考价值，将对国内基因制药的产业化起到推动作用。经国际联网检索，该研究属国内外首创，技术达到国际领先水平。

三十五、DP2050制版印刷一体机

完成单位：济南迅普精工办公设备有限公司。该机属光电一体化产品，是当时世界上办公油印设备中最先进的办公印刷机。采用双CPU控制、5000位高精度CCD扫描、超精细薄膜热敏头制版、图文边沿强化、图像多级灰度处理、底色灰度自动跟踪等技术，在微电脑控制下，原稿输入、扫描、制版、上版、印刷、卸版、供墨、计数等功能全部自动完成；自动检测系统具有完备的故障检测报警功能。设计先进，结构新颖，造型美观，图文复制印刷清晰逼真，性能可靠，噪音低，操作方便，易于维修，使用成本低。该机的研制成功，填补国内空白，达到国际先进水平。部分技术达到国际领先水平，使中国成为继日本之后世界上第二个能生产制版印刷一体机的国家。该机市场需求量大，经济效益显著，完全可替代进口，并出口创汇。2002年获济南市科技进步一等奖，2003年获山东省科技进步三等奖。

三十六、干熄焦技术研究与应用

完成单位：济南钢铁集团。该项目是在现有焦炉上采用先进的干熄焦工艺技术，回收余热资源，解决焦炭生产中的污染问题，缩短我国与世界先进国家的技术差距而进行的首家节能示范项目。该项目设计两套处理焦炭70吨/时的干熄焦装置，配备两台余热锅炉及一台6300千瓦的背压发电机组。全年可回收余热蒸汽47万吨，发电3920千瓦小时。干熄焦工艺包括干熄炉、余热锅炉，汽轮机发电系统，除盐水制备系统等。该技术单套焦炭处理能力为70吨/时，吨焦产汽0.45吨以上，排焦温度250℃以下。该技术投用后，焦炭质量明显改善，其中M_{40}值比湿法熄焦提高约5%，M_{10}值降低约0.7%。该项目投资低、节能效果明显，同湿法熄焦相比，大气、粉尘、水及渣等的污染明显降低，具有显著的经济效益、社会效益和环境效益。经专家鉴定干熄焦整体技术达到国内领先水平，获2000年山东省科技进步一等奖，2001年国家科技进步二等奖。

三十七、WDW系列微机控制电子万能试验机

完成单位：济南试金集团。该机是新一代微机控制电子万能试验机，计算机经调速系统控制伺服电机转动，经减速系统减速后通过滚珠丝杠付带动移动横梁上升、下降，完成试样的拉伸、压缩、弯曲的力学性能试验。无污染、噪音低、效率高，具有非常宽的调速范围

和横梁移动距离，加上种类繁多的辅具，在金属、非金属等力学性能试验，尤其是试样变形较大、拉伸速度较快的绳、带、丝、橡胶、塑料等材料试验领域，具有非常广阔的应用前景，适用于质量监督、教学科研、航空航天、钢铁冶金、汽车、建工建材、橡胶塑料、编织材料等各试验领域。

主要技术参数有最大试验力：5千牛顿、10千牛顿、20千牛顿、50千牛顿、100千牛顿；试验力分档及示值精度，据最大试验力按1、2、5、10、(20、50)四倍(或六倍)档衰减，自每档满量程的20%起为示值的1%；横梁位移测量方式：光电编码器计数，分辨率：0.01毫米；试样变形测量：根据不同引伸计的最大量程，按1，2，5，10倍数衰减；试验机控制系统：实现了试验力、横梁位移、试样变形的闭环控制，具有人机交互控制模式设置系统；横梁移动速度范围：0.005毫米/分～500毫米/分，速比1:10万。该机2000年获济南市科技进步一等奖。

三十八、EHF患者尿液融合细胞的病毒核酸原位杂交和免疫电镜观察

完成单位：济南市传染病医院。该研究成果采用SABC免疫组化、免疫电镜、核酸原位杂交、原位反转录聚合酶链式反应等技术，从两个层次(病毒基因和包膜糖蛋白)、四个方面(光学显微镜、电镜和免疫电镜、靶基因原位杂交、细胞内靶基因扩增定位)，对汉坦病毒包膜糖蛋白及相关基因在患者靶细胞上的表达与定位进行系统研究，结果表明：从患者尿液融合细胞上观察到病毒结构蛋白表达以膜蛋白为主；免疫电镜的观察结果也证实病毒膜蛋白掺入了靶细胞膜的构成。以病毒膜蛋白基因区核苷酸序列为参照合成引物，用地高辛素标记成寡核苷酸探针，经核酸原位杂交和细胞内原位反转录聚合酶链式反应检测，发现融合细胞内靶基因呈核型和核浆混合型，说明病人体内靶细胞的融合与病毒膜蛋白关系密切。该成果先后被国内外7家权威杂志、刊物摘录引用，同时，卫生部统编教材《传染病学》(第四版)对此作了专门引用和介绍。经专家鉴定，该研究达到国际同类研究先进水平。2001年获山东省科技进步二等奖。

三十九、济南市空气质量数值预报试验研究

完成单位：济南市环境保护科研所、中国科学院大气物理研究所。该课题是山东省可持续发展科技示范工程项目“济南市环境空气污染综合治理技术研究开发与示范”的关键子课题，对山东省可持续发展战略的实施具有重要意义。该课题开展全面的大气污染源等基础资料调研和大规模外场综合测试试验工作，测试项目多、持续时间长、仪器设备先进，获得大量信息和数据。该课题发展的空气质量模式系统先进，在将实测湍流资料引入模型，预报山谷风环流、城市热岛环流和进行03湍流通量的同步测量等方面有创新，在用不同天气型的地温日变化关系代替能量平衡方程导出的地表面温度、用分层的水平和垂直湍流扩散型、考虑植物冠层的影响、考虑理化生过程的干沉积模型等方面具有新的发展。该模式系统已由国家环境监测总站向全国47个拟开展空气污染预报的城市推荐使用，有关城市基于该模式系统开展的空气质量预报结果从2001年6月5日起通过中央电视台等新闻媒体向社会公开发布。2001年获济南市科技进步一等奖，2002年获山东省科技进步二等奖。

四十、高性能刀片服务器研发与应用

完成单位：浪潮集团有限公司。浪潮集团针对现有服务器由于工业标准的普及，导致部署密度无法提升，单机功耗难以降低，管理方式单一无法满足客户日益增长的需求等问题开展技术攻关研究。该项目在开放式刀片服务器

架构标准的基础上，采用IntelIA架构处理器和基于开放式和模块化设计、高计算部署密度设计、一体化设计的散热和供电系统，低功耗系统设计、主被动结合的全系统管理架构等具有国际先进水平的技术，开发出高可用、高性能刀片服务器平台，配套服务器远程管理，高密度低功耗节能系统，能够满足电信、金融、教育、公安、电力、互联网等行业的需求。高性能刀片服务器不但具备超越机架式服务器的部署密度优势，同时具备塔式服务器的易用性和可管理性。至2010年，在国内市场销售额已超过27亿元。

四十一、LS4—2000A型2000美吨闭式四点多连杆压力机

完成单位：济南二机床集团有限公司。该压力机是根据美国MTD公司对产品技术参数和结构性能要求而首次独自开发研制的具有较高自动化程度的六连杆多工位压力机。该机机身采用全钢焊接结构，刚性好；主传动采用六连杆机构，具有特有的工作行程速度低而均匀、回程速度快的特点；采用全封闭两级齿轮传动，能承受多工位偏载；联锁可靠，模具更换方便，主要运动部位带有轴温检测装置；电气控制采用美国AB公司的CPU为核心的PLC控制系统，并应用计算机多站连接模块及智能模块为通讯接口组成网络控制系统，运行状态动态显示，极大方便了操作检查和维修。该产品广泛应用于汽车工业、航空、电子、家电等工业领域，也可用于大型级进模冲压，能够满足轿车等行业对大型拉伸件高质量、高效率的需求。2002年获济南市科技进步一等奖，2003年获山东省科技进步一等奖。

四十二、流化床锅炉控制及信息管理系统

完成单位：济南大陆机电有限公司。该项目具有自主知识产权。流化床锅炉控制与信息管理系统集电子信息、计算机软件、计算机硬件、光机电一体化、自动化控制等技术于一体，采用现代控制理论与专家系统分析决策相结合，其突出特点是克服煤量煤质扰动能力强。在堵煤热值扰动下，系统能自动适应，各项指标在允许范围内；控制范围宽。负荷在30%～100%范围内均可投入自动；对多个自控回路进行有效解耦和各系统协调动作并采用自动和手动无扰融合等控制策略，系统控制性能好；软件组态灵活、功能齐全，便于推广运用。该系统具有较高的附加值，市场前景良好。2002年获济南市科技进步一等奖，2004年获山东省科技进步三等奖。

四十三、浪潮IA架构64位高性能服务器

完成单位：山东浪潮集团。该服务器采用In-telItanium系列处理器，处理器主频1GHz，处理器集成1.5MB/3MB同步高速三级缓存；同时，400MHz的系统总线技术大大提高处理器与内存之间的数据交换能力，采用DDR200/DDR266 RegisteredSDRAM内存，最大可扩充为32GB，内存带宽6.4GB/s，使系统具有极强的数据处理能力。专家认为，这款服务器的出现标志着国内IT厂商在基于IA架构的服务器研发设计上与国际IT巨头IBM、HP等站在同一起跑线上，这款服务器还将在中高端市场对以往基于RISC架构的服务器产生一定的冲击和影响。2003年获山东省科技进步一等奖。

四十四、浪潮通软ERP—PS产品

完成单位：山东浪潮集团。浪潮通软ERP-PS产品适用于医药、化工、快速消费品、机械制造、装备制造、造纸、矿业、摩托车、水泥、电子和钢铁等制造业诸多行业的中型和中小型企业用户。浪潮ERP-PS可以实现动态的财务、业务、生产一体化，实现物流、信息流、资金流的高度一致性、同步性和完整性，实现财务预

算、财务控制和财务分析的完全动态化，业务流的透明化和规范化，生产管理的合理化。

浪潮ERP-PS包括账务处理、辅助管理、固定资产、票据打印、票据管理、网上报销、成本核算、资金计息、工资管理、人事管理、绩效考核、企业预算、资金计划、项目管理、报表管理、报表汇总、财务分析、现金流量表、销售发票、采购管理、库存管理、存货核算、寄存结算、销售管理、应收管理、应付管理、合同管理、委托加工、条码管理、发运管理、质量管理、生产数据、生产计划、设备管理、基础数据等子系统。各系统之间可以组合使用，满足不同企业的需求，也可以满足不同企业不同部门的需求。既可以满足同一企业内部网络(Intranet)的信息处理，也可以处理基于广域网(Internet)上的业务。2003年获济南市科技进步一等奖。

四十五、XSV2720×60龙门移动式五轴联动高速铣床

完成单位：济南二机床集团有限公司。该机床整机采用固定式床身工作台，龙门框架沿床身导轨纵向移动(X轴)，溜板沿横梁导轨横向移动(Y轴)，滑枕沿溜板导轨垂直升降(Z轴)，并且固定安装的双回转摆动铣头既可绕Z轴旋转(C轴)，也可绕Y轴旋转(B轴)，实现X、Y、Z、B、C五轴联动，五轴为全闭环位置控制。该机床具有铣削、镗削、钻削、攻丝、锪孔等功能，可广泛应用于航空、航天、高速列车、汽车模具等领域。该机床的成功研制填补了国内空白，达到国际同类产品的先进水平，可完全替代进口，同时加快国内基础装备的更新速度，国内外市场前景广阔。2003年获济南市科技进步一等奖，2004年获山东省科技进步一等奖。

四十六、济钢热能资源高效梯级综合利用技术开发

完成单位：济南钢铁集团公司国家级技术中心。该项目结合济钢实际，以清洁生产和可持续发展理论为指导，以实现钢铁企业买煤不买电、提高热能资源利用率为目标，围绕工艺节能和副产能源(煤气)的综合利用，进行以“三全两调”和“燃气－蒸汽联合循环发电”为核心的热能资源高效循环综合利用技术开发。在炼钢－轧钢系统形成以连铸坯高效全热送热装、轧钢加热炉高效全蓄热化及钢板高效全倍尺轧制为核心的一系列专有生产工艺和创新技术，提升炼钢轧钢工序热能利用率和资源利用率，降低燃气消耗；副产煤气系统实现由传统粗放型“大混一大稳”到按工艺特性分供的“细分—恒稳”煤气结构新平衡，各工艺环节煤气消耗大幅降低；建立起了高水平的热能资源高效循环利用生产模式，实现热能资源利用的合理再优化，煤气资源利用率接近100%，工业余能用于燃气－蒸汽联合循环发电，钢铁企业基本做到买煤不买电；同时进一步改善了环境，实现清洁节能生产的新跨越。该项目荣获2004年中国冶金科技奖一等奖，2005年国家科技进步二等奖。

四十七、浪潮普通发票综合管理信息系统

完成单位：山东浪潮集团。浪潮普通发票综合管理信息系统结合普通发票管理系统、普通发票防伪布奖系统并整合税控收款机管理系统，实现普通发票的税控闭环管理。通过发票、布奖、税控等多个系统的结合实现对发票的生命周期闭环管理；通过布奖、即开即兑、二次摇奖等方式提高消费者索要发票的积极性；提供多种方式的发票真伪查询和中奖查询；实现发票的电子化管理；实现对发票印刷过程的全程监控；实现票表比对和票税分析；实现与征管系统的无缝结合。该系统主要实现：控制税源、增加税收、堵塞漏洞、强化税收征收管理；全面监控发票的计划、印刷、使用和缴销等环节，形成闭环管理；保障税收发

票数据采集的全面、客观、准确；实现对不开发票、真票假开、假票泛滥、真伪难辨、申报不实等问题的控制；保护合法经营、防范和打击利用发票偷逃税款的违法行为。2004年获山东省科技进步一等奖。

四十八、玻璃酸钠及其药物制剂的研究开发

完成单位：山东博士伦福瑞达制药有限公司。该项目推动多糖类药物的研究进展，填补国内外多项技术空白，发酵水平和产率均达到国际先进水平，以玻璃酸钠为媒介的润舒、润洁滴眼液已成为国内滴眼液的知名品牌，具有很强的市场竞争力，占国内眼科药品20%的市场份额。2004年获国家科技进步二等奖。

四十九、出口蔬菜、禽肉产品病虫及农残控制技术研究

山东出口蔬菜病虫剂农药残留控制体系研究。由济南出入境检验检疫局为主承担的该研究主要以输入国标准和国际标准为目标，对出口蔬菜病虫安全控制体系和菊酯、有机磷和氨基甲酸酯等常用农药残留控制技术等进行系统研究，明确不同措施对病虫的控制作用及农药残留量影响因素；首次明确加工方式对出口蔬菜的影响、冷冻菠菜和脱水菠菜中毒死蜱含量高于新鲜菠菜，制定出口菠菜等14种有害生物安全控制技术规程地方标准、技术规范和农药残留监控体系，制定地方标准《出口蔬菜农药残留监督管理规范》《出口蔬菜基地登记备案管理细则》和《输日冷冻菠菜农残控制体系运行规范》等。在蔬菜出口企业和生产基地推广15.5公顷，亩防治成本平均下降10%～20%，每批次检测费平均降低50%以上。经专家鉴定达到国际先进水平。

出口禽肉产品关键技术研究与应用。该项目主要对家禽养殖体系、农兽药残留监控体系、禽流感和新城疫等微生物监控体系、生产加工过程安全卫生体系等进行系统研究。提出一系列控制农兽药残留、禽病以及微生物等控制技术与措施；建立健全产品安全卫生自控体系；建立禽病防治、监测体系，制定快速检测方法等，为调整和改变养殖模式，规范兽药生产、经营和使用管理等提供技术支撑。出版《出口禽肉产品实用技术》，经各大型养禽场、禽产品加工企业及出入境检验检疫部门等使用，有效保证出口禽肉产品的安全卫生质量，提高企业的生产效益。经专家鉴定达到国际先进水平，申请专利1项。出口蔬菜、禽肉产品病虫及农残控制技术研究获2005年山东省科技进步二等奖。

五十、机票纸的研制开发

完成单位：济南银星纸业有限公司、山东轻工业学院。该研究采用高粘浆抄纸的工艺，使纤维充分分丝帚化，同时对微细纤维表面进行络合预处理，增加纤维挺度，控制纸页伸缩率，降低变形。其主要创新点在于：采用造纸技术与精细化工技术相结合，应用最先进的纳米氟化材料(FC)和先进的膜涂技术工艺，通过对纸页两面轻施不同的胶料，使纸页正面和反面分别满足不同的使用要求，正面具有完全抗油脂吸收、渗透的功能；反面具有对印刷油墨很好的亲和力和吸收能力。该机票纸的研发可以满足国内市场的需求，降低机票及航运票据的印制成本，提高特种印刷行业在国际上的竞争力。经专家鉴定，该项技术达到国内领先水平，获2005年山东省科技进步二等奖。

五十一、铬–铝–钛多金属鞣剂的研究

完成单位：山东轻工业学院、济南裕兴化工厂。该研究基于配合物鞣革理论，设计铬、铝、钛多核异核配合物分子结构，以$Cr_2(SO_4)3$、$Ti(SO_4)2$、$A1_2(SO_4)3$为主要原料，通过多齿配体的桥联配聚，克服钛离子易水解

沉淀的技术瓶颈，合成含有Cr^{3+}、Al^{3+}、Ti^{4+}的多核异核配合物，研制成功铬－铝－钛多金属鞣剂；并且考虑到常规羧酸配体引起的“败色”问题。设计合成的具有一定助染功能的新型桥联配体；开发的铬－铝－钛多金属鞣剂减少铬用量近60%，铬的吸收率为89.6%，废水中的铬含量只有常规铬鞣废水的1/6。与现行产品相比，具有鞣性强，填充性好，鞣制的皮革丰满、挺括，力学性能好，收缩温度超过100℃，环保性好，适合生产浅色革；稳定性好，使用方便，有效解决了钛鞣剂(含钛鞣剂)稳定性差易于沉淀的问题，使用工艺与常规鞣剂基本相同，对设备无特别要求，便于推广。经专家鉴定，产品填补国内空白，性能达国际先进水平，获2005年山东省科技进步二等奖。

五十二、盐酸布替萘芬及其制剂的研究与开发

完成单位：山东博士伦福瑞达制药有限公司。该项目属于化学药物领域，为国家西药二类新药，包括盐酸布替萘芬原料及其乳膏剂、凝胶剂、溶液剂。该项目的创新点为：独创性地使用相转移催化剂，提高了收率，缩短了反应时间；首次以水作为反应溶剂，避免使用二类有机溶剂，利于环保，降低成本；独家研制盐酸布替萘芬凝胶，该剂型填补国内外空白；创意性地在制剂中添加透明质酸钠，有利于受损皮肤的修复愈合，涂展舒适度有明显改观；成功解决乳膏的稳定性问题，保证了疗效。盐酸布替萘芬乳膏于2003年6月由山东博士伦福瑞达制药有限公司生产上市，2005年获山东省科技进步一等奖，2006年获国家科技进步二等奖。

五十三、企业应用集成套件InforEAI

完成单位：山东中创软件工程股份有限公司。该项目是国家“863”计划，在大型中间件平台集成构造技术、核心机制、应用框架、关键应用上取得一系列重大突破。InforEAI套件遵循最新CORBA标准，并支持COSS服务规范的底层通讯平台、EJB容器、数据集成平台、应用集成平台、业务流程集成平台和可视化集成器构成，是自主研制的企业级应用的中间件套件，能支持企业分布式应用系统建模、编排、部署、运行的全生命周期管理；实现遵循国际标准EDOC和EAI的基于发布/订阅架构的消息代理总线和构件协同引擎，以及应用系统之间的解耦、异步通信和QOS质量保证等机制，并通过各类技术适配器和应用适配器支持CORBA应用、J2EE应用之间以及与其他中间件平台产品的互操作；与国内100余家软件企业合作建立产品联盟，基于InforEAI形成电子政务数据交换平台、国税应用整合平台、交通信息基础架构、作战基础数据综合集成平台等20多个领域应用框架。实现销售收入4500万元，利税1400万元。该研究解决了信息资源综合集成问题，提升了我国信息化建设的整体水平，对于完善我国的基础软件体系，保障国家信息安全具有重大意义。

五十四、精密跟踪太阳能聚光太阳能发电系统

完成单位：山东华森太阳能产业有限公司。该发电系统由聚光光伏组件和精确跟踪机构组成。聚光光伏组件采用菲涅尔透镜将太阳光聚焦，光伏电池用量是平板光伏组件的1/25～1/40，可大幅度降低成本，提高发电效率。精确跟踪机构采用具有自主知识产权的关键技术：光源跟踪探测技术，探测精度高、抗干扰能力强、探测范围大、跟踪精度0.05度；太阳跟踪控制技术，可精确跟随太阳，自动误差校正，还具有夜间返回、阴云天停转、日出启动、强风仰俯等自动控制功能；精密机械传动技术，可跟踪太阳非线性运动，单台跟踪系统驱动功率仅2瓦～5瓦，机械双轴跟踪系统实现“零”间隙涡轮蜗杆传动。该系统可广泛应

用于航天、通信、军事、交通、城市建设、民用设施等领域，有利于推进中国太阳能利用的产业化进程。

五十五、PLS4—3200—4500—2500全自动快速柔性冲压生产线

完成单位：济南二机床集团有限公司。PLS4-3200-4500-2500全自动快速柔性冲压生产线是我国第一条具有全部自主知识产权的生产线。该生产线具有多工位压力机的高生产率和串联式压力机灵活性的特点，是多项新技术的集成创新，是具有革新意义的冲压生产线，项目的技术指标和整体功能及性能均达世界领先水平。该项目的主要创新点：整线支持Linear快速横杆送料技术，可实现每分钟12个大型冲压件的高生产率(约是过去的1.5倍)；压机多点卸荷及其控制技术，可保护高档汽车模具和滑快精度；压力机八连杆设计、制造技术；全自动换模技术，可提高换模效率10倍以上。该项目的开发成功不仅满足国内外高档汽车制造用户对大型拉伸件高质量、高档次、高自动化的要求，而且提升中国锻压行业在国际市场的知名度，拓展国际市场。泰国SUMMIT、上海汽车、通用五菱、沈阳金客(宝马) 等用户相继新定冲压生产线7条，每年可实现产值约4亿元～5亿元。

五十六、新型智能豆浆机

完成单位：九阳股份有限公司。豆浆机存在工作周期长、噪音高、容量范围小、清洗困难、能耗高等问题，制约小家电行业的发展。为解决上述问题，九阳股份有限公司结合15年豆浆机行业经验，自主研发并取得新型智能豆浆机科技成果，使豆浆机产品迅速得到推广应用。该项目采用扰流曲面体粉碎、浮动式电机安装技术和双级密封结构，提高了机器控制系统的灵活性；通过隐藏式温度传感器技术感控测温，大幅提高机器工作效率及工作质量，有效节约能源。产品结构新颖，造型独特，清洗简便，无清洗死角；噪音可以较现有技术降低5分贝～10分贝；多功能智能化，不仅可以用于制作纯豆浆、五谷豆浆、果蔬豆浆、米糊等传统豆浆，还可用于各类食品加工、制作果汁冷饮、全自动清洗等；具有操作简单、无需装拆网罩、一机多用、快捷便利、节能环保等特点。该产品获10项专利，其中发明专利2项。豆浆机新型智能技术应用后将提高该产品在国际国内市场的竞争力。

五十七、浪潮加固笔记本电脑

完成单位：山东超越数控电子有限公司。浪潮加固笔记本电脑是一款高性能、高适用性、高可靠性、高安全的产品。关键技术及创新点：采用浪潮自主设计的主板，该主板功耗低，集成度高，选用工业级器件，确保机器核心部件的可靠性；进行防水设计，要求机器能够在水下1米长时间工作；整机采用低温等加固技术，符合国军标GJB322A-1998军用计算机通用规范的严格要求，达到宽温工作，温度范围-25℃～55℃，抗振动、抗冲击、防盐雾、防霉菌等恶劣环境的要求；整机进行电磁兼容和防信息泄漏设计，在印制板、接地与搭接、屏蔽、滤波等方面进行严格设计，技术指标符合GJB151A－97陆军地面要求、国家公共安全和保密标准GGBB1－1999 B级要求。该产品设计合理，技术先进，性能可靠，采用自主知识产权的电路板，具有抗震、抗跌落、防水、防电磁干扰等优点，适合在野外、车载、船载、机载等恶劣环境下使用，可广泛应用于交通、能源、石油、建筑、测绘、地质、公安、军事等领域，有广阔的市场应用前景。该产品在国内市场尤其是在工业控制以及特殊行业领域占有率高，得到广大用户的认可。2009年浪潮加固笔记本电脑销售3000余台，实现销售收入7500万元，经济效益显著。

五十八、热电厂厂级监控信息系统SIS项目

完成单位：济南大陆机电股份有限公司。该项目是面向热电厂厂级实时监控数据集成应用平台，并在此基础上开发出了故障诊断、热效率计算、运行指标分析等一系列功能软件，主要用于热电厂生产过程数据的自动采集、统一存储和集成实时监控，进行故障诊断、热效率计算、运行指标分析等，系统实现了生产历史数据采集集中存储，建立网络安全体系，通过SIS系统向管理信息系统镜像服务器传递数据；开发应用组态发布、优化运行、优化控制、故障诊断、状态维修、性能分析计算、经济性核算、寿命损耗分析、安全分析等应用模块，实现数据共享。该项目的关键技术及创新点在于模块化结构；丰富灵活的数据采集接口；WEB解决方案；二次开发支持。已获得计算机软件著作权登记证书。

该系统在琅沟热电有限公司、琦泉热电有限公司、鲁邦大河等现场已经应用，效果良好，具备广阔的推广应用前景。已实现销售收入2980万元，新增利税481万元。该项目不但能有效提升发电生产的安全性和经济性，还是对热电厂过程控制层的自动化系统整合，与运营决策支持层联通，可以提高电厂的运行效率，对生产管理起到指导作用，提高电厂的数字化水平，是电厂信息化建设的重要组成部分，同时对电厂的数字化建设起到重要的推动作用。

五十九、高炉热风炉蓄热体高辐射覆层技术

完成单位：山东慧敏科技开发有限公司。该项目通过对高辐射材料特性和高炉热风炉蓄热材料传热机理的研究，开发出高炉热风炉蓄热体—格子砖高辐射覆层技术。在无运行成本的条件下，提高传热两介质间的温度梯度和传热量，提高热风炉吞吐热量的能力，提高热风温度，从而提高传热效率和传热速度，减少热损失，节省能源。经实验室试验和工业应用结果证实：表面涂覆高辐射覆层后的格子砖在升温过程中的吸热速度和降温过程中的降温速度加快，蓄热量增加；送风温度提高，送风时间延长，送风平稳。同时，格子砖的体积密度、耐压强度、抗折强度、荷重软化温度提高，气孔率、高温蠕变量减小，使用寿命大大提高。该项目技术作为原创性技术，是炼铁节能技术的一项突破，是集冶金、材料、化工为一体的交叉学科的技术创新，达到了国际领先水平。已获国家发明专利2项、实用新型专利1项，申请美、德、俄、日、韩、印6个国家的专利。并获得2007年山东省节能奖、山东省优秀节能节水新技术新产品、山东省专利二等奖。该项目技术已在济钢、莱钢、邯钢、石横特钢、长治钢厂、通化钢厂等企业的59座热风炉上应用，提高热风炉温度20℃以上，降低煤气消耗7%以上。根据钢铁协会有关资料显示，每年可节约焦炭6.49万吨，增加喷煤量12万吨，增产生铁12万吨，直接经济效益1.7亿元。可在高炉热风炉中大力推广，投资回收期为3～6个月。

六十、XKV2735×40数控五轴联动龙门移动式镗铣床

完成单位：济南二机床集团有限公司。在种类繁多的数控机床中，五轴联动机床是技术含量最高，制造难度最大的一种，国际上也把五轴联动数控技术作为衡量一个国家生产设备自动化水平的标志。该项目作为山东省技术创新计划项目，与首都航天机械公司联合设计开发。其结构特点：采用固定式床身及工作台，龙门框架沿左、右床身导轨水平纵向移动(X轴)；铣头滑枕可随溜板沿横梁导轨水平横向移动(Y轴)，也可沿溜板导轨垂直升降(Z轴)；并且五轴联动式镗铣头的加工头可在水平面内转动(绕Z轴旋转的C轴)，也可在垂直面内摆动(当C轴处于零点时，绕X轴旋转的A轴)。上述五

轴在数控系统控制下实现联动。具有镗削、铣削、钻孔、攻丝等功能，可实现一次装夹、五面加工，一机多用，满足超大型零件高精度、高效率的加工要求，大幅度提高劳动效率。该项目整机达到同类产品国际先进水平，可广泛应用在航空、航天、造船、模具、发电和水泵等行业。同时，产品可以替代进口，满足国内需求，并与国外产品抗衡，扩大我国机电产品在国际市场所占的份额。产品年产10台规模，年销售收入7000万元。

六十一、无公害蔬菜标准化生产及检测相关技术研究

完成单位：济南市农业局。无公害蔬菜生产成为热点和难点，国内还缺乏栽培模式等研究，该项目通过组装配套、总结制定标准、示范推广，结合检测研究，建立检测网络。主要技术内容：引进并选育出6个番茄和2个黄瓜新品种；对杀虫灯改良，扩大应用，提高效果。研究防虫网覆盖栽培技术，并与黄板结合诱杀莴苣等蔬菜害虫，并研究确定黄瓜黑星病等物理、生物防治方法；进行秸秆生物反应堆、测土配方施肥等技术研究推广；研究筛选出适宜济南市气候特点的简易大棚、大拱棚和小拱棚多茬口立体高产栽培模式；制定并颁布实施10个地方标准；探索出酶抑制法快速筛选检测技术，建立11个监测点。该项目主要创新点是在杀虫灯改良与应用，防虫网与黄板结合应用，酶抑制剂快速筛选检测技术改进等方面，达到国内同类研究的先进水平。已建立示范133.33公顷，推广8000公顷，效益分别提高15%和10%，并达到无公害标准，45个产品通过无公害或绿色食品认证，已获经济效益2.49亿元。

六十二、船体结构钢板A—FH级系列产品的开发与认证

完成单位：济钢集团有限公司。该项目采用转炉－精炼－真空处理－控轧控冷(TMCP)工艺，在国内首次采用270毫米的板坯，成功生产出要求-60℃低温(时效变形)冲击、厚度为60毫米的高强度船用钢板，同时满足中、美、德、英等九国船级社要求，成为中国船用钢板品种最多、规格最齐全，认证船级社最多、适应市场能力最强的钢铁企业之一。该项目研究过程中，形成特有的连铸轻压下及二冷动态配水集成技术，掌握轧制过程粗轧、精轧各道次压下量(率)与钢板厚度方向组织、性能均质化技术，并对低温韧性及低温时效韧性的影响机理进行研究，总结出的经验公式在实践中得到验证。采用上述关键技术生产的60毫米厚FH40高强度船板，厚度中心部位的低温-60℃冲击吸收功为300焦耳以上，经过时效变形后-60℃的冲击吸收功为200焦耳以上。该技术产品达到国内领先水平。

六十三、高功率808纳米非对称无铝应变量子阱激光器

完成单位：山东华光光电子有限公司。该项目属于半导体光电子技术领域。半导体激光器是利用电子在各能带之间的跃迁，通过受激辐射光放大产生光的一种器件，它具有效率高、体积小、重量轻、结构简单、能将电能直接转换为激光能、功率转换效率高(已达10%以上、最大可达50%)等优点。808纳米的大功率半导体激光器是应用最广泛的器件之一，市场潜力巨大。该项目为“863”计划子课题，主要技术指标有波长：808纳米±3纳米；阈值电流：<700毫安；工作电流：<6安(5瓦时)；工作电压：5瓦；通过技术研发，最终形成拥有自主知识产权的科研成果，并规模化生产。在研究过程中，采用自主设计的非对称限制结构等多项创新技术，研制出5瓦大功率808纳米激光器，有效地提高激光器的转换效率，提高最大输出功率。通过改进器件的制作功率，提高器件制作的合格率和可靠性。解决的技术问题有：无铝应变量子阱的应用，提高激光器的参数性

能；非对称结构的采用，降低内吸收，提高激光器的参数性能；腔面膜的优化，改用Al_2O_3体系，提高抗损伤阈值、一致性和可靠性；非吸收窗口区的应用，提高COD值；镀膜光纤的使用，减少光学整形中的能量损耗和光谱变形，提高器件的性能和可靠性，降低成本，产品的利润率为470%。该项目产品已经实现批量生产，用于激光显示、医疗及红外照明等领域，打破美、日、欧长期垄断的局面，为国家节约大量的外汇资金，为光电子产业做出积极贡献。

六十四、车架纵梁柔性制造成套生产线的研制

完成单位：济南铸造锻压机械研究所有限公司。该项目属于先进制造技术领域。针对汽车纵梁材料的抗拉强度高(510兆帕～800兆帕)、回弹波动大的特点以及先进工艺的要求，重点研究与开发车架纵梁成形工艺的优化技术、模具柔性设计和抗磨损结构设计技术、车架纵梁柔性冲孔的自动编程技术、成形过程物料输送的系统规划与设计技术、车架纵梁4主机数控三面冲设计技术、U型纵梁液压切断技术、生产线运行的成套自动化技术等。该成套生产线与传统工艺流程相比，具有较高的生产柔性，并在节材、高精度、高可靠性、高生产率和环保等方面具有更大的优势。项目技术成果集成创新度高，拥有完全自主知识产权。已申请国家专利16项(其中发明专利5项)，已获实用新型专利授权9项，并申报企业产品标准获批2项。至2009年年底，已为国内重型汽车制造业东风汽车、济南重汽等骨干厂家提供30余条车架纵梁柔性制造成套生产线的子生产线，并已出口到缅甸等国家，在国内外同行业竞争中处于有利地位。实现新增产值1.75亿元，新增利税1827万元，创收外汇105万美元，增收节支2210万元，并保证500余亿元的重型卡车销售市场，产品可以替代进口，经济、社会和环境效益十分显著。

六十五、济南奥体中心弦支穹顶结构和复杂相贯节点的实验应用与创新

完成单位：济南市城市建设投资有限公司等。济南奥体中心体育馆、体育场为第十一届全运会的主要场馆，是继北京2008年奥运会体育场馆之后国内已建成的最大体育建筑群，也是山东省重点工程。项目主要技术创新点：首次采用肋环型弦支穹顶和构造钢拉杆；首次系统提出大型体育场馆上下部结构整体分析的计算理论和方法，首次实现大型体育场上下部整体结构振动台试验研究；首次系统提出考虑基础有限约束刚度、混凝土收缩徐变效应、模拟施工使用全过程的超长结构温度应力的计算理论与方法，掌握合理设置混凝土后浇带、低温合拢等关键施工技术。该项目建成世界上最大跨度122米体育馆新型肋环型弦支穹顶结构及悬挑53米、长度330米体育场无缝结构，保证第十一届全运会的成功举办。并成功推广应用于杭州、太原、南昌等十余个大型体育场馆。主要研究成果被国标《建筑抗震设计规范(2009年报批稿)》采用，发表相关学术论文19篇。同时体育馆主体结构用钢量1000吨，为国内大跨度空间结构用钢量最低水平。体育场主体结构用钢量6500吨，为国内同规模体育场用钢量的1/2左右(南京奥体中心体育场主体结构用钢量1.5万吨，沈阳奥体中心体育场主体结构用钢量1.3万吨)，节约了资源。

第四篇　机构与队伍

第一章　机　构

第一节　管理机构

1985年2月，济南市科学技术委员会内设办公室、综合计划科、工业科、农医科、科技成果科、调研科、科技干部科、科技志办公室共8个。1987年2月，将科室改为处室，内设办公室、工业处、综合计划处、农医处、科技管理处、科技干部处、人事处；同年7月，科技干部处整建制移交市人事局；1988年5月，人事处更名为人事教育处；1989年5月设立技术市场处。

1996年11月，市科学技术委员会内设办公室、组织人事处、法规处(加挂科技管理处牌子)、综合计划处(加挂条件财务处牌子)、工业科技处(加挂高新技术处牌子)、农村科技处(加挂星火办公室牌子)、科技成果处、国际合作处、技术市场管理处、社会发展科技处共10个。

2001年9月，济南市科学技术委员会更名为济南市科学技术局，内设机构调整为办公室、组织人事处、政策法规处、发展计划处、条件财务处、国际科技合作处、高新技术处、农村与社会科技处、科技成果处(加挂技术市场管理处牌子，2002年6月取消技术市场管理处牌子)共9个。

2004年12月，市科技局内设办公室、政策法规处、发展计划处(加挂基础研究处牌子)、条件财务处、国际科技合作处、组织人事处、高新技术处、农村与社会科技处、科技成果处共9个。

2006年10月，济南市科学技术局加挂济南市创新型城市推进委员会办公室牌子，增设创新协调督导处。

2010年4月，市科技局内设办公室、政策法规处、组织人事处、发展规划处(加挂基础研究处牌子)、条件财务处、科技合作处、高新技术发展及产业化处、农村科技处(加挂社会发展科技处牌子)、科技成果处、创新协调督导处共10个。

第二节　科研设计机构

1986年年初，济南市有独立科研设计机构112个，其中部属9个、省属64个、市属33个、民办科研机构6个。至2010年年底，全市共有科研机构170个，其中独立科研机构118个、民办科研机构52个。

2010年济南市科研机构一览表

表13—4—1

序号	科研机构	序号	科研机构
1	山东省冶金科学研究院	36	山东省交通科学研究所
2	山东省装饰设计研究所	37	山东省分析测试中心
3	山东省酿酒葡萄科学研究所	38	山东省科学院能源研究所
4	山东省丝绸研究所	39	山东省科学院自动化研究所
5	山东省食品发酵工业研究设计院	40	山东省计算中心
6	山东省气象科学研究所	41	山东省科学院新材料研究所
7	山东省建筑材料工业设计研究院	42	山东省科技发展战略研究所
8	山东省粮油科学研究所	43	山东省科学院生物研究所
9	山东省医药工业研究所	44	山东省科学院中日友好生物技术研究中心
10	山东省医疗器械研究所	45	山东省内燃机研究所
11	山东省农药研究所	46	山东省五金研究所
12	山东省林业科学研究院	47	山东省遥感技术应用中心
13	山东省计划生育科学技术研究所	48	山东省建筑科学研究院
14	山东省塑料研究开发中心	49	济南铸造锻压机械研究所
15	山东省审计科学研究所	50	山东省化工研究院
16	山东省农业机械科学研究所	51	山东省机械设计研究院
17	山东省医学影像学研究所	52	山东省文物考古研究所
18	山东省计量科学研究院	53	山东广播电视科学研究所
19	山东省教育科学研究所	54	山东省特种设备检验研究院
20	山东省工艺美术研究所	55	兖矿集团有限公司山东煤炭技术研究所
21	山东省地质科学实验研究院	56	山东省造纸工业研究设计院
22	山东省水利科学研究院	57	山东省建筑设计研究院
23	山东省淡水水产研究所	58	山东省地方病防治研究所
24	山东省中医药研究院	59	山东省生物药物研究院
25	中华全国供销合作总社济南果品研究院	60	山东省皮革工业研究所
26	山东省广播电视局新闻研究所	61	山东省产品质量监督检验研究院
27	山东省医学科学院基础医学研究所	62	山东省社会科学院
28	山东省职业卫生与职业病防治研究院	63	山东省农业科学院中心实验室
29	山东省皮肤病性病防治研究所	64	山东省农业科学院作物研究所
30	山东省医学科学院放射医学研究所	65	山东省农业可持续发展研究所
31	山东省肿瘤防治研究院	66	山东省农业科学院玉米研究所
32	山东省医学科学院药物研究所	67	山东省农业科学院植物保护研究所
33	山东省医药生物技术研究中心	68	山东省农业科学院蔬菜研究所
34	山东省内分泌与代谢病研究所	69	山东省农业科学院家禽研究所
35	山东省电子产品监督检验所	70	山东省农业科学院农业资源与环境研究所

续表13—4—1

序号	科研机构	序号	科研机构
71	山东省农业科学院农产品研究所	95	济南市勘察测绘研究院
72	山东棉花研究中心	96	济南市锅炉压力容器检验研究所
73	山东省农业科学院高新技术研究中心	97	济南市园林规划设计研究院
74	山东省农业科学院畜牧兽医研究所	98	济南市规划设计研究院
75	济南食品科学研究所	99	济南市卫生科技交流服务中心
76	济南市水利建筑勘测设计研究院	100	山东省建设发展研究院
77	济南市造纸科学研究所	101	山东省商业经济研究所
78	济南市化工研究所	102	山东省环境保护科学研究设计院
79	济南社会科学院	103	山东省家具研究所
80	济南市市政工程设计研究院有限责任公司	104	山东省城乡规划设计研究院
81	济南市建筑材料设计研究院	105	山东省艺术研究所
82	济南市电子技术研究所	106	山东省作家协会文学研究所
83	济南市机械研究所	107	山东省实验动物中心
84	济南市农业机械研究所	108	山东省平阴县水利钻探研究所
85	山东同圆设计集团有限公司	109	山东省平阴县科学技术情报研究所
86	济南市轻工研究所	110	山东省平阴玫瑰研究所
87	济南市冶金科学研究所	111	济南市长清区环保科研所
88	济南市纺织科学研究院	112	山东省图书馆
89	济南市园林科学研究所	113	山东省医药卫生科技信息研究所
90	济南市半导体元件实验所	114	山东省科学院情报研究所
91	济南市淡水养殖科学研究所	115	山东省科学技术情报研究所
92	济南市房产测绘研究院	116	山东省农业科学院科技信息工程技术研究中心
93	济南市环境保护科学研究所	117	济南市科学技术信息研究所
94	济南市环境卫生科学研究所	118	山东省标准化研究院

2010年济南市民办科研机构一览表

表13—4—2

序号	单位名称	法人代表	经营场所
1	济南市临床医学研究院	王天锡	济南市天桥区北关北路6号
2	济南儿童脑病研究所	张均虎	济南市文化西路125号
3	济南市卓越外国语科研中心	黄建军	济南市佛山街25号
4	济南博爱食管癌研究所	秦旭东	济南市山大路57号
5	济南海博生物技术研究所	王美岭	济南市花园路170号
6	济南仲森中医药研究所	郑森堂	济南市槐荫区刘家场东区1号楼六单元601室
7	济南市塑胶科技研发中心	王建群	济南市百花小区8号楼2单元203室
8	济南星火记忆研究所	马德高	济南市历山路148号

续表13-4-2-1

序号	单位名称	法人代表	经营场所
9	济南清华医学研究院	陈建新	济南市英雄山路10号
10	济南市康博口腔研究所	王贵江	济南市经七小纬六路183号
11	济南华佗中医药研究所	刘步刚	济南市二七南路16号
12	济南市华侨中医中药研究所	潘蕴萱	济南市玉函路55号
13	济南金色未来亲子教育研究中心	蔡　舒	济南市历山路146号
14	济南亚太中医药研究所	王乃珍	济南市南北历山街2号
15	济南天惠中医药研究中心	张荷生	济南市历城仲宫宏福路西头路北
16	济南藕联数控技术研究所	孙胜远	济南市中区盛唐巷11号西单元401室
17	济南创意学习型组织研究所	孙润旺	济南市舜耕路22号
18	山东济南天康中医药研究所	丛　蕾	济南市水泥厂路13号
19	济南大陆机电研究所	荆书典	济南市齐鲁软件大厦
20	济南市东方不孕不育研究所	孙明照	济南市历城区七里堡东路84号
21	济南齐鲁康复医学研究院	赵先锋	济南市经二路250号
22	济南民生中医药研究中心	于溢峰	济南市天桥区泺安路36号
23	山东济南现代医学研究院	张均虎	济南市历下区闵子骞路29号
24	济南千方医药研究所	高连刚	济南市市中区十六里河街道万寿路3号
25	济南润泽堂抗癌研究所	张吉祥	济南市槐荫区腊山北路2号
26	济南市华子中医药针灸研究所	袁　峻	济南市兴济河小区4区间号楼401室
27	济南中山医学科学研究院	张　雪	济南市历下区燕子山路10-1号
28	济南鹤源内病外治中医药研究所	黄庆波	济南市经三纬十一路206号
29	济南当代科技发展中心	王　勇	济南市历下区千佛山东路8号
30	山东济南辰星儿童心智研发中心	佟巧兰	济南市历城区花园路80-1号
31	济南鲁禾药材科技应用研究所	杨和平	济南市历下区历园新村13号楼2-202室
32	济南市健康医学研究院	于爱菊	济南市马鞍山路56-7号
33	济南华药中医药研究所	顾　煜	济南市历城区王舍人镇王舍人村
34	济南市博莱生物技术研究所	马凤英	济南市经四路恒昌大厦1604室
35	济南市洪楼中医药研究所	张小谊	济南市历城区洪楼西路23号
36	济南三锑英语研究所	成子强	济南市解放东路66-1号
37	济南蜂之韵蜂疗保健科学研究所	周爱民	济南市历下区环山路55号6号楼2-102室
38	济南市本草求实中医药研究所	谢庆阳	济南市历下区花园路260号
39	济南虹桥中医药研究院	张荣广	济南市黑虎泉北路9号
40	济南市长征疑难病研究院	李秋豹	济南市历下区山大路11号
41	济南市林甘兽医疫病研究所	李　杰	济南市桑园路50号
42	济南雁领农牧业生物技术研究所	孙燕珍	济南市历下区新宇路746号
43	济南北方医学研究院	徐　林	济南市历下区和平路36号
44	济南华特生大米草多糖研发中心	杨秀英	济南市花园路40号
45	济南市中辰医药研究所	王景辉	济南市华龙路创业大厦607室

续表13-4-2-2

序号	单位名称	法人代表	经营场所
46	济南科达粉体研究所	山晓茸	济南市和平路新村2号
47	济南友谊医学研究院	苏国辉	济南市市中区英雄山路
48	济南北方农艺科学研究所	徐苑芳	济南市长清区潘村管理区
49	济南逢春抗癌药物研究所	周逢春	济南市槐荫区段店镇朱庄251号
50	济南市市中药物研究所	刘芳岩	济南市市中区土屋路10号
51	济南环保陶瓷除尘技术研究所	于彦奎	济南市济微路92东1号
52	济南市地震工程研究院	刘华书	济南市市中区经七路纬四路聚贤街2号

第三节 科技服务机构

一、山东省科技情报研究所

山东省科技情报研究所是以科技信息资源建设与开发、计算机网络建设与服务、科技查新与科技信息研究咨询为主的社会公益性科学研究机构，创建于1959年，是科技部认定的全省唯一的国家一级科技查新咨询单位，是全省综合性科学技术情报(信息)中心，为省属“一类科研院所”，隶属于山东省科学技术厅，为全民科研事业单位。全所设有信息中心、教育与培训中心、研究咨询与评估中心、网络电视中心、认证咨询中心和印刷厂等部门。“八五”期后，全所共取得重大科技成果60余项，其中获省部级以上奖励20余项。研究所承担着全省十大信息网络之一的山东省科技网的建设、开发和管理工作。该网络具有科技政务、科技信息服务、分布式联机实时检索和信息资源共建共享等功能，覆盖全省17个市和50%的县、区；实现与国外Dialog、STN等知名数据库服务系统联机，以本网为依托，可向社会提供科技查新、决策研究、企业咨询和市场调研等多项信息咨询服务。地址：历下区舜华路607号。

二、济南市科学技术信息研究所

济南市科学技术信息研究所，始建于1960年，原名济南市科学技术情报研究所，1993年改为此名。隶属于济南市科学技术局，是济南市属唯一社会公益性综合信息研究机构，编制60人，其中高级职称24人；内设办公室、财务室、科技监测研究室、信息开发研究室、决策研究室、信息检索室、科技宣传中心、科技培训中心。该所科技人员知识结构合理，科技人员总量和文献资料的拥有量均居全省各市同行业前列。主要从事科技文献收藏与服务、数据库建设、信息分析研究、科技信息服务网络基础设施建设、国际国内中西文联机检索、科技培训、科技宣传，配备先进的图文及声像处理设备，为济南市的科技信息业服务。地址：市中区文化西路82号。

三、济南科技风险投资有限公司

济南科技风险投资有限公司成立于2001年4月，注册资本1.26亿元，是由济南市政府出资创办的创业投资机构。公司以国家政策为导向，坚持市场化运作机制，多渠道融资，促进科技成果转化和高新技术产业化；以人为本，制度为先，规范化运作；稳健发展，股东利益最大化；投资方向是济南市重点发展的高新技术产业及高新技术改造的传统产业。公司与多家高新技术企业签署投资协议，以参股等形式投入资金，同时吸引多家金融机构对科技投资，形成多元化的科技融资支撑体系，实现济南市科技融资的历史性突破，对济南市高新技术产业化的发展起推动作用。地址：高新区舜风路322号。

四、济南技术产权交易所

济南技术产权交易所成立于2001年9月，是经山东省科技厅、济南市政府批准设立的综合性技术产权交易所，主要为企业存量资产、股权转让、登记、过户及高新技术成果、科技企业和成长型企业等提供产权交易和股权转让、融资等项服务。发布技术产权交易信息，组织技术产权交易活动；维护交易秩序，提供交易场所和设施。地址：历城区二环东路2717号。

五、济南市产学研协作管理服务中心(山东济南生产力促进中心)

济南市产学研协作管理服务中心前身为济南市科技开发交流中心，成立于1983年，代表市政府同全国各地进行跨地区、跨行业的技术联合和技术交流，是济南地区技术市场的管理单位；2002年6月，更名为济南市产学研协作管理服务中心，均为全民事业单位；内设办公室、综合科、产学研管理科、基础科研科、成果推广科。中心拟定、组织实施全市产学研、应用基础科学研究计划，协调国家及驻济南高校、科研院所与企业的科技活动；规范管理科技中介服务机构的技术业务工作；指导协调重点实验室、科研实验区、中试基地和产业化基地工作；协助管理国家在济南设立的科研中心、工程中心的技术业务工作；协助管理国家科技型中小企业创新基金、“973”计划的申报、管理服务工作。

山东济南生产力促进中心成立于1999年9月，为自收自支县级事业单位，与济南市产学研协作管理服务中心合署办公；内设办公室、经济技术合作部、技术开发部。2000年5月，济南生产力促进中心更名为山东济南生产力促进中心。2003年9月，通过北京联合智业认证公司主持的ISO 9001质量管理体系认证。地址：高新区舜华路747号。

六、山东亚太生产力促进中心

山东亚太生产力促进中心创建于1994年，归属市中区；内设办公室、信息开发部、咨询诊断部、培训部、中试部和国际合作部，是国家科委首批认定的国家级示范中心。主要工作领域是信息服务、计算机网络工程、软件开发、科技成果交流与转化、企业孵化、企业咨询诊断、CAD/CAM系统和工业设计等共性技术的促进推广、培训业务等。地址：槐荫区腊山路18－69号。

七、济南高新技术创业服务中心

济南高新技术创业服务中心创立于1992年10月，位于济南高新区科技城内，是科技部首批认定的国家级科技企业孵化器。1998年，被科技部认定为国家级高新技术创业服务中心。2000年，被科技部、人事部、教育部、国务院外国专家局联合批准为全国首批国家留学人员创业园示范建设试点，是建立在创业服务中心各项综合孵化功能基础之上，鼓励和扶持高层次的海外留学人员回国兴办高科技企业的专门性创业园区。2002年，被人事部确定为与济南市政府共建的留学人员创业园。2003年4月，被科技部确定为首批创新基金小额资助依托机构；5月，通过ISO 9001国际质量管理体系认证。2005年5月，被科技部认定为创新基金创业项目服务机构，拥有火炬大厦、创新大厦、产学研基地、创业园1号楼、创业园2号楼、创业园3号楼、高层次人才公寓、保税展贸大厦等一批多种形式的孵化基地和配套公共设施，及山东大学创业园、山东省科学院创业园、山东师范大学创业园和鲁能创业园4个联建孵化器。2006年6月，被评为“全国先进科技产业园”；10月，被共青团中央、中国科协、教育部、全国学联联合授予首批“中国大学生创业园”称号。2008年，被省科技厅评为“山东创业服务之星”。经过多年发展，创业服务中心、留学人员创业园孵化基地建筑总面积40万平方米，其中自有孵化面积为12.6万平方米。累计孵化中小科技企业逾千家，转化科技成果2000余项。其中留学人员企业365家，毕业企业490家，15家毕业企业已发展成为产值过亿的高新技术产业骨干。孵化企业累计实现销售收入130亿元、利税15亿元，为社会提供就业岗位2.1万余个。逐步形成技术领先、智力密集、人才聚集、充满活力的高新技术企业群体，促进济南市高新技术产业的发展。地址：高新区舜华路750号。

八、齐鲁软件园

齐鲁软件园成立于1995年，是国内最早成立的软件园区之一，被批准为“国家火炬计划软件产业基地”“国家软件产业基地”“国家软件出口创新基地”，是“中国服务外包基地城市”示范区，有入园企业520余家。软件园是高新区设立的专业服务机构，在园区基本服务的基础上，提出建设产业推进环境的思路，建设人才保障、技术支撑、资金聚合、企业协作四大平台，建立电力行业软件企业联盟、交通行业软件企业联盟、国际合作联盟、数字信号处理技术联盟、软件工程师俱乐部五大联盟，园区提出的“集群式创新”模式被中央电视台新闻联播报道，并被科技部火炬中心作为2007年重点工作在全国推广。软件园发挥招商引资作用，组织建设全国最大的软件专业孵化器，策划“智慧产业小区”“科汇产业小区”并全部引进企业实施，策划“智慧大厦”“科汇大厦”“怡科产业基地”等企业联建项目。地址：高新区新泺大街1766号。

九、大学科技园

大学科技园成立于2001年5月，主要面向全国各类大学和科研院所，以促进其科技成果转化为目标，重点扶持大学及科研院所进行高新技术项目的研发、中试及小规模生产。园区占地面积147万平方米，计划投资20亿元，规划建设综合孵化中试基地、大学院所产业园、中心生态带等多个功能区。其中综合孵化中试基地规模建设集科技研发、办公、中试、小规模生产及商务活动于一体的科工贸综合试验基地，成为全国首创智能化花园式的生态科技园区。地址：高新区新宇路东侧。

十、济南市民营科技企业孵化器

济南民营科技企业孵化器成立于2000年，是自收自支的独立事业法人单位，有孵化办公场地1.1万平方米，孵化工业厂房7万平方米，累计入驻企业156家，毕业企业48家，孵化成功率在90%以上。2003年12月，孵化器被科技部认定为“国家高新技术创业服务中心”。2004

齐鲁软件园　　(2010年摄)

济南民营科技产业园孵化器孵化基地　　(2010年摄)

年，孵化器通过ISO 9001:2000国际质量管理体系认证。孵化器有综合管理部和企业服务部两个部门，综合管理部主要负责孵化办公场地的物业和孵化器自身的日常办公、宣传、财务等管理；企业服务部主要为孵化企业提供成长过程中的全过程、全方位服务，主要有工商注册、税务登记、项目申报、培训咨询，人才招聘、企业融资、知识产权服务等。地址：槐荫区二环西路工业园区内。

十一、山东科学院生产力促进中心

山东科学院生产力促进中心成立于2003年，是省科学院科技创新体系的重要组成部分，中心依托省科学院科技和人才资源并整合社会资源，以科技、经济、管理、信息多元化综合性服务为基本功能，构建相应的专业化服务平台，面向中小企业提供综合配套服务，引导、支持、培养中小企业的技术创新活动，进一步发挥山东省科学院“山东省中小企业技术创新中心，科技信息情报支撑、信息化支撑、管理培训、检验检测中心”的重要作用。地址：历下区科院路19号。

十二、济南市专利代理机构

2010年济南市专利代理机构一览表

表13—4—3

代理机构名称	主要负责人	单位地址	备　注
济南诚智商标专利事务所有限公司	王汝银	历下区经十路6号	前身为济南专利事务所(成立于1985年)，2001年改制为济南诚智专利事务所有限公司，2003年更名为济南诚智商标专利事务所有限公司
济南金迪知识产权代理有限公司	宁钦亮	历城区山大南路27号	前身为济南金海诺知识产权代理有限公司，2004年5月21日变更为济南金迪知识产权代理有限公司
济南鲁科专利代理有限公司	崔民海	历下区解放路41号	2002年10月成立
济南泉城专利商标事务所	李桂存	历下区经十路4号	2003年12月成立
济南齐鲁科技专利事务所有限公司(涉外)	宋永丽	历下区经十东路157号	前身为山东专利法律事务所(成立于1993年8月)，2001年12月改制为济南齐鲁科技专利事务所有限公司
济南圣达专利商标事务所	郑华清	历下区经十路73号	2004年12月成立
济南舜源专利事务所有限公司(涉外)	王连君	历下区经十东路157号	2002年1月成立
济南信达专利事务所有限公司	姜　明	历下区经十东路155号	2001年12月成立

第二章　科研队伍

第一节　驻济南两院院士

自两院院士选拔后，济南先后有驻济南两院院士10人。

1986～2010年驻济南两院院士一览表

表13—4—4

姓名	性别	出生年月	籍贯	毕业院校	学历	学位	技术职称	院士类别	工作单位
潘承洞	男	1934年5月	江苏苏州	北京大学	研究生	硕士	教授	中国科学院院士	山东大学(1997年12月27日逝世)
邓从豪	男	1921年10月	江西临川	厦门大学	本科		教授	中国科学院院士	山东大学(1998年1月17日逝世)
蒋民华	男	1935年8月	浙江临海	山东大学	本科		教授	中国科学院院士	山东大学(2011年5月6日逝世)
彭实戈	男	1947年12月	山东滨县	山东大学	研究生	博士	教授	中国科学院院士	山东大学
艾　兴	男	1924年8月	江西东乡	厦门大学	本科	学士	教授	中国工程院院士	山东大学
张　运	男	1952年9月	山东阳谷	挪威奥斯陆大学	研究生	博士	教授	中国工程院院士	山东大学
王文兴	男	1927年11月	江苏萧县	山东大学	研究生	博士	教授	中国工程院院士	山东大学
王克明	男	1939年3月	浙江乐清	山东大学	本科		教授	中国科学院院士	山东大学
钱逸泰	男	1941年1月	江苏无锡	山东大学	本科		教授	中国科学院院士	山东大学
于文虎	男	1941年12月	江苏无锡	清华大学	研究生	博士		中国工程院院士	山东电力集团

第二节　享受国务院特殊津贴专家

1990年，国家颁发《人事部、财政部关于给部分高级知识分子发放特殊津贴的通知》，1991年起开始对做出突出贡献的专家、学者、技术人员进行认定和奖励，每年一次。2002年始，享受国务院特殊津贴人员每两年在全国范围内选拔一次。至2010年年底，济南先后有157人享受国务院特殊津贴。

1991～2010年济南市享受国务院特殊津贴专家一览表

表13—4—5

年 份	姓 名	工作单位	技术职称
1991	卢信义	济南市第二人民医院	主任医师
	赵树立	济南试金集团	高级工程师
	易炜里	济南市科协	高级工程师
	徐行健	济南毛巾总厂	高级工艺美术师
	朱锡泉	济南一机床集团有限公司	高级工程师
	路毓勤	济南二机床集团有限公司	高级工程师
	吴天文	济南市信息产业局	工程技术应用研究员
1992	陈　正	济南金钟衡器公司	高级工程师
	李　军	济南一机床集团有限公司	高级工程师
	刘必颀	济南一机床集团有限公司	高级工程师
	董立山	济南市医学科研所	副主任技师
	吕炳俊	济南市卫生防疫站	主任技师
	张世昌	济南毛巾总厂	高级工艺美术师
	刘　梵	济南第四人民医院	主任医师
	邵　琦	济南市建筑设计院	高级工程师
	程懋薇	济南市建筑设计院	高级工程师
	李传仁	济南市建筑设计院	高级工程师
	高其全	济南一机床集团有限公司	高级工程师
	段守铭	济南第一印染厂	高级工程师
	张一恩	济南二机床集团有限公司	高级工程师
	李克俭	济南第一棉纺厂	高级工程师
	邹明富	山东同缘生物技术公司	副研究员
	李前生	济南市中心医院	主任医师
1993	张宝玮	济南二机床集团有限公司	工程技术应用研究员
	李清岷	济南市建委	高级工程师
	邓美武	济南第一印染厂	高级工程师
	陈茂东	济南民天面粉有限责任公司	高级工程师
	王良驹	济南试金集团	高级工程师
	张维琏	济南橡胶制品厂	工程师
	周广泉	山东省机械施工公司	高级工程师
	王玉沉	济南二机床集团有限公司	高级工程师
	杨超云	济南二机床集团有限公司	高级工程师

续表13-4-5-1

年 份	姓 名	工作单位	技术职称
1993	张淑乔	济南二机床集团有限公司	高级工程师
	顾松石	济南二机床集团有限公司	高级工程师
	陈宗舜	济南二机床集团有限公司	高级工程师
	蔡 屏	济南试金集团	高级工程师
	车学孔	济南市中心医院	主任医师
	孟宪意	济南市中心医院	主任医师
	丁承恩	济南市第一人民医院	院主任医师
	刘 漪	济南市第二人民医院	主任医师
	冯国银	济南市妇幼保健院	主任医师
	王耀宗	济南市传染病医院	主任医师
	宗世沆	济南皮肤病防治院	副主任医师
	叶企增	山东省机械施工公司	高级工程师
	江志彬	山东建筑机械股份有限公司	高级工程师
	陈望其	山东建筑机械股份有限公司	高级工程师
	薛群成	济南市轻工研究所	高级工程师
	张庆荣	山东酒精总厂	高级工程师
	李鸿儒	鲁丰纸业公司	高级工程师
	高肇润	济南宏济堂制药有限公司	高级工程师
	王京娥	山东福胶集团有限公司	副主任药师
	孙永贵	济南伟民公司	高级工程师
	陈 非	济南化肥厂	高级工程师
	杨鹤平	济南三星橡胶有限公司	高级工程师
	袁 诚	济南金属颜料总厂	高级工程师
	王兆伟	济南第一印染厂	高级工程师
	徐立吉	济南塑料一厂	高级工程师
	韩永兰	济南市农业科研所	农业技术推广研究员
	庄水庚	章丘市农业局	高级农艺师
1994	卢庭厚	山东水泥厂	高级工程师
	杨兆仁	章丘市海尔电机厂	高级工程师
	杨日如	章丘市农业局	高级农艺师
1995	刘士兰	济南毛巾总厂	高级工程师
	刘宗印	济南市中心医院	主任医师
	徐苑芳	济南市蔬菜技术推广中心	农业技术推广研究员

续表13－4－5－2

年 份	姓 名	工作单位	技术职称
1995	王　玉	济南市第二人民医院	主任医师
	孙殿明	济南市农业科研所	高级农艺师
	张耀堂	历城仲宫农技站	高级农艺师
	李英辉	平阴水利水产局	高级工程师
	孙功民	中燃科技发展公司	高级工程师
1996	孙宝林	济南市勘察测绘院	工程技术应用研究员
1997	杨福安	山东福胶集团有限公司	副主任中药师
1998	刘延春	济南岩盛冶金氧枪研究所	高级工程师
	华明珍	济南市中医医院	主任中医师
	于锡俊	济南大正实业有限公司	高级经济师
	王建国	济南匹克曼生物工程技术研究所	高级工程师
1999	李荫昌	济南裕兴化工总厂	工程技术应用研究员
	唐一林	济南圣泉有限公司	高级工程师
2000	李柱权	济南市信息产业局	副教授
2002	崔大庸	济南市考古研究所	研究馆员
2004	贾堂宏	济南市中心医院	主任医师
	江秀花	济南二机床集团有限公司	高级工程师
	闫家河	商河县林业局	高级工程师
	谢祥科	济南一机床集团有限公司	工程技术应用研究员
	杨志强	山东积成电子股份有限公司	副教授
2006	陈士俊	济南市传染病医院院长	主任医师
	杜世勇	济南市环境保护科学研究所	研究员
	贾瑞宝	济南市给排水监测站	工程技术应用研究员
	邵　莉	济南市规划设计院	高级工程师
	高玉新	山东省汇丰机械集团总公司	高级工程师
	李明业	济南市一机床集团有限公司	高级工程师
	傅传国	山东建筑大学土木工程学院	教授
	鲁　敏	山东建筑大学人事处	教授
	李天铎	山东轻工业学院科技处	教授
	戴汝泉	山东交通学院	教授
	岳云龙	济南大学科技开发中心	教授
	张惠云	山东中医药大学科技处	教授
	董育斌	山东师范大学化学化工与材料科学学院	教授

续表13—4—5—3

年份	姓名	工作单位	技术职称
2006	马庆雷	山东省交通厅公路局养护处	工程技术应用研究员
	宋明春	山东省地质矿产勘查开发局地矿科技处	工程技术应用研究员
	侯国庆	山东省地质矿产勘查开发局省地质探矿机械厂	高级工程师
	郭学平	山东福瑞达生物化工有限公司	总工程师、研究员
	胡雷钧	浪潮集团有限公司	高级工程师
	王连海	山东省计算机中心	副研究员
	李永俊	中国重汽集团技术部	高级工程师
	刘学书	济南发电设备厂	工程技术应用研究员
	苏桂林	山东省果茶技术指导站	农业技术推广研究员
	李明立	山东省植保总站	农业技术推广研究员
	徐征和	山东省水利科学研究院	高级工程师
	许景伟	山东省林业科学研究院科技与开发管理部	工程技术应用研究员
	段登选	山东省淡水水产研究所	主任研究员
	宋建民	山东省农业科学院小麦室	研究员
	王德昌	山东省立医院	主任医师
	尹常健	山东中医药大学附属医院内科	主任医师
	徐爱强	山东省疾病预防控制中心	主任医师
	张福仁	山东省皮肤病性病防治研究所	研究员
	闫永建	山东省职业卫生与职业病防治研究院	研究员
	孙若鹏	山东大学齐鲁医院儿科	主任医师、教授
2008	严中华	积成电子股份有限公司	工程技术应用研究员
	孙　蓉	济南杏林生物技术有限公司	副研究员
	赵新坤	济南市历丰春夏大白菜研究所	高级园艺师
	周惠敏	山东慧敏科技开发有限公司	工程技术应用研究员
	于治楼	浪潮齐鲁软件产业有限公司	高级工程师
	贾乃波	山东省水利勘测设计院	工程技术应用研究员
	杜贞栋	山东省水利科学研究院	研究员
	韩其华	山东省水利勘测设计院研发中心	研究员
	崔士琦	山东省建筑科学研究院	副总工程师、工程技术应用研究员
	刘爱华	山东省生物药物研究院	主任药师
	赵兰峰	山东省药品检验所	主任药师
	盛根来	山东省地矿工程勘察院	副总工程师、工程技术应用研究员
	王君仁	山东省地质科学实验研究院	高级工程师

续表13—4—5—4

年 份	姓 名	工作单位	技术职称
2008	周　勇	山东省科技发展战略研究所	研究员
	李汝忠	山东省农业科学院棉花研究中心	研究员
	吴爱华	山东省计划生育科学技术研究所遗传室	研究员
	李全太	山东省医学科学院放射医学研究所	研究员
	武乐斌	山东省医学影像研究所	主任医师、教授
	刘家义	山东中医药大学基础医学院	教授
	马万勇	山东轻工业学院化学工程学院	教授
	于明进	山东交通学院汽车工程系	教授
	付希林	山东师范大学数学科学学院	教授
	孙清洲	山东建筑大学材料科学研究所、材料科学与工程学院	教授
	戴　勇	济南二机床集团有限公司	高级技师
	贾广顺	济南钢铁集团总公司	前总技师、高级技师
2010	王　冰	济南市妇幼保健院	主任医师
	王　革	山东元隆生物技术有限公司	工程技术应用研究员
	王泽贤	济南育英中学	高级教师
	孙玉萍	济南市中心医院	主任医师
	李玉霞	济南二机床集团有限公司	高级工程师
	杜　华	济南画院	一级美术师
	邵丽云	山东省实验中学	高级教师
	崔仁涛	济南积成电子股份有限公司	工程技术应用研究员
	黑伟钰	济南舜耕山庄	高级技师
	于晓明	山东省建筑设计研究院	工程技术应用研究员
	于景明	山东泰山出版社有限公司	编审
	马　新	山东大学历史文化学院	教授
	尹龙卫	山东大学材料科学与工程学院	教授
	王玉振	山东大学控制科学与工程学院	教授

第三节　山东省有突出贡献中青年专家

2003年10月10日，省政府办公厅印发《山东省有突出贡献的中青年专家选拔管理暂行办法》，决定每年选拔一批有突出贡献的中青年专家进行表彰奖励。至2010年年底，济南市共有151人入选。

2003～2010年有突出贡献中青年专家一览表

表13—4—6

年度	姓名	工作单位	技术职称
2003	崔大庸	济南市考古研究所	研究馆员
2004	马　磊	山大鲁能信息科技有限公司	工程技术应用研究员
	杨志强	山东积成电子股份有限公司	副教授
	王　革	山东元隆生物技术有限公司	高级工程师
	贾瑞宝	济南市供水集团(调公用事业管理局)	工程技术应用研究员
2005	贾会述	济南二机床集团有限公司	高级工程师
	王　玉	济南市第二人民医院	主任医师
	杜世勇	济南市环境保护科学研究所	工程技术应用研究员
2006	王　良	积成电子股份有限公司电网事业部	研究员
	秦梦华	山东轻工业学院	教授
	马万勇	山东轻工业学院化学工程学院	教授
	毕宪顺	山东工商学院	教授
	孙清洲	山东建筑大学材料学院	教授
	张　鑫	山东建筑大学省重点实验室、工程鉴定加固研究所	教授
	魏　琴	济南大学化学化工学院	教授
	乔明琦	山东中医药大学基础医学院	教授
	曲音波	山东大学生命科学院、微生物技术国家重点实验室	教授
	贾　磊	山东大学控制科学与工程学院	教授
	刘相法	山东大学材料科学与工程学院	教授
	黄传真	山东大学机械工程学院	教授
	田茂诚	山东大学能源与动力工程学院	教授
	徐文方	山东大学药学院	教授
	方　奇	山东大学晶体材料国家重点实验室	教授
	任宝珍	山东省植保总站	研究员
	李丕武	山东省食品发酵工业研究设计院食品发酵室	高级工程师
	房建果	山东省交通厅公路局	工程技术应用研究员
	李　金	浪潮集团有限公司服务器事业部	高级工程师
	王志刚	山东省建筑科学研究院	副总工程师、研究员
	徐军祥	山东省地质矿产勘查开发局	总工程师、教授级高级工程师
	宋印胜	山东省地质矿产勘查开发局第三水文地质工程地质大队、山东省鲁南地质工程勘察院、地质环境研究室	工程技术应用研究员
	贺艳丽	山东省生物药物研究院	研究员
	于学峰	山东省地质科学实验研究院	研究员
	杜贞栋	山东省水利科学研究院	工程技术应用研究员
	蔡　滨	山东省科学院新材料研究所	研究员

续表13-4-6-1

年度	姓名	工作单位	技术职称
2006	刘建军	山东省农业科学院作物研究所小麦育种室	研究员
	刘庆忠	山东省农业科学院果树研究所育种室	研究员
	李宝生	山东省肿瘤防治研究院放六科	研究员
	邱　毅	山东省计划生育科学技术研究所、省优生技术重点实验室	主任医师
	武继彪	山东中医药高等专科学校	研究员
	毕振强	山东省疾病预防控制中心	主任医师
	吴荣德	山东省立医院小儿外科	主任医师、教授
	金子明	中国兵器工业集团第五三研究所科研室	研究员级高级工程师
2008	李玉霞	济南二机床集团有限公司大型加工公司	工程师
	朱薇薇	济南市中心医院	主治医师
	陈月辉	济南大学信息工程科学与工程学院	教授
	马汝建	济南大学控制科学与工程学院	教授
	杨桂花	山东轻工业学院轻化与环境工程学院	教授
	段洪东	山东轻工业学院化工学院	教授
	满宝元	山东师范大学研究生学院	教授
	李天平	山东师范大学传播学院电子信息科学与技术系	研究员
	许　斌	山东建筑大学材料学院	教授
	张永清	山东中医药大学药学院	教授
	徐向艺	山东大学管理学院	教授
	陈代荣	山东大学化学与化工学院	教授
	王玉振	山东大学自动控制研究所、控制科学与工程学院	教授
	张进生	山东大学机械工程学院	教授
	李延青	山东大学齐鲁医院消化内科	主任医师教授
	王广成	山东工商学院科研处	教授
	常允新	山东省地质环境监测总站	总工程师、工程技术应用研究员
	魏代森	浪潮集团山东通用软件有限公司	高级工程师
	苏　理	山东省食品发酵工业研究设计院	研究员
	李福林	山东省水利科学研究院水资源与水环境研究所	工程技术应用研究员
	刘青勇	山东省水利科学研究院	工程技术应用研究员
	慕金波	山东省环境保护科学研究设计院	总工程师、工程技术应用研究员
	杜华太	中国兵器工业集团第五三研究所第五科研事业部	研究员
	郑志才	中国兵器工业集团第五三研究所第二科研事业部	研究员
	刘希强	山东省地震台网中心	研究员
	陈崇亮	煤炭工业济南设计研究院有限公司电厂	主任工程师、高级工程师

续表13—4—6—2

年度	姓名	工作单位	技术职称
2008	王淑华	山东省生物药物研究院	主管药师
	钱　恒	山东省标准化研究院	研究员
	鲁统卫	山东省建筑科学研究院	副总工程师、工程技术应用研究员
	王留明	山东省棉花研究中心	研究员
	姜岳忠	山东省林业科学研究院	工程技术应用研究员
	徐爱强	山东省疾病预防控制中心	主任医师
	张兴华	山东省立医院心内科	主任医师、教授
	张春清	山东省立医院消化内科	主任医师、教授
	王光彬	山东省医学影像学研究所磁共振诊断研究室	主任医师
	史伟云	山东省眼科研究所	主任医师、教授
	张福仁	山东省皮肤病性病防治研究所	研究员
	王　英	山东有线电视中心	高级编辑
2009	王　伟	济南二机床集团有限公司	高级工程师
	苏国海	济南市中心医院副院长兼心内科	主任医师
	吴　臻	山东大学数学学院	教授
	孙康宁	山东大学材料科学与工程学院工程陶瓷实验室	教授
	张彩明	山东大学计算机科学与技术学院应用技术研究所	教授
	侯　明	山东大学齐鲁医院肿瘤中心	主任医师
	于衍真	济南大学土木建筑学院	教授
	范　辉	山东工商学院计算机科学技术学院	教授
	刘　甦	山东建筑大学建筑城市规划学院	教授
	刘培德	山东经济学院信息管理学院	教授
	王瑞明	山东轻工业学院食品与生物工程学院	教授
	刘素文	山东轻工业学院材料科学与工程学院	教授
	刘培玉	山东师范大学信息科学工程学院通信工程系	教授
	王兴山	浪潮集团通用软件有限公司	工程技术应用研究员
	赵瑞东	山东超越数控电子有限公司	工程技术研究员
	许洪强	山东电力集团公司调度中心	高级工程师
	徐　品	山东省地质环境监测总站	研究员
	朱永安	山东省淡水水产研究所	研究员
	杨合同	山东省科学院生物研究所	研究员
	曲辉英	山东省种子管理总站	农业技术推广研究员
	刘建军	山东省食品发酵工业研究设计院	研究员
	刘爱华	山东福瑞达医药集团公司	主任药师
	贾乃波	山东省水利勘测设计院	工程技术应用研究员

续表13-4-6-3

年度	姓名	工作单位	技术职称
2009	刘长余	山东省水利勘测设计院	工程技术应用研究员
	赵跃然	山东省立医院、医学科学研究中心临床基础研究所	研究员
	王　欣	山东省立医院血液科	主任医师
	杨传华	山东中医药大学附属医院	主任医师
	王锡明	山东省医学影像学研究所CT室、重点实验室	主任医师
	邵　华	山东省职业卫生与职业病防治研究院	研究员
	冀克俭	中国兵器工业集团第五三研究所第六研究室	研究员
2010	邢乐成	济南管理科学院	研究员
	郭建农	济南市中心医院	主任医师
	谢克勤	山东大学公共卫生学院	教授
	王仁卿	山东大学教务处	教授
	颜世坤	山东大学物理学院	教授
	齐延平	山东大学法学院	教授
	刘宗明	济南大学科技处	教授
	梁启华	山东工商学院半岛经济研究院	教授
	武道吉	山东建筑大学市政与环境工程学院	教授
	刁乃仁	山东建筑大学热能工程学院	教授
	徐　安	山东交通学院教务处	教授
	王爱国	山东经济学院会计学院	教授
	许崇海	山东轻工业学院教务处	教授
	张旭东	山东轻工业学院材料学院	教授
	王宝山	山东师范大学生命科学学院	教授
	张彩霞	山东师范大学高师培训中心	教授
	丁建军	山东艺术学院戏剧学院	教授
	王　雯	山东特殊教育中等专业学校	教授
	李　杰	山东省地震预报研究中心	正高级高级工程师
	崔书学	山东省地质矿产勘查开发局第六地质大队	总工程师、工程技术应用研究员
	庞绪贵	山东地质调查院	总工程师、工程技术应用研究员
	姚春梅	山东地质环境监测总站	总工程师、研究员
	张新刚	山东人民广播电台经济频道	总监、主任编辑
	付佩胜	山东省淡水水产研究所淡水水产遗传育种重点实验室	研究员
	王　林	山东省交通科学研究所	总工程师、工程技术应用研究员
	王磊光	山东省计划生育科学技术研究所	主任医师

续表13—4—6—4

年度	姓名	工作单位	技术职称
2010	韩凤来	山东省水利勘测设计院	高级工程师
	郑念军	山东省体育科研中心	研究员
	赵 斌	山东省医学影像学研究所	主任医师
	钱秋海	山东中医药大学附属医院内科、内分泌科	主任医师、教授
	姜 慧	山东省艺术研究所戏剧丛刊社	编审
	孟昭东	山东省农业科学院玉米研究所	研究员
	武 英	山东省农业科学院畜牧兽医研究所	研究员
	李汝忠	山东棉花研究中心	研究员
	李建彬	山东省肿瘤防治研究院放疗科	研究员
	于治楼	浪潮齐鲁软件产业有限公司	工程技术应用研究员
	孙卫华	济南钢铁集团有限公司	副总工程师、工程技术应用研究员
	侯学众	山东电力工程咨询院有限公司	工程技术应用研究员
	翟 文	中国兵器工业集团第五三研究所科研事业部	研究员
	杨庆铭	煤炭工业济南设计研究院有限公司	工程技术应用研究员
	苏桂林	山东果茶技术指导站	农业技术推广研究员

注：济南市有国家级突出贡献中青年1人：易炜里，济南市科协，机床制造专业，高级工程师

第四节 泉城学者

2008年3月20日，中共济南市委、市政府授予8名专家“泉城学者”称号。2010年6月3日，中共济南市委、市政府授予6名专家第二批“泉城学者”称号。

济南市泉城学者一览表

表13—4—7

姓名	工作单位	技术职称	批次
史殿习	国防科技大学计算机学院	副研究员	第一批
刘 弘	山东师范大学信息科学与工程学院		
刘玉田	山东大学电器工程学院		
许洪元	清华大学热能工程系		
何 枫	清华大学航天航空学院		
张国庆	太原磬泓机电设备有限公司		
胡 璘	辽宁科技大学冶金工程中心		
席彦士	博世力士乐(中国)公司	高级应用工程师	
吕清刚	中国科学院工程热物理研究所	教授	第二批
吴开明	武汉科技大学国际钢铁研究院	教授	
李学庆	山东大学软件学院	教授	

续表13-4-7

姓 名	工 作 单 位	技 术 职 称	批 次
高宝玉	山东大学环境科学与工程学院	教授	第二批
昃向博	济南大学机械工程学院	教授	
单东日	山东轻工业学院机械学院	副教授	

第五节　济南市市级专业技术拔尖人才

1988～2010年，济南市共表彰9批市级专业技术拔尖人才。第一批，1988年，43人；第二批，1990年，21人；第三批，1992年，27人；第四批，1995年，61人；第五批，1997年，32人；第六批，2000年，108人；第七批，2002年，114人；第八批，2005年，212人；第九批，2009年，171人。

济南市第一批（1988年）专业技术拔尖人才一览表

表13-4-8

姓 名	工 作 单 位	职 称
薛群成	济南市轻工研究所	高级工程师
冯　燕	济南市日用化工厂实验室	
于修康	济南罐头食品厂	工程师
张庆荣	山东酒精总厂研究所	工程师
李　如	济南瓷用花纸厂	高级美术师
房振东	山东省济南制药厂	工程师
高肇润	山东济南中药厂实验室	工程师
孙永贵	山东省济南医用光学仪器厂	总工程师、工程师
潘昭青	济南石油化工四厂	工程师
赵树立	济南试验机厂研究所	高级工程师
易炜里	济南第一机床厂	高级工程师
高[illegible]生	济南第一机床厂科研设计处	工程师
路玉勤	济南第二机床厂	工程师
叶人立	济南第二机床厂	工程师
徐剑石	济南市电子工业公司兼济南电子研究所	高级工程师
于洪西	济南无线电六厂	技术员
田作友	济南无线电六厂	主任工程师、工程师
孙殿明	济南市农业科技研究所植保室	高级农艺师
叶秋林	济南市农业科学研究所	高级农艺师
李柱权	济南市科学技术学会、市业余科技大学	副教授
赵志冰	济南市规划局	总工程师、工程师
张玉林	济南市雕塑创作室	一级美术师
邓美武	济南第一印染厂	副总工程师、高级工程师

续表13-4-8

姓名	工作单位	职称
李克俭	济南第一棉纺织厂技术科	高级工程师
王锦庆	济南合成纤维厂开发办	助理工程师
胡宏智	山东省实验中学	高级教师
徐北文	济南教育学院	教授
袁　梅	济南师范专科学校	教授
张长林	山东省实验中学	高级教师
高　荆	山东省济南师范学校	高级讲师
卢信义	济南市第二人民医院、济南市眼科科研所	主任医师
刘　梵	济南市第四人民医院内科	副主任医师
董立山	济南市医学科学研究所研究室	副主任技师
郭同经	济南市中心医院癫痫科	副主任医师
吕炳俊	济南市卫生防疫站室	副主任技师
孟祥珍	山东省济南卫生学校	高级讲师
冯德英	中国作家协会山东分会	
曾　毅	济南市文联协会工作部	
张登堂	济南画院	一级美术师
吴泽浩	济南市文联	
任　远	济南市文联	编审
邓宝金	济南市杂技团	一级演员
孟　燕	济南市杂技团	一级演员

济南市第二批(1990年)专业技术拔尖人一览表

表13-4-9

姓名	工作单位	职称
刘必颀	济南市第一机床厂	副总工程师、高级工程师
丰东升	济南第四机床厂	工程师
蔡　屏	济南试验机厂科研所设计室	工程师
张淑乔	济南第二机床厂	高级工程师
陈宗舜	济南第二机床厂计算机应用科	高级工程师
陈望其	山东省建筑机械厂	高级工程师
吴天文	济南市公用事业科研所	工程师
叶楚才	商河县机械厂	助理工程师
王绎如	济南电筒厂技术科	工程师
徐立吉	济南塑料一厂	工程师
周培正	济南市旅游局	副总工程师、高级工程师

续表13-4-9

姓 名	工 作 单 位	职 称
徐行健	济南毛巾总厂新产品研究所	高级染织设计师
王志伟	济南市服装研究所设计室	高级服装设计师
邵　琦	济南市建筑设计院	总建筑师、高级建筑师
程愁薇	济南市建筑设计院	总工程师、高级工程师
马建中	济南一中数学教研组	高级教师
徐志刚	济南联合大学	副教授
刘龙兴	济南市纺织科研所	副总工程师、高级工程师
朱宏兴	济南第二印染厂	副总工程师、高级工程师
杜丕缇	济阳一中物理教研组	高级教师
马宝树	商河植保站	高级农艺师

济南市第三批(1992年)专业技术拔尖人才一览表

表13-4-10

姓 名	工 作 单 位	职 称
段守铭	济南第一印染厂	总工程师、高级工程师
马骥远	济南第一印染厂	工程师
韩永兰(女)	济南市农业科学研究所	农艺师
张云翔	济南市农业区划办公室	工程师
谢连庆	济南市经济研究中心	高级农艺师
魏宝谈	济南制锁总厂	工程师
陈　正	济南衡器厂	总工程师、高级工程师
周广泉	山东省机械施工公司	总工程师、工程师
王立永	济南市园林局公园处	工程师
张培根	济南市规划局	总建筑师、高级工程师
连赴广	济南社会科学院城市经济研究所	研究员
陈黎青	济南日报社	美术编辑
刘玉民	济南市文联	二级创作员
宋是鲁	济南电视台	助理编辑
孙爱萍(女)	济南电视台	编辑
聂在富	济南师范学校	高级讲师
李盛铎	济南联合大学	轻纺系主任、副教授
齐木兰(女)	济南幼儿师范学校	高级讲师
张杰三	济南第九中学教育处	德育高级教师
李永祥	济南教育学院中文系	副教授
李　军	济南第一机床厂设计处一室	工程师
顾松石	济南第二机床厂重型压力机设计室	高级工程师

续表13—4—10

姓 名	工 作 单 位	职 称
谢中会	济南第二机床厂机床电器设计室	高级工程师
苏守坤	济南第二机床厂工艺处	工程师
王载祺	济南变压器厂	总工程师、高级工程师
刘鸿珍(女)	济南市妇幼保健院	副主任医师
丁承恩(女)	济南市第一人民医院	主任医师

济南市第四批(1995年)专业技术拔尖人才一览表

表13—4—11

姓 名	工 作 单 位	职 称
杨兆仁	章丘市电机厂	高级工程师
王京娥(女)	山东福胶集团有限责任公司	副主任中药师
刘德金	商河县怀仁镇	高级农艺师
李树昌	济南市建筑设计院	总工程师、高级工程师
郑道宽	济南市勘察测绘研究院	高级工程师
张才奎	山东水泥厂	高级经济师
高子美	济南四建(集团)有限责任公司	高级工程师
姜子静	济南第一市政工程公司	高级工程师
张宝玮	济南第二机床厂	高级工程师
周志祥	济南志友股份有限公司	高级经济师
靳　珊	齐鲁化纤集团总公司	高级工程师
周日亮	济南纺织科学研究院研究室	高级工程师
张世昌	济南毛巾厂	高级工艺美术设计师
徐士俊	济南啤酒(集团)股份有限公司	
郑云霄	济南金钟电子衡器股份有限公司	高级经济师
谭安琪(女)	济南市化工研究所	高级工程师
刘传俊	济南百货大楼股份有限公司	高级经济师
郭兆刚	济南人民商场股份有限公司	高级经济师
徐苑芳(女)	济南市蔬菜局科技办公室	高级农艺师
孟凡秀(女)	济南市植物检疫站	高级农艺师
刘延杰	济南市水利勘测设计院	副总工程师、高级工程师
朱绪芝(女)	济南市传染病医院药学部	主管药师
刘宗印(女)	济南市中心医院生物治疗中心	主任医师
宗立本	济南市第四人民医院外二科	副主任医师
王　玉	济南市眼科研究所	副主任医师
张　华	济南市第二人民医院眼科	副主任医师
王安东	济南第一中学数学教研组	高级教师

续表13—4—11

姓 名	工 作 单 位	职 称
贾象铠	济南市第七中学	高级教师
李传忠	济南联合大学学报	副主编、教授
李明书	济南广播电视大学	高级讲师
卞惠林	济南教育学院	教授
孟宪菊(女)	济南市制锦市街小学教导处	特级教师
任宝祯	济南市歌舞团	一级作曲
王克南(女)	济南市儿童艺术剧团	一级演员
刘长青	济南日报	编辑
郭慎娟(女)	济南市文联	一级创作员
孙国章	济南市文联《当代小说》杂志	主编、编审
易炜里	济南第一机床厂	高级工程师
高其全	济南第一机床厂销售处	高级工程师
路玉勤(女)	济南市第二机床厂	高级工程师
赵树立	济南试验机厂	总工程师、高级工程师
徐剑石	济南电子技术研究所	高级工程师(正教授级)
张庆荣	山东酒精总厂研究所	高级工程师
李　如	济南瓷用花纸厂	总设计师、高级工艺美术师
薛群成	济南轻工研究所	总工程师、高级工程师
冯　燕(女)	济南市日用化工厂实验室	高级工程师
王锦庆	济南合成纤维厂	高级工程师
叶秋林	济南市农科所	高级农艺师
卢信义	济南市第二人民医院	技术顾问、主任医师
刘　梵	济南市第四人民医	主任医师
吕炳俊	济南市防疫站中心检验室	主任技师
马宝树	商河县农业局植保站	高级农艺师
徐北文	济南教育学院	教授
袁　梅	济南联合大学	教授
张长林	山东省实验中学	高级教师
高　荆	济南师范学校数学教研室	高级讲师
邓宝金(女)	济南市杂技团	一级演员
孟　燕(女)	济南市杂技团	一级演员
张登堂	济南画院	一级美术师
吴泽浩	济南市文联	一级美术师
曾　毅	济南市摄影家协会	

济南市第五批(1997年)专业技术拔尖人才一览表

表13—4—12

姓 名	工 作 单 位	职 称
殷国昌	济南锅炉厂	总工程师、高级工程师
李明业	济南一机床有限公司设计处	工程师
蔡　屏	济南试验机制造总公司(集团)	副总工程师、高级工程师
吴天文	济南市科委、济南金卡集团	总工程师、高级工程师
宿明新	中国轻骑集团有限公司技术部	工程师
王曰德	济南化纤总公司	总工程师、高级工程师
陈增光	济南鲁思达纺织机械有限公司	高级工程师
徐行健	济南市设计中心、济南毛巾总厂	高级美术设计师
刘龙兴	济南纺织科学研究院	总工程师、高级工程师
王志伟(女)	济南市服装研究设计中心	高级服装设计师
林　芃	济南市城市规划信息中心技术开发部	工程师
邵　琦	济南建筑设计研究院	总建筑师、高级建筑师
于守德	章丘市畜牧局技术推广站	高级兽医师
陶圣昌	济南市张夏水暖器材厂	高级工程师
王玉梅(女)	济南绿色兔业开发有限公司	助理畜牧师
王建国	济南匹克曼环保生物工程技术研究所	工程师
王　斌	济南市热管应用技术研究所实验厂	工程师
贾庭山	济南红旗—考格尔汽车制造有限公司	高级工程师
贾堂宏	济南市第三人民医院	副主任医师
耿秀兰(女)	济南市医科所中心实验室	副主任检验技师
张家岭	中国轻骑集团有限公司	高级经济师
李培三	济南试验机制造总公司(集团)	高级经济师
吴炳新	山东三株集团有限公司	党委副书记
常金月	山东玉泉(集团)股份有限公司	高级经济师
安维复	济南联合大学马列部	教授
李庆胜	山东省实验中学	高级教师
宋乐兴	济南市教学研究室	高级讲师
张海迪(女)	济南市文联文学创作研究室	研究员、文学创作二级
胡心灵(女)	济南市儿童艺术剧团演出队	国家一级演员
张鸿宝	济南市群众艺术馆美影部	副研究馆员
牛继兴	济南市日报社政法部	记者
张铁岩	济南电视台文艺部	编辑

济南市第六批(2000年)专业技术拔尖人才一览表

表13—4—13

姓名	工作单位	职称
李　军	济南一机床集团有限公司	副总工程师、高级工程师
孙晓燕(女)	济南一机床集团有限公司技术部设计室	高级工程师
张宝玮	济南二机床集团有限公司	工程技术应用研究员
苏守坤	济南二机床集团有限公司	高级工程师
韩兴明	济南二机床集团有限公司营销部	工程技术应用研究员
十成之	济南二机床集团有限公司技术开发部	高级工程师
贺　庆	济南二机床集团有限公司大型压力机厂	高级工程师
曹仁旗	济南二机床集团有限公司技术开发部	高级工程师
于　阳	济南二机床集团有限公司技术开发部	高级工程师
周志祥	济南志友集团股份有限公司	高级经济师
李纪元	济南啤酒集团有限公司品质管理处	高级工程师
王化争	济南新华印刷厂	高级经济师
石守恭	山东小鸭集团有限责任公司	高级工程师
王吉顺	山东小鸭集团有限责任公司技术中心	高级工程师
何小燕(女)	山东小鸭集团有限责任公司技术中心	工程师
周家琮	济南砂布厂	经济师
赵崇秀(女)	济南金钟电子衡器股份有限责任公司	会计师
魏宝谈	济南制锁总厂	高级工程师
邓中伟(女)	山东吉美乐有限公司	高级工程师
孙华田	明水化肥厂	高级经济师
周广泉	山东省机械施工公司	总工程师、工程技术应用研究员
王振生	山东三箭置业集团有限公司	高级经济师
弭尚通	济南四建(集团)有限责任公司	工程师
崔安远	济南四建(集团)有限责任公司	总工程师、高级工程师
李四恩	济南市建筑工程质量监督站	高级工程师
刘元琦	济南市建筑设计研究院	总建筑师、高级建筑师
孙克敏	济南市勘察测绘研究院	总地质师、工程技术应用研究员
田　洁(女)	济南市规划设计研究院	副总工程师、高级规划师
张才奎	山东水泥厂	高级经济师
董承田	山东水泥厂	总工程师、高级工程师
贾瑞宝	济南市自来水公司科技发展中心	高级工程师
冯玉春	济南市城市计划节约用水办公室	高级工程师
王玉志	济南市地产交易物业估价所	工程技术应用研究员
王东海	济南市环境信息中心	高级工程师
李福新	济南市千佛山公园管理处	经济师

续表13—4—13—1

姓名	工作单位	职称
孟凡秀(女)	济南市农业局	农业技术推广研究员
李景全	济南市农业科学研究所	高级农艺师
刘传富	济南市农业科学研究所	高级农艺师
韩永兰(女)	济南市农业科学研究所	高级农艺师
赵殿国	济南市农业科学研究所	高级农艺师
刘延杰	济南市水利设计院	总工程师、高级工程师
张凤英(女)	济南市水利建设站	工程师
王德辰	济南水利局水资源办公室	
李　瑜	济南农工商集团有限公司	高级经济师
席玉坤	济南市农委农业区划办公室	
朱剑英(女)	济南市畜牧兽医站	高级兽医师
王瑞库	济南市高新农业开发区	高级农艺师
岑裕国	济南市科委工业处	调研员
崔海正	济南联合大学中文系	教授
马汝建	济南联合大学科研处	教授
卢秀慧	济南联合大学化学系教研室	教授
顾元威	济南联合大学建筑工程系	副教授
于晓平	济南教育学院计算机系	副教授
王沛忠	济南市教学研究室	中学高级教师
唐锡炳	济南市教学研究室	中学高级教师
杨　鹈	济南师范学校美术教研室	高级讲师
高　希	济南幼儿师范学校音乐教研室	高级讲师
邵丽云(女)	山东省实验中学数学教研组	中学高级教师
王安东	济南一中数学教研组	中学高级教师
林方珞(女)	济南一中物理教研组	中学高级教师
赵　雷	济南外国语学校教务处	中学高级教师
刘子栋	济南市第一人民医院、济南友谊血液净化中心	副主任医师
王　玉	济南市第二人民医院眼科研究所	副主任医师
张　华	济南市第二人民医院眼科	副主任医师
郭百灵(女)	济南市第二人民医院眼科	副主任医师
宗立本	济南市第四人民医院骨外科	主任医师
曹卫萍(女)	济南市第五人民医院社区卫生服务管理科	副主任医师
曲　强	济南医学科学研究所耳聋治疗中心	副主任医师
吕荣斌(女)	济南社会科学院	研究员
庄春波	济南社会科学院	副研究员
孔祥敏	济南市委党校科研处	讲师

续表13—4—13—2

姓 名	工 作 单 位	职 称
吴泽浩	济南市政协、济南市文联	一级美术师
刘玉民	济南市文联	文学创作一级
曾　毅	济南市文联、济南市摄影家协会	调研员
韦辛夷	济南市文联组联部	主任
陈黎青	济南日报社	高级编辑
刘长青	济南日报社	高级编辑
张登堂	济南画院	一级美术师
于克南(女)	济南市儿童艺术剧院	一级演员
仕宝桢	济南市歌舞团	一级作曲
崔明泉	济南文物店	研究馆员
曲秀国	济南群众艺术馆	副研究馆员
宋是鲁	济南电视台	主任编辑
孙爱萍(女)	济南电视台	主任编辑
张晓强	济南电视台影视中心	制片人、二级导演
马　利(女)	济南电视台新闻部	主任记者
韩国俊(女)	山东德义律师事务所	一级律师
王广仁	山东众成仁和律师事务所	一级律师
王世敦	济南高新技术产业开发区管委会	高级经济师
李大兴	济南得安计算机技术有限公司	教授
马骥远	济南燎原节能新技术研究所	高级工程师
马　健	济南燎原节能新技术研究所设计部	
杨兆仁	章丘市电机厂	高级工程师
冯国烈	章丘市炊具机械总厂	高级工程师
高玉新	山东省汇丰机械集团总公司	工程师
马宝祥	章丘市水利水产局水产站	工程师
赵文忠	章丘市矿业局	工程师
尹承国	山东水龙王集团有限公司、济南张夏水暖器材厂	高级工程师
安兆杰	济南环冠除尘器厂	高级工程师
王荣利	长清县农业局	农艺师
杨福安	山东福胶集团有限公司	副主任中药师
任尚玲(女)	平阴县实验小学校	中学高级教师
张国强	济南黄河兽药厂	高级工程师
王在军	济南广利化工有限责任公司	高级工程师
郝兆兴	济南豪达摩托车有限公司	工程师
刘　省	历城区蔬菜局	高级农艺师
张广友	历城区林业局	高级农艺师
宫秀兰(女)	历城区农业局	农业技术推广研究员

济南市第七批(2002年)专业技术拔尖人才一览表

表13—4—14

姓名	工作单位	职称
丁小秋	济南市儿童艺术剧院	一级演员
于　勇	济南市委办公厅自动化服务中心	工程师
于守德	章丘市畜牧技术推广站	农技推广研究员
于志海	济南一机床集团有限公司	高级经济师
马立宪	济南市传染病医院三科	主任医师
王　为	济南轻骑摩托车股份有限公司	研究员
王　斌	济南科环集团有限责任公司	工程师
王文军	济南市蔬菜技术推广服务中心三园种苗有限公司	高级农艺师
王东升	济南大学社科学院	教授
王西奎	济南大学校长助理、研究生处	教授
王旭宁	济南九阳电器有限公司	高级工程师
王孝红	济南大学自动化研究所	教授
王建国	山东海洋天然药物研究所	高级工程师
王济生	济南市中医医院肾病科、血液净化中心	主任中医师
王绪山	济南试金集团有限公司车辆与动态检测研究所	高级工程师
王善坡	中国重型汽车集团有限公司	总工程师、高级工程师
牛继兴	济南日报社政法部	主任记者
尹　波	济南时报	副总编辑、主任记者
孔庆芹(女)	山东省汇丰机械集团总公司技术中心、技术开发处	工程师
左金良	济南市第四人民医院骨外科	副主任医师
付兴华	济南大学材料学院	副教授
冯典英	中国兵器工业第五三研究所计量办	高级工程师
邢介平	济南趵突泉酿酒有限责任公司	高级经济师
吕学江	章丘市第二实验中学	中学高级教师
吕建平	济南市建筑设计研究院有限责任公司	高级建筑师
朱　地	济南第三中学年级组	中学高级教师
朱文兴	济南市委党校	教授
任立伟	济南二机床集团有限公司销售处	高级工程师
刘　民	济南市房地产开发总公司	总工程师、高级工程师
刘卫红(女)	济南二机床集团有限公司技术开发部	高级工程师
刘长明	济南大学学报社科版、编辑部	主编、教授
刘希汉	济南市中心医院神经内科	主任医师
刘廷祥	济南市教研室	高中政治教研员、中学高级教师
刘庆亮	山东小鸭集团有限责任公司	总工程师、高级工程师
刘汉龙	长清区双泉散热器有限公司	高级经济师

续表13—4—14—1

姓 名	工 作 单 位	职 称
刘晓存	济南大学材料学院	教授
刘继冰	济南市农业技术推广中心、济南泉星种业集团	高级农艺师
刘福田	济南大学材料学院	副教授
闫家河	商河县林业局办公室	工程师
孙永年	济南二机床集团有限公司技术开发部兼数控机床研究所	高级工程师
孙兆福	中国重型汽车集团有限公司技术中心工艺所	高级工程师
孙国新	济南大学化学与环境工程学院	教授
杜升荣	章丘市人民医院医务科兼外二科	副主任医师
杜文建(女)	济南市第四人民医院社区卫生服务中心	副主任护师
李子春	平阴县水务局工程站	高级工程师
李仕群(女)	济南大学材料学院	教授
李延民	济南山水集团有限公司	高级经济师
李良波	济南大学化学与环境工程学院	教授
李明业	济南一机床集团有限公司	高级工程师
李国忠	济南大学材料学院墙体材料研究所	教授
李学闵	济南大学复合材料研究所	研究员
李建义	济南市环境保护科研所	工程师
李建平	济南市中心医院白内障治疗中心	主任医师
李降龙	长清区农业局	高级农艺师
李济华(女)	济南市第二人民医院眼科	主任医师
李宪之	山东省建设建工(集团)有限责任公司	高级会计师
李培三	济南试金集团有限公司	高级经济师
李淑敏(女)	山东小鸭集团有限责任公司	高级政工师
杨　珀(女)	济南市曲艺团	一级演员
杨　啸	济南二机床集团有限公司	技术开发部工程师
杨建林	山东小鸭集团有限责任公司技术中心	工程师
吴天文	济南市信息产业局	巡视员、研究员
吴桂荣(女)	长清区博物馆	馆员
何　杰	中国兵器工业第五三研究所第三科研室	高级工程师
汪运山	济南市中心医院中心试验室	副主任医师
张　伟	济南大学管理学院工商管理系	副教授
张　琳(女)	山东省实验中学英语教研组	中学高级教师
张广军	济南电视台新闻中心	制片人、记者
张书满	济南第五职业中等专业学校	中学高级教师
张华松	济南教育学院学报	主编、副教授
张希忠	济南市第五人民医院	主任中医师

续表13-4-14-2

姓名	工作单位	职称
张金宝	济南市教育科学研究所	中学高级教师
张承芬(女)	济南大学	教授
张铁岩	济南电视台艺术中心	二级导演
陆泽贵	济南市教研室	职教数学教研员、中学高级教师
陈士俊	济南市传染病医院	副主任医师
岳云龙	济南大学科技处	副教授
周　群	济南市博物馆陈列宣教部	二级美术师
周长风	济南市社科联	
孟平蕊(女)	济南大学化学与环境工程学院	教授
赵建国	济南银轮机电有限责任公司	研究员
赵晋荣	济南二机床集团有限公司自动化工程公司	高级工程师
赵燕峰(女)	济南二机床集团有限公司重型压力机厂	工程师
胡心灵(女)	济南市儿童艺术剧院	一级演员
柏建亭	中国轻骑集团有限公司技术中心兼研究设计院	高级工程师
钟绵新	济南试金集团有限公司	高级工程师
侯秀峰	济南天辰机器有限公司	工程师
姜　勇	济南市中心医院副院长兼神经外科	副主任医师
胥正君	济南市群众艺术馆辅导部	研究馆员
袁一堂	济南大学	教授
贾如意	济南市第四人民医院兼心血管内科	副主任医师
贾堂宏	济南市中心医院	主任医师
徐大刚	中国兵器工业第五三研究所	高级工程师
殷国昌	济南锅炉集团有限公司	总工程师、研究员
高元坤	力诺集团有限责任公司	高级经济师
高俊英(女)	济南市儿童医院儿童保健所	副主任医师
郭幼鹏	济南电视台纪录片片	制片人、主任播音员
常　钧	济南大学材料学院	副教授
常金月	山东玉泉集团股份有限公司	高级经济师
崔大庸	济南市文化局(文物局)兼济南市考古研究所	研究馆员
崔速南(女)	济南市传染病医院	主任医师
宿明新	中国轻骑集团有限公司技术中心	工程师
董兆昌	济南市林业局林果技术推广站	高级工程师
董保成	章丘市起重机厂	工程师
韩　鲁	济南市儿童艺术剧	一级舞美设计师
韩振生	济南市群众艺术馆	研究馆员
程善宝	济阳县人民医院	副主任医师

续表13-4-14-3

姓 名	工 作 单 位	职 称
曾美露(女)	济南市教研室	初中数学教研员、中学高级教师
谢祥科	济南一机床集团有限公司	副总工程师、高级工程师
蔡 东	中国重型汽车集团有限公司	高级工程师
蔡 屏	济南试金集团有限公司	高级工程师
樊祐传	济南市勘察测绘研究院	副总工程师、高级工程师
潘 利(女)	济南金冠毛纺集团产品开发处	高级工程师
戴跃前	山东小鸭集团有限责任公司济南英特制冷有限公司	工程师

济南市第八批(2005年)专业技术拔尖人才一览表

表13-4-15

姓 名	工 作 单 位	职 称
马维野	国家知识产权局协调管理司	研究员
王 浩	中国水利水电科学研究院水资源研究所	教授、博士生导师
王建华	山东农业大学中草药研究所	教授
王积森	山东科技大学机械学院	教授
付立杰	美国特拉华州跨世纪股份有限公司	研究员
冯仲科	北京林业大学资源与环境学院测绘与3S技术中心	教授、博士生导师
吕清刚	中国科学院工程热物理所先进燃烧技术研究部	研究员、博士生导师
刘 强	北京航空航天大学机械工程及自动化学院	教授、博士生导师
刘 瑞	中国人民大学国民经济管理系	教授、博士生导师
刘向信	山东科技大学	教授
刘树坤	中国水利水电科学研究院	教授级高级工程师、博士生导师
江 雷	中国科学院化学研究所	研究员、博士生导师
李柱国	上海交通大学机械与动力工程学院	教授、博士生导师
李鸿志	中国工程学院院士、南京理工大学国家重点实验室	教授、博士生导师
李德新	中国疾病预防控制中心病毒病所	研究员、博士生导师
杨保军	中国城市规划设计研究院	总规划师、教授级城市规划师
杨晓光	同济大学交通运输工程学院交通工程系	教授、博士生导师
吴占松	清华大学热能系	教授、博士生导师
沈昌祥	中国工程院院士，海军计算技术研究所	高级工程师、博士生导师
宋振骐	中国科学院院士，山东科技大学	教授、博士生导师
张 立	内蒙古家畜改良工作站技术开发科	高级兽医师
张 杰	清华大学建筑学院住宅与社区研究所	教授、博士生导师
陈吉红	国家数控系统工程技术研究中心、华中科技大学	博士生导师
陈国华	华中科技大学动力工程系	教授、博士生导师
季国标	中国工程院院士，东华大学现代纺织研究院	教授、博士生导师

续表13—4—15—1

姓名	工作单位	职称
胡大一	北京大学人民医院心内科、心血管疾病研究所	教授、博士生导师
唐子来	同济大学建筑与城规学院规划系	教授、博士生导师
秦国良	西安交通大学能动学院流体机械研究所	教授
柳纯录	中国电子信息产业发展研究院	总工程师、教授级高级工程师
黄卫平	美国LIGENT光子公司	教授
曹谊林	上海第二医科大学附属第九人民医院	教授、博士生导师
韩　珂	美国国家强磁力实验室	博士
蔡德华	烟台师范学院	教授
于名讯	中国兵器工业第五三研究所表面工程与隐身技术研究室	研究员
于金明	山东省医科院副院长兼山东省肿瘤防治研究院	教授、博士生导师
于承新	山东建筑工程学院商学院	教授、博士生导师
王英龙	山东省科学院、山东省计算中心	研究员
王松根	山东省交通厅公路局	研究员
王明森	山东省水利科学研究院	研究员
王家喜	山东省农科院果树研究所	研究员
王崇杰	山东建筑工程学院	教授、博士生导师
王新陆	山东中医药大学	主任医师、博士生导师
孔北华	山东大学齐鲁医院	主任医师、教授、博士生导师
厉吉文	山东大学电气工程学院	教授、博士生导师
石俊英(女)	山东中医药大学中药鉴定与资源学科	教授、博士生导师
石敬民	山东师范大学化学化工与材料科学学院	教授、博士生导师
史勇春	山东省科学院产业处	研究员
包心鉴	山东省社会科学界联合会	研究员、博士生导师
冯圣玉	山东大学化学与化工学院	教授、博士生导师
边秀房	山东大学材料科学与工程学院教育部重点实验室	教授、博士生导师
邢尚军	山东省林业科学研究院	研究员
刘玉田	山东大学电气工程学院	教授、博士生导师
刘建军	山东省食品发酵工业研究设计院	研究员
羊丹平	山东大学数学与系统科学学院	教授、博士生导师
李明立	山东省植物保护总站	研究员
杨守森	山东师范大学文学院文艺理论教研室	教授、博士生导师
张　运	中国工程院院士、山东大学副校长兼医学院	教授、博士生导师
陈　炎	山东大学副校长兼文学与新闻传播学院	教授、博士生导师
陈子江(女)	山东省立医院	教授、博士生导师
陈嘉川	山东轻工业学院	教授
陈德展	山东师范大学科研处	教授、博士生导师

续表13—4—15—2

姓 名	工 作 单 位	职 称
武传松	山东大学材料液态结构教育部重点实验室	教授、博士生导师
尚佑芬(女)	山东省农科院植物保护研究所	研究员
庞　琦	山东省立医院神经外科	主任医师、教授、博士生导师
孟祥旭	山东大学计算机学院	教授、博士生导师
赵国群	山东大学科技处	教授、博士生导师
赵家军	山东省立医院内分泌科	主任医师、教授、博士生导师
侯立群	山东省林业科学研究院经济林研究所	研究员
姚凤霞(女)	山东省农科院作物研究所	研究员
徐培文(女)	山东省农科院蔬菜所	研究员
高迎春(女)	山东省兽药监察所	研究员
唐　波	山东师范大学	教授、博士生导师
凌沛学	山东省生物药物研究院	研究员、博士生导师
曹成波	山东大学化学与化工学院	教授、博士生导师
崔士起	山东省建筑科学研究院	副总工程师、结构所所长、研究员
葛志明	山东大学齐鲁医院心内科	教授、主任医师、博士生导师
董合忠	山东省农科院棉花研究中心	研究员
韩民青	山东省社会科学院	研究员
韩金祥	山东省医学科学院	研究员、博士生导师
程　林	山东大学能源与动力工程学院	教授、博士生导师
程　新	济南大学	教授
解士杰	山东大学物理与微电子学院	教授、博士生导师
潘鲁生	山东工艺美术学院	教授
于　朝	济南市人民检察院	正处级检察员、会计师
于灵芝(女)	济南市中心医院科研外事处兼麻醉科	主任医师
于建芳(女)	济南市公路管理局公路工程处	高级工程师
马利(女)	济南电视台新闻中心	高级记者
马焰(女)	济南电视台娱乐频道部	一级编剧
马其江	济南市中医医院	副主任中医师
马素刚	济南市知识产权局	会计师
王　玉	济南市第二人民医院	主任医师
王　革	山东元隆生物技术有限公司	高级工程师
王广仁	山东众成仁和律师事务所	一级律师
王军政	济南市公安局市中分局刑警大队	副主任法医师
王旭东	济南试金集团有限公司	高级工程师
王庆彬	招商银行济南分行	高级经济师
王沛忠	济南市教学研究室	中学高级教师

续表13—4—15—3

姓 名	工 作 单 位	职 称
王泽贤	济南育英中学	中学高级教师
王国德	济南正昊化纤新材料有限公司高分子所	高级工程师
王品木	济钢高级中学	中学高级教师
王钢城	济南市历城区政府教育督导室	中学高级教师
王振生	山东三箭置业集团有限公司	高级经济师
王恩东	浪潮集团有限公司	研究员
王雪广	济南二建集团工程有限公司	高级工程师
王雪莹(女)	山东省冶金科学研究院标准样品研究所	研究员
韦辛夷	济南市美术家协会	国家一级美术师
尹永波	济南市水产技术推广站	高级工程师
孔祥存	济南玛钢股份有限公司	政工师
孔祥敏	济南市委党校科研处	副教授
邓中伟(女)	DUPLO(山东)办公设备有限公司	高级工程师
左伯海	济南市皇亭业余体育学校	高级教练
冯　勇	济南钢铁集团总公司技术中心	高级工程师
冯　雷	济南市委党校马列(市情)研究所	教授
冯锡鸿	济南鲁青园艺研究所	农艺师
司宝海	济南外国语学校高三级部	中学高级教师
毕卫民	济南一机床集团有限公司	技术部部长、高级工程师
毕建华	山东正源和信会计师事务所	高级会计师
吕荣斌(女)	济南社科院社会学所	研究员
朱玉廷	济南钢铁集团焦化厂	高级工程师
朱传东	济南市趵突泉公园管理处	
朱宇翔	济南一机床集团有限公司机械一室	工程师
朱学诚	济南市农机技术推广中心	研究员
乔云波(女)	济南市妇幼保健院病理科	主任医师
仲联元	济南锅炉集团有限公司	高级经济师
刘　奎	济南市旅游建筑设计院	高级建筑师
刘　堃	山东省实验中学	中学高级教师
刘卫东	济南建筑设计研究院	副总建筑师、高级建筑师
刘子栋	济南市中心医院	主任医师
刘丰怀	济南锅炉集团有限公司设计处	高级工程师
刘元琦	济南市建筑设计研究院有限责任公司	总建筑师、研究员
刘晓钟	济南市委党校	教授
齐立新	济南市市政工程设计研究院有限责任公司	总工程师、研究员
闫怀忠	济南市环境保护监测站	高级工程师

续表13-4-15-4

姓 名	工 作 单 位	职 称
江　浩	济南日报报业集团摄影中心	记者
江秀花(女)	济南二机床集团有限公司压力机公司	高级工程师
许　遐(女)	济南电视台	制片人、记者
许孝新	济南市第四人民医院胸外科	副主任医师
孙　玮	济南钢铁集团中板厂	高级工程师
孙　蓉(女)	济南杏林生物技术有限公司	副研究员
孙丕恕	浪潮集团有限公司	研究员
孙志刚	济南市公路管理局	高级工程师
严中华	山东积成电子股份有限公司	副教授
苏国海	济南市中心医院兼心内科	副主任医师
杜世勇	济南市环境保护科学研究所	研究员
杜喜亮	济南第三职业中等专业学校	中学高级教师
李　金	浪潮集团有限公司技术中心	高级工程师
李永俊	中国重汽集团济南卡车公司	高级工程师
李克安	济南市公安局刑警支队七大队	主任法医师
李贤生	济阳县第一中学教科研室	中学高级教师
李宗宝	济南市第三人民医院	主任医师
李树意	济南轻骑摩托车股份有限公司	高级经济师
李晓红(女)	济南市中心医院神经内科	主任医师
李瑞勇	济南市青少年宫	研究馆员
杨　波	济南市人民广播电台	一级播音员
杨福安	山东福胶集团有限公司	主任中药师
吴则禹	济南志友集团股份有限公司	总工程师、高级工程师
吴兴波	济南市水利局水政监察大队技术科	高级工程师
吴健群	浪潮集团有限公司	高级工程师
钊洪智	山东百江燃气有限公司公明新技术开发有限公司	高级工程师
沈昌培	山东省机械施工公司	研究员
宋国栋	济南市中心医院医务处兼烧伤科	副主任医师
张　华	济南市第二人民医院	主任医师
张　赤(女)	济南舜耕中学教导处	中学高级教师
张才奎	山东山水水泥集团有限公司	教授级高级政工师
张立顺	济南市长清区良种场	高级农艺师
张吉清	济南市委党校马列(市情)研究所	教授
张国强	济南华菱药业有限公司	高级工程师
张怡明	山东省实验中学	高级教师
张战朝	济南市环境保护科学研究所	高级工程师

续表13—4—15—5

姓名	工作单位	职称
张德利	山东宏达科技集团有限公司	高级工程师
陈圣仟	济南市勘察测绘研究院勘察工程部	高级工程师
陈启祥	济南钢铁集团股份有限公司	研究员
陈雪珊(女)	济南市邮政局信息技术中心兼电子邮政局	工程师
陈殿军	济南师范学校附属小学	中学高级教师
陈黎青	济南日报报业集团	高级编辑
邵　莉(女)	济南市规划设计研究院	主任工程师、高级工程师
武海燕	济南外国语学校年级部	中学高级教师
岳庆祝	济南市第四人民医院	主任医师
周家琮	山东博世磨具实业有限公司	高级经济师
庞洪才	商河县实验中学教导处	中学高级教师
郑明万	济南市市政工程设计研究院有限责任公司道桥一所	高级工程师
房立新	平阴县第一中学教科室	中学高级教师
赵培录	济南炼油厂	教授级高级工程师
赵新坤	济南市历丰春夏大白菜研究所	园艺师
赵瑞东	浪潮集团有限公司	高级工程师
荀建国	济南市环境保护监测站	高级工程师
荣兰祥	山东蓝翔职业技能培训学校	
钟红军(女)	山东省实验中学政教处	中学高级教师
段　林	济南市建筑设计研究院二所	高级建筑师
姜　英(女)	济南市体育运动学校射击馆	高级教练
宫露霞(女)	济南市妇幼保健院	主任医师
祖绮颖(女)	济南市儿童艺术剧院	二级演员
贺建峰	济南钢铁集团总公司技术中心	高级工程师
聂文英(女)	济南市妇幼保健院新生儿听力康复筛查中心	副主任医师
贾会述	济南二机床集团有限公司数控机床公司	高级工程师
贾瑞宝	济南市给排水监测站	研究员
夏季亭	山东英才职业技术学院	研究员
徐立友	济南市中心医院普外二科	副主任医师
席玉坤	济南市扶贫开发办公室	研究员
唐锡炳	济南市教学研究室	中学高级教师
曹美花(女)	济南市畜牧兽医研究所	研究员
崔桂军	济南电视台新闻中心统筹策划科	高级编辑
康文明	济南市长清区供电公司	高级工程师
董宝利	济南钢铁集团设计院工艺设备科	高级工程师
韩　凯	章丘市中医医院	副主任医师

续表13—4—15—6

姓 名	工 作 单 位	职 称
韩乃家	章丘市人民检察院检察技术科	副主任法医师
韩国俊(女)	山东德义律师事务所	一级律师
温增利	济南元首针织股份有限公司	高级政工师
蔡漳平	济南钢铁集团总公司	高级工程师
臧崇运	济南二机床集团有限公司压力机公司机械设计一室	高级工程师
谭秀卿	中国重汽集团技术发展中心	高级工程师
潘玉堂	济南市长清区实验小学	中学高级教师

济南市第九批(2008年)专业技术拔尖人才一览表

表13—4—16

姓 名	工 作 单 位	职 称
丁小秋	济南市儿童艺术剧院	一级演员
于名讯	五三研究所	副总工程师、研究员
于金明	山东省肿瘤防治研究院	研究员
于晓平	济南职业学院教务处	教授
马 健	济南燃烧新技术开发有限公司	工程师
马 磊	山东山大鸥玛软件有限公司	研究员
马素刚	济南市知识产权局	会计师
孔北华	山东大学齐鲁医院	主任医师、教授
孔庆忠	山东蓝金生物工程有限公司	教授
孔祥敏	中共济南市委党校科研部	教授
尹永波	济南市水产技术推广站	高级工程师
方润刚	山东省汇丰机械集团总公司	工程师
牛 斌	济南友邦恒誉科技开发有限公司	工程师
牛守明	济南市勘察测绘研究院	总测绘师、高级工程师
王 良	积成电子股份有限公司	研究员
王 警	济南市规划设计研究院	研究员
王太明	山东省林业科学研究院	研究员
王军政	济南市公安局市中分局刑警大队	主任法医师
王伯之	济南重工股份有限公司	高级工程师
王启涛	济南市体育运动学校	高级教练
王沛忠	济南第六职业中专	中学高级教师
王国富	济南市工程质量与安全生产监督站	研究员
王建军	济南水业集团有限责任公司调度质检部	高级工程师
王念强	济南市胜利大街小学	小学高级教师
王泽贤	济南育英中学	中学高级教师

续表13－4－16－1

姓 名	工 作 单 位	职 称
王英龙	山东省科学院、山东省计算中心	研究员
王品木	济钢高级中学	中学高级教师
王春堂	济南同圆建筑设计研究院有限公司	副总建筑师、高级建筑师
王崇杰	山东建筑大学	教授
王跃进	济南市人民检察院检察技术处	调研员、主任法医师
韦辛夷	济南市文联文学创作研究室	一级美术师
史勇春	山东省科学院开发处	研究员
史振文	济南二机床集团有限公司设计室	高级工程师
左伯海	济南市皇亭业余体育学校	高级教练
左金良	济南市第四人民医院骨科	主任医师、教授
申文明	山东力诺瑞特新能源有限公司	工程师
申作伟	山东大卫国际建筑设计有限公司	研究员
申培轩	济南工程职业技术学院	教授
刘　奎	济南市旅游建筑设计院	高级建筑师
刘　莹(女)	济南市经五路幼儿园	中学高级教师
刘　堃	山东省实验中学	中学高级教师
刘子栋	济南市中心医院	主任医师、教授
刘汉龙	山东双泉散热器有限公司	高级经济师
刘玉芬(女)	济南市中医医院眼科	主任医师
刘兆辉	山东省农业科学院土壤肥料研究所	研究员
刘传锋	济南市市政工程设计研究院有限责任公司	高级工程师
刘建东	济南园林开发建设集团	高级工程师
刘建军	山东省农业科学院作物研究所	研究员
刘金水	章丘四中	中学高级教师
刘晓钟	中共济南市委党校	教授
刘爱华	济南市公安局刑警支队	副处级侦查员
刘新民	中国联通济南分公司	高级经济师
吕学江	章丘市实验中学	中学高级教师
吕亮功	中国石化济南分公司	教授级高级工程师
孙　玮	济钢集团股份有限公司中厚板厂	高级工程师
孙卫华	济钢集团股份有限公司技术中心	研究员
孙玉萍(女)	济南市中心医院肿瘤科	主任医师
庄　革	山东三龙智能技术有限公司	工程师
曲秀国	济南市群众艺术馆	副研究馆员
朱玉廷	济钢集团股份有限公司原料处	研究员
朱剑英(女)	济南市畜产品质量安全监测中心	研究员
江秀花(女)	济南二机床集团有限公司压力机公司研发部	研究员

续表13—4—16—2

姓 名	工 作 单 位	职 称
许景伟	山东省林业科学研究院科研部	研究员
邢庆毅	济南四建(集团)有限责任公司	总工程师、研究员
闫家河	商河县林业局	高级工程师
张　波	山东万斯达集团有限公司	高级工程师
张　玲(女)	山东明仁福瑞达制药有限公司	总经理、研究员
张　健	济南市公安局刑警支队	高级工程师
张　新	山东经济学院信息管理学院	教授
张元福	济钢集团股份有限公司自动化部	高级工程师
张华松	济南社会科学院	教授
张克宏	山东省实验中学	中学高级教师
张克杰	济南市公安局历下区分局刑警副大队长	副主任法医师
张志刚	济南二机床集团有限公司	教授级高级工程师
张金宝	济南市教育科学研究所	中学高级教师
李　钢	山东金洲科瑞节能科技有限公司	工程师
李卫红(女)	济南第三中学	学高级教师
李人秋(女)	济南市环境保护监测站	研究员
李天铎	山东轻工业学院科技处	教授
李月苓(女)	济南市林果技术推广站种苗科	研究员
李永俊	中国重汽济南卡车公司技术部	高级工程师
李宇兵	山大华天科技股份有限公司	研究员
李国忠	济南大学材料学院材料科学系	教授
李国栋	中国人寿保险股份有限公司济南市分公司	高级经济师
李明旺	平阴县实验中学名师室	中学高级教师
李相伟	中国重汽济南卡车有限公司技术部	高级工程师
李胜伟	山东佳宝集团	
李爱华(女)	济南市东方双语实验学校教务处	中学高级教师
李瑞勇	济南市青少年宫	研究馆员
杜　毅	济南市口腔医院口腔内科	主治医师
杜书念(女)	济南第九中学教研室	中学一级教师
杜世勇	济南市环境保护监测站	研究员
杜贞栋	山东省水利科学研究院	研究员
杜晓涛	济南市历下区人民检察院	
杜喜亮	济南技术学院	中学高级教师
杨　文(女)	山东英才学院	研究员
杨兴永	济南市甸柳第一小学	小学高级教师
杨红红(女)	济南市市政工程设计研究院有限责任公司	研究员
杨家芳	济南重工股份有限公司	总工程师、高级工程师

续表13—4—16—3

姓名	工作单位	职称
杨崇良	山东省农科院植保所	研究员
杨福安	山东福胶集团有限公司	研究员
汪运山	济南市中心医院医学实验诊断中心	主任医师、教授
肖水清	济南市口腔医院正畸科	副主任医师
邵　莉(女)	济南市规划设计研究院创作室	研究员
邵先平	济南市交通局技工学校	高级实习指导教师
邵明天	济钢集团股份有限公司第三炼钢厂	高级工程师
陈士俊	济南市传染病医院	主任医师
陈兰广	商河县农业局种子站	高级农艺师
陈岱云(女)	济南大学法学院	教授
陈黎青	济南日报报业集团	高级编辑
周光前	济南市产学研协作管理服务中心	研究员
周惠敏(女)	山东慧敏科技开发有限公司	研究员
岳庆祝	济南市第四人民医院	主任医师
武朝菊(女)	济南市国有苗圃	工程师
罗明顺	济南一机床集团有限公司	高级工程师
苗荣华	济阳县济北小学	中学高级教师
范传文	齐鲁制药有限公司合成室	高级工程师
金子明	五三研究所科研室	研究员
侯宗来	济南市第三人民医院影像中心	副主任医师
侯源红(女)	济南供电公司设计院	副总工程师、高级工程师
姚金水	山东轻工业学院材料学院	教授
姜　甦	济南市槐荫人民医院	主任医师
姜国胜	山东省医学科学院基础医学研究所	研究员
贺艳丽(女)	山东博士伦福瑞达制药有限公司	研究员
赵传庆	济南市农业质量检测中心	研究员
赵家军	山东省立医院 内分泌科	主任医师、教授
赵新坤	济南市立丰春夏大白菜研究所	高级农艺师
郝京梅(女)	山东省济南师范学校	高级讲师
钟红军(女)	山东省实验中学政教处	中学高级教师
唐　波	山东师范大学	教授
唐锡炳	济南市教学研究室	中学高级教师
席玉坤	济南市扶贫开发办公室	研究员
徐　群	济南国家信息通信国际创新园管委会	高级工程师
秦庆武	山东省社科院农村发展研究所	研究员
耿　谦	济南市规划设计研究院规划一所	高级工程师
贾　磊	山东大学	教授

续表13-4-16-4

姓 名	工 作 单 位	职 称
贾会述	济南二机床集团数控机床公司	总工程师、高级工程师
贾如意	济南市第四人民医院心内科	主任医师、教授
贾堂宏	济南市卫生局	主任医师、教授
贾瑞宝	济南市供排水监测中心	研究员
郭农建	济南市中心医院	主任医师
郭庆勇	济南市人防工程管理中心	高级经济师
郭百灵(女)	济南市第二人民医院	主任医师
郭道胜	章丘市教育局教育科学研究所	中学高级教师
高宝玉	山东大学环境科学与工程学院	教授
崔　巍	济南社会科学院	助理研究员
崔士起	山东省建筑科学研究院、建筑结构研究所	副总工程师、研究员
崔家新	济南市园林管理局规划建设处	高级工程师
常金月	山东玉泉集团股份有限公司	高级经济师
康文明	长清区供电公司	高级工程师
曹晓岩	济南四建(集团)有限责任公司	研究员
黄　晨	济南人民广播电台	一级音乐编辑
黄万强	济南外国语学校办公室	中学高级教师
黄淑玲(女)	山东九阳小家电有限公司	讲师
龚跃年	中国重汽集团公司技术中心	高级工程师
程　菊(女)	济南市教学研究室中学	高级教师
程　新	济南大学	教授
蒋雪艳(女)	济南职业学院宣传统战处	副教授
韩　凯	章丘市中医医院	副主任医师、教授级高级政工师
韩　美(女)	山东师范大学地理系	教授
韩民青	山东省社科院	研究员
韩金祥	山东省医学科学院	研究员
韩相河	山东省实验中学教导处	中学高级教师
褚爱华(女)	济南第十四中学	中学高级教师
樊　琦(女)	济南同圆建筑设计研究院有限公司信息中心	高级建筑师
潘玉堂	济南市长清区实验小学	中学高级教师
潘鲁生	山东工艺美术学院	教授
薛兴海	济南市公共交通总公司	高级工程师
戴炳光	济南市第四人民医院心外科	主任医师
魏　琳	济南银星纸业有限公司	总工程师、高级工程师
魏　琴(女)	济南大学化学化工学院	教授

第六节 济南市青年学术技术带头人

1999年9月，济南市人民政府发布《济南市青年学术技术带头人选拔管理暂行办法》，在全市范围内选拔青年学术技术带头人。至2007年12月，共选拔出四批青年学术技术带头人。第一批，2000年10月，80人；第二批，2002年6月，106人；第三批，2006年1月，85人；第四批，2007年12月，60人。

济南市第一批(2000年)青年学术技术带头人一览表

表13—4—17

姓名	工作单位	职称
谢祥科	济南一机床集团有限公司技术部设计室	高级工程师
刘　川	济南二机床集团有限公司技术开发部	高级工程师
赵晋荣	济南二机床集团有限公司技术开发部	高级工程师
宋四全	济南二机床集团有限公司技术开发部压力研究所	高级工程师
崔曰轩	济南二机床集团有限公司技术开发部	高级工程师
王俊炜	济南二机床集团有限公司铸机分公司	高级工程师
黄　玮	济南二机床集团有限公司技术开发部	高级工程师
江秀花(女)	济南二机床集团有限公司技术开发部	高级工程师
刘强华	济南二机床集团有限公司技术开发部	高级工程师
刘启武	济南二机床集团有限公司进出口处	经济师
陈召宝	济南试金集团有限公司研究所摩擦磨损室	高级工程师
王旭东	济南试金集团有限公司车辆测试技术开发分公司	工程师
刘庆亮	山东小鸭集团有限责任公司	总工程师、高级工程师
闵令民	山东三塑集团有限公司济南中得利土工合成材料有限公司	高级工程师
魏　军	济南制锁总厂	工程师
曹善文	济南化纤总公司技术开发中心	高级工程师
张安顺	济南鲁思达纺织机械有限公司	高级工程师
邵玉振	济南市市政工程设计研究院	副总工程师、高级工程师
崔　伟	济南市自来水公司	
潘　军	济南市规划设计研究院	高级工程师
姜　勇	济南市中心医院外科兼神经外科	副主任医师
汪运山	济南市中心医院生物治疗中心	副主任医师
高　天	济南市中心医院友谊血液净化中心	馆员
李晓红(女)	济南市中心医院内科	副主任医师、山东大学神经病学硕士研究生导师、副教授
郭农建	济南市中心医院	副主任医师
孙玉萍(女)	济南市中心医院内科	副主任医师
苏国海	济南市中心医院生物治疗中心	副主任医师

续表13—4—17—1

姓 名	工 作 单 位	职 称
孙　华(女)	济南市中心医院急症科	主管护师
贾如意	济南市第四人民医院内科	副主任医师
许孝新	济南市第四人民医院胸外科	副主任医师
苑广盈	济南市第四人民医院检验科	主管技师
周华江	济南市第四人民医院骨科	主治医师
张军芳	济南市农业局植物保护站	高级农艺师
赵传庆	济南市农业局农业技术推广站	农艺师
张志华	济南市水利勘察设计院	工程师
王文军	济南市蔬菜技术推广服务中心蔬菜良种繁育场	高级农艺师
刘继冰	济南市泉星种业集团总经理、市农业技术推广中心	高级农艺师
马　战	济南动物园饲养队	工程师
杜世勇	济南市环保科研所	高级工程师
冷家峰(女)	济南市环保科研所	工程师
谢立国	济南市广播电视网络中心(公司)	高级工程师
李凤水	山东明天信息产业集团技术部	工程师
刘　新	济南市体育运动学校	高级教练
李继红(女)	济南市皇亭业余体校	高级教练
冯　娟(女)	济南市体育运动学校	高级教练
曹　萌	济南联合大学中文系	教授
谢瑞峰	济南联合大学财经系	副教授
郭培全	济南联合大学科研处	副教授
陆　敏	济南联合大学地理系	副教授
韩继曼(女)	济南联合大学机电系	讲师
石万鹏	济南教育学院中文系	副教授
张华松	济南教育学院学报	副教授
陆泽贵	济南市教学研究室	中学高级教师
张　琳(女)	山东省实验中学外语	中学高级教师
苏庆华	山东省实验中学	一级教师
王旭玲(女)	济南市委党校基础教研部	副教授
冯　雷	济南市委党校马列所	副教授
邢乐成	济南市社会科学院	研究员
王　革	山东元隆生物技术有限公司	研究员
张成如	济南开发区星火科学技术研究院	副教授
吴耀华	济南开发区兰剑科技开发公司	副教授
周大水	济南得安计算机技术有限公司	总工程师、副教授
张　昕	历下区东关办事处、山东省华园兽药总厂	经济师
蒋文献(女)	历下区教委	小学高级教师

续表13—4—17—2

姓名	工作单位	职称
路美荣	槐荫区吴家堡镇	农艺师
王　芃(女)	济南第二十中学	中学一级教师
段青英(女)	天桥区农委副主任、桑梓店镇	工程师
郑尔春	天桥区新苑小学	小学高级教师
王钢城	历城区人民政府教育督导	中学高级教师
党光福	章丘市第二人民医院	主治医师
韩　凯	章丘市人民医院	主治医师
李承刚	章丘市第四中学	中学高级教师
吕学江	章丘市第二实验中学	中学高级教师
潘玉堂	长清县教委教研室	中学高级教师
李降龙	长清县农业局种子站	高级农艺师
李子春	平阴县水利局工程站	工程师
丁明会	平阴县农机局农业机械推广站	工程师
王京娥(女)	山东福胶集团有限责任公司	副主任中药师
徐　波	商河县农业局、良种棉加工厂	农艺师
陈兰广	商河县农业局种子管理站	农艺师

济南市第二批(2002年)青年学术技术带头人一览表

表13—4—18

姓名	工作单位	职称
俞成虎	济南一机床集团有限公司技术部	高级工程师
侯兰波	济南一机床集团有限公司	高级工程师
郭志军	济南一机床集团有限公司技术部工艺所	工程师
赵怀军	济南二机床集团有限公司技术开发部	高级工程师
李文涛	济南二机床集团有限公司技术开发部	高级工程师
董爱珍(女)	济南二机床集团有限公司技术开发部	
黄　宁	济南二机床集团有限公司技术开发部	工程师
张德合	济南二机床集团有限公司技术开发部	工程师
门　勇	济南二机床集团有限公司技术开发部	高级工程师
程永全	济南试金集团有限公司车辆检测技术开发分公司	高级工程师
郝　波	山东小鸭集团热水器有限公司	高级工程师
梁俊凯	山东小鸭集团有限责任公司技术中心	工程师
白宗海	山东小鸭集团热水器有限公司	助理经济师
张丽红(女)	济南妮奥针织有限公司	总工程师、高级工程师
王玉文	济南第一棉纺织厂生产部	高级工程师
秦贵昌	济南齐鲁化纤集团有限责任公司	高级工程师

续表13—4—18—1

姓名	工作单位	职称
吴兆栋	济南裕兴化工总厂技术中心科研开发部	工程师
张季明	济南裕兴化工总厂	工程师
伦立军	济南宏济堂制药有限责任公司	高级工程师
宋宪梓	山东东方药业集团有限公司	高级工程师
李玉生	中国重汽集团技术发展中心产品所	高级工程师
潘书军	中国重汽集团济南卡车有限公司特种车厂	总工程师、高级工程师
冯延勇	中国轻骑集团济南轻骑股份有限公司生产技术部	高级工程师
曹晓岩	济南四建(集团)有限责任公司	高级工程师
杨承林	山东三箭置业集团有限公司国际经济技术合作公司	工程师
周星升	济南市规划设计研究院规划设计一室	高级工程师、注册规划师
牛长春	济南市规划设计研究院规划一室	工程师、注册规划师
闫怀忠	济南市环保科研所大气环境地面自动监测站	高级工程师
杜风铎	济南市土地监察大队	高级工程师
崔家新	济南市园林规划设计院	高级工程师
段振峰	济南市农业环境保护站	高级农艺师
王学成	济南市泉星种业集团	高级农艺师
杨传胜	济南市泉星种业集团种苗研究所	高级农民技师
孙汉友	济南市农业科学研究所瓜菜开发中心	高级农艺师
李秀深	济南市植物保护站副站长、市农药检定所	农艺师
张文亮	济南市农机修配管理站	高级工程师
赵德岭	济南市计划节约用水办公室水资源管理科	工程师
袁传溪	济南市畜牧兽医研究所	高级畜牧师
刘海江	济南市畜牧局饲料检测站	高级畜牧师
赵　西	济南市蔬菜技术推广服务中心技术推广站	农艺师
栾贻宏	济南维尔康食品有限公司生化药厂	高级工程师、执业药师
刘　罡	济南市群众艺术馆	三级美术师
刘金凤(女)	济南市杂技团	一级演员
袁　冬	济南电视台制作部	工程师
袁晓东(女)	济南电视台	制片人、编辑
隗　铜	济南电视台新闻部	记者
许　莉(女)	济南人民广播电台新闻中心	记者
黄　晨	济南人民广播电台文艺部	二级音乐编辑
李洪伟	济南人民广播电台新闻中心	记者
毛伟宾(女)	济南教育学院培训处、教育管理系	副教授
王勇进	济南市第六职业中专微机教研组	中学高级教师
郑玉香(女)	济南七中教育处	中学高级教师
包绍青(女)	济南教研室	中学高级教师

续表13—4—18—2

姓 名	工 作 单 位	职 称
韩相河	山东省实验中学数学教研组	中学高级教师
张谊和	山东省实验中学教研室	中学高级教师
王品木	济钢高级中学	中学高级教师
姜仲平	济南旬柳第一中学教研室	中学高级教师
褚爱华(女)	济南第二十七中学数学教研组	中学一级教师
芦令超	济南大学材料学院	教授
曲守宁	济南大学信息学院	副教授
李金屏	济南大学信息学院模式识别与智能系统研究所	教授
陈学中	济南大学管理学院	教授
周长利	济南大学化学与环境工程学院	副教授
隋卫平(女)	济南大学化学与环境工程学院	副教授
翟利民	济南大学化学与环境工程学院	讲师
崔焕勇	济南大学机械学院	讲师
林吉玲(女)	济南大学文学院	教授
张　弘	济南大学文学院	副教授
王本法	济南大学社会科学学院	副教授
董文芳(女)	济南大学社会科学学院	副教授
董学仁	济南大学科技处	副教授
王　志	济南大学教务处	教授
李　云	济南市中心医院内科	副主任医师
朱　彬	济南市中心医院友谊血液净化中心	主治医师
张　涌(女)	济南市中心医院神经内科	主治医师
徐立友	济南市中心医院普外科	副主任医师
张玉光	济南市第二人民医院眼四科	副主任医师
张　晗	济南市第二人民医院眼一科	副主任医师
刘士懂	济南市第三人民医院外二科	副主任医师
侯庆源	济南市第三人民医院	副主任药师
王鲁军	济南市第三人民医院	主治医师
段德臣	济南市第四人民医院外二科	副主任医师
张玉洁(女)	济南市第四人民医院中医科	副主任中医师
姜忠强	济南市儿童医院特检科	副主任医师
张乐海	济南市儿童医院检验科	副主任技师
陈丽霞(女)	济南市中医医院医务科	副主任中医师
王　磊	济南市传染病医院一科	主任医师
盖中涛	济南市传染病医院六科	副主任医师
迟兴臣	济南市委党校马列(市情)研究所	副教授
刘义生	济南市人民政府外事办公室	

续表13—4—18—3

姓名	工作单位	职称
赵爱波	山东神思电子系统有限公司	总工程师、高级工程师
孙　蓉(女)	济南杏林生物技术有限公司	助理研究员
曲英章	中国兵器工业第五三研究所第七科研室	高级工程师
翟　文	中国兵器工业第五三研究所一室	高级工程师
孙　敏	中国兵器工业第五三研究所计量办、科研处	高级工程师
冀克俭	中国兵器工业第五三研究所第六科研室	研究员级高级工程师
裘理仁	中国兵器工业第五三研究所民品开发处	高级工程师
魏化震	中国兵器工业第五三研究所第二科研室	高级工程师
杨春兵	中国兵器工业第五三研究所生产处	高级工程师
李长江	山东鲁宏塑窗机械集团总公司	副总工程师、高级工程师
马其忠	章丘市起重机厂	总工程师、工程师
韩乃家	章丘市人民检察院检察技术科	副主任法医师
张　华	章丘市人民医院五官科、口腔外科	主治医师
李光军	章丘市公路管理局、工程处	总工程师、工程师
闫培岭	济南市特种锅炉厂	总工程师、高级工程师
卢本荣(女)	平阴县林业局林业站	工程师

济南市第三批(2006年)青年学术技术带头人一览表

表13—4—19

姓名	工作单位	职称
万学道	济南市农业信息中心	高级工程师
马　刚	济南市教学研究室	小学高级教师
马　凝(女)	济南电视台新闻中心采访组	编辑
马晓丽(女)	济南市中心医院	副主任技师
王　平	济南职业学院物理系主任	副教授
王　旭	济南市第二人民医院	主治医师
王　玫(女)	济南市大明湖路小学幼儿园	小学高级教师
王　岱(女)	山东省实验中学	中学高级教师
王　涛(女)	济南市第四人民医院	副主任医师
王少辉	济南市长清区教育局	小学高级教师
王凤利	济南二机床集团有限公司	工程师
王世君	济南裕兴化工总厂	副总工程师、高级工程师
王吉文	济南日报报业集团时事部	编辑
王伟才	济南电视台制作部	高级工程师
王启涛	济南市体育运动学校	一级教练
王志国	济南市环境保护科学研究所科研开发科	高级工程师

续表13—4—19—1

姓 名	工 作 单 位	职 称
王建军	济南供水集团总师办	高级工程师
王洪杰	济南市第四人民医院	主治医师
王海龙	济南市市中区检察院	
王尊虎	济南锅炉集团有限公司	高级工程师
王德元	章丘市规划设计研究院	工程师
牛守明	济南市勘察测绘研究院	总测绘师、高级工程师
石　磊(女)	山东省实验中学	中学高级教师
卢兆霞(女)	济南市水政监察大队水政监察科	高级工程师
叶朝辉(女)	济南二机床集团有限公司	高级工程师
曲铭海	济南正昊化纤新材料有限公司技术中心	工程师
吕　宁	济南市信息产业局信息化推进处	工程师
朱自宏	中国重汽集团济南铸造中心铸造一车间	工程师
朱晓蕾(女)	济南市蔬菜技术推广服务中心	农艺师
朱崇军	山东省实验中学	中学高级教师
乔庆勇	济南市农业机械技术推广中心推广科	高级工程师
仲伟政	济南市勘察测绘研究院研究开发部	高级工程师
刘玉栋	济南市当代小说编辑部、市作协	文学创作二级
闫　军	济南市皮肤病防治院药剂科	主管药师
安　丽(女)	济南市中心医院	副主任医师
许海峰	济南社科院	副研究员
牟利宁(女)	济南市中心医院涉外病房	副主任护师
孙玉萍(女)	济南市中心医院肿瘤科	副主任医师
孙礼亮	山东省济北中学教育处	中学一级教师
孙苌青	济南日报报业集团摄影中心	记者
孙迎辉	商河县教学研究室	中学高级教师
孙茂盛	济南市皇亭业余体育学校	一级教练
杜书念(女)	济南第九中学教育科研室	中学一级教师
杜付桂	山东小鸭集团济南英特制冷有限公司	工程师
李　力	济南四建(集团)有限责任公司	高级工程师
李　龙	济南市市中区检察院公诉科	四级检察官
李　岩	济南市皇亭业余体育学校	高级教练
李志强	济南第八中学	高级教师
李国强	济南时报	副总编辑、编辑记者
李晓云(女)	济南中学	中学高级教师
李铁军	济南市公安局市中区分局刑警大队技术中队	高级工程师
杨兴存	济南高新区齐鲁机电产业园发展中心	高级工程师

续表13—4—19—2

姓名	工作单位	职称
杨晓刚	济南画院	二级美术师
邹秀荣(女)	济南幼儿师范学校	高级讲师
初卫青(女)	济南第五十八中学	中学一级教师
张　明	山东嘉华文化国际旅行社	总经理
张　波	济南市土地储备交易中心	助理工程师
张　波	济南市公安局天桥区分局刑警大队	主检法医师
张　济	济南市疾病预防控制中心	副主任医师
张　继	济南市文联文学创作研究室	文学创作一级
张　燕(女)	章丘市中医院疼痛科	副主任中医师
张　馨(女)	济南市小辛庄小学	小学高级教师
张龙洋	济南市中心医院泌尿外科	副主任医师
张运贵	济南市第四人民医院	副主任医师
张克杰	济南市公安局历下区分局刑警大队	副主任法医师
张绍光	济南市第二人民医院	主管技师
陈仲圣	山东山水水泥集团有限公司	工程师
陈健新	济南电视台纪录片创作室	主任记者
金　刚	济南市委党校科研处	讲师
郑　瑜(女)	济南第六十八中学	中学一级教师
赵传庆	济南市农业技术推广站	高级农艺师
赵英明	济南日报报业集团经济新闻中心	记者
秦　巧(女)	济南市歌舞剧院歌舞团	二级演员
贾东荣	山东英才职业技术学院民办高等教育研究所	副教授
贾绪兰(女)	济南市长清区实验幼儿园	小学高级教师
高　虎	济南市体育运动学校	一级教练
曹生印	济南第一中学教研组	中学高级教师
康　江	济南市水利局防汛抗旱指挥部	高级工程师
盖永建	中国重汽集团济南卡车公司车身厂	高级工程师
韩风云(女)	平阴县实验小学年级部	小学高级教师
韩春亭(女)	济南市杂技团	一级演员
鲍红升	济南一机床集团有限公司设计室	工程师
潘洪艳(女)	山东省实验中学	一级教师
鞠正江	济南市委党校经管教研部	讲师
魏　琳	济南银星纸业有限公司	总工程师、高级工程师

济南市第四批(2007年)青年学术技术带头人一览表

表13—4—20

姓名	工作单位	职称
丁惟云	中国重汽集团有限公司技术发展中心整车二所	高级工程师
于俊峰	中国重汽集团有限公司技术发展中心整车二所	高级工程师
于桂莉(女)	济南第三职业中专	中学高级教师
马　驈	济南燃烧新技术开发有限公司	工程师
尹燕东	平阴县人民医院	副主任医师
王智新	济南时报体育部	记者
王德勇	山东科创律师事务所	三级律师
付资兑	山东宏达科技集团有限公司	工程师
史振文	济南二机床集团有限公司数控机床公司	高级工程师
甘海南	山东十方圆通环保有限公司	高级工程师
白若琬(女)	山东博士伦福瑞达制药有限公司	高级工程师任
传　猛	济南市农业环境保护站	高级农艺师
刘文斌	济南同圆建筑设计研究院有限公司	高级建筑师
刘汉路	济南外国语学校	中学一级教师
刘明华(女)	济南市东方双语实验学校	中学一级教师
刘　健	济南市环保监测站	高级工程师
刘景浩	济南齐鲁软件园发展中心	工程师
刘新华(女)	济南市环境保护信息中心	工程师
刘曦灿	济南市勘察测绘研究院	高级工程师
孙金葵	济南实验初级中学	中学高级教师
孙　桦	章丘市农业局环保站	农艺师
安　勇	济南市传染病医院	副主任医师
吴学军	中共济南市委党校	副教授
张兴龙	济南市长清区农业局	农艺师
张洪河	济南市长清区林业局	高级工程师
张桂兰(女)	济南社会科学院	副研究员
张　涌(女)	济南市中心医院	副主任医师
张继平	平阴县第一中学	中学高级教师
张　萍(女)	济南师范学校附属小学	中学高级教师
张强盛	济南电视台	工程师
张　锋	山东省汇丰机械集团总公司	工程师
李卫红(女)	济南第三中学	中学高级教师
李　明	济南卫生学校	实验师
李俊鹏	章丘市教育局	中学一级教师
李洪伟	济南电台新闻中心	主任记者

续表13—4—20

姓 名	工 作 单 位	职 称
李晓俊	济阳科纳技术有限公司	副研究员
杨宏丽(女)	济南市教学研究室	中学高级教师
杨冠华(女)	济南二机床集团有限公司	工程师
杨继明	济南第五十一中学	中学一级教师
邱兆学	济南广播电视大学	高级会计师
陈永江	中国重汽集团有限公司济南卡车公司	工程师
陈学杜	济南市历城第一中学	中学高级教师
陈黎明	济南市实用菌工作站	农艺师
武继锋	济南市公安局刑警支队	工程师
范立王乐(女)	济南师范学校	高级讲师
姚焕玲(女)	济南一机床集团有限公司	高级工程师
姚慧源(女)	济南第六十八中学	中学一级教师
祝荣烈	济南天齐特种平带有限公司	高级工程师
胡朝龙	山东小鸭集团济南英特制冷有限公司	工程师
荣元文	济南市体育运动学校	高级教练
赵志文	济南市体育运动学校	一级教练
赵 峰	济南市体育运动学校	一级教练
赵德岭	济南市水利局水政监察大队	高级工程师
郜连君(女)	山东小鸭集团济南英特制冷有限公司	工程师
袁小冬(女)	济南电视台都市频道	主任记者
钱 雪(女)	山东博士伦福瑞达制药有限公司	高级工程师
高 洁(女)	山东省实验中学	中学高级教师
谢兆水	济南市历城区教研室	小学高级教师
薛 原	济南市历下区教育局	中学一级教师
薛善忠	山东省济北中学	中学高级教师

第五篇　科技管理与体制改革

第一章　科技计划管理

第一节　科技规划

1957年前，济南市从未编制过科技规划。1958年济南市科委开始负责科技规划管理工作，到1985年共编制5个综合性中期规划，即到1985年编制完成《济南市“七五”科学技术发展规划》。

一、济南市“八五”科学技术发展规划

（一）指导思想。认真贯彻党的十三届七中全会精神，继续执行“经济建设必须依靠科学技术，科学技术工作必须面向经济建设”的战略方针，紧密围绕济南市“科教兴市”及国民经济和社会发展第八个五年计划对科学技术的要求，继续深化科技体制改革，使科技工作进入经济建设主战场，以应用科学技术研究为主，加快高技术产业的发展，推进产品结构调整，提高经济效益，保持经济持续、稳定、协调发展，为实现济南市经济和社会发展的总体战略目标服务；为“九五”期间国民经济发展提供必要的技术储备。

（二）发展目标。依靠科技进步使全市的工农业生产技术水平有明显提高，科技进步在工业经济增长中的比重为45%～50%，预计“八五”期间，依靠科技成果的推广应用，全市工农业总产值累计增加50亿元～60亿元，增加效益约12亿元～14亿元。

（三）主要任务。全市纳入专项科技规划的项目1000项，其中，列入市“八五”重点科技发展规划的科研攻关项目139项。如按计划全面实施，形成生产能力后，将新增产值39.3亿元。

农业科学技术的研究与开发。围绕济南市农村经济的发展目标，针对制约全市农村经济发展的主要因素，组织各方面的力量联合攻关，重点抓好粮、棉、油和菜篮子工程，增加农作物单位面积产量，合理利用资源，保护农业生态，增强抗御自然灾害的能力，加强产前、产中、产后的科技服务，力求农村经济跨上新的台阶。

工业新技术的研究与开发。集中力量解决好工业生产中的技术关键，优化产品结构，提高经济效益，使济南市传统工业和基础工业的技术水平再提高一大步。主要任务：抓好高档次新产品的研制，引进技术的消化吸收，重大技术难题的协作攻关，科技成果的推广应用。着重抓好10个方面104个重点项目：机械工业、汽车改装工业、电子工业、化学工业、纺织工业、造纸工业、食品工业、建材工业、轻工业、医药工业。

高新技术的研究与开发。加快适用高技术的研究开发，使其渗透到经济发展各个领域，尽快形成一定规模、具有较强辐射力的技术群，逐步建立起一批在国民经济发展中起重要作用的新、高技术产业。并重点抓好下列领域的发展：微电子与计算机技术、生物工程技术、新材料技术、其他高技术。

关系社会发展的重大科技问题的研究开发。节能技术研究，环境保护科学技术的研究，城市建设技术开发与应用，医疗卫生事业科学技术的研究开发。

软科学研究。围绕济南市经济、科技、社会发展的战略方针和重大问题，研究依靠科技进步振兴经济的政策与措施，研究增强济南市科技实力、促进科技与经济紧密结合的有关政策，研究提出各项体制改革中出现的重大政策问题，对重大经济建设、引进技术和科技攻关项目进行前期论证和可行性分析，研究新高技术的发展战略和经济、科技的现代化管理方法，提高宏观决策和管理水平。

科技成果的推广应用。“八五”期间全市科技成果的推广应用率80%以上。重点要抓好国家和省科技推广计划的落实和实施，并要抓好列入市推广计划的项目，每年从上一年科技成果中重点推广20～30项，要逐项落实，全面实施。成果推广工作要与各行各业的技术改造和新产品开发更好地结合起来，使其取得更快更好的经济效果。抓好“星火计划”和“火炬计划”的组织实施。

二、济南市“九五”科学技术发展规划

（一）指导思想。以党的十四大精神和邓小平建设有中国特色社会主义理论为指针；以省委、省政府《关于加强科技进步推动经济发展的决定》《山东省科学技术进步条例》和济南市《科技兴市战略方案》为依据，以济南市经济和社会发展规划为总目标，合理规划“九五”期间。2010年济南市科技发展适应市场经济需要，推动高新技术向国民经济、社会发展各项领域全面渗透，并促进发展的战略目标、战略重点和战略措施。促进科技与经济结合，加快济南市高新技术产业化、传统产业高新技术化、科技成果向现实生产力转化。

（二）主要内容。全面实施“八大科技工程”，实施“八大科技工程”是“九五”期间全市科技工作的主要任务。

高新技术产业化工程。加快高新技术产业化步伐，抓一批重大技术，带一批重点项目，形成一批新型产业，建立一批示范基地。重点抓好“3640”工程，即三条战线：高新技术产业开发区建设；嫁接改造传统产业，推进全市高新技术产业化上新的台阶；培植高新技术产业生长点，带动中小企业发展。六龙格局：进一步发展新材料产业、生物工程产业、电子与信息产业、机电一体化产业、高效节能产业、超细纤维及服装产业。四十项重点：10家高新技术企业；10家运用高新技术改造传统产业的试点企业；10家高新技术产业生长点；10项重大火炬计划项目。

工业科技进步工程。以提高老企业、培养新企业、塑造大企业组建产业集团，以提高工业科技进步和经济增长质量效益为目标，紧紧围绕济南市机械、电子、车辆、化工、纺织、轻工、节能环保、生物工程，扶持发展国家技术中心。

农业科技开发工程。农业新技术的研究开发，突出抓好良种产业化工程；实施星火计划，促进乡镇企业的科技进步；继续加强科技兴农示范基地和农业高新技术开发区建设，发挥样板作用，带动和推进济南市两高一优农业的发展。

社会发展科技工程。基本任务是在控制人口增长、保护资源环境、提高城市建设和管理水平、增强省会城市功能、改善人民生活质量等方面，发挥科技导向与支撑作用，重点抓好五项工作：推行“小康住宅工程”；提高城市公用事业现代化水平；加强环境保护，以治理“三废”为重点，开发污染治理技术、“三废”综合利用技术、清洁生产技术；积极稳步地推行饮用苦咸水淡化和秸秆气化工程；发展医药卫生事业，实施科技康乐工程，逐步建立适应城乡人民小康水平的卫生服务体系和健康

保健制度。

民营科技产业工程。积极引导民营科技企业向集团化、规模化、产业化方向发展；促进产品上档次、管理上水平。重点抓好三项工作：加快国家级济南民营科技产业园的建设；加强对全市民营科技企业的管理与服务，开展民营科技企业的认定工作；继续做好乡镇企业向科技先导型企业的转轨工作。

科技“金桥”工程。在科技与经济之间架起三座“金桥”：科技信息服务金桥、科技成果转化金桥、产学研金桥。

科技对外开放工程。加快科技对外开放步伐，积极引进国外先进技术、人才和资金，同时有计划地发展技术出口，重点抓好四件事：新建驻外科技“窗口”；组建“济南市对外科技交流中心”；组派对外科技考察团，并进行科技经贸活动；建立“济南市国际科技合作项目数据库”。

培养跨世纪人才工程。在“九五”期间培养“百千万”科技精英，即培养100名45岁以下，在专业技术方面具有国内先进水平的技术尖子和高科技带头人；培养1000名35岁以下，在各自学科领域具有较高造诣的成绩卓著的优秀科技人才；培养万名30岁以下基础扎实的复合型科技人才。

三、济南市“十五”科学技术发展规划

（一）发展战略。遵循科技与市场经济发展的客观规律，加强和完善政府的宏观调控与引导，突出科技的先导与支撑作用，全面落实科教兴市战略，充分调动科技人员创新创业的积极性，加强技术创新，加速科技成果专业化，建设科技强市，为顺利实现经济转型和步入知识经济时代夯实基础。

建立科学的创新体系。“十五”期间，充分发挥市场机制、竞争机制对科技进步和创新的引导、推动作用，发展与完善全市性的以企业为主导、产学研结合为手段、体制创新和机制发育为基本、高新技术赤产业化和传统产业改造提升为目的的创新体系，增强自主创新能力，开展更多的科技对外合作。用十年左右的时间，建成全国一流、具有鲜明地方特色的知识高地、人才高地和科技高地。

实现重点领域和关键技术的突破。加大科技投入，突出以高新技术开发区为龙头的创业基地建设，全力推进信息技术、生物技术、新材料技术等重点领域高新技术的突破，实现产业化规模的发展，培育发展一批在国内占领先地位、拥有自主知识产权的高科技项目和产品，推动外向型经济水平和质量的大幅度提高，形成有区域特色的新兴产业。

围绕全市产业结构调整和升级，准确把握调整的最关键和最迫切需求，用高新技术改造提升传统产业，壮大五个战略指导产业，培育一批以新兴产业为标志的经济增长点，转变经济增长方式。

推动高科技的综合集成应用。促进资源、环境、人口的可持续发展和经济与社会的协调发展，重点是加快高技术在农业、环保、金融、资讯、城建、医疗、商业、交通、资源等领域的应用与普及，提高国民经济综合素质和社会发展总体水平。

深化科技体制改革，建立科技、经济、社会协调发展的良性循环机制。重点是加快科研院所和企业的制度创新与机制转换，完善科技发展的法规体系与人才激励机制，建立风险投资体系，培育高新技术产业化的市场体系。

（二）发展目标。形成高新技术主导产业。到2005年，基本形成具有济南特色的高新技术产业群，用高新技术嫁接提升传统产业取得显著成效，全市高新技术产业增加值占工业增加值比重的25%，高新技术产品出口额占工业制成品出口额(含技术贸易)比重的25%。

高新技术促进农业上台阶。到2005年农业先进技术覆盖率80%；种植、养殖良种普及率

100%。

实施可持续发展战略，促进人口、资源、环境与经济社会协调发展。到2005年，人口自然增长率控制在5‰以内，城市大气环境质量总体水平基本达到国家二级标准，工业固体废弃综合利用率90%，生活垃圾无害化率95%，城市绿化覆盖率40%，工业用水重复利用率90%以上。建立健全地震监测预报、震灾预防、紧急救援三大体系，使济南市基本具备抗御6级地震的能力。基本达到突出泉城特色，提高生活质量，改善生存环境的目标。

培养和引进一批科技与管理的优秀人才。2005年，科技人才队伍总量42万人，其中高层次人才比例为1:250。

促进国际合作与交流。“十五”期间实施国际科技合作项目100项，建成各类R&D中心20个，外派人员1000人次，引进人员1000人次。

建立健全科技投入体系。2005年，科技三项经费占本级财政预算支出为3%。高新技术企业R&D经费占年销售收入的5%。

提高科技创新能力，增强科技综合实力。2005年前，基本完成大学科技园、齐鲁软件园、省科学院中试园、高科技企业孵化园、留学生创业园等10个科技园的建设。把山大路技术市场建成为设施先进、功能齐全、效益显著、全国一流的科技商务中心区。培育完善与之配套的高新技术创业服务中心、生产力促进中心、科技信息中心、科技评估中心、技术交易中心、成果转化中心、科技金融中心和配套服务中心等各类中介咨询服务机构。

加快科技基础设施建设。重点搞好济南科技大厦、济南信息港与电子商务配套建设，支持一批重点实验室和示范基础建设。

(三)主要任务。构建三大服务体系：以高等院校、科研单位为依托的知识创新体系，以企业为主体的技术创新体系，以市场为载体的科技创新服务体系。建设四大科技创新示范基地：济南高新技术产业开发区、济南农业高新技术开发区、济南民营科技产业园、济南技术市场。实施五项计划：重点高新技术产业发展计划、嫁接提升传统制造业发展计划、现代农业科技发展计划、社会可持续发展计划、国际科技合作发展计划。

四、济南市“十一五”中长期科学技术发展规划

(一)规划编制程序。规划的研究和制定采取“集思广益、科学决策”的工作方式。战略研究采取先整体、后局部的工作程序，项目确定采取“自上而下”和“自下而上”相结合的方式。同时，建立“五种工作机制”即沟通协调机制、公众参与机制、咨询论证机制、多层审核机制、联合研究机制。在时间安排上分为3个阶段：

战略研究阶段。各牵头单位成立课题组，制定课题总体思路和框架，分阶段召开专家论证咨询会，听取各专题研究情况汇报。

纲要草案起草阶段。组织起草规划草案，召开专家论证咨询会，集中修改完善纲要草案。

纲要审定阶段。纲要草案送有关部门和各县(市)区征求意见，集中修改调整完善，提交济南市科技发展规划领导小组审定，以济南市政府文件下发。

济南市2005年开始研究“十一五”及中长期科技发展规划纲要，2006年制定并发布。规划总结“十五”期间济南市科技工作取得的重大发展和存在问题，确定“十一五”科技发展的指导方针、重点任务和主要措施。

(二)指导思想。坚持以科学发展观统领全局；按照“自主创新、重点跨越、支撑发展、引领未来”的指导方针，把提升自主创新能力放在科技工作的首要位置；坚持以人为本，深入实施科教兴市和人才强市战略，整合优化驻济南高校、科研机构和企业的科技资源，增强城市科技创新能力和核心竞争力；大力推进科技体制改革，努力营造有利于科技创新的政策环境，全

面提升科技对经济社会发展的引领与支撑能力。

（三）总体目标。坚定不移地实施科教兴国战略，以重大科技项目与科技工程为抓手，力争2010年建成比较完善的适应市场经济体制、符合科技发展规律的科技创新体系和运行机制，经济增长方式有较大转变；全市科技素养和科技竞争力有较大提高；把济南建设成华东地区科技、文化中心城市之一，为在全省率先建成创新型城市奠定坚实基础。

（四）遵循原则。*强化创新原则*。规划的制定与实施特别强调创新，做到思维创新、技术创新、机制创新和管理创新。

可操作性原则。要注意深入调查研究，尽量使用定量分析和比较研究，利用数字和事实说话；注意针对科技工作的现实问题进行研究，以便使研究结果直接指导科技工作实际；要发挥科技局信息网的作用，提高规划的效率。

突出战略重点原则。科技发展规划应着眼于济南市国民经济、社会发展、产业结构调整和科学技术自身发展的全局，牢牢抓住全市科技中长期发展的战略重点，突出解决影响全市经济、社会发展和人民群众生活等重大关键问题，做到"有所为，有所不为"，精心选择，力争在重点领域和优势领域取得重大突破。

规划的制定与实施要体现政府引导与发挥市场机制作用相结合的原则。在充分发挥社会主义制度优越性集中力量办大事的同时，充分发挥市场机制对科技资源配置的基础性作用，加强科技产业化和企业技术创新能力建设。

产学研结合原则。重视科技与经济社会发展的结合，从科技与经济社会发展相互作用、相互依存、相互制约的角度制定科技发展规划，促进产学研结合，突出自主知识产权，突出高新技术产业化，突出科技对结构调整的促进作用。既要发挥科技的先导作用，又要与经济社会发展相协调，使科技发展最大限度地与经济社会发展紧密结合。

突出前瞻性、导向性原则。要立足现实，高于现实。了解世界科技发展前沿，掌握科技发展动态，预测济南未来发展趋势。提出一批对经济社会和科技发展有重大影响的前瞻性科学课题和重大关键技术，强化应用基础研究和具有自主知识产权的高技术研究，不间断地提高自主创新能力，增强发展后劲。

强化开放性原则。要适应经济科技全球化的新格局，面向世界，面向未来，找准济南科技发展的位置。在规划的制定过程中，注重整合资源，集思广益，广泛动员社会各界力量参与规划的研究，充分发挥各方面的积极性和能动性，认真听取省内外科技专家、经济专家、管理专家的意见和建议。

（五）主要内容。战略问题研究的内容分3部分，共设12个专题。

科技发展宏观战略问题研究。分析国内外经济、社会、文化、资源、能源、环境等方面的发展趋势与科技发展之间的相互关系，重点研究全市经济社会发展对科技的需求和新特点，客观评价济南市的科技实力、地位和存在问题，提出科技发展的战略、指导方针、工作重点和配套措施。

科技发展重大任务研究。围绕"实现新跨越，建设新泉城"的战略目标，筛选出迫切需要科技支撑的战略性问题和重大瓶颈问题，分析相关领域的科技发展趋势，提出本领域的科技发展战略目标和重大科技任务。

科技发展环境和条件问题研究。围绕完善科技创新体系，推进新的科技革命的内在需要，遵循科技自身发展规律，研究提出与科技发展相配套的基础条件、基础设施和政策措施。研究区域科技发展问题。

规划实施中，从提高自主创新能力、发展高新技术及其产业、促进循环经济、增加科技投入、促进科技人才发展、发展科技基础条件平台、科技创新和成果转化体系建设等方面提出具体的指标，以电子信息技术、生物与新医药技术、航空航天技术、新材料技术、高技术服务业、新能源及节能技术、资源与环境技术、高新技术改造传统产业8大技术领域提出具体目标，提出20个具体领域的重大专项，提出8大推进措施，力争通过充分发挥市场的调节作用，深化科技体制改革，实施人才、专利和技术标准三大战略，构建以科技创新体系、科技人才队伍、科技投入、科普与创新文化等为主要内容的保障体系。

（六）规划的时限和组成。规划工作分为5个阶段：规划启动阶段、战略研究阶段、纲要草案阶段、纲要审定阶段和“十一五”计划制定阶段。根据中共十六大提出“到2020年全面实现小康社会”的总体目标，结合国家和省中长期科学和技术发展规划的制定，该次规划的期限确定为2006～2010年“十一五”和2006～2020年中长期。规划文本由《2006～2020年济南市科学和技术发展纲要》(简称发展纲要)和《2006～2010年济南市科学和技术发展规划》(简称“十一五”科技规划)组成。

发展纲要是中长期科学技术发展的纲领性、指导性文件。纲要从宏观的、全局的角度，根据市科技发展规划的部署，充分考虑全市经济社会科技的基础和需求，系统客观分析济南市科技发展的形势，明确科技长远发展的指导方针和战略目标，确定科技发展的方向和重点任务，提出科技创新体系建设的总体思路和配套政策措施，在综合12个专题研究的基础上形成发展纲要文本，以指导和引导今后一个时期全市的科技工作。

“十一五”科技规划的制定在发展纲要的指导下，根据济南市国民经济和社会发展“十一五”规划的总体部署，本着“有所为、有所不为”的原则，进一步明确科技发展战略重点和科技创新体系建设的阶段目标，确定若干个重大科技专项和重大科技工程，落实配套政策，集中各方面的资源予以实施，形成“十一五”科技规划文本和重点科技项目计划两份。

第二节　年度科技计划

一、年度科技计划编制

济南市每年制定发布年度科技发展计划编制指南，作为年度科技计划管理的依据。2006～2010年，科技发展计划指南按照《济南市中长期科学和技术发展规划纲要(2006～2020)》确定的指导方针、原则及任务目标编制，围绕全市优势产业，建立以下计划框架：

（一）计划分类。企业自主创新计划。重大专项：企业自主创新计划，科技明星计划，留学人员创业计划，国际合作计划

科技成果转化计划。科技成果转化及专利实施，技术难题招标。

科技基础条件平台建设计划。各专业技术平台，科技条件和创新服务平台，创新孵化基地建设。

政策引导计划。软科学计划，专利实施补助经费，科技型中小企业创新基金，无资计划。

（二）项目分类。重大专项。是指对促进经济与产业、产品结构调整、推进经济增长方式转变和社会发展、培植新的增长点和新兴主导产业、强化人才培养和基地建设有重大影响，有望进入国家或省重大科技计划，能够形成自主知识产权的系列技术难题或重大科技工程(包括专利、重要技术标准、人才和科研基地建设等)。

重点项目。是指社会需求量大面广，技术水平和创新程度高的新技术、新工艺、新产品的研究开发产业化或基于探索和萌芽阶段的重要应用基础研究。

引导项目。是指符合计划指南，承担单位有能力自行安排经费的项目及实行市场化运作的项目。分有资和无资部分。

（三）项目组织。企业自主创新计划。重大

专项根据《纲要》确定的内容，结合经济与社会发展情况通过深入调研和论证、专家评审等程序进行确定，项目实行网上申报与调研考察提出项目相结合方式进行，依据项目设计领域范围，由发展计划处与高新技术处、农村与社会发展处、国际合作处分管。企业自主创新计划(工业、农业、社会发展领域技术创新)实行网上申报，发展计划处会同财政局有关处室组织专家评审，项目管理由高新技术处、农村与社会发展处分管。科技明星计划、留学人员创业计划，是为加强人才培养力度与留学生归国创业而设立，其申报时间、要求另行通知，由组织人事处分管。国际合作计划，实行网上申报，发展计划处会同市财政局有关处室组织专家评审，由国际合作处分管。

科技成果转化计划。科技成果转化及专利实施，济南地区企业与高校、科研院所达成合作协议项目，经专家评审和市科技局组织考察后确定，由国际合作处分管。技术难题招标，主要用于支持关键和共性技术的研发，实行网上申报，发展计划处会同市财政局有关处室组织专家评审，按一定比例选择项目进行招标，项目管理由国际合作处分管。

科技基础条件平台建设计划。各专业技术平台、科技条件和创新服务平台、创新孵化基地建设，实行网上申报，由发展计划处分管。

政策引导计划。软科学计划，实行网上申报，发展计划处组织专家评审，项目管理由政策法规处分管。专利实施补助经费，主要用于对专利申请的补助和重大发明专利的奖励，由知识产权局分管。 科技型中小企业创新基金，根据《济南市科技型中小企业技术创新专项资金管理办法》的要求进行申报，由发展计划处会同市财政局有关处室组织专家评审，高新技术处负责项目管理。无资计划，由各业务处室推荐，发展计划处汇总后下发。

(四)项目申报与管理。项目申报。项目申报实行网上直接申报(www.jnsti.com.cn)。

项目受理。市科技局科技计划管理系统自动受理。将受理的项目自动汇总和分类，按领域发送至相关业务处室形成申报项目数据库。

项目初审。由市科技局业务处室根据指南要求以及项目完成证明材料对提交的项目进行初审。

项目评审。通过初审的项目，由市科技局发展计划处、纪检监察室会同市财政局有关处室委托中介机构组织专家进行评审。

项目考察。由发展计划处及有关业务处室会同市财政局有关处室对重点项目进行考察，并提出考察意见，引导项目由业务处室组织考察，对考察的项目在有充分理由的基础上，经市科技局办公会同意后，可对项目进行否决。

市科技局办公会审定。根据专家评审与业务处考察意见进行综合平衡，提交局办公会审定。

下达科技计划。办公会通过并与市财政局协商后，联合下达科技计划。

二、科技计划实施

年度科技计划制定下发后，项目实施由所分管专业处负责，检查项目进展情况，监督项目开支是否符合规定要求，及时发现和协调解决项目进展过程中存在的问题。

2006～2010年，深入实施制造业信息化、“310”科技示范工程，加快传统产业高新化步伐。重点骨干企业技术装备水平较高，60%达到国内先进水平，其中32%达到国际先进水平。高新技术产品比重持续增长，对工业总产值的贡献率35%以上。浪潮万亿次超级计算机、济南二机床高效全动能大型机械压力机、华天三维计算机辅助设计/计算机辅助制造(CAD/CAM)软件、重汽重卡等一批重大科技项目取得重要突破。利用高新技术、环境友好型技术及清洁生产技术等改造提升机械、化工、建材、冶金、食品加工等传统产业，部分废弃物实现循环利用或再资源化，提高资源利用效率，降低废水废气排放量，探索建立一批环境友好型示范发展模式。科技的进步和创新加快济南市信息化、城市化建设步伐，改善应急保障系统、社区服务体系，提高人口素质、医疗卫生水平、公共安全水平，促进社会与经济的协调发展。至2010年，全市的科技进步贡献率55%，较“十五”期末提高5个百分点。

第三节　科技计划招投标

按照济南市政府关于加快职能转变、建立阳光政府的要求，为进一步推动阳光科技活动的不断深入，公开、公平、公正地选择项目承担单位，促进公平竞争，提高科技经费的使用效率，根据《中华人民共和国招标投标法》《科技项目招标投标管理暂行办法》《国家科技计划项目管理暂行办法》《科技项目招投标工作操作指南(试行)》《济南市科技攻关计划项目招标投标管理试行办法》《国家科研计划课题招投标管理暂行办法》，济南市科技局对科技计划项目进行全国招标。2003年，为给企业解决技术难题，市科技局选择2个项目在全国范围内进行招标，为全省科技计划项目招标探讨出一条新路子。2004年，济南市把招标作为推动“阳光科技”的实际行动，拓展招标的社会价值，收到政府和企业双赢效果，全年共有21个项目完成招标。2005年，科技计划项目招标占到攻关项目的30%。

招标程序：制定科技发展计划项目招标方案，根据每一年度的《济南市科技发展计划编制指南》拟定年度科技发展计划项目招标工作方案，主要包括指导思想、招标工作依据、招标数量、工作安排、时间进度、工作联系方法；成立招标工作小组、招标公告发布、招标工作宣传、项目经费落实；投标文件的编制；投标文件的递交；开标和评标；签订合同；中标项目管理。

第四节　软科学研究与管理

软科学作为一门适应时代需要而发展起来的新兴学科，是对硬科学的补充、完善和发挥，其社会功能主要体现在深化认识功能，咨询服务功能和决策管理功能三个方面。

1987年11月，济南市科委制定《济南市软科学研究项目暂行管理办法》，正式将软科学研究列入济南市科技发展计划，文件规定了软科学项目的选题范围和条件，项目的管理、验收、评审和奖励，经费的开支，并从当年科技经费中拨出10%的额度用于软科学研究，安排软科学课题12项。

2003年9月，济南软科学研究会成立。2004年5月，市科技局制定《济南软科学研究会优秀学术论文评选管理办法》，先后在2004年、2006年、2008年、2010年，进行4次优秀学术论文评选，共评选论文142篇，一等奖25篇，二等奖42篇，三等奖75篇，对获奖论文颁发证书。

2006年，完成“竞争情报与企业发展战略”研究，并于2007年3月由中国社会科学出版社出版发行，2008年获济南市社科成果专著三等奖；2008年，承担“济南市城市创新元素分析”研究课题，由济南大学政治与公共管理学院博士李洪涛与济南市科学技术信息研究所共同完成，该课题将济南城市创新元素与广州市城市创新元素进行对比分析，采用“定标比超”方法，对济南城市创新工作与先进城市相比存在的差距提出对策和建议，于2009年11月完成，经鉴定达到国内同类研究先进水平；2009年，承担“农民创业模式与长效增收关系的研究”，该课题由济南市科学技术信息研究所、山东省信息中心、槐荫区科技局共同完成，该项研究提出只有农民创业才是解决长效增收的关键，通过对槐荫区农民自主创业成功案例分析，提出农民创业14种模式，同时对农民创业所需要的环境和方法提出改进的措施和建议，课题于2010年7月完成并鉴定，达到国内同类研究先进水平；2010年，承担《济南市发展低碳经济的战略与思考》，通过调研提出济南市发展低碳经济存在的主要障碍是什么、如何制定低碳经济发展计划和导向政策、政府如何设定明确的碳排放上限、对企业如何进行减排的实时监测、如何建立碳排放权交易平台，开发碳排放交易市场等理论、政策措施等方面的研究，该课题由济南大学政治与公共管理学院、济南大学经济学院、济南市科学技术信息研究所联合组成课题组，以大学为主，开展研究，2011年9月完成，经鉴定达到国内同类研究先进水平。

1988～2010年，济南软科学计划执行22年，共列新上计划项目206项，授奖软科学研究成果373项。

济南市软科学研究计划新上项目统计表

表13—5—1　　　　单位：个

年 度	新上项目	年 度	新上项目
1998	13	2005	20
1999	13	2006	10
2000	18	2007	13
2001	10	2008	15
2002	14	2009	19
2003	25	2010	24
2004	12	合计	206

第二章　科技经费管理

第一节　科技三项经费支出

一、科技三项经费管理

1985年，中共济南市委、市政府对科技三项费用(新产品试制费、中间试验费和重大科研项目补助费)拨款及管理进行改革，并印发《关于贯彻〈中共中央关于科学技术体制改革的决定〉的实施意见》，就改革科研拨款制度、开拓技术市场、调整科技组织结构、搞好技术引进、发展对外科技交流以及改革科技人员管理制度等作出规定。科技三项经费一部分作为科技开发基金，有偿使用，实行拨改贷；一部分用于无偿支持重大科技项目和资助县(市)区设立科技开发基金。重大科技项目和区域开发项目实行计划管理，大力推行招标和承包合同制。

1996年，财政部、国家计划委员会、国家经济贸易委员会、国家科学技术委员会印发《科技三项费用管理办法(试行)》，对科技三项费用的使用管理办法给予进一步明确。2004年，财政部、科技部印发《应用技术研究与开发资金管理暂行办法》，将科技部门归口管理的科技三项费用(不含科技型中小企业技术创新基金)从原“科技三项费用”中分离出来，更名为“应用技术研究与开发资金”，专项用于支持国家科技攻关计划和科技产业化环境建设及科技成果的转移扩散。科技投入稳定增加。研究与试验发展(R&D)经费支出总额由2005年的33.94亿元增加到2010年的81.4亿元；研究与试验发展(R&D)经费投入占地区生产总值(GDP)的比重由2005年的1.81%上升到2010年的2.08%。市本级应用技术研发资金由2005年的4740万元增加到2010年的1.04亿元，年均增长17.02%。

初步建立起立项前有评估，立项有经费预算，实施过程有监督，验收时有决算审查，事后有绩效评价的较为完备的科技经费监管体系。制定完善规章制度。制定《关于改进和加强市级财政科技经费管理的意见》《济南市科技计划和专项经费监督管理实施办法》。

推动科技项目经费监管向纵深发展。做好各类科技计划项目立项前期财务审查与评价工作。组织中介机构、财务专家定期开展科技项目经费监督检查。组织主管部门、立项企业项目负责人和财务负责人开展科技经费监管等业务培训和专业指导工作。

二、科技三项费用支出

1986～2010年，全市科技三项费用支出19.87亿元，年均递增29.97%；2010年是1986年的59.8倍。

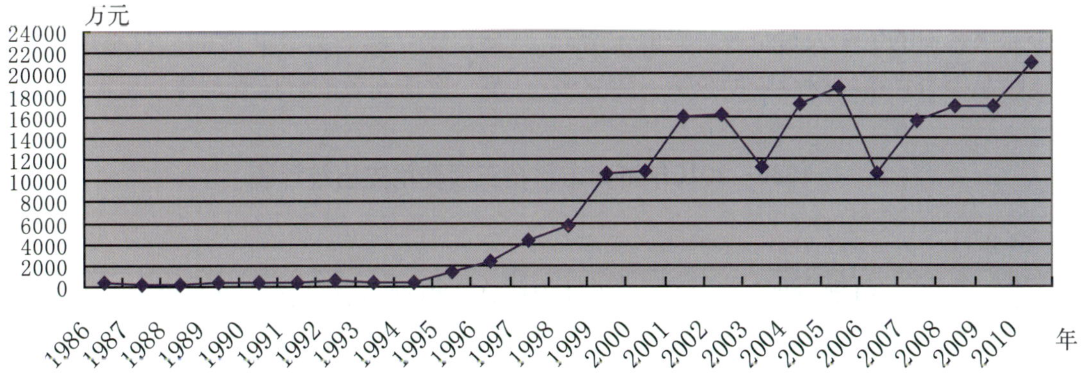

济南市1986～2010年科技三项费用支出示意图

“七五”期间，济南市共投资1564万元，安排各类科技计划项目791项(90%投产)，其中星火项目132项，高新技术和火炬项目55项，重大科技成果推广80项。5年共取得科技成果1318项(比“六五”增长88.8%)，其中达到国际国内先进水平或填补国内空白953项。科技成果推广应用率由1985年的68%提高到80%，科技进步在经济增长比重已由“六五”期间的27%提高到“七五”期末的35%。

“八五”期间，济南市共投资3020万元，5年共获得科技成果1610项，其中，国际先进水平207项，填补国内空白或国内领先、先进水平785项，填补省内空白或省内领先、先进水平254项；获星火成果135项。

“九五”期间，科技三项费用开始大幅度增长。5年共投入3.38亿元，比“八五”期间增长3.08亿元，增长1026%。1995年年初，市科技三项经费安排182万元，占财政总支出0.34%；市政府确定科技三项经费增加到676万元，达到财政支出1%的要求，并及时拨付到位。1996年，加大科技投入力度，市级科技三项经费增加到1074万元；济南市要求各县(市)区要强化三项经费投入，与全市同步。同年，全市10个县(市)区三项经费投入均达到占本级财政支出1%的要求，市、县两级三项经费总额为2000余万元。支持良种产业化工程，市财政拨付启动种子产业化工程款1000万元，实施小麦、肉牛、蔬菜良种引进及原种繁育技术研究，花卉脱毒、甘薯种苗快繁技术开发、种子加工等6个龙头项目，年增经济效益1.06亿元。支持济南民营科技产业园发展，拨款500万元专项经费扶持民营企业发展，进园企业50多家，成为全国发展较快的园区之一。济南市与山东大学签订定向培养人才、开展重大科研攻关项目等全面合作协议，与其他驻济高校和科研院所合作全面展开，建立100万元的科技奖励基金。

“十五”期间，科技三项费用增长幅度进一步加大。全市共投资7.9亿元，比“九五”期间增长4.52亿元，增长133%。加强对“科技三项经费”管理，把好事前、事中、事后三关，做好项目筛选、论证、立项等工作。改一次性拨款为分批拨款，促使项目单位配套资金及时、足额到位，降低财政资金风险，提高资金使用效益。每年拿出120万元，对经济、社会效益高的项目进行奖励；安排资金用于专业技术拔尖人才、客座拔尖人才、青年学术技术带头人、青年科技创新人才的选拔和管理；实施“青年科技明星计划”“留学生创业计划”，对处于创业初期资金需求紧迫的留学人员企业，采取无偿资助和财政贴息等方式落实财政资助政策，建立多元的国外留学人才创业资助体系和融资平台，调动人才干事创业的积极性。

“十一五”期间，全市科技投入8.09亿元，先后实施市科技计划1200项，获国家、省经费支持超过7.5亿元；取得重要科技成果1850项，获国家、省奖励1012项。市科技局在科技计划项目和专项经费监督管理方面，从转变职能、建章立制、规范权力入手，推进科技管理体制改革，加大财政科技经费监管力度。开展对科技计划项目和专项经费实施全过程监督检查，建立起一套公开透明、权责明晰、运行规范、廉洁高效的科技管理体制机制。

1986～2010年济南市科技三项费用支出统计表

表13-5-2

年　份	财政支出数(万元)	占财政总支出的比例(%)	年递增比例(%)
合计	198650	1.59	29.97
1986	352	0.80	35.38
1987	249	0.53	-29.26
1988	276	0.51	10.84
1989	369	0.52	33.70
1990	318	0.39	-13.82
1991	327	0.37	2.83
1992	540	0.55	65.14
1993	406	0.32	-24.81
1994	420	0.28	3.45
1995	1327	0.68	215.95
1996	2365	0.78	78.22
1997	4392	1.15	85.71
1998	5616	1.25	27.87
1999	10706	2.15	90.63
2000	10748	1.96	0.39
2001	15955	2.27	48.45
2002	16211	2.09	1.60
2003	11291	1.28	-30.35
2004	17192	1.69	52.26
2005	18670	1.55	8.60

续表13-5-2

年 份	财政支出数(万元)	占财政总支出的比例(%)	年递增比例(%)
2006	10586	1.85	-43.3
2007	15499	2.16	46.41
2008	16917	1.80	9.14
2009	16867	1.37	-0.29
2010	21051	1.41	24.8

注：市财政年度决算数据口径自2009年起有变动。本表所填列2009年和2010年度科技支出合计数分别为16867万元和21051万元，比2009年和2010年度市财政市直一般预算支出（决算）合计数15383万元和17538万元，分别多1484万元和3513万元。原因是市财政决算报表市直一般预算支出数包含市直决算数额和上级拨入数额，不包括拨付到各县（市）区的经费数。而科技进步考核统计口径不含上级拨入的项目经费数，包含拨到下级的经费

三、科技项目及经费监督检查

2008～2011年，3次组织大范围科技项目及经费检查，分别对2006年、2007年、2008年、2009年度科技计划和专项经费承担单位的项目实施和经费使用情况，进行全面监督检查。检查以县(市)区属地区域化实施，聘请社会中介机构和财务专家参与，重点检查年度科技计划项目经费支持额度30万元以上的项目，总检查面达到年度项目经费总额的50%以上，重大专项、重点项目100%检查；抽取检查年度科技计划项目中青年科技明星计划、留学人员创业计划，软科学、平台建设项目，检查面不低于10%；其余项目经费额度在25万元以下的，委托各县(市)区及市直主管部门负责组织。对检查中发现和暴露出问题较为严重的项目单位，按照处理措施规定(视情节轻重分别给予限期整改、通报批评、三年内限制立项、收回已拨经费等处理)逐一项目、单位写出处理建议。针对监督检查中发现的问题，按照相关制度规定，以监督检查意见书或发通告文件的形式，分别反馈到项目承担单位和主管部门，责令其限期整改。

第二节　自然科学支出

自然科学支出主要包括用于基础研究、社会公益和农业研究、高技术研究、技术开发、科技条件专项、国际合作与交流、转制科研机构、科研管理机构等方面开支。1986～2010年，全市自然科学共投入资金10亿元，年均递增18.74%。

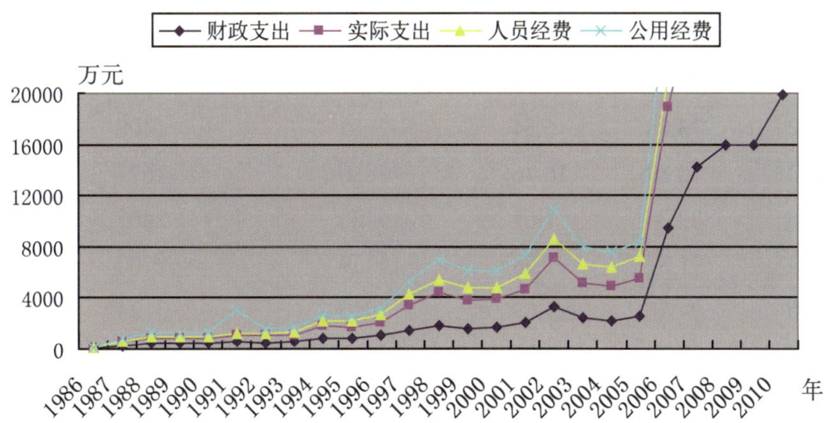

1986～2010年济南市自然科学支出示意图

“七五”时期，全市自然科学投入1724万元，占科学事业费的84.71%；“八五”时期，全市自然科学投入3445万元，比“七五”时期增加1721万元，增长99.82%，自然科学占科学事业费的88.28%。“九五”时期，自然科学投入大幅度增长，全市自然科学投入7757万元，比“八五”时期增加4312万元，增长125%，自然科学占科学事业费的83.46%。“十五”期间，全市自然科学投入1.27亿元，比“九五”期间增加4910万元，增长63.3%，自然科学占科学事业费的75.63%。“十一五”期间，全市自然科学投入7.54亿元。

1986～2010年济南市自然科学支出表

表13—5—3

年 份	财政拨款数(万元)	占科学支出(%)	年递增比例(%)	实际支出数		
				小计(万元)	人员经费(万元)	公用经费(万元)
合计	101016.8	86.42	18.74	105185	27333.4	77851.6
1986	100	64.94	-15.25	–	–	–
1987	296.4	86.06	196.40	289.2	65.7	223.5
1988	443.4	87.30	49.60	446.3	73.3	373
1989	435.5	88.70	-1.78	423	71.4	351.6
1990	449.5	83.63	3.21	449.5	98	351.5
1991	564	87.71	25.47	550	116	434
1992	551	87.46	-2.30	551	150	401
1993	560	87.91	1.63	560	196	364
1994	901	89.03	60.89	901	387	514
1995	869	88.67	-3.55	869	450	419
1996	1050	82.74	20.83	1050	572	478
1997	1510	87.23	43.81	1899	826	1073
1998	1793	86.58	18.74	2596	1001	1595
1999	1633	84.00	-8.92	2224	913	1311
2000	1771	77.71	8.45	2164	895	1269
2001	2047	75.70	15.58	2674	1171	1503
2002	3314	83.41	61.90	3815	1457	2358
2003	2413	73.14	-27.19	2755	1513	1242
2004	2260	73.88	-6.34	2665	1408	1257
2005	2632	70.89	16.46	2880	1677	1203
2006	9426	89.04	1.65	9426	2407	7019
2007	14239	91.87	1.98	14239	2700	11539
2008	15946	94.26	1.69	15946	3124	12822
2009	15922	94.39	1.29	15922	3108	12814
2010	19891	94.48	1.34	19891	2954	16937

注：自2006年开始，随统计口径调整，科技总支出减去科学技术普及支出与社会科学支出之和，剩余为自然科学支出

第三节　科学技术进步支出

1986年4月9日，济南市政府印发《关于转发〈济南市科学技术进步奖励试行办法〉的通知》。该奖按其所奖项目的科学技术水平、技术难易程度、有效工作量、应用价值和经济效益、社会效益分为三个等级：一等奖奖金1200元，二等奖奖金800元，三等奖奖金500元，对全市经济建设有特别重大贡献的，可授予特等奖，奖金数额高于一等奖。已获得国家发明奖、自然科学奖及国家级、省级科学技术进步奖的不得再申报市级科学技术进步奖。

1992年，市政府印发《济南市星火奖励办法》，设立济南市星火奖。市星火奖根据授奖项目内容分设星火科技奖、星火人才培训奖、星火管理奖。市星火奖每年评定一次，分为三个奖励等级：一等奖奖金1200元，二等奖奖金800元，三等奖奖金500元。

2002年，山东省政府印发《山东省科学技术奖励办法》，设立省科学技术奖，分设省科学技术最高奖、省自然科学奖、省技术发明奖、省科学技术进步奖和省国际科学技术合作奖5个奖项。规定省科学技术最高奖资金每人50万元，省自然科学奖、省科学技术和省科学技术进步奖分别是一等奖3万元、二等奖1.5万元、三等奖0.8万元。2003年5月，省科技厅印发《山东省科学技术奖励办法实施细则(试行)》，重新规定省科学技术进步奖的最高奖。省科学技术最高奖奖金数额为50万元，其中10万元属获奖者个人所得、40万元由获奖者自主选题，用作科学研究经费；省自然科学奖单项授奖人数不超过5人，省技术发明奖单项授奖人数不超过6人；省科技进步奖一等奖单项授奖人数不超过12人，授奖单位不超过9个；二等奖单项授奖人数不超过9人，授奖单位不超过7个；三等奖单项授奖人数不超过6人，授奖单位不超过5个。

2004年2月，市政府印发《济南市科学技术奖励办法》，设立市科学技术奖，市科学技术奖分为市科学技术最高奖、一等奖、二等奖、三等奖，每年度评审一次，市政府所属部门不得设立科学技术类奖。市科学技术最高奖每年度评选1人，奖金30万元；市科学技术奖每年度评选一等奖4项、二等奖10项、三等奖35项，奖金每项分别为8万元、5万元和2万元。市科学技术奖励经费由市财政部门列支。

2005～2006年，科学技术奖年度支出均为182万元。2006年，济南市创新型城市建设启动，自2007年起，科技进步支出包括科技进步奖、专利奖和创新型城市建设奖励经费。2007～2010年，每年科技进步支出分别为5635万元、6553万元、4534万元、5332万元。2005～2010年，济南市科技进步支出总数为22418万元。

第四节　社会科学支出

社会科学支出主要包括用于社会科学研究管理机构、社会科学研究、社科基金、国际合作与交流等方面的开支。1989年6月29日，市委办公厅印发《济南市社会科学优秀成果奖励试行办法》，规定该奖项分为一等奖、二等奖、三等奖3个等级；每次设一等奖5个、二等奖10个、三等奖45个。具有较高学术价值和社会效益，在全省有较大影响的优秀成果列一等奖；在市内有较大影响的列二等奖；在市内有一定影响的列三等奖。奖金数额标准为：专著(含译著)一等奖800元，二等奖400元，三等奖200元；论文(含调查报告)一等奖400元，二等奖200元，三等奖100元。济南市社会科学优秀成果奖是全市社会科学的最高奖励形式，在市内为一次性奖励，即对同一作者的同一作品不重复发奖；获国家有关部门优秀成果奖的不再参加本奖的评选，获省、市级学会和部门奖励的优秀成果仍可参加评选。

2004年3月5日，省委办公厅、省政府办公厅印发《山东省社会科学优秀成果奖评选办法》，对1987年印发的《试行办法》进行修订。省社会科学优秀成果奖为省政府颁发的全省社会科学研究最高成果奖，设一等奖20项、二等奖60项、三等奖120项，每年获奖成果总数不超过200项。奖励额度：著作类成果一等奖1万元、二等奖0.6万元、三等奖0.3万元；文章类成果一等奖0.6万元、二等奖0.3万元、三等奖0.15万元，所需经费由省财政统一安排。

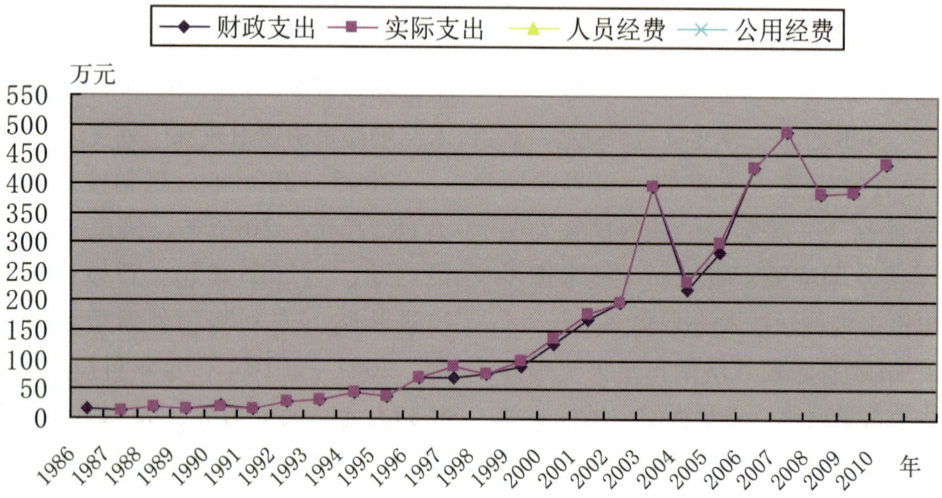

1986～2010年济南市社会科学支出示意图

1986～2010年济南市社会科学支出统计表

表13—5—4

年 份	财政拨款数(万元)	占科学支出(%)	年递增比例(%)	实际支出数		
				小计(万元)	人员经费(万元)	公用经费(万元)
合计	4071.3	4.78	22.19	4143.2	997.3	1003.9
1986	15	8.94	66.67	15	—	—
1987	12.8	3.72	-14.67	12.8	6.5	6.3
1988	19.6	3.86	53.13	19.6	7.1	12.5
1989	16	3.26	-18.37	14.8	7.2	7.6
1990	20.9	3.89	30.63	20	8.5	11.5
1991	17	2.64	-18.66	17	10	7
1992	30	4.76	76.47	29	10	19
1993	31	4.87	3.33	31	12	19
1994	45	4.45	45.16	45	22	23
1995	37	3.78	-17.78	37	20	17
1996	70	5.52	89.19	70	37	33
1997	69	3.99	-1.43	90	46	44
1998	76	3.67	10.14	78	49	29
1999	90	4.63	18.12	98	52	46

续表13—5—4

年 份	财政拨款数(万元)	占科学支出(%)	年递增比例(%)	实际支出数		
				小计(万元)	人员经费(万元)	公用经费(万元)
2000	128	5.62	42.22	136	86	50
2001	170	6.29	32.81	179	86	93
2002	198	4.98	16.47	198	111	87
2003	396	12.00	100.00	395	100	295
2004	220	7.19	-44.44	232	132	100
2005	283	7.62	28.64	299	195	104
2006	430	4.10	51.94	430	—	—
2007	489	3.10	13.72	489	—	—
2008	385	2.27	-21.26	385	—	—
2009	387	2.29	-0.05	387	—	—
2010	436	2.07	12.66	436	—	—

注：社会科学支出为济南市社会科学界联合会、济南社会科学院总支出。每年度实际支出数中，总支出减去人员经费，剩余为公用经费。2005年以前的数据与2006年后的数据存在差异的原因是统计口径调整

第五节　科学技术普及支出

1986～2010年，全市科学技术普及支出4263.7万元。其中2010年支出724万元，是1986年(15万元)的48.27倍，年均递增24.4%。

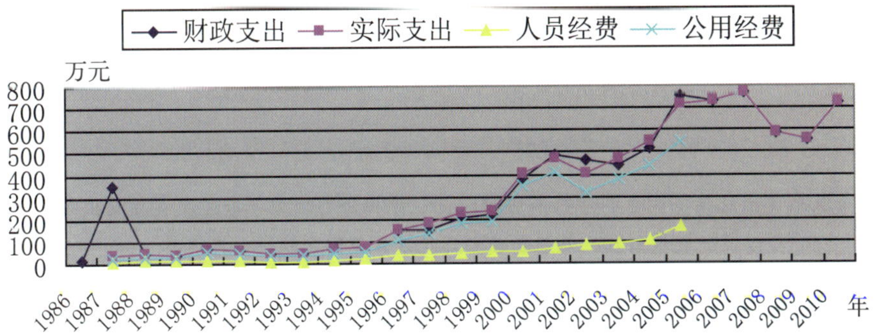

1986～2010年济南市科学技术普及支出示意图

1986～2010年济南市科学技术普及支出统计表

表13—5—5

年 份	财政拨款数(万元)	占科学支出(%)	年递增比例(%)	实际支出数		
				小计(万元)	人员经费(万元)	公用经费(万元)
合计	7632.7	9.94	24.40	7670.8	871.5	3430.3
1986	15	9.74	66.67	—	—	—
1987	35.2	10.22	134.67	35.5	10.9	24.6
1988	44.9	8.84	27.56	44.8	11.9	32.9

续表13—5—5

年 份	财政拨款数(万元)	占科学支出(%)	年递增比例(%)	实际支出数		
				小计(万元)	人员经费(万元)	公用经费(万元)
1989	39.5	8.04	-12.03	39.4	12.6	26.8
1990	67.1	12.48	69.87	67.1	15.1	52
1991	62	9.64	-7.60	61	16	45
1992	49	7.78	-20.97	49	9	40
1993	46	7.22	-6.12	46	11	35
1994	66	6.52	43.48	66	19	47
1995	74	7.55	12.12	74	20	54
1996	149	11.74	101.35	149	41	108
1997	152	8.78	2.01	180	40	140
1998	202	9.75	32.89	230	46	184
1999	221	11.37	9.41	240	52	188
2000	380	16.67	71.95	403	52	351
2001	487	18.01	28.16	474	65	409
2002	461	11.60	-5.34	403	83	320
2003	443	13.43	-3.90	476	93	383
2004	515	16.84	16.25	550	105	445
2005	755	20.33	46.60	714	169	545
2006	730	6.89	-3.31	730	—	—
2007	771	4.97	5.32	771	—	—
2008	586	3.46	-23.99	586	—	—
2009	558	3.31	-4.78	558	—	—
2010	724	3.44	29.75	724	—	—

注：科学技术普及总支出包括济南市科学技术协会人员经费和公用经费，每年度实际支出数中，减去人员经费数，剩余为公用经费数。2005年以前的数据与2006年后的数据存在差异原因是统计口径调整

第三章　知识产权管理

第一节　专利申请与授权

1985年，济南市科委建立成果专利科。1991年4月，建立济南市专利管理处，将专利工作独立出来。1992年，建立专利事务所。1998年，建立企业专利工作协会济南工作站。2001年9月机构改革，济南市专利管理处更名为济南市知识产权局，授权行使行政管理职能，隶属济南市科学技术局。

1986～2010年，济南市专利申请总量为8.66万件，年均递增19.25%；其中发明专利1.8万件，实用新型专利4.6万件，外观专利2.26万件；授权专利总量为4.32万件，年均递增17.40%，其中发明专利4283件，实用新型专利3.28万件，外观专利6086件。自2001年成立济南市知识产权局后，企业和社会公众的创新和知识产权保护意识明显增强，应用知识产权能力和水平日益提高，全市专利申请量、授权量和代表先进技术的发明专利申请飞速增长。2001～2010年，全市累计申请专利7.56万件，年均递增29.79%；授权专利3.55万件，年均递增26.81%；2010年，济南市专利申请量1.55万件，列全国15个副省级城市第9位；其中发明专利3432件，占专利申请量的22.11%；专利申请量、发明专利申请量、专利授权量、发明专利授权量连续4年位居全省首位。

2005年6月，济南知识产权交易市场开业庆典大会

1986～2010年济南市专利申请量、专利授权量统计表

表13－5－6　　　　单位：件

年份	专利申请量				专利授权量			
	本年合计	发明	实用新型	外观	本年合计	发明	实用新型	外观
1986	227	40	185	2	204	0	200	4
1987	422	15	245	162	286	1	279	6
1988	449	17	263	169	391	19	354	18
1989	476	34	279	163	351	14	329	8
1990	477	39	262	176	319	17	280	22
1991	619	97	489	33	454	32	391	31
1992	852	154	606	92	581	24	485	72
1993	874	200	625	49	519	46	451	22
1994	795	163	578	54	521	33	452	36
1995	712	160	495	57	510	19	399	92
1996	877	150	620	107	570	29	486	55
1997	843	130	587	126	583	10	456	117
1998	917	137	655	125	645	28	511	106
1999	1042	121	749	172	792	38	616	138
2000	1391	197	971	223	1037	76	777	184

续表13-5-6

年份	专利申请量				专利授权量			
	本年合计	发明	实用新型	外观	本年合计	发明	实用新型	外观
2001	1485	242	950	293	1131	81	855	195
2002	2500	335	1748	417	1073	57	755	261
2003	3007	438	2105	464	1626	102	1172	352
2004	4096	588	2160	1348	1714	197	1223	294
2005	6504	1184	2887	2433	2130	208	1412	510
2006	8223	1678	3397	3148	3104	275	2250	579
2007	8969	2004	4214	2751	4119	404	3191	524
2008	11584	3455	5014	3115	4571	481	3707	383
2009	13701	2999	6759	3943	6392	832	4621	939
2010	15519	3432	9159	2928	9593	1260	7195	1138
合计	86561	18009	46002	22550	43216	4283	32847	6086

第二节 专利服务

济南市知识产权信息中心主要职责是：收集、存储国内外专利信息，提供专利信息检索、咨询、评估服务，承担专利管理人员及专利信息检索人员业务培训工作。

2003年8月，济南市政府与国家知识产权局合作共建的“济南·中国数控机床及重型锻压设备知识产权信息数据库”安于济南市知识产权信息中心。2004年，从国家知识产权局引进和建立“七国两组织”①全套专利信息数据资源，济南市知识产权信息中心成为全国为数不多的拥有最新、最全的国内外专利信息的地方信息中心之一。信息中心结合济南市产业结构调整所确立的新材料、制造业、生物医药等重点行业特点，为企业量身定做适用于技术创新和发展的专利信息专业数据库。至2010年年底，在数控机床、电力设备、生物医药等十几个领域建立行业专利信息数据库，先后为中国重汽集团、浪潮集团、

2003年1月，济南市举行2002年度十大科技新闻、十大专利技术新闻发布会

① 中、美、日、英、德、法、瑞士、欧洲专利局及专利合作条约组织。

山东博士伦福瑞达制药有限公司、济南齐鲁制药有限公司、济南市环保所、机床一、二厂、法因数控等110多家企业免费建立、安装专利信息专业数据库。

2003年，济南市网上专利技术交易市场(http//www.jnipo.gov.cn)成立，由高校专利项目展示、优秀专利项目展示、专利技术交易三大版块组成。2005年6月，济南知识产权交易市场成立，拥有600平方米的交易大厅，专职从业人员10人。交易市场设实物展示厅、展板展示厅、网上查询室、科技风险投资和专利咨询服务台、合同登记室、专利图书阅览室、交易洽谈室等7大功能区。面向项目持有人、项目投资者和社会公众提供6项服务：登记、展示专利技术项目，提供专利技术项目信息及产品展示摊位，提供业务咨询，提供技术合同现场登记认证服务，推荐签约项目享受有关政策支持，政策咨询、信息反馈等后续服务。同年，知识产权信息服务平台被济南市委、市政府列为济南市科技基础设施四大平台之一。年底，交易市场共收集意欲转让或寻求合作的专利技术项目9000余项，通过举办专利集市和项目与民间资本对接会等方式，有“双层车位升降式家用立体车库”“太阳能温差动力机”“遥控水下清淤车”“挖葱机”等10多个项目在市场成功转让或达成普通实施许可协议，并达成产品代理协议多项。促成山东吉美乐公司与澳大利亚再发电公司的专利技术合作项目，取得澳方发电机进口优先权。吸引青岛、威海、潍坊、淄博、昆明、石家庄等省内外城市的投资者到市场寻求项目。

2008年，济南市知识产权信息中心成为全国首家“专利信息利用试验基地”。全市专利申请量1.16万件，首次突破万件大关，专利申请量、授权量、发明专利申请量、授权量四项指标均居全省第一，万人专利申请量和万人发明专利申请量稳居全国十五个副省级城市前五位。

2010年，济南市整合知识产权信息利用、展示交易、维权援助三大国家级服务平台，组建济南市知识产权公共服务平台，打造功能完善、便捷高效的一站式对外服务窗口。1500平方米的济南科技服务中心正式投入运行，为全市自主创新提供一个优质、高效、便捷的服务平台。

第三节　知识产权保护

一、立法工作

2003年，济南市人民政府制定《关于加强专利工作的意见》，先后在《济南市委、济南市人民政府关于实施科技规划纲要建设创新型城市的决定》《济南市建设创新型城市若干政策》《济南市科技进步考核领导小组关于完善科技创新体系，加快高新技术产业发展工作目标考核的意见》《济南市人民政府关于进一步加强知识产权工作的意见》《济南市提高自主创新能力加快创新型城市建设若干政策》《济南市知识产权战略纲要》《济南市中长期科学和技术发展规划(2006～2020年)》等文件中就加强知识产权工作做出部署；市知识产权局联合市发改委、科技局、金融办、财政局等单位下发《济南市发展和改革委员会关于在有关项目立项审核中增加对知识产权初审意见的通知》《济南市科研计划项目研究成果知识产权管理办法》《关于促进知识产权质押融资工作的指导意见》《济南市专利奖评奖办法》《济南市专利专项补助资金管理暂行办法》《驻济高等院校在校学生申请专利援助暂行办法》等政策文件，相继制定《济南市知识产权局处理专利纠纷工作规程》《济南市知识产权局查处假冒专利行为工作规程》《济南市无假冒专利商品示范商场资助资金使用管理办法》《设立冠以“专利”名称单位的审批暂行规定》等办法。

二、联动机制

2004年10月15日，济南市成立保护知识产权工作组，14个成员单位建立完善信息共享、联席会议、线索协查、案件移交、多方联动的工作机制，得到国务院副总理吴仪高度评价，新华社以内参形式报道济南市建立知识产权保护长效机制经验。同年，按照国家知识产权局与公安部等相关部门打击侵犯知识产权犯罪联席会议纪要的精神，市知识产权局与市公安局成立“打击侵犯知识产权违法犯罪工作联合办公室”；与天津市知识产权局签署有关专利查处工作信息共同利用的友好合作协议，与淄博、泰安、德州等市建立互通执法信息的协作机制。全市逐步形成“横向互动、上下联动”的专利行政执法体系。2009年，市知识产权局首批进入全国知识产权执法工作“5·26”工程。

三、执法工作

2003～2010年，市知识产权局先后开展“雷雨”“天网”和“打击侵犯知识产权和制售假冒伪劣商品专项行动”，重点打击专利侵权、违法案件。出动执法人员2700余人(次)，检查商场1300余家(次)，跟踪检查标注专利标识的产品4.92万余件，查处假冒(冒充)专利案件197起，调解专利侵权纠纷32件，进一步规范商品流通领域专利产品管理和市场经济秩序，维护专利权人和社会公众的合法权益。

四、维权援助工作

2008年8月，成立中国(济南)知识产权维权援助中心，市知识产权局与市商务局合作建立“济南市服务外包知识产权维权援助工作站”，通过接听12330热线、接待上门咨询、公益宣传广告、与12345市民服务热线合作短信群发、进驻展会等途径向市民宣传，获取维权援助案件线索，先后为德佳机器、绿宝机械、山东三龙等企业提供知识产权维权智力援助，为企业专利技术合作入股事宜等提供高效优质的咨询论证服务。2010年，强化知识产权保护，开展打击侵犯知识产权和制售假冒伪劣商品专项行动，建立“济南市服务外包知识产权维权援助工作站”。

第四章　科技信息管理

第一节　科技信息化建设

1997年8月，济南市科技局编制“济南市科技信息网总体设计方案”；12月，通过专家评审，列入济南市1998年科技发展计划，投资200万元。1999年，建成机房，拥有服务器4台，宽带接入方式为DDN专线，带宽为64千。域名：www.jnsti.gov.cn，济南科技信息网建成。2003年，机房更换接入方式，更换2台服务器，宽带提高为100兆并与科技局建立光纤直连，提高数据传输速度。2005年，对机房进行改造，更换电源线和网线，更新服务器，服务器数量增至5台。2010年，购置两台高性能服务器、磁盘阵列及相关网络安全设备，实现科技局办公网络的安全高效。

济南市科技信息网是全市第一个专业科技网站，由市科学技术信息研究所独立开发完成，拥有独立后台信息发布系统，可完成网站各项信息的发布以及栏目和用户管理。该网站以济南市科学技术信息研究所网络中心为核心，链接市科技局属单位和国家各部委及全国主要城市科技工作网站。设有济南科技动态、通知公告、科技纵览、政策法规、政务公开、在线服务、济南科技、数字图书馆、下载中心等10个栏目。

济南科技信息网建成后，每天访问量200～300人次，企业和个人可以通过济南科技信息网了解济南市科技工作最新计划和动态，可以通过网站各个系统完成诸如计划申报、数据检索等工作。网站每天更新大量全市科技工作动态和国内外最新科技前沿信息，在宣传济南科技工作，服务于企业、服务于社会方面起到不可替代的作用。2004年，根据科技宣传工作需要，网络中心对科技信息网前台网页外观和后台管理系统进行改版升级，前台网页外观聘请专业美工设计完成，后台发布系统升级后使用更加便捷，同时对栏目和用户进行分级管理和统计。为适应新版面，在原有栏目基础上将栏目进行适当拆分合并，如科技动态分为市局科技动态、区县科技动态和企业科技动态，同时突出各处室工作，将重点工作放置在网站醒目位置，栏目设置更加合理，用户查找更加快捷。

随着信息所业务开展，为信息所量身打造网站，域名www.jnsti.net。信息所的各项工作可以通过网络进行宣传，提升信息所的网络形象。

2003年，网络中心独立设计完成济南市科技管理系统，使科技局科技计划申报和管理摆脱原有工作模式，实现无纸化申报和管理。开发科技奖励申报系统，将科技奖励工作推向信息化。2005年，承担济南科技文献公共服务平台筹建工作，独立开发平台的网站系统，采用链接、索引和发布的形式，为社会提供各类文献服务。先后开发奶牛、草莓、秸秆利用和网络安全等专业网站，建立以文献平台为中心多个专业科技网站支持的文献支撑体系，为全市提供信息支撑，公益性社会服务成效显著。

2004年，完成济南市科技明星计划(留学人员创业计划)申报系统；完成科技局办公自动化系统的初装和调试，并对其进行二次开发；完成市委组织部干部培训管理系统，用于市委组织部干部培训管理工作并申请著作权。2005年，为国际合作处设计制作济南国际科技合作网；开发完成科技统计监测系统，用于济南市科技进步统计监测工作。2006年，开发完成济南科技文献服务平台。2007年，为成果处设计开发科技成果申报管理系统。2008年，为市政府研究室设计开发济南市政府决策服务资料库，涵盖经济、文化、社会等各个领域上千条信息；开发完成科技成果转化项目网上评审系统；制作网络安全专题网站和秸秆综合利用专题网站；参与研发PTMS-01电力设备在线温度监测预警系统，通过省级成果鉴定。2009年，完成济南科技信息服务平台，投入使用。

2004年，建成数字图书馆，包括自然科学各个领域和社会科学部分领域，电子版科技期刊8000余种，科技类数据库20多个，及全套中国专利文献和全套中文检索刊物，实现与世界两大信息资源提供商DIALOG和STN的联机检索服务。2008年，网络中心为查新业务开发查新登记系统，使查新工作登记和交费管理实现信息化。2010年，开通信息网络服务系统和项目申报管理系统，年内开展科技项目申报监理服务628项，受理知识产权、大型仪器共享、技术合同登记等相关事宜1.2万余人(件)次。

第二节　科技查新

一、科技查新工作

1993年9月22日，济南市科委批准济南市科学技术信息研究所为市级科技查新咨询单位，并成立由15名专家组成的“专家咨询组”，馆藏检索刊物60余种。下发《济南市科技查新咨询工作暂行管理办法》，围绕济南市科研立项、开题论证、成果鉴定、专利申请等方面工作，制订查新工作流程，尝试开展科技查新咨询服务工作。1996年12月28日，济南市科技信息研究所被山东省科学技术委员会批准为“山东省省级科技查新咨询单位”，作为济南市首家具有省级查新资质的信息检索查新咨询服务机构，跨入山东省科技查新咨询服务业行列。为配合科技查新咨询工作开展，在与山东省科学技术情报研究所信息检索系统、中国科学技术情报研究所信息检索系统(万方数据)联机基础上，1995年建成“济南市科技成果数据库”，1996年建成“济南市科技成果评审专家信息管理系统”，2003年开通Dialog和STN国际联机检索系统，实现信息检索的网络化、数字化，从传统服务方式改变为现代化服务方式，从被动服务改变为主动服务。2003～2004年，济南市科学技术局和山东省科学技术厅先后发布《科技计划管理改革试行意见》，旨在结束计划经济条件下传统的科技计划管理模式，建立适应市场经济的新型科技计划管理体制和运行机制，开始计划项目网上申报和评审改革，科技查新被规定作为各类项目申报的准入门槛，济南市信息检索、立项查新服务工作全面展开。2006年始，制定查新岗位职责管理办法和查新过程管理规定，规范科技查新业务，每年根据实际业务工作情况进行修订。2010年，开始使用查新数据管理及服务系统，实现科技查新的网上委托、受理及分配，进一步提高科技查新管理水平。

2006～2010年，查新咨询中心每年完成查新项目的数量都在1000项以上，主要以成果鉴定评奖和科技立项查新居多，占每年查新比例的80%以上，涉及的专业领域有：机械、电子、材料、化工、机电、农业产品、汽车制造、生物医药、建筑、林业畜牧。查新范围主要分为国内外和国内查新，以国内查新居多，约占查新比例的85%；国内外查新较少，查新项目主要集中在高校和大型科研机构。通过查新为科研立项、科技成果鉴定、评估、验收、转化、奖励等提供客观依据，为领导决策起到辅助参考作用，为科技人员进行研究开发提供可靠而丰富的信息，避免科研的重复浪费。2006年，共完成查新课题1300余项。2007年，共完成查新课题1340余项。2008年，共完成各类查新课题1480余项。2009年完成查新课题2800余项。2010年，共完成各类查新课题1800余项。

2005年、2006年，由山东省科技情报所牵头组织两次全省科技计划项目立项查新报告抽查评审，济南市科学技术信息研究所在全省22家查新机构评比中均进入前5名。2006年，信息检索室被评为济南市三八红旗集体。

二、信息服务

信息服务主要包括：信息资源订阅与管理、科技文献公共服务平台内容管理与专题信息提供、与相关信息资源提供单位合作、社会各界定制专题信息等。

济南科技文献公共服务平台日常运行、建设是信息服务室常规工作。济南科技文献公共服务平台建设是信息服务中一项重要工作，其内容涉及济南科技、文献资源、文献信息服务等多个栏目。草莓专题网站和奶牛专题网站成为该平台颇具特色的两个网站。

为全市企业提供其需要的翔实、准确、实用科技信息，支持企业发展是信息服务室主要工作之一。本着“为企业着想、尽自己所能”的工作理念，与济南多家各种类型的企业通过查新等手段建立长期的服务合作关系。每年组织召开信息联络员会议，及时了解客户的需求，不断改进服务方式。

第三节 科技统计与科技进步监测

一、全社会R&D资源清查工作

2000年，经国务院批准，科技部、统计局、财政部、发展计划委员会、经济贸易委员会、教育部、国防科学技术工业委员会联合部署在全国开展全社会R&D(科学研究与试验发展)资源清查工作。济南市成立清查小组，由市科学技术信息研究所承担具体工作。2001年4月，在国家、省市有关部门的密切配合下，完成清查工作。

全社会R&D资源清查工作目标：全面、准确地获取"九五"期末全国R&D经费和人力的总量数据和重要的结构数据，特别是政府R&D经费的有关数据；系统地掌握全国科研力量分布状况，尤其是企业科研力量的状况，为国家创新体系的构建提供基础信息；完善和全面实施科技投入核算方法，建立既符合国际规范、又适合中国国情的科技投入核算体系，并形成常规工作制度；推进全国科技统计工作体系的建设，提高科技统计队伍的工作水平。

2001年，科学技术部启动R&D数据的开发利用工作。济南市组织力量，投入资金，立项开展研究。撰写《2000年济南市R&D资源清查主要数据统计报告》，于2002年2月28日在《济南日报》公告；编印《R&D资源清查数据手册》；完成软课题"研发(R&D)与创新集成研究"，达到国内领先水平，2003年被评为济南市科技进步三等奖。同年，《2000年济南市R&D资源清查资料汇编》由中国统计出版社出版。

二、科技进步监测

1996年，"济南市科技进步监测研究"由济南市科学技术信息研究所、济南市科学技术局、济南市统计局共同承担。1999年，通过鉴定并获济南市科技进步二等奖。同年10月，济南市科学技术局、统计局联合下发《关于印发〈济南市科技进步监测实施办法〉(试行)的通知》。2000年4月，成立济南市科技进步监测办公室。2006年，科技进步监测业务撤销。

科技进步监测的主要工作：建立指标体系；数据采集及审核；建立数据库，进行数据处理和测算；撰写分析报告，发布监测结果。先后对全市、工业系统及大中型工业企业1996~2005年度科技进步基础、科技投入、科技产出、科技促进经济与社会发展情况进行综合评价，找出薄弱环节及差距，提出对策和建议，为领导决策提供科学依据。

1996～2003年济南科技进步监测表

表13—5—7

指 标	计量单位	1996年	1997年	1998年	1999年	2000年	2001年	2002年	2003年
每万人口中专业技术人员数	人/万人	215.43	223.53	239.32	432.19	481.65	492.09	509.87	523.47
每万人口中科学家工程师数	人/万人	105.88	110.65	119.35	195.65	220.21	285.70	450.61	469.64
科技机构人均固定资产原值	千元/人	75.41	82.80	83.93	92.44	105.04	—	—	—
R&D人员占专业技术人员比重	%	—	—	—	—	—	4.84	4.30	4.39
承担科研项目数	项	4690	4833	4862	5503	4309	5142	6654	6606
定销报纸杂志数	万份	12069	13570	15066	16424	16908	—	—	—
每万人口成人高校及成人中专招生数	人/万人	39.39	34.03	30.36	27.46	15.91	—	—	—
每万人口中高校在校生数	人/万人	—	—	—	—	—	301.8	669.4	459.4
年末互联网拨号注册及宽带网用户	万户	—	—	—	—	—	12.9	64.1	78.2
每万人口中从事科技活动人员数	人/万人	78.55	86.78	83.57	97.97	64.96	65.76	76.87	78.61
从事科技活动人员中科学家工程师比重	%	71.67	67.93	68.69	65.35	60.23	69.66	76.84	77.6
科技活动经费支出占国内生产总值比重	%	1.99	1.97	1.87	1.90	2.01	0.61	1.03	1.19
地方科技三项经费占财政支出比重	%	1.20	1.60	1.71	2.54	2.38	1.00	1.00	1.00
科技开发贷款占银行贷款总额比重	%	6.92	5.42	3.89	3.64	4.26	3.59	1.50	1.34
科技活动人员发表论文数	篇	11246	12860	12684	11705	10083	11302	21726	21288
科技开发经费占产品销售收入比重	%	2.01	2.21	2.26	2.30	2.45	—	—	—
获市级以上科技成果奖	项	1230	1358	1550	1308	1229	—	—	—
每万人口专利授权数	件/万人	0.97	0.92	0.99	1.11	1.40	1.28	1.77	2.79
全市技术合同成交额	亿	—	—	—	—	—	3.0	3.3	3.3
高新技术产业增加值占工业增加值比重	%	17.28	18.17	11.33	11.73	14.06	21.31	22.64	26.56
高新技术企业产品销售收入占全部销售收入比重	%	8.73	13.48	9.95	14.79	17.04	18.07	20.71	20.42
高新技术产品产值占工业总产额值比重	%	—	—	—	—	—	9.28	11.76	12.19
高新技术企业利税总额	亿	—	—	—	—	—	14.00	22.13	25.8
高新技术企业完成出口额占其工业增加值比重	%	13.32	80.25	20.61	20.23	16.53	—	—	—

续表13—5—7

指 标	计 量 单 位	1996年	1997年	1998年	1999年	2000年	2001年	2002年	2003年
新产品利税占全部工业产品利税额比重	%	5.43	8.03	5.00	9.55	7.40	—	—	—
新产品出口销售收入占新产品销售收入比重	%	2.09	2.38	3.40	1.41	7.64	—	—	—
出口总额占GDP比重	%	7.42	7.69	3.60	3.41	4.98	4.61	4.79	5.37
人均GDP	元/人	10701	12995	14549	15863	16999	18842	20994	23590
高新技术产品出口额占出口总额比重	%	—	—	—	—	—	9.63	6.23	4.96
万元工业产值能耗	吨标煤/万元	1.61	1.28	1.20	1.14	1.35	2.02	2.02	1.54
地区生产总值增长速度	%	14.9	19.6	13.8	13.1	12.[illegible]	—	—	—
工业经济效益综合指数	%	122.60	105.81	100.34	103.57	109.58	125.2	136.8	148.8
第三产业增加值占GDP比重	%	38.38	40.92	43.1	44.1	46.1	49.3	49.4	48.5
农业土地产出率	元/亩	1720	1846	1945	1848	1893	1952.6	1982.7	1989.6
城市污水治理率	%	—	—	—	—	—	44.14	54.40	68.67
“三废”综合治理率	%	75.34	83.28	85.68	88.24	91.14	—	—	—
森林覆盖率	%	18.8	18.8	19.5	19.8	19.7	—	—	—
人均公共绿地面积	平方米/人	5.0	5.2	5.7	7.1	7.2	7.3	7.8	7.9
城市居民家庭人均可支配收入	元	—	—	—	—	—	9565	10094	11013
农民人均纯收入	元	—	—	—	—	—	3216	3356	3619
万人拥有病床数	张	36.3	37.7	39.0	40.0	38.7	—	—	—
人均生活用电量	千瓦小时/人	204.8	227.5	211.5	229.1	270.7	—	—	—
人均邮电业务量	元/人	190	259	355	439	442	—	—	—

三、科技统计年报调查工作

自1992年起，根据国家统计局、科技部的要求，每年都开展科技统计年报的统计调查工作。组织实施独立科技机构及有关科技活动单位统计调查和国家级科技计划项目执行情况统计调查，具体包括：科学研究与技术开发机构年报；科学技术信息和文献机构年报；县属研究与开发机构年报；研究与试验发展(R&D)活动调查；地方财政科技拨款年报；基础研究计划调查；863计划调查；国家科技攻关计划(科技支撑计划)调查；国家火炬计划调查；国家星火计划调查；国家科技成果重点推广计划调查。通过调查，便于掌握济南市科技机构财务、人员、资产情况及济南市承担的国家级科技计划执行情况，为科学管理科技机构及计划执行提供数据支撑。

第四节　科技翻译与人才培训

一、科技翻译

济南市科技翻译网以济南市科学技术情报研究所为中心组建，与省、济南市各大厂矿企业、研究院所、大专院校等进行多形式、多层次、多方位、大跨度的联合，形成一支英、日、俄、德、法等熟谙外语、精通专业的科技翻译队伍。1986～2005年，先后为齐鲁30万吨乙烯、鲁泰纺织股份有限公司、济南卷烟厂、济南涤纶厂、济南裕兴化工厂、济南重型汽车公司、济南机床二厂等上百家企业技术引进工程项目进行跟踪服务，参加引进设备现场装配、投料试车、人员培训、技术交流，有效组织各种文版的技术资料、专利、标准、科技文献翻译1.2亿余字，并为济南市几十家名优企业编制中外产品样书数百万册。2006年，科技翻译市场萎缩，济南市科技翻译网撤销。

二、人才培训

1986～1994年，与吉林工业大学合作成立吉林工业大学济南市科技情报研究所函授站，设立情报工程专业(本科)、工业电气自动化专业(本科)。1987年开始招生，至1994年毕业生98名。1991年5月，与山东经济学院协商建立山东经济学院济南函授站，当年接管1990级、1991级学员近200名。1993年始，开始招收专科生，招生专业3个，每年录取学生在百人以上。2006年，开始增招本科生，招生专业扩至13个。至2010年，有在校学生600多人，2500多人毕业。

第五节　科技宣传

1986年始，市科委下达新闻片、专题片摄制任务。先后摄制完成电视专题片《济南科技成果汇编》《进入主战场——济南科技工作巡礼》《新型淡季蔬菜——佛手瓜》《泉城火炬之光》《擎起高新技术的火焰》《科技报春》等，分别在省、市电视台播出。1988年2月，参加省科委召开的“全省科技情报声像工作及科技录像片首届评奖会”，科技专题片《科技成果汇编》获得二等奖。1989年，摄制完成科技专题片《进入主战场——济南科技工作巡礼》，较全面、翔实叙述科技工作在济南经济建设中发挥的作用，诠释科学技术是第一生产力的理念，表明科技工作进入经济建设主战场。该片在山东电视台黄金时段播出，为首次在省台播出的综合反映地市科技成就的专题片。

1997年后，购置前期专业摄像机及后期非线性编辑系统，开始独立完成上级下达的摄制科技专题片的任务。先后制作科技专题片40余部，为省、市电视台提供科技新闻百余条，为各类科技会展制作专题片30余部。

2003年，摄制完成的科技专题片《春雨——济南青年明星计划实施五周年纪实》

《用科技打造城市品牌》分别在省、市电视台播出，并获省科技情报成果奖。2005年3月，根据市科技局工作要求，承担“全市科技大会”典型发言报告人的视频发言录制工作，涉及省科学院、历下区、高新区，二机床、重汽等13家单位。摄制片制作历时2个月、片长2小时，在全市科技大会上播放。4～5月，在济南电视台名牌栏目“今晚特别点击”中，连续播出5期科技专题片，内容涉及科技计划、科技管理、科技成果等方面。8月，制作《深入实施制造业信息化，走济南特色的新型工业化道路》专题片一部，科技部等部委组成验收组观看该片，通过验收。

2008年后，参加科技部“农村党员远程教育”课件的培训、选题工作，共选出、报送济南地区农村科技方面选题60项，科技部专家组审查通过11 项。

第五章 技术市场管理

第一节 技术市场

1986年年初，济南市科学器材服务站负责全市技术市场工作；11月，济南市科委技术市场管理处成立。1989年11月，济南市科学器材服务站改称为济南市科学器材供应站。2002年6月，济南市科学器材供应站更名为济南市技术市场管理服务中心，技术市场管理处撤销。内设综合科、财务科、技术市场管理科、器材科。

1991年4月，在北京召开的全国技术市场工作会议上，济南市技术市场管理处获国家科委授予的先进集体称号和全国首届技术市场金桥奖。同年，全市技贸机构由1987年100多家增至1000多家，技术合同交易额由625万元增至6249万元。1994年，经市人大常委会通过、省人大常委会批准的济南市第一部科技法规《济南市技术市场管理办法》颁布实施，是全国省会城市中最早的地方性法规。

1995年，技术市场管理处大力开展技贸活动，实施科技成果转化工程，全年新建技贸机构118家，累计1756家；认定登记合同1718项，成交额2.3亿元，创利税5亿多元。获1995年度第二届全国技术市场金桥奖。

1995～2000年，全市技术合同成交额13.8亿元，累计认定登记技术合同6580余项，实现合同成交额48.3亿元，社会融资总投入169.05亿元，形成产值约507.15亿元。全市科研机构通过技术市场的技术性收入3.2亿元，相当于科研事业费的2倍；全市工业通过国内外引进吸收技术性支付金额7.5亿元。1997年，在山大路建立第一个常设技术市场——济南科技市场，总面积10万平方米，实施“以硬养软，以软促硬，综合发展”方针，初步形成立足济南，辐射山东，面向全国，接轨世界的国内一流现代化科技市场，为全市科技创新和高科技产业发展起到龙头和示范作用，被誉为“济南模式”。2003～2005年，为实现科技市场的组织网络化、功能社会化，形成电子网络商务技术交易中心，建成“济南数码港”。

2002年后，技术市场管理服务中心从抓技术市场服务入手，严格执行技术市场各项规章制度，严把技术合同认定登记标准关，按照《技术合同认定登记管理办法》和《技术合同认定规则》要求，确保认定登记合同符合标准，提高合同认定登记质量。建立技术合同审查登记联系制度，对合同签订过程中遇到问题进行咨询和跟踪服务，为前来办理合同认定登记的技术贸易单位提供公平、公正、高质量的服务，做到“资料齐全当场受理、资料不全补正后办理、紧急合同尽快办理、重点大项目合同指导办理”。严格执行技术市场各项规定和要求，确保认定登记的每一份合同符合要求。将技术市场管理服务与平台共享服务有机结合，在宣传大型科学仪器共享平台中开展技术合同认定登记工作，在技术合同认定登记工作中宣传大型科学仪器共享平台。

2006年，全市完成技术合同交易额9.2亿多元，比2005年同期增长23%。2007年，完成技术合同交易额12亿多元，比2006年同期增长30%；2008年，完成技术合同交易额14.9亿多元，比2007年同期增长24%。2009年，完成技术合同交易额18亿多元，比2008年同期增长21%；2010年，完成技术合同交易额21亿多元，比2009年同期增长17%。

第二节　科学仪器共享

2005年年初，落实科技部、发改委、教育部、财政部《2004～2010年国家科技基础条件平台建设纲要》要求，为解决济南地区科技资源条块分割、信息闭塞及部分大型科学仪器设备长期闲置、重复购置等问题，以“公益服务、协作互动、科技资源、社会共享”为建设原则，开始在省内率先建设济南地区大型科学仪器设备共享平台。平台主要特点是：功能齐全，主要表现在平台共分仪器设施共用、资源条件保障、试验基地协作、专业技术服务、行业检测服务、技术转移服务和管理决策支持七大服务功能，使用方便，根据用户不同需要，提供5种检索方式，在网站显要位置设立申请使用窗口，配以设备使用说明和服务流程，方便企业使用查询；管理规范，制定《济南大型科学仪器设备资源共享管理暂行办法》《济南大型科学仪器设施资源共享实施细则(试行)》《济南大型科学仪器设备共享服务评价办法(试行)》，公布热线服务电话，组成专门管理服务机构(平台协调委员会、平台专家咨询委员会、平台指导服务中心)，及时协调处理各种需求信息，保证平台的规范运作；公益服务，作为提供科技公共基础服务的公益性科技平台，向驻济高校、科研单位和全市广大企业提供无偿的服务。

2006年4月20日，济南地区大型科学仪器设备共享平台建成向社会开通试运行服务。平台录入济南地区20万元左右大型仪器设备近800台(套)，其中50万元以上的230台(套)。仪器设备总价值4亿多元，仪器入网单位有40多家大专院校、科研院所、大型企业，涵盖济南地区85%左右的科技领域。至年底，接转各种服务信息9000多人次，平台完成各种试验、测试1.2万多种，方便用户，节约实验、测试费用的开支。

2007年，平台查询2.5万人次，申请使用2.26万人次，完成各类实验项目1.89万次；各种实验检测增加到两倍多，检测时间由30天内缩减到14天；原需到北京、上海检测的项目，到平台可一次性解决，为企业降低检测成本30%左右；同期对全市的检测服务率由35%增加到65%，提高全市各种仪器设备的利用率，增加单位的经济效益。

2008年，大型仪器共享平台入网单位90家，入网仪器1000台(套)，通过协作网申请用户3.66万人次，通过平台做各种检测5.6万余次，平台开通后完成的各类试验检测累计突破10万次。平台先后建立12个专业检测分中心，各分中心在不同领域帮助企业和研究机构完成各类检测任务。2008年11月，通过专家组鉴定，为国内先进水平。

2009年5月，召开“济南地区大型科学仪器共享服务表彰会议”。对2008年平台共享服务情况进行总结，表彰奖励18家大型科学仪器设备共享服务先进集体及59名先进个人。至年底，平台入网设备从建立初期的700多台(套)，发展到1200多台(套)，仪器设备总价值从5亿元提高到10亿元。全年利用平台协作网申请用户使用仪器突破5万人次，完成各类实验检测项目6万多次。

2010年5月，进一步优化平台软件，对120多台入网仪器设备信息进行更新，增加新购大型科学仪器联合评议窗口，新购大型科学仪器可从网上申报、下载相关评议申报表。济南地区大型科学仪器共享平台按照“夯实基础、扩大范围、加强协作、强化服务”的思路扎实推进，被评为济南市科技进步三等奖。18个平台专业检测分中心各有特色，检测、试验数据准确、标准高，检测、实验次数明显增加，在仪器共享服务工作中起到主导作用。至年底，平台吸纳入网单位(包括环济南一小时都市圈城市)125家，入网仪器达1591台(套)，仪器总价值超过12亿元，利用平台协作网申请用户5.16万人次，完成各类实验检测项目6.2万余次，涉及各个行业技术领域。

第六章　科技合作与交流

第一节　国内科技合作与交流

1999年7月，济南市政府与清华大学实施全面合作。2004年始，每年举办“中国济南高校、科研院所科技成果和专利技术展示交易会”。6月16～17日，首届“中国济南2004高校、科研院所科技成果和专利技术展示交易会”在济南高新技术开发区中乌科技合作园举办，设展位90个，高校、科研院所等45家单位参展，参展科技成果和专利技术4138项，2000余家企业近万人参与难题招标、洽谈交易等各项活动。达成科技成果、专利技术转化共206项，其中外地高校、科研单位98项科技成果和专利落户济南，市政府出资1300万元予以支持。

2005年6月4～5日，第二届“中国济南高校、科研院所科技成果和专利技术展示交易会”在济南舜耕会展中心举行，78家单位参展，比2004年增长73%；展位402个，参展成果9600余项，其中科技成果7200项，专利1900项。3000多家企业到会咨询洽谈，2万多名观众参观展览。全市300多家企业与高校签订合作协议和意向，签约

1999年7月，济南市政府与清华大学全面合作协议签字仪式在济南舜耕山庄举行

项目260项，其中外地高校、科研单位167项技术成果和专利落户济南，市政府支付1700万元科技专项资金对110个成果转化项目给予支持。

2006年1月10日，台湾奕康咨讯(香港)股份有限公司董事长游东兴、商讯达(北京)投资顾问有限公司董事长鲍勇达及科技部火炬高技术产业开发中心计算机软件处处长宋少刚等人到济南高新技术开发区齐鲁软件园考察。双方在共同开发无线宽带应用技术，建设无线宽带研发、应用平台，开展网上增值服务等方面的合作达成共识。6月2～3日，举办第三届中国济南高校、科研院所科技成果和专利技术展示交易会，国内外23个城市、72家高校院所、285家单位、1.2万项成果专利参会参展，全市企业与大学、科研院所签约项目315项，技术转让交易额10.2亿元。

2007年10月24～25日，举办第四届中国济南高校、科研院所科技成果和专利技术展示交易会，国内30家知识产权局、87家高校、科研院所、1万余项先进成果和专利技术参会参展，达成合作协议330余项，实现技术转让交易额12.8亿元。济南市政府与中科院沈阳分院签订全面合作协议。

2008年9月5～7日，第四届中国(济南)国际信息技术博览会暨第五届中国济南高校科研院所科技成果与专利技术展示交易会在舜耕国际会展中心举行，达成合作意向的项目共有297项，总投资184亿元。

2010年9月3～5日，第五届中国(济南)国际信息技术博览会暨第六届中国(济南)高校科研院所科技成果和专利技术展示交易会在济南国际会展中心举行，山东大学、山东省科学院、浙江大学、济南大学等18家高校、科研院所及40家高新技术企业携带约1100项科技成果参展。9月8日，中国科学院山东综合技术转化中心副主任王东升、中科院化工技术专家高进、助研于维强等人到天桥区与6家化工企业对接洽谈。

第二节 国际科技合作与交流

1990年，济南市科学技术委员会成立对外科技处。1994年，对外科技处更名为国际科技合作处，每年组织科技出访、外事接待10余个团组。1998年，经市民政局批准成立“济南国际科技合作协会”，组织开展国际科技交流与合作；组织科技人员进行科技考察培训及科技项目咨询服务；编辑出版科技交流与合作的法规、刊物、资料和书籍等。

1991年，济南市科技外事工作贯彻“三个面向，二个服务”指导方针，开展国际科技合作与交流，推动技术出口。5月，在美国匹兹堡举办的“发明及新产品展览会”上，济南市参展23项新技术产品受到外商普遍关注。5月中下旬，济南市科学技术委员会与市有关部门联合组成科技考察团组，对格鲁吉亚共和国进行为期2周的项目考察，双方就经济、科技合作进行广泛交流，在向格鲁吉亚出口中医、中餐、制砖等技术项目上达成原则协议；选派4人赴深圳参加第一期涉外经济培训。9月，济南市科学技术委员会与市经贸委携带50项成果，参加1991年中国上海技术出口交易会，了解国际市场需求，探索技术出口渠道。10～11月，高新技术产业开发区及企业各选派1人分赴美国和德国接受高新技术产业知识培训与考察。年内，全市正式申报技术出口项目7项，其中6项经省有关部门批准立项。

1992年9月25～27日，斯里兰卡驻华大使，古巴、巴西驻华使馆科技参赞，俄罗斯、美国、泰国驻华使馆科技秘书等人应邀访问济南，参观济南高新技术产业开发区、浪潮电子信息产业集团及济南第一机床厂。斯里兰卡大使就红宝石加工技术向市二轻局提出合作意向；巴西科技参赞建议市卫生局在巴西建中医技术培训中心。10月4～10日，济南市科经贸考察团赴越南，考察河内、胡志明、头顿等市，就机电、农机、信息处理等项合作进行洽谈，签署在越建2个实验生产基地开发机电产品的意向书。11月5～30日，济南市科学技术委员会负责人随中国科技兴市市长代表团访美，考察美国11个地市21个大企业、大学及技术园区，与各界人士广泛接触洽谈，通达公司就科技交流合作与济南签订协议书。

1997年10月14日，以佐佐木为团长的日中科学技术协会代表团，应济南市科学技术协会邀请，到济南与建筑、电力、环保等有关方面专家学者进行科技交流，分3个会场分别介绍日本古代、现代建筑的维护技术，防震措施，新型建筑材料的开发和利用，废气、废水、废物的处理技术，日本配电网的先进技术等。

1998年，市科技局成立“济南国际科技合作协会”，接受济南市科学技术局业务指导，与国际合作处合署办公。业务范围为：组织开展国际科技交流与合作，组织科技人员进行科技考察培训及科技项目咨询服务，编辑出版科技交流与合作的法规、刊物、资料和书籍等。

2001年，济南市共组派科技团组182个，科技人员出访562人次，组派JICA进修生3人；接待科技团组112个；引进外资1000万日元；执行国际合作项目15个，获得国际合作项目经费200万元；参加国内外学术和技贸活动10余次；回国留学创业人员64人。2002年，济南中乌高科技合作园正式挂牌，乌克兰总统库奇马亲自参加中乌高科技合作园孵化大楼落成仪式，中乌科技合作全面展开。由日本政府投资1000万日元在济阳县实施的“利民工程”，通过建设饮水净化设施，为4个特困村解决饮水净化设施。

2003年6月26日，乌克兰驻华大使列兹尼克访问济南，带来科技合作项目217项；10月16～20日，举办乌克兰科技周暨高科技成果洽谈交易会，乌克兰副总理塔巴奇尼克专程到济出席会议并致辞。

2004年，济南市共组派科技团组8个，同时接待8个外国考察团组对济南市的科技考察访问。美国休斯敦市迈莫瑞·荷曼医疗集团与济南市中心医院联合建立急诊医学协作实验室。中国—乌克兰高科技合作园有530项经过双方专家评审，建立中乌技术合作项目库和网站，实施中乌科技合作项目100项。4月，中乌两国政府科技合作委员会第五届例会确定2004～2006年度两国政府间合作项目16项，其中中乌高科技园有8项。

2005年，济南市共实施国际科技合作项目8项，中乌高科技合作园区开展合作项目12项，组织国际培训班1个，接待国外科技访问团组10个，出国团组9个。济南市中心医院承办科技部国际合作项目“第三届白内障人工晶体植入技术国际培训班”。

2001年9月，中俄乌科技合作项目发布会在济南举行

2006年3月1日，日本丸红公司总部机械总括部部长代理藤要到市环卫局，洽谈CDM(清洁发展机制)项目合作事宜，双方就长清生活垃圾焚烧发电厂项目开展CDM

合作可行性，及通过招投标方式进行招商引资合作等事宜达成初步意见。4月13日，由中国科技部全球环境办公室、日本经济产业省、山东省科学技术厅、日本新能源产业技术综合开发机构联合主办的“中日合作地方(山东)清洁发展机制能力建设项目”启动会在济南举行，该项目实施的重点是提高山东省执行《联合国气候变化框架公约京都议定书》中CDM项目的能力，有效地发掘、推荐和帮助省内企业开发清洁发展机制项目，充分利用清洁发展机制吸引国际资金和技术，增强企业竞争力，提升国际化程度，促进全省相关领域技术进步和节约型社会建立。5月12日，国际金融公司中国代表处首席投资官员瑞沛霖一行到济南华艺集团，双方就投资项目及投资方式等问题进行详细商谈。10月17日，在英国苏格兰政府大厦，浪潮集团董事长兼CEO 孙丕恕和苏格兰电子协会首席执行官Ashley Evans分别代表双方签署合作意向书，将在软件技术研发、芯片设计、外包服务、网络游戏、产品认证、人员交流与培训等方面，探讨开展更加广泛的合作。

2007年3月20日，山东晶艺光电器材有限公司邀请美国菲迪尔公司总裁John Zhang对晶艺公司进行项目考察，双方就如何拓展国际销售渠道、打开高层次市场进行洽谈，签订合作意向书。11月1日，美国DELL公司首席技术官办公室技术政策总经理纳拉吉·斯瑞瓦斯塔瓦、DELL(中国)有限公司大中华区(含香港)政府事务总监刘彤、戴尔公司全球政府事务高级律师(总监级)凯莉·墨里一行参观齐鲁软件园企业创新展厅和技术支撑平台。DELL公司代表就外包软件业发展考察E5公司、北京中讯公司。

2009年9月16日，微软开发工具及平台事业部大中华区总经理谢恩伟一行访问国家信息通信国际创新园，双方针对云计算等方面合作进行探讨，就一些实质性问题交换意见。12月15日，根据中—白政府间科技合作协议，白俄罗斯国家技术转移中心专家到济南举办技术转移培训班，介绍白俄罗斯技术转移中心为外国企业及投资者提供服务及信息资源；学习如何利用白俄罗斯国家技术转移中心网站发布项目信息、获取投资项目信息、推进技术的产业化和商业化。参训学员在白俄罗斯国家技术转移中心网站上进行发布商业化信息的实际操作训练。白俄罗斯国家技术转移中心主任尤斯宾斯基、技术转移部部长库兹明、市场部部长德兹尼申卡为培训班授课，并向来自全市45家单位的研发管理人员颁发上网发布和寻求信息的资格证书。

2010年9月8～13日，保加利亚玫瑰与芳香植物研究所所长助理安娜到济南市进行技术交流和讲学，介绍世界及保加利亚玫瑰的分布、种植和经济利用及保加利亚玫瑰的栽培、管理、加工技术等5个方面的内容，并与济南惠农玫瑰花精油有限公司洽谈技术合作等事宜。11月28～30日，加拿大国家研究委员会博士James Wilkin一行12人到济南市就全市污水处理问题进行技术交流，参观南郊宾馆中水处理站、光大水务(济南)净化二厂和环保科技园等，听取水环境治理介绍，就改善全市水环境提出加方的设想和建议。

第七章 科技体制改革

第一节 拨款制度改革

一、拨款制度

1985年3月，中共中央下发《中共中央关于科学技术体制改革的决定》，济南市制定《关于贯彻〈中共中央关于科学技术体制改革的决定〉的实施意见》，就改革科研拨款制度等科技工作改革作出规定。10月4日，中共山东省委、省政府下发《山东省关于科学技术体制改革的试行方案》，就改革科技拨款制度，实行经费分类管理提出改革意见。同年，济南市改革科技事业费管理办法，从当年起对一直靠事业费开支的市属12个科研所实行分类拨款，8个技术开发型科研所按一定比例逐年核减事业费，对4个社会公益科研所，实行经费包干制。

1986年8月，山东省政府印发关于《科学技术研究机构改革的暂行规定》的通知。研究所按照财政部文件要求，税后纯收入不上交，用于建立专项基金。承担国家、部、省重大科研项目的研究所，较好完成任务的，经验收单位批准可从项目经费中提取0.5%～3%用于奖励科技人员。各类研究所、离退休人员离、退休金，仍由原渠道解决，济南市财政执行该规定。

1989年，济南市贯彻山东省科学技术委员会、山东省财政厅、山东省人事局关于贯彻《国务院批转国家教委等部门关于深化改革鼓励教育科研卫生单位增加社会服务意见的通知》的意见。有条件的科研单位要积极推行各种形式承包经营责任制，纳税后留用的纯收入用于事业发展和改善职工生活待遇。事业费完全自立的技术开发类型科研单位，实行经费长期自理、自主使用。用于分配给个人的部分，可以搞浮动升级，也可以发奖金和建立津贴、补贴等。事业费部分自立的技术开发类型科研单位，实行奖励福利基金提取比例与减拨事业费幅度挂钩，以奖励福利基金占纯收入50%为基数，事业费每减拨10%，奖励福利基金提取比例增加2%。奖励福利基金由单位自主使用。鼓励创收多的单位把更多收入用于事业发展。专项奖励费用支付，事业费划归科委管理的科研单位，专项奖励费从留在科委的减拨经费中按相应比例支付；未划归科委管理事业费的科研单位从减拨的经费中按相应比例支付。事业费包干结余和创收部分，在保证事业发展和完成科研任务前提下，除提留不低于40%事业发展基金外，其余部分由单位自主使用。各类科研单位全年发放奖金的免税限额，放宽到人均四个半月基本工资。

2000年，济南市人民政府办公厅印发《关于印发济南市市属科研机构体制改革实施方案的通知》，文件规定：科研机构原有的正常事业费继续拨付，科学事业费基数不减，总量逐年增加，主要用于转制前离退休人员社会保障和研究开发及科技成果转化。为支持科研机构改革，根据《中共济南市委、济南市人民政府关于加强技术创新、加快发展高新技术产业的若干规定》要求，由市财政拨付专项资金，用于支持科研机构改革。科研机构转制后，原国家、省、市确认的技术认证和质量监督检测、行业产品质量检测等机构，可保留原名称，继续承担原来任务。经济南市科技局、济南市质量技术监督局、编制与财政等部门按规定重新审核，根据任务确定人员和经费。

“十一五”期间科技经费管理改革主要内

容是：为全面贯彻落实《规划纲要》及其配套政策，在确保财政科技投入稳定增长的同时，进一步规范财政科技经费管理，提高经费使用效益。国务院办公厅转发《财政部、科技部关于改进和加强中央财政科技经费管理的若干意见》，主要内容包括以下五个方面：完善科技资源配置的统筹协调和决策机制。完善国家科技计划(基金等)及重大科技事项的决策机制；建立部(局)际联席会议制度；加强对地方科技资源配置和科技经费管理工作的指导和协调。优化中央财政科技投入结构。财政投入主要用于基础研究、前沿技术研究、社会公益研究、重大共性关键技术研究开发等公共科技活动。根据科研活动规律、科技工作特点和财政预算管理要求，优化中央财政科技投入结构，中央财政科技投入主要包括五类经费：国家科技计划(基金等)经费；科研机构运行经费；基本科研业务费；公益性行业科研经费；科研条件建设经费。创新财政经费支持方式，推动产学研结合。加大财政支持力度，改进国家科技计划(基金等)支持方式；财政对企业自主创新的支持要符合WTO和公共财政的原则，主要用于对共性技术和关键技术研发的支持。健全科研项目立项及预算评审评估制度。建立健全专家咨询、政府决策的立项机制，以及科研项目预算的编制与评审制度，积极引入第三方评估，提高科研项目立项及预算的科学性和规范性；完善专家参与科研项目管理的机制，建立评审专家库，完善评审专家的遴选、回避、信用和问责制度；提高科研项目管理的透明度；建立全国统一的科研项目数据库。强化科研项目经费使用的监督管理。建立和完善国家科技计划(基金等)经费管理制度；加强科研项目经费支出的管理；健全科研项目经费的内部管理制度；加强科研项目经费的监督检查；严格追究违法违纪单位和个人的责任；逐步建立科研项目经费的绩效评价制度。

二、财务管理

1986年1月23日，国务院印发《关于科学技术拨款管理的暂行规定》。从“七五”开始，国务院各部门科研事业费，以1985年度调整预算数，加上1985年因工资改革按规定应由财政负担的经费为基数，连同增长的额度，自1986年始，由财政部全部拨交国家科委统一管理。

1987年2月27日，国家科委、财政部下发《关于科学事业费管理的暂行规定》。各种类型科研单位的科学事业费和其他来源的经费统一核算，属于技术开发类型的科研单位，实行差额预算管理。其中经费已经自立单位的离退休人员经费作为定项补助，仍由国家拨给；经费尚未自立单位由国家拨给的科学事业费在“七五”期间要逐年减少，直至完全或基本停拨。事业费可实行按比例逐年递减的方法，也可实行以收入的一定比例折减事业费的方法。属于社会公益事业等社会服务性质的科研单位，科学事业费仍由国家拨给，并按经费与任务挂钩的原则，实行全额管理、经费包干。

1987年4月，山东省政府印发《山东省科研事业费拨款管理暂行规定》的通知。省、市地、县各级科研事业费，自1987年1月1日起由各级财政部门拨交同级科委统一归口管理，并按财政部制定的新的国家预算收支科目执行。11月，山东省科学技术委员会、山东省财政厅印发《关于技术开发研究单位核减科学事业费的暂行办法》。技术开发研究单位的正常事业费，从1988年开始核减，力争在3～5年内基本减完，少数新建单位和条件较差的单位经同级科委、财政部门核准，可适当延长1～2年。1988年一般核减20%左右(已经核减事业费的单位，1988年要在核减的基础上再减20%)。技术开发类的科研单位以划转同级科委归口管理时科学事业费基数减去1987年离退休人员经费为核减底数。技术开发研究单位核减下来的事业费，1/3核拨其主管部门建立科技开发基金，2/3由同级科委统一安排。鼓励有条件的事业费包干类型的科研单位合理组织收入，抵顶部分事业费，实行奖金与核减(抵顶)经费的额度挂钩。

自1988年始，济南市对科研单位采取核减事业费的办法，把核减下来的事业费作为周转金的形式仍然用于科研部门。1989年，市财政局和市科委对8个科研所财务收支情况进行调查分析，然后用周转金进行扶持，促使科研部门发展收入，用自身收入弥补科研事业费支出，减少财政负担。至年底，有3个科研所达到扣减事业费100%，5个所达到扣减经费80%；通过扣减事业费转为周转金扶持生产，年内科研部门创收1000万元。同年，济南市在全省范围内率先改进8个技术开发型科研所的拨款办法，制订出一整套全新的会计制度和会计报表，1990年全面推广。

1993年11月15日，山东省科委、山东省财政厅印发《关于加强科研单位收入财务管理的暂行办法》的通知。科研单位组织的收入必须全部纳入单位预算，必须严格按国家规定的收费项目、范围和标准收费，必须使用财政部门印制的收据和税务部门印制的发票。各单位按照有关税收法规规定减免的税款，视同国家财政对科研单位的间接投入，全部用于事业支出，不得用于职工福利和职工奖励。凡不纳入财政预算管理的科研单位，不得享受国家对科研单位各种供给优惠政策。

1997年3月25日，财政部、国家科学技术委员会关于印发《科学事业单位财务制度》的通知。该制度适用于纳入事业财务管理体系的国有科学事业单位。对科学事业单位实行核定收支、定额或定项补助、超支不补、结余留用的预算管理办法。6月17日，财政部、国家科学技术委员会印发关于执行《科学事业单位财务制度》若干具体问题的通知。进一步明确财政补助收入、非独立核算单位、成本费用开支范围、多层次成本费用核算等问题的范围和标准。

1999年9月3日，《科研院所技术开发研究专项资金管理暂行办法》制定。专项资金的来源主要为中央财政拨款，专项资金采取项目支持的方式，每个项目的支持额度一般为50万元～200万元。12月8日，科学技术部、财政部关于印发《国家重点基础研究专项经费财务管理办法》的通知。专项经费来源于国家财政专项拨款，用于组织实施国家重点基础研究项目。专项经费实行课题制管理。

2004年2月25日，财政部关于印发《中央补助地方科技基础条件专项资金管理办法》的通知。专项资金由中央财政设立，用于支持地方科技事业发展、改善地方科研单位工作条件、提高地方科学普及水平。按照财政预算改革要求，省级财政部门应按照项目管理要求逐步建立专项资金项目库。济南市贯彻执行财政部《中央补助地方科技基础条件专项资金管理办法》。各部门在申请财政部科技专项资金补助时，选择对本部门经济和社会发展具有重要影响的项目进行申报，申报范围为列支“科学支出”预算科目的事业单位，每个部门限报一个项目。

2006年始，市科技局深入推进科技管理体制改革，初步形成市级科技计划项目与经费的“三权分立”管理格局，建立起一套公开透明、权责明晰、运行规范、廉洁高效的科技管理体制机制。在科技经费监管上的新做法：创新科技经费管理模式，吸纳财政、审计等职能部门参与检查指导，参与决策、形成合力；完善规章制度保障体系，从源头上堵塞和规避漏洞，用完善、规范的制度强化科技经费管理；探索科技经费监管模式，扩大经费全过程管理力度，健全完善机制、细化量化评审指标。

2009年，市科技局会同市财政、审计局联合制定《关于改进和加强市级财政科技经费管理的意见》。该意见在优化支出结构、改进支出方式、实施项目库管理、改进评审周期、实施财务评审以及提高部门预算到项目率等方面进行大胆地探索。同时，请审计部门提前参与监督管理，从制定管理办法等源头环节介入，进一步完善审计监督机制，在此发文的基础上制定相关配套办法措施。《济南市科技计划和专项经费监督管理实施办法》是济南市第一个专门规范科技经费监督管理工作的制度规定。该办法明确科技经费监管工作的定位，规定科技经费监管的主要内容，提出科技经费监管采用的监督方法，细化科技经费监管的组织实施方式和程序，并针对监管工作中发现的各种违规违纪行为，详细规定处理处罚措施。文件的颁布实施，完善管理制度，实现制度创新和专业指导监督的规范化。依据《关于改进和加强市级财政科技经费管理的意见》《济南市科技计划和专项经费监督管理实施办法》及各类科技计划和专项经费管理办法的规定，对列入年度济南市科技发展计划项目和其他专项经费的项目及经费进行检查。对完善项目承担单位以及各县(市)区科技局和市直单位科技主管部门的科技计划及项目经费管理、建立健全各项规章制度，起到积极促进作用。

2008～2010年，组织3次大范围科技项目及经费检查，分别对2006～2009年度科技计划和专项经费承担单位的项目实施和经费使用情况，进行全面监督检查。检查以县(市)区属地区域化实施，聘请社会中介机构和财务专家参与。重点检查年度科技计划项目经费支持额度30万元以上的项目，总检查面达到年度项目经费总额的一半以上。抽取检查年度科技计划项目中青年科技明星计划、留学人员创业计划，软科学、平台建设项目，检查面不低于10%。其余项目经费额度在25万元以下的，委托各县(市)区及市直主管部门负责组织。对检查中发现和暴露出问题较为严重的项目单位，按照处理措施规定(视情节轻重分别给予限期整改、通报批评、3年内限制立项、收回已拨经费等处理)逐一项目、单位写出处理建议。针对监督检查中发现的问题，按照相关制度规定，以监督检查意见书或发通告文件的形式，分别反馈到项目承担单位、主管部门(县、区科技局)及市科技局业务处室。监督检查工作做到四结合：市科技管理部门与各县(市)区科技管理部门协调联动开展科技管理工作相结合；科技项目经费使用检查与项目实施进度检查相结合；科技项目及经费检查与项目结题验收相结合；聘请社会中介机构监督与邀请财务专家检查相结合。突出三方面：检查与指导相结合，强化科技服务。采取自查、重点检查与抽取检查相结合，市、县区两级分步进行。邀请市财政、市审计局相关处室参与检查并监督指导。市科技局项目及经费检查工作领导小组和纪检监察部门要加强对整个项目及经费检查工作的监督指导。

按照政府采购服务类项目须竞争性谈判招投标程序，在政府采购中心组织专家论证和政府采购统一招标中标的会计师事务所和邀请的富有工作实践经验的财务专家共同参与项目经费检查。对社会中介机构和财务专家的要求是：参加检查的社会中介机构和财务专家要做好对科技计划项目及专项经费检查实施方案的学习和相关制度、办法的贯彻落实。在检查中强化全过程监管，从经费是否足额到位到经费使用开支的合理性再到结题验收整个经费使用的全过程都要检查细致，做到防微杜渐。

第二节　科研院所改革

1985～1989年，以科研机构拨款制度改革为突破口，促进科技成果商品化。通过实施技术合同法，发展科研生产联合体等措施，加强技术市场管理，引导全市科技与经济结合。

1990～1995年，以内部管理运行机制改革为标志，推动科技成果转化。通过实行课题负责制，科技经济承包制和“一所两制”等措施，放活科研机构，有效转变运行机制，调动科技人员的积极性。

1996年始，以结构调整、人才分流、机

制转换、制度创新为主要任务，进入整体推进改革的攻坚阶段。在深化内部运行体制改革方面，普遍实行院所长负责制、技术经济承包制、任期目标责任制等管理制度。部分院所实行全员劳动合同制和竞争上岗，初步形成自我约束与自我发展的行为机制、优胜劣汰的人才管理机制。

1998年4月，以济南市公用事业研究所为核心的金卡集团，与轻骑集团等4家单位联合，组建山东明天信息产业集团，率先建立现代企业制度，完成开发型院所向企业的转变。

2000年1月，济南市冶金研究所完成由职工出资买断企业全部集体净资产进行的股份合作制改造，该所生产经营情况全面上升，出口创汇大幅增长。2001年实现产值5000万元，出口创汇近300万美元。

2001年4月30日，济南市建筑设计研究院按照现代企业标准进行企业股份制改造工作，全院采取职工完全买断方式，整体转制为民营科技企业，为全市其他科研机构改革探索一条较为成功的路子。同年，济南市建筑建材设计研究院整体并入建材集团，调整领导班子、确定主要研究和发展方向；济南市园林规划设计院并入济南园林集团，成为集团的研究开发中心；济南市园林研究所以资产运作方式成立济南市花卉苗木研究中心，实现企业化运作，创造可观的经济效益。12月，科技部政策法规司副司长朱传柏到济南考察，对全市科研院所改革取得的成绩给予肯定。

2002年，加大科研院所改革力度，全市独立科研机构已完成改制11家，70%以上兴办科技产业、建立科技开发实体，共开发科研项目200余项。

2005年年底，济南市共有市属科研机构33家，职工3500余人，固定资产2亿元，年技工贸总收入2.3亿元，过1000万元的10家，创汇近300万美元。2001～2005年，5年技工贸总收入11亿元，上缴税金2800万元，实现利润5200多万元，开展研究课题1140项，获奖400项，发表论文850篇。

2007年，深化科技管理改革，优化资源配置，建立阳光科技，确保科技立项的公开、公正、公平，在科技项目申报、评审、立项中，实行网上公开、网上专家评审，对重大项目面向全国公开招投标，实现科技计划项目全省首家异地评审。

2008年，重汽集团申报国家级重型汽车及再制造工程技术研究中心通过科技部可行性论证；新认定国家级企业技术中心2家、省级3家，全市各级企业技术中心164家(其中国家级11家、省级37家)；新认定省级工程技术研究中心24家，全市各级工程技术研究中心99家(其中省级72家)；首次在全省实行科技计划项目异省异地评审。

2009年，重汽集团获科技部批准组建“国家重型汽车工程技术研究中心”，填补全市国家级工程技术研究中心方面空白；浪潮集团被科技部授予“浪潮高效能计算机与软件系统国际科技合作基地”；福瑞达医药、济钢集团分别建成山东省首批院士工作站。全市建成：重点实验室54个(其中国家级重点实验室3个、省部级重点实验室51个)；企业技术中心187家(其中国家级11家、省级43家)；工程技术研究中心132家(其中国家级1家、省级73家)。

2010年，新认定国家级企业技术中心2家、省级企业技术中心7家，市级以上企业技术中心204家(其中国家级13家、省级48家)；新认定省级工程技术中心24家，市级以上工程技术研究中心151家(其中国家级2家，省级107家)；新认定国家级特色产业(成果转化)基地2家，总数9家；新增省级软件工程技术研究中心6家，总数25家。

第六篇　科学普及

第一章　科普宣传

第一节　全民科学素质行动

1993年9月，配合国家颁布实行《科技进步法》，市科协同市科委等单位联合举办宣传日活动，同时还以各种形式介绍推广科技成果，发挥科技群团的作用。

1996年10月19日，济南市科技活动中心奠基。中心一期工程建筑面积5000平方米，设有固定展厅、培训教室、学术交流厅、学术活动室、科技展品制作室和信息资料室、办公室等。

1999年，加大对科普工作的投入。科普专项经费逐年有所增加，年内增加到65万元,达到年人均0.12元，学术经费开始列入市财政预算。全市有9个县(市)区科普专项经费基本落实到位，历城区科普经费达到年人均0.2元。

2000年10月22日，成立济南市崇尚科学反对邪教协会。协会由市总工会、市妇联、团市委、市科协、市文联、市社科联、市体协、市律师协会、市新闻协会等38个团体会员和58名个人会员组成。协会的主要职责和任务是在市委、市政府的领导下，宣传马列主义、毛泽东思想、邓小平理论，用先进的文化占领城乡思想文化阵地；倡导科学、反对迷信，深入揭批邪教组织的丑恶本质和严重危害；宣传党的宗教政策和宗教法规，宣传社会治安及其他相关的法规；组织群众开展健康文明的体育文化娱乐活动，开展对受蒙蔽者的思想转化工作；向党委、政府提供有关信息、动态和建议。9月24日，举行济南市科技活动中心落成剪彩仪式；活动中心建筑面积6600平方米，集展览、会议、培训、办公于一体，功能齐全，设备先进，是济南市科技活动的重要场所，是全市“科技工作者之家”，是济南市宣传科技知识、交流科技成果、开展科技活动、增进科技人员联谊的重要阵地。

2002年1～7月，开展2001年济南市城镇公众科学素养调查，市科协与统计局共同对济南市城镇2000户公众(18～69岁)科学素养状况及其影响因素进行了调查，并编辑印制《2001年济南市城镇公众科学素养调查报告》，向社会公布此次调查结果，10多家中央、省、市新闻媒体予以报道，在社会上产生较大影响。从本次调查获取的数据和分析中，可以看到济南市城镇公众科学素养虽然高于全省水平，但与发达国家和先进省市相比还有很大差距。据此，提出大力加强科普工作，全面提高公众科学素养；大力倡导科学精神，培养创新意识；进一步加强对科普工作领导的3项建议。

2003年，宣传和落实《中华人民共和国科学技术普及法》，在城区社区开展“6·29”科普行动日活动。创建反邪教工作示范社区，增强社会稳定。

2004年，落实市委、市政府关于进一步加强和改进未成年人思想道德建设的有关精神，主动将青少年科普工作纳入市委、市政府的整体工作部署。年内科普专项经费增加到172.5万元，达到年人均0.3元。5月18日，省、市科协在省科技馆联合举办“崇尚科学·关爱生命·维护人权·反对邪教”大型反邪教展览，近2万名群众参观展览。5月24日，市委、市政府在《济南日报》公布“济南市为未成年人办16件实事”，市科协的1.5件事(4小项)被列入其中。创建反邪教科普示范社区，历下区和槐荫区科协主席李胜利分别被中国科协和全国文明办评为全国科教进社区先进单位和先进个人；市中区七里山街道第二社区居委会等5个街道、社区被省科协命名为“山东省科普示范社区”。

2005年，年内科普专项经费280万元，学术经费10万元，达到年人均0.5元。

2007年，按照《市政府关于贯彻全民科学素质行动计划纲要的实施意见》要求，成立由市委组织部、市委宣传部、市文明办、市发改委、市经委、市科协等21个部门组成的全民科学素质工作领导小组。建立健全领导机构和工作制度，召开动员大会，制定9个工作方案。加大宣传力度，开展有奖知识竞赛，举办4期培训班，印发宣传手册3000份，制作发放《科学素质纲要》挂图700套。

2008年，深入实施《科学素质纲要》。召开全市科学素质工作领导小组第二次会议，建立项目管理机制，主办“节能减排与环境友好型社会”大型展览，65个市直部门1200名干部参观。设置《科学素质纲要》大型公益宣传栏。举办“公众科学素质电视大赛”，57支代表队参加。组织全省“认清邪教危害、依法惩治犯罪、崇尚科学文明、促进社会和谐”大型展览在济南巡展，活动共展出17天，参观群众4.2万人。积极探索建立心理矫正痴迷者的新途径，邀请心理专家对痴迷者开展心理矫正。开展创建“省反邪教示范社区”工作，天桥区药山街道被评为“省反邪教示范社区”。

2009年，稳步推进《科学素质纲要》实施工作。年内召开市全民科学素质工作领导小组第三次会议，举办全民科学素质工作表彰会暨《纲要》培训班，对获得“全民科学素质工作先进工作者”称号的30人进行表彰。组织济南市公民科学素质调查，全面系统地了解济南市公民科学素质状况及其影响因素的变化规律，为《科学素质纲要》的监测评估提供翔实的基础数据。按照项目管理办法，加强对各成员单位及各县（市）区实施工作的督导协调，保证各项工作的稳步推进。参与全市“迎全运、讲文明、树新风”活动，举办全运科技成果展、文明礼仪培训、科普画廊展示、广场科普汇演、科学健身行动等系列活动。年内科普专项经费340万元(按城区人口、不含五县)，达到年人均1元。

2010年，推动《科学素质纲要》各项工作有序落实。在全国素质纲要工作研讨会上做《办好社区科普大学是提高居民科学素质的具体实践》的典型发言。年内召开全市全民科学素质工作领导小组第四次会议，各成员单位围绕“节约能源资源、保护生态环境、保障安全健康”工作主题，组织动员社会各界，积极开展节能减排、环境保护和安全生产、防灾减灾等各类宣传活动。全面实施重点人群(未成人年、农民、城镇劳动者、领导干部和公务员)科学素质行动。加强资源共享和设施建设，成立全市首家社区中草药科普馆。

第二节　讲座 展览

一、科普讲座

1986年，各级科协和学会运用多种形式开展科学技术普及活动，推广先进技术。1988年，共组织科普讲座1458场，20万人参加。

1989年，举办科普讲座963场，听众9.3万人次。济南营养卫生学会与市电视台联办“饮食卫生和儿童营养知识”讲座。济南钢铁厂在“科技金秋”活动中大力宣传科学技术是第一生产力的观点和科技振兴企业的思想。

1990年，举办科普讲座516场，听众10多万人次。计划生育协会庆祝中国计划生育协会成立10周年，进行优生优育、晚婚和控制人口增长的宣传普及活动。市科协同环境科学学会、营养卫生学会庆祝“六五”世界环境日，联合举办“儿童营养与环境” 科普报告会，向与会的200多人宣传保护好环境对儿童和人类健康的重要意义。

1991年，城市科普以区街科协、厂矿科协和学会为主体，配合世界环境日、标准日、气象日、护士节等，举办知识讲座、知识竞赛、专题报告，宣传科学、文明的生产和生活，普及科技知识。

1993年，各级科协、学会、厂矿科协多种形式举办各种科普讲座。市科协与护理学会联合举办卫生保健知识讲座，聘请中心医院主任护师主讲“冠心病防治与家庭护理”。预防医学会利用全国计划免疫宣传日，到区县组织11个宣传站，设100块宣传牌，宣传脊髓灰质炎的预防。

1994年，各级科协以经济建设为中心，大力推进科普工作， 举办科技讲座200余场，听众8万人次。

1998年，各县(市)区科协邀请专家学者为领导干部作“知识经济”“信息技术”“信息化与信息高速公路”“迎接21世纪”等高科技报告。市级学会、企事业科协举办科普报告会、讲座200余次，2.1万人参加。珠算协会举办济南市第十八届珠算比赛；环境科学学会举办“信息技术与环境保护报告会”；护理学会举办“更年期综合征与激素替代疗法报告会”；计算机学会举办“计算机应用基础学术报告会”；试金集团科协举办“高新科技发展前景报告会”；化纤总公司科协举办“信息技术与知识经济报告会”；机车车辆厂、重汽公司、一机床集团有限公司、试金集团企业科协还在职工中举办“信息时代”“知识经济”“计算机网络”“科普知识”等多方面的知识竞赛。

2005年，神舟六号载人飞船发射成功后，组织省市20多位科技专家召开“弘扬航天精神、促进自主创新”专题座谈会。

2010年，举办科普讲座1760场，听众10余万人次。

二、科普展览

1986年，在农村举办科普展览312次，参观人数10万人次。

1988年，举办各种科普展览278次，观众8.7万人次。

1989年，在农村举办科普展览422次，参观人数14万人次；开展“科普金秋”等大型科普活动7次，参加人数16.39万人。在城区共举办科普展览、科普画廊239期。

1990年，济南市各级科协运用多种形式开展科普宣传，全市举办科普展览238次，观众16万余人次。

1991年，农村各级科协围绕科技兴农、破除封建迷信和愚昧落后的生活陋习，树立社会主义新风尚，举办科普展览387次，组织科普赶集1230次，放映科教电影5500多场，观众20万人次。

1993年，各级科协、学会、厂矿科协及科技馆大力开展科普宣传和科技普及。举办各种科普展览2100多次，观众12万人次。花卉盆景协会举办观赏石展览和花卉盆景展览，丰富人们的文化生活。

1994年，举办科普赶集160次，与有关部门举办科普一条街活动5次，接待科技咨询1万多人次，登门技术服务500多次，发放各类科技资料和明白纸14万份。

2002年10月16日，市科协与市文化局、《济南时报》联合在济南市科技活动中心举办济南市首届“科学与艺术”作品展览。展出的150余件艺术作品，从不同角度艺术再现了科学技术对人类历史发展和社会进步所起的巨大作用，讴歌广大人民群众热爱科学、学习科学、崇尚科学的崭新精神风貌。

2005年，开展青少年生物科普系列活动。举办济南市“清泰杯”青少年生物科普展览，展出5000多种生物标本，12.58万余名中小学生参观展览；创建8所青少年生物科普馆，展览面积5100多平方米，深化“科普进校园”活动；举办“普及生物知识、10万只蝴蝶放飞”科普活动；创办《生物科普之旅》青少年科普报纸。

2006年，风景园林学会举办盆景展、插花艺术展和菊展。

2007年，在18个企业、机关和学校举办“节约能源资源、保护生态环境、保障安全健康”科普巡回展览。

2009年，市科协与市委宣传部等单位联合举办济南市科技全运成果展，展示全运会50年辉煌历程，介绍济南赛区场馆建设、安全保障、节能环保等方面的新材料、新技术、新工艺。7月8日，展览作为全市迎全运社会动员十大活动之一，参与迎全运倒计时100天纪念活动。该展览共在高校、社区、广场、企业展出26场，参观群众7万余人。

2010年，举办科普展览51场，观众15万余人，挂图2.4万张。

第三节 报刊 美术 影片

一、科普报刊

1993年，机床一厂科协编辑出版《科普文摘报》、汽车制造总厂科协承办《黄河汽车》、柴油机厂科协编辑《济柴科技》，宣传科普知识和科技成果。

2003年，在《济南日报》开辟《科技进步与创新》栏目，介绍12个学会和企事业科协的工作经验，成为深受广大科技工作者欢迎的“精品工程”。

2005年，市科协与中国科协《大众科技报》联合开辟《科技之子》专栏，宣传济南市优秀科技人才的光辉业绩和精神风貌。

2008年，宣传在节能减排中做出突出贡献的企业和科技工作者。联合《济南日报》和济南电视台新闻频道，分别以“总工程师谈节能减排”和“节能减排、科学发展”为主题，采访报道济钢、重汽、力诺集团等10家企业节能减排成果。

2009年，宣传在创新科学技术和普及科学技术方面做出突出贡献的优秀科技工作者，编辑出版《济南市优秀科技工作者风采录》，记录100位优秀科技工作者的科研历程和精神风貌。

二、科普美术

1986年，布展科普画廊56展次，在城市人员密集的公园和主要街道设立画廊，宣传国内外新科技、计划生育、卫生保健、标准化知识、统一度量衡单位、地震知识和法律常识，倡导科学、文明的生活方式，揭露封建迷信、愚昧落后、丑恶腐败等现象。开展科普商场、科普橱窗活动，使商品宣传知识化。

1991年11月7～10日，市科协、市委宣传部等10个单位联合在济南军区展览馆举行首届泉城科普美术作品展览，展出260余幅优秀作品。以“科学技术是第一生产力”为主题，展示济南市依靠科技进步取得的成就。经专家评委会评定，评出一等奖15个、二等奖30个、三等奖40个，展览组织工作先进单位15个。

1993年，布展科普画廊700多次。服装技术研究会为提高服装设计水平，挖掘设计人才，联办“济南市第二届服装设计万紫千红奖大赛”，收到设计作品88个系列，892件(套)，全市30余家服装企事业单位、科研院校及广大业余爱好者100余人参加。

1998年，历下区新建两个25米长的科普画廊和众多科普宣传栏。

1999年，全市在黑虎泉西路、文化西路、槐苑广场、章丘、长清、机床二厂、济钢等地建成300多米科普画廊。

2003年，全市科普画廊1900米。

2004年，以科普画廊建设为重点，拉动社区科普宣传阵地发展。科普画廊建设被市委、市政府列入创建文明城市、为百姓办的100件实事之一。全年新建科普画廊760米，建立健全了全市科普画廊基础档案。购置4批近2万套科普宣传画提供给社区。

2005年，全市科普画廊总长度3000多米，印制4期、1.1万张社区科普挂图，发放到全市480多个居委会宣传张贴。实施“科普村村通”工程。根据农村科普实际，确定用3年时间在全市4657个行政村均建成一处长6米、宽2米的科普宣传栏，每年为所有行政村赠送科普挂图4期。制定相关的资金支持政策，探索多元化筹资渠道，发挥试点县区示范作用，以点带面，全年完成2343个行政村科普宣传栏建设，下发4期1.94万张科普挂图。

2006年，全年新建科普画廊1188米，总长度4000多米。其中13处被中国科协命名为全国示范科普画廊、9处被省科协命名为省级示范科普画廊。印制发放4期共2800套社区科普挂图。在全市4657个行政村建成4808个科普“村村通”宣传栏。

2007年，完成576米科普画廊建设任务，市区总长度5000多米，印发4期各700套科普挂图。

2008年，健全农村科普宣传栏的管护制度，宣传栏完好率95%。

2009年，联合十一运济南赛区组委会社会动员部编印全运宣传画5000套，发放到社区及窗口服务单位。挂图分别以“与祖国同庆、与全运同行”“建美丽泉城、迎和谐全运”“和谐全运、微笑泉城”“文明赢得尊重、礼让促进和谐”为主题，表达泉城人民祝福全运的美好心愿。针对甲型H1N1流感疫情，组织来自省疾控中心、市传染病医院的科普大学老师进行巡回授课，发放《预防甲型H1N1流感常识》科普挂图和宣传手册，增强群众自我防范意识。

三、科普影片

1986年，在“全民植树节”“爱鸟周”等活动中，出黑板报80期，放映科教电影32场，宣传普及环境保护知识。

1989年，在农村放映科教电影3217场，观众241.91万人次；在城区放映科教电影录像641场，观众10.3万人次。

1990年，放映科教影视1211场，观众16万人次；重大科技推广活动39次，参加人员1700人，市科技馆举办“人口与健康”科技电影汇映，深入农村科普赶集。天桥东街办事处科协和官扎营办事处科协组织放映《人口与健康》《当代迷信录》等科教录像片，广泛进行破除迷信宣传。长清县、章丘县科协组织农业科技宣讲团深入乡镇巡回演讲，放映农业科教片，将农业科普知识送到千家万户。

1991年，市科协与省电视台少儿部联合录制少儿科普节目《智力运动会》。

1993年，放映科技电影与录像2500多场。

1994年，放映科教电影500多场，观众25万人次。

1997年9月10日，在舜耕山庄举行万户家庭科普知识电视大奖赛。市科协、市环保局、市计划生育委员会组织有关专家围绕“人口、资源、环境和可持续发展”的主题编写竞赛提纲。5个区的家庭代表队进入决赛，50个家庭代表5个区到决赛现场加油助威，参与观众席答题。11月5～11日，济南市科技馆、济南环境科学学会、济南声像协会联合举办97日本环境保护录像放映周，采用免费入场、集体预约办法，放映《日本的高科技信息》《与亚洲的污染做斗争》《大气污染与水质污染》《森林保护与绿化技术》《垃圾与再循环》《海洋污染》等20部录像片。

1998年，章丘市科协、市委组织部、市电视台联合在章丘电视台举办《科教园地》节目，在《章丘报》推出实用技术专版，大力推广农业科技。市科技馆在科教影像放映活动中放映244场，观众24万人次。

2003年，履行团体桥梁纽带职能，大力宣传表彰优秀科技工作者。与济南电视台联合制作《科技之子》系列栏目，展现10位做出突出贡献的科技专家的风采；与济南人民广播电台联合开播《科技人生》专题栏目，系统介绍20位优秀科技工作者的业绩。

2004年，组织开展《科技工作者状况调查》《学会改革的研究与对策》《农技协状况调查》《非公有制企业科协组织建设调查》《反邪教战略研究》等专题调研，并形成调研报告。

2005年，完成《科技人生》《科技之子》播出100期。

2006年，市科协与市电视台联合拍摄专题片《希望的田野》。

2007年，市科协与电台、电视台联合制作优秀科技工作者系列专访节目，播出《科技人生》20期、《科技之子》10期、《希望的田野》10期。

2008年，在《科技人生》《科技之子》广播电视专访节目中宣传报道两院院士王克明、彭实戈，市科技大奖获得者江秀花等8名优秀科技工作者。5年来累计播出146期，宣传报道110位科技工作者的先进事迹。《科技之子》栏目获2007年度省委组织部人才工作好新闻奖三等奖，省科协优秀新闻奖一等奖。

2009年，制作《乡村里的“领路人”》专题片10集，《聚才汇智促发展》专题片3集。

2010年，在济南电视台、《济南日报》等媒体报道科技工作者在服务“转方式、调结构”工作大局中的突出贡献。制作《科技之子》专题片4期，在济南电视台新闻频道播出。其中《科技之子金融数学家彭实戈》获济南市第三届党员干部现代远程教育优秀课件三等奖，《热心环保的义务宣讲员》获全市党建电视新闻展播三等奖。济南市6个县(市)区电视台播放《科普大篷车》专题片52期。

第四节　科技宣传活动

一、全国科普日

2004年6月27日，市科协与省科协共同组织开展省暨济南市“科普日”活动。省委常委、省总工会主席阎启俊，副省长王军民，省政协副主席王久祐，市委副书记雷建国，市人大常委会副主任牛洪恩等出席活动。向15个村赠发“村村通科普工程”首批科普宣传品。市科协主席商敬工宣读省、市科协发出的“关于开展‘科学普及——你我共参与’活动的倡议书”，省市领导和市中区、历下区和平阴县的400多名城乡学生在“科学普及——你我共参与”的条幅上签名，一起参观科技馆。平阴县200名农村学生参观济南战役烈士纪念馆。市科协获中国科协“全国科普日先进单位”称号。

2006年9月16日，举办以“树立科学发展观，共建和谐社会”为主题的省暨济南市2006年全国科普日活动。启动仪式上，向获全国科普进社区先进组织单位的营市东街办事处颁发奖牌，800名小学生进行七巧板组拼及小机床制作表演展示活动，现场举办“建设节约型社会”大型科普展览。各县(市)区及学会、企事业科协同时开展一系列丰富多彩的科普日活动。历下区举行“预防疾病，科学生活——医学科普社区行”大型咨询活动，制作10块展板在各办事处进行巡回展览。市中区科协组织专家、教授为群众进行义诊和大型科普展览。天桥区科协组织科普之光系列活动。老科协、医学会、营养卫生学会、气象学会、机车工厂科协、637所科协、济钢科协等举办义诊、科普知识宣传、讲座等活动。其间，全市动员科普志愿者2000人，举办大规模的科普展览、讲座、科技下乡、科教进社区等活动60场次，制作展板1000多块，制作

2004年6月27日，济南市科协与省科协共同组织开展省暨济南市“全国科普日”活动

和发放科普挂图2000多套、科普宣传资料1.2万余份，受教育群众7万多人。

2007年全国科普日期间，举办“迎全运——万人科学健身大行动”展示活动，2000多名社区科普大学学员表演科学健身气功。

2008年，以“节约能源资源、保护生态环境、保障安全健康”为主题，组织丰富多彩的全国科普日活动。其间，全市举办科普展览、讲座、科技下乡、科教进社区等活动56场次，参与群众10万余人。

2009年，承办山东省暨济南市2009年全国科普日活动，活动主题为“节约能源资源、保护生态环境、保障安全健康、促进创业就业”。其间，县(市)区科协、各级学会、企事业科协、学校、科学素质纲要工作办公室等单位组织丰富多彩的科普活动48场次，发放科普宣传资料9000余份、明白纸8.45万份、科普图书9460套， 制作展板984块，制作和发放科普挂图5400多套，参与群众13万人次。

2010年，举办山东省暨济南市全国科普日启动仪式，组织科普活动54场次，发放科普图书10万套，参与群众14万人。

二、科技宣传月(周)

1992年5月，开展把科技恩惠洒向泉城为主题的“科技宣传月”活动。市科委、市委宣传部、市科协联合召开全市科技宣传工作会议，制定《济南市关于加强科技宣传工作的意见》，统一组织10项系列活动：组织科普宣传周；举办科技成果展览；开展科技百题竞赛；在《济南日报》和市广播电台、电视台分别增设《科技撷英》《科技兴市》《泉城科技》栏目，加大科技宣传力度；举办科技电影周；组织科普工作队下乡服务；召开“科学技术是第一生产力”研讨会；召开科技表彰会，奖励有突出贡献的科技人员；开展“科技之星”宣传；组织多种形式的科技交流。

1995年9月16～22日，市科协与市委宣传部、市科委等部门联合举办95科技宣传周活动。16日，省、市联合举行宣传周开幕式并组织科普宣传一条街，26个省级学会、30个市级学会、33个厂矿科协、5个区科协及部分省、市科研单位的万名科技人员在黑虎泉西路沿街宣传全国和省市科技大会精神，宣传科技是第一生产力的思想和“科教兴国”“科教兴鲁”“科教兴市”战略。展示科技成果、介绍高新技术展板640余块，散发科普宣传资料3万余份，展销科技新产品近万种，开展各种形式的科技咨询服务，进行现场演示。省、市有关领导参加科普一条街活动。其间，各县(市)区科协、厂矿科协和学会团体还举办科技讲座、学术报告会、科技交流和科技展览、科技人员座谈会、放映科教电影和录像，举办科技书市，组织青少年参观科研院所和博物馆、实验室等丰富多彩的活动。

1996年9月15～21日，市科协与市委宣传部、市科委等联合组织济南市科技宣传周活动。活动周主题是：实施科教兴市战略，推进两个根本转变。15日举行宣传周开幕式暨科普宣传一条街活动，部分省级学会、大专院校、科研院所和市级学会、厂矿科协、区科协、科研院所、高新技术开发区、民营科研单位和大型企业集团、企业等130多个单位的万名科普志愿者走上街头，开展宣传活动。制作640多块展板，宣传新科技成果、新技术；展销高新技术产品650多种；散发各类科普资料近5万份，利用录像、广播介绍世界科技发展趋势，宣传济南市科技事业发展的大好形势，许多专业技术人员参加技术咨询服务，20多家医院的近百名专家教授参加义诊和咨询，新华书店举办科技书市，展销新科技图书。举办多种形式的科技讲座、学术报告会、科技交流、展览、电影、录像，送科技文化下乡，深入企业开展科技咨询。组织2000多名青少年参观省地质博物馆、省计算机中心和省气象中心。组建高新技术报告团和科普讲师团，组织报告会8场，参加人数1500余人，各县(市)区分别组织声势浩大的科普宣传活动。

1997年9月8～14日，由市委宣传部、市科委、市科协等单位在全市城乡联合举办'97济南市科普宣传周活动。活动的主题是“人口、资源、环境与可持续发展”。9月8日在济南大厦举行开幕式。省政协常委、《中国人口、资源与环境》杂志主编、山东师范大学原校长陈龙飞在开幕式上作“可持续发展的理论与实践”首场科普报告。其间，全市举办百场科普系列报告、万户家庭科普知识电视大奖赛、青少年科技活动、百部科教片放映、送科技文化医疗下乡、厂矿科协“讲、比”10周年纪念活动和济南市可持续发展战略研讨会等丰富多彩的活动。济南市科协被省科协评为科普宣传周先进集体。

1998年9月11～17日，市委、市政府首次在全市范围内举办“'98济南科普宣传周”活动。宣传周的主题为步入信息时代；宗旨为信息技术的大普及。宣传周主要内容为：济南市开发、利用信息资源的基本情况和相关科学知识；知识经济与高新技术，信息技术的发展趋势及成果，信息技术的主要内容，济南市信息化建设的成就及今后行动目标等。其间重点开展10项影响面较大的活动，包括：宣传周前市委、市政府领导围绕“'98济南科普宣传周”主题在济南电视台发表电视讲话；举行“'98科普宣传周”开幕式，举办高科技知识讲座、信息化展览会、电脑一条街活动；组织市直机关干部信息技术知识竞赛和全市青少年计算机竞赛；举办送科技下乡活动、科技影像放映周、“知识经济与济南发展”学术研讨会、首届济南青年学术年会暨中国科协第三届青年学术年会卫星会议。活动具体由市科协、市委宣传部、市科委、市信息办4家联合承办。宣传周的重点在基层，全市有50余万人次参加。其间，《济南日报》刊登专版，市广播电台开办“泉城涌动科技潮”专题栏目，市电视台等省市新闻单位进行跟踪报道，市教育电视台播放专题科教片，在全市形成科普宣传的高潮。

1999年8～9月，科协系统举办全市性大规模科普宣传月活动，科普月以“破除迷信、崇尚科学”和“学习、创新、迎接新世纪”为主题。第一阶段，紧密配合形势，举办“崇尚科学、破除迷信”巡回展览，制作展板104块，深入10个县(市)区及企业、学校、军营展出，并应邀到泰安、滨州等地展出，观众达数十万人次，中央电视台等十多家新闻单位进行报道。第二阶段，举办创造学报告会、青年科学家论坛、建立风险投资机制研讨会、技术创新与企业发展经验交流会、厂矿科协书法绘画展览、大学生科普知识演讲、青少年科技发明创造展览、科教影片放映、送科技文化下乡等10项丰富多彩的活动。

2000年9月23～29日，举行科普宣传周，以“创新创新再创新，迎接科技新时代”为主题。市科协投资20多万元举办“回顾与展望”

大型科普展览，展出国际标准展板191块、图片1000多幅，纵览20世纪重大发现和技术发明成就，展望21世纪科学技术发展趋势，参观人数5万人次。邀请香港城市大学教授李少民、北京大学教授潘爱华向领导干部分别作了《网络经济》和《生物经济》的报告。举办青少年科技创新成果展览、命名科普教育基地、科技影视放映周等12项重点活动。市级学会、企事业科协、各县(市)区科协组织200多项活动。市科协与市委宣传部、市科委、市教委等部门密切协作，利用报纸、电台、电视台等新闻媒体在科普宣传中的舆论先导作用，全面报道宣传周活动，举办“12位博士谈人生”专题节目，宣传优秀科技工作者事迹，参加活动的人数50多万人次。

三、科技活动周

1990年“六一”国际儿童节期间，市科协等4个单位联合举办科技游园周活动，数千名少年儿童观看少年无线电遥控航模、游艇表演。

1995年，市科协贯彻中共中央、国务院《关于加强科学技术普及工作的若干意见》，把科普工作作为一项重要社会工程来抓。开展科普周活动，推动城区科普工作。各学会团体、厂矿科协和区街科协以促进城市文明和现代化为目标，通过科普报告会、放映科教录像、街头宣传等多种形式，进行科学思想的教育和科学方法的传播。

2002年5月18日，“2002年山东省暨济南市科技活动周”开幕式在泉城广场举行。活动周主题为“科技创造未来”，旨在弘扬科学精神，建设先进文化，普及科学文化知识，用科学技术打造灿烂的未来。省市科协、科委等有关部门、单位举办大规模科技咨询和科技成果展示，展示的内容有“回顾与展望”科普展览、科普大篷车展示、青少年科技创新大赛成果展示，企业技术新成果展示，能工巧匠现场表演，科技、卫生、环保、优生优育咨询，专利知识宣传、高新技术企业及产业展示等。其间，各级科协先后开展科技、文化、卫生“三下乡”等活动。

2003年，市科协编印全市第一批科学防治“非典”宣传材料，编印2万多册《传染性非典型肺炎防治手册》《普及科学知识，全民防治“非典”》，110万份农村防治“非典”科普专刊，设计制作62套264块展板，1.05万份《农村防治“非典”科普挂图》，7000份《城市预防“非典”知识挂图》，40套《预防“非典”科普知识》VCD光盘，及时下发到基层。

2004年5月15～21日，济南市以“科技以人为本，全面建设小康”为主题举行科技活动周，在全市掀起科普宣传活动的热潮。组织科普大集和科技、文化、卫生“三下乡”活动。重点采取农业科技咨询指导、发布农业科技成果、宣传专利、地震知识、发放医科农等科技资料等多种形式，动员全社会关心农村、支持农业、帮助农民。此次活动周共组织安排各类活动40项，参与人员5万余人。

2005年5月14～20日，围绕“科技以人为本，全面建设小康”主题举行科技活动周，突出济南特色，宣传党和政府的科技方针政策，传播“科学发展观”，倡导科学文明的生活方式，广泛普及科学文化知识。活动周共涉及30多个部门、近40项活动，参加人数10万余人次。

2006年5月20～27日，市科协与市委宣传部、市科技局联合开展以“携手共建创新型国家、创新型城市”为主题的2006年济南市科技活动周。开幕式上，400名社区科普大学学员表演健身气功，同时进行创新知识展览。其间，举行市青少年科学工作室揭牌、科技下乡、社区科普论坛、重点实验室和科普教育基地开放、青少年走进科技馆等活动。围绕“提高公众科学素养、营造自主创新环境、建设创新型城市”这一主题，开展发明创造实物展、企业创新成果展、科技服务“三农”等40多项贴近群众、贴近生活的科普活动，涉及省、市及县区30多个部门，上万人参加。

2007年5月19～25日，市委宣传部、市科技局、市科协联合开展以“携手建设创新型国家”为主题的第七届济南市科技活动周。活动周与章丘市联合举办，章丘市政府承办大规模科技成果展，主要展示章丘市近年的科技成果，上万人次参观，发放资料和图书共计3万余份。其间，共组织举办青少年科普剧比赛、“三下乡”集中宣传日、走进“科普教育示范基地”等50多项活动。10个县(市)区分别举办活动周启动仪式等大型宣传活动，举办各类培训班、展览会及专家咨询活动52期，组织送科技下乡15次，展出科普展板2000余块，发放各类科技宣传资料20万份，参观学习、参加培训咨询的群众累计10万人次。

2010年，举办第七届济南市青年科学家论坛，以“推进济南转型升级，打造高端高质高效现代产业体系”为主题，开展学术研讨。共举办报告会、研讨会50余场次，参加人员4000余人次。

四、危机科普宣传

2008年，面对“汶川特大地震”“三鹿奶粉事件”“美国白蛾”等自然灾害和突发事件的发生，市科协紧急启动应急科普机制，动员各种社会力量开展应对危机的科普宣传活动。组织“地震知识进社区”活动，邀请专家利用社区科普大平台开设防震减灾课程；赶制1500套《众志成城，防震抗灾》科普挂图和100套《地震避险自救》光盘发放到社区；联合省、市心理学会编印发放《救援人员心理干预手册》《灾后心理援助手册》，邀请心理学家作《心理危机干预与灾后心理重建》报告，消除人们在灾后的许多困惑和疑虑；举办以“应对危机的各国案例”为主题的中美专家应对危机研讨会，与会专家提出加强济南市应急避险工作的建议；市中区科协组织防震减灾逃生演练等系列活动，制作科普挂图张贴到各社区、街道、院落，医学会、护理学会、营养卫生学会、亚健康协会、心理学会、气象学会等学会宣传防治“美国白蛾”知识、帮助群众正确认识“三聚氰胺事件”；安全生产协会组织专家帮助企业排查安全隐患，检查企业7000多家，排查隐患3.32万条，确定重大危险源511处。市心理学会被评为“济南市十大杰出志愿服务集体”，市预防医学会被中国科协评为抗震救灾先进集体，市医学会会员龚维明、市预防医学会会员马衍辉被评为抗震救灾先进个人。

2005年7月，参加国家防震减灾科普教育基地揭牌仪式的学生在科普教育大厅参观地动仪

第二章　社区科普

第一节　科普教育

一、社区科普大学

2004年，创建社区科普大学，探索社区科普的长效机制。以“市级办学，市、区、街道三级管理，经费市、区两级分担”为办学思路，分3批创建17所社区科普大学，学员900人。在离退休科技工作者中选聘科普志愿者，组建讲师团。编印《济南市社区科普大学读本》5000册，发放至各个社区科普大学。

2005年，全市社区科普大学分校50所，在校学员3000多人，讲师团成员66人，授课756次、1512课时；授课内容包括自我保健、科学健身、家庭护理、疾病防治、饮食疗法、环保与健康、家庭教育、心理咨询等。

2006年，新建科普大学30所，总数80所，学员6000多人，授课时数2560课时。市科协对35所社区科普大学分校、42名优秀管理人员、43名优秀教师和468名优秀学员进行表彰。

2007年4月，历下区丨由园社区居民在社区科普大学学习

2007年，新创建社区科普大学20所，总数100所，学员近7000人，讲师团教师近100人，授课1336课时。

2008年，社区科普大学全年授课1200课时。

2009年，引导群众以文明、诚信、和谐的精神风貌迎接全运会，在社区科普大学组织开展文明礼仪培训，授课320课时，培训群众4000余人，发放《文明礼仪手册》6000册。

二、社区科普教育

1996年，历下区解放路办事处科协举办金秋科普晚会，宣传身边科学知识，以丰富多彩的内容寓教于乐。厂矿科协开展群众性的科普知识竞赛和技术比武活动。

1997年，大力宣传科学思想，普及科学知识、科学方法，倡导科学、文明、健康的生活方式。全市评出5个科普文明街道，42个科普文明居委会，推动两个文明建设。

1998年，市中区科协多种形式开展社区科普教育，并有办事处印发科技信息、科普小报，居委会建起“科普园地”，暑期办起“小辅导站”，广泛开展做文明市民宣传活动，举办《科普之光》宣传栏、黑板报，居民故事会，开展科普知识进万家活动、“科学在你身边”“争创科普文明小区”活动。

1999年，市科协加强城区科普工作，推动科普进社区、进家庭。历下区科协突出5个“建”字，即建科普网络、科普示范基地、科普教育基地、科普学校、科普画廊，被评为全省科普示范试点城区；市中区科协召开全区科普工作经验交流会，使街道科协学有榜样、赶有目标；天桥区科协抓典型促全局，以工人新村南村、制锦市为突破口，推进科普进社区，促进全区两个文明建设；槐荫区科协以市区人员密集的绿地广场为科普阵地，大力开展“崇尚科学、破除迷信”的宣传。全市已命名科普文明街道5个，科普文明居委会40个。

2000年，市科协大力实施“科学素质工程”“科普示范工程”，以创建“科普示范城区”为龙头，推动科普进社区、进学校、进家庭，广泛深入地开展创建科普文明街居、科普示范学校、科普示范车间、科普示范城区活动。历下区、市中区获“全省科普示范城区”称号，历下区被中国科协确定为全国科普示范城区。解放路办事处、司里街办事处、六里山办事处西八南居等在社区科普中创造出有益的经验。

2001年，市科协发挥科普在城市化进程中的作用，以创建科普示范城区为龙头，推进科普进社区。召开全市城区科普工作会议，贯彻全省城区科普工作会议精神，交流科普工作经验，表彰4个科普示范街道，3个科普先进学会，5个科普示范车间，23个优秀科普画廊组织单位和38名科普先进工作者。历下区被评为全国科普示范城区；市中区被评为全省科普示范城区；历下区科协、天桥区科协、解放路街道办事处、舜玉路街道办事处、环境科学学会被评为全省城区科普工作先进单位。

2002年，“双百工程”推动科普进社区。5月24日在全国科普示范城区——历下区举行“百名专家进社区”启动仪式，市中心医院博士苏国海作《脑血管病的防治》科普报告，受到社区干部群众热烈欢迎。天桥区科协与北园办事处科协联合举办“北园之春”科普活动日；历下区东关办事处、市中区舜玉路办事处开展评选科普特色家庭活动；槐荫区举办科普进楼道活动；市中区在全省科普示范街道舜玉路办事处举行专家进社区活动，邀请医学专家作保健防病的科普报告；历城区科协在洪楼办事处、山大路办事处等地组织专家进社区活动，向科普志愿者授旗；平阴县举办“科普志愿者乡村行”活动。

2003年，全市各级科协及团体大力开展城区科普工作，实施“百名专家进社区”工程。年内，共有314名专家、学者走进社区和居委会。在城区开展“讲精神文明，比科学生活，创建科普文明街居”活动。全市先后组织221名医务等方面专家在社区进行121次讲座和咨询，受益群众3.5万人。

2004年，参与创建文明城市工作，将济南市创建文明城市工作与科普工作结合起来，被市创城办列入市委、市政府创建文明城市规划工作5个先行试点单位之一，制定《济南市科学技术协会创建文明城市规划》。

2006年，全市有4个社区被省文明办、省科协命名为省级科普示范社区，5个社区被命名为市级科普示范社区。历城区被省科协命名为全省科普示范县(市)区。

2008年，“科普社区通”工作进展显著，分别在历下区和市中区召开全市科普社区通现场会和社区科普工作经验交流会。联合市文明办开展科普示范社区表彰活动，历下区青年东路社区等15个社区被命名为省级科普示范社区。

2010年，推动科普示范县(市)区创建工作，市中区、历下区和历城区被中国科协列为2011～2015年度全国科普示范县(市)区创建单位。市中区被中国科协确定为全国“社区科普益民计划”试点单位，章丘市成为全省科学城市创建工作试点城市。历城区将科普工作纳入全区科学发展目标考核体系。

三、科普讲师团

1996年9月19日，市科协和市科委联合成立济南市高新技术报告团和科普讲师团，并向两团成员颁发聘书。中国科学院院士、“863”计划新材料领域专家委员会首席科学家、山东大学原副校长蒋民华等21名科技专家被聘为“两团”成员。“两团”的主要任务是加强科普宣传工作，增强全市人民的科技意识，面向广大领导干部开办科技系列讲座，帮助其了解世界科技的发展动向和竞争态势，尤其是高科技发展对人类社会的影响，提高依靠科技促进经济发展和社会进步的自觉性，促进决策科学化、民主化；面向广大职工、市民、农村干部群众和青少年开展科普工作，推动全市科普工作的社会化、群众化和经常化。

1997年9月5日，济南市博士科技报告团正式成立。省政协常委、山东大学化学院院长孔祥正等12位博士被聘为报告团成员。报告团成员平均年龄35岁，在做好本职教学、科研工作的同时，走向社会，担负起科普宣传的任务，对实施“科教兴国”和“可持续发展”战略，提高全市人民特别是青少年科学文化素质、培养跨世纪后备军，起到推动作用。

2000年4月14日，济南市老科学技术工作者协会暨专家咨询服务团成立。刘耀华当选为老科技工作者协会会长，中科院院士蒋民华、中国工程院院士于文虎、艾兴及市领导赵志冰、陈国栋被聘为专家咨询服务团顾问。老科协有团体会员21个，个人会员160人；专家咨询服务团有专家组42个，专家组成员303人，其中具有高级专业技术职务者占80%。

四、社区科普论坛

2003年，与市民政局联合举办“新理念、新社区、新科普”为主题的“济南市社区科普论坛”，省市科协、宣传部、文明办、社科院及大专院校专家、学者50余人参加，收到论文25篇。

2006年，社区科普理论研究不断发展。举办主题为“激发参与热情，共建和谐社区”的第二届社区科普论坛，提交34篇论文。

第二节　科普志愿者队伍

2000年，市科协建起科普志愿者队伍79个，科普志愿者510人。在全省城区科普工作会议上市科协做了典型发言。

2002年，全市科普专家队伍200余个，科普志愿者2000余人，深入社区传播各方面的科技知识，先后举办张运主讲的生命科学学术报告、洪昭光主讲的健康生活方式科普报告、糖尿病的防治和妇女保健知识讲座、环保知识讲座、创造学等专家讲座、报告会100余场，2万多人接受科普教育。

2003年，发展科普志愿者队伍，做好建档、管理和规范化运作等基础工作。

2005年，市科协制定《济南市科普志愿者注册管理办法(试行)》，印制《科普志愿者手册》、徽章，全市注册科普志愿者1000多人。

2007年，全市发展注册科普志愿者2万余人，社区科普大学讲师团被市直机关工委评为杰出志愿服务集体，20多个社区和30多人被评为优秀志愿服务集体和优秀志愿者。

2010年，有30个服务站(队)、30项服务活动和30人被评为济南市优秀志愿服务集体、济南市志愿服务优秀项目和济南市优秀志愿者。

全市科普志愿者队伍发展壮大，截至2005年5月注册科普志愿者达1000多人

第三节　心理健康教育

一、心理健康进社区

2005年，市科协探索建立社区心理咨询室。学习借鉴上海的经验，探索社区科普与心

理咨询结合的新形式，在4个社区成立社区心理咨询工作室；与省心理学会合作，开展“心理学在构建和谐社区中的地位和作用”课题研究，成立社区心理咨询专家指导委员会，建立济南市心理科普网站，举办社区心理咨询员培训班，推动社区心理咨询工作健康发展。

2006年，举办6期社区心理咨询培训班，100多名社区心理咨询员参加培训，5个社区建立起心理咨询室。

2007年，开展“关注心理健康、促进社会和谐——心理健康进社区”活动，依托省市精神卫生中心和济南大学等6家智力支持单位的心理专家，成立“心理健康专家服务团”，在10个社区建立心理健康服务室，举行“关注心理健康、促进社会和谐”心理健康服务员培训班，编印4期《心理健康进社区活动简报》，开展心理健康讲座、咨询、服务活动200多次。

2008年，开展“心理健康进社区主题活动年”，深化“心理健康进社区活动”，制定优秀心理服务室和优秀心理健康服务员标准，举办社区心理健康服务员培训班，开展活动170余次。市心理学会在绿园社区、南辛庄社区、阳光100社区建立教学实践基地，帮助社区建立居民心理健康档案，为市劳教所建立心理档案数据库。市中区科协开设“科学理财大讲堂”，聘请18家金融机构及财政学院的专家、教授为社区居民授课，帮助群众树立理性的投资理念。

2010年，开展心理健康进社区活动200余次，济南大学总结形成的“心理学进社区，创新应用心理学专业实践教学模式”获得山东省教育厅教学成果二等奖。

二、社区青少年科学工作室

2005年，创建社区青少年科学工作室。从社区与所在辖区的中小学校建立协作关系，探索社区青少年科学工作室运行的长效机制，取得初步成效，建立5处社区青少年科学工作室。在平阴县安城乡中心学校建立全市第一所农村青少年科学工作室。

2006年，济南图书馆学会建立全国图书馆界首家青少年工作室。

第二章　农村科普

第一节　农民专业技术研究会

1988年年底，全市共建乡镇科普学校67个，培养乡土人才12万多人。建立各类农民专业技术研究会(以下简称农研会)338个，全年组织科普赶集4106次，为群众咨询服务8万多人次，印发科普资料11万余份。历城区十六里河大涧沟东村养鸡研究会，带动全村680余户农民发展为养鸡专业户，占全村总户数的72.6%，存养量80万只，鸡蛋销售量占济南市场的1/5，纯收入70多万元，其经验被收编在《中国农村专业技术研究会星火燎原记录》一书。长清县归德镇以畜牧、家禽、蔬菜、大蒜、食用菌、芦笋、水产、果树8个专业技术研究会为依托，发展起八大商品生产基地，引进良种，推广新技术，开展科学实验和系列服务，带动群众科技致富。长清县科协、长清县归德镇科协被中国科协命名为“1988年度全国农村科普先进集体”。

1989年，全市358个农研会举办种植、养殖、加工等各类学习班2035期，培训农民技术骨干14万多人次。长清县张夏镇良种研究会引进繁育小麦、玉米、谷子等80多个品种，选育优良品种30多个，累计推广面积800公顷，增产粮食145万千克。历城区党家庄镇葡萄研究会理事长周建忠科学种植，使葡萄提前半月上市，经济效益显著；北京科教电影制片厂两次在其葡萄园里拍摄葡萄栽培与管理的科教片，使葡萄栽培技术在更大范围内推广。平阴县平阴镇以普及推广农业实用技术为置点开展科普工作，搞好配套科技服务，取得显著成绩。在严重干旱的情况下，2万亩农田成为亩产780斤以上的小麦丰产方，平均亩产过千斤的有9个村，试验的千亩高产方实际亩产1129.55斤。该镇养鸡研究会实行良种、防疫、饲料、销售、培训五统一管理，定期组织经验交流和技术指导，并将试验成功的干饲料配方和停食换羽技术在全镇推广，促进养鸡业发展，全镇鸡存栏量55万羽，年产蛋175万千克，收入35万多元。1989年4月在第八次全国农村科普工作会议上，长清县科协、长清县归德镇科协获全国科普工作先进集体，历城区赵新坤、章丘县师顺奎获“科技致富能手”称号。

1990年，全市农研会发展到666个、会员1.43万人。1991年，全市农研会988个，科普服务部20多个。长清县建立县、乡镇、办事处三级科普服务实体11处，服务项目9个门类，经营200多个品种，年营业额50多万元。农村专业技术研究会有技术服务型、技术生产服务型、技术经济综合服务型和科研开发服务型等多种形式。由科技能人牵头，以专业户为主体的群众性组织，在开展技术服务，推广普及新技术、新成果等方面受到农民群众的欢迎，成为科技兴农的主力军。章丘县普集镇棉花研究会大力推广棉花良种和科学种植，棉田产量高、效益好、成本低，使该镇成为高产棉开发基地。

1992年，全市111个乡镇科协配备专职工作人员，建立科普学校；95%以上的村建立科协组织，90%以上的村建立科普夜校。有农村专业技术研究会1108个，每个村确定科技示范户2～10户。全年农研会、科普学校培养农民科技骨干15万余人。

1993年，全市农研会会员2.95万人，覆盖粮棉、蔬菜、林果、畜禽、养殖、加工等各个行业，技术水平和管理水平不断提高。许多农研会由一般技术服务发展到兴办实体，实行产前、产中、产后供产销一条龙服务，推动专业生产基地建设，成为农村科技服务体系中的重要力量和农业投入中的新的生长点。全市有9个农研会被评为全省先进农研会，并评选出全市“十佳”农研会。

1995年，全市1050个农研会3万余名会员，分布在111个乡镇的粮棉油、蔬菜、林果、畜禽、水产、加工等行业。天桥区科协和特菜研究会从美国、日本和国内南部地区引进20个蔬菜新品种，亩均收入1.13万元。商河县钱铺乡良种繁育研究会被评为全国先进农村专业技术研究会。

1996年，重点抓好试点，推动农研会向综合型经济实体发展。商河县钱铺乡召开小麦良种推广现场观摩会、评选“十佳农研会” 。章丘市枣园镇8个农研会均建立专业化基地，全镇71%的农户参加农研会，90%的农户从事专业化生产，户户人均收入过万元，其中人均收入2万元以上户占50%。

1997年，全市科普工作会议表彰“十佳农研会”，12个科普先进乡镇和50个科普先进村，并将“十佳农研会”事迹汇编成册下发基层，推动农业技术协会的发展。

1998年，市科协对10个县(市)区农技协状况开展全面调查，并组织县(市)区科协对四川等地农技协情况进行学习考察，就加强农技协建设问题向市委提出请示报告。商河县展家乡蔬菜研究会形成产供销一条龙的社会化服务体系，并试行股份制，成为当地农民科技致富的可靠支柱。市科协组织长清县、历城区所属的5个农技协参加在泰安举办的首届全国农村专业技术成果展示暨交流会。平阴县推广的地瓜配方施肥技术、果品改良技术、EM在养殖上的应用及淡水养殖技术等都给农民带来可观效益。长清县邀请山农大专家教授在五峰山镇办起地瓜切块高产栽培技术和茎线虫病防治培训班，效果良好。

2000年，成立济南市农村专业技术协会。表彰十佳农技协，扩大社会影响力，引导农技协进行制度创新，加快农技协组织的改造和提高，平阴县、章丘市、历城区都选择部分农技协开展股份制试点。平阴县安城乡鲜食地瓜协会、孔村镇红提葡萄协会采用“协会+公司+基地+农户”的形式，及长清县万德蔬菜研究会采取“协会+服务部+农户”的形式，均取得较好效果。

2003年，大力扶植培育农村专业技术协会，引导和促进农技协向规模化、规范化、辐射带动力强、综合效益高、竞争力强的方面发展，全市800多个农技协成为农村经济产业化、市场化和现代化的龙头和科教兴农的重要力量。历城区锦绣川乡果树协会以“协会+公司+基地+种植大户+果农”的运作模式，坚持做到“五统一”，即统一技术管理、统一技术服务、统一质量标准、统一包装标准、统一产品价格。长清区培植股份制农技协、完善内部运作机制，协调利益分配关系，不断发展创新。

2004年，制定《评选优秀农技协标准》，组织召开全市优秀农技协表彰大会，对30家优秀农技协各奖励1台计算机。联合农高区为10个优秀农技协建立网站，提升农技协整体水平。

2005年，召开第三次农技协工作现场会，总结全市农技协的发展经验，表彰奖励30个优秀农技协，规范化农技协70家；建立并开通10个网站，培训计算机人员150余名。农技协组织成为科协服务“三农”、推动社会主义新农村建设的重要切入点。

2006年，举办“济南·台湾农业科技交流与合作论坛”“海峡两岸休闲农业交流与合作论坛”。9个县(市)区的16个农技协组织参加项目洽谈，就帮助规划休闲观光农场、促成两地蔬菜果品苗木等引进开发达成7项合作意向，筹措资金429万元。年内培育表彰30家优秀农技协，总数100家，编印《济南市优秀农技协集萃》。历城区港沟镇冶河村薄壳核桃协会被中国科协列入“科普惠农计划”重点支持协会。

2007年，培育表彰15家优秀农技协会，总数115家。章丘市大葱产业协会被表彰为全国科普惠农兴村计划先进单位；商河县白桥乡大蒜协会被表彰为省科普惠农先进单位；长清区被表彰为省科普惠农先进县区；长清区文昌苗木花卉协会会长刘继杰被表彰为中国科普惠农先进个人。

2008年，举办农技协会长培训班、电脑培训班，表彰优秀农技协会15家，总数130家，组织部分优秀农技协参展第九届寿光蔬菜博览会。平阴县玫瑰花协会、市中区林果协会会长周亮分别被评为全国优秀农技协会、全国农村科普带头人，历城区、济阳县曲堤镇蔬菜协会分别被评为省科普惠农示范县(区)、省优秀农技协。

2010年，全市各类农村专业技术协会1178个，会员30万人。家禽协会组织开展“济南市家禽业的发展与对策研究”课题研究。农技协会利用乡镇科普服务站共举办各类农民教育培训班610余场(次)，培训农民7万余人。

第二节　农业科学技术普及

1990年，各级科协组织集中力量、因地制宜地推广立体农业、节水灌溉、旱作小麦丰产栽培、配方施肥、玉米规范化栽培五项农业技术。年内共推广各类技术15大类，其中立体农业技术8.34万公顷，配方施肥10.3万公顷，玉米病虫害防治1.33万公顷。在15.73万公顷粮田实施农业新技术，提高产量15%～20%；在养殖、蔬菜等生产中推广新技术，提高产量20%，提高产值15%。商河县殷巷镇围绕全镇主导产业，引进小麦、玉米、棉花等作物品种44

个、83种，实行产前、产中、产后系列服务。全镇13个村成为小麦、棉花种子生产专业村，良种田266.67公顷，除保证商河县需要外，向全省14个县提供良种175万千克。开发潜在资源，发展多种经营和新产业，引进德国康贝尔鸭，全镇康贝尔鸭存养量1.7万羽，成为该镇一个新兴产业。

1991年，各县区科协与有关部门配合，推广新技术成果123项次。1992年，推广10352小麦、掖单系列玉米等一批优良品种和麦棉套种、棉蒜间作、节水灌溉、马铃薯脱毒等实用农业技术，取得显著效益。各级科普服务部向实体化发展。平阴县12个乡镇建立科普服务部16个，年创收20多万元；东阿镇科协创办科技服务部4个，建立复合肥厂，年生产复合肥7500吨，纯收入10万元。长清县科协兴办实体3个，其中2个科技服务部年营业额21万元，利润1.6万元；县科协帮助乡镇建科技服务部15个，年营业额85万元，实现利润16万元。

1994年，全市共引进芸豆、香艳梨、掖单玉米、美国大豆等优良品种84个，推广双层薄膜地瓜育苗、旱作农业、生态农业、农业间作等新技术64项。章丘市科协引进优良品种20多个，通过各类科普组织示范推广，送科技进千家万户，受到广大农民称赞。为乡镇企业提供各类科技信息，引进多种新产品、新技术、新工艺，受到企业欢迎。

1995年，在发展“两高一优”(高产、高效、优质)农业中，全市重点推广节水灌溉、配方施肥、旱作小麦丰产栽培、玉米规范化管理、立体农业等60多项农业实用技术，引进早熟芸豆、掖单玉米、美国大豆等84个优良品种。长清县农研会发展到110多个，会员6000多人；在农业科技推广年中，引进推广粮、畜、林果新品种15个，对地膜覆盖、四作四收等为主要内容的高产高效栽培模式进行大面积推广，覆盖面90%以上。平阴县各镇村苹果生产研究会，普遍对果农实行“六统一”服务，全县苹果产量每年增长30%；洪范池镇果树研究会在搞好对本镇果农一条龙服务的基础上，对外乡镇果农进行技术承包和果品销售服务，促进农业实用技术的推广和“讲精神文明，比科技致富、创建科普先进村镇(乡)”活动的开展。11月，中国科协科普工作会议召开，历城区、章丘市科协被评为全国农村科普工作先进单位。

1997年，济阳县科协实施“1120百千万”工程，与有关部门共同引进抗虫棉种，育种23.3公顷，推广种植200多公顷，每公顷节省成本750元，省工180个，产量提高20%。历城区、章丘市、平阴县等县(市) 区科协推广生物技术EM效果显著。其中平阴县年增效益200余万元，县委组织部、科协拍摄党员电教示范片《EM的应用》在全省发行。

1998年，在农村大力推广农业实用技术，促进传统农业向现代农业的转变。各县(市)区推广农业新技术项目73项，引进新品种44个。平阴县科协科普基地推广地瓜土地康复工程效果显著，平均亩增产鲜薯13.6%，亩生产成本降低16.5元；年内推广面积2000余公顷，增收400多万元，被省、市科协确定为推广项目。济阳县曲堤镇蔬菜科普示范基地40公顷大棚推广四种四收模式，由镇政府投资，科协负责技术，承包管理，具有很好的推广价值和前景。章丘市科协建立养狐基地，效益可观。市科技馆和农函大在平阴县、历城区推广种植旱稻0.73公顷获得成功，为发展节水农业进行有益探索。中央电视台《金土地》栏目在章丘市曹范乡录制《獭兔的饲养管理》、在明水镇录制《养殖致富农民》并播出，在全国引起反响。

2000年，在农村大力推广实用技术，促进农村产业结构调整。全年推广农业新技术48项，平阴县科协帮助安城乡引进鲜食地瓜新品种18个，种植307公顷，全乡人均增收400元。农函大招生1450人，聘请中国农业大学旱稻专家到济举办“旱稻种植配套高效技术学习班”，年内扩种旱稻面积667公顷。

2001年，市科协推广农业实用技术，扶持好的项目，推广高产玉米制种、名特优珍稀食用菌栽培管理、红提葡萄高产综合应用、小麦垅作、冬枣嫁接、优质肉牛、奶牛无公害饲养繁育、池藕高产栽培、济南长茄1号、培杰1号大粒葡萄等12项新技术、新品种，其中“鲜食地瓜扩大种植推广”“保健锌硒大葱栽培技术推广”“土壤康复工程”项目，经省专家组审核，确定为省科协重点推广项目。

2002年，市科协重点推广鱼藕混养，微机控制恒压节水灌溉系统，平阴玫瑰优质高效栽培，无公害锌硒大葱综合开发、天麻种植、无公害优质红提葡萄、中草药种植、蔬菜无公害种植、核桃嫁接推广、生物农药等10项农业先进实用技术，各级科协和农技协推广实用技术102项，推动农村产业结构调整。市科协与董家镇政府共同投资58万元推广的微机控制恒压节水灌溉系统，由土壤湿度传感、自动计量、变频控制、数据处理中心系统组成，控制大棚60个，面积6.7公顷，根据设定的土地温度自动控制灌溉，电脑自动记录、累计、显示工作参数，大大节省人力、水源和电能，每亩灌溉成本10元，为微滴灌的1/4～1/3，每棚节约灌溉成本300元，收入在2万元以上。平阴县科协推广玫瑰花先进栽培技术，使盛花期的鲜花蕾产量由原来亩产325千克提高到400千克。济阳县科协大力推广红提葡萄栽培技术，实施“5000亩无公害优质红提葡萄生产基地”项目，投资150万元，可实现销售收入7000多万元。3年收回全部投资，红提葡萄销价也由往年2元/千克提高到5元/千克。省科协对平阴县科协推广的“鱼藕混养”项目给予2万元资金支持。

第三节　科技下乡

1989年5月26日，山东省首家植物医院在济南成立。由济南市农科所和济南植物学会联合创建，以技术培训和技术咨询服务为主，可对土壤肥料、粮食、蔬菜、瓜果质量等进行化验分析和田间诊断，为科学种田和病虫害防治提供可靠依据。医院定期进行科技咨询，并研究配置各种新型高级复合肥、植物激素、杀菌剂农药等，实行优惠供应。

1992年，各县(市)区组织科技人员下乡，深入田间地头为农业、林业、畜牧业生产提供科技服务；组织中高级工程技术人员到乡镇企业进行技术咨询、技术会诊、技术攻关，为企业科技进步、扭亏增盈献计献策。

1996年，开展送科技文化下乡活动，组织专家下乡咨询、培训，放映科教电影。向农民赠送实用技术书籍1.3万余册；举办培训班56次，培训人员1040人；咨询服务23次；发放明白纸10万份；举办科技讲座和报告会19次，听讲人数5700多人。中央、省、市电视台、报刊都作了报道。市科协被省委宣传部授予送文化下乡先进集体。

1997年，市科协组织3次较大规模的送科技下乡活动，共向农民赠送科技图书1.18万册，发放科技资料24.55万份；放映科教电影、录像1796场，近44万人次观看；举办科普赶集432场，212万人次参加；举办科技培训班3402期，培训农民8.31万人次；组织320多名科技人员下乡服务；组织有关专家到长清县城、崮山镇向农民传播科技知识，解答农业技术难题，进行科普宣传，发放农业科技资料，赠送专业技术图书。在商河县牛铺乡，举行“科技大篷车”活动，在大集上摆开“科技发家咨询，赠送并播放科技录像带，医疗卫生咨询、科普展览”的战场，传授西瓜重茬种植、双孢菇高产栽培技术和极早熟大白菜技术，咨询养鸡、种茄子的技术。济阳县科协分工包基地，负责孙耿镇蔬菜科技园，王圈乡200公顷玉米制种、6.7公顷猕猴桃和三教乡500多公顷大蒜；回河镇北郭村6.7公顷大棚茄、33公顷小麦良种、18.7公顷苹果指导基地，从省、市、县三级聘请专家技术人员现场指导，上实用技术课10多场，购置50吨化肥赠送给农民。章丘市科协立足三服务，转变观念办实事，引进济南农科院高效低毒农药的6666公顷示范项目；引进2000公顷脱毒地瓜、土豆推广项目；将大葱繁育、栽培技术向全国科协推荐，争取列入与非洲、欧洲等国家洽谈合作项目；研究试种适合章丘种植的14种高产玉米良种在章丘市推广。天桥区科协送科技图书下乡，他们针对农村经济发展需要，购买《水稻病害防治》《小家畜饲养管理技术》《科学养猪》《蔬菜栽培技术》等22个类别的图书471册，价值3000多元。

1998年，市科协把送科技下乡当作一项长期的政治任务常抓不懈，被中共山东省委宣传部评为“送科技下乡先进集体”。年内先后6次组织到长清县、平阴县以及历城区靳家乡、遥墙镇和高尔乡举办科技讲座，放映科教录像，发放科技资料，赠送科技图书和录像带，布展农业科技展板，开展科技咨询服务。各县(市)区共组织送科技下乡活动30余次，赠送科技图书1800余册，发放科普资料21.5万份，聘请农业专家下乡指导200余人次，提供各类信息20余条，覆盖面15万人次。市科协重点扶持商河县牛堡乡，组织专家开展科技咨询，帮助乡镇企业，并赠送近万元的化肥和良种。10个县(市)区各选一个贫困村作为帮扶对象，加快贫困乡村的脱贫步伐。

1999年，市科协、市科技馆及各县(市)区变“三下乡”为常下乡，推广农业实用技术、开展科技咨询、发放科普资料，赠送科技录像、图书，参加农民15万人次。引进新品种、新技术161项。市农函大招生3000余人，县(市)区举办各种培训班1203期，培训农村劳动者13.6万人次。市农函大聘请中国农业大学专家到济南举办学习班，推广旱稻及其他抗旱农作物种植；商河县牛堡乡、济阳县仁风镇、历城区董家镇、长清县万德镇试种旱稻45.8公顷，一般单产4500千克～5250千克，最高6000千克以上。平阴县科协实施土壤康复工程。扩大种植地瓜6700公顷，土豆、玉米2000公顷，增收1100万元。

2000年，全年送科技下乡70次(其中市科协3次)，参加科技人员570人次，展出农业科技知识、破除封建迷信、弘扬科学精神的展板，赠送科技图书和录像，发放科技明白纸，开展科技咨询服务活动。市科协重点扶持商河县牛堡乡，帮助建起了蔬菜大棚，各县(市)区也各选一个贫困村作帮扶对象，为科技扶贫做了大量工作。

2001年，市科协组织农业专家、医学专家、书画家深入长清县平安店镇、历城区遥墙镇、商河县玉皇庙镇开展大型科技、文化、卫生三下乡活动，向农村赠送种养殖小册子、科普书籍、科技报上千册，发放科技资料3万余份，制作宣传农业科技展板130余块，受到干部群众欢迎。各县(市)区科协送科技下乡，组织科普赶集26场，举办培训班130期，组织250余名科技人员将科技致富信息送到千家万户。

2004年，全年集中进行科技培训189期，培训9000余人。发放科普图书7000册、科技明白纸5000余张、“村村通”农村科普挂图4717

2005年1月5日，市科协组织的文化、科技、卫生“三下乡”活动现场

份。开展服务“三农”科普行动。推广“皿罐穴肥”技术，赠送科技图书，并请林果专家、医学专家开展咨询义诊。

2005年，全年科协系统共举办科技大集74场，办科技培训班340次，发放科技资料2.5万份，组织科技人员下乡200人次，直接培训农民1万人次。

2006年，组织科技人员开展经常性下乡活动。开展第二届智力七巧板下乡活动，赠送1万套智力七巧板，培训400多名贫困乡镇学校的科技辅导员。全年举办科技大集80场，办科技培训班365次，组织科技人员1800人次下乡，发放科普资料19万份，受益群众8万多人次。

2007年，继续开展智力七巧板下乡活动，赠送农村学校5000套七巧板器材。

第四节　农村科普示范基地

1989年，各区县科协办起科普服务实体(科普基地)7个，乡镇科普协会办科普服务实体54个。共组织科普赶集2857次，参加人数423.3万人；为4万多人提供技术咨询服务，受益人数15.3万人，建科普文明乡10个，科普文明村173个。全年科技扶贫2606户、1.02万人，脱贫1795户、8556人。各区县普及农业实用技术137项，推广面积为15.1万公顷，取得经济效益5044.7万元。历城区在建立健全乡镇科协，79个办事处全部建立科普服务站，85%的行政村成立村科协。长清县科协建立和完善县、乡(镇)、办事处和村四级科普网络，以点带面分类指导，在11个乡镇先后成立科技开发推广中心，51个办事处成立科普领导小组，70%的村建立起科普服务组织；全年共举办各种技术培训班535期，培训人员3.36万人次；放映科教影视片385场，观众23万多人次；组织科普赶集250次，科技交流48次；举办科普展览53次；科普讲座96场，提供科技咨询160项，印发“明白纸”13万份，引进推广新技术、新成果、新良种100多项，累计增加经济效益500万元。

1996年，建立集新技术推广、良种繁育、技术培训为一体的科普示范基地31个。章丘市科协投资3万元，建立起科普示范基地，向4个乡镇的农户提供脱毒地瓜苗9万株。发挥农函大、科普学校等科技培训基地的作用，多种形式搞好科技培训，农函大招生3003人，培训农村劳动者12万人次。

1997年，全市建立科普示范基地50余处，其中市科协投资5处，长清县、章丘市两处特种养殖示范基地以股份合作形式运作。

1998年，建设科普示范基地146处，其中商河县钱铺乡良种繁育基地、济阳县曲堤镇蔬菜科普示范园、章丘市党家镇千亩牛蒡基地、平阴县地瓜土地康复工程试验基地、历城区仲宫良种开发示范基地、天桥区北园镇特种蔬菜科技示范园、长清县平安店镇良种繁育示范基地等7处基地被命名为“济南市科普示范基地”。

1999年，市科协召开全市农村科普工作会议，下发《关于进一步加强农村科普工作的意见》，研究部署加强农村科普工作的措施，表彰科普工作先进集体和个人，并向10个县(市)区科协赠送录放机。实施“七个一”为内容的科普示范工程，全市命名科普示范基地7个，其中3个被命名为省科普示范基地，8个农技协被评为省先进农技协，5个单位被评为省科普工作先进集体。全市共建科普示范基地1703个，其中县级19个、乡级98个、村级1586个。

2000年，长清县、历城区、章丘市加大创建科普示范县工作力度，长清县被评为省科普示范县。全市建科普示范基地140处，其中省级8处，市级12处，面积6666.7公顷。章丘市党家镇万亩创汇蔬菜基地、济阳县曲堤镇大棚白莲藕示范基地、平阴县安城乡优质鲜食地瓜示范基地、长清县农业高科技示范基地、天桥区科协科普示范基地、济南仲宫良种开发基地，章丘刁镇农业科技园被命名为省级科普示范基地。

2002年，济阳县太平镇“太平宝”优质西瓜基地、平阴县优质高效玫瑰科普示范园、章丘市高新技术科技示范园被省科协授予省级科普示范基地并通报表彰。

2003年，加强科普示范基地建设，为农村产业结构调整起到示范带动作用。长清区万德镇蔬菜研究会以科技为先导、服务为宗旨、市场为导向，大胆承接科学试验成果和良种推广，研究会规模不断扩大，会员发展到1300余人，制种面积93.3公顷，服务村庄46个，年增收200多万元。济阳县优质红提葡萄示范基地、优质果品示范基地，邀请专家示范讲课，到田间传授技术，取得良好的经济效益。结合科普示范基地建设，市科协先后推广浅藕富硒莲藕、南茶北引等多项技术，为农民增收打下基础。

2004年，规范19个农业科普示范基地，发挥示范作用。共有6个基地被省科协命名为省级科普示范基地、2个乡(镇)和4个村被省科协命名为省级科普文明乡(镇)、村。长清区被中国科协命名为全国科普示范县(区)。

2009年，培育优秀农技协、农村科普示范基地、农村科普带头人。济阳县太平镇瓜菜协会、长清区大峰山无公害瓜果蔬菜流通协会、历城区林果科普示范基地、历城区仲宫镇高而办事处核桃园村辛兆年获中国科协表彰；章丘市、商河县瓦西村黑皮冬瓜种植协会，平阴县平阴镇酿酒葡萄技术协会，历城区西营镇藕池板栗科普示范基地，济阳县仁风镇西街村张昭文获省科协表彰，共获奖励资金100万元。

2010年，新增科普教育基地20个，新建农村科普村村通宣传栏420米，市、县两级农村科普专家服务团专家授课420场，培训农民3.6万人。

第五节　农村科普带头人与科普先进村

一、农村科普带头人

1990年11月23日，山东省科委、省科协受省政府委托，在南郊宾馆向23位山东省农民科技状元颁发荣誉证书，商河县殷巷镇崔家村农民崔权杰榜上有名。崔权杰从事作物育种专业，1989年被评为农民技师。先后从省农科院、山东农业大学、山西省昔阳种子公司等单位引进小麦品种25个、玉米品种9个、棉花品种10个、蔬菜良种40多个，并对这些品种进行试种、繁育、推广，普及，共繁育农作物良种640万千克，获经济效益1亿多元，由其建立的殷巷镇良种繁育基地，被山东省农科院确定为该院的良种试验繁育基地之一。

二、科普先进村

1990年5月，市科协、市委宣传部、市精神文明建设办公室联合下发《关于在全市开展创建科普先进村、镇(乡)活动的通知》，把搞好科普先进村、镇(乡)活动纳入全市两个文明建设的总体规划。长清县平安店镇石马村把科普学校、青年之家、民兵之家、妇女之家融为一体，建起科普文化大院，年培训1200多人次；青壮年基本扫除文盲，80%以上青年掌握1～2项实用生产技术，全村24%农户成为科技示范户、90%以上农户评为遵纪守法光荣户。历城区洪家楼镇辛甸村在活动中建起科普夜校和图书室，安装闭路电视，为农民学习科学技术提供方便；村科协邀请专家、教授到村传授科学技术，举办种植、养殖学习班60多期，培训2400多人次，全村涌现出养鸡、养猪、种菜等30多个科技专业户，村民年人均收入1050元。年内全市共建成科普先进村220个，其中受到市级表彰的有4个科普先进镇(乡)，18个科普先进村。

1992年，全市共评出市级科普先进乡镇14个，先进村30个，其中有3个乡镇、12个村被山东省科协评为科普先进乡镇、村。

1996年，开展“讲精神文明、比科技致富、创建科普先进村镇(乡)”活动，建成12个科普先进乡镇，50个科普先进村。

1998年，市委宣传部、市文明办、市科协联合表彰：科普先进乡镇16个、科普先进村50个、科普文明居委会40个、科普文明办事处5个，并向百名科技致富能手颁发证书。全市有4个乡镇被评为省科普先进乡镇，8个村被评为省科普先进村。

2000年，深入开展农村“讲精神文明、比科技致富、创建科普先进乡镇(村)”活动，推动两个文明建设。年内，市委宣传部、市科协、市精神文明办表彰“讲、比、创”活动中涌现出的15个科普先进乡镇和50个科普先进村。

2009年，组织开展“科普示范乡镇”创建活动，推动科普基础能力建设。

第六节　科普惠农工程

2007年，实施“科普惠农”工程，为建设社会主义新农村提供服务。建成50处科普服务站，成立10个科普专家服务团，建立科普村村通宣传栏管理使用的长效机制，全年共争取国家、省科普惠农奖励46万元。

2008年，实施“科普惠农工程”。争取全国、山东省科普惠农奖励46万元，全部用于扶持农村科普基地建设。在75个乡(镇)建立科普服务站，组织120余名农村科普专家服务团成员深入田间地头为农民传授技术，授课325场(次)，受益农民1.8万人。

2009年，全市100余名农村科普专家举行讲座420场，3.6万农民参加。开展流动科技馆进学校、进农村、进社区、进企业活动12次。

2010年，实施科普惠农兴村计划，4个农技协、2个基地、2个科普带头人获得中国科协表彰。1个县、1个农技协、1个基地、1个科普带头人获省科协表彰，获得奖补资金159万元。12个农技协、5个基地、8个带头人获得市科协表彰，奖励计算机17台。推广科技成果项目150项，举办各类科技培训班592次，培训人数1.88万余人。

第四章　青少年科普

第一节　科技竞赛

1988年，市科协与各学术团体共组织2224名中小学生参加多种青少年科技活动与知识竞赛，为济南市争得荣誉。济南小辛庄小学学生刘传杰制作的“多用汽车维修车”获山东省第四届青少年科学创造发明一等奖；济南一中学生陈献民获得山东省青少年计算机竞赛一等奖。济南数学会办起青少年参加的数学业余学校，组织参加1988年全国初中、高中数学联赛；初中数学联赛中，有3人获一等奖、3人获二等奖、6人获三等奖；高中数学联赛中，有3人获一等奖、11人获二等奖、31人获三等奖。

1989年，市科协、市教委在全市青少年中广泛开展“小发明、小创造、小论文、小制作”活动；组织智力竞赛、与科学家会面等多种有意义的科技活动。6月1日，市科协、市教委和趵突泉公园联合举办青少年书法、美术、科技、工艺作品展览，展出作品230件。全国第二届“华罗庚金杯”少年数学邀请赛，济南市获小学组金牌1枚、银牌1枚，中学组铜牌1枚。全国高中数学联合竞赛，济南市有27人获奖，居各地市之首，其中一等奖4人、二等奖7人、三等奖16人。中小学生探索昆虫世界奥秘竞赛活动中，广大青少年制作昆虫标本，撰写小论文，共有10人获一等奖、8人获二等奖、16人获三等奖。济南市第二届中小学生遥控车模比赛，有60多名选手参加无线电遥控特技驾驶和无线电遥控越障碍两个项目的角逐。10月11～14日，华东地区部分城市科协青少年科技工作联络网第八次例会在济南召开，济南市科协介绍青少年科技活动的情况。同月，全市200多名中小学生参加“泉城杯”电脑知识竞赛，推动电子计算机知识在青少年中的普及。市科协、市教委、市农牧渔业局联合在农村中小学开展征集农业科技成果的竞赛活动，竞赛作品涉及作物栽培、良种试验、家禽水产饲养、合理施肥、植物保护、林果生产、农机具改造和创新等，评选出一等奖5个、二等奖6个、三等奖7个。全省青少年第二届农业科技成果竞赛，获得3个一等奖、2个二等奖、5个三等奖，获团体第3名。

1990年，济南市科协同市教委、市农牧渔业局在全市广大农村青少年中开展以“我为科技兴农做贡献”为主题的“十小”[①]科技竞赛活动。济阳县、商河县、平阴县、槐荫区等县区设立“十小”科技竞赛办公室，各乡镇、学校建立相应领导机构，加强对活动的领导。全市7个县区推荐优秀论文69篇，作品34件，涉及种植、养殖等10多个专业。年底对9个单位、36篇优秀论文和9件优秀作品进行表彰。同年，在山东省第五届青少年小创造、小发明比赛中，济南市推荐的“磁吸式昆虫展翅板”获一等奖，5件作品获二等奖，7件作品获三等奖。

1991年，物理学会举办第八届济南市高中学生物理竞赛，1万余人参加，评出一等奖12人、二等奖24人、三等奖56人；在全省物理竞赛决赛中，7人获一等奖、6人获二等奖、2人获三等奖，获奖数名列全省第一；在山东省参加全国第八届物理竞赛决赛的4名选手中，济南市占3名，并分别获得三、四等奖。数学会举办小学数学奥林匹克竞赛；在全国高中数学联赛活动中，济南市成绩居全省各地市之首，5人获一等奖，4人进入国家冬令营集训。植物学会组织20余名中学生赴上海参加“华东六省市青少年热爱大自然昆虫考察竞赛”活动，参赛昆虫标本15件(盒)，小论文16篇，分获优秀作品、论文奖；配合“爱鸟周”“植树节”和济南市大环境绿化，拍摄录像片“鸟是人类的朋友”，编写《黄海鸟类》《中学生课外读物》等。在第二十三届国际化学奥林匹克竞赛中，济南一中15岁高三学生金宁以总分第1名的成绩获金牌，并为中国队夺得团体总分第1名立下功劳，受到中国科协、国家教委、国家自然基金委中国化学会的表彰，并被北京大学破格录取。6月，市科协举办“济南市青少年科技辅导员协会成立10周年回顾展览”，在市科协、市青少年科技辅导员协会组织的各种青少年科技活动中，有近2000名青少年获市以上科技竞赛奖，5项小发明申报国家专利；青少年科技活动从10年前的“三模一电”(陆、海、空模型，无线电)扩展到微电子技术、生物工程、信息科学、新能源、航天知识、环境科学等科学领域；科技活动周(月)，读一本书，看一场科技电影，参加一项科技实践的“三个一”活动，“十小”竞赛活动，吸引全市10万多名青少年参加，全市成立各类科技活动兴趣小组2300多个；光明街小学吴明宇设计的“气压瓶的改进”在中央电视台介绍，许多青少年被破格送到高一级学校深造；济南市青少年在全省各类科技竞赛中有570多人获奖，87人获得全国性科技竞赛优胜奖。

1992年，开展“十小”科技竞赛活动和生物百项活动。商河县、济阳县、长清县组织青少年撰写小论文296篇，制作科技小制作58种，培养青少年学科学、爱科学精神。章丘市科协联合团委、文化局等举办首届青少年文化艺术节，组织青少年交流科技成果，举行科技画展、科技演讲比赛等。济南市科协组织8名学生参加全省环保知识大赛，在撰写环保调查报

① 小种植，小饲养，小论文，小设计，小咨询，小试验，小观察，农机具改造，标本制作，病虫防治。

告、绘制环保图画、讲环保故事和环保知识竞赛四项比赛中，取得5个优秀奖、1个三等奖。市植物学会组织全市重点中学学生进行生物学知识学习，选拔出3名优秀学生组成山东省代表队，参加首届全国中学生生物学知识竞赛，取得1块银牌、2块铜牌，总成绩名列第4。市科协同市教委联合举办青少年计算机知识竞赛，在参赛的百余名学生中，评出一等奖8人、二等奖11人、三等奖13人。

1993年，市科协与市教委等10部门组织参加山东省青少年信息学竞赛，有3人获二等奖、2人获三等奖，济南市列团体总分第2名。市科协与市环保局、济南日报社等单位联合举办青少年环保科普绘画竞赛，评出一等奖作品17幅、二等奖作品25幅、三等奖作品45幅，进一步增强青少年环保意识。市数学会与市教委教研室组织济南市中学生参加全国高中数学联赛，有23人获奖，其中一等奖3人(全省获全国一等奖的仅10人)、二等奖4人、三等奖16人，占全省获奖人数的15%。物理学会组织高中学生参加全国奥林匹克物理竞赛，济南市获二等奖1名，三等奖1名。

1994年，市科协与市教委联合组织15所中学开展信息学竞赛，选拔出8人组成济南代表队参加全省竞赛，获团体总分第2名，有4人获二等奖、3人获三等奖、1人被评为最佳女选手代表山东参加全国比赛。为参加全国青少年第七届小发明、小论文比赛和科学讨论会，征集科技论文77篇、科技制作10件。济南植物学会与生物教学研究会组织参加山东生物学奥林匹克竞赛，济南市高中组获特等奖6人、一等奖15人、二等奖7人、三等奖15人；初中组获特等奖12人、一等奖15人、二等奖60人、三等奖145人，其中1人以总成绩第1名入选山东队参加全国比赛。济南三十四中教师黎秀梅所做卫星搭载番茄种子实验获中国科协、国家教委青少年活动科技成果二等奖。

1995年，市科协与市教委联合举办济南市青少年计算机竞赛，全市27所中小学、230名学生参加；推荐8人参加全省计算机竞赛，获得团体总分第2名。与市教委联合组织参加齐鲁中学生科普知识电视竞赛，获全省第3名，市科协获得优秀组织奖。全市“生物百项竞赛”活动中，推荐展品参加全省竞赛，两项获省三等奖。市中区青少年科技辅导员协会举办计算机、摄影、车模、航模、小记者培训班20期，与济南电视台联合举办“小记者培训班”，100余人报名，18篇稿件被《济南日报》等报刊刊登，在济南市举办的95植物园之秋摄影比赛中获全部一、二、三等奖；在青少年科普活动中有9名教师分获省、市优秀科技辅导员称号。

1996年，市科协着眼跨世纪人才培养，开展青少年科技活动。与市教委联合组织27所学校、270余名学生参加省、市青少年信息学(计算机)奥林匹克竞赛。在全市比赛中评出：高中组一等奖9人、二等奖20人、三等奖39人；初中组一等奖11人，二等奖22人，三等奖58人。推荐6名学生代表济南市参加全省竞赛，济南市获团体总分第3名，高中组一等奖1人、二等奖2人；初中组三等奖3人，陈红获最小年龄奖。高中组张岩代表山东省参加全国竞赛获三等奖、山东省第1名。组织学生参加省、市第八届青少年发明创造和科学讨论会，收到发明创造作品59件，科学论文69篇；在全市比赛中共评出：创造发明比赛一、二、三等奖各2人，优秀奖6人；科学论文二、三等奖各2人，优秀奖6人。向省推荐发明创造作品和科学论文各6件(篇)，其中2人分获全省青少年发明创造作品一、二等奖。在全省生物奥林匹克知识竞赛中，全市4100多人参赛，其中：高中组特等奖12人、一等奖12人、二等奖86人、三等奖108人；初中组特等奖35人、一等奖163人、二等奖314人、三等奖512人。省实验中学学生张翔入选国家队参加第五届国际生物奥林匹克竞赛，获银牌；胡鹏入选省队参加全国生物学知识竞赛获银牌。物理学会组织初中学生参加全国初中奥林匹克物理竞赛，获一等奖25人，名列全省第一。组织高中学生参加全省物理竞赛，获特等奖1人、一等奖14人、二等奖10人、三等奖12人，名列全省第一。

1997年，山东省、济南市四驱车比赛选拔8名队员代表山东省参加全国比赛，5人进入决赛，取得第5名和第8名，2个单位获全国青少年科技活动组织奖，7个学校获全国基层组织奖，7名辅导员教师获个人组织奖。省实验中学学生李峰获全国生物学奥林匹克竞赛一等奖并入选国家集训队，袁牧等48人获山东省生物学奥赛特等奖，115人获一等奖，240人获二等奖，济南市总成绩列全省第1名。

1998年，市科协与市教委制定《关于认真开展青少年科技系列活动的意见》，确定7项青少年重点科技系列活动。配合山东省科协开展第九届青少年发明创造比赛，收集作品126项，其中1项小制作获省二等奖，3项小制作和3篇小论文获鼓励奖。市科协与市体委、市教委、市妇联、团市委联合举办“我爱祖国海疆”青少年航海模型竞赛和“希望杯”青少年航空模型比赛等活动。市教委、市科协联合举办“济南市中小学生计算机知识竞赛”。市中区、天桥区、历城区举行8所科普学校的授牌仪式。历城祝甸小学建起750平方米的航海模型训练场、60平方米的航海模型陈列室，成为济南市第一所省级航海模型运动模范学校。市中区教委、科协建立10处科普教育基地，多渠道、多形式开展青少年“四小”活动，建立青少年活动基地，举办青少年珠、心算比赛，车模“五环擂台赛”；与省民航总局济南航空港建立少年科技夏令营活动基地。在全省青少年“希望杯”航模比赛中，市中区获第一、二、三名的各有2人。槐荫区教委、科协配合学校素质教育，把青少年“五小”科技发明活动纳入中小学生全面考核的内容，并举办大型电教活动。历下区教委、科协面向21世纪向青少年传播科技知识、科学方法、科学思想，在中小学普遍建立科普通讯员队、科幻美术队、红领巾气象队、微机普及学习骨干队等，经常组织生物百项、小制作、小发明、优秀论文创作等活动；组织参加全国青少年科技夏令营。全年全市共举办青少年科普报告会、讲座百余次，参加人数1.3万人次。

1999年9月19～20日，市科协与市教委联合举办“济南市中小学生发明创造成果展览”，全市各县(市)区中小学生的894件发明创造作品参加展览。评出一等奖8件、二等奖13件、三等奖27件。以创建科普示范学校为龙头，推动青少年素质教育。全市命名科普示范学校19所，举办“济南市第十六届中小学生计算机知识竞赛”，评出一等奖10人、二等奖19人、三等奖44人，推荐6人参加省第十六届中小学生计算机竞赛，1人获二等奖、3人获三等奖。在中国科协、教育部、国家环保总局、国家自然科学基金会联合举办的第五届全国青少年生物和环境科学实践探索活动中，棋盘街小学、解放路第一小学获表扬奖，黑虎泉西路小学获省科协优秀组织奖。历下区科协组织青少年科技活动交流，培训科普学校辅导员，树立一批科普示范学校样板；组织5000名师生参加中国科协、教育部、国家环保总局在该区举办的“爱我家园”科普漫画展。天桥区科协为制锦市街小学购置2000多元的航模器材、望远镜，八里桥小学1名小学生被授予“中科院小院士”称号。市中区科协组织青少年参加省市航模比赛获多项奖励。在“农行杯少儿珠心算”竞赛中，市中区获团体一等奖，历城区3人获一等奖、7人获三等奖。济南数学会通过数学学校，开展特长生培训，参加全国奥林匹克数学竞赛，初中有77人获奖，高中33人获奖。

2000年，市科协、市教委联合举办第二届济南市青少年科技创新成果展，参展作品800余件，涉及工业、农业、军事、日常生活、环保等多个领域，评出一等奖15件、二等奖20件、三等奖45件。由市科协、市教委主办，市计算机教学研究会承办的济南市“正华杯”青少年计算机知识竞赛，79所学校的近千人参加，山师大附中、三十七中、德兴街小学分别获高中组、初中组、小学组团体总分第1名，全部比赛奖励金额42万元，其中团体一等奖奖励校园网设备一套，价值6.8万元。在全国青少年生物和环境科学实践探索活动中，棋盘街小学获优秀方案设计二等奖。八里桥小学开展科技素质教育工程中涌现出蔡浩宇等一批“中科院小院士”，电脑三维动画等作品受到专家好评。经九路小学的全能窗户防盗器在全国青少年发明创造作品展评中获得三等奖。

2001年，与市教育局联合举办以“科学、希望、未来”为主题的青少年科普月活动和济南市中小学生“三模一电”竞赛活动。在省科普教育基地——济空运输团，举办“学科技、学军事，争做新世纪祖国建设者和保卫者”活动，300多名中小学生登上飞机参观，听取空军成长史的报告，受到深刻的国防和科普教育。槐荫区举办中小学航模比赛，17所学校、290余人参加；中小学小发明小创造展览，有55所学校1200件作品参展。市中区在山东省车模比赛中，获个人全能前6名，4人代表山东省参加全国比赛；在全国第九届青少年科技辅导员论文竞赛中获一、二、三等奖各1人。章丘市组织青少年开展争当小哥白尼和中小学生科技创新大赛活动。

2002年，济南市在全国、省、市学科竞赛中取得优异成绩。省实验中学学生朱烨获得第三十四届国际化学奥林匹克竞赛金牌第1名及唯一的最佳男选手奖，并获市政府2万元奖励。在全国中学生生物奥林匹克竞赛中，山师大附中代表队郭琴溪获金牌第1名，刘莹获得金牌。济南第十四中学在全市奥林匹克数学竞赛中，各年级组共有84人获奖，列全市各校参赛队之首。市科协组织科普大篷车到各县(市)区中小学宣传科技知识，培养学生的动手、动脑能力。市科协与市中区教育局承办全国青少年无线电测向赛济南赛区比赛。南辛庄小学开展第二课堂活动，引导学生学习航模知识，提高科技知识，在全国、省、市航模比赛中多次取得优异成绩。历城区洪家楼第二小学代表济南市参加山东省青少年航天模型锦标赛获得团体冠军。槐荫区科协、教育局聘请14名博士担任全区14所中小学名誉校长，推动学校科普活动开展。新苑小学开展红领巾业余电台和科技创新小发明等多项丰富多彩活动，拓展知识面。

2005年，举办智力“七巧板”系列活动，在“一县十三乡”开展“智力七巧板”科普下乡活动，对400余所学校580名科技辅导老师进行培训，下发5000套智力“七巧板”器材。

2006年，在第二届省青少年电脑机器人竞赛中，获得15个比赛项目的11个一等奖；代表山东参加全国竞赛，获得1金4银5铜的成绩。在第八届国际机器人奥林匹克竞赛全国选拔赛上，获得3个二等奖。在第八届国际机器人奥林匹克竞赛中获机器人最佳设计奖、机器人竞赛铜牌和优秀辅导奖。举行第一届“智力七巧板”比赛，在省“智力七巧板”比赛中，96名济南选手获奖。

2007年，开展“群英计划”试点工作，10所农村学校5000余人次参加各项活动。举办省暨济南市首届青少年科普剧比赛，8个县(市)区128所学校万余名学生参加比赛。

2008年，市中区代表队在第十届国际机器人奥林匹克大赛获得2金1银的优异成绩。

2009年，百余所学校的数万名中小学生参与第二届山东省暨济南市校园科普剧表演大

2008年3月16日，济南市第二十三届青少年科技创新大赛启动仪式

赛，涌现出一批内容新颖、形式活泼的优秀剧目，展示艺术与科普的完美结合。举办第二届济南市青少年科技节，数万名中小学生参与。科技节设电脑机器人舞林大会、电脑机器人工作室联赛、航海模型、无线电测向、科普故事演讲、益智游戏等13大项30余小项比赛，通过动手动脑、形象生动、寓教于乐的科技实践活动，提高青少年科学文化素质，推动科技教育的深入开展。

2010年，济南市在全国青少年科技创新大赛中获一等奖1项、二等奖10项，6名学生获得保送资格。章丘四中183名学生获得自主招生资格，省实验中学高三学生李维汉因获机器人比赛大奖而获得美国马里兰大学本硕博连读资格和全额奖学金265万元。在澳大利亚举行的第十二届国际机器人奥林匹克竞赛中济南市夺得2枚金牌、3枚银牌、4枚铜牌。组织“流动科技馆进校园”55次，放映科普电影30场，5.6万名学生参与科技体验活动。

第二节 科技夏令营

1989年7月14日，市科协、市教委联合举办的济南市青少年科技夏令营在淄博市博山区樵岭前村开营，160名营员参加。考察“喀斯特”地貌、无脊椎动物化石和丰富的植物资源，增长科学知识。

1990年，市科协、市教委联合举办暑期青少年生物科技夏令营，组织营员考察烟台昆嵛山林场、威海刘公岛，参观长岛鸟展馆，采集23种57件标本。天桥区科协、科委、少年宫、电教站联合举办“天桥少年爱泉城、迎亚运”科技夏令营活动，对学生进行爱祖国、爱人民、爱家乡、爱科学教育。济南植物学会举办由58名青少年参加的昆虫考察科技夏令营。

1991年，举办济南市第四届青少年科技夏令营，组织营员们参观山东省计算中心、山东省气象台，游览曲阜、灵岩寺等名胜古迹。

1992年7月12～19日，市科协同市环保局、团市委联合举办济南市青少年环保科技夏令营，27名优秀中小学生参观被联合国教科文组织评为环保优良区、绿色明珠的山东昆嵛山林场、养马岛及威海市污水处理厂等。

1993年，市科协邀请北京环宇减肥健美研究所专家到济南，举办少儿减肥夏令营。根据少年儿童的年龄特点，通过心理训练、运动医疗和营养饮食调配等措施，达到综合减肥目的。10天治疗结束，一般减重3～5千克，并使孩子们掌握一套自我保健方法，建立起良好的饮食生活习惯。

1999年，市科协同团市委共同举办济南市青少年“我爱北京”夏令营。济南地理学会组织100人参加中学生天文夏令营和40人参加丝绸之路夏令营，对青少年进行可持续发展教育。

2000年，组织科普示范学校的23名师生赴香港参加科技夏令营活动。

2002年，部分县(市)区科协组织赴香港参观学习科技夏(冬)令营活动，建立科普教育基地、组织参观上海科技馆、紫金山天文台和大专院校，丰富第二课堂教育。

第三节 专家科普泉城行

一、中科院老科学家泉城行

2005年，举办中科院老科学家科普泉城行活动。邀请中科院10位老科学家深入到学校、企业、机关、社区、监狱，为5万多名学生、教师、企业职工、机关干部和社区群众进行67场科普演讲，内容涉及生命科学、生物技术、航天航空等方面。

2006年4月11～17日，组织开展第二届中科院老科学家科普泉城行活动。11位中科院的老科学家在49所学校作了58场科普报告，受益师生2.5万人。

2007年，组织第三届中科院老科学家科普泉城行。

2008年，组织第四届中科院老科学家泉城行，举办17场科普报告。开展“我当科学家”“青少年企业行”等16项科技体验系列活动，百所学校2.5万名中小学生参与其中。

2009年，组织第五届“中科院老科学家科普泉城行”活动，12位中科院老科学家到40所中小学校作科普报告，2万多名学生参加活动。

二、博士进校园

1997年5月31日，市科协与市教委联合在南郊宾馆举行“迎回归，向未来，科学家与青少年会面”活动。山东工业大学校长邹增大等10多位科学家会见全市120余名青少年代表。青少年代表向省市领导和科学家敬献红领巾和鲜花，科学家向青少年赠送科技图书。

2003年，推进“博士进校园”活动，评选“科普小博士”。129名博士专家走进校园，举办科普讲座，担任科技导师，密切科技专家与广大青少年的联系，促进科学知识、科学精神、科学方法和科学思想的传播。开展第二届“科普小博士”评选活动，从27名候选人中评选出10名“科普小博士”进行表彰。

第四节　科技创新大赛

一、齐鲁大学生创新创业大赛

2003年，举办济南市第一届“起步杯”大学生计算机软件设计大赛。大赛由市科协、市计算机学会、齐鲁软件发展中心共同举办，山东大学、山东师范大学等15所驻济南高校近百名大学生参加。

2004年，举办“鲁能网络杯”第二届大学生软件设计大赛。大赛由市科协主办，济南计算机学会、齐鲁软件园发展中心承办，山大、山师大等12所院校500余名大学生参赛。

2006年，计算机学会举办第四届齐鲁大学生计算机软件设计暨外语大赛，23所高校、630余名大学生参赛。

2008年，举办第六届齐鲁大学生计算机软件及外语大赛，49所高校、2000余人参加，1181人获奖。由市科协主办、市纺织工程学会承办“迎全运”首届服装设计效果图大赛，为服装专业的学生创造展示才艺、切磋技艺和交流经验平台，3所高校、2家企业、360多名学生参加，收到170幅作品。

2009年，为大学生创新创业搭建平台，举办山东省暨济南市首届大学生科技节，组织第七届齐鲁大学生软件设计及外语大赛、泉城大学生服装设计大赛、齐鲁大学生科普动漫创意设计竞赛。其中，软件设计及外语大赛有54所院校、4000余名学生报名参赛，比赛规模和参赛人数均超过往届。大赛巡回报告团在全省10个地市、28所高校举办报告会32场(次)，参与学生上万人。山东经济学院将大赛与高校教学改革相结合，培养一专多能型人才，申报的课题获得山东省高等教育教学成果二等奖。动漫创意设计竞赛中优秀作品参加第二届海峡两岸创意设计作品巡回展。

2010年，实施大学生创新创业行动，举办第八届齐鲁大学生计算机软件及外语大赛、第三届齐鲁大学生服装设计大赛、第二届齐鲁动漫创意大赛、首届齐鲁大学生工业设计大赛、中国济南大学生创业计划和商业创意竞赛等5项赛事，共有76所高校、8100余名学生参加，15家企业全程参与。

二、青少年创新大赛

2002年，举办第三届济南市青少年科技创新大赛。组织参加中国科协、国家科技部等八部委举办的第十七届全国青少年科技创新大赛，获一、二、三等奖6项，优秀活动奖2项，科幻画二、三等奖7项，优秀组织奖1个，“小小科学家”提名奖2个。舜玉路小学学生苗泽旺发明的“便携式太阳灶”获一等奖和新苗鼓励奖。

2003年，举办济南市第四届青少年科技创新大赛暨成果展示会。大赛由市科协、市教育局、市科技局、市环保局、市体育局、团市委和市妇联七部门联合主办，是面向全市在校中小学生规模最大、层次最高的具有示范性和导向性的青少年科普综合活动，10多万中小学生参加，收到10个县(市)区推荐作品960余件。展示会从发明创造作品、科学研究论文、科技实践活动、少儿科学幻想画、电脑机器人表演和科普小博士6个方面，展示青少年各类作品240余件。在全国第十八届青少年科技创新大赛中济南市获一、二等奖各1项。

2004年，联合市教育局等8部门共同举办第二十届济南市青少年科技创新大赛。全市10多万中小学生参加此项活动，收到科技活动作品236件；经专家评审，146件作品获一、二、三等奖，并评出优秀组织奖12个、优秀科技辅导教师13名。组队参加山东省第十九届青少年科技创新大赛，获一等奖13项、二等奖12项、三等奖6项；2名教师获优秀辅导教师奖，1所学校获优秀组织单位。组队参加全国第十九届青少年科技创新大赛，获一等奖1项、二等奖2项、三等奖3项。各大赛名次均在全省处于领先地位。

2005年，承办山东省第二十届青少年科技创新大赛，共收到15个市、大企业推荐的各类参评项目526项，21支代表队、300多名选手和教师参加总决赛。济南市获10个一等奖、10个二等奖和3个三等奖。

2006年，举办第二十二届市青少年科技创新大赛。参加全国及省创新大赛，获全国一等奖2项、二等奖3项，省一等奖18项、二等奖16项、三等奖11项。

2008年，举办青少年科技创新大赛、青少年电脑机器人比赛、青少年科技节、电脑机器人舞林大会等科普活动，万余名中小学生参与活动，获全国创新大赛金奖的5名学生被保送重点大学，指导章丘四中、历城二中开展创新教育，申报专利700项，200名学生获自主招生考试资格，丰富素质教育内涵。

2009年，举办第二十四届济南市青少年科技创新大赛、第六届机器人竞赛，在全国创新大赛中获2个一等奖、2个二等奖、3个三等奖。260名学生获自主招生资格。

三、机器人大赛

1997年，济南市计算机教育教学研究会多次举行全市青少年参加的大型计算机比赛、通讯赛。

2003年，举办济南市第一届青少年电脑机器人竞赛。市科协购置机器人套装10套，建立机器人工作室，配置相关场地设备，组织2期45人科技辅导员培训和8期164名学生培训。11月22～23日，举办电脑机器人竞赛，全市18所中小学20支代表队、97人次参赛，进行机器人常规赛、竞速赛、足球赛等7个项目的角逐，填补济南市青少年科普工作的空白。

2004年，举办3期科技辅导员培训班。制定下发《济南市电脑机器人工作室评比标准》，在全市命名18个“济南市电脑机器人工作室”，对13所学校的300多名学生进行培训。举办济南市第二届电脑机器人比赛，21所学校、45支代表队参加比赛。组队参加山东省首届电脑机器人比赛，获得3个一等奖、2个二等奖和4个三等奖，2个项目代表山东省参加全国第四届电脑机器人比赛，取得2个二等奖。组队参加在澳门举办的大中华地区电脑机器人竞赛。

2005年，举办电脑机器人竞赛。在山东省第二届青少年电脑机器人比赛中，囊括8个项目冠军；代表山东省参加第五届全国青少年机器人竞赛，取得3金、5银、7铜，并获第五届中国青少年机器人竞赛科普活动奖。举办济南市电脑机器人舞蹈大赛。

2006年，建立30个机器人工作室。组织开展社区电脑机器人大赛，39支社区代表队参加比赛。举办第四届青少年电脑机器人大赛。组队参加第七届全国青少年机器人大赛和中国机器人大赛暨RobotCup中国公开赛。

第五节 科普示范学校与教育基地

1997年，市中区成立科普示范学校领导小组，各学校建立科技活动领导小组和科技兴趣小组，开展自己特色项目活动，主要有航模、车模、计算机、劳技制作、珠心算、绘画、书法、自然实验、夏令营、冬令营、科普知识竞赛等。与社会力量结合，成立青少年科技活动俱乐部。

2000年，命名科普示范学校23所。黑虎泉西路小学、大明湖路小学、济南五中、济南六十八中、育英中学等8所学校被命名为省科普示范学校，并对一批在青少年科技活动中做出突出贡献的优秀科技辅导员进行表彰奖励。开辟青少年科普教育基地，全市命名科普教育基地19处，其中国家级2处、省级2处，数万名青少年前往参观。

2001年，市科协制定《关于加强青少年科普工作的意见》《关于评选科普小博士、优秀科技辅导员、科普示范学校、科普教育基地的意见》，进一步规范青少年科普工作，天桥、槐荫、历城区分别增创3、4、6所。历下区青少年科普教育基地开展科技、劳技、无线电测向等15项活动，7000多中小学生受训。天桥区开展青少年科普志愿者、“崇尚科学，拒绝邪教进校园”、校园科技角、科技园地等活动，涌现出一批科普特色学校、各种特色科技小组和科技小名士。市中区投资700多万元在蚰山建立占地面积10公顷的素质教育基地，建成天象馆、航模、海模训练基地、生存训练场等设施，3500余名中小学生进行轮训。建立植物、海洋生物科普教育基地。历城区投资3万余元为科普示范学校购置微机、天文望远镜、录放机等。长清县举办青少年科技辅导员培训班13期，培训人员305人；举办青少年科普讲座22场，成立科技小组50多个，3万多名青少年参加各类活动。平阴县利用第二课堂，组织青少年开展小制作、小观察、小实验、小发明、小创造、小论文等活动。

2002年，市科协与市教育局联合在中小学开展创建“科普示范学校”“科普教育基地”和“百名博士进校园”活动，促进素质教育。举办首届青少年科技辅导员培训班，邀请中国科协科普研究所专家讲课，提高科技辅导员的理论水平和业务能力。

2003年，对14所省级科普示范学校进行实地评估，推动学校青少年科普工作开展。与市科技局、市教育局联合评选省淡水水产研究所、市农业高新技术开发区等10家单位为首批“济南市科普示范教育基地”。恢复召开第三届科技辅导员协会。10个县(市)区辅导员协会机构健全，共有专兼职科技辅导员1014人(专职84人)。市科技辅导员协会有针对性地开展培训，提高组织开展青少年科普工作和活动的能力。

2004年，19所中小学校被市科协、市教育局命名为首批“济南市科普示范学校”。

2006年，市科协与市教育局联合表彰市“十佳科技辅导员”“优秀科技辅导员(30人)”“科普小博士(10人)”，命名20所济南市科普示范学校。

2008年，市科协与槐荫区教育局联合新建6所“壁挂式科技馆”，命名10所科普教育基地。2010年4月，在第25届山东省青少年科技创新大赛中，历城二中获“优秀组织奖”。

第五章　企业科普

第一节　厂会协作行动

1997年，根据中国科协、国家经贸委《关于组织实施“千厂千会协作行动”的通知》精神，市科协、市经委在全市组织实施厂会协作行动。11月13日，市科协和市经委在济南柴油机厂举行济南厂会协作签字仪式，17个学会(高校)、15个企业的代表50余人参加仪式。济南机车车辆厂与山东铁道学会、中国重汽集团总公司与山东汽车工程学会、济南钢铁集团总公司与山东计量测试学会、济南化纤总公司与山东大学、中国轻骑集团总公司与山东化学化工学会、济南试验机厂与济南机械工程学会等首批19对厂会协作单位签订厂会协作协议。

1998年，厂会协作行动由市科协会同市经委共同开展，有20个厂会结成对子。济南钢铁集团总公司与山东计量测试学会签订“物资计量群IC卡”合作项目，彻底解决生产工艺中筛子漏粉和操作中含粉量过大的问题，使含粉量由每吨240千克减少到190千克，每年可获得经济效益1200万元。济南化纤总公司与山东大学协作开发“新型共聚阻燃剂及阻燃涤纶织物开发研究”项目，适应高层建筑、高级宾馆以及集办公、娱乐、旅游、餐饮为一体的综合性场所防火安全需要，该项目生产改善国内、省内阻燃涤纶短缺局面，成为国内首家涤纶阻燃系列产品生产企业。济南机车车辆厂与济南环境科学学会签订“污水处理及回用工程”项目，总投资527万元，一期工程污水处理计划完工。

1999年，各级学会团体探索为经济建设服务的有效途径，总结经验、培养典型、加以推广，并向乡镇企业和中小企业延伸。济南机车车辆厂污水处理回收工程设计方案通过济南环境科学学会评审，一、二期工程竣工，日回用水3000吨，并达标排放，对改善市区和厂区环境起了重要作用，企业每年节省排污费20万元，节约自来水费100多万元。中国金属学会与济钢集团总公司签订长期合作协议，组织国内知名炼铁专家对济钢第一炼铁厂5号高炉长寿高效大修技术改造方案进行技术论证，提出高炉一代寿命10年，利用系数为3的技术措施，树立国内众多中小高炉的样板。

2000年，各级科协和学会团体进一步加大“厂会协作”的力度，以学会为主，主动与企业“联姻”，为企业技术创新提供科技支持，在巩固原有20个协作对子的基础上，新建厂会协作对子10个。机械工程学会和二机床集团公司开发新型粉料成型设备——双击式螺旋压力机投产后新增产值3500万元，利润200万元。纺织工程学会与元首集团公司研制组合染色试验小样机设计方案进行评估论证，同时开发全自动红外印花烘干机，大幅度提高生产效益和水平。环境保护学会与机车车辆厂开发的高效烟气排硫除尘装置在济南、太原等地投入使用，达到国家Ⅰ类地区排放标准。

2002年，市环境科学学会与机车车辆厂开发的“污水处理及回用工程”获国家经贸委、中国科协“千厂千会协作行动优秀项目成果奖”。济钢与中国造船工程学会签订“海洋用钢技术市场咨询”项目，为国内外制造高附加值的海洋运输船舶钢的技术需求及市场状况做出咨询，提出进入该领域新材料开发的建议，对济钢新产品开发具有重要的指导意义。济南正昊化纤新材料有限公司与济南纺织工程学会合作，对设备、质量、环保、节能降耗、降低成本等问题开展联合攻关，取得多项技术成果并实现产业化，为企业创造巨大的经济效益。

第二节 成人教育和科技培训

1988年，市科协适应经济发展的需要，开展成人专业教育和科技培训活动。济南市职工业余科技大学坚持大专学历教育、继续工程教育、岗位职务培训3个系列的成人专业教育，在校大专班学生638人，单科及专业班1079人，机电工程师刊授大学学员2146人。年内有85届计算机应用专业和84届药学专业的60名大专班学员毕业。4月建立校办机电技术研究所，形成教育、实习、科研三结合，成为全市业余科技教育的一个主要阵地。市科学技术宣传馆举办电大85届档案专业大专班有52名学员毕业；各学会团体全年共举办各种学习班3885期，培训10余万人。县、乡(镇)、村举办科普学校和科普夜校，坚持“实用、实际、实效”的原则，共培训技术骨干12万多人。章丘县科协创办的实用技术学校，年内培训11个省市的600余名学员；推广22项短、平、快实用技术，《光明日报》《济南日报》做了分别报道。

1989年，济南市职工业余科技大学不断拓宽办学渠道，扩大专业设置和办学规模，年末大专班在校生850人，各类专业培训班学员1123人。机电工程师进修大学在校生5458人，开设以大学专科毕业为起点的本科段“机电一体化工程”继续教育，招生632人，大专班毕业199人，其中27人成为山东省第一批烹饪专业大专生；岗位培训班结业423人，工程师进修大学毕业100人。济南市科学技术宣传馆建立电大工作站，发展大中专教育，使财会、行政管理、食品营养、幼师等专业在校生396人，并面向社会、面向青少年开展科技培训和科技宣传。各级科协、学会举办各类培训班1492期，培训人数18万人次。济南质量管理协会在全市全面开展质量管理普及教育，培训职工13万人。标准化协会组织乡镇企业标准化工作人员参加农业部、中国科协和中国标准化协会举办的标准函授教育，并组织会员到60多家企业对3900名专业技术人员宣讲企业标准化基础知识。各区县建立一年制以上科普学校38所，学员1.21万人。农村科普学校和科普夜校举办实用技术培训班1573期，培训种植、养殖、林果、畜牧、财会等方面技术骨干15.41万人，有88人被评为农民助理技术员，495人评为农民技术员，556人评为助理技师，447人评为农民技师。

1991年，全年举办各类培训班、讲座2057期，培训人员16万人次。市农业函授大学开办中级部种植、养殖、加工、乡镇企业、综合经营5个专业，招生248人，各区县、乡镇科协按照“实际、实用、实效”的原则，开展农民实用技术培训，举办培训班2300多期，培训员15万人次。

1994年，市科协适应市场经济发展和人才需求，走社会化办学的路子，多层次、多渠道、多形式开展各类成人专业教育，先后举办大中专学历班和各种专业培训班，在校学员1000多人。市科技馆举办学历班、短训班，在校学员2800多人。各学会、厂矿科协面向在职科技人员和职工开办各种内容的培训班700多个，学员5万多人。举办各类农民科技培训班1730期， 培训人员15.6万人次，为农村培养种植、养殖、林果、畜牧、加工、财会等方面技术骨干。面向农村开展科技致富活动，函授大学在6县(市) 区建立分校，设立辅导班，选聘专兼职教师，招收函大学员1300多人，并与组织部门一起对农村党员、基层干部进行实用技术培训。

1995年，市科协培训部和市科技馆举办学历班和短训班80余个，培训学员5000人次。各学会、厂矿科协面向广大科技人员和职工，开展继续工程教育和专业技术培训，办班700多个， 学员5万多人次。全市各级科普学校、夜校、农函大分校，培训各类人员15万多人次。

历城区有农民科普夜校846处，举办各类学习班3000期，培训人员2万多人次，发放明白纸10万份，引进推广科技成果34项。平阴县科委科普科配合教委、农委开展科技培训，县乡村三级举办学习班5000多期，培训学员4万多人。历下区科协与区委组织部组织4500名党员干部开展学科技出成果活动，3年研究开发新产品180项，15项通过省级鉴定，26项获省、市科技进步奖。农函大招收学员2000多人。长清县崮山镇被中国农函大授予全国农函大教学示范基地优秀辅导站。

1996年，市科协培训部及市科技馆培训各类人员5000多人，市级学会、厂矿科协举办各类培训班723个，学员5.2万人次。

1997年，农函大招生3000多人，培训农村学员12万人次。市委组织部、市科协、市妇联在章丘联合召开全市农村党员基层干部实用技术培训工作经验交流会。1996～1997年，全市共举办农村党员、基层干部实用技术和市场经济知识培训班7810期，8万名农村党员干部参加培训，800多人被选派到大专院校进修学习，3.73万名党员外出参观学习先进科学技术。至年底，4万余名农村党员通过农函大、科普学校、科技中专、农广校等各种渠道、多种形式学习种植、养殖技术；近3万人学习加工业、商业和管理等技术；5.2万余名党员掌握一门以上实用科学技术；9057名党员获得农民技术员以上职称；9271人受到表彰。济南市、章丘市、济阳县农函大、6个乡(镇) 村和35名个人被中国农函大总校授予先进集体和个人，4人被中国科学技术发展基金会授予培训奖和荣誉奖；长清县崮山镇被命名为“全国农函大教学示范基地优秀辅导站”，8个乡镇被省委组织部、省农委、省科协批准为全省电教科技示范乡镇。

1998年，市农函大完成3063人学习结业，同时招收学员3396人。章丘市委召开农函大招生培训工作督察会议；招生1000余人。长清县委组织部、科协联合下文加强农函大招生工作，制订年培训规划，解决培训经费，一次招生800余人。市科技馆、市科协培训部举办会计中专、会计电算化、会计上岗证、设计艺术、音响师、计算机、家电培训、外语等成人专业教育有新的发展，成立济南市科技中专经济技术分校，办学形式有了新的突破。全年招收培训人员3000余人，为济南市经济建设培养急需的人才。针对下岗职工培训难、就业难的问题，各级科协配合企业改革、免费、减费培训下岗人员。各级学会、企事业科协举办培训班300多期，培训学员2万余人次。

1999年，举办各种科技培训班，提高公众素质。全年举办培训班310个，参加人数2.4万人次，举办科普报告会278场，参加人员2.1万人次。配合技术推广应用、企业改革脱困，开展继续教育工程，免费、减费培训下岗人员。

2000年，市科协培训部及市科技馆举办会计中专、会计专业技术职务考前辅导，设计艺术、音响师、自学考试等成人专业教育有新的发展，年内培训各类专业人员2000余人次；企事业科协、各学会团体举办各种科技讲座260场，听众1.8万人次；举办各类培训班290个，学习人员2.1万人次；市数学学会举办数学学校，在校生4000人；市计算机教学研究会举办济南计算机学校，在校生1800人；农村实用技术培训取得较好成绩，各县(市)区科协利用农村科普学校、科普夜校、农函大阵地，举办各种培训班1300余期，对12万农村学员进行实用技术培训。

2003年，市科协开展农业标准化生产培训。各级科协与涉农学会适应加入WTO的新形势，实施无公害和农产品质量标准发展战略，采用以会代训、专家讲座、电视讲座等多种形式，开展蔬菜标准化生产、农机标准化作业等以农业标准化生产知识为主要内容的科技培训，全年举办培训班25期，培训人员9800人次。平阴县洪范池镇围绕推广无公害农产品生产技术，成立无公害农产品标准协会。

2004年，开拓办学渠道，面向社会提供技能培训。市科协作为考点，举办全国计算机第20次等级考试，开展资格认证培训、中考信息学辅导和外语培训等工作。免费培训200位社区居委会干部、50名优秀农技协会员。科技职工中专通过评估验收。

2005年，全年共举办讲座、报告会390多场(次)，参加人员2.2万人次。济南医学会、药学会、护理学会举办各种类型的继续医学教育项目培训班、短期培训班118期，培训医务人员1.07万人；安全生产技术协会对部分危险化学品经营单位的安全生产管理人员进行3期培训，400余人获得资格证书；林学会举办果树栽培、嫁接等科技培训班50余期，培训技术人员3500余人次；一机床科协组织21次新技术推广应用和安全生产培训，参训人员410人次；裕兴化工总厂科协举办计算机培训，培训人员2500余人次。

2007年，继续教育工作扎实开展，市医学会、市药学会、市护理学会、市营养卫生学会、市烹饪协会、市数学会、市林学会、市档案学会、济钢等学会及企业科协共举办讲座、培训班300多场(次)，参训2万人次。济南烹饪协会被表彰为全国餐饮业先进社团。

第三节　“讲理想、比贡献”活动

1988年，厂矿企业科协组织1万多名工程技术人员开展“讲理想、比贡献”竞赛活动(以下称“讲、比”活动)，采用讲演会、报告会、对话会、表彰奖励等多种形式进行“献身、创新、求实、协作”和“以厂为家、艰苦创业、厂兴我荣、厂衰我耻”的宣传教育。广大工程技术人员共提出合理化建议5316条，实现科技立项1059项，创经济效益1.5亿元。表彰先进集体55个、先进个人59人；济南第一机床厂被中国科协、国家计委评为全国“讲理想、比贡献”竞赛活动先进集体，济南机车工厂高级工程师连袭被评为全国“讲、比”活动先进个人。

1990年，市科协开展以“百千万”为内容的“讲、比”活动，59个企业、1.6万名科技人员参加，提出合理化建议1.99万项，完成科技立项1821项，推广重大科技成果270项，实现经济效益2.38亿元，为企业直接增加经济效益1.63亿元。济南第一机床厂科协围绕企业创汇2300万美元，提出推广10项重大科技成果，立百项攻关项目，提千条合理化建议，人均实现1万元经济效益的奋斗目标，为企业创经济效益1050万元。济南合成纤维厂开发适销对路产品，在提高聚丙烯烟用丝束质量的基础上，对大量在用设备进行技术改造，月增烟用丝15吨，增加效益300多万元。济南第一机床厂李军被中国科协、国家计委授予“讲、比”活动先进个人；济南机车工厂科协、济南第一机床厂科协、济南汽车制造总厂科协被中国科协授予全国厂矿科协工作先进集体；市科协段振昌、济南柴油机厂赵义、济南合成纤维厂姜玉春被中国科协授予全国厂矿科协工作优秀干部。

1991年，厂矿科协深入开展以“质量、品种、效益”为中心的“讲、比”活动，组织“百、千、万、亿”活动。全市有60多个企业的科技人员，全年提出合理化建议1.23万条，科技立项3400项，创经济效益2.66亿元。

1994年，推广和创新重大科技项目190多项，实现科技立项2300多项，提出各种合理化建议1.28万条，经济效益3亿多元。“讲、比”活动重点是引导科技人员围绕企业生产中的关键开展立项攻关，投身技术改造，推动国有大中型企业科技进步。济南汽车制造总厂科协实现科技立项219项，提出各种建议4000多条，实现近千条，累计经济效益2007万元。济南机车工厂科协结合工厂生产目标，攻克29项技术关键，33项质量关键；为“降低成本增效益”向工厂提出100多条有价值的科技建议。济南钢铁总厂科协实现科技立项98项，推广重大科技项目91个，创经济效益9139万元。济南机床一厂科协开展以“三个一”为中心的竞赛，要求立项100个，提建议100条，人均创效益1万元。9家厂矿科协参加山东省科协、省计委、省经委联合组织的山东省厂矿企业“讲、比”活动成果展览洽谈会，有9项成果获一等奖、7项获二等奖、9项获三等奖。济南汽车制造总厂科协和济南机车工厂科协关传铭分别获全国“讲、比”活动先进集体和先进个人光荣称号。

1995年，全市70家工厂企业在“讲、比”活动中完成和推广科技项目200项，实现科技立项2000多项，提出合理化建议近万条，取得总经济效益近3亿元。机床二厂科协通过开展竞赛，每年开发新产品30种，推动企业技术进步和经济发展。汽车制造总厂全年立项70多项，完成并通过评审41项，为企业创经济效益3600万元。试验机厂科协对两种四球试验机产品推行电气工艺，改善企业电气工艺落后局面。机车工厂科协为实现企业货车、内燃机车两大主导产品的优质高产，组织多种形式的科技攻关，改造车辆探伤检测的控制系统，保证产品质量，节约大量资金。

1996年，厂矿科协把“讲、比”活动同实施“金桥工程”“管理效益年”活动结合起来，全年完成和推广重大科技项目230余项，实现科技立项1380项，提出合理化建议9838条，取得经济效益2.55亿元。济南机车车辆厂科协防堵取样装置金桥项目申报专利，并通过“架桥”推向兖州电厂、威海电厂。7月，60个厂矿科协分4个片组开展以查组织、查活动、查企业党政领导对科协工作支持、交流工作经验为主要内容的“互查互学”活动。8月下旬召开厂矿科协经验交流暨“讲、比”活动表彰大会，表彰26个先进集体和49名先进个人。

1997年，以技术创新为中心，全年完成和推广重大科技项目206项，实现科技立项1107项，提出合理化建议9900条，取得经济效益2.2亿元。获1995～1996年度山东省“讲、比”活动一等奖优秀成果3项、二等奖优秀成果11项、三等奖优秀成果17项。济南钢铁集团总公司科协科技立项12项，年内完成9项，创经济效益2360余万元。机车工厂动力分厂将3台20吨锅炉分层燃烧技术问题立项攻关，节约资金27万元。济南化纤总公司科协科技立项18项，年内完成10项，提出合理化建议480条，创经济效益2500万元。9月12日，市科协、市计委、市经委联合召开厂矿科协“讲、比”活动10周年纪念大会。“讲、比”活动10年内，有近70家厂矿企业，近20万人次的科技人员参与，完成技术攻关和推广科技项目1.04万项，实现科技立项1.16万项，提出合理化建议10.83万项，创经济效益18.62亿元。

1998年，企业科协开展的“讲、比”活动与“厂会协作行动”相结合。全年实施重大科技项目103项，实现科技立项1200项，提出合理化建议9800余条，取得经济效益1.12亿元。机车车辆厂科协重新修订“讲、比”活动考核、奖励办法，重汽公司科协坚持“讲、比”活动奖励兑现，对做出优异成绩的集体、个人进行表彰奖励。试验机厂围绕企业建立创新体系，以市场为导向推动技术创新，在科研、开发、改进三方面取得新进展。济南化纤总公司总经理吴强被评为全国第七届“讲、比”活动先进个人。

1999年，完成重大科技项目120项，实现科技立项1060项，提出合理化建议9600条，创经济效益1.62亿元。市科协被省计委、省经贸委和省科协评为全省“讲、比”活动优秀组织奖，全市有23个项目分别被评为省一、二、三等奖。济南柴油机厂科协发动科技人员大胆创新，勇于超越，解决曲轴氮化，六缸机振动问题。试金集团科协科技立项81项，创经济效益900万元。中国航空工业637研究所开发出十几个型号的飞机机头罩，为提高全军空中作战能力做出了贡献。机车车辆厂科技人员研制出防腐脱硫环保锅炉系列产品，达到国内新水平；开发出低重心罐车，填补整车不能设计的空白。裕兴化工厂完成科技立项7项，获经济效益1100万元。机床一厂科技人员开发新产品18

个，为企业脱困做出贡献。

2000年，国有大中型企业科技人员完成科技项目108项，实现科技立项1090项，提合理化建议9582条，创经济效益1.56亿元。济钢集团公司科协实现较大项目立项26项，完成23项，实现经济效益4845万元。机车车辆厂科协完成科技立项52项，为企业节约资金40多万元。试金集团科协坚持“四个结合”，即“讲、比”活动与产学研工程结合，与开发新的经济增长点结合，与开拓国际市场结合，与学术交流和科普教育结合。裕兴化工总厂科协实现立项6项，增收节支1100万元。“铬酸酸渣综合利用研究项目”使酸渣全部得到综合利用，实现零排放，获省、市科技进步二等奖。

2001年，厂矿企业2.3万科技人员完成重大科技立项115项，实现科技立项1112项，完成科技立项1058项，提出合理化建议9700条，实现经济效益1.58亿元。“厂会协作”活动共结成30多个协作对子，在科技界和经济界之间架起桥梁。济南机车车辆厂科协被中国科协、国家经济贸易委员会、国家发展计划委员会授予第八届全国“讲、比”活动“奉献奖”；被中国科协授予“全国企业科协工作先进集体”称号。召开全市学会、企业科协暨“讲、比”活动、“厂会协作”表彰大会，表彰1999～2000年度涌现的33个先进集体、48名先进个人及“济南机车车辆厂污水处理工程”“HST高效烟气脱硫除尘装置”“双击式螺旋压力机”等14项厂会协作优秀成果。机车车辆厂、二机床集团、柴油机厂、试金集团、元首集团、啤酒集团、高新技术开发区等15个单位的20项优秀成果受到山东省科协、经贸委、计委的表彰。

2002年，全市有2.4万科技人员完成重大科技立项116项，实现科技立项1133项，完成科技立项1068项，提合理化建议9730条，实现经济效益1.65亿元。济钢科协全年完成科技立项134项，创经济效益5152.7万元，其中“中板在线汽雾冷却”项目投用后创经济效益1220.63万元。试金集团科技立项45项，机车车辆厂完成攻关项目39项，取得明显成效。

2003年，全市有2.4万科技人员完成推广重大科技立项118项，完成科技立项1167项，提出合理化建议9893条，实现经济效益1.89亿元。济钢科协全年实现创新项目300多项。重汽集团科协以“讲爱岗敬业，比科技创新”为主题，以“一、十、百、千、万”[①]为目标，全年完成项目457项，集团评定204项，推荐到省15项，全部获一、二、三等奖；斯太尔总装配线创直接经济效益2000万元。机车车辆厂科协完成技改项目314项，提高生产效率，降低生产成本；二机床集团科协解决数控龙门镗铣床、油压机栓塞、压力机双拐曲轴、滚齿机加工大模数齿轮和大型多连杆压力机调整等一系列工艺难题，经济效益大幅度提升；导轨磨床项目节省进口机床费用2000多万元。全市企业科协获省科协、省计委“讲、比”活动成果一等奖3项、二等奖11项、三等奖8项。厂会协作取得新进展，济南家禽业协会与济南白云种兔场建立年产百万只肉兔饲养基地，与济南凤凰种鸽厂建立年产万羽种鸽的饲养基地。

2004年9月10日，市科协在重汽卡车公司召开济南市“讲、比”活动现场经验交流会。年内全市企业科技人员有7000多人次完成推广重大科技立项近700项，实施合理化建议5000条，实现经济效益5亿多元。

2005年，召开全市企业工艺攻关现场经验交流会，重点推广二机床集团公司科协组织工艺攻关、解决工艺难题、提高经济效益的经验。全年全市企业科技人员完成科技立项842项，提出科技创意2500余条，实现经济效益6.3亿元。重汽集团科技人员全年共有1846人次参与“讲、比”活动，完成项目384个，为企业增

① 每人完成一个科研项目，企业获10项以上省市科技成果，完成“讲、比”项目百个以上，参赛人员千人以上，人均增效万元以上。

加经济效益4亿多元；济柴集团围绕公司科技发展规划，组织科技人员完成攻关项目79项；化肥厂科协组织开展提合理化建议活动，采用率70%，创造经济效益120万元。

2006年6月15日，在济锅集团召开“着力自主创新，提高企业核心竞争力”现场经验交流会，重点推广济锅集团“靠自主创新强筋骨、凭一流产品闯天下”的典型经验，重汽集团、力诺集团等10余家单位介绍坚持自主创新，促进企业发展和壮大的经验，达到沟通信息、共享经验、促进共同发展的目的。

2007年，市科协紧紧围绕自主创新和节能减排两大主题，会同市经委、市发改委、市科技局、市国资委等部门，联合印发《关于深入开展“讲、比”活动的实施办法》，推动“讲、比”活动向纵深发展。全年2万人次参加“讲、比”活动，立项1200项，提出科技建议1800项，采纳1100项，实现经济效益1亿多元。开展优秀科技项目评选活动，评出一等奖10项、二等奖30项、三等奖59项。

2008年，重点推出汇丰集团企业科协工作典型，重汽、汇丰获全国“讲、比”活动先进集体称号。全市83家企业申报科技项目230项，参与科技人员近万人，提出合理化建议1800项，1100项被采纳，实现经济效益1.5亿元。会同市发改委、经委、科技局、国资评出重汽集团研发的“港口低速牵引车系列设计开发”等150个优秀科技项目、“济钢集团钢铁材料研究开发与应用团队”等10个杰出工程师团队和济南柴油机股份有限公司科协等10个“讲、比”活动先进集体。

2008年12月2日，济南市召开2007～2008年“讲、比”活动表彰暨企业科技创新专家服务团成立大会

2009年，全市企业“讲、比”活动覆盖面不断扩大，107家企业上报科技项目312项，参加科技人员1.66万人，产生经济效益37.9亿元。

2010年，开展“讲、比”活动，62家企业、1.53万名科技人员参与，评选表彰十大杰出工程师团队、十佳科技创新项目，优秀科技创新项目150项，采用合理化建议4001条，科技立项979项、产生经济效益30多亿元。济南轻骑被评为全国“讲、比”活动先进集体。中国重汽的王泽军和济钢集团的陈昌华被评为全国“讲、比”活动优秀组织者。中国重汽科协、轨道交通科协被评为省十佳企业科协。

第四节　专家企业行

2001年8月23～24日，举行海外学人项目洽谈会，有关部门、企事业单位与海外学人共进行600多人次的洽谈，300多家民营科技企业、外贸出口企业、国有重点企业与海外学人进行项目对接，共对接项目20余个，达成合作意向120个，协议8项、合同4项，有5位学人代表被聘为客座专家、教授、外贸代表、顾问。

2002年，开展总工程师联谊会，组织20多位总工程师到裕兴化工总厂、试金集团参观考察，达成一批合作意向。

2005年，济南市总工程师联谊会在力诺集团举办第15次活动，促进不同体制、不同规模企业的总工程师之间的交流与合作。

2007年，依托总工程师联谊会召开“济南市节能减排发展循环经济研讨会”，发表《济钢共识》，发挥总工程师在自主创新和节能减排中的领军作用。

2008年，组建由48家高校、科研院所专家参与的全市企业科技创新服务团，为企业技术攻关、高新成果转化、科研项目开发搭建服务平台。在全省率先引入创新方法培训，邀请中国科协专家李赤泉作技术创新方法讲座；在济南轨道交通装备有限公司先行展开培训，为推动企业和科技工作者自主创新能力提高搭建培训平台。

2009年，成立由48名行业专家组成的全市企业科技创新“智囊团”，为企业应对国际金融危机提供人才智力支持。开展“专家企业行”活动，为企业开展科技讲座和科技服务30余次。在全省率先引进推广企业技术创新方法(TRIZ)培训，建立集师资培训、队伍建设、企业试点为一体的工作模式，中国科协科技咨询中心将市科协的工作模式在全国推广。成立全市企业技术创新方法宣讲团，先后在济南轻骑摩托车股份有限公司和山东省章丘鼓风机厂有限公司举办企业技术创新方法初级师资培训班。章丘鼓风机厂有限公司成为全国第一个技术创新方法推广试点企业。

2010年，建设4家院士专家工作站。引进以中国工程院院士李圭白、顾国彪为首的科研团队在市供排水监测中心和济南轨道交通装备有限责任公司建立院士工作站，顾国彪被市政府聘为科技发展顾问。在山东朝能福瑞达生物科技有限公司和济南玫德铸造有限公司建立专家工作站。普及技术创新方法，培训科技人员1100余人次。

第五节 金桥工程与科技咨询

1988年，市科协系统共有科技咨询机构67个、科技咨询人员1200多人，全年完成咨询合同507项，实现金额330万元；进行无偿咨询5931项。在人民银行支持和帮助下，创办全国第一家科技信用社。科技信用社吸收社会游资，重点支持科技实体的24个开发项目，得到省市领导的肯定，《科技日报》《金融时报》《光明日报》《大众日报》等均载文宣传。

1989年5月，在武汉召开的中国科协首届“金牛奖”表彰大会上，济南市科技咨询服务中心和该中心副主任李广臣分别获先进集体二等奖和先进个人二等奖，济南市科技城市信用社获先进集体优秀奖。同年，市科协及所属团体共签订技术合同589项，金额为604.73万元，提供各类科技经济信息7500多条。市科技城市信用社为科技开发提供资金，年纯效益61.6万元。济南市通用自动化研究所UPS电源并发列入山东省火炬计划。市科技咨询服务中心承接济南化肥厂计算机自动控制系统开发、新型钢材研制项目以及水泥厂、涤纶工程、热电站等环境评价咨询。济南市信息服务公司与有关单位在北京中国科技情报大楼展厅举办“全国新产品展示信息发布会”。济南粘接协会在济南汽车制造总厂车桥厂配合下，将研制的厌氧胶应用于密封，解决漏油问题。济南药学会和济南日用化工厂联合研制的硝苯啶软膏通过技术鉴定。

1990年，市科协咨询机构及所属实体共签订各类技术合同244项、合同额249万元、无偿技术服务172项；在中国科协开展的扶持1万个乡镇企业活动中，支援54个乡镇企业项目。58个厂矿科协全年进行咨询服务268项，创经济效益92.7万元。济南气动元件厂科协全年承接23个对外技术服务项目，合同额80多万元。济南第二机床厂科协发挥大厂优势，与7个厂家签订帮带合同，完成较大咨询项目11项、小项技术咨询74项。各县区科协、学会大力开展科技咨询，帮助区街、乡镇企业调整产品结构，上新创新，7个县区学会为13家中小企业咨询服务，年增产值1400万元，增加利税270万元，年出口创汇80万美元。历下区工程师协会在调查分析和论证的基础上，提出全区产品结构调整意见，被区政府采纳，可为历下区工业增加产值1.47亿元，增加利税3200万元。年内市科协系统有21个单位被山东省科协评为决策咨询先进集体；5个单位被评为省科协科技咨询工作先进集体，5人获科技咨询工作先进个人。

1991年，各级科协、学会开展科技咨询与技术服务。市科技咨询服务中心进一步加强对市科协系统科技咨询工作的统一管理，全年共办理技术协作合同271项。科技开发实体进一步发展，市科技馆技术开发部研制成功JN91多功能防盗报警器，并在市农行系统安装使用。通用自动化技术研究所的UPS电源、华通1600计算机病毒防护卡及2000桌面印刷系统列入山东省火炬十划。微电脑咨询服务中心与有关单位联合为亚运会研制的游泳馆信息交换系统和棒垒球场电子显示屏经实际运转正式验收，达到国际先进水平。济南长白山药化有限公司开发生产的生化药物产品出口创汇35万美元。信息快报技术信息研究所开发的成果，有6项批准为国家专利，其中4项分获北京国际博览会金、银奖，纽约第十四届世界发明展览会国际成就奖，省科技发明奖。济南市科技咨询服务中心和该中心副主任张经科分别获中国科协第二届“金牛奖”先进集体一等奖和先进个人二等奖。

1992年，济南市科技咨询服务中心完成咨询合同290项、合同额330万元。市级学会、厂矿科协洽谈咨询项目2342项，完成1671项，取得经济效益516.3万元。市机械工程学会推广树脂砂造型现代无损检测设备等新技术、新工艺，受到企业欢迎。热管技术协会与中原油田联合开发热管节能暖气片，通过技术鉴定。造纸学会组织会员对3家县属造纸厂进行技术咨询服务，推广新型工艺。水利学会进行3个节水型灌溉工程的推广应用工作，创经济效益4561万元。退休工程师协会承接技术合同55项，完成49项，年总收入16.2万元。济南裕兴化工总厂科协全年完成咨询服务项目31项，帮助章丘市曹范乡新上一套年产量2万吨的氢氧化钙生产装置，总收入10万元。济阳县科协为济阳特种铸件厂引进汽车节油器和箱板助力器2个项目，年利润10余万元。年内市科协新办经济实体16个，科协所属经济实体23个。在市级学会中，营养卫生学会创办营养食品研究所，与历城区洪家楼镇联合开发多种微量元素营养食品；医药学会开设名老中医门诊部、医药器材服务部；烹饪协会创办的烹饪学校，培训厨师300多人。全市县、乡科协创办的科普服务实体50多个，年创收30多万元。

1994年，全年共组织实施金桥工程重点项目75项，经济效益1.53亿元，其中7项列入省科协计划、1项列入中国科协计划，被山东省科协评为优秀组织奖1个、项目奖5个。济南钢铁总厂科协聘请北京科技大学教授，为该厂750初轧机力能参数测试，优化轧制工艺，年效益200万元。山东黄台火力发电厂科协为石横电厂等单位提供磨煤机磨辊耐磨堆焊技术，经济效益60万元，社会效益480万元，并为国家节省大量外汇。济南热管技术协会为配件厂研制的高效节能热管茶炉，成本低，热效率高，节能显著，年效益80万元。机床一厂科协为有关厂家开发专用数控机床、切胶机均达到较高水平，项目本身效益200万元。部分厂矿科协与学会合作进行技术攻关，开发新产品。五三研究所科协与厂科协签订技术协议4项，向机床二厂提供不粘砂涂料，解决铸件表面粘砂问题并提高工效；向机车工厂提供橡胶与金属黏合的新型胶粘剂及挂胶工艺，使内燃机车关键部件使用寿命延长数倍。柴油机厂科协为海军开发190舰用柴油发电机组，对解决使用可靠性、提高部队战斗力有重要作用。市科技咨询中心与中小企业签订各类技术合同47项，合同额338万元。济南机车工厂科协实行“内引”“外联”双桥工程，即把厂外科技力量、科技成果引进转化进入市场的“内引桥”和把厂内科技力量、科技成果输出去转化进入市场的“外联桥”。全年金桥工程立项近百项，合同总额200余万元，社会效益2000多万元。市中区科协组织专家咨询委员会为区街经济发展献计献策，牵线搭桥，共完成项目10个。重点推广的“冷轧带肋钢筋”是高效节能新型材料和国家“八五”重点推广项目，申报省科委攻关立项，年产量5000吨，产值2200万元，利润200万元；为红旗开关厂引进真空包装机，项目产值360万元，利税100万元。

1995年，市科协把实施“金桥工程”与开展“讲理想、比贡献”竞赛活动相结合，促进两项活动的开展。全年组织“金桥工程”市级重点项目100项，经济效益2.23亿元，有11项列入省科协计划，4项申报中国科协计划。济南钢铁总厂科协实施金桥工程项目20项，其中“大型板坯连铸机自控系统”“4#板坯连铸机水处理工程”“平熄焦节能示范工程”3个项目列入省科协计划，节约外汇1250万美元，年增效益5000万元。济南五三所科协为该所军工技术转为民用拓宽路子，为机车工厂弹性联轴节关键部件的粘接提供产品和技术，使橡胶金属粘接性能达到国内先进水平。县(市)区科协通过专家委员会、科技军师与大专院校、科研院所建立联系，引进项目，牵线搭桥。市中区科协聘请省化工厅专家帮助区街企业开发精细化工产品，聘请中国重汽公司专家在区内布点设厂发展汽车工业产品。在章丘市科协帮助下，普集镇棉种基地、相公庄镇的优质小水果苗木基地，枣园、绣惠、龙山、党家镇和宁家埠乡的良种繁育基地都初具规模。引进玉米、脱毒地瓜、冬枣、银杏、蝎种、天麻等新品种、新技术，进行大规模推广。其中200公顷棉薯套种项目通过省级鉴定，该项目运用的一膜两用技术和土豆块浸药防腐技术，经专家评定达到省内先进水平。济南市科技咨询中心全年完成金桥工程项目22项，实现经济效益520万元。

1996年，市科协提出实施“双百、双十、双促、一达标”的“金桥工程”总目标，即抓好100项市级重点“金桥项目”，提供100条“金桥信息”；抓好30个大型企业科协的“讲理想、比贡献”竞赛活动与实施“金桥工程”有机结合，建立20个科普示范基地；促进企业科技进步，促进“两高一优”农业发展；实现经济效益2亿元目标。年内实际立项118项，完成107项，实现经济效益2.3亿元，其中有8个项目列入省科协金桥计划。济南钢铁总厂科协的“大型板坯连铸机自控系统开发研究”、济南试验机厂科协的“ZEW-005型微机控制液转向机性能试验台”、济南重汽集团科协的“重汽—莱州汽车空气干燥器”和济阳县科协的“大棚菜和林果技术推广项目”，成效显著，申报省科协“金桥工程”优秀项目奖。市科技咨询中心全年共签订各类技术咨询合同46项。济南环境科学学会为济南机车车辆厂污水治理工程方案、黄海水泥有限公司立窑湿法除尘器方案开展科技咨询论证，为环境治理提供技术服务。市中区科协发挥专家咨询委员会的作用，为全区经济、科技、社会发展提出40条建议，加速科技成果转化。

1997年，市科协重点抓100个市级重点项目，申报4项省级重点项目。济南一机床集团有限公司科协设立“金桥工程”奖，对做出成绩的科技人员进行奖励。市科协、济南机车车辆厂科协获省“金桥工程”优秀组织单位奖；2人获优秀组织者奖；中国重汽集团科协的“重汽—莱州汽车空气干燥器”、济南试验机厂科协的“ZEW-005型微机控制液压转向机性能试验台”、济阳县科协的“大棚菜和林果技术服务、决策咨询”、济南钢铁集团总公司科协的“大型板坯连铸机自控系统开发研究”获优秀项目奖。

1998年，全年重点抓100项“金桥工程”项目实施，申报省科协金桥项目8项。济南钢铁总厂的“高炉炼铁优化专家系统”和济阳县科协的“三聚氰胺生产线”列入中国科协金桥项目。学会、企事业科协发挥自身优势，开展科技咨询与技术服务，签订咨询项目80余项。林学会搭桥组织济南果树站与省科委技术攻关项目“红玉杏、红荷包杏优质丰产综合技术研究”，实现产值8500万元；县(市)区科协申报的万头猪示范、西瓜推广、土地康复工程等对农业科技成果转化起到推动作用。

1999年，签订科技咨询合同42个，合同金额大幅度增长。全年实施金桥工程项目102项，其中节能环保项目16项，农业、林业、扶贫类项目11项，软科学项目7项，高科技项目5项，可年增利税1.73亿元，年创(节)汇1130万美元。其中上报省科协重点项目10项，上报中国科协重点项目2项。机床一厂的泰国华光公司定购4种数控机床设计交钥匙工程、天桥区园林花卉开发中心的银杏丰产田沿黄引种实验均具有较高经济和社会效益。化纤总公司的新型阻燃剂及阻燃涤纶织物的开发研究，历城区蔬菜学会、历城区科协的日光温室蔬菜、鲜果综合栽培技术研究与开发获中国科协优秀项目鼓励奖。

2000年，全年实施“金桥工程”重点项目106项，实现经济效益6000多万元，节支1560万元。建立济南市科协金桥信息网站，加强科协系统的信息交流。开展以四技服务为内容的科技中介服务，不断拓宽业务范围，增强自身实力，全年完成科技咨询合同60项。市科协被评为省金桥工程优秀组织单位，市科协咨询服务中心被评为省科技咨询工作先进集体。济阳县科协、曲堤镇科协的三聚氢胺项目，济南化纤总公司科协的新型共聚阻燃剂及阻燃涤纶物开发获省优秀项目二等奖；一机床公司科协的泰国华光公司数控机床设计交钥匙工程获省优秀项目三等奖。市科协召开全市科技咨询暨“金桥工程”总结表彰大会，对科技咨询5个先进集体、6名先进个人，金桥工程的18个项目、9个优秀组织单位、19名优秀组织者进行表彰。

2001年，全年实施“金桥工程”项目106项，增加效益2410万元，节支170万元。列入省科协重点项目9项，中国重型汽车集团有限公司科协的“陶瓷摩擦片离合器从动盘试制”、济南试金集团有限公司的“MLW-1500型微机控制电液伺服卧式拉伸试验机”、济南电机工程学会的“三维模型智能化变电站仿真技术”3个项目列为中国科协重点项目。

2002年，全年完成“金桥工程”102项，上报省科协立项16项，其中重汽公司的“陶瓷摩擦片离合器从动盘试制”、试金集团的“MLW-1500型微机控制电液伺服卧式拉伸试验机”、电机学会的“三维模型智能化变电站仿真技术”3个项目在中国科协立项；裕兴化工总厂为山东正元纳米材料工程公司开发的纳米钛白粉是新兴的高科技含量的重要产品，年增利税120万元。各县(市)区科协做好牵线搭桥工作，组织实施“金桥工程”项目24项，加快科技成果转化进程。以“四技”服务为主要内容的科技咨询工作继续巩固发展，全年完成“四技”合同80项，完成合同额764万元，上缴税金41万元，实现利润22万元。

2003年，全市科协系统共完成“金桥工程”项目102项，上报省科协16项。济南锅炉集团有限公司与中国科学院热工物理研究所的“240T/H高温高压循环流化床锅炉”项目，年销售收入1.8亿元，利税1100万元。以“四技”服务为主要内容的科技咨询服务实现新发展，全年完成“四技”合同86项，合同金额510万元。在第十三届中国厨师节和第四届中国美食节及国际美食展竞赛活动中，由济南烹饪协会和饮食业协会组团参加的济南代表队获6项金奖，济南烹饪协会获中国餐饮业特别贡献社团称号。市医学会承接政府职能转移项目，开展医疗事故鉴定，全年接受委托52起，成功鉴定39起。市林学会协助各级政府和挂靠单位，围绕省市重点建设工程，搞好技术服务、科技推广和技术督导管理。

2004年，全年共完成“金桥工程”申报项目103项，上报项目科技含量增加。电机工程学会与大专院校签订的金桥工程合作协议“变压器故障诊断技术研究”“调度员培训智能化防误操作”“基于最小信息库的电网数据综合应用系统开发”项目，论据明确、充足，技术先进。林学会引进和推广加强应用生物防治病虫害、容器苗造林、“套袋”、嫁接改良等10多项新技术；开设完善“绿色服务快线”，及时为广大林农、果农解疑释惑、排忧解难。电机工程学会针对城网改造工程，组织新技术新工艺制作、检修、运行产品介绍会3次，参会人数150人，为新技术的推广应用提供良好的环境。机车车辆厂科协组织科协会员承办电炉线路改造、数控切割机回流排设备安装、拖料架制作3项工程，并投入使用。医学会对医疗事故技术鉴定专家库的专家进行调整充实，制定和修改《济南医学会医疗事故鉴定工作规范》《济南医学会医疗事故技术鉴定会纪律》等11项工作制度和规章。济南烹饪协会承办第二届山东名小吃认定活动，共认定合格品种262个；协会被省贸易办授予“特殊贡献奖”。

2005年，全年共完成“金桥工程”申报项目102项，向中国科协上报先进单位5个、先进个人6人。试金集团与清华大学等高校合作开发“MMZ-180摩擦磨损试验机”与“动静万能试验机”；锅炉集团与中国轻工业上海设计院合作开发环保装备造纸黑液处理碱回收装备等；电机工程学会的“电气化铁路对山东电网的影响分析与对策研究”“供电可靠性评估技术应用与研究”技术论据充分。机械工程学会配合全市制造业信息化工程建设，组建信息化建设与技术咨询专家队伍，为7家企业建立信息管理系统；济南计量测试学会为2家企业提供咨询服务，使企业顺利通过省质量技术监督局“C”标志考核；济南化学化工学会对2家企业提供化工安全事故咨询和专业技术服务；家禽业协会组织科技人员到全省11个市举办家禽业饲养和禽病防治技术讲座20多场，技术培训100余次，接受培训人数近2万人，对防止禽流感流行起了重要作用。

2006年，开展技术咨询和服务100多项(次)，获得效益近百万元。纺织工程学会帮助济阳印染厂和聚利化纤有限公司解决生产技术问题。一机床集团公司科协开展科技咨询3项，创收45万元。完成“金桥工程”申报项目20项，其中机械工程学会完成8项，取得经济效益6500万元。

2007年，参与全市经济建设，开展科技咨询服务100多项(次)，实施金桥工程34项，合同额800多万元；化学化工学会促成两项科技成果转化项目，合同总额90多万元；机械工程学会为企业、高校、政府牵线搭桥，推动建立3家产学研基地；老科协开展建言献策活动，11篇论文入选省老科协建言献策论文选集；二机床科协开展“小改小革、技术诀窍、合理化建议”征集交流活动，共征集建议655项。图书馆学会、亚健康防控协会、计算机学会、气象学会、水利学会、营养卫生学会、风景园林学会开展各种科技服务、科技下乡、科普制作活动，学会服务经济社会的能力得到提高；公路学会成立咨询公司，开展项目招标代理、技术咨询等，完成招投标项目28项；烹饪协会开展全市烹饪大师认定工作，被中国烹饪协会授予“全国餐饮业先进社团”称号；纺织工程学会举办全国十三城市纺织工程学会工作研讨会。

2008年，开展科技咨询服务，完成金桥工程43项，上报省级项目14项，企业年新增利税9181万元，节约外汇200万美元。

2009年，组织“金桥工程”项目59项，新增社会产值约28亿元，新增利税约1.6亿元。

第六章　学术交流与评优

第一节　交流活动

1988年，全市各级科技群众团体围绕经济建设中的科研课题，共组织各种类型的学术活动318次，参加活动会员23万人次。年初，中医学会为振兴中医事业提出《振兴济南中医建议书》。年内，市科协先后接待联合国发展中心、美国、瑞士电脑专家和捷克节水考察团，并开展学术交流活动。

1989年，市科协及所属团体共组织45次中外学术交流活动，组织人员赴奥地利、联邦德国考察建筑科学技术，派员参加中国科协组团赴苏联考察城市集中供热，并选送赴日进修人员等。市科协积极开展国际学术科技交流，全市有1614人次参加26次国际学术会或讲座。市科协还与中国科协所属“中国对外应用技术交流促进会”建立联系，作为单列城市直接参加该会组织的向日本派出研修生工作，1991年济南有6人被录取为赴日进修生，此后不定期派出不同数量的研修生赴日学习。

1992年，济南市各级科协、学会、厂矿科协围绕全市经济、科技和社会发展的重大问题，开展学术交流和决策论证活动。市级学会、厂矿科协举办各种学术交流会、研讨会、论证会1384次，参加活动的科技人员6.2万人次，交流学术论文4000多篇，发表论文2630篇。县区科协及学会召开各种研讨会、攻关会、技术洽谈会320次，交流学术论文2100多篇。学术与经济技术发展相结合的选题越来越多，特别是选择城市发展中的突出问题，组织多学科专家研讨论证，为党和政府科学决策提出建议，受到领导和有关部门重视。年初组织大环境绿化问题综合论证，11月，举行“济南市旧城改造学术研讨会”，综合专家们的观点提出9条建议，上报市政府及有关部门，受到好评。市标准化协会先后举办3次全国性标准化学术研讨会，全国18个省市150多名代表参加会议，并出版《源流标准化管理与实践》一书。1994年，为科学地绘制济南跨世纪城市发展蓝图，实现市委、市政府制定的把济南建设成现代化国际城市的宏伟目标，市科协组织济南土木建筑、环境科学、城建档案学会、城市科学研究会召开“跨世纪济南城市发展战略学术研讨会”。年内，各级科协、学会、厂矿科协接待美、英、日、德、韩等15个国家和地区外宾350余人次，并积极组织科技人员外出考察，引进人才、技术、项目、设备，为招商引资牵线搭桥。市科协与市委组织部、外经贸委等联合组团赴美进行ISO 9000论证考察与洽谈；举办日语强化培训，扩大对外派遣研修生，有10人赴日进修学习，已学成回国的20名研修生，对引进国外技术、开展对外科技交流和对外发展经贸发挥作用。11月4～5日，市科协组织济南土木建筑、环境科学、城建档案学会、城市科学研究会及有关专家、学者召开“跨世纪济南市城市发展战略学术研讨会”。会议收到论文33篇，出席会议的专家、学者及工程技术人员54人。中国城市经济研究会理事、山东大学教授孙文广作关于“中国城市现代化、城市经济效益与发展战略”报告，会议围绕20世纪末至21世纪中叶济南城市规划建设和经济发展战略提出12条建议。

1996年，市科协与济南开发区管委会、市科委、市委政策研究室、市政府信息调研室等联合举办济南市高新技术产业发展战略研讨会，发表论文30篇，组织管理科学研究会、环保学会、城建档案学会及部分专家、学者承担“济南市跨世纪人才战略及对策”软课题研究并通过鉴定，并上报市委、市政府及有关部门；根据学科特点，围绕全市经济发展重点，选择百万亩农田节水灌溉技术、电网谐波防治等10项重点学术活动，取得较好成果。

1998年7月，全国人大常委会副委员长、中国科协主席周光召院士应邀到济作《可持续发展和第三步战略目标》科技报告，并考察轻骑铃木摩托车有限公司。9月，分别邀请中国科学院院士、南开大学原校长母国光教授和中国科学院院士、山东大学原副校长蒋民华教授作《现代信息技术与信息高速公路》和《关于知识经济》报告，市直各部门领导干部出席报告会。

1999年，各级科协组织抓住面向21世纪的主题，围绕全市经济建设、社会发展和科技进步的重点、难点问题，开展有影响力、有显示度和较高层次的学术交流。全年共举办各种学术报告会、研讨会、论证会560余次，交流和发表学术论文2100余篇，参加学术交流的科技人员3.6万余人次。

2000年，市科协与山东大学管理学院、高新技术开发区共同承担的“济南市风险投资机制研究”课题，通过市科委鉴定，达到国内同类研究先进水平。课题组提出的有关内容已被采纳，市政府决定从2001年开始连续5年每年从财政拿出1亿元，并吸纳社会资金10亿元，建立济南市风险投资公司；抓好全市10项重点学术活动，即数学会的“学生减负数学教育创新研讨会”，计算机教学研究会的“计算机教育创新研讨会”，土木建筑学会的“建筑节能与智能化研讨会”，环境科学学会的“济南市全面实施蓝天工程研讨会”，电机工程学会的“济南市中低压电网无功优化研讨会”，医学会、护理学会的“医疗差错事故防范对策研讨会”，计算机学会的“企业信息化建设研讨会”，化学化工学会的“济南市精细化工发展战略研讨会”，纺织工程学会的“入世后济南纺织业面临的问题与对策研讨会”，林学会的“济南市林业可持续发展研讨会”。市科协对以上课题给予资金支持，对有价值的研究成果，及时编报专家建议，提供市委、市政府和有关部门决策参考。

2002年，市科协先后举办济南市保泉供水科学论坛、济南市第三届青年科学家论坛、济南市建设生态城市研讨会、企业应对入世与技术创新研讨会、生物技术工程与齐鲁产业创新论坛，济南市学者/博士沙龙等。市科协制定《济南市重点学术活动管理办法》，从市属学会申报研究课题中筛选10项重点学术活动予以资助，老科技工作者协会积极组织咨询团先后提出城建管理、环保、城市交通、生态城市等8条建议。2003年，先后举办“加快企业科技创新，发挥人才优势，促进产学研结合，促进科技成果转化”座谈会、“济南市大学与城市互动发展对策研讨会”；邀请美国威尔汽车有限公司总裁张育华博士、伍德沃德公司和海茵茨曼公司专家到济南柴油机股份有限公司开展技术交流，促进济柴公司发动机电控、电喷技术的改进。

2006年3月30日，市科协举办“增强自主创新能力，建设创新型城市”高层论坛。邀请中国科技促进发展研究中心研究员、博士生导师柳卸林，清华大学技术创新研究中心研究员、美国麻省理工学院斯隆管理学院管理学博士高旭东以“实施自主创新战略，建设创新型国家”和“发展自主核心技术的战略意义与方法”为题，围绕“增强自主创新能力、建设创新型国家”作高层次、前瞻性学术报告；11月18日，举办“首届海外智力为济南服务论坛”。美国硅谷的中国留学人员回国创业协会副会长黄宝华和生物学博士毕万里分别以“软件自主知识产权的开发”和“从生物技术产业看中国企业的自主创新”为题，围绕“如何增强企业自主创新能力”进行演讲。与有关单位联合举办“第二期华侨华人专业人士回国创业研习班”，共签订11项合作意向书。通过申报征集、评估审查、论文评定等程序，确定2006年国际互联网发展论坛、计算机与课程深层次整合教学研讨会等16项活动为2006年重点学术活动。这些活动层次较高、影响较大，为科技工作者相互学习交流、展示自身价值搭建了平台。在重点学术活动带动下，市级学会和企事业科协组织开展内容丰富、形式多样的学术、技术交流活动。全年共举办各种学术报告会、研讨会200余次，参加科技人员近2万人次，交流论文1500多篇，汇集专家学者和科技人员建议近1800余条。

2008年，开展以“建言献策、自主创新”为主题的学术交流活动。举办“迎全运提升城市建设管理水平”研讨会，邀请北京大学教授李国平作报告；驻济高校、科研机构、企事业单位的专家、学者围绕济南城市建设管理建言献策，提交论文77篇，并向市委、市政府提交《科技工作者关于城市建设管理建议》，向市委报送包括专家建言献策在内的信息23条，采用12条。重点抓好层次较高、影响大的活动：“纺织空调除尘节能技术交流会”“2008(济南)互联网高峰论坛”“危化品安全管理学术报告会”“手持式网络学习系统在学科教学中的应用研究全国专题研讨会”等18项重点学术活动。市级学会和基层科协开展内容丰富、形式多样的学术、技术交流。全年共举办各种学术报告会、研讨会200余场次，参加科技人员近2万人次，交流论文1500多篇。实施“飞翔计划”，资助4位科技人员参加心理、教育、环保、医学方面的国际学术交流，市计算机教学研究会秘书长王济民在亚洲教育改革论坛东京高峰会上发言，并获得21世纪亚洲教育改革创新奖。

2010年，市科协举办“第七届济南市青年科学家论坛、科技大视野低碳经济学术报告会”、济南市水利“十二五”专项规划论证会、气象“十二五”专项规划论证会、环境保护“十二五”规划专家论证会、“低碳与纺织品设计”“21世纪试验技术与试验机研讨会”“风电装备发展与未来”“心理健康进社区”等重点学术活动21项。实施飞翔计划，资助济南医学会会员陈昀参加第五十二届美国血液学会年会。广泛开展国际交流，举办“中日水环境技术研讨会”，邀请2名日本水环境问题专家到济交流，对济南市加强水环境保护提出对策建议。同年，组团参加世界科技城市联盟大会。

第二节 学术年会

1998年8月20日，市科协、市委组织部、市人事局联合举办首届济南市青年学术年会暨中国科协第三届青年学术年会卫星会议。年会收到论文260篇，内容涉及环境科学、生产科学、城市科学、新材料、工程技术、管理科学等学科和领域，经专家评选，共有100篇论文获奖。年会将首届论文编印成《泉城青年学术精粹》。同年10月16～20日，承办全国省会城市科协学会工作协作网第三次年会。杭州、乌鲁木齐、兰州、太原、贵阳、广州、沈阳、郑州、福州、海口、南京、济南12个省会城市科协代表和青岛、临沂、菏泽、莱芜等城市科协特邀代表共32人参加本次年会。

2001年11月20日，中国科协第四届青年学术年会卫星会议暨济南市第二届青年学术年会召开。会议主题为“科技振兴泉城，青年开创未来”。交流内容涉及环境科学、生命科学、城市科学、新材料、工程技术、管理科学、教育科学等学科和领域。会前开展广泛的论文征集活动，共选送论文200余篇。其中11篇获一等奖，36篇获二等奖，53篇获三等奖，有6篇论文选报中国科协青年学术年会，获奖论文编辑成《泉城青年学术精粹》。

自2003年，济南市开始举办学术年会，每

2年一届。2003年10月21～23日，举行主题为“21世纪的济南——科技创新与城市竞争力”学术年会。中科院院士蒋民华，工程院院士孙铁珩、王文兴、张运，中国科协、省科协领导及600余名科技工作者出席年会开幕式。孙铁珩、张运分别作题为《生态城市与循环经济》《动脉粥样硬化的研究新进展》专题报告。年会设1个主会场、21个分会场，收到学术论文1277篇，3000多名专家和科技工作者参加。13个市级学会、5个大型国有企业科协和3个县(市)区科协在分会场举办学术交流活动。

2005年6月22～24日，举办以“发展循环经济、建设节约型社会”为主题学术年会，中国工程院院士金涌、济钢集团总公司研究员温燕明分别在开幕式作专题报告。年会设1个主会场、20个分会场，参会的科技工作者3200名。与会人员围绕落实科学发展观、发展循环经济、建设生态城市、走新型工业化道路、建设资源节约型、环境友好型社会和发展现代农业等课题，从理论和实践的角度进行了深入探讨。

2007年6月26日，举办主题为“节能环保、和谐发展”的学术年会。国家发改委能源研究所能源效率中心主任、研究员郁聪和北京大学经济学院教授薛旭分别作《中国节能形势、挑战与对策》《中国特色导向的品牌战略》报告。市级学会、协会、研究会和企事业科协、县(市)区科协组织25个分会场，针对学科专业或相近专业热点问题，围绕节能降耗减排、保护生态环境、新农村建设、构建和谐社会等课题进行研讨。年会期间共有5位国外专家、30多位国内知名专家作报告，累计报告时间超过50小时，3000多位科研、生产、教学一线的科技工作者聆听了报告。收到年会征文700多篇，编辑出版论文集近10种。

2009年，举办以“科学发展与和谐全运”为主题济南市第四届学术年会，设1个主会场，23个分会场，奥运气象保障组、中国社科院等单位的35位专家围绕应对经济危机、全运场馆建设、气象环境保障、兴奋剂药品管理等课题开展研讨，1万余名科技工作者参会交流科研成果。

2003年10月21日，主题为“21世纪的济南——科技创新与城市竞争力”的济南市第一届学术年会成功举办

(张春健摄)

第二节 科技奖和优秀学术论文评选

首次评选济南市优秀科技工作者活动于1988年2月在全市展开。各级科协、学会、协会、研究会采取上下结合的方法，推荐候选名单。

1989年1月，经市科协三届五次全委会讨论，277名来自全市各行各业的科技人员被评为济南市优秀科技工作者。4月26日召开表彰大会，向首批济南市优秀科技工作者颁发荣誉证书。1989年，各级科协和学会发表论文1754篇，其中被评为市级以上优秀论文426篇；学术成果转化为生产力的48项。在山东省第二届自然科学优秀学术成果评选中，济南市有37篇优秀论文获二等奖，156篇获三等奖。年内，市科协及所属团体共组织45次中外学术交流活动。

1990年，市科协对1987～1988年度科协系统学术论文进行评选，评出一等10篇，二等118篇，三等215篇，并向优秀论文作者颁发证书。1993年，评选出1991～1992年度优秀学术论文381篇，其中一等20篇，二等138篇，三等223篇。

1996年，市委组织部、市人事局、市科协决定设立济南市青年科技奖，每两年评选一次，主要对象为全市在科学技术工作和活动中涌现出来的年龄35周岁以下的优秀青年科技工作者。10月，市委组织部、市人事局、市科协联合发文，决定授予张德舜等60人首届济南市青年科技奖，优秀学术论文357篇。至2002年，有162人获此荣誉，其中22人被评为市级拔尖人才，23人被评为首届青年学术带头人。本次获奖的42人，具硕士、博士学位的8人，高级专业技术职务的20人。

1997年，市科协与市委组织部、市人事局联合组织第二届济南市青年科技奖、第六届济南市优秀学术论文评选，评出青年科技奖40项。收到论文592篇，评出一等论文10篇、二等169篇、三等370篇。与市人事局联合表彰科协系统先进集体40个，先进个人100名。

2004年，市科协与市委组织部、市人事局联合表彰第四届济南市50名优秀科技工作者和第五届济南市62名青年科技奖获奖者，并联合开展第八届优秀学术成果评选，24个学会上报学术成果632篇，经专家评审，评出一等23篇、二等253篇、三等357篇。2005年，表彰第八届科学技术优秀学术成果，评选第六届青年科技奖。

2007年，市科协与市委组织部、市人事局联合开展第五届优秀科技工作者表彰，评出优秀科技工作者60 人，并联合开展第九届优秀学术成果评选，评出优秀学术成果293项。

2009年，联合市委组织部、市人事局组织第八届济南市青年科技奖评选活动，申报人数超过往届；组织第十届优秀学术成果评选，10项优秀学术成果被评为一等奖。

2010年，开展第六届优秀科技工作者评选工作，举荐优秀科技工作者。市供排水监测中心主任贾瑞宝被评为“全国优秀科技工作者”，济钢集团副总工程师孙卫华被评为第二届山东省十大杰出工程师，济南二机床高级工程师王伟被评为第二届山东省优秀工程师。同年，组织第八届青年科技奖评选工作，表彰青年科技奖70人。

第四节　海智计划

中国科协为贯彻落实人才强国战略，通过联系海外科技团体，吸引和组织海外科技工作者以多种方式为国服务，正式启动“海外智力为国服务行动计划”。

2007年，济南市科协推进“海外智力为国服务行动计划”，先后邀请7批14位海外专家到济，围绕国家信息通信国际创新园发展、和谐社会建设和现代科技发展等前沿问题，举办4场论坛和报告会并进行考察交流与洽谈活动。派出5批13人分别赴俄罗斯、日本、以色列、美国考察或培训。

2008年，“海智计划”邀请7位海外专家到济南交流，分别促成日本德岛大学与国家信息通信国际创新园(CIIIC)、中国台湾创意产业与动漫产业基地达成合作意向。

2009年，实施“海外智力为济南服务计划”，促成日本高知工科大学信息系统工学系与山东大学计算机学院开展校际交流合作。

2010年，市科协组团赴日本东京、大阪和韩国首尔举办引才推介会，设立“济南海外(大阪)人才联络处”，与中国驻日、韩使领馆和7个社会团体建立了协作关系。建立高层次人才库，已入库登记82人。协调组织到济南考察对接、评审答辩、项目签约10批20人次，4名留日创业人员成为济南市第三批引进“百”层次人才和“泉城特聘专家”，1名留日创新人员落户山东大学医学院。

第七篇　气象服务与地震测报

第一章　气象服务

第一节　机　构

1993年7月，济南市气象局建立，为市政府和省气象局双重领导、以部门领导为主的局级事业单位；济南市人工降雨办公室挂靠济南市气象局。1994年5月19日，济南市气象局正式挂牌成立，实行市政府和省气象局双重领导、以部门领导为主的管理体制。1997年12月，建立济南市气象台，为隶属济南市气象局领导的全额预算管理的县级事业单位。2001年9月，市气象局设办公室、业务管理处、组织人事处、科技产业管理处、市政府人工影响天气办公室共5个职能处室；有3个所属县级事业单位：济南气象科技服务中心、济南市气象局后勤服务中心、济南市气象台。2004年8月25日，保留济南市气象局，为市政府直属局级事业单位；12月，在市政府机构改革中保留济南市气象局，内设办公室、政策法规处、业务管理处、市政府人工影响天气办公室、组织人事处共5个职能处室。2005年10月1日，济南市气象局启动新的管理体制，实行省气象局与市政府双重领导，以省气象局领导为主的管理体制。2006年5月，市气象局内设办公室、业务科技处、人事教育处(监察审计室、精神文明办)、政策法规处共4个职能处室。至2010年年底，市气象局内设机构无变化；章丘市、济阳县、平阴县、长清区、商河县共5个县(市)区气象局属中国气象局建制。

第二节　气象探测预报

一、气象探测

济南市所辖气象台站进行的气象观测，包括气候观测、天气观测、航空天气观测、高空气象探测、农业气象观测、太阳辐射观测和气象卫星云图接收。每个台站根据中国气象局或山东省气象局的规定，承担一项或若干项探测业务。

(一)气候观测网。气候观测网是为连续定时观测大气变化、记录和积累气象资料，以供了解气候状况、研究和开发气候资源而建设，由省内国家气象台站和专业气象台站组成。山东省气象台是第一批与全省8个气象站、4个农场气候站同时开展进行气候观测的气象台。章丘市、长清区、商河县、平阴县、济阳县建成气候站后，也开展进行气候观测。

(二)地面天气观测网。地面天气观测，由中国气象局指定气象台站进行，并实时拍发天气报告、补充地面天气报、天气加密报、重要天气报等。济南国家气象基本站观测的气象资料参加国际间气象情报交换。至2010年年底，全市有地面气象观测站6个，其中2个国家基本气象站(章丘2009年升级)、4个国家一般气象站；区域自动气象站78个，其中2要素(气温、雨量)站15个、4要素(气温、雨量、风向、风速)

站45个、5要素(气温、湿度、雨量、风向、风速)站10个、6要素(气温、湿度、气压、雨量、风向、风速)站4个、7要素(气温、湿度、气压、雨量、风向、风速、紫外线)站4个。

(三) 高空气象探测网。省内高空气象探测站分为两种：利用雷达或经纬仪跟踪气球携带的无线电探空仪，来测定自由大气各高度上温度、湿度、气压、风向、风速等气象要素的称为探空站；利用经纬仪跟踪气球测定各高度风向风速的称为测风站(俗称小球测风站)，测风站是高空气象探测网的补充。探空站是国家高空气象探测网的骨干。省气象台(章丘探空站前身)成立之初即建立高空气象探测业务，1985年纳入国家高空气象探测网，承担高空气象探测任务。2008年8月1日，迁站至章丘市气象局。

(四) 农业气象观测网。农业气象观测站分为三级：一级是农业气象试验站，既是农业气象试验研究基地，又是国家农业气象观测网的骨干；二级是农业气象基本观测站，是全国和省级农业气象观测网的主体；三级是一般农业气象观测站，是根据省和市地的需要而设立的。

1985年，济阳气象站确定为国家农业气象基本观测站，章丘县、商河县、长清县、平阴县为一般农业气象观测站。2010年，章丘市、济阳县、商河县、长清区、平阴县5个台站安装运行自动土壤水分观测仪。

二、气象观测

(一) 地面气象观测。地面气象观测包括利用气象仪器测量近地面层的气象要素和用目力对云、能见度、天气现象等进行观测。地面气象观测的任务是观测、编发气象报告和编制气象记录报告。

观测规范。地面气象观测规范是气象台站进行地面气象观测工作的依据和准则，主要内容包括观测组织工、观测场地、观测方法、气象记录整理等。1986年起，执行中央气象局新《地面气象观测规范》。2004年起，执行国家气象局新《地面气象观测规范》(2003年版)。

观测场地。地面气象观测场地是取得气象资料的主要场所。为保证气象资料准确可靠和具有长期连续性、代表性，气象台站观测场地及其周围环境必须符合观测技术上要求，并保持长期稳定。各个时期的地面气象观测规范对观测场地的环境条件都有具体而严格的技术要求。1986年，执行《地面气象观测规范》(1980年版)，规定观测场地应为25米×25米；确因条件限制，可为16米(东西向)×20(南北向)米(高山、海岛站不受此限)。场地边缘与四周孤立障碍物距离，至少是该障碍物高度的3倍以上，距离成排障碍物至少是该障碍物高度的10倍以上。2009年，根据国家气象局《地面气象观测场值班室建设规范》，省气象局《山东省气象台站地面气象观测场值班室标准化建设规范》要求进行观测场改造。

观测环境保护。全市各站初建时，一般建在四周空旷、视野开阔、符合技术要求的城(镇)郊，随着城镇建设发展及其他原因，一些气象台站的观测环境遭到破坏，在当地政府和有关部门支持下进行迁移。2005年，在市政府、规划局支持下，全市气象部门探测环境保护5个台站在当地规划部门备案。2006年，市气象局及各县(市)区气象局先后作为当地城市建设项目审批单位，参与气象灾害防御管理、探测环境周边建设项目规划及建设项目图纸审批工作。2007～2008年，分别对章丘气象局南侧“济南市质量技术监督局食品检测中心”项目规划建设，济南国家基本气象站观测场东侧“银丰花园”建设项目，进行建设项目图纸审核，经审核符合《气象探测环境和设施保护办法》规定要求后开工建设。

观测时制。1986年，观测记录和自记记录均以20时为日界采用北京时。日照时数采用真太阳时，以日落为日界。日射观测，采用地方平均太阳时。

观测项目。器测项目有气压、气温、湿

度、风向、风速、降水、蒸发、日照、地温、冻土等。目测项目有能见度、云状、云量、云高、天气现象及地方性和指示性系统云等。

国家基本站(济南)观测项目有气压、气温、最高气温、最低气温、湿度、云状、云量、能见度、降水量、天气现象、蒸发量、雪深、雪压、风向、风速、地面温度、地面最高、最低温度、5厘米～20厘米地温(其中20厘米地温1955年7月16日至1963年3月部分时间停测)、冻土、电线积冰、日照时数、日射强度；1955年至1960年10月观测云向；1961～1984年观测实测云高；1955年2月至1979年观测积雪密度；1951年至1956年11月观测40厘米、80厘米、160厘米地温；1954年至1956年6月观测320厘米地温；1954～1960年观测地面状态；1951～1953年观测草面温度。

国家一般站根据建站时间不同(济阳1962年、平阴1960年、商河1959年、长清1963年、章丘1957年)观测项目有气压、气温、最高气温、最低气温、湿度、云状、云量、能见度(长清1999年开始观测)、降水量、天气现象、蒸发量、雪深、雪压、风向、风速、地面温度、地面最高、最低温度、5厘米～20厘米地温、冻土、日照时数。部分台站还在不同时期观测地面状态，40厘米、80厘米、160厘米、320厘米地温，积雪密度等。

观测仪器。1986年，使用EL型电接风向风速计观测风。1991年9月，使用EN型测风数据处理仪。2003年，使用(EL-15D)型风杯式遥测风向风速传感器。

地面天气报。地面天气报包括陆地测站地面天气报告、重要天气报告、加密气象观测报告、航空天气报、危险天气报、陆地测站地面气候月报、气象旬(月)报。天气报的内容有云、能见度、天气现象、气压、海平面气压、气温、风向风速、降水、雪深、地温等；补充报内容有云、能见度、天气现象、气压、气温、风向风速等。至2000年，地面天气报实行的版

济南市气象局建成首个省会城市高速公路交通气象监测站　(2009年摄)

本包括陆地测站地面天气报告：GD-01Ⅲ 国气候〔1991〕11号通知颁发；重要天气报告：GD-11Ⅱ 国气候〔1991〕11号通知颁发；加密气象观测报告：GD-05 国气候〔1998〕39号通知颁发；航空报：GD-21Ⅱ〔1977〕中气业字第090号函通知颁发；危险报：GD-22Ⅱ〔1977〕中气业字第090号函通知颁发；陆地测站地面气候月报：FM71-X CLIMAT 中气业发〔1994〕第007号函通知颁发；气象旬(月)报：HD-03 1991年7月11日改版开始执行；重要天气报内容有降水、瞬间大风、冰雹、龙卷、积雪、雨凇、雷暴、视程障碍现象(霾、浮尘、沙尘暴、雾)等。2008年6月1日，开始执行重要天气报告补充规定，增加雷暴、视程障碍现象发报项目。

1986年，执行每日2时、5时、8时、11时、14时、17时、20时、23时8次定时观测。2002年10月，安装CAWS600-B型自动气象站并试运行。2003年，开始以人工站为正式记录的地面

自动气象站与人工站并行观测。2005年起，单轨使用自动气象站开始气象资料采集。2007年1月，调整为国家气象观测站二级站，因观测资料参加全球交换，观测任务按一级站执行。2009年，重新调整为国家基本气象站。

章丘观测时次，1957年1月至2006年9月30日，每天有8时、14时、20时3次。2006年10月1日起，每天2时、5时、8时、11时、14时、17时、20时、23时8次，夜间守班。商河每天8时、14时、20时三次观测，夜间不守班。济阳为国家一般气象站，白天守班，每日8时、14时、20时三次观测；2007年1月1日，根据鲁气办发〔2006〕257号文，调整为国家气象观测站一级站，24小时守班，每日2时、5时、8时、11时、14时、17时、20时、23时8次观测。长清每天8时、14时、20时三次观测。平阴每天8时、14时、20时3次观测，夜间不守班。

2003年，章丘、商河、济阳、长清、平阴国家一般气象站筹建自动气象站，9月安装CAWS600-B型自动气象站并试运行。2004年，开始自动站与人工站两年的平行观测，进行以人工站为正式记录的地面自动气象站与人工站并行观测。2005年，进行以自动站为正式记录的地面自动气象站与人工站并行观测。2006年起，单轨使用自动气象站开始气象资料的采集。2009年，章丘正式调整为国家基本气象站。

太阳辐射观测。太阳辐射观测又称日射观测，太阳辐射观测站分为甲乙两种。济南为甲种国家二级观测站，进行太阳直接辐射、散射辐射和反射辐射观测，进行总辐射和反射率计算。观测仪器为直接辐射表(DFY1型)、天空辐射表(DFY2型)和电流表(JCA-1型)。白天(5时30分～18时30分)每小时观测一次，在6时30分、9时30分、12时30分、15时30分和18时30分还增加气温、气压、水汽压、云量、云状和风向风速的观测。观测时次，随季节变化略有不同，夏季观测时次最多为14次(5时30分～18时30分)、冬季观测时次最少为8次(8时30分～15时30分)。1992年，使用遥测辐射仪，每天进行总辐射(日出至日落)和24小时净辐射观测，每月制作月报表并上传，定期进行仪器维护。2004年始，日射观测并入CAWS600-B型自动气象站运行；太阳辐射观测依据国家气象局颁发下列规定执行：《日射观测方法》(1958年9月)、《日射观测技术问题综合解答第一号》《日射热量平衡观测技术问题解答第二号》(1957年8月)、《日射观测技术汇编》(1980年1月)、《日射观测技术问题解答第二号》(1982年9月)、《日射观测方法(1982年9月修订本)》。2004年，执行中国气象局地面气象观测规范(2003年版)。

紫外线观测。2003年始，济南国家基本气象站自使用全天候紫外辐照计进行紫外线观测，每天按时巡视观测场仪器，按时开机，按时上传紫外线资料。定时对仪器进行维护。

酸雨观测。2003年始，济南国家基本气象站进行酸雨观测，每天按时上传酸雨资料。按要求进行样本采样，测量；按规定要求配制标准液，定时对仪器进行维护，备份日数据按时编制月报表并上传。2005年9月，开始使用酸雨观测业务软件，每年参加中国气象局的酸雨样品考核，日观测和月数据资料通过网络传输。观测规范执行中国气象局2005年《酸雨观测业务规范》。

其他观测。2003年3月10日起，济南国家基本气象站开展沙尘暴数据上传试验。

地面报表编制。建站后编制报表种类有：气表-1，气表-2，气表-3，气表-4，气表-5，气表-6，气表-7，气表-8，气表-21，气表-22，气表-23，气表-24，气表-25。至2010年，经合并以后保留报表种类：气表-1，气表-21。

1986年1月起，济南国家基本气象站使用PC-1500计算器编报。1987年7月，采用PC-1500计算器录制地面气象月报表数据，并上报数据磁带，由山东省气象局资料室编制地面气象月报表。1988年4月起，国家一般气象站陆续采用PC-1500计算器编报及录制地面气象记录月报表数据，并上报数据磁带，由山东省气象局资料室编制地面气象月报表。1998年8月，济南国家基本气象站装备台式微机(联想P型586)替代PC-1500计算器，国家一般气象站陆续配备台式微机，投入业务使用，观测数据处理和月报表编制基本实现微机自动化。各台站先后编制过的气象记录报表有：基本气象记录观测记录月报表(气表-1)、温度自记记录月报表(气表-2T)、湿度自记记录月报表(气表-2U)、地温记录月报表(气表-3)、温度自记记录年报表(气表-22T)、湿度自记记录年报表(气表-22U)、气压自记记录年报表(气表-22P)、日照日射记录月报表(气表-24)、降水量自记记录年报表(气表-25)、风向风速自记记录月报表(气表-6)、冻土记录月报表(气表-7)、电线积冰记录月报表(气表-8)、地面气象记录月简表和气象记录年总表、基本气象观测记录年报表(气表-21)、地温记录年报表(气表-23)、地面气象记录年简表等。

2000年1月至2004年12月，上报国家基本气象站地面气象记录月报表数据文件(A0文件)、国家基本站地面气象记录月报表补充数据文件(A6文件)、国家基本站气象记录月报表封底封面文件(V0文件)，2004年1月至今上报地面气象观测数据文件(A文件)、地面分钟观测数据文件(J文件)、地面气象记录年报数据文件(Y文件)，地面气象记录年报数据文件(Y文件)。

（二）探空观测。济南高空站位于北纬36°11′、东经116°58′的济南市北郊无影山，经纬仪海拔高度55.1米。2003年7月，迁站至章丘市明水街道贺套村南，北纬36°42′、东经117°33′，雷达海拔高度126米。

测风业务。济南高空站的测风业务按照中央气象局制订的《高空气象观测规范》和有关规定进行，观测项目为计算各规定等压面和规定高度的风向和风速，选取最大风层，使用经纬仪观测，利用经纬仪跟踪气球测定各高度的风向风速。1986年，采用115、0715、1915、1315分雷达单独测风观测。1990年1月1日，撤销1315的雷达单独测风观测。1991年1月1日，撤销0115的雷达单独测风观测。2003年7月1日，改为L波段雷达—电子探空仪系统观测。2007年8月，开始使用GTC2型L波段探空数据接收机(GTC2型)仪观测高空压、温、湿、风等气象要素。

探空业务。1986年，使用PC-1500计算机探空程序整理记录，打印纸带代替高表-14。1999年1月，改用计算机制作月报表。2000年2月，开始使用微机数据处理系统整理探空、测风记录，打印高表-13、高表-14和报文。

（三）农业气象观测。观测方法。济南市的农业气象观测执行中央气象局和省气象局统一颁发的规定。1986年，执行中央气象局《农业气象观测规范(试行本)》。1994年1月1日起，执行中国气象局《农业气象观测规范》。

观测项目。济南市农业气象观测最早为土壤水分观测，根据省气象局有关规定，采用烘干称重法测定土壤湿度。1988年1月1日起，济南所有县站执行新的测墒发报规定。测墒地段为春田(冬闲地)、麦田(夏播田)两固定地段和普查墒地段。测墒日期是：3～6月和9～11月，每月的8、18、28日均测墒发报，每月26～28日进行墒情普查。春秋播期间(4月和9月中旬至10月中旬)每5天测墒发报一次，即3、8、13、18、23、28日；7～8月基本不旱时停止测墒发报(包括普查墒)，12月至次年2月冻土深度≥10厘米时停止测墒发报(包括普查墒)，立春后冻土<10厘米时必须测墒发报(包括普查墒)。测墒深度：春田(冬闲地)春播期间5厘米、10厘米，其余时间10厘米、20厘米；麦田(夏播田)10厘米、20厘米、40厘米；普查墒以麦田(夏播田)为主10厘米、20厘米。2008年1月1日，执行《山东省测墒站土壤水分观测规范(试行)》，对观测地段、时间、深度进行调整，观测地段是麦田(夏播田)固定地段和普查墒地段；麦田(夏播田)固定地段，2月中旬～12月上旬每旬逢8观测，其中4月和9月中旬～10月中旬逢3加测一次，如遇

特殊干旱年份测墒时段需延长；12月中旬至次年2月上旬停止测墒，其他时间测墒当日冻土深度≥10厘米时可不测墒发报；测定深度：0～10厘米、10厘米～20厘米、20厘米～30厘米、30厘米～40厘米、40厘米～50厘米。全年冻土深度＜10厘米期间(12月中旬至次年2月上旬除外)每月26～28日为墒情普查日，测0～10厘米、10厘米～20厘米两个深度。2010年，商河、章丘、长清、平阴、济阳5个台站在固定地段安装运行自动土壤水分观测仪。

1986年，济阳站为二级(省级)农业气象观测站，观测项目为玉米、小麦、棉花。1990年1月，根据国家气象局通知要求，调整为一级(国家级)农业气象观测站，调整后观测项目是夏玉米、棉花，增加自然物候观测。作物观测包括：发育期观测、生长状况测定、产量结构分析、农业气象灾害、病虫害观测和调查、主要田间工作记载。土壤水分观测：固定地段、作物地段、辅助观测地段。固定地段：每旬逢3、逢8采用烘干称重法测定土壤湿度(逢3测定深度0～50厘米，逢8测定深度0～100厘米)。作物地段：作物从播种到成熟，每旬逢8采用烘干称重法测定土壤湿度(测定深度0～50厘米)。辅助观测地段：为满足当地墒情服务需要进行临时性或季节性土壤湿度观测所设置地段(普查墒地段，每月26～28日普查墒)。土壤水分状况其他测定项目：地下水位深度测定，干土层测定，降水渗透深度测定，土壤冻结和解冻。自然物候观测：木本植物，草本植物，鸟类、昆虫、两栖动物，气象水文现象。

发报。一般站编发土壤墒情报，即AL报，固定地段于测墒日当日编发，普查墒于28日编发；2008年1月1日以前在编报当日24时前发出；2008年1月1日以后AL报逢3加测的墒情编报当日发出，其余时间AL报、加发AB(气象月)报均在旬末24时前发出。

国家农业气象观测站AB在次旬第一天3时前发出，TR(土壤湿度加测)报在每旬3日15时前发出。

2006年2月，根据省气象局要求，所有台站统一使用下发的发报软件，结束手工编发农气报的历史。济南气象台根据《山东省测墒站土壤水分观测规范(试行)》规定，增加编发AL报任务，只编发干旱段。2007年12月25日，省气象局下发新编发报软件。2008年1月8日，省气象局对发报软件进行更新。

报表制作。国家农业气象基本站(济阳)对承担的作物、物候、固定地段土壤水分制作年报表，上报省局、市局各1份，留底1份。制作的报表有：作物生育状况观测记录年报表(简称农气表-1)、土壤水分观测记录年报表(简称农气表-2-1)、自然物候观测记录年报表(简称农气表-3)。

三、气象信息网络

1986年年初，省气象台至北京气象中心的50波特单功率电传电路为75波特双功有线电路，有3条报路传输气象电报。至1987年，商河、章丘、平阴、长清、济阳先后配备123型传真收片机，接收北京气象中心和日本东京播发的气象传真资料；开通甚高频无线对讲通信电话，实现与地区气象局直接业务会商，可收听省气象台与地区气象局的会商。1999年5月，利用无线气象专用频率，在济南市各气象台站之间建立起甚高频无线电话网，通过固定电话和甚高频无线电话实现市县通信，实现对县预报会商指导；开通市气象局至山东省气象台的9.6K专线；7月，完成PCVSAT单收站的安装调试，投入业务运行，所属5个县(市)区气象局的PCVSAT单收站全面建成并纳入业务运行。

2000年1月，5个县(市)区用电话拨号上市局内网，通过市局网络发报，接收上传资料。2001年11月，完成市—县拨号路由器的安装与调试，所属县(市)区局的通过拨号完成与市局通信，并通过X.25异步专线实现与省气象局的通信；开通到山东省气象台的X.25(速率64K)异步专线。2003年7月，开通市—省 2M SDH专线。2004年6月，升级开通市—县2M SDH专线；7月，安装完成市—县软件视频会商系统，开通市至省气象局硬件视频会商系统。

2006年6月，新增2M SDH备份线路，提高通信的可靠性。2007年5月，完成DVB-S卫星接收系统建设，气象资料接收进一步丰富。2008年7月，2+2M SDH专线升至4+2M。12月，购置气象应急指挥车，配有6要素自动气象站(温、湿、压、风速、风向和雨量)和卫星通信设备，通过卫星方式与济南市气象台进行通信，实时获取现场气象数据，与济南市气象台进行视频会商。2009年3月，4+2M SDH专线调整为6+6M；6月，完成市—县硬件高清视频会商系统建设，实现市—县视频会商，可将国家局—省局、省局—市局的天气会商和电视电话信号实时转播到县局，使县局及时了解全国天气形势和发展趋势，提高预报服务的针对性和及时性。2010年，济南气象网站改版，新增业务咨询和业务论坛等互动栏目及交通气息、实时雨量统计等功能，提高网上服务能力。

四、预报服务

(一)天气预报。济南气象台成立前，济南天气预报由山东省气象台代作。1998年，济南气象台成立，预报产品为48小时分县天气预报。1999年，预报服务产品增加3～5天滚动天气预报和重要天气预报。2000年，开始增加旬天气预报和晨练指数、舒适度指数、风寒指数、雨伞指数等生活指数预报。2001年，与济南广播电台新闻频道联合创办谈话类栏目——“气象专家谈天气”，由电台主持人与预报员以对话方式把天气预报信息直播出去，该栏目语言通俗易懂，贴近生活，时效性强。电台主持人和预报员通过聊天的形式直播天气预报属全国首创。2002年，开始增加啤酒指数预报、空调指数预报、冰激凌指数预报等商业指数预报。服务渠道除政府部门、报社、广播电台外，增加济南电视台。2005年，开始增加台风、暴雨、暴雪、寒潮、大风、沙尘暴、高温、干旱、雷电、冰雹、霜冻、大雾、霾、道路结冰等预警信号。2008年6月30日，市政府办公厅印发《关于明确气象灾害预警信号发布有关问题的通知》，进一步规范气象灾害预警信号发布程序。2010年6月13日，济南市人民政府应急管理办公室下发《关于做好汛期气象灾害预警信号发布工作的通知》，要求气象灾害预警信号发布工作要逐步形成政府主导、气象部门制作发布、社会媒体和有关部门传播的长效机制。同年底，预报服务产品包括：临近预报、短时预报、短期预报、近期天气预报、旬天气预报、麦收期滚动天气预报、春运期间天气预报、预警信号、天气周报、供暖专报、道路洒水预报、重要天气预报、环境气象指数、交通气象、旅游景点天气预报、节假日预报、中(高)考预报、党代会服务专报、两会服务专报、重大活动服务专报等。

1986年，各县(市)区气象局配备123型传真收片机，接收北京气象中心和日本东京播发的气象传真资料，结束手工绘制天气图的历史。开通甚高频无线对讲通信电话后，实现与地区气象局直接业务会商，可收听省气象台与地区气象局的会商。2000年，开始安装地面卫星接收站(PCVSAT小站)；4月，地面卫星接收小站建成并且正式使用，接收卫星云图、地面、高空资料及世界各大气象中心的预报产品，提高工作效率和预报质量。2004年6月，通过可视会商软件系统进行天气会商。现在通过云图、雷达、自动站、市县可视会商等现代化手段，使预报预测水平有了大幅度提高。

短期预报。短期预报要素有：天空状况、温度、风力风速。天气图是制作天气预报的基本工具。预报方法有：天气图预报方法、数理统计预报方法、动力学预报方法、动力统计预报方法等。动力学预报方法即数值天气预报，为现代天气预报的基础。

1986年，数值天气预报应用于短期、中期天气预报，应用数值天气预报产品建立的模式输出统计预报方法(简称“MOS”方法)，在天气预报业务中推广应用，使预报逐步向客观化、定量化方向发展。1998年，中国气象局研发1.0版本的气象信息综合分析处理系统(MICAPS1.0)，绘制天气图任务开始由计算机完成，但需要预报员进行一些必要的修改。近年，气象信息综合分析处理系统已经由最初的1.0版本升级为2.0版本，进而升级为3.1版本。

中期预报。中期天气预报时效为3～10天，以天气趋势及重大天气过程为预报对象。1986年，采用省气象台在中央气象台中期天气预报的指导下，制作3～5天的中期天气预报和5～10天的农业气象预报。1999年，济南气象台开始制作3～5天滚动天气预报。2000年，开始制作旬天气预报，每旬末制作下一旬天气，每月3次。提供的预报要素有：天气趋势、冷空气过程、降温幅度、降水时段、旬降水量、旬平均气温、旬最高最低气温等。随着经济社会发展对气象工作的需求，陆续增加重大活动、节假日、中(高)考和重要农事活动3～10天天气趋势预报及相关建议。

长期预报。长期预报是预测未来较长时段(1个月～1年)内天气变化趋势。预报种类有：月预报、重要季节预报，重要季节预报包括春(秋)播预报、汛期预报、冬季预报等。1986年，采用省气象台的长期预报。1999年起，济南气象台开始订正省气象台长期指导预报，制作辖区的长期趋势预报。

随着计算机普及与提高，使用计算机寻找一些与预报量相关、物理意义清晰的因子，如500百帕大气环流特征量、温度场、气压场、太阳黑子数等，利用数理统计方法建立有关预报方程。

短时预报。中小尺度的强对流天气，难用常规的观测网和预报工具及时发现、追踪和准确预报。短时天气预报主要是用加密观测网以及天气雷达、气象卫星等探测工具，对中小尺度天气系统进行连续监测和跟踪，用外推法做出预报。

济南气象台成立后即开始制作短时预报。为规范短时临近预报业务，中国气象局2004年7月2日印发《短时、临近预报业务暂行规定(试行)》。2010年4月19日，为加强预报业务管理，进一步提升灾害性天气短临预报准确率，中国气象局对《短时、临近预报业务暂行规定(试行)》进行补充修订，编制《全国短时、临近预报业务规定》。

(二)农业气象预报。1986年，县(市)区气象局开展雨情、墒情、温情(气温和地温)、气象灾情等农业气象情报服务，每年春秋播预报服务。1999年始，济南市气象台针对冬小麦、夏玉米、棉花、花生，每年制作春播、秋播期预报，每年制作冬小麦产量预报。

(三)气象服务。公众气象服务。5个县(市)区局，建站后气象预报等气象信息主要是通过有线广播电台对外发布。1990年，先后购置警报接收机，安装到县(市)区防汛抗旱办公室、农业局和各乡镇，建成气象预警服务系统。每天上午、下午各广播一次，服务单位通过警报接收机定时接收气象服务。1992～1995年，各县(市)区局与广播电视局协商在电视台播放天气预报，预报信息通过电话传输至广播局，广播电视台以字幕口播形式对外发布。1997～1999年，先后购置电视天气预报多媒体制作系统，开始制作多媒体电视天气预报节目，将自制天气预报节目录像带送电视台播放。2005年7～9月，气象局对电视天气预报制作系统进行升级，成功升级为非线性编辑系统。

1998年6月，章丘、平阴与电信局合作，开通“121”天气预报自动咨询电话。2001年3月，其余3县区局开通该项目。2005年5月，“121”电话升位为“12121”。2008年3月21日，统一将各县(市)区局负责的“12121”气象自动答询服务收归济南市气象台负责，成功实现切换。

1999年1月1日，济南市气象台开始通过中央电视台、山东电视台、济南电视台、济南人民广播电台、《济南日报》《济南时报》、传呼台向公众发布天气预报，在山东交通音乐之声广播电台开辟“气象专家谈天气” 直播栏目。2001年，开始陆续向公众推出上下班预报、人体舒适度、交通气象、紫外线指数、晨练指数、生活气象等专业指数预报。2002年12月，山东兴农网开通，每天更新短期预报。2009年1月1日，有主持人的“泉城新气象”电视天气预报在济南5个频道同时正式开播；5月23日，第一个县级有主持人的电视天气预报在章丘首播；6月9日济阳、7月31日平阴、8月8日商河、8月18日长清开始由市局代做有主持人的电视节目。

决策气象服务。市气象局决策气象服务产品主要以呈阅件、市气象局文件、重要天气预报、专题报告等形式呈报市委、市政府及相关单位。决策气象服务产品分为常规性决策气象服务材料和非常规性决策气象服务材料两类。常规性决策气象服务材料主要包括每月专报等，非常规性决策气象服务材料包括济南市气象局文件、专题报告等。

呈阅件：重要的或综合性的气象信息，内容包括天气、气候、气候变化、生态与农业气象、大气成分、人工影响天气、雷电等业务监测预报预测预估评价及对策建议等。

重要天气预报、重要天气快报、预警信号：重要、突发气象预警预报信息。

专题报告：重大气象事件、突发气象灾害、重要的专题分析报告等。

市气象局文件：重大气象灾害评估报告等。

专题材料：向市领导呈送和提交的会议材料或其他材料。

呈阅件、专题报告、市气象局文件由办公室负责专送市委、市政府和相关单位。重要天气预报、重要天气快报、预警信号、旬报，由气象台通过传真、电子邮件等形式传送。气象台还通过网站发布最新综合气象信息。

2006年11月24日，开通移动、联通济南市气象短信息服务平台，全年面向济南市应急办、应急成员单位提供近期天气预报、临近天气预报、重要天气预报、灾害性天气预警信号、雨情雨量短信息服务；10月至翌年5月，增加面向林业部门的森林防火气象短信息服务。2009年4月1日，开通电信济南市气象短信息服务平台提供服务。

2007年6月，实现与水利局雨量共享，由气象局统一对外发布雨情雨量信息。2009年7月，实现与水利局、公用事业局雨量共享，由气象局统一对外发布雨情雨量信息。

农业气象服务。1986年，农业气象服务工作内容：农业气象旬月报(2000年7月由旬月报改为气象信息服务周报)、墒情信息、春秋播预报、主要农作物生育期气象条件分析、灾情调查服务上报、气候资源开发应用、气候评价等。2003年，县(市)区局开始利用兴农网提供信息服务。

1999年1月1日，市气象台正式对外服务。定期向政府及农业主管部门报送《农业气象旬(月)报》《土壤墒情》《雨情报告》《冬小麦、玉米全生育期气象条件影响评价》《春、秋适宜播种期预报》《农业产量预报》《年度气候影响评价》《春、夏、秋、冬气候影响评价》等信息。不定期报送《气象灾情评估报告》《气象灾情快报》等信息。

2002年12月，山东兴农网开通，定期上传新闻快讯、供求信息、价格行情、图片新闻、农特产品：特色农业基地或示范园区、招商引资、明星乡镇、知名企业、兴农能手、实用技术、农业热点等信息；不定期上传农作物气象专题分析、人工影响天气服务材料等信息。

2005年起，市气象台开展农业生态环境信息服务，定期向公众发布农业生态环境监测情况，主要内容为降水、蒸发、温度、太阳辐射、酸雨等观测信息；与农业生态环境有关的卫星遥感监测信息；农业气象条件分析、生态质量气象评价指数等信息。

2006年5月，济南气象网开通，定期上传科普知识，定期更新短期预报、农业气象等信息，不定期上传气象新闻、图片新闻。

2010年，经过调查、论证，在章丘市、平阴县、商河县等县(市)区大棚内建设3个农业小气候观测站，实时监测棚内温度、湿度、地温和土壤墒情的变化，以便采取相应的管理措施。

五、气象科普

自1997年开始，每年“3·23”为世界气象日，各县(市)区局、气象台和龟山观测站对外开放并接受群众咨询，向公众发放传单、宣传册、制作科普宣传栏，成为市民气象科普教育活动基地。配合市科协举办科普宣传、气象科普知识三下乡等各类宣传活动，宣传气象知识，增强群众防灾减灾意识。

第三节　人工影响天气

1986年，济南市开展以补充水源、增加水库蓄水，缓解生产和生活需要为目的的人工降雨作业，有8门37毫米高射机关炮，分别设在济南的八个水库(历城县：卧虎山水库、锦绣川水库、狼猫山水库；章丘县：垛庄水库、大站水库、杜张水库；长清县：石店水库、崮头水库)，由济南市抗旱防汛指挥部(市水利局)负责日常管理和指挥作业等工作。1990年后，济南行政区域扩大，人工影响天气作业高炮增加到31门，作业内容和作业范围都有所增加。市政府成立人工影响天气办公室(挂靠市水利局)，负责全市人工影响天气工作的作业指挥、协调等工作。1994年，济南市气象局成立，市人工影响天气办公室挂靠市气象局，负责全市人工影响天气工作的作业指挥、协调等工作。

1987年，济阳县人工影响天气办公室成立，开展人工影响天气的试验工作，建设基层炮点8个，配备“37”单管火炮弹门。1990年，增设炮点2个，购置“37”双管火炮台10门，共配备“37”高炮18门。1992年4月，购置“711”型气象雷达并安装投入使用；7月，购置防雹降雨指挥车一辆。同年，济阳县政府投入资金100万元，建气象监测、作业指挥、办公与一体的防雹降雨综合楼。1993年4月，购置气象雷达数字化处理系统设备，实现雷达实时指挥的人工防雹降雨作业。2003年8月，投资10万元装备人工增雨火箭炮和火箭发射车，形成火炮与火箭相结合的立体防雹降雨体系。自1988年后，数百点(次)实施人工防雹和增雨作业129点(次)，挽回经济损失和增加经济效益上亿元。

1987年，商河县炮点7个，有“37”高炮5门、小型火箭发射架4个。1995年，市人工影响天气办公室协调从历城、长清调进“37”高炮5门，高炮增加到10门，炮点增加到10处。1998年，商河县政府拨专款购置安装“711”雷达1部，从西安购进WR-1型车载火箭发射架1部，购置双排汽车1部作为火箭作业车。2003年5月，从济阳人工影响天气办公室购进“37”高炮1门，在岳桥增设炮点1个。2005年，商河气象局购置皮卡车1辆，用于装载火箭发射架。2006年，市人工影响天气办公室调拨给商河气象局江西九三九四厂生产的CF4-1B型火箭架1部。至2008年年底，全市影响天气11处炮点、11门“37”高炮、2部火箭作业车的规模，建立起一支50多人的专业队伍。

1996年、2000年、2001年，章丘市、平阴县、长清区分别成立人工影响天气办公室，设在气象局，开始人工增雨(雪)作业和防雹作业，由济南市统一安排移动火箭(高炮)发射车作业。

2007年，根据市人影办统一规划，结合当地地理环境，章丘市选定垛庄、白泉、文祖、官庄、辛寨、绣惠6处固定作业点，平阴县选定平阴、洪范、安城、孝直、孔村5处固定作业

济南市气象局人工增雨技术人员在张夏镇向人们介绍人工增雨知识　(2008年摄)

点，长清区选定文昌、归德、马山、张夏、万德5处固定作业点，并全部竣工交付使用。

2006年2月始，济南市人工增雨(雪)作业体系建设按照军地合作的建设模式，联合济南警备区构建南部山区人影组织和作业体系，在济南南部山区3300平方公里范围内建立人工增雨指挥中心和27处固定火箭作业点，采取统一设计、统一规模、统一施工，占地面积1000平方米；每个作业点包括值班用房、休息室、临时弹药库房、餐厅，建筑面积100平方米左右；院内配备火箭发射架2部，六要素或四要素自动气象观测站1个，配有视频监控系统，配备机动火箭作业车11部，组建以退伍军人和基干民兵为主体的280人增雨作业队伍。同年，实施有效人工增雨作业13次，发射火箭弹968枚。2007年5月30日，南部山区27个固定火箭作业点陆续建成投入使用，提高全市人工增雨(雪)的作业规模、作业密度以及作业影响面积和有效增雨(雪)次数，全年共作业19次，发射火箭弹1291枚。2008年，全市共增雨(雪)作业28次，防雹作业1次，发射增雨火箭弹2162枚，防雹高炮炮弹210枚。2009年，全市共增雨(雪)作业20次，发射增雨火箭弹1560枚，防雹高炮炮弹90枚；其中9月济南市人影办承担第十一届全运会开幕式地面火箭、高炮人工消(减)雨应急作业服务任务，在奥体中心上游先后动用19部火箭发射器，有效实施人工消(减)雨作业。2010年，全市共增雨(雪)作业18次，发射增雨火箭弹1902枚、防雹高炮炮弹280枚。

第四节　气象社会管理

2003年，按照中国气象局审核批准的《济南市国家气象系统机构改革方案》，设立政策法规处，行使气象社会管理职能。负责全市气象事业发展总体规划的调查研究，针对气象工作中重大问题进行政策调研并提出相应的措施和意见；草拟全市地方性气象法规、政府规章及规范性文件；组织、协调和管理全市气象行政执法工作，承担气象行政复议、行政应诉工作；组织学习、宣传、普及法律法规；负责气象行业管理和气象标准化工作；负责气象科技服务的组织管理、宏观协调和政策指导；归口管理全社会施放气球活动和全市防雷减灾工作；承担市气象行政许可受理厅日常管理工作。

一、行业管理

2003年6月起，贯彻落实《通用航空飞行管制条例》和《施放气球管理办法》，对21家公司90余人进行相关法律法规、安全意识、施放气球操作规范与标准的培训考核，向符合条件的21家公司颁发施放气球资质证，施放气球管理纳入法治管理轨道。

2005年，依据《中华人民共和国气象法》《气象探测环境和设施保护办法》规定，市气象局将5个台站气象探测环境和设施的保护范围和标准报送到当地建设规划部门备案，以减少城市建设对气象探测环境和设施的影响。2006年起，市气象局及各县(市)区气象局先后作为当地城市建设项目审批单位，参与气象灾害防御管理、探测环境周边建设项目的规划及建设项目图纸审批工作。

2010年，先后与安监、公安等部门联合下发《加强防雷防静电安全管理的通知》《加强防雷安全检测的通知》。10月18日，《济南市建设项目施工图联合审查办法(试行)》实施，将气象防雷首次正式纳入济南市行政审批服务流程中，推动联合图审的规范性。

二、气象行政许可

2003年8月《中华人民共和国行政许可法》颁布后，通过多种途径公示行政许可事项。在“济南政府网”“济南市行政审批服务中心网”“济南气象网”上设立“行政审批”窗口，设立《表格下载》栏目，方便申请人下载行政许可事项申请表格。将气象部门的行政许可事项进行公示。补充完善行政许可工作基本要求、工作纪律、首问负责制、AB角工作制和服务承诺、责任追究制度等工作制度。

2003年10月，气象部门的审批事项统一进入济南市行政审批服务大厅，与济南市政府的所有审批事项一同集中进行审批。

2007年9月，经市政府批准，在市政府行政审批中心的协助下，将气象部门负责的防雷图纸审核、工程竣工验收列入行政审批程序；11月中旬，进入济南市政府行政审批中心图纸联审办试运行；2008年1月正式执行审图任务。

第二章　地震测报

第一节　机构

济南市地震办公室成立于1975年3月，为正县级事业单位。2000年2月1日，济南市地震办公室更名为济南市地震局，为副局级全额预算事业单位，内设办公室、科技监测处、震害防御处。2009年12月，济南市地震局升格为市政府直属的正局级全额预算管理事业单位，内设办公室、政策法规处、科技监测处、震害防御处、应急救援处共5个职能处室。至2010年年底，市地震局业务处室无变化。

第二节　防震减灾

济南市地质构造复杂，位于郯庐、聊考两大活动断裂带之间，有十几条断裂在辖区和附近通过，具有发生中强地震的地质构造背景，1996年、2006年，先后两次被国务院确定为全国地震重点监视防御城市之一。

1986～2010年，全市共发生地震45次，其中3级以上7次、2级以上22次、1级以上16次。以小震活动为主，频率低，震级小，最大震级不超过4级，地震活动水平相对较弱，主要分布在长清—齐河—济阳、章丘—邹平—博山、肥城—泰安—莱芜及东平地区，震源深度在15公里～22公里，以浅源地震为主，地震活动与断裂分布基本一致。最大地震为3.3级，为1986年9月17日齐河与济南交界地震、2002年1月12日商河地震；最近1次地震为2010年12月27日章丘市1.8级地震。

一、政策法规

2000年，市政府印发《济南市建设工程地震灾害预防管理规定》，对建设工程地震灾害预防有关事项做出规定。

2004年12月，市政府专题研究防震减灾工作，确定“实施活动断层探测和地震小区划；将抗震设防要求纳入基本建设审批程序；完善地震监测台网”等重大事项。

2006年7月，市地震局、市发改委印发《济南市防震减灾“十一五”规划》，明确“十一五”

期间济南市防震减灾工作的指导思想、工作目标、主要任务和保障措施。12月，市政府办公厅下发《关于加强农村民居防震保安工作的意见》，明确政策和任务，确定结合试点经验，在济南市全面推广农村民居防震保安工作。

2007年1月，市政府下发《关于进一步加强防震减灾工作的通知》，提出当前和今后一个时期济南市防震减灾工作目标、方针、政策、任务和措施。

2009年，推进防震减灾地方立法，组成济南市防震减灾法立法调研组，形成《济南市防震减灾条例(草稿)》，市地震局、市法制办、市建委、市规划局、市国土局等部门多次协商、修订、完善，形成《济南市防震减灾条例》(第四稿)。

2010年1月，市地震局在龙奥大厦举行升格后的揭牌仪式；9月，市政府印发《关于进一步加强防震减灾工作的意见》，对新形势下做好全市防震减灾工作作出全面部署。

二、地震测报

(一)地震监测台、站、点建设。2004年7月，七星地震台建成启用，结束济南市没有地震台的历史。2005年12月，章丘瓦山、商河、平阴数字化地震台相继建成启用，与七星地震台构成济南市地震监测台网，同时在聚善街建成启用济南市地震台网中心，为地震监测预报和地震科学研究提供及时、准确的数据信息，监测能力显著增强；济南市建立起流动数字地震监测系统，该系统由fss-3m短周期地震计、edas-24ip数据采集器、GPS天线及UPS不间断电源等组成。2006年3月，市地震局与市公安局下发《关于设立地震台站(点)保护标志的通知》，各台站和观测点设置警示标志，加强地震监测设施的保护。2009年，先后完成济南市地震监测中心暨历城综合地震台和济阳地震台建设任务。完成台网中心迁移工作，更换技术更为先进、功能更为完善的监测设备，实现与全省28

2009年8月，市地震监测中心暨历城综合地震台建成启用

个地震监测台站的数据共享。更换七星台网络传输设备、长清数字化水温观测设备及平阴洪范池数字化前兆观测仪器水温探头，安装章丘瓦山数据采集器，重新调试商河深井摆设备，台网运行率98%。2010年9月，长清地震台奠基，配置测震、强震和地磁、体应变、钻孔应力等监测设施；建设市中、天桥、历下3个强震台，实现县(市)区强震台全覆盖；建成济阳、章丘、平阴3个虚拟台网，使3个县(市)共享济南辖区及周边28个测震台监测数据。2010年年底，全市共建成测震台8个、强震台11个、前兆监测站12个、宏观观测点125个，初步建立起布局合理、门类齐全、装备先进、管理规范的地震监测网络，地震监测能力由2.0级提高到1.5级，实现5分钟内速报的能力。

(二)地震监测。2001年10月，市政府印发《济南市地震监测工作手册》，涵盖“济南市地震监测工作管理制度”等9项地震监测方面的管理制度。2002年8月，《济南市地震宏观群测网点监测管理制度》在全省地震系统转发，地震监测实现科学化、规范化、制度化管理。台网中心对各监测台站适时传输数据进行人工截取存盘，绘制水位、水温数据变化曲线，认真分析数据变化特征，及时调查、排除各类前兆异常变化。对地震事件，采用EDSP-IAS人机交互分析处理软件进行地震定位，并核定、存盘各项地震参数。2002年，修订完善《震情会商工作制度》，坚持周、月、半年和年度会商，加大地震监测数据分析深度，把握数据变化的规律和特征。2006年1月3日，滨州与商河、济阳交界处发生2.0级地震，市地震局台网中心第一时间对地震进行定位，及时向市委、市政府作震情汇报。

（三）地震科技研究。1999年，市地震局组织开展震后趋势快速判定工作研究，能在济南及附近地区发生地震后，迅速判定地震类型，把握震情发展趋势。2000年，组织开展济南地区水文地质特征研究，从整体上把握济南地区地震地下水的变化特征，为及时发现地下水前兆异常打下基础。2005年至2006年11月，实施“济南市主城区活断层探测”和“济南市主城区地震小区划项目”，为全市城市规划和建设震害防御提供科学依据。2009年2月27日，济南市2008年度科技进步暨创新型城市建设表彰大会召开，济南市主城区地震小区划项目获济南市科技进步二等奖。

2006年起，连续4年获全国防震减灾综合评比一等奖，连续2年名列一等奖第一名，防震减灾综合实力跃居全国前列。

第三节　震害防御

一、行政审批

2002年，基本建设抗震设防要求审批正式启动，市地震局成为首批进入市行政审批服务中心的40个单位之一。2003年5月，济南市地震行政执法监察支队成立，地震行政执法全面启动。2007年6月，市政府将抗震设防要求纳入全市基本建设审批程序，与规划选址、土地预审和环境评价列在同一环节，作为项目立项的前置要件。2004～2010年，有600多个工程项目开展地震安全性评价。

二、活断层探测与地震小区划

2005年6月，市政府印发《关于开展城区地震活断层探测与地震小区划工作的通知》，确定省、市投资900万元，在主城区350平方公里范围内实施，查明近场区内11条主要断裂的活动性。2005年，长清大学科技园40平方公里地震小区划完成。2006年12月，济南市主城区活断层探测与地震小区划项目通过中国地震局专家评审组的审查验收。2010年，章丘市率先在县级层面完成80平方公里地震小区划。

三、防震减灾试点示范工程

（一）地震科普示范学校。2004年3月，全省第一个省级地震科普示范学校在甸柳一中建成。2005年，市地震局、市教育局、市科协下发《关于做好地震科普示范学校工作的通知》。2010年年底，全市建成省级地震科普示范学校24所、市级63所。

（二）地震安全农居示范工程。2006年3月，济南市被确定为全省首批5个地震安全农居示范工程建设试点城市之一；12月，市政府办公厅下发《关于加强农村民居防震保安工作的意见》，在济南市全面推进农村民居防震保安工作。2008年11月17日，平阴县东阿镇黄河滩区整体搬迁工程被省地震局列为全省地震安全示范工程。2010年年底，建成省级地震安全农居示范工程2个，市级9个。

（三）地震安全示范社区。2008年10月，济南市被确定为全国7个地震安全社区试点城市之一，青年公园办事处被确定为全国首批地震安全示范社区。2009年，新世界阳光花园社区被评为首批省级地震安全示范社区，燕子山小区等4个社区被命名为首批市级地震安全示范社区。至2010年年底，全市有国家级地震安全示范社区1个，省级6个，市级11个。

（四）地震安全示范企业。2007年3月，在济南炼油厂开展“纪念《中华人民共和国防震减灾法》实施九周年暨创建地震安全示范企业”活动，济南炼油厂被确定为全省首批地震安全示范企业。

第四节　应急救援

一、应急预案

2003年8月，市政府办公厅下发《关于修订印发济南市地震应急预案的通知》。2006年8月，再次修订印发，并将预案编制推进到基层单位。2010年年底，全市已备案地震应急预案529部。

2003年11月，全国地震应急工作检查组到济检查。2005年4月，市地震局、市发改委、市民政局、市安监局制定《济南市地震应急检查工作制度》，每年定期对地震应急保障措施进行检查。2009年，济南市被确定为全省地震应急预案管理信息系统试点城市。2010年，章丘市双山街道三涧溪村被确定为省级应急管理示范点。

二、应急演练

2006年10月，开展军地联合地震应急救援演练，全市46个单位、16支队伍、2600多人、300余台车辆、1架直升机参加演练，共分6场16个科目，突出军地联合、省市联动、部门协同，属全国首次。2009年5月，市地震局与章丘市政府联合开展地震应急实兵拉动演习，12支救援队、500余人、37辆应急救援车、应急指挥车、流动监测车和地震现场工作队参加演练。2010年5月，市地震局、市民政局联合举办舜园社区地震应急演练。

三、应急队伍

2004年12月，在历城区洪家楼办事处组建全省第一支城市社区地震应急救援志愿者队。2006年10月，在全国副省级城市中率先建立地震应急装备库。2008年1月，市地震局、团市委、市志愿者协会联合下发《关于建立地震应急救援志愿者队伍的通知》，依托协会各级组织向社会公开招募地震应急救援志愿者。2010年年底，全市共有63支应急救援队、3365名专业救援人员、大型机车45辆、应急救援车286辆。

四、应急场所

2007年7月，泉城广场、泉城公园两处市级应急避难场所建成并投入使用。2009年3月，市地震局与市教育局、市体育局联合下发《关于

军地联合地震救助应急演练　　(2006年摄)

组织上报地震应急避难场所的通知》。2010年年底，全市依托城市公园、广场、大型绿地、学校操场及体育场馆建设486多处地震应急避难场所，其中大型综合性避难场所11处，实现各县(市)区至少建设一处大型地震应急避难场所的目标。

五、应急处置

2002年1月，商河县发生3.2级地震，市地震局迅速赶赴现场，提出处置意见。2005年6月5日，济阳、临邑、商河三地交界处发生2.1级地震，市地震局迅速进行震情核实，及时报告市委、市政府，下发《关于加强全市地震系统震情监视和震情值班工作的通知》，明确任务，落实责任。2010年5月，印发《济南市处置地震谣言应急预案》，以期快速有效平息突发地震谣言事件，维护社会安全稳定。

第五节　宣传教育

2001年后，共发放50余万份画册、资料、宣传品，在新闻媒体刊播宣传稿件1000多篇(次)，开展宣传教育活动500多次，举办地震科普知识讲座200多场，创办防震减灾信息简报。2001年、2003年，在《济南日报》开办《防震减灾知识》专栏，开通济南市地震局门户网站(http://www.eqjn.cn/)。2003年、2004年，省、市联合举行纪念《中华人民共和国防震减灾法》实施五周年、六周年大型宣传活动。

济南市七星地震科普教育中心　　（于金正 摄）

2005年7月，七星地震科普教育中心举行“国家防震减灾科普教育基地”揭牌仪式，该基地为全国首批20家之一、山东省唯一，标志着济南市防震减灾科普教育工作走在全国和全省前列。

2006年2月25日，在洪楼社区举行防震减灾宣传进社区、进农村、进企业、进校园、进机关“五进”活动启动仪式，2000多名社区群众参加仪式，成为全国第一个提出开展防震减灾宣传“五进”活动的城市。

2008年5月22日，市地震局、市教育局联合下发《关于进一步加强学校防震工作的通知》，要求全市中小学校开展地震知识宣传和演练活动，制定预案落实措施，确保师生安全。同年，开通“12322”防震减灾服务热线，启用全国地震灾情短信息速报平台。

2010年5月12日，济南市12345市民服务热线与市12322防震减灾公益服务热线举行联动仪式。同年，在防震减灾日、大地震纪念日、科技活动周期间，市、县两级组织广场宣传、举办防震减灾大型图片展30余次，开展“进社区、进学校、进农村、进企业、进机关”防震减灾宣传教育活动100多次，发放宣传材料10万份，组织5000多人次参观防震减灾科普教育基地。

2008年3月，济南市纪念《中华人民共和国防震减灾法》实施十周年暨开展创建地震安全示范社区活动

第十四卷

医疗卫生　体育

YI LIAO WEI SHENG
TI YU

单位审稿、撰稿人员名单

卫生局

审稿人　郭忠青

撰稿人　苏道远

体育局

审稿人　吴志东

撰稿人　张　章

第一篇　医疗卫生

概　述

1986～2010年，济南市医疗卫生事业得到长足发展，医疗卫生服务体系规模和质量均发生巨大变化。1986年，全市共有医疗机构1184所，卫生机构床位数1.48万张。至2010年，全市共有医疗机构5086所，其中二级以上医院75所、妇幼保健机构13所(省1所、市2所、县区10所)、疾病预防控制机构13所(省1所、市2所、县区10所)、卫生监督机构12所(省1所、市1所、县区10所)、采供血机构3所、专科疾病防治院(所、站)9所、社区卫生服务机构252所、乡镇卫生院75所、村卫生室2366所。共有医疗床位3.2万张、卫生技术人员3.94万人。每千人拥有床位5.3张、卫生技术人员6.52人。

农村卫生事业蓬勃发展。1986年始，济南市卫生局相继贯彻一系列支农、惠农政策，完善县、乡、村三级医疗预防保健网络。以加强乡镇卫生院基础设施建设和村卫生室规范化建设为突破口，加强基层技术人才队伍培养，农村三级卫生服务网络更加健全，服务体系日趋完善。2006年始，按照“高起点规划、高标准建设、高效能管理”和“一年试点，两年全面完成”的目标要求，对全市75所乡镇卫生院进行全面改造，卫生院基础设施、基本设备得以完善，人员培训得到加强，服务功能进一步提升。理顺管理体制，实行县、乡、村卫生组织一体化管理，推行乡镇卫生院上划和“三制五统一”[①]乡村医疗机构一体化管理模式。2007年，全市乡镇卫生院上划管理工作完成，乡村一体化管理率100%。2008年始，根据“科学规划，合理布局，高标准建设”的原则，村卫生室标准化建设工作启动，在对现有村卫生室进行整合、提升的基础上，规划建设村卫生室2377所。至2010年，2366所村卫生室达到标准要求。

新型农村合作医疗全面展开。新型农村合作医疗于2003年在平阴县试点，至2010年年底，全市乡镇、村覆盖率100%，共有323.71万农民参加合作医疗，参合率99.98%。人均筹资130元，其中各级财政补助110元，参合农民个人缴纳20元。报销比例不断提高，统筹地区政策范围内住院补偿比平均65.19%。补偿封顶线统一提高到6万元，其中济南高新技术开发区8万元，均达到农民人均纯收入的6倍以上。2010年，受益人次446万，受益率137.79%。2010年，在商河县率先开展提高农村儿童重大疾病医疗保障水平试点工作。探索新农合支付方式改革，推进信息化建设，建立新农合市级信息化服务平台。探索新农合立法，草拟《济南市新型农村合作医疗管理办法》。

社区卫生服务能力提升。城市社区卫生工作自1996年启动后，按照“立足群众、关注民生，缓解群众看病难、看病贵”的总体思路，突出以人为本、和谐发展理念，历经十余年探索，初步建立城市医疗卫生服务两级框架，形

① 乡村管理聘任制、工资制、养老保险制，村卫生室规划布局、业务、行政、财务、药品统一管理。

成"政府主导、省市联动、部门协同、卫生实施、社会支持、居民参与"的工作格局，创立符合自身特点的"济南模式"[①]，为建立覆盖城乡居民的基本卫生保健制度奠定基础。2007年，济南市被列为国务院社区卫生服务体系建设重点联系城市。至2010年，济南市已建立社区卫生服务机构252所(中心69所、站183所)，覆盖城区所有街道办事处和县城驻地，为310万城镇居民提供基本公共卫生和基本医疗服务，初步建立起"大中型医疗预防保健机构——社区卫生服务机构"两级城市医疗卫生服务体系。社区卫生服务量逐年上升，2010年为972万人次。社区卫生从业人员5738人，其中卫生技术人员4950人。历下区、市中区、槐荫区3个区获"全国社区卫生服务示范区"称号，市中区成为全国社区卫生服务适宜技术试点区，北村办事处社区卫生服务中心等5个社区卫生服务机构被评为国家级社区卫生培训基地。温家宝、刘延东、彭珮云等党和国家领导人先后视察济南市社区卫生工作并给予肯定。

妇幼保健工作扎实推进。1986年始，全市妇幼保健工作坚持以保健为中心，以保障生殖健康为目的，实行保健与临床相结合、面向群体、面向基层和预防为主的妇幼卫生工作方针，在全市形成完善的妇幼保健网络体系，建立全市危重孕产妇急救绿色通道转诊网络和儿童"120"；按照《中华人民共和国母婴保健法》及其实施办法和《济南市妇女发展纲要》《济南市儿童发展纲要》要求，依法行政，加强管理，严格准入制度，妇幼保健机构和队伍逐步壮大，母婴保健技术服务行为进一步规范。至2010年，全市孕产妇住院分娩率100%、高危孕产妇住院分娩率100%；孕产妇系统化管理率96.23%，妇女病查体率56.27%，孕产妇死亡率为10.57/10万；婴儿死亡率4.53‰；5岁以下儿童死亡率5.72‰；3岁以下儿童系统化管理率94.57%；0～4个月婴儿母乳喂养率94.95%，新生儿疾病筛查率99.1%、听力筛查率95.82%；5岁以下儿童中重度营养不良发病率0.37%，新生儿低出生体重发生率1.87%。同时按照国家深化医药卫生体制改革要求，全面实施重大公共卫生妇幼项目。

重大和基本公共卫生服务项目实施。2010年，重大公共卫生服务项目方面：完成3.64万名15岁以下儿童乙肝疫苗补种任务；完成农村适龄妇女宫颈癌检查41.72万人，乳腺癌检查43.6万人(年度任务均为35万人)，确诊宫颈癌94例、乳腺癌122例，均得到及时治疗；完成贫困白内障患者复明手术1317例；在全省率先完成1.2万座(中央补助地方)农村改厕任务，无害化卫生厕所完成率100%。基本公共卫生服务项目方面：城镇居民健康档案建档率96.82%，电子健康档案建档率63.34%；农民健康档案建档率90.26%；1～3岁儿童系统管理率94.57%；孕产妇保健系统管理率96.23%；农村老年人健康管理率73.45%，城市老年人健康管理率96.15%；免疫预防接种率98%；强化慢病高危人群健康指导。农村重性精神病患者管理率91.62%，城市重性精神病患者管理率93.94%；农村高血压、糖尿病管理率分别为69.25%、65.83%，城市高血压、糖尿病管理率，分别为94.61%、94.71%。

疾病预防控制工作成效显著。1986～2002年，全市疾病预防控制工作主要由济南市卫生防疫站和各县(市)区防疫站承担。疾病预防控制贯彻"预防为主"的工作方针，开展计划免疫和重大传染病、职业病、寄生虫病、地方病、慢病防治。2002年3月28日，撤销济南市卫生防疫站，成立济南市疾病预防控制中心与济南市卫生局卫生监督大队。2006年10月1日，建筑面积1.87万平方米的市公共卫生大厦启用。2009年，建筑面积3100平方米的麻风病院投入使

① 公立为主、社会补充、统筹规划、健全体系、六位一体、广泛覆盖、功能拓展、农村延伸、满足需求、持续推进。

用。至2010年，全市疾控机构工作用房5.3万平方米，其中办公用房2.24万平方米、实验用房1.26万平方米、辅助用房0.91万平方米，人均工作用房面积66平方米。全市疾控机构拥有职工779人，其中专业技术人员629人，专业技术人员中高级职称79人、中级职称198人。拥有高效液相色谱仪、原子吸收仪等大型监测检验仪器设备。传染病与突发公共卫生事件网络直报系统健全完善，所有疾控机构和乡镇卫生院以上医疗单位全部实现网络直报，艾滋病、结核病疫情实现网上专报。建立公共卫生综合监测点511个，流行病学调查队伍629人，重大疾病预测预警能力不断提高。重点传染病防治能力不断提升，重大传染病得到有效控制，全市连续11年无甲、乙类重大传染病暴发流行，乙类法定传染病的年平均发病率为184.45/10万。2004年，成立防治艾滋病工作委员会，广泛开展艾滋病知识宣传“五进”(进农村、进社区、进学校、进家庭、进重点场所)活动，全面落实“四免一关怀”①政策。艾滋病检测体系逐步完善，建立1个国家级、5个市级艾滋病综合防治示范区，各类艾滋病检测实验室63个，国家级监测哨点2个。开通艾滋病防治咨询热线——“小阮热线”和“小阮在线”，实施高危行为干预，艾滋病疫情始终控制在低流行状态。结核病控制工作成绩斐然。全市新发涂阳肺结核病人发现指标完成率连续多年保持在100%，DOTS覆盖率100%，新发涂阳肺结核病人治愈率保持在90%以上。免疫预防规范化、信息化建设取得重大进展，在全国率先推行免疫规划管理体制改革，以乡镇为单位建立免疫预防规范化接种门诊，儿童免疫预防接种率连续多年保持在95%以上。免疫规划针对疾病发病率降低到历史最低水平，连续20年未发现由野病毒引起的脊髓灰质炎病例，脊髓灰质炎的防治工作达到联合国世界卫生组织(WHO)规定的无脊灰病区标准；连续37年无白喉病例报告，达到基本消除白喉的目标。在2003年的传染性非典型肺炎防控、2009年的甲型H1N1流感防控和近年来的人禽流感、手足口病等重大和新发传染病防控以及突发公共卫生事件的应急处置工作中都取得显著成绩。

突发公共卫生事件应急反应迅速。2003年非典疫情过后，济南市围绕“一案三制”(制订修订应急预案，建立健全应急体制、机制和法制)建设，不断完善突发公共卫生事件应急机制，应急预案体系更加健全。2005年，成立济南市卫生局卫生应急办公室，组建22支市级突发公共卫生应急队伍、专家咨询委员会和卫生应急专家库，完善市、县两级120急救管理机制，组织开展各类卫生应急处置培训和演练。2007年，有效处置“7·18”特大暴雨灾害医疗卫生救援；2008年，完成“5·12”汶川特大地震医疗卫生救援，至2009年济南市共向北川派遣医疗队34批，医疗救援队员351人，急救车辆19部，接收北川到济南市治疗伤员217人，创造多个全省第一、灾区首创。2008年，完成北京奥运会的医疗卫生保障任务。2009年，有效处置人禽流感和甲型H1N1流感疫情，完成第十一届全运会、第七届园博会和新中国成立60周年庆典等重大活动医疗卫生保障任务。

卫生监督执法和食品安全综合协调能力提高。2002年，设立济南市卫生局卫生监督大队(后改为卫生监督所)，组建专业监督队伍，依法实施预防性和经常性卫生监督。卫生监督执法工作大力推进，卫生监督体制改革全面深化，卫生执法监督体系建设进一步加强。至2010年，全市和各县(市)区均设有卫生监督所，共

① 经济困难的艾滋病病人，服用免费抗病毒药物；自愿接受艾滋病咨询和病毒检测人员，得到免费咨询和艾滋病病毒抗体初筛检测；已感染艾滋病病毒孕妇，免费提供母婴阻断药物和婴儿检测试剂；为艾滋病遗孤的心理康复提供免费义务教育；国家对艾滋病病毒感染者和患者提供救治关怀。

有卫生执法监督人员300余名。加大卫生执法力度，食品卫生、医疗卫生、环境卫生、劳动卫生、学校卫生、放射卫生秩序得到有效整顿和规范。推进行政审批制度改革，实行一站式服务。2010年，完成食品安全监管职能划转，食品安全综合协调职能划入济南市卫生局。济南市卫生局增设食品安全综合协调处，承担市食品安全委员会办公室日常工作。济南市卫生局牵头建立食品安全综合协调机制，负责食品安全综合监督，承担食品安全综合协调、组织查处食品安全重大事故、重大食品安全信息管理的职责。

卫生资源规划和医疗机构管理更加科学。至2010年，“东部做优、西部做大、北部做强、中部做精”的卫生资源配置战略逐步确立，医疗机构管理体制和运行机制渐趋完善，中医和西医之间、专科医院和综合医院之间、医药市场和医疗服务之间、医患之间的关系渐趋和谐，布局合理、定位准确、专业齐全、资源共享的多元化省会城市特色医疗卫生服务体系基本建立。加强医疗卫生机构基础设施建设，组织实施“科技兴医”“平安医院”建设，严格医疗服务要素准入，强化医疗管理，加强临床药事管理，开展公立医院运行机制改革，增强医疗卫生机构发展活力，发挥医疗服务和公共卫生服务功能。加强无偿献血和采供血工作，建立无偿献血储备库和固定献血屋，开展临床成分输血，加强对县(市)区血液管理的检查和指导。1996～2010年，济南市连续7次获“全国献血先进城市”称号。1996年，开通“120”急救电话，市急救网络建成并投入运行。全市急救规模不断壮大，网络不断健全，急救半径逐渐缩小，由市急救中心、省市医疗机构和农村县(市)区医疗机构构成的医疗急救服务体系全部建成。至2010年，全市设有25个急救分中心，拥有各种类型急救车110辆，急救工作人员658人。市区急救反应时间平均为12分钟。2010年，出动车辆11.09万次，救治病人10.54万人。

国家基本药物制度实施工作稳步推进。2010年，市卫生局增设基本用药管理处。自2010年3月15日始，历下区、市中区、槐荫区、天桥区和章丘市辖区内105所政府办基层医疗卫生服务机构先行实施基本药物制度。至2010年年底，药价平均降幅35%，省、市、县(市)区财政共投入补偿资金5089万元。综合配套改革稳步推进，先行实施的乡镇卫生院核编定岗工作已经完成，绩效考核体系初步建立。

卫生科技教育与人才培养成果显著。卫生科技规范化管理体系逐步形成，逐渐发展为以重点专业、重点实验室、重点人才培养为基本内容的医学科技发展体系。至2010年，全市卫生系统共有省级重点专业9个，市级重点专业25个，市级重点实验室2个。获得省科技进步二等奖12项、市科技进步一等奖11项。加强医学教育管理，完善规章制度，多形式、多渠道开展各类教育培训工作，医学教育工作实现系统化、规范化，形成层次清晰、运转规范的医学教育组织管理体系。2002年，启动继续医学教育工作。2004年，启动社区全科医学岗位培训。2006年始，组织大规模乡村医师在岗培训和乡镇卫生院技术骨干培训，至2010年，累计培训7000余人和525人。2007年，启动社区全科医师规范化培训和社区卫生技术骨干培训，至2010年共培训2900人。2004年，启动“泉城卫生学者565人才培养工程”，至2010年，共选拔出29名“泉城卫生学者”。经过多年发展，多层次专业建设计划和学科带头人培养计划构成的全市医学科技人才管理网络初步形成，全市卫生系统获国务院特殊津贴29人、省突出贡献专家6人、市专业技术拔尖人才56人。开展国际交流与合作，开展专业人员交流互访、项目合作和国际援助，至2010年，累计派出援外医疗队员14批次24人次。

开展爱国卫生运动。城乡环境卫生综合整治成效显著，至2010年，全市有215个卫生单位、5个卫生镇、31个卫生村步入省级卫生先进行列。农村改水改厕工作扎实推进，农民饮水安全得到切实保障，农村自来水普及率95.5%。创建“领导重视、部门配合、财政支持、政府招标、重点培育、超前运作、加强监督、科学指导”的农村改厕“济南模式”。利用中央农村改厕专项经费687万元，完成国家改厕项目2.41万座，市、县两级财政投入农村改厕经费685.28万元，累计建设农村户厕79.15万座，卫生厕所普及率80.63%。病媒生物防制工作进一步提高，“四害”密度始终控制在国家标准之内，巩固全国灭鼠、灭蝇、灭蟑螂先进城市成果。

中医药事业取得显著发展。1988年10月，成立济南市中医药管理局(副局级)。1989年，实施中医医院分级管理。1995年，省中医医院评审委员会批准市中医医院为三级甲等中医医院，4家县(市)区中医医院为二级中医医院。加强重点中医专科专病建设，建成一批具有中医药特色优势、能发挥示范作用、有较大社会影响的中医名科群体，全市共计有2个国家级、5个省级重点中医专科。章丘市为全国农村中医工作先进县，历下区为全国中医药特色社区卫生服务示范区。平阴、长清、历城为全省农村中医工作先进县(区)。2008年4月，市政府成立济南市中医药工作领导协调小组。2009年，开展药品零售企业中医坐堂医试点。至2010年，济南市公立中医医疗机构9家，其中省级2家、市级1家、县(市)区级6家。县(市)区两级公立中医医疗机构有病床1864张，民营中医医疗机构144家，中医从业人员2275人。在济南市75家乡镇卫生院中，69家有中医科，占总数92%。

1986～2010年济南市卫生事业情况表

表14—1—1

年份	卫生机构(个)		卫生工作人员(人)		卫生机构床位(张)	
		医院及卫生院		卫生技术人员		医院及卫生院床位
1986	1184	167	35803	27360	14757	14165
1987	1137	166	37129	28159	15457	14721
1988	1103	171	38384	29167	16165	15580
1989	1137	180	39926	29878	16698	16176
1990	1300	178	41444	31130	18214	17216
1991	1233	177	40957	30815	18439	17538
1992	1331	180	41996	31541	18818	18178
1993	1285	193	43274	32871	20243	19320
1994	1228	213	43630	33007	20001	19064
1995	1185	216	43648	32848	20747	19534
1996	1674	214	45765	32519	20428	19716
1997	1567	220	44664	34188	21422	20706
1998	1574	227	45110	34596	21965	21130
1999	1570	226	45121	34000	21735	21086
2000	1414	231	45166	35669	21698	20830
2001	1414	231	45296	35790	21906	21033
2002	1708	243	39386	31945	21576	21042

续表14—1—1

年 份	卫生机构(个)		卫生工作人员(人)		卫生机构床位(张)	
		医院及卫生院		卫生技术人员		医院及卫生院床位
2003	1868	246	41925	33803	22674	22262
2004	1917	243	41625	33998	24044	22588
2005	2138	246	41499	34129	24695	23524
2006	2285	240	43023	35124	27695	26101
2007	2265	243	42513	34579	26055	25328
2008	5092	286	44416	36143	28939	27555
2009	5163	281	46311	37648	30920	28749
2010	5086	277	54711	39366	31947	29844

注：表中数据录自《济南统计年鉴》

第一章　卫生体制改革

济南市卫生体制改革以全国医药卫生体制改革框架为主，但在疾病防控、农村卫生、社区卫生服务等领域开展前瞻性、创新性探索。

第一节　改革发展历程

一、探索阶段(1979～1991年)

1985年，国务院批转卫生部《关于卫生工作若干政策问题的报告》，概括8个方面的改革政策，成为全面开展卫生改革的指导性文件。济南市据此进行一系列卫生改革。

(一)结构调整。1985年始，针对计划经济体制下医疗卫生体制“独家办”的弊端，济南市根据社会主义初级阶段生产力状况，在改革中坚持国家、集体、个体一起上的方针，实行多渠道、多层次、多形式办医，调动社会各方面办医积极性，增加医疗服务功能。

(二)管理机制改革。1985年，卫生部《关于卫生工作若干政策问题的报告》提出后，市卫生系统实行各种形式的责任制和承包制，借鉴企业改革的成功经验，按照所有权与经营权相分离的原则，进一步完善医疗卫生机构的经营机制。1989年，卫生部下发《关于扩大医疗卫生服务有关问题的意见》，根据要求在全市推行各种形式的承包责任制工作。

(三)收费制度改革。1989年，按照国务院《批转国家教委等部门关于深化改革鼓励教育科研卫生单位增加社会服务意见的通知》、国家物价局与卫生部《关于检查清理医疗收费的通知》及《山东省医疗机构收费标准》，经省政府同意对医疗收费进行清理整顿，适当提高部分偏低的医疗收费项目，取消部分不合理的收费项目，并首次规定单独计费的医用低值易耗品目录。

(四)财政拨款方式改革。1989年，对医院实行全额管理，差额(定额、定项)补助，超支不补，结余留用的预算管理办法。医院各项收支均纳入预算内管理。

二、深化阶段(1992～2002年)

(一)收费制度进一步改革。1992年8月，根据《山东省医疗机构收费标准》、省物价局与财政局《关于调整挂号费、住院费、手术费标准和血液成分价格的批复》，对原收费标准进行调整，主要是为弥补医用耗材、试剂、水电、燃料等物价上涨后医院增加的支出，并相应在一定幅度上提高手术费、治疗费、化验费、检查费的收费标准。

2000年9月，执行《山东省医疗机构收费项目及收费标准》，合理调整医疗收费结构，降低大型医疗设备检查收费标准，提高医疗技术劳务收费标准，适当拉开不同等级医院的收费档次，建立较为完善的医疗收费管理制度。

(二)人事制度改革。1999年，在全市卫生系统普遍推行专业技术职务聘任制度，实行科学设岗、竞争上岗和聘约化管理。

(三)医疗制度改革。2000年，城镇职工基本医疗保险制度发展迅速，新型农村合作医疗制度和医疗救助制度开始破题，医疗卫生资源迅速增长，医疗服务水平快速提高。

三、转折调整阶段(2003～2008年)

(一)应急体系建设。2004年，济南市卫生局增设卫生应急办公室(突发公共卫生事件应急指挥中心)。2005年10月，济南市正式组建完成卫生应急办公室。

(二)疾病预防控制体系建设。2002年，在原防疫处基础上，成立疾病控制处。3月28日，撤销济南市卫生防疫站，成立济南市疾病预防控制中心和山东省济南市卫生局卫生监督大队。至2007年，全市各县(市)区防疫机构改制任务全部完成。

(三)急救服务体系建设。2004年，以济南市急救中心为主要指挥控制系统、省会驻区各级医疗单位和农村县(市)、区医疗单位构成的医疗急救服务网络初具规模。

(四)卫生监督执法体系建设。2002年3月28日，撤销济南市卫生防疫站，成立济南市卫生监督大队，为全额预算管理县级事业单位，编制60人。2003年6月，济南市卫生监督大队更名为山东省济南市卫生局卫生监督所。2007年2月，监督所编制由60人调整为100人。2008年11月批准参照公务员管理。监督所是济南市卫生局授权行使卫生监督与行政执法职能的执行机构。承担着《中华人民共和国职业病防治法》《中华人民共和国传染病防治法》《中华人民共和国母婴保健法》《中华人民共和国献血法》《中华人民共和国执业医师法》《中华人民共和国食品安全法》6部法律，国务院《医疗机构管理条例》等24部法规和卫生部《性病防治管理条例》等140余部部门规章的监督执法任务。工作涉及全市医疗卫生、学校、消毒产品、涉水产品、生活饮用水、职业卫生、放射卫生、传染病防治等单位以及宾馆、游泳、体育场馆、洗浴、美容美发、文化娱乐、商场、影剧院等公共场所。

(五)妇幼保健体系建设。1986年始，陆续开展妇幼保健程序化管理工作，内容包括婚前检查、早孕、中孕、晚孕、产时、产褥期、新生儿、婴儿、幼儿、学龄前共10个时期的系统管理。2008年，为加强对妇幼保健工作的指导，市卫生局设立妇幼保健处。

四、新医改阶段(2009～2010年)

2009年年初，中共中央、国务院发布《关于深化医药卫生体制改革的意见》，国务院发布《关于印发医药卫生体制改革近期重点实施方案(2009～2011年)的通知》。济南市卫生系统按照国家、省、市关于深化医药卫生体制改革的部署要求，围绕新型农村合作医疗制度、基层卫生服务体系、基本药物制度、公共卫生服务均等化、公立医疗机构改革等目标任务开展工作。

(一)新型农村合作医疗制度。2010年年底，新型农村合作医疗参合农民323.71万人，参合率99.98%，人均筹资标准为130元。统筹地区(县域)新农合政策范围内住院补偿比65.19%，受益446万人次，受益率137.79%，最高支付限额统一提高到6万元。建立市、县两级信息化服务平台，实现网络及软件统一，即时结算报销。

（二）国家基本药物制度。2010年3月15日始，历下区、市中区、槐荫区、天桥区和章丘市5个辖区内105所政府办基层医疗卫生服务机构先行实施基本药物制度，药价平均降幅为35%，群众受益明显。至年底，省、市、县(市)区级财政按照“先预拨、后结算”的方式，共计投入补偿资金5089.29万元。同时，综合配套改革稳步推进，先行实施的乡镇卫生院核编定岗工作完成，绩效考核体系初步建立。

（三）公共卫生服务项目。2010年年底，人均基本公共卫生服务经费提高到25元，服务内容包括11类基本公共卫生服务项目和6项重大公共卫生服务项目。

基本公共卫生服务项目。2010年年底，建立城镇居民健康档案308.58万份，建档率96.82%，电子健康档案建档率63.34%；农村居民健康档案296万份，建档率90.26%。3岁以下儿童系统化管理率94.57%，孕产妇保健系统化管理率96.23%，老年人保健管理27.03万人，管理率91.41%，为70岁以上老年人提供免费查体，为60岁以上老年人开展健康指导、免费测量血压等服务。实施国家扩大免疫规划，一类疫苗儿童免疫接种率在95%以上。新发涂阳肺结核病人发现指标完成率连续多年保持在100%、治愈率保持在90%以上。农村高血压管理率69.25%，糖尿病管理率65.83%，城市分别为94.61%和94.71%。重性精神病管理率农村91.62%、城市93.94%。老年人健康管理率农村73.45%、城市96.15%。

重大公共卫生服务项目。2010年年底，为15岁以下儿童补种乙肝疫苗，2009年度完成补种36383人，完成农村适龄妇女宫颈癌检查41.7万人，乳腺癌检查43.6万人；明确诊断宫颈癌94例、乳腺癌122例，全部得到及时治疗。发放农村孕产妇住院分娩补助3.6万人。向4.12万名农村妇女发放叶酸共14.8万瓶，基本实现应服尽服。免费为贫困白内障患者实施复明手术1317例。完成1.2万座国家农村改厕任务。

（四）基层医疗卫生服务体系。至2010年年底，75所乡镇卫生院改貌建设和2366个村卫生室标准化建设任务在全省率先全面完成，全市有标准化社区卫生服务机构252所(中心69所，站183所)。落实重大民生拉动项目5批38个(4个县级医院、5个社区卫生服务机构、21个乡镇卫生院、8个村卫生室)。中央投资基层医疗卫生服务体系建设项目资金到位率及开工率均100%，完成率81.59%。67所大中型医院及预防保健机构与123所社区卫生服务机构建立对口帮扶关系，累计派驻医师1690人，推广适宜技术92项，带教社区卫生技术人员515人次。12所市直医疗机构对口帮扶35家乡镇卫生院，累计下派240人；24所县级医疗机构对口帮扶75家乡镇卫生院，累计下派215人；72所乡镇卫生院对口帮扶201所村卫生室，累计下派323人。由9家市属和2家县属医疗机构对口帮扶商河县12家乡镇卫生院。累计帮扶医疗设备68台(件)，新建基础设施1.5万平方米，下派医学专家420人次，开展新技术16项，培养技术骨干25名。

（五）公立医院改革试点。2010年，提出东部做优、西部做大、北部做强、中部做精的资源配置战略，组织编制《济南市医疗卫生专项规划》。在东部城区，将市第三医院建设成为东部区域医疗中心；在高新区建立一所高水平、现代化的骨科医院。在西部城区，规划建设一所三级综合医疗机构——市第九医院。在北部城区，济阳济北医院一期工程竣工启用。在中部地区，强化市中心医院、市第四医院、市第五医院等区域医疗中心的地位和作用。整合眼科医院、口腔医院等专科医院资源建设市五官科医院。制定《济南市公立医院内部运行机制改革试点工作实施意见》，5方面23项工作改革在全市二级以上医院全面开展。二级以上医院开展临床路径工作和优质护理服务示范工程。

第二节 公共卫生体制改革

一、应急体系建设

2005年，市卫生局设立卫生应急办公室。按照《中华人民共和国传染病防治法》、国务院《突发公共事件应急条例》和《国家突发公共事件总体应急预案》等法律法规，在市、县两级卫生行政部门和医疗卫生机构均建立应急领导小组，建立责任明确的日常工作机构。

2006年1月11日，市卫生局建立卫生应急专家库，专家库人员共724人。6月7日，正式组建济南市突发公共卫生事件专家咨询委员会。专家咨询委员会共96人，下设传染病防控、中毒处置、医疗救治、预测预警、综合5个专业组。至2010年年底，市卫生局共修订完善涉及公共卫生安全的14个专项预案和31项卫生应急流程，组建应对突发公共事件应急队伍22支。

二、医疗急救体制改革

1985年9月，济南市急救站设置超短波无线电基地台，投资7万余元建设无线通信塔1座，并设有主机1台、车载机5台、手持对讲机3台，是济南市第一个急救无线电话传呼通信网络，标志着济南市院前急救进入无线指挥时代。

1996年2月9日，济南市开通"120"急救电话，市急救网络建成并投入运行。济南市急救调度指挥系统设在市中心医院，在市第三医院、市第四医院、市第五医院、山东省警官医院、市急救站设立5个分中心，初步建立起急救中心、分中心和各医院急诊科三级急救网络，形成以市急救中心为"轴心"、统一指挥、分块负责、相互支援、就近急救、院前急救与院内急救一体化的运转模式，全市医疗急救功能进一步完善。

1998年，由济南市政府投资在济南市急救中心设立"120"调度指挥部，安装指挥调度系统，1999年1月20日正式启用。

2000年，进一步完善"120"急救网络。与"110""119"和"122"联动，形成覆盖全市的大型快速急救网络，进一步提高快速反应能力和整体救援水平。2003年2月，中心投资30余万元，在急救车辆上加装GPS卫星定位系统，实现对急救车辆的动态监控。

2006年，市政府投资安装集有线"120"受理、无线对讲、卫星定位(GPS)、远程监控、移动图像传输5大系统和电子地图、同步录音等14个子系统于一体的设备优良、功能齐全的院前急救调度指挥中心，是当时国内最先进的"120"调度指挥系统之一。系统内有计算机20台，车载(手持)对讲机50部，监控及移动传输摄像头24个。

2009年2月9日，《济南市社会急救医疗管理办法》颁布，进一步规范社会急救医疗秩序，促进社会急救医疗事业发展。

至2010年，全市共有25个急救分中心，有不同类型急救车110辆，24小时全天候值班。

第三节 农村卫生体制改革

一、农村初级卫生保健

1990年3月，卫生部等5部委联合下发《我国农村实现"2000年人人享有初级卫生保健"的规划目标》及《管理程序》《评价标准》，济南市政府制定全市农村实现"2000年人人享有卫生保健"的目标，把初级卫生保健纳入经济社会发展规划。

1996年5月，济南市委、市政府召开济南市农村卫生工作会议，提出"把医疗卫生工作的重点放到农村"的要求。市卫生局从完善县、乡、村三级医疗卫生服务网络入手，先后对县级医疗机构、乡级医疗机构进行改貌建设，对村卫生室进行统一规划，实行乡村医疗机构一体化管理，对农村医疗队伍进行培训，开展合作医疗等。1996年，全市6个县(市)区全部通过省级评审，提前实现“2000年人人享有初级卫生保健”规划目标，成为全省初级保健合格县(市)区。

2002年4月29日，卫生部等6部委联合印发《中国农村初级卫生保健发展纲要(2001～2010年)》。2004年6月22日，济南市卫生局印发《济南市农村初级卫生发展规划(2004～2010年)》，新一轮农村初级卫生保健工作开始。规划中明确提出要通过实施农村初级卫生保健，建立健全农村卫生服务体系，完善服务功能；落实疾病预防控制措施，开展健康教育，普及卫生知识，改善农村卫生环境，建立健康文明的生活方式；推行新型农村合作医疗制度和医疗救助制度，解决农民基本医疗保健问题，防止因病致贫和因病返贫的发生，使广大农村居民享受到与经济社会发展相适应的初级卫生保健服务，不断提高农民健康水平和生活质量。济南市各级政府增加对农村卫生的经费投入，加大对农村三级卫生的建设力度，改善农村卫生基础设施，建立健全适合农民需求的卫生服务网络，开展“疾病控制体系”和“医疗救助体系”建设。至2005年，全市建成511个公共卫生综合监测点。同时推进“农民健康教育行动”，普及卫生科学知识，倡导健康文明的生活方式；搞好以改水改厕为重点的爱国卫生行动，创造清洁卫生的生产和生活环境。建立和完善以新型合作医疗制度为主的农民医疗保障措施，启动“万名医师支援农村卫生工程”。同年，济南市卫生局成立新农合办公室。各县(市)区卫生局分别对县级医疗机构进行改造。2008年，开展村卫生室标准化建设。至2010年，2366所村卫生室达到或基本达到标准要求。

二、乡镇卫生院建设

1991～2000年，济南市对乡镇卫生院进行改革开放以来的第一次改貌工程，主要对农村卫生“三项建设”(设备投资、人才培训、房屋建设)进行改貌。改貌前全市乡镇卫生院建筑面积24.7万平方米，其中业务用房面积15.25万平方米，危房面积3.35万平方米。经过改貌建设，至1996年，全市乡镇卫生院总面积30.81万平方米，其中业务用房面积为19.13万平方米，乡镇卫生院医疗用房条件有较大改善。根据卫生部关于《乡镇卫生院建设标准》中装备标准规定，所有改貌乡镇卫生院统一配备设备14种(X光机、心电图机、显微镜、洗胃机、高压消毒锅、产床、婴儿秤、冰箱、冷藏包、手术床、无影灯、B超、分光光度计、激光机)。改貌前全市乡镇卫生院共有X光机93台、B超机35台、心电图机40台、分光光度计26台、手术床83张、无影灯58个、洗胃机33台、产床74张、冰箱89台、显微镜97台；改貌后，X光机增加3台，B超增加21台，心电图机增加2台，分光光度计增加21台，手术床增加5张，冰箱增加17台，洗胃机增加27台，产床增加21张，共计增加117台件，使乡镇卫生院诊疗检查手段不断增强。同时对全市乡镇卫生院卫生技术人员进行培训，1991～1996年，累计培训512人，占卫生技术人员的24%；全市乡镇卫生院改貌共筹集资金3824万元，其中省级财政投资163万元，市级财政投资129万元，县级财政投资355万元，乡镇投资1318万元，单位自筹1601万元，其他投资258万元。1996～2000年，济南市每年拿出120万元、各县(市)区每年各拿出10万元，重点抓好乡镇卫生院建设，到2000年全市乡镇卫生院全部达到国家标准。至2000年，济南市乡镇卫生院129所，已完成改貌任务的113所，占总数的87.6%，总投资额1.04亿元，其中设备投资2747万元、人才培训投资242万元、房屋建设投资7400万元。

2006～2007年，济南市进行乡镇卫生院第二次改貌工程。2006年，市政府提出要对全市75所乡镇卫生院进行全面改造，启动全市新一轮乡镇卫生院改造建设。2006年在章丘、商河16所乡镇卫生院先行试点，2007年全面铺开。至2007年年底，全市75所乡镇卫生院建设任务全部完成，新建30所、改扩建35所，总规划建设面积20余万平方米。在对基础设施统一规划建设的同时，还为75个乡镇卫生院统一配备救护车、500毫安X光机、彩色B超、血球计数仪、生化分析仪、医疗垃圾清运车、医用垃圾焚烧炉、高压消毒柜8大件主要医疗设备共300余台件。为每个卫生院统一培训7名技术骨干，先后有500余名技术骨干接受培训。两轮乡镇卫生院建设共投入资金2亿余元，分别由市、县两级财政按不同比例承担，其中市级财政投入资金6700余万元。

三、乡村卫生一体化管理

乡村医疗机构一体化管理，是把乡镇卫生院和行政村卫生室纳入一体，形成由政府统一领导、卫生部门统一管理的办医形式，是一种新的农村基层卫生组织管理模式。基本内容是“三制五统一”。

济南市自1996年开始在全市推行乡村医疗机构一体化管理工作，从“一制五统一”[①]抓起，逐步提高到“三制五统一”。至1996年年底，共有65个乡镇实行一体化管理，占所有乡镇的61.9%。

1997年11月，中共中央、国务院下发《关于卫生改革与发展的决定》（以下简称《决定》）中规定，乡村卫生组织的经营管理形式可根据各地实际情况确定。3月，山东省委、省政府在贯彻落实中央《决定》的意见中指出：“村级卫生组织以集体办为主，因地制宜地推行乡村卫生一体化管理模式，强化乡镇卫生院对村级卫生组织的业务指导和管理。”1997年年底，济南共有97个乡镇实行一体化管理，占所有乡镇的92%。

1999年，市卫生局印发《贯彻〈山东省村卫生室管理办法〉稳步推行乡村医疗机构一体化管理的通知》和《关于印发〈济南市乡、村医疗卫生机构一体化管理暂行规定〉的通知》，确定卫生室由村集体举办、乡镇卫生院管理，乡医实行聘用制和卫生室规划、行政、业务、财务、药品等为主要内容的统一管理。

至2008年，全市乡镇卫生院上划管理工作全面完成。全市乡村一体化管理以乡镇卫生院为单位达100%，以村级卫生室为单位达70%。

四、村卫生室标准化建设

2008年，市卫生局、市财政局联合下发《关于印发〈济南市村卫生室标准化建设实施方案〉的通知》，启动村卫生室标准化建设。至2010年，全市2366所村卫生室达到或基本达到标准要求。

五、农村社区卫生服务

1999年，济南市实施农村社区卫生服务试点。章丘市先行试点，之后逐步向全市推开。至2000年，全市开展社区卫生服务的乡镇有97个，占乡镇数的97%。以户为单位建立家庭健康档案64.63万份，占总数的71.3%；签订社区卫生服务合同20.07万户，占总数的22.1%；共举办各类培训班39期，培训5870人，参加省以上培训、外地参观学习的有151人。

2005年，全市建立农村社区卫生服务中心65个，服务站1246个，覆盖人口180万人，占济南市农业总人口的60.75%。全市农村30%的乡镇卫生院实现职能上向社区卫生服务中心的转变，45%的村卫生室实现向社区卫生服务站的转变，90%以上的乡村医务人员接受社区卫生服务理念，45%的乡村医务人员接受过社区卫生服务技能培训。至2010年，全市农村社区卫生服务实现全覆盖。

① 乡村医生聘任制，卫生院对村卫生室实行统一规划布局、业务、行政、财务管理、药品购发。

六、卫生支农

1986年，市第一医院与聊城地区东阿县高集卫生院实行横向联合，建立医疗联合体，先后派4批9名医生常住卫生院，全年诊疗次数8000余人次，门诊手术200人次，住院手术100人次。

1990年，市卫生局选派市中心医院、市第一医院、市第二医院、市第三医院、市第四医院、市第五医院及市传染病医院、儿童医院、妇幼保健院、中医医院、职业病防治院、口腔病医院的医务工作者共75人组成12支医疗队到章丘、长清、平阴、济阳、商河5县及历城区的16个基层医疗单位，重点是乡镇中心卫生院及贫困、边远乡镇卫生院进行业务技术指导，帮助乡村卫生院健全规章制度、拓宽业务范围、发展重点专业、提高其技术和管理水平。有些医院还向农村卫生院赠送部分医疗器具。

1991年，市级医疗机构年内派出2批24支医疗队130多人到农村基层医疗单位帮助工作。1992年，市级医疗机构年内派出2批24支医疗队，共120多人到乡镇卫生院帮助工作。

1998年，全市共组织下乡医疗队97支526人次，其中3个月以上常驻农村医疗队27支109人次；1～3天的短期下乡巡回医疗队70支417人次。共诊治农村病人3.07万人次，手术226人次；捐赠医疗设备539台件，价值158.18万元；捐赠药品价值近5万元；举办医务人员培训班和讲座106次，培训农村基层卫生技术人员1048人次；帮助对口支援单位开展新技术94项；培养开展新技术的专业班子52个；免费接受农村卫生技术人员进修118人。

1999年，全市共组织下乡医疗队82支728人次，诊治病人7.76万人次，手术373例，捐赠医疗设备488台件、价值150.14万元，举办医务人员培训班和学术讲座116次，培训农村基层卫生技术人员2320人次，免费接受农村基层医院到市区医院进修121人次，帮助对口支援单位开展新技术94项，培养开展新技术的专业人员班子52个。

2000年，全年为6个农村县(市)区基层卫生单位捐赠医疗器械及药品价值343.68万元；举办基层卫生技术人员培训班313期，培训4200人次；派出各种形式巡回医疗队200余支，诊治农村病人13.25万人次。

2001年，全市下派医疗队28支、266人次，诊治病人6.06万人次，开展手术338例，支持医疗设备、药械15万元，接受进修149人次。2002年，下派医疗队16支，医护人员56人，支援基层医疗设备器械30多万元，诊治7000余人次，其中，为48名家庭贫困的白内障患者成功进行复明手术。

2005年，全市各级医疗机构派出医疗队49支、医疗队员541人，赠送医疗器械设备80余件，价值149.3万元。接受基层进修人员198人次，对口支援乡镇卫生院42所。组织60余名专家教授，以赶大集的形式为农民进行健康咨询、专家义诊等活动，为300多名患病农民免费发放3000余元的药品。

2006年6月，启动“360工程”，即山东省360个重点乡镇卫生院骨干技术人员培训。全市17所重点乡镇卫生院参加培训，每所重点乡镇卫生院派7名业务骨干参加培训，培训专业涉及内、外、妇产、传染、急症、手术护理、医技(B超、放射、检验)7个专业，分3个批次进行，每个批次半年，结业由省卫生厅统一组织考核。培训基地为市属地医院中的教学医院，选择医院中教龄长，带教经验丰富，职称高、学历高的医师为带教老师，实行导师制。受省卫生厅委托，市卫生局还组织专家编写培训大纲并配发教材。培训内容以实用技能培训为主，实际解决乡镇卫生院的技术缺陷。培训经费由省财政、市财政和培训基地共同承担。至2007年年底，济南市通过该项目共培训3批119名重点乡镇卫生院骨干技术人员。

2007年6月，启动“1127工程”，即全省剩余的1127所一般乡镇卫生院骨干技术人员培训项目，借“360工程”的体制一并解决济南市其他58所乡镇卫生院的技术人员培训问题。该项目运用“360”的整套操作方法对济南市其他的58个乡镇卫生院的技术骨干进行专业培训，培训体制、大纲、组织形式均与“360”工程接轨。培训涉及14个专业，每个批次半年。至2008年5月全市已经培训114名乡镇卫生院骨干技术人员。

2009年，实施“卫生强基工程”，主要抓好市、县级医疗机构帮助乡镇卫生院建设特色专科门诊、培训技术骨干和乡镇卫生院帮扶村卫生室取得优异成绩的典型，推广先进经验做法。至2010年年底，共有10家市级医院支援17个乡镇卫生院，派出医师247人，诊疗门诊人次4.27万人次，急诊人次3184人次，开展手术1060次，会诊及疑难病例讨论362次，开展新技术业务37项，健康查体5385人次，义诊6342人次。

2010年，制定《关于进一步帮扶商河卫生事业大发展的工作方案》，明确由9家市属和2家县属医疗机构对口帮扶商河县12家乡镇卫生院。

七、新型农村合作医疗

2003年8月，济南市委、市政府制定《关于进一步加强农村卫生工作的决定》，提出济南市从2003年下半年起选择部分县(市)区进行新型农村合作医疗制度试点，取得经验后逐步推开。本着“提高筹资水平、加强基金监管、扩大覆盖面、提高受益率”的目标要求，不断完善新型农村合作医疗制度试点工作。同年11月，平阴县率先在全市开展新型农村合作医疗试点工作。至2010年，全市新农合实现全覆盖，在10个县(市)区75个乡镇全面推开，乡镇、村覆盖率100%，参合率98%。济南市新农合制度框架及运行机制基本形成，新农合对农民健康的保障作用逐步显现。

(一)筹资额度。2003～2005年济南市参合农民人均筹资水平为20元，其中个人缴纳10元，各级财政补助10元；2006年提高到40元，其中个人缴纳10元，各级财政补助30元；2007年增加到50元，其中个人缴纳10元，各级财政补助40元；2008年增加到70元，其中个人缴纳10元，各级财政补助60元； 2009年人均筹资100元，其中个人缴纳20元，财政补助80元；2010年人均筹资130元，其中个人缴纳20元，财政补助110元。

(二)参合率。平阴县自2003年起开展新型农村合作医疗试点，参合率80%。2004年，章丘市全市及长清区和历城区部分乡镇进行新型农村合作医疗试点工作，109.69万农民参加新农合，参合率79.27%。2005年，全市9个县(市)区全部参加新农合，参合人数174.4万人，参合率86%。2006年，参合人数293.93万人，参合率91%，乡镇覆盖率100%。2007年，全市10个省级试点县(市)区(包括高新区)覆盖农业人口319.82万人，参合人数309.79万人，参合率96%，行政村覆盖率100%。2008年，参合农民319.67万人，参合率97.48%，行政村覆盖率100%。2009年，参合人数320.47万人，参合率98.75%，镇、村覆盖率继续保持100%。2010年，参合农民数为323.71万人，参合率99.98%。

(三)受益率。2003年，参合农民受益率较低。随着新农合制度的不断完善，参合农民

2003年12月，全市召开新型农村合作医疗试点工作会议

受益率逐年提高。2004年，共有45.57万人次受益，受益率41.54%。2005年，共有45.39万人受益，受益率42.37%。2006年，全市共有140.476万人次农民受益，受益率47.79%。2007年，共有285.72万人次参合农民受益，受益率92.23%。2008年，共有322.93万人次参合农民受益，受益率101%。2009年，受益参合农民393.28万余人次，受益率122.67%。2010年，受益参合农民446万人次，受益率137.79%。

（四）基金管理。济南市从试点工作开始就实行“专款专用、专户储存、专账管理”财务管理机制，确保资金直接支付、基金封闭运行，保证资金及时到位，提高资金的使用效率，降低基金的管理成本，形成医疗机构、合作医疗经办机构、财政部门和农村信用社四方互相监督的基金运行机制，从而减少资金管理上的漏洞。

基金筹措。采取多种措施确保基金筹措到位。做好农民个人缴费的征收工作，发动农民及时缴纳个人费用，由乡(镇)财政所代收，并及时转入基金专户；按照“由下至上”的原则，各试点县(市)区政府也将本级财政补助资金全额纳入财政预算落实到位；为解决特困户、五保户参加合作医疗的个人缴费困难，各试点县(市)区通过民政、慈善总会、红十字会等单位转移支付、社会募集等形式筹措资金，资助农村五保户、特困户参加新型农村合作医疗、实施医疗救助。

资金监管。制定《济南市新型农村合作医疗制度的实施意见》，各县(市)区制定新型农村合作医疗《管理办法》或《报销制度》，建立健全严格的财务制度和筹资、补偿报销程序，定期核查基金的到位情况和使用情况，使用有资质的专业会计人员，采用先进的电脑财务管理系统，保证资金的运作安全、完整、合理；确定基金实行“收支两条线”和财政社保专户管理制度，对财政社保专户的设置、使用和管理做出明确规定，确保基金的封闭运行；按照“公开透明、简化程序、易于操作、监控有力”的管理原则，严格实行县级统筹，县、乡两级审核，构筑“三道防线”监管机制，实行收支分离、管用分离、用拨分离，形成相互监督制约的有效机制：小额报销随时办理，大额报销由乡镇经办机构人员负责到县合作医疗办公室办理，到县(市)区外住院病人要到县(市)经办机构领取医疗费用补助，只要手续齐备立即办理，既方便参合农民，也进一步完善基金封闭运行制度；建立公示制度，基层医疗机构定期(一般每月1次)公示参合农民就医报销情况，接受群众监督。

（五）定点医疗机构管理。规范医疗行为，控制目录外用药。执行全省统一制定的《山东省新型农村合作医疗基本药物目录(试行)》。对群众反映药价高的问题，各单位进行不同程度的降价，降价品种300多种，降幅在20%～30%，多数药品价格与药店基本持平。同时，避免大处方、乱开药等现象的发生。

强化药品管理，降低药品成本。各试点县(市)区通过开展药品集中采购、从招标单位购药和区域配送的做法，减少购销环节，降低药品购销成本。同时，进一步加大对药品价格的监督检查力度，制止各种乱涨价、乱收费情况发生。药品收入占定点医院总收入的比例大幅降低。

完善相关政策，合理分流病人。大部分试

2006年9月，参合患者领到新农合报销款

点县(市)区结合本地实际，通过适当调整不同级别医疗机构就诊的起付线、补助比例，利用经济杠杆的调控作用，引导住院病人合理分流，使在乡镇卫生院住院治疗的病人有明显增加，平均达到近60%，基本做到“小病不出乡，大病不出县，疑难重症才到大医院”的服务格局。

第四节 城市社区卫生体制改革

1996年，济南市在槐荫区开展社区卫生服务试点。槐荫区振兴街、营市街、青年公园街道和市第五医院、槐荫区医院、青年公园卫生院3个医疗机构参加。由医院组织力量对驻地居民进行健康调查，建立家庭健康档案，对7岁以下儿童、60岁以上老人和患有高血压、糖尿病、心脏病、肿瘤等8类疾病的病人建立重点访视卡片，逐步开展为家庭成员查体、中老年保健等10多项服务。

1997年，制定《济南市社区卫生服务实施意见(试行)》，确立开展社区卫生服务的总体发展方向、工作思路、服务模式、服务载体、服务对象、服务方法、工作方式，加强宏观管理、政策研究、建章立制和队伍建设，保证社区卫生服务健康、持续发展。继槐荫区先行试点后，在市内4区21个街道131个居委会开展社区卫生服务，覆盖人口约28万，占4区人口的27%。

1998年，在试点基础上，逐步在全市推广。至年底，全市已有47个医疗机构在41个街道、275个居委会开展社区卫生服务工作，占城区街道总数的91.3%、居委会总数的75.5%，覆盖人口60余万人。

1999年，市政府下发《关于进一步发展完善社区卫生服务工作的通知》，明确社区卫生服务的指导思想和发展目标，加强各级政府对社区卫生服务的领导与管理，建立健全社区卫生服务可持续发展机制和配套政策，促进全市社区卫生服务的深入发展。至9月，全市城区45个街道的364个居委会已全部开展社区卫生服务工作；建立社区卫生服务中心45个、服务站43个，从事社区卫生服务的医务人员1052人。

2001年，基层卫生服务体系逐步完善，城市社区卫生服务不断规范和发展，继续保持全国先进水平。全市城区社区卫生服务在覆盖全部街区的基础上，人口覆盖率由54%上升到75%。引入竞争机制，采取定期检查和随机抽查相结合的方式，严格考核，调整、撤销部分不符合规划、达不到标准的社区卫生服务中心(站)。探索用招标投标方式设立社区卫生服务机构的办法，鼓励多渠道投资发展社区卫生服务，引导基层卫生资源逐步转向多元化。加强慢病社区综合防治工作，先后建立高血压、心血管病、脑血管病、糖尿病、精神病及儿童智能发育社区干预6个网络，初步形成全面管理、动态监测、综合干预的社区慢病防治机制。

2003年，天桥区、槐荫区对新设立的社区卫生服务机构向社会公开招标，促进社区卫生服务机构向多元化发展。按照实行卫生工作全行业管理的理念，加强区域内卫生资源的宏观管理，完成全市卫生系统清产核资工作，为整合卫生资源打下坚实基础。中建八局职工医院从原企业剥离，建立社区卫生服务中心，使该职工医院改制为全市国企中第一家剥离出来的民营股份制医疗机构。

2004年，城区建成113个社区卫生服务中心(站)，80%的城市居民得到低廉、优质、高效、便捷的社区卫生服务。各县(市)区结合实际，不断创新管理模式和服务模式。市中区创建全市第一个全国社区卫生服务示范区。历下区开展全国中医药社区卫生服务示范区创建活动，在社区运用中西药适宜技术治疗常见病、多发病和慢性病，取得显著效果。该区有4个社区卫生服务中心被评为省级示范中心，11个社区卫生服务站被评为市级示范站。槐荫区以创建全省城市综合艾滋病防治示范区为重点，以社区为平台，开展艾滋病防控工作。

2005年，城区已设立卫生服务机构118个，

2004年4月，卫生部派员到济南市调研城市医疗体制改革和卫生监督体制改革工作

覆盖市区全部53个街道、390个居委会，市中区、历下区、槐荫区各项指标均达到全国社区卫生服务示范区标准，并顺利通过验收。振兴街社区卫生服务中心等12个机构通过省级社区卫生服务示范区验收。落实双向转诊和社区就医的相关政策，引导小病在社区，大病进医院。

2006年，全市城区已建成126个社区卫生服务机构(社区卫生服务中心60个，站66个)，覆盖市区全部街道202万居民。历下区、市中区、槐荫区成为全国社区卫生服务示范区，济南市在全国社区卫生服务工作会议上作典型发言。全市社区卫生服务门诊(基本医疗、计划免疫、儿童保健等)150余万人次，巡诊约50万人次。开展“惠民社区”活动，为20万60岁以上的老人进行慢病普查，建立健康档案。开展医疗助困、帮残、扶贫“爱心救助”活动。累计发放“爱心服务卡”3.75万张，救助2.2万人次，为特困户减免诊疗费和优惠药品费60万元，接受爱心救助者平均每次节省费用22.98元。发展全科医学教育，培训全科医护人员1881人。

2007年，济南市被确定为国务院社区卫生服务体系建设重点联系城市，召开全市社区卫生工作会议，制定《济南市关于加快社区卫生服务的实施意见》《济南市社区卫生服务发展规划(2007～2010年)》。建立社区卫生服务机构审核专家库，实行专家现场审核制度。全市社区卫生服务机构133个(中心66个，站67个)，覆盖城区240万居民。制定《济南市社区卫生服务机构管理实施细则(试行)》，建立修订各类规章制度10类59项。健全首诊制和双向转诊制度，下发《关于促进基本医疗保险参保人员充分利用社区卫生服务的意见》，选择50个社区卫生服务机构纳入门规定点单位，提高报销比例。拓展服务功能，为居民提供惠民医疗、适宜技术、家庭访视和免疫接种等综合服务。全市社区卫生服务量464万人次，累计发放“爱心服务卡”3.8万张，救助4.3万人次，为特困户减免诊疗费和优惠药品费104.6万元，为3万人次免费进行健康查体。

2008年，按照全国社区卫生服务体系建设重点联系城市工作部署和市政府为民办12件实事的要求，对全市社区卫生服务机构进行科学规划和全面建设。联合市财政局对169个社区卫生服务机构进行标准化达标验收，达标率98.8%，标准化补助经费1980万元，政府购买公共卫生服务政策全面落实。建立购买公共卫生服务经费预拨机制，年初预付启动资金931.69万元，根据市财政、卫生、审计等部门的联合考核结果，年底省、市、区共拨付补助资金3574万元。做好适宜技术推广工作。作为全国社区卫生服务适宜技术和“安全社区”试点单位，市中区、槐荫区探索创新服务模式，公共卫生服务的内涵不断丰富。市医保办强化社区医疗机构服务经费监管，医保定点社区卫生服务机构增至138个，纳入门规的定点机构增至70个。与市政公用事业局等部门协商，解决社区卫生服务机构水、电、暖价格问题。全年全市社区公共卫生服务量679万人次，社区卫生服务机构门(急)诊量445.4万人次。新建社区居民健康档案184.5万份，建档率97.13%。

2009年，以社区卫生服务中心为骨干，社区卫生服务站为补充的社区卫生服务网络已经建成，共建成社区卫生服务机构222个(中心62

个，站160个)，标准化建设率100%。开展“落实卫生强基工程、推进医学专家进社区”行动，69所医院及预防保健机构与134个社区卫生服务机构签订对口支援协议，派驻医师183人，推广适宜技术59项，带教社区卫生技术人员639人次，接受社区卫生服务机构进修人员69人次，居民满意率94.6%。继续加强社区卫生服务与医保衔接，城镇职工医保和城镇居民医保定点社区卫生服务机构142个，纳入门规的定点机构116个，参保人员就医更加便捷。全年社区卫生服务机构公共卫生服务总量883万人次，其中门(急)诊443.42万人次。所有社区卫生服务机构均按照国家基本药物目录配备307种基本药品。建立市社区卫生服务机构药品配送中心，药品价格平均降低20%～30%。槐荫区槐村街社区卫生服务中心和天桥区北园社区卫生服务中心成为中国社区卫生协会社区诊断和精神卫生培训基地。

2010年，开展“社区卫生服务内涵建设提升年”活动和星级城市社区卫生服务机构创建活动，全市11个机构获“首届省星级城市社区卫生服务机构”称号(全省50个)。历下区在全省率先建成省社区卫生信息协同系统，天桥区、市中区、槐荫区等区级社区卫生信息平台搭建完成。新增医保定点、医保门诊社区卫生服务机构30个和28个。至2010年，全市共有社区卫生服务机构252个。

第五节　管理制度改革

一、医院管理制度改革

(一)院长任期目标责任制。1988年，市卫生局推出院长任期目标责任制方案，在市中心医院、市传染病医院和市中医医院开展试点。方案规定，院长在3年任期内，要制定出医院的发展总体目标和年度计划管理目标，以及实现任期目标的措施，将目标纳入管理责任制；市卫生局实行监督、检查、指导等宏观控制，并视其任期目标执行情况予以奖罚。5月14日，济南市卫生局与3家医院签订协议书。同年，3家医院的医疗、科研、教学、人才培养、经济收入、基本建设、职工福利等各项定量指标都超额完成。市中心医院病床使用率比计划增加13.5%，治愈好转率比计划提高1.5%，业务收入比计划增长35%。

(二)调整医疗收费标准。1989年7月1日起，按照市物价局、市卫生局、市财政局的统一部署，全市医疗机构实行新的收费标准。新标准规定：住院床位费由公费、自费两种收费标准改为一种；病房加床按普通床位收费；对一次性使用的低值易耗品，按实际消耗计价收费；利用新技术、新设备开展的医疗项目，按成本收费；对各种门诊、住院，各类手术的收费标准，也作了详细规定。医疗机构销售的药品，凡从生产厂家或医药部门进货的，西药、中成药加15%的批零差率；中草药加35%的批零差率；自制的中、西药品按医药部门同类药品的批发价格加上述批零差率。

(三)实施医院分级管理。医院分级管理与医院评审，是卫生部借鉴国际先进经验，建立和实行的一种新的医院宏观管理体制。主要内容是依据医院的不同功能、不同任务、不同规模和不同技术水平、设施条件、医疗服务质量以及科学管理水平等，将医院分为一、二、三级(三级为最高)，每个级别又分为甲、乙、丙三等，三级医院还分出一个特等，属全国最高等医院。通过分级分等，实行不同的收费标准，达到优化医疗服务系统整体结构，增强其整体功能，更好地为人民健康服务的根本目的。1992年4月，济南市成立医院评审委员会。当年对章丘市绣惠卫生院、埠村卫生院，长清县平安店卫生院、归德卫生院，历城区董家卫生院，平阴县东阿卫生院，济阳县垛石桥卫生院7所医院进行评审，均被评为一级甲等医院。济南铁路局中心医院于10月下旬通过省医院评审委员会的评审，并经省卫生厅认可为三级甲等医院。1993年，章丘市人民医院、山东省交通医院被确定为二级甲等医院；济南炼油厂医院，章丘市埠村煤矿医院，长清县万德卫生院、孝里卫生院、崮山卫生院、张夏卫生院，平阴县孝直卫生院，历城区绣川卫生院等被确定为一级甲等医院。1994年，济南市有61家市、县(区)属和部门厂企综合医院通过各级医院分级管理评审委员会评审。其中，市中心医院、市第四医院被评定为三级甲等医院；市第五医院等23家医院通过二级医院评审；济南车辆厂等36家医院通过一级医院评审。至此，济南市各县(市)区属和部门厂企综合医院中3家三级医院全部评定为甲等；25家二级医院有2家评定为甲等；15家一级医院被评定为甲等。1995年，市卫生局依据卫生部《综合医院分级管理标准(试行)》与《山东省一级医院评审细则》及其办法，对41所一级医院进行评审。其中，确定一级甲等医院21所、一级乙等医院17所、一级丙等医院3所；同时，完成对24所一级甲等医院的抽样复审工作。年内，有11所二级医院被评为二级甲等医院。2000年12月，省妇幼保健机构评审委员会按照卫生部《三级妇幼保健机构评审标准》和《三级妇幼保健机构评审标准细则》要求，对市妇幼保健院进行全面评审。经过严格评审，市妇幼保健院被评为三级甲等妇幼保健院。至2010年，济南市所有医院均实行分级管理。

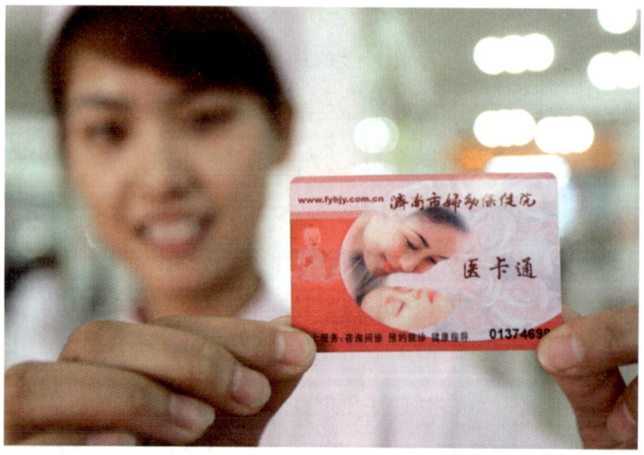

2006年9月，济南市妇幼保健院是全省首家实施医卡通工程的医院

（四）建立医院感染控制监测网。1994年7月，济南市建立医院感染监控网，加强全市医院感染管理工作，成立8家医院组成的感染监控网协调小组，作为医院感染监控网的“龙头”医院。该监控网由市卫生局直属各医院及县(市)区、厂企二级以上44家医院组成。市卫生局通过监控网对各成员单位的医院感染管理工作进行监督、检查、指导，并对各成员单位上报的医院感染管理资料进行统计分析，为管理决策提供依据。监控网办公室设在市中心医院感染管理办公室。监控网建立后，有效控制医院感染，保障病人的医疗安全。

（五）改革护理模式。1995年始，市卫生局在全市二级以上医院推行“系统化整体护理”模式，即不同层次的护理人员，按一定的标准和规范，为病人提供包括生理、心理、社会及文化等各层次护理服务与教育，病人出院还要为他们提供自我保健服务、传授自我保健技术和知识等。实行这一护理模式后，病人有事找护士变为护士主动找病人，病人住院时间缩短，护理质量明显提高。当年，新华社、《人民日报》对此进行报道。

（六）实施网上采购制度。1999年9月，济南市在市直医疗单位实施药品器械集中采购制度。成立药械采购管理办公室、药械采购专家评审委员会、质量控制办公室，建立药械供应商登记制度，药械供货登记情况档案，编制《药械集中采购品种目录》，并严格执行购销程序，明确规定由医疗单位拟定用药计划，到采购中心进行汇总统计，形成品种齐全的计划书向供货单位发放，让供货单位背对背填报底价，再由药品专家评审委员会根据中标原则进行评定，确定中标供应商并签订合同。

（七）单病种质量控制。2000年4月，在市中心医院等6家医疗单位开展单病种质量控制工作试点。主要做法：依据医疗质量特性，把医疗质量持续性、综合性具体体现于每一个病种，进行医疗全程连续性控制，以规范医疗行为，做到因病施治，合理检查，合理用药，合理住院，合理收费，为患者提供经济有效的医疗服务。

（八）推行“病人选择医生”服务模式。2000年8月，在市传染病医院先行试点基础上，在全市二级以上医疗机构全面推行“病人选择医生”服务模式。为保证这项工作的顺利开展，印发《关于推行病人选择医生促进医院内部改革的实施意见》，各医疗单位坚持“以病人为中心，以质量为核心”的服务宗旨，改变现行“坐等病人，被动服务”的就医模式，调整医患关系，为病人创造一个公开、平等、择优、满意的就医环境。使病人通过“看、问、听、察”等途径，选择满意的医生。同时，通过这种服务模式，带动医院内部一系列服务方式的改革，激励医务人员用自己的技术、学识、能力为病人提供更好的服务。

（九）住院病人费用“一日清”制度。2000年8月，在市第四医院、市妇幼保健院等12家医疗单位实行住院病人费用“一日清”制度，以提高收费使用透明度，让病人放心。其主要内容：把收费标准交给病人的同时，把病人住院日费用的详细清单交给病人，分别列出床位、手术、治疗、中西药、护理等费用，以及交费总额、支出总额和结余额，使病人对当日的费用情况一目了然。加大病人的知情、监督权，有效防止开搭车药、做搭车检查等现象，提高医院信誉。

（十）推行公示制度。2004年，在全市实行医院单品种用药总量、临床医师用药情况和医师合理用药监控公示制度。此制度系在同类药品的前提下，医院每季度对单品种用药总量进行公示，对用量较大的药品组织专家进行分析，如发现该药品在销售过程中存在回扣、提成、开单费等不良行为，要采取果断措施，将其淘汰。对同级别同专业医师中某种药品用量较高的医师，要组织专家对其用药情况进行合理性分析；如用药不合理，及时对其提出警示并提出合理化建议；如发现有收受回扣、提成等违法违规现象，将依法依纪严肃处理。

（十一）惠民医疗工程。为缓解困难群体看病难、看病贵问题，济南市于2005年12月启动“惠民医疗工程”。该工程主要服务对象是全市持有残疾军人证，烈士、因公牺牲和病故军人家属定期抚恤金领取证，带病回乡退伍军人证，复员军人证，企业军转干部优惠医疗证，残疾人证，农村五保供养证书，特困职工证，城镇居民最低生活保障金领取证的人员和参加“惠民医疗工程”的医疗机构确认的其他特困人员。以上人员在惠民医疗机构就医可享受减免优惠，并确保医疗质量和服务水平不降低，使患者满意、职工满意、社会满意、政府满意。全市首批启动16个惠民门诊、5个惠民病房、114张惠民病床和20个惠民社区。

二、从业人员管理改革

（一）从药人员持证上岗制度。1992年12月，济南市对医疗单位和医药经营单位从药人员进行重新审核、注册并颁发从药资格证，从药上岗证，无证者不得上岗。核发从药资格证的范围，系应聘到各类医疗单位、药品经营单位从事医药活动的离退休、停薪留职药学技术人员；核发从药上岗证的范围，系各类医疗、药品经营单位中无药学专业技术职务(职称)的从药人员。至年底，有80人领取从药资格证，121人考取从药上岗证。

（二）护士执业资格审核考试与登记注册。1994年，市卫生局会同市人事局、市教委联合下发《济南市实施〈中华人民共和国护士管理办法〉及山东省〈实施细则〉的工作方案》，加强对护士的管理工作。年内完成对全市医疗机构护士队伍的调查及全市(除省属单位外)6000余名护士的执业资格审核、注册、登记及千余名护士执业资格考试等工作，全市护士管理进入法制化管理阶段。

（三）专业技术职务聘任制度。1999年，在全市卫生系统普遍推行专业技术职务聘任制度，实行科学设岗、竞争上岗和聘约化管理。全市3463名中、高级专业技术人员，有3219人参加竞聘上岗，2959人获聘中、高级专业技术职务，173人获高职低聘。

(四)医师资格认定和国家考试。《中华人民共和国执业医师法》于1999年5月1日始实行。根据国家规定，济南市对1998年6月26日以前获得医士以上专业技术职务任职资格的人员，组织执业医师与执业助理医师资格的认定，经审核合格者1.52万人。对其他人员，按照医师资格考试报名条件，组织报名与考试。符合医师资格考试报名条件的1991人(含中医442人)于10月30日、31日参加由省组织的实践技能考试，其中合格者1608人(占80.8%)于11月20日、21日参加全国统一组织的医学综合笔试。

三、公费医疗制度改革

(一)分级管理。1989年8月1日，市政府对公费医疗实行分级管理，由市统管改为市、区两级管理。除市直单位仍按原规定由市公费医疗办公室管理外，区属单位连同年度经费一起划拨到所在区管理。历下区、市中区、天桥区、槐荫区分别设立公费医疗办公室，并根据本区情况制定新的管理措施，对公费医疗人员的就诊单位作调整，换发新的医疗证。

(二)改革办法。1993年1月1日，《济南市公费医疗制度改革试行办法》实施。新办法改变以往医疗费开支不与多方利益挂钩的做法，主要内容：对公费医疗经费实行定额管理，超额部分由财政、医院、享受单位分别按4:4:2的比例分担；医疗费与享受个人挂钩，门诊医疗费个人负担10%，住院医疗费个人负担5%，年度内个人累计负担最高120元，超额部分经审核实报实销，离休干部、二等乙级以上残废军人、工伤、癌症等特殊病种的医疗费，可凭医院诊断意见和单位证明信经审核报销；严格定点医疗，享受公费医疗的人员，除急症等特殊情况外，一律由本人持公费医疗证到所在单位定点医院就诊。离休干部可任选一个承担公费医疗任务的医院就诊，在职保健干部及退休职工，一般随单位定点医疗，个别特殊情况经批准可给予适当调整。

第二章　医　疗

第一节　医　院

一、省级医院

山东省立医院　始建于1897年。1986年，医院有床位692张，门诊量80万人次，出院人数1.1万人次，职工1639人，专业技术人员1123人。2004年开始组建医院集团，拥有包括山东省立医院、山东省立医院(集团)眼耳鼻喉医院、山东省医学影像学研究所、山东省妇产医院、山东省骨科医院、山东省儿童医院、山东省立口腔医院、山东省立医院(集团)东营医院、山东省立医院(集团)菏泽医院在内的9个成员单位，已发展成为集医疗、科研、教学、预防保健为一体的大型综合性三级甲等医院。2010年，有职工5000余人，开放床位3294张，门诊量302.48万人次，出院病人10.95万人次，年手术量5.3万台次，医疗服务能力连续多年居全省第一。

医院学科齐全，特色专科突出，拥有：临

山东省立医院东院区　(2010年摄)

床和医技科室119个，国家级临床重点专科建设项目10个，省级临床重点专科15个，“泰山学者”岗位13个，省医药卫生重点学科9个，省、部级重点实验室17个，省级医学中心14个，省级临床质控中心9个，省级医学研究中心18个，成立13个专业临床医学研究所和1个基础医学研究所，并建有省内规模最大、条件最好的SPF级动物实验室。成功实施世界第十七例双手十指离断再植手术，成功救治世界罕见畸形胸腹连体儿，多项医疗技术达国内、国际领先水平。

医院拥有双聘院士4人、山东省“泰山学者”岗位特聘专家13人(海外“泰山学者”3人)、国家百千万人才工程(第一层次)专家2人、省部级突出贡献中青年专家25人、享受国务院政府特殊津贴人员47人、高级专业技术人员800余人、博士生导师104人、硕士生导师229人。

医院先后获“全国卫生系统先进集体”“全国十佳文明服务示范医院”“全国百佳医院”“全国创建文明行业先进单位”等称号。院址：槐荫区经五纬七路324号。

山东大学齐鲁医院　始建于1890年，先后称济南华美医院、共合医院、齐鲁医院、山东省立第二医院、山东医学院附属医院、山东医科大学附属医院。2000年10月，更名为山东大学齐鲁医院。是集医疗、教学、科研和预防保健于一体的大型综合性三级甲等医院。

2010年，医院占地面积5.73万平方米，业务用房建筑面积近9万平方米；有开放床位2000余张，门诊量171.1万人次，出院人数6万人次，手术3万余台次。各种诊断、治疗技术位于国内一流水平。医院每年承担大量的临床教学及医学生见习实习任务，涉及博士、硕士、七年制、本科等不同层次，临床教学还包括进修医师培训、住院医师规范化培训。由医院主编的《妇产科学》《医学伦理学》《诊断学》入选国家“十一五”“十二五”规划教材，开设国家级精品资源共享课《诊断学》《医学伦理学》，省级精品课程《妇产科学》《手术学》，拥有《山东大学齐鲁医院报》《现代妇产科进展》《中国现代普通外科进展》《腹腔镜外科》4种报纸和学术刊物。

医院有临床、医技科室60个。其中：国家重点学科2个，省部共建国家重点实验室1个，国家临床重点专科建设项目单位16个，省临床重点专科建设项目单位10个，省部级重点实验室5个，省高校重点实验室5个，省医药卫生重点实验室15个，国家重大新药创制GCP平台——心血管疾病防治新药临床评价研究技术平台1个，省级重点学科6个，省医药卫生重点学科10个，省级临床医疗中心3个，省卫生科技创新联盟3个，国家基金委创新研究群体1个，是全科医生培养基地建设项目医院。有中国工程院院士1人、国家千人计划特聘教授1人、国

山东大学齐鲁医院　(2010年摄)

家杰出青年基金获得者1人、百千万人才工程专家1人、“泰山学者”12人、国家和省部级突出贡献中青年专家18人、享受国务院特殊津贴专家60人、山东省医学领军人才和山东省卫生系统杰出学科带头人24人、山东省中青年重点科技人才15人、博士生导师92人、硕士生导师195人、中心院区(济南)高级专业技术人员700余人。担任中华医学系列杂志副总编、常务编委及编委29人，担任中华医学会主任或副主任委员、常委21人，担任山东省医学会主任委员43人。卫生部专科医师培训基地29个(普通专科16个，亚专科13个)，卫生部内镜诊疗技术培训基地6个，卫生部心血管疾病介入诊疗培训基地3个，卫生部临床药师培训试点基地6个，中国创伤急救培训基地1个，美国心脏协会心血管急救培训中心1个，省级住院医师规范化培训基地18个。

专业特色科室有心血管内科、血液病科、妇产科、耳鼻咽喉科、神经外科、普通外科、消化内科、小儿内科等。专家知名教授有侯宝璋、尤家骏、赵常林、孙鸿泉、高学勤、于复新、孙桂毓、郑毓桂、张光溥、高仲书、朱汉英、张振湘、江森、王天铎、杨仁中、张茂宏、张运等。

国际国内一流医技设备有PET-CT、双源CT、256层CT、术中CT、双梯度3T磁共振、大孔径3T磁共振、1.5T磁共振、平板血管造影机、胶囊式内镜、共聚焦激光显微镜、具有CBCT和IMRT功能的电子直线加速器等。华美楼配备的两间一体化手术室、两间平板C型臂复合手术室达到世界领先水平。拥有各类仪器设备2.51万台(件)，价值7亿元。

医院先后同美国、英国、德国、瑞典、日本、加拿大、澳大利亚等国家以及中国香港、澳门地区的80多所大学、医院、科研机构建立学术交流合作关系。院址：历下区文化西路107号。

山东大学第二医院 始建于1987年，由卫生部投资兴建。1997年5月18日正式开诊，是卫生部部管医院、山东大学附属医院、三级甲等医院。

开诊以来，特别是“十一五”期间以来，医院主要业务指标每年均以20%以上的速度增长。2010年，医院开放床位1574张，设有58个临床医技科室，拥有职工2240余人，其中高级职称201人、“泰山学者”3人、博士生导师29人、硕士生导师62人。拥有PET-CT、伽马刀、直线加速器、冠脉能谱CT、3.0T核磁共振、DSA等大批先进仪器设备。

医院拥有泌尿外科、肾脏内科、临床护理学3个国家临床重点专科，10个省级临床重点专科建设项目，6个依托山东大学的省级重点学科，5个省医药卫生重点学科，4个山东省医药卫生重点实验室，3个山东省“十二五”期间高校重点实验室，7个山东大学研究院、所、中心。脑血管病的介入治疗、肾移植、产科、泌尿微创手术、妇科微创手术、消化内镜等专业或特色技术在国内或省内处于领先水平，形成神经系统疾病、泌尿系统疾病、外科微创治疗的“神肾微”特色优势。院址：天桥区北园大街247号。

山东省千佛山医院 成立于1960年，隶属山东省卫生厅，为山东大学附属医院，山东省慈善医院，是集医疗、教学、科研、康复、保健、预防、急救于一体的省级大型综合性三级甲等医院，为首批“全国百姓放心示范医院”。

1986年，医院有床位387张，门诊量6万人次，出院人数1329人次，共有职工816人。2010年，医院占地面积7万余平方米，建筑总面积18万余平方米，设有临床、医技科室83个，开放床位1700余张。在职职工2300余人，其中：“泰山学者”5人，享受国务院特殊津贴、卫生部突出贡献专家、省突出贡献专家及拔尖人才10余人；副高级以上职称专业技术人员300余人；担任高等医学院校博士、硕士生导师近200人，其中山东大学、山东中医药大学博士生招生专业21个，在职博士生导师28人，山东大学硕士生招生专业34个，山东大学硕士生导师75人。

山东省千佛山医院　　(2010年摄)

医院为国家卫生计生委脑卒中筛查与防治基地、卫生部耳鼻喉内镜与微创专业技术培训基地、胃肠微创技术(TEM)培训基地、卫生部临床药师制试点单位、卫生部临床药师培训基地、卫生部临床药师师资培训基地等。临床护理为国家卫生计生委临床重点专科。中医脑病专业联合中医科、神经内科、神经外科被卫生部、国家中医药管理局分别评为国家临床重点专科(中医脑病专科)，中医中风病科、康复医学科为国家中医药管理局“十一五”期间重点专科(专病)建设单位。人体器官移植、心血管病、神经病学为山东省“泰山学者”岗位。普通外科、心血管疾病介入治疗中心、消化内科、神经内科为山东省临床重点学科，骨科、临床护理、泌尿外科、ICU、心内科、病理科、检验科、血液内科、消化内科、妇科、呼吸内科、麻醉科、内分泌科、皮肤科、普通外科为山东省临床重点专科，中医心病学、中医针刀学被省中医药管理局评为山东省中医药重点学科，中医中风病科、肛肠科为山东省重点中医专科。普通外科、心律失常、微血管医学、风湿免疫病、器官移植肾病、急救医学、神经外科学、腹部医学影像学、临床病理学、临床药学、临床检验诊断学11个实验室为山东省医药卫生重点实验室，肛肠病实验室为山东省名中医药重点实验室。

山东法医司法鉴定中心、山东省心脏移植中心及山东省心脏移植与材料工程技术研究中心、山东省肛肠病医院、山东省普外质控中心、山东省病理质控中心、山东省临床营养质控中心、山东省输血质控中心、山东省健康管理质控中心、山东省脑卒中质控中心、山东省肝病会诊中心、山东省先心病诊疗基地、山东省牙病防治指导中心、山东省口腔保健中心、山东省中医预防保健服务中心、济南市120分中心也附设在该院。

医院同时获得开展心脏、肝脏、肾脏3种器官移植的准入资格，成为全省唯一同时获得3种器官移植的医院和全省唯一准许开展心脏移植的医院。先后开展心肾联合移植、肝肾联合移植、心肺联合移植、睾丸移植、眼角膜移植等新技术，多例肝脏移植实现术中、术后零输血。肾移植患者存活时间最长25年，并在省级三甲医院中唯一开展骨髓造血干细胞移植，被确立为中华骨髓库造血干细胞定点采集医院。微创腔镜技术与介入诊疗技术是医院特色技术品牌。

医院拥有美国瓦里安Truebeam直线加速器、德国西门子Skyra 3.0T智能磁共振成像仪、美国GE Discovery宝石高清能谱CT、数字化平板心血管影像系统、平板数字高清胃肠仪、德国罗氏Synphilin染色封片一体机、高档彩色B超、全自动生化分析系统等医疗设备。

医院在省内率先推行“无陪护”服务模式，推进优质护理服务，是卫生部首批优质护理服务示范医院。

医院先后与定陶县人民医院、禹城县人民医院、新疆石河子大学医学院一附院等9家医院建立对口支援关系，定期派专家前去工作。在此基础上，医院还与莱芜市人民医院、枣庄市立医院、山东省警官总医院、山东省交通医院、齐鲁石化集团总医院、山东铝业公司医院等近40家医院签署全面合作协议，逐步形成以“技术服务”为核心、各种医疗资源优势互补的健康服务链，同时探索集团化建设，促进优质医疗资源纵向流动。医院定期派专家到合作医院进行业务讲座、门诊及手术指导等，免费接收基层医院进修人员，经常举办针对合作医院的业务技术交流，免费为合作医院安装绩效系统与病理远程会诊系统，培训管理人员。

该院为山东省唯一省级慈善医院，先后开展“白内障复明工程”“小儿唇腭裂微笑列车”“亲体肾移植”“小儿先心病”“小儿白血病”“人工耳蜗”等慈善救助项目，并成立山东省慈善总会省千佛山医院慈善工作站，筹资150余万元用于慈善救助项目。院址：历下区经十路16766号。

山东省肿瘤防治研究院 建院于1958年。是全国肿瘤医院中较早评审、认定的三级甲等医院、中国工程院院士单位。

2010年，医院占地面积20万平方米，建筑面积15.8万平方米，固定资产6.5亿元，开放床位1315张，简易病房300张。在职职工993人，其中，高级专业技术人员274人，1人当选为中国工程院院士，10余人次入选中央联系的高级专家、中央保健会诊专家、首批“泰山学者攀登计划”“泰山学者岗位”特聘专家等，12人为山东省拔尖人才和享受国家政府特贴，40余名博士、硕士研究生导师。医院设有肿瘤外科、肿瘤内科、放射治疗科、妇瘤科、麻醉和急诊医学等4大专业28个病区，20余个医技科室和10余个基础研究室。

医院拥有PET-CT、电子回旋加速器、螺旋CT、SPECT、核磁共振、图像引导的电子直线加速器等代表国际先进水平的大型仪器设备，形成以手术、放射治疗、化疗、中医药为主体，生物治疗、冷冻、介入、骨髓及外周血干细胞移植等10多种先进技术相互配合的综合治疗优势。尤其是肿瘤的放射治疗，为国内设备配套完善、技术先进、治疗项目齐全的学科之一，于2006年被确定为首批“泰山学者岗位”，2010年放射肿瘤学团队被评为山东省十大优秀创新团队，并记集体一等功。院址：槐荫区济兖路440号。

山东省精神卫生中心 前身为山东省精神病医院，始建于1954年，1956年正式收治病人，1993年更名为山东省精神卫生中心。承担着全省精神卫生的医疗、教学、科研、社防、康复、司法鉴定、戒酒戒毒、心理咨询、对外学术交流和基层精神科专业人员的培训任务，是全省唯一省级精神疾病专科医院。由该院牵头全国20余家单位研制的《中国精神障碍分类与诊断标准》(CCMD-Ⅲ)被确定为国家标准，自2001年起在全国精神疾病诊断中推广应用。

中心临床科室齐全。开设有老年心理卫生、儿童心理卫生、身心疾病、睡眠障碍、性心理、心理测验、心理咨询、心理治疗等科室，其中省级重点学科5个。有临床医技科室30余个，开放病房14个，住院病床750张，主要收治精神分裂症、情感性精神障碍、老年性精神病、儿童青少年期各类精神障碍、戒酒戒毒和各种心理障碍患者。

2010年，山东省精神卫生中心占地面积5.3万平方米，建筑面积5.4万余平方米。有在职职工近500人，其中高级专业技术人员103人、中级专业技术人员188人，有硕士生、博士生导师10余人，兼职教授、副教授20余人。临床医师大部分具有硕士或博士学位。主办有《精神医学》杂志。院址：历下区文化东路49号。

二、市级医院

济南市中心医院 始建于1958年。是济南市属综合性三级甲等医院，是山东大学附属济南市中心医院、济南市红十字中心医院、济南市老年病研究所、济南市拥军优属医院、山东省新农合定点医院、山东省及济南市农村儿童重大疾病定点医院、国际SOS合作医院、济南市国际医疗保健中心、国家药物临床试验机构，集医疗、急救、教学、科研、预防、保健、康复和社区卫生服务于一体。

1986年，医院有床位567张，门诊量47万人次，出院人数0.7万人次，职工1009人，专业技术人员747人。2010年，医院占地面积7.17万平方米，建筑面积15.6万平方米，固定资产总额5.6亿元。医院拥有包括核磁共振、64排螺旋CT、数字胃肠、直线加速器、数字减影、彩色多普勒、血浆置换器、骨质疏松治疗仪、全自动生化分析仪、DNA测序仪、血细胞分离机、高压氧舱、高频乳腺X光机等万元以上设备1280余台(件)。有编制床位1700张。在职职工2212人，卫生专业技术人员1897人，高级职称378人，中级职称680人。享受国务院特殊津贴8人，山东省具有突出贡献的中青年专家5人，市级以上专业技术拔尖人才20人。医院设有一级业务科室24个，二级业务科室27个，其中，国家临床重点专科1个(烧伤科)，山东省医药卫生重点专业6个(烧伤整形外科、急救创伤中心、神经内科、心内科、肿瘤内科、内分泌科)，山东省临床重点专科8个(入围)，济南市医学重点专业9个(心内科、小儿内科、肾脏病中心、急救创伤、神经内科、烧伤整形、内分泌科、肿瘤科、神经外科)，山东省第四批中医药重点专科单位1个(中医科)。医院设有研究(实验)室12个，其中济南市医学重点实验室1个(中心实验室)。“肿瘤防治靶向分子研究重点实验室”被批准为省市共建重点实验室培育基地。生殖医学科被批准为全市唯一开展大精辅助生殖技术诊疗工作的医疗机构。医学实验诊断中心、肿瘤内科分别被确认为中澳、中美合作研究中心。

医院承担着山东大学本科生、研究生的培养任务，有博士生导师6人、硕士生导师44人，山东大学聘任教授31人。院址：历下区解放路105号。

济南市第一人民医院 始建于1939年，是济南市第一家公立医院。为市级综合性二级甲等医院，山东中医药大学的教学医院，承担着医疗、急救、教学、科研、预防、保健、康复、社区服务等医疗服务任务。

1986年，医院有床位246张，门诊量11.5万人次，出院人数2543人次，职工528人，专业技术人员465人。2010年，医院占地面积9000平方米，资产总额5千万元。拥有美国GE公司1.5T新一代超导磁共振、64排128层螺旋CT 、DSA(大型C臂)、日本产彩色多普勒、美国通用SP100数字拍片机(CR)、日本东芝公司生产的数字胃肠机、奥林巴斯生化仪、德国产血液透析机、钼靶机、电子胃镜、电子肠镜、腹腔镜、美国酶标仪等设备。

医院编制床位302张，年门诊量12万余人。有职工476人，其中专业技术人员435人、正高级职称13人、副高级职称51人、中级职称153人。有医学博士、硕士研究生32人，济南市专业技术拔尖人才2人。医院科室设置齐全，设有内科(心血管、呼吸、消化、神经、内分泌、肿瘤等专业)、外科(普外、胸外、神经外、骨外、泌尿外等专业)、妇产科、小儿科、血液净化中心、ICU、120急救分中心、社区卫生科、口腔科、耳鼻喉科、眼科、皮肤科、医学整形美容科、影像科、检验科、特检科、针灸理疗科、病理科、脚病治疗中心、查体科等科室。院址：天桥区明湖路132号。

济南市第二人民医院 又名济南市眼科医院，前身是始建于1923年的若瑟教会医院。为新型综合性二级甲等医院，是济南市区唯一集医疗、科研、教学为一体的大型眼科医院。1986年，医院有床位251张，门诊量25.01万人次，出院人数4532人次，职工516人，专业技术人员373 人。至2010年，医院有编制床位300张，门诊量16.13万人次，出院人数6808人次，在职职工505人，专业技术人员374人，其中高级职称89人、享受国务院政府特殊津贴3人、山东省具有突出贡献的中青年专家1人、市级以上专业技术拔尖人才16人。设有眼底病、白内障、角膜病、眼外伤、泪器病、青光眼、眼眶病、激光、眼肌、中医眼科、眼整形等十一个临床专业以及准分子激光近视治疗中心、医学验光配镜中心为主的两大诊疗中心。拥有包括准分子激光治疗设备，前、后节OCT，眼底造影系统，SLO及手术显微镜、玻切机、超声乳化仪、多焦眼电生理检查仪、眼角膜共焦显微镜大型设备41台(件)。医院拥有“全国弱视斜视防治中心济南市分中心”“山东省糖尿病眼病防治中心”“济南市眼科质量控制中心”“济南市眼科研究所”“济南市视力康复中心”“济南市眼科重点实验室”“济南市眼库”等省、市级诊疗中心，山东省医学科学院研究生教育中心研究生教学培养基地、潍坊医学院眼科硕士研究生培养基地、德国卡尔蔡司眼底病培训中心均设在该院。眼科被评为“山东省医药卫生重点专业”“济南市医学重点专业”等。院址：槐荫经一路148号。

济南市第三人民医院　始建于1951年。又称济南市创伤外科医院、济宁医学院附属医院，是济南市东部地区唯一集医疗、科研、教学、预防、急救于一体的市级综合性二级甲等医院，是全国爱婴医院、全国百佳医院。

1986年，医院有床位320张，门诊量13.04万人次，出院人数5456人次，职工528人，专业技术人员400人。至2010年，医院编制床位660张，实际开放床位455张，另有商河县龙桑寺镇分院、历城区白云湖分院两处，编制床位100余张。设60余个科室，拥有职工757人，其中专业技术人员694人、含中高级职称457人。拥有泉城卫生学者3人、泉城十大杰出青年3人、济南市专业技术拔尖人才2人、济南市青年学术带头人5人、济南市卫生系统专业技术拔尖人才6人。拥有西门子核磁共振扫描仪、大型移动式C型臂X线机、大型双层螺旋CT、直线加速器、美国产ATL彩色B超、数字胃肠机、DR数字X光机、医用空气加压舱等50万元以上先进医疗设备20余台。医院创伤显微外科为山东省特色专科，济南市A级重点专业，具有国内先进水平。中西医结合肿瘤专业是济南市重点专科，其中西医结合治疗肿瘤、肝病在济南市影响广泛。院址：历城区工业北路王舍人北街1号。

济南市第四人民医院　成立于1946年。是一所集医疗、教学、科研、急救和预防保健等任务于一体的市级综合型三级甲等医院。

1986年，医院有床位366张，门诊量29.1万人次，出院人数6343人次，职工484人，专业技术人员392人。1990年医院成为“泰山医学院第二附属医院”。1993年，被世界卫生组织和联合国儿童基金会评为“爱婴医院”。1994年被评为“三级甲等医院”。2004年更名为“泰山医学院济南临床学院”。2006年，3.6万平方米的新病房大楼启用。2007年，被确定为卫生部首批全科医学专科医师培训基地。2009年，获准成为首批山东省研究生联合培养基地。至2010年，医院开设床位680张，门诊量76.75万人次，出院人数1.92万人次。在职职工966人，专业技术人员900人，其中，兼职教授、副教授92人，高级职称179人。享受国务院特殊津贴1人，济南专业技术拔尖人才6人，济南市卫生系统专业技术拔尖人才17人。设有职能科室22个、临床科室53个、门诊科室19个、后勤科室9个，附设4个社区卫生服务中心和4个社区卫生服务站。设有“济南市心血管病治疗中心”和“济南市脊柱外科研究所”。脊柱关节病专业被评为山东省医药卫生重点专业，心血管病专业被评为济南市A级重点学科、骨外科为B级重点学科、全科医学科为建设期重点学科。医院拥有核磁共振、直线加速器等现代化、高精尖设备400余台。建有全省一流的病毒实验室、制剂大楼和全市首家医院电子阅览室。院址：天桥区师范路50号。

济南市第五人民医院　前身为济南市工人医院，始建于1950年，1972年更名为济南市第五人民医院，已成为一所集医疗、预防、教学、科研、康复、社区卫生服务、急救为一体的二级甲等综合性医院。

1986年，医院有床位320张，门诊量2.43万人次，出院人数5443人次，职工536人，专业技术人员380人。1993年通过了国际卫生组织和联合国儿童基金会工作评审，被评为国家级爱婴医院。1994年，被确定为“二级甲等医院”，2004年4月恢复加挂“济南市工人医院”牌子。同年8月，该院承租济南军区106医院，将其更名为“济南市106医院”。至2010年12月，医院拥有编制床位531张，实际开放床位492张，设有临床、医技科室36个，职能科室15个，在职职工680人，其中专业技术人员521人，具有副高以上职称的140人。医院拥有16层螺旋CT、实时四维彩色多普勒超声诊断仪、DR数字X光机、等离子双极内窥镜系统、新一代体外震波碎石机、尿流动力仪、计算机辅助设计脑立体定向系统等先进设备140余台。泌尿外科、中西医结合科、神经外科、骨外科、社区卫生服务管理科、妇产科等为重点专业。院址：槐荫区经十路24297号。

济南市传染病医院 始建于1952年，是山东省集临床、教学、科研、预防为一体的大型综合性传染病诊疗中心，山东大学附属传染病医院，国家药物临床试验基地，国家中医药防治传染病重点研究室，卫生部肝炎防治健康教育计划实施基地，山东省肝病诊疗中心。

1986年，医院有床位200张，门诊量4.58万人次，出院人数2409人次，职工278人，专业技术人员198人。至2010年，医院有床位350张，门诊量9.28万人次，出院人数5480人次，职工478人，其中专业技术人员414人，有高级职称84人。肝病、传染病及中西医结合肝病为省、市重点专业，指导山东省及周边地区各种疑难、危重病症的诊断与治疗。医院设有重症传染病救治中心、重肝治疗中心、肝病介入治疗中心、脂肪肝治疗中心、中西医结合肝病治疗中心，拥有临床科室10个，医技科室8个，病区11个。拥有国际一流诊疗设备，西门子3.0T核磁共振、PHILIPS彩色超声诊断系统、CT诊断系统、雅培及罗氏全自动生化免疫分析系统、MARS人工肝支持系统、FACS CantoTM六色荧光流式细胞仪、Fibroscan肝纤维化扫描仪、罗氏COBAS Taqman PCR检测仪等设备193台。院址：槐荫区经十路22029号。

济南市妇幼保健院 始建于1951年，原为山东省妇幼保健院，1953移交济南市卫生局管理，更名为济南市妇幼保健院。已成为集保健、预防、医疗、教学、科研为一体的三级甲等妇幼保健院，承担着对全市妇幼保健进行业务指导和培训基层妇幼保健人员的任务，是泰山医学院教学医院，泰山医学院妇产科学硕士授权教育单位。

1986年，医院有床位320张，门诊量13万人次，出院人数8034人次，职工366人，专业技术人员251人。1992年通过了联合国儿童基金会、世界卫生组织的评估，成为我国首批、山东省首家国际“爱婴医院”。1998年9月9日，济南市妇女保健所正式归并济南市妇幼保健院。2000年12月，通过了山东省妇幼保健机构评审委员会三级甲等妇幼保健院评审，2001年元月，由山东省卫生厅正式批准为三级甲等妇幼保健院。2000年8月4日，接收济南市第一人民医院分流的儿科等科室工作人员51名。2009年，济南建筑面积3.8万平方米的新建综合楼启用。至2010年，医院有编制床位320张，在职职工682人，其中专业技术人员536人，含高级职称96人、中级职称223人。设有临床、保健、医技科室25个，行政职能部门15个。拥有DR、数字化影像中心、彩超、钼靶、骨密度仪等10万元以上先进设备100余台(套)。年门诊量74万人次，出院人数2.8万人次，每年有近1万名新生儿在这里诞生。围产保健专业和优生学专业是山东省医药卫生重点专业，妇女医疗保健是市级重点专业，产科是山东省临床重点专科，出生缺陷诊断实验室是市级重点实验室。院址：市中区建国小经三路2号。

济南儿童医院 始建于1957年。是山东省规模最大，集医疗、急救、预防、康复、保健、教学、科研为一体的综合性儿童医院，是卫生部首批儿科医师培训基地、省卫生厅指定的三级甲等住院医师规范化培训基地、山东大学教学医院、泰山医学院教学医院和硕士学位授予点。

1986年，一期工程病房楼、门诊楼启用。有床位221张，门诊量33万人次，出院人数2905人次，职工374人，专业技术人员269人。1997年，完成二期工程连体楼建设。2004年，与山东大学齐鲁医院以托管的形式成立了“山东大学齐鲁儿童医院”。2009年“六一”节时，3万平方米的新病房大楼启用。至2010年，医院开放床位520张，在职职工478人，其中卫生专业技术人员416人，含高级职称75人。年门诊量61.8万人次，年收治住院病人1.8万人次，拥有儿童螺旋CT、DR、全自动生化分析仪等万元以上大型医疗设备150余台套。设有内科、外科、急救、保健、康复等临床专业，建立山东省残疾儿童康复技术指导中心、山东济南哮喘病防治研究中心、济南市儿童心脏病治疗中心、济南市医学实验诊断中心、济南市急救中心儿童急救分中心、济南市儿童健康管理中心。院址：槐荫区经十路23976号。

济南医院　始建于1975年，是市卫生局直属的二级甲等综合性医院，济南市首家康复医院及唯一老年病和职业病防治医院，济南市首批医保及新农合定点医院，全市肢残评定定点医院，全省残疾人机动车驾驶体检定点医院。

1986年，医院有床位130张，门诊量1.68万人次，出院人数156人次，职工245人，专业技术人员153人。1988年更为现名。同年，济南市卫生防疫站劳动卫生科移交济南医院，并建立济南市劳动卫生监察监测站。1998年，为适应社会老龄化发展趋势，成立了济南市第一老年公寓。2002年，济南市劳动卫生监督监测站工作人员分流进入济南市疾病预防控制中心和济南市卫生监督大队。2006年，医院新门诊楼启用。至2010年，医院拥有在职职工317人，其中专业技术人员283人。开放床位198张，共设有科室49个。职业病专科是全市唯一专业学科，市级重点专业。拥有双螺旋CT、DR、彩超仪、数字胃肠机、大型生化仪、五分类血细胞分析仪、血气分析仪、大型肺功能仪、原子吸收分光光度计等先进的现代化设备。医院先后获得中国质量万里行理事单位、全国诚信和谐医院、服务百姓健康示范医院及健康保健工作先进集体等荣誉。院址：历下区历山路63-1号。

济南市口腔医院　始建于1952年，1984年更现名。1986年，门诊量1万人次，职工123人，专业技术人员68人。至2010年，门诊量19.8万人次，有在职职工193人，其中中高级专业技术人员126人。设有口腔内科、口腔外科、口腔儿科、修复科、正畸科、特诊科6个临床科室，二级资质的济南市口腔医院东院一所和泺文门诊、东关门诊、中大门诊、山大南路门诊4个院外门诊部。口腔修复、正畸专业是济南市医学重点专业。设有卫生部口腔种植中心济南人工种植牙技术辅导站、济南市齿科修复中心、济南市儿童齿科治疗中心、济南市口腔专业质量控制中心。开展了数十项口腔临床治疗新项目，其中显微根管治疗技术、热牙胶充填术、引导性牙周膜再生术、儿童萌初期含牙囊肿手术、妙弓矫治术、义齿修复、口腔微创技术等均达到国内领先水平。拥有140台先进的牙科综合治疗椅，口腔锥形束3D影像系统、数字化全瓷修复体设计制作系统、数字化曲面断层全景X光机、口腔根管显微镜等国内外先进的诊疗设备。院址：市中区经六纬二路101号。

济南市民族医院　始建于1952年(济南市回民卫生所，1991年更名为济南市民族医院)，是济南市卫生局直属的一级甲等综合性医院，是山东省暨济南市首家为少数民族同胞服务的医疗机构，是首家惠民医院，也是济南市政府确立的少数民族工作对外开放“七大窗口”之一。附设七里山社区卫生服务中心和泺源回民社区卫生服务站。

1986年，医院有床位5张，门诊量2.75万人次，职工54人，专业技术人员44人。2006年成建制转型为社区医疗机构。2007年3月，与西藏白朗县医院合作建立藏医科，藏医师长期坐诊。2009年以来，全力打造康复医学科，形成了特色服务品牌。至2010年，医院有编制床位50张，门诊量7.65万人次，出院人数239人次，在职职工89人，专业技术人员77人，拥有数字化X射线摄影机(DR)、数字化胃肠仪、彩超机、全自动生化分析仪等万元以上设备10余台(件)。设有临床科室18个、职能科室6个。康复医学科、藏医科、国医堂、体检科为特色品牌科室。院址：市中区文化西路125号。

济南市皮肤病防治院　始建于1926年，是济南市卫生局直属的公立非营利性专科医院，1991年经市政府批准成立济南市性病防治研究所，与市皮防院合署办公。承担全省及济南市麻风性病防治、皮肤病诊疗及社区卫生等服务。曾获全国卫生系统先进集体、全国麻风病防治先进单位、全国敬老文明号、全国五四红旗团支部等荣誉称号。

1986年，医院住院部设有床位140 张，市区门诊359平方米，年门诊量3.6万人次。2010年，市区门诊扩建至2000余平方米，年门诊量增至6万人次，住院部改扩建至4400平方米，设置床位200张，新建制剂车间750平方米，拥有自制剂50种。医院有中高级专业技术人员63人，其中济南市拔尖人才1人、市卫生系统拔尖人才5人、享受国务院特殊津贴1人、南丁格尔奖获得者1人、市卫生系统医学重点专业1个。医院拥有308准分子激光、点阵激光、激光光子治疗平台、半导体激光、全仓治疗仪、过敏源检测治疗系统、彩色多普勒超声诊断仪、DR数字X光机等世界先进设备。临床科室有皮肤内科、皮肤外科、性病科、中西医结合门诊、激光美容治疗科、美容外科、理疗科、病理检验科，附设社区卫生服务中心、站。设有山东省艾滋病筛查实验室、济南市性病监测中心实验室、全省麻风重症转诊救治中心、全省麻风现症病人治疗中心。院址：槐荫区经三路165号。

三、驻济南部队医院

2010年，驻济南部队医院规模较大的有：济南军区总医院、济南空军456医院、武警山东总队医院。

济南军区总医院　始建于1943年。1986年，医院有床位600张，门诊量24.6万人次，出院人数1.1万人次，职工950余人，专业技术人员800余人。至2010年，拥有床位2000余张，设临床、医技科室58个，门诊量49.2万人次，出院人数3.7万人次。拥有各类专业技术人员2000余名，其中，高职专家287人，博士、硕士研究生导师71名，享受政府特殊津贴21名，全军高层次科技创新人才1名，军区高层次人才培养对象24名。拥有6个全军医学专科(专病)中心，5个国家(军队)基地，6个军区医学研究所，10个军区诊疗中心。PET-CT、ECT、320排CT、双梯度1.5T磁共振、检验流水线、DSA、超级伽马刀、三维超声等设备均达国际、国内先进水平。是集医、教、研、预防、保健于一体的现代化综合性三级甲等医院。院址：天桥区师范路25号。

济南军区第456医院(济南空军456医院)　始建于1953年，是一所集医疗、预防、保健、教学、科研于一体的综合性三级甲等医院。2004年改称中国人民解放军济南军区456医院，主要担负济南地区部队官兵和人民群众的医疗保障任务。

至2010年，医院占地面积12.53万平方米，医疗用房总面积4万余平方米，开放床位500张。拥有临床医学专业38个，军区级专科中心3个，分别为优生优育技术指导中心、肾病中心、神经内科中心。拥有高级职称医疗技术人员61名、中级职称医疗技术人员72名、博士18名(含博士后3名)、硕士46名。先后引进核磁共振、64排螺旋CT、大型数字胃肠机、直线加速器、多普勒彩色超声系统、大型血管造影系统等高端设备百余台，设备总价值1亿元。院址：天桥区无影山路25号。

武警山东省总队医院　始建于1951年，前身为解放军138医院，1983年转隶为武警山东省总队医院，是一所集医疗、教学、科研、急救、预防、保健及军事医学于一体的三级甲等医院。

2010年，医院占地面积2.87万平方米，医疗用房4.2万平方米，工作人员888人，其中高级专业技术人员152人、中级专业技术人员322人、享受国务院和军队特殊津贴25人。有展开床位635张，设立专业46个，科室34个，其中外科12个、内科11个、医技科室10个，年门诊量20万人次，住院量2.1万人次，手术通过量1.2万台次，是省市医保、新农合定点医院。

医疗设备先进，拥有64排128层螺旋CT、1.5T超导核磁共振、数字化多功能X线诊断系统、大型移动式C型臂X线诊断仪、全自动生化分析仪、准分子激光治疗仪、等离子关节镜手术系统、超声刀、绿激光等一系列国际、国内先进的高、精、尖医疗设备，总值逾2亿元。

医院技术力量雄厚，拥有武警部队耳再造中心、脊柱微创治疗中心、医学影像诊断中心、中国肿瘤研究基金会武警分会山东肿瘤防治中心、山东省肢体残疾康复技术指导中心等多个军地医学中心。形成以骨科、神经内科、神经外科、肿瘤科、烧伤科、耳鼻咽喉头颈外科、妇产科、医学影像科等专业为主导的优势学科群。其中耳再造技术、脊柱微创治疗技术在国内居于领先水平。承担军地科研课题100余项，获科技进步、医疗成果奖60余项，其中一等奖2项，二等奖7项，获国家专利25项。院址：历下区浆水泉路12-8号。

四、区县级人民医院

至2010年，济南市有历下区、市中区、槐荫区、天桥区、历城区、长清区、章丘市、平阴县、济阳县、商河县10家区(县)级人民医院。

第二节　医疗队伍

1986年，全市共有医疗机构1184所，卫生工作人员3.58万人，其中卫生技术人员2.74万人。

1988年6月，市属医疗卫生单位12个系列的技术职称评定工作结束：获高级职称的426人，占8.02%；获中级职称的1270人，占23.9%；获初级职称的3159人，占59.5%。首次聘任4597人，占现有专业技术干部的86.6%，其中高聘的2899人，高聘率63.06%。对离退休人员实行任命制，共任命专业技术干部357人。

1993年2月，卫生部发布《临床住院医师规范化培训试行办法》，济南市启动住院医师规范化培训工作。2003年，启动专科医师培养与准入制度。

1998年，济南市成立济南市住院医师规范化培训领导小组，开始实施住院医师规范化培训，二级以上医院新入院医师必须在本院进行第一阶段培训，第二阶段在济南市卫生局确定的10个单位的42个学科培训基地进行。每年4月份参加全省统一考试，经考核合格后方可正式上岗执业。

1998年6月，全国人大常委会第三次会议通过《中华人民共和国执业医师法》(以下简称《执业医师法》)，自1999年5月1日起施行。《执业医师法》确立医师资格考试制度和医师执业注册制度。根据国家规定，济南市对1998年6月26日以前获得医士以上专业技术职务任职资格的人员，组织执业医师与执业助理医师资格的认定，经审核合格者1.52万人；对其他人员，按照医师资格考试报名条件，组织报名与考试。符合医师资格考试报名条件的1991人(含中医442人)，于10月30日、31日参加由省组织的实践技能考试，其中合格者1608人(占80.8%)于11月20日、21日参加全国统一组织的医学综合笔试，这是第一次组织参加全国性的医师资格考试。

1999年7月，卫生部发布《医师执业注册暂行办法》，实行医师执业注册制度。2001年6月，卫生部下发《关于医师执业注册中执业范围的暂行规定》。至2010年，在济南市卫生局及各县(市)区卫生局注册的执业医师、执业助理医师两个级别的临床、口腔、公共卫生和中医4个类别的医师17587人。

2007年2月，卫生部发布《医师定期考核管理办法》。济南市于2008年9月印发《关于切实做好医师定期考核工作的通知》，确定济南市医师协会和27个医疗机构为医师定期考核机构，开始实施每2年一周期的医师考核工作。

2010年，全市共有医疗机构5086所，卫生技术人员3.94万人，其中医生1.76万人、注册护士1.39万人、药剂人员2848人、检验人员2310人、其他人员2724人；每千人拥有卫生技术人员6.52人，其中医生2.91人、护士2.3人。

第三节　医疗技术

一、医疗专业技术中心

1988年6月23日，济南市眼科研究所在市第二医院成立，中国第一部眼科激光专著《激光眼科学》主编、主任医师卢信义任所长。

1991年，市第三医院成立济南市创伤显微外科中心。

1992年4月，市第一医院成立临床免疫中心。6月16日，市中心医院成立济南市首家老年病研究所，该所以医院为依托，设有老年呼吸病学、消化病学、心血管病学等18个专科及老年病中心实验室。10月30日，市中心医院成立省内首家类风湿病研究治疗中心。

1993年1月12日，市儿童医院成立市小儿麻痹后遗症矫治康复中心。9月6日，市中心医院成立市聋儿康复技术指导中心，王立群任主任，王燕如任副主任。10月3日，市第二医院成立低视力防治中心。10月6日，市第五医院成立“齐鲁泌尿男性学疾病诊断治疗中心”。同年，市牙病防治指导中心成立，下设办公室，挂靠在市口腔医院。

1994年5月16日，市中心医院与美国百特公司合资的友谊血液净化中心开诊。

1996年7月，市新生儿疾病筛查中心在市妇幼保健院正式成立，覆盖6区1市3县，标志着新生儿疾病筛查工作在济南市的全面推开。济南市逐渐建立起由131所具有产科业务的医院、筛查实验中心、随访网络、治疗中心、质控中心形成的新筛网络系统，对甲状腺功能低下和苯丙酮尿症两种先天性遗传疾病进行筛查。筛查资料实行微机化管理，网络环节严密，分工明确，具有完整的质量控制体系。2001年5月21日，市新生儿疾病筛查中心通过山东省新生儿疾病筛查中心资格评审团的资格评审，成为山东省17个地市中第一个通过评审的新生儿筛查中心。2003年，该中心又率先在北方地区开展对葡萄糖 6 磷酸脱氢酶缺乏症及先天性肾上腺皮质增生症两种先天性疾病的筛查。8月，市口腔医院成立市儿童齿科治疗中心。

1997年4月3日，市儿童医院成立市儿童哮喘防治研究中心。10月13日，市口腔医院成立市齿科修复中心。

1998年5月15日，市第三医院成立济南市手外科治疗中心。8月3日，市口腔医院与卫生部口腔种植科技中心合作成立卫生部口腔种植科技中心济南人工种植牙辅导站。12月3日，市第三医院成立历城区道路交通事故伤员伤情鉴定中心。

1999年4月30日，市儿童医院成立山东济南脑瘫治疗康复中心。7月16日，市第二医院验光配镜中心经省社会公证计量行眼镜质量认可，正式挂牌。同年，市妇幼保健院与卫生部重点实验室广州中山医科大学达安基因诊断中心合作，在中心实验室建立出生缺陷儿的基因库。11月27日，市中心医院呼吸内科成立“哮喘之家”。

2000年5月，市妇幼保健院与北京同仁医院耳鼻喉研究所协作，成立全省首家新生儿听力筛查中心，建立全国一流的新生儿听力检测实验室。5月19日，市中心医院儿科成立山东省首家“儿童健康之家”。8月，市妇幼保健院购入当时全国最先进的产前筛查设备，率先在山东省内开展产前筛查工作，对先天愚型(21-三体综合征)、神经管缺陷和18-三体综合征进行产前诊断，对预防先天性缺陷儿出生，提高济南市乃至全省出生人口素质具有重要意义。同年，市中医医院成立全国针灸临床研究中心山东济南中心。

2001年4月29日，市第四医院与南京康寿医疗器械有限公司联合开办眼科白内障复明中心，签订合作开展超声乳化白内障复明技术协议。8月28日，市妇幼保健院成立全省首家子宫颈疾病诊断治疗中心，对子宫颈疾病患者进行筛查，早期诊断，并进行早期干预治疗。该中心引进世界上最先进的细胞学检测系统(新柏氏TCT系统)，电子阴道镜及LEEP刀(子宫颈电圈环切刀)、对子宫颈病变进行系统诊断、治疗，在全国尚属首家。10月，市妇幼保健院与北京医网现代医学中心合作引进世界卫生组织(WHO)母婴及妇女保健研究培训合作中心的研究项目，建立更年期妇女保健综合指导中心，该中心是当时山东省唯一为广大妇女儿童的疾病诊治和保健提供更高层次服务的专业治疗指导中心。同年，市中医医院成立中医药治疗保健康复中心。

2002年2月，市第一医院成立康复治疗中心。3月，市第一医院成立三叉神经痛诊疗中心。3月27日，山东省急性心肌梗塞绿色通道在济南市中心医院正式挂牌成立。中国著名心脏病学专家、介入心脏病学创始人、济南市客座教授、北京大学人民医院胡大一教授参加揭牌仪式。5月20日，市中心医院组织申报的省级特色专科“急救创伤中心”，顺利通过由省卫生厅组织的专家评审。经山东省重点专业学科和特色专科评委会初评，该专业成为省级重点特色专科。8月2日，市卫生局批准市妇幼保健院成立山东省生殖健康中心济南分中心、济南市不孕症遗传诊疗中心。11月26日，市第二医院成立济南市低视力配镜中心。

2003年1月，市传染病医院成立济南市脂肪性肝病诊疗中心。1月17日，市脊柱外科研究所在市第四医院正式成立。同日，市卫生局批准的“济南市儿童脑瘫医疗康复中心”、市残联批准的“济南市儿童脑瘫康复中心”在市儿童医院正式挂牌。3月1日，市心血管病研究所暨上海第二医科大学附属瑞金医院上海心脏中心济南市分中心在市第四医院正式成立。3月8日，市第一医院成立血液净化中心。5月，市口腔医院成立“健雅义齿加工中心”。7月，市传染病医院成立济南市肝病介入治疗中心。12月，济南医院成立济南市残疾人康复中心。同年，济南医院成立高血压病诊疗中心、糖尿病诊疗中心、物理肛肠治疗中心、前列腺治疗中心。

2004年2月17日，市儿童医院成立市儿童脑瘫筛查中心。6月17日，市儿童医院成立济南儿童心脏病治疗中心。12月，济南医院与北京北大医院合作成立济南医院肿瘤诊疗中心，是山东省首家以微波全身热疗技术治疗恶性肿瘤的治疗中心。12月17日，市第五医院与济南泰威制药有限责任公司签订技术合作协议书，在医院现有心血管内科人员、设备基础上，成立济南市第五人民医院心脏介入中心，同时成立北大第一医院心脏介入治疗分中心。

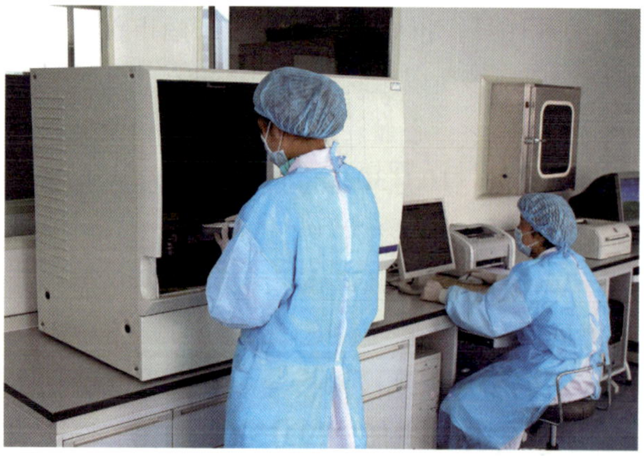

济南市疾控中心实验室　(2006年摄)

2005年1月6日，市第四医院介入治疗中心正式成立，中心拥有国内先进的大型数字减影血管造影机(简称大C臂)，能满足心血管及外周血管介入治疗，居国内领先水平。1月，市残联和市卫生局在济南市中心院举行“济南市言语听力康复训练中心”挂牌仪式。该中心的前身系1985年成立的聋儿语训班，1992年被市残联定为“济南市聋儿康复技术指导中心”。2003年医院为该中心重新选址，投资30多万元，进行精心设计和装修，承担全市社区聋儿康复工作的技术指导。3月，经山东省卫生厅批准，市妇幼保健院产前诊断中心在全省医疗及妇幼保健机构中成为首家获得产前诊断专项技术执业许可的产前诊断中心。5月19日，由市中心医院和山东中医药大学共同创办的全国首家“情志病证临床研究中心”揭牌暨开诊。5月31日，市儿童医院成立济南市儿童医学实验诊断中心。7月8日，市第四医院成立市食管狭窄治疗中心。7月28日，市儿童医院举行“山东省残疾儿童康复技术指导中心”揭牌仪式。该中心下设山东省“聋儿康复言语中心”“脑瘫康复儿童中心”“孤独症康复儿童中心”“智力残疾儿童康复中心”。8月16日，市产前诊断中心在市妇幼保健院正式挂牌成立。该中心在全省医疗及妇幼保健机构中成为首家获得产前诊断专项技术执业许可的产前诊断中心。同年，市传染病医院在市级医院中率先成立“一氧治疗中心”。

2006年10月18日，市儿童医院和市中心医院、市第四医院共同组建成立“济南市病原微生物网络实验室”。11月12日，市产前诊断中心PCR实验室通过卫生部临床中心的技术验收。

2008年，市第一医院成立济南市泌尿外科诊疗中心。

2009年，在市中心医院设立了济南市国际医疗保健中心，为到济南外籍人员的医疗保健服务。在市儿童医院设立了山东济南儿童呼吸病介入诊疗中心，在省内率先开展了儿童疑难呼吸系统疾病介入诊疗工作，率先在全国开展

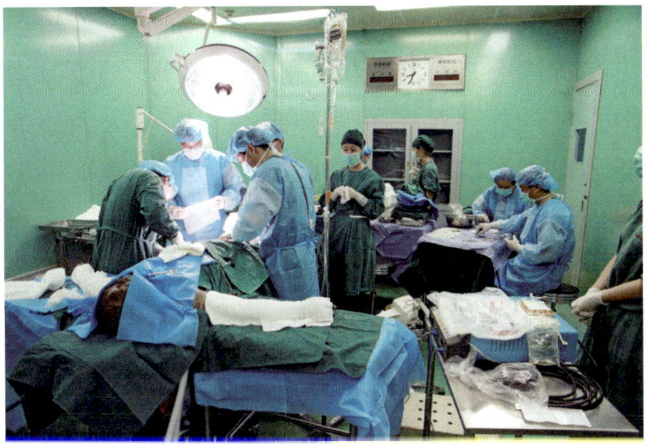

2010年，市中心医院烧伤科专业被确定为全国临床重点专科

了支气管镜下的气道球囊扩张成形术及冷冻治疗术，提高了全省儿童疑难呼吸系统疾病的诊疗水平。

2010年8月，在市口腔医院成立了牙周粘膜病诊疗中心，该中心发挥口腔专科医院人才、技术等方面的优势，对牙周疾病和口腔粘膜病治疗技术进行深入研究，更好地服务于口腔病患者。2010年12月，在市传染病医院成立了山东省肝病治疗中心，在全省范围内发挥专科优势，负责指导全省的传染病及肝病的治疗和医务人员的培训工作。

二、重点医疗技术

1986年4月，市传染病医院吴世英等开展人工肾透析治疗肾综合征出血热重症患者。8月，市第四医院金洪雁等开展膀胱粘膜代尿道治疗先天性尿道下裂一期成形术。10月，市第二医院贾堂宏等完成第一例人工髋关节置换术。11月，市中心医院张伯新、郁国忠等在山东省率先开展内镜逆行性胰胆管造影术(ERCP)。12月，市第四医院胸外科傅春晏等成功开展颈胸腹三切口食管癌根治术。同年，市中心医院整形科开展腹股部真皮瓣游离移植半面萎缩整复术、前臂皮瓣一期阴茎再造术。

1987年3月，市中心医院孙德成等开展静脉溶栓治疗急性心肌梗死。3月，市第二医院在省内率先开展眼科显微手术，使眼科手术进入一

个全新的领域。同月，市第五医院泌尿外科在山东省首次开展液电效应膀胱碎石术。5月，市中心医院郝庆英等开展骨髓细胞染色体的培养分型检查。同月，市第四医院胸外科开展食管狭窄扩张术、微波组织凝固术，达到国内领先水平。同月，市第四医院董正森等开展永久起搏器植入术。7月，市第四医院口腔科开展下颌骨肿瘤切除并髂骨植骨术。

1988年3月，市第一医院开展胚胎脑与神经组织同种异体移植术，治疗脑萎缩、脑发育不良等。9月，市第四医院段德臣开展关节镜诊治术、带血管蒂髂骨移植治疗中晚期股骨头缺血坏死。10月，市第二医院在省内率先开展眼电生理检测技术。同月，市第五医院泌尿外科开展经尿道前列腺电切术，输尿管镜超声碎石术。

1989年3月，市第五医院泌尿外科在市内首家开展体外震波碎石术。10月，市第二医院张华在省内率先开展角膜移植术。同年，市中心医院骨外科开展颈椎瘤前路减压植骨术获得成功。

1990年，市第三医院李肇元开展济南市第一例外科正牙术。5月，市中心医院孙德成等开展经食道心脏电生理检查。7月，市中心医院张书元等开展纤维胃镜下食道曲张静脉硬化剂注射治疗食道胃底静脉曲张大出血。8月，市中心医院李玉德等开展肺穿刺活检、胸膜活检等检查。9月，市第四医院金树文等成功开展先天性心脏病体外循环心内直视手术。

1991年5月，市第四医院王震宇等开展中下段直肠癌根治性切除并保留生理性肛门手术。7月，市第四医院胸外科霍裕民、许孝新等成功开展食管癌切除结肠代食管术。

1992年3月，市第四医院孔繁山等开展全膀胱切除回肠替代膀胱术。同月，市第四医院胸外科成功开展左肺上叶袖式切除术。

1993年2月，市中心医院刘宗印等开展白血病患者的细胞去除术，自身免疫性疾病患者血浆置换等治疗。3月，市第五医院神经外科率先开展颅内动脉瘤夹闭术。同月，市儿童医院成功实施全市首例气管异物取出术。同月，市第三医院牟壮博等开展内镜小切口胆总管碎石取石术。5月，市儿童医院刘建红等开展机械通气治疗新生儿(早产儿)各种呼吸衰竭。11月，市第二医院张华在省内率先开展白内障超声乳化+人工晶体植入术。同年，济南中心医院整形科开展注射器式吸头无切口脂肪抽吸术、肋软骨支架全耳再造术。

1994年4月，市第二医院王玉在省内率先开展玻璃体切割联合视网膜光凝术。5月，市第四医院李海等开展保留乳房乳腺癌根治术。同月，市第四医院周华江等开展脊柱椎弓根钉棒内固定术。9月，市第三医院贾堂宏、李宗宝等完成“应用腓肠神经营养血管蒂逆行岛状皮瓣修复足踝周围大面积软组织缺损”，为足部创面修复开创新局面。同月，市传染病院外科在省立医院泌尿外科协助下，完成全市首例肾移植手术。

1995年3月，市第三医院贾堂宏、李宗宝等医师成功实施全市首例游离足趾移植再造拇指术。6月，市第四医院孙玉生等开展负压技术治疗褥疮、糖尿病坏疽等顽固性难愈创面。8月，市第三医院刘士懂、张忠厚等完成颈椎前路减压植骨融合术治疗颈髓损伤。

1996年4月，利用吻合血管的腓骨移植治疗胫骨大段缺损在市第三医院李宗宝主持下获得成功。6月，市第二医院左天南在省内成功实施第一例准分子激光屈光角膜切削术。10月，市中心医院刘宗印、肖东杰等进行山东省第一例外周血干细胞单采。同月，市中心医院苏国海等开展经皮二尖瓣狭球囊扩张术治疗风湿性心瓣膜病二尖瓣狭窄。12月，市第四医院董正森等开展心电生理检查和室上性心动过速射频消融术。同年，市中心医院神经外科开展人工硅橡胶可爬生材料颅骨修复术；市第二医院张玉光在省内率先开展白内障小切口技术。

1997年3月，市第三医院李宗宝、王文德等医师完成多组神经移位、早期游离肌肉移植治疗臂丛神经根性损伤；市第四医院妇科开展宫腔镜诊治技术。4月，市第四医院董正森等进行选择性冠状动脉造影检查；市儿童医院徐俊杰等开展超细胃镜诊断小儿消化道疾病。5月，济南市口腔医院邵林琴开展第一例咬合诱导治疗术，填补山东省空白。6月，市第四医院许孝新等开展经右胸食管癌切除超胸顶食管—胃器械吻合术。11月，市中心医院郭农建等开展济南地区首例外周造血干细胞移植治疗恶性淋巴瘤并获得成功，病人痊愈。

1998年1月，市第三医院贾堂宏、刘士懂等利用腓骨肌皮瓣成功实现足跟再造；市第二医院率先在省内开展眼底脉络膜血管造影技术。2月，市口腔医院邵林琴开展第一例简单咬合诱导，主要进行牙性反牙合矫治及间隙保持。4月，市第四医院开展双侧子宫动脉上行支结扎术治疗产后出血；市中心医院、市第四医院普外科同期成功开展腹腔镜诊疗技术；市第三医院牟壮博等开展内镜引流治疗胆源性胰腺炎。

1999年1月，市妇幼保健院吴光明等开展妇科腹腔镜诊治技术。4月24日，市第四医院贾如意在济南市率先开展室速射频消融术。5月，市第二医院王建荣开展应用长效激素眼眶内注射治疗眼眶内婴儿型血管瘤；市第四医院戴炳光、曲崎等成功完成济南市首例冠状动脉搭桥手术。6月，市第四医院神经外科彭波，王洪杰等成功开展选择性全脑血管造影术。7月，市中心医院汪运山等开展荧光定量PCR进行DNA扩增与定量分析。8月，市第四医院骨外科左金良等在省内率先开展椎管镜技术治疗腰椎间盘突出症。9月，市第四医院口腔科王永文、李绍来等开展下唇鳞癌经颌外动脉介入治疗。10月，市第三医院刘士懂等成功应用记忆合金材料治疗管状骨及髌骨骨折。11月，山东省首例胰腺、十二指肠、肾脏联合移植手术在市中心医院获得成功；市中心医院杨艳萍等应用电子支气管镜开展经气管镜纵隔肺门淋巴结穿刺技术；市第三医院李宗宝等完成游离股前外侧皮瓣修复手部大面积撕脱伤。12月，市第四医院贾如意等开展经皮冠状动脉内溶栓术。同年，市儿童医院心外科开展婴幼儿先心病手术。

2000年1月，市第四医院霍裕民、许孝新、闫召华等在省内率先开展食管支架放置术。10月，市中心医院汪运山、肖东杰等开展流式细胞检测技术，包括淋巴细胞表面标志、HLA-B27、白血病免疫分型、细胞凋亡等检测。同年，市中心医院、市第四医院同期进行保留乳头根治术加胸大肌带蒂肌瓣乳房一期成型术。

2001年1月，市口腔医院杜毅开展省内首例游离结缔组织移植术治疗牙周病。4月，市中心医院苏国海等安植济南地区第一台埋藏式自动复律除颤器(ICD)。7月，市第四医院朱庆林等开展显微镜下经鼻蝶入路垂体瘤切除术；该院贾如意在济南率先开展永久性双腔起搏器植入术。8月，市妇幼保健院在国内首次引进TCT，电子阴道镜及LEEP刀诊治子宫颈病变。9月，市中心医院苏国海等开展先天性心脏病介入手术。10月，市口腔医院张勇、肖水清开展多曲方丝弓矫治技术，填补山东省空白。11月，市中心医院汪运山、肖东杰等在山东省内率先开展蛋白芯片检测肿瘤标志物。12月，市第三医院李宗宝、王文德等首次利用5块组织瓣组合移植再造手取得成功；市中心医院徐立友成功开展济南地区首例异体原位肝脏移植手术。同年，市中心医院骨外科实施异体骨髓移植手术获得成功。

2002年2月，市中心医院林巍巍等为更好地促进高危儿智能与体格的发育开展高危儿早期智能干预。3月，市中心医院苏国海等安植山东省首例抗房颤心脏起搏器。

2002年3月，市妇幼保健院遗传科在全市率先开展21-三体高危孕妇羊水基因产前诊断工作。4月，市口腔医院韩凉开展套筒冠修复技术，填补山东省空白。5月，市中心医院朱薇薇等开展小儿病毒心肌炎与血胃动素和胃泌素水平的测定，为治疗心肌炎提供一个新方向。8月，市传染病医院陈士俊等应用德国MARS

人工肝透析系统开展山东省第一例MARS人工肝治疗。10月，市中心医院泌尿外科采用钬激光技术开展前列腺剜除术，达到国内领先。同年，市第二医院王玉在省内率先应用810激光，开展CNV(脉络膜新生血管)的TTT(经瞳孔温热疗法)；市中心医院神经外科成功开展前颅底外伤性缺损颅底重建术；市第二医院郭百灵在省内率先开展非穿透小梁切除术。

2003年3月，市第四医院麻醉科郭兆源等开展心脏不停跳搭桥手术的麻醉。5月，市中心医院汪运山等开展基质干细胞培养及表达谱的研究；市第三医院张合林等成功将脑室镜技术应用于脑出血的治疗。同月，市儿童医院丁明杰等开展小儿支气管镜检查和介入治疗；市口腔医院杜毅完成第一例显微根管治疗手术，填补山东省空白。8月，市第四医院贾如意在济南市率先开展颈动脉及锁骨下动脉狭窄扩张加支架术。9月，市第四医院李国彬等开展喉癌垂直半喉切除双蒂接力肌修补术。10月，市第四医院张钢峰主持开展ERCP+胆道取石+EST系列治疗。同年，市中心医院烧伤科成功抢救1例98%特重烧伤病人，突破“烧伤面积Ⅲ0超过90%无法治愈”的定论。

2004年2月，市第四医院、市第五医院泌尿外科同期开展等离子双极经尿道前列腺电切术。4月，市第三医院刘士懂、刘华水等完成前后联合入路治疗严重骨盆骨折。5月，市中心医院朱良明在中心医院成功开展微波聚能刀治疗周围型肺癌；市第四医院周华江开展全膝关节置换术获得成功。6月，市中心医院朱良明开展胸腔镜治疗自发性气胸。7月，市中心医院汪素文、周世庆等开展B超引导下经皮肝癌微波消融术，市妇幼保健院开展“经腹筋膜内子宫切除术”。8月，市口腔医院邵林琴开展第一例倒置埋伏牙的活动矫治器封闭式牵引术及上颌前突的早期预防性干预矫治(头帽口外弓的应用)。10月，市中心医院李前生等开展双侧开胸隆凸重建术。11月，市儿童医院为出生2天新生儿成功实施先天性食道闭锁根治手术。12月，市中心医院汪运山等开展DNA测序工作。同年，市中心医院烧伤科开展全层皮肤烧伤后浅筋膜创面皮肤移植术，居国际领先水平；市中心医院泌尿外科开展输尿管镜下肾盂输尿管连接部内切开术，填补省内空白；市第五医院骨外科开展双侧无柄髋关节置换术。

2005年1月，市中心医院王德荣等开展胃肠道息肉亚离子凝固切除术、尼龙圈套切除术及消化道出血亚激光止血术，市第四医院李晓梅等开展房颤射频消融术。4月，市口腔医院刘晓华开展第一例CAD/CAM全瓷冠修复技术，填补山东省空白；市儿童医院心外科成功为1例“三房心合并无顶冠状静脉窦综合征”两岁患儿实施心脏手术。9月，市第四医院心外科成功开展原位心脏移植手术。

2006年3月，市第三医院刘士懂等完成膝关节镜下前后交叉韧带重建、关节内骨折复位固定技术，市第四医院张钢峰等开展内镜下化疗缓释粒子肿瘤组织间植入术。4月，市第四医院左金良等开展臭氧治疗各类关节退变性疾病，市儿童医院刘雪梅等开展小儿难治性肾病免疫抑制治疗(国际改良法)。

2007年1月，市第四医院孙玉凯、焦新胜等开展CO2激光联合32P敷贴治疗瘢痕疙瘩的技术。5月，市儿童医院徐俊杰等开展小儿无痛胃镜检查技术。6月，市第四医院神经外科葛明旭等成功开展颅内动脉瘤的介入栓塞术。8月，市第二医院季强在省内率先开展23G微创及20G免缝合玻璃体切割术及非染色黄斑内界膜撕膜术治疗Ⅰ期、Ⅱ期、Ⅲ期黄斑裂孔及黄斑水肿。10月，市第四医院心外科开展夹层主动脉瘤腔内覆膜隔绝支架术，市第四医院戴炳光等开展房颤改良迷宫消融术。11月，市口腔医院殷晓春开展第一例激光备洞技术，填补山东省空白；市第四医院妇科成功开展阴道前后壁麦氏补片修补术，治疗张力性尿失禁及盆底脏器脱垂。

2008年2月，市第四医院王青威、岳庆祝研制的单腔两用气管导管成功应用于胸外科手术麻醉，市第四医院干辉等成功开展肝门部胆管癌根治术，市中心医院白晨等开展左房非接触电极标测射频消融治疗心房纤颤。3月，市中心医院汪运山、丁卜同等开展荧光原位杂交(FISH)技术，检测乳腺癌、多发性骨髓瘤分子细胞遗传学变异。4月，市第四医院闫召华、庞风国、窦恒利等成功开展氩氦刀治疗晚期肺癌。5月，市儿童医院杨亚丽等开展异体脐血干细胞治疗脑损伤。9月，市口腔医院李大鲁开展第一例笑气镇静下的拔牙技术，正式开展外科门诊的舒适治疗技术。10月，市妇幼保健院开展全省首例羊膜腔灌注术。

2009年，市儿童医院孟晨实施支气管镜介入球囊扩张气道成型术，处于全省领先水平。市第二医院王建荣在省内率先开展选择性SLT激光小梁成形术。市第三医院赵风林使用游离胫后动脉皮穿支皮瓣修复手背创面术取得良好效果。第四医院贾如意，血管腔内超声在外周动脉病变诊疗中的应用，省内领先；戴炳光开展血液回收装置在搭桥手术中的应用。

2010年，市口腔医院邵林琴实施牙髓血管再生术，达国内先进水平。市妇幼保健院邹慧在省内使用串联质谱技术开展新生儿疾病筛查，提高新生儿疾病筛查水平。市儿童医院张乐玲实施间充质干细胞输注治疗再生障碍性贫血获得突破。市第四医院张红梅开展颈动脉彩色多普勒超声检测技术在缺血性脑血管疾病中的应用。

第四节　医疗设备

1987年年底，市第二医院引进先进的眼科设备氩氪激光，用于治疗眼底病，在全省为首例，填补省内空白。

1991年，市第四医院在济南市卫生系统率先开展动态心电图检查，至2008年年底检查病人约1.3万人次，为临床提供大量可靠的诊断依据。

1993年，市第二医院引进美国爱尔康玻璃体切割机。

1996年，市第二医院成立激光中心，引进准分子激光及相关检查设备，用于治疗近视眼，省内领先。

1998年7月6日，市儿童医院购进山东省首台小儿纤维胃镜，成立小儿胃镜室。11月，市第五医院购进全省第一台加拿大莱博瑞公司产Avanti5.7型尿流动力剂，安装在泌尿外科。同年，市第二医院引进眼科SLO激光眼底图像处理系统，用于靛青绿血管造影及普通眼底检查。

1999年7月，市第四医院在省内率先引进美国显微内窥镜椎间盘切除系统，在省内率先开展腰椎间盘后路椎管镜微创手术。

2001年，市第四医院在省内率先引进美国最先进的血管腔内超声诊断检查系统，标志着市第四医院血管病检查水平跨入国内先进行列。11月，市第五医院引进全省唯一的1台3C-98Ⅲ型脑立体定向仪。

2002年11月8日，市中心医院X刀肿瘤放疗中心正式揭牌启用。投资300余万元的X刀启用后，医院的肿瘤治疗体系更加完善，填补济南市卫生系统在这一技术上的空白。12月11日，市儿童医院投资30万元引进国内先进的铅、镉检测设备-BH2100钨丹原子吸收光谱仪，成立“济南市儿童铅中毒防治中心”。

2003年，市中心医院投入使用四维彩色超

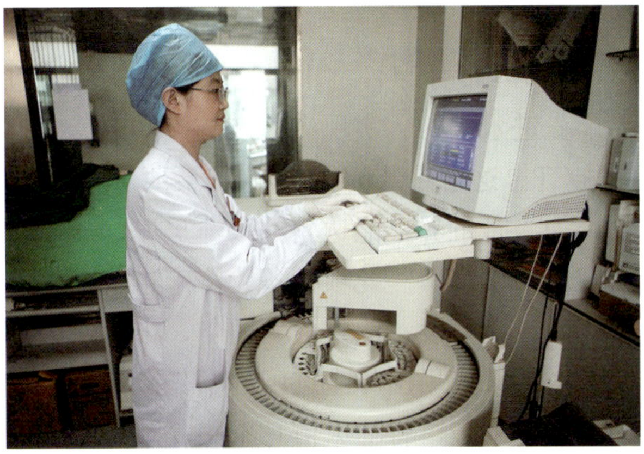

济南市中心医院中心实验室

声诊断仪，为美国GE品牌，此设备具有从二维到三维直至四维的优良图像质量及先进应用功能，填补济南市此类设备的空白。

2004年，市传染病医院引进国内第一台美国雅培公司全自动免疫生化一体机和亚太地区第一台最先进的彩超IU22。2月27日，市第五医院手术室购进全市第一台德国产麻醉机。8月，市口腔医院引进功能完善的信息化管理系统，包括电子挂号、语音服务、财务管理、电子病历、医学影像传输等系统，在全市率先实现医学影像网上传输。

2005年4月21日，市中心医院经国际招标购置的德国产1.5T核磁共振成像系统(MAGNETOM Avanto)抵达该院。该设备的引进填补济南市该类大型设备的空白。同年，市传染病医院引进热微波肝癌介入治疗仪，是国内最先进的透析和超滤设备，为出血热及重肝病人的治疗增加新的方法。市中心医院正式启用飞利浦心脏三维超声诊断仪，此设备是全球唯一能够提供实时三维心脏超声显像的超声影像系统，实时三维技术打开心脏超声的新视野，对复杂性先心病和心脏瓣膜疾病的诊断、病变评估、心脏介入引导、心功能测定更为准确，填补济南市此类设备空白。

2006年，市第四医院在全市卫生系统率先引进美国最先进的氩氦靶向肿瘤治疗系统，用于肝癌、肺癌、胰腺癌、肾癌等多种实体肿瘤的治疗，是实体肿瘤微创治疗最先进的手段之一。

2007年3月24日，市中心医院购进代表世界上先进水平的、实现高精度扫描的东芝64排螺旋CT。这台东芝64排螺旋CT最薄层为0.5毫米，为当时世界上能达到的最薄层厚，从而提高图像的分辨率。此项设备为济南市首台，填补济南市此类设备的空白。同年，市第四医院在省内首家应用国际先进国内领先MOTO无线临床信息系统，将临床信息采集、录入和查询前伸到病人床边，实现住院病人腕带标识管理、药品和标本等条码化管理，确保患者安全，提高医疗护理质量，建立与JCI国际医院接轨的新服务模式。

2008年，市第四医院在市内综合性医院首家实现存款式门诊医卡通系统，改变传统的门诊就医模式，简化就医流程，方便病人就医。

2009年，市属医院共引入乙类大型医用设备6台，其中，X线电子计算机断层扫描装置(CT)1台，800毫安以上数字减影血管造影X线机(DSA)3台，单光子发射型电子计算机断层扫描仪(SPECT)1台，医用电子直线加速器(LA)1台。

2010年，市属医院共引入乙类大型医用设备5台，其中，X线电子计算机断层扫描装置(CT)1台，医用磁共振成像设备(MRI)3台，医用电子直线加速器(LA)1台。

第五节　护　理

1986年，全市有护理人员6378人。1989年，济南市进一步完善首诊负责制、三级医生查房制、护理责任制。在山东省护理知识竞赛中，济南队获得第二名。1992年，“5·12”国际护士节之际，济南市卫生局授予110名护理工作者“济南市卫生系统优秀护士”称号。

1993年，卫生部颁布实施《中华人民共和国护士管理办法》。1994年，市卫生局会同市人事局、市教委联合下发《济南市实施〈中华人民共和国护士管理办法〉工作方案》，加强对护士的管理工作。年内完成对全市医疗机构护士队伍的调查及6000余名护士的执业资格审核、注册、登记以及1000余名护士执业资格考试等工作，全市护士管理工作进入法制化阶段。

1994年10月，在美国乔治.梅森大学护理学院袁剑云教授的具体指导下，市第三医院率先在全国进行护理改革，正式确定内一科为系统化整体护理“规范病房”。1995年5月10日，内二、内三、外一、外二、外三、妇科、中医科被确定为第二批“规范病房”。

20世纪90年代中期，卫生部在全国范围内开展“以病人为中心”的整体护理，对转变护理观念、丰富护理内涵产生深刻影响。1995年，市卫生局在全市二级以上医院推行“系统化整体护理”模式，即不同层次的护理人员在务实的护理哲理引导下，按一定的标准和规范，为病人提供包括生理、心理、社会及文化等各层次护理服务与教育，病人出院还要为他们提供自我保健服务，传授自我保健技术和知识等。实行这一护理模式后，病人有事找护士变为护士主动找病人，病人住院时间缩短，护理质量明显提高。同年，《人民日报》对此进行报道；《齐鲁晚报》头版头条称其为“一场静悄悄的革命”。1997年7月23日，由市第三医院与北京科技影像中心联合制作的《整体护理系统化的临床实践》180分钟录像带及与《现代护理报》合作编写的《整体护理临床指南》一书，由中国科技出版社出版，同时在大连举行首映式和首发式。至1998年，全市已有32家二级以上医院开展整体护理试点工作，试点病区81个，举办护理培训班1期。1999年，继续推进整体护理，重新修订《济南市护理工作质量标准》。2000年，济南市卫生局组织编写《整体护理工作规范与质量管理》，修订完善《济南市护理工作质量标准及检查细则》，护理管理走向规范化。按照卫生部要求，完成1103名护士执业资格报名工作。

2002年，市卫生局下发《关于进一步加强全市护理质量管理工作意见》，明确要求各医院树立“以人为本、护理先行”理念，以环节质量控制、服务质量提升和制度规范落实为重点，以“零缺陷、零纠纷、零投诉”为目标，改进工作，加强管理，实现护理服务提速，护理质量提升。组织护理人员开展“三基”(基础理论、基本知识、基本技能)考试考核。表彰护理管理先进工作者30人、优秀护士96人。当年完成护士执业资格报名考试963人，办理护士注册507人。加强护理人员礼仪培训，组织编写《护士礼仪指导手册》，开展规范礼仪服务活动。组织举办全市护理岗位技能竞赛活动。为纪念“5·12”国际护士节，表彰110名优秀护士、46名护理先进工作者。

2003年，为更好地为病人服务，树立良好的职业形象，规范护士职业礼仪行为，市卫生局组织人员编辑出版《护理礼仪行为规范》一书。为加强和规范护士执业注册管理，市卫生局对各县(市)区卫生局、二级以上医院120余人使用新版《护士注册管理软件》进行系统培训，上报卫生厅护士注册信息10.2万人。表彰护理管理先进工作者36人，优秀护士100人。完成护士执业资格报名考试1092人，办理护士注册628人。

2004年，市卫生局在“5·12”前夕举办“南丁格尔杯”知识竞赛活动。全市共有40余家单位111名选手参赛，在竞赛中获得前10名的优秀护理人员获“济南市十佳护理技术能手”称号。组织评选表彰“济南市优秀护士”54人、第二届“济南市护理先进管理工作者”30人。制定《济南市护士长工作管理手册》。完成护士执业资格报名考试1856人，办理护士注册915人。

2005年，为秉承弘扬南丁格尔精神和中华民族尊老敬老的传统美德，以实际行动实践“三个代表”重要思想，市卫生局组织全市护理人员开展为老年公寓奉献爱心捐款活动，共募集善款2万余元，为市老年公寓购置20台彩电、90个随身收音机和一大宗图书、小型健身器材等。济南市制定《济南市护理事业2006～2010年发展规划》。组织全市护士执业资格考试2310人，办理护士执业注册1200人。市中心医院代表济南市参加山东省护理技能操作大赛，获集体第一名，赵梅获一等奖第一名。举办第一届“南丁格尔杯”技能竞赛活动，表彰100名优秀护士，43名先进护理工作者。同年，济南市皮肤病防治院住院部主任、副主任护师刘振华参加工作28年，赢得广大患者的信任、尊敬，获得国际护理界最高奖“南丁格尔奖”，成为济南市卫生史上第一位获此殊荣的医务工作者，中共中央总书记、国家主席胡锦涛在北京接见南丁格尔奖获得者；副省长王军民代表省政府、省红十字会发贺信。为进一步激励和感召卫生系统广大干部职工，无私奉献、开拓进取，扎扎实实干好本职工作，发扬刘振华的榜样精神，市卫生局设立“振华杯优秀护士奖”，每年在全市卫生系统评出10名有突出贡献的护理工作者，每人奖励1000元现金，连续评选7年，在每年的“5·12”国际护士节期间进行表彰奖励。

2006年，组织完成全市护士执业资格考试报名2130人，对考试成绩合格的1107人办理全国护士执业资格证书并注册。举办《医院感染管理》培训班1期，医院分管院长、感染科专职人员、护理部主任、护理专干及口腔科、手术室、内镜、供应室、总务科人员130余人参加。组织评选济南市第一届“十佳护士”10人、第一届“济南市振华杯优秀护士奖”10人、“济南市护理先进管理工作者”30人。与山东电视台联合举办纪念“5·12”国际护士节暨济南市“天使风采”大赛活动。市书法家协会为所有受到表彰的人员赠送书法作品。受到省卫生厅、省总工会表彰的十佳护理部主任1人、十佳护士长1人和优秀护理工作者1人。同年11月23日，市卫生局成立济南市临床护理和院内感染专业质量控制中心，主要承担协助卫生行政部门制定和督导贯彻实施相关专业质量控制标准及操作规范；指导医疗机构开展临床护理、院内感染专业技术工作和质量管理；制定相关专业的考核、检查标准，协助卫生行政部门实施专业质量检查和考核；组织临床护理、院内感染专业技术培训，传授新知识、新技术，引进和推广新项目，不断提高全市相关专业人员的技术水平；参与重大医疗救治任务及技术指导工作。

医护人员进社区进行孕产期保健 (2006年摄)

2007年，开展全市护理服务示范病房创建活动。全市首批护理服务示范病房29个，市中心医院神经外科病房、市第四医院内二科病房为全省首批示范病房。通过创建活动，拉近护患关系，改进护理技术，提升护理质量。制定《济南市护理服务示范病房考核标准》，检查标准为《济南市护理服务示范病房考核标准》。在全市护理工作人员中开展讲礼仪、讲普通话、学外语等活动，加强护理人员综合素质教育。组织评选表彰第二届“济南市振华杯优秀护士奖”10人、“济南市护理先进管理工作者”37人，“济南市优秀护士”96人。组织全市护士执业资格考试2310人，办理护士执业注册1200人。为纪念“5·12”国际护士节，全面展示全市护理人员职业风采，进一步提高护理服务水平和工作质量，济南市卫生局在全市范围内组织举办卫生系统纪念“5·12”国际护士节暨第二届“南丁格尔杯”护理知识与技能竞赛。

为进一步深化护理改革，规范护理管理，提高护理质量，在全市医疗机构开展管理规范、服务优质、群众满意的护理服务示范病房创建活动。2008年，确定市中心医院神经外科病房等29个病房为首批全市护理服务示范病房。同年，为配合以病人为中心、以提高医疗服务质量为主题的医院管理年活动，在全市卫生系统开展护士岗位技能训练和竞赛活动。

济南护理职业学院新貌　　(2010年摄)

2008年5月12日，《中华人民共和国护士条例》(以下简称《护士条例》)施行。为切实贯彻《护士条例》，保证护理专业毕业人员当年就能获得护士资格证书，济南市分别于2008年5月、10月组织两次护士资格考试。同年，组织两批10人参加中国南丁格尔志愿者护理服务总队举办的全国救护师资培训。市中心医院代表全省参加全国卫生系统护士岗位技能竞赛，被卫生部授予“团体银奖”，被省卫生厅授予“团体特等奖”，参赛选手获得“个人特等奖”；市第四医院获得全省卫生系统护士岗位技能竞赛“团体三等奖”。市卫生局制定下发《济南市ICU病房建设标准及检查细则》；组织人员编写10个类别的《医院感染控制工作手册》，在各级各类医疗机构使用，强化院内感染各环节的控制，取得较好的效果。修订《济南市医院护理质量考核评价标准》，录制23项护理操作规范光盘在全市推广，规范各项护理操作。组织全市护士执业资格考试2931人，办理护士执业注册1223人。

2009年，审核确定市中心医院ICU病房等43个病房为第二批全市护理服务示范病房。举办首届高级临床护理技术与护理管理效能提升班。组织表彰第四届“济南市振华杯优秀护士”10人、济南市第三届“十佳护士”10人、护士先进管理工作者54人、优秀护士100人。制定《济南市社区护理质量考核标准》，促进社区护理工作建立健全各项规章制度、工作流程，完善各级各类护理人员岗位职责、常见病及多发病护理常规、社区护理操作规程等，使社区护理管理工作达到标准化、制度化、规范化。

2010年，制定《济南市2010年“优质护理服务示范工程”活动方案》，推广整体护理工作。全市共有7家医院被评为省重点联系医院，7家医院被评为市级重点联系医院，51个护理单元被评为济南市优质护理服务示范病房。组织全市护士执业资格考试9346人，办理护士执业注册4667人。制定《济南市护理文书书写基本要求和格式(试行)》，编写《济南市护理管理文件汇编手册》。落实各项护理核心制度，修订护理投诉制度、护理不良事件报告制度，强化差错、投诉、不良事件的报告和处理，进一步完善护理工作流程，加强对重点安全指标(给药差错、跌倒、压疮、意外事件等)进行监测分析。成功组织首届医院感染管理岗位技能竞赛，全市36家单位108位选手参加竞赛。参加全省医院感染管理岗位技能竞赛，获得团体一等奖，护理组个人一等奖，院感、医疗组分获个人二等奖，3位选手获“全省卫生系统医院感染管理岗位技术能手”称号。组织表彰第五届“济南市振华杯优秀护士”10人、济南市第四届“十佳护士”10人、护理先进管理工作者64人、优秀护士100人。

第三章 中医药

第一节 医院

1986年，全市有中医医院6所(省级1所、市级1所、县区级4所)，中医医生1878人，病床780张。2010年，全市公立中医医院9所(省级2所、市级1所、县区级6所)，市、县(市)区中医医院开放病床1864张，中医类执业(助理)医师2275人，中药师1525人，农村卫生室以中医药为主451人。

2010年，市卫生局筹资160万元，对全市国家级、省级、市级等重点专科专病项目进行资助。市中医医院列入国家重点中医医院建设备选项目库名单，其康复科被确定为全省优势专科(专病)建设项目。商河县中医医院列入国家县级医院建设项目。建立市中医医疗质量检测中心，市中医医院、章丘市中医医院被列为全省首批中医医疗质量检测试点医院。14名导师和26名继承人被确定为全国名老中医药专家学术经验继承指导老师和学术继承人，2人被列入全国优秀中医临床人才研修项目。审批设置药品零售企业中医坐堂医诊所72个，批准中医坐堂医75名。组织实施中医类别全科医学培训，39人通过全省中医类别全科医师岗位培训结业考试。共建成中医药特色乡镇卫生院23个，村卫生室104个。与市总工会联合开展乡村医生中医药服务技能竞赛活动，历城区、章丘市、平阴县、高新区分获中医、中药、针灸、推拿专业团体第一名。

一、省级医院

山东省中医医院(山东省中医药大学附属医院) 成立于1955年7月，是一所以中医为基础，中西医结合的综合性三级甲等中医院。也是省内唯一省级三级甲等中医院，是国家食品药品监督管理局新药临床研究基地、国家中医药考试工作基地、山东省中医药继续教育中心，是首批全国明明白白看病百姓放心医院、首批全国医疗优质高效百姓放心医院、首批全国绿色医疗环境放心医院、全国示范中医医院、全省医德医风示范医院、山东省医疗保险定点单位。

1986年，医院有床位404张，门诊量43万人次，出院人数3200人次，职工709人，专业技术人员491人。2005年挂牌山东省中医院，2009年建立东院区。2010年，医院占地面积12.45万平方米，总建筑面积21.6万平方米，总资产近9亿元，固定资产5.89亿元，大型设备总值过亿元，编制床位1600张，年门诊量近97万人次，出院病人近1.93万人次。有职工1126人，其中高级卫生技术人员295人。拥有山东省有突出贡献的名老中医药专家、名中医药专家25人，博士生导师27人；享受国务院、省政府特殊津贴专家11人，硕士生导师139人；博士后、博士毕业生125人。

医院设有26个临床一级科室和18个二级科室、专病门诊40个、医技科室6个，有国家中医药管理局重点专科2个(周围血管科、老年病医疗中心)，中药制剂国家三级实验室1个，省重点专科、学科9个。各临床科室形成自己的优势和特色，如内科的心脑血管疾病、血液、肿瘤、风湿类风湿病、糖尿病、脾胃病、肝病、呼吸系统疾病和肾病；骨科的脊柱病、创伤病，显微骨科和小儿骨科；中西医结合外科、疮疡乳腺病；周围血管病；肛肠疾病；不孕、不育症；小儿消化系统、呼吸系统疾病、高热惊风、小儿多动症；推拿治疗小儿腹泻、椎间盘脱出症；针灸治疗中风、胆石症、各类疼痛性疾病。眼科、耳鼻喉科、皮肤科、口腔科等形成自己的医疗专长。同时在康复保健、老年保健及预防保健等方面也独具特色和优势。开设健康查体指导中心等特需服务，为病人提供多层次的医疗服务。

医院名医云集，其中被确定为全国和省级老中医药专家学术经验继承导师的就有30多人。如多以清热解毒法治疗风湿免疫性疾病的名老中医张鸣鹤主任医师；善以中医中药治疗周围血管病的名老中医尚德俊主任医师；对中医中药治疗肝病有独到见解的名老中医王文正主任医师；常以健脾益气法治疗糖尿病的名老中医程益春主任医师；中西医结合治疗急性粒细胞性白血病的名老中医焦中华主任医师；多采用清热解毒法治疗中风先兆的名老中医邵念方主任医师；对以活血化瘀法治疗冠心病有深入研究的名老中医、博士生导师丁书文主任医师等。

医院设备精良，科室实力雄厚，医院有万元以上设备920台(套)，先进的设备有多层螺旋CT、磁共振、数字胃肠机、CR处理系统、C型臂、心脏彩超、全自动生化分析仪、美国进口的洗肠机、乳腺X光机、麦默通乳腺介入穿刺微创活检系统、高频乳腺B超仪和血液透析仪、日本进口的数字肠镜等，设备总值过亿元。

医院是山东中医药大学临床学院，承担着山东中医药大学本专科生、研究生的临床教学和管理工作。设[illegible]个临床教研室，每年接收国内外各类进修人员800余人。博士点7个；硕士点覆盖临床各学科。医院获得科技部“十一五”期间攻关课题12项、国家自然科学基金课题6项、省部级课题39项、厅局级课题117项。获山东省科技进步二等奖5项、三等奖19项、山东省自然科学奖三等奖1项，山东中医药学会奖和山东省高等学校优秀科技成果奖27项、中华中医药学会学术著作奖2项。每年在省部级以上学术刊物发表论文300余篇。主编有国家级杂志《中国肛肠病杂志》和《中国中西医结合影像学杂志》，并承担《山东中医杂志》的协编任务。

医院对外交流合作频繁。每年接待10余个国家的参观者百余人，培养外国留学生、研究生100余人。与韩国安东琉璃韩方病院、德国巴伐利亚州施瓦宾医院、韩国庆熙大学校韩医科大学附属韩方病院等医疗机构建立良好的合作交流关系，与韩国国际协力团合作成立“中韩东方医学研究中心”，并与香港东华三院、澳洲全国中医药针灸学会联合会签订合作意向书。

医院多次被评为“省卫生系统文明单位”，多人获全国和省卫生系统先进工作者，4人被选为全国、省、市人大代表，8人担任全国、省、市、区级政协委员。院址：历下区文化西路42号(西院区)、历下区经十路16369号(东院区)。

山东中医药大学第二附属医院（山东省中西医结合医院）创建于1904年，原为济南铁路局中心医院，是省三级甲等中西医结合医院。

1986年，医院有床位520张，门诊量186万人次，出院人数8000人次，职工1332人，专业技术人员1085人。2004年医院被整建制移交给山东中医药大学，改称山东中医药大学第二附属医院。2010年，有编制床位601张，实际开放床位800张，门诊量56.9万人次，出院人数1.4万人次；有在职职工1104人，其中，副高以上专业技术人员184人，享受国务院颁发政府特殊津贴6人，博士、硕士生导师45人，山东省泰山学者特聘教授、国务院政府特贴专家、国家优秀中医临床人才、山东省卫生系统杰出学科带头人、省名中医药专家等26人；设33个临床科室，10个医技科室、1个门诊部、1所眼科医院和8个社区卫生服务中心(站)；有国家级重点学科4个、重点专科9个，国家级重点实验室2个，省级重点实验室2个，国家级中医药优势学科继续教育基地1个，卫生部技术准入专科1个，国家工伤康复试点机构1个，国家中医药管理局“治未病”中医药预防保健服务试点单位1个；有1.5TMR、64排128层CT、数字平板探测器血管造影系统、双探头ECT、高端彩色多普勒超声诊断仪等大型医疗设备，固定资产总值2.8亿元，医疗设备总值2.1亿元。院址：市中区经八路1号。

二、市级医院

济南市中医医院　1957年8月成立，由曾任毛泽东保健医生的刘惠民等一批仁人志士主持筹建。建院初只有工作人员55人，40张床，设内科、外科、针灸科、药剂科，日均门诊人次300余人。1986年，扩展到11个临床科室，药剂、放射等7个医技科室，日门诊量700人次，病床发展到190张，职工348人。1989年经山东省中医药管理局、济南市人民政府批准，加挂“山东中医学院附属医院”牌子。1992年，开始创建全国示范中医医院，国家中医药管理局投入100万元，市政府投入250万元兴建7000平方米病房大楼，床位扩展到370张，职工582人。1993年，被国家中医药管理局评定为三级甲等中医院。1995年，被国家中医药管理局评定为全国示范中医医院。2006年11月该院承建承办的商河县殷巷镇卫生院正式开诊。2008年，该院被国家中医药管理局确定为全国第一批“治未病”试点单位。同年，在山东省中医系统率先开展“冬令膏方进补”活动，带动了中医膏方在全省中医临床的应用；康复科被国家中医药管理局确定为“十一五”期间重点专科项目建设单位。2010年，有在职职工680人，其中副高以上专家117人，开设内、外、妇、儿、针灸、推拿、骨科、口腔、皮肤、眼、耳鼻喉、泌尿、肛肠科等以及放射、CT、心电、B超、公费医疗、社区卫生、保健中心、健康查体等40多个专科，床位402张，业务收入9200多万元。院址：市中区共青团路76号(南院区)、天桥区筐市街21号(北院区)。

三、区县级中医医院

长清区中医医院　1983年4月建立，初期只有几间平房，十几名职工。2010年，床位152张，职工264名，日门诊300余人次，年业务收入3500万元，为二级甲等医院。院址：龙泉街233号。

平阴县中医医院　1984年4月，最初在县城以中医院门诊部的形式成立，租赁房屋10间，医务人员10余人，基本无医疗设备。1985年，迁入平阴镇卫生院，1994年被确定为二级甲等中医院。2010年，有职工344人，卫生技术人员270人，建筑面积3.8万平方米，病床500张，年业务收入5000万元。院址：榆山路33号。

章丘市中医医院　1984年10月成立，在明水分院的基础上建立，与明水分院一个班子两块牌子合署办公，初期有中医药人员47人，病床82张，建筑面积2900平方米。2010年，有职工455人，专业技术人员383人，医院占地面积3.3万平方米，建筑面积5.6万平方米，固定资产7080万元，临床科室22个、医技科室16个，病床420张，年业务收入过亿元。为省级示范中医医院。院址：秀水大街175号。

历城区中医医院　1986年10月成立，创建之初占地面积2400平方米，建筑面积5000平方米，固定资产只有20万元，病床15张，职工46人，年业务收入79万元。2010年，占地面积5061.6平方米，建筑面积1.4万平方米，固定资产2000万元，开放病床151张，职工165人，年业务收入4500万元。院址：洪家楼南路26号。

济阳县中医医院　1987年10月成立，创建初期借用位于县卫生局的几间平房开诊，名为济阳县中医门诊部，1988年更名为济阳县中医医院。1991年，迁至县城纬二路。1996年，启用新门诊楼，2000年启用新病房楼。2010年，建筑面积1.2万平方米，床位180张，设7个病区，职工239人，日门诊近200人，年住院病人6280人次，年业务收入2700万元。院址：纬一路16号。

商河县中医医院　1992年12月成立，建立初期只有几排简易门诊平房。2010年，病床130张，固定资产2000万元，占地面积1.87万平方米，职工137人，设20余个科室，年门诊人次近5万人，年住院病人4032人次，年业务收入1600万元。院址：青年路10号。

第二节　中医人才队伍

一、　中医执业医师

1999年5月1日《中华人民共和国执业医师法》实施，中医医师实行资格考试和执业注册制度。

1999年始，国家设中医医师考试中心，山东省设考区，济南市设考点。中医类别分中医(执业、助理)、中西医结合(执业、助理)和确有专长人员(执业、助理)等6个专业。1999年，第一期中医医师资格考试报名者443人，其中中医363人、中西医结合42人、确有专长人员38人。以后每年以10%以上的人数递增。报名经过资格审核，考试经过实践技能考试和综合笔试，总体通过率每年在30%～40%之间。

二、中医药技术传承

1990年，国家中医药管理局决定开展老中医药专家学术经验继承工作。2002年5月，国家中医药管理局印发《关于进一步加强中医药继承发展工作意见》，提出中医专家学术和经验继承工作的任务目标和措施。济南市第一批老中医药专家学术经验继承工作于1991启动，着眼于抢救年事已高的老中医药专家的学术经验和技术专长，使其不至于失传。1995年，李乐园、李廷来、陈伯咸、张子涵等4名老中医药专家和8名继承人参加第一批继承工作。第二批于1997年启动，济南市有吴葆青、刘清贞、董秀芝4名指导老师，8名学术继承人。第三批于2006年启动，济南市有迟景勋、孟宪兰2名老中医药专家及4名学术继承人。第四批于2008年启动，济南市有华明珍、浦家祚2人及4名继承人。山东省第一批老中医药专家学术经验继承工作，济南市有乔鸿儒、迟景勋、浦家祚、华明珍、刘清贞5人及10名继承人。

至2010年，全国先后开展“优秀中医临床人才研修项目”，为培养青年中医人才提供渠道，第一批济南市有徐慧、刘承琴、崔文成，第二批有董桂英、王锋。山东省开展“高层次优秀中医临床人才培养项目”，第一批有赵桂芹、孙娟，第二批有袁成民。

三、名老中医评选

1988年，济南市人民政府召开振兴中医大会，命名第一批名老中医：李乐园、李廷来、陈伯咸、张子涵、王允升、孙献宝、周传兴、乔鸿儒、范宝安、韩宝树、王玉池、张吉人、田仁德、蒋德隆、韩云轩、孟令伟、李善斋、李奉三。

2007年，山东省命名一批“名中医”，济南市共6人：乔鸿儒、华明珍、浦家祚、刘清贞、迟景勋、韩绍棠。

2007年1月，按照济南市卫生局、人事局、中医药管理局《关于组织开展济南市名中医药专家评选活动的通知》，开展第二批济南市名中医评选工作。命名乔鸿儒等20人为“济南市名老中医”，张希忠等20人为“济南市名中医”，孙娟等20人为“济南市优秀青年中医”，陈家骅等6人被评为“济南市名中药专家”。

第三节　基层中医药

一、农村中医药

(一)争创农村中医药工作先进县。1997年，章丘市被确定为全国农村中医工作试点县(市)创建单位，章丘市政府成立领导小组，章丘市中医医院成立中医指导科，乡镇卫生院建立中医管理科，市政府为中医事业发展贷款109万元，列中医专项补助经费55万元，为创建工作的顺利开展提供组织和物质保证。2000年5月，国家中医药管理局组织专家按照标准，对章丘市农村中医工作进行评审验收，确定为“全国农村中医工作先进县(市)”。该市各乡镇共有中医临床科室79个，85%以上的村卫生所配备中医中药，乡村医生中中西医结合的1720人，占总数的88%。长清区和平阴县先后于2001年、2004年被确定为山东省农村中医工作先进县。2006年，历城区被确定为省级农村中医工作先进县。

(二)中医药在新农合中发挥作用。2005年后，济南市按照山东省卫生厅要求在新型农村合作医疗中提高中医适宜技术报销比例20%，中药提高报销比例10%。平阴县在新型农村合作医疗中，将中医药全面纳入应用和报销范围。平阴县被纳入全省在新农合中充分发挥中医药作用试点县后，推出“41415”工程，即建40个中医药示范卫生所、培养100名能中西医结合的乡医、筛选40种常见病、筛选100个中医处方、推广山东省卫生厅确定的50项中医适宜技术。通过合作医疗基金补助的形式进行调节，调动中医人员的积极性，达到促进中医药发展的目的。

(三)农村推广中医药适宜技术。1998年，济南市推广中医适宜技术作为解决农民群众“看病贵”和发挥中医药优势作用的突破口，在全市推广。组织专家精心筛选50项安全有效、成本低廉、简便易学、适合农村基层使用的中医适宜技术，印制《常见病中医适宜技术50项》小册子，制作《常见病中医适宜技术》VCD光盘。整理印发《单验方精选100首》，统一10种常见病、多发病的诊断标准、中医适宜技术治疗方案和操作规范；制订《济南市农村中医适宜技术推广方案》，提出工作措施和督导考核措施。各县(市)区层层制订具体实施方案，参加省培训基地和师资队伍建设。成立济南市中医适宜技术推广专家指导组，指导全市推广工作。县区卫生局将适宜技术推广、乡(镇)卫生院中医科建设、乡村医生的培训考核结合起来，将农村中医药适宜技术的临床应用情况、在当地的普及情况、农村卫生技术人员中医药服务技能提高情况以及农民医药费用降低情况等，纳入农村中医工作的考核标准。至2010年，济南市所有县(市)区均开展此项工作，75个乡镇覆盖率100%。据统计，全市举办乡医适宜技术培训班33期，培训人员4223人次，参加中医适宜技术推广培训的卫生室数1633个，占54%。中医适宜技术村卫生所应用率30%以上。

二、社区中医药

(一)中医药社区卫生服务示范区。2004年11～12月，济南市按照卫生部、民政部和国家中医药管理局关于创建全国社区卫生服务示范区活动的总体部署，开展创建工作。12月，历下区被国家中医药管理局评为“全国中医药社区卫生服务示范区”“全国具有中医药特色社区卫生服务示范区”。全市所有社区卫生服务中心和80%的社区卫生服务站设立中医科、中药房，新建社区卫生服务机构均按要求设置中医科(室)、配备中医药人员和常用的中医药诊疗设备设施，中医药优势和作用得到较大发展。

2008年，山东省组织开展创建全省中医药特色社区卫生服务示范区活动并制定《建设标准》，天桥区被授予“全省中医药特色社区卫生服务示范区”称号。2010年，开展社区中医药服务示范单位创建活动，建成示范单位43个。

(二)社区卫生服务。济南市于1999年制定《济南市中医药社区卫生服务基本标准》，组织编写《社区医生常见病中医药防治手册》，组织5家中医医疗机构成立中医专家指导组，将中医药纳入社区卫生服务工作目标和考核标准，要求社区卫生服务中心应开设中医诊室，有条件的应设置中药房，配备一定数量的中药饮片、中成药，配置常用的中医药诊疗设备；社区卫生服务站要配备一定数量的中成药，有条件的可配备一定数量的中药饮片，并配置常用的中医药诊疗设备。社区卫生服务中心在医师总编制内配备一定比例的中医类别执业医师，社区

“中医中药中国行”宣传活动在济南举行（2010年摄）

卫生服务站至少配备1名能够提供中医药服务的执业医师。

（三）专家进社区。2006～2010年，济南市组织“养生保健进万家、中医惠民社区行”活动，组织专家编著38万字的《居民养生和谐保健健康指南》，向社区居民宣传中医药科普知识和养生保健知识。建立济南市中医药专家社区应诊、巡诊制度，推进中医专家进社区。以评选出的20名“名老中医”、20名“名中医”为主体，统一安排，实行分片包干，定期到社区卫生服务机构应诊、巡诊，进行业务技术指导，使社区居民在社区卫生服务机构就能享受到中医专家的服务。

第四节 中医科研与对外交流

一、科技进步

1988年，济南市执行国家中医药管理局印发的《中医药科学技术进步奖励管理办法》，提出奖励范围、标准条件，奖励等级和奖金数额，以及项目申报条件、项目申报审批程序等。

1991年，市中医药管理局下发《关于加强中医药科技管理工作的意见》，明确科技计划项目管理、行政资助科技项目、科技成果管理办法、成果组织鉴定程序和条件，组织申报省市科技奖励的办法等。

1992～2010年，市中医药管理局从中医事业发展经费中，每年列支3万元用于中医药科技发展计划，每两年列1批计划，每批计划列有资6项，无资10项。

二、中医药教育

（一）职业教育。济南卫生学校于1986年联合济南市中医医院开办中药班，毕业后充实到济南市各级医院中药房。1990～2010年，济南卫校每年招收中药专业学生。

（二）学历教育。济南卫生学校自1990年后开设普通中专专业，增设中医护士专业，恢复中药士专业普通中专招生。1994年始，按照卫生部明确的各专业规范化名称，将中药士专业改称为中药专业，2000年恢复中医学(中西医结合)专业普通中专的招生。1990～1999年，济南卫生学校开办的职业中专和成人中专有、中西医结合医学(乡村医学)、中药、中药营销与经营等专业。

（三）中医药在职教育。乡村医生中医培训。2004年始，全市开展乡村医生中医基本知识和能力培训工作，学习7门中医基础教材(其中4门全省统一考试，3门考查课)，合格者由山东省卫生厅颁发证书。全市共分两批，涉及11个县(市)区，2006年第一批3700余人，2008年第二批1700余人。2005年，在乡村医生中培养部分中医学历人才，指定济南卫生学校为定点教学单位，学生须是初中以上学历，在职的乡村医生，学制3年，每年山东省财政每人补助1000元，列入省教育厅计划，毕业后发正规中专学历证书。全市2006年培养326人，2007年培养224人，共计培养550人。

中医药全科医师培训。2008年，全市组织实施中医全科医学培训工作。全市有3批78人参加全省中医药全科医师培训。

乡镇卫生院业务骨干培训。2006年始，按照山东省卫生厅培养乡镇卫生院业务骨干的要求，全市3年共培养78名乡镇卫生院业务骨干，基本达到平均每个卫生院有1名培训的中医骨干。

执业医师中医四大经典培训。2007年始，按照山东省卫生厅统一要求，全市对所有执业中医师(包括中西医结合)，进行全行业四大经典——《内经》《伤寒论》《金匮要略》《温病学》培训学习与考核工作，共计培训2275人。

三、中医药合作交流

(一)对外合作。2000年后，济南市有关单位和部门先后与乌克兰、摩尔多瓦、埃塞俄比亚等国家签署传统医药的合作协议，与韩国、日本、挪威等国家扩大合作领域。

(二)对外交流。2000～2001年，市中医医院主任医师华明珍由山东省卫生厅派往瑞士开展中医医疗工作。2002年12月，市中医医院桑海莉由济南市中医药学会组织赴韩国进行传统医学合作交流工作。2004年5月至2009年，市中医医院主治医师张勇、刘美坪由市卫生局派往俄罗斯开展中医针灸推拿医疗工作。2004年9月，受德国莱比锡市巴德劳斯克市市长艾森曼邀请，市中医药管理局副局长姜振清、市中医医院副主任药师鲁冰、主任医师杨献春、副主任医师刘绍辉等，赴德国就建立保健中心实地考察，并达成合作备忘录。2005年9月，市中医医院郭立华由市卫生局组织赴俄罗斯开展中医药合作交流。

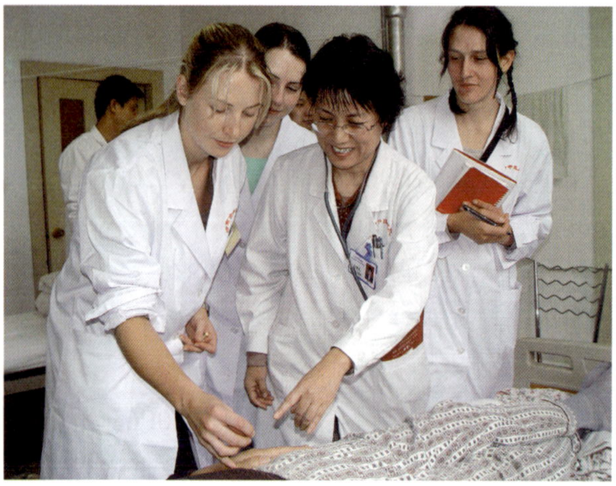

市中医医院推广针灸、按摩等中医技术 (2005年摄)

2006年4月，市中医医院孙虹、刘宇、周继友、毕秀英赴马来西亚参加国际针灸学会年会。2008年9月，市中医医院副主任医师马建华由山东省卫生厅派往瑞士开展针灸医疗工作。

第五节 中药管理使用

中药大多数来源于天然药物，疗效可靠，无毒副作用或很小，对防治疾病有很多优势。但是，中药管理有其特殊性，中药品种繁多，来源分散，中药包括中药材、中药饮片、中成药3部分，仅中药材就有5000多种，广泛来源于植物、动物、矿物等。

一、中药行政管理

1980年后，市卫生局将医院药剂科的规章制度作为重点来抓，特别强调门诊配方和发药复核制度，实行一人配方一人复核，避免重大差错事故的发生。对使用麻醉药品的单位做到专人、专柜、加锁、专账、专处方、专册登记、账物相符，基本解决麻醉药品滥用的现象。

1996年8月1日，国家中医药管理局发布《医院中药饮片质量管理办法(试行)》，2007年3月，国家中医药管理局和卫生部修订《医院中药饮片管理规范》。2001年7月，国家药品监督管理局印发《中药配方颗粒管理暂行规定》，将中药配方颗粒纳入中药饮片管理，规定质量标准技术要求，全市部分医院药剂科开始应用中药配方颗粒剂。2002年，中药房实行微机化计价管理，在医疗机构中推广使用煎药机。

2008年，国家中医药管理局《关于扩大药品零售企业设置中医坐堂医诊所试点工作的通知》，确定山东省济南市和潍坊市为药品零售企业设置中医坐堂医诊所试点工作的城市。

至2010年，全市有中药人员1525人。

二、医院中药自制制剂

1981年，卫生部下发《医院药剂工作条

例》。济南市各医院老中医的经验方，经医院同意后成为医院的协定处方，申报市级卫生主管部门批准后成为医院自制制剂。

2005年3月22日，国家食品药品监督管理局按照《中华人民共和国药品管理法》制定并下发《医疗机构制剂注册管理办法(试行)》规定，医院应取得医疗机构制剂许可证，规定医疗机构根据本单位临床需要经批准而配制、自用的固定处方制剂，是市场上没有供应的品种。省药品监督管理部门负责本辖区医疗机构制剂的审批和监督管理工作。医疗机构制剂，应当进行相应的临床前研究，包括处方筛选、配制工艺、质量指标、药理、毒理学研究等。原来审批由市级药品主管部门收归省药品主管部门，自制制剂重新申报、审核、认定，原来济南市中医医院有130余种制剂，经过重新审核认定后只有60余种。

第六节　规范化与分级管理

一、规范化管理

1978年，山东省卫生厅转发卫生部颁发的《全国医院工作条例》《医院工作制度、医院工作人员职责》等文件，济南市随即开始中医医院规范化管理工作。1983年，山东省卫生厅印发《山东省卫生系统创文明礼貌医院标准》。1988年医院管理改革进一步深化，山东省下发《关于深化卫生改革促进卫生事业发展的意见》，医疗单位可以按所有权及经营权分离的原则实行承包责任制，医院可“以附养医”“以工助医”。1991年，市卫生局在全市范围内开展“医疗服务优质年”活动，并印发考核标准。

1992年，市中医管理部门按照文件，允许多种所有制并存，允许集体、个人举办卫生机构，确有专长的中医人员，经卫生主管部门批准，可以坐堂行医，院长可以招聘。

1994年9月，国务院下发《医疗机构管理条例》，同年卫生部发布《医疗机构实施细则》，中医医院、中西医结合医院和民族医院纳入医疗机构规范管理。2002年8月卫生部、国家中医药管理局《关于印发中医、中西医结合病历书写规范的通知》，市中医药管理局组织实施学习培训工作，层层培训后，中医病例的中医术语标准规范使用，诊断包括中医诊断和西医诊断，其中中医诊断还应有疾病诊断和证候诊断，治疗应遵辩证诊治等原则。

至2010年，全市各中医医院广泛实行“病人选医生”“住院费用一日清单”制度，价格公示制度得到普遍推广，药品集中招标采购的范围进一步扩大。济南市中医医疗机构通过参加药品集中招标采购，药品价格下降20%～50%，减轻患者的负担。加强行业作风建设，完善监督制约机制，严肃查处药品回扣、收受“红包”等违纪行为，促进行业作风的好转。加强医疗服务质量管理，完善各项规章制度，强化“以病人为中心”的服务理念，改善服务态度，医疗服务水平进一步提高。

二、分级管理

1989年，国家中医药管理局开始实施中医医院分级管理工作，山东省卫生厅首选在济南市长清县中医医院进行二级中医医院分级模拟试评，以摸索经验，指导整体工作。

1992年，山东省卫生厅成立全省分级管理评审委员会，分别对章丘、长清、平阴、历城和市中医医院进行评审。1994～1995年，根据国家中医药管理局《中医医院分级管理办法与标准》，山东省卫生厅组织中医专家评审组进行实地考核评审，批准济南市中医医院为三级甲等中医医院，章丘市中医医院、长清县中医医院、平阴县中医医院、历城区中医医院、济阳县中医医院、商河县中医医院为二级甲等中医医院。

第四章　公共卫生

第一节　计划免疫

1987年，“济南市计划免疫工作领导小组”成立。1991年，市政府发布《济南市儿童计划免疫管理办法》。1997年，市卫生防疫站下发《济南市计划免疫规范化接种门诊建设标准及工作规范》。2004年始，逐步开展儿童预防接种信息化管理。2005年，国务院《疫苗流通和预防接种管理条例》、卫生部《预防接种工作规范》颁布实施，8月8日，济南市率先在全省建立入托入学新生查验预防接种证制度。2011年，建立市级预防接种信息平台，并对2011年1月1日以后出生儿童免费发放IC信息卡，进行信息化管理。

1988年6月25日，市卫生防疫站首次在全市范围内新生儿中推广应用血源乙肝疫苗。1992年1月1日，市卫生防疫站将新生儿接种乙肝疫苗纳入计划免疫管理。1995年开始接种风疹疫苗，控制风疹流行。2003年5月始，新生儿免费接种乙肝疫苗。2004年，济南市将乙脑、流脑疫苗接种纳入常规接种管理。2008年，全国实施新的扩大免疫规划，提出“将甲肝、流脑等15种可以通过接种疫苗有效预防的传染病纳入国家免疫规划”。

1991年始，每年在全市范围内或重点地区开展两轮0～4岁儿童脊髓灰质炎疫苗强化免疫活动。1996年3月，对1992～1994年出生儿童进行麻疹疫苗强化免疫。1999年3月，对全市范围内8月龄～7岁儿童进行麻疹疫苗强化免疫。2000年3月，对7～14岁儿童进行麻疹疫苗强化免疫。2001年9月，济阳、商河开展7～14岁麻疹疫苗强化免疫。2004年4月、2008年12月分别开展8月龄～6周岁儿童麻疹强化免疫。2009年3月开展 7～14周岁儿童麻疹疫苗强化免疫。2009年5月，开展高中和大学麻疹疫苗查漏补种。2010年9月，对8月龄～6岁儿童再次开展强化免疫活动。2010～2011年，对1995年后出生儿童进行乙肝疫苗查漏补种。

1989年3月，济南市通过联合国儿童基金会、世界卫生组织和卫生部对济南市“第一个85%”目标的审评。1991年3月1日，WHO、卫生部组织的专家到济南市卫生防疫站考核审评济南市计划免疫第二个85%目标实施工作；1996年1月，卫生部组织专家到济南市考核济南市计划免疫第3个85%目标实施工作。经考核审评“四苗”接种率达到第三个85%目标，在全国率先通过以乡为单位儿童计划免疫“第三个85%”目标的审评，消灭脊髓灰质炎工作达优秀标准。

1991年，在全市范围建立起由市、县、乡三级网络组成的急性弛缓性麻痹(AFP)监测系统。1993年10月，市麻疹疫情纳入AFP专报系统。2002年，病毒性肝炎防治工作纳入免疫预防系统管理。2003年，麻疹监测实验室被纳入全球监测网络。11月26日，市疾病预防控制中心通过地市级麻疹网络实验室考核。2004年9月1日始，对15岁以下(包括15岁)儿童肝炎病例开始监测，对病例开展流行病学调查和标本采集。2005年始，开展健康人群流行性脑膜炎球菌携带率调查。8月1日，济南市正式启动“风疹和先天性风疹综合征调查”项目。2006年，全市将流行性腮腺炎纳入常规监测工作。9月，开始对报告的急性脑炎、脑膜炎病例进行监测。2007年，开展虫媒乙脑病毒带毒率监测。2008年下半年，在部分县区开始对急性乙肝病例进行监测。2010年，承担国家“十一五”重点科技专项“乙型病毒性肝炎防治综合示范区规模化现场流行病学和干预研究”。

计划免疫开展后，全市疫苗接种率一直维持较高水平。自1984年后，卡介苗、脊灰疫苗、白百破、麻疹接种率均维持在95%以上。2003年乙肝疫苗免费接种，接种率95%以上。乙脑、流脑自1999年开始实施接种率统计，2008年纳入扩大免疫规划疫苗，接种率均95%以上。接种疫苗以后，疾病发病率均大幅度下降。

第二节 传染病防治

一、传染病报告

1989年9月1日，《中华人民共和国传染病防治法》正式实施。济南市各类传染病均实施报告制度。1995年，市卫生防疫站实现与山东省卫生防疫站疫情报告微机联网。1996年，根据中国预防医学科学院要求，新生儿破伤风、肺结核由丙类传染病调整为乙类传染病，其中新生儿破伤风从1996年7月1日、肺结核从1997年1月1日起开始上报。1997年1月1日始，下列传染病分型在各类报表和传染病报告卡中更改为：病毒性肝炎分为甲型、乙型、丙型、戊型、其他及未分型；艾滋病分为艾滋病、HIV感染者；梅毒分为一期、二期、胎传；肺结核分为菌+、菌-、未痰检。2008年，手足口病纳入法定传染病报告。2009年，甲型H1N1流感纳入法定传染病报告。至2010年，法定报告传染病共有39种(甲类2种、乙类26种、丙类11种)。

2003年12月31日前，法定传染病按照逐级上报方式。2004年1月1日始，全国启动法定传染病监测信息的网络直报系统。2005年，济南市疾控中心开通运行直报系统。2008年，启动传染病自动预警信息系统。至2010年，全市共开通疾病监测信息报告管理系统、突发公共卫生事件管理信息系统、传染病自动预警信息系统、中国流感监测信息系统、艾滋病综合防治信息系统、儿童预防接种信息系统、死因登记报告信息系统等各类子系统18个，共有用户567人，设立市级系统管理员1人，区县系统管理员10人，业务管理员72人，直报用户317人。

二、重点传染病防治

(一)艾滋病。1998年，全市发现首例艾滋病病毒抗体阳性者，该病例是一输入性病例。2003年，市疾控中心通过山东省艾滋病筛查中心实验室认证。

2004年11月28日，市疾病预防控制中心按照国家有关规定，对符合治疗条件的艾滋病病人实施免费抗病毒治疗。2005年1月8日，开始实施免费的艾滋病自愿咨询和检测(VCT)。2006年投资30万元配置全国首辆“济南市AIDS咨询检测流动车”。2007年3月，济南市启动市级艾滋病监测工作。2007年7月27日，制定《济南市艾滋病病毒感染者和艾滋病病人管理档案》。至2010年，已累计为45名艾滋病病人提供免费抗病毒治疗。

(二)结核病。1986年，全市肺结核患病率为0.36%。1990年4～7月，全国第三次结核病流行病学调查在济南展开。调查共发现活动性肺结核病人58例，患病率为0.33%。全程管理的肺结核病人治愈率由1986年前的42.4%提高到90%以上。1993年始，实施世界银行贷款结核病控制项

2004年3月，艾滋病防治咨询热线“小阮热线”开通

目，采取“送药到手、看服到口、咽下再走”的办法，对传染性肺结核病患者实行不住院免费治疗。至2010年，治愈率95%以上。

（三）**麻风**。麻风在济南已有2000多年发病史。1949年前，济南虽有麻风病防治机构，但从未进行过有组织、有计划的防治工作。新中国成立后，济南市对麻风病人给予妥善安排，普遍隔离施治。1979年，市区患病率已低于1/10万(达到基本消灭麻风病的标准)。1987年，章丘县麻风病患病率为0.6/10万，成为全省第一个基本消灭麻风病的达标县。至2010年，济南市有19名现症病人，患病率已降到0.6/10万以下，在全省高流行区中率先达到基本消灭麻风病的目标。

（四）**流感和人感染高致病性禽流感**。济南市自1995年推广流感疫苗后，接种率不断提高。2003年，济南市开展流感监测工作。2004年，全市3所流感/人禽流感监测哨点医院开展不明原因肺炎及流感/人禽流感监测。2005年，全市建立人禽流感预警医院、高暴露人群临时监测点。作为省级监测点，2003～2008年，济南市按照要求开展流感样病例监测。2007年，开始按照山东省卫生厅要求又增加病原学监测，当年采集鼻咽拭子样本94份，检出流感病毒17株，阳性检出率18.09%。2008年，山东省疾控中心将济南市疾控中心上报国家疾控中心推荐加入国家网络实验室。2009年1月，济南市成功处理1起人感染高致病禽流感事件，157名密切接触者经检测

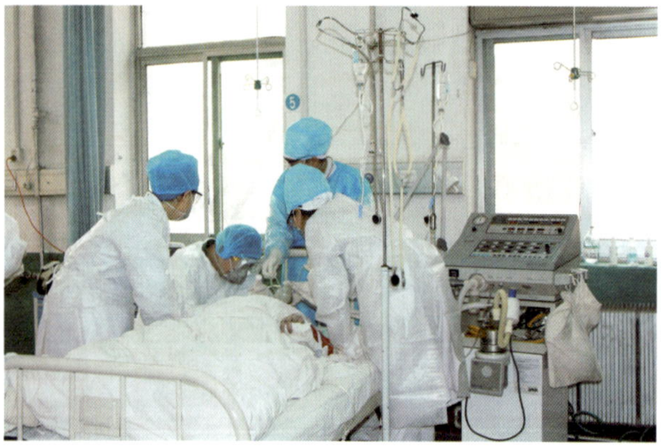

2009年1月，医护人员抢救人禽流感患者

全部阴性。

（五）**霍乱**。1981年济南市初次发现霍乱病例，至2010年全市累计检出霍乱带菌者14 例。除1981年、1999年发生2起由聚餐引起暴发疫情，其他年份均为散发。

（六）**手足口病**。2003年，济南市开始关注手足口病的流行。2005年，手足口病纳入疫情网络直报。2007年，逐渐规范手足口病的报告。2008年5月2日，卫生部将手足口病纳入法定传染病管理，规范医疗机构手足口病网络直报工作。2009年，制订《济南市手足口病预防控制工作方案》。2010年下发《济南市手足口病防控行动计划》等多个文件方案，进一步规范手足口病疫情报告、流行病学调查处置、疫情监测、健康教育等工作。2009～2010年疫情虽然高发，但各项防控工作有条不紊，疫情始终处于可控状态，未出现暴发流行。

（七）**传染性非典型肺炎**。2003年，“非典”疫情发生后，济南市未发生本地性病例，1例输入性病例经治疗病愈出院。(详见本章第七节)

（八）**甲型H1N1流感**。2009年，济南市针对甲型H1N1流感流行，启动市中心医院等4个国家级流感监测哨点医院和511个公共卫生综合监测点。举办疾控及医疗专业人员师资培训班，培训850余人次，发挥社区卫生服务机构、乡镇卫生院和村卫生室防控网底和前哨作用，累计培训6700余人次，在全国首创轻型病人和密切接触者的居家隔离和治疗。开展宣传教育“五进”(进社区、进农村、进家庭、进课堂、进重点公共场所)活动，印发宣传材料140余万份，开通热线13部，发送短信1200万条，维护全市人民的身体健康和生命安全。至2010年，得到初步控制。

（九）**流行性出血热**。济南市自1982年市中区出现首例流行性出血热病人后，发病率逐年上升，疫区范围不断扩大，1986年和1995年分别出现流行高峰年，发病率分别为59.44/10万和30.55/10万。1988年10月7日，济南市历城区

大涧沟村发生流行病出血热暴发疫情，济南市卫生防疫站立即组织专业人员赶赴疫区，开展流行病学调查，处理疫源地，控制疫情的扩散蔓延。本次暴发共发生病人102例，死亡1例。2002～2010年，济南市出血热发病率呈现逐年下降态势，疫情以散发为主。

（十）狂犬病。20世纪80年代后期，狂犬病在济南市大肆滋扰。1988年有61人发病，全部死亡，1989年有54人发病，全部死亡。为有效控制狂犬病，市政府于1989年11月成立狂犬病防治领导小组，各县区、乡镇也相继成立防治小组，并开展以灭犬为主要内容的狂犬病防治宣传活动。据统计，全市共召开各种动员会193场次，出动宣传车91辆次，分发宣传材料29万份，放映录像45场，出黑板报1823期，受教育者34万人次。11月21日，市政府以《山东省养犬管理办法》为依据，组织力量对养犬进行"管、免、灭"综合治理，确定市区、各县城、工矿区、游览区、车站、机场为禁养区，其他地区为限养区，在限养区内，每户不得超过1只。对所养犬只进行登记、挂牌和免疫注射，并要求犬主拴养、圈养。至年底，有3.63万只养犬接受免疫注射。对禁养区及疫点周围5公里内的养犬，采取向犬主发放违章养犬通知单、限期自行捕杀和组织捕杀队强行捕杀的办法，实施突击捕杀。至1989年年底，共捕杀9.7万只，占应捕杀总数的69.3%。狂犬病防治工作的开展，使济南市狂犬病发病率和犬咬伤人数明显下降，1990年第一季度，全市发生6例狂犬病，较1989年同期下降73.15%。

1993～2005年，全市无狂犬病病例报告。2006年7月30日，济南市出现13年来的首例狂犬病病例。2006年后，全市共报告狂犬病病人18例，狂犬病的疫情形势日益严重。2007年、2008年、2010年市疾控中心先后3次下发文件对狂犬病预防接种门诊规范化建设、规范暴露人群处理等提出明确要求。对2006年后的病人进行逐例流调和处理，2007年，全市共设置狂犬病暴露后处置门诊97处、从业人员500余人。2008年，全市有91处门诊、从业人员509人。至2010年，先后对全市有关业务人员进行逐级培训，共举办39期、1506人次狂犬病防治知识培训班。

（十一）布鲁氏菌病。济南市布鲁氏菌病在20世纪60、70年代为发病高峰期，20世纪80年代后，发病率逐渐降低。1990年1月，济南市被卫生部定为全国布鲁氏菌病监测点。1991年11月23日，山东省卫生防疫站和山东省畜牧站联合组织的布病考核组到济南市卫生防疫站考核布病防治工作，济南市布病防治达到卫生部颁布的"控制区"标准。1994年8月，济南市卫生防疫站组织专业人员赴章丘市文祖镇东张村调查处理布病暴发疫情，暴发点共发生布病病人60例，全部得到及时治疗，淘汰处理病羊204只，并对健康牲畜进行猪2号菌苗免疫，有效地控制疫情扩散。1996年，济南市通过省级考核达到"稳定控制区"标准。20世纪90年代末期，伴随全国布病疫情回升，济南市布病疫情呈上升趋势。2002年后，济南市共发生布病病例54例，对其中的52例病人进行调查处理(其余2例为外地就诊，因报告地址不详失访)，共采集高危人群血液标本1053份，发放宣传单10万余份。疫情所在县(市)区疾控中心在发生疫情的病村及其周围村庄，连续3年对家畜养殖人员等与牲畜密切接触者进行血清学监测。同时与畜牧部门配合采取畜间免疫、检疫、淘汰病畜为主的综合性防治措施。2004～2010年，由于多种因素影响，济南市人和畜布病疫情持续快速上升，部分地区呈流行之势，疫情控制形势十分严峻。济南市布病防治工作重点是疫情核实、流行病学调查和常规监测，并采取综合措施，疫情得到有效控制。

（十二）水痘。水痘不属于法定管理传染病，2005年以前济南市未进行系统的管理。2005年，济南市将水痘纳入网络直报管理。2006年，济南市报告水痘病例2381例，发病率为39.19/10万；2007年报告4436例，发病率为72.63/10万；2007年比2006年发病率上升85.3%。2006～2007年，济南市共报告水痘引起的突发事件5起，发病189人。为减少水痘的发病，保护儿童健康，20世纪90年代，济南市开始宣传推广水痘疫苗的使用。

（十三）猩红热。济南市猩红热的发病率由20世纪70年代的67.56/10万下降到2010年的6.11/10万，下降99.9%。

（十四）伤寒副伤寒。济南市伤寒副伤寒的发病率从20世纪70年代的2.45/10万左右下降到2010年的0.15/10万，下降99.88%。1989年7月1日，章丘县黄河乡大张庄伤寒暴发，至12月10日暴发终止，共发病67例，死亡1例。

（十五）痢疾。济南市痢疾的发病率已从20世纪70年代的578.23/10万左右下降到2010年的31.68/10万，下降94.58%。

第三节　寄生虫病和地方病防治

一、寄生虫病防治

（一）班氏丝虫病。济南市曾为班氏丝虫病低中度流行区，平阴、长清、历城、章丘、商河、济阳属病区。2002年10月20日，济南市完成丝虫病病原学监测任务。2003年12月，济南市消灭丝虫病工作在全省率先通过省消灭丝虫病审评组审评，确认曾危害人类健康的丝虫病在济南市不复存在。

（二）疟疾。据疫情资料记载，济南市各县(市)区均有发病。1988年10月，济南市通过卫生部对山东省基本消灭疟疾的考核。从1989年济南市及时调整防治策略和工作重点，由大规模群防群治转向病原监测、传染源控制和现症病人的治疗。

二、地方病防治

（一）缺碘性地方性甲状腺肿。为济南市分布广泛，受威胁人数最多的地方病。济南市的碘缺乏病防治工作始于1975年。1998年11月5～6日，山东省“消除碘缺乏病专家考核组”到济南市检查考核消除碘缺乏病工作，经过严格检查考核，专家组一致认为济南市达到“消除碘缺乏病”标准。

（二）地方性氟中毒。1988年始，每年对改水降氟工程进行枯水期和丰水期检测，并对上一年的工程进行验收，至2010年改水降氟中毒工程共有96处。1993年，对1975～1992年改水资料进行整理，形成《济南饮水型氟中毒防治工作报告》。1997年完成商河县自来水公司深水井调查。2001年，开展地方性氟中毒防治工作现状调查，跟踪监测商河县城区高氟高碘集中供水的水氟和氟斑牙等进行调查。共采水氟样品1785份，调查8～12岁学生3179人，抽查81处。对商河县饮用高氟高碘水地区8～12岁小学生进行氟斑牙调查，共调查524人，查出氟斑牙51人，患病率9.73%。

第四节　职业病防治

1986～2000年，职业病防治工作由市、区(县)防疫站负责。每年对粉尘危害企业、有毒化工企业等进行检查，对从业人员查体。2001年，《中华人民共和国职业病防治法》实施。2002年3月，济南市疾病预防控制中心成立，按照疾病预防控制体制和卫生监督体制改革意见，将原来市卫生防疫站的环境卫生科、放射卫生科及济南医院的劳动卫生监测站合并成立环境与职业卫生所，主要负责生活饮用水、公共场所、放射卫生、职业卫生等检测与评价。2007年12月，通过卫生部职业卫生技术服务机构资质(甲级)现场评审，于2008年4月获得卫生部职业卫生技术服务机构资质(甲级)证书，标志着市疾病预防控制中心职业病防治工作达到全国先进水平。

2007年，全市实现职业病报告网络直报。

全市各县(市)区职业病统计报告网上直报开通率为100%，建立起全市各大医院、乡镇卫生院农药中毒直报网络，形成市、县直报管理体系和以职业病诊断机构、职业卫生检测机构为主的职业病网上直报体系。

至2010年，市疾病预防控制中心每年深入企业开展职业健康检查，方便企业和工人。年均检查企业100家、工人2万人。发现职业禁忌工人及时要求企业调离有害作业，对疑似职业病及时做出诊断，有利患者早期治疗，保护工人的身体健康。

第五节　慢病防治与健康教育

一、慢性非传染性疾病防治

2002年，市疾病预防控制中心成立后，成立慢病防治与健康教育所。2006年5月，济南下发《关于进一步加强慢病防治与健康教育工作的通知》，开展创建慢病防治示范社区选点工作及济南市疾病监测系统死因监测准备工作。2007年，下发《济南市慢病综合防治示范社区实施方案》，对基层慢病综合防治示范社区创建工作进行培训与督导。2008年，进一步健全和完善慢病综合防治三级网络，自4月1日起，以中国疾病预防控制信息系统为管理平台，将死因登记信息网络报告工作纳入慢病防治的常规工作在全市展开；同年启动住院伤害病例报告试点工作。2010年，启动肿瘤随访登记试点工作。

1997年6月，槐荫区被卫生部确定为全国17个城市慢性病社区综合防治示范点之一，成立全省第一个慢性病防治项目指导科。1999年11月，槐荫区慢性病社区综合防治项目被确定为全国17个示范点的4个重点示范点之一，承接卫生部疾控司的慢病防治结合机制的试点任务。2001年11月，槐荫区获"全国慢病防治工作示范点"称号。2006年3月，青年公园街道办事处被授予"世界卫生组织安全社区"称号，成为中国大陆第一家、世界第九十七家国际安全社区。2008年，槐荫区成为中国大陆地区第一个区县级国际卫生组织安全社区。

二、健康教育

20世纪80年代，济南市健康教育工作主要由市防疫站承担。济南市健康教育所于1992年1月9日成立。2007年，济南市健康教育所由科级单位升格成为全额预算管理处级事业单位。

(一)城市健康教育。2000年后，逐步建立起由市卫生局统一领导，市健康教育所业务指导，区(县)卫生局、街道办事处(居委会)具体实施健康教育工作各项具体任务的三级健康教育工作网络。1997年4月，健康教育作为社区卫生"六位一体"的重要内容，全市社区卫生服务机构均建立有社区家庭健康档案、健康教育活动记录，常年组织专家深入社区开展健康知识讲座，加强社区机构健康教育工作的软硬件设施建设，卫生专题日开展宣传工作，完成国家、省市各种健康教育项目，拓展健康知识传播渠道，开通健康教育网站。

(二)农村健康教育。1995年始，在全市范围内组织开展"九亿农民健康促进行动"，后更名为"亿万农民健康教育促进行动"。2007年，济南市平阴县获得省级"亿万农民健康教育促进行动示范点"称号。2008年8月起，在卫生部颁布《中国公民健康素养基本知识与技能66条》后，开展推广工作。组织开展"农民健康知识竞赛""健康素养监测项目"等活动。2009年，济南市代表队参加全省农民健康知识竞赛获得二等奖。

第六节　妇幼保健

一、机构

济南市妇幼保健院创建于1951年。原为山东省妇幼保健院，1953年改为济南市妇幼保健院。1979年济南市妇女保健所成立，由妇幼保健院代管，1990年独立，1998年划归济南市妇幼保健院。

1979年10月，济南市儿童保健所成立。2003年，转为济南市儿童医院的一个独立专业科室。2006年，儿童保健所实行二级专业管理，将儿童保健专业细化为社会保健工作专业、心理卫生专业、早期综合发展指导专业、生长发育专业、营养专业、健康管理专业等二级专业，逐步引进感觉统合训练、儿童保健电脑，营养计算软件，儿童心理、智力测验、脑电生物反馈治疗仪，超声骨强度测试仪，听觉统合训练仪等先进的仪器和设备，可为0～18岁儿童提供生理、心理等保健服务。

至2010年年底，全市共有妇幼保健机构13所，其中包括3所市级以上妇幼保健机构(市妇幼保健院、市儿童医院和省妇产医院)和10所区县级妇幼保健机构(高新区未设，其他县区各一所)。全市共设有妇产科和儿科病床4176张(包括观察床)，妇幼专业技术人员6524人。在13个妇幼保健专业机构的1020人中，中级以上职称者751人，占43.79%，大学本科以上学历713人，占41.57%。全市获得母婴保健技术服务执业许可证的机构共143家，获得母婴保健技术服务考核合格证书者1539人。

二、保健

1988年11月，全国产科制度改革，市妇幼保健院参加全国母乳喂养协作组，建立母婴同室病房。1990年4月，取消健康婴儿室，全部实行母婴同室。

1991年，开展儿童入托查体。制订《济南市托幼机构集体儿童卫生保健管理实施方案》和《济南市托幼园所分级管理评价标准》，协同市教委对济南市一、二类幼儿园进行评估验收。在全市推广4:2:1查体与计划免疫相结合的方法。

1992年8月，新生儿疾病筛查工作通过参与WHO科研项目开始启动，对先天性甲状腺功能低下和苯丙酮尿症两种疾病进行筛查。1996年7月，济南市新生儿疾病筛查中心成立，对确诊的患儿提供免费治疗与长期随访。1996年10月，母婴保健技术服务执业许可及人员技术考核工作启动。在严格母婴保健专项技术准入的同时，加强各级各类医疗保健机构尤其是乡镇医院产科建设，完善婚前、围产期、产褥期管理，强化高危妊娠的筛查、监测、专案管理。1999年，在全市社区开展儿童智能发育早期干预工作。

2000年5月，市妇幼保健院与北京同仁医院耳鼻喉研究所协作引进全国最先进的听力筛查设备及治疗康复技术，成立全省首家新生儿听力筛查中心，建立全国一流的新生儿听力检测实验室。8月，济南市率先在山东省开展产前筛查工作。通过对妊娠15～20周孕妇血液中某些特异性指标的检查，对先天愚型(21-三体综合征)、神经管缺陷和18-三体综合征进行产前诊断，预防先天性缺陷儿出生。2001年5月，市新生儿疾病筛查中心通过山东省新生儿疾病筛查中心资格评审团的资格评审，成为山东省17个地市中第一个通过评审的新生儿筛查中心。2003年，中心又率先在北方地区开展对葡萄糖-6磷酸脱氢酶缺乏症及先天性肾上腺皮质增生症两种筛查项目。

2005年4月，市妇幼保健院产前诊断中心成为全省首家获得产前诊断专项技术执业许可中心。

2006年，根据卫生部《婚前保健工作规范》、山东省卫生厅《山东省助产技术管理办法》等一系列文件要求，制订《济南市降低孕产妇死亡率和婴儿死亡率行动方案(2006～2010年)》等12个配套文件，在严格母婴保健专项技术准入的同时，加强各级各类医疗保健机构尤其是乡镇卫生院产科建设，完善婚前、围产期、产褥期管理，强化高危妊娠的筛查、监测、专案管理。

2009年，制订《济南市脑瘫高危儿童筛查及干预工作方案》，并将城市4区作为脑瘫高危儿监测地区，经过早期干预，多数儿童转为正常，有效防止儿童残疾的发生。开展社区(乡镇)保健医生培训班2期，培训234人；举办托幼机构相关人员培训班14期，培训1910人；举办全国小儿生长发育培训班，全国7个省及山东10个市地的110名学员参加培训。

2009年，国家医药卫生体制改革启动，0～6岁儿童保健、孕产妇系统保健、农村适龄妇女宫颈癌和乳腺癌免费检查项目、农村孕产妇住院分娩补助项目、农村孕前和孕早期妇女增补叶酸项目被列入国家基本公共卫生和重大公共卫生服务项目。2009～2010年，共为50万农村适龄妇女进行免费宫颈癌和乳腺癌检查、向8万余名农村孕产妇发放住院分娩补助，免费向6万余名孕前和孕早期妇女发放叶酸。

至2010年，全市妇女儿童健康水平不断提高，妇幼保健各项指标均走在全省乃至全国前列。2010年，全市孕产妇死亡率降至10.57/10万，婴儿死亡率和5岁以下儿童死亡率降至4.53‰和5.72‰，孕产妇保健覆盖率99.6%，产前检查率98.37%，产后访视率97.01%，孕产妇系统化管理率96.23%，孕产妇住院分娩率100%，高危产妇管理率及住院分娩率均100%，新生儿疾病筛查率99.10%，新生儿听力筛查率95.82%，3岁以下儿童系统化管理率94.57%，7岁以下儿童保健管理率94.15%，6个月内婴儿母乳喂养率94.95%。新生儿低出生体重发生率1.87%，5岁以下儿童中重度贫血发生率0.37%。

三、科研

1980～1990年，市儿童保健所连续10年承担全国母乳喂养调查项目，负责对山东省的母乳喂养情况进行调查。1981～1982年，进行佝偻病的科研工作，对全市部分城乡儿童进行佝偻病及贫血的普查普治。1984年，参加全国学龄前儿童韦氏智力量表常模制定科研项目，完成《济南市学龄前儿童试用韦氏智力量表的结果报告》。承担“山东省儿童生长发育调查”科研项目。1986年，完成7岁以下正常儿童生长发育资料分析及量表的绘制，被评为省科技进步二等奖。同年承担全省婴儿死亡回顾调查工作。1989年，完成“济南市715例学龄前城乡儿童智力水平研究”的资料总结。

2000年，市儿童保健所被列为济南市重点专业。承担的儿童智能发育社区干预研究达到国际领先水平，获市科技进步一等奖。2001～2003年，按《中华人民共和国母婴保健法》《妇女发展纲要》《儿童发展纲要》要求，在济南市城区逐渐开展5岁以下儿童死亡试评审工作，推行“危重患儿放弃治疗追访制度”。

2005年，承接全国妇联项目“健康宝贝课堂·热线”；制定《济南市散居儿童保健工作常规》，成立并启动济南市危重新生儿、婴幼儿转运系统。7月，济南市多动症诊疗中心成立，对多动症儿童实行标准化病例管理。2007年，举办国家级继续教育项目全国儿童注意缺陷多动障碍诊疗进展学习班和省残联的山东省贫困残疾儿童康复救助工程智力残疾康复技术人员培训班，承担国家中国母乳喂养婴儿生长速率监测项目。

四、技术

1997年，建立山东省济南市儿童哮喘病防治中心，应用过敏源检测、吸入疗法和中西医结合的方法对儿童哮喘进行系统的治疗。开展全国首家小儿支气管镜对呼吸道危重症、疑难重症的诊断和介入治疗，达到国内先进水平。

2001年8月，市妇幼保健院成立山东省首家子宫颈病变诊断治疗中心，引进世界上最先进的细胞学检测系统(新柏氏TCT系统)、电子阴道镜及LEEP刀(子宫颈电圈环切刀)，对子宫颈病变进行系统诊断、治疗，在全国尚属首家。

2002年3月，全国首家青春期门诊——花季呵护中心成立，为青春期少女提供免费热线咨询、青春期疾病的诊治及早孕援助。11月成立省内首家“儿童查体中心”，推出适合不同年龄组儿童的“体检套餐”。

2003年，成立儿童铅防治中心、儿童视听筛查中心、儿童早期发展指导中心、孤独症训练中心。

2004年5月，成立济南市矮小肥胖诊疗中心，开设儿童性早熟门诊。

2005年，在原儿童性早熟和矮小肥胖门诊的基础上成立“遗传内分泌门诊”；同年7月经省残联批准成立“山东省孤独症儿童康复中心”及“山东省智力残疾儿童康复中心”。济南市儿童医院成立济南市儿童医学实验诊断中心，与法国生物梅里埃公司合作建立儿童感染性疾病标准实验室。在掌握一般检验检查项目的同时，新开展染色体、PCR、微量元素等检测技术，为临床和科研提供技术支撑。

2006年，市儿童医院牵头组建有市中心医院、市第四医院等医院参加的济南市病原微生物网络实验室，成为山东省唯一规模最大、技术最先进、设备最齐全的儿童专用实验诊断中心。

第七节　卫生应急

一、抗击“非典”

2003年，非典型性肺炎(下称“非典”)疫情发生后，全市卫生系统迅速建立健全工作机制，市政府制定下发《关于进一步加强医疗机构非典防治工作的紧急通知》等文件，明确职责，形成统一领导、行动迅速、各司其职、通力协作、良性互动、措施到位的工作格局。按照“把好非典防治四道关口”的要求，抽调骨干人员，充实到济南国际机场等13个留验站，共检查来自上述地区的各类车辆1180辆，5600余人，查出发热人员7人，均按规定进行隔离。确定市传染病医院、市中心医院和章丘、长清、平阴、历城、商河、济阳6个县(市)区医院为“非典”防治定点医院。在全市470多个医疗机构建立标准统一、标志明显、相对独立的发热门诊，设立发热病人诊疗区、重点病人观察区、疑似病人隔离区，配备相应的医疗和防护设施。做好“非典”病人和疑似病人的及时救治、转运工作，加强对重点对象的跟踪调查，做好对可疑对象的追踪监控。全市成立市、县、乡、村四级流行病学调查队伍168支，共计1169人。2003年7月26日，根据全国防非指挥部《关于科学规范传染性非典型肺炎防治措施的通知》精神，按照省、市防非指挥部的要求，济南市防治非典工作由应急转为常态防治。抗击非典过程中，济南市未发生本地性病例，1例输入性病例经精心治疗病愈出院。

二、“7·18”特大暴雨灾害救援

2007年7月18日晚，济南市遭受历史罕见的特大暴雨袭击。此次降雨过程时间短、强度大。自18日17:00开始至20:30减弱。市区1小时、2小时、3小时最大降水量分别为151毫米、167.5毫米、180毫米。均是济南有气象记录以为历史最大值。此次特大暴雨造成33万群众受灾，倒塌房屋1800间、受损车辆800辆、市区道路损坏1.4万平方米、冲失井盖500余套、停电线路20余条、140余家企业受损，市区交通一度处于瘫痪状态，全市直接经济损失13.2亿元。灾情发生后，济南市卫生局立即成立临时指挥

2007年7月，市疾控中心“7·18”特大暴雨救灾防病机动队员现场开展灾后卫生防疫工作

部，及时启动应急预案，开展医疗救护、卫生监督、消毒防疫、除害灭蚊蝇以及灾后卫生防疫宣传工作。迅速成立4个督导小组，分赴医疗机构和受灾严重的地区，了解灾情，检查督导救灾防疫工作。共派出医疗、疾控、卫生监督小分队1027支次，共计8479人次，入户1.69万户次，提供医疗服务1.64万人次，使用消杀药品8.5吨，消杀面积3940余万平方米，发放宣传材料2.5万余份，各级各类医疗机构共捐赠药品价值51.76万元，为暴雨灾害救援取得全面胜利提供有力保证。

三、抗震救灾

2008年，“5·12”汶川特大地震发生后，济南市卫生系统全力做好抗震救灾医疗卫生救治工作，组建医疗救治、卫生防疫、卫生监督、物资转运等多支医疗卫生救援队伍奔赴灾区开展救援工作，足迹遍及平武、青川、绵竹、绵阳、南坝、北川、都江堰、眉山等地。至2008年6月30日，济南市卫生局共向灾区派出医疗卫生队伍9支，共计114人，共计治疗伤员8000余人次，急救车队安全行程11万余公里，转运伤病员200余人次，完成运送物资、转运医疗队员、保障用车等后勤保障任务70余次；直接环境消毒面积35万平方米，杀虫面积28万平方米，培训基层防疫人员3210人次；监督检查水源、供水点2600余点(次)，开展饮用水快速监测726次。检查食品分发点、集中供餐点等7340户(次)，为实现大灾之后无大疫做出贡献。

2008年5月21日，市卫生局按照省卫生厅要求，迅速做好迎接四川到济伤员的转运救治工作。5月22日、25日共出动急救转运车240余车次，派出医护人员600余人次，志愿者72人次，接收转运灾区到济伤员及家属6批次，伤员223名，陪伴家属216人。灾区伤员被分别转运至市中心医院、市第四医院和山东大学第二附属医院、省立医院、千佛山医院、省交通医院。市中心医院和市第四医院共收治79名灾区伤员，其中年龄最大的91岁，最小的仅4岁。经过治疗，79名灾区伤员陆续达到出院标准，分批出院，至10月21日全部出院，未发生一例死亡。

2009年12月，济南市共向四川省北川县及擂鼓镇派遣医疗卫生队9批共计236人，其中医疗护理人员142人，卫生监督人员47人，疾病预防控制人员47人，完成救援和恢复重建任务。

四、“1·17”人禽流感防治

2009年1月15日，山东省省立医院发现1例高度怀疑为“不明原因肺炎”的病例，于1月17日18时40分抢救无效死亡。1月18日，经国家实验室确认，该病例为人感染高致病性禽流感确诊病例。经卫生部授权，山东省卫生厅对疫情予以公布，并启动应急处置Ⅱ级响应，按照《人感染高致病性禽流感应急预案》的职责分工和任务要求，全面开展流行病学调查、应急监测、密切接触者医学观察、疫点消毒与处理、病例搜索、职业高危暴露人群排查、禽类养殖情况调查和标本检测等相关工作。至1月23日，全市共监测 1.12万人次；调查禽流感高危人群7846人；深入社区家庭入户调查监测40.28万人次；各级各类医疗机构累计监测呼吸道就诊病例3.19万例，均无人禽流感疑似病例报告。畜牧部门开展禽类养殖情况调查和标本检测，共检查规模饲养场9个、家禽散养村6个、禽类交易市场6个，均没有发现家禽发病情况；抽取病原学样本224对、血清学样本210个，经山东省动物疫病预防与控制中心检测，家禽免疫抗体合格率达到国家规定标准，病原学监测呈阴性。1月24日，经省突发公共卫生事件应急领导小组确认，报经省政府同意，终止山东省人禽流感重大突发公共卫生事件Ⅱ级应急响应。

五、甲型H1N1流感防控

详见第四章第二节。

济南市120指挥调度中心　　(2006年摄)

六、全运会保障

2009年10月16日至28日，全国第十一届运动会在济南召开。全运会期间，全市44家各级各类医疗卫生机构、3900余名卫生工作人员和260名卫生志愿者，共出动5.5万余人次、1.5万余车次。监督定点宾馆等3.1万户次，开展快速检测1.1万余份，保障安全用餐30.5万人次；接诊1.49万人次，体温监测102万余人次；出动消杀车120余台次，消杀面积1009万平方米，完成全运会医疗卫生保障任务。

第八节　卫生监督

一、医政监督

2005年10月，根据卫生部综合执法的要求，市卫生监督所开始依法承担对各种医疗服务要素准入后的监管任务。2006年，全市开展专项整治活动，主要包括：“诚信医疗，规范服务”为主题的民营医疗机构专项整治工作，建立民营医疗机构卫生监督档案；“依法行医，从我做起”为主题的公立医疗机构专项治理行动，全市41家局直属医疗单位和市管二级以上厂企公立医院签订10项诚信服务承诺书，加强行业自律，倡导诚信服务；开展“关爱健康，安全用血”为主题的采供血机构和用血单位专项检查；开展“依法美容，保我健康”为主题的医疗美容服务市场的专项整治；开展母婴保健技术服务和性病医疗服务市场的专项整治工作。

2007年，开展公立医院和厂企事业单位一级医院为主的医疗机构专项整治，并以群众投诉举报为线索，取缔黑诊所，为百姓营造就医放心环境。开展以“打击虚假医疗广告，规范医疗机构执业行为”为主题的医疗广告专项整治活动，依法规范医疗机构发布医疗广告行为。

2008～2010年，先后在全市开展性病诊疗、母婴保健、医疗美容、放射诊疗、医疗机构使用贮存第一类精神药品及麻醉药品、打击“黑诊所”等专项检查，对市卫生局发证的民营医疗机构、门诊部、二级以上公立医疗机构、采供血机构进行专项整治。加大对医疗广告的监测力度，全市违法发布医疗广告频次持续下降。2010年，卫生部开展的违法医疗广告监测济南首次为零。

二、食品卫生监督

1986～2002年，食品卫生生产经营单位数量逐年增多，经营方式呈现多样化。为加强规范食品领域的监管，济南市卫生防疫站根据《中华人民共和国食品卫生法》等法律法规的规定，先后下发《关于加强外埠定型包装食品索证管理的规定》《关于加强冷饮卫生管理的通知》《关于加强桶装散啤酒卫生管理的通知》等文件，对与人民群众生活密切相关的食品卫生领域加大监督和监测力度，食品卫生的抽检合格率不断提高。

2002年，济南市查处的违法经营河豚案件被卫生部评为2002年全国十大食品卫生典型案件之一。2004年、2005年，先后在全市餐饮单位、食品生产企业中实施量化分级管理制度。2007年，按照创建文明城市和食品放心工程要求，在建筑工地食堂和餐饮业又推出新的监管思路，制定《济南市建筑工地食堂基本卫生要求(试行)》和《济南市餐饮业食品卫生示范单位卫生要求(试行)》，开展全市餐饮业创建食品卫生示范单位工作。2008年，在全市餐饮业推行卫生监督公示制度，便于消费者及时、准确、便捷了解餐饮单位的卫生状况，维护消费者的知情权、监督权和选择权，做到知情消费。至2010年，全市共开展餐饮单位公示1280家，其中笑脸单位645家，常脸单位526家，苦脸单位109家。

三、职业卫生监督

1988年3月5日，济南市卫生防疫站将劳动卫生科移交给济南市职业病防治院，成立济南市劳动卫生监察监测站(1998年更名为济南市劳动卫生监督监测站)，承担全市劳动卫生监督任务。2002年3月28日，市卫生监督大队成立，将原来市卫生防疫站的传染病监督人员、放射卫生监督人员及济南市劳动卫生监督监测站职业卫生监督人员合并成立卫生监督三科，主要负责全市放射卫生、职业卫生和传染病监督检查。

1996年1月1日，《济南市职业病防治卫生监督条例》实施，济南市在全省率先制定卫生监督地方法规，为劳动卫生监督工作提供法律保障。

2002年5月1日，《中华人民共和国职业病防治法》实施。济南市先后开展有毒有害化学品、刺激性窒息性气体、高温作业等专项监督检查。

2004年9月1日，卫生局承担的作业场所监督和职业病危害事故调查职责交由济南市安全生产监督管理局承担，卫生部门承担的职业卫生监督职能重点转移到职业健康监护和建设项目职业卫生审查的监督管理。

2005～2010年，全市卫生监督机构先后开展维护农民工健康权益的“春风行动”，以保护劳动者职业健康权益为重点的“卫生监督执法2号行动”，以宣传《中华人民共和国职业病防治法》为重点的宣传活动；农药生产企业、存在高温的企业及煤炭、砖瓦厂、水泥厂等粉尘职业危害严重企业以及有毒有害化学物品企业落实职工健康监护制度情况等多项专项检查，用实际行动保护广大劳动者健康权益。

四、生活饮用水卫生监督

1985年8月16日，济南市政府制定《生活饮用水卫生标准》。1987年始，济南市卫生防疫站对济南市自来水公司进行水质监测，监测范围是全部水源水、出厂水及末梢水。1990年，市区卫生防疫站首次开展二次供水卫生监督检查。

1992年，济南市人民政府发布《济南市生活饮用水卫生管理办法》，全市生活饮用水卫生管理走上法制化轨道。1995年，对集中式供水单位实施卫生许可制度，向自来水公司、部分自备水源单位发放卫生许可证。1996～2001年，“一种新型水质消毒器的研究”“水中臭氧现场快速检测方法的研究”等科研课题先后获得省、市科技进步奖。

2002～2010年，开展二次供水单位、市政供水水源地、桶装饮用水、小型水质处理器、生活饮用水集中式供水单位消毒和检测等多项专项整治，推行生活饮用水卫生监督量化分级管理，对53家单位进行量化分级评定，其中A级15家、B级31家、C级7家，量化分级率100%。

五、公共场所卫生监督

1987年，山东省《公共场所卫生管理条例》颁布实施。1991年，济南市《公共场所卫生管理条例实施细则》实施。全市及各县、区卫生防疫站依法开展各类公共场所的卫生监督检查。1995年，在全省十佳游泳场所评选活动中，济南市有3家单位获得“全省十佳游泳场所”称号。2002年后，先后开展以公共场所集中空调系统、游泳场所、理发美容场所等为重点的专项治理。2005年制订下发《“五小店”专项整治行动方案》，开展“五小店”及宾馆、游泳场所经营单位的专项检查。2007年，在旅店业推行量化分级管理工作。至2010年，共对1558家公共场所进行量化分级评定，其中

A级单位146家，B级单位617家，C级单位795家，量化分级率100%。

六、学校卫生监督

1985年，济南市卫生防疫站成立学校卫生科，负责学校卫生监督和提供卫生服务。济南市教育、卫生和体育等部门建立联席会议制度，建立健全学生体质健康卡片，做好视力不良、龋齿、贫血、脊柱弯曲、肠道寄生虫感染等学生常见病防治工作。1990年始，建立学校卫生档案。

2004年，结合济南市小饭桌卫生现实状况，在全国率先制定《济南市小饭桌基本卫生要求》。全市166家小饭桌，127家达到卫生要求，取得卫生许可证，39家小饭桌经限期整改仍达不到卫生要求被依法取缔。

2009年，开展学校卫生综合整治，制订下发《全市学校综合整治工作方案》，对学校食品、公共场所、生活饮用水、传染病防治、校医室进行综合检查。

2010年，在全国率先开展学校卫生监督量化分级管理工作，共对226家学校进行量化分级，其中A级单位104家，B级单位82家，C级单位25家。此项工作在《健康报》等媒体进行报道，6月3日在卫生部学校卫生监督项目启动会上，济南市作典型发言。

七、放射卫生监督

1988年前，放射卫生监督工作职责在济南市卫生防疫站劳动卫生科，1988年3月5日，市卫生防疫站成立放射防护科，负责全市的放射卫生监督管理工作。

1999年，开展医疗照射调查工作，共调查单位161个，并对乳腺摄影、胆囊、尿路、心血管、脑血管造影进行剂量调查。2000年，根据卫生部有关规章要求，开展建筑材料的放射卫生防护检测。

2002年3月，市卫生局卫生监督所依法承担放射卫生监督任务，由监督管理和技术服务结合的管理模式转变为依法监管的模式。

2005年12月1日，国务院《放射性同位素与射线装置安全和防护条例》实施，对放射监督管理工作做出重大调整，非医用放射性同位素与射线装置的生产、使用按《中华人民共和国职业病防治法》管理，使用放射性同位素和射线装置进行放射诊疗的医疗卫生机构，还应当获得放射源诊疗技术和医用辐射机构许可。卫生部门不再发放放射性同位素工作许可证和射线装置工作许可证，仅对医疗卫生机构发放放射诊疗许可证。2007年11月1日，济南市《放射工作人员职业健康管理办法》实施，至2010年放射工作人员须经培训后持证上岗。

八、传染病防治监督

1989年9月1日，《中华人民共和国传染病防治法》实施。2002年后，市卫生监督所承担着对医疗机构传染病监督的工作。

2002年年末至2003年，在抗击非典过程中，市卫生监督所以公共场所、学校、医疗机构、消毒产品等为重点，加大监管力度，完成防治非典工作的各项任务。

2005年，开展以“加强传染病防治监督，保障人民身体健康”为主题的传染病监督执法专项检查，包括医疗卫生机构的疫情报告、医疗废物处理、消毒隔离、医用X线、医疗机构食堂等内容，共检查各级医疗卫生机构126家，提出监督意见57份，立案15起。2006年，以口腔诊疗器械消毒检查为重点，开展“对患者生命健康负责，严把口腔器械消毒关”为主题的口腔诊疗器械消毒专项检查和以“加强传染病防治监督，保障人民身体健康”为主题的全市传染病执法综合监督检查工作。2007年，以“加强传染病防治监督，防范传染病流行”为主题，制定《济南市传染病防治专项整治工作实施方案》，加大对医疗机构、采供血机构和疾病预防控制机构传染病防治工作的监督力度。

2008年，加强手足口病防控监管，全市共检查各级各类医疗机构793家，市区手足口病定点医疗机构11家，学校及托幼机构967家，下达监督意见书483份。2009～2010年，先后开展春季传染病防控、手足口病防治、餐饮具消毒服务机构、消毒产品标签说明书、病原微生物实验室生物安全等专项检查。

第五章　爱国卫生运动

第一节　创建卫生城市

1986年大规模开展突击灭鼠活动，实现“一役达标”，1988年4月经全国爱卫会考核鉴定，被命名为“无鼠害市”。之后，每年春秋两季都集中时间、力量开展灭鼠活动。

1990年，济南市提出创建国家卫生城市，市政府与各区政府和各有关部门签订《创建卫生城市责任书》，把96项指标层层分解到各区、各部门、各单位，一级抓一级，逐级负责。先后制定实施《市容环境卫生管理实施细则》《济南市食品卫生监督管理细则》《城市建设项目环境保护管理办法》和《关于严格执行禁止随地吐痰和乱丢污物的规定》等30多个地方法规。区县和市直一些部门、单位也相应建立有关制度和乡规民约等。组建由城建、环卫、公安、工商、卫生等部门参加的市容卫生秩序纠察大队，各区和街道办事处组织专业的和群众性的卫生监督队伍。5月，开展狂犬病防制突击活动，全市共捕杀违章犬9.28万余只，有效地控制狂犬病的发病。加强蚊蝇消杀工作，从市到区都成立消杀管理站，配备专职人员和消毒器械。定期对污水沟渠、垃圾箱台、公共场所等蚊蝇孳生地进行药物喷洒，并在蚊蝇繁殖旺季进行重点喷洒，使蚊蝇密度控制在全国爱卫会规定的范围内。疏浚污水沟渠39条，清除淤泥2.9万立方米，清理卫生死角2500多个，清运垃圾8万立方米，植树85万株。全国城市卫生检查团于1990年10月14～18日对济南市城市卫生工作进行全面检查，济南市被全国爱卫会命名为“全国十佳卫生城市”，市长翟永涥获“十佳卫生城市市长奖”。此后，济南市于1992年、1995年又两次获“全国十佳卫生城市”殊荣。1997年济南市又通过全国十佳卫生城市检查复核，整体卫生水平有较大提高，向国家卫生城市的目标迈进一大步。1999年，济南市围绕创建国家卫生城市、迎接全国第四次城市卫生大检查，加强对城市卫生工作的督导。狠抓垃圾袋装化的普及推广工作，全市城区垃圾袋装化率85%；强化食品卫生和摊点群的综合整治，对15个摊点群、156家矿泉水和食品生产单位、1701家食品经营单位进行检查，对672家不符合卫生标准的食品经营单位依法进行处罚。加强除四害工作，全市共投资150余万元，投放毒饵13万千克，毒饵盒1.61万个，粉鼠板3642块，新建毒饵站1876个，投药覆盖率平均97.45%，使全市鼠密度比投药前下降87.77%，低于国家规定标准。开展4次大面积药物喷洒，有效降低蚊蝇、蟑螂密度。农村改水、改厕有新进展，全市各种类型农村改水受益人口累计354.15万人，普及率96.03%，比1998年提高1.1个百分点，新增自来水受益人口9.17万人，自来水普及率60.9%，比1998年提高2.48个百分点。槐荫区达到全国自来水先进县(区)标准，历城区、长清县达到省级自来水先进县(区)标准。投资1180万元，新建、改建农村厕所5.51万座，全市农村改厕累计46.16万户，农村改厕普及率47.21%，比1998年增加6.06个百分点。健康教育更加深入推广，创建5068户无吸烟先进单位和健康家庭，举办万人控烟签名活动，历下区4个学校顺利通过卫生部健康教育试点考核验收。济南市创卫工作受到全国第四次城市卫生检查团的好评，被评为“全国卫生先进城市”(第4名)。

1996～1998年，济南市在加快改革开放、加速经济建设的同时，始终重视城市卫生工作，以创建国家卫生城市为重点，全面推动和加速城市基础设施建设和市容环境综合整治，取得巨大的社会效益和经济效益。1999年，济南市被评为“全国卫生先进城市”。

2000年，全市围绕创建国家卫生城市，在巩固提高全国卫生先进城市成果的基础上，以建设高效能的卫生基础设施，实施高水平的城市卫生管理为主要内容，以提高城市整体卫生水平，促进改革开放和经济发展、保护人民群众身体健康为目的，狠抓城市卫生管理和督导。重点抓市容环境卫生、食品卫生、公共场所卫生和除四害工作。由市爱卫会牵头，会同城建、建管、卫生、环卫、拆迁、城建监察等部门，重点对城乡结合部、拆迁或在建工地、农贸市场、铁路沿线、繁华地段和背街小巷进行整治，其中文化路东段、窑头大沟、大明湖东南口、无影山摊点、经一路延长线、泺口地区、铁路沿线整治效果十分明显。铁路分局拆除违章和破旧建筑，新建4处垃圾楼和4个花坛，粉刷房屋墙壁，清除沿线建筑和生活垃圾。灭鼠工作继续坚持突击与经常相结合的办法，着重抓宣传发动、经费筹集、毒饵配制、投饵到位4个环节，全市共投资140余万元，投放毒饵12万千克，毒饵盒1.5万余个，粘鼠板3100余块，新建毒饵站1600余个，投药覆盖率平均97.5%，投药5000余千克，对重点部位进行消杀，消杀面积28万平方米，使全市鼠、蚊蝇密度比投药前有明显下降。2000年全市流行性出血热发病率较1999年度下降31.37%。

2005年后，每年按照《全国文明城市测评体系》指标要求，协调市卫生局、市环卫局、市园林局等部门，对市区的部分商场、会场等单位环境卫生、绿化美化、食品卫生安全管理、消毒、防鼠、防蝇配套设施等进行检查。

2006年9月25～26日，根据市政府申请，省爱卫会组织有关专家组成考核组，对济南市创建国家卫生城市工作进行省级考核。检查团观看济南市创建国家卫生城市电视专题片《共建美丽泉城》和多媒体演示，通过听取汇报、现场抽查、查阅资料、走访群众和问卷调查等方式，对济南市的爱国卫生组织管理、健康教育、市容环境卫生、环境保护、公共场所和生活饮用水卫生、食品卫生、传染病防治、病媒生物防制、社区和单位卫生、城中村及城乡结合部卫生等工作进行考核，认为济南市创建国家卫生城市工作各项指标达到《国家卫生城市标准》的基本要求，建议提请全国爱卫会进行考核验收。

至2010年，全市有省级卫生单位215家、省级卫生乡镇5个、省级卫生村31个。

第二节 农村改水改厕

一、农村改水

1986～1989年，济南市政府发动和依靠群众有计划、有步骤地开展农村改水工作。各区县按照中央确定的“民办公助、多方集资、以水养水、自负盈亏”方针，采取国家补一点、集体拿一点、群众集一点的办法，共筹资金4605万元，其中群众集资2879万元，占62.5%。各区县从当地实际出发，因地制宜，采取多种形式改水。在平原采用压力罐，在人口集中的村镇兴建水塔，在山区丘陵地带则利用自然地势建高位水池，通过地下管道供水。全市修建简易自来水厂1073个，打深井7530眼，建手压机井25万台，在全市355.6万农村人口中，有290万人喝上卫生水，约占农村人口的80%，其中饮用自来水的有135万人，占农村人口的38%。章丘县、长清县、历城区的18个高氟村进行降氟改水，受益者1.1万人。

1991～1996年，按照“民办公助”原则，通过农民自筹资金、乡村集资、地方财政资助及国家补贴等渠道，开展各种形式的农村食用自来水建设。全市共集资2310万元，建设1872个自来水厂(站)，23.07万台手压机井，受益人口511.9万人，占总人口的93.25%。同时，加强饮用水管理，卫生防疫部门定期定点进行水质卫生监测，保证饮用水的卫生标准。全市有11人被评为全国农村改水先进工作者，章丘市被评为全国农村自来水建设先进市，长清县被省定为“九五”农村自来水建设试点县，平阴县、长清县被评为省级农村自来水建设先进县。

1999年，全市各种类型农村改水受益人口累计354.15万人，普及率96.03%，比1998年提高1.1个百分点，新增自来水受益人口9.17万人，自来水普及率60.9%，比1998年提高2.48个百分点。槐荫区达到全国自来水先进县(区)标准，历城区、长清县达到省级自来水先进县(区)标准。

2003年，全市农村改水普及率99.97%，自来水普及率67.82%。

2004年，济南市采取民办公助、公办民营、以水养水、综合管理的方式，实施农村改水战略，取得显著成绩。全市农村自来水普及率74.80%。2006年，完成1063个村、68.75万人的饮水工程建设。2007年，完成850个村55万人的饮水工程建设，自来水普及率90%。

2010年，实施中央补助济南农村饮用水水质监测项目。在丰水期和枯水期完成历城区、长清区、平阴县45个监测点、180个水样水质监测工作，确保农民饮水安全。

二、农村改厕

济南历史上农村厕所普遍存在人畜共用，很不卫生。1986年后，农村经济发展较快，条件好的农民自行改厕。

2003年，全市农村改厕工作发展较快。到2004年年底，济南市共建农村卫生厕所65.65万户，卫生厕所普及率67.07%。

2005年，济南市完成国家农村改厕项目800座，农村改厕共完成900座，国家农村改厕项目取得初步成果。

2008年，济南市接受5000座国家农村改厕项目任务，市中区、槐荫区、天桥区、商河县、平阴县为项目区、县。市爱卫会制订《国家农村改厕项目管理方案和技术方案》，成立济南市国家农村改厕项目指导小组和技术小

农村改厕前后　　(2008年摄)

组。各项目区、县召开国家农村改厕项目启动会，举办农村改厕技术培训班。

2010年，济南市承担1.2万座国家农村卫生户厕建设任务。其中，市中区1000座、天桥区3000座、章丘市2000座、历城区1000座、平阴县3000座、商河县2000座。形成“领导重视、部门配合、财政支持、政府招标、重点培育、超前运作、加强监督、科学指导”的农村改厕“济南模式”，提前4个月完成国家农村改厕项目，完成质量和速度位居全省首位。至2010年，全市累计建设农村卫生户厕79.15万座，卫生厕所普及率80.63%。

第三节 爱国卫生活动

一、环境卫生综合整治

1997年，按照“政府组织、地方负责、部门协调、群众动手、科学指导、社会监督”的工作方针，市爱卫会组织协调市环卫局、市环保局、市园林局等部门在全市开展以环境卫生综合治理为主要内容的爱国卫生运动，城市卫生明显改善。

1999～2000年，济南市开展容貌工程。2005年，济南市开展春季爱国卫生工作专项整治活动，省爱卫会进行全面检查。在被检查的17个地级市中，济南市名列前茅，省爱卫会对此给予通报表彰。

2008年，为迎接奥运圣火传递，济南市开展以“清洁家园、健康奥运、无烟奥运”为主题的城乡环境卫生综合整治活动，对奥运圣火传递沿线、景点景区、主次干道、广场游园、机场、车站、长途汽车站及周边地区环境进行突击整治。

2009年，为迎接全国第十一届运动会召开，济南市再次开展大规模的环境卫生综合整治。

二、群众性除“四害”活动

1986年8月，济南市召开灭鼠防病动员大会，市政府与各区县签订灭鼠责任承包合同，在全市范围开展突击灭鼠活动，实现“一役达标”。1988年4月，经全国爱卫会专家组验收，确认济南市达到无鼠害标准。济南市被授予“无鼠害市”称号，成为全国5个无鼠害城市之一。之后每年春秋两季都集中力量开展灭鼠活动。

1995年，市政府把“四灭”(灭鼠、灭蝇、灭蚊、灭蟑螂)工作列入重要议事日程，加强基础设施建设和药物消杀，健全消杀队伍，形成消杀网络。市爱卫会建立除害消毒服务中心，全市建立除害机构46个，配备专职消杀人员500余人。济南市除“四害”各项指标均保持在国家规定的标准之内，各县(市)区除“四害”组织机构进一步健全，除害消杀工作步入法制化、科学化、规范化的轨道。济南市先后被评为全国灭蝇先进城市、灭蟑螂先进城区、灭鼠先进市。

2009年，为迎接第十一届全运会的举行，济南市成立病媒生物防制领导小组。按照“上下联动、紧密配合、全天候服务、无缝隙覆盖”的工作原则，制订应急预案，举办3期培训班，培训人员350余人。市政府投资62万元，为市消毒除害服务中心配备最先进的消杀除害专用车。历下区、市中区、天桥区消杀站参与迎全运病媒生物防制工作，对省商职学院等9个重点区域、28个重点场所进行集中消杀除害。全市共投放灭鼠毒饵粘鼠板1.2万余个，使用消杀药品5000余千克，消杀消毒面积1200.74万平方米，完成市委、市政府提出的“全力把病媒生物密度控制在不足危害程度”的工作目标，以优美的城市环境迎接第十一届全国运动会、第七届园博会和新中国成立60周年。

三、爱国卫生月活动

1989年，全国爱卫会第八次扩大会议确定每年4月份为爱国卫生月。4月9日，济南市开展第一个爱国卫生月活动，全市有2万多名机关干部、医务工作者和中小学生走上街头、公共场所进行宣传。这次爱国卫生月活动全市共评选先进集体113个，其中有8个区县、17个市属单位、19个街道、10个乡镇、59个单位。

2001～2004年，爱国卫生月活动以创建“健康家庭”为主题，在全市倡导印制“不向未成年人销售香烟”的承诺标志，广泛开展健康教育活动。全市评选出5068户无吸烟先进单位和5000余户“健康家庭”。

2005～2008年，省爱卫会、省卫生厅暨济南市爱卫会、市文明办、市卫生局每年在泉城广场进行爱国卫生月大型宣传活动，为创建国家卫生城市(区)和全国文明城市奠定基础。

2010年4月是全国第二十二个爱国卫生月，主题是“城市化和健康”，通过深入开展爱国卫生月活动，努力巩固和发展全运会环境卫生整治成果，全面打造“市容整洁、环境优美、特色鲜明、宜业宜居”的城市环境。全市共有15万人次参加义务劳动，动用车辆2000台次，清理卫生死角3000余处，清运垃圾渣土5000吨，拆除违章建筑220处，清理乱贴乱画1.5万余处。

四、健康山东行动暨健康济南行动

2010年5月8日，省、市爱卫会在泉城广场联合举行“健康山东行动”启动仪式。“健康山东行动”以“我行动，我健康”为主题，以增强全民健康意识、倡导健康生活方式、改善环境卫生状况、加强疾病预防控制、提高全民健康素质为主要内容，动员全省上下开展爱国卫生运动，坚持以预防为主，最大限度控制、减少疾病传播流行隐患，提高全民健康行动能力。

2010年9月5日，市爱卫办在平阴县召开健康济南行动工作推进会，总结各县(市)区开展健康济南行动工作经验，进一步推动健康济南行动工作的蓬勃开展。全市建成7个健康社区、5个健康学校、2个健康医院、1个健康单位。

2010年12月31日，市政府印发《健康济南行动方案》，确定用3年时间开展健康教育与健康促进活动，建立并倡导文明健康生活方式，进一步提高全市人民文明素质和健康水平，为促进全市经济社会又好又快发展提供良好人文环境，全力打造“健康济南”品牌。济南市爱卫办力推“健康教育普及行动、健康送万家行动、小手牵大手行动、饮泉城水做济南人行动、我的血压我知道行动、控烟我先行行动”。有3万余名青年志愿者加入到“健康济南行动”行列中，发放健康大礼包2.2万个，免费为150万人次测量血压，发放居民健康血压卡10万张。开展健康山东泉城行，健康加油站进社区，健康济南走进章丘、走进济阳、走进商河、走进平阴、走进长清等系列活动。

2010年，历下区创建全市首家健康社区，完善10分钟生活服务圈，服务类别为23种、70多项。市中区开展健康山东行动为社区加油活动，提出“建设健康社区，共享品质生活”理念。槐荫区把健康山东行动与社区慢病防治结合起来，完成4000户社区居民慢病基线调查，创建全国慢病防治示范区。历城区开展健康大课堂进社区活动，医学专家讲健康知识，区电视台设立《大众话题》栏目，进行健康知识专题宣传，受到群众的普遍欢迎。平阴县开展“健康六进活动”，把亿万农民健康促进行动与健康山东行动有机结合起来。团市委为800余名青年企业家赠送健康大礼包，把健康送到生产一线，得到社会各界赞扬。历下区、市中区、槐荫区、天桥区、历城区、章丘市分别设计健康社区标识。

第六章　卫生科教与国际交流

第一节　医学教育培训

一、住院医师规范化培训

1998年7月，济南市启动住院医师规范化培训工作。自1999年始，局直属各医疗单位按照省卫生厅文件对单位住院医师进行住院医师规范化培训，并组织各单位进行培训基地申报，全市共申报42个学科，培训基地10家。

1999～2010年年底，每年组织局直属各单位住院医师参加省卫生厅组织的第一、第二阶段培训统考。1700余名临床医师参加住院医师规范化培训，每年的规范化培训合格率在80%以上。

二、全科医学培训

（一）全科医学岗位培训。2004年，按照山东省《全科医师岗位培训大纲》和卫生部《社区护士岗位培训大纲》的要求，济南市卫生局开始分期对从事或即将从事社区卫生服务工作的执业医师和社区护士，进行脱产或半脱产的全科医师或社区护士岗位培训。至2010年，全市举办全科医学岗位培训班6批，共1246名全科医师和社区护士参加培训。

（二）社区卫生技术骨干培训。2007～2010年，根据省卫生厅的统一部署，济南市开展社区卫生技术骨干培训，为每个重点社区卫生服务中心培养2名全科医师(含中医医师)、为每个重点社区卫生服务站培养1名全科医师。培训采用全脱产方式，时间为8个月(中医师为500学时)，对全科医师进行较为系统的全科医学及相关理论、临床和社区实践技能培训。全市共开展3批全科医学技术骨干培训和2批中医技术骨干培训，共培训432人，其中第一批128人、第二批112人、第三批122人和2批中医70人。2008年，全市设立1家理论基地，10家临床基地、1家公共卫生医师培训基地和20家社区基地。

三、继续医学教育

2002年9月，全市启动继续医学教育工作。2010年，全市开展继续医学教育的覆盖率100%，全市各医疗单位举办继续医学教育项目活动的学科专业(二级学科)覆盖率100%。

四、农村卫生技术人员培训

（一）乡村医生规范化培训。1996～2000年，市卫生局组织大规模的乡村医生规范化培训，5年共培训乡村医生3700余人，济南市45岁以下乡村医生95%达到中专水平，高于全省85%乡村医生达到中专水平的培训要求，提高济南市乡村医生的整体素质。

（二）农村医学继续教育。2004年起，济南市启动农村医学继续教育，要求农村在职卫生人员接受继续医学教育，每年必须达到规定的学分，不断巩固和更新医学新理论、新知识、新技术和新方法，提高防病治病的能力。

（三）乡镇卫生院业务骨干进行进修培训。2005年，市卫生局选派73名乡镇卫生院业务骨干到局直11个单位免费进修学习。

（四）实施“360工程”和“1127工程”。“360工程”培训于2006年6月启动，每所重点乡镇卫生院派7名业务骨干参加培训，培训专业涉及内、外、妇产、传染、急症、手术护理、医技(B超、放射、检验)7个专业，分3个批次进行，每个批次半年，结业由卫生厅统一组织考核。“1127工程”是借“360工程”的体制一并解决济南市其他58所乡镇卫生院的技术人员培训问题。该项目运用“360工程”的整套操作方法对济南市其他58个乡镇卫生院的技术骨干进行专业培训，培训体制、大纲、组织形式均与“360工程”接轨。

(五)在岗乡村医生集中培训。2006～2010年，组织5727名乡医在山东省协和职业技术学院进行120学时的免费脱产集中培训，学习内容涵盖卫生政策与法规、临床医学、预防医学、妇幼保健、全科医学、医学心理学、中医药基本知识技能等多学科内容。

第二节　重点学科建设

1993年，确定市中心医院烧伤整形专业等6个专科为市级重点专科。1996年，下发《济南市医学重点学科建设管理办法》，对市卫生局重点学科进行动态管理和经费资助。

2000年，市中心医院烧伤整形专业等19个专业为市重点专业。市卫生局直属单位中，烧伤整形外科、眼科、显微外科、周围血管病专业被省卫生厅确定为省级特色专科。市中心医院的血液净化中心、烧伤整形、市第二医院的眼科、市传染病医院的肝病治疗等多个重点专业，均已成为具有较大区域优势的名牌专业。2008年，《济南市卫生系统重点专业督导检查标准》实施，实行目标管理和定期评估相结合，加强重点专业建设的规范化管理。

2001～2010年，经过多年的建设与管理，全市有省级重点专业学科9个，市级重点专业学科19个，其中A级5个、B级9个、C级5个，有市级中医重点专科22个。

第三节　国际交流与合作

一、培训与交流

(一)培训学习。1986年8～10月，市第二医院眼科副主任邓连起在日本和歌山市红十字医院进修考察。

1992年，市第二医院派眼科医师王玉赴加拿大学习1年。

1996年7月20日，市第二医院派眼科副主任医师郭百灵赴日本山口县红十字医院研修3个月。

1997年2月，市第二医院副主任医师张华赴澳大利亚悉尼眼科医院研修1年。

2000年，市中心医院神经内科医师张涌在国家留学基金委员会资助下，公派到英国伯明翰大学进修1年。

2001年10月，市中心医院神经内科医师李云赴美国路易斯安那医学中心研修。

2002年2月，市中心医院普外科医师王晓受山东大学国际合作交流处委派，赴日本和歌山医科大学附属病院及纪北分院进行合作研究。9月，市中心医院消化内科医师王德荣赴日本进修学习。

2003年，市儿童医院派2位护理人员到香港培训学习。3月，市中心医院派出由肝脏外科主任徐立友及心外科医生、麻醉科医生、手术室护士4人组成的大器官移植协作组，赴奥地利进行为期6～12个月的学习。10月，市卫生局局长贾堂宏(兼济南市中心医院院长)随国家外国专家局团组，赴新加坡进行为期21天的医院管理信息系统培训，系统学习医院信息系统在医院人事、财务、临床费用等方面的管理与应用。

2004年1月，市中心医院神经内科医师李晓红在济南市高层次科技人才培养引进人才专项基金的资助下，赴美国芝加哥大学医院神经科研修。2月，市中心医院肿瘤科医师孙玉萍受山东省外国专家局派遣，赴瑞典皇家医学院和其附属医院学习和进修。

2005年1月，市中心医院内分泌科逄曙光副主任医师作为访问学者赴美国辛辛那提大学糖尿病中心进行糖尿病发病机制的研究。

2005年8月，市中心医院朱世明赴加拿大萨斯喀彻温大学(Saskatchewan)皇家血管医院进行博士后研修。10月，市疾病预防控制中心李金星作为双高人才赴澳大利亚进修学习半年。

2005～2007年，市儿童医院与中日医学友好协会达成协议，连续3批选派7名年轻的优秀业务骨干到日本杏林大学医学部附属医院学习深造。

2006年2月，市中心医院安丽赴美国哈佛大学医学院儿童医院做访问学者。3月，市第二医院医师张玉光受德国KAAD基金会邀请，经市外办批准到德国圣温森特斯眼科医院免费研修1年。同年，市中心医院张爱军作为访问学者赴美国宾夕法尼亚大学医学院神经放射科进行脑血管病介入治疗研究。7月，市中心医院神经内科医师边红赴美国宾夕法尼亚大学医学院，主要从事阿尔茨海默病额颞叶痴呆等神经变性疾病的研究。9月，市中心医院宋国栋被公派到美国哈佛大学医学院布莱根妇女医院(Brigham & Women's)整形外科及其组织工程与创伤愈合实验室、皮肤病理学实验室学习。

2007年3月至2008年4月，市疾病预防控制中心张济赴美国疾病预防控制中心进行为期1年的培训。2008年4月30日，市妇幼保健院史桂芝到纽约大学病理学实验室进行为期1年的学术交流，完成课题2项。12月，市中心医院郭丹凤赴美国哈佛大学医学院附属布莱根妇女医院进行1年的博士后工作，市中心医院血液科常亚丽作为访问学者赴美国哈佛大学伯明翰布莱根妇女医院进行血小板参与肿瘤血管增生的研究。

2008年2月21日，市中心医院臧益秀等7名医生到美国贝勒医学院进行社区医学师资3个月专题培训。同年，市疾病预防控制中心进行多方对外交流。马衍辉赴澳大利亚参加“艾滋病社区关怀与救治”培训；孙延斌赴台湾参加“疾病控制培训班”；黄大亮参加中国疾病控制与预防中心(CDC)组织的赴美国“慢病交流”培训；刘守钦、于廷云、王建敏赴德国“社区慢病”培训；周静文、李爱春次赴美国“职业卫生检测与评价”培训。

2009年11月21日至2010年2月21日，市第四医院左金良赴美国进行颈椎病和腰椎间盘突出症治疗培训90天。

2010年，市妇幼保健院聂文英和市中心医院尹晓分别到美国进行医学专业培训学习1年，市第三医院王业本随卫生厅赴德国临床培训3个月。

2009～2010年，市卫生局先后派出2个团组共12人到美国贝勒医学院进行社区医学师资培训。

（二）交流互访。1991年10月14日，日本著名眼科学者神谷贞义、山内爱造博士一行4人到市中心医院进行眼科人工玻璃体方面的学术交流。

1993年，市中心医院邀请美国两位医学博士来院学术交流。1994年市中心医院名誉教授、美国华盛顿州西雅图市整形外科专家特森斯基博士率医护人员一行6人，再次到医院整形外科进行为期5天的学术讲座和手术示范。

1995年，新加坡杨南淳教授等3人、澳大利亚林斯德医疗中心Coster教授、美国圣地亚哥眼科中心Massengill和Jesse博士在市中心医院进行白内障摘除及人工晶体植入术的手术表演和学术报告。

1996年，美国科罗拉多附属医院肾中心主任陈剑辉教授到市中心医院讲学、与美国爱尔康公司举办晶体超声乳化研讨会。

1997年10月22日，应市卫生局邀请，英国皇家护理学会鲍温女士到市第二医院参观访问。

1998年2月26日，市第二医院新引进眼科设备眼底激光扫描系统(SOL)。5月15日，香港狮子会代表团在山东省副省长王军民陪同下到市第二医院视察工作，观摩白内障超声乳化、人工晶体植入术。10月2日，市第二医院刘翠英、王玉、张华赴德国进行学术交流，引进先进技术。11月21日至12月12日，应省、市政府的邀请，国际ORBIS眼科飞机医院到济进行医学交流。

1999年9月26日，市妇幼保健院乔云波、范秀芳作为访问学者被公派到奥地利维也纳新城医院病理诊断中心和新生儿重症监护病房进行学术交流。

2000年8月9日，市第二医院与德国波恩眼科医院建立友好技术合作，世界著名白内障眼科专家考霍教授一行4人进行学术交流、手术演示。

2001年6月，联合国妇幼署官员到市中心医院参观访问；6月30日，美国乔治梅森大学与健康科学院教授吴袁剑云博士应邀到中心医院参观讲学。11月3～7日，由市中心医院和市第三医院联合主办的“济南国际手外科研讨会”在舜耕山庄召开。

2002年5月18日，由市第三医院协办的“国际消化内镜报告会”在济南市举办，日本消化内镜专家及省消化内镜学会全体委员参会。6月，市第二医院成功举办“2002玻璃体、视网膜病手术国际研讨会”。同年，世界著名小儿癫痫专家日本冈山大学小儿神经科大田原俊辅教授到市儿童医院进行学术交流。

2004年，市中心医院邀请美国休斯敦荷曼医学中心总裁和首席执行官Dan Wloterman和高级管理顾问Donald Wagner到医院进行友好访问。

2005年，美国南卡罗来纳大学Mark S. Kindy教授应市中心医院之邀来访，Mark S. Kindy教授与医院神经内科就老年性痴呆研究进展进行学术交流，并聘请其为该院客座教授。同年，市疾病预防控制中心邀请美国纽约大学公共卫生学院的美籍华人曲青山教授讲授“铬暴露：生物标志物，遗传敏感性及蛋白组学”。

2005～2007年，市儿童医院邀请美国纽约大学附属儿童医院心外科主任威克·马汉教授，连续3次到院开展“生命礼物”志愿者活动。为贫穷家庭的先心病患儿进行手术并进行学术讲座和交流。

2006年5月，市中心医院邀请美国心脏学会院士(FACC)王复苏到院进行关于医院管理方面的讲座。8月，应市中心医院邀请，南澳大利亚国际管理研究生院博士生导师布鲁斯·歌德教授到院访问。

2007年4月，市中心医院邀请美国贝勒医学院家庭和社区医学系主任Stephen J. Spann到院讲学。

2007年11月，市卫生局首次承办外国医师到济南市进行义诊的接待活动。韩国仁川市口腔医疗队一行14人，到济南进行为期2天的义诊活动。

2008年7月，市儿童医院接待日本东京南多摩整形外科病院专家、选择型痉挛控制矫形外科创始人松尾隆教授来访并指导手术，并于17日上午与该院洽谈引进此项技术的合作事宜。9月，日本NEC软件(济南)有限公司总裁藤枝正秀等一行8人对市中心医院进行交流访问，双方就信息化管理、医院电子病历等问题进行交流和讨论。

2009年11月12日，以色列卡法萨巴市市长特别代表马立克对市卫生局进行友好访问。

2010年8月23日，南澳洲部分议员及阿德莱德大学孔子学院院长等13人到市中心医院交流访问。

二、项目合作

1990～1996年，市疾病预防控制中心与日本国际协力机构(Japan International Cooperation Agency = JICA)合作，针对计划免疫内的疾病开展合作，如脊髓灰质炎和麻疹等。

1999～2002年，市疾病预防控制中心与WHO合作，开展“麻疹控制合作项目”。由WHO和美国疾病控制与预防中心(CDC)资助，每年投入价值10万元的设备。

市中心医院2002年和2004年聘请澳大利亚悉尼大学医学院分子遗传室主任俞镔教授到院医学实验诊断中心指导工作。2003年5月在防治非典工作中，医学实验室诊断中心向省、市外专局加报引智项目，项目为“易感接触人群和SARS患者遗传保护性基因对比研究”，经国家外专局评审，列入国家外专局2003年防治非典引智项目计划，2003年12月该项目通过鉴定，达到国际领先水平。

2002年10月，市卫生科技交流服务中心鞠全荣与美国芝加哥大学合作课题“白介素12基因治疗肿瘤的实验研究”，2005年10月，通过市科技局组织的专家鉴定，2007年1月获得2006年度市科学技术进步奖二等奖。

2003～2005年，市疾病预防控制中心与美国纽约大学医学院、北京大学医学院合作，针对“Cr(VI)接触生物标志物的应用及其危险性评价”。由美国环保局资助，负责现场调查方面工作。

2004年，市中心医院神经外科与俄罗斯自然科学院医学院合作开展的项目“磁标记神经干细胞胶质瘤趋向性研究”获得山东省国际科技合作计划项目，资助经费7万元。

自2004年始，市疾病预防控制中心与美国CDC每年合作，针对中美GAP(Globe Aids Program)项目(男同性恋人群、暗娼人群、性病病人、外来妇女)监测，每年由美国CDC提供经费资助，约2万元/年～5万元/年。

2005年，市中心医院神经内科与美国休斯敦医学集团合作项目“HIF-1α诱导的EPO及RTP801基因治疗急性缺血性脑血管病的试验研究”获得市科技局国际合作项目，资助经费20万元。

2005年10月至2008年12月，市疾病预防控制中心与WHO和美国CDC合作开展脑炎监测合作项目，由WHO和美国CDC资助，每年投入设备资金。

2006年，市中心医院肾脏病中心与美国医学科学院移植研究所合作的项目“新一代多克隆抗体诱导免疫耐受的临床前研究”获得市科技局国际合作项目，资助经费15万元。同年，市中心医院中心实验室与澳大利亚悉尼大学合作的项目“双SiRNA表达质粒的构建及其在AFP相关肿瘤基因治疗中的应用研究”获得济南市科技局国际合作项目，资助经费10万元。

2007年，市中心医院肿瘤科与美国霍普金斯医学院、上海白傲科技有限公司合作的项目“real-time PCR和基因芯片技术在检测肿瘤患者药酶基因多态性中的应用研究”获得市科技局国际合作项目，资助经费20万元。同年，市中心医院血液科与美国Baylor免疫研究中心合作的项目“类风湿性关节炎干扰素诱导的基因表达的研究”获得市科技局国际合作项目，资助经费20万元。

2005年10月，美国CDC到济南市疾控中心开展工作交流

2008年，市中心医院泌尿外科与瑞典卡罗琳斯卡医学院合作项目“表达Par-4-SAC-TAT融合肽的rAAV诱导前列腺癌细胞凋亡及治疗作用

研究”获得市科技局国际合作项目，资助经费30万元。

2007～2010年，市疾病预防控制中心与中国全球基金艾滋病项目办合作，开展全球基金艾滋病抗病毒治疗和机会性感染研究。

三、国际援助

自1968年山东省开始承派援外医疗任务，至2010年，先后派出68人次到坦桑尼亚和塞舌尔执行援外医疗任务。市援外医疗工作者发扬救死扶伤的国际人道主义精神，在艰苦的环境中，克服各种困难，全心全意为所在国人民服务，增进中国与受援国人民的友谊，配合国家外交工作，涌现“白求恩式的好医生”刘芳仪等优秀援外队员。

第七章　卫生管理

第一节　管理机构

20世纪80年代，市卫生局党群科室设组织科、宣传科、纪委、老干部科、工会、团委，行政业务科室设办公室、人事科、计财科、医政科、中医科、药政科、工业卫生科、妇幼卫生科、防疫科、市公费医疗办公室、市爱卫会办公室、市红十字会办公室共18个职能科室。1988年，市卫生局设专职药品监督员7人，列事业编制，由中级以上药学专业人员担任。后该职能从市卫生局分离出去，药政科交新成立的市食品药品监督管理局。

1996年，市卫生局内设办公室、组织处、人事处、宣传处、计划财务处、法规处、卫生防疫处、医政处、药政处、妇幼卫生处、科技教育处、离退休干部工作处、公费医疗办公室、地方病防治办公室。市中医药管理局(副局级)、市爱国卫生运动委员会办公室(副局级)、市红十字会办公室归市卫生局管理，其编制纳入市卫生局编制总额内。机关党委(总支)和纪检监察机构按有关规定设置。

2001年市政府机构改革后，市卫生局内设办公室(信访处)、组织人事处(统战处)、宣传处、规划财务处(审计处)、卫生法制与监督处、基层卫生与妇幼保健处、医政处、疾病控制处(地方病防治办公室)、科技教育与外事处、干部保健处(离退休干部工作处)。市中医药管理局(副局级)、市爱国卫生运动委员会办公室(副局级)、市红十字会办公室归市卫生局管理，其编制纳入市卫生局编制总额内。党的组织、纪检监察、工会、共青团、妇女工作等机构设置及领导人配备按有关规定执行。

2003年，原设在市卫生局的市红十字会单独设置，由市卫生局管理改由市政府领导联系，列入群众团体机关序列，经费由市财政全额拨款。

2004年，市政府机构改革后，市卫生局设办公室、规划财务处(审计处)、卫生法制与监督处、医政处、疾病控制处(地方病防治办公室)、农村卫生管理处、卫生应急办公室(突发公共卫生事件应急指挥中心)、妇幼保健与社区处、科技教育与外事处、干部保健处、组织人事处(统战处)11个职能处室和离退休干部处及市中医药管理局、市爱国卫生运动委员会办公室，机关党群处组织机构按有关规定设置。

2005年，市卫生局撤销基层卫生处，设立农村卫生处、妇幼保健与社区处，增加应急办公室、干部保健处。

2010年，市卫生局增加食品安全综合协调处和基本用药管理处。市卫生局内设局办公室、组织人事处、规划财务处、新农合办公室、卫生应急办公室、食品安全综合协调处、卫生法制与监督处、农村卫生管理处、妇幼保健处、社区卫生管理处、医政处、疾病控制处、基本用药管理处、科技教育与外事处、干部保健处、离退休干部处、机关党委、监察室、医务工会、团委、妇委会共21个处室；市中医药管理局(副局级)、市爱卫会办公室(副局级)归市卫生局管理。市卫生局直属医疗机构共计27个，其中综合医院8个、专科医院5个、中医院1个、疾病控制中心1个、卫生监督所1个、血液中心1个、急救中心1个、卫生学校1所、其他卫生事业机构8个。

第二节 医政管理

一、医疗服务管理

从20世纪80年代开始，医疗工作从封闭型转向开放型，主要改革措施有：建立以公立医疗卫生机构为主体、社会办医和个人办医为补充的办医体制；改革医疗保障制度；按照“两权(所有权与经营权)分离”原则，扩大医院经营自主权；调整医疗服务价格；建立医院分级管理和评审制度。

1988年8月30日，成立济南市厂企系统医疗卫生管理委员会，从“大卫生”观念出发，消除“条块分割”“部门所有”管理体制的限制，实行全行业管理，对省市厂矿企业医疗卫生机构的业务予以指导和管理。

1989年，进一步完善首诊负责制、三级医生查房制、责任制护理，医疗工作走上秩序化、正规化道路。对公费医疗实行分级管理，将新中国成立后一直由市统管的公费医疗体制，改为市、区两级管理。

1990年9月，制定《济南市农村实现2000年人人享有卫生保健规划》，自1991年长清县率先通过“合格县”达标后，章丘市、平阴县、济阳县、商河县、历城区先后通过省级审评，提前两年实现“2000年人人享有卫生保健规划目标”。

1992年，医院实施分级管理，全方位促进医院的目标管理、标准化管理和基础建设。济南市于1992年4月成立医院评审委员会。

市卫生局于1996年下半年起在槐荫区开展社区卫生服务试点。《人民日报》《健康报》对此进行报道。1997年起，在全市推广。

1998年，市卫生局在全市范围内32家二级以上医院开展整体护理试点工作。

2001年，按照“边规划、边调整、边实施”原则，实施区域卫生规划。组建“济南市中心医院集团”和“济南市中医集团”，在实现优势互补和资源共享方面进行有益探索。强化市妇幼保健院、市传染病医院等6家专科医院建设，发挥专业特色和技术优势。2004年，市第五医院以承租方式兼并济南军区106医院，拓宽发展空间，对西部城区卫生资源的战略性调整具有重要意义。

自2005年年底始，全市卫生系统对就医的优抚对象、特困职工、特困居民和农民，实行收费减、免优惠。济南市卫生局与济南慈善总会在市第四医院建立全省第一家慈善医院，对城市低保、困难企业人员及军转干部3类对象实施医疗救助。在市民族医院建立全省第一家惠民医院。

二、医疗纠纷与医疗事故鉴定

1987年6月，国务院颁布《医疗事故处理办法》(以下简称《办法》)。1988年3月，卫生部下发《医疗事故分级标准(试行)》，对每一级医疗事故作出详细规定，并将二级、三级医疗事故分别划分出甲等和乙等，医疗事故被划分为三级五等。2002年4月《医疗事故处理条例》(以下简称《条例》)制定。

为加强医疗事故处理管理工作，2002年，济南市卫生局确定山东省千佛山医院、市妇幼保健院为医疗事故鉴定尸检定点医院，承担全市医疗事故鉴定尸检申请工作。2004年12月，济南市成立济南市医疗事故技术鉴定工作办公室，受市卫生局委托，负责管理全市医疗事故鉴定的具体工作。

三、临床实验室管理

1988年6月，卫生部下发《关于临床检验中心管理的几点意见》，明确临床检验中心的职责、任务。1990年，卫生部组织编写《全国临床检验操作规程》，并于1997年1月和2006年11月两次修订出版，对进一步提高临床检验质量、更好地为临床工作服务、保证医疗质量和医疗安全起到促进作用。济南市按照上级要求，加强对临床实验室的管理。

2004年11月，成立济南市临床检验专业质控中心，加强全市医疗机构医学检验工作质量的监督、考核工作。

2006年，卫生部下发《医疗机构临床实验室管理办法》。5月，市卫生局根据卫生部有关文件精神，印发《关于二级以上医院间实行医学检验、医学影像检查互认的通知(试行)》，在全市二级以上医院间试行医学检查、检验结果相互认可工作，检查互认的项目包括医学影像和医学检验两方面，检查结果互认仅限于门诊病人。

第三节　药政管理

1986～2010年，济南市卫生局及各医院通过健全规章制度、规范用药行为、防范不良反应、加强用药宣传等多种措施，不断完善药事管理工作，合理应用抗生素、保障患者用药安全。

2002年1月，卫生部下发《医疗机构药事管理暂行规定》，要求各医疗机构健全药事管理组织，规范药物临床应用、药品供应和药品调剂管理等，逐步建立临床药师制，指导临床合理用药并进行临床用药监测。

2004年8月，卫生部下发《处方管理办法(试行)》，对医师用药的重要医疗文书——处方的管理做出规定，从对医师开具处方的权限、处方的内容与格式、处方核对与药品调剂、药品临床应用和处方保存管理等方面提出明确要求。10月，卫生部与国家中医药管理局、解放军总后勤部卫生部联合发布《抗菌药物临床应用指导原则》，明确各类抗菌药物的适应症、注意事项以及各种感染病原治疗原则，对抗菌药物实行分级、分权限使用管理，对于不同专业技术职务医师使用不同级别抗菌药物的权限也做了明确规定。2007年1月，卫生部发布的《麻醉药品临床应用指导原则》和《精神药品临床应用指导原则》对特殊药品的临床应用管理进行规范。全市开展整顿和规范药品市场秩序、加强药品使用环节管理专项工作，以合理应用抗菌药物和加强麻醉药品、第一类精神药品管理为本次专项工作的重点，要求辖区医疗机构建立健全药事管理专业组织，完善合理用药的规章制度，建立完善药物临床应用的技术标准和规范，开展医务人员培训，开展面向患者和社会的合理用药知识宣传，开展药物临床应用和医疗器械使用情况检查，加强药品、医疗器械不良反应(事件)监测和再评价工作，增强群体性不良反应事件处置能力。2006～2007年，按照卫生部《麻醉药品、第一类精神药品购用印鉴卡管理规定》，济南市卫生局在医疗机构提出申请的基础上，经该医疗机构执业许可证批准机关的审核后，同意发给山东省立医院等179家医疗机构麻醉药品、第一类精神药品购用印鉴卡，加强对区域内医疗机构使用麻醉药品、精神药品的监督管理工作。

2007年3月，《处方管理办法》颁布实施，是国家医疗机构药事管理工作的一个重要变革，这一制度既有利于切断医院、医师与医药企业的经济联系，也有利于发挥医疗文书的文

2005年5月，济南市召开打击非法行医专项行动大会

献价值，留存宝贵的医学经验和珍贵的医疗历史资料。济南市一方面加强《处方管理办法》的宣传，一方面加大对外处方的监管力度。至2010年，“大处方”现象得到有效控制。

第四节 经费管理

1989年7月1日～1992年8月，济南市执行《山东省医疗机构收费标准》，适当提高部分偏低的医疗收费项目，取消不合理的收费项目，并首次规定单独计费的医用低值易耗品目录，该收费标准执行后，促进各医疗机构因病施治、合理用药。

1992年8月后，山东省多次调整医疗机构收费标准，医院的医疗收入增幅较大，医疗亏损有所降低，提高医院收支比例，增强医院综合经济实力，医院的社会效益和经济效益均有较大幅度提高。

自2001年始，实行部门预算管理，将单位所有收支纳入财政预算管理，按单位性质分别划分为全部财政拨款补助单位、部分财政拨款补助单位和自收自支单位，实行核定收支、超支不补、收支平衡的财政预算管理方式。

2008年12月，市物价局、市卫生局根据全市经济发展状况，联合对卫生服务价格进行调整。调整项目涉及4173项，全市医疗机构业务收入实现不同程度的增长。2008年，济南市各医疗机构实行国库集中支付方式。

至2010年年底，财政预算管理方式仍沿用自2001年开始实行的部门预算管理方式。

第五节 血液管理

1996年《血液制品管理条例》实施；1998年《中华人民共和国献血法》颁布。血液管理工作和无偿献血事业逐步走上法制化轨道。济南市无偿献血工作取得长足的进步，自愿无偿献血占临床用血总量的比例逐年稳步提高，计划献血和有偿献血逐步被取消，血液采集和需求总量基本平衡，济南市连续7次被评为全国无偿献血先进市。血站的质量管理得到不断强化，临床用血安全得到保障。

一、管理机构

1985年12月23日，市卫生局在原济南市卫生局血库和济南市纬三路门诊部的基础上组建济南市中心血站。地址为市中区纬三路86号，占地总面积611.3平方米，工作人员42人，属全民事业单位。1994年8月19日，济南市结核病防治所和济南市中心血站实行内部合并。2004年8月20日，根据业务工作需要，将济南市中心血站作为省血液中心分站，2007年，济南市中心血站更名为济南市血液供保中心，地址为市中区经六路127号。

二、采血设备与原辅材料

1985年，济南市中心血站建站初，使用玻璃瓶采集血液，每次采血量为300毫升和200毫升。1988年始，血站采用一次性塑料采血袋采血，采血量改为400毫升和200毫升两种规格，以避免细菌污染采血容器，减少输血反应的发生，杜绝因献血所致传染病传播。

1996年11月，血站从美国进口两台PCS-PLUS血细胞分离机，用于采集血小板和血浆。与手工制备血小板相比，机器采集提高血小板的纯度和浓度，降低白细胞的混入量，降低输血反应发生的几率。1999年12月，从美国进口一台MCS-3P血细胞分离机，缓解机采血小板设备紧张状态，同时该机器性能又较PCS-PLUS血细胞分离机更加可靠。2004年12月，购置两台美国百特Amicus血细胞分离机，采集方法灵活，既可以单针采集，也可双针采集，且白细胞的污染率极低，采集时间也较前缩短15分钟，既提高工作效率又提高血小板采集水平。2009～2010年，投资600余万元，新购置全自动加样设备、低温操作机、血细胞分离机、大容量离心机、速冻机、深低温冰箱、热源仪、生物安全柜等设备。

三、服务项目

建站初，向临床供应的血液品种有全血、血浆、代浆血、浓缩红细胞4个品种。1993年12月，开展手工制备浓缩血小板与少白细胞红细胞业务。1999年10月，增加冷沉淀制备，为临床抢救大出血病人提供新的服务项目。2000年9月，开展冰冻红细胞(冰冻解冻去甘油红细胞)制备技术，此项目主要用于保存和制备筛选出的Rh阴性红细胞，为临床稀有血型病人的输血提供及时帮助。2001年9月，开展冰冻血小板制备业务，为血小板的输用起到救急作用。2005年7月，开展去白细胞输血与血浆病毒灭活新业务，有效减少临床输血反应，降低输血风险。血站向临床提供去白细胞全血、病毒灭活血浆、新鲜冰冻血浆、单采血小板、冰冻血小板、冷沉淀、去白细胞悬浮红细胞、洗涤红细胞、去白细胞浓缩红细胞、冰冻解冻去甘油红细胞、浓缩白细胞、冰冻红细胞12个品种血液制品。

四、血液检测

1992年以前，血液检测项目有ALT(酮体酚法)、HBV(反向间接血凝法)初检、复检。1992年4月在全省率先开展抗-HCV(ELISA)检测。1993年4月至1995年7月相继开展HBV(ELISA)检测、HBV、HCV、ALT、BG复检和抗-HIV检测。

1996年5月引进第一台BIO-RAD450酶标仪、英国大龙洗板机；同年7月开展产前检查、新生儿溶血病检查和疑难血型配型工作，开展Rh血型检测，建立Rh阴性血型档案。

1997年1月开始参加卫生部临床检验中心室间质评活动；同时开展Trust梅毒检测初、复检；同年5月引进BIO-RAD Coda全自动酶免分析仪；6月全面开展室内质量控制；10月开始用ALT赖氏法复检。

1998年1月，建立第一代全自动酶免实验室，开始网上发布检验结果。

2002年3月，引进瑞士产STAR全自动加样工作站及HT2酶标仪，实现检验结果的自动发布；同年5月开始ALT速率法自动检测，淘汰酮体酚法检测。10月，按照卫生部有关实验室建设要求，对实验室、实验台进行重新改造，使实验室布局更加规范化、合理化、标准化。

2003年5月，引进瑞士FAME全自动酶免分析仪，实现酶免检测全自动化；6月，建立第二代标准全自动酶免实验室；8月，建立HIV实验室；10月，通过山东CDC专家组的验收。

2005年10月，购置美国Mx3000P荧光定量PCR仪1台，用于开展输血研究工作。

2008年4月，购进爱康全自动血型仪1台，实现血型检测和报结果自动化、标准化，同时请唐山现代工程有限公司工程师实施血型仪与采供血局域网络数据对接工作，使血型仪检测结果报告直接向局域网内发送。

五、无偿献血

济南市是无偿献血开展较早的城市。1991年6月，济南市召开“无偿献血月”活动动员大会，献血方式主要有个体卖血、公民义务献血和无偿献血3种。济南市公民无偿献血工作正式启动，1995年无偿献血突破万人大关。

1996年4月，济南市献血办公室本着“无偿献血，加倍偿还；一人献血，全家享用；一次储血，终生受益”的原则，在全市全面推行“家庭储血用血互助制”。

1998年10月1日，《中华人民共和国献血法》颁布实施，个体卖血被取缔，血液事业进入法制化管理阶段。

2003年5月，开通独立域名网站“血液在线”(www.xueye.cn)，建立网上捐献血小板预约登记，设立站长信箱，解决献血与输血工作中的问题，建立献血查询专栏。

2004年以后，济南市先后在社会各界、驻济高校中成立跋涉者俱乐部爱心精英血库，无偿捐献血小板第一、第二分队和捐献血小板“爱心应急血库”，推广无偿捐献血小板工作。2008年，济南市又成立“无偿献血义工协会”，为济南市无偿献血的宣传、组织、招募与联络工作发挥重要的桥梁和纽带作用。济南市登记在册的稀有血型血库成员315人，各类爱心血库人数近3万人。

2010年4月22日，济南市在英雄山广场建立第一处固定献血屋——济南市血保中心阳光大姐爱心献血屋，为无偿献血者提供更便捷、优质的服务场所。

六、采供血机构内部质量管理

1985年市血保中心成立后，建立以质量管理委员会、质量控制科及科室质量监督员的三级质量管理体系，对全血和血液成分的质量检验、关键设备的监测、主要原辅材料的检定、检验结果监控以及采供血工艺流程和各业务科室执行操作规程进行监督与管理，以保证献血与输血安全。2007年4月，市血保中心启动ISO 9001:2000质量管理体系认证工作，11月，通过认证。

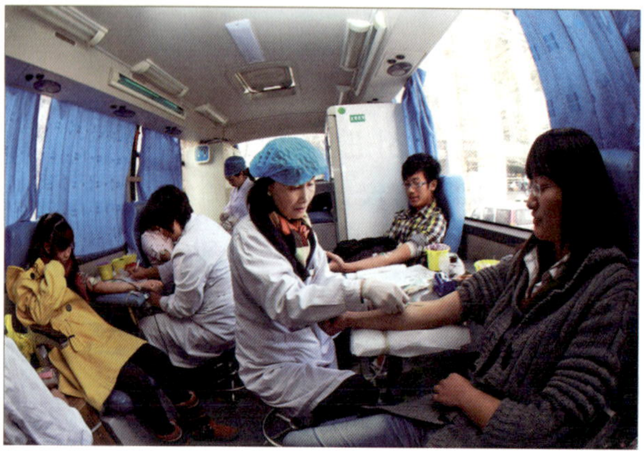

2010年12月，大学生参加纪念“一二九”献血活动

2005年11月9日，济南医学博物馆开馆仪式在济南市第三人民医院举行

第二篇　体　育

概　述

1986年，市政府确定每年农历正月为全市体育活动月。当年正月初一，市体委举办万户迎新春长跑比赛，有1.3万户、3万多人参加。中央电视台以“标新立异迎新春，喜气洋洋度佳节”为题，报道这次群众体育活动。后每至体育活动月，各级领导身体力行，各界群众踊跃参加，活动内容每年都有新变化。1987年，市区经常参加体育活动人数156万，占市区人口的40%，超过全国33%的均衡比率。1995年始，全市群众体育工作的重心转移到全民健身宣传周、活动月和全民健身设施建设上。1997年5月，成立济南市全民健身工作领导小组，下发《济南市实施全民健身计划纲要方案》。1997～2010年，济南市先后被国家体育总局授予“全民健身宣传周优秀组织奖”4次；全国“全民健身活动周先进单位”6次；2001年、2009年，被授予“全国群众体育先进单位”；在开展创建“体育先进社区”活动中，全市有30个街道办事处被评为省级“体育先进社区”，有7个社区被评为“全国体育先进社区”。

1986年始，在县(市)区组织开展争创“全国体育先进县”活动，平阴县、历城区、章丘市、长清区先后进入全国体育先进县行列。1989年始，组织开展争创“全省体育先进乡镇”活动，全市先后有5批46个乡镇进入全省体育先进乡镇行列。1991年，平阴县被省体委命名为“山东省田径之乡”，历下区被国家体委命名为“全国游泳之乡”。1996年始，开展“全国亿万农民健身活动先进乡镇”活动，先后有6个乡镇被农业部、农民体协、国家体委评为“全国亿万农民健身活动先进乡镇”。1999年，章丘市被省体委授予第三届山东省“田径之乡”。

1998年始，全民健身设施建设列入市政府为民办实事之一。市体育局从全市体育彩票发行收益中提取公益金，并争取国家体育总局、省体育局投入资金，用于全民健身设施建设。至2009年，建成全民健身工程1万余处，全市全民健身设施总面积299.36万平方米(室内总面积23.22万平方米、室外总面积276.14万平方米)，其中市级工程总面积28.71万平方米(室内面积7.93万平方米、室外面积20.78万平方米)，县(市)区总面积270.65万平方米(室内面积15.29万平方米、室外面积255.36万平方米)，并配备健身设施和体质检测器材。2010年，全市各级全民健身设施总投资1.7亿元，建成市级体育公园1个，区级全民健身中心(体育公园)5个，乡镇(街道)、村(社区)工程320个。

农民体育活动不断发展。各乡镇普遍建立起文体中心、文化站、青年之家，坚持业余、自愿、小型、多样原则，充分利用节假日、农闲组织群众开展喜闻乐见的体育比赛活动。在经济发展较快的乡村，广大农民积极参与体育运动，涌现出一批自力更生办体育的典型。1986年，历城县孙村镇村民赵殿卿出资3000元，举办“殿卿杯”中国式摔跤比赛，邀请6地市摔跤好手参赛。《人民日报》《体育报》等20多家新闻单位予以报道。1998年，长清县张夏镇北村24名村民自发捐款1万元修建的体育场正式投入使用。

老年人、残疾人体育事业健康发展。1980年，济南市在全省率先成立老年人体育协会。至1991年，全市各县(市)区及所属乡镇(街道)及部分企事业单位建立各级老年人体育协会1314个，发展会员7.01万人，各级体协专职工作人员263人，兼职人员2052人。2001年，济南市老年人体协被国家体育总局、国家老龄工作委员会、中国老年人体育协会评为“全国亿万老年人健身活动先进集体”。1987～2010年，济南市组队参加6届省残疾人运动会，均取得优异成绩。2008年，济南残疾人运动员崔娜在北京残奥会女子柔道52公斤级决赛中获得冠军，是山东籍残疾人女运动员在残奥会上获得的首枚金牌；济南选手吕晓磊和队友获乒乓球男子团体金牌；济南运动员取得2金1银1铜的佳绩，获得金牌与奖牌数两个全省第一；济南市被国务院授予“北京奥运会残奥会先进集体”称号。

学校体育规范发展。1986～2010年，济南市贯彻《国家体育锻炼标准》和《学校体育工作条例》，培养德、智、体、美、劳全面发展的优秀体育人才。全市在校适龄学生体育锻炼达标率从1986年的84%上升到2005年的97%，学生素质得到较大提高。2007年，广泛开展“阳光体育运动”，初步形成学校体育“校校有特色、班班有活动、人人有项目”的良好局面。2009年，召开全市青少年体育工作会议，印发《关于进一步加强“体教结合”工作的意见》，确定篮球、排球、足球、武术等联办项目，推荐256个学校为业余训练点，在全市各学校广泛开展课外体育活动。市、县(市)区中小学综合性运动会形成届次，各中小学每年都举办1～2次学校运动会，1/3的普通中小学建立课余训练代表队，运动技术水平逐步提高。

体育传统项目学校稳步成长。1986年年初，有省级学校22所、市级27所。1988年，全市体育传统项目学校(省、市、区县三级所属)发展到152所，山东省实验中学、济南七中被评为“全省优秀体育传统项目学校”。济南市体育运动学校、济南市皇亭体育小学，为国家培养输送一大批优秀体育后备人才，两校分别于1997年和2004年被国家体委、山东省体委授予国家级、省级“高水平体育后备人才基地”。2000年，济南市体育运动学校、济南一中被国家体育总局授予“全国青少年体育先进集体”。2005年10月12日，皇亭业余体校被人事部、国家体育总局授予“全国体育系统先进集体”。2009年，在体育传统项目学校基础上共设立256个中小学业余训练点。

竞技体育运动水平显著提高。市体委适应省运会、城运会、全运会等比赛需要，逐年开展奥运会比赛项目，不断增加投入，至2010年，全市开展的竞技体育运动项目有24个大项。1986～2010年，济南市组织代表团参加第八届省运会、第六届全国城运会，运动成绩始终保持在省内领先和全国参赛城市上游水平。1990年，在北京举行的第十一届亚运会上，体操运动员张文宁、皮划艇运动员孙聿红和王博青、篮球运动员巩晓彬，共获得4枚金牌，实现济南市运动员在亚运会金牌榜上“零”的突破。1996年，在第二十六届奥运会上，女子羽毛球运动员彭新勇获得羽毛球比赛混合双打第4名、女子双打第5名。1998年，在智利举行的首届世界青年乒乓球锦标赛上，彭陆洋、李晓霞获女子团体冠军，李晓霞获得女子双打、混合双打冠军。2003年，女子游泳运动员高畅获世界杯短池游泳赛50米和100米仰泳第1名，并两次打破全国纪录。2004年，在雅典举行的第二十八届奥运会上，有6名济南籍运动员参加比赛。2005年，在第十届全国运动会上，济南籍运动员获得5枚金牌、7枚银牌、7枚铜牌，总分393分，被省委、省政府授予“振兴山东体育事业突出贡献奖”。2006年，在德国不来梅举行的第四十八届世乒赛上，李晓霞获女子团体冠军，实现济南运动员参加国际最高水平比赛金牌“零”的突破；在卡塔尔多哈举行的第十五届亚运会上，李晓霞、李茉、王虹霓、隋菲菲、姬晓分别获乒乓球(女子团体、女子双打)、游泳、铁人三项、女子篮球项目6枚金牌。2008年，在北京举行的第二十九届奥运会上，9名济南运动员参加比赛，谭淼获得女子4×200米自由泳接力银牌并打破世界纪录。2009年，在济南举行的第十一届全运会上，124名济南运动员参加26个大项的比赛，获金牌17枚、银牌10枚、铜牌9枚，总分684.5分，位居全省前列。2010年，在广州举行的第十六届亚运会上，14名济南运动员参加9个大项、22个小项的比赛，共获金牌11枚、铜牌6枚，金牌和奖牌总数并列全省第一。

体育场馆建设规范有序。20世纪80年代，先后建成占地面积约33公顷的山东省体育中心、皇亭体育馆、洪楼体育馆、槐荫区室内游泳池、天桥体育馆，及历城区、章丘市、平阴县体育场。90年代起，随着群众性体育活动的深入开展，出现企业、学校、集体、群众集资兴建体育场馆的良好局面。至2004年，全市有体育场(田径场)59个、体育馆17个、游泳馆(室内游泳池)30个、足球场地23个。2005年2月，国务院、国家体育总局批准由山东省承办第十一届全国运动会，经省政府批准济南市被确定为主会场承办城市，济南市体育场馆建设进一步加快。2005年5月，济南奥体中心等体育场馆开工建设，至2009年3月，新建奥体中心(一场三馆)、章丘体育馆、历城体育中心、长清(省交通学院)体育馆、历城国际赛马场等8个场馆及皇亭体育馆改(扩)建工程全部竣工。

承办大赛圆满成功。1988年，首届全国城市运动会在济南成功举办。2004年8月，承办第十三届亚洲杯足球(济南赛区)比赛。2009年，济南市作为主会场、主赛场，成功举办中华人民共和国第十一届运动会的开、闭幕式及20个项目决赛，被省委、省政府表彰为“第十一届全国运动会筹办工作先进集体”“第十一届全运会参赛先进集体”。

体育产业步伐明显加快。20世纪90年代，一些有实力的企业开始与体育“联姻”，按年度给予运动队财力赞助，运动队在比赛中冠以企业的名称。1994年，全市有近30家企业赞助山东济南泰山足球俱乐部，集资近百万元，另有8家企业与市属8个运动队签订协议书。2000年，济南市体育局与山东将军集团等12家企业实施第二轮“企体联姻”。1992～2010年，每年都有几十家企业赞助各种体育比赛和体育娱乐活动，体育产业收入均在数百万元。2009年，济南奥体中心、济南全民健身中心及市级、县(市)区级全民健身设施的建成，推动济南市健身服务业、竞赛表演业、体育用品业、体育休闲旅游业的发展。2010年，济南奥体中心、济南全民健身中心和皇亭体育馆实现经营收入4600余万元。

1998年，中国体育彩票开始在济南发行，发行量逐年增加，2010年，彩票全年销售额9.08亿元。

1987～2010年济南市体育事业基本情况表

表14—2—1

年份	体育部门职工人数(人)	教练员(人)	等级裁判员(人)			业余体校(所)	打破纪录(人次)		
			一级	二级	三级		全国	全省	全市
1987	592	162	53	140	84	14	—	12	20
1988	647	175	43	122	76	14	—	29	43
1989	662	186	22	168	88	17	—	51	65

续表14—2—1

年 份	体育部门职工人数(人)	教练员(人)	等级裁判员(人)			业余体校(所)	打破纪录(人次)		
			一级	二级	三级		全国	全省	全市
1990	695	195	62	74	183	17	—	2	23
1991	668	186	24	55	152	17	—	11	40
1992	714	178	8	110	333	14	—	10	22
1993	730	202	32	106	180	11	—	1	10
1994	767	206	32	48	153	13	2	10	137
1995	815	211	22	130	284	14	5	2	30
1996	931	226	19	103	138	14	4	15	31
1997	805	228		170	61	14	1	5	8
1998	811	225	20	104	316	14	—	24	5
1999	914	217	83	73	372	14	—	—	1
2000	921	226	80	89	15	13	—	2	55
2001	889	223	42	117	217	14	—	—	2
2002	757	208	28	53	—	13	1	4	25
2003	806	202	30	55	—	13	—	—	—
2004	791	217	51	95	—	13	—	—	—
2005	803	215	39	85	—	13	—	—	—
2006	741	150	19	57	—	4	—	10	10
2007	725	232	13	53	—	4	—	—	—
2008	743	232	10	25	—	6	—	—	—
2009	656	199	—	30	—	12	—	—	—
2010	696	210	—	206	1138	12	—	—	—

1986～2010年济南市运动员各级比赛获奖牌情况表

表14—2—2

单位：枚

年 份	世界级			亚洲级			国家级			山东省级		
	金牌	银牌	铜牌	金牌	银牌	铜牌	金牌	银牌	铜牌	金牌	银牌	铜牌
1986	—	—	—	1	—	—	—	—	—	104	57	55
1987	—	—	—	—	—	—	12	17	19	—	—	—
1988	—	—	—	—	—	—	—	—	—	95	—	—
1989	—	—	—	—	—	—	6	—	—	—	—	—
1990	—	—	—	—	—	—	15	8	10	60	33	45
1991	—	—	—	—	—	—	23	20	21	78	72	74
1992	—	—	—	—	—	—	5	3	6	130	107	95
1993	—	—	—	—	—	—	6	3	13	86	71	69

续表14-2-2

年 份	世界级			亚洲级			国家级			山东省级		
	金牌	银牌	铜牌	金牌	银牌	铜牌	金牌	银牌	铜牌	金牌	银牌	铜牌
1994	—	—	—	—	—	—	14	12	7	113	106	98
1995	—	—	—	—	—	—	26	16	33	59	61	62
1996	—	—	—	—	—	—	14	8	12	83	91	74
1997	—	—	—	—	—	—	10	9	4	84	113	97
1998	—	—	—	—	—	—	4	4	2	225	168	157
1999	—	—	—	—	—	—	13	6	7	71	72	55
2000	—	—	—	—	—	—	20	13	15	87	71	61
2001	—	—	—	—	—	—	12	14	6	82.5	74	84
2002			—	—	—	—	12	6	5	204.05	105	99
2003	—	—	—	10	3	1	8	15	13	165.5	102	83
2004	—	—	—	12	5	1	8	3	6	139	81	91
2005	—	—	—	6	1	—	10	9	11	169.5	124	107
2006	—	—	—	14	4	4	35	20	13	178.5	138	111
2007	16	3	2	6	3	—	40	50	37	72	58	53
2008	9	8	—	2	1	—	28	27	18	121	115	130
2009	6	3	5	12	2	—	17	10	12	119	10	12
2010	15	6	3	17	3	8	37	20	19	347	112	126

第一章　群众体育

第一节　学校体育

一、体育教学

体育教学是学校体育工作的主要组织形式。自1986年始，全市体育教学依据市教育局组织编写的《中学体育教材和项目教材教法》《中学体育试用课本》，逐步走上有章可循、规范发展的道路。1988年，国家教委审定《九年义务教育中学体育教学大纲》和《九年义务教育小学体育教学大纲》，山东省开始在济南市进行体育教学试验；济南市成立体育教学研究室定期组织教学研究活动。1991年，国家教委颁发《学校体育工作条例》，市教育局以此为准则，具体指导各级各类学校的体育课教学、课外活动、课余体育训练和体育竞赛，学校体育工作走上制度化、规范化。

1992年，省教委制定《中学体育课堂教学评估标准》和《中小学体育课堂教学评估标准》，济南市认真学习落实两个“标准”，并结合体育教学效果考核所暴露出的问题，采取切实有效措施，体育教学工作出现新局面。1993年，省教委印发《关于加强体育教学工作的意见》，济南市教育局提出贯彻意见，要求各单位开足体育课时，严格按照教学大纲和教材要求进行教学，建立教学常规，加强体育卫生知识和教育，使学校体育存在的重竞赛、轻教学，重提高、轻普及的倾向得以扭转，全市体育教学步入规范化轨道。

1997年5月5日，市政府下发《关于印发济南市实施〈全民健身计划纲要〉方案的通知》，全市加强学校体育工作，把增强学生体质放在首位。各级各类学校认真贯彻执行《学校体育工作条例》和《学校卫生工作条例》，按要求配备体育教师，落实体育经费，完善体育活动场地设施，保证学生每天有1小时体育锻炼时间，并每年对学生进行一次体质检查。同年，济南市获省中小学体育教师基本功比赛团体总分第1名，5名教师获个人一等奖，比赛成绩和获奖率均列全省首位。

2003年，深化中考制度改革，开始对体育考试的形式和办法进行改革。

2005年，按照教育部印发的《基础课程改革纲要(试行)》要求，济南市中小学(包括高中)各起始年级普遍实行教育司研制《全日制义务教育普通小学体育(1～6年级)体育与健康(7～12年级)课程标准(试验稿)》，并初见成效。

2008年，济南市教育局建立健全初中毕业升学体育考试制度，体育成绩以60分直接计入中考总分，提高初中生体育锻炼热情。

至2010年，全面加强学校体育工作，认真落实《全民健身计划纲要》及中发〔2002〕8号文件“青少年体育要以学校为重点”的要求，积极实施《学生体质健康标准(试行方案)》，使学生养成终身爱好体育的良好习惯。

二、课外体育活动

1986年后，全市中小学围绕推行《国家体育锻炼标准》《中小学体育合格标准》第七、八套广播操和《全民健身计划纲要》，开展课外体育活动。1989年，济南市经七路第一小学、山东省实验中学被国家体委、国家教委授予“施行《国家体育锻炼标准》先进单位”称号。1992年，教育部印发《小学生体育合格标准实施办法》，全市从小学高年级开始全面实行中小学体育测试制度，学校群体活动全面展开。按照《国家体育锻炼标准》：1995～1996学年度，适龄学生49.37万人，优秀级11.1万人，良好级37.03万人，及格率93.62%；2001～2002学年度，适龄学生56.46万人，优秀级13.33万人，良好级33.71万人，及格率97.3%；5年中及格率上升3.68个百分点。

2001年，济南市根据国家体育总局、教育部决定开展“亿万青少年儿童体育健身活动”，确保学生每天有1小时的体育活动时间，并做到规范化、制度化。在各学校广泛开展青少年体育健身活动，积极推行《第二套全国中小学生(幼儿)系列广播体操》。

2006年6月4日，市体育局、教育局联合召开济南市青少年体育工作会议，研究强化“体教结合”工作，下发《关于成立济南市青少年体育工作领导小组通知》《关于开展〈业余体育训练点〉认定工作的通知》。2007年，全面推进业余训练“体教结合”，加快业训网点建设，初步选定128所中小学校(俱乐部)业训点，广泛开展课余体育活动；落实教育部、国家体育总局、共青团中央“关于开展全国亿万学生阳光体育运动”的工作要求，市教育局把开展阳光体育运动作为推进素质教育的重要突破口和主要工作，组织开展阳光体育运动，初步形成学校体育“校校有特色、班班有活动、人人有项目”的局面。

2008年10月26日，山东省举行“亿万学生阳光体育运动冬季长跑起跑仪式暨济南市首届学生运动会”，这次运动会历时1个月，共设展示、健身和竞技三大类14个项目207个单项，全市各县(市)区和直属学校高度重视、积极备战参赛，各项赛事进展有序。同年，济南市组织参加全省“阳光体育大擂台”活动。

2009年，济南市成立以分管副市长任名誉组长、市教育局和市体育局主要负责人任组长的体教结合领导小组，设体教结合工作办公室，印发《关于进一步加强“体教结合”工作的意见》，召开全市青少年体育工作会，确定篮球、排球、足球、武术等联办项目，推荐256个学校为业余训练点，在全市各学校广泛开展课外体育活动。

2010年，以足球项目为试点“百所业训网点”工程全面展开，投入110万元进行重点扶持，有119所小学、103所初中、39所高中开展业余训练，在训人数5000余人。

三、课余体育训练与竞赛

体育传统项目学校是济南市业余训练的基础。1986年年初，全市有省级体育传统项目学校22所、市级27所。1988年，体育传统项目学校(省、市、区县三级所属)发展到152处；济南七中被国家体委、国家教委表彰为全国体育传统学校先进集体；山师附中、省实验中学、济南七中被评为全省优秀体育传统项目学校。1996～2004年，省级体育传统项目学校由26所发展到45所，在全省名列前茅。先后有山师附中、省实验中学、济南五中、济南一中等学校进入全国先进体育传统项目学校的行列。济南二中、经五路小学、济南三中等10多所中、小学被省体委、省教委评为全省优秀体育传统项目学校。开展的体育传统项目有田径、武术、乒乓球、健美操、篮球、足球、排球、举重、游泳、棋类、无线电、羽毛球12个。山师附中、省实验中学、济南七中被省教育厅确定为省级培养体育后备人才试点学校。2009年，在体育传统项目学校基础上，共设立256个中小学业余训练点。

中小学体育竞赛活动活跃。1986～2010年，每年组织全市中学生春、秋季田径运动会；举行篮球、排球、足球、乒乓球、游泳、棋类、航海模、无线电测向等中小学生单项比赛；各学校每年举办学校运动会。1992年始，济南市每4年召开一届全市青少年运动会。2002年后，增设少年儿童武术、体操、举重、摔跤、柔道等项目选材比赛。一系列单项比赛和综合性运动会，推动学校体育活动的开展，为济南市培养大批体育运动人才。

1989～2007年，济南市组队参加七届山东省中学生运动会。1989年，省第四届中学生运动会(只设田径项目)济南获乙组团体总分第6名，甲组未进前6名。1992年，省第五届中学生运动会获团体总分第3名，男排第1名、女排第7名、男足第2名、男篮第4名、女篮第1名。1995年，省第六届中学生运动会获田径团体总分第6名，男篮、女篮双获第1名，男排第2名，男足第1名。1998年，省第七届中学生运动会，获金牌83枚，总分992分，金牌数列全省第1位，总分列第2位，并获“体育道德风尚奖”。2001年8月，省第八届中学生运动会获团体总分第2名。2004年9月，省第九届中学生运动会获田径总成绩第2名、女子篮球第1名、男子足球第1名。2007年8月，省第十届中学生运动会在济南举行，设田径、游泳、篮球、排球、足球、乒乓球、健美操、腰旗橄榄球8个项目，均

2010年4月10日，以“阳光体育、快乐足球”为主题的济南市首届“市长杯”青少年校园足球联赛开幕式在泉城中学举行

取得好成绩。

2002年，省教育厅决定每年举办一次“学校杯”全省中学生运动会，为普通中学提供锻炼运动员队伍、争取优良运动成绩的机会，发现并培养山东省中学生尖子运动员。至2008年，山东省实验中学保持“霸主”地位。

1988～2010年，在国内外比赛中，济南学生取得优异成绩。1988年，山师附中学生尹向勇代表中国中学生参加在澳大利亚举行的太平洋地区学生田径运动会获铅球金牌。1989年，第十届全国重点小学“向阳杯”乒乓球比赛，经五路小学获团体总分第2名，并获得男子团体冠军，女子团体第3名；该校姜宏获男子乙组亚军，济南官扎营西街小学杨诤获女子组冠军，济南文化东路小学郭刻历获男子甲组亚军。1991年，第二届全国“幼苗杯”小学生乒乓球赛，经五路小学夺得男子甲组团体冠军，男、女乙组单打第2名和第4名。1993年8月，全国第七届“月兔杯”少年宫乒乓球赛在济南举行，以经五路小学为主组成的济南队获得儿童组男、女团体冠军。1997年12月19日，济南小学生女棋手赵雪在法国戛纳举行的第十二届国际象棋赛上获得少年组冠军，是山东省国际象棋运动史上第一个世界冠军。1998年1月16日，“天龙棋童杯”第六届全国国际象棋比赛在济南举行，赵雪获得女子小学五年级组第1名。2003年10月，在第三十五届国际象棋奥林匹克团体赛中，省实验中学高二学生赵雪与队友以总分29.5分的成绩实现中国在奥赛上“三连冠”，并荣膺国际最佳女棋手；12月，历下区十亩园小学女学生侯逸帆在希腊举行的世界青年国际象棋锦标赛上一举夺冠。2004年8月15日，在全国中学生田径锦标赛上，省实验中学代表山东省参加甲组比赛，以228分的总成绩获团体总分第2名。2010年，侯逸帆在第十六届亚运会上获得国际象棋女子团体和个人两枚金牌。

第二节 社区体育

1986年，济南市举办第四届街道运动会，38个街道1400余人参加32个项目的比赛和表演。每年一届的全市街道运动会和家庭运动会，进一步推动群众体育运动的发展和普及。1988年，市区有2/3以上街道建立体育领导小组或体育协会，尚未建立机构的也有专人分管。槐荫区西市场街道办事处与区工会、文化站协同，每年“三八”妇女节举行运动会，参加人数逐年增加。天桥区天桥东街道办事处，设立操、拳辅导站，每早进行辅导，常年坚持不断。历下区建立各种体育辅导站78处，每天参加体育活动8000多人，社区、家庭运动会广泛开展起来。

自1998年始，济南市每年以体彩公益金作为引导资金，为社区、街道办事处建设健身体育设施，为社区家庭体育活动开展搭建起良好平台。2001年，举办济南市首届社区全民健身

大明湖龙舟赛 (2006年摄)

运动会。2002年6月29日，在舜玉社区广场举行济南市“英派斯健身路径杯”社区健身路径比赛。2004年4月25日，在市体校田径场举办济南市全民健身系列活动暨大型社区运动会，设男女老年组、中(青)年组4个组别10个比赛项目，20个街道(镇)600余名运动员参加比赛。2007年6月16日，“2007全民健身与奥运、全运同行”全民健身家庭健步走活动启动仪式在省体育中心举行，以“喜迎奥运、全运，强身健体、和谐家庭”为主题，1500多个家庭5000人参加比赛。2008年，全市社会体育指导员总数1.3万人，其中城区每万人拥有社会体育指导员16人，每个社区体育活动团队10支以上。2009年，市、县(市)区、街道(乡镇)、社区(居委会)四级群众体育组织网络全部建立，各县(市)区广泛开展家庭运动会、趣味田径运动会、健身路径比赛、民俗运动会、残疾人运动会、羽毛球对抗赛等形式多样的健身活动，市体育局编写《济南市全民健身晨(晚)练活动站(点)、健身路径分布图及健身场所指南》，与科学健身科普知识手册一起免费为市民发放。2010年，举办全民健身活动100余次，参与人数60万人次，促进全市精神文明建设。

太极扇表演　(2007年摄)

1988年，济南市武术运动协会主席陈济生、济南冶金机械厂工会干部梁方兰两个家庭获全国“模范体育家庭”称号，10个家庭获“山东省模范体育家庭”称号。2005年，国家体育总局表彰槐荫区青年公园太极拳辅导站等4个站点为“全国优秀全民健身活动站(点)”；李治坡家庭为“全国全民健身好家庭”；千佛山社区体育俱乐部为首批“全国社区体育健身俱乐部”；李淑荣等6人为“全国社区体育健身优秀社会体自育指导员”。1998～2010年，全市有7个街道办事处被国家体育总局命名为“全国城市体育先进社区”，30个街道办事处被省体育局命名为“全省城市体育先进社区”。

济南市入选全国城市体育先进社区名单

表14—2—3

年份	批次	先进社区
1998	第一批	天桥区无影山街道
2000	第二批	历下区司里街道
2002	第三批	历下区解放路街道
2004	第四批	槐荫区青年公园槐荫社区居委会
		千佛山街道
2006	第五批	历下区趵突泉街道
2008	第六批	历下区甸柳新村街道
		天桥区泺口街道

济南市入选全省城市体育先进社区名单

表14-2-4

年份	批次	先进社区
1997	第一批	历下区解放路街道
		市中区舜玉路街道
		槐荫区道德街街道
		天桥区无影山街道
1999	第二批	历下区司里街街道
		天桥区工人新村北街街道
		槐荫区匡山街道
2001	第三批	天桥区堤口路街道
		历下区和平路街道
		槐荫区张庄路街道
2003	第四批	历下区文东街道
		槐荫区青年公园街道
		槐荫区振兴街街道
		天桥区北园街道
		章丘市双山街道
2005	第五批	历下区趵突泉街道
		槐荫区美里湖街道
2007	第六批	历下区甸柳新村街道
		历下区东关街道
		市中区六里山街道
		槐荫区营市街街道
		槐荫区南辛街街道
		天桥区官扎营街道
		天桥区泺口街道
		历城区东风街道
		历城区洪家楼街道
		章丘市明水街道
		章丘市枣园街道
		章丘市龙山街道
		章丘市圣井街道

第三节　农村体育

20世纪80年代，农村文体中心、文体站、青年之家等在济南农村兴起，开展体育活动是其重要内容。1986年始，在一些经济发展较快的乡镇，农民组建运动队，投资兴建体育设施，自发组织体育比赛。1987年，章丘县埠村镇埠东村承办“农家乐杯”农民篮球赛，历时5天，观众2万多人次，“农家乐杯”成为章丘农民的传统比赛。1994年5月22日，济南担山摔跤武术馆在西郊担山落成并投入使用。1998年元旦，长清县张夏镇北村运输专业户王兴友带动24名村民自发捐款1万元，修建一座简易体育场，配置篮球架、篮球和乒乓球台等多种文体用品，活跃农民业余文化体育生活。2004年，全市以农村为重点，广泛开展以体育健身设施、体育健身指导、体育科普知识为主要内容的“体育三下乡”农村体育年活动。成立由市体育局、市文明办、市农办等部门组成的工作领导小组，加强对“体育三下乡”活动领导；开展创建“农村文明一条街”活动；以体育彩票公益金作为引导资金，投资20万元建设济南市第一批30个村级全民健身工程；举办国家二、三级农村社会体育指导员培训班，培训农村社会体育指导员260人；发放“体育进农家，健身奔小康”等体育科普知识宣传册3000余册及全民健身格言、宣传画2000余张，为广大农村群众送去科学健身知识。2005～2010年，济南市利用彩票公益金为指导资金，为2750个行政村配建篮球、乒乓球、健身路径等全民健身设施，改善农村健身条件，全市农村体育保持全省先进行列。

1989年，全省开始开展评选体育先进乡镇活动。1991年，全国开始开展评选“亿万农民健身活动”先进乡镇活动，全市有3个乡镇入选。在山东省第二届农民运动会上，济南农民代表团获金牌数和团体总分两项第1名。1995年，在第三届全省农民运动会上，济南市代表队夺得金牌总数、团体总分两项第2名。1996年，在全国第三届农民运动会上，由济南市运动员组成山东省游泳队，获得男、女团体总分第3名，并获得2枚金牌、5枚银牌、3枚铜牌，总分111分的好成绩。至2010年，全市共有6个全国“亿万农民健身活动”先进乡镇；先后有5批46个乡镇当选山东省体育先进乡镇。

济南市入选全国“亿万农民健身活动”先进乡镇一览表

表14—2—5

年 份	单 位
1993	长清县张夏镇
1998	历下区姚家镇
2000	章丘市宁家埠镇
2002	历城区王舍人镇
2004	平阴县平阴镇
2006	商河县殷巷镇

山东省体育先进乡镇：姚家镇、北园镇、七贤镇、洪楼镇、王舍人镇、仲宫镇、大桥镇、埠村镇、明水镇、宁家埠乡、绣惠镇、辛寨乡、相公庄镇、归德镇、张夏镇、平安店镇、崮山镇、胡集乡、岳松乡、平阴镇、旧县乡、段店镇、文祖镇、双泉乡、刁山坡镇、兰家堡镇、郭店镇、孙村镇、刁镇、官庄乡、万德镇、李里镇、五峰山镇、马山镇、丘家庄乡、玫瑰镇、洪范池镇、普集镇、旭升乡、城关镇。

第四节　职工体育

1986年，全市职工体育活动十分活跃，“操、拳、跑”活动蔚然成风，许多企事业单位采取自办、联办、资助办等形式，建立各种球类、游泳、田径等项目运动队，各种级别的职工运动会接连不断。1989年，全市有23个县级局、委和900多个工厂分别举办大型田径运动会和单项比赛，45万人参加竞赛活动，约占全市厂矿、机关人数的50%以上；有120多个千人以上单位把体育工作列入单位目标管理及工会竞赛目标管理制度；全市成立17个体育俱乐部。1991年，济南市在全国职工体育七项达标活动中被评为先进城市，济南变压器厂、钢铁总厂、第二汽车改装厂被评为先进集体。市篮球协会支持省法院、省人民银行、省农业银行、省邮电、省化工等系统组织开展篮球比赛活动。济南钢铁总厂、机车工厂、汽车总厂、大观园商场等150多个单位分别举办田径运动会和各种形式的体育项目竞赛。全市有近38万职工经常参加体育活动，占全市职工人数的52%。1992年，济南市被评为“全国开展广播体操优秀城市”，济南钢铁总厂、济南第一机床厂、市工商银行被评为全省群众办体育先进集体，玉泉酒家经理常金月被评为全省群众办体育先进个人。1995～2010年，全市职工体育活动由市总工会及各行业体协负责组织和举办。

第五节　老年人体育

1986年年初，济南市老年人体育协会(以下简称市老年体协)及下属区县和市直机关、街道乡镇、厂矿等各级老年体协均配备专职或兼职干部，发展会员6000多人。各级体协坚持从实际出发，科学指导，保证安全的方针，组织开展适合老年人参加的操、拳、跑和乒乓球、门球、中国象棋、钓鱼、骑自行车旅游等项体育活动，并经常组织市老年人代表队参加全国、省(自治区)、市、县(区)各级举办的老年人体育比赛。1991年，有各级老年体协1314个，会员7.01万人；老年门球队518个，运动员6100多人；导引养生功辅导站210个，操拳健身舞辅导站306个。至2010年，基本形成市、区、街道(乡镇)三级老年人体育网络。

1986年年初，在市老年体协领导下建立的“青松长跑队”拥有运动员150多人，经常活跃在泉城大街小巷，并与全国20多个城市长跑队建立联系，在海内外有很高声誉。1999年，在第二届全国老年体协田径运动会上，青松长跑队获得男子45～80岁以上6个年龄段的7个第1名、4个第2名、4个第3名；女子40～59岁的3个年龄段中获得7个第1名、2个第2名、4个第3名；男子2人、女子3项打破全国纪录，其中有2项打破第十届亚洲老年人长跑纪录，并获得团体、金牌总数第2名和全国健身达标第1名。2002年9月，在大连举行的第十二届亚洲暨第五届全国老将田径运动会上获得金牌21枚、银牌5枚、铜牌20枚。2003年9月，获泰安国际登泰山比赛团体亚军；10月，在宁波举行的全国沿海城市长跑邀请赛上获得团体总分亚军。2005年4月28日，第二届老年人田径运动会在山东大学南校区田径场举行，8个分队294名运动员参加16个年龄23个项目的比赛，参赛运动员年龄超过80岁的5人，最大的87岁。

1986～2010年，市老年体协组织参加省内外的比赛活动200余次，承办省内外老年人各项比赛80余项。2006年，组队参加第一届山东省老年人体育运动会，团体总分列全省17城市第1名。2007年10月25～28日，济南市老年人门球队在枣庄市举行的“全国老年门球精英赛暨中日韩门球挑战赛”上获第1名；代表中国参加中日韩门球挑战赛获得冠军。2010年，在全省第

山东省第二届老年人运动会“唐和唐杯”田径比赛
(2010年摄)

二届老年人运动会上，济南代表团获得金牌57枚、银牌23枚、铜牌17枚，并获“体育道德风尚奖”“优秀组织奖”及“优秀赛区奖”。

第六节　残疾人体育

1986年，济南市第四届街道运动会，历下区小五金厂工人林永宁跳过1.41米，打破本人在第一届省伤残人运动会上创造的伤残人A5级全国跳高纪录。在全国聋哑人“泰山杯”篮球邀请赛上，以济南市运动员为主组成的男、女篮球队双获冠军。1987年，山东省第二届伤残人运动会，济南队夺得男子田径和乒乓球、游泳三项团体总分第1名，并获43枚奖牌(金牌27枚、银牌9枚、铜牌7枚)。济南市有5名选手代表省队参加全国第二届伤残人运动会，获奖牌13枚；A6级女运动员田福秀以2分47秒的成绩打破3分09秒的800米赛跑世界伤残人纪录。1988年，济南残疾人运动员田福秀在韩国汉城举行的第八届国际伤残人奥运会上取得女子200米、400米第5名；中央新闻纪录电影制片厂为其拍摄专题片(《祖国新貌》1989年第25号)。

1989年10月，济南市成立残疾人体育协会。1990年，济南4名运动员参加全国残疾人田径、游泳锦标赛，获得3枚金牌、2枚银牌、4枚铜牌，打破聋哑人纪录1项。1991年10月10～13日，山东省第三届残疾人运动会在济南举行，济南队获团体总分第3名，获金牌10枚、银牌4枚、铜牌4枚。1992年5月10日，济南市召开首届残疾学生田径运动会，全市487名盲、聋哑、弱智学生运动员参加3类36个项目的比赛，有446人次获奖，市聋校、历下区分获聋生组和弱智学生组的团体总分第1名。

1996年1月，由省残联、济南康利装饰总厂、山东师范大学体育学院共同创办的山东康利乒乓球俱乐部正式成立。同年，在美国亚特兰大举行的残疾人运动会上，济南选手崔宝佶获男子盲人71公斤级柔道铜牌；在第一届亚太地区特殊奥林匹克运动会上，济南选送8名选手参加比赛，获金牌7枚、银牌6枚、铜牌7枚，奖牌数居各市地之首；在香港举行的第二十一届特殊奥运会邀请赛上，济南市4名弱智少年运动员夺得9枚金牌、2枚银牌。

2002年4月14～19日，全国残疾人田径、柔道、举重锦标赛暨世锦赛选拔赛在济南举行，全国32个省市(自治区)、新疆生产建设兵团和济南市的316名残疾人运动员进行576个小项的角逐。2003年，济南代表团在山东省第六届残疾人运动会上，获总分1384分、88枚金牌两项第一；在第六届全国残疾人运动会上获得5枚金牌、4枚银牌、7枚铜牌。

2004年，在雅典举行的第二届残疾人奥运会上，济南市运动员吕晓磊获得男子乒乓球TT10级团体金牌，TT9级单打银牌，实现济南市残疾人运动员在奥运会金牌榜上“零”的突破；10名济南残疾人运动员参加全国锦标赛14个项目比赛，共获金牌8枚、银牌3枚、铜牌2枚，列全省之首。2008年9月7日，济南运动员崔娜在北京残奥会女子柔道52公斤级决赛中获得冠军，是山东籍残疾人女运动员在残奥会上获得的首枚金牌；9月16日，济南选手吕晓磊和队友获乒乓球男子团体金牌；北京残奥会上，济南运动员取得2金1银1铜的佳绩，获得金牌与奖牌数两个全省第一。同年，济南市被国务院授予“北京奥运会残奥会先进集体”称号。

第七节　全民健身活动

一、实施《全民健身计划纲要》

1994年，国家颁布《全民健身计划纲要》，济南市印发《济南市实施〈全民健身计划纲要〉启动意见》。1995年7月15日，山东省暨济南市实施全民健身计划动员大会在大明湖畔召开。1997年5月5日，市政府下发《济南市实施〈全民健身计划纲要〉方案》，成立济南市全民健身领导小组，办公室设在市体委。

1995年始，全市开始开展“全民健身宣传周活动”。1997年，“全民健身宣传周”改为“全民健身活动月”。至2008年，济南市开展丰富多彩的全民健身活动，先后举办市直机关运动会、市少数民族运动会、市农民运动会、市残疾人运动会、首届社区运动会；组织参加省职工运动会、农民运动会、少数民族运动会、全国工人运动会、全国农民运动会、全国残疾人运动会以及世界级比赛。核心任务是突出一个重点——宣传落实《全民健身计划纲要》，推行两个制度——《社会体育指导员技术等级制度》和《中国成人体质测定标准》，掀起全市人民健身热潮。

2009年，第十一届全国运动会在济南举行，围绕全运会倒计时200天、100天、30天及8月8日全民健身日等重要节点，组织开展“济南市全民运动记录挑战赛暨全运助威团招募”、山东省暨济南市“全国全民健身日”启动仪式等大型活动。协助省体育局和第十一届全国运动会组委会承办“全民健身、共享全运”山东省百县篮球总决赛、山东省千校乒乓球总决赛、山东省中老年人门球赛、全国7人制男女橄榄球锦标赛等大型活动。广泛开展“体育进社区、进农村、进企业、进学校”活动，举办济南市全民健身路径大赛、健身秧歌大赛；各县(市)区相继开展家庭运动会、趣味田径运动会、健身路径比赛、民俗运动会、残疾人运动会、羽毛球对抗赛等形式多样的健身活动。10月16～28日全运会正式比赛期间，在全市7个广场组织开展“迎全运优秀健身项目展示活动”100余次，共组织各项群众体育健身活动164次，参与人数百万余人次。

2010年，开展庆祝全运会成功举办1周年、健身气功展演、全民健身记录挑战赛总决赛等一系列健身活动，形成全市动员、全民参与的健身热潮。全年共举办较大规模健身活动100余次，参与人数60万人。

二、实施社会体育指导员制度

1994年，国家体委下发《社会体育指导员技术等级制度》，市体委成立济南市社会体育指导员评审领导小组，印发《关于实施〈社会体育指导员技术等级制度〉管理办法》，对各个等级的社会体育指导员进行培训、审批、推荐。1996年，开始实施国家体育指导员制度，举办首期二级社会体育指导员培训班，有40人领取证书。至2009年，全市社会体育指导员总数1.39万人。2010年，建立济南市《社会体育指导员管理系统》数据库，完成9551人信息统计、登记和年度注册，对社会指导员进行规范管理。各级社会体育指导员活跃在全市各晨、晚练点上，为指导市民科学健身发挥作用。

三、开展国民体质监测

1997年，济南市作为山东省七个试点市之一，开展成年人体质监测，完成4000人样本体质监测任务，为国家和省成年人体质监测网提供科学样本，对掌握全市成年人体质状况、研究和分析其变化规律提供依据。

2000年，济南市被列为省级国民体质监测重点市，组建以市体校毕业班学生为主体的“济南市国民体质测试队”，获取8000人国民体质监测样本。

2001年，济南市被国家体育总局评为“全国国民体质监测先进单位”。

2004年，市体育局投资30万元建成市国民体质监测中心；5月1日、6月12日分别在燕山广场和泉城广场为市民进行免费体质监测服务。

2005年3～8月，进行第二次国民体质监测，监测对象为3～69周岁中国公民，共采集14个年龄组、7类不同人群近5000个样本；为受测人员提供体能数据，开具运动处方，形成完整准确的数据资料。

2006年，成立济南市国民体质监测中心动态体质监测点，拓宽监测领域，扩大监测人群范围，国民体质监测更具针对性和科学性；济南市被授予山东省国民体质监测工作优秀组织奖。

2008年，市县两级国民体质监测网络相继建成，为4500余人次进行国民体质监测。

2009年，组织开展国民体质监测“走进社区、走进乡镇、走进学校”和“迎全运体质监测大篷车”活动，在机关、社区、农村、广场、公园、学校开展公益检测，开展科学健身咨询讲座，受测人数4万余人。

2010年，国家开展第三次全国国民体质检测工作，济南市作为国家检测网的城市之一，承担3000余个样本量的采集。下发《关于开展2010年国民体质检测工作的通知》，在全市10个县(市)区全面开展体质检测工作。市国民体质检测中心在24个市级体质检测点完成检测任务3600人，各县区完成检测1.73万人，对20个市直机关单位730人进行体质检测。成功举办“全民健身志愿服务”济南站活动，配合省、市全民健身活动进行7次公益体质检测，测试人数700余人，市民体质合格率为89.7%。

四、　举办大型体育健身活动

1988年9月11日(世界性统一活动日)，在山东省体育馆北门前举行“1988年国际体育援助计划”成人万米与时间赛跑活动和起跑仪式，50名省市领导及1000名运动员参赛；五区三县8个分会场，各街道办事处、乡镇及中小学数百个赛跑点，共4万余人参加“与时间赛跑”活动，近40万人为参赛者加油；50多所省、市、区和厂矿企业医院组织医务人员在繁华地区义诊，数百家商店上街义卖，100多所中小学和8000多名红十字青少年会员在街头进行宣传和募捐，为儿童保健事业做贡献。

1989年9月10日至10月11日，山东省暨济南市“迎国庆万民健身体育百花园”活动举行，190多万人参加活动。其间，济南市分别举办市建委系统篮球赛、老年人长跑、第二届义务消防运动会、第五届街道运动会及全市钓鱼比赛和象棋擂台赛；在大明湖、动物园、中山公园、跳伞塔、省体育中心游泳馆、解放阁体育馆等地举办庆国庆活动，分别进行跳伞、射击、武术、摔跤、柔道、散打、游泳、老年人迪斯科、青少年韵律操和棋类比赛。

1989年12月1日至1990年2月，在全省率先举行“爱首都、迎亚运”济南－北京象征性长跑活动，全市500多个单位210万人参加历时3个多月的象征性群体活动，参加人数约占全市总人口的42%。1990年，为迎接第十一届亚运会，济南开展“迎亚运、爱泉城、讲卫生、做贡献”活动，全市约有120万人参加；开展亚运会奖券销售和为亚运会集资活动，共销售亚运奖券197万元，亚运纪念币3700多枚。同年9月16日，“亚运圣火传递”仪式在省体育馆举行，3万人参加亚运圣火传递交接仪式，20多万人参加亚运火炬接力长跑，近百万人观看长跑活动盛况。

1991年，庆祝篮球运动诞生100周年，济南市开展以篮球运动为主的各项体育比赛活动。市篮球协会协助举办省法院、省人民银行、省农业银行、省邮电、省化工等系统篮球赛；10月27～29日，市体育总会与市篮协在长清宾馆举行“篮球界老同志座谈会”，成立济南市老年人篮球队。

1992年，市体委举办第七套广播体操领操员培训班32次，培训领操员1850名；组织全市“人民商场杯”“二联杯”等广播体操比赛。在412个县团级以上机关企事业单位中，有做操制度的318个，占77.29%，经常做操人数占总人数的58%；各级学校均有做操制度，学生做操人数100%。同年12月，济南市被国家体委授予“全国广播体操优秀城市”称号。

1993年6月23日国际奥林匹克日，山东省暨济南市举行长跑活动，主会场设在省体育馆北门广场。

1995年1月1日，“’95太阳神杯”山东省暨济南市元旦万人长跑活动启动仪式在玉函路金三杯广场举行；10月1日，《中华人民共和国体育法》颁布实施，市政府工委、市体委在金三杯广场联合主办济南首届“新纪元杯”步行健身活动；10月7日，“国际奥委会主席杯”全国百城市自行车赛、“泰脉杯”济南赛区拉开序幕，分竞技(10公里)、骑游(5公里)两个项目，1100余名运动员参加比赛。

1996年1月1日，“’96东亚家具杯”元旦万人长跑系列活动在东亚商场广场举行，活动包括万人环城长跑、市六大班子三项运动会、冬泳表演、信鸽放飞、桥牌、围棋、中国象棋、篮球、足球、拔河、太极拳等项目。自1996年至2010年，全市每年都举行元旦万人长跑及全民健身系列活动。

1997年4月6日，“’97英派斯”济南市全民健身大展示系列活动在市体校田径场开幕，活动由市体委、市教委、市总工会和青岛英派斯健身器材有限公司联合举办，共分三个阶段：第一阶段为全市首批500个“英派斯”全民健身活动站命名授旗，在全市举行广播操、健身舞、太极拳、拔河、跳绳、风筝放飞等体育健身表演；第二阶段在6月中旬，举行全民健身宣传周活动，在全市开展各种健身宣传及健身活动；第三阶段在9～11月进行检查评比，对在系列活动中做出贡献的活动站和社会性体育指导员给予表彰奖励。1997～2000年，“英派斯”全民健身系列活动连续举办4次。1997年6月25日，“’97庆回归”香港至北京接力长跑活动接力棒传到济南。

1998年4～9月，举办“庆祝济南解放50周年济南市老年人康乐运动大会”，参加人数1万余人，先后开展台球、乒乓球、门球、象棋、麻将、养生功、太极拳以及多项康乐趣味运动比赛和表演。

1999年5月1日至10月11日，山东省首届全民健身节开幕式在省体育中心隆重举行。济南市组织上万名中小学生参加团体操表演，历时6个月。各县(市)区广泛开展太极拳(剑)、武术、健身操、健身舞、棋牌、球类等丰富多彩、形式多样、群众喜闻乐见的体育活动。10月11日，在省体育馆举办闭幕式，省、市领导及各界群众6000余人参加。

2000年5月13日，由济南市体委、市自行车协会、“捷安特”(中国)有限公司在泉城广场联合举办自行车骑游活动，全程约15公里，有1000多人参加。至2002年连续举办3届。2000年9月15日，“大宝杯”2000年中华炎黄圣火全民健身火炬传递活动在济南举行火炬交接仪式。

2003年5月31日，济南市体育社团抗“非典”健身运动大展示在泉城广场举行。全市10家体育社团进行太极拳(剑)、体育舞蹈、少儿拉丁舞、健身操、街舞、形意拳等体育运动项目表演，向市民群众展示体育健身活动的方式、方法。

2004年4月25日，济南市全民健身系列活动暨大型社区运动会在市体校田径场举行，历下、槐荫、天桥等20个街道(镇)的600余名运动员参加比赛。5月1日，位于经十路燕山立交桥下的燕山广场建成投入使用，启用仪式上进行丰富多彩的群众健身表演、国民体质监测和健身知识咨询讲座。5月1～2日，举行百队中老年人门球比赛。5月4日，市体育局、人民商场股份有限公司、济南电视台联合举办万人跳绳大赛，23日决赛。9月4日，“安利纽崔莱”全民健身大家跑活动在省体育中心举行，2万名群众参加；至2007年该项活动连续4年在济南举办。

2008年7月23日上午8时，北京奥运会火炬接力山东省济南站传递活动起跑仪式在省体育馆广场举行，火炬传递近3小时，有243名火炬手和66名护跑手参加传递活动，中央和省、市电视台对奥运火炬传递进行全程直播。整个传递活动观众120万人，其中有组织的观众20余万人。济南市在北京奥运火炬接力活动中被北京奥组委誉为全国火炬传递最有秩序、最有特色的城市。10月8日，济南市火炬传递工作受到党中央、国务院表彰。

2009年1月1日，由第十一届全国运动会组委会和第十一届全国运动会济南赛区组委会联合主办的“全民健身共享全运”2009年元旦全民健身系列活动在泉城广场举行，近万名市民参加活动。2月1日，由市体育局、市文化局联合主办的济南市第五届健身秧歌大赛决赛在大观园举行，全市10个县(市)区的24支队伍进行精彩的秧歌表演。5月22～25日，由全国第十一届运动会组委会主办、全国第十一届运动会济南赛区组委会承办、济南市体育竞赛管理中心协办的“全民健身，共享全运”山东省百县篮球赛总决赛在济南举行，从全省17个赛区142个县(市、区)选拔出17支冠军球队、204名运动员参加比赛。6月20日，由济南市体育局主办，济南市体育彩票管理中心、济南市体育竞赛管理中心、《济南时报》、济南电视台联合承办的“体彩杯”2009年济南市健身路径总决赛在山东省体育中心体育场西健身广场举行，全市各县(市)区200余名健身爱好者进行垂直撑双杠、平行梯双臂行走等7个项目的赛事角逐。8月3日，由全国第十一届运动会组委会主办，济南市体育局、济南日报报业集团、济南市广播电视局、大众网、泰山体育产业集团承办的第十一届全运会网络运动会暨山东省首届网络运动会正式拉开帷幕。8月8日，由全国第十一届运动会组委会、山东省政府主办，济南赛区组委会、济南市政府承办的“山东省暨济南市全民健身日启动仪式”在泉城广场举行，共同庆祝全国首个“全民健身日”。8月20～21日，山东省“全民健身，共享全运”千校乒乓球总决赛在济南燕山立交桥全民健身广场举行，来自全省100所学校的102名运动员参加比赛。9月20日，由全国第十一届运动会济南赛区组委会主办，济南市体育总会、济南市健身健美运动协会、济南市黑骏马健身俱乐部承办的“庆国庆，迎全运”2009年济南市健美、健身锦标赛在金海岸顺风大剧院举办，全市近60名健美、健身精英参加比赛。

2010年1月，由市政府主办，市体育局承办的“全民健身，共享全运”2010年济南市元旦全民健身系列活动在泉城广场举办，活动包括传统的元旦长跑和6项展示项目。5月15日，济南市毽球协会在山东省体育中心举办济南市首届毽球“毽王争霸赛”，比赛项目设有花毽单人踢、花毽三人传踢、网毽男子团体、网毽女子团体4个项目，近200名选手上场竞技。9月19～20日，在济南市金海岸顺风大舞台举办“2010年济南市第五届健美健身锦标赛暨2010康比特阳光教练选拔赛”。9月27～28日，市体育总会率领黑骏马健身俱乐部、五洋健身俱乐部、爱动跆拳道俱乐部和济南市毽球协会协助山东省体育总会顺利完成“2010年山东省体育博览会”健身项目的展示。10月28～29日，济南市体育总会、济南市象棋协会举办“体彩杯”山东省第二届万人象棋比赛和“群康杯”济南赛区象棋选拔赛，近100名棋手参加。11月27日，“吉利汽车杯”济南市第五届乒乓球等级联赛开赛，赛事由吉利汽车独家冠名，市体育总会、济南玉泉森信大酒店和《济南时报》联合主办，山东天地健生物工程有限公司等4家企业协办，分为甲、乙、丙、丁4组，男子、女子单打及混合团体比赛。

2010年，全市体育社团76家，市级单位体育协会33家；有体育俱乐部、健身中心43家。

2010年济南市体育社团一览表

表14—2—6

序号	名称	地点	成立时间
1	济南市老年人体育协会	经十路114号	1980
2	济南市残疾人协会	七里山西路26号	1998
3	济南市农民体育协会	建设路79号	2007
4	济南市社会体育指导员协会	济经十路19166号	2007
5	济南市体育记者协会	清河北路基地	2010
6	济南市球迷协会	经十路112号	1996
7	济南市篮球协会	清河北路市体校	1954
8	济南市足球协会	燕子山路15号	1955
9	济南市乒乓球协会	师范路西首	1989
10	济南市网球协会	经十路114号	2004
11	济南市羽毛球协会	清河北路	1989
12	济南市毽球协会	济钢铁合金厂	2009
13	济南市田径协会	清河北路田管中心	1989
14	济南市游泳协会	经十路114号	1989
15	济南市钓鱼协会	美里湖湿地公园	1986
16	济南市摔跤柔道协会	北郊新城庄·金新城集团	1989
17	济南市中国式摔跤协会	大观园6楼	2005
18	济南市射击狩猎协会	经十路114号	1992
19	济南市拳击协会	玉函路6-2号	1995
20	济南市汽车摩托车运动协会	市环保科技园国际商务中心	2008
21	济南市自行车协会	龙奥大厦B区	1989
22	济南市象棋协会	花园路200号	1989
23	济南市围棋协会	经四路287号	1987
24	济南市健美(操)运动协会	经七路832号	2006
25	济南市陆海空模型协会	洛河东路6号	1996
26	济南市风筝协会	经六路362四楼	1996
27	济南市信鸽协会	标山南路4号	1978
28	济南市体育舞蹈协会	南全福小区216号	2002
29	济南市形意拳研究会	玉函路75号	1986
30	济南市八极拳研究会	天桥区济泺路27号	2010
31	济南市洪传陈氏太极拳研究会	经四路343号	2000
32	济南市杨式太极拳研究会	花园路142号	2010
33	济南市陈济生缠丝太极拳研究会	北小辛庄西街53-1号	1995
34	济南市金冠乒乓球俱乐部	天桥区铜元局前街1号	2006

续表14-2-6-1

序号	名称	地点	成立时间
35	济南市康利乒乓球俱乐部	菜市新村3号楼	2001
36	济南市时报玉泉乒乓球俱乐部	泺源大街68号	2009
37	济南市巨源滑翔伞俱乐部	北小辛庄西街53号	2001
38	济南市精彩人生女子健身俱乐部	文化东路88号山东师范大学体育馆	2007
39	济南市大陆彩虹健身中心	经六路362号后排三层	2005
40	济南市深呼吸健身俱乐部	市中区建设路86号	2006
41	济南市黑骏马健身俱乐部	花园路153号	2001
42	济南市大舜天成健身俱乐部	历下区山大路236号1号楼1层	2008
43	济南市五洋健身俱乐部	青后小区3区31号	2004
44	济南市智星太极尚武俱乐部	山大路180号	2002
45	济南市明湖传统武术俱乐部	济南市大明湖风景名胜区遐园	2009
46	济南市大众网球俱乐部	济南市山大路236号	2007
47	济南市南山户外运动俱乐部	历城区柳埠镇大会村	2007
48	济南市火鸟户外运动俱乐部	解放路96号	2002
49	济南市新健野户外运动俱乐部	历城区山大南路9-2号	2007
50	济南市青少年射击俱乐部	济南军区腊山射击队	2003
51	济南市皇亭青少年体育俱乐部	泉城路15号	2003
52	济南胜利青少年体育俱乐部	市中区胜利大街54号	2005
53	济南市伞塔青少年体育俱乐部	经十路114号	2003
54	济南市历城二中青少年体育俱乐部	历城区董家镇董家村843号	2008
55	济南市英豪电子竞技俱乐部	历山路148号	2004
56	济南市奥丁体育俱乐部	历下区文化东路88号	2006
57	济南市奥翔田径俱乐部	历下区文化西路44号	2005
58	济南市奥胜田径俱乐部	经十路17922号	2008
59	济南市雷鹰轮滑俱乐部	民生大街72号楼4楼	2007
60	济南市伯乐搏击俱乐部	大桥区新黄路北10号	2002
61	济南天源搏击俱乐部	槐荫区美里湖办事处美里路6号	2007
62	济南市大源搏击俱乐部	天桥区北坦新菜市17号308	2007
63	济南市金容花园搏击俱乐部	药山街道办事处金容花园门头房三楼	2010
64	济南市爱动跆拳道俱乐部	济南市泉城路15号皇亭体育馆	2007
65	济南市金龙跆拳道俱乐部	历下区解放路113号院内	2007
66	济南市风行国际跆拳道俱乐部	历下区友谊苑小区南区综合楼	2009
67	济南市青道跆拳道馆	济南西工商河路33号6楼	2008
68	济南市天祺铭艺体育舞蹈俱乐部	北小辛庄西街57号	2010
69	济南泉水童星体舞培训中心	南全福小区216号(南全福小学)	2002
70	济南市磐石橄榄球俱乐部	济南高新区第二实验学校旅游路14699号	2007

续表14-2-6-2

序号	名称	地点	成立时间
71	济南市乐健福游泳俱乐部	解放东路63号山东政法学院文体馆	2008
72	济南市清心山马术俱乐部	济南市长清区双泉镇马术俱乐部	2010
73	济南市双桥马术运动俱乐部	天桥区芦庄工业园二区	2009
74	济南市欣星篮球俱乐部	山师大体育学院	2009
75	济南市阳光足球俱乐部	济南市市中区民生大街58号407室	2010
76	济南市博洋象棋俱乐部	花园路200号群康食品有限公司	2006

第二章　竞技体育

第一节　田径运动

1986年，田径运动在济南市各县(市)区业余体校、市体校、市业余体校和体育传统项目学校中广泛开展，均有人数不等的业余训练队伍。同年，成立济南体育运动大队，增设田径项目专业训练，田径运动水平持续提高。在第十三届省运会上，济南队获田径团体总分第3名，获金牌数列全省首位；在全国中学生田径运动会上，市体校学生张辉获男子标枪金牌，王美娜获女子标枪金牌，肖波打破200米跑全国中学生纪录。1987年，在日本东京举行的“第四届亚洲城市田径运动会”上，由济南市运动员组成的“中国济南体育代表团”获7枚金牌、2枚银牌，获金牌数居11个国家和地区的30个城市之首。1988年，首届全国城市运动会，赵炳春以6982分的成绩获男子十项全能第1名，并打破全国青年纪录；金龙辉以3分54秒12获男子1500米第1名；济南队以总分73分获男子田径团体总分第3名。

1991年，市体校田径运动员陶睿在第一届东亚青年田径锦标赛上，以2.15米的成绩获男子跳高第1名；市体育运动大队运动员张泉凤以54秒4的成绩获女子400米第1名，并与队友合作以3分36秒68的成绩获女子4×400米接力第1名，打破亚洲青年田径纪录。同年，省实验中学学生杨杰在世界中学生“田径杯”比赛中，以22分28秒的成绩获男子5公里竞走第1名。1994年，市体校学生黄家凤在世界中学生田径比赛中获女子800米亚军，打破该项运动会纪录。1996年，济南运动员王志成在世界田径越野锦标赛(接力)上，获第6名。

1997年，在上海举行的第八届全国运动会上，陈玉香夺得女子4×400米接力金牌、400米银牌和200米铜牌。2003年2月，成立济南市田径运动管理中心，强化田径项目的业余训练；10月，在长沙举行的第五届全国城市运动会上，李珊以1.85米的成绩获女子跳高第1名。2005年，在南京举行的第十届全国运动会上，陈玉香获女子4×400米接力第2名和200米第5名，张宏哲获女子400米第5名。2008年5月，陈琳在“好运北京－中国田径公开赛”中，获女子400米和4×400米第2名；9月，陈琳在亚洲青年田径锦标赛中夺得女子400米第1名和4×400米第2名。2009年，第十一届全国运动会，济南市有7名运动员参加。女子三级跳远运动员陈玉飞获金牌，陈琳获女子400米、4×400米接力2

2010年8月5～8日，全国田径锦标赛暨亚运选拔赛在济南奥林匹克体育中心举行

枚银牌，李珊获女子跳高第4名，李康获男子撑竿跳高第4名。2010年，省二十二届运动会，济南田径队获4枚金牌、9枚银牌、9枚铜牌。

第一节　游泳 皮划艇

一、游泳

济南素有“泉城”之称，游泳运动一直是群众喜爱的运动项目，并作为市重点竞技运动项目积极开展。市内各区业余体校均设有业余游泳训练队，各中小学也开设游泳课程，济南游泳运动技术水平在全省保持领先水平。

1986年，在青岛举行的省第十三届运动会上，济南游泳代表队获34枚金牌，并打破4项省纪录、7项省少年纪录，获成年组、少年组两项团体总分第1。

1987年，在广州举行第六届全国运动会，徐海泉获男子200米仰泳第5名，张晓琳获女子200米仰泳第8名。

1988年6月，在济南举行第十四届省运会，济南游泳队获21枚金牌，并获甲组团体总分、乙组团体总分两项目第1名，徐海泉分别在200米自由泳、100米仰泳、200米仰泳打破省少年甲组男子纪录。10月，在泰国举行亚太地区游泳分会锦标赛，徐海泉获男子100米自由泳、50米自由泳、100米仰泳、200米仰泳4项第1名。同年，在济南举行的全国城市运动会游泳比赛中，张晓琳获女子100米、200米、800米自由泳，200米仰泳4枚金牌，并被评为“十佳运动员”；济南游泳队以191分成绩获女子团体总分第3名，以90分成绩获男子团体总分第10名。

1989年7月，在山东省业余体校游泳比赛中，济南队获得男女团体总分第1名，13人打破34项山东省同龄组纪录，获得单项比赛金牌7枚、银牌10枚、铜牌7枚。

1991年5月，在成都举行全国游泳锦标赛，张晓琳以2分20秒63创造山东省女子个人混合泳最高纪录。9月，在河北省举行第二届全国城市运动会，张晓琳获女子200米自由泳铜牌。

1992年9月，在淄博举行省第十六届运动会，济南队获16枚金牌、24枚银牌、25枚铜牌，以总分235分获甲组团体总分第1名，以172分获乙组团体总分第2名。

1994年11月，省第十七届运动会在济南举行，济南队业余组获10枚金牌、16枚银牌、15枚铜牌，以464分获团体总分第2名。

1995年10月，第三届城市运动会上，济南运动员王薇获女子200米蛙泳金牌。

1998年10月，省第十九届运动会在潍坊举行，济南队获19枚金牌、38枚银牌、25枚铜牌，以801分获团体总分第2名。张岩以24秒20打破男子50米自由泳山东省纪录，刘楠、朱宏、赵迎、杨玉蓉以4分37秒71打破女子4×100米混合泳接力山东省纪录。

1999年4月，在黑龙江大庆举行全国游泳冠军赛，武青获男子50米自由泳第3名，并打破省纪录。10月，第四届城市运动会在陕西举行，金浩代表济南市参赛，获6枚金牌；武青获1枚金牌。

2000年，第六届亚洲游泳锦标赛在韩国举行，武青获男子4×100米混合泳第1名、200米蝶泳第2名、50米自由泳第3名。在济南举行全国游泳冠军赛，武青获男子50米自由泳、100米自由泳2项第2名。在上海举行世界杯游泳短池系列赛，武青获男子50米、100米自由泳2项第4名。

2001年11月，全国第九届运动会在广州举行，武青获男子50米、100米自由泳2项第5名，高畅获女子4×100米混合泳接力第4名，100米仰泳第7名。

2002年10月，省第二十届运动会在济南举行，济南队获23枚金牌、21枚银牌、26枚铜牌。高畅以1分02秒98的成绩打破女子100米仰泳省纪录。

2003年1月，在瑞典举行世界杯游泳短池赛，高畅获女子50米仰泳、100米仰泳2项第1名；在柏林站比赛中，高畅获女子50米仰泳、100米仰泳2项第1名。10月，在湖南省举行第五届全国城市运动会，代表济南参加比赛的运动员李杰获女子200米蝶泳金牌，高畅获100米仰泳铜牌。12月，在上海举行全国短池游泳锦标赛，高畅获50米、100米仰泳2项第1名，200米仰泳第2名。

2004年1月，高畅获世界杯游泳短池比赛上海站、瑞典站、柏林站女子50米、100米仰泳6项第1名，获上海站200米仰泳第1名，柏林站200米仰泳第5名。10月，在美国印第安纳波利斯举行第七届“世界杯”短池游泳锦标赛，高畅获女子50米、100米仰泳第2名，女子4×100米混合泳接力第4名。11月，在澳大利亚墨尔本举行的“世界杯”短池游泳系列比赛第二站，高畅获女子50米仰泳第1名，100米仰泳第2名；马晨菲获女子50米蛙泳第3名。

2005年7月，在蒙特利尔举行世界游泳锦标赛，高畅获女子50米仰泳第2名。10月，在江苏南京举行第十届全国运动会，高畅获女子100米仰泳第1名、女子4×100米混合泳接力第5名；于锐获女子800米自由泳第2名、女子4×200米自由泳第3名、女子400米混合泳第3名、女子400米自由泳第6名；谭淼获女子400米自由泳第3名、女子4×200米自由泳接力第3名。11月，在澳门举行东亚运动会，高畅获女子50米、100米仰泳2项第1名。

2006年3月，于锐在新加坡亚洲游泳锦标赛上夺得女子800米自由泳、1500米自由泳第1名和400米混合泳第2名。4月，高畅在上海世锦赛上夺得短池游泳女子50米仰泳、100米仰泳、4×100米混合泳接力3个第3名。8月，在全国少儿游泳锦标赛中，姚兆宇夺得50米仰泳、100米仰泳、200米蝶泳、200米混合泳4枚金牌，并破4项少儿组纪录。12月，高畅在上海全国游泳锦标赛上，夺得女子50米仰泳第1名，于锐夺得女子400米自由泳第1名、800米自由泳第2名，谭淼夺得女子800米自由泳第1名、400米自由泳第2名。10月，在第二十一届省运会上济南队获7枚金牌。

2007年，第六届全国城运会，林乐俊获男子游泳100米蝶泳第3名。

2008年1月，于锐在北京举行的中国游泳公开赛上获得女子400米混合泳、4×200米自由泳两项冠军；3月，在绍兴举行全国游泳冠军赛，于锐获4×200米自由泳接力金牌，谭淼获女子400米自由泳冠军。4月，在英国曼彻斯特举行2008世界短池游泳锦标赛，高畅获得女子50米仰泳银牌。8月，在北京奥运会，谭淼夺得女子4×200米自由泳接力银牌并打破世界纪录。

2009年7月31日，在罗马世界游泳锦标赛，高畅以27秒28的成绩夺得女子50米仰泳铜牌。10月，第十一届全运会游泳比赛，高畅以59秒31的成绩获得女子100米仰泳决赛亚军，谭淼在女子4×200米自由泳接力比赛中与陈倩、宋汶岩、孔祥桐以7分48秒21的成绩夺冠。11月26日，在广州举行2009年游泳亚锦赛，高畅夺得女子50米仰泳和女子100米仰泳两枚金牌。12月9日，第五届东亚运动会游泳比赛，高畅在女子100米仰泳决赛中以59秒77的成绩夺冠。

2010年，广州亚运会上高畅获女子50米仰泳比赛冠军

2010年，省第二十二届运动会，济南队获7枚金牌、15枚银牌、20枚铜牌。同年11月，第十六届亚运会，高畅获女子50米仰泳金牌。

1998～2010年，济南市向国家、省、解放军训练队培养和输送游泳运动员30余人，其中于锐、黄忠、王鹏、马晨菲、高畅、李茉、谭淼等均成为国家级运动健将。

二、皮划艇

1986年，山东省皮划艇队由济南市代管。1987年第六届全运会后，原有运动员归属到山东省水上运动学校。移交后，济南市的皮划艇运动队由市体育运动大队管理。1994年4月，该项目划归到皇亭业余体育学校，运动员在省队代训。2006年，在日照设立临时水上训练基地。

1986年，全国皮划艇锦标赛，济南选手孙聿红获女子500米单人皮艇第1名。

1987年11月，全国第六届运动会，孙聿红获女子500米单人皮艇第3名，孙聿红、王琳获女子500米双人皮艇第6名，王博青、胡勇获男子500米双人划艇第7名，郭勇、康健民、高俭获男子1000米4人皮艇第8名。

1989年，全国皮划艇锦标赛，王博青获男子500米、1000米双人划艇第1名，孙聿红获女子500米4人皮艇第1名和500米单人、双人皮艇第3名。

1990年10月，第十一届亚运会，孙聿红获女子500米双人皮艇第1名，王博青获男子双人皮艇第1名。

1992年9月，省第十六届运动会，济南代表队获金牌6枚、银牌1枚、铜牌1枚，团体总分第1名。

1993年9月，第七届全国运动会，王博青获男子500米双人划艇第4名。

1998年10月，省第十九届运动会，济南代表队获金牌6枚、银牌4枚、铜牌3枚。

2001年11月，第九届全国运动会，张乃杰获女子500米4人皮艇第1名、500米单人皮艇第8名，景影获男子500米双人划艇第4名。

2002年10月，省第二十届运动会，济南代表队获金牌8枚、银牌1枚、铜牌2枚。

2003年7月，全国皮划艇锦标赛，景影获男子500米双人划艇第3名，12000米单人划艇第2名，划艇个人全能第2名，尚晓林获女子1000米单人皮艇第3名。10月，在印度举行亚洲皮划艇锦标赛，尚晓林获女子500米、1000米单人皮艇和1000米4人皮艇3项第1名；第五届全国城市运动会，付德金获男子单人划艇全能第2名。

2005年7月，全国皮划艇锦标赛，景影获男子2000米4人皮划艇第1名，尚晓林获女子双人皮艇第2名，曲胜洋获男子2000米4人皮划艇第3名。10月，第十届全国运动会，景影获男子1000米双人划艇第3名，500米双人划艇第4名。

2006年10月，在上海全国皮划艇锦标赛，景影夺得男子200米双人划、2000米单人划艇2枚金牌。

2007年9月，在山东日照全国皮划艇锦标赛，景影获男子1000米皮划艇第3名。

2010年，省第二十二届运动会，济南皮划艇队获金牌8.5枚、银牌3.5枚、铜牌3枚。赛艇队获13.5枚金牌、4.5枚银牌、3.5枚铜牌。

1986～2010年，济南市为国家、省队培养和输送孙丰红、王博青、王琳、张乃杰、景影、尚晓林等一批优秀运动员，他们在全国和国际比赛中均取得好成绩。

第三节　体操运动

1986年10月，省第十三届运动会，济南体操队获女子团体总分第1名。1988年6月，省第十四届运动会，济南队获女子团体总分第1名，男子团体总分第4名。9月，在辽宁沈阳举行的全国第二届青少年运动会上，济南运动员张文宁入选山东队参加比赛，获女子全能、跳马、平衡木、自由体操4项第1名。10月，全国首届城市运动会，张文宁获女子平衡木第3名。1991年9月，第二届全国城市运动会，沈剑代表济南参加比赛，获男子个人全能第1名、单项双杠第1名、跳马第2名、鞍马第3名、自由体操第4名。1992年9月，省第十六届运动会，济南队获4项第1名，并获男子丙组团体第2名。1994年10月，省第十七届运动会，济南队获2项第1名，5项第2名。1998年，省第十九届运动会，济南队获8项第1名，并首次参加男女蹦床项目比赛。2002年，省第二十届运动会，济南队获6项第1名，其中蹦床项目获3项。2007年，济南蹦床运动员王胜男入选山东队在全国体操蹦床锦标赛上与队友获男子蹦床团体第1名。2009年，第十一届全运会，王胜男代表山东队比赛与队友获男子蹦床团体第2名。2010年，省第二十二届运动会，济南队获金牌3枚。

第四节　球类运动

一、篮球

1986年，济南篮球队划归市体育运动大队。济南业余体校、济南市体校、各县区均设有篮球项目业余训练，形成一条龙的培养模式。1994年，篮球队并入市体校，每年组队参加省篮球锦标赛、省运会和城运会等比赛。济南篮球代表队在首届全国城市运动会夺得男篮亚军，并连获第二、三届亚军。省第十三届运动会，男队获第1名，女队获第2名。省第十四届运动会，男、女队均获第1名。省第十六届运动会，男队获第1名，女队获第2名。省第十七届运动会，男、女队均获第1名。省第十九届运动会，男队获第2名，女队获第1名。省第二十届运动会，男队获甲组第3名，乙组第1名，女队获甲、乙组2个第1名。省第二十一届运动会，男女甲乙组4个队均获第2名。省第二十二届运动会，济南篮球队共获金牌11.5枚。

1986～2010年，济南市为国家、省、解放军队培养输送一大批优秀篮球运动员。男子篮球运动员巩晓彬、女子篮球运动员隋菲菲和姬晓等多次代表国家队征战世界赛场，在亚洲锦标赛、世界锦标赛取得好成绩。2002～2010年，济南市体校先后有18人(女4人)入选省体工队、解放军队参加全国篮球甲级联赛。2009年，济南篮球运动员李敬宇、吴轲、张晓薇、曹振华入选山东队，获第十一届全运会篮球比赛亚军。

二、排球

1986年，市体育运动大队设立男子排球项目进行专业训练，市体校设女子排球项目进行业余训练，市业余体校教练员定时定点到开展排球运动的重点学校辅导中小学业余训练。重点排球学校有济南育英中学、第十五中学、第十九中学、省实验中学等。一年一度的全市“健康杯”排球比赛以及大、中学校的排球赛形成制度。1990年，由济南运动员组成的“中国中学生男子排球队”在世界中学生排球比赛中获得冠军。1995年，济南市青少年女子排球队获全省和全国女子青少年比赛冠军，代表中国参加在日本举行的第四届世界青少年排球比赛亚洲区预选赛，取得参加决赛的出线权；在法国举行的决赛中，夺得第6名。1996年，济南市青少年女子排球队获得全国少年甲组冠军。1998年，第十三届曼谷亚运会，济南籍男子沙滩排球选手谷弘宇获得金牌。

2001～2010年，济南市共为国家、省、八一队输送运动员30余名。2005年，李挺代表山东参加第十届全运会，获得男子沙排第3名，范琳琳代表山东队参加全国联赛获女子第2名；杨鸽、范琳琳连续两年入选国家青年队，作为主力夺得2006年亚洲青年女子锦标赛冠军；刘聪聪连续两年入选国家少年队，取得亚洲少年女子锦标赛冠军。2007年4月，济南运动员张文雯在泰国举行的亚洲沙滩排球锦标赛上获得女子比赛亚军；11月，在全国沙滩排球巡回赛总决赛上获得冠军。同年，范琳琳入选国家青年队，获世界青年锦标赛第3名；范琳琳、刘聪聪代表山东队比赛，获得全国甲级联赛亚军。2009年，刘大炜代表山东获得第十一届运动会男子排球第6名。

济南市组队参加第八届省运会和第三届全国城市运动会。在室内比赛中，济南男女排球队获7个第1名、8个第2名、2个第3名。自山东省第十九届运动会设立沙滩排球项目，在第四届省运会沙滩排球比赛中，济南男女沙滩排球队获得7个第1名、2个第2名、1个第3名。1988年，全国城市运动会，济南男子排球队获得第9名，女子排球队获得第6名。在第三、四届全国城市运动会上，济南女子排球队参加比赛，均获第4名。

三、足球

1986年，省第十三届运动会，济南男子足球队获第3名，女子足球队获第4名。1988年，省第十四届运动会，男子足球队获第2名，女队获第6名。同年10月，在济南举行全国城市运动会，男子足球队获第5名；城运会后，济南男子专业足球队解散。

1993年12月2日，山东济南泰山足球俱乐部正式揭牌成立。1994年，职业联赛第一年，山东济南泰山队名列第5名。同年，济南市的足球业训工作归属济南市业余体育学校全面管理；省第十七届运动会，济南男子足球队获第2名。1995年4月3日，省、市联办泰山足球俱乐部签字仪式在省体育中心举行，济南出资300万元联办俱乐部，11月26日，济南泰山足球队捧得“飞利浦中国足协杯”。同年，《齐鲁晚报》、市体委、市体育总会、市教委、广东太阳神集团有限公司济南经营部将济南市小学生足球比赛发展为“跨世纪小足球工程”，增设女队比赛；由济南业余体育学校和山东金冠集团合办的济南首家女子足球俱乐部在省体育运动技术学院成立。1996年3月2日，济南泰山足球俱乐部与山东将军集团联盟组建足球俱乐部签约仪式举行，协议规定从1996年3月1日起至1998年2月28日，原济南泰山足球俱乐部更名为济南泰山将军足球俱乐部。1997年，全国足球甲A联赛济南泰山将军足球队列第6位。同年12月4日，省体委与省电力工业局正式签约，宣告山东鲁能泰山足球俱乐部成立，济南泰山将军足球队自1998年3月1日起更名为山东鲁能泰山队。1999年，山东鲁能泰山足球俱乐部获全国甲A联赛冠军和中国足协杯赛冠军，成为中国足球职业化改革以来的第一个“双冠王”。2004年，山东鲁能泰山队获得中超杯和足协杯冠军，成为职业联赛历史上第一个双杯王。2006年，再夺双冠王。2008年，获中超冠军。2010年10月27日，在南昌提前两轮获得职业联赛历史上第4个冠军，山东鲁能泰山足球队成为济南的城市名片。

2000年7月15日至8月22日，百事可乐球王争霸五人制足球赛(济南赛区)在济南市举行，全市共有790支队伍5600余人报名参加比赛。济南第七中学、济南正利足球学校、山师大附小分别获得高中、初中、小学组冠军，取得代表济南市参加8月26日在广州举行的“百事可乐球王争霸赛”全国总决赛资格，并分别获得全国总决赛高中、初中、小学组的第3名、第4名和第1名。2002年，省第二十届运动会，济南足球队获男子甲组第2名、女子甲组第1名、男子乙组第2名、女子乙组第3名。2003年7月6日至8月30日，全国足球业余队(丙级)联赛(济南赛区)在山东省体育学院举行，共有14支代表队387名运动员参加比赛。2004年6月9日至7月15日，全国足球业余(丙级)队联赛(济南赛区)在山东大学西校区足球场举行。山师大附中、世纪风采、南圣青年等10个代表队参加比赛。7月17日至8月7日，第十三届“亚洲杯”足球赛(济南赛区)共进行6场小组赛、1场1/4决赛、1场半决赛，8场比赛总观众人数18.51万人次。2005年，第十届全国运动会，济南市运动员刘志勇、钱鼎、肖辉代表山东省队参加比赛，获男子足球冠军。2009年，济南市在中小学广泛开展青少年校园足球活动。2010年4月9日，济南市首届“市长杯”青少年校园足球联赛在历下区泉城中学举行，全市中小学近100支足球队参加比赛，赛期2个月，比赛场次600余场。同年，全市10个县(市)区及高新技术产业开发区70余所小学、初中、高中学校开展青少年校园足球活动，参与学生4万余人；学校代表队70余支，运动员1700人，专业足球教师100余人。省第二十二届运动会，济南男女4支足球队共获金牌11枚。

1986～2010年，济南市足球代表队参加8届省运会，输送到省队运动员50余人，其中刘越、韩鹏、矫喆、晋晓梅(女)等人先后入选国家队。2009年，在第十一届全运会足球比赛中，济南市有4人入选山东男子足球U16年龄以下组代表队，获第1名；3人入选U20年龄以下组代表队，获第3名。

四、乒乓球

1986年，省第十三届运动会，济南市获普通组团体总分男子组第1名、女子组第2名，少年组男子团体第3名、女子团体第2名。在单项比赛中，获2项第1名、2项第2名、3项第3名。

1987年，第六届全国运动会，范宝忠获男子单打第3名，男子双打第3名。

1988年，全国城市运动会，李雅茹获乒乓球女子单打亚军，济南男队获团体总分第6名，女队获团体总分第8名。济南市经五路小学在由全国24个乒乓球重点小学参加的第九届“向阳杯”赛上，获得女子团体亚军、男子团体第4名，并夺取女子单打冠、亚军，男子单打第4名。

1994年，山东省“雏鹰起飞”乒乓球比赛，济南获男子团体第1名、女子团体第2名，宋贺实、蒿杰分获男子单打第1名和第2名，周倩倩获女子单打第2名。

1995年，山东省“希望杯”少年儿童乒乓球比赛，济南队获男子(13、14岁)组、男子(11、12岁)组、男子(9、10岁)组3项冠军，济南经五路小学获男子传统校组团体冠军及少年甲组男、女单打、双打，少年乙组男、女单打、双打，男子传统校单打9项第1名。

1997年1月30日至2月3日，“济南开发杯”暨全国第二十三届“新星杯”少年乒乓球公开赛在济南举行，济南经五路小学获儿童女子乙组团体冠军，李强获儿童少年组男子单打冠军，彭陆洋获儿童甲组女子单打冠军。3月，济南选手郭刻历在全国青年乒乓球比赛中，所在山东队获男子团体第4名。5月，高曦在全国少年乒乓球比赛中，获女子单打第1名。10月，在第八届全国运动会上，郭刻历与队友刘伟获混合双打第5名。11月，在印度举行的亚洲杯乒乓球比赛中，郭刻历获男子单打第1名。

1998年，在河北保定举行中国乒协杯比赛，郭刻历代表山东队比赛获男子团体第1名，男子单打第3名。9月，在宜春举行全国锦标赛，郭刻历与王晨合作获混合双打第3名。同年，孙剑飞获全国少年乒乓球比赛(北京赛区)13岁组男子单打第1名和全国少年乒乓球总决赛第1名。

2000年，在第四十五届乒乓球世锦赛上，郭刻历获混合双打第5名。

2001年，在南非国际邀请赛上，济南运动员李晓霞入选代表中国参加比赛，获女子团体第1名、女子双打第2名、女子单打第3名。在斯韦尼亚公开赛，谭立楠所在队参赛，获男子团体第1名，男子单打第2名。

2003年，中日韩U18青少年比赛，济南选手孙任、江天一代表中国参加男子团体的比赛获第1名，侯琳获女子双打第1名。9月2～7日，在印度举行亚洲少年乒乓球锦标赛，李晓霞、彭陆洋入选中国队参加比赛，获女子团体冠军，彭陆洋获混双第1名。10月2～5日，在马来西亚乒乓球公开赛上，彭陆洋获女子双打第1名。12月14～21日，在智利举行首届世界青年乒乓球锦标赛，济南选手李晓霞、彭陆洋获女子团体第1名，李晓霞获女子双打第1名、混合双打第1名，彭陆洋获女子单打第2名。在曼谷举行第十六届亚洲锦标赛，李晓霞代表中国队获女子团体第1名。

2005年，在深圳举行中国乒乓球公开赛，李晓霞获女子单打第1名。10月，在第十届全国运动会，李晓霞、彭陆洋获女双第1名和女团第2名；孙任获男团第5名。

2006年1月，李晓霞夺得国际乒联职业巡回赛首站斯洛文尼亚女双第1名、女单第2名。2月，李晓霞在国际乒联职业巡回赛克罗地亚站，夺得女双、女单第2名；江天一夺得国际乒联职业巡回赛科威特站21岁以下级男单第1名。同年，在德国举行的第四十八届世乒赛，李晓霞所在中国队获乒乓球女子团体冠军，实现济南市运动员参加国际最高水平比赛金牌“零”的突破。12月，在第十五届多哈亚运会，李晓霞夺得乒乓球女子双打、女子团体2枚金牌。彭陆洋、李晓霞在无锡举行的全国乒乓球锦标赛上分别夺得女单第1、2名。

2007年，在国际乒联巡回赛总决赛(与世锦赛、奥运会、世界杯相当，属乒乓球顶级赛事)上，李晓霞获得女子单打、女子双打两个第1名，是济南市获得的第一个乒乓球单打世界冠军。

2008年3月1日，李晓霞所在中国队在第四十九届世乒赛决赛中获女子团体冠军；3月16日，在科威特公开赛上李晓霞获得女单亚军；5月25日，在日本乒乓球公开赛女单比赛上，李晓霞获得亚军；6月1日，在大众汽车韩国公开赛上，李晓霞与队友获得双打亚军，6月8日，在新加坡公开赛上，李晓霞获得女单冠军；9月，在乒乓球世界杯比赛上，李晓霞获得女子单打冠军。

2009年10月25日，李晓霞代表中国队在奥地利林茨举行的世界杯团体赛上，获女乒世界杯团体冠军。11月16～22日，第十九届亚洲乒乓球锦标赛在印度勒克瑙举行，李晓霞获得女子团体、双打、混双3枚金牌和单打银牌。

2010年10月，以李晓霞、彭陆洋领衔的山东鲁能乒乓球女队获中国乒乓球超级联赛冠军。11月，李晓霞获得第十六届亚运会女子乒乓球团体、双打、单打3枚金牌。

1986～2010年，济南市参加8届省运会，在男女甲乙组团体比赛中共获6个第1名、7个第2名、5个第3名。第二十届省运会增设丙组，济南队获男子丙组团体第3名、女子丙组团体第4名；在单项比赛中，济南队共获29项第1名、27项第2名、25项第3名。

2008年9月，李晓霞在女子乒乓球世界杯比赛中获得女子单打冠军

1986～2010年，济南市培养、输送李晓霞、彭陆洋等一批优秀运动员，在省内外和国际比赛中均取得好成绩。

五、羽毛球

1986年，济南市体育运动大队羽毛球专业队(省体委委托办项目)在跳伞塔大院羽毛球馆训练，代表山东省参加全国比赛。1994年，该队划归济南市体校。2002年，原教练员、运动员移交给山东省体育学校。

1986年，省第十三届运动会，济南羽毛球队囊括7项冠军。

1988年，省第十四届运动会，获全部项目第1名，3项第2名，2项第3名。首届全国城市运动会，张瑾、张磊获混合双打第6名，邢瑞、陈献忠获混合双打第7名，彭新勇、张瑾获女子双打第7名。

1989年，彭新勇代表中国青年队参加在印度尼西亚举行的第三届世界青年羽毛球锦标赛获混合双打第3名。

1990年，彭新勇在第四届世界青少年羽毛球邀请赛获混合双打冠军。

1991年9月，第二届全国城市运动会，济南代表队获羽毛球比赛女子团体第6名，彭新勇、张瑾获女子双打第1名。

1992年4月15～24日，全国青少年羽毛球比赛在济南举行，张瑾、彭新勇获女子双打冠军。10月，省第十六届运动会，济南羽毛球队囊括7项冠军，并获5个单项比赛的5项亚军，3项季军。

1993年，济南羽毛球队代表山东参加全国第七届运动会，彭新勇、张瑾获女子双打亚军。

1994年10月，在上海举行的亚洲羽毛球锦标赛，张瑾、彭新勇获女子双打第3名。在省第十七届运动会，济南羽毛球队获男子单打、男子双打、男子团体、女子单打、女子双打、女子团体6项冠军，并获5项亚军，3项季军。

1995年，世界羽毛球比赛，彭新勇获混合双打第3名。“苏迪曼杯”羽毛球比赛中，张瑾、彭新勇获女子双打第5名。

1996年7月，在美国亚特兰大举行的第二十六届奥运会上，彭新勇与队友合作获得混合双打第4名，女子双打第5名。

1998年，省第十九届运动会，济南羽毛球队获6项冠军、4项亚军、2项季军。

2002年，省第二十届运动会，济南羽毛球队获男子乙组团体、双打和女子乙组双打、单打4项第1名，并获甲组、乙组的8项第2名，6项第3名。

2005年，济南运动员马晋入选国家队，参加亚洲青年锦标赛获女子团体第1名。

2006年，在全国羽毛球冠军赛中，马晋获女子双打第2名。

2007～2008年，在全国羽毛球锦标赛上，马晋连获女子双打第1名。

2009年，在“苏迪曼杯”羽毛球比赛、瑞士羽毛球公开赛、香港羽毛球总决赛，马晋均获女子双打第1名。

2010年8月29日，在法国巴黎举行的2010年羽毛球世界锦标赛上，马晋获得混双冠军和女双亚军，是济南运动员获得的第一个羽毛球世界大赛的单项冠军。11月，在第十六届亚运会上马晋获得羽毛球女子团体金牌。省第二十二届运动会，济南队获3枚银牌、2枚铜牌。

六、网球

2003年7月，济南市体育训练基地成立网球队，教练员1人、运动员20人。2004年，首次参加省网球锦标赛，获5枚金牌。2005年，省网球锦标赛获得5枚金牌。2006年，第二十一届省运会夺得4枚金牌、5枚银牌。田京京在全国青少年网球排名赛总决赛中取得男子双打第1名。2007年，省网球锦标赛获得12枚金牌。倪宏在全国青少年软网比赛中取得女子单打第1名。2008年，省网球锦标赛取得3枚金牌。2009年，济南网球获省锦标赛11枚金牌、省冠军赛4枚金牌。吴思晗、周栩帆在全国“李宁杯”网球比赛中，分别取得男女单打第1名。2010年，济南网球第二十二届省运会决赛，获得11枚金牌。

2003～2010年，济南网球队为省队、解放军队、高校培养和输送12名运动员。

第五节　举重　拳击　击剑

一、举重

1986年10月，济南举重队在省第十三届运动会获3个第1名，并取得少年组团体总分第2名。1988年6月，济南市在省第十四届运动会获2个第1名；10月，全国城市运动会，王玉忠获男子75公斤级第2名，王海获男子82.5公斤级第3名，徐家镇获男子67.5公斤级第4名，团体总分列第11名。1991年，全国少年举重分龄比赛，济南队获得2个第2名、3个第3名。1992年9月，省第十六届运动会，济南举重获2个第1名；第一次参加女子项目比赛，董淑红获女子67.5公斤的第3名。1994年10月，省第十七届运动会，济南举重获2个第1名。1995年，第三届全国城市运动会，张磊获男子组91公斤级第3名，李家禄获76公斤级第4名，高言臣获108公斤级第4名，景波获99公斤级第8名。1998年10月，省第十九届运动会，济南举重获4个第1名。1999年3月，在黄石举行的全国女子举重锦标赛，王海燕在48公斤级抓举项目中以85公斤打破83.5公斤的世界纪录，并获总成绩第1名。9月，第四届全国城市运动会，高言臣获男子+105公斤级总成绩第3名，张宁获女子75公斤级成绩第6名，温红星获男子105公斤级总成绩第7名。10月，全国举重冠军赛，王海燕获女子48公斤级抓举第2名、挺举第3名，总成绩第2名。2002年4月，全国女子举重锦标赛，张宁获75公斤级第4名。10月，省第二十届运动会，获4个第1名；其中卞江获男子69公斤级第1名，并打破总成绩省最高纪录。2003年4月，在河南举行的全国锦标赛上，济南选手张宁获女子75公斤级挺举总成绩第5名。2005年，亚洲锦标赛，张宁获女子75公斤级第1名。2006年，省第二十一届运动会，济南举重获4个第1名。2008年3月，济南小将刘岩在全国青年锦标赛获男子52公斤级挺举、抓举、总成绩3项第1名。杨哲在全国举重锦标赛获男子105公斤级抓举总成绩第1名，在全国冠军赛获总成绩第2名。2009年，杨哲获第十一届全运会男子举重105公斤级总成绩第1名。2010年，杨哲获第十六届亚运会男子举重105公斤级金牌。省第二十二届运动会，济南队获3枚金牌。

二、拳击

1996年6月，济南武术馆设有拳击运动队。1998年年底，划归市体校，有教练员2人，运动员40人。2001年，省青少年锦标赛获1项第1名。2002年，省第二十届运动会，济南拳击队获3项第1名。2004年，济南运动员王延凯获全国锦标赛男子64公斤级第3名。2006年，省第二十一届运动会，获2项第1名。2010年8月，省第二十二届运动会，庞静静获女子60公斤级拳击比赛第1名，是济南市女子拳击队首次在省运会上获得的金牌，李霄亚获得铜牌。同年，庞静静在宁波举行的全国女子拳击锦标赛获得第5名。

三、击剑

2000年，济南市体校设立击剑项目。击剑队设花剑、重剑、佩剑3个剑种，分男女个人和男女团体比赛项目。2002年，省第二十届运动会，济南队获1个第1名、1个第2名。2003年，省青少年击剑锦标赛，获2个第1名。2004年，省青少年锦标赛，获4个第1名。2005年，省青少年锦标赛，获4个第1名。2006年，省第二十一届运动会，获3个第1名。2008年，陈聪聪入选山东队，获全国冠军赛女子团体重剑第5名。2009年，全国击剑冠军赛分站赛，崔政代表山东队参赛，获男子重剑团体第1名。2010年，省第二十二届运动会，济南击剑获1个第1名、4个第2名、4个第3名。

第六节 摔跤 柔道 跆拳道

一、摔跤

1986年，济南体育运动大队成立国际式(自由式)摔跤队。历城、章丘、平阴、长清等县少儿竞技体校开始青少年摔跤项目业余训练，摔跤在济南不断普及和发展。同年，省第十三届运动会，摔跤设中国式和国际式两个项目，济南代表队马继忠获中国式82公斤级金牌，腾富友、张吉山、杜荣祥分获57、68、74公斤级铜牌；马长泉、王益强、王海南分获自由式52、57、68公斤级金牌，荣元文获100公斤级银牌，张立杰、高立分获57、74公斤级铜牌。

1988年，省第十四届运动会，济南代表队分获自由式摔跤、古典式摔跤团体总分第1名，中国式摔跤获团体总分第4名。首届全国城市运动会，杨洪军获古典式48公斤级第4名，王玉祥获82公斤级第6名，吕华杰获第8名，王鹏震获自由式62公斤级第8名。

1991年，第二届全国城市运动会，张纯金获自由式68公斤级金牌，赵胜刚获62公斤级第4名，高虎获48公斤级第5名，法忠雷获82公斤级第6名，杨洪军获古典式48公斤级铜牌，王坤获74公斤级第6名。

1992年9月，省第十六届运动会，济南队获4枚金牌、1枚银牌、1枚铜牌。

1994年4月，济南摔跤队归属市体校；10月，省第十七届运动会，济南摔跤获4枚银牌、2枚铜牌。

1995年4月11日，由济南花园路五交化商场总经理谷新亭出资成立的济南市“新亭摔跤、柔道俱乐部”正式挂牌，是山东省首家以个人名字命名的群众体育组织。5月28日，济南军区后勤部所属鲁新宾馆与市体委共建的济南鲁新柔道俱乐部宣告成立，系部队企业与体委“联姻”的首家体育俱乐部。

1998年10月，省第十九届运动会，济南队获8枚金牌、7枚银牌、7枚铜牌。

1999年，第四届全国城市运动会，滕世军获古典式46～49公斤级第5名，梁鹏翀获70公斤级第7名，韩增峰获83公斤级第6名，田继伟获自由式83公斤级第4名，侯波获90～115公斤级第7名。

2002年10月，省第二十届运动会，济南摔跤队获14枚金牌、12枚银牌、7枚铜牌。

2003年7月，在江西举行的全国青年锦标赛上，赵丽娜获女子自由式43公斤级第1名；在安徽举行的全国锦标赛上，梁鹏翀获男子古典式74公斤级第2名，王华获男子古典式66公斤级第3名。10月，在河南举行的全国冠军赛上，伊保九获男子古典式96公斤级第3名。11月，全国冠军赛，宋慧玲获女子48公斤级第5名，田继伟获男子96公斤级第2名。

2004年3月，全国摔跤锦标赛，王华获男子古典式74公斤级第1名。5月，全国青年锦标赛，姜春青获女子自由式43公斤级第1名，郁烨获59公斤级第3名。9月，全国冠军赛，王华获第3名。

2005年8月，第十届全国运动会，王华获男子古典式76公斤级第5名，田继伟获男子自由式96公斤级第7名。

2006年5月，全国摔跤锦标赛，梁鹏翀获男子古典式摔跤85公斤级第3名，田继伟获男子自由式摔跤96公斤级第3名。6月，全国摔跤青年锦标赛，李豹获男子自由式摔跤55公斤级第1名。省第二十一届运动会，济南摔跤队获28枚金牌。

2007年5月，全国青年摔跤锦标赛，济南运动员获6枚金牌、1枚银牌、2枚铜牌。

2008年3月，全国摔跤锦标赛，张禄获男子古典式摔跤66公斤级第3名。

2009年12月，全国摔跤冠军赛，刘凤鸣获女子自由式摔跤59公斤级第1名。

2010年，省第二十二届运动会，济南摔跤队获国际式摔跤14枚金牌、5.5枚银牌、16枚铜牌。

2006～2010年，济南摔跤队向省、解放军队、体育院校培养和输送运动员18人(女4人)。

二、柔道

1986年，济南柔道队设立在市体育运动大队。3月，全国柔道锦标赛在河南焦作举行，马军获男子86公斤级第3名。10月，省第十三届运动会，男子比赛获6枚金牌；女子比赛获3枚银牌、1枚铜牌。

1987年11月，第六届全国运动会，马军获男子86公斤级第4名。

1988年6月，省第十四届运动会，济南柔道队获男子团体第1名(48分)、女子团体第2名(33分)；男子组个人比赛，获6个级别金牌；女子组个人赛，获2个级别金牌。10月，首届全国城市运动会，济南柔道队获总分34分，列参赛城市第9，男运动员王克生获78公斤级金牌、马勇获71公斤级银牌、郭德勇获60公斤级铜牌。

1989年，郭德勇获全国柔道冠军赛60公斤级冠军。

1990年，山东省青少年柔道比赛，济南队获男、女两个团体总分第1名。

1991年，第二届全国城市运动会，林延玲获女子56公斤级银牌，石迎新获−72公斤级第4名，吴巍获男子无差别公斤级第4名。

1992年9月，省第十六届运动会，济南代表队以72分获团体总分第1名。

1994年，柔道队归属市体校；10月，省第十七届运动会，济南柔道队获6枚金牌。

1998年10月，省第十九届运动会，济南柔道队获10枚金牌。

1999年9月，第四届全国城市运动会，单锐获女子52公斤级第3名，陈海燕获+78公斤级第7名，赵佃环获70公斤级第8名。

2002年10月，省第二十届运动会，济南柔道队获7枚金牌。

2003年，第五届全国城市运动会，王朋飞获男子100公斤级第4名，王超获100公斤级第6名、杜艳丽获女子57公斤级第6名。

2006年，省第二十一届运动会，济南柔道队获6枚金牌。

2007年，第六届全国城市运动会，济南柔道队获2枚金牌、1枚银牌、1枚铜牌。

2008年11月，张瑞、邱芦、王鑫煜入选山东队获全国青年柔道锦标赛女子团体冠军。

2009年11月，邱芦获全国道馆柔道比赛女子48公斤级第3名。

2010年，省第二十二届运动会，济南柔道队获4枚金牌。

2006～2010年，济南柔道队向解放军、省队培养和输送运动员16人(女11人)。

三、跆拳道

2003年5月，济南市体校设立跆拳道队，教练员2人，运动员40人。同年，马世玉、许辉并列全国锦标赛女子63公斤级第3名。

2005年，山东省跆拳道锦标赛，济南获11枚金牌、7枚银牌、14枚铜牌。

2006年，省第二十一届运动会，济南队获6枚金牌、3枚银牌、3枚铜牌。马世玉获全国跆拳道锦标赛女子57公斤级第1名。

2010年，省第二十二届运动会，济南队获4枚金牌、1枚银牌、9枚铜牌。

第七节　射击 射箭

一、射击

1986年，济南市体校射击运动队设男女小口径步枪、气手枪、移动靶等竞技项目，是济南市重点、优势项目。此后，射击队逐年增加训练投入，在各县区部分小学、中学普及青少年的业余射击训练，广泛开展射击运动。

1999年，在全国第四届城市运动会上，张绍嬗获女子小口径步枪3×20第1名，高珂获男子10米气手枪60发第1名，手枪慢射60发第3名。

2002年，在原射击靶场位置新建5000平方米射击馆，改善运动员训练条件，多次承办省和全国比赛。省第二十届运动会，何娜在女子气步枪40发资格赛比赛中，以399环平世界纪录，并在资格赛和气步枪40发决赛中两破省纪录；尹红霞、何娜、周建媛在女子50米运动步枪3×20团体比赛中，以1748环的成绩打破1738环的省纪录；济南代表队共获金牌20枚、银牌10枚、铜牌10枚，以总分382分获团体第1名。7月，在芬兰拉赫蒂举行的第四十八届世界射击锦标赛中，王瑞获小口径手枪青少年组女子团体第1名，个人第2名；在气手枪比赛中与队友合作获团体第1名，并打破该项目世界青少年纪录，获个人第3名。

2005年，全国射击锦标赛，张绍嬗获女子第1名。

2006年，全国射击锦标赛，谢洁琼获女子第1名、王瑞获第2名、何娜获第3名。

2010年，广州亚运会上李越宏获男子25米手枪个人速射冠军

2007年10月，第六届全国城运会，谢洁琼、刘青、何鑫获女子气步枪40发团体第1名，谢洁琼获个人第2名，唐帅获男子飞碟双向第3名。李越宏、程昊代表山东队获全国射击锦标赛男子移动靶混合速团体第1名。

2008年9月，全国射击锦标赛，唐帅获男子飞碟双向第1名。

2009年4月，谢洁琼获世界杯韩国站女子气步枪第2名；7月，获世界杯米兰站第3名；10月，获第十一届全运会第2名。12月，方雪、张梦雪入选国家队，在卡塔尔举办的亚洲气枪锦标赛上，获女子气手枪团体第1名，并分获个人2、3名。

2010年1月，在南京全国青少年射击锦标赛上，方雪获女子第2名。3月，卡塔尔亚洲气枪锦标赛上，方雪、张梦雪获女子团体第1名，并分获个人2、3名。李越宏在第十六届亚运会上获得射击男子25米手枪速射团体和个人2枚金牌。省第二十二届运动会，济南队获9枚金牌、10枚银牌、7枚铜牌。

1986～2010年，济南射击队共参加8届省运会获金牌67枚、银牌42枚、铜牌37枚。2006～2010年，培养和输送到省体工队、八一队、广州军区、沈阳军区运动员19人(女12人)，其中5人入选国家队。

二、射箭

1986～1994年，济南体育运动大队设立男、女射箭队。1994年后，射箭项目归属市体校，组队参加省锦标赛、省运会、城运会的比赛。

1986年10月，省第十三届运动会，济南队获男子团体第3名、女子团体第2名、单项比赛4个第1名。

1988年6月，省第十四届运动会，济南队获男、女团体第1名。

1991年9月，第二届全国城市运动会，济南队以898环获男子团体第1名、以884环获女子团体第5名。

1992年9月，省第十六届运动会，济南队获男子组双轮团体第3名、女子组双轮团体第2名、单项比赛2个第1名。

1994年10月，省第十七届运动会，济南队获女子个人全能第3名。

1995年10月，第三届全国城市运动会，济南队获男子奥林匹克淘汰赛团体第2名，李萌获男子个人第2名，男子乙组单轮全能团体第2名，贾宁获个人奥林匹克淘汰赛第3名，男子50米团体第3名；女队获女子甲组团体奥林匹克淘汰赛第2名，女子乙组单轮全能团体和奥林匹克淘汰赛团体第2名，赵玲获个人第3名。

1999年9月，第四届全国城市运动会，济南女队赵玲、于晓倩、郭菲菲获奥林匹克淘汰赛团体第5名。

2002年10月，省第二十届运动会，济南队获2个第1名。

2003年10月，第五届全国城市运动会，赵玲获射箭女子奥林匹克个人淘汰赛第1名。

2005年10月，第十届全国运动会，靖向青代表省队参加比赛获男子奥林匹克淘汰赛团体第3名。

2006年，全国射箭锦标赛，靖向青、张勇代表山东队比赛，获男子团体第1名；张勇获个人淘汰赛第3名。省第二十一届运动会，济南队获2个第1名。

2007年11月，全国室外射箭锦标赛，靖向青代表山东队获男子团体第1名，张勇获个人淘汰赛第3名。在第六届城运会上，吴妍、刘杰、李冠军获女子射箭团体第2名。

2009年4月，靖向青在全国射箭冠军赛上获男子个人淘汰赛第1名、排名赛第2名。

2010年，省第二十二届运动会，济南射箭队获2枚金牌。

1986～2010年，济南射箭队向省体工队培养和输送运动员近30人，其中15人为运动健将。

第八节　自行车运动

1997年，济南市体校设立自行车项目，有教练员1人，运动员15人。

1998年9月，在江苏南京举行的全国场地自行车锦标赛上，王健玲获女子20公里记分赛第2名、场地争先赛第4名、1公里计时赛第5名。10月，省第十九届运动会，济南队获2个第1名。

1999年9月，在北京举行的全国场地自行车锦标赛上，王健玲获女子50公里团体赛第2名、500米计时赛第5名。

2000年6月，在山西太原举行的全国自行车锦标赛上，王健玲获女子场地记分赛第1名、500米计时赛第6名。

2001年11月，第九届全国运动会，王健玲获女子公路团体计时赛第5名、场地计分赛第4名、场地争先赛第6名、场地计时赛第6名；张磊获男子场地争先赛第8名。

2002年6月，在秦皇岛举行的全国自行车锦标赛上，杨敏获女子公路团体计时赛第2名，张磊获男子场地自行车争先赛第1名，王健玲获女子乙组记分赛第2名、500米计时赛第3名。10月，省第二十届运动会，济南队获6个第1名。

2003年9月，在秦皇岛举行的全国公路锦标赛上，杨敏获女子公路团体计时赛第2名。

10月，第五届全国城市运动会，李伟获女子场地3公里个人追逐赛第3名，房薇获女子山地个人越野赛第6名。

2004年9月，在辽宁举行的全国公路自行车锦标赛上，杨敏获女子个人计时赛20公里第1名，王健玲、杨敏获女子公路团体计时赛第1名。

2005年10月，第十届全国运动会，朱岩获男子BMX小轮车第6名，房薇获女子山地车越野赛第7名，杨敏获女子3公里个人追逐赛第6名，张磊获男子场地团体竞速赛第5名、场地争先赛和场地凯林赛2项第6名，杨敏获女子公路个人计时赛第5名。

2006年，全国自行车锦标赛，王健玲获女子积分赛第1名、杨敏获公路自行车20公里第2名、朱岩获男子小轮自行车第3名。在亚洲自行车锦标赛上，王健玲获女子积分赛第1名，张磊获男子竞速赛第1名。张磊入选国家队，在多哈亚运会上获男子竞速赛团体第2名。

2007年8月，在苏州举行的全国自行车锦标赛上，王健玲获女子比赛2个第1名和1个第2名，房薇、代秀获女子山地自行车越野赛团体第3名，杨敏获女子公路自行车2个第1名。张磊在北京举行的全国场地自行车锦标赛上获男子比赛2个第1名，在泰国举行的亚洲锦标赛获积分赛第1名；朱岩、李德亮分获男子小轮自行车第1名和第3名。

2008年10月，在洛阳举行的全国自行车锦标赛上，张磊、张淼获男子场地竞速赛团体第1名、王杰获男子场地4公里计时赛团体第3名。

2009年10月，在第十一届全运会上，张磊、张淼获男子场地团体竞速赛第1名，杨敏、王健玲获女子公路团体计时赛第1名，张磊获男子场地争先赛第1名，王杰获男子场地团体追逐赛第1名，杨敏获女子场地3公里个人追逐赛第3名。

2010年，在自行车世界杯北京站的比赛中，张磊、张淼获男子场地竞速赛团体第1名，张淼获男子场地1公里第1名。7月，济南自行车队在第二十二届省运会上获7枚金牌。11月，张磊、张淼在第十六届亚运会获2枚金牌。

1997～2010年，济南自行车队向省体工队、解放军八一队培养、输送运动员8人(女2人)，有5人先后入选国家队。

第九节　棋类运动

一、围棋

1989年2月，济南市围棋协会成立，负责全市围棋运动的开展，每年组织济南市的围棋比赛，组织参加全省、全国围棋比赛。

1991年7月20～23日，济南市第二届“棋童杯”三项棋比赛在市青少年宫举行，220余名14岁以下的少儿棋手参加三项棋赛，王斌(11岁)夺得围棋小学组第1名。7月，王斌在第3届全国“希望杯”少年围棋比赛中赢得第4名，是济南棋手在全国大赛中首次打入前6名。

2002年7月19～21日，由济南体育总会、济南建筑机械厂主办，济南市围棋协会承办的“历峰杯”围棋团体赛在市围棋协会培训基地进行。17个代表队52名棋手，经过8轮角逐，最终山东建工学院一队获第1名。

2004年12月25日，济南市围棋协会第二届会员大会在市房产大厦举行。会议选举产生新一届领导班子，制定新章程，以广泛开展青少年围棋竞赛活动为指导，开创济南围棋运动新局面。

2005年2月13～15日，在山东正道棋校举行“山东利豪杯”济南市青少年围棋定段升段赛，全市94名选手参加比赛。经过3天7轮角逐，有17名选手取得业余围棋初段资格，8名选手取得业余围棋二段资格，6名选手取得业余围棋三段资格。5月3日，济南围棋协会参加山东省围棋锦标赛团体赛，获第2名。8月11～15日，169名济南市选手参加“万斯达杯”2005年

济南第二十七中学把围棋比赛列入学校运动会比赛项目(2004年摄)

山东省青少年围棋锦标赛。11月26日至12月10日的5个周末，举行济南市围棋棋王赛暨棋手排名赛，冯毅获得“棋王”称号。

2006年2月3日，济南市围棋协会举办首届“萌芽杯”少儿围棋锦标赛。3月17～19日，举办济南市“元老杯”围棋邀请赛。7月15日，举办2006年济南市围棋锦标赛，是全市最高水平的围棋比赛，通过比赛选拔组成济南市少年儿童围棋代表队参加全国比赛。

2008年9月8～12日，“儒风泰山·炎黄杯”世界华人围棋邀请赛在舜耕山庄举行，比赛采用中国围棋规则，分设炎帝杯和黄帝杯两个组别，美国、新西兰、澳大利亚、日本、泰国等国华裔围棋高手和国内围棋选手80余人参赛。11月29日，在德州举行的山东省业余围棋甲级队联赛总决赛，济南市3支队伍参加，山东正道棋校获得年度总冠军、齐鲁晚报棋院获得第7名、济南围棋协会代表队获得第12名。

2010年，济南市围棋协会引进3名专业棋手，向中国棋院注册取得参加全国围棋比赛的资格；6月5～15日，代表济南市参加在河北承德举行的全国围棋锦标赛(丙级团体)获得第8名。6月22～24日，由姜葆充、谢雅会、武铁民组成的济南市老年围棋代表队，参加山东省首届老年人运动会围棋比赛，获得团体冠军，姜葆充获得个人第1名。同年，分别在山东正道棋校、济南北大槐树第一小学、槐荫区青少年宫、历下区历下棋苑、济南钢铁集团总公司老年人大学建立5所青少年围棋培训中心。齐鲁晚报棋院两支围棋队和山东景芝酒业队参加“金立手机杯”全国围棋甲级联赛的比赛。至年底，济南市围棋协会举办各项比赛28项次，组队参加山东省、全国比赛6项次。

二、象棋

1989年，济南市象棋协会成立。9月15～23日，山东省象棋比赛在历下区解放阁体育馆举行，全省14个代表队56名运动员参加比赛，济南获团体赛第2名；刘春恒获个人赛第5名。

1991年9月，“白浪河杯”象棋邀请赛在潍坊市举行，济南万紫大酒店队朱锡实摘取桂冠，是济南市第一个省级象棋比赛冠军。12月23日，“万紫大酒店杯”济南市象棋团体等级赛在市第二文化宫结束，市交通局、市建管局、济南铁路车轮厂分获前3名，该项赛事前12名被定为济南市象棋甲级队。同月，济南市“华鲁杯”象棋比赛在历山棋院开战，100名象棋选手参加比赛，参赛棋手年龄最长者76岁，最小者16岁。

2003年11月15～17日，山东省老年人中国象棋、围棋赛在市老干部活动中心举行，全省80名选手参加比赛。象棋组经过9轮、189场角逐，济南一队获得团体比赛第3名；戚其功获个人比赛第2名。

2005年5月，济南群康象棋队获省象棋锦标赛团体第1名。

2009年，以市象棋协会为依托，与生活日报组建生活日报群康象棋俱乐部。济南象棋培训中心小棋手李成蹊获全国少儿象棋锦标赛10岁组全国冠军。王新光获省象棋锦标赛冠军。在全国智力运动会上，张卫东、许楼获业余组第3名。

2010年3月，济南群康象棋队获省象棋锦标赛团体赛第1名。

第十节　武术　武术散打

一、武术

1986年，济南市武术馆负责管理全市武术项目的开展。10月，省第十三届运动会，济南代表队获女子成年组团体赛第3名，女子少年组团体赛第3名和男子少年组团体赛第6名。

1988年6月，省第十四届运动会，济南代表队获少年乙组团体赛第2名，4个单项比赛第1名。

1991年9月22～25日，“御思香杯”济南国际传统武术演武大会在省体育中心体育馆举行。来自美国、西班牙、加拿大、委内瑞拉、荷兰及中国台湾、香港地区和山东省等18个团队，近百名武术选手同场比武，演练近200套武功。济南选手李恩久获个人单项第1名。10月3～4日，省农民运动会武术比赛，济南选手王洪平获42式太极拳冠军。

1993年，章丘、平阴、济阳三县(市)的半读半体少儿竞技体校设立武术项目并开始招生。

1994年，市武术馆与皇亭业余体校合并，武术项目由皇亭业余体校负责，并组织参加省运会和其他各项比赛。10月，省第十七届运动会，济南选手获2项第2名、4项第3名。

1998年5月，李录在杭州举行的全国武术锦标赛上获陈氏太极拳第1名，并获80公斤组推手第2名。10月，省第十九届运动会，济南队获3项第1名、4项第2名、2项第3名。

2002年10月，省第二十届运动会，获3项第1名、3项第2名。

2006年，省第二十一届运动会，获3项第1名。9月，在上海全国武术套路冠军赛上，济南市选手王玉姬夺得器械组银牌。

2010年，省第二十二届运动会，济南队获3项第1名。

二、武术散打

1997年，济南市体校建立武术散打运动队。

1998年10月，省第十九届运动会，济南武术散打队获1个第1名、1个第2名、1个第3名。

2001年，山东省青少年武术散打锦标赛，获1个第1名、1个第2名。

2002年，省第二十届运动会，济南武术散打队获2个第1名。

2003年9月，在河南举行的全国武术散打冠军赛，赵坡获男子90公斤级第2名；在大连举行的全国武术冠军赛，于海波获女子48公斤级第3名，李丽获56公斤级第3名。

2004年5月，在福州举行的全国散打冠军赛，崔光美获女子56公斤级第3名。

2005年8月，在龙岩举行的全国武术散打锦标赛，李少蕾获女子散打56公斤级第5名。

2006年，省第十一届运动会，济南队获6枚金牌。

2007年，张勇获全国锦标赛、世界武术大会、世界锦标赛三项大赛的65公斤级第1名。9月，在韩国举行的世界武术大会，济南散打女运动员柏晶获56公斤级冠军。

2008年，在哈尔滨举行的世界杯散打锦标赛上，张勇获得65公斤级冠军；在新疆举行的全国散打锦标赛，张勇、杨元飞分获65、90公斤级亚军；在河南举行的全国青年散打锦标赛，冯杰、景宗胜获56、65公斤级的亚军；在印尼巴厘岛举行的世界青少年散打锦标赛，冯杰获56公斤级冠军。

2010年8月，省第二十二届运动会，济南武术散打队获7枚金牌；11月，张勇获第十六届亚运会武术散打男子70公斤级金牌。

2006～2010年，济南武术散打队向省武术院培养、输送运动员10人(女1人)。

2010年，广州亚运会上张勇获男子武术散打70公斤级冠军

2010年济南市田径项目最高纪录

截至2010年12月31日

表14—2—7

男子组

项 目	成 绩		创造者	单 位	运 动 会 名 称	时 间	地 点
100米	手计	10秒5	章 众	市体校	济南地区第2次田径比赛	1986年4月	济南
	电计	10秒44	孙玉龙	市田管中心	山东省第21届运动会	2006年10月	烟台
200米	手计	21秒1	张 弛	实验中学	市中学生田径运动会	2006年4月	济南
	电计	21秒81	黎小龙	市田管中心	山东省第21届运动会	2006年10月	烟台
400米	手计	48秒9	常鹏本	平阴一中	市中学生田径运动会	2007年4月	济南
	电计	48秒8	常鹏本	平阴一中	山东省第10届中学生运动会	2007年8月	济南
800米	手计	1分53秒7	陈 勇	实验中学	市中学生田径运动会	2005年4月	济南
	电计	1分54秒21	刘 浩	市田管中心	山东省第21届运动会	2006年10月	烟台
1500米	手计	3分57秒3	牛家奎	市体校	山东省第13届运动会	1986年10月	青岛
	电计	3分51秒51	秦桂军	市田管中心	2007年全国田径特许赛(青岛)	2007年5月	青岛
3000米	手计	8分35秒1	金龙辉	济南七中	市春季学生田径运动会	1988年4月	济南
	电计	8分32秒37	秦桂军	市田管中心	山东省第21届运动会	2006年10月	烟台
5000米	电计	14分13秒6	王志成	市体校	全国第3届城市运动会	1995年10月	南京
10000米	电计	29分36秒22	田华东	市田管中心	2010年全国田径大奖系列赛(苏州站)	2010年4月	苏州
20公里竞走	电计	1小时25分27秒	王 昆	市田管中心	2010年全国竞走大奖赛暨世界杯选拔赛	2010年3月	黄山
50公里竞走	电计	4小时25分25秒	江克超	市田管中心	2010年全国竞走大奖赛暨世界杯选拔赛	2010年3月	黄山
110米栏	手计	14秒6	王建军	市体工队	山东省第16届运动会	1992年9月	淄博
	电计	14秒41	曹建博	市田管中心	山东省第21届运动会	2006年10月	烟台
400米栏	手计	54秒6	张 雷	市体工队	山东省第16届运动会	1992年9月	淄博
	电计	55秒74	张树轮	山师附中	山东省学校杯田径比赛	2006年9月	潍坊
马拉松(最好成绩)	手计	2小时18分17秒	齐学强	市体工队	山东省第16届运动会	1992年9月	淄博
3000米障碍	手计	9分00秒5	牛家奎	市体工队	山东省第16届运动会	1986年10月	青岛
4×100米接力	手计	42秒3		济北中学	市中学生田径运动会	2005年4月	济南

续表14—2—7—1

项 目	成 绩		创造者	单 位	运 动 会 名 称	时 间	地 点
	电计	42秒50		实验中学	山东省学校杯田径比赛	2005年10月	章丘
4×400米接力	手计	3分21秒6		实验中学	山东省第8届中学生田径运动会	2001年8月	淄博
	电计	3分20秒42		实验中学	山东省学校杯田径比赛	2006年9月	潍坊
跳高	2.18米		陶 睿	市体校	全国青年田径锦标赛	1991年6月	济南
跳远	7.97米		赵晓希	市田管中心	2010年全国田径冠军赛暨大奖总决赛	2010年6月	重庆
三级跳远	16.90米		王 虎	济南大学	山东省第16届运动会	1992年9月	淄博
撑竿跳高	5.25米		薛长锐	市田管中心	2010年全国田径大奖系列赛(昆山站)	2010年5月	昆山
铅球(7.26公斤)	16.38米		王 强	市体工队	山东省第16届运动会	1992年9月	淄博
铁饼(2公斤)	50.63米		许士安	市体校	山东省第19届运动会	1998年10月	潍坊
标枪(800克)	71.85米		赵大鹏	市体校	山东省第19届运动会	1998年10月	潍坊
十项全能	6950分		刘 震	市体校	2002年全国田径大奖赛暨全国田径冠军赛(济南站)	2002年8月	济南

女子组

项 目	成 绩		创造者	单 位	运 动 会 名 称	时 间	地 点
100米	手计	11秒7	樊 妍	市体校	济南地区第2次田径比赛	1991年4月	济南
	电计	11秒77	陈玉香	市体校	2001年全国田径大奖赛(济南站)	2001年5月	济南
200米	手计	23秒3	陈玉香	市体校	山东省第17届运动会	1994年10月	济南
	电计	23秒25	陈玉香	市体校	2001年全国田径大奖赛(济南站)	2001年5月	济南
400米	手计	53秒1	陈玉香	市体校	山东省第17届运动会	1994年10月	济南
	电计	51秒40	陈玉香	市体校	全国第9届运动会	2001年11月	广州
800米	手计	2分05秒4	张泉凤	市体工队	全国第2届城运会	1991年10月	唐山
	电计	2分03秒80	黄家凤	山工大	山东省第19届运动会	1998年10月	潍坊

续表14—2—7—2

项 目	成 绩		创造者	单 位	运 动 会 名 称	时 间	地 点
1500米	手计	4分22秒2	张世香	市体工队	山东省第16届运动会	1992年9月	淄博
	电计	4分15秒90	黄家凤	山工大	山东省第19届运动会	1998年10月	潍坊
3000米	手计	9分44秒7	付小娟	市体工队	山东省第13届运动会	1986年10月	青岛
	电计	9分12秒37	纪永慧	市田管中心	山东省第21届运动会	2006年10月	烟台
5000米	电计	16分15秒80	史丽娜	市田管中心	山东省第21届运动会	2006年10月	烟台
10公里竞走	电计	45分10秒	刘　欢	市田管中心	2010年国际竞走挑战赛总决赛(北京)中国北京	2010年9月	北京
20公里竞走	电计	1小时43分53秒	孙长红	市田管中心	2010年全国竞走大奖赛暨世界杯选拔赛	2010年3月	黄山
100米栏	手计	14秒4	冯　娟		山东省第13届运动会	1986年10月	青岛
	电计	15秒22	李亚群	市田管中心	山东省第21届运动会	2006年10月	烟台
400米栏	手计	1分00秒9	王　欣	市体工队	济南地区第2次田径比赛	1995年4月	济南
	电计	1分00秒35	李　晔	市体工队	山东省第19届运动会	1998年10月	潍坊
马拉松(最好成绩)	电计	2小时44分45秒	杨　英	市田管中心	全国第11届运动会	2009年10月	北京
4×100米接力	手计	46秒6	王　红　陈　香 王　欣　郭云峰	市体工队	山东省第17届运动会	1994年10月	济南
	电计	47秒	田梦雨　董　晓 马　静　张亚男	市田管中心	山东省第21届运动会	2006年10月	烟台
4×400米接力	手计	3分53秒1	李　晔　李全燕 张　英　王　萍	市体工队	山东省第17届运动会	1994年10月	济南
	电计	3分49秒	董　晓　匡阳钰 张亚男　王　艺	市田管中心	山东省第21届运动会	2006年10月	烟台
跳高	1.88米		李　珊	市田管中心	2007年全国田径大奖赛系列赛(武汉站)	2007年7月	武汉
跳远	6.30米		陈玉飞	市田管中心	山东省第21届运动会	2006年10月	烟台
三级跳远	13.74米		陈玉飞	市田管中心	山东省第21届运动会	2006年10月	烟台

续表14—2—7—3

项目	成绩	创造者	单位	运动会名称	时间	地点
铅球(4公斤)	14.80米	程　昊	市体校	山东省“希望杯”田径比赛	1996年6月	青岛
铁饼(1公斤)	47.70米	王美娜	市体工队	济南地区田径比赛	1987年3月	济南
标枪(600克)	53.86米	于　玲	市体校	市春季学生田径运动会	1988年5月	济南
五项全能	3556分	陈晓雯	市田管中心	山东省第21届运动会	2006年10月	烟台
七项全能	5278分	陈　蕊	市田管中心	2010年全国田径锦标赛暨亚运会选拔赛	2010年8月	济南

2010年济南市田径项目最高纪录

表14-2-8　　截至2010年12月31日

男子组

项目	成绩	创造者	单位	运动会名称	时间	地点
50米自由泳	23秒71	武　青	济南市	全国第4届城运会	1999年9月	西安
100米自由泳	55秒47	邢　凯	济南市	山东省第19届运动会	1998年9月	济南
200米自由泳	1分54秒50	徐亚宁	济南市	山东省第22届运动会	2010年9月	淄博
400米自由泳	4分06秒50	李冠一	济南市	山东省第22届运动会	2010年9月	淄博
1500米自由泳	16分14秒20	王若愚	济南市	山东省第22届运动会	2010年9月	淄博
100米仰泳	1分09秒50	师佳阳	济南市	山东省第22届运动会	2010年9月	淄博
200米仰泳	2分19秒90	师佳阳	济南市	山东省第22届运动会	2010年9月	淄博
50米蛙泳	30秒90	张海斌	济南市	山东省第22届运动会	2010年9月	淄博
100米蛙泳	1分08秒50	张海斌	济南市	山东省第22届运动会	2010年9月	淄博
200米蛙泳	2分28秒40	张海斌	济南市	山东省第22届运动会	2010年9月	淄博
200米蝶泳	2分06秒80	徐亚宁	济南市	山东省第22届运动会	2010年9月	淄博
400米个人混合泳	4分45秒30	王若愚	济南市	山东省第22届运动会	2010年9月	淄博

女子组

项目	成绩	创造者	单位	运动会名称	时间	地点
50米自由泳	27秒2	李　茉	济南市	山东省第20届运动会	2002年10月	济南
100米自由泳	58秒10	李　茉	济南市	山东省第20届运动会	2002年10月	济南
200米自由泳	1分59秒20	谭　淼	济南市	全国游泳冠军赛	2008年4月	绍兴
400米自由泳	4分07秒93	李　茉	济南市	第10届全国运动会	2005年9月	南京
800米自由泳	8分33秒43	于　锐	济南市	第10届全国运动会	2005年9月	南京
100米仰泳	59秒90	高　畅	济南市	第16届亚洲运动会	2010年11月	广州
200米仰泳	2分08秒62	朱佳妮	济南市	全国游泳冠军赛	2011年4月	绍兴
100米蛙泳	1分15秒9	何　静	济南市	山东省第19届运会	1998年9月	济南
200米蛙泳	2分42秒	胡春文	济南市	山东省第19届运动会	1998年9月	济南
100米蝶泳	1分02秒70	庞少君	济南市	山东省第22届运动会	2010年9月	淄博
200米蝶泳	2分17秒70	张　琪	济南市	山东省第22届运动会	2010年9月	淄博

第三章 体育竞赛

第一节 市级竞赛

一、首届青少年运动会

1996年6月6日至9月15日举行，历时3个多月。济南市首次举办的全市综合性青少年运动会，共设田径、游泳、举重、武术、国际式摔跤(男)、柔道、篮球、排球、乒乓球、羽毛球等11个竞赛项目。全市各县(市)区及济南钢铁总厂共11个体育代表团、1351名青少年运动员参加比赛。经过340多场角逐，历下区、市中区、章丘市体育代表团分获金牌总数前3名，有9人11次打破8项市最高纪录，17人20次打破16项市年龄组纪录。槐荫区、章丘市、市中区、历下区、济阳县、天桥区6个体育代表团获体育道德风尚奖。

二、第二届青少年运动会

2000年9月23～26日举行，冠名为“普利思杯”。全市10个县(市)区和济南钢铁集团公司共11个代表团、2000余名运动员参加足球(男子)、篮球、排球、乒乓球、羽毛球、田径、游泳、举重、柔道、国际摔跤、武术、射箭12个项目比赛。有12人15次打破15项市最高纪录。历下区、市中区、槐荫区获市区组金牌总数前3名；章丘市、平阴县、长清县获县(市)组金牌总数前3名。

三、第三届青少年运动会

2003年8月20～26日举行。全市10个县(市)区代表团、2300名运动员参加田径、游泳、举重、武术、乒乓球、羽毛球、体操、柔道、摔跤、足球、篮球、排球12个项目比赛。有5人打破6项市少年纪录。历下区、市中区、天桥区获市区组金牌总数前3名；章丘市、平阴县、长清区获县(市)区组团体总分前3名。

四、第四届青少年运动会

2007年5～8月举行。全市10个县(市)区代表团、2000余名运动员参赛，设一个年龄组(省第二十二届运动会乙组年龄)。共设篮球、排球、足球、武术、举重、散手、跆拳道、国际式摔跤、柔道、乒乓球、羽毛球、幼儿基本体操、射击、游泳、田径15个大项、204个小项；金牌总数295枚，项目总分9398分。比赛分三个阶段进行。第一阶段5月12～29日，举行举重、柔道、武术、散手、国际式摔跤、跆拳道、乒乓球7个大项的比赛；第二阶段6月26日至7月21日，举行幼儿基本体操、游泳、羽毛球、足球4个大项的比赛；第三阶段8月5～11日，举行篮球、排球、射击、田径4个大项的比赛。比赛中，一大批优秀后备人才脱颖而出，有2人2次创2项市年龄组纪录。青少年运动员组金牌总数(含2005年、2006年度比赛带入金牌)：第1名历下区81.6枚、第2名市中区42.3枚、第3名天桥区33.7枚、第4名槐荫区32枚、第5名长清区30.2枚、第6名平阴县26.8枚、第7名章丘市21.7枚、第8名济阳县14.7枚、第9名历城区10.6枚、第10名商河县5.8枚；团体总分(含2005年、2006年度比赛带入总分)：第1名历下区1359.3分、第2名市中区1104.2分、第3名长清区931.1分、第4名槐荫区809分、第5名天桥区805.3分、第6名平阴县684.4分、第7名济阳县641.9分、第8名章丘市518.2分、第9名历城区294分、第10名商河县205.4分。优秀运动员组金牌总数(输送运动员在省以上比赛金牌)：第1名历下区44.75枚、第2名平阴县41.75枚、第3名章丘市23.75枚、第4名济阳县22.75枚、第5名市中区19.5枚、第6名天桥区15枚、第7名长清区14.75枚、第8名历城区12.5枚、第9名槐荫区8枚、第10名商河县6枚；团体总分(输送运动员在省以上比赛加分)：第1名历下区402.75分、第2名平阴县375.75分、第3名章丘市213.75分、第4名济阳县204.75分、第5名市中区175.5分、第6名天桥区135分、第7名长清区132.75分、第8名历城区112.5分、第9名槐荫区72分、第10名商河县54分。10个参赛代表团全部获体育道德风尚奖。

第二节 省级以上竞赛

一、参加奥林匹克运动会情况

1992年8月，第二十五届奥运会在巴塞罗那举行。济南运动员巩晓彬所在中国男子篮球队获得第11名。

1996年8月，第二十六届奥运会在亚特兰大举行。济南运动员彭新勇获羽毛球混合双打第4名、女子双打第5名。郭森获花样游泳集体项目第7名。

2004年8月，第二十八届奥运会在雅典举行。济南运动员高畅获女子100米仰泳第16名、隋菲菲获女子篮球第9名、王虹霓获女子铁人三项第10名。

2008年8月，第二十九届奥运会在北京举行。济南9名运动员参加比赛，分别是：张磊(男子自行车)、隋菲菲(女子篮球)、李晓霞(女子乒乓球)、张鹏(男子帆船)、高畅、李茉、谭淼(女子游泳)、王大庆(铁人三项)、韩鹏(足球)。谭淼获得女子4×200米自由泳接力第2名并打破世界纪录。

二、参加亚洲运动会情况

1986年9月，第十届亚洲运动会在韩国汉城举行。济南运动员傅鲁明获得男子体操团体第1名。

1990年10月，第十一届亚洲运动会在北京举行。济南运动员张文宁获得女子体操团体第1名，巩晓彬获得男子篮球第1名，孙聿红获得女子双人皮艇500米第1名，王博青获得男子双人划艇500米第1名。

1994年10月，第十二届亚洲运动会在日本广岛举行。济南运动员巩晓彬所在篮球队获得男子篮球第1名，张瑾、彭新勇获得女子羽毛球双打第3名。

1998年12月，第十三届亚洲运动会在泰国曼谷举行。济南运动员陈玉香获得女子4×400米接力第1名、女子400米第2名，巩晓彬所在篮球队获得男子篮球第1名，谷弘宇所在队获得男子沙滩排球第1名。

2002年9月，第十四届亚洲运动会在韩国釜山举行。济南运动员隋菲菲所在篮球队获得女子篮球第1名，巩晓彬所在篮球队获得男子篮球第2名，陈玉香获得女子田径4×400米接力第3名、400米第5名，张磊获得男子自行车场地追逐赛第4名。

2006年12月，第十五届亚运会在卡塔尔多哈举行。济南市10名运动员参加游泳、铁人三项、自行车、射箭、乒乓球、女子篮球等项目比赛。按照国家体育总局和省体育局的统计口径，济南市选手李晓霞、李茉、王虹霓、隋菲菲、姬晓分别获得乒乓球(女子团体、女子双打)、游泳、铁人三项、女子篮球项目6枚金牌，创济南市运动员参加亚运会最好成绩，获得金牌数列山东省第一名。

2010年11月，第十六届亚运会在广州举行。济南市14名运动员参加游泳、田径、乒乓球、自行车、举重、羽毛球、射击、足球、武术散打9个大项21个小项比赛，获得11枚金牌和6枚铜牌，金牌数列全省第1名。其中张磊(场地自行车男子团体竞速赛、男子争先赛)、张淼(场地自行车男子团体竞速赛)、马晋(羽毛球女子团体)、李晓霞(乒乓球女子团体、单打、双打)、李越宏(射击男子25米手枪速射团体、个人)、高畅(游泳女子50米仰泳)、张勇(武术散打男子70公斤级)获得金牌；马晋(羽毛球女子混合双打)、张淼(自行车男子场地凯林赛)、唐帅(射击男子飞碟双向团体)、陈琳(田径女子4×400米接力)、高畅(游泳女子100米仰泳)、张磊、张淼(自行车男子场地团体追逐赛)获得铜牌。

三、参加全国运动会情况

1987年11月，第六届全国运动会在广州市举行。济南市有31名运动员代表山东参加，获得123分。范宝忠获乒乓球男子单打第3名、男子双打第3名，孙聿红获女子单人皮艇500米第3名。

1993年8月，第七届全国运动会在北京、成都、秦皇岛举行。济南运动员张瑾、彭新勇获羽毛球女子双打第2名、赵炳春获男子田径十项全能第3名。

1997年10月，第八届全国运动会在上海举行。济南市运动员陈玉香获女子田径200米第3名，刘世香获女子田径5000米第3名。

2001年11月，第九届全国运动会在广州举行。济南籍运动员73人代表山东参加8个项目的比赛，共获金牌2枚、银牌4枚、铜牌1.5枚，总分193.5分。其中，陈玉香获女子田径4×400米接力第1名、400米第2名、200米第3名，张乃杰获女子4人皮艇500米第1名，足球运动员相福军、谢永亮、察可军、矫喆代表山东参赛，获第3名。

2005年10月，第十届全国运动会上山东选手李晓霞、彭陆洋(左)在比赛中

2005年10月，第十届全国运动会在南京举行。济南籍运动员105人参加23个大项决赛，共获得4枚金牌、7枚银牌、7枚铜牌，总分393分。其中，高畅获女子100米仰泳第1名，李晓霞和彭陆洋获乒乓球女子双打第1名，田继伟获男子自由式摔跤96公斤级第1名，王虹霓获女子铁人三项第1名，隋菲菲代表解放军队获女子篮球第1名，刘志勇、钱鼎、肖光军代表山东足球队参赛获第1名；于锐获女子800米自由泳第2名，李晓霞、彭陆洋获乒乓球女子团体第2名，李茉获女子400米自由泳第2名和800米自由泳第3名，朱岩获男子小轮自行车第2名，陈玉香获女子4×400米接力第2名；谭淼、于锐、李茉获女子4×200米自由泳接力第3名。

2009年10月，第十一届全国运动会在济南举行。济南籍124名运动员参加26个大项的比赛，获金牌17枚、银牌10枚、铜牌9枚，总分684.5分。其中，张鹏获男子芬兰级场地赛第1名，姚广霞获女子赛艇2000米4人单桨无舵和2000米8人单桨有舵第1名，黄卉、郑霜雪、胡亚丹、邓琳丹、魏思远、李琪获跳水女子团体第1名，张森获男子双人3米跳板第1名，邓森悦获女子艺术体操个人全能第1名，谭淼、李茉、朱佳妮、于锐获女子4×200米自由泳接力第1名，杨哲获男子举重105公斤级第1名，张磊、张淼获男子自行车场地团体竞速赛第1名，张磊获男子场地争先赛第1名，王健玲和杨敏获女子自行车公路团体计时赛第1名，隋菲菲获女子篮球第1名，陈玉飞获女子田径三级跳第1名，刘丽娜获马术盛装舞步个人赛第1名，齐天羽、刘彬彬、吴兴涵所在队获男子足球16岁以下组第1名；王胜男所在队获蹦床男子团体第2名，宋睿获皮划艇静水4人皮艇1000米第2名，李晓霞和彭陆洋所在队获乒乓球女子团体第2名，邱波获跳水男子10米跳台第2名，高畅获游泳女子100米仰泳第2名，李敬宇、吴轲、张晓薇、曹振华获男子篮球第2名，张勇获武术散打男子67.5公斤级第2名，陈琳获田径女子400米和4×400米接力第2名，姬德胜、刘忠、兰超、刘丽娜获马术盛装舞步团体第2名；李琪、胡亚丹获女子双人10米跳台第3名，高畅和朱佳妮获游泳女子4×100接力第3名，李茉获游泳女子800米自由泳第3名，范琳琳和刘聪聪获女子排球第3名，许锡振获武术散打男子67.5公斤级第3名，杨敏获自行车女子场地3公里个人追逐赛第3名，郑铮、郁靓、咸涛、周建成所在队获男子足球20岁以下组第3名。

四、参加全国城市运动会情况

1988年10月23日至11月2日，第一届全国城市运动会决赛阶段比赛在山东省济南、淄博两市举行。比赛项目设田径、游泳、射击、举重、体操、摔跤、柔道、足球、篮球、排球、乒乓球、羽毛球12项。济南体育代表团有143名运动员参加全部12个项目的决赛，共获金牌7枚、银牌5枚、铜牌5枚，金牌数居参赛城市第10位，并获体育道德风尚奖。

济南市各项参赛成绩（前三名）

表14—2—9

名 次	姓 名	性 别	项 目	成 绩
1	金龙辉	男	男子1500米	3分54秒12
1	赵炳春	男	男子十项全能	6982分
1	张晓林	女	女子100米自由泳	1分00秒15
1	张晓林	女	女子200米自由泳	2分07秒39
1	张晓林	女	女子800米自由泳	9分20秒35
1	张晓林	女	女子200米仰泳	2分21秒69
1	王克生	男	男子柔道	
2	张晓林	女	女子100米仰泳	1分07秒44
2	王玉忠	男	男子举重75公斤级	290公斤
2	马　勇	男	男子柔道	
2	李雅茹	女	女子乒乓球单打	
2	男子篮球队	男	男子篮球	
3	金龙辉	男	男子800米	1分54秒19
3	尹向军	男	男子标枪	63.76米
3	王　海	男	男子举重82.5公斤级	292.5公斤
3	郭德勇	男	男子柔道60公斤级	
3	张文宁	女	女子平衡木	19.125分

1991年9月20～28日，第二届全国城市运动会在河北举行，主会场设在唐山市。济南体育代表团有86名运动员参加田径、游泳、体操、射击、柔道、国际摔跤、男子篮球、羽毛球等10个项目决赛，共获金牌5枚、银牌7枚，总分252分，金牌数列参赛城市14位，总分列第8位。

济南市各项参赛成绩(前三名)

表14—2—10

名次	姓名	性别	项目	成绩
1	沈　剑	男	体操个人全能	57.4分
1	沈　剑	男	双杠	9.787分
1	张纯全	男	自由式摔跤68公斤级	
1	济南队		射箭男子团体	898环
1	彭新勇 张　瑾	女	羽毛球女子双打	
2	万永政	男	男子跳高	2.20米
2	沈　剑	男	男子跳马	9.437分
2	刘永艳	女	小口径标准步枪3×20	692环
2	张永杰	男	飞碟双向200靶	216环
2	林延玲	女	柔道56公斤级	
2	济南队		男子篮球	
2	赵炳春	男	十项全能	7332分
3	金龙辉	男	1500米	3分47秒40
3	李明才	男	20000米竞走	1小时22分34秒2
3	张晓莉	女	200米自由泳	2分05秒33
3	沈　剑	男	鞍马	9.6分
3	刘永艳	女	气步枪40发	488环
3	石　震	男	自选手枪慢射	650环
3	杨洪军	男	古典式摔跤	
3	张泉凤	女	800米	2分05秒48

1995年10月，第三届全国城市运动会在江苏举行，主会场设在南京市。济南体育代表团参加田径、游泳、举重、射击、柔道、男子篮球、女子排球、乒乓球、射箭9个项目的决赛。共获金牌3枚、银牌8枚、铜牌6枚，总分263.32分。其中1人打破全国纪录，1人打破全国青年纪录，12人达到国家运动健将标准。

济南市各项参赛成绩(前三名)

表14—2—11

名次	姓名	性别	项目	成绩
1	宋法林	男	标枪	72.76米
1	王　微	女	200米蛙泳	2分32秒54
1	姜广成	男	铅球	17.70米
2	济南队		田径男子团体	121.32分

续表14—2—11

名 次	姓 名	性 别	项 目	成 绩
2	曹昌海	男	5000米	13分45秒4
2	曹昌海	男	10000米	28分23秒11
2	王银行	男	20000米竞走	1小时2分40秒3
2	李志强	男	柔道78公斤级	
2	济南队	男	篮球	
2	许 刚	男	撑竿跳高	5.20米
2	辛 雷	男	射箭	617环
3	陈玉香	女	200米	23秒25
3	冯海霞	女	10000米竞走	42分40秒37
3	苗东进	男	标枪	72.76米
3	张 磊	男	举重91公斤级	325公斤
3	李 芬 沈燕飞	女	乒乓球双打	
3	于同鹏	男	乒乓球单打	

1999年9月11～20日，第四届全国城市运动会在陕西举行，主会场设在西安市。济南代表团参加田径、游泳、举重、射击、射箭、国际式摔跤、柔道、乒乓球、女子排球9项决赛。共获金牌10枚、银牌2枚、铜牌6枚，金牌数列参赛城市的第6位。

济南市各项参赛成绩（前三名）

表14—2—12

名 次	姓 名	性 别	项 目	成 绩
1	许 刚	男	撑竿跳高	5.40米
1	武 青	男	50米自由泳	23秒33
1	金 浩	男	200米自由泳	1分51秒85
1	金 浩	男	400米自由泳	3分55秒79
1	金 浩	男	1500米自由泳	15分47秒47
1	金 浩	男	200米蝶泳	2分00秒16
1	金 浩	男	200米混合泳	2分03秒38
1	金 浩	男	400米混合泳	4分24秒51
1	张绍嫜	女	小口径步枪3×20	684.7环
1	高 珂	男	10米气手枪60发	682.8环
2	李 珊	女	跳高	1.79米
2	董宝华	女	跳远	4.60米
3	莫树新	男	10000米	29分39秒36
3	武 青	男	100米自由泳	51秒98

续表14—2—12

名次	姓名	性别	项目	成绩
3	高言臣	男	举重105+公斤总成绩	377.5公斤
3	高　珂	男	手枪慢射60发	652.9环
3	单　锐	女	柔道52公斤级	
3	林伟宁	女	举重68公斤级	252.5公斤

2003年10月18～27日，第五届全国城市运动会在湖南举行，主会场设在长沙市。济南市体育代表团90名运动员参加乒乓球、田径、射击、游泳、柔道、摔跤、举重、射箭、自行车、皮划艇、羽毛球11个项目比赛。共获金牌4枚、银牌3枚、铜牌6枚，总分175分，金牌数和总分均列80个参赛城市的第21位。

济南市各项参赛成绩(前三名)

表14—2—13

名次	姓名	性别	项目	成绩
1	高　曦、侯　琳、李波姝、李晓霞、彭陆洋	女	乒乓球女子团体	
1	赵　玲	女	射箭女子奥林匹克个人淘汰赛	
1	李　珊	女	跳高	1.85米
1	李　杰	女	200米蝶泳	
2	富德金	男	皮划艇单人划艇全能	36分
2	江天一、孙　任、蒿　杰赵瑞光、谭立楠	男	乒乓球男子团体	
2	彭陆洋、侯　琳	女	乒乓球双打	
3	张　宁	女	举重75公斤级	252.5公斤
3	栾　丞、栾　杰	男	皮划艇双人划艇全能	32分
3	赵　玲	女	射箭排名赛个人	32分
3	仇九保	男	摔跤古典式96公斤级	
3	高　畅	女	100米仰泳	1分02秒88
3	李　伟	女	自行车女子场地3公里个人追逐赛	4分01秒683

2007年10月，第六届全国城市运动会在武汉市举行。济南市体育代表团126名运动员参加柔道、射击、田径、举重、乒乓球等12个项目比赛。共获金牌5枚、银牌8枚、铜牌6枚、总分219分，在全国74个参赛城市取得金牌第13名，奖牌第11名，总分第14名的优异成绩。济南体育代表团获得体育道德风尚奖。

济南市各项参赛成绩(前三名)

表14—2—14

名次	姓名	性别	项目	成绩
1	张国林	男	田径1500米	4分00秒31
1	杨　哲	男	举重105公斤级	383公斤
1	白　磊	男	柔道+100公斤级	
1	魏向军	男	柔道无差级	
1	济南队	女	10米气步枪团体	1191环
2	谢杰琮	女	40发气步枪	501.3环
2	济南队	女	射箭团体淘汰赛	
2	邓红蕾	女	小轮车个人赛	
2	李晓霞	女	乒乓球单打	
2	陈　浩、李晓霞	男女	乒乓球混合双打	
2	李志芬	女	摔跤自由式72公斤级	
2	张友松	男	柔道100公斤级	
2	李　康	男	田径撑竿跳高	5.15米
3	高来源	男	田径5000米	13分56秒58
3	高来源	男	田径10000米	28分48秒2
3	林乐俊	男	游泳100米蝶泳	54秒36
3	王　洪	女	柔道78公斤级	
3	唐　帅	男	射击飞碟双向	141+2环
3	李晓倩	女	举重75公斤级	

五、参加山东省运动会情况

1986年10月1～7日，山东省第十三届运动会决赛阶段比赛在青岛举行。共设田径、游泳、体操、举重、摔跤、柔道、射击、射箭、帆板、篮球、排球、足球、手球、乒乓球、羽毛球、垒球、武术、摩托车、自行车、无线电测向、航海模型、航空模型、潜水、击剑、桥牌、中国象棋、围棋等28个项目。济南代表团参加23个项目的比赛，获金牌104枚、银牌57枚、铜牌55枚，金牌数列全省第1名；总分1447分，列第2名。

1988年4月25日至6月12日，山东省第十四届运动会在济南市举行。共设田径、游泳、举重、武术、射击、射箭、摔跤、柔道、体操、公路自行车、篮球、排球、足球、乒乓球、羽毛球等15个项目。济南市代表团由388人组成，参加全部项目的比赛，获95枚金牌，总分1480.52分。

1992年5月20日至9月26日，山东省第十六届运动会在淄博市举行。济南代表团有340名运动员参加射击、射箭、皮划艇、体操、排球、蹼泳、游泳、篮球、足球、羽毛球、乒乓球、举重、柔道、摔跤、田径15个项目的决赛，6人10次打破9项省最高纪录；获金牌74枚，居全省第2位；总分1447分，列全省第1位。

1994年10月16～22日，山东省第十七届运动会在济南市举行。济南代表团参加除帆板项目外的16项比赛，共获金牌60枚、银牌54枚、铜牌51枚，总分1841分，金牌数和总分均列全省第2位；有3人打破省最高纪录，3人达到运动健将标准，11个运动队35名运动员被评为体育道德风尚奖先进集体和个人；济南体育代表团获体育道德风尚奖。

1998年10月10～16日，山东省第十九届运动会在潍坊举行。济南代表团参加除手球、帆板、赛艇项目以外的20项比赛，共获金牌159.5枚、银牌109枚、铜牌94.5枚，团体总分3482分，金牌、奖牌总数以及团体总分均列全省第2位；有9人5次打破4项全省最高纪录，15人11次破10项省青少年纪录。男子足球、女子篮球、女子排球均获冠军，其中男子足球系济南市首次在省运会夺得冠军。

2002年10月19～24日，山东省第二十届运动会在济南举行。运动会共设26个大项、776个小项、962枚金牌，并根据运动员的年龄，结合各项目的不同特点，分甲、乙、丙三个组别。济南体育代表团获青少年组金牌119.5枚、银牌65枚、铜牌65枚，团体总分2515.5分；金牌总数列全省第1位，奖牌数和总分列全省第2位。有1人平1项世界纪录，7人破5项省最高纪录，参赛运动员5人达到国际健将标准，6人达到国家运动健将标准，33人达到国家一级运动员标准。

2006年10月9～16日，山东省第二十一届运动会在烟台举行。共设32个大项、872个小项、1058枚金牌。济南市组织52支队伍、800余名运动员参加省运会决赛，获178.5枚金牌、138枚银牌、111枚铜牌，总分4153.5分，奖牌和总分列全省前3位，济南代表团获体育道德风尚奖。

2010年9月19～26日，山东省第二十二届运动会在淄博市举行。共设25个大项、759个小项、1073枚金牌，除青少年组外，增设行业体协组和高校大学生组比赛。济南代表团获得青少年组159.25枚金牌，112枚银牌，125.5枚铜牌，奖牌总数396.75枚，列全省金牌总数第4、总分第3；优秀运动员组金牌总数第2、总分第2；总排名金牌数第2、总分第3。

济南市参加山东省第十三届至二十二届运动会比赛奖牌数统计表

表14—2—15　　单位：枚

时间	届次	成绩			地点
		金牌	银牌	铜牌	
1986	第13届	104	57	55	青岛
1988	第14届	95	50	54	济南
1992	第16届	65	73	60	淄博
1994	第17届	60	54	51	济南
1998	第18届	159.5	109	94.5	潍坊
2002	第20届	119.5	65	65	济南
2006	第21届	178.5	138	111	烟台
2010	第22届	159.25	112	125.5	淄博

注：第十五、十八届运动会为行业体协运动会，未作记述；第二十、二十一、二十二届奖牌数为青少年组获得成绩

第三节 国家级以上竞赛

一、全国城市运动会

1988年10月23日，第一届全国城市运动会在济南市山东省体育中心体育场开幕。中共中央政治局委员、国务委员李铁映，中顾委常委余秋里，全国政协副主席杨静仁等中央领导和中央有关部门、部分外省市领导、山东省和济南市党、政、军负责人等出席开幕式。国际奥委会主席萨马兰奇代表国际奥委会发来“祝愿城运会获得极大的成功”贺电。开幕式上，北京和山东跳伞运动员做跳伞表演；1.4万名幼儿、青少年学生表演大型团体操《龙腾虎跃》。该次运动会共设田径、游泳、射击、举重、体操、摔跤、柔道、足球、篮球、排球、乒乓球、羽毛球12个项目，济南市作为主赛场承办开、闭幕式以及田径、游泳、体操、举重、射击、摔跤、柔道、足球、篮球、羽毛球10个项目的决赛。参加比赛的有全国各省会城市，计划单列城市、沿海及对外开放城市、经济特区等40个体育代表团、2329名运动员。中央和各省市226家新闻单位、700名记者到会进行采访报道。11月2日，运动会圆满结束。

二、“亚洲杯”足球赛(济南赛区)

2004年7月19日，第十三届“亚洲杯”(济南赛区)足球赛在济南举行。作为4个分赛场之一的济南赛区，山东省暨济南市在各方面均做充分准备，省体育中心体育场通过改造和3场中超比赛检验，完全达到承办亚足赛的要求。7月19日至8月3日，济南赛区共承办包括6场小组赛、1场1/4决赛、1场半决赛在内的8场比赛，各场赛事均取得圆满成功。

三、中华人民共和国第十一届运动会

2009年10月16日，中华人民共和国第十一届运动会在济南奥林匹克体育中心体育场隆重开幕，中华人民共和国主席、中共中央总书记胡锦涛出席开幕式并宣布开幕。中共中央政治局常委、国务院总理温家宝出席闭幕式并宣布第十一届全运会闭幕。闭幕式上，山东省将会旗移交给第十二届全国运动会承办地辽宁省，并举行主题为《辉煌的记忆》大型文艺演出。(详见第四章)

1986～2010年济南市承办省级以上比赛一览表

表14—2—16

时间	比赛名称
1986年6月	“鲁屏杯”全国武术比赛
1986年10月	第3届“泰山杯”全国女子马拉松暨山东省马拉松比赛
1988年4月	“古贝春杯”“亘古泉杯”“钢山特曲杯”中国跳水公开赛
1988年5月	“鲁冶杯”国际女排邀请赛
1988年6月	山东省第14届运动会
1988年7月	“泰山杯”国际柔道邀请赛
1988年10月	第5届“泰山杯”全国女子马拉松邀请赛暨山东省马拉松赛
1988年10月	第1届全国城市运动会
1989年4月	全国少年乒乓球赛
1989年5月	“骆驼杯”全国拳击锦标赛

续表14—2—16—1

时间	比赛名称
1989年7月	第10届“向阳杯”全国乒乓球比赛
1989年10月	第6届“泰山杯”暨首届“工行杯”全国女子马拉松邀请赛
1989年10月	“长城—鲜京杯”自行车赛济南赛区
1990年4月	全国马拉松锦标赛
1990年	全国青年摔跤锦标赛
1990年	全国飞机跳伞优秀选手赛
1991年4月	“康丰杯”全国女子举重锦标赛
1991年4月	第8届“泰山杯”暨第3届工行杯全国马拉松锦标赛
1991年4月	第8届“泰山杯”全国花样游泳冠军赛
1991年9月	“御思香杯”济南国际传统武术演武大会
1992年3月	“黄海杯”济南国际室内田径赛
1992年3月	“牡丹卡”杯全国竞走锦标赛
1992年4月	“聊泵杯”全国艺术体操锦标赛
1992年4月	“工行杯”全国青少年羽毛球比赛
1992年6月	“花冠杯”全国室内射箭锦标赛
1992年9月	全国公路自行车锦标赛
1993年5月	“黄金杯”国际男篮邀请赛
1993年6月	全国青年自由式摔跤比赛
1993年6月	第7届全国运动会女子田径预赛暨全国田径锦标赛(女子)
1993年6月	中国摩托艇超级明星对抗赛(济南赛区)
1993年8月	第7届“月兔杯”全国少年宫乒乓球赛
1994年1月	首届中国八佰伴女排对抗赛
1994年	“万宝路杯”全国足球甲A联赛济南赛区
1994年5月	中国山东—爱沙尼亚拳击擂台赛
1994年6月	“鲁汽杯”全国乒乓球精英大赛
1994年8月	第3届全国大学生田径锦标赛
1994年9月	第7届“八一杯”全国篮球赛(男子)
1994年10月	山东省第17届运动会
1995年5月	全国公路自行车暨全国山地车锦标赛
1995年6月	首届“亚洲杯”跳水赛
1995年9月	全国飞机跳伞锦标赛
1996年6月	第26届奥运会全国跳水选拔赛
1996年6月	“颐中杯”’96国际女子足球赛
1996年7月	飞利浦中国“足协杯”赛(济南赛区)
1996年10月	“平安保险杯”全国体育院校排球赛
1996年10月	“国花杯”全国山地自行车锦标赛
1996年5月	济南泰山将军队—意大利拉齐奥队足球比赛

续表14-2-16-2

时 间	比 赛 名 称
1996年6月	济南泰山将军队—巴西帕尔梅拉斯队足球比赛
1996年7月	“雄狮杯”中罗足球挑战赛
1996年11月	“旅科杯”山东省—庆尚南道首届足球友谊赛
1997年1月	“济南开发杯”暨全国第20届“新星杯”少年乒乓球公开赛
1997年4月	“景阳春杯”第8届全国运动会女子举重预赛暨97全国锦标赛
1997年6月	全国残疾人田径锦标赛
1997年8月	“鲁抗饮料杯”全国少年乒乓球赛(北方赛区)
1998年1月	“皇庄杯”全国国际象棋王棋后大奖赛
1998年1月	“大龙棋童杯”第6届全国国际象棋比赛
1998年3月	“中国新星”乒乓球巡回赛
1998年5月	“泰脉杯”’98全国山地自行车赛
1998年5月	全国奥林匹克青年足球锦标赛预赛
1998年5月	“泰脉杯”全国田径冠军赛暨大奖赛(济南站)
1998年8月	“恒源祥”U23全国足球联赛
1998年9月	“松下”’98中国乒乓球大奖赛
1998年9月	全国射击锦标赛手枪项目团体赛
1999年4月	济南全国马拉松锦标赛
1999年4月	全国跳水冠军赛
2000年4月	“趵突泉啤酒杯”全国马拉松锦标赛和山东省青少年公路越野赛
2000年7月8日	百事可乐球王争霸五人制足球赛(济南赛区)
2001年4月	全国马拉松锦标赛暨第九届全运会马拉松预赛
2001年4月	第9届全国运动会女子篮球预赛
2001年8月	全国少年拳击锦标赛
2001年9月	U21全国奥林匹克青年足球联赛决赛(济南赛区)
2002年4月	“济南二建杯”全国马拉松锦标赛暨亚运会选拔赛济南国际马拉松邀请赛
2002年7月	“济南太阳集团杯”全国重点体校射箭锦标赛
2002年8月	山东省第20届运动会
2002年9月10日	全国足球甲级俱乐部预备队联赛
2003年4月	全国第5届城市运动会女子自由式摔跤预赛
2003年7月	全国足球业余队(丙级)联赛(济南赛区)
2003年7月	全国U19足球比赛(济南赛区)
2003年8月	第5届全国城市运动会手枪预赛
2003年10月	全国足球业余队(丙级)联赛华北区决赛
2004年3月	全国男子自由式摔跤锦标赛暨奥运会资格选拔赛
2004年7月	第13届“亚洲杯”足球赛(济南赛区)
2005年4月	全国女子举重锦标赛暨第10届全运会女子举重预赛
2005年5月	晋、冀、鲁、豫5城市第9届“五星杯”青少年射击协作赛

续表14—2—16—3

时 间	比 赛 名 称
2005年7月	第26届全国小学生“红双喜、向阳杯”乒乓球比赛
2007年6月	全国男子武术散打锦标赛
2009年10月	中华人民共和国第11届运动会
2010年2月	首届中国跳水明星赛
2010年5月	冬奥健儿冰上表演赛
2010年6月	全国青年游泳锦标赛
2010年6月	全国乒乓球甲B比赛
2010年6月9日	全国乒乓球俱乐部超级联赛
2010年8月	全国田径锦标赛
2010年8月	全国网球青少年团体锦标赛
2010年9月	第2届中国跳水明星赛

第四章　第十一届全运会

第一节　概　况

2009年10月16～28日，中华人民共和国第十一届运动会(以下简称第十一届全运会)在山东举办，是自新中国成立后山东省承办的规模最大、规格最高、影响最广的综合性体育赛事。济南市作为全运会主赛区，圆满完成各项筹办工作与赛事组织任务。

一、筹办运行机制和指挥体系

2006年6月始，济南市委、市政府高度重视全运会筹办工作，把“保全运”与“保增长、保民生、保稳定”确定为全市的中心任务，市委常委会、市政府常务会设多次专题研究全运会筹办工作；市人大常委会、市政协多次组织代表、委员听取汇报和视察工作。赛区组委会从全市160个部门(单位)、9个县(市)区抽调工作人员组成“一室一村十六部”的组织架构，组建由12名副市级领导挂帅的各项目竞委会。成立筹办第十一届全运工作领导小组，25名市级领导直接参与筹办工作，保证全运会各项赛事和重大活动成功举办，完成300多个项次的竞赛组织任务。全市各级各部门根据筹办工作需要，建立专项工作指挥体系，全面促进各项工作落实，确保各项筹办工作和竞赛组织工作的圆满成功。

二、城市基础设施建设和环境综合整治

2006年始，市委、市政府确定80项重点建设任务和90项重点整治项目，按照“做强功能、做靓形象”的要求，至2009年9月，累计投入1400亿元进行济南历史上规模最大的城市基础设施建设和环境综合整治。高标准推进竞赛场馆建设。新建8个体育场馆，改造1个体育场馆。奥体中心“一场三馆”以其恢宏的气势和具有泉城特色的“东荷西柳”造型成为济南

市新的地标。城市基础设施建设实现跨越式发展。新建改造主要道路100余条，建设开通6条大运量快速公交(BRT)线路，供气、供水、供暖管网不断延伸，新建3条天然气入济管线，新建、扩建6座热源厂，高标准建设一批防洪排涝设施并投入使用，城市功能更加完善。完成大明湖景区扩建改造、护城河通航工程，加快明府城保护性改造，强化节水补源措施，泉城特色更加鲜明。新增绿化面积1609万平方米，整治97座破损山体，绿化覆盖率36.4%；小清河综合治理一期工程、工商河等8条52公里河道整治完工；加强废气污染源限期治理，空气质量明显好转，城市生态环境明显改善。把改善民生贯穿于筹办工作全过程，让人民群众共享城市建设发展成果。推进棚户区改造和城市环境综合整治，高标准社区建设取得重大进展，交通秩序、建筑渣土、环境卫生、户外经营、市容道路、绿化美化、环境保护、夜景亮化八大整治行动取得明显成效，城市面貌得到显著改善。

三、体育事业发展和竞技体育突破

按照“和谐中国、全民全运”主题要求，建设一大批体育场馆和全民健身设施，新建的7项市级重点全民健身工程，7项市区内广场、公园、全民健身工程和一批区级全民健身工程全部投入使用，城市体育服务功能不断增强。围绕“全民健身与全运同行”主题，加快群众体育进农村、进社区、进校园、进机关，组织形式多样的群众体育健身活动，组织开展300余次、400万人次参加的大型全民健身优秀项目展示活动，全市经常参加健身活动的人数占总人口46%以上，连续4次被评为全国群众体育先进单位。坚持群众体育事业和竞技体育发展两手抓，大力实施竞技体育“2911工程”和“体教结合”人才强体战略。在第十一届全运会上，济南市124名运动员参加26个大项的比赛，圆满完成各项参赛任务，共获金牌17枚、银牌10枚、铜牌9枚，总分684.5分，位居全省前列。与2005年第十届全运会相比，参赛人数增加4%，参赛项目增加3项，金牌增加12枚，银牌增加3枚，铜牌增加2枚，奖牌总数增加17枚，总分超第十届全运会291.5分，实现济南市在历届全运会比赛成绩的重大突破。

四、社会稳控和安全保卫

树立安全第一的思想，推进“平安全运工程”，开展“全运净土行动”，缜密制定赛区安保方案、反恐应急预案和交通组织、消防保

第十一届全运会开幕式济南奥体中心上空璀璨的礼花　(2009年摄)

工作人员做好全运安保工作 (2009年摄)

障方案196个，全力打造科技安保、和谐安保、整体安保、责任安保4个工作体系。全运期间累计投入警力90余万人次，其中赛会时期投入警力30余万人次，用警量创全市历史最高纪录，确保各项赛事、重大活动和各方宾客的绝对安全。在全运会历史上第一次开展风险评估和建立应急处置体系工作，制定包含开、闭幕式社会治安和突发公共安全事件、火炬传递等8个分项、41个子项、54个具体项目的风险应急预案体系，经过反复演练、实战模拟和项目测试，确保赛事期间各项工作有序运行、万无一失。开、闭幕式现场保障和火炬传递工作，没有出现任何差错。按照以“平安济南”保“平安全运”思路，坚持以面保点、点面结合，严密落实社会稳控措施，突出抓好对重点人的稳控、对重点事的化解、对重点物品的管理和对重点场所部位的看护，为全运会的安全顺利举办创造和谐稳定的社会环境。

五、城市运行和服务保障

为确保第十一届全运会期间城市安全高效运行，科学制定交通组织保障总体方案，赛时实行单双号限行等交通管制措施，并建设多处临时停车场，公交公司开通多条通往场馆区和全运村的公交线路，确保交通顺畅。开幕式当晚，组织1300辆公交车用45分钟完成3.8万名观众疏散任务，创造采用单一输送模式快速疏散全运会开幕式观众的纪录。投资6.69亿元建设主场馆供电网络，完成开闭幕式及IBC独立供电系统建设，组建3000余人参与12个电力保障团队，实现电力保障万无一失。开发建设全运会综合信息系统，实现各场馆、全运村、奥体酒店及周边地区网络全覆盖。做好赛事电视转播，搭建传输平台，完成各项赛事360小时电视公共信号制作传输任务。医疗卫生保障工作严密细致，组建由1400余人参与的25个医疗卫生保障团队，在发现输入性甲型H1N1病例的情况下，采取有效措施避免传染病疫情的蔓延。赛会期间未发生食物中毒、饮水污染事件，紧急医疗救治和医疗保健服务安全有效。赛时吃住行服务保障优质高效，全市共有18万人参与全运会各项服务保障工作。先后为赛事工作人员提供近百万份盒饭，为裁判员、技术官员和运动员等3000余名赛事人员安排住宿饭店近20家，征集调配各种车辆600余台，服务7万车次，为来宾订购火车、飞机和汽车返程票共计1万余张。山东省民意调查中心调查，各方来宾对筹办工作满意度97.5%。

六、接待服务和全运村运行

接待服务工作坚持以人为本，力求温馨体贴。市委、市政府和赛区组委会的接待部门通力合作，全面做好贵宾接待工作，在报到、接送、住宿、就餐以及参加活动各个环节都指定专人负责，精心安排服务流程，为与会嘉宾提供周到细致的优质服务。全市各接待饭店、宾馆投资29亿元进行服务设施改造提升，有32家饭店进入星级饭店行列或提高星级，117家餐饮企业通过国家级酒家评审，赛会期间满足各方嘉宾不同的餐饮住宿需求，济南市总体接待服务水平上了一个新台阶。创新接待模式，在全运会历史上首次采用市场化运作的方式建设全运村，接待参赛运动员、教练员、随队官员和媒体记者。全运村8月29日竣工交接，9月28日正式开村，10月31日正式闭村。其间，共接待国家领导人、部委领导、各省市领导、代表团团长及国外友好人士到村44批次，1万多名运动员、教练员、随队工作人员和媒体记者入住。由6500余人组成的12个运行服务团队开展亲情化、个性化的特色服务，实现构建"温馨全运村、和谐大家庭"的目标，创造礼宾接待零失误、接待服务零投诉、运行保障零差错、食品安全零事件、安全生产零事故的记录。

七、驻济部队与单位和志愿者奉献

中央、省直各驻济南单位和驻济部队、武警部队对济南市筹办全运工作给予高度关注和大力支持，专门抽调人员和装备支持全运反恐和安全保卫工作，驻济南各单位投入大量人力物力，配合全市搞好环境综合整治、城市亮化美化和社会宣传动员。驻济南高校腾出宿舍和场地接待开幕式演职人员。社会各界通过不同方式为济南市承办十一运工作做出贡献。赛会期间，从全市各大高校和单位精心选拔的近12万名全运会志愿者活跃在赛场内外和城市的各个角落，累计志愿服务500多万个小时。全市设置40多类赛事志愿者服务岗位、100个城市志愿者文明服务岗和1000个社会志愿者服务站。

八、市场开发和财务管理

坚持节俭办全运的原则，对所有建设工程和设备采购实行项目招标和监察审计，节约大量经费。坚持"统一开发、适度开发、梯次开发、合作共赢"的运作方式，构建大市场开发格局，积极动员和组织社会各界参与支持全运会市场开发工作，各赞助商和赞助企业克服经营困难，支持全运会筹办工作，市场开发工作取得丰硕成果，共签约赞助项目89项，价值1.3亿元。严格执行财务"收支两条线"制度，加强部门预算管理，严把收支审核关，节约大量预算资金。健全各项财务和物资管理规章制度，确保各项资金、资产管理安全高效。加强票务销售管理，门票收入超过1100万元，占全省门票销售总收入的68%。

九、精神文明建设和城市美誉度

坚持把筹办全运会过程升华为加强城市精神文明建设的过程。广泛开展"讲文明、树新风、迎全运"活动，重点实施"文明践行我带头，文明单位在行动"等群众性精神文明创建活动。各级各单位组织开展"建美丽泉城，迎和谐全运"系列主题教育活动5000余场(次)，参加活动群众近百万人次，提高全市精神文明创建水平。坚持把筹办全运会作为全面宣传济南、提升济南影响力和美誉度的重大历史机遇，突出抓好城市形象宣传。在全运会倒计时200天等重要时间节点，成功举办"欢乐中国行——和谐全运、欢乐泉城"和"同一首歌——相约全运、相聚泉城"大型演唱会。从

第十一届全运会大型文艺表演　　(2009年摄)

2009年4月开始，连续7个月不间断在央视等媒体黄金时段播放济南市形象片《相约泉城》《美丽泉城》和《天下泉城》，全方位、高密度宣传推介济南。新华网、人民网等全国重点网站，刊发济南市有关稿件5000篇以上。坚持把营造全运氛围和加强文化宣传相结合，营造良好的全运文化环境。在全市推出丰富多彩的“迎全运，爱泉城”和“全运大舞台”系列文化活动。以街道办事处和社区为主，创办以宣传全运为主题的文化墙3万多平方米，张贴各类宣传画4万余张，起到良好的宣传效果。坚持把迎办全运与提高市民素质相结合，开展“微笑服务”和“市民十大文明行动”等活动，推荐评选并宣传服务之星和微笑使者，充分展示热情济南、诚信济南、大气济南的良好形象，进一步提高济南的美誉度。

第二节 场馆建设

一、济南奥体中心

济南奥体中心位于济南东部新城区，总占地面积81万平方米，总建筑面积约35万平方米，包括一场三馆，总体布局呈“东荷西柳”，6万人体育场在西边，呈“柳叶”造型；体育馆、网球馆、游泳馆在东边，呈“荷花”造型，分别取自济南的市树和市花。

(一)济南奥体中心体育场。主要承担第十一届全运会开幕式和田径比赛项目。2006年5月28日开工，2009年4月20日竣工。体育场总建筑面积13.08万平方米(含周边平台建筑面积2157平方米)，建筑基底面积6.65万平方米，最高点高度52.32米，罩棚下部主体结构最高点高度为36.26米。体育场看台外轮廓为近椭圆形，南北长约283米，东西宽约245米，场地内比赛场约195米×130米。观众总座席数5.68万席(按标准座位计算)，其中无障碍座席及看护席各124席；赛前装设临时座席，以满足不同使用者的要求。体育场地上5层，局部6层。1层为主要赛时功能用房，包括贵宾区、运动员区、媒体区、竞赛组织用房、场馆运营区等，同时预留部分赛后商业用房，层高7.2米。2层为观众使用区域，设置贵宾、媒体、运动员休息区，普通观众的疏散及服务空间等，层高4.8米。3层为贵宾包厢层，层高4.8米。4层为媒体评论休息区、普通观众的集散及服务空间等，层高8.9米。5层、6层为媒体评论用房及技术用房，层高分别为4.8米、4.2米。体育场附属有第一检录处、训练场、足球热身场。第一检录处首层为运动员更衣室、热身房和办公用房，层高4.4米～5.86米；地下一层为裁判员更衣室、检录大厅和设备用房，层高4.2米；地下二层为通往体育场的地下通道，净高4.05米；检录处最高高度为7.78米。训练场看台观众座席3214席，赛前装设临时设施，看台首层为观众卫生间、储藏室和办公用房，层高4.5米；上层为观众看台，看台最高高度为11.61米。

济南市奥体中心体育场 (2009年摄)

(二)济南奥体中心体育馆。主要承担第十一届全运会闭幕式和体操比赛项目。2007年3月21日开工，2009年4月20日竣工。体育馆以及配套热身馆、训练馆总建筑面积5.99万平方米，建筑基底面积3.09万平方米。有1.22万个座席。体育馆南北长约220米，东西宽约168米，圆形屋顶跨度122米。主馆共分6层，西侧局部-5.100层为贵宾入口层，附设有安保指挥及大型器材储存仓库，层高为5.1米。1层为主要赛时功能用房，包括贵宾区、运动员区、媒体区、竞赛组织用房、场馆运营区等，比赛场地75米×48米，同时预留部分赛后商业用房，层高6米，局部5米。2层为观众入口层，设有观众的集散及服务空间等，层高5.7米。3层为贵宾包厢层，层高3.6米。4层为普通观众的集散及服务空间等，层高5.65米。5层为设备机房层，层高4.51米。6层为消防水箱。体育馆屋面为0.9毫米厚铝镁锰合金板，主馆外围护有大小各36片荷花瓣围合而成，花瓣面层为0.8毫米厚钛锌板。体育馆附属有18片室外篮，总占地面积1.49万平方米。

（三）济南奥体中心游泳跳水馆。主要承担第十一届全运会游泳、跳水比赛项目。2007年3月21日开工，2009年3月25日竣工。游泳馆总建筑面积4.25万平方米，建筑基底面积2.09万平方米，观众座席数3774席(含贵宾席60席、记者席35席、评论员席2席，轮椅席10席)。游泳跳水馆以中心平台层为首层，平台下1层，平台上共3层。平台下-6.20标高层为赛时新闻媒体办公、赛后运营和商业及主要设备用房，层高6.2米。1层为主要赛时功能用房，包括比赛大厅、热身池大厅及贵宾区、运动员区、媒体区、竞赛组织用房、场馆运营区等，比赛场地102米×40米，除三个通高大厅外，其他功能用房层高5.4米，局部在看台下。2层为观众出入口，设有观众的集散厅及卫生间等，层高4.3米；局部3层为看台后部观众的集散空间。钢结构屋盖由北向南渐低，钢结构结构标高最高点为30米，最低点为20米。建筑屋面为0.9毫米厚铝镁锰合金板，侧面外围护为3毫米厚穿孔铝板拼成的98片柳叶。

（四）济南奥体中心网球馆。主要承担第十一届全运会网球比赛项目。2007年3月21日开工，2009年3月5日竣工。网球馆总建筑面积3.14万平方米，建筑基底面积2.06万平方米。南北长约171米，东西宽约223米。总观众座席数3968席，其中无障碍座席及看护席各为10席。网球馆地上共5层。1层为网球竞赛场地和室内网球馆，并布置主要赛时功能用房，包括贵宾区、运动员区、媒体区、场馆运营区、竞赛组织和设备机房等，比赛场地42.5米×26.4米。2层东南侧围绕中心赛场设置下层看台、观众集散区域和服务用房，以及贵宾、媒体、运动员的服务用房和交通设施等，西北侧为预留赛后出租式办公用房和室内训练馆。3层东南侧为上层看台，看台南段设置贵宾包厢，西北侧为预留赛后出租式办公用房和室内训练馆。4层东南侧为中心赛场，西北侧为预留赛后出租式办公用房和室内训练馆。建筑屋面为0.9毫米厚铝镁锰合金板，侧面外围护为3毫米厚穿孔铝板拼成的90片柳叶。网球馆附属有网球半决赛场地，位于网球中心主场的东侧、体育馆的南侧，总建筑面积4983平方米，总观众座席数4650席。由两片半决赛场、八片预赛场及六片练习场构成。建筑物地上2层：1层为网球竞赛场地，并布置主要赛时功能用房，包括贵宾用房、运动员用房、媒体用房、设备机房及商业用房等；2层为观众集散通道、观众卫生间及观众服务用房，分别在两片半决赛场东西两侧布置观众看台；在八块预赛场中，每两块之间设置观众看台。

二、其他新建场馆

（一）章丘市体育馆。主要承担第十一届全运会男子、女子排球比赛项目。体育馆于2007年10月8日开工建设，2009年3月底竣工。位于章丘市唐王山路以北，羊步岭以南，西外环路以东，占地16.13万平方米。建筑面积1.4万平方米，4500座席，内场53米×35米，投资6000万元。

（二）历城区体育馆。主要承担第十一届全运会摔跤比赛项目。2008年1月开工建设，2009年5月30日竣工。位于唐冶片区的中心区域，北临世纪大道、南临横七路、西临港西路、东临士河路。建筑面积1.55万平方米，附属训练场馆2万平方米，4000座席，内场59米×35米。

（三）济南国际赛马场。主要承担第十一届全运会速度赛马、马术三日赛等马术比赛项目。2008年3月22日开工建设，2009年4月30日竣工。位于港沟镇神武村，旅游路以南、潘龙山以西，三面环山，距奥体中心5公里，占地面积71.07万平方米，投资4.2亿元。总体规划建设包括速度赛场、越野赛场、赛马驯养基地、主看台、比赛配套服务区及综合服务区等其他辅助设施六部分。

（四）山东交通学院（长清校区）体育馆。主要承担第十一届全运会拳击比赛项目。体育馆于2007年7月开工建设，2009年4月竣工。位于长清大学城交通学院院内，占地面积1.5万平方米，投资5000万元，可容纳3000人，内场60米×45米。符合承办全运会拳击比赛的要求。

三、改建场馆

皇亭体育馆(改造工程)位于泉城路东首，主要承担第十一届全运会举重比赛项目。2008年2月立项对体育馆维修改造，8月8日开工，2009年3月30日竣工。建筑面积1万平方米，新建裙房面积1500平方米。改造投资1680万元，改造后可容纳3800人，内场40米×25米。

第三节　竞　赛

第十一届全运会全部比赛共设33个大项362个小项。全国31个省(区、市)以及解放军、新疆生产建设兵团、香港特别行政区、澳门特别行政区和11个体育协会的46个代表团参加。参赛运动员1.2万人，裁判员近4000人，教练员约3500人，66个项目竞赛委员会以及国家体育总局、组委会及山东省体育局指派的竞赛官员和前来采访赛会的近4000名媒体记者，第十一届全运会的参会人数近4万人。按照组委会安排，济南赛区承办网球、体操、跳水、排球、蹦床、自行车(公路、山地)、举重、游泳、摔跤、田径、马术、拳击12项决赛。

一、网球

7月18～27日、10月19～27日，团体赛、单项赛分别在济南奥体中心网球馆举行。7月26日，网球团体赛决出女子团体金牌，由彭帅领衔的天津队以总比分2:1战胜鲁晶晶领军的解放军队，获得冠军。这是济南赛区产生的第一枚金牌。7月27日，男子网球团体决赛中，江苏队以总比分2:0战胜湖北队，夺得金牌。10月25日，天津队的李喆、彭帅获混合双打金牌。10月26日，江苏队的曾少眩、张择获男子双打金牌；天津队的彭帅、徐一璠获女子双打金牌。10月27日，上海队吴迪获男子单打金牌；天津队彭帅获女子单打金牌。

二、体操

9月14～21日，在济南奥体中心体育馆举行。9月16日，广东队获体操男子团体决赛冠军。9月17日，上海队获体操女子团体决赛冠军。9月18日，北京队滕海滨获体操男子全能决赛冠军。9月19日，安徽队邓琳琳获体操女子全能决赛冠军。9月20日，四川队邹凯获男子自由体操冠军，解放军队肖钦获男子鞍马冠军，上海队严明勇获男子吊环冠军，陕西队杨佩获女子跳马冠军，北京队何可欣获女子高低杠冠军。9月21日，江西队陆斌获男子跳马冠军，上海队谭思欣获女子平衡木冠军，四川队冯喆获男子双杠冠军，上海队眭禄获女子自由体操冠军，四川队邹凯获男子单杠冠军。

三、跳水

10月3～12日，在济南奥体中心游泳馆举行。10月3日，广东队获跳水男子团体决赛冠军。10月4日，四川队获跳水女子团体决赛冠军。因四川队由山东省和四川省联合培养队员组成，按照规程总则，所获金牌两省各计0.5枚。10月5日，山东队王峰获男子1米跳板决赛冠军。10月6日，陕西队秦凯、张森获男子双人3米跳板冠军，江苏队陈若琳获女子10米跳台冠军。10月8日，北京队曹缘、林跃获男子双人10米台冠军，河北队郭晶晶获女子3米跳板冠军。10月9日，广东队何姿获女子1米跳板冠军。10月10日，广东队何冲获男子3米跳板冠军，天津队康丽、汪皓获女子双人10米台冠军。10月12日，解放军队周吕鑫获男子10米跳台冠军，上海队吴敏霞、赵沁心获女子双人3米跳板冠军。

四、排球

10月3～12日、10月18～27日，女子排球、男子排球先后在章丘市体育馆举行。10月12日，天津队夺得女子排球冠军。10月27日，上海队夺得男子排球冠军。

五、蹦床

10月12～14日，在济南奥体中心体育馆举行。10月13日，福建队获蹦床女子团体决赛和男子团体决赛2块金牌。10月14日，山西队董栋获男子网上单人决赛金牌，广东队钟杏平获女子单人网上决赛金牌。

六、自行车

10月15～27日，在山东省竞技体育学校自行车馆、小轮车场，济南东郊公路自行车赛场，南郊山地自行车场地举行。10月15日，山东队孙越获男子BMX越野赛金牌，辽宁队姜楠楠获女子BMX越野赛金牌。10月18日，天津队李维获男子场地4公里个人追逐赛冠军。10月19日，山西队王重阳获男子场地1公里计时赛金牌，解放军队姜帆获女子场地3公里个人追逐赛金牌。10月20日，山东队张磊获男子场地争先赛金牌，山东队获男子场地团体追逐赛金牌，吉林队郭爽获女子场地争先赛金牌，江苏队汤科蓉获女子场地记分赛金牌。10月21日，河南队高亚辉获男子场地凯林赛金牌，上海队张辉获男子场地记分赛金牌。10月22日，河北队段志强获男子山地越野赛金牌，江苏队任成远获女子山地越野赛金牌。10月24日，山东队李富玉获男子公路个人计时赛金牌，辽宁队张玉卓获女子公路个人计时赛金牌。10月25日，山东队获女子公路团体计时赛金牌。10月26日，香港队黄金宝获男子公路个人赛金牌。10月27日，辽宁队赵娜获女子公路个人赛金牌。

七、举重

10月17～26日，在皇亭体育馆举行。10月17日，湖南队王明娟获女子48公斤级金牌并超总成绩世界纪录，湖南队李萍获女子53公斤级金牌并超总成绩世界纪录。10月18日，河南队李雪英获女子58公斤级金牌，江苏队管新蕾获女子63公斤级金牌并超总成绩世界纪录。10月19日，山东队刘春红获女子69公斤级金牌，黑龙江队曹磊获女子75公斤级金牌。10月20日，湖南队祁希慧获女子75公斤以上级金牌。10月23日，湖南队龙清泉获男子56公斤级金牌，湖南队杨帆获男子62公斤级金牌。10月24日，解放军队廖辉获男子69公斤级金牌并超总成绩世界纪录，解放军队苏达金获男子77公斤级金牌。10月25日，广西队陆永获男子85公斤级金牌，山东队何树勇获男子94公斤级金牌。10月26日，山东队杨哲获男子105公斤级金牌，吉林队孙海波获男子105公斤以上级金牌。

八、游泳

10月17～24日，在济南奥体中心游泳馆举行。10月17日，湖南队黄朝升获男子400米混合泳金牌，北京队张琳获男子400米自由泳金牌，湖南队李玄旭获女子400米个人混合泳金牌，上海队获女子4×100米自由泳接力金牌。10月18日，云南队谢智获男子100米蛙泳金牌，北京队获男子4×100米自由泳接力金牌，山东队陈倩获女子400米自由泳金牌，上海队刘子歌获女子100米蝶泳金牌。10月19日，北京队张琳获男子200米自由泳金牌，北京队张宇获男子100米仰泳金牌，湖北队赵菁获女子100米仰泳金牌，解放军齐晖获女子100米蛙泳金牌。10月20日，浙江队吴鹏获男子200米蝶泳金牌，上海队获男子4×200米自由泳接力金牌，浙江队杨雨获女子200米自由泳金牌，解放军队齐晖获女子200米个人混合泳金牌。10月21日，广西队黄绍华获男子100米自由泳金牌，天津队马祥获男子200米蛙泳金牌，上海队刘子歌获女子200米蝶泳金牌并创世界纪录，山东队获女子4×200米自由泳接力金牌。10月22日，山东队张丰林获男子200米仰泳金牌，广西队张子山获男子200米个人混合泳金牌，上海队庞佳颖获女子100米自由泳金牌，解放军队齐晖获女子200米蛙泳金牌。10月23日，浙江队蔡力获男子50米自由泳金牌，广东队周嘉威获男子100米蝶泳金牌，山东队陈倩获女子800米自由泳金牌，湖北队赵菁获女子200米仰泳金牌。10月24日，浙江队孙杨获男子1500米自由泳金牌，辽宁队李哲思获女子50米自由泳金牌，上海队获女子4×100米混合泳接力金牌，广东队获男子4×100米混合泳接力金牌。

九、国际式摔跤

10月17～22日，在历城区体育馆举行。10月17日，江西队黎淑金获男子古典式55公斤级金牌，北京队谢振获男子古典式60公斤级金牌，湖北队郑攀获男子古典式66公斤级金牌。10月18日，山西队常永祥获男子古典式74公斤级金牌，解放军队马三义获男子古典式84公斤级金牌，山东队姜华琛获男子古典式96公斤级金牌。10月19日，广东队陈华获男子自由式55公斤级金牌，北京队高峰获男子自由式60公斤级金牌，黑龙江队刘德利获男子古典式120公斤级金牌。10月20日，山西队陈占国获男子自由式66公斤级金牌，内蒙古队朝格巴雅尔获男子自由式74公斤级金牌，安徽队张峰获男子自由式84公斤级金牌。10月21日，解放军队李瑞财获男子自由式96公斤级金牌，山西队梁磊获男子自由式120公斤级金牌，山东队赵沙沙获女子自由式48公斤级金牌。10月22日，广西队杨森莲获女子自由式55公斤级金牌，陕西队景瑞雪获女子自由式63公斤级金牌，辽宁队李丹获女子自由式72公斤级金牌。

十、田径

10月21～26日，在济南奥体中心体育场举行。10月21日，河南队田梦旭获男子10000米金牌，山东队孙文利获男子3000米障碍金牌，黑龙江队马良获男子链球金牌，解放军队张文秀获女子链球金牌，河北队巩立姣获女子铅球金牌，江苏队薛飞获女子5000米金牌。10月22日，江苏队陆斌获男子100米金牌，广东队刘孝生获男子400米金牌，内蒙古队王浩获男子20公里竞走金牌，解放军队张晓一获男子跳远金牌，山东队刘飞亮获男子撑竿跳高金牌，福建队王静获女子100米金牌，山东队黄潇潇获女子400米金牌，四川队刘静获女子100米栏金牌，黑龙江队李艳凤获女子铁饼金牌，辽宁队梅译铎获女子七项全能金牌。10月23日，山东队孙文利获男子1500米金牌，黑龙江队张树峰获男子跳高金牌，江苏队薛飞获女子1500米金牌，浙江队陆敏佳获女子跳远金牌，湖南队刘春花获女子标枪金牌。10月24日，山东队李少杰获男子铁饼金牌，广东队刘虹获女子20公里竞走金牌，安徽队吴莎获女子撑竿跳高金牌。10月25日，黑龙江队李明轩获男子200米金牌，上海队刘翔获男子110米栏金牌，吉林队孟岩获男子400米栏金牌，辽宁队齐海峰获男子十项全能金牌，江苏队陈珏获女子200米金牌，山东队黄潇潇获女子400米栏金牌，福建队郑幸娟获女子跳高金牌，山东队陈玉飞获女子三级跳远金牌。10月26日，山西队李翔宇获男子800米金牌，江苏队林向前获男子5000米金牌，云南队赵成良获男子50公里竞走金牌，广东队获男子4×100米接力金牌，广东队获男子4×400米接力金牌，河北队李延熙获男子三级跳远金牌，辽宁队贾鹏获男子铅球金牌，上海队陈奇获男子标枪金牌，辽宁队周海燕获女子800米金牌，火车头体协白雪获女子10000米金牌，广西队获女子4×100米接力金牌，广东队获女子4×400米接力金牌。

十一、马术

10月18～27日，在历城区国际赛马场举行。10月18日，广东队获盛装舞步团体赛金牌。10月20日，新疆队刘丽娜获盛装舞步个人赛金牌。10月23日，上海队获三项赛团体赛金牌。10月25日，广东队获场地障碍团体赛金牌。10月26日，湖北队阿力泰获速度赛马12000米个人赛金牌。10月27日，香港队林立信获场地障碍赛个人赛金牌。

十二、拳击

10月19～26日，在山东交通学院(长清校区)体育馆举行。10月26日，贵州队邹市明获男子48公斤级金牌，前卫体协李超获男子51公斤级金牌，解放军队马运浩获男子54公斤级金牌，北京队李洋获男子57公斤级金牌，安徽队胡青获男子60公斤级金牌，前卫体协买买提图尔孙·琼获男子64公斤级金牌，新疆队哈那提斯拉木获男子69公斤级金牌，北京队张建艇获男子75公斤级金牌，内蒙古队张小平获男子81公斤级金牌，解放军队李斌获男子91公斤级金牌，河南队张志磊获男子91公斤以上级金牌。

第十一届全运会奖牌榜

表14-2-17　　单位：枚

排名	代表团	金牌	银牌	铜牌	总数
1	山东	63	44	46	153
2	解放军	49	39	40	128
2	江苏	48.5	37	36	121.5
3	辽宁	48	46	34	128
4	上海	41	34	45.5	120.5
5	广东	45	45.5	39.5	130
6	北京	30	20	29	79
7	黑龙江	23.5	23	18.5	65
8	天津	23	14	15.5	52.5
9	福建	19	11	21	51
10	湖南	18	10.5	6	34.5
11	浙江	16	27	25	68
12	四川	13.5	21	26	60.5
13	河北	13	13	19.5	45.5
14	安徽	13	12.5	6	31.5
15	湖北	12	7.5	15	34.5
16	江西	10.5	7.5	7	25
17	山西	9	7	12	28
18	陕西	9	6	4.5	19.5

续表14-2-17

排名	代表团	金牌	银牌	铜牌	总数
19	吉林	7.5	9	13	29.5
20	河南	7.5	6.5	8	22
21	广西	7	4	3.5	14.5
22	内蒙古	7	4.5	8.5	20
23	贵州	3	5	3	11
24	云南	3	4.5	4	11.5
25	前卫体协	2	4	2	8
26	火车头体协	2	2	2	6
27	香港	2	1	4	7
28	重庆	2	0	5	7
29	新疆	1.5	5.5	7.5	14.5
30	甘肃	1	2.5	7	10.5
31	宁夏	1	1	4	6
32	青海	0	1	2	3
33	西藏	0	0	2.5	2.5
34	海南	0	0	2	2
34	通信体协	0	0	2	2
总计		550.5	476	526	1552.5

第十一届全运会积分榜

表14-2-18

排名	代表团	总分	排名	代表团	总分
1	山东	3220	22	广西	413.75
2	广东	2827.25	23	云南	368.25
2	解放军	2656	24	新疆	341
3	江苏	2679	25	香港	332
4	辽宁	2574.5	26	甘肃	317.25
5	上海	2547.25	27	重庆	252.5
6	北京	1753	28	贵州	212.75
7	四川	1563.5	29	宁夏	154
8	浙江	1515	30	前卫体协	115.5
9	河北	1305	31	火车头体协	98.5
10	黑龙江	1302.5	32	海南	96
11	天津	1081.5	33	青海	81
12	福建	996.5	34	西藏	70.25
13	湖北	848	35	通信体协	40.5

续表14-2-18

排 名	代表团	总 分	排 名	代表团	总 分
14	河南	783	36	煤矿体协	20
15	湖南	756.5	37	澳门	17
16	安徽	736.5	38	金融体协	15
17	吉林	718	39	冶金体协	13.5
18	山西	567	40	电力体协	6.5
19	陕西	537	41	航天体协	6
20	江西	464	41	水利江河体协	5
21	内蒙古	422.75	总计	34830	

第四节　服务保障

一、安全保卫

全市公安机关牢固树立“安全第一”的指导思想，把安保工作纳入全运会工作全过程，扎实推进“平安全运工程”建设。

（一）安保筹备工作。围绕比赛场馆、大型活动、要人警卫、交通消防、反恐处突和社会面控制等工作，研究制订总体方案、专项方案、实施方案3个层面的安保方案预案196个，形成完整严密的方案体系，并通过系列测试赛和彩排、预演等大型活动，安保工作不断完善。开展安保执法政策研究，编制《全运安保政策意见汇编》和《全运安保勤务手册》，形成完整的安保执法政策体系。组建特警“黑豹突击队”和武警“闪电突击队”，编制处置公交车突发事件、劫持人质、道路交通堵塞等19个科目的演练规划，先后开展42次反恐演习和综合演练，提高快速反应能力和应急处置水平。开展风险评估和背景审查工作，严密事前防范。在全运安保工作中首次开展风险评估，对开闭幕式、场馆运行、住地安全、交通安全等进行专题评估，及时更新风险因素评估等级。建立申请注册人员背景审查工作机制，严把安保工作第一道关口。对7.19万名申请注册人员以及工作服务人员逐一开展背景审查。科学调配警力，发挥最大警务效能。遵循“内外联动、集约用警，统筹兼顾、岗责一致，动静结合、统一调配”原则，合理设置岗位和警力投入数量，制订《赛时安保力量调配方案》，编制开闭幕式、赛事、全运村等61个“安保力量配置表”和“明细表”，为明确执勤单位任务分工和领导即时动态调整警力提供准确依据。全运会期间累计投入警力90余万人次，其中10月16～28日投入警力30余万人次，用警量创济南市历史最高纪录。

（二）安保与警卫工作。坚持以信息化为支撑，依靠科技手段提高安保工作质量和效率。研发建立集有线无线通信、警用地理信息、三维动态、网络视频监控等系统于一体的“数字化”全运安保指挥系统，落实“实名制”警力部署和“点对点”指挥，现场指挥部与公安部、省公安厅和市公安局指挥中心实现音视频、专网专电互联互通；在奥体中心及周边新建350兆无线通信机站，设立1000多个监控探头，实现对奥体中心及周边区域的安全监控全覆盖；购置“动中通”、微波图像传输等移动传输车，升级改造进出市区的交通卡口系统，实现市区交通主干道、奥体中心周边道路实时监控和信号控制；整合在逃人员、被盗抢车辆、娱乐场所信息等18个系统，建设具有济南特色的实战化情报信息研判平台，实现数据实时同步、整合共享。深入开展“创满意”和“微笑服务”活动，最大限度提供热情周到、优质便利、充满人性化的安保服务。强化奥体中心、运动员村、媒体村等重点场所外围安保措施，在内部创造宽松和谐环境。加强对场馆、住地安保和安检人员的教育培训，坚持善待运动员、媒体和宾客。在认真执行安检和证件管理规定、确保安全的前提下，提高安检效率，为贵宾、运动员、教练员和媒体记者提供方便快捷的服务。向57家签约宾馆派驻由社区民警、交警、消防警等组成的安保团队，为驻点提供安全服务；对其他50余家入住宾馆坚持每天安全检查，落实双签字制度，严格网格化管理。在开闭幕式、重点赛事和大型活动举办前，及时召开新闻发布会，向社会通报交通管制区域和时间、观众进退场路线、禁限带物品等相关事宜，方便群众出行和观看赛事。把握“和谐”主题，在确保安全的前提下，最大限度减少全运安保和交通管制对群众正常工作生活的影响。实行严格细致、奖罚分明的工作责任制，督查、政工、纪检部门随警作战，全程督导。

（三）开闭幕式和赛事安全。以济南奥体中心为中心，由外向内设置7道防线、4个交通管控区域，全面部署落实各项安全保卫措施，打赢开幕式、闭幕式、赛事和火炬传递安保“四大战役”。强化安检搜爆和现场安保措施，确保封闭区绝对干净。严密安全警卫工作，全面落实住地、现场、路线警卫工作措施，严格接待服务人员审查，严格警卫核心区域控制，严密控制奥体中心周边区域和10个重要的制高点。严密交通组织保障，确保疏导快捷有序。加强全运交通基础设施建设，新建88块全运交通诱导屏、30公里交通专用通信光缆，设置6条全运专用通道、10条全运优先通道和15条全运绿色通道。针对赛时交通特点，不断完善机动车流量削减措施。借助新闻媒体、网络、手机短信等手段，广泛开展“礼让斑马线”等交通宣传活动，使各项交通管控措施获得市民的理解和支持。全运会期间，全市交通拥堵和事故报警比采取禁限措施前分别下降18.8%和74.8%，实现全运交通与社会交通和谐运转。

二、市政保障

（一）重点工程建设和市政公用事业。投入资金100余亿元，拆迁各类建筑物80多万平方米，先后实施市政道路建设改造、路灯整治提升、河道综合治理、BRT运营网络建设、公交及车辆退旧更新、供水低压片区改造、燃气输配管网和热源厂、污水处理厂建设等10大类64个项目。市政基础设施按照“先急后缓、分期分批、压茬实施、整体推进”的工作思路，投资约40亿元，组织实施150余条市政道路建设改造、整修整治及推出新工程。新建奥体西路、奥体中路、旅游西路等10余条市政道路，改造历山路、转山西路、大明湖路等近20条道路，打通山大南路、玉函路、建辛路等“断头路”，累计拆迁各类建筑物约35万平方米。引进桥梁信息管理系统，对全市桥梁实施数据收集及检测评估工作，对危桥、旧桥及时抢险加固，对旅游路转山、开元隧道设施实施改造提升，成为泉城一大新景观。城市照明方面，投入专项资金近1.5亿元，对有路无灯或路灯设施落后的136条城区主次干道、907条背街小巷实施路灯建设提升和综合整治，基本实现二环路以内道路照明全覆盖。城市公共客运方面，实施公交优先发展战略，不断加强公交网络和基础设施建设。先后完成黄岗、北全福、燕山立交等场站建设，开工建设奥体中心立体停车场，购置新型公交车2110部，大修车辆859部，开辟新线路38条，日客运量220万人次。快速公交(BRT)从无到有，建成北园路(工业北路)、经十路、历山路、二环东路、奥体中路“两横三纵”的BRT网络，济南市成为全国第一个拥有城市快速公交网络的城市。更新出租车6000余辆，开展出租行业“迎和谐全运、树行业新风、展泉城风采”优质服务竞赛活动，城市公共客运功能和服务水平得到明显改善。城市排水方面，按照“以实施中心城区河道整治为重点，逐步向外扩展；以实施主河道整治为重点，逐步向支流扩展”的工作思路，累计完成拆迁拆违约30万平方米，河道清淤约28万立方米，敷设雨污水管线约43公里，河道挡墙砌筑约25公里，护栏安装约23公里，道路整修约11万平方米，累计整治河道约52公里。推进城市防汛工程建设，完善城市防汛调度指挥系统，修订城市防汛应急预案，配备防汛指挥车、移动泵车等特种防汛设备。城市供水方面，积极推进再生水回用工程，加大节水宣传、供水调度和用水计划管理力度，年减少地下水开采约1亿立方米。全面调整供水格局，城市供水由以地下水为主改为以地表水为主，为解决供水格局调整后部分地区水量、水压不足问题，改造供水低压片区30多处；为解决奥体文博片区受自然条件限制供水水源严重不足问题，投资近2亿元，新建二环东路、奥体片区、龙洞路、东片区和解放桥5座供水加压站及配套管网，实现供水水源的“北水南输”“西水东调”。城市燃气方面，完成3条天然气供应入济管线工程，形成多元供气保障格局。年供天然气2.2亿立方米，新增管道燃气用户11万户，城市燃气气化率97.6%。新建天然气加气母站3座、子站27座，日供气能力35万立方米。投资1000万元建设文博压缩天然气加注站，确保正常燃气供应出现问题时可及时启动应急气源保障火炬、场馆、全运村的燃气供应稳定。城市供热方面，建成并运行丁字山热源厂，扩建小鸭、轻化热源厂，新增集中供热面积1065万平方米；开工建设浆水泉、莲花山、西客站、大学科技园4座热源厂。投资3亿元，完成汽改水管网改造75公里，供热效率与供热质量明显提升。实施明湖、北郊等热电厂17台锅炉脱硫改造工程，年减少二氧化硫排放3200多吨。

（二）行业安全防范和市政保障水平。加强隐患排查，在全系统范围内定期开展安全大检查活动，对排查出的事故隐患，严格按照有关规定进行治理，确保各类隐患整改、安全措施落实，切实消除安全隐患。加强安全防范。以防恐怖、防投毒、防爆炸、防火灾、防泄漏、防爆管为重点，全运会期间重要市政公用设施实行24小时不间断巡查和死盯死守，并申请武警入驻保障。对隧道、比赛场馆和运动员居住酒店等重点区域、重点部位实行全方位防范、全天候监控、全日制值守，确保市政公用设施安全。对水厂、加压站、调压站、换热站、公交场站、储备站、灌装供应站、加油(气)站、比赛场馆周边等市政公用设施、地下管网管线等要害部位，人防、技防、物防措施严格落实到位，覆盖率100%。确保稳定供给。针对国庆长假和全运会、园博会等重大活动特点和市民需求，做好公交、路灯、供水、供气、供热等市政公用设施保障工作。在全运会开幕式当天，济南公交先后出动1300辆公交车免费运送开幕式运动员及演职人员5万余人。开幕式结束后，在45分钟内将乘坐公交的3.8万名观众全部疏散完毕，成为全运会史上靠公交车疏散观众的唯一城市。加强应急管理。编制完成供水、供气、公交、排水等8项突发事件应急预案，成立市政公用系统应急处置指挥中心和应急管理办公室，组建供水、供气、供热、公交、路灯、市政基础设施维护等15支应急保障队伍。强化应急救援演练，做到重大隐患有预测、有预警、有预案，事故发生后反应迅速、措施有力、处置得当。确保开闭幕式万无一失。组建现场保障团队，多次参与组委会统一组织的综合保障演练，积累保障工作及应急处置工作经验。

三、电力保障

推进电网建设改造，构建坚强供电网络。投资6.69亿元，建设5项配套输变电工程，新增变电容量110万千伏、线路109公里。形成由邢村、姚家、贤文、大正四座220千伏变电站提供电源支撑，全运、奥体两座110千伏变电站向全运会主场馆供电的坚强网络。建设110千伏泉港变和神武变第二电源，对姚家、前卫、和平、匡山等变电站进行改造，满足各比赛场馆、赛事服务单位和重要城市运行用户的供电需求。配合市政建设，完成奥体文博、小清河、大明湖三大片区以及玉函路、二环东路等重点道路的电力线路迁改及电缆化入地工作。组织精干力量，完成开闭幕式及IBC(广播电视转播中心)独立供电系统建设任务。投资6700余万元，建设3套独立的供电系统，新增变电容量3.12万千伏安，新增变压器24台，电缆分支箱、低压配电箱、低压开关柜、低压终端箱106台，电缆桥架3000余米，电力电缆5.6万余米。在全运会开闭幕式及正常赛事期间，共安排变电运行、变电检修、输配电运行、调度通信、客户安全、独立供电系统、安全防护、负荷监控系统等9个专业共计5.92万人次、4125台次工作车辆、375台次发电车辆参加开闭幕式及各项赛事电力保障工作。对涉及全运会的39座变电站、29条346.47公里输电线路、95条392.22公里配电线路、276.075公里电缆、71公里电缆沟、2613个电缆管沟井盖以及12个特级用户和249个重要用户进行全面巡视盯防。在13天的集中保电时间里，第十一届全运会开幕式主场馆及重要附属设施供电设备、城市运行设施未出现任何故障，济南电网主网和配网均保持安全稳定运行。

四、环境建设

结合重点工程建设和整治项目的实施，着重抓好一批泉城特色文化项目的建设和提升。重点抓大明湖扩建、老城区保护改造、小清河改造、经二路传统商业街区改造等一批特色项目的实施。大明湖扩建工程如期完工，9月22日对外开放；按照修旧如旧的原则，对芙蓉街、曲水亭街、文庙、明府城等一批传统文化街区和传统商业街区及民居进行维修改造，恢复和重建泉城特色风貌；实施小清河改造，打造滨河风光带，提升济南形象；结合市区主要街道整治，修建一批文化墙、雕塑小品，展现泉文化、大舜文化、孔孟文化，展现济南作为历史文化名城的深厚底蕴。

五、交通保障

首次针对大型活动开展交通安全风险评估工作，以维护社会稳定和保障道路交通安全、畅通为目标，以济南奥体中心等比赛场馆、住地、首脑机关及标志性建筑等周边道路为防范重点，针对重大刑事案件、群体性治安案件、公共卫生事件、自然灾害、重特大交通事故、危化品泄漏、火灾、严重交通堵塞等10种主要的突发事件，分别制定应急处置和交通保障措施，建立与交通、救援、医疗等部门和单位的联动机制，组织实战演练，强化快速反应能力、交通保障能力和应变处置能力。

以开闭幕式为重点，结合全市交警警力分布状况和全运安保警力实际需求，按照“扁平化”指挥、“实名制”部署的要求，对拥有警力资源进行充分调研，为安保警力的调配使用提供详细准确的基础资料，最大限度地将警力投入到全运交通安保工作中。在警力部署上打破常规，全警出动，全员参战，全运会期间共出动警力2.2万余人次。开闭幕式期间，以济南奥体中心体育场为中心，由内向外分别设置“交通安保封闭区、交通安保管制区、交通安保控制区、交通安保分流区”4个管控区域和外围疏导点，设置6条全运专用通道、10条全运优先通道和15条全运绿色通道，采取“外围集结、远端安检、集中乘车、分时分路抵离”4种交通组织模式，组织不同群体人员分时分路抵离开闭幕式现场。执勤交警落实点、线、面全方位疏导控制措施，对各群体人员实施分层次、分区域、分时段、全方位的组织集结与疏散。严格开幕式停车证件发放，缩小发放范围，减少开幕式现场交通压力。最大限度了解开幕式门票发售情况及持票人往返开幕式现场的交通方式，根据停车需求科学规划、设置停车场。在封闭区内、外设置13处专用停车场，大小型车位3450个。开闭幕式当晚，管制区内专用停车场大小型车位流线清晰、互不干扰、出入畅通，管制区外停车场车辆停放有序。退场时，安排停放车辆依照指令，统一卡控、间隔放行、依次驶出，保证警卫车队、公交专线、演职人员、运动员、教练员等交通流互不干扰，安全有序离开。

全运会期间，共完成级别以上交通警卫任务21次，完成各界贵宾在济活动任务63次，运动员、裁判员每日驻地场馆往返、代表团考察、足球篮球外地转场等无级别任务1096次，行程近万公里，实现绝对安全的目标。结合火炬传递沿线交通实际情况，划分7个任务段，设置3道防线，合理设置停车场，出动警力852人，确保火炬传递的顺利进行。对全运会涉及的所有驻地进行逐一勘查，将驻地交通安保分为领导和贵宾住地、运动员村和媒体村、比赛场馆3个主要部分，有针对性地制定交通安保措施，并安排34名民警负责驻地交通安全，加强驻地出入口交通组织，规范停车管理，确保交通警卫任务出入安全。根据赛事规模科学安排警力，加强交通管控和疏导，做好停车管理工作，确保赛事的顺利进行。

六、医疗卫生保障

全运会期间，全市3900余人参与医疗卫生保障工作，共出动5.5万余人次、1.5万余车次，监督定点宾馆等共3.1万户次，下达监督意见书1.5万余份，开展快速监测1.1万余份，保障运动员、工作人员、媒体记者安全用餐30.5万人次；比赛场馆、全运村、定点宾馆现场等共接诊1.49万人次，紧急救治转运676人次；进行体温监测102万余人次，开展病媒生物密度监测1410点次，媒介生物防治消杀面积120余万平方米，监督检查药品生产、经营、使用单位5949个，圆满完成开闭幕式、各项比赛及火炬传递等医疗卫生保障任务。整个赛事期间，未发生食物中毒、生活饮用水污染事件，未发生传染病暴发流行，确保所有伤病员都享受到及时、安全、有效的紧急医疗救治和医疗保健服务，未发生药品安全事件和药源性兴奋剂管理事件，城市运行层面平稳运转。

七、广播电视转播

第十一届全运会组委会从济南电台、济南电视台、济南市广播电视信息网络中心抽调几十名专业技术人员组成场馆协调队伍，负责转播团队协调、安全后勤保障、信号传输保障等工作。组成多支网络巡查保障队伍，负责各比赛场馆至IBC之间的传输网络的巡查及抢修。按照十一届运动会比赛项目的转播技术要求，结合比赛场馆实际，编制约5万字的《十一运会转播传输技术运行手册》，对转播传输技术统一标准，统一动作，统一操作流程。赛事期间，共出动网络保障车辆220余次，600人次在线路上巡视，巡视线路7000多公里，有力保障电视公共信号传输的安全。建立安保部门、转播团队、赛区组委会广电部3方安保协调机制，明确各竞赛委员会、赛区组委会广电部和转播团队的安保职责分工，由竞赛委员会安保部门、转播团队、赛区组委会广电部形成3方安保协调机制。在比赛场馆，安排武警战士对电视转播设施进行24小时值守；对设置在野外的微波传输系统，除安排技术人员进行24小时保障外，同时联系安保人员进行安全保障，为电视转播顺利进行提供百分之百的安全保障。顺利完成第十一届全运会举重、摔跤、排球、拳击、马术5个大项的电视转播及公共信号传输，山地自行车、公路自行车、速度赛马3个项目的电视录播，共计完成6大赛事360个小时的电视公共信号制作。共动用100多台摄像机、4台高清电视转播车、200多人参加公共信号制作，共计制作传输电视公共信号360个小时，分别被央视1套、5套、7套采用180个小时，采用率50%。其中举重、排球等项目被央视完整转播。实现零事故、无差错工作目标，以精心的组织、精细的工作、精湛的技术、精美的画面、精彩的转播，向全国人民奉献精彩的视觉盛宴。

八、信息技术

(一)搭建场馆基础网络和赛事信息系统。按照打造“数字全运”的目标要求，组织协调全市主要通信运营商加强网络升级改造，积极参与赛区场馆通信设施建设，前后投入约5.9亿元。济南赛区9个市管场馆、全运村、奥体酒店及周边地区，2G网、3G网、800M数字集群网络和固话网完成信号全覆盖，实现高速率无线宽带上网。制定济南赛区通信指挥调度架构，建立以公众移动通信(“一对一”电话通信)为主，800M数字集群通信(“一对多”对讲通信)为辅的指挥调度体系。各比赛训练场馆机房及信息管网健全完善，竞赛成绩处理、竞赛信息传输、视频会议、视频监控和调度指挥等信息系统安全稳定运行，各类赛事信息和调度指令传输畅通无阻，确保各项竞赛活动顺利进行。

(二)实现场馆区域无线电监听监测。市无线电管理部门以全运会无线电安全保障工作为重点，加强组织领导，进行应急演练，组织执法检查，落实工作任务。保障期间，在济南赛区投入工作人员60名，启用固定监测站12个、移动监测车5辆、便携式手持测向机15部，承担开闭幕式、27个比赛分项、17个比赛场馆的无线电安全保障任务。共计为全运会批复专用频率1260多个，粘贴无线电设备专用标签2万部，查处干扰11个，排查不明信号23个。

(三)做好赛事信息技术保障工作。加强场馆基础网络运行维护，赛前监督检查、调试，确保信息网络线路无阻隔；赛间监测网络流量动态并及时发现、解决问题，为竞赛提供安全可靠和高速稳定的专网和互联网服务。加强竞赛信息系统运行维护，根据竞赛项目配置信息设备，安装调试竞赛信息系统，全力保障计时计分、成绩处理、电视字幕直播、LED大屏显示等各项竞赛信息系统的安全稳定运行。加强通信服务和指挥调度系统运行维护，赛前检查优化场馆和驻地宾馆通信设施，协调应急通信保障车辆，赛间每半小时巡检一次机房，检查各项通信设施，实时监测公众通信信号，有效保障调度指挥指令和公众通信通畅。

(四)完成开闭幕式及火炬传递重大活动通信保障任务。制定全运会重大活动通信保障及应急处置预案，根据各项活动场馆及周边区域特点，在完成通信信号技术测试基础上，合理调配设置通信设施、应急通信车辆和抢修车辆，分现场、周边设施和核心网络3个梯队安排工作人员值守，确保重大活动通信保障万无一失。开闭幕式和火炬传递共计投入保障人员1100人、保障车辆120辆，光缆每200米安排一名工作人员值守。开幕式期间，奥体场区成功实现10万名观众同时通话、2000位记者同时上网、近千名现场指挥人员同时群呼的通信能力，容量配置超过北京鸟巢。

(五)推进城市信息网络基础设施建设。以优先保障全运会信息技术与通信保障为基础，协调社会各界力量，加快推进城市信息网络基础设施建设。组织开展移动网络专项优化活动，全市交通枢纽、高速公路、机场、星级宾馆及大型活动场所通信网络质量显著提高。组织实施以光纤入户为目标的网络改造工程，全市互联网出口带宽300吉(G)，光纤接入的精品宽带楼宇覆盖区域60%以上，用户接入速率2兆以上，城市新建社区接入速率100兆以上。推进“无线城市”试点工作，全市3G和无线宽带网络信号覆盖市区和县城驻地，重点区域实现无线宽带高速上网。

九、志愿者服务

全运会期间，济南赛区共招募5000名赛会志愿者，由第十一届全运会组委会志愿者工作部在省属17所高校招募选拔，按照“校项”

全运会志愿者热情服务　　(2009年摄)

对接的模式，为济南赛区16个项目提供志愿服务，其中，有3964名志愿者在济南赛区承办的12个竞赛项目的40多类岗位和全运村的27个岗位上提供500多万小时的志愿服务。共招募9000名城市志愿者，10万名社会志愿者。自2008年10月启动招募，通过网上报名、集中报名、特色招募等多种招募渠道，共接受志愿者报名申请20万余份。经过严格的身份审核确认，择优确定人选。设置社会志愿服务站1000个，按照服务内容分6类：排队示范站、交通维护站、环境保护站、信息服务站、特色服务站、社区服务站。2009年5月1日开始上岗测试，利用节假日周末开展服务；9月20日，济南赛区志愿者在全运村举行誓师大会庄严宣誓，为全运会做好全面准备；10月1日开始全面上岗，城市志愿者和社会志愿者成为泉城济南一道靓丽的风景线。截至10月28日，10.9万名城市志愿者和社会志愿者共提供志愿服务409.2万小时。

开展以“拥抱全运、志愿济南”为主题的系列活动。向社会发布正式版、啦啦队版、少年版和车友版4个版本的“全运文明风尚圈”；10个县(市)区开展“全运文明旗帜在传递”活动；举办“舞动泉城”系列比赛和演出以及“全运啦啦操大赛”，并与济南电视台、济南奥体中心联合举办“全运大舞台”济南市志愿者艺术团走进奥体中心演出活动；成立“济南车友全运助威团”，为到济南的运动员、教练、来宾提供免费用车服务；开展社会志愿者“蓝丝带在行动”主题系列活动，组织社会志愿者进行环境综合整治志愿服务、交通维护及宣传交通法规和安全知识，为外地驾驶员、游客指路。

十、新闻宣传及社会动员

(一)抓住机遇宣传济南。自2009年4月起，连续7个月不间断地在央视黄金时段播放城市形象片《相约泉城》和《美丽泉城》，开创央视宣传推介济南先河。《人民日报》、新华社、中央电台、中央电视台、《经济日报》《光明日报》等中央媒体刊发济南市筹办全运会和济南市新发展新变化稿件500篇(次)以上。新华网、人民网、搜狐网、网易网等全国重点网站，刊发济南市有关稿件5000篇以上。强化省级媒体宣传，《大众日报》、山东电台、山东电视台、《齐鲁晚报》《生活日报》《山东商报》等媒体刊发济南市各类稿件近4000篇(次)。推出“全民全运、全新泉城”“建美丽泉城、迎和谐全运”等一系列有影响力、感召力、富有特色的栏目和专版专栏，刊发一批有深度有力度的长篇报道，创作“天下泉城”等一系列新闻精品。2009年全市各媒体共刊发宣传济南市委、市政府筹办全运决策部署，宣传全市以迎办全运为动力推动又好又快发展，宣传全市各级各单位全力服务保障全运会，宣传全市人民共建共享全运等稿件7000篇以上，创造建报建台后，主题宣传密度和力度之最。

(二)营造人文全运氛围。突出全运会“和谐中国，全民全运”主题，把广泛动员全社会热情关注、积极参与、共办共享全运会，作为一项重要任务；精心设计，着力打造主题教育、文化活动、宣传阵地、文艺感召等社会动员平台，深入各社区、乡村、学校、单位宣传筹办全运会的重大意义、难得机遇、奋斗目标、主要任务、公众责任。广泛深入开展“建美丽泉城，迎和谐全运”主题教育活动，各级各单位围绕主题教育，组织开展讲座、论坛、座谈、演讲、知识竞赛等各类教育和实践活动5000余场(次)，参与干部群众近百万人次。自2009年3月起启动“迎全运，爱泉城”系列文化活动，共分为激情动员、放歌全运、泉城映像、律动济南、文明驿站、风采展示、快乐奉献、童心全运、精品展演和欢乐广场10个板块。至10月底，全市各级各单位组织开展各类文化活动2034场次，其中全市性有规模的文化活动128场次，吸引数十万人踊跃参与。着力营造浓厚社会宣传氛围，组织各级各单位充分利用黑板报、宣传栏、文化墙、单位报、简报等，切实强化经常性宣传动员工作，结合迎全运环境综合整治，以街道办事处和社区为主，创办以宣传全运为主的文化墙3万多平方米，张贴各类宣传画4万余张，形成济南一道靓丽的风景线。结合庆祝新中国成立60周年，会同《齐鲁晚报》《济南时报》等，组织开展“中华人民共和国国旗、第十一届全运会会旗飘扬满泉城”活动，共在全市悬挂国旗、会旗和各类刀旗、路旗7万面(块)，形成经十路、大纬二路、舜耕路、马鞍山路、经一路等一批以国旗、会旗为主的“辉煌中国、和谐全运”景观带。在全运会倒计时100天之际，推出“全运大舞台”系列文化活动，演出节目以自创自演为主，突出全运会主题，集中展示济南市民迎办全运的风采，组织“全运大舞台”进社区、进乡村、进军营、进学校、进企业等11场次，全部由济南电视台娱乐全运频道进行录播。9月27日在山东省体育馆组织开展“庆国庆、迎全运——唱响济南”大型群众歌咏演唱活动，进一步激发全市人民热爱新中国、共办全运会的信心和热情。

（三）媒体接待服务。把热情周到细致地为全国媒体记者搞好服务作为大力宣传济南、积极推介济南的一项关键性工作，认真学习借鉴奥运会和第十届全运会媒体运行接待服务经验，注重从细节入手，把媒体运行服务分解为信息采集、证件发放、记者接送、食宿安排、宾馆服务、现场服务、采访服务、特殊服务、应急服务等十大方面近百项具体工作，逐项明确责任、明确标准、明确时限，明确风险评估与工作预案，凡涉及多单位负责的，都明确信息沟通及组织协调机制。全运会开幕式后，开通每天24小时记者服务热线，对所有记者提出的问题，不论职责范围内外，不论面临什么困难，都满腔热情，及时解答，迅速解决，快速反馈。建立24小时全天对各类媒体报道进行研判、分工负责与各媒体记者进行日常沟通和各类媒体报道情况、有可能引发负面报道等事项的日报告制度。针对著名运动员刘翔参赛引发的媒体采访热潮和竞争大战，及时启动媒体现场采访引导管理服务工作应急机制，保证预赛和决赛现场采访顺利组织实施。先后接待中央、省、市各类媒体记者5000多人，刊发各类稿件照片等数千篇(幅)，基本未出现有损济南市形象的负面报道。

十一、全运村

全运会历史上第一个全运村，自2009年9月28日正式开村到10月31日圆满闭村，总接待人数1.01万名，其中，运动员村共接待42个代表团的349支代表队7187名运动员、教练员和随队工作人员，媒体村共接待200多家新闻媒体的2962名记者，兑现接待服务工作“零失误、零差错、零投诉”的郑重承诺，实现构建“温馨全运村、和谐大家庭”目标，赢得全运村居民及社会各界的广泛赞誉和一致好评。先后为12个体育代表队和媒体报道团举行入村欢迎仪式，先后接待党和国家领导人、省部级领导及国外友好人士44人次。银座泉城大酒店、东方大厦、省旅游职业学院、舜耕山庄、吉华大厦5家住宿运营团队开展亲情化、个性化和标准化服务，真正把运动员村和媒体村营造成“运动员之家”“记者之家”。鱼翅皇宫大酒店、舜耕山庄2家餐饮运营团队，满足全国各地运动员和记者的饮食习惯，累计就餐人数分别为21万和6万余人次。交通服务安全顺畅，运动员村中巴车运行1.18万车次，运送乘客11.7万人次，电动车摆渡运行1.48万车次；媒体村20辆电动车招手即停、随叫随到。上千名公安干警和武警官兵严格执法、热情服务，运动员村和媒体村5个安检口每天24小时全天候运转，共安检入村人员90多万人次、各种车辆3800多台(次)，消防安全、治安安全和居民的人身财产安全得到可靠保障。全力做好食品安全监管和食源性兴奋剂管理，实现医疗急救无差错、传染病无漏诊、饮食安全无事故的目标。物业保障团队把排查隐患与及时维修、村内保障与村外保障有机结合起来，确保全运村运营期间供水、供电、燃气、网络、电话、电视、电梯等设备设施的安全运行和全运村环境的整洁、卫生、美观。200名服务人员被评为全运村“微笑服务之星”，10人获全市“全运微笑之星”“全运微笑使者”称号。运动员村和媒体村共收到表扬信、感谢信4472封，锦旗81面。新闻媒体对全运村的报道超过2万条，有关全运村的网页34万篇。

全运会历史上第一个全运村——海尔绿城全运村（2010年摄）

第五章　人才培养与运动训练

第一节　人才培养

1986年，全市有济南市体育运动学校、皇亭体育小学(业余体校)、济南体育运动大队3个专业机构，配置专职教练员，加强专业训练。体育人才培养工作本着“选好苗子，打好基础，系统训练，积极提高”的方针，稳步发展。

1991年，济南市在平阴县召开“关于进一步强化业余训练工作现场会议”，要求各县(市)区学习平阴县自力更生、创造条件办好业余体校的先进经验，并提出5条措施意见。1992年，章丘市第一所“三集中”(学习、训练、生活)少儿竞技体校成立。至1996年，平阴县、章丘市、历城区、长清区、济阳县先后建立“三集中”少儿竞技体校，商河县建立“二集中”(学习、训练)少儿竞技体校，市内4区建立“走训制”业余体校4所。全市从事业余训练的教练员210余名，在训学生3000余人。

2002年，全市行政机构调整，章丘市、平阴县、长清区、济阳县、商河县的体委与文化局合并为文化体育局。县(市)区“三集中”少儿竞技体校大都停办。2003年，济阳县少儿体校依托济北中学成立田径项目特长班。2004年5月，历城区少儿体校合并到历城五中。章丘市少儿体校文化教师归口到教育部门，业训模式恢复到“走训制”。至2005年，业训生源不足，全市业训状况出现萎缩。

加强“体教结合”，促进业训发展。2006年6月4日，市体育局和教育局共同召开全市青少年体育工作会议，主要研究强化“体教结合”工作，联合下发《关于成立济南市青少年体育工作领导小组的通知》和《关于开展〈业余体育训练点〉认定工作的通知》。2007年，加快中小学业训网点建设，初选128所学校(俱乐部)业训点。2008年，市政府组织教育局、体育局赴江苏省南通市、南京市进行考察活动，形成市政府《推进体教结合工作有关问题的会议纪要》。2009年，两局召开全市青少年体育工作会议，确定篮球、排球、足球、武术等联办项目，推荐256个学校为业余训练点。同年，商河县文体局体育机构与教育局合并，更名为教育体育局。2010年，章丘市、平阴县、济阳县、长清区成立教育体育局，迈出一条"体教结合"培养体育后备人才的新路子。1995～2010年，各级体校向省运动队培养输送优秀体育后备人才830余名。

济南市实行裁判员等级审批制度。1986～2010年，每年培训、审批二级裁判员，向省申报一级以上裁判员。至2010年，拥有裁判员4000余人，其中国际级3人、国家级50余人、一级1000余人、二级2000人，涉及田径、篮球、排球、足球、乒乓球、举重、射击、射箭、棋类、航模、武术、摔跤、柔道等多个项目，形成一支项目比较齐全、机制比较合理的裁判员队伍。

2010年济南市国际级、国家级裁判员名单

表14-2-19

项　目	国际级	国家级
田径	于丙午	刘福生　卢安平　董　飚　秦　勇　李忠平　李　伟　朱　雷　侯可森　朱宁刚　张勤东
乒乓球	姜　杰(女)	朱志强　罗计晨　石　玮　张　霖　李晋基　冯爱华(女)　林志伟(女)　王新玲(女)　张　蕴(女)
篮球		张大伟　任明霞(女)　张　伟(女)
排球		王　冲
羽毛球		王全代　邢笑峰　翟鲁斌　米　杰(女)
足球		吴志东　姚　庆　张丰年　冯嘉龙　胡　博　张　越　金　红(女)　王　露(女)　楚　咏(女)
举重		赵丰东　姜　凯
国际式摔跤	贾世军	荣元文
柔道		石　英　龚　明　吕荣昌　刘海峰
拳击		刘　辉　崔　巍
射箭		周少敏
射击		张克东
自行车		张祖泉
体操		李　强　刘　伟(女)

注：国际级裁判员均系国家级裁判员，名单内人员为在市体育局注册裁判员

第二节　运动训练

1986年，济南市确定以市级训练单位为龙头，县(市)区业余体校和体育传统项目学校为基础的“双渠道业余训练体制”，并提出“全市体育工作以业余训练为中心”的基本指导思想。1989年，制定下发《关于加强我市运动队思想政治教育和管理工作意见》《济南市重点项目布局安排意见》《济南市向省级输送运动员的暂行办法》《济南市体育运动奖励暂行规定》等法规性文件，促进业余训练的发展。1992年起，体育训练突出奥运会重点项目和省运会重点项目，保持有群众基础的优势项目。体育训练目标不仅瞄着省运会，而且放眼全国城市运动会、全运会、奥运会，确定集中力量加强田径、游泳、乒乓球、射击、射箭、举重、摔跤、柔道等项目。2003年2月，设立济南市田径运动管理中心，加强田径项目训练；在济南市训练基地又增设网球、铁人三项两个项目。2005年3月25日，下发《济南市竞技体育“2911工程”实施方案》，目标为二十九届奥运会和十一届全运会。建章立制、强化管理；教练员竞争上岗、评聘分开；建立运动员选材管理制度、强化教练员业务培训。在巩固田径、游泳、射击、乒乓球、女子重竞技等奥运会重点项目的同时，将球类、跆拳道、自行车、皮划艇、铁人三项等发展成为重点项目。2008年6月13日，在首届“山东省优秀运动队后备人才训练基地”评选中，济南市皇亭业余体校、济南市体育运动学校、济南市田径运动管理中心的7个体育运动项目被省体育局命名为“山东省优秀运动队后备人才训练基地”。其中，曾培养出世界冠军李晓霞、全运冠军彭陆洋的皇亭业体乒乓球项目，培养出世界游泳短池锦标赛冠军高畅的游泳项目分别被评为一类和二类优秀后备人才基地；市体校自行车、射箭、篮球、武术散打4个项目和市田径项目管理中心田径项目被评为优秀后备人才基地。2009年，加强体教结合，增加投入，调动基层教练员和体育老师积极性，充分利用基层单位场地和生源优势开展业余训练。2010年，加强对县(市)区业余体校、体育传统项目学校、各中小学训练点的宏观管理，以全运会、城运会、省运会为重点，突出奥运项目，以省运会为周期，加速后备人才的培养。

第三节　体校选介

一、济南市体育运动学校

1984年，在济南体育学校、济南重点业余体校(第五十中学)的基础上，经省、市政府批准成立，为全市唯一中等体育专业运动学校，校址在经十路114号跳伞塔院内。

1995年始，学校连续保持市级“文明单位”称号。1997年，先后被省体委和国家体委授予省级和国家级“高水平体育后备人才基地”。1998年，被国家体委授予“全国业余训练先进单位”。1998年、1999年、2002年，先后被市政府记集体二等功一次、三等功二次；2000年，被济南市委表彰为“基层先进党组织”，被市爱卫会授予“市级卫生先进单位”。2001年，被国家体育总局授予“中国重点射箭运动学校”“中国重点篮球运动学校”和“青少年体育俱乐部”。2007年12月，整体搬迁到新校区。该校课程设置分文化课、体育基础理论课和专业技术课三大类。专业技术课有篮球、排球、射箭、射击、柔道、摔跤、拳击、跆拳道、自行车、羽毛球、举重、击剑13个奥运会项目和武术散打等共计14个运动项目；担负着济南市参加省运会、城市运动会、全运会比赛任务，成为初中、中专和三二连读大专为一体的省内一流体育运动学校。同年，被国家体育总局排球管理中心授予“全国排球高水平后备人才培训基地”。

2010年9月，新建综合训练馆(摔跤、柔道、拳击、跆拳道、举重)、球类馆(排球、篮球、羽毛球)、射击馆、射箭场、学生公寓楼全部竣工。新校区占地面积近10万平方米，总建筑面积7.3万平方米，绿化面积约5000平方米，新建各类训练场馆16个，包括13个室内训练馆和3个室外训练场。在满足训练需要的同时，可以承接各项赛事。有在校生368人，教职工111人。

2001～2010年，学校遵循“为国家培养输送高水平体育后备人才，为社会培养合格体育专业人才，为高等院校培养优秀体育生源”的办学原则，培养合格毕业生3600余人，为省、解放军、国家队培养输送优秀运动员342人。校址：天桥区小清河北路附近。

二、济南市皇亭业余体育学校(皇亭体育小学)

1984年成立，占地面积3万平方米，建筑面积1万平方米，有教职工84人，在校学生210人，设小学一至六年级9个班，附设体育幼儿园一所。设有游泳、体操、蹦床、乒乓球、皮划艇、跳水、武术等项目。1992年，增挂皇亭业余体校牌子。

1994年、2001年，分别被省体育局授予“山东省乒乓球训练先进单位”。1998年、1999年，被市政府记集体三等功。2001年，被国家体育总局授予“全国青少年体育工作先进集体”。2002年，被市委、市政府记集体二等功。2005年10月12日，被人事部、国家体育总局授予“全国体育系统先进集体”，校长刘凯出席“全国群众体育先进集体和个人表彰大会”并同与会代表一起与胡锦涛主席合影留念；学校被国家体育总局命名为“国家高水平体育后备人才基地”。

至2010年，向省和国家队输送优秀运动员136名，有2名达国际运动健将标准、20人达国家级运动健将标准、50人达一级运动员标准。校址：历下区泉城路15号。

三、济南市业余体育学校

1956年11月成立，1981年与市军事体育运动学校合并。1986年，校址在生产路，设田径、篮球、排球、足球、航模等训练项目，编制50人，业训学生1000余人，为走训制训练形式。业训学生代表原校参加市、区运动会，代表济南市参加省内外各项比赛。1994年起，承担济南市足球项目训练比赛任务，主要以青少年足球项目的选材、培养、输送为主。2003年，学校迁至跳伞塔院内。2008年，迁至新校。1986～2010年，向各级体育运动学校、省、国家队输送优秀运动员近千名。校址：天桥区小清河北路附近。

四、济南市田径运动管理中心

2003年2月成立，设在跳伞塔院内田径场，将原市体校、市业余体校田径项目及教练员归属到田径运动管理中心，编制43人(其中教练员30人、工作人员13人)，在训运动员200人。2008年，迁至清河北路(山师北院)。2003～2009年，在省青少年田径锦标赛上，夺得金牌82枚、银牌65枚、铜牌58枚，在全国以上田径比赛及国际比赛当中，夺得28枚金牌、14枚银牌、14枚铜牌。2006年、2009年，分别被市委、市政府授予集体三等功和集体二等功。至2010年，在田径管理中心接受训练的运动员1500人，在册运动员200多人，7人9项达运动健将标准，32人达一级运动员标准。校址：天桥区小清河北路附近。

五、山东体育学院

山东体育学院是省内唯一独立设置的普通高等体育院校。1983年、2003年，先后被国务院学位委员会批准为学士和硕士学位授权单位。2005年6月、10月，先后获全国首批体育专业硕士学位研究生培养试点单位资格和体育硕士一级学科授予权。学院总占地面积192万余平方米，校舍总建筑面积51.72万平方米；全院教学训练科研仪器设备总值6316万元；建有13个体育及相关学科实验室，99个校外实习基地。至2010年，有体育教育训练学“泰山学者”1人、山东省有突出贡献的中青年专家3名、全国优秀教师7人、省级优秀教师5人、博士生导师3人、硕士生导师99人。学院拥有1个省级重点强化建设学科、1个省级重点实验室和1个省高校基础课实验教学示范中心立项建设实验室、3个省级特色专业、3门省级精品课程，本科教育设18个专业，研究生教育设4个硕士专业、2个联合培养博士专业。有各类全日制在校生8453人，体育硕士专业学位研究生121人、函授生180人。校址：历城区世纪大道10600号；历下区文化西路10号。

第六章　体育设施

第一节　体育场馆

一、概况

20世纪80年代中期，济南体育设施建设开始出现企业、学校、集体、个人等集资兴建的新气象。1985年，东郊王舍人村农民集资建成包括体育场、娱乐园和接待服务区三位一体的文体中心。平阴县动员社会力量筹集资金，兴建活动中心，建成田径场、带看台的灯光球场，篮球、排球训练房和室外游泳池。1994年，长清、商河、济阳3县均建成400米田径场，完善看台、主席台等设施，全市5个县(市)都有400米的标准田径场。济南钢铁总厂、济南炼油厂等企业自主建成体育馆、游泳馆和练习馆。各中小学及驻济大专院校自行筹建体育场、训练馆，增添体育设施。2004年，济南市体育场馆普查，全市(包括省驻济单位，不含部队、铁路系统)体育场地有4241个，其中标准场地2519个、非标准场地1722个。

1992～2005年，加快竞技体育训练场馆建设。市体委自筹资金在市体校先后建成400米塑胶跑道标准田径场、射击馆、举重馆、游泳馆、综合训练馆、拳击馆等训练场馆。2008年，为迎接第十一届全国运动会，山东省鲁商置业集团在市体校原址投资兴建济南全民健身中心，市体校整体搬迁至小清河北路(山师北院)，上述场馆予以拆除。

2005～2010年，加速体育场馆设施建设。2005年2月，国务院、国家体育总局批准由山东省承办第十一届全国运动会，经省政府批准济南市被确定为主会场承办城市。济南市决定从2005年至2009年5月，新建体育场馆21座，改扩建8座。2006年5月28日，济南奥体中心奠基仪式在济南举行。由省委副书记、市委书记姜大明主持，省委书记、省人大常委会主任张高丽出席，并下达开工令。国家体育总局局长刘鹏，省委副书记、省长韩寓群先后讲话。市委副书记、市长鲍志强致辞。国家体育总局、省直、市有关部门负责人及社会各界代表2000余人参加奠基仪式。2008年12月，奥体中心“一场三馆”主体工程和附属设施建设全部完成，基本达到竣工验收条件。2009年5月，第十一届全运会测试赛前，济南作为主赛区，承担的24个项目涉及18个比赛场馆、20个配套训练场馆全部竣工。9月，全运村在海尔绿城居民小区全部竣工。全运村是第十一届全国运动会运动员、教练员、随队工作人员和媒体记者的集中接待场所，位于经十东路奥体场馆以南，占地面积21万平方米，总建筑面积53万平方米。全运村分设运动员村和媒体村，共有公寓楼64幢，单元房2300套，按一般酒店标准配置床位1.1万张，实行独立运行、封闭管理。省属场馆的棒球场、垒球场、曲棍球场、小轮自行车场、射击馆、自行车馆在省体育局训练中心全部竣工投入使用。

2010年，市体校、市田径管理中心、市业余体校在新校址清河北路(山师北院)新建综合训练馆(摔跤、柔道、拳击、跆拳道、举重)、球类馆(排球、篮球、羽毛球)、射击馆、射箭场、田径场、足球场、学生公寓楼相继竣工投入使用。12月，济南奥体中心“一场三馆”获中国建筑工程和土木工程最高奖项“鲁班奖”(国家优质工程)、“詹天佑大奖”。

二、重要体育场馆

(一)山东省体育中心。位于济南市南郊马鞍山下，东西长800米，南北宽280米～630米，占地面积约33万平方米。总体规划项目有：体育场、体育馆、游泳馆、综合练习馆、运动员接待楼及其室外场地和附属设施。

体育场。1988年建成使用。其外观造型呈马鞍状，东高西低，南北对称。建筑面积5.54万平方米，观众座席5万个，主席台座席300个。场内设有标准塑胶跑道，场地中间设有105米×70米国际标准足球场。场地南端设有电子计分牌，场内四角安装四台倾斜式铁臂灯塔，照明度达到国际一流水平。

游泳馆。1987年建成使用。位于省体育中心西侧，建筑面积1.36万平方米，观众座席2011个。内设游泳池、跳水池各1个。游泳池长50米、宽21米，水深2米～3.1米，设有8条泳道。跳水池长21米，宽25米，深4米～5.5米，设有10米、7.5米、5米、3.1米跳台各1座。跳水池装有压缩空气起波装置，保持运动员安全。跳水池和游泳池池壁两侧灯孔和水下观察室，可进行水下摄影、录像、观摩训练和进行科学研究。馆内照明、调温、消毒、吸尘等设备均为国内最先进水平。可供国际、国内游泳、跳水、花样游泳、潜泳、水球等水上项目比赛和训练使用。

体育馆。1979年建成使用。南北长78.1米，东西宽69.7米，建筑面积1.4万平方米，观众座席8000个。比赛场地长47米、宽25米，馆内灯光、扩音、计时、记录、转播、空调等现代化设备齐全。可供篮球、排球、乒乓球、羽毛球、体操、武术、柔道、举重等多种比赛使用，并能进行多种文艺演出。

(二)济南皇亭体育馆。1985年12月建成。在原皇亭体育场地址上，建筑面积增至1.37万平方米，比赛场地南北长34米，东西宽24米，设座席4387个(包括活动席位300个)，可供篮球、排球、乒乓球、体操等多项比赛使用，并可举办文艺演出。体育馆为多功能馆，底层为比赛、训练场地，二、三层设赛前活动场、来宾休息室、大小型会议室、观众休息厅和相应服务设施。比赛场地照明采用镁钠灯、高压钠灯、混合新光源，平均照明度2240勒克斯，可满足体育比赛、文艺演出的电视转播及摄影照明需要。拥有立体高保真音响设备，采用十项功能大屏幕电子计时、记分设备，馆前有容纳250人的招待所。2008年，投资1680万元对体育馆进行改建，改造后内场为40米×25米，可容纳3800人。

(三)章丘体育中心。1990年9月建成使用。拥有3000座席的400米标准跑道田径场、1800座席体育馆、25米小游泳馆和乒乓球练习馆各1个，由章丘县集资140万元、县财政拨款100万元建成。

(四)山东省体育运动技术学院田径馆。1992年3月24日建成使用，是全省第一座室内田径馆。该馆室内面积为5814平方米，地面全部用塑胶铺设，正空高度10米，宽48米，主体馆长90米，直道长141米，分设6条100米直型跑道。场内专设跳高、跳远、三级跳远、撑竿跳高、铅球赛区。除用于田径训练，还可承担全国性田径、射箭、摔跤、柔道、武术等项目比赛。

（五）济南市体校田径场。1992年12月1日建成使用。场内建有可容纳6000名观众的看台。田径场塑胶跑道采用凸凹工艺施工，是国内第一个凸凹式400米塑胶跑道田径场。

（六）济南市游泳训练馆。1996年11月22日建成使用。游泳馆建筑面积2800平方米，池厅部分采用钢筋混凝土现浇门式钢架结构，跨度25米。内设8泳道25米标准比赛短池1个及4泳道赛前准备池1个。其中比赛池长25米、宽21米、水深1.8米～2米，配有先进的国产电子计时出发台；准备池长21米、宽8米、水深1.45米；池厅2层设环池观察平台。

（七）济南市射击馆。2001年7月15日建成使用。射击馆建筑面积3871平方米，分3层。1层设25米手枪馆和10米移动靶馆及办公室用房，手枪馆设有十组电动靶及30个靶位，移动靶馆设有四组移动靶。2层为50米小口径气步枪馆，设有靶位35个。3层为10米气手枪馆，设有靶位44个。

（八）济南市体校综合训练馆。2001年8月15日建成使用。训练馆建筑面积4455平方米，2层结构。1层南侧为蹦床训练馆和力量训练馆，实有面积776平方米；北侧设排球馆，设两块排球场地，实有面积940平方米。2层南侧为柔道馆，设有柔道垫3副，实有面积940平方米；北侧为篮球馆，设篮球架1副，实有面积9400平方米。

（九）济南奥体中心。位于济南东部新城区，总占地面积81万平方米，总建筑面积约35万平方米，包括一场三馆，总体布局呈"东荷西柳"，6万人体育场在西边，呈"柳叶"造型；体育馆、网球馆、游泳馆在东边，呈"荷花"造型，分别取自济南的市树和市花。（详见第四章第二节）

（十）章丘市体育馆。（详见第四章第二节）

（十一）历城区体育馆。（详见第四章第二节）

（十二）济南国际赛马场。（详见第四章第二节）

（十三）山东省交通学院体育馆。（详见第四章第二节）

（十四）山东省体育学院自行车场、曲棍球场、棒球场、射击馆。位于经十东路以北、泉港路以东、世纪大道以南、凤凰山西北。自行车场占地面积2万平方米，建筑面积1.63万平方米，座席2200个。曲棍球场占地面积1万平方米，建筑面积4000平方米，座席3000个。棒球场占地面积1万平方米，建筑面积4000平方米，座席3000个。射击馆建筑面积2.3万平方米，内设50米靶位100个，10米靶位80个，25米靶位12组，10米移动靶位10组，5个竞赛场地配座席440个。

（十五）济南市体育运动学校新校区场馆。2008年9月27日开工，2010年6月竣工。位于天桥区原山东师范大学北校区内。规划用地14.75万平方米，工程总投资约1.3亿元。场馆工程包括3个训练场馆、1栋学生公寓和1栋风雨跑廊共5个单体建筑，总建筑面积约3.72万平方米。其中1号馆建筑面积约8170平方米，包括篮球馆、排球馆、综合力量房、羽毛球馆、乒乓球馆；2号馆建筑面积约3015平方米，包括武术馆、蹦床馆、体操馆；3号馆总建筑面积约1.15万平方米，包括综合训练馆、射击训练馆；学生公寓建筑面积约1.03万平方米；风雨跑廊建筑面积约4190平方米。室外场地，包括400米标准田径场1个，足球训练场1个，沙滩排球场2个，网球场2个，篮球场1个，射箭场1个。

三、体育场馆普查

2004～2005年，济南市对全市体育场馆进行普查，历下区、市中区、天桥区、槐荫区、历城区、长清区、章丘市(不包括解放军、铁路系统)共建成各种体育设施134处，其中，体育场、田径场65处，体育馆18个，游泳馆、室内游泳池31个，足球场地20个。

济南市部分体育场、田径场一览表

表14—2—20

序号	所在行政区	单位名称	场地所在详细地址	系统代码	隶属关系	场地占地面积（平方米）	场地面积（平方米）	建筑面积（平方米）	观众席位(个)	投资金额（万元）	建成年份	400米跑道条数	跑道面层	足球场面层	中心场面层
1	市中	山东省体育中心	经十路124号	体育	省级	5000	26000	—	43000	6000	1988	8	塑胶	人造草坪	
2	市中	济南大学	七贤镇106号	高校	省级	19440	16700	5440	12000	38	1986	8	煤渣	煤渣	
3	市中	山东财政学院	舜耕路40号	高校	省级	22253	10005	2131	15000	1263	1995	8	塑胶	人造草坪	
4	市中	济南大学	舜耕路43号	高校	省级	16950	16830	—	—	70	1989	8	煤渣		土质
5	市中	山东省卫生学校	十六里河镇	高校	省级	18000	15660	—	—	8	1995	6	煤渣		土质
6	市中	山东省电力高等专科学校	十六里河镇	高校	省级	18000	17000	3400	—	307	1997	8	煤渣		草坪
7	历下	山东体育学院	文化西路10号	体育	省级	22437	17444	21805	8000	200	1988	8	塑胶	草坪	
8	历下	山东师范大学	文化东路88号	高校	省级	21392	17169	1726	3000	560	1952	8	塑胶	草坪	
9	历下	济南市体育运动学校	经十路114号	高校	市级	23173	17169	27860	12000	632	1992	8	塑胶	人造草坪	
10	历下	山东大学南校区	经十路72号	高校	省级	22315	17169	21461	10000	500	2003	8	塑胶	人造草坪	

续表14-2-20-1

序号	所在行政区	单位名称	场地所在详细地址	系统代码	隶属关系	场地占地面积（平方米）	场地面积（平方米）	建筑面积（平方米）	观众席位(个)	投资金额（万元）	建成年份	400米跑道条数	跑道面层	足球场面层	中心场面层
11	历下	山东大学西校区	文化西路44号	高校	省级	24469	21100	17169	1000	—	1974	8	塑胶	人造草坪	
12	历下	山东中医药大学	经十路53号	高校	省级	16833	15824	162	2000	20	1986	6	煤渣	人造草坪	
13	历下	山东省政法管理干部学院	解放东路63号	高校	省级	20000	17169	—	2000	—	2003	6	塑胶	土质	
14	历下	山东建筑工程学院	和平路47号	高校	省级	15824	15824	—	—	60	1954	6	煤渣	土质	
15	历下	山东电子工业学校	燕山路36号	中专	省级	21470	15824	—	1500	—	1980	6	煤渣	土质	
16	历下	山东省济南第七中学	解放路32号	中学	市级	18000	17169	460	3000	388	1998	8	塑胶	人造草坪	
17	历下	山东省城市建设学校	舜耕路20号	中专	省级	19000	17169	—	—	30	1987	9	煤渣		土质
18	历下	山东经济学院	二环东路7366号	高校	省级	23400	17169	2500	—	900	2003	8	塑胶		草坪
19	历下	山东警察学院	文化东路54号	高校	省级	20040	15824	—	—	80	1954	6	煤渣		草坪
20	历下	山东体育学院	文化东路65号	高校	省级	20352	17169	—	—	36.5	1979	6	煤渣		土质

续表14-2-20-2

序号	所在行政区	单位名称	场地所在详细地址	系统代码	隶属关系	场地占地面积(平方米)	场地面积(平方米)	建筑面积(平方米)	观众席位(个)	投资金额(万元)	建成年份	400米跑道条数	跑道面层	足球场面层	中心场面层
21	历下	山东体育学院	文化东路66号	高校	省级	20352	17169	—	—	37	1985	8	塑胶		草坪
22	历下	山东省政法管理干部学院	解放东路63号	高校	省级	18000	17169	—	—	—	2003	6	塑胶		其他
23	历下	山东省商贸学校	历山路10号	中专	省级	18900	17169	—	—	100	1964	6	煤渣		草坪
24	槐荫	槐荫区体育场	北小辛庄西街55号	体育	区级	19180	18180	1000	1000	1700	1993	8	煤渣	土质	
25	槐荫	山东省邮电学校	段店王府村376号	中专	省级	21000	17169	—	—	20	1999	8	煤渣		土质
26	历城	济南钢铁集团体育场	工业北路21号	厂矿	省级	24250	17000	5280	1400	2567	1992	8	塑胶	人造草坪	
27	历城	济南市历城第四中学	历城区孙村镇	中学	县级	20900	16625	17640	1000	450	2003	8	塑胶	人造草坪	
28	历城	山东英才职业技术学院	大正乡埠东村1000号	高校	省级	20330	17440	—	500	86	2001	8	煤渣	土质	
29	历城	济南市历城第二中学	董家镇董家乡	中学	县级	35842	17169	1700	2500	510	2001	8	塑胶	土质	

续表14—2—20—3

序号	所在行政区	单位名称	场地所在详细地址	系统代码	隶属关系	场地占地面积（平方米）	场地面积（平方米）	建筑面积（平方米）	观众席位(个)	投资金额（万元）	建成年份	400米跑道条数	跑道面层	足球场面层	中心场面层
30	历城	济南市历城第一中学	仲宫路	中学	县级	26000	19000	2277	800	350	2003	8	塑胶	人造草坪	
31	历城	济南市历城第五中学	花园路	中学	县级	34316	17444	1872	2000	250	1990	8	煤渣	土质	
32	历城	山东大学新校	山大南路	高校	县级	25800	25375	—	2000	600	2001	8	塑胶	人造草坪	
33	历城	山东大学洪楼校区	洪楼西路	高校	省级	19000	17444	—	2000	20	2001	8	煤渣	草坪	
34	历城	山东轻工业学院	二环东路999号	高校	省级	17541	17044	500	5000	50	1995	6	煤渣		
35	历城	济南历城职业中专	历城区郭店镇	中专	县级	18500	15575	—	500	16	1995	6	煤渣	土质	
36	历城	山东实验中学东校	历城区郭店镇3区20号	中学	市级	20380	18000	1380	2200	400	2002	8	塑胶	草坪	
37	历城	遥墙中心中学	遥墙镇	中学	县级	21000	16647	—	—	80	1991	8	煤渣		土质
38	历城	建筑工程学院	港沟镇	高校	省级	36000	36000	—	—	600	2003	9	煤渣		土质
39	历城	济南南洋学院	港沟镇	中学	省级	3000	3000	—	—	50	2002	6	塑胶		草坪

续表14-2-20-4

序号	所在行政区	单位名称	场地所在详细地址	系统代码	隶属关系	场地占地面积（平方米）	场地面积（平方米）	建筑面积（平方米）	观众席位(个)	投资金额（万元）	建成年份	400米跑道条数	跑道面层	足球场面层	中心场面层
40	历城	山东大学体育学院	洪楼镇	高校	省级	18865	1686	—	—	—	1960	8	煤渣		草坪
41	历城	孙村镇中学	孙村镇	中学	县级	20000	16830	—	—	30	1995	6	其他		土质
42	历城	孙村镇中心小学	孙村镇	小学	县级	18000	1830	—	—	3	2003	6	其他		土质
43	历城	山东轻工业学院	全福镇	高校	省级	7000	3800	200	—	45	1978	6	煤渣		土质
44	历城	世纪英华实验学校	华山镇	中学	市级	—	—	—	—	—	—	—			
45	长清	长清区体育场	文昌街东王路	体育	县级	19000	1630()	—	5000	150	1988	8	煤渣	土质	
46	长清	济南市长清区万德中学	长清区万德镇万北村	中小学	县级	18645	15750	—	—	1	1996	6	煤渣		其他
47	章丘	山东章丘市第五中学	章丘市唐王山路	中学	县级	2455	21213	—	3500	911	2003	8	塑胶	土质	
48	章丘	章丘实验中学	章丘市西环路	中学	县级	19750	19000	500	5000	179	2002	8	煤渣	土质	
49	章丘	章丘市第四中学	明水街道白云路40号	中学	县级	17667	17322	346	1320	479	2002	8	塑胶	人造草坪	

续表14—2—20—5

序号	所在行政区	单位名称	场地所在详细地址	系统代码	隶属关系	场地占地面积（平方米）	场地面积（平方米）	建筑面积（平方米）	观众席位(个)	投资金额（万元）	建成年份	400米跑道条数	跑道面层	足球场面层	中心场面层
50	章丘	章丘市曹范中学	章丘市曹范乡	中学	县级	15650	15300	—	1500	20	1993	6	其他	土质	
51	章丘	章丘市体育中心体育场	章丘明水汇泉路23号	体育	县级	18400	17444	—	2200	10	1985	3	煤渣	草坪	
52	章丘	章丘相公庄镇第二中学	章丘市相公庄镇	中小学	县级	20000	18000	—	—	40	1995	5	其他		土质
53	章丘	章丘圣井中学	章丘市圣井镇		县级	17850	16830	—	—	—	1999	3	其他		土质
54	章丘	章丘普集镇许河中学	章丘市普集镇	中小学	县级	17400	11000	—	—	2	1996	6	其他		土质
55	章丘	章丘市普集镇中心小学	章丘市普集镇	中小学	县级	16700	16000	—	—	2	1990	6	其他		土质
56	章丘	章丘市官庄中学	章丘市官庄乡	中小学	县级	20300	16560	—	—	—	1995	6	其他		土质
57	章丘	章丘市宁家埠镇中心小学	章丘市宁家埠镇	中小学	县级	18900	17500	—	—	6	1997	8	煤渣		土质
58	章丘	章丘埠村镇中心中学	章丘市埠村镇	中学		12100	11600	—	—	18	1988	6	煤渣		土质

续表14—2—20—6

序号	所在行政区	单位名称	场地所在详细地址	系统代码	隶属关系	场地占地面积（平方米）	场地面积（平方米）	建筑面积（平方米）	观众席位(个)	投资金额（万元）	建成年份	400米跑道条数	跑道面层	足球场面层	中心场面层
59	章丘	章丘市第三职业中专	章丘市辛寨乡	中专	县级	22000	14000	—	—	20	1993	8	煤渣		土质
60	章丘	章丘市党家镇中心小学	章丘市党家镇	中小学	县级	20000	17039	—	—	7	1980	6	其他		其他
61	天桥	山东交通学院	无影山中路116号	高校	省级	20350	16100	—	3000	128	1998	6	塑胶	草坪	
62	天桥	山东师范大学北校区	泺口小清河北路	高校	省级	19600	17169	—	—	120	2002	6	煤渣		土质
63	天桥	济南第五十二中学	工人新村	中学	市级	16326	16826	—	—	10	1974	8	煤渣		草坪
64	天桥	大桥镇第二中学	大桥镇靳家村	中学	县级	29300	27060	—	—	40	1997	8	其他		土质
65	天桥	大桥镇第一中学	大桥镇	中学	县级	17769	17769	—	—	33	1994	8	煤渣		土质

济南市部分体育馆统计表

表14—2—21

序号	所在行政区	单位名称	场地所在详细地址	系统代码	隶属关系	观众席位(个)	建成年份	投资金额(万元)	场地占地面积(平方米)	场地面积(平方米)	建筑面积(平方米)	主场地长度(米)	主场地宽度(米)	室内场地高度(米)
1	市中	山东省体育馆	经十路124号	体育	省级	8000	1978	1200	5340	1350	2150	45	30	21
2	市中	山东省财政学院	舜耕路40号	高校	省级	1700	1997	1027		1200	4078	40	30	15
3	历下	山东师范大学	文化东路88号	高校	省级	2000	1980	3000	5824	1520	4150	36	25	土0
4	历下	山东大学西校区	文化西路44号	高校	省级	300	2000	—	4386	1156	3040	34	34	36
5	历下	山东中医药大学	经十路53号	高交	省级	0	1996	—	3127	1368	1770	38	36	13
6	历下	山东政法学院	解放东路63号	高交	省级	1500	2001	1250	8400	2400	8000	60	40	土6
7	历下	济南炼油厂	历城区姚家镇	厂矿	中央	2390	1995	3000	8350	1017	3029	38	21	17
8	历下	济南皇亭体育馆	泉城路15号	体育	市级	4066	1986	3000	4550	816	9995	34	24	14.5
9	天桥	山东省济南师范学校	师范路23号	中专	市级	500	1997	335	1200	853	2062	40	15	18
10	天桥	天桥区体育馆	堤口路14号	体育	区级	2100	1986	115	6288	714	1722	34	21	12
11	槐荫	济南第九中学	经十路374号	中学	市级	800	2001	739	1300	1050	4500	35	30	13
12	槐荫	山东省邮电学校	段店镇王府村376号	中专	省级	1000	1999	150	3611	2960	998	38	21	15
13	历城	济南市历城第四中学	历城区孙村21号	中学	县级	750	2003	300	2650	1440	1800	40	40	9
14	历城	山东商业技术学院	历城区彩石乡政府驻地	高校	省级	700	2003	1000	4800	3364	4000	74	58	14
15	历城	济南市历城第一中学	历城区仲宫镇21号	中学	县级	500	2003	350	22540	1700	5200	38	25	13

续表14—2—21

序号	所在行政区	单位名称	场地所在详细地址	系统代码	隶属关系	观众席位（个）	建成年份	投资金额（万元）	场地占地面积（平方米）	场地面积（平方米）	建筑面积（平方米）	主场地长度（米）	主场地宽度（米）	室内场地高度（米）
16	历城	济钢体育馆	工业北路21号	厂矿	省级	2848	1987	1818	24750	840	2946	32	20	14
17	历城	历城第二中学	董家镇董家村	中学	县级	1000	2001	650	1600	3960	4200	32	20	15
18	长清	长清文化体育馆	文昌路	体育	县级	850	1995	190	1770	720	958	36	20	8

济南市部分游泳馆、室内游泳池一览表

表14—2—22

序号	所在行政区	单位名称	场地所在详细地址	系统代码	隶属关系	观众席位(个)	建成年份	比赛池(米)			训练池(米)			戏水池(米)		
								长	宽	深	长	宽	深	长	宽	深
1	市中	山东省体育中心游泳馆	经十路124号	体育	省级	1300	1986	50	25	3.4	—	—	—	—	—	—
2	市中	山东财政学院	舜耕路40号	高校	市级	300	1998	50	21	2.2	—	—	—	—	—	—
3	市中	舜华苑商务会所	舜耕路28号	其他	省级	—	1985	—	—	—	25	8.1	1.7	—	—	—
4	市中	泉景四季花园游泳池	英雄山路73号	其他	县级	—	2000	—	—	—	25	10	2	—	—	—
5	市中	山东丽天大酒店	经一路66号	其他	省级	—	2000	—	—	—	25	10	1.6	—	—	—
6	市中	济南泉景大酒店	经十路168号	其他	中央	20	1998	—	—	—	25	15	1.8	—	—	—
7	市中	市中区体育训练活动中心	英雄山路8号	体育	县级	—	2001	—	—	—	50	21	1.8	—	—	—
8	历下	济南炼油厂游泳馆	历下区	厂矿	中央	300	1987	50	21	3.8	—	—	—	25	15	0.7
9	历下	山东体育学院游泳馆	文化东路65号	体育	省级	—	1972	50	25	2	25	—	1.8	—	—	—
10	历下	山东大学体育学院	经十路73号	高校	省级	—	1994	50	25	108	—	—	—	—	—	—
11	历下	济南市体育训练基地	经十路114号	体育	市级	—	1997	25	22	2	22	8.1	1	—	—	—
12	历下	山东师范大学	文东路88号	高校	省级	—	1955	—	—	—	50	22	2	—	—	—
13	历下	山东体育学院游泳馆	文化西路10号	体育	省级	—	1993	25	20	1.5	—	—	—	—	—	—
14	历下	济南皇亭业余体育学校	泉城路15号	体育	市级	—	1964	—	—	—	25	15.2	2	—	—	—
15	历下	玉泉森信大酒店	泺源大街65号	宾馆	市级	30	2003	—	—	—	—	—	—	30	15	2
16	历下	国华物业管理	解放路30号	其他	市级	—	2002	—	—	—	—	—	—	25	3	2
17	历下	中豪大酒店	解放路30号	其他	省级	—	1998	—	—	—	—	—	—	22	13	2
18	历下	华能大厦有限公司	泉城路17号	其他	中央	—	1997	—	—	—	—	—	—	20	10	2
19	历下	环山物业公司	环山路1号	其他	区级	—	2003	—	—	—	—	—	—	25	8	1.8
20	历下	翰林大酒店	经十路63号	其他	省级	—	2003	—	—	—	—	—	—	25	10	2
21	历下	普利屋宇物业管理公司	解放路112号	其他	省级	—	2002	—	—	—	25	20	2	—	—	—
22	历下	历下政法学院	解放东路63号	高校	省级	—	2001	—	—	—	50	25	1.5	—	—	—
23	槐荫	槐荫区游泳馆	经十路325号	体育	县级	—	1999	—	—	—	25	20	1.5	—	—	—

续表14—2—22

序号	所在行政区	单位名称	场地所在详细地址	系统代码	隶属关系	观众席位(个)	建成年份	比赛池(米)			训练池(米)			戏水池(米)		
								长	宽	深	长	宽	深	长	宽	深
24	天桥	万盛园小区	堤口路120号	其他	县级	—	2002	—	—	—	25	10	2	10	10	1
25	章丘	章丘市体育中心	汇泉路23号	体育	县级	—	1990	—	—	—	25	16	1.8	—	—	—
26	长清	济南五峰阁宾馆	长清区五峰山	其他	市级	—	2002	25	16	2	—	—	—	—	—	—
27	长清	黄金集团仕湾度假村	长清区五峰山	其他	省级	—	2001	—	—	—	25	16	2	—	—	—
28	长清	长清区莲台山度假村	张夏镇228号	其他	县级	—	1997	—	—	—	25	16	2	—	—	—
29	长清	济南市三仙堂宾馆	长清区灵岩寺	其他	市级	—	2001	—	—	—	25	16	2	—	—	—
30	历城	济南市黄台电厂	全福庄	厂矿	市级	—	1994	50	25	1.8	—	—	—	—	—	—

济南市部分足球场地一览表

表14—2—23

序号	所在行政区	单位 名称	场地所在详细地址	系统代码	隶属关系	观众席位（个）	建成年份	场地占地面积（平方米）	场地面积（平方米）
1	市中	山东省体育中心	经十路124号	体育	省级	—	2004	18000	8800
2	市中	山东电力高等专科学校	十六里河镇石青崖	高校	县级	2000	1997	18000	8800
3	市中	济南大学东校	舜耕路13号	高校	省级	—	1989	6600	6500
4	市中	济南大学西校	七贤镇106号	高校	省级	1000	2003	8600	6400
5	历下	济南炼油厂	历下区姚家镇	厂矿	中央	—	1992	6000	5500
6	历下	姚家镇第三中学	牛旺村	中学	县级	—	2000	6000	4050
7	历下	山东师范大学	文化东路88号	高校	省级	—	1996	5152	4650
8	历下	姚家镇第二中学	石河岭25号	中学	县级	—	1990	9900	7000
9	历下	姚家镇姚头庄小学	姚家镇姚头村	小学	县级	—	1999	5000	4500
10	历下	姚家镇幸福小学	姚家镇盛福村1号	小学	县级	—	1994	4050	4050
11	历下	刘志远小学	刘志远村1号	小学	县级	—	1993	5400	4050
12	历下	山东艺术学院	文化东路91号	高校	省级	—	1988	3550	2440
13	历城	济南市历城第四中学	历城区孙村镇	中学	县级	500	2003	17640	7344
14	历城	山东省足球学校	历城区郭店镇	体育	省级	—	1999	10000	7900
15	历城	济南市历城区第二中学	历城区董家镇	中学	县级	—	2001	12000	9000
16	章丘	圣井镇中心中学	圣井镇	中学	县级	—	1999	13696	6480
17	章丘	章丘市官庄乡中心中学	官庄乡	中学	县级	—	1995	6300	4300
18	章丘	相公庄镇第三中学	相公庄镇	中学	县级	—	2003	4300	4000
19	章丘	章丘市相公庄镇第二中学	相公庄镇	中学	县级	—	1995	4050	4000
20	天桥	济南正利足球学校	北园镇李庄	中小学	县级	—	1998	9900	9900

第二节　健身工程

1998年，济南市列为山东省实施全民健身工程的试点城市之一，市委、市政府每年都把实施全民健身工程列入为民办实事之一。至2010年，全市利用彩票公益金作为引导资金直接用于工程建设1万余处，各级健身设施建设总投资1.7亿元。

1999年，市体委从体育彩票公益金中支出60万元，筹集资金20万元，在章丘市、历下区、槐荫区和天桥区新建4处全民健身工程；在全市安装9处健身路径，建成5处配有综合训练器、乒乓球、台球等体育健身器材的健身房；在各区体委和全民健身工程点配置体质测试器材，建立测试站。

2000年，建成70处健身路径。2002年，建成健身路径15处，配备、建设各种体育器材和设施300余件(套)，完成第五批健身工程2处。2003年，市中区英雄山健身广场被国家体育总局评为全国全民健身样板工程。

2004年5月1日，省级工程燕山健身广场建成投入使用。该广场利用燕山立交桥下空地修建，投资3000万元，占地面积21.6万平方米，栽植各类苗木80个品种、49万株，种植三叶草草坪17万平方米，铺装路面1.01万平方米，共建18个活动广场、8个门球场、6个地掷球场、2850米长健身路径、叠水瀑布、园林景观和服务设施等。

2006年，投入体育彩票公益金398.5万元作为引导资金，配建478处健身设施、第九批全民健身工程点20个。2007年，为350个行政村配建篮球、乒乓球、健身路径等全民健身设施，完成第十批全民健身工程点118个，配建社区健身广场2处、健身路径10处。

2008年，为1100余个行政村配建全民健身设施，改善广大农村健身条件。为迎接第十一届全国运动会，全市全民健身设施建设确定“多点启动”方案，规划建设市级重点全民健身工程7项，市区内广场、公园新建改建全民健身工程7项，区级全民健身工程6项，社区健身苑、乡镇文体中心9项。其中14项市级工程室内总面积8万平方米、室外总面积20余万平方米。

2009年，7项市级重点全民健身工程，包括济南市全民健身中心工程、无影山全民健身工程、济南市妇女儿童活动中心健身工程、奥体中心健身工程、百花公园全民健身工程、大明湖公园全民健身工程、第二工人文化宫健身工程；7项市区内广场、公园新建改建全民健身工程，包括燕山健身广场、中山公园、环城公园健身带、英雄山风景区健身区、千佛山公园健身区、西郊森林公园健身区、英雄山健身广场；6项区级全民健身工程；9项社区健身苑、乡镇文体中心全面完成。同年，投入资金797万元，为909个行政村(社区)配置全民健身设施、器材3124套(件)。全市全民健身设施总面积299.36万平方米(室内总面积23.22万平方米、室外总面积276.14万平方米)，其中市级工程总面积28.71万平方米(室内面积7.93万平方米、室外面积20.78万平方米)、县(市) 区总面积270.65万平方米(室内面积15.29万平方米、室外面积255.36万平方米)。

2010年，全市投入185万元完成济南市体育公园(森林公园)、2个县(区)级全民健身中心、10个街道乡镇工程、5个社区工程和300个村的省级全民健身工程建设。

英雄山健身路径　(2009年摄)

第三节 全民健身场所选介

济南市全民健身中心

2009年10月6日建成交付使用，位于经十路泉城公园西邻。室内面积2.48万平方米，设有游泳、网球、羽毛球、乒乓球、健身器材、体质监测等室内项目；室外健身场地1万平方米，建有篮球、网球、门球、运动跑道、健身路径等健身项目。

市妇女儿童活动中心全民健身中心

2009年10月建成，位于马鞍山路西妇女儿童活动中心院内。新建1200平方米室内网球馆1个、3400平方米的羽毛球、乒乓球馆1个(12个羽毛球场、16张乒乓球台)，新建室外网球场2个、篮球场2个，安装健身器材30件。对原有2000平方米健身馆更换部分器材进行提升改造。该中心室内健身面积6600平方米、室外8000平方米。

大明湖全民健身中心

2009年10月建成，位于大明湖公园。结合大明湖整体扩建改造，在开放地段新建2.4公里沿湖健身带、3300平方米健身广场、1.5千米鹅卵石健身步道及乒乓球、羽毛球、路径器材等健身项目，将风景园林和体育健身有机结合，体现“体育公园化、公园体育化”理念。

奥体中心全民健身中心

2009年12月，第十一届全运会比赛结束后，奥体中心大部分设施对外开放。主要有2个足球场、1个田径训练场、18个室外篮球场、21个网球场及3个游泳池、2个室内羽毛球场及室内健身器械等。

百花公园全民健身中心

2009年9月17日交付使用。健身中心总建筑面积4410平方米，主体三层，局部四层。室内设乒乓球、羽毛球、舞蹈、瑜伽、健身器械等项目，力量型健身器材54套，有氧型健身器材18套，动感单车26辆。保留两个露天游泳池，设篮球场和健身路径等项目。工程总投资1500万元。

第二工人文化宫全民健身中心

2009年10月建成使用，位于济泺路94号。中心分为五一广场和文体馆两部分。五一广场面积2.02万平方米，设有3个篮球场、1个网球场、1个排球场、1处健身路径场地。文体馆建筑面积3.02万平方米，地上建筑面积2.07万平方米、地下建筑面积9507平方米，设有篮球、台球、保龄球、健身器械、游泳等项目。

无影山全民健身中心

2009年10月建成，位于无影山田庄东路4号。室内面积4200平方米，设有羽毛球、乒乓球、形体操、散手、瑜伽、力量和有氧健身等项目。

济南市全民健身中心 (2009年摄)

第七章　体育管理与产业

第一节　管理机构

1983年，济南市体育运动委员会设秘书科、竞赛科、群体科、体育研究科共4个业务科室，至1986年业务处室无变化。1987年原有科室改为群众体育处、竞赛处、训练研究室、办公室。1991年设立组织人事处；4月设立计划财务处。1996年9月撤销财务处，设办公室、组织人事处、群众体育处、竞赛处、训练处。

2001年5月16日，济南市体育运动委员会更名为济南市体育局。同年8月，市体育局设办公室(体育经济处)、组织人事处、群众体育处、训练竞赛处4个业务处室。2004年9月增设体育产业处，训练竞赛处改为竞技体育处。

2010年，市体育局内设办公室、组织人事处、群众体育处、竞技体育处(挂青少年体育处牌子)、体育产业处共5个业务处室；局直属事业单位有济南市体育总会秘书处、济南奥林匹克体育中心、济南市体育运动学校、济南市体育训练基地、济南皇亭体育馆、济南市皇亭业余体育学校、济南市重点业余体校(市田径运动管理中心)、济南市业余体育学校、济南市全民健身中心(市国民体质监测中心)、济南市老年人体育协会秘书处。

第二节　体育彩票

1998年，经省体委、省人民银行批准和市政府同意，市体委分别在济阳、长清及市区4次发行体育彩票779万元，筹集社会资金80万元。其中，在市区于4月25日至5月4日和9月26日至10月4日分别在洛口服装商贸中心广场、济南儿童乐园门前举办中国体育彩票发行活动，总销售款650多万元。

1999年，济南市体育彩票分支站成立，正式开展电脑体育彩票销售工作，是全省第一批上市联网发行电脑体育彩票的城市。全市首批投放134台电脑体彩销售机，规模发行体育彩票和销售电脑体育彩票1038万元，完成经营收入600万元。

2000年，济南市体育彩票分支站和196个电脑体育彩票销售站，全年发行体育彩票2358万元，其中电脑体育彩票发行额1900万元。

2001年，在省体育彩票管理中心指导下，济南市体育彩票管理中心成立。在全市共建立313个电脑体育彩票销售站，发行电脑体育彩票182期，足球彩票8期，全年发行体育彩票6800万元。

2002年3月15日、10月1日，举行即开型中国体育彩票发行活动，共发行318万元。同年，全市电脑体育彩票销售站增至450个，发行电脑体育彩票360期，销售电脑体育彩票1.05亿元。

2003年，济南市体育彩票管理中心和各电脑体育彩票销售站共发行电脑体育彩票636期，发行金额6180万元。

2004年2月18日，中国足球彩票“进球彩”山东省暨济南市首发式在泉城广场举行，济南市体育局组织20台销售终端机现场销售“进球彩”彩票。同年，济南市改革彩票管理办法，相继成立县(市)区彩票工作领导小组，建立县区组织网络。通过市场调研和有关信息交流，制定《济南市体育彩票管理办法》。在济南市电视台设置《泉城体彩》专栏，体彩中心创办《泉城体彩周刊》，对体育彩票进行全方位宣传。全年发行电脑体育彩票4700万元，销售即开型彩票800万元。

2005年，济南市体育彩票管理中心在建立县区彩票管理网络基础上，制定《2005年度销售任务和考核办法》，重新调整公益金分配比例，在销售受益上让利于基层；进一步明确市县两级工作职责，突出强化县区管理职能；开展“占县下乡”活动，不断提高销售点覆盖率；在《济南时报》创办“体彩专版”，在济南电视台开办《泉城体彩》专题节目，开办“济南体彩网”和“大众网通声讯彩民俱乐部”，加大宣传力度，全年销售体育彩票2.49亿元，完成年度任务的448%。市场占有率由2004年的11%升至36%，销售收入列全省第一位。

2006年，销售体育彩票2.1亿元。

2007年，通过开办体彩专栏、平面媒体、电视字幕、车体广告、街头展牌、散发宣传单等形式，提高彩民对“大乐透”等新玩法的认识；组织开展“体质监测万里行”“体彩杯全民健身总动员”等大型体育活动，加强宣传，树立体彩公益形象。全年销售电脑型体育彩票3.1亿元，市场占有率46%。

2008年，全市体育彩票销售突破4亿元。

2009年，进一步规范体彩工作管理，科学规划工作流程，坚持体彩工作例会制度，分析形势、部署工作、交流情况，形成上下联动的工作机制；与各县(市)区体彩分支机构签订“体育彩票发行目标责任书”，确定销量、排名和市场份额三项考核指标，调动全市体彩工作者的积极性。全年体育彩票销售7.3亿元。

2010年年初，修订《济南市2010年体彩销售考核奖励办法》，加强队伍建设，组建体彩工作领导小组，新增竞彩、小卖场等站点近百个，扩大市场覆盖面，全市体彩销售机665台，全年累计销售9.08亿元。

第三节　商业赛事

1988年4月9～11日，“古贝春杯”“亘古泉杯”“钢山特曲杯”跳水公开赛在山东体育中心游泳馆举行。苏联、民主德国、朝鲜、日本、美国、罗马尼亚、意大利、中国集训队、中国联想队和香港地区参加比赛。中国获全部金牌。该次公开赛由武城酒厂、鄄城酒厂、邹县酒厂赞助举办。5月19～20日，“鲁冶杯”国际女排邀请赛在山东省体育馆举行。世界女排四强中国队、古巴队、美国队、日本队参加比赛。经过两天的角逐，古巴队捧走“鲁冶杯”，中国队获第二名。本次比赛由山东省冶金总公司等10家单位赞助举办。7月25～27日，“泰山杯”国际柔道邀请赛在皇亭体育馆举行。中国国家集训队、联邦德国队、济南队参加角逐。该次邀请赛由山东电视机厂赞助举办。

1989年10月1日，“长城—鲜京杯”自行车赛济南赛区比赛在玉函路举行，是济南首次举行的公路自行车赛。来自东营(山东队)、青岛、济南等地的100名自行车运动员参加比赛，整个赛程70公里。本次比赛由新华通讯社体育部、中国自行车协会、高贞淑国际公司联合主办，日本鲜京株式会社提供赞助。10月29日，“第六届泰山杯暨首届工行杯”全国女子马拉松邀请赛在山东省体育中心体育场鸣枪开赛。来自江苏、辽宁、内蒙古、河北、山西、黑龙江、山东等省(自治区)的200余名马拉松运动员和长跑好手，分别参加马拉松全程、马拉松异程接力和20公里跑3个项目的比赛。

1991年9月22～25日，“御思香杯”济南国际传统武术演武大会在省体育馆举行。来自美国、西班牙、加拿大、委内瑞拉、荷兰、阿根廷等10个国家和中国台湾、香港地区及山东地区的18个团、队近百名武术选手同场比武，演练近200套传统武术。该次比赛由山东武术院和定陶县“御思香”酒厂联合举办。

1993年5月6日，“黄金杯”国际男篮邀请赛在济南举行。俄罗斯矿工队、新西伯利亚迪纳摩队、黑龙江和山东队参加比赛。该次邀请赛由山东省篮球协会、山东省黄金总公司主办，中国工商银行山东分行、济南钢铁总厂、济南啤酒集团公司协办。6月24日，中国摩托艇超级明星对抗赛(济南赛区)在大明湖拉开帷幕，来自全国8个省(市)的10名运动员参加竞逐。本站对抗赛由山东渤海集团承办。8月24日，济南国际武术旅游演武观光大会在齐鲁宾馆南院草坪揭开帷幕，来自意大利、安道尔、阿根廷、加拿大、德国、日本、波兰、南非、西班牙、美国、委内瑞拉、中国大陆和中国台湾地区的13支民间武术队参加。该次演武观光大会由齐鲁宾馆、山东省体育中心和山东武术研究院联合举办。10月24～27日，“金泰杯”全国部分城市中国式摔跤邀请赛在皇亭体育馆举行。7个城市8支代表队参加比赛，邀请赛分10个级别，济南东方制药厂夺得6个冠军，获团体第1名，保定队获得第2名，开封队获第3名。该次比赛由济南市体委、市体育总会、金泰集团联合举办。

1994年6月26日，“鲁汽杯”全国乒乓球精英大赛在省体育馆举行，这是山东省首次举办的全国最高水平乒乓球大赛。国家一、二队和山东省一、二队参加团体角逐。女子世界冠军邓亚萍、乔红、刘伟、乔云萍等参赛。

1995年11月22日，中瑞国际足球对抗赛在省体育中心体育场举行，济南泰山足球队与瑞典赫勒辛堡足球队进行对抗，泰山队以1:0取胜。

1996年5月20日，济南泰山将军队－意大利拉齐奥队足球比赛在省体育中心体育场展开，济南泰山将军队以0:1告负。6月27日，济南泰山将军队－巴西帕尔梅拉斯足球队比赛在济南举行，双方战成1:1平局，点球决胜，客队以10:9取胜。7月16日，“雄狮杯”中罗足球挑战赛在省体育中心体育场举行，布加勒斯特星队以4:0胜济南泰山队。

1998年9月3～6日，“松下杯”’98中国乒乓球大奖赛在济南举行。该次比赛是国际乒联职业赛中的一项重要赛事，属国际级比赛，共设男女单打、男女双打4个项目，总奖金额6.1万美元，是新中国成立以来济南市举办的最高级别的体育赛事。

2000年4月2日，“趵突泉啤酒杯”全国马拉松锦标赛和山东省青少年公路越野赛在济南举行，来自全国19个省市体协及山东省17个地市的350名运动员参加比赛。7月15日至8月22日，百事可乐球王争霸五人制足球赛(济南赛区)举行，全市共有790支队伍5600余人报名参加比赛。

2002年4月6日，“济南二建杯”全国马拉松锦标赛暨亚运会选拔赛、济南国际马拉松邀请赛举行，美国、俄罗斯、韩国等10个国家，辽宁、江苏、解放军等12省(市)、行业体协俱乐部的138名运动员参加比赛。7月20～23日，“济南太阳集团杯”全国重点体校射箭锦标赛在章丘市举行，来自全国10个省市17所体校的174名运动员参加比赛。

2005年5月3～7日，晋、冀、鲁、豫等5城市第九届“五星杯”青少年射击协作赛在济南市体育运动学校举行，来自太原、济南、石家庄、保定和新乡的183名运动员参加比赛。7月22～26日，第二十六届全国小学生“红双喜·向阳杯”乒乓球比赛在山东商业职业技术学院举行，来自全国各地38个代表团的400余名选手参加比赛。

2010年2月2～3日，中国跳水明星系列赛(济南站)在奥体中心游泳馆举行，这是济南承办的最高规格的跳水比赛。5月15日，中国冬奥健儿大型冰上表演在奥体中心体育馆举办，这是济南有史以来首次组织举办的冰上项目表演，是冬奥健儿继港台汇报表演之后在内地唯一的演出。6月9日至9月26日，全国乒乓球俱乐部超级联赛在济南奥体中心体育馆举行，该场馆为山东鲁能乒乓球俱乐部主场。9月17～18日，第二届中国跳水明星赛在济南奥体中心游泳馆举行。10月3日，泉城武林争霸赛在济南奥体中心体育馆举行。中国6名武林英雄一龙、洪光、郭强、任彭(女)、杨苗等与来自泰国、比利时、美国等国家的搏击好手对决，6场比赛全部获胜。

第四节 体育场馆经营

20世纪80年代，济南市属体育场馆有皇亭体育馆、皇亭室内游泳池，主要开展业余体育训练。1997年6月28日，济南市游泳训练馆在市体校(跳伞塔)建成。年内有2.5万人次参加游泳活动，并举办四期训练班，收入14万元，总收入17万元。2000年，集餐饮、健身、娱乐为一体的“济南市射击游乐中心”一期工程建成，对外开放经营。

2002～2007年，济南游泳训练馆每年接待健身市民约20万～30万人次，举办各类培训班，年收入60万元～80万元。2006年8月，皇亭体育馆“培训大厦”建成使用，固定资产大规模增长。大厦1层、2层与招商银行济南分行签约投入运营，有8家租赁单位长期租用写字间，全年收入120万元。在保障体育训练同时，发挥场馆资源优势，承揽比赛，组织商业活动，创收60万元。

2009年，皇亭体育馆承办十一届运动会举重项目决赛。赛后，组织各项赛事活动吸引参加活动人数30万人次。发挥地处泉城路区位优势，承接公司开业、颁奖庆典活动。章丘体育公园承办十一届运动会排球项目决赛后，广泛开展篮球、乒乓球、网球等健身活动，参加锻炼人数约每天500人，并先后承办多项赛事，所属网球场对外出租。济南奥体中心“一场三馆”借鉴北京奥运场馆运营管理办法和先进管理经验开始运营，在保持奥体中心公益性不变前提下，采取销售参观门票方法，对广大市民开放。年内，共接待前来视察、参观的国内外来宾2600批次2.3万人次。联手旅游部门开发体育休闲旅游，接待游客19.7万人次，接待各省市参观考察团1104批、2.6万人。经市委、市政府批准，成立“济南奥林匹克体育中心”和“济南市全民健身中心”，分别负责济南奥体中心和济南全民健身中心的管理运营。

2010年，济南市全民健身中心游泳、乒乓球、羽毛球、网球、器材健身、台球、体质监测等30余项室内健身项目和体质监测项目全部实行低价位面向社会开放，室外2.59万平方米健身场地全部免费向社会开放。全年共接待健身市民110万人次，日均人流量5000人次，全年收入450万元，完成年度目标任务的150%，超额完成年初市体育局下达的300万元指标任务。被国家体育总局评为“国家级全民健身活动中心”和“国民体质测定与运动健身指导推广试点单位”，获“全省群众体育先进单位”“全省体育系统先进单位”等荣誉称号。济南奥体中心的标志性建筑“东荷西柳”，把其划分为西区(体育场)、中区(中心区平台商业区)、东区(东三馆)三个招商区域，采用租金逐年递增的办法引导商家落户奥体中心。全民健身活动相继展开，先后开设网球、乒乓球、羽毛球、篮球、足球、斯诺克花式台球、游泳、潜水、高尔夫、滑冰等十余种健身项目，并根据市民不同需求，及时调整改进硬件设施和服务方式，坚持公益场馆低价位保成本的服务原则，所有收费项目价格均低于市区70%左右。2010年，共接待各类参观团体近1500批次，参观群众10余万人次。销售健身票卡5万余张，实现收入700万元。中心的商业租赁面积近6万平方米，签约经营商家62家，商业设施利用率85%，实现收入1800万元；组织承办大型赛事及商业活动40余场次，收入500余万元，提升奥体中心周边人气和商业氛围，加快由“场馆运营”到“经营场馆”的转变步伐。

济南市史志编纂委员会

（2005年9月～2008年12月）

名誉主任　姜大明

顾　　问　张福山　诸葛士廉

主　　任　鲍志强

第一副主任　郭作贵*　巩宪群

副 主 任　牛洪恩　孟宪杰　胡占平　朱新海　贺国庆　张传堂

委　　员　庄虔贵*　王历历　袁淑玲　王　辉　宋玉国　田　庄　凌安中　徐长林

曹长财*　张本胜　王宏炜　孟祥桓　刘元刚　冯光文　邹卫平　纪宝华

王祯祥　张　锋　王建华　蒋向波　赵玉海　岳绍红　赵启民　王淑铭

王世贵　周长风

济南市史志编纂委员会

（2008年12月～2012年2月）

名誉主任　焉荣竹

顾　　问　张福山　诸葛士廉

主　　任　张建国

第一副主任　巩宪群

副 主 任　许　强　陈亚建　任建新　刘　民　杜　平　贺国庆　凌安中

齐家滨　王　平　徐长林　王历历*　袁淑玲*　李吉祥

委　　员　杨　军　田　庄　陈东生　冯光文　勒　磊　耿建新　邹卫平

纪宝华　王祯祥　张　锋　王建华　岳绍红　赵启民　王宏炜

蒋向波　张树振　马宗国　岳鲁宁　王　军　周长风　王淑铭

注："*"表示离任。

济南市史志编纂委员会

（2012年2月～2013年12月）

名誉主任　王　敏

顾　　问　张福山　诸葛士廉　朱文兴

主　　任　杨鲁豫

第一副主任　巩宪群

副 主 任　李华贤　任建新　陈　荣　刘　民　杜　平　张德萍

崔春荣　凌安中　王宏志　蒋晓光　张　利　李吉祥

委　　员　李会宝　田　庄　陈东生　徐　群　史同伟　刘程华　孙竹兮　尹清忠

岳绍红　王玉玲　贾　杰　朱传东　张树振　李四灵　马军远　王　军

孙元文　崔　刚